GW00838473

חמישה חומשי תורה
הוגהו בעיון נמרץ על ידי
ד׳ גולדשמידט א״מ הברמן מ׳ מדן
ונסדרו באות קורן בדפוס אחוה בירושלים
הניקוד והטעמים תואמו לאותיות בבית ההוצאה
על פי שיטת קורן

תווי הנגינה לטעמי המקרא הוכנו ע״י ה׳ מאירוביץ וג׳ פרינץ

לוחות הדפוס הותקנו על ידי פרינטון בירושלים
הספר נדפס בדפוס דורות בירושלים

ליולדת בן:

מִי שֶׁבֵּרַךְ אֲבוֹתֵינוּ אַבְרָהָם יִצְחָק וְיַעֲקֹב, מֹשֶׁה וְאַהֲרֹן דָּוִד וּשְׁלֹמֹה, שָׂרָה רִבְקָה רָחֵל וְלֵאָה, הוּא יְבָרֵךְ אֶת הָאִשָּׁה הַיּוֹלֶדֶת (פלונית בת פלוני) וְאֶת בְּנָהּ שֶׁנּוֹלַד לָהּ לְמַזָּל טוֹב בַּעֲבוּר שֶׁבַּעְלָהּ וְאָבִיו נוֹדֵר צְדָקָה בַּעֲדָם. בִּשְׂכַר זֶה יִזְכּוּ אָבִיו וְאִמּוֹ לְהַכְנִיסוֹ בִּבְרִיתוֹ שֶׁל אַבְרָהָם אָבִינוּ וּלְגַדְּלוֹ לְתוֹרָה וּלְחֻפָּה וּלְמַעֲשִׂים טוֹבִים, וְנֹאמַר אָמֵן.

ליולדת בת:

מִי שֶׁבֵּרַךְ אֲבוֹתֵינוּ אַבְרָהָם יִצְחָק וְיַעֲקֹב, מֹשֶׁה וְאַהֲרֹן דָּוִד וּשְׁלֹמֹה, שָׂרָה רִבְקָה רָחֵל וְלֵאָה, הוּא יְבָרֵךְ אֶת הָאִשָּׁה הַיּוֹלֶדֶת (פלונית בת פלוני) וְאֶת בִּתָּהּ שֶׁנּוֹלְדָה לָהּ לְמַזָּל טוֹב, וְיִקָּרֵא שְׁמָהּ בְּיִשְׂרָאֵל (פלונית בת פלוני) בַּעֲבוּר שֶׁבַּעְלָהּ וְאָבִיהָ נוֹדֵר צְדָקָה בַּעֲדָן. בִּשְׂכַר זֶה יִזְכּוּ אָבִיהָ וְאִמָּהּ לְגַדְּלָהּ לְתוֹרָה וּלְחֻפָּה וּלְמַעֲשִׂים טוֹבִים, וְנֹאמַר אָמֵן.

לחולה:

מִי שֶׁבֵּרַךְ אֲבוֹתֵינוּ אַבְרָהָם יִצְחָק וְיַעֲקֹב, מֹשֶׁה וְאַהֲרֹן דָּוִד וּשְׁלֹמֹה, הוּא יְבָרֵךְ וִירַפֵּא אֶת הַחוֹלֶה (פלוני בן פלונית) / לנקבה: הַחוֹלָה (פלונית בת פלונית) / בַּעֲבוּר (שפלוני בן פלוני) נוֹדֵר צְדָקָה בַּעֲבוּרוֹ / לנקבה: בַּעֲבוּרָהּ /.
בִּשְׂכַר זֶה הַקָּדוֹשׁ בָּרוּךְ הוּא יִמָּלֵא רַחֲמִים

לזכר: עָלָיו לְהַחֲלִימוֹ וּלְרַפֹּאתוֹ וּלְהַחֲזִיקוֹ וּלְהַחֲיוֹתוֹ וְיִשְׁלַח לוֹ מְהֵרָה רְפוּאָה שְׁלֵמָה מִן הַשָּׁמַיִם לִרְמַ״ח אֵבָרָיו וּשְׁסָ״ה גִּידָיו

לנקבה: עָלֶיהָ לְהַחֲלִימָהּ וּלְרַפֹּאתָהּ וּלְהַחֲזִיקָהּ וּלְהַחֲיוֹתָהּ וְיִשְׁלַח לָהּ מְהֵרָה רְפוּאָה שְׁלֵמָה מִן הַשָּׁמַיִם לְכָל אֵבָרֶיהָ וּלְכָל גִּידֶיהָ

בְּתוֹךְ שְׁאָר חוֹלֵי יִשְׂרָאֵל, רְפוּאַת הַנֶּפֶשׁ וּרְפוּאַת הַגּוּף.
הַשְׁתָּא בַּעֲגָלָא וּבִזְמַן קָרִיב, וְנֹאמַר אָמֵן.

הש״ץ מניח את ספר התורה על שולחן הקריאה, ויאמר מי שקורא את העולים:

וְיַעֲזֹר וְיָגֵן וְיוֹשִׁיעַ לְכָל הַחוֹסִים בּוֹ. וְנֹאמַר אָמֵן. הַכֹּל הָבוּ גֹדֶל לֵאלֹהֵינוּ
וּתְנוּ כָבוֹד לַתּוֹרָה. כֹּהֵן קְרָב. יַעֲמֹד (ר׳ פב״פ הכהן).

(ואם אין כהן יאמר: אִם אֵין כָּאן כֹּהֵן, יִשְׂרָאֵל (או: לֵוִי) בִּמְקוֹם כֹּהֵן.
יַעֲמֹד (ר׳ פב״פ) בִּמְקוֹם כֹּהֵן).

בָּרוּךְ שֶׁנָּתַן תּוֹרָה לְעַמּוֹ יִשְׂרָאֵל בִּקְדֻשָּׁתוֹ.

תּוֹרַת יְיָ תְּמִימָה מְשִׁיבַת נָפֶשׁ, עֵדוּת יְיָ נֶאֱמָנָה מַחְכִּימַת פֶּתִי. פִּקּוּדֵי יְיָ יְשָׁרִים מְשַׂמְּחֵי־לֵב, מִצְוַת יְיָ בָּרָה
מְאִירַת עֵינָיִם. יְיָ עֹז לְעַמּוֹ יִתֵּן, יְיָ יְבָרֵךְ אֶת־עַמּוֹ בַשָּׁלוֹם. הָאֵל תָּמִים דַּרְכּוֹ, אִמְרַת־יְיָ צְרוּפָה מָגֵן הוּא לְכָל
הַחוֹסִים בּוֹ.

הקהל: וְאַתֶּם הַדְּבֵקִים בַּיְיָ אֱלֹהֵיכֶם חַיִּים כֻּלְּכֶם הַיּוֹם.

לפני הקריאה
העולה אומר: בָּרְכוּ אֶת יְיָ הַמְבֹרָךְ.

הקהל עונה: בָּרוּךְ יְיָ הַמְבֹרָךְ לְעוֹלָם וָעֶד.    והעולה חוזר.

העולה מברך: בָּרוּךְ אַתָּה יְיָ אֱלֹהֵינוּ מֶלֶךְ הָעוֹלָם
אֲשֶׁר בָּחַר בָּנוּ מִכָּל הָעַמִּים וְנָתַן לָנוּ אֶת תּוֹרָתוֹ.
בָּרוּךְ אַתָּה יְיָ, נוֹתֵן הַתּוֹרָה.

לאחר הקריאה
העולה אומר: בָּרוּךְ אַתָּה יְיָ אֱלֹהֵינוּ מֶלֶךְ הָעוֹלָם
אֲשֶׁר נָתַן לָנוּ תּוֹרַת אֱמֶת וְחַיֵּי עוֹלָם נָטַע בְּתוֹכֵנוּ.
בָּרוּךְ אַתָּה יְיָ, נוֹתֵן הַתּוֹרָה.


"מי שברך" לעולה לתורה:

מִי שֶׁבֵּרַךְ אֲבוֹתֵינוּ אַבְרָהָם יִצְחָק וְיַעֲקֹב הוּא יְבָרֵךְ אֶת ר׳ (פב״פ), בַּעֲבוּר
שֶׁעָלָה לִכְבוֹד הַמָּקוֹם וְלִכְבוֹד הַתּוֹרָה וְלִכְבוֹד הַשַּׁבָּת (ליו״ט: וְלִכְבוֹד הָרֶגֶל;
לר״ה: וְלִכְבוֹד יוֹם הַדִּין; ליו״כ: וְלִכְבוֹד יוֹם הַכִּפּוּרִים).
בִּשְׂכַר זֶה הַקָּדוֹשׁ בָּרוּךְ הוּא יִשְׁמְרֵהוּ וְיַצִּילֵהוּ מִכָּל צָרָה וְצוּקָה וּמִכָּל נֶגַע
וּמַחֲלָה, וְיִשְׁלַח בְּרָכָה וְהַצְלָחָה בְּכָל מַעֲשֵׂה יָדָיו (ליו״ט: וְיִזְכֶּה לַעֲלוֹת לָרֶגֶל;
לר״ה: וְיִכְתְּבֵהוּ וְיַחְתְּמֵהוּ לְחַיִּים טוֹבִים בְּזֶה יוֹם הַדִּין; ליו״כ: ...בְּזֶה יוֹם הַכִּפּוּרִים)
עִם כָּל יִשְׂרָאֵל אֶחָיו. וְנֹאמַר אָמֵן.

## ‎99 קַרְנֵי פָרָה



קֶ - ‎רְ - נֵי - פָ - ‎רָה

## מֵרְכָא-כְפוּלָא



מֵרְ - ‎כָּא - ‎כְ - פוּ - ‎לָא

## יְרַח-בֶּן-יוֹמוֹ

יְ - ‎רַח - ‎בֶּן - יוֹ - ‎מוֹ

## מֻנָּח לפני הטעמים: ‎



מֻ - נָח

## מֻנָּח לפני הטעמים: ‎



מֻ - נָח

## פַּשְׁטָא' קָטָן

על מלה אחת



פַּשְׁ - ‎טָא' - קָ - טָן

מֵרְכָא טִפְּחָא סוֹף־פָּסוּק
פָּזֵר
תְּלִישָׁא קְטַנָּה תְּלִישָׁא גְדוֹלָה
קַדְמָא וְאַזְלָא אַזְלָא־גֵּרֵשׁ
גֵּרְשַׁיִם דַּרְגָּא תְּבִיר
מֵרְכָא תְּבִיר שַׁלְשֶׁלֶת

בסוף קטע

# טעמי המקרא ונגינותיהם

# שמות וסימני הטעמים

## לפי מנהג האשכנזים

זַרְקָה֮ סֶגּוֹל֒ מֻנַּ֣ח מֻנַּ֣ח רְבִ֗יעַ מַהְפַּ֤ךְ פַּשְׁטָה֙

זָקֵ֣ף קָטֹ֔ן זָקֵ֣ף גָּד֕וֹל מֵרְכָ֥א טִפְחָ֖א מֻנַּ֣ח אֶתְנַחְתָּ֑א

פָּזֵ֡ר תְּלִישָׁ֠א קְטַנָּה֩ תְּ֠לִישָׁא גְדוֹלָ֨ה קַדְמָ֨א וְאַזְלָ֜א

אַזְלָא־גֵּ֜רֵשׁ גֵּרְשַׁ֞יִם דַּרְגָּ֧א תְּבִ֛יר יְ֚תִיב פְּסִיקוֹ׀ מֶֽתֶג

סוֹף־פָּסֽוּק שַׁלְשֶׁ֓לֶת קַרְנֵי־פָרָ֟ה מֵרְכָ֦א־כְפוּלָ֦א

יֶרַח־בֶּן־יוֹמ֪וֹ

# שמות וסימני הטעמים

## לפי מנהג הספרדים

זַרְקָה מַקַּף־שׁוֹפָר הוֹלֵךְ סֶגוֹלְתָּא פָּזֵר גָּדוֹל

תַּלְשָׁא תִּילְשָׁא אַזְלָא־גֵּרִישׁ פָּסֵק׀ רְבִיעַ

שְׁנֵי גֵרְשִׁין דַּרְגָּא תְּבִיר מַאֲרִיךְ טַרְחָא

אֶתְנַח שׁוֹפָר מְהֻפָּךְ קַדְמָא תְּרֵי קַדְמִין

זָקֵף־קָטֹן זָקֵף־גָּדוֹל שַׁלְשֶׁלֶת תְּרֵי טַעֲמֵי

יְתִיב סוֹף־פָּסוּק

על כן קראו לימים האלה פורים על שם הפור על כן על
כל דברי האגרת הזאת ומה ראו על ככה ומה הגיע אליהם
קימו וקבל היהודים עליהם ועל זרעם ועל כל הנלוים
עליהם ולא יעבור להיות עשים את שני הימים האלה
ככתבם וכזמנם בכל שנה ושנה והימים האלה נזכרים
ונעשים בכל דור ודור משפחה ומשפחה מדינה ומדינה
ועיר ועיר וימי הפורים האלה לא יעברו מתוך היהודים
וזכרם לא יסוף מזרעם ותכתב אסתר המלכה
בת אביחיל ומרדכי היהודי את כל תקף לקים את אגרת
הפרים הזאת השנית וישלח ספרים אל כל היהודים אל
שבע ועשרים ומאה מדינה מלכות אחשורוש דברי שלום
ואמת לקים את ימי הפרים האלה בזמניהם כאשר קים
עליהם מרדכי היהודי ואסתר המלכה וכאשר קימו על
נפשם ועל זרעם דברי הצומות וזעקתם ומאמר אסתר
קים דברי הפרים האלה ונכתב בספר וישם
המלך אחשרש מס על הארץ ואיי הים וכל מעשה
תקפו וגבורתו ופרשת גדלת מרדכי אשר גדלו המלך הלוא
הם כתובים על ספר דברי הימים למלכי מדי ופרס כי
מרדכי היהודי משנה למלך אחשורוש וגדול ליהודים ורצוי
לרב אחיו דרש טוב לעמו ודבר שלום לכל זרעו

כו עַל־כֵּ֞ן קָֽרְא֞וּ לַיָּמִ֨ים הָאֵ֤לֶּה פוּרִים֙ עַל־שֵׁ֣ם הַפּ֔וּר עַל־כֵּ֕ן עַל־
כָּל־דִּבְרֵ֖י הָאִגֶּ֣רֶת הַזֹּ֑את וּמָֽה־רָא֣וּ עַל־כָּ֔כָה וּמָ֥ה הִגִּ֖יעַ אֲלֵיהֶֽם׃
כז קִיְּמ֣וּ וְקִבְּל֣ הַיְּהוּדִ֡ים ׀ עֲלֵיהֶ֣ם ׀ וְעַל־זַרְעָ֡ם וְעַ֨ל כָּל־הַנִּלְוִ֤ים
עֲלֵיהֶם֙ וְלֹ֣א יַעֲב֔וֹר לִהְי֣וֹת עֹשִׂ֗ים אֵ֚ת שְׁנֵ֣י הַיָּמִ֣ים הָאֵ֔לֶּה
כח כִּכְתָבָ֖ם וְכִזְמַנָּ֑ם בְּכָל־שָׁנָ֖ה וְשָׁנָֽה׃ וְהַיָּמִ֣ים הָ֠אֵלֶּה נִזְכָּרִ֨ים
וְנַעֲשִׂ֜ים בְּכָל־דּ֣וֹר וָד֗וֹר מִשְׁפָּחָה֙ וּמִשְׁפָּחָ֔ה מְדִינָ֥ה וּמְדִינָ֖ה
וְעִ֣יר וָעִ֑יר וִימֵ֞י הַפּוּרִ֣ים הָאֵ֗לֶּה לֹ֤א יַֽעַבְרוּ֙ מִתּ֣וֹךְ הַיְּהוּדִ֔ים
כט וְזִכְרָ֖ם לֹא־יָס֥וּף מִזַּרְעָֽם׃ וַ֠תִּכְתֹּב אֶסְתֵּ֨ר הַמַּלְכָּ֧ה
בַת־אֲבִיחַ֛יִל וּמָרְדֳּכַ֥י הַיְּהוּדִ֖י אֶת־כָּל־תֹּ֑קֶף לְקַיֵּ֗ם אֵ֣ת אִגֶּ֧רֶת
ל הַפּוּרִ֛ים הַזֹּ֖את הַשֵּׁנִֽית׃ וַיִּשְׁלַ֨ח סְפָרִ֜ים אֶל־כָּל־הַיְּהוּדִ֗ים אֶל־
שֶׁ֨בַע וְעֶשְׂרִ֤ים וּמֵאָה֙ מְדִינָ֔ה מַלְכ֖וּת אֲחַשְׁוֵר֑וֹשׁ דִּבְרֵ֥י שָׁל֖וֹם
לא וֶאֱמֶֽת׃ לְקַיֵּ֡ם אֶת־יְמֵי֩ הַפֻּרִ֨ים הָאֵ֜לֶּה בִּזְמַנֵּיהֶ֗ם כַּאֲשֶׁר֩ קִיַּ֨ם
עֲלֵיהֶ֜ם מָרְדֳּכַ֤י הַיְּהוּדִי֙ וְאֶסְתֵּ֣ר הַמַּלְכָּ֔ה וְכַאֲשֶׁ֥ר קִיְּמ֖וּ עַל־
לב נַפְשָׁ֣ם וְעַל־זַרְעָ֑ם דִּבְרֵ֥י הַצּוֹמ֖וֹת וְזַעֲקָתָֽם׃ וּמַאֲמַ֣ר אֶסְתֵּ֔ר
י א קִיַּ֕ם דִּבְרֵ֥י הַפֻּרִ֖ים הָאֵ֑לֶּה וְנִכְתָּ֖ב בַּסֵּֽפֶר׃ וַיָּ֩שֶׂם
ב הַמֶּ֨לֶךְ אחשרש ׀ מַ֛ס עַל־הָאָ֖רֶץ וְאִיֵּ֥י הַיָּֽם׃ וְכָל־מַעֲשֵׂ֤ה אֲחַשְׁוֵר֛וֹשׁ
תָקְפּוֹ֙ וּגְב֣וּרָת֔וֹ וּפָרָשַׁת֙ גְּדֻלַּ֣ת מָרְדֳּכַ֔י אֲשֶׁ֥ר גִּדְּל֖וֹ הַמֶּ֑לֶךְ הֲלוֹא־
ג הֵ֣ם כְּתוּבִ֗ים עַל־סֵ֙פֶר֙ דִּבְרֵ֣י הַיָּמִ֔ים לְמַלְכֵ֖י מָדַ֥י וּפָרָֽס׃ כִּ֣י ׀
מָרְדֳּכַ֣י הַיְּהוּדִ֗י מִשְׁנֶה֙ לַמֶּ֣לֶךְ אֲחַשְׁוֵר֔וֹשׁ וְגָדוֹל֙ לַיְּהוּדִ֔ים וְרָצ֖וּי
לְרֹ֣ב אֶחָ֑יו דֹּרֵ֥שׁ טוֹב֙ לְעַמּ֔וֹ וְדֹבֵ֥ר שָׁל֖וֹם לְכָל־זַרְעֽוֹ׃

בקשתך עוד ותעש ותאמר אסתר אם על המלך טוב
ינתן גם מחר ליהודים אשר בשושן לעשות כדת היום
ואת עשרת בני המן יתלו על העץ ויאמר המלך להעשות
כן ותנתן דת בשושן ואת עשרת בני המן תלו ויקהלו
היהודיים אשר בשושן גם ביום ארבעה עשר לחדש אדר
ויהרגו בשושן שלש מאות איש ובבזה לא שלחו את ידם
ושאר היהודים אשר במדינות המלך נקהלו ועמד על
נפשם ונוח מאיביהם והרוג בשנאיהם חמשה ושבעים אלף
ובבזה לא שלחו את ידם ביום שלושה עשר לחדש אדר
ונוח בארבעה עשר בו ועשה אתו יום משתה ושמחה
והיהודיים אשר בשושן נקהלו בשלושה עשר בו ובארבעה
עשר בו ונוח בחמשה עשר בו ועשה אתו יום משתה
ושמחה על כן היהודים הפרוזים הישבים בערי הפרזות
עשים את יום ארבעה עשר לחדש אדר שמחה ומשתה
ויום טוב ומשלח מנות איש לרעהו ויכתב מרדכי את
הדברים האלה וישלח ספרים אל כל היהודים אשר בכל
מדינות המלך אחשורוש הקרובים והרחוקים לקים עליהם
להיות עשים את יום ארבעה עשר לחדש אדר ואת יום
חמשה עשר בו בכל שנה ושנה כימים אשר נחו בהם
היהודים מאיביהם והחדש אשר נהפך להם מיגון לשמחה
ומאבל ליום טוב לעשות אותם ימי משתה ושמחה ומשלח
מנות איש לרעהו ומתנות לאבינים וקבל היהודים את
אשר החלו לעשות ואת אשר כתב מרדכי אליהם כי
המן בן המדתא האגגי צרר כל היהודים חשב על היהודים
לאבדם והפל פור הוא הגורל להמם ולאבדם ובבאה
לפני המלך אמר עם הספר ישוב מחשבתו הרעה אשר
חשב על היהודים על ראשו ותלו אתו ואת בניו על העץ

יג בַּקָּשָׁתֵךְ עוֹד וְתֵעָשׂ: וַתֹּאמֶר אֶסְתֵּר אִם־עַל־הַמֶּלֶךְ טוֹב
יִנָּתֵן גַּם־מָחָר לַיְּהוּדִים אֲשֶׁר בְּשׁוּשָׁן לַעֲשׂוֹת כְּדָת הַיּוֹם
יד וְאֵת עֲשֶׂרֶת בְּנֵי־הָמָן יִתְלוּ עַל־הָעֵץ: וַיֹּאמֶר הַמֶּלֶךְ לְהֵעָשׂוֹת
טו כֵּן וַתִּנָּתֵן דָּת בְּשׁוּשָׁן וְאֵת עֲשֶׂרֶת בְּנֵי־הָמָן תָּלוּ: וַיִּקָּהֲלוּ
היהודיים אֲשֶׁר־בְּשׁוּשָׁן גַּם בְּיוֹם אַרְבָּעָה עָשָׂר לְחֹדֶשׁ אֲדָר הַיְּהוּדִי[ם]
וַיַּהַרְגוּ בְשׁוּשָׁן שְׁלֹשׁ מֵאוֹת אִישׁ וּבַבִּזָּה לֹא שָׁלְחוּ אֶת־יָדָם:
טז וּשְׁאָר הַיְּהוּדִים אֲשֶׁר בִּמְדִינוֹת הַמֶּלֶךְ נִקְהֲלוּ ׀ וְעָמֹד עַל־
נַפְשָׁם וְנוֹחַ מֵאֹיְבֵיהֶם וְהָרוֹג בְּשֹׂנְאֵיהֶם חֲמִשָּׁה וְשִׁבְעִים אָלֶף
יז וּבַבִּזָּה לֹא שָׁלְחוּ אֶת־יָדָם: בְּיוֹם־שְׁלוֹשָׁה עָשָׂר לְחֹדֶשׁ אֲדָר
וְנוֹחַ בְּאַרְבָּעָה עָשָׂר בּוֹ וְעָשֹׂה אֹתוֹ יוֹם מִשְׁתֶּה וְשִׂמְחָה:
יח והיהודיים אֲשֶׁר־בְּשׁוּשָׁן נִקְהֲלוּ בִּשְׁלוֹשָׁה עָשָׂר בּוֹ וּבְאַרְבָּעָה וְהַיְּהוּד[ִים]
עָשָׂר בּוֹ וְנוֹחַ בַּחֲמִשָּׁה עָשָׂר בּוֹ וְעָשֹׂה אֹתוֹ יוֹם מִשְׁתֶּה
יט וְשִׂמְחָה: עַל־כֵּן הַיְּהוּדִים הפרוזים הַיֹּשְׁבִים בְּעָרֵי הַפְּרָזוֹת הַפְּרָזִי[ם]
עֹשִׂים אֵת יוֹם אַרְבָּעָה עָשָׂר לְחֹדֶשׁ אֲדָר שִׂמְחָה וּמִשְׁתֶּה
כ וְיוֹם טוֹב וּמִשְׁלֹחַ מָנוֹת אִישׁ לְרֵעֵהוּ: וַיִּכְתֹּב מָרְדֳּכַי אֶת־
הַדְּבָרִים הָאֵלֶּה וַיִּשְׁלַח סְפָרִים אֶל־כָּל־הַיְּהוּדִים אֲשֶׁר בְּכָל־
כא מְדִינוֹת הַמֶּלֶךְ אֲחַשְׁוֵרוֹשׁ הַקְּרוֹבִים וְהָרְחוֹקִים: לְקַיֵּם עֲלֵיהֶם
לִהְיוֹת עֹשִׂים אֵת יוֹם אַרְבָּעָה עָשָׂר לְחֹדֶשׁ אֲדָר וְאֵת יוֹם־
כב חֲמִשָּׁה עָשָׂר בּוֹ בְּכָל־שָׁנָה וְשָׁנָה: כַּיָּמִים אֲשֶׁר־נָחוּ בָהֶם
הַיְּהוּדִים מֵאֹיְבֵיהֶם וְהַחֹדֶשׁ אֲשֶׁר נֶהְפַּךְ לָהֶם מִיָּגוֹן לְשִׂמְחָה
וּמֵאֵבֶל לְיוֹם טוֹב לַעֲשׂוֹת אוֹתָם יְמֵי מִשְׁתֶּה וְשִׂמְחָה וּמִשְׁלֹחַ
כג מָנוֹת אִישׁ לְרֵעֵהוּ וּמַתָּנוֹת לָאֶבְיֹנִים: וְקִבֵּל הַיְּהוּדִים אֵת
כד אֲשֶׁר־הֵחֵלּוּ לַעֲשׂוֹת וְאֵת אֲשֶׁר־כָּתַב מָרְדֳּכַי אֲלֵיהֶם: כִּי
הָמָן בֶּן־הַמְּדָתָא הָאֲגָגִי צֹרֵר כָּל־הַיְּהוּדִים חָשַׁב עַל־הַיְּהוּדִים
כה לְאַבְּדָם וְהִפִּל פּוּר הוּא הַגּוֹרָל לְהֻמָּם וּלְאַבְּדָם: וּבְבֹאָהּ
לִפְנֵי הַמֶּלֶךְ אָמַר עִם־הַסֵּפֶר יָשׁוּב מַחֲשַׁבְתּוֹ הָרָעָה אֲשֶׁר־
חָשַׁב עַל־הַיְּהוּדִים עַל־רֹאשׁוֹ וְתָלוּ אֹתוֹ וְאֶת־בָּנָיו עַל־הָעֵץ:

עשר יום בו אשר הגיע דבר המלך ודתו להעשות ביום
אשר שברו איבי היהודים לשלוט בהם ונהפוך הוא אשר
ישלטו היהודים המה בשנאיהם נקהלו היהודים בעריהם
בכל מדינות המלך אחשורוש לשלח יד במבקשי רעתם
ואיש לא עמד לפניהם כי נפל פחדם על כל העמים וכל
שרי המדינות והאחשדרפנים והפחות ועשי המלאכה
אשר למלך מנשאים את היהודים כי נפל פחד מרדכי
עליהם כי גדול מרדכי בבית המלך ושמעו הולך בכל
המדינות כי האיש מרדכי הולך וגדול ויכו היהודים
בכל איביהם מכת חרב והרג ואבדן ויעשו בשנאיהם
כרצונם ובשושן הבירה הרגו היהודים ואבד חמש מאות

איש ואת
פרשנדתא ואת
דלפון ואת
אספתא ואת
פורתא ואת
אדליא ואת
ארידתא ואת
פרמשתא ואת
אריסי ואת
ארידי ואת
ויזתא עשרת

בני המן בן המדתא צרר היהודים הרגו ובבזה לא שלחו
את ידם ביום ההוא בא מספר ההרוגים בשושן הבירה
לפני המלך ויאמר המלך לאסתר המלכה בשושן הבירה
הרגו היהודים ואבד חמש מאות איש ואת עשרת בני המן
בשאר מדינות המלך מה עשו ומה שאלתך וינתן לך ומה

עשר יום בו אשר הגיע דבר־המלך ודתו להעשות ביום
אשר שברו איבי היהודים לשלוט בהם ונהפוך הוא אשר
ב ישלטו היהודים המה בשנאיהם: נקהלו היהודים בעריהם
בכל־מדינות המלך אחשורוש לשלח יד במבקשי רעתם
ג ואיש לא־עמד לפניהם כי־נפל פחדם על־כל־העמים: וכל־
שרי המדינות והאחשדרפנים והפחות ועשי המלאכה
אשר למלך מנשאים את־היהודים כי־נפל פחד־מרדכי
ד עליהם: כי־גדול מרדכי בבית המלך ושמעו הולך בכל־
ה המדינות כי־האיש מרדכי הולך וגדול: ויכו היהודים
בכל־איביהם מכת־חרב והרג ואבדן ויעשו בשנאיהם
ו כרצונם: ובשושן הבירה הרגו היהודים ואבד חמש מאות
ז איש: ואת ׀
פרשנדתא ואת ׀
דלפון ואת ׀
ח אספתא: ואת ׀
פורתא ואת ׀
אדליא ואת ׀
ט ארידתא: ואת ׀
פרמשתא ואת ׀
אריסי ואת ׀
ארידי ואת ׀
י ויזתא: עשרת
בני המן בן־המדתא צרר היהודים הרגו ובבזה לא שלחו
יא את־ידם: ביום ההוא בא מספר ההרוגים בשושן הבירה
יב לפני המלך: ויאמר המלך לאסתר המלכה בשושן הבירה
הרגו היהודים ואבד חמש מאות איש ואת עשרת בני־המן
בשאר מדינות המלך מה עשו ומה־שאלתך וינתן לך ומה־

(ט, ב)
בספרים אחרים: בפניהם ונוהגים לקרוא את הפסוק פעמיים, פעם בפניהם ופעם לפניהם

המלך אחשורש לאסתר המלכה ולמרדכי היהודי הנה בית
המן נתתי לאסתר ואתו תלו על העץ על אשר שלח ידו
ביהודיים ואתם כתבו על היהודים כטוב בעיניכם בשם
המלך וחתמו בטבעת המלך כי כתב אשר נכתב בשם
המלך ונחתום בטבעת המלך אין להשיב ויקראו ספרי
המלך בעת ההיא בחדש השלישי הוא חדש סיון בשלושה
ועשרים בו ויכתב ככל אשר צוה מרדכי אל היהודים ואל
האחשדרפנים והפחות ושרי המדינות אשר מהדו ועד
כוש שבע ועשרים ומאה מדינה מדינה ומדינה ככתבה
ועם ועם כלשנו ואל היהודים ככתבם וכלשונם ויכתב
בשם המלך אחשורש ויחתם בטבעת המלך וישלח ספרים
ביד הרצים בסוסים רכבי הרכש האחשתרנים בני הרמכים
אשר נתן המלך ליהודים אשר בכל עיר ועיר להקהל
ולעמד על נפשם להשמיד ולהרג ולאבד את כל חיל עם
ומדינה הצרים אתם טף ונשים ושללם לבוז ביום אחד
בכל מדינות המלך אחשורוש בשלושה עשר לחדש שנים
עשר הוא חדש אדר פתשגן הכתב להנתן דת בכל מדינה
ומדינה גלוי לכל העמים ולהיות היהודיים עתודים ליום
הזה להנקם מאיביהם הרצים רכבי הרכש האחשתרנים
יצאו מבהלים ודחופים בדבר המלך והדת נתנה בשושן
הבירה ומרדכי יצא מלפני המלך בלבוש
מלכות תכלת וחור ועטרת זהב גדולה ותכריך בוץ וארגמן
והעיר שושן צהלה ושמחה ליהודים היתה אורה ושמחה
וששן ויקר ובכל מדינה ומדינה ובכל עיר ועיר מקום
אשר דבר המלך ודתו מגיע שמחה וששון ליהודים משתה
ויום טוב ורבים מעמי הארץ מתיהדים כי נפל פחד
היהודים עליהם ובשנים עשר חדש הוא חדש אדר בשלושה

הַמֶּלֶךְ אֲחַשְׁוֵרֹשׁ לְאֶסְתֵּר הַמַּלְכָּה וּלְמָרְדֳּכַי הַיְּהוּדִי הִנֵּה בֵית־
הָמָן נָתַתִּי לְאֶסְתֵּר וְאֹתוֹ תָּלוּ עַל־הָעֵץ עַל אֲשֶׁר־שָׁלַח יָדוֹ
ח ביהודיים: וְאַתֶּם כִּתְבוּ עַל־הַיְּהוּדִים כַּטּוֹב בְּעֵינֵיכֶם בְּשֵׁם בַּיְּהוּדִים
הַמֶּלֶךְ וְחִתְמוּ בְּטַבַּעַת הַמֶּלֶךְ כִּי־כְתָב אֲשֶׁר־נִכְתָּב בְּשֵׁם־
ט הַמֶּלֶךְ וְנַחְתּוֹם בְּטַבַּעַת הַמֶּלֶךְ אֵין לְהָשִׁיב: וַיִּקָּרְאוּ סֹפְרֵי־
הַמֶּלֶךְ בָּעֵת־הַהִיא בַּחֹדֶשׁ הַשְּׁלִישִׁי הוּא־חֹדֶשׁ סִיוָן בִּשְׁלוֹשָׁה
וְעֶשְׂרִים בּוֹ וַיִּכָּתֵב כְּכָל־אֲשֶׁר־צִוָּה מָרְדֳּכַי אֶל־הַיְּהוּדִים וְאֶל
הָאֲחַשְׁדַּרְפְּנִים וְהַפַּחוֹת וְשָׂרֵי הַמְּדִינוֹת אֲשֶׁר ׀ מֵהֹדּוּ וְעַד־
כּוּשׁ שֶׁבַע וְעֶשְׂרִים וּמֵאָה מְדִינָה מְדִינָה וּמְדִינָה כִּכְתָבָהּ
י וְעַם וָעָם כִּלְשֹׁנוֹ וְאֶל־הַיְּהוּדִים כִּכְתָבָם וְכִלְשׁוֹנָם: וַיִּכְתֹּב
בְּשֵׁם הַמֶּלֶךְ אֲחַשְׁוֵרֹשׁ וַיַּחְתֹּם בְּטַבַּעַת הַמֶּלֶךְ וַיִּשְׁלַח סְפָרִים
בְּיַד הָרָצִים בַּסּוּסִים רֹכְבֵי הָרֶכֶשׁ הָאֲחַשְׁתְּרָנִים בְּנֵי הָרַמָּכִים:
יא אֲשֶׁר נָתַן הַמֶּלֶךְ לַיְּהוּדִים ׀ אֲשֶׁר ׀ בְּכָל־עִיר וָעִיר לְהִקָּהֵל
וְלַעֲמֹד עַל־נַפְשָׁם לְהַשְׁמִיד וְלַהֲרֹג וּלְאַבֵּד אֶת־כָּל־חֵיל עַם
יב וּמְדִינָה הַצָּרִים אֹתָם טַף וְנָשִׁים וּשְׁלָלָם לָבוֹז: בְּיוֹם אֶחָד
בְּכָל־מְדִינוֹת הַמֶּלֶךְ אֲחַשְׁוֵרוֹשׁ בִּשְׁלוֹשָׁה עָשָׂר לְחֹדֶשׁ שְׁנֵים־
יג עָשָׂר הוּא־חֹדֶשׁ אֲדָר: פַּתְשֶׁגֶן הַכְּתָב לְהִנָּתֵן דָּת בְּכָל־מְדִינָה הַיְּהוּדִים
וּמְדִינָה גָּלוּי לְכָל־הָעַמִּים וְלִהְיוֹת היהודיים עתודים לַיּוֹם עֲתִידִים
יד הַזֶּה לְהִנָּקֵם מֵאֹיְבֵיהֶם: הָרָצִים רֹכְבֵי הָרֶכֶשׁ הָאֲחַשְׁתְּרָנִים
יָצְאוּ מְבֹהָלִים וּדְחוּפִים בִּדְבַר הַמֶּלֶךְ וְהַדָּת נִתְּנָה בְּשׁוּשַׁן
טו הַבִּירָה: וּמָרְדֳּכַי יָצָא ׀ מִלִּפְנֵי הַמֶּלֶךְ בִּלְבוּשׁ
מַלְכוּת תְּכֵלֶת וָחוּר וַעֲטֶרֶת זָהָב גְּדוֹלָה וְתַכְרִיךְ בּוּץ וְאַרְגָּמָן
טז וְהָעִיר שׁוּשָׁן צָהֲלָה וְשָׂמֵחָה: לַיְּהוּדִים הָיְתָה אוֹרָה וְשִׂמְחָה ה
יז וְשָׂשֹׂן וִיקָר: וּבְכָל־מְדִינָה וּמְדִינָה וּבְכָל־עִיר וָעִיר מְקוֹם
אֲשֶׁר דְּבַר־הַמֶּלֶךְ וְדָתוֹ מַגִּיעַ שִׂמְחָה וְשָׂשׂוֹן לַיְּהוּדִים מִשְׁתֶּה
וְיוֹם טוֹב וְרַבִּים מֵעַמֵּי הָאָרֶץ מִתְיַהֲדִים כִּי־נָפַל פַּחַד־
ט א הַיְּהוּדִים עֲלֵיהֶם: וּבִשְׁנֵים עָשָׂר חֹדֶשׁ הוּא־חֹדֶשׁ אֲדָר בִּשְׁלוֹשָׁה ט

(ח, יא)
בספרים אחרים: לַהֲרוֹג ונוהגים לקרוא את הפסוק פעמיים, פעם לַהֲרֹג ופעם וְלַהֲרֹג

החרשתי כי אין הצר שוה בנזק המלך ויאמר
המלך אחשורוש ויאמר לאסתר המלכה מי הוא זה ואי זה
הוא אשר מלאו לבו לעשות כן ותאמר אסתר איש צר ואויב
המן הרע הזה והמן נבעת מלפני המלך והמלכה והמלך
קם בחמתו ממשתה היין אל גנת הביתן והמן עמד לבקש
על נפשו מאסתר המלכה כי ראה כי כלתה אליו הרעה
מאת המלך והמלך שב מגנת הביתן אל בית משתה
היין והמן נפל על המטה אשר אסתר עליה ויאמר המלך
הגם לכבוש את המלכה עמי בבית הדבר יצא מפי המלך
ופני המן חפו ויאמר חרבונה אחד מן הסריסים לפני
המלך גם הנה העץ אשר עשה המן למרדכי אשר דבר טוב
על המלך עמד בבית המן גבה חמשים אמה ויאמר המלך
תלהו עליו ויתלו את המן על העץ אשר הכין למרדכי
וחמת המלך שככה ביום ההוא נתן המלך
אחשורוש לאסתר המלכה את בית המן צרר היהודיים
ומרדכי בא לפני המלך כי הגידה אסתר מה הוא לה ויסר
המלך את טבעתו אשר העביר מהמן ויתנה למרדכי ותשם
אסתר את מרדכי על בית המן ותוסף אסתר
ותדבר לפני המלך ותפל לפני רגליו ותבך ותתחנן לו
להעביר את רעת המן האגגי ואת מחשבתו אשר חשב
על היהודים ויושט המלך לאסתר את שרבט הזהב ותקם
אסתר ותעמד לפני המלך ותאמר אם על המלך טוב
ואם מצאתי חן לפניו וכשר הדבר לפני המלך וטובה אני
בעיניו יכתב להשיב את הספרים מחשבת המן בן המדתא
האגגי אשר כתב לאבד את היהודים אשר בכל מדינות
המלך כי איככה אוכל וראיתי ברעה אשר ימצא את עמי
ואיככה אוכל וראיתי באבדן מולדתי ויאמר

ה הֶחֱרַשְׁתִּי כִּי אֵין הַצָּר שֹׁוֶה בְּנֵזֶק הַמֶּלֶךְ׃ וַיֹּאמֶר
הַמֶּלֶךְ אֲחַשְׁוֵרוֹשׁ וַיֹּאמֶר לְאֶסְתֵּר הַמַּלְכָּה מִי הוּא זֶה וְאֵי־זֶה
ו הוּא אֲשֶׁר־מְלָאוֹ לִבּוֹ לַעֲשׂוֹת כֵּן׃ וַתֹּאמֶר אֶסְתֵּר אִישׁ צַר וְאוֹיֵב
ז הָמָן הָרָע הַזֶּה וְהָמָן נִבְעַת מִלִּפְנֵי הַמֶּלֶךְ וְהַמַּלְכָּה׃ וְהַמֶּלֶךְ
קָם בַּחֲמָתוֹ מִמִּשְׁתֵּה הַיַּיִן אֶל־גִּנַּת הַבִּיתָן וְהָמָן עָמַד לְבַקֵּשׁ
עַל־נַפְשׁוֹ מֵאֶסְתֵּר הַמַּלְכָּה כִּי רָאָה כִּי־כָלְתָה אֵלָיו הָרָעָה
ח מֵאֵת הַמֶּלֶךְ׃ וְהַמֶּלֶךְ שָׁב מִגִּנַּת הַבִּיתָן אֶל־בֵּית ׀ מִשְׁתֵּה
הַיַּיִן וְהָמָן נֹפֵל עַל־הַמִּטָּה אֲשֶׁר אֶסְתֵּר עָלֶיהָ וַיֹּאמֶר הַמֶּלֶךְ
הֲגַם לִכְבּוֹשׁ אֶת־הַמַּלְכָּה עִמִּי בַּבָּיִת הַדָּבָר יָצָא מִפִּי הַמֶּלֶךְ
ט וּפְנֵי הָמָן חָפוּ׃ וַיֹּאמֶר חַרְבוֹנָה אֶחָד מִן־הַסָּרִיסִים לִפְנֵי
הַמֶּלֶךְ גַּם הִנֵּה־הָעֵץ אֲשֶׁר־עָשָׂה הָמָן לְמָרְדֳּכַי אֲשֶׁר דִּבֶּר־טוֹב
עַל־הַמֶּלֶךְ עֹמֵד בְּבֵית הָמָן גָּבֹהַּ חֲמִשִּׁים אַמָּה וַיֹּאמֶר הַמֶּלֶךְ
י תְּלֻהוּ עָלָיו׃ וַיִּתְלוּ אֶת־הָמָן עַל־הָעֵץ אֲשֶׁר־הֵכִין לְמָרְדֳּכָי
ח א וַחֲמַת הַמֶּלֶךְ שָׁכָכָה׃ בַּיּוֹם הַהוּא נָתַן הַמֶּלֶךְ
אֲחַשְׁוֵרוֹשׁ לְאֶסְתֵּר הַמַּלְכָּה אֶת־בֵּית הָמָן צֹרֵר היהודיים הַיְּהוּדִים
ב וּמָרְדֳּכַי בָּא לִפְנֵי הַמֶּלֶךְ כִּי־הִגִּידָה אֶסְתֵּר מַה הוּא־לָהּ׃ וַיָּסַר
הַמֶּלֶךְ אֶת־טַבַּעְתּוֹ אֲשֶׁר הֶעֱבִיר מֵהָמָן וַיִּתְּנָהּ לְמָרְדֳּכָי וַתָּשֶׂם
ג אֶסְתֵּר אֶת־מָרְדֳּכַי עַל־בֵּית הָמָן׃ וַתּוֹסֶף אֶסְתֵּר
וַתְּדַבֵּר לִפְנֵי הַמֶּלֶךְ וַתִּפֹּל לִפְנֵי רַגְלָיו וַתֵּבְךְּ וַתִּתְחַנֶּן־לוֹ
לְהַעֲבִיר אֶת־רָעַת הָמָן הָאֲגָגִי וְאֵת מַחֲשַׁבְתּוֹ אֲשֶׁר חָשַׁב
ד עַל־הַיְּהוּדִים׃ וַיּוֹשֶׁט הַמֶּלֶךְ לְאֶסְתֵּר אֵת שַׁרְבִט הַזָּהָב וַתָּקָם
ה אֶסְתֵּר וַתַּעֲמֹד לִפְנֵי הַמֶּלֶךְ׃ וַתֹּאמֶר אִם־עַל־הַמֶּלֶךְ טוֹב
וְאִם־מָצָאתִי חֵן לְפָנָיו וְכָשֵׁר הַדָּבָר לִפְנֵי הַמֶּלֶךְ וְטוֹבָה אֲנִי
בְּעֵינָיו יִכָּתֵב לְהָשִׁיב אֶת־הַסְּפָרִים מַחֲשֶׁבֶת הָמָן בֶּן־הַמְּדָתָא
הָאֲגָגִי אֲשֶׁר כָּתַב לְאַבֵּד אֶת־הַיְּהוּדִים אֲשֶׁר בְּכָל־מְדִינוֹת
ו הַמֶּלֶךְ׃ כִּי אֵיכָכָה אוּכַל וְרָאִיתִי בָּרָעָה אֲשֶׁר־יִמְצָא אֶת־עַמִּי
ז וְאֵיכָכָה אוּכַל וְרָאִיתִי בְּאָבְדַן מוֹלַדְתִּי׃ וַיֹּאמֶר

העץ אשר הכין לו ויאמרו נערי המלך אליו הנה המן
עמד בחצר ויאמר המלך יבוא ויבוא המן ויאמר לו
המלך מה לעשות באיש אשר המלך חפץ ביקרו ויאמר
המן בלבו למי יחפץ המלך לעשות יקר יותר ממני ויאמר
המן אל המלך איש אשר המלך חפץ ביקרו יביאו לבוש
מלכות אשר לבש בו המלך וסוס אשר רכב עליו המלך
ואשר נתן כתר מלכות בראשו ונתון הלבוש והסוס על
יד איש משרי המלך הפרתמים והלבשו את האיש אשר
המלך חפץ ביקרו והרכיבהו על הסוס ברחוב העיר וקראו
לפניו ככה יעשה לאיש אשר המלך חפץ ביקרו ויאמר
המלך להמן מהר קח את הלבוש ואת הסוס כאשר דברת
ועשה כן למרדכי היהודי היושב בשער המלך אל תפל
דבר מכל אשר דברת ויקח המן את הלבוש ואת הסוס
וילבש את מרדכי וירכיבהו ברחוב העיר ויקרא לפניו ככה
יעשה לאיש אשר המלך חפץ ביקרו וישב מרדכי אל
שער המלך והמן נדחף אל ביתו אבל וחפוי ראש ויספר
המן לזרש אשתו ולכל אהביו את כל אשר קרהו ויאמרו
לו חכמיו וזרש אשתו אם מזרע היהודים מרדכי אשר
החלות לנפל לפניו לא תוכל לו כי נפול תפול לפניו עודם
מדברים עמו וסריסי המלך הגיעו ויבהלו להביא את המן
אל המשתה אשר עשתה אסתר ויבא המלך והמן לשתות
עם אסתר המלכה ויאמר המלך לאסתר גם ביום השני
במשתה היין מה שאלתך אסתר המלכה ותנתן לך ומה
בקשתך עד חצי המלכות ותעש ותען אסתר המלכה
ותאמר אם מצאתי חן בעיניך המלך ואם על המלך טוב
תנתן לי נפשי בשאלתי ועמי בבקשתי כי נמכרנו אני
ועמי להשמיד להרוג ולאבד ואלו לעבדים ולשפחות נמכרנו

ה הָעֵץ אֲשֶׁר־הֵכִין לוֹ׃ וַיֹּאמְרוּ נַעֲרֵי הַמֶּלֶךְ אֵלָיו הִנֵּה הָמָן
ו עֹמֵד בֶּחָצֵר וַיֹּאמֶר הַמֶּלֶךְ יָבוֹא׃ וַיָּבוֹא הָמָן וַיֹּאמֶר לוֹ
הַמֶּלֶךְ מַה־לַּעֲשׂוֹת בָּאִישׁ אֲשֶׁר הַמֶּלֶךְ חָפֵץ בִּיקָרוֹ וַיֹּאמֶר
ז הָמָן בְּלִבּוֹ לְמִי יַחְפֹּץ הַמֶּלֶךְ לַעֲשׂוֹת יְקָר יוֹתֵר מִמֶּנִּי׃ וַיֹּאמֶר
ח הָמָן אֶל־הַמֶּלֶךְ אִישׁ אֲשֶׁר הַמֶּלֶךְ חָפֵץ בִּיקָרוֹ׃ יָבִיאוּ לְבוּשׁ
מַלְכוּת אֲשֶׁר לָבַשׁ־בּוֹ הַמֶּלֶךְ וְסוּס אֲשֶׁר רָכַב עָלָיו הַמֶּלֶךְ
ט וַאֲשֶׁר נִתַּן כֶּתֶר מַלְכוּת בְּרֹאשׁוֹ׃ וְנָתוֹן הַלְּבוּשׁ וְהַסּוּס עַל־
יַד־אִישׁ מִשָּׂרֵי הַמֶּלֶךְ הַפַּרְתְּמִים וְהִלְבִּישׁוּ אֶת־הָאִישׁ אֲשֶׁר
הַמֶּלֶךְ חָפֵץ בִּיקָרוֹ וְהִרְכִּיבֻהוּ עַל־הַסּוּס בִּרְחוֹב הָעִיר וְקָרְאוּ
י לְפָנָיו כָּכָה יֵעָשֶׂה לָאִישׁ אֲשֶׁר הַמֶּלֶךְ חָפֵץ בִּיקָרוֹ׃ וַיֹּאמֶר
הַמֶּלֶךְ לְהָמָן מַהֵר קַח אֶת־הַלְּבוּשׁ וְאֶת־הַסּוּס כַּאֲשֶׁר דִּבַּרְתָּ
וַעֲשֵׂה־כֵן לְמָרְדֳּכַי הַיְּהוּדִי הַיּוֹשֵׁב בְּשַׁעַר הַמֶּלֶךְ אַל־תַּפֵּל
יא ד דָּבָר מִכֹּל אֲשֶׁר דִּבַּרְתָּ׃ וַיִּקַּח הָמָן אֶת־הַלְּבוּשׁ וְאֶת־הַסּוּס
וַיַּלְבֵּשׁ אֶת־מָרְדֳּכָי וַיַּרְכִּיבֵהוּ בִּרְחוֹב הָעִיר וַיִּקְרָא לְפָנָיו כָּכָה
יב יֵעָשֶׂה לָאִישׁ אֲשֶׁר הַמֶּלֶךְ חָפֵץ בִּיקָרוֹ׃ וַיָּשָׁב מָרְדֳּכַי אֶל־
יג שַׁעַר הַמֶּלֶךְ וְהָמָן נִדְחַף אֶל־בֵּיתוֹ אָבֵל וַחֲפוּי רֹאשׁ׃ וַיְסַפֵּר
הָמָן לְזֶרֶשׁ אִשְׁתּוֹ וּלְכָל־אֹהֲבָיו אֵת כָּל־אֲשֶׁר קָרָהוּ וַיֹּאמְרוּ
לוֹ חֲכָמָיו וְזֶרֶשׁ אִשְׁתּוֹ אִם מִזֶּרַע הַיְּהוּדִים מָרְדֳּכַי אֲשֶׁר
יד הַחִלּוֹתָ לִנְפֹּל לְפָנָיו לֹא־תוּכַל לוֹ כִּי־נָפוֹל תִּפּוֹל לְפָנָיו׃ עוֹדָם
מְדַבְּרִים עִמּוֹ וְסָרִיסֵי הַמֶּלֶךְ הִגִּיעוּ וַיַּבְהִלוּ לְהָבִיא אֶת־הָמָן
ז א אֶל־הַמִּשְׁתֶּה אֲשֶׁר־עָשְׂתָה אֶסְתֵּר׃ וַיָּבֹא הַמֶּלֶךְ וְהָמָן לִשְׁתּוֹת
ב עִם־אֶסְתֵּר הַמַּלְכָּה׃ וַיֹּאמֶר הַמֶּלֶךְ לְאֶסְתֵּר גַּם בַּיּוֹם הַשֵּׁנִי
בְּמִשְׁתֵּה הַיַּיִן מַה־שְּׁאֵלָתֵךְ אֶסְתֵּר הַמַּלְכָּה וְתִנָּתֵן לָךְ וּמַה־
ג בַּקָּשָׁתֵךְ עַד־חֲצִי הַמַּלְכוּת וְתֵעָשׂ׃ וַתַּעַן אֶסְתֵּר הַמַּלְכָּה
וַתֹּאמַר אִם־מָצָאתִי חֵן בְּעֵינֶיךָ הַמֶּלֶךְ וְאִם־עַל־הַמֶּלֶךְ טוֹב
ד תִּנָּתֶן־לִי נַפְשִׁי בִּשְׁאֵלָתִי וְעַמִּי בְּבַקָּשָׁתִי׃ כִּי נִמְכַּרְנוּ אֲנִי
וְעַמִּי לְהַשְׁמִיד לַהֲרוֹג וּלְאַבֵּד וְאִלּוּ לַעֲבָדִים וְלִשְׁפָחוֹת נִמְכַּרְנוּ

עשיתי לו ויאמר המלך מהרו את המן לעשות את דבר
אסתר ויבא המלך והמן אל המשתה אשר עשתה אסתר
ויאמר המלך לאסתר במשתה היין מה שאלתך וינתן לך
ומה בקשתך עד חצי המלכות ותעש ותען אסתר ותאמר
שאלתי ובקשתי אם מצאתי חן בעיני המלך ואם על
המלך טוב לתת את שאלתי ולעשות את בקשתי יבוא
המלך והמן אל המשתה אשר אעשה להם ומחר אעשה
כדבר המלך ויצא המן ביום ההוא שמח וטוב לב וכראות
המן את מרדכי בשער המלך ולא קם ולא זע ממנו וימלא
המן על מרדכי חמה ויתאפק המן ויבוא אל ביתו וישלח
ויבא את אהביו ואת זרש אשתו ויספר להם המן את
כבוד עשרו ורב בניו ואת כל אשר גדלו המלך ואת אשר
נשאו על השרים ועבדי המלך ויאמר המן אף לא הביאה
אסתר המלכה עם המלך אל המשתה אשר עשתה כי
אם אותי וגם למחר אני קרוא לה עם המלך וכל זה איננו
שוה לי בכל עת אשר אני ראה את מרדכי היהודי יושב
בשער המלך ותאמר לו זרש אשתו וכל אהביו יעשו עץ
גבה חמשים אמה ובבקר אמר למלך ויתלו את מרדכי
עליו ובא עם המלך אל המשתה שמח וייטב הדבר לפני
המן ויעש העץ                    בלילה ההוא נדדה שנת
המלך ויאמר להביא את ספר הזכרנות דברי הימים ויהיו
נקראים לפני המלך וימצא כתוב אשר הגיד מרדכי על
בגתנא ותרש שני סריסי המלך משמרי הסף אשר בקשו
לשלח יד במלך אחשורוש ויאמר המלך מה נעשה יקר
וגדולה למרדכי על זה ויאמרו נערי המלך משרתיו לא
נעשה עמו דבר ויאמר המלך מי בחצר והמן בא לחצר
בית המלך החיצונה לאמר למלך לתלות את מרדכי על

ה עָשִׂיתִי לוֹ׃ וַיֹּאמֶר הַמֶּלֶךְ מַהֲרוּ אֶת־הָמָן לַעֲשׂוֹת אֶת־דְּבַר
אֶסְתֵּר וַיָּבֹא הַמֶּלֶךְ וְהָמָן אֶל־הַמִּשְׁתֶּה אֲשֶׁר־עָשְׂתָה אֶסְתֵּר׃
ו וַיֹּאמֶר הַמֶּלֶךְ לְאֶסְתֵּר בְּמִשְׁתֵּה הַיַּיִן מַה־שְּׁאֵלָתֵךְ וְיִנָּתֵן לָךְ
ז וּמַה־בַּקָּשָׁתֵךְ עַד־חֲצִי הַמַּלְכוּת וְתֵעָשׂ׃ וַתַּעַן אֶסְתֵּר וַתֹּאמַר
ח שְׁאֵלָתִי וּבַקָּשָׁתִי׃ אִם־מָצָאתִי חֵן בְּעֵינֵי הַמֶּלֶךְ וְאִם־עַל־
הַמֶּלֶךְ טוֹב לָתֵת אֶת־שְׁאֵלָתִי וְלַעֲשׂוֹת אֶת־בַּקָּשָׁתִי יָבוֹא
הַמֶּלֶךְ וְהָמָן אֶל־הַמִּשְׁתֶּה אֲשֶׁר אֶעֱשֶׂה לָהֶם וּמָחָר אֶעֱשֶׂה
ט כִּדְבַר הַמֶּלֶךְ׃ וַיֵּצֵא הָמָן בַּיּוֹם הַהוּא שָׂמֵחַ וְטוֹב לֵב וְכִרְאוֹת
הָמָן אֶת־מָרְדֳּכַי בְּשַׁעַר הַמֶּלֶךְ וְלֹא־קָם וְלֹא־זָע מִמֶּנּוּ וַיִּמָּלֵא
י הָמָן עַל־מָרְדֳּכַי חֵמָה׃ וַיִּתְאַפַּק הָמָן וַיָּבוֹא אֶל־בֵּיתוֹ וַיִּשְׁלַח
יא וַיָּבֵא אֶת־אֹהֲבָיו וְאֶת־זֶרֶשׁ אִשְׁתּוֹ׃ וַיְסַפֵּר לָהֶם הָמָן אֶת־
כְּבוֹד עָשְׁרוֹ וְרֹב בָּנָיו וְאֵת כָּל־אֲשֶׁר גִּדְּלוֹ הַמֶּלֶךְ וְאֵת אֲשֶׁר
יב נִשְּׂאוֹ עַל־הַשָּׂרִים וְעַבְדֵי הַמֶּלֶךְ׃ וַיֹּאמֶר הָמָן אַף לֹא־הֵבִיאָה
אֶסְתֵּר הַמַּלְכָּה עִם־הַמֶּלֶךְ אֶל־הַמִּשְׁתֶּה אֲשֶׁר־עָשָׂתָה כִּי
יג אִם־אוֹתִי וְגַם־לְמָחָר אֲנִי קָרוּא־לָהּ עִם־הַמֶּלֶךְ׃ וְכָל־זֶה אֵינֶנּוּ
שֹׁוֶה לִי בְּכָל־עֵת אֲשֶׁר אֲנִי רֹאֶה אֶת־מָרְדֳּכַי הַיְּהוּדִי יוֹשֵׁב
יד בְּשַׁעַר הַמֶּלֶךְ׃ וַתֹּאמֶר לוֹ זֶרֶשׁ אִשְׁתּוֹ וְכָל־אֹהֲבָיו יַעֲשׂוּ־עֵץ
גָּבֹהַּ חֲמִשִּׁים אַמָּה וּבַבֹּקֶר ׀ אֱמֹר לַמֶּלֶךְ וְיִתְלוּ אֶת־מָרְדֳּכַי
עָלָיו וּבֹא עִם־הַמֶּלֶךְ אֶל־הַמִּשְׁתֶּה שָׂמֵחַ וַיִּיטַב הַדָּבָר לִפְנֵי
ו א הָמָן וַיַּעַשׂ הָעֵץ׃ בַּלַּיְלָה הַהוּא נָדְדָה שְׁנַת
הַמֶּלֶךְ וַיֹּאמֶר לְהָבִיא אֶת־סֵפֶר הַזִּכְרֹנוֹת דִּבְרֵי הַיָּמִים וַיִּהְיוּ
ב נִקְרָאִים לִפְנֵי הַמֶּלֶךְ׃ וַיִּמָּצֵא כָתוּב אֲשֶׁר הִגִּיד מָרְדֳּכַי עַל־
בִּגְתָנָא וָתֶרֶשׁ שְׁנֵי סָרִיסֵי הַמֶּלֶךְ מִשֹּׁמְרֵי הַסַּף אֲשֶׁר בִּקְשׁוּ
ג לִשְׁלֹחַ יָד בַּמֶּלֶךְ אֲחַשְׁוֵרוֹשׁ׃ וַיֹּאמֶר הַמֶּלֶךְ מַה־נַּעֲשָׂה יְקָר
וּגְדוּלָּה לְמָרְדֳּכַי עַל־זֶה וַיֹּאמְרוּ נַעֲרֵי הַמֶּלֶךְ מְשָׁרְתָיו לֹא־
ד נַעֲשָׂה עִמּוֹ דָּבָר׃ וַיֹּאמֶר הַמֶּלֶךְ מִי בֶחָצֵר וְהָמָן בָּא לַחֲצַר
בֵּית־הַמֶּלֶךְ הַחִיצוֹנָה לֵאמֹר לַמֶּלֶךְ לִתְלוֹת אֶת־מָרְדֳּכַי עַל־

ביהודיים לאבדם ואת פתשגן כתב הדת אשר נתן בשושן
להשמידם נתן לו להראות את אסתר ולהגיד לה ולצוות
עליה לבוא אל המלך להתחנן לו ולבקש מלפניו על
עמה ויבוא התך ויגד לאסתר את דברי מרדכי ותאמר
אסתר להתך ותצוהו אל מרדכי כל עבדי המלך ועם
מדינות המלך ידעים אשר כל איש ואשה אשר יבוא
אל המלך אל החצר הפנימית אשר לא יקרא אחת דתו
להמית לבד מאשר יושיט לו המלך את שרביט הזהב
וחיה ואני לא נקראתי לבוא אל המלך זה שלושים יום
ויגידו למרדכי את דברי אסתר ויאמר מרדכי להשיב
אל אסתר אל תדמי בנפשך להמלט בית המלך מכל
היהודים כי אם החרש תחרישי בעת הזאת רוח והצלה
יעמוד ליהודים ממקום אחר ואת ובית אביך תאבדו ומי
יודע אם לעת כזאת הגעת למלכות ותאמר אסתר
להשיב אל מרדכי לך כנוס את כל היהודים הנמצאים
בשושן וצומו עלי ואל תאכלו ואל תשתו שלשת ימים
לילה ויום גם אני ונערתי אצום כן ובכן אבוא אל המלך
אשר לא כדת וכאשר אבדתי אבדתי ויעבר מרדכי ויעש
ככל אשר צותה עליו אסתר ויהי ביום השלישי ותלבש
אסתר מלכות ותעמד בחצר בית המלך הפנימית נכח
בית המלך והמלך יושב על כסא מלכותו בבית המלכות
נכח פתח הבית ויהי כראות המלך את אסתר המלכה
עמדת בחצר נשאה חן בעיניו ויושט המלך לאסתר את
שרביט הזהב אשר בידו ותקרב אסתר ותגע בראש
השרביט ויאמר לה המלך מה לך אסתר המלכה ומה
בקשתך עד חצי המלכות וינתן לך ותאמר אסתר אם
על המלך טוב יבוא המלך והמן היום אל המשתה אשר

ח ביהודים לאבדם: ואת-פתשגן כתב-הדת אשר-נתן בשושן
להשמידם נתן לו להראות את-אסתר ולהגיד לה ולצוות
עליה לבוא אל-המלך להתחנן-לו ולבקש מלפניו על-
ט י עמה: ויבוא התך ויגד לאסתר את דברי מרדכי: ותאמר
יא אסתר להתך ותצוהו אל-מרדכי: כל-עבדי המלך ועם
מדינות המלך ידעים אשר כל-איש ואשה אשר-יבוא
אל-המלך אל-החצר הפנימית אשר לא-יקרא אחת דתו
להמית לבד מאשר יושיט-לו המלך את-שרביט הזהב
וחיה ואני לא נקראתי לבוא אל-המלך זה שלושים יום:
יב יג ויגידו למרדכי את דברי אסתר: ויאמר מרדכי להשיב
אל-אסתר אל-תדמי בנפשך להמלט בית-המלך מכל-
יד היהודים: כי אם-החרש תחרישי בעת הזאת רוח והצלה
יעמוד ליהודים ממקום אחר ואת ובית-אביך תאבדו ומי
טו יודע אם-לעת כזאת הגעת למלכות: ותאמר אסתר
טז להשיב אל-מרדכי: לך כנוס את-כל-היהודים הנמצאים
בשושן וצומו עלי ואל-תאכלו ואל-תשתו שלשת ימים
לילה ויום גם-אני ונערתי אצום כן ובכן אבוא אל-המלך
יז אשר לא-כדת וכאשר אבדתי אבדתי: ויעבר מרדכי ויעש
ה א ככל אשר-צותה עליו אסתר: ויהי ביום השלישי ותלבש
אסתר מלכות ותעמד בחצר בית-המלך הפנימית נכח
בית המלך והמלך יושב על-כסא מלכותו בבית המלכות
ב נכח פתח הבית: ויהי כראות המלך את-אסתר המלכה
עמדת בחצר נשאה חן בעיניו ויושט המלך לאסתר את-
שרביט הזהב אשר בידו ותקרב אסתר ותגע בראש
ג השרביט: ויאמר לה המלך מה-לך אסתר המלכה ומה-
ד בקשתך עד-חצי המלכות וינתן לך: ותאמר אסתר אם-
על-המלך טוב יבוא המלך והמן היום אל-המשתה אשר-

ככר כסף אשקול על ידי עשי המלאכה להביא אל גנזי
המלך ויסר המלך את טבעתו מעל ידו ויתנה להמן בן
המדתא האגגי צרר היהודים ויאמר המלך להמן הכסף
נתון לך והעם לעשות בו כטוב בעיניך ויקראו ספרי המלך
בחדש הראשון בשלושה עשר יום בו ויכתב ככל אשר צוה
המן אל אחשדרפני המלך ואל הפחות אשר על מדינה
ומדינה ואל שרי עם ועם מדינה ומדינה ככתבה ועם ועם
כלשונו בשם המלך אחשורש נכתב ונחתם בטבעת המלך
ונשלוח ספרים ביד הרצים אל כל מדינות המלך להשמיד
להרג ולאבד את כל היהודים מנער ועד זקן טף ונשים
ביום אחד בשלושה עשר לחדש שנים עשר הוא חדש אדר
ושללם לבוז פתשגן הכתב להנתן דת בכל מדינה ומדינה
גלוי לכל העמים להיות עתדים ליום הזה הרצים יצאו
דחופים בדבר המלך והדת נתנה בשושן הבירה והמלך
והמן ישבו לשתות והעיר שושן נבוכה ומרדכי
ידע את כל אשר נעשה ויקרע מרדכי את בגדיו וילבש
שק ואפר ויצא בתוך העיר ויזעק זעקה גדולה ומרה ויבוא
עד לפני שער המלך כי אין לבוא אל שער המלך בלבוש
שק ובכל מדינה ומדינה מקום אשר דבר המלך ודתו
מגיע אבל גדול ליהודים וצום ובכי ומספד שק ואפר יצע
לרבים ותבואינה נערות אסתר וסריסיה ויגידו לה
ותתחלחל המלכה מאד ותשלח בגדים להלביש את
מרדכי ולהסיר שקו מעליו ולא קבל ותקרא אסתר להתך
מסריסי המלך אשר העמיד לפניה ותצוהו על מרדכי לדעת
מה זה ועל מה זה ויצא התך אל מרדכי אל רחוב העיר
אשר לפני שער המלך ויגד לו מרדכי את כל אשר קרהו
ואת פרשת הכסף אשר אמר המן לשקול על גנזי המלך

כִּכַּר־כֶּ֗סֶף אֶשְׁקוֹל֙ עַל־יְדֵי֙ עֹשֵׂ֣י הַמְּלָאכָ֔ה לְהָבִ֖יא אֶל־גִּנְזֵ֥י
י הַמֶּֽלֶךְ׃ וַיָּ֧סַר הַמֶּ֛לֶךְ אֶת־טַבַּעְתּ֖וֹ מֵעַ֣ל יָד֑וֹ וַֽיִּתְּנָ֗הּ לְהָמָ֧ן בֶּֽן־
יא הַמְּדָ֛תָא הָאֲגָגִ֖י צֹרֵ֥ר הַיְּהוּדִֽים׃ וַיֹּ֤אמֶר הַמֶּ֙לֶךְ֙ לְהָמָ֔ן הַכֶּ֖סֶף
יב נָת֣וּן לָ֑ךְ וְהָעָ֕ם לַעֲשׂ֥וֹת בּ֖וֹ כַּטּ֥וֹב בְּעֵינֶֽיךָ׃ וַיִּקָּרְאוּ֩ סֹפְרֵ֨י הַמֶּ֜לֶךְ
בַּחֹ֣דֶשׁ הָרִאשׁ֗וֹן בִּשְׁלוֹשָׁ֨ה עָשָׂ֣ר יוֹם֮ בּוֹ֒ וַיִּכָּתֵ֣ב כְּֽכָל־אֲשֶׁר־צִוָּ֣ה
הָמָ֡ן אֶ֣ל אֲחַשְׁדַּרְפְּנֵֽי־הַ֠מֶּלֶךְ וְאֶל־הַפַּח֞וֹת אֲשֶׁ֣ר ׀ עַל־מְדִינָ֣ה
וּמְדִינָ֗ה וְאֶל־שָׂרֵ֨י עַ֤ם וָעָם֙ מְדִינָ֤ה וּמְדִינָה֙ כִּכְתָבָ֔הּ וְעַ֥ם וָעָ֖ם
כִּלְשׁוֹנ֑וֹ בְּשֵׁ֨ם הַמֶּ֤לֶךְ אֲחַשְׁוֵרֹשׁ֙ נִכְתָּ֔ב וְנֶחְתָּ֖ם בְּטַבַּ֥עַת הַמֶּֽלֶךְ׃
יג וְנִשְׁל֨וֹחַ סְפָרִ֜ים בְּיַ֣ד הָרָצִים֮ אֶל־כָּל־מְדִינ֣וֹת הַמֶּלֶךְ֒ לְהַשְׁמִ֡יד
לַהֲרֹ֣ג וּלְאַבֵּ֣ד אֶת־כָּל־הַ֠יְּהוּדִים מִנַּ֨עַר וְעַד־זָקֵ֜ן טַ֤ף וְנָשִׁים֙
בְּי֣וֹם אֶחָ֔ד בִּשְׁלוֹשָׁ֥ה עָשָׂ֛ר לְחֹ֥דֶשׁ שְׁנֵים־עָשָׂ֖ר הוּא־חֹ֣דֶשׁ אֲדָ֑ר
יד וּשְׁלָלָ֖ם לָבֽוֹז׃ פַּתְשֶׁ֣גֶן הַכְּתָ֗ב לְהִנָּ֤תֵן דָּת֙ בְּכָל־מְדִינָ֣ה וּמְדִינָ֔ה
טו גָּל֖וּי לְכָל־הָֽעַמִּ֑ים לִהְי֥וֹת עֲתִדִ֖ים לַיּ֥וֹם הַזֶּֽה׃ הָרָצִ֞ים יָצְא֤וּ
דְחוּפִים֙ בִּדְבַ֣ר הַמֶּ֔לֶךְ וְהַדָּ֥ת נִתְּנָ֖ה בְּשׁוּשַׁ֣ן הַבִּירָ֑ה וְהַמֶּ֤לֶךְ
ד א וְהָמָן֙ יָשְׁב֣וּ לִשְׁתּ֔וֹת וְהָעִ֥יר שׁוּשָׁ֖ן נָבֽוֹכָה׃ וּמָרְדֳּכַ֗י
יָדַע֙ אֶת־כָּל־אֲשֶׁ֣ר נַעֲשָׂ֔ה וַיִּקְרַ֤ע מָרְדֳּכַי֙ אֶת־בְּגָדָ֔יו וַיִּלְבַּ֥שׁ
ב שַׂ֖ק וָאֵ֑פֶר וַיֵּצֵא֙ בְּת֣וֹךְ הָעִ֔יר וַיִּזְעַ֛ק זְעָקָ֥ה גְדוֹלָ֖ה וּמָרָֽה׃ וַיָּב֕וֹא
עַ֖ד לִפְנֵ֣י שַֽׁעַר־הַמֶּ֑לֶךְ כִּ֣י אֵ֥ין לָב֛וֹא אֶל־שַׁ֥עַר הַמֶּ֖לֶךְ בִּלְב֥וּשׁ
ג שָֽׂק׃ וּבְכָל־מְדִינָ֣ה וּמְדִינָ֗ה מְקוֹם֙ אֲשֶׁ֨ר דְּבַר־הַמֶּ֤לֶךְ וְדָתוֹ֙
מַגִּ֔יעַ אֵ֤בֶל גָּדוֹל֙ לַיְּהוּדִ֔ים וְצ֥וֹם וּבְכִ֖י וּמִסְפֵּ֑ד שַׂ֣ק וָאֵ֔פֶר יֻצַּ֖ע
ד לָֽרַבִּֽים׃ ותבואינה נַעֲר֨וֹת אֶסְתֵּ֤ר וְסָרִיסֶ֙יהָ֙ וַיַּגִּ֣ידוּ לָ֔הּ וַתָּב֫וֹאנָה
וַתִּתְחַלְחַ֥ל הַמַּלְכָּ֖ה מְאֹ֑ד וַתִּשְׁלַ֨ח בְּגָדִ֜ים לְהַלְבִּ֣ישׁ אֶת־
ה מָרְדֳּכַ֗י וּלְהָסִ֥יר שַׂקּ֛וֹ מֵעָלָ֖יו וְלֹ֥א קִבֵּֽל׃ וַתִּקְרָא֩ אֶסְתֵּ֨ר לַהֲתָ֜ךְ
מִסָּרִיסֵ֤י הַמֶּ֙לֶךְ֙ אֲשֶׁ֣ר הֶעֱמִ֣יד לְפָנֶ֔יהָ וַתְּצַוֵּ֖הוּ עַֽל־מָרְדֳּכָ֑י לָדַ֥עַת
ו מַה־זֶּ֖ה וְעַל־מַה־זֶּֽה׃ וַיֵּצֵ֥א הֲתָ֖ךְ אֶל־מָרְדֳּכָ֑י אֶל־רְח֣וֹב הָעִ֔יר
ז אֲשֶׁ֖ר לִפְנֵ֥י שַֽׁעַר־הַמֶּֽלֶךְ׃ וַיַּגֶּד־ל֣וֹ מָרְדֳּכַ֔י אֵ֖ת כָּל־אֲשֶׁ֣ר קָרָ֑הוּ
וְאֵ֣ת ׀ פָּרָשַׁ֣ת הַכֶּ֗סֶף אֲשֶׁ֨ר אָמַ֤ר הָמָן֙ לִשְׁק֞וֹל עַל־גִּנְזֵ֥י הַמֶּ֛לֶךְ

אסתר והנחה למדינות עשה ויתן משאת כיד המלך
ובהקבץ בתולות שנית ומרדכי ישב בשער המלך אין
אסתר מגדת מולדתה ואת עמה כאשר צוה עליה מרדכי
ואת מאמר מרדכי אסתר עשה כאשר היתה באמנה
אתו בימים ההם ומרדכי יושב בשער המלך
קצף בגתן ותרש שני סריסי המלך משמרי הסף ויבקשו
לשלח יד במלך אחשורש ויודע הדבר למרדכי ויגד
לאסתר המלכה ותאמר אסתר למלך בשם מרדכי ויבקש
הדבר וימצא ויתלו שניהם על עץ ויכתב בספר דברי הימים
לפני המלך אחר הדברים האלה גדל המלך
אחשורוש את המן בן המדתא האגגי וינשאהו וישם את
כסאו מעל כל השרים אשר אתו וכל עבדי המלך אשר
בשער המלך כרעים ומשתחוים להמן כי כן צוה לו המלך
ומרדכי לא יכרע ולא ישתחוה ויאמרו עבדי המלך אשר
בשער המלך למרדכי מדוע אתה עובר את מצות המלך ויהי
באמרם אליו יום ויום ולא שמע אליהם ויגידו להמן לראות
היעמדו דברי מרדכי כי הגיד להם אשר הוא יהודי וירא המן
כי אין מרדכי כרע ומשתחוה לו וימלא המן חמה ויבז בעיניו
לשלח יד במרדכי לבדו כי הגידו לו את עם מרדכי ויבקש
המן להשמיד את כל היהודים אשר בכל מלכות אחשורוש
עם מרדכי בחדש הראשון הוא חדש ניסן בשנת שתים
עשרה למלך אחשורוש הפיל פור הוא הגורל לפני
המן מיום ליום ומחדש לחדש שנים עשר הוא חדש
אדר ויאמר המן למלך אחשורוש ישנו עם
אחד מפזר ומפרד בין העמים בכל מדינות מלכותך ודתיהם
שנות מכל עם ואת דתי המלך אינם עשים ולמלך אין שוה
להניחם אם על המלך טוב יכתב לאבדם ועשרת אלפים

אֶסְתֵּר וַהֲנָחָה לַמְּדִינוֹת עָשָׂה וַיִּתֵּן מַשְׂאֵת כְּיַד הַמֶּלֶךְ׃
יט כ וּבְהִקָּבֵץ בְּתוּלוֹת שֵׁנִית וּמָרְדֳּכַי יֹשֵׁב בְּשַׁעַר־הַמֶּלֶךְ׃ אֵין
אֶסְתֵּר מַגֶּדֶת מוֹלַדְתָּהּ וְאֶת־עַמָּהּ כַּאֲשֶׁר צִוָּה עָלֶיהָ מָרְדֳּכָי
וְאֶת־מַאֲמַר מָרְדֳּכַי אֶסְתֵּר עֹשָׂה כַּאֲשֶׁר הָיְתָה בְאָמְנָה
כא אִתּוֹ׃ בַּיָּמִים הָהֵם וּמָרְדֳּכַי יֹשֵׁב בְּשַׁעַר־הַמֶּלֶךְ
קָצַף בִּגְתָן וָתֶרֶשׁ שְׁנֵי־סָרִיסֵי הַמֶּלֶךְ מִשֹּׁמְרֵי הַסַּף וַיְבַקְשׁוּ
כב לִשְׁלֹחַ יָד בַּמֶּלֶךְ אֲחַשְׁוֵרֹשׁ׃ וַיִּוָּדַע הַדָּבָר לְמָרְדֳּכַי וַיַּגֵּד
כג לְאֶסְתֵּר הַמַּלְכָּה וַתֹּאמֶר אֶסְתֵּר לַמֶּלֶךְ בְּשֵׁם מָרְדֳּכָי׃ וַיְבֻקַּשׁ
הַדָּבָר וַיִּמָּצֵא וַיִּתָּלוּ שְׁנֵיהֶם עַל־עֵץ וַיִּכָּתֵב בְּסֵפֶר דִּבְרֵי הַיָּמִים
ג א לִפְנֵי הַמֶּלֶךְ׃ אַחַר ׀ הַדְּבָרִים הָאֵלֶּה גִּדַּל הַמֶּלֶךְ
אֲחַשְׁוֵרוֹשׁ אֶת־הָמָן בֶּן־הַמְּדָתָא הָאֲגָגִי וַיְנַשְּׂאֵהוּ וַיָּשֶׂם אֶת־
ב כִּסְאוֹ מֵעַל כָּל־הַשָּׂרִים אֲשֶׁר אִתּוֹ׃ וְכָל־עַבְדֵי הַמֶּלֶךְ אֲשֶׁר־
בְּשַׁעַר הַמֶּלֶךְ כֹּרְעִים וּמִשְׁתַּחֲוִים לְהָמָן כִּי־כֵן צִוָּה־לוֹ הַמֶּלֶךְ
ג וּמָרְדֳּכַי לֹא יִכְרַע וְלֹא יִשְׁתַּחֲוֶה׃ וַיֹּאמְרוּ עַבְדֵי הַמֶּלֶךְ אֲשֶׁר־
ד בְּשַׁעַר הַמֶּלֶךְ לְמָרְדֳּכָי מַדּוּעַ אַתָּה עוֹבֵר אֵת מִצְוַת הַמֶּלֶךְ׃ וַיְהִי
באמרם אֵלָיו יוֹם וָיוֹם וְלֹא שָׁמַע אֲלֵיהֶם וַיַּגִּידוּ לְהָמָן לִרְאוֹת כְּאָמְרָם
ה הֲיַעַמְדוּ דִּבְרֵי מָרְדֳּכַי כִּי־הִגִּיד לָהֶם אֲשֶׁר־הוּא יְהוּדִי׃ וַיַּרְא הָמָן
ו כִּי־אֵין מָרְדֳּכַי כֹּרֵעַ וּמִשְׁתַּחֲוֶה לוֹ וַיִּמָּלֵא הָמָן חֵמָה׃ וַיִּבֶז בְּעֵינָיו
לִשְׁלֹחַ יָד בְּמָרְדֳּכַי לְבַדּוֹ כִּי־הִגִּידוּ לוֹ אֶת־עַם מָרְדֳּכָי וַיְבַקֵּשׁ
הָמָן לְהַשְׁמִיד אֶת־כָּל־הַיְּהוּדִים אֲשֶׁר בְּכָל־מַלְכוּת אֲחַשְׁוֵרוֹשׁ
ז עַם מָרְדֳּכָי׃ בַּחֹדֶשׁ הָרִאשׁוֹן הוּא־חֹדֶשׁ נִיסָן בִּשְׁנַת שְׁתֵּים
עֶשְׂרֵה לַמֶּלֶךְ אֲחַשְׁוֵרוֹשׁ הִפִּיל פּוּר הוּא הַגּוֹרָל לִפְנֵי
הָמָן מִיּוֹם ׀ לְיוֹם וּמֵחֹדֶשׁ לְחֹדֶשׁ שְׁנֵים־עָשָׂר הוּא־חֹדֶשׁ
ח אֲדָר׃ וַיֹּאמֶר הָמָן לַמֶּלֶךְ אֲחַשְׁוֵרוֹשׁ יֶשְׁנוֹ עַם־ ג
אֶחָד מְפֻזָּר וּמְפֹרָד בֵּין הָעַמִּים בְּכֹל מְדִינוֹת מַלְכוּתֶךָ וְדָתֵיהֶם
שֹׁנוֹת מִכָּל־עָם וְאֶת־דָּתֵי הַמֶּלֶךְ אֵינָם עֹשִׂים וְלַמֶּלֶךְ אֵין־שֹׁוֶה
ט לְהַנִּיחָם׃ אִם־עַל־הַמֶּלֶךְ טוֹב יִכָּתֵב לְאַבְּדָם וַעֲשֶׂרֶת אֲלָפִים

היא אסתר בת דדו כי אין לה אב ואם והנערה יפת
תאר וטובת מראה ובמות אביה ואמה לקחה מרדכי לו
לבת ויהי בהשמע דבר המלך ודתו ובהקבץ נערות רבות
אל שושן הבירה אל יד הגי ותלקח אסתר אל בית המלך
אל יד הגי שמר הנשים ותיטב הנערה בעיניו ותשא חסד
לפניו ויבהל את תמרוקיה ואת מנותה לתת לה ואת
שבע הנערות הראיות לתת לה מבית המלך וישנה ואת
נערותיה לטוב בית הנשים לא הגידה אסתר את עמה
ואת מולדתה כי מרדכי צוה עליה אשר לא תגיד ובכל
יום ויום מרדכי מתהלך לפני חצר בית הנשים לדעת את
שלום אסתר ומה יעשה בה ובהגיע תר נערה ונערה
לבוא אל המלך אחשורוש מקץ היות לה כדת הנשים
שנים עשר חדש כי כן ימלאו ימי מרוקיהן ששה חדשים
בשמן המר וששה חדשים בבשמים ובתמרוקי הנשים
ובזה הנערה באה אל המלך את כל אשר תאמר ינתן לה
לבוא עמה מבית הנשים עד בית המלך בערב היא באה
ובבקר היא שבה אל בית הנשים שני אל יד שעשגז סריס
המלך שמר הפילגשים לא תבוא עוד אל המלך כי אם
חפץ בה המלך ונקראה בשם ובהגיע תר אסתר בת
אביחיל דד מרדכי אשר לקח לו לבת לבוא אל המלך
לא בקשה דבר כי אם את אשר יאמר הגי סריס המלך
שמר הנשים ותהי אסתר נשאת חן בעיני כל ראיה ותלקח
אסתר אל המלך אחשורוש אל בית מלכותו בחדש
העשירי הוא חדש טבת בשנת שבע למלכותו ויאהב
המלך את אסתר מכל הנשים ותשא חן וחסד לפניו מכל
הבתולות וישם כתר מלכות בראשה וימליכה תחת ושתי
ויעש המלך משתה גדול לכל שריו ועבדיו את משתה

הִ֤יא אֶסְתֵּר֙ בַּת־דֹּד֔וֹ כִּ֛י אֵ֥ין לָ֖הּ אָ֣ב וָאֵ֑ם וְהַנַּעֲרָ֤ה יְפַת־
תֹּ֙אַר֙ וְטוֹבַ֣ת מַרְאֶ֔ה וּבְמ֤וֹת אָבִ֙יהָ֙ וְאִמָּ֔הּ לְקָחָ֧הּ מָרְדֳּכַ֛י ל֖וֹ
ח לְבַֽת׃ וַיְהִ֗י בְּהִשָּׁמַ֤ע דְּבַר־הַמֶּ֙לֶךְ֙ וְדָת֔וֹ וּֽבְהִקָּבֵ֞ץ נְעָר֥וֹת רַבּ֛וֹת
אֶל־שׁוּשַׁ֥ן הַבִּירָ֖ה אֶל־יַ֣ד הֵגָ֑י וַתִּלָּקַ֤ח אֶסְתֵּר֙ אֶל־בֵּ֣ית הַמֶּ֔לֶךְ
ט אֶל־יַ֥ד הֵגַ֖י שֹׁמֵ֥ר הַנָּשִֽׁים׃ וַתִּיטַ֨ב הַנַּעֲרָ֣ה בְעֵינָיו֮ וַתִּשָּׂ֣א חֶ֣סֶד
לְפָנָיו֒ וַ֠יְבַהֵל אֶת־תַּמְרוּקֶ֨יהָ וְאֶת־מָנוֹתֶ֜הָ לָתֵ֣ת לָ֗הּ וְאֵת֙
שֶׁ֣בַע הַנְּעָר֔וֹת הָרְאֻי֥וֹת לָֽתֶת־לָ֖הּ מִבֵּ֣ית הַמֶּ֑לֶךְ וַיְשַׁנֶּ֧הָ וְאֶת־
י נַעֲרוֹתֶ֛יהָ לְט֖וֹב בֵּ֥ית הַנָּשִֽׁים׃ לֹא־הִגִּ֣ידָה אֶסְתֵּ֔ר אֶת־עַמָּ֖הּ
יא וְאֶת־מֽוֹלַדְתָּ֑הּ כִּ֧י מָרְדֳּכַ֛י צִוָּ֥ה עָלֶ֖יהָ אֲשֶׁ֥ר לֹא־תַגִּֽיד׃ וּבְכָל־
י֣וֹם וָי֔וֹם מָרְדֳּכַי֙ מִתְהַלֵּ֔ךְ לִפְנֵ֖י חֲצַ֣ר בֵּית־הַנָּשִׁ֑ים לָדַ֙עַת֙ אֶת־
יב שְׁל֣וֹם אֶסְתֵּ֔ר וּמַה־יֵּעָשֶׂ֖ה בָּֽהּ׃ וּבְהַגִּ֡יעַ תֹּר֩ נַעֲרָ֨ה וְנַעֲרָ֜ה
לָב֣וֹא ׀ אֶל־הַמֶּ֣לֶךְ אֲחַשְׁוֵר֗וֹשׁ מִקֵּץ֙ הֱי֨וֹת לָ֜הּ כְּדָ֤ת הַנָּשִׁים֙
שְׁנֵ֣ים עָשָׂ֣ר חֹ֔דֶשׁ כִּ֛י כֵּ֥ן יִמְלְא֖וּ יְמֵ֣י מְרוּקֵיהֶ֑ן שִׁשָּׁ֤ה חֳדָשִׁים֙
בְּשֶׁ֣מֶן הַמֹּ֔ר וְשִׁשָּׁ֤ה חֳדָשִׁים֙ בַּבְּשָׂמִ֔ים וּבְתַמְרוּקֵ֖י הַנָּשִֽׁים׃
יג וּבָזֶ֕ה הַנַּעֲרָ֖ה בָּאָ֣ה אֶל־הַמֶּ֑לֶךְ אֵת֩ כָּל־אֲשֶׁ֨ר תֹּאמַ֜ר יִנָּ֤תֵֽן לָהּ֙
יד לָב֣וֹא עִמָּ֔הּ מִבֵּ֥ית הַנָּשִׁ֖ים עַד־בֵּ֥ית הַמֶּֽלֶךְ׃ בָּעֶ֣רֶב ׀ הִ֣יא בָאָ֗ה
וּ֠בַבֹּקֶר הִ֣יא שָׁבָ֞ה אֶל־בֵּ֤ית הַנָּשִׁים֙ שֵׁנִ֔י אֶל־יַ֛ד שַׁעַשְׁגַ֥ז סְרִ֥יס
הַמֶּ֖לֶךְ שֹׁמֵ֣ר הַפִּילַגְשִׁ֑ים לֹא־תָב֥וֹא עוֹד֙ אֶל־הַמֶּ֔לֶךְ כִּ֣י אִם־
טו חָפֵ֥ץ בָּ֛הּ הַמֶּ֖לֶךְ וְנִקְרְאָ֥ה בְשֵֽׁם׃ וּבְהַגִּ֣יעַ תֹּר־אֶסְתֵּ֣ר בַּת־
אֲבִיחַ֣יִל ׀ דֹּ֣ד מָרְדֳּכַ֡י אֲשֶׁר֩ לָֽקַח־ל֨וֹ לְבַ֜ת לָב֣וֹא אֶל־הַמֶּ֗לֶךְ
לֹ֤א בִקְשָׁה֙ דָּבָ֔ר כִּ֗י אִ֛ם אֶת־אֲשֶׁ֥ר יֹאמַ֛ר הֵגַ֥י סְרִיס־הַמֶּ֖לֶךְ
טז שֹׁמֵ֣ר הַנָּשִׁ֑ים וַתְּהִ֤י אֶסְתֵּר֙ נֹשֵׂ֣את חֵ֔ן בְּעֵינֵ֖י כָּל־רֹאֶֽיהָ׃ וַתִּלָּקַ֨ח
אֶסְתֵּ֜ר אֶל־הַמֶּ֣לֶךְ אֲחַשְׁוֵר֗וֹשׁ אֶל־בֵּ֣ית מַלְכוּת֔וֹ בַּחֹ֥דֶשׁ
יז הָעֲשִׂירִ֖י הוּא־חֹ֣דֶשׁ טֵבֵ֑ת בִּשְׁנַת־שֶׁ֖בַע לְמַלְכוּתֽוֹ׃ וַיֶּאֱהַ֨ב
הַמֶּ֤לֶךְ אֶת־אֶסְתֵּר֙ מִכָּל־הַנָּשִׁ֔ים וַתִּשָּׂא־חֵ֥ן וָחֶ֛סֶד לְפָנָ֖יו מִכָּל־
הַבְּתוּל֑וֹת וַיָּ֤שֶׂם כֶּֽתֶר־מַלְכוּת֙ בְּרֹאשָׁ֔הּ וַיַּמְלִיכֶ֖הָ תַּ֥חַת וַשְׁתִּֽי׃
יח וַיַּ֨עַשׂ הַמֶּ֜לֶךְ מִשְׁתֶּ֣ה גָד֗וֹל לְכָל־שָׂרָיו֙ וַעֲבָדָ֔יו אֵ֖ת מִשְׁתֵּ֣ה

מומכן לפני המלך והשרים לא על המלך לבדו עותה
ושתי המלכה כי על כל השרים ועל כל העמים אשר בכל
מדינות המלך אחשורוש כי יצא דבר המלכה על כל
הנשים להבזות בעליהן בעיניהן באמרם המלך אחשורוש
אמר להביא את ושתי המלכה לפניו ולא באה והיום
הזה תאמרנה שרות פרס ומדי אשר שמעו את דבר
המלכה לכל שרי המלך וכדי בזיון וקצף אם על המלך
טוב יצא דבר מלכות מלפניו ויכתב בדתי פרס ומדי ולא
יעבור אשר לא תבוא ושתי לפני המלך אחשורוש ומלכותה
יתן המלך לרעותה הטובה ממנה ונשמע פתגם המלך
אשר יעשה בכל מלכותו כי רבה היא וכל הנשים יתנו
יקר לבעליהן למגדול ועד קטן וייטב הדבר בעיני המלך
והשרים ויעש המלך כדבר ממוכן וישלח ספרים אל
כל מדינות המלך אל מדינה ומדינה ככתבה ואל עם
ועם כלשונו להיות כל איש שרר בביתו ומדבר כלשון
עמו אחר הדברים האלה כשך חמת המלך
אחשורוש זכר את ושתי ואת אשר עשתה ואת אשר נגזר
עליה ויאמרו נערי המלך משרתיו יבקשו למלך נערות
בתולות טובות מראה ויפקד המלך פקידים בכל מדינות
מלכותו ויקבצו את כל נערה בתולה טובת מראה אל
שושן הבירה אל בית הנשים אל יד הגא סריס המלך
שמר הנשים ונתון תמרקיהן והנערה אשר תיטב בעיני
המלך תמלך תחת ושתי וייטב הדבר בעיני המלך ויעש
כן איש יהודי היה בשושן הבירה ושמו
מרדכי בן יאיר בן שמעי בן קיש איש ימיני אשר הגלה
מירושלים עם הגלה אשר הגלתה עם יכניה מלך יהודה
אשר הגלה נבוכדנצר מלך בבל ויהי אמן את הדסה

מוּמְכָן לִפְנֵי הַמֶּלֶךְ וְהַשָּׂרִים לֹא עַל־הַמֶּלֶךְ לְבַדּוֹ עָוְתָה מְמוּכָן
וַשְׁתִּי הַמַּלְכָּה כִּי עַל־כָּל־הַשָּׂרִים וְעַל־כָּל־הָעַמִּים אֲשֶׁר בְּכָל־
יז מְדִינוֹת הַמֶּלֶךְ אֲחַשְׁוֵרוֹשׁ: כִּי־יֵצֵא דְבַר־הַמַּלְכָּה עַל־כָּל־
הַנָּשִׁים לְהַבְזוֹת בַּעְלֵיהֶן בְּעֵינֵיהֶן בְּאָמְרָם הַמֶּלֶךְ אֲחַשְׁוֵרוֹשׁ
יח אָמַר לְהָבִיא אֶת־וַשְׁתִּי הַמַּלְכָּה לְפָנָיו וְלֹא־בָאָה: וְהַיּוֹם
הַזֶּה תֹּאמַרְנָה ׀ שָׂרוֹת פָּרַס־וּמָדַי אֲשֶׁר שָׁמְעוּ אֶת־דְּבַר
יט הַמַּלְכָּה לְכֹל שָׂרֵי הַמֶּלֶךְ וּכְדַי בִּזָּיוֹן וָקָצֶף: אִם־עַל־הַמֶּלֶךְ
טוֹב יֵצֵא דְבַר־מַלְכוּת מִלְּפָנָיו וְיִכָּתֵב בְּדָתֵי פָרַס־וּמָדַי וְלֹא
יַעֲבוֹר אֲשֶׁר לֹא־תָבוֹא וַשְׁתִּי לִפְנֵי הַמֶּלֶךְ אֲחַשְׁוֵרוֹשׁ וּמַלְכוּתָהּ
כ יִתֵּן הַמֶּלֶךְ לִרְעוּתָהּ הַטּוֹבָה מִמֶּנָּה: וְנִשְׁמַע פִּתְגָם הַמֶּלֶךְ
אֲשֶׁר־יַעֲשֶׂה בְּכָל־מַלְכוּתוֹ כִּי רַבָּה הִיא וְכָל־הַנָּשִׁים יִתְּנוּ
כא יְקָר לְבַעְלֵיהֶן לְמִגָּדוֹל וְעַד־קָטָן: וַיִּיטַב הַדָּבָר בְּעֵינֵי הַמֶּלֶךְ
כב וְהַשָּׂרִים וַיַּעַשׂ הַמֶּלֶךְ כִּדְבַר מְמוּכָן: וַיִּשְׁלַח סְפָרִים אֶל־
כָּל־מְדִינוֹת הַמֶּלֶךְ אֶל־מְדִינָה וּמְדִינָה כִּכְתָבָהּ וְאֶל־עַם
וָעָם כִּלְשׁוֹנוֹ לִהְיוֹת כָּל־אִישׁ שֹׂרֵר בְּבֵיתוֹ וּמְדַבֵּר כִּלְשׁוֹן
ב א עַמּוֹ: אַחַר הַדְּבָרִים הָאֵלֶּה כְּשֹׁךְ חֲמַת הַמֶּלֶךְ
אֲחַשְׁוֵרוֹשׁ זָכַר אֶת־וַשְׁתִּי וְאֵת אֲשֶׁר־עָשָׂתָה וְאֵת אֲשֶׁר־נִגְזַר
ב עָלֶיהָ: וַיֹּאמְרוּ נַעֲרֵי־הַמֶּלֶךְ מְשָׁרְתָיו יְבַקְשׁוּ לַמֶּלֶךְ נְעָרוֹת
ג בְּתוּלוֹת טוֹבוֹת מַרְאֶה: וְיַפְקֵד הַמֶּלֶךְ פְּקִידִים בְּכָל־מְדִינוֹת
מַלְכוּתוֹ וְיִקְבְּצוּ אֶת־כָּל־נַעֲרָה־בְתוּלָה טוֹבַת מַרְאֶה אֶל־
שׁוּשַׁן הַבִּירָה אֶל־בֵּית הַנָּשִׁים אֶל־יַד הֵגֶא סְרִיס הַמֶּלֶךְ
ד שֹׁמֵר הַנָּשִׁים וְנָתוֹן תַּמְרוּקֵיהֶן: וְהַנַּעֲרָה אֲשֶׁר תִּיטַב בְּעֵינֵי
הַמֶּלֶךְ תִּמְלֹךְ תַּחַת וַשְׁתִּי וַיִּיטַב הַדָּבָר בְּעֵינֵי הַמֶּלֶךְ וַיַּעַשׂ
ה כֵּן: אִישׁ יְהוּדִי הָיָה בְּשׁוּשַׁן הַבִּירָה וּשְׁמוֹ ב
ו מָרְדֳּכַי בֶּן יָאִיר בֶּן־שִׁמְעִי בֶּן־קִישׁ אִישׁ יְמִינִי: אֲשֶׁר הָגְלָה
מִירוּשָׁלַיִם עִם־הַגֹּלָה אֲשֶׁר הָגְלְתָה עִם יְכָנְיָה מֶלֶךְ־יְהוּדָה
ז אֲשֶׁר הֶגְלָה נְבוּכַדְנֶצַּר מֶלֶךְ בָּבֶל: וַיְהִי אֹמֵן אֶת־הֲדַסָּה

ויהי בימי אחשורוש הוא אחשורוש המלך מהדו ועד כוש
שבע ועשרים ומאה מדינה בימים ההם כשבת המלך
אחשורוש על כסא מלכותו אשר בשושן הבירה בשנת
שלוש למלכו עשה משתה לכל שריו ועבדיו חיל פרס
ומדי הפרתמים ושרי המדינות לפניו בהראתו את עשר
כבוד מלכותו ואת יקר תפארת גדולתו ימים רבים שמונים
ומאת יום ובמלואת הימים האלה עשה המלך לכל העם
הנמצאים בשושן הבירה למגדול ועד קטן משתה שבעת
ימים בחצר גנת ביתן המלך חור כרפס ותכלת אחוז
בחבלי בוץ וארגמן על גלילי כסף ועמודי שש מטות זהב
וכסף על רצפת בהט ושש ודר וסחרת והשקות בכלי זהב
וכלים מכלים שונים ויין מלכות רב כיד המלך והשתיה
כדת אין אנס כי כן יסד המלך על כל רב ביתו לעשות
כרצון איש ואיש גם ושתי המלכה עשתה
משתה נשים בית המלכות אשר למלך אחשורוש ביום
השביעי כטוב לב המלך ביין אמר למהומן בזתא חרבונא
בגתא ואבגתא זתר וכרכס שבעת הסריסים המשרתים
את פני המלך אחשורוש להביא את ושתי המלכה לפני
המלך בכתר מלכות להראות העמים והשרים את יפיה
כי טובת מראה היא ותמאן המלכה ושתי לבוא בדבר
המלך אשר ביד הסריסים ויקצף המלך מאד וחמתו בערה
בו ויאמר המלך לחכמים ידעי העתים כי
כן דבר המלך לפני כל ידעי דת ודין והקרב אליו כרשנא
שתר אדמתא תרשיש מרס מרסנא ממוכן שבעת שרי
פרס ומדי ראי פני המלך הישבים ראשנה במלכות כדת
מה לעשות במלכה ושתי על אשר לא עשתה את
מאמר המלך אחשורוש ביד הסריסים ויאמר

א וַיְהִי בִּימֵי אֲחַשְׁוֵרוֹשׁ הוּא אֲחַשְׁוֵרוֹשׁ הַמֹּלֵךְ מֵהֹדּוּ וְעַד־כּוּשׁ א
ב שֶׁבַע וְעֶשְׂרִים וּמֵאָה מְדִינָה׃ בַּיָּמִים הָהֵם כְּשֶׁבֶת ׀ הַמֶּלֶךְ
ג אֲחַשְׁוֵרוֹשׁ עַל כִּסֵּא מַלְכוּתוֹ אֲשֶׁר בְּשׁוּשַׁן הַבִּירָה׃ בִּשְׁנַת
שָׁלוֹשׁ לְמָלְכוֹ עָשָׂה מִשְׁתֶּה לְכָל־שָׂרָיו וַעֲבָדָיו חֵיל ׀ פָּרַס
ד וּמָדַי הַפַּרְתְּמִים וְשָׂרֵי הַמְּדִינוֹת לְפָנָיו׃ בְּהַרְאֹתוֹ אֶת־עֹשֶׁר
כְּבוֹד מַלְכוּתוֹ וְאֶת־יְקָר תִּפְאֶרֶת גְּדוּלָּתוֹ יָמִים רַבִּים שְׁמוֹנִים
ה וּמְאַת יוֹם׃ וּבִמְלוֹאת ׀ הַיָּמִים הָאֵלֶּה עָשָׂה הַמֶּלֶךְ לְכָל־הָעָם
הַנִּמְצְאִים בְּשׁוּשַׁן הַבִּירָה לְמִגָּדוֹל וְעַד־קָטָן מִשְׁתֶּה שִׁבְעַת
ו יָמִים בַּחֲצַר גִּנַּת בִּיתַן הַמֶּלֶךְ׃ חוּר ׀ כַּרְפַּס וּתְכֵלֶת אָחוּז
בְּחַבְלֵי־בוּץ וְאַרְגָּמָן עַל־גְּלִילֵי כֶסֶף וְעַמּוּדֵי שֵׁשׁ מִטּוֹת ׀ זָהָב
ז וָכֶסֶף עַל רִצְפַת בַּהַט־וָשֵׁשׁ וְדַר וְסֹחָרֶת׃ וְהַשְׁקוֹת בִּכְלֵי זָהָב
ח וְכֵלִים מִכֵּלִים שׁוֹנִים וְיֵין מַלְכוּת רָב כְּיַד הַמֶּלֶךְ׃ וְהַשְּׁתִיָּה
כַדָּת אֵין אֹנֵס כִּי־כֵן ׀ יִסַּד הַמֶּלֶךְ עַל כָּל־רַב בֵּיתוֹ לַעֲשׂוֹת
ט כִּרְצוֹן אִישׁ־וָאִישׁ׃ גַּם וַשְׁתִּי הַמַּלְכָּה עָשְׂתָה
י מִשְׁתֵּה נָשִׁים בֵּית הַמַּלְכוּת אֲשֶׁר לַמֶּלֶךְ אֲחַשְׁוֵרוֹשׁ׃ בַּיּוֹם
הַשְּׁבִיעִי כְּטוֹב לֵב־הַמֶּלֶךְ בַּיָּיִן אָמַר לִמְהוּמָן בִּזְּתָא חַרְבוֹנָא
בִּגְתָא וַאֲבַגְתָא זֵתַר וְכַרְכַּס שִׁבְעַת הַסָּרִיסִים הַמְשָׁרְתִים
יא אֶת־פְּנֵי הַמֶּלֶךְ אֲחַשְׁוֵרוֹשׁ׃ לְהָבִיא אֶת־וַשְׁתִּי הַמַּלְכָּה לִפְנֵי
הַמֶּלֶךְ בְּכֶתֶר מַלְכוּת לְהַרְאוֹת הָעַמִּים וְהַשָּׂרִים אֶת־יָפְיָהּ
יב כִּי־טוֹבַת מַרְאֶה הִיא׃ וַתְּמָאֵן הַמַּלְכָּה וַשְׁתִּי לָבוֹא בִּדְבַר
הַמֶּלֶךְ אֲשֶׁר בְּיַד הַסָּרִיסִים וַיִּקְצֹף הַמֶּלֶךְ מְאֹד וַחֲמָתוֹ בָּעֲרָה
יג בוֹ׃ וַיֹּאמֶר הַמֶּלֶךְ לַחֲכָמִים יֹדְעֵי הָעִתִּים כִּי־
יד כֵן דְּבַר הַמֶּלֶךְ לִפְנֵי כָּל־יֹדְעֵי דָּת וָדִין׃ וְהַקָּרֹב אֵלָיו כַּרְשְׁנָא
שֵׁתָר אַדְמָתָא תַרְשִׁישׁ מֶרֶס מַרְסְנָא מְמוּכָן שִׁבְעַת שָׂרֵי ׀
טו פָּרַס וּמָדַי רֹאֵי פְּנֵי הַמֶּלֶךְ הַיֹּשְׁבִים רִאשֹׁנָה בַּמַּלְכוּת׃ כְּדָת
מַה־לַּעֲשׂוֹת בַּמַּלְכָּה וַשְׁתִּי עַל ׀ אֲשֶׁר לֹא־עָשְׂתָה אֶת־
טז מַאֲמַר הַמֶּלֶךְ אֲחַשְׁוֵרוֹשׁ בְּיַד הַסָּרִיסִים׃ וַיֹּאמֶר

# מגילת אסתר

אנכי יהוה אלהיך
אשר הוצאתיך מארץ מצרים מבית עבדים לא יהיה לך
אלהים אחרים על פני לא תעשה לך פסל כל תמונה
אשר בשמים ממעל ואשר בארץ מתחת ואשר במים
מתחת לארץ לא תשתחוה להם ולא תעבדם כי אנכי יהוה
אלהיך אל קנא פקד עון אבות על בנים ועל שלשים
ועל רבעים לשנאי ועשה חסד לאלפים לאהבי ולשמרי
מצותו לא תשא את שם יהוה אלהיך לשוא כי לא
ינקה יהוה את אשר ישא את שמו לשוא שמור
את יום השבת לקדשו כאשר צוך יהוה אלהיך ששת ימים
תעבד ועשית כל מלאכתך ויום השביעי שבת ליהוה
אלהיך לא תעשה כל־מלאכה אתה ובנך־ובתך ועבדך
ואמתך ושורך וחמרך וכל בהמתך וגרך אשר בשעריך למען
ינוח עבדך ואמתך כמוך וזכרת כי־עבד היית בארץ מצרים
ויצאך יהוה אלהיך משם ביד חזקה ובזרע נטויה על־כן צוך
יהוה אלהיך לעשות את יום השבת כבד
את אביך ואת אמך כאשר צוך יהוה אלהיך למען יאריכן
ימיך ולמען ייטב לך על האדמה אשר יהוה אלהיך נתן
לך לא תרצח ולא
תנאף ולא תגנב ולא
תענה ברעך עד שוא ולא
תחמד אשת רעך ולא
תתאוה בית רעך שדהו ועבדו ואמתו שורו וחמרו וכל אשר
לרעך

# עשרת הדברות שבפרשת ואתחנן
## בטעם העליון

אָנֹכִי יְהוָה אֱלֹהֶיךָ
אֲשֶׁר הוֹצֵאתִיךָ מֵאֶרֶץ מִצְרַיִם מִבֵּית עֲבָדִים לֹא יִהְיֶה לְךָ
אֱלֹהִים אֲחֵרִים עַל־פָּנָי לֹא תַעֲשֶׂה־לְךָ פֶסֶל ׀ כָּל־תְּמוּנָה
אֲשֶׁר בַּשָּׁמַיִם ׀ מִמַּעַל וַאֲשֶׁר בָּאָרֶץ מִתַּחַת וַאֲשֶׁר בַּמַּיִם ׀
מִתַּחַת לָאָרֶץ לֹא־תִשְׁתַּחֲוֶה לָהֶם וְלֹא תָעָבְדֵם כִּי אָנֹכִי יְהוָה
אֱלֹהֶיךָ אֵל קַנָּא פֹּקֵד עֲוֺן אָבוֹת עַל־בָּנִים וְעַל־שִׁלֵּשִׁים
וְעַל־רִבֵּעִים לְשֹׂנְאָי וְעֹשֶׂה חֶסֶד לַאֲלָפִים לְאֹהֲבַי וּלְשֹׁמְרֵי
מצותו: לֹא תִשָּׂא אֶת־שֵׁם־יְהוָה אֱלֹהֶיךָ לַשָּׁוְא כִּי לֹא מִצְוֺתָי
יְנַקֶּה יְהוָה אֵת אֲשֶׁר־יִשָּׂא אֶת־שְׁמוֹ לַשָּׁוְא: שָׁמוֹר
אֶת־יוֹם הַשַּׁבָּת לְקַדְּשׁוֹ כַּאֲשֶׁר צִוְּךָ ׀ יְהוָה אֱלֹהֶיךָ שֵׁשֶׁת יָמִים
תַּעֲבֹד וְעָשִׂיתָ כָּל־מְלַאכְתֶּךָ וְיוֹם הַשְּׁבִיעִי שַׁבָּת ׀ לַיהוָה
אֱלֹהֶיךָ לֹא תַעֲשֶׂה כָל־מְלָאכָה אַתָּה וּבִנְךָ־וּבִתֶּךָ וְעַבְדְּךָ־
וַאֲמָתֶךָ וְשׁוֹרְךָ וַחֲמֹרְךָ וְכָל־בְּהֶמְתֶּךָ וְגֵרְךָ אֲשֶׁר בִּשְׁעָרֶיךָ לְמַעַן
יָנוּחַ עַבְדְּךָ וַאֲמָתְךָ כָּמוֹךָ וְזָכַרְתָּ כִּי־עֶבֶד הָיִיתָ ׀ בְּאֶרֶץ מִצְרַיִם
וַיֹּצִאֲךָ יְהוָה אֱלֹהֶיךָ מִשָּׁם בְּיָד חֲזָקָה וּבִזְרֹעַ נְטוּיָה עַל־כֵּן צִוְּךָ
יְהוָה אֱלֹהֶיךָ לַעֲשׂוֹת אֶת־יוֹם הַשַּׁבָּת: כַּבֵּד
אֶת־אָבִיךָ וְאֶת־אִמֶּךָ כַּאֲשֶׁר צִוְּךָ יְהוָה אֱלֹהֶיךָ לְמַעַן ׀ יַאֲרִיכֻן
יָמֶיךָ וּלְמַעַן יִיטַב לָךְ עַל הָאֲדָמָה אֲשֶׁר־יְהוָה אֱלֹהֶיךָ נֹתֵן
לָךְ: לֹא תִרְצָח: וְלֹא
תִנְאָף: וְלֹא תִגְנֹב: וְלֹא־
תַעֲנֶה בְרֵעֲךָ עֵד שָׁוְא: וְלֹא
תַחְמֹד אֵשֶׁת רֵעֶךָ וְלֹא
תִתְאַוֶּה בֵּית רֵעֶךָ שָׂדֵהוּ וְעַבְדּוֹ וַאֲמָתוֹ שׁוֹרוֹ וַחֲמֹרוֹ וְכֹל אֲשֶׁר
לְרֵעֶךָ:

לדעת רוו"ה יש לקרוא את הדבר הראשון עד מבית עבדים
בטעם התחתון

אנכי יהוה אלהיך אשר הוצאתיך
מארץ מצרים מבית עבדים לא יהיה לך אלהים אחרים
על פני לא תעשה לך פסל וכל תמונה אשר בשמים ממעל
ואשר בארץ מתחת ואשר במים מתחת לארץ לא
תשתחוה להם ולא תעבדם כי אנכי יהוה אלהיך אל קנא
פקד עון אבת על בנים על שלשים ועל רבעים לשנאי
ועשה חסד לאלפים לאהבי ולשמרי מצותי לא
תשא את שם יהוה אלהיך לשוא כי לא ינקה יהוה את
אשר ישא את שמו לשוא
זכור את יום השבת לקדשו ששת ימים תעבד ועשית כל
מלאכתך ויום השביעי שבת ליהוה אלהיך לא תעשה כל
מלאכה אתה ובנך ובתך עבדך ואמתך ובהמתך וגרך אשר
בשעריך כי ששת ימים עשה יהוה את השמים ואת הארץ
את הים ואת כל אשר בם וינח ביום השביעי על כן ברך
יהוה את־יום השבת ויקדשהו כבד את אביך
ואת אמך למען יארכון ימיך על האדמה אשר יהוה אלהיך
נתן לך לא תרצח לא
תנאף לא תגנב לא
תענה ברעך עד שקר לא
תחמד בית רעך לא
תחמד אשת רעך ועבדו ואמתו ושורו וחמרו וכל אשר
לרעך

# עשרת הדברות שבפרשת יתרו
## בטעם העליון

אָנֹכִי יְהוָה אֱלֹהֶיךָ אֲשֶׁר הוֹצֵאתִיךָ
מֵאֶרֶץ מִצְרַיִם מִבֵּית עֲבָדִים לֹא יִהְיֶה לְךָ אֱלֹהִים אֲחֵרִים
עַל־פָּנַי לֹא תַעֲשֶׂה־לְךָ פֶסֶל ׀ וְכָל־תְּמוּנָה אֲשֶׁר בַּשָּׁמַיִם ׀ מִמַּעַל
וַאֲשֶׁר בָּאָרֶץ מִתַּחַת וַאֲשֶׁר בַּמַּיִם ׀ מִתַּחַת לָאָרֶץ לֹא־
תִשְׁתַּחְוֶה לָהֶם וְלֹא תָעָבְדֵם כִּי אָנֹכִי יְהוָה אֱלֹהֶיךָ אֵל קַנָּא
פֹּקֵד עֲוֺן אָבֹת עַל־בָּנִים עַל־שִׁלֵּשִׁים וְעַל־רִבֵּעִים לְשֹׂנְאָי
וְעֹשֶׂה חֶסֶד לַאֲלָפִים לְאֹהֲבַי וּלְשֹׁמְרֵי מִצְוֺתָי׃ לֹא
תִשָּׂא אֶת־שֵׁם־יְהוָה אֱלֹהֶיךָ לַשָּׁוְא כִּי לֹא יְנַקֶּה יְהוָה אֵת
אֲשֶׁר־יִשָּׂא אֶת־שְׁמוֹ לַשָּׁוְא׃
זָכוֹר אֶת־יוֹם הַשַּׁבָּת לְקַדְּשׁוֹ שֵׁשֶׁת יָמִים תַּעֲבֹד וְעָשִׂיתָ כָּל־
מְלַאכְתֶּךָ וְיוֹם הַשְּׁבִיעִי שַׁבָּת ׀ לַיהוָה אֱלֹהֶיךָ לֹא תַעֲשֶׂה כָל־
מְלָאכָה אַתָּה וּבִנְךָ וּבִתֶּךָ עַבְדְּךָ וַאֲמָתְךָ וּבְהֶמְתֶּךָ וְגֵרְךָ אֲשֶׁר
בִּשְׁעָרֶיךָ כִּי שֵׁשֶׁת־יָמִים עָשָׂה יְהוָה אֶת־הַשָּׁמַיִם וְאֶת־הָאָרֶץ
אֶת־הַיָּם וְאֶת־כָּל־אֲשֶׁר־בָּם וַיָּנַח בַּיּוֹם הַשְּׁבִיעִי עַל־כֵּן בֵּרַךְ
יְהוָה אֶת־יוֹם הַשַּׁבָּת וַיְקַדְּשֵׁהוּ׃ כַּבֵּד אֶת־אָבִיךָ
וְאֶת־אִמֶּךָ לְמַעַן יַאֲרִכוּן יָמֶיךָ עַל הָאֲדָמָה אֲשֶׁר־יְהוָה אֱלֹהֶיךָ
נֹתֵן לָךְ׃ לֹא תִּרְצָח׃ לֹא
תִּנְאָף׃ לֹא תִּגְנֹב׃ לֹא־
תַעֲנֶה בְרֵעֲךָ עֵד שָׁקֶר׃ לֹא
תַחְמֹד בֵּית רֵעֶךָ לֹא־
תַחְמֹד אֵשֶׁת רֵעֶךָ וְעַבְדּוֹ וַאֲמָתוֹ וְשׁוֹרוֹ וַחֲמֹרוֹ וְכֹל אֲשֶׁר
לְרֵעֶךָ׃

לדעת רוו״ה יש לקרוא את הדבר הראשון עד מבית עבדים
בטעם התחתון

אמר ברוך מבנים אשר יהי רצוי אחיו וטבל בשמן רגלו
ברזל ונחשת מנעלך וכימיך דבאך אין כאל ישרון רכב
שמים בעזרך ובגאותו שחקים מענה אלהי קדם ומתחת
זרעת עולם ויגרש מפניך אויב ויאמר השמד וישכן ישראל
בטח בדד עין יעקב אל ארץ דגן ותירוש אף שמיו יערפו
טל אשריך ישראל מי כמוך עם נושע ביהוה מגן עזרך
ואשר חרב גאותך ויכחשו איביך לך ואתה על במותימו
תדרך ויעל משה מערבת מואב אל הר נבו
ראש הפסגה אשר על פני ירחו ויראהו יהוה את כל הארץ
את הגלעד עד דן ואת כל נפתלי ואת ארץ אפרים ומנשה
ואת כל ארץ יהודה עד הים האחרון ואת הנגב ואת הככר
בקעת ירחו עיר התמרים עד צער ויאמר יהוה אליו זאת
הארץ אשר נשבעתי לאברהם ליצחק וליעקב לאמר לזרעך
אתננה הראיתיך בעינך ושמה לא תעבר וימת שם משה
עבד יהוה בארץ מואב על פי יהוה ויקבר אתו בגי בארץ
מואב מול בית פעור ולא ידע איש את קברתו עד היום הזה
ומשה בן מאה ועשרים שנה במתו לא כהתה עינו ולא
נס לחה ויבכו בני ישראל את משה בערבת מואב שלשים
יום ויתמו ימי בכי אבל משה ויהושע בן נון מלא רוח חכמה
כי סמך משה את ידיו עליו וישמעו אליו בני ישראל ויעשו
כאשר צוה יהוה את משה ולא קם נביא עוד בישראל
כמשה אשר ידעו יהוה פנים אל פנים לכל האתת והמופתים
אשר שלחו יהוה לעשות בארץ מצרים לפרעה ולכל עבדיו
ולכל ארצו ולכל היד החזקה ולכל המורא הגדול אשר
עשה משה לעיני כל ישראל

אָמַר בָּרוּךְ מִבָּנִים אָשֵׁר יְהִי רְצוּי אֶחָיו וְטֹבֵל בַּשֶּׁמֶן רַגְלוֹ׃
כה כו בַּרְזֶל וּנְחֹשֶׁת מִנְעָלֶךָ וּכְיָמֶיךָ דָּבְאֶךָ׃ אֵין כָּאֵל יְשֻׁרוּן רֹכֵב
כז שָׁמַיִם בְּעֶזְרֶךָ וּבְגַאֲוָתוֹ שְׁחָקִים׃ מְעֹנָה אֱלֹהֵי קֶדֶם וּמִתַּחַת חתן התורה
כח זְרֹעֹת עוֹלָם וַיְגָרֶשׁ מִפָּנֶיךָ אוֹיֵב וַיֹּאמֶר הַשְׁמֵד׃ וַיִּשְׁכֹּן יִשְׂרָאֵל
בֶּטַח בָּדָד עֵין יַעֲקֹב אֶל־אֶרֶץ דָּגָן וְתִירוֹשׁ אַף־שָׁמָיו יַעַרְפוּ־
כט טָל׃ אַשְׁרֶיךָ יִשְׂרָאֵל מִי כָמוֹךָ עַם נוֹשַׁע בַּיהוה מָגֵן עֶזְרֶךָ
וַאֲשֶׁר־חֶרֶב גַּאֲוָתֶךָ וְיִכָּחֲשׁוּ אֹיְבֶיךָ לָךְ וְאַתָּה עַל־בָּמוֹתֵימוֹ
לד א תִדְרֹךְ׃ וַיַּעַל מֹשֶׁה מֵעַרְבֹת מוֹאָב אֶל־הַר נְבוֹ
רֹאשׁ הַפִּסְגָּה אֲשֶׁר עַל־פְּנֵי יְרֵחוֹ וַיַּרְאֵהוּ יהוה אֶת־כָּל־הָאָרֶץ
ב אֶת־הַגִּלְעָד עַד־דָּן׃ וְאֵת כָּל־נַפְתָּלִי וְאֶת־אֶרֶץ אֶפְרַיִם וּמְנַשֶּׁה
ג וְאֵת כָּל־אֶרֶץ יְהוּדָה עַד הַיָּם הָאַחֲרוֹן׃ וְאֶת־הַנֶּגֶב וְאֶת־הַכִּכָּר
ד בִּקְעַת יְרֵחוֹ עִיר הַתְּמָרִים עַד־צֹעַר׃ וַיֹּאמֶר יהוה אֵלָיו זֹאת
הָאָרֶץ אֲשֶׁר נִשְׁבַּעְתִּי לְאַבְרָהָם לְיִצְחָק וּלְיַעֲקֹב לֵאמֹר לְזַרְעֲךָ
ה אֶתְּנֶנָּה הֶרְאִיתִיךָ בְעֵינֶיךָ וְשָׁמָּה לֹא תַעֲבֹר׃ וַיָּמָת שָׁם מֹשֶׁה
ו עֶבֶד־יהוה בְּאֶרֶץ מוֹאָב עַל־פִּי יהוה׃ וַיִּקְבֹּר אֹתוֹ בַגַּי בְּאֶרֶץ
מוֹאָב מוּל בֵּית פְּעוֹר וְלֹא־יָדַע אִישׁ אֶת־קְבֻרָתוֹ עַד הַיּוֹם הַזֶּה׃
ז וּמֹשֶׁה בֶּן־מֵאָה וְעֶשְׂרִים שָׁנָה בְּמֹתוֹ לֹא־כָהֲתָה עֵינוֹ וְלֹא־
ח נָס לֵחֹה׃ וַיִּבְכּוּ בְנֵי יִשְׂרָאֵל אֶת־מֹשֶׁה בְּעַרְבֹת מוֹאָב שְׁלֹשִׁים
ט יוֹם וַיִּתְּמוּ יְמֵי בְכִי אֵבֶל מֹשֶׁה׃ וִיהוֹשֻׁעַ בִּן־נוּן מָלֵא רוּחַ חָכְמָה
כִּי־סָמַךְ מֹשֶׁה אֶת־יָדָיו עָלָיו וַיִּשְׁמְעוּ אֵלָיו בְּנֵי־יִשְׂרָאֵל וַיַּעֲשׂוּ
י כַּאֲשֶׁר צִוָּה יהוה אֶת־מֹשֶׁה׃ וְלֹא־קָם נָבִיא עוֹד בְּיִשְׂרָאֵל
יא כְּמֹשֶׁה אֲשֶׁר יְדָעוֹ יהוה פָּנִים אֶל־פָּנִים׃ לְכָל־הָאֹתֹת וְהַמּוֹפְתִים
אֲשֶׁר שְׁלָחוֹ יהוה לַעֲשׂוֹת בְּאֶרֶץ מִצְרָיִם לְפַרְעֹה וּלְכָל־עֲבָדָיו
יב וּלְכָל־אַרְצוֹ׃ וּלְכֹל הַיָּד הַחֲזָקָה וּלְכֹל הַמּוֹרָא הַגָּדוֹל אֲשֶׁר
עָשָׂה מֹשֶׁה לְעֵינֵי כָּל־יִשְׂרָאֵל׃

עמים כל קדשיו בידך והם תכו לרגלך ישא מדברתיך
תורה צוה לנו משה מורשה קהלת יעקב ויהי בישרון מלך
בהתאסף ראשי עם יחד שבטי ישראל יחי ראובן ואל ימת
ויהי מתיו מספר וזאת ליהודה ויאמר שמע
יהוה קול יהודה ואל עמו תביאנו ידיו רב לו ועזר מצריו
תהיה
וללוי אמר תמיך ואוריך לאיש חסידך אשר נסיתו במסה
תריבהו על מי מריבה האמר לאביו ולאמו לא ראיתיו ואת
אחיו לא הכיר ואת בנו לא ידע כי שמרו אמרתך ובריתך
ינצרו יורו משפטיך ליעקב ותורתך לישראל ישימו קטורה
באפך וכליל על מזבחך ברך יהוה חילו ופעל ידיו תרצה
מחץ מתנים קמיו ומשנאיו מן יקומון לבנימן
אמר ידיד יהוה ישכן לבטח עליו חפף עליו כל היום ובין
כתפיו שכן וליוסף אמר מברכת יהוה ארצו
ממגד שמים מטל ומתהום רבצת תחת וממגד תבואת שמש
וממגד גרש ירחים ומראש הררי קדם וממגד גבעות עולם
וממגד ארץ ומלאה ורצון שכני סנה תבואתה לראש יוסף
ולקדקד נזיר אחיו בכור שורו הדר לו וקרני ראם קרניו בהם
עמים ינגח יחדו אפסי ארץ והם רבבות אפרים והם אלפי
מנשה ולזבולן אמר שמח זבולן בצאתך
ויששכר באהליך עמים הר יקראו שם יזבחו זבחי צדק כי
שפע ימים יינקו ושפני טמוני חול ולגד אמר
ברוך מרחיב גד כלביא שכן וטרף זרוע אף קדקד וירא
ראשית לו כי שם חלקת מחקק ספון ויתא ראשי עם צדקת
יהוה עשה ומשפטיו עם ישראל ולדן אמר
דן גור אריה יזנק מן הבשן ולנפתלי אמר נפתלי שבע רצון
ומלא ברכת יהוה ים ודרום ירשה ולאשר

עַמִּ֔ים כָּל־קְדֹשָׁ֖יו בְּיָדֶ֑ךָ וְהֵם֙ תֻּכּ֣וּ לְרַגְלֶ֔ךָ יִשָּׂ֖א מִדַּבְּרֹתֶֽיךָ׃

ד ה *תּוֹרָ֥ה צִוָּה־לָ֖נוּ מֹשֶׁ֑ה מוֹרָשָׁ֖ה קְהִלַּ֥ת יַעֲקֹֽב׃ וַיְהִ֥י בִישֻׁר֖וּן מֶ֑לֶךְ *

ו בְּהִתְאַסֵּף֙ רָ֣אשֵׁי עָ֔ם יַ֖חַד שִׁבְטֵ֥י יִשְׂרָאֵֽל׃ יְחִ֥י רְאוּבֵ֖ן וְאַל־יָמֹ֑ת

ז וִיהִ֥י מְתָ֖יו מִסְפָּֽר׃ וְזֹ֣את לִיהוּדָה֮ וַיֹּאמַר֒ שְׁמַ֤ע

יהוה ק֣וֹל יְהוּדָ֔ה וְאֶל־עַמּ֖וֹ תְּבִיאֶ֑נּוּ יָדָיו֙ רָ֣ב ל֔וֹ וְעֵ֥זֶר מִצָּרָ֖יו

תִּהְיֶֽה׃

ח וּלְלֵוִ֣י אָמַ֔ר תֻּמֶּ֥יךָ וְאוּרֶ֖יךָ לְאִ֣ישׁ חֲסִידֶ֑ךָ אֲשֶׁ֤ר נִסִּיתוֹ֙ בְּמַסָּ֔ה שני

ט תְּרִיבֵ֖הוּ עַל־מֵ֥י מְרִיבָֽה׃ הָאֹמֵ֞ר לְאָבִ֤יו וּלְאִמּוֹ֙ לֹ֣א רְאִיתִ֔יו וְאֶת־

אֶחָיו֙ לֹ֣א הִכִּ֔יר וְאֶת־בָּנָ֖ו לֹ֣א יָדָ֑ע כִּ֤י שָֽׁמְרוּ֙ אִמְרָתֶ֔ךָ וּבְרִֽיתְךָ֖

י יִנְצֹֽרוּ׃ יוֹר֤וּ מִשְׁפָּטֶ֙יךָ֙ לְיַעֲקֹ֔ב וְתוֹרָתְךָ֖ לְיִשְׂרָאֵ֑ל יָשִׂ֤ימוּ קְטוֹרָה֙

יא בְּאַפֶּ֔ךָ וְכָלִ֖יל עַל־מִזְבְּחֶֽךָ׃ בָּרֵ֤ךְ יהוה חֵילוֹ֙ וּפֹ֥עַל יָדָ֖יו תִּרְצֶ֑ה

יב מְחַ֨ץ מָתְנַ֧יִם קָמָ֛יו וּמְשַׂנְאָ֖יו מִן־יְקוּמֽוּן׃ לְבִנְיָמִ֣ן

אָמַ֔ר יְדִ֣יד יהוה יִשְׁכֹּ֥ן לָבֶ֖טַח עָלָ֑יו חֹפֵ֤ף עָלָיו֙ כָּל־הַיּ֔וֹם וּבֵ֥ין

יג כְּתֵפָ֖יו שָׁכֵֽן׃ וּלְיוֹסֵ֣ף אָמַ֔ר מְבֹרֶ֥כֶת יהוה אַרְצ֑וֹ שלישי

יד מִמֶּ֤גֶד שָׁמַ֙יִם֙ מִטָּ֔ל וּמִתְּה֖וֹם רֹבֶ֥צֶת תָּֽחַת׃ וּמִמֶּ֖גֶד תְּבוּאֹ֣ת שָׁ֑מֶשׁ

טו וּמִמֶּ֖גֶד גֶּ֥רֶשׁ יְרָחִֽים׃ וּמֵרֹ֖אשׁ הַרְרֵי־קֶ֑דֶם וּמִמֶּ֖גֶד גִּבְע֥וֹת עוֹלָֽם׃

טז וּמִמֶּ֗גֶד אֶ֚רֶץ וּמְלֹאָ֔הּ וּרְצ֥וֹן שֹׁכְנִ֖י סְנֶ֑ה תָּב֙וֹאתָה֙ לְרֹ֣אשׁ יוֹסֵ֔ף

יז וּלְקָדְקֹ֖ד נְזִ֥יר אֶחָֽיו׃ בְּכ֨וֹר שׁוֹר֜וֹ הָדָ֣ר ל֗וֹ וְקַרְנֵ֤י רְאֵם֙ קַרְנָ֔יו בָּהֶ֗ם

עַמִּ֛ים יְנַגַּ֥ח יַחְדָּ֖ו אַפְסֵי־אָ֑רֶץ וְהֵם֙ רִבְב֣וֹת אֶפְרַ֔יִם וְהֵ֖ם אַלְפֵ֥י

יח מְנַשֶּֽׁה׃ וְלִזְבוּלֻ֣ן אָמַ֔ר שְׂמַ֥ח זְבוּלֻ֖ן בְּצֵאתֶ֑ךָ רביעי

יט וְיִשָּׂשכָ֖ר בְּאֹהָלֶֽיךָ׃ עַמִּים֙ הַר־יִקְרָ֔אוּ שָׁ֖ם יִזְבְּח֣וּ זִבְחֵי־צֶ֑דֶק כִּ֣י

כ שֶׁ֤פַע יַמִּים֙ יִינָ֔קוּ וּשְׂפֻנֵ֖י טְמ֥וּנֵי חֽוֹל׃ וּלְגָ֣ד אָמַ֔ר

כא בָּר֖וּךְ מַרְחִ֣יב גָּ֑ד כְּלָבִ֣יא שָׁכֵ֔ן וְטָרַ֥ף זְר֖וֹעַ אַף־קָדְקֹֽד׃ וַיַּ֤רְא

רֵאשִׁית֙ ל֔וֹ כִּי־שָׁ֛ם חֶלְקַ֥ת מְחֹקֵ֖ק סָפ֑וּן וַיֵּתֵא֙ רָ֣אשֵׁי עָ֔ם צִדְקַ֤ת

כב יהוה֙ עָשָׂ֔ה וּמִשְׁפָּטָ֖יו עִם־יִשְׂרָאֵֽל׃ וּלְדָ֣ן אָמַ֔ר חמישי

כג דָּ֖ן גּ֣וּר אַרְיֵ֑ה יְזַנֵּ֖ק מִן־הַבָּשָֽׁן׃ וּלְנַפְתָּלִ֣י אָמַ֔ר נַפְתָּלִי֙ שְׂבַ֣ע רָצ֔וֹן

כד וּמָלֵ֖א בִּרְכַּ֣ת יהוה יָ֥ם וְדָר֖וֹם יְרָֽשָׁה׃ וּלְאָשֵׁ֣ר

כי אשא אל שמים ידי ואמרתי חי אנכי לעלם
אם שנותי ברק חרבי ותאחז במשפט ידי
אשיב נקם לצרי ולמשנאי אשלם
אשכיר חצי מדם וחרבי תאכל בשר
מדם חלל ושביה מראש פרעות אויב
הרנינו גוים עמו כי דם עבדיו יקום
ונקם ישיב לצריו וכפר אדמתו עמו

ויבא משה וידבר את כל דברי השירה הזאת באזני העם הוא והושע בן נון ויכל משה לדבר את כל הדברים האלה אל כל ישראל ויאמר אלהם שימו לבבכם לכל הדברים אשר אנכי מעיד בכם היום אשר תצום את בניכם לשמר לעשות את כל דברי התורה הזאת כי לא דבר רק הוא מכם כי הוא חייכם ובדבר הזה תאריכו ימים על האדמה אשר אתם עברים את הירדן שמה לרשתה

וידבר יהוה אל משה בעצם היום הזה לאמר עלה אל הר העברים הזה הר נבו אשר בארץ מואב אשר על פני ירחו וראה את ארץ כנען אשר אני נתן לבני ישראל לאחזה ומת בהר אשר אתה עלה שמה והאסף אל עמיך כאשר מת אהרן אחיך בהר ההר ויאסף אל עמיו על אשר מעלתם בי בתוך בני ישראל במי מריבת קדש מדבר צן על אשר לא קדשתם אותי בתוך בני ישראל כי מנגד תראה את הארץ ושמה לא תבוא אל הארץ אשר אני נתן לבני ישראל

וזאת הברכה אשר ברך משה איש האלהים את בני ישראל לפני מותו ויאמר יהוה מסיני בא וזרח משעיר למו הופיע מהר פארן ואתה מרבבת קדש מימינו אשדת למו אף חבב

מ כִּֽי־אֶשָּׂא אֶל־שָׁמַיִם יָדִי | וְאָמַרְתִּי חַי אָנֹכִי לְעֹלָם׃ ששי
מא אִם־שַׁנּוֹתִי בְּרַק חַרְבִּי | וְתֹאחֵז בְּמִשְׁפָּט יָדִי
אָשִׁיב נָקָם לְצָרָי | וְלִמְשַׂנְאַי אֲשַׁלֵּם׃
מב אַשְׁכִּיר חִצַּי מִדָּם | וְחַרְבִּי תֹּאכַל בָּשָׂר
מִדַּם חָלָל וְשִׁבְיָה | מֵרֹאשׁ פַּרְעוֹת אוֹיֵב׃
מג הַרְנִינוּ גוֹיִם עַמּוֹ | כִּי דַם־עֲבָדָיו יִקּוֹם
וְנָקָם יָשִׁיב לְצָרָיו | וְכִפֶּר אַדְמָתוֹ עַמּוֹ׃

מד וַיָּבֹא מֹשֶׁה וַיְדַבֵּר אֶת־כָּל־דִּבְרֵי הַשִּׁירָה־הַזֹּאת בְּאָזְנֵי הָעָם הוּא שביעי
מה וְהוֹשֵׁעַ בִּן־נוּן׃ וַיְכַל מֹשֶׁה לְדַבֵּר אֶת־כָּל־הַדְּבָרִים הָאֵלֶּה אֶל־
מו כָּל־יִשְׂרָאֵל׃ וַיֹּאמֶר אֲלֵהֶם שִׂימוּ לְבַבְכֶם לְכָל־הַדְּבָרִים אֲשֶׁר
אָנֹכִי מֵעִיד בָּכֶם הַיּוֹם אֲשֶׁר תְּצַוֻּם אֶת־בְּנֵיכֶם לִשְׁמֹר לַעֲשׂוֹת
מז אֶת־כָּל־דִּבְרֵי הַתּוֹרָה הַזֹּאת׃ כִּי לֹא־דָבָר רֵק הוּא מִכֶּם כִּי־הוּא
חַיֵּיכֶם וּבַדָּבָר הַזֶּה תַּאֲרִיכוּ יָמִים עַל־הָאֲדָמָה אֲשֶׁר אַתֶּם עֹבְרִים
אֶת־הַיַּרְדֵּן שָׁמָּה לְרִשְׁתָּהּ׃
מח מט וַיְדַבֵּר יהוה אֶל־מֹשֶׁה בְּעֶצֶם הַיּוֹם הַזֶּה לֵאמֹר׃ עֲלֵה אֶל־ מפטיר ★
הַר הָעֲבָרִים הַזֶּה הַר־נְבוֹ אֲשֶׁר בְּאֶרֶץ מוֹאָב אֲשֶׁר עַל־פְּנֵי
יְרֵחוֹ וּרְאֵה אֶת־אֶרֶץ כְּנַעַן אֲשֶׁר אֲנִי נֹתֵן לִבְנֵי יִשְׂרָאֵל
נ לַאֲחֻזָּה׃ וּמֻת בָּהָר אֲשֶׁר אַתָּה עֹלֶה שָׁמָּה וְהֵאָסֵף אֶל־עַמֶּיךָ
נא כַּאֲשֶׁר־מֵת אַהֲרֹן אָחִיךָ בְּהֹר הָהָר וַיֵּאָסֶף אֶל־עַמָּיו׃ עַל אֲשֶׁר
מְעַלְתֶּם בִּי בְּתוֹךְ בְּנֵי יִשְׂרָאֵל בְּמֵי־מְרִיבַת קָדֵשׁ מִדְבַּר־צִן
נב עַל אֲשֶׁר לֹא־קִדַּשְׁתֶּם אוֹתִי בְּתוֹךְ בְּנֵי יִשְׂרָאֵל׃ כִּי מִנֶּגֶד תִּרְאֶה
אֶת־הָאָרֶץ וְשָׁמָּה לֹא תָבוֹא אֶל־הָאָרֶץ אֲשֶׁר־אֲנִי נֹתֵן לִבְנֵי
יִשְׂרָאֵל׃

כז
לג א וְזֹאת הַבְּרָכָה אֲשֶׁר בֵּרַךְ מֹשֶׁה אִישׁ הָאֱלֹהִים אֶת־בְּנֵי יִשְׂרָאֵל וזאת הב
ב לִפְנֵי מוֹתוֹ׃ וַיֹּאמַר יהוה מִסִּינַי בָּא וְזָרַח מִשֵּׂעִיר לָמוֹ הוֹפִיעַ
ג מֵהַר פָּארָן וְאָתָה מֵרִבְבֹת קֹדֶשׁ מִימִינוֹ אשדת לָמוֹ׃ אַף חֹבֵב אֵשׁ דָּת

ותלהט מוסדי הרים אספה עלימו רעות
חצי אכלה בם מזי רעב ולחמי רשף
וקטב מרירי ושן בהמת אשלח בם
עם חמת זחלי עפר מחוץ תשכל חרב
ומחדרים אימה גם בחור גם בתולה
יונק עם איש שיבה אמרתי אפאיהם
אשביתה מאנוש זכרם לולי כעס אויב אגור
פן ינכרו צרימו פן יאמרו ידנו רמה
ולא יהוה פעל כל זאת כי גוי אבד עצות המה
ואין בהם תבונה לו חכמו ישכילו זאת
יבינו לאחריתם איכה ירדף אחד אלף
ושנים יניסו רבבה אם לא כי צורם מכרם
ויהוה הסגירם כי לא כצורנו צורם
ואיבינו פלילים כי מגפן סדם גפנם
ומשדמת עמרה ענבמו ענבי רוש
אשכלת מררת למו חמת תנינם יינם
וראש פתנים אכזר הלא הוא כמס עמדי
חתום באוצרתי לי נקם ושלם
לעת תמוט רגלם כי קרוב יום אידם
וחש עתדת למו כי ידין יהוה עמו
ועל עבדיו יתנחם כי יראה כי אזלת יד
ואפס עצור ועזוב ואמר אי אלהימו
צור חסיו בו אשר חלב זבחימו יאכלו
ישתו יין נסיכם יקומו ויעזרכם
יהי עליכם סתרה ראו עתה כי אני אני הוא
ואין אלהים עמדי אני אמית ואחיה
מחצתי ואני ארפא ואין מידי מציל

כג וַתְּלַהֵט מוֹסְדֵי הָרִים׃ אַסְפֶּה עָלֵימוֹ רָעוֹת
כד חִצַּי אֲכַלֶּה־בָּם׃ מְזֵי רָעָב וּלְחֻמֵי רֶשֶׁף
וְקֶטֶב מְרִירִי וְשֶׁן־בְּהֵמֹת אֲשַׁלַּח־בָּם
כה עִם־חֲמַת זֹחֲלֵי עָפָר׃ מִחוּץ תְּשַׁכֶּל־חֶרֶב
וּמֵחֲדָרִים אֵימָה גַּם־בָּחוּר גַּם־בְּתוּלָה
כו יוֹנֵק עִם־אִישׁ שֵׂיבָה׃ אָמַרְתִּי אַפְאֵיהֶם
כז אַשְׁבִּיתָה מֵאֱנוֹשׁ זִכְרָם׃ לוּלֵי כַּעַס אוֹיֵב אָגוּר
פֶּן־יְנַכְּרוּ צָרֵימוֹ פֶּן־יֹאמְרוּ יָדֵנוּ רָמָה
כח וְלֹא יְהוָה פָּעַל כָּל־זֹאת׃ כִּי־גוֹי אֹבַד עֵצוֹת הֵמָּה
כט וְאֵין בָּהֶם תְּבוּנָה׃ לוּ חָכְמוּ יַשְׂכִּילוּ זֹאת חמישי
ל יָבִינוּ לְאַחֲרִיתָם׃ אֵיכָה יִרְדֹּף אֶחָד אֶלֶף
וּשְׁנַיִם יָנִיסוּ רְבָבָה אִם־לֹא כִּי־צוּרָם מְכָרָם
לא וַיהוָה הִסְגִּירָם׃ כִּי לֹא כְצוּרֵנוּ צוּרָם
לב וְאֹיְבֵינוּ פְּלִילִים׃ כִּי־מִגֶּפֶן סְדֹם גַּפְנָם
וּמִשַּׁדְמֹת עֲמֹרָה עֲנָבֵמוֹ עִנְּבֵי־רוֹשׁ
לג אַשְׁכְּלֹת מְרֹרֹת לָמוֹ׃ חֲמַת תַּנִּינִם יֵינָם
לד וְרֹאשׁ פְּתָנִים אַכְזָר׃ הֲלֹא־הוּא כָּמֻס עִמָּדִי
לה חָתוּם בְּאוֹצְרֹתָי׃ לִי נָקָם וְשִׁלֵּם
לְעֵת תָּמוּט רַגְלָם כִּי קָרוֹב יוֹם אֵידָם
לו וְחָשׁ עֲתִדֹת לָמוֹ׃ כִּי־יָדִין יְהוָה עַמּוֹ
וְעַל־עֲבָדָיו יִתְנֶחָם כִּי יִרְאֶה כִּי־אָזְלַת יָד
לז וְאֶפֶס עָצוּר וְעָזוּב׃ וְאָמַר אֵי אֱלֹהֵימוֹ
לח צוּר חָסָיוּ בוֹ׃ אֲשֶׁר חֵלֶב זְבָחֵימוֹ יֹאכֵלוּ
יִשְׁתּוּ יֵין נְסִיכָם יָקוּמוּ וְיַעְזְרֻכֶם
לט יְהִי עֲלֵיכֶם סִתְרָה׃ רְאוּ ׀ עַתָּה כִּי אֲנִי אֲנִי הוּא
וְאֵין אֱלֹהִים עִמָּדִי אֲנִי אָמִית וַאֲחַיֶּה
מָחַצְתִּי וַאֲנִי אֶרְפָּא וְאֵין מִיָּדִי מַצִּיל׃

זכר ימות עולם    בינו שנות דר ודר
שאל אביך ויגדך    זקניך ויאמרו לך
בהנחל עליון גוים    בהפרידו בני אדם
יצב גבלת עמים    למספר בני ישראל
כי חלק יהוה עמו    יעקב חבל נחלתו
ימצאהו בארץ מדבר    ובתהו ילל ישמן
יסבבנהו יבוננהו    יצרנהו כאישון עינו
כנשר יעיר קנו    על גוזליו ירחף
יפרש כנפיו יקחהו    ישאהו על אברתו
יהוה בדד ינחנו    ואין עמו אל נכר
ירכבהו על במותי ארץ    ויאכל תנובת שדי
וינקהו דבש מסלע    ושמן מחלמיש צור
חמאת בקר וחלב צאן    עם חלב כרים
ואילים בני בשן ועתודים    עם חלב כליות חטה
ודם ענב תשתה חמר    וישמן ישרון ויבעט
שמנת עבית כשית    ויטש אלוה עשהו
וינבל צור ישעתו    יקנאהו בזרים
בתועבת יכעיסהו    יזבחו לשדים לא אלה
אלהים לא ידעום    חדשים מקרב באו
לא שערום אבתיכם    צור ילדך תשי
ותשכח אל מחללך    וירא יהוה וינאץ
מכעס בניו ובנתיו    ויאמר אסתירה פני מהם
אראה מה אחריתם    כי דור תהפכת המה
בנים לא אמן בם    הם קנאוני בלא אל
כעסוני בהבליהם    ואני אקניאם בלא עם
בגוי נבל אכעיסם    כי אש קדחה באפי
ותיקד עד שאול תחתית    ותאכל ארץ ויבלה

ז זְכֹר יְמוֹת עוֹלָם    בִּינוּ שְׁנוֹת דֹּר־וָדֹר שני
שְׁאַל אָבִיךָ וְיַגֵּדְךָ    זְקֵנֶיךָ וְיֹאמְרוּ לָךְ׃
ח בְּהַנְחֵל עֶלְיוֹן גּוֹיִם    בְּהַפְרִידוֹ בְּנֵי אָדָם
יַצֵּב גְּבֻלֹת עַמִּים    לְמִסְפַּר בְּנֵי יִשְׂרָאֵל׃
ט כִּי חֵלֶק יהוה עַמּוֹ    יַעֲקֹב חֶבֶל נַחֲלָתוֹ׃
י יִמְצָאֵהוּ בְּאֶרֶץ מִדְבָּר    וּבְתֹהוּ יְלֵל יְשִׁמֹן
יְסֹבְבֶנְהוּ יְבוֹנְנֵהוּ    יִצְּרֶנְהוּ כְּאִישׁוֹן עֵינוֹ׃
יא כְּנֶשֶׁר יָעִיר קִנּוֹ    עַל־גּוֹזָלָיו יְרַחֵף
יִפְרֹשׂ כְּנָפָיו יִקָּחֵהוּ    יִשָּׂאֵהוּ עַל־אֶבְרָתוֹ׃
יב יהוה בָּדָד יַנְחֶנּוּ    וְאֵין עִמּוֹ אֵל נֵכָר׃ שלישי
יג יַרְכִּבֵהוּ עַל־בָּמוֹתֵי אָרֶץ    וַיֹּאכַל תְּנוּבֹת שָׂדָי בָּמֳתֵי
וַיֵּנִקֵהוּ דְבַשׁ מִסֶּלַע    וְשֶׁמֶן מֵחַלְמִישׁ צוּר׃
יד חֶמְאַת בָּקָר וַחֲלֵב צֹאן    עִם־חֵלֶב כָּרִים
וְאֵילִים בְּנֵי־בָשָׁן וְעַתּוּדִים    עִם־חֵלֶב כִּלְיוֹת חִטָּה
טו וְדַם־עֵנָב תִּשְׁתֶּה־חָמֶר׃    וַיִּשְׁמַן יְשֻׁרוּן וַיִּבְעָט
שָׁמַנְתָּ עָבִיתָ כָּשִׂיתָ    וַיִּטֹּשׁ אֱלוֹהַ עָשָׂהוּ
טז וַיְנַבֵּל צוּר יְשֻׁעָתוֹ׃    יַקְנִאֻהוּ בְּזָרִים
יז בְּתוֹעֵבֹת יַכְעִיסֻהוּ׃    יִזְבְּחוּ לַשֵּׁדִים לֹא אֱלֹהַ
אֱלֹהִים לֹא יְדָעוּם    חֲדָשִׁים מִקָּרֹב בָּאוּ
יח לֹא שְׂעָרוּם אֲבֹתֵיכֶם׃    צוּר יְלָדְךָ תֶּשִׁי
יט וַתִּשְׁכַּח אֵל מְחֹלְלֶךָ׃    וַיַּרְא יהוה וַיִּנְאָץ רביעי
כ מִכַּעַס בָּנָיו וּבְנֹתָיו׃    וַיֹּאמֶר אַסְתִּירָה פָנַי מֵהֶם
אֶרְאֶה מָה אַחֲרִיתָם    כִּי דוֹר תַּהְפֻּכֹת הֵמָּה
כא בָּנִים לֹא־אֵמֻן בָּם׃    הֵם קִנְאוּנִי בְלֹא־אֵל
כִּעֲסוּנִי בְּהַבְלֵיהֶם    וַאֲנִי אַקְנִיאֵם בְּלֹא־עָם
כב בְּגוֹי נָבָל אַכְעִיסֵם׃    כִּי־אֵשׁ קָדְחָה בְאַפִּי
וַתִּיקַד עַד־שְׁאוֹל תַּחְתִּית    וַתֹּאכַל אֶרֶץ וִיבֻלָהּ

זרעו כי ידעתי את יצרו אשר הוא עשה היום בטרם אביאנו
אל הארץ אשר נשבעתי ויכתב משה את השירה הזאת
ביום ההוא וילמדה את בני ישראל ויצו את יהושע בן
נון ויאמר חזק ואמץ כי אתה תביא את בני ישראל אל
הארץ אשר נשבעתי להם ואנכי אהיה עמך ויהי ככלות
משה לכתב את דברי התורה הזאת על ספר עד תמם
ויצו משה את הלוים נשאי ארון ברית יהוה לאמר לקח
את ספר התורה הזה ושמתם אתו מצד ארון ברית יהוה
אלהיכם והיה שם בך לעד כי אנכי ידעתי את מריך
ואת ערפך הקשה הן בעודני חי עמכם היום ממרים היתם
עם יהוה ואף כי אחרי מותי הקהילו אלי את כל זקני
שבטיכם ושטריכם ואדברה באזניהם את הדברים האלה
ואעידה בם את השמים ואת הארץ כי ידעתי אחרי מותי
כי השחת תשחתון וסרתם מן הדרך אשר צויתי אתכם וקראת
אתכם הרעה באחרית הימים כי תעשו את הרע בעיני יהוה
להכעיסו במעשה ידיכם וידבר משה באזני כל קהל ישראל
את דברי השירה הזאת עד תמם

האזינו השמים ואדברה ותשמע הארץ אמרי פי
יערף כמטר לקחי תזל כטל אמרתי
כשעירם עלי דשא וכרביבים עלי עשב
כי שם יהוה אקרא הבו גדל לאלהינו
הצור תמים פעלו כי כל דרכיו משפט
אל אמונה ואין עול צדיק וישר הוא
שחת לו לא בניו מומם דור עקש ופתלתל
ה ליהוה תגמלו זאת עם נבל ולא חכם
הלוא הוא אביך קנך הוא עשך ויכננך

זַרְעוֹ כִּי יָדַעְתִּי אֶת־יִצְרוֹ אֲשֶׁר הוּא עֹשֶׂה הַיּוֹם בְּטֶרֶם אֲבִיאֶנּוּ
כב אֶל־הָאָרֶץ אֲשֶׁר נִשְׁבָּעְתִּי: וַיִּכְתֹּב מֹשֶׁה אֶת־הַשִּׁירָה הַזֹּאת
כג בַּיּוֹם הַהוּא וַיְלַמְּדָהּ אֶת־בְּנֵי יִשְׂרָאֵל: וַיְצַו אֶת־יְהוֹשֻׁעַ בִּן־
נוּן וַיֹּאמֶר חֲזַק וֶאֱמָץ כִּי אַתָּה תָּבִיא אֶת־בְּנֵי יִשְׂרָאֵל אֶל־
כד הָאָרֶץ אֲשֶׁר־נִשְׁבַּעְתִּי לָהֶם וְאָנֹכִי אֶהְיֶה עִמָּךְ: וַיְהִי | כְּכַלּוֹת
מֹשֶׁה לִכְתֹּב אֶת־דִּבְרֵי הַתּוֹרָה־הַזֹּאת עַל־סֵפֶר עַד תֻּמָּם:
כה* כו וַיְצַו מֹשֶׁה אֶת־הַלְוִיִּם נֹשְׂאֵי אֲרוֹן בְּרִית־יהוה לֵאמֹר: לָקֹחַ שביעי
אֵת סֵפֶר הַתּוֹרָה הַזֶּה וְשַׂמְתֶּם אֹתוֹ מִצַּד אֲרוֹן בְּרִית־יהוה
כז אֱלֹהֵיכֶם וְהָיָה־שָׁם בְּךָ לְעֵד: כִּי אָנֹכִי יָדַעְתִּי אֶת־מֶרְיְךָ
וְאֶת־עָרְפְּךָ הַקָּשֶׁה הֵן בְּעוֹדֶנִּי חַי עִמָּכֶם הַיּוֹם מַמְרִים הֱיִתֶם
כח עִם־יהוה וְאַף כִּי־אַחֲרֵי מוֹתִי: הַקְהִילוּ אֵלַי אֶת־כָּל־זִקְנֵי מפטיר
שִׁבְטֵיכֶם וְשֹׁטְרֵיכֶם וַאֲדַבְּרָה בְאָזְנֵיהֶם אֵת הַדְּבָרִים הָאֵלֶּה
כט וְאָעִידָה בָּם אֶת־הַשָּׁמַיִם וְאֶת־הָאָרֶץ: כִּי יָדַעְתִּי אַחֲרֵי מוֹתִי
כִּי־הַשְׁחֵת תַּשְׁחִתוּן וְסַרְתֶּם מִן־הַדֶּרֶךְ אֲשֶׁר צִוִּיתִי אֶתְכֶם וְקָרָאת
אֶתְכֶם הָרָעָה בְּאַחֲרִית הַיָּמִים כִּי־תַעֲשׂוּ אֶת־הָרַע בְּעֵינֵי יהוה
ל לְהַכְעִיסוֹ בְּמַעֲשֵׂה יְדֵיכֶם: וַיְדַבֵּר מֹשֶׁה בְּאָזְנֵי כָּל־קְהַל יִשְׂרָאֵל
אֶת־דִּבְרֵי הַשִּׁירָה הַזֹּאת עַד תֻּמָּם:

לב א הַאֲזִינוּ הַשָּׁמַיִם וַאֲדַבֵּרָה    וְתִשְׁמַע הָאָרֶץ אִמְרֵי־פִי: כו האזי
ב יַעֲרֹף כַּמָּטָר לִקְחִי    תִּזַּל כַּטַּל אִמְרָתִי
כִּשְׂעִירִם עֲלֵי־דֶשֶׁא    וְכִרְבִיבִים עֲלֵי־עֵשֶׂב:
ג כִּי שֵׁם יהוה אֶקְרָא    הָבוּ גֹדֶל לֵאלֹהֵינוּ:
ד הַצּוּר תָּמִים פָּעֳלוֹ    כִּי כָל־דְּרָכָיו מִשְׁפָּט
אֵל אֱמוּנָה וְאֵין עָוֶל    צַדִּיק וְיָשָׁר הוּא:
ה שִׁחֵת לוֹ לֹא בָּנָיו מוּמָם    דּוֹר עִקֵּשׁ וּפְתַלְתֹּל:
ו הַ לַיהוה תִּגְמְלוּ־זֹאת    עַם נָבָל וְלֹא חָכָם
הֲלוֹא־הוּא אָבִיךָ קָּנֶךָ    הוּא עָשְׂךָ וַיְכֹנְנֶךָ:

התורה הזאת ויתנה אל הכהנים בני לוי הנשאים את ארון
ברית יהוה ואל כל זקני ישראל ויצו משה אותם לאמר
מקץ שבע שנים במעד שנת השמטה בחג הסכות בבוא
כל ישראל לראות את פני יהוה אלהיך במקום אשר יבחר
תקרא את התורה הזאת נגד כל ישראל באזניהם הקהל
את העם האנשים והנשים והטף וגרך אשר בשעריך למען
ישמעו ולמען ילמדו ויראו את יהוה אלהיכם ושמרו לעשות
את כל דברי התורה הזאת ובניהם אשר לא ידעו ישמעו
ולמדו ליראה את יהוה אלהיכם כל הימים אשר אתם
חיים על האדמה אשר אתם עברים את הירדן שמה
לרשתה

ויאמר יהוה אל משה הן קרבו ימיך למות קרא את יהושע
והתיצבו באהל מועד ואצונו וילך משה ויהושע ויתיצבו באהל
מועד וירא יהוה באהל בעמוד ענן ויעמד עמוד הענן על
פתח האהל ויאמר יהוה אל משה הנך שכב עם אבתיך
וקם העם הזה וזנה אחרי אלהי נכר הארץ אשר הוא בא
שמה בקרבו ועזבני והפר את בריתי אשר כרתי אתו וחרה
אפי בו ביום ההוא ועזבתים והסתרתי פני מהם והיה לאכל
ומצאהו רעות רבות וצרות ואמר ביום ההוא הלא על כי
אין אלהי בקרבי מצאוני הרעות האלה ואנכי הסתר אסתיר
פני ביום ההוא על כל הרעה אשר עשה כי פנה אל אלהים
אחרים ועתה כתבו לכם את השירה הזאת ולמדה את בני
ישראל שימה בפיהם למען תהיה לי השירה הזאת לעד בבני
ישראל כי אביאנו אל האדמה אשר נשבעתי לאבתיו זבת
חלב ודבש ואכל ושבע ודשן ופנה אל אלהים אחרים ועבדום
ונאצוני והפר את בריתי והיה כי תמצאן אתו רעות רבות
וצרות וענתה השירה הזאת לפניו לעד כי לא תשכח מפי

הַתּוֹרָ֣ה הַזֹּ֗את וַֽיִּתְּנָ֗הּ אֶל־הַכֹּהֲנִים֙ בְּנֵ֣י לֵוִ֔י הַנֹּ֣שְׂאִ֔ים אֶת־אֲר֖וֹן
י בְּרִ֣ית יְהוָ֑ה וְאֶל־כָּל־זִקְנֵ֖י יִשְׂרָאֵֽל׃ וַיְצַ֥ו מֹשֶׁ֖ה אוֹתָ֣ם לֵאמֹ֑ר רביעי
יא מִקֵּ֣ץ ׀ שֶׁ֣בַע שָׁנִ֗ים בְּמֹעֵ֛ד שְׁנַ֥ת הַשְּׁמִטָּ֖ה בְּחַ֥ג הַסֻּכּֽוֹת׃ בְּב֣וֹא
כָל־יִשְׂרָאֵ֗ל לֵֽרָאוֹת֙ אֶת־פְּנֵי֙ יְהוָ֣ה אֱלֹהֶ֔יךָ בַּמָּק֖וֹם אֲשֶׁ֣ר יִבְחָ֑ר
יב תִּקְרָ֞א אֶת־הַתּוֹרָ֥ה הַזֹּ֛את נֶ֥גֶד כָּל־יִשְׂרָאֵ֖ל בְּאָזְנֵיהֶֽם׃ הַקְהֵ֣ל
אֶת־הָעָ֗ם הָֽאֲנָשִׁ֤ים וְהַנָּשִׁים֙ וְהַטַּ֔ף וְגֵרְךָ֖ אֲשֶׁ֣ר בִּשְׁעָרֶ֑יךָ לְמַ֨עַן
יִשְׁמְע֜וּ וּלְמַ֣עַן יִלְמְד֗וּ וְיָֽרְאוּ֙ אֶת־יְהוָ֣ה אֱלֹהֵיכֶ֔ם וְשָׁמְר֣וּ לַעֲשׂ֔וֹת
יג אֶת־כָּל־דִּבְרֵ֖י הַתּוֹרָ֥ה הַזֹּֽאת׃ וּבְנֵיהֶ֞ם אֲשֶׁ֣ר לֹא־יָדְע֗וּ יִשְׁמְעוּ֙
וְלָ֣מְד֔וּ לְיִרְאָ֖ה אֶת־יְהוָ֣ה אֱלֹהֵיכֶ֑ם כָּל־הַיָּמִ֗ים אֲשֶׁ֨ר אַתֶּ֤ם
חַיִּים֙ עַל־הָ֣אֲדָמָ֔ה אֲשֶׁ֨ר אַתֶּ֜ם עֹבְרִ֧ים אֶת־הַיַּרְדֵּ֛ן שָׁ֖מָּה
לְרִשְׁתָּֽהּ׃
יד וַיֹּ֨אמֶר יְהוָ֜ה אֶל־מֹשֶׁ֗ה הֵ֣ן קָרְב֣וּ יָמֶ֘יךָ֮ לָמוּת֒ קְרָ֣א אֶת־יְהוֹשֻׁ֗עַ כה חמישי (ששי)
וְהִֽתְיַצְּב֛וּ בְּאֹ֥הֶל מוֹעֵ֖ד וַאֲצַוֶּ֑נּוּ וַיֵּ֤לֶךְ מֹשֶׁה֙ וִיהוֹשֻׁ֔עַ וַֽיִּתְיַצְּב֖וּ בְּאֹ֥הֶל
טו מוֹעֵֽד׃ וַיֵּרָ֧א יְהוָ֛ה בָּאֹ֖הֶל בְּעַמּ֣וּד עָנָ֑ן וַיַּעֲמֹ֛ד עַמּ֥וּד הֶעָנָ֖ן עַל־
טז פֶּ֥תַח הָאֹֽהֶל׃ וַיֹּ֤אמֶר יְהוָה֙ אֶל־מֹשֶׁ֔ה הִנְּךָ֥ שֹׁכֵ֖ב עִם־אֲבֹתֶ֑יךָ
וְקָם֩ הָעָ֨ם הַזֶּ֜ה וְזָנָ֣ה ׀ אַחֲרֵ֣י ׀ אֱלֹהֵ֣י נֵֽכַר־הָאָ֗רֶץ אֲשֶׁ֨ר ה֤וּא בָא־
יז שָׁ֙מָּה֙ בְּקִרְבּ֔וֹ וַעֲזָבַ֕נִי וְהֵפֵר֙ אֶת־בְּרִיתִ֔י אֲשֶׁ֥ר כָּרַ֖תִּי אִתּֽוֹ׃ וְחָרָ֣ה
אַפִּ֣י ב֣וֹ בַיּוֹם־הַ֠הוּא וַעֲזַבְתִּ֞ים וְהִסְתַּרְתִּ֨י פָנַ֤י מֵהֶם֙ וְהָיָ֣ה לֶֽאֱכֹ֔ל
וּמְצָאֻ֛הוּ רָע֥וֹת רַבּ֖וֹת וְצָר֑וֹת וְאָמַר֙ בַּיּ֣וֹם הַה֔וּא הֲלֹ֗א עַ֣ל כִּֽי־
יח אֵ֤ין אֱלֹהַי֙ בְּקִרְבִּ֔י מְצָא֖וּנִי הָרָע֥וֹת הָאֵֽלֶּה׃ וְאָנֹכִ֗י הַסְתֵּ֨ר אַסְתִּ֤יר
פָּנַי֙ בַּיּ֣וֹם הַה֔וּא עַ֥ל כָּל־הָרָעָ֖ה אֲשֶׁ֣ר עָשָׂ֑ה כִּ֣י פָנָ֔ה אֶל־אֱלֹהִ֖ים
יט אֲחֵרִֽים׃ וְעַתָּ֗ה כִּתְב֤וּ לָכֶם֙ אֶת־הַשִּׁירָ֣ה הַזֹּ֔את וְלַמְּדָ֥הּ אֶת־בְּנֵֽי־
יִשְׂרָאֵ֖ל שִׂימָ֣הּ בְּפִיהֶ֑ם לְמַ֨עַן תִּֽהְיֶה־לִּ֜י הַשִּׁירָ֥ה הַזֹּ֛את לְעֵ֖ד בִּבְנֵ֥י
כ יִשְׂרָאֵֽל׃ כִּֽי־אֲבִיאֶ֜נּוּ אֶל־הָאֲדָמָ֣ה ׀ אֲשֶׁר־נִשְׁבַּ֣עְתִּי לַאֲבֹתָ֗יו זָבַ֤ת ששי (שביעי)
חָלָב֙ וּדְבַ֔שׁ וְאָכַ֥ל וְשָׂבַ֖ע וְדָשֵׁ֑ן וּפָנָ֞ה אֶל־אֱלֹהִ֤ים אֲחֵרִים֙ וַעֲבָד֔וּם
כא וְנִ֣אֲצ֔וּנִי וְהֵפֵ֖ר אֶת־בְּרִיתִֽי׃ וְֽ֠הָיָה כִּֽי־תִמְצֶ֨אןָ אֹת֜וֹ רָע֣וֹת רַבּוֹת֮
וְצָרוֹת֒ וְ֠עָנְתָה הַשִּׁירָ֨ה הַזֹּ֤את לְפָנָיו֙ לְעֵ֔ד כִּ֛י לֹ֥א תִשָּׁכַ֖ח מִפִּ֣י

היום את החיים ואת הטוב ואת המות ואת הרע אשר
אנכי מצוך היום לאהבה את יהוה אלהיך ללכת בדרכיו
ולשמר מצותיו וחקתיו ומשפטיו וחיית ורבית וברכך יהוה
אלהיך בארץ אשר אתה בא שמה לרשתה ואם יפנה
לבבך ולא תשמע ונדחת והשתחוית לאלהים אחרים
ועבדתם הגדתי לכם היום כי אבד תאבדון לא תאריכן
ימים על האדמה אשר אתה עבר את הירדן לבוא שמה
לרשתה העדתי בכם היום את השמים ואת הארץ החיים
והמות נתתי לפניך הברכה והקללה ובחרת בחיים למען
תחיה אתה וזרעך לאהבה את יהוה אלהיך לשמע בקלו
ולדבקה בו כי הוא חייך וארך ימיך לשבת על האדמה
אשר נשבע יהוה לאבתיך לאברהם ליצחק וליעקב לתת
להם

וילך משה וידבר את הדברים האלה אל כל ישראל ויאמר
אלהם בן מאה ועשרים שנה אנכי היום לא אוכל עוד
לצאת ולבוא ויהוה אמר אלי לא תעבר את הירדן הזה
יהוה אלהיך הוא עבר לפניך הוא ישמיד את הגוים האלה
מלפניך וירשתם יהושע הוא עבר לפניך כאשר דבר יהוה
ועשה יהוה להם כאשר עשה לסיחון ולעוג מלכי האמרי
ולארצם אשר השמיד אתם ונתנם יהוה לפניכם ועשיתם
להם ככל המצוה אשר צויתי אתכם חזקו ואמצו אל תיראו
ואל תערצו מפניהם כי יהוה אלהיך הוא ההלך עמך לא
ירפך ולא יעזבך ויקרא משה ליהושע ויאמר
אליו לעיני כל ישראל חזק ואמץ כי אתה תבוא את העם
הזה אל הארץ אשר נשבע יהוה לאבתם לתת להם ואתה
תנחילנה אותם ויהוה הוא ההלך לפניך הוא יהיה עמך
לא ירפך ולא יעזבך לא תירא ולא תחת ויכתב משה את

טו הַיּוֹם אֶת־הַחַיִּים וְאֶת־הַטּוֹב וְאֶת־הַמָּוֶת וְאֶת־הָרָע: אֲשֶׁר
אָנֹכִי מְצַוְּךָ הַיּוֹם לְאַהֲבָה אֶת־יהוה אֱלֹהֶיךָ לָלֶכֶת בִּדְרָכָיו
וְלִשְׁמֹר מִצְוֺתָיו וְחֻקֹּתָיו וּמִשְׁפָּטָיו וְחָיִיתָ וְרָבִיתָ וּבֵרַכְךָ יהוה
יז אֱלֹהֶיךָ בָּאָרֶץ אֲשֶׁר־אַתָּה בָא־שָׁמָּה לְרִשְׁתָּהּ: וְאִם־יִפְנֶה
לְבָבְךָ וְלֹא תִשְׁמָע וְנִדַּחְתָּ וְהִשְׁתַּחֲוִיתָ לֵאלֹהִים אֲחֵרִים
יח וַעֲבַדְתָּם: הִגַּדְתִּי לָכֶם הַיּוֹם כִּי אָבֹד תֹּאבֵדוּן לֹא־תַאֲרִיכֻן
יָמִים עַל־הָאֲדָמָה אֲשֶׁר אַתָּה עֹבֵר אֶת־הַיַּרְדֵּן לָבוֹא שָׁמָּה
יט לְרִשְׁתָּהּ: הַעִדֹתִי בָכֶם הַיּוֹם אֶת־הַשָּׁמַיִם וְאֶת־הָאָרֶץ הַחַיִּים
וְהַמָּוֶת נָתַתִּי לְפָנֶיךָ הַבְּרָכָה וְהַקְּלָלָה וּבָחַרְתָּ בַּחַיִּים לְמַעַן
כ תִּחְיֶה אַתָּה וְזַרְעֶךָ: לְאַהֲבָה אֶת־יהוה אֱלֹהֶיךָ לִשְׁמֹעַ בְּקֹלוֹ
וּלְדָבְקָה־בוֹ כִּי הוּא חַיֶּיךָ וְאֹרֶךְ יָמֶיךָ לָשֶׁבֶת עַל־הָאֲדָמָה
אֲשֶׁר נִשְׁבַּע יהוה לַאֲבֹתֶיךָ לְאַבְרָהָם לְיִצְחָק וּלְיַעֲקֹב לָתֵת
לָהֶם:

לא א ב וַיֵּלֶךְ מֹשֶׁה וַיְדַבֵּר אֶת־הַדְּבָרִים הָאֵלֶּה אֶל־כָּל־יִשְׂרָאֵל: וַיֹּאמֶר — וילך
אֲלֵהֶם בֶּן־מֵאָה וְעֶשְׂרִים שָׁנָה אָנֹכִי הַיּוֹם לֹא־אוּכַל עוֹד
לָצֵאת וְלָבוֹא וַיהוה אָמַר אֵלַי לֹא תַעֲבֹר אֶת־הַיַּרְדֵּן הַזֶּה:
ג יהוה אֱלֹהֶיךָ הוּא ׀ עֹבֵר לְפָנֶיךָ הוּא־יַשְׁמִיד אֶת־הַגּוֹיִם הָאֵלֶּה
מִלְּפָנֶיךָ וִירִשְׁתָּם יְהוֹשֻׁעַ הוּא עֹבֵר לְפָנֶיךָ כַּאֲשֶׁר דִּבֶּר יהוה:
ד וְעָשָׂה יהוה לָהֶם כַּאֲשֶׁר עָשָׂה לְסִיחוֹן וּלְעוֹג מַלְכֵי הָאֱמֹרִי — שני
ה וּלְאַרְצָם אֲשֶׁר הִשְׁמִיד אֹתָם: וּנְתָנָם יהוה לִפְנֵיכֶם וַעֲשִׂיתֶם
ו לָהֶם כְּכָל־הַמִּצְוָה אֲשֶׁר צִוִּיתִי אֶתְכֶם: חִזְקוּ וְאִמְצוּ אַל־תִּירְאוּ
וְאַל־תַּעַרְצוּ מִפְּנֵיהֶם כִּי ׀ יהוה אֱלֹהֶיךָ הוּא הַהֹלֵךְ עִמָּךְ לֹא
ז יַרְפְּךָ וְלֹא יַעַזְבֶךָּ: וַיִּקְרָא מֹשֶׁה לִיהוֹשֻׁעַ וַיֹּאמֶר — שלישי (חמישי)
אֵלָיו לְעֵינֵי כָל־יִשְׂרָאֵל חֲזַק וֶאֱמָץ כִּי אַתָּה תָּבוֹא אֶת־הָעָם
הַזֶּה אֶל־הָאָרֶץ אֲשֶׁר נִשְׁבַּע יהוה לַאֲבֹתָם לָתֵת לָהֶם וְאַתָּה
ח תַּנְחִילֶנָּה אוֹתָם: וַיהוה הוּא ׀ הַהֹלֵךְ לְפָנֶיךָ הוּא יִהְיֶה עִמָּךְ
ט לֹא יַרְפְּךָ וְלֹא יַעַזְבֶךָּ לֹא תִירָא וְלֹא תֵחָת: וַיִּכְתֹּב מֹשֶׁה אֶת־

הזה ויתשם יהוה מעל אדמתם באף ובחמה ובקצף גדול
וישלכם אל ארץ אחרת כיום הזה הנסתרת ליהוה אלהינו
והנגלת לנו ולבנינו עד עולם לעשות את כל דברי התורה
הזאת והיה כי יבאו עליך כל הדברים האלה
הברכה והקללה אשר נתתי לפניך והשבת אל לבבך בכל
הגוים אשר הדיחך יהוה אלהיך שמה ושבת עד יהוה
אלהיך ושמעת בקלו ככל אשר אנכי מצוך היום אתה
ובניך בכל לבבך ובכל נפשך ושב יהוה אלהיך את שבותך
ורחמך ושב וקבצך מכל העמים אשר הפיצך יהוה אלהיך
שמה אם יהיה נדחך בקצה השמים משם יקבצך יהוה
אלהיך ומשם יקחך והביאך יהוה אלהיך אל הארץ אשר
ירשו אבתיך וירשתה והיטבך והרבך מאבתיך ומל יהוה
אלהיך את לבבך ואת לבב זרעך לאהבה את יהוה אלהיך
בכל לבבך ובכל נפשך למען חייך ונתן יהוה אלהיך את
כל האלות האלה על איביך ועל שנאיך אשר רדפוך ואתה
תשוב ושמעת בקול יהוה ועשית את כל מצותיו אשר אנכי
מצוך היום והותירך יהוה אלהיך בכל מעשה ידך בפרי
בטנך ובפרי בהמתך ובפרי אדמתך לטבה כי ישוב יהוה
לשוש עליך לטוב כאשר שש על אבתיך כי תשמע
בקול יהוה אלהיך לשמר מצותיו וחקתיו הכתובה בספר
התורה הזה כי תשוב אל יהוה אלהיך בכל לבבך ובכל
נפשך כי המצוה הזאת אשר אנכי מצוך היום
לא נפלאת הוא ממך ולא רחקה הוא לא בשמים הוא
לאמר מי יעלה לנו השמימה ויקחה לנו וישמענו אתה
ונעשנה ולא מעבר לים הוא לאמר מי יעבר לנו אל עבר
הים ויקחה לנו וישמענו אתה ונעשנה כי קרוב אליך הדבר
מאד בפיך ובלבבך לעשתו ראה נתתי לפניך

כז הַזֶּה׃ וַיִּתְּשֵׁם יְהוָה מֵעַל אַדְמָתָם בְּאַף וּבְחֵמָה וּבְקֶצֶף גָּדוֹל
כח וַיַּשְׁלִכֵם אֶל־אֶרֶץ אַחֶרֶת כַּיּוֹם הַזֶּה׃ הַנִּסְתָּרֹת לַיהוָה אֱלֹהֵינוּ
וְהַנִּגְלֹת לָנוּ וּלְבָנֵינוּ עַד־עוֹלָם לַעֲשׂוֹת אֶת־כָּל־דִּבְרֵי הַתּוֹרָה
ל א הַזֹּאת׃ וְהָיָה כִי־יָבֹאוּ עָלֶיךָ כָּל־הַדְּבָרִים הָאֵלֶּה רביעי /שני/
הַבְּרָכָה וְהַקְּלָלָה אֲשֶׁר נָתַתִּי לְפָנֶיךָ וַהֲשֵׁבֹתָ אֶל־לְבָבֶךָ בְּכָל־
ב הַגּוֹיִם אֲשֶׁר הִדִּיחֲךָ יְהוָה אֱלֹהֶיךָ שָׁמָּה׃ וְשַׁבְתָּ עַד־יְהוָה
אֱלֹהֶיךָ וְשָׁמַעְתָּ בְקֹלוֹ כְּכֹל אֲשֶׁר־אָנֹכִי מְצַוְּךָ הַיּוֹם אַתָּה
ג וּבָנֶיךָ בְּכָל־לְבָבְךָ וּבְכָל־נַפְשֶׁךָ׃ וְשָׁב יְהוָה אֱלֹהֶיךָ אֶת־שְׁבוּתְךָ
וְרִחֲמֶךָ וְשָׁב וְקִבֶּצְךָ מִכָּל־הָעַמִּים אֲשֶׁר הֱפִיצְךָ יְהוָה אֱלֹהֶיךָ
ד שָׁמָּה׃ אִם־יִהְיֶה נִדַּחֲךָ בִּקְצֵה הַשָּׁמָיִם מִשָּׁם יְקַבֶּצְךָ יְהוָה *
ה אֱלֹהֶיךָ וּמִשָּׁם יִקָּחֶךָ׃ וֶהֱבִיאֲךָ יְהוָה אֱלֹהֶיךָ אֶל־הָאָרֶץ אֲשֶׁר־
ו יָרְשׁוּ אֲבֹתֶיךָ וִירִשְׁתָּהּ וְהֵיטִבְךָ וְהִרְבְּךָ מֵאֲבֹתֶיךָ׃ וּמָל יְהוָה
אֱלֹהֶיךָ אֶת־לְבָבְךָ וְאֶת־לְבַב זַרְעֶךָ לְאַהֲבָה אֶת־יְהוָה אֱלֹהֶיךָ
ז בְּכָל־לְבָבְךָ וּבְכָל־נַפְשְׁךָ לְמַעַן חַיֶּיךָ׃ וְנָתַן יְהוָה אֱלֹהֶיךָ אֵת חמישי /שלישי/
ח כָּל־הָאָלוֹת הָאֵלֶּה עַל־אֹיְבֶיךָ וְעַל־שֹׂנְאֶיךָ אֲשֶׁר רְדָפוּךָ׃ וְאַתָּה
תָשׁוּב וְשָׁמַעְתָּ בְּקוֹל יְהוָה וְעָשִׂיתָ אֶת־כָּל־מִצְוֹתָיו אֲשֶׁר אָנֹכִי
ט מְצַוְּךָ הַיּוֹם׃ וְהוֹתִירְךָ יְהוָה אֱלֹהֶיךָ בְּכֹל ׀ מַעֲשֵׂה יָדֶךָ בִּפְרִי
בִטְנְךָ וּבִפְרִי בְהֶמְתְּךָ וּבִפְרִי אַדְמָתְךָ לְטֹבָה כִּי ׀ יָשׁוּב יְהוָה
י לָשׂוּשׂ עָלֶיךָ לְטוֹב כַּאֲשֶׁר־שָׂשׂ עַל־אֲבֹתֶיךָ׃ כִּי תִשְׁמַע
בְּקוֹל יְהוָה אֱלֹהֶיךָ לִשְׁמֹר מִצְוֹתָיו וְחֻקֹּתָיו הַכְּתוּבָה בְּסֵפֶר
הַתּוֹרָה הַזֶּה כִּי תָשׁוּב אֶל־יְהוָה אֱלֹהֶיךָ בְּכָל־לְבָבְךָ וּבְכָל־
יא נַפְשֶׁךָ׃ כִּי הַמִּצְוָה הַזֹּאת אֲשֶׁר אָנֹכִי מְצַוְּךָ הַיּוֹם כד ששי
יב לֹא־נִפְלֵאת הִוא מִמְּךָ וְלֹא־רְחֹקָה הִוא׃ לֹא בַשָּׁמַיִם הִוא
לֵאמֹר מִי יַעֲלֶה־לָּנוּ הַשָּׁמַיְמָה וְיִקָּחֶהָ לָּנוּ וְיַשְׁמִעֵנוּ אֹתָהּ
יג וְנַעֲשֶׂנָּה׃ וְלֹא־מֵעֵבֶר לַיָּם הִוא לֵאמֹר מִי יַעֲבָר־לָנוּ אֶל־עֵבֶר
יד הַיָּם וְיִקָּחֶהָ לָּנוּ וְיַשְׁמִעֵנוּ אֹתָהּ וְנַעֲשֶׂנָּה׃ כִּי־קָרוֹב אֵלֶיךָ הַדָּבָר
טו מְאֹד בְּפִיךָ וּבִלְבָבְךָ לַעֲשֹׂתוֹ׃ רְאֵה נָתַתִּי לְפָנֶיךָ שביעי ומפטיר /רביעי/

למען הקים אתך היום לו לעם והוא יהיה לך לאלהים כאשר
דבר לך וכאשר נשבע לאבתיך לאברהם ליצחק וליעקב
ולא אתכם לבדכם אנכי כרת את הברית הזאת ואת האלה
הזאת כי את אשר ישנו פה עמנו עמד היום לפני יהוה אלהינו
ואת אשר איננו פה עמנו היום כי אתם ידעתם את אשר
ישבנו בארץ מצרים ואת אשר עברנו בקרב הגוים אשר
עברתם ותראו את שקוציהם ואת גלליהם עץ ואבן כסף
וזהב אשר עמהם פן יש בכם איש או אשה או משפחה או
שבט אשר לבבו פנה היום מעם יהוה אלהינו ללכת לעבד
את אלהי הגוים ההם פן יש בכם שרש פרה ראש ולענה
והיה בשמעו את דברי האלה הזאת והתברך בלבבו לאמר
שלום יהיה לי כי בשררות לבי אלך למען ספות הרוה את
הצמאה לא יאבה יהוה סלח לו כי אז יעשן אף יהוה וקנאתו
באיש ההוא ורבצה בו כל האלה הכתובה בספר הזה ומחה
יהוה את שמו מתחת השמים והבדילו יהוה לרעה מכל
שבטי ישראל ככל אלות הברית הכתובה בספר התורה
הזה ואמר הדור האחרון בניכם אשר יקומו מאחריכם
והנכרי אשר יבא מארץ רחוקה וראו את מכות הארץ ההוא
ואת תחלאיה אשר חלה יהוה בה גפרית ומלח שרפה
כל ארצה לא תזרע ולא תצמח ולא יעלה בה כל עשב
כמהפכת סדם ועמרה אדמה וצביים אשר הפך יהוה באפו
ובחמתו ואמרו כל הגוים על מה עשה יהוה ככה לארץ
הזאת מה חרי האף הגדול הזה ואמרו על אשר עזבו את
ברית יהוה אלהי אבתם אשר כרת עמם בהוציאו אתם
מארץ מצרים וילכו ויעבדו אלהים אחרים וישתחוו להם
אלהים אשר לא ידעום ולא חלק להם ויחר אף יהוה
בארץ ההוא להביא עליה את כל הקללה הכתובה בספר

יב לְמַעַן הָקִים־אֹתְךָ הַיּוֹם ׀ לוֹ לְעָם וְהוּא יִהְיֶה־לְּךָ לֵאלֹהִים כַּאֲשֶׁר שני
דִּבֶּר־לָךְ וְכַאֲשֶׁר נִשְׁבַּע לַאֲבֹתֶיךָ לְאַבְרָהָם לְיִצְחָק וּלְיַעֲקֹב׃
יג וְלֹא אִתְּכֶם לְבַדְּכֶם אָנֹכִי כֹּרֵת אֶת־הַבְּרִית הַזֹּאת וְאֶת־הָאָלָה
יד הַזֹּאת׃ כִּי אֶת־אֲשֶׁר יֶשְׁנוֹ פֹּה עִמָּנוּ עֹמֵד הַיּוֹם לִפְנֵי יְהוָה אֱלֹהֵינוּ
טו וְאֵת אֲשֶׁר אֵינֶנּוּ פֹּה עִמָּנוּ הַיּוֹם׃ כִּי־אַתֶּם יְדַעְתֶּם אֵת אֲשֶׁר־ שלישי
יָשַׁבְנוּ בְּאֶרֶץ מִצְרָיִם וְאֵת אֲשֶׁר־עָבַרְנוּ בְּקֶרֶב הַגּוֹיִם אֲשֶׁר
טז עֲבַרְתֶּם׃ וַתִּרְאוּ אֶת־שִׁקּוּצֵיהֶם וְאֵת גִּלֻּלֵיהֶם עֵץ וָאֶבֶן כֶּסֶף
יז וְזָהָב אֲשֶׁר עִמָּהֶם׃ פֶּן־יֵשׁ בָּכֶם אִישׁ אוֹ־אִשָּׁה אוֹ מִשְׁפָּחָה אוֹ־
שֵׁבֶט אֲשֶׁר לְבָבוֹ פֹנֶה הַיּוֹם מֵעִם יְהוָה אֱלֹהֵינוּ לָלֶכֶת לַעֲבֹד
אֶת־אֱלֹהֵי הַגּוֹיִם הָהֵם פֶּן־יֵשׁ בָּכֶם שֹׁרֶשׁ פֹּרֶה רֹאשׁ וְלַעֲנָה׃
יח וְהָיָה בְּשָׁמְעוֹ אֶת־דִּבְרֵי הָאָלָה הַזֹּאת וְהִתְבָּרֵךְ בִּלְבָבוֹ לֵאמֹר
שָׁלוֹם יִהְיֶה־לִּי כִּי בִּשְׁרִרוּת לִבִּי אֵלֵךְ לְמַעַן סְפוֹת הָרָוָה אֶת־
יט הַצְּמֵאָה׃ לֹא־יֹאבֶה יְהוָה סְלֹחַ לוֹ כִּי אָז יֶעְשַׁן אַף־יְהוָה וְקִנְאָתוֹ
בָּאִישׁ הַהוּא וְרָבְצָה בּוֹ כָּל־הָאָלָה הַכְּתוּבָה בַּסֵּפֶר הַזֶּה וּמָחָה
כ יְהוָה אֶת־שְׁמוֹ מִתַּחַת הַשָּׁמָיִם׃ וְהִבְדִּילוֹ יְהוָה לְרָעָה מִכֹּל
שִׁבְטֵי יִשְׂרָאֵל כְּכֹל אָלוֹת הַבְּרִית הַכְּתוּבָה בְּסֵפֶר הַתּוֹרָה
כא הַזֶּה׃ וְאָמַר הַדּוֹר הָאַחֲרוֹן בְּנֵיכֶם אֲשֶׁר יָקוּמוּ מֵאַחֲרֵיכֶם
וְהַנָּכְרִי אֲשֶׁר יָבֹא מֵאֶרֶץ רְחוֹקָה וְרָאוּ אֶת־מַכּוֹת הָאָרֶץ הַהִוא
כב וְאֶת־תַּחֲלֻאֶיהָ אֲשֶׁר־חִלָּה יְהוָה בָּהּ׃ גָּפְרִית וָמֶלַח שְׂרֵפָה
כָל־אַרְצָהּ לֹא תִזָּרַע וְלֹא תַצְמִחַ וְלֹא־יַעֲלֶה בָהּ כָּל־עֵשֶׂב
כְּמַהְפֵּכַת סְדֹם וַעֲמֹרָה אַדְמָה וצביים אֲשֶׁר הָפַךְ יְהוָה בְּאַפּוֹ וּצְבוֹיִם
כג וּבַחֲמָתוֹ׃ וְאָמְרוּ כָּל־הַגּוֹיִם עַל־מֶה עָשָׂה יְהוָה כָּכָה לָאָרֶץ
כד הַזֹּאת מֶה חֳרִי הָאַף הַגָּדוֹל הַזֶּה׃ וְאָמְרוּ עַל אֲשֶׁר עָזְבוּ אֶת־
בְּרִית יְהוָה אֱלֹהֵי אֲבֹתָם אֲשֶׁר כָּרַת עִמָּם בְּהוֹצִיאוֹ אֹתָם
כה מֵאֶרֶץ מִצְרָיִם׃ וַיֵּלְכוּ וַיַּעַבְדוּ אֱלֹהִים אֲחֵרִים וַיִּשְׁתַּחֲווּ לָהֶם
כו אֱלֹהִים אֲשֶׁר לֹא־יְדָעוּם וְלֹא חָלַק לָהֶם׃ וַיִּחַר־אַף יְהוָה
בָּאָרֶץ הַהִוא לְהָבִיא עָלֶיהָ אֶת־כָּל־הַקְּלָלָה הַכְּתוּבָה בַּסֵּפֶר

יהוה בכל העמים מקצה הארץ ועד קצה הארץ ועבדת שם
אלהים אחרים אשר לא ידעת אתה ואבתיך עץ ואבן ובגוים
ההם לא תרגיע ולא יהיה מנוח לכף רגלך ונתן יהוה לך
שם לב רגז וכליון עינים ודאבון נפש והיו חייך תלאים לך
מנגד ופחדת לילה ויומם ולא תאמין בחייך בבקר תאמר מי
יתן ערב ובערב תאמר מי יתן בקר מפחד לבבך אשר תפחד
וממראה עיניך אשר תראה והשיבך יהוה מצרים באניות
בדרך אשר אמרתי לך לא תסיף עוד לראתה והתמכרתם
שם לאיביך לעבדים ולשפחות ואין קנה אלה
דברי הברית אשר צוה יהוה את משה לכרת את בני ישראל
בארץ מואב מלבד הברית אשר כרת אתם בחרב
ויקרא משה אל כל ישראל ויאמר אלהם אתם ראיתם את
כל אשר עשה יהוה לעיניכם בארץ מצרים לפרעה ולכל
עבדיו ולכל ארצו המסות הגדלת אשר ראו עיניך האתת
והמפתים הגדלים ההם ולא נתן יהוה לכם לב לדעת
ועינים לראות ואזנים לשמע עד היום הזה ואולך אתכם
ארבעים שנה במדבר לא בלו שלמתיכם מעליכם ונעלך לא
בלתה מעל רגלך לחם לא אכלתם ויין ושכר לא שתיתם
למען תדעו כי אני יהוה אלהיכם ותבאו אל המקום הזה
ויצא סיחן מלך חשבון ועוג מלך הבשן לקראתנו למלחמה
ונכם ונקח את ארצם ונתנה לנחלה לראובני ולגדי ולחצי
שבט המנשי ושמרתם את דברי הברית הזאת ועשיתם
אתם למען תשכילו את כל אשר תעשון
אתם נצבים היום כלכם לפני יהוה אלהיכם ראשיכם שבטיכם
זקניכם ושטריכם כל איש ישראל טפכם נשיכם וגרך אשר
בקרב מחניך מחטב עציך עד שאב מימיך לעברך בברית
יהוה אלהיך ובאלתו אשר יהוה אלהיך כרת עמך היום

יְהוָה בְּכָל־הָעַמִּים מִקְצֵה הָאָרֶץ וְעַד־קְצֵה הָאָרֶץ וְעָבַדְתָּ שָּׁם
סה אֱלֹהִים אֲחֵרִים אֲשֶׁר לֹא־יָדַעְתָּ אַתָּה וַאֲבֹתֶיךָ עֵץ וָאָבֶן׃ וּבַגּוֹיִם
הָהֵם לֹא תַרְגִּיעַ וְלֹא־יִהְיֶה מָנוֹחַ לְכַף־רַגְלֶךָ וְנָתַן יְהוָה לְךָ
סו שָׁם לֵב רַגָּז וְכִלְיוֹן עֵינַיִם וְדַאֲבוֹן נָפֶשׁ׃ וְהָיוּ חַיֶּיךָ תְּלֻאִים לְךָ
סז מִנֶּגֶד וּפָחַדְתָּ לַיְלָה וְיוֹמָם וְלֹא תַאֲמִין בְּחַיֶּיךָ׃ בַּבֹּקֶר תֹּאמַר מִי־
יִתֵּן עֶרֶב וּבָעֶרֶב תֹּאמַר מִי־יִתֵּן בֹּקֶר מִפַּחַד לְבָבְךָ אֲשֶׁר תִּפְחָד
סח וּמִמַּרְאֵה עֵינֶיךָ אֲשֶׁר תִּרְאֶה׃ וֶהֱשִׁיבְךָ יְהוָה ׀ מִצְרַיִם בָּאֳנִיּוֹת
בַּדֶּרֶךְ אֲשֶׁר אָמַרְתִּי לְךָ לֹא־תֹסִיף עוֹד לִרְאֹתָהּ וְהִתְמַכַּרְתֶּם
סט שָׁם לְאֹיְבֶיךָ לַעֲבָדִים וְלִשְׁפָחוֹת וְאֵין קֹנֶה׃ אֵלֶּה
דִבְרֵי הַבְּרִית אֲשֶׁר־צִוָּה יְהוָה אֶת־מֹשֶׁה לִכְרֹת אֶת־בְּנֵי יִשְׂרָאֵל
בְּאֶרֶץ מוֹאָב מִלְּבַד הַבְּרִית אֲשֶׁר־כָּרַת אִתָּם בְּחֹרֵב׃
כט א וַיִּקְרָא מֹשֶׁה אֶל־כָּל־יִשְׂרָאֵל וַיֹּאמֶר אֲלֵהֶם אַתֶּם רְאִיתֶם אֵת שביעי
כָּל־אֲשֶׁר עָשָׂה יְהוָה לְעֵינֵיכֶם בְּאֶרֶץ מִצְרַיִם לְפַרְעֹה וּלְכָל־
ב עֲבָדָיו וּלְכָל־אַרְצוֹ׃ הַמַּסּוֹת הַגְּדֹלֹת אֲשֶׁר רָאוּ עֵינֶיךָ הָאֹתֹת
ג וְהַמֹּפְתִים הַגְּדֹלִים הָהֵם׃ וְלֹא־נָתַן יְהוָה לָכֶם לֵב לָדַעַת
ד וְעֵינַיִם לִרְאוֹת וְאָזְנַיִם לִשְׁמֹעַ עַד הַיּוֹם הַזֶּה׃ וָאוֹלֵךְ אֶתְכֶם
אַרְבָּעִים שָׁנָה בַּמִּדְבָּר לֹא־בָלוּ שַׂלְמֹתֵיכֶם מֵעֲלֵיכֶם וְנַעַלְךָ לֹא־
ה בָלְתָה מֵעַל רַגְלֶךָ׃ לֶחֶם לֹא אֲכַלְתֶּם וְיַיִן וְשֵׁכָר לֹא שְׁתִיתֶם
ו לְמַעַן תֵּדְעוּ כִּי אֲנִי יְהוָה אֱלֹהֵיכֶם׃ וַתָּבֹאוּ אֶל־הַמָּקוֹם הַזֶּה מפטיר *
וַיֵּצֵא סִיחֹן מֶלֶךְ־חֶשְׁבּוֹן וְעוֹג מֶלֶךְ־הַבָּשָׁן לִקְרָאתֵנוּ לַמִּלְחָמָה
ז וַנַּכֵּם׃ וַנִּקַּח אֶת־אַרְצָם וַנִּתְּנָהּ לְנַחֲלָה לָראוּבֵנִי וְלַגָּדִי וְלַחֲצִי
ח שֵׁבֶט הַמְנַשִּׁי׃ וּשְׁמַרְתֶּם אֶת־דִּבְרֵי הַבְּרִית הַזֹּאת וַעֲשִׂיתֶם
אֹתָם לְמַעַן תַּשְׂכִּילוּ אֵת כָּל־אֲשֶׁר תַּעֲשׂוּן׃
ט אַתֶּם נִצָּבִים הַיּוֹם כֻּלְּכֶם לִפְנֵי יְהוָה אֱלֹהֵיכֶם רָאשֵׁיכֶם שִׁבְטֵיכֶם כג נצבים
י זִקְנֵיכֶם וְשֹׁטְרֵיכֶם כֹּל אִישׁ יִשְׂרָאֵל׃ טַפְּכֶם נְשֵׁיכֶם וְגֵרְךָ אֲשֶׁר
יא בְּקֶרֶב מַחֲנֶיךָ מֵחֹטֵב עֵצֶיךָ עַד שֹׁאֵב מֵימֶיךָ׃ לְעָבְרְךָ בִּבְרִית
יְהוָה אֱלֹהֶיךָ וּבְאָלָתוֹ אֲשֶׁר יְהוָה אֱלֹהֶיךָ כֹּרֵת עִמְּךָ הַיּוֹם׃

אתך ישא יהוה עליך גוי מרחק מקצה הארץ כאשר ידאה
הנשר גוי אשר לא תשמע לשנו גוי עז פנים אשר לא ישא
פנים לזקן ונער לא יחן ואכל פרי בהמתך ופרי אדמתך
עד השמדך אשר לא ישאיר לך דגן תירוש ויצהר שגר אלפיך
ועשתרת צאנך עד האבידו אתך והצר לך בכל שעריך עד
רדת חמתיך הגבהת והבצרות אשר אתה בטח בהן בכל
ארצך והצר לך בכל שעריך בכל ארצך אשר נתן יהוה
אלהיך לך ואכלת פרי בטנך בשר בניך ובנתיך אשר נתן
לך יהוה אלהיך במצור ובמצוק אשר יציק לך איבך האיש
הרך בך והענג מאד תרע עינו באחיו ובאשת חיקו וביתר
בניו אשר יותיר מתת לאחד מהם מבשר בניו אשר יאכל
מבלי השאיר לו כל במצור ובמצוק אשר יציק לך איבך
בכל שעריך הרכה בך והענגה אשר לא נסתה כף רגלה
הצג על הארץ מהתענג ומרך תרע עינה באיש חיקה ובבנה
ובבתה ובשליתה היוצת מבין רגליה ובבניה אשר תלד
כי תאכלם בחסר כל בסתר במצור ובמצוק אשר יציק לך
איבך בשעריך אם לא תשמר לעשות את כל דברי התורה
הזאת הכתבים בספר הזה ליראה את השם הנכבד והנורא
הזה את יהוה אלהיך והפלא יהוה את מכתך ואת מכות
זרעך מכות גדלת ונאמנות וחלים רעים ונאמנים והשיב
בך את כל מדוה מצרים אשר יגרת מפניהם ודבקו בך
גם כל חלי וכל מכה אשר לא כתוב בספר התורה הזאת יעלם
יהוה עליך עד השמדך ונשארתם במתי מעט תחת אשר
הייתם ככוכבי השמים לרב כי לא שמעת בקול יהוה אלהיך
והיה כאשר שש יהוה עליכם להיטיב אתכם ולהרבות אתכם
כן ישיש יהוה עליכם להאביד אתכם ולהשמיד אתכם
ונסחתם מעל האדמה אשר אתה בא שמה לרשתה והפיצך

מט אֹתָךְ׃ יִשָּׂא יְהוָה עָלֶיךָ גּוֹי מֵרָחֹק מִקְצֵה הָאָרֶץ כַּאֲשֶׁר יִדְאֶה
נ הַנָּשֶׁר גּוֹי אֲשֶׁר לֹא־תִשְׁמַע לְשֹׁנוֹ׃ גּוֹי עַז פָּנִים אֲשֶׁר לֹא־יִשָּׂא
נא פָנִים לְזָקֵן וְנַעַר לֹא יָחֹן׃ וְאָכַל פְּרִי בְהֶמְתְּךָ וּפְרִי־אַדְמָתְךָ
עַד הִשָּׁמְדָךְ אֲשֶׁר לֹא־יַשְׁאִיר לְךָ דָּגָן תִּירוֹשׁ וְיִצְהָר שְׁגַר אֲלָפֶיךָ
נב וְעַשְׁתְּרֹת צֹאנֶךָ עַד הַאֲבִידוֹ אֹתָךְ׃ וְהֵצַר לְךָ בְּכָל־שְׁעָרֶיךָ עַד
רֶדֶת חֹמֹתֶיךָ הַגְּבֹהֹת וְהַבְּצֻרוֹת אֲשֶׁר אַתָּה בֹּטֵחַ בָּהֵן בְּכָל־
אַרְצֶךָ וְהֵצַר לְךָ בְּכָל־שְׁעָרֶיךָ בְּכָל־אַרְצְךָ אֲשֶׁר נָתַן יְהוָה
נג אֱלֹהֶיךָ לָךְ׃ וְאָכַלְתָּ פְרִי־בִטְנְךָ בְּשַׂר בָּנֶיךָ וּבְנֹתֶיךָ אֲשֶׁר נָתַן־
נד לְךָ יְהוָה אֱלֹהֶיךָ בְּמָצוֹר וּבְמָצוֹק אֲשֶׁר־יָצִיק לְךָ אֹיְבֶךָ׃ הָאִישׁ
הָרַךְ בְּךָ וְהֶעָנֹג מְאֹד תֵּרַע עֵינוֹ בְאָחִיו וּבְאֵשֶׁת חֵיקוֹ וּבְיֶתֶר
נה בָּנָיו אֲשֶׁר יוֹתִיר׃ מִתֵּת ׀ לְאַחַד מֵהֶם מִבְּשַׂר בָּנָיו אֲשֶׁר יֹאכֵל
מִבְּלִי הִשְׁאִיר־לוֹ כֹּל בְּמָצוֹר וּבְמָצוֹק אֲשֶׁר יָצִיק לְךָ אֹיִבְךָ
נו בְּכָל־שְׁעָרֶיךָ׃ הָרַכָּה בְךָ וְהָעֲנֻגָּה אֲשֶׁר לֹא־נִסְּתָה כַף־רַגְלָהּ
הַצֵּג עַל־הָאָרֶץ מֵהִתְעַנֵּג וּמֵרֹךְ תֵּרַע עֵינָהּ בְּאִישׁ חֵיקָהּ וּבִבְנָהּ
נז וּבְבִתָּהּ׃ וּבְשִׁלְיָתָהּ הַיּוֹצֵת ׀ מִבֵּין רַגְלֶיהָ וּבְבָנֶיהָ אֲשֶׁר תֵּלֵד
כִּי־תֹאכְלֵם בְּחֹסֶר־כֹּל בַּסָּתֶר בְּמָצוֹר וּבְמָצוֹק אֲשֶׁר יָצִיק לְךָ
נח אֹיִבְךָ בִּשְׁעָרֶיךָ׃ אִם־לֹא תִשְׁמֹר לַעֲשׂוֹת אֶת־כָּל־דִּבְרֵי הַתּוֹרָה
הַזֹּאת הַכְּתֻבִים בַּסֵּפֶר הַזֶּה לְיִרְאָה אֶת־הַשֵּׁם הַנִּכְבָּד וְהַנּוֹרָא
נט הַזֶּה אֵת יְהוָה אֱלֹהֶיךָ׃ וְהִפְלָא יְהוָה אֶת־מַכֹּתְךָ וְאֵת מַכּוֹת
ס זַרְעֶךָ מַכּוֹת גְּדֹלֹת וְנֶאֱמָנוֹת וָחֳלָיִם רָעִים וְנֶאֱמָנִים׃ וְהֵשִׁיב
בְּךָ אֵת כָּל־מַדְוֵה מִצְרַיִם אֲשֶׁר יָגֹרְתָּ מִפְּנֵיהֶם וְדָבְקוּ בָּךְ׃
סא גַּם כָּל־חֳלִי וְכָל־מַכָּה אֲשֶׁר לֹא כָתוּב בְּסֵפֶר הַתּוֹרָה הַזֹּאת יַעְלֵם
סב יְהוָה עָלֶיךָ עַד הִשָּׁמְדָךְ׃ וְנִשְׁאַרְתֶּם בִּמְתֵי מְעָט תַּחַת אֲשֶׁר
הֱיִיתֶם כְּכוֹכְבֵי הַשָּׁמַיִם לָרֹב כִּי־לֹא שָׁמַעְתָּ בְּקוֹל יְהוָה אֱלֹהֶיךָ׃
סג וְהָיָה כַּאֲשֶׁר־שָׂשׂ יְהוָה עֲלֵיכֶם לְהֵיטִיב אֶתְכֶם וּלְהַרְבּוֹת אֶתְכֶם
כֵּן יָשִׂישׂ יְהוָה עֲלֵיכֶם לְהַאֲבִיד אֶתְכֶם וּלְהַשְׁמִיד אֶתְכֶם
סד וְנִסַּחְתֶּם מֵעַל הָאֲדָמָה אֲשֶׁר־אַתָּה בָא־שָׁמָּה לְרִשְׁתָּהּ׃ וֶהֱפִיצְךָ

תוכל להרפא יככה יהוה בשגעון ובעורון ובתמהון לבב
והיית ממשש בצהרים כאשר ימשש העור באפלה ולא תצליח
את דרכיך והיית אך עשוק וגזול כל הימים ואין מושיע
אשה תארש ואיש אחר ישגלנה בית תבנה ולא תשב בו
כרם תטע ולא תחללנו שורך טבוח לעיניך ולא תאכל ממנו
חמרך גזול מלפניך ולא ישוב לך צאנך נתנות לאיביך ואין לך
מושיע בניך ובנתיך נתנים לעם אחר ועיניך ראות וכלות
אליהם כל היום ואין לאל ידך פרי אדמתך וכל יגיעך יאכל
עם אשר לא ידעת והיית רק עשוק ורצוץ כל הימים והיית
משגע ממראה עיניך אשר תראה יככה יהוה בשחין רע
על הברכים ועל השקים אשר לא תוכל להרפא מכף רגלך
ועד קדקדך יולך יהוה אתך ואת מלכך אשר תקים עליך
אל גוי אשר לא ידעת אתה ואבתיך ועבדת שם אלהים
אחרים עץ ואבן והיית לשמה למשל ולשנינה בכל העמים
אשר ינהגך יהוה שמה זרע רב תוציא השדה ומעט תאסף
כי יחסלנו הארבה כרמים תטע ועבדת ויין לא תשתה ולא
תאגר כי תאכלנו התלעת זיתים יהיו לך בכל גבולך ושמן
לא תסוך כי ישל זיתך בנים ובנות תוליד ולא יהיו לך כי
ילכו בשבי כל עצך ופרי אדמתך יירש הצלצל הגר אשר
בקרבך יעלה עליך מעלה מעלה ואתה תרד מטה מטה
הוא ילוך ואתה לא תלונו הוא יהיה לראש ואתה תהיה לזנב
ובאו עליך כל הקללות האלה ורדפוך והשיגוך עד השמדך
כי לא שמעת בקול יהוה אלהיך לשמר מצותיו וחקתיו אשר
צוך והיו בך לאות ולמופת ובזרעך עד עולם תחת אשר
לא עבדת את יהוה אלהיך בשמחה ובטוב לבב מרב כל
ועבדת את איביך אשר ישלחנו יהוה בך ברעב ובצמא
ובעירם ובחסר כל ונתן על ברזל על צוארך עד השמידו

כח תוּכַל לְהֵרָפֵא: יַכְּכָה יְהוָה בְּשִׁגָּעוֹן וּבְעִוָּרוֹן וּבְתִמְהוֹן לֵבָב:

כט וְהָיִיתָ מְמַשֵּׁשׁ בַּצָּהֳרַיִם כַּאֲשֶׁר יְמַשֵּׁשׁ הָעִוֵּר בָּאֲפֵלָה וְלֹא תַצְלִיחַ

אֶת־דְּרָכֶיךָ וְהָיִיתָ אַךְ עָשׁוּק וְגָזוּל כָּל־הַיָּמִים וְאֵין מוֹשִׁיעַ:

ל אִשָּׁה תְאָרֵשׂ וְאִישׁ אַחֵר ישגלנה בַּיִת תִּבְנֶה וְלֹא־תֵשֵׁב בּוֹ — יִשְׁכָּבֶנָּה

לא כֶּרֶם תִּטַּע וְלֹא תְחַלְּלֶנּוּ: שׁוֹרְךָ טָבוּחַ לְעֵינֶיךָ וְלֹא תֹאכַל מִמֶּנּוּ

חֲמֹרְךָ גָּזוּל מִלְּפָנֶיךָ וְלֹא יָשׁוּב לָךְ צֹאנְךָ נְתֻנוֹת לְאֹיְבֶיךָ וְאֵין לְךָ

לב מוֹשִׁיעַ: בָּנֶיךָ וּבְנֹתֶיךָ נְתֻנִים לְעַם אַחֵר וְעֵינֶיךָ רֹאוֹת וְכָלוֹת

לג אֲלֵיהֶם כָּל־הַיּוֹם וְאֵין לְאֵל יָדֶךָ: פְּרִי אַדְמָתְךָ וְכָל־יְגִיעֲךָ יֹאכַל

לד עַם אֲשֶׁר לֹא־יָדָעְתָּ וְהָיִיתָ רַק עָשׁוּק וְרָצוּץ כָּל־הַיָּמִים: וְהָיִיתָ

לה מְשֻׁגָּע מִמַּרְאֵה עֵינֶיךָ אֲשֶׁר תִּרְאֶה: יַכְּכָה יְהוָה בִּשְׁחִין רָע

עַל־הַבִּרְכַּיִם וְעַל־הַשֹּׁקַיִם אֲשֶׁר לֹא־תוּכַל לְהֵרָפֵא מִכַּף רַגְלְךָ

לו וְעַד קָדְקֳדֶךָ: יוֹלֵךְ יְהוָה אֹתְךָ וְאֶת־מַלְכְּךָ אֲשֶׁר תָּקִים עָלֶיךָ

אֶל־גּוֹי אֲשֶׁר לֹא־יָדַעְתָּ אַתָּה וַאֲבֹתֶיךָ וְעָבַדְתָּ שָּׁם אֱלֹהִים

לז אֲחֵרִים עֵץ וָאָבֶן: וְהָיִיתָ לְשַׁמָּה לְמָשָׁל וְלִשְׁנִינָה בְּכֹל הָעַמִּים

לח אֲשֶׁר־יְנַהֶגְךָ יְהוָה שָׁמָּה: זֶרַע רַב תּוֹצִיא הַשָּׂדֶה וּמְעַט תֶּאֱסֹף

לט כִּי יַחְסְלֶנּוּ הָאַרְבֶּה: כְּרָמִים תִּטַּע וְעָבָדְתָּ וְיַיִן לֹא־תִשְׁתֶּה וְלֹא

מ תֶאֱגֹר כִּי תֹאכְלֶנּוּ הַתֹּלָעַת: זֵיתִים יִהְיוּ לְךָ בְּכָל־גְּבוּלֶךָ וְשֶׁמֶן

מא לֹא תָסוּךְ כִּי יִשַּׁל זֵיתֶךָ: בָּנִים וּבָנוֹת תּוֹלִיד וְלֹא־יִהְיוּ לָךְ כִּי

מב מג יֵלְכוּ בַּשֶּׁבִי: כָּל־עֵצְךָ וּפְרִי אַדְמָתֶךָ יְיָרֵשׁ הַצְּלָצַל: הַגֵּר אֲשֶׁר

בְּקִרְבְּךָ יַעֲלֶה עָלֶיךָ מַעְלָה מָּעְלָה וְאַתָּה תֵרֵד מַטָּה מָּטָּה:

מד הוּא יַלְוְךָ וְאַתָּה לֹא תַלְוֶנּוּ הוּא יִהְיֶה לְרֹאשׁ וְאַתָּה תִּהְיֶה לְזָנָב:

מה וּבָאוּ עָלֶיךָ כָּל־הַקְּלָלוֹת הָאֵלֶּה וּרְדָפוּךָ וְהִשִּׂיגוּךָ עַד הִשָּׁמְדָךְ

כִּי־לֹא שָׁמַעְתָּ בְּקוֹל יְהוָה אֱלֹהֶיךָ לִשְׁמֹר מִצְוֺתָיו וְחֻקֹּתָיו אֲשֶׁר

מו מז צִוָּךְ: וְהָיוּ בְךָ לְאוֹת וּלְמוֹפֵת וּבְזַרְעֲךָ עַד־עוֹלָם: תַּחַת אֲשֶׁר

לֹא־עָבַדְתָּ אֶת־יְהוָה אֱלֹהֶיךָ בְּשִׂמְחָה וּבְטוּב לֵבָב מֵרֹב כֹּל:

מח וְעָבַדְתָּ אֶת־אֹיְבֶיךָ אֲשֶׁר יְשַׁלְּחֶנּוּ יְהוָה בָּךְ בְּרָעָב וּבְצָמָא

וּבְעֵירֹם וּבְחֹסֶר כֹּל וְנָתַן עֹל בַּרְזֶל עַל־צַוָּארֶךָ עַד הִשְׁמִידוֹ

יהוה אלהיך והלכת בדרכיו וראו כל עמי הארץ כי שם
יהוה נקרא עליך ויראו ממך והותרך יהוה לטובה בפרי
בטנך ובפרי בהמתך ובפרי אדמתך על האדמה אשר נשבע
יהוה לאבתיך לתת לך יפתח יהוה לך את אוצרו הטוב
את השמים לתת מטר ארצך בעתו ולברך את כל מעשה
ידך והלוית גוים רבים ואתה לא תלוה ונתנך יהוה לראש
ולא לזנב והיית רק למעלה ולא תהיה למטה כי תשמע אל
מצות יהוה אלהיך אשר אנכי מצוך היום לשמר ולעשות
ולא תסור מכל הדברים אשר אנכי מצוה אתכם היום ימין
ושמאול ללכת אחרי אלהים אחרים לעבדם

והיה אם לא תשמע בקול יהוה אלהיך לשמר לעשות את כל
מצותיו וחקתיו אשר אנכי מצוך היום ובאו עליך כל הקללות
האלה והשיגוך ארור אתה בעיר וארור אתה בשדה ארור
טנאך ומשארתך ארור פרי בטנך ופרי אדמתך שגר אלפיך
ועשתרת צאנך ארור אתה בבאך וארור אתה בצאתך
ישלח יהוה בך את המארה את המהומה ואת המגערת
בכל משלח ידך אשר תעשה עד השמדך ועד אבדך מהר
מפני רע מעלליך אשר עזבתני ידבק יהוה בך את הדבר עד
כלתו אתך מעל האדמה אשר אתה בא שמה לרשתה
יככה יהוה בשחפת ובקדחת ובדלקת ובחרחר ובחרב
ובשדפון ובירקון ורדפוך עד אבדך והיו שמיך אשר על
ראשך נחשת והארץ אשר תחתיך ברזל יתן יהוה את
מטר ארצך אבק ועפר מן השמים ירד עליך עד השמדך
יתנך יהוה נגף לפני איביך בדרך אחד תצא אליו ובשבעה
דרכים תנוס לפניו והיית לזעוה לכל ממלכות הארץ והיתה
נבלתך למאכל לכל עוף השמים ולבהמת הארץ ואין מחריד
יככה יהוה בשחין מצרים ובעפלים ובגרב ובחרס אשר לא

י יְהוָה אֱלֹהֶיךָ וְהָלַכְתָּ בִּדְרָכָיו׃ וְרָאוּ כָּל־עַמֵּי הָאָרֶץ כִּי שֵׁם
יא יְהוָה נִקְרָא עָלֶיךָ וְיָרְאוּ מִמֶּךָּ׃ וְהוֹתִרְךָ יְהוָה לְטוֹבָה בִּפְרִי
בִטְנְךָ וּבִפְרִי בְהֶמְתְּךָ וּבִפְרִי אַדְמָתֶךָ עַל הָאֲדָמָה אֲשֶׁר נִשְׁבַּע
יב יְהוָה לַאֲבֹתֶיךָ לָתֶת לָךְ׃ יִפְתַּח יְהוָה ׀ לְךָ אֶת־אוֹצָרוֹ הַטּוֹב ★
אֶת־הַשָּׁמַיִם לָתֵת מְטַר־אַרְצְךָ בְּעִתּוֹ וּלְבָרֵךְ אֵת כָּל־מַעֲשֵׂה
יג יָדֶךָ וְהִלְוִיתָ גּוֹיִם רַבִּים וְאַתָּה לֹא תִלְוֶה׃ וּנְתָנְךָ יְהוָה לְרֹאשׁ
וְלֹא לְזָנָב וְהָיִיתָ רַק לְמַעְלָה וְלֹא תִהְיֶה לְמָטָּה כִּי־תִשְׁמַע אֶל־
מִצְוֺת ׀ יְהוָה אֱלֹהֶיךָ אֲשֶׁר אָנֹכִי מְצַוְּךָ הַיּוֹם לִשְׁמֹר וְלַעֲשׂוֹת׃
יד וְלֹא תָסוּר מִכָּל־הַדְּבָרִים אֲשֶׁר אָנֹכִי מְצַוֶּה אֶתְכֶם הַיּוֹם יָמִין
וּשְׂמֹאול לָלֶכֶת אַחֲרֵי אֱלֹהִים אֲחֵרִים לְעָבְדָם׃
טו וְהָיָה אִם־לֹא תִשְׁמַע בְּקוֹל יְהוָה אֱלֹהֶיךָ לִשְׁמֹר לַעֲשׂוֹת אֶת־כָּל־
מִצְוֺתָיו וְחֻקֹּתָיו אֲשֶׁר אָנֹכִי מְצַוְּךָ הַיּוֹם וּבָאוּ עָלֶיךָ כָּל־הַקְּלָלוֹת
טז יז הָאֵלֶּה וְהִשִּׂיגוּךָ׃ אָרוּר אַתָּה בָּעִיר וְאָרוּר אַתָּה בַּשָּׂדֶה׃ אָרוּר
יח טַנְאֲךָ וּמִשְׁאַרְתֶּךָ׃ אָרוּר פְּרִי־בִטְנְךָ וּפְרִי אַדְמָתֶךָ שְׁגַר אֲלָפֶיךָ
יט וְעַשְׁתְּרֹת צֹאנֶךָ׃ אָרוּר אַתָּה בְּבֹאֶךָ וְאָרוּר אַתָּה בְּצֵאתֶךָ׃
כ יְשַׁלַּח יְהוָה ׀ בְּךָ אֶת־הַמְּאֵרָה אֶת־הַמְּהוּמָה וְאֶת־הַמִּגְעֶרֶת
בְּכָל־מִשְׁלַח יָדְךָ אֲשֶׁר תַּעֲשֶׂה עַד הִשָּׁמֶדְךָ וְעַד־אֲבָדְךָ מַהֵר
כא מִפְּנֵי רֹעַ מַעֲלָלֶיךָ אֲשֶׁר עֲזַבְתָּנִי׃ יַדְבֵּק יְהוָה בְּךָ אֶת־הַדָּבֶר עַד
כַּלֹּתוֹ אֹתְךָ מֵעַל הָאֲדָמָה אֲשֶׁר־אַתָּה בָא־שָׁמָּה לְרִשְׁתָּהּ׃
כב יַכְּכָה יְהוָה בַּשַּׁחֶפֶת וּבַקַּדַּחַת וּבַדַּלֶּקֶת וּבַחַרְחֻר וּבַחֶרֶב
כג וּבַשִּׁדָּפוֹן וּבַיֵּרָקוֹן וּרְדָפוּךָ עַד אָבְדֶךָ׃ וְהָיוּ שָׁמֶיךָ אֲשֶׁר עַל־
כד רֹאשְׁךָ נְחֹשֶׁת וְהָאָרֶץ אֲשֶׁר־תַּחְתֶּיךָ בַּרְזֶל׃ יִתֵּן יְהוָה אֶת־
מְטַר אַרְצְךָ אָבָק וְעָפָר מִן־הַשָּׁמַיִם יֵרֵד עָלֶיךָ עַד הִשָּׁמְדָךְ׃
כה יִתֶּנְךָ יְהוָה ׀ נִגָּף לִפְנֵי אֹיְבֶיךָ בְּדֶרֶךְ אֶחָד תֵּצֵא אֵלָיו וּבְשִׁבְעָה
כו דְרָכִים תָּנוּס לְפָנָיו וְהָיִיתָ לְזַעֲוָה לְכֹל מַמְלְכוֹת הָאָרֶץ׃ וְהָיְתָה
נִבְלָתְךָ לְמַאֲכָל לְכָל־עוֹף הַשָּׁמַיִם וּלְבֶהֱמַת הָאָרֶץ וְאֵין מַחֲרִיד׃
כז יַכְּכָה יְהוָה בִּשְׁחִין מִצְרַיִם וּבָעְפָלִים וּבַגָּרָב וּבֶחָרֶס אֲשֶׁר לֹא־ וּבַטְּחֹרִ

איש ישראל קול רם ארור האיש אשר יעשה
פסל ומסכה תועבת יהוה מעשה ידי חרש ושם בסתר וענו
כל העם ואמרו אמן ארור מקלה אביו ואמו
ואמר כל העם אמן ארור מסיג גבול רעהו
ואמר כל העם אמן ארור משגה עור בדרך
ואמר כל העם אמן ארור מטה משפט גר
יתום ואלמנה ואמר כל העם אמן ארור שכב עם אשת
אביו כי גלה כנף אביו ואמר כל העם אמן ארור
שכב עם כל בהמה ואמר כל העם אמן ארור
שכב עם אחתו בת אביו או בת אמו ואמר כל העם
אמן ארור שכב עם חתנתו ואמר כל העם
אמן ארור מכה רעהו בסתר ואמר כל העם
אמן ארור לקח שחד להכות נפש דם נקי
ואמר כל העם אמן ארור אשר לא יקים
את דברי התורה הזאת לעשות אותם ואמר כל העם
אמן

והיה אם שמוע תשמע בקול יהוה אלהיך לשמר לעשות את
כל מצותיו אשר אנכי מצוך היום ונתנך יהוה אלהיך עליון
על כל גויי הארץ ובאו עליך כל הברכות האלה והשיגך
כי תשמע בקול יהוה אלהיך ברוך אתה בעיר וברוך אתה
בשדה ברוך פרי בטנך ופרי אדמתך ופרי בהמתך שגר
אלפיך ועשתרות צאנך ברוך טנאך ומשארתך ברוך אתה
בבאך וברוך אתה בצאתך יתן יהוה את איביך הקמים
עליך נגפים לפניך בדרך אחד יצאו אליך ובשבעה דרכים
ינוסו לפניך יצו יהוה אתך את הברכה באסמיך ובכל
משלח ידך וברכך בארץ אשר יהוה אלהיך נתן לך יקימך
יהוה לו לעם קדוש כאשר נשבע לך כי תשמר את מצות

טו אִישׁ יִשְׂרָאֵל קוֹל רָם׃ אָרוּר הָאִישׁ אֲשֶׁר יַעֲשֶׂה
פֶּסֶל וּמַסֵּכָה תּוֹעֲבַת יְהוָה מַעֲשֵׂה יְדֵי חָרָשׁ וְשָׂם בַּסָּתֶר וְעָנוּ
טז כָל־הָעָם וְאָמְרוּ אָמֵן׃ אָרוּר מַקְלֶה אָבִיו וְאִמּוֹ
יז וְאָמַר כָּל־הָעָם אָמֵן׃ אָרוּר מַסִּיג גְּבוּל רֵעֵהוּ
יח וְאָמַר כָּל־הָעָם אָמֵן׃ אָרוּר מַשְׁגֶּה עִוֵּר בַּדָּרֶךְ
יט וְאָמַר כָּל־הָעָם אָמֵן׃ אָרוּר מַטֶּה מִשְׁפַּט גֵּר־
כ יָתוֹם וְאַלְמָנָה וְאָמַר כָּל־הָעָם אָמֵן׃ אָרוּר שֹׁכֵב עִם־אֵשֶׁת
כא אָבִיו כִּי גִלָּה כְּנַף אָבִיו וְאָמַר כָּל־הָעָם אָמֵן׃ אָרוּר
כב שֹׁכֵב עִם־כָּל־בְּהֵמָה וְאָמַר כָּל־הָעָם אָמֵן׃ אָרוּר
שֹׁכֵב עִם־אֲחֹתוֹ בַּת־אָבִיו אוֹ בַת־אִמּוֹ וְאָמַר כָּל־הָעָם
כג אָמֵן׃ אָרוּר שֹׁכֵב עִם־חֹתַנְתּוֹ וְאָמַר כָּל־הָעָם
כד אָמֵן׃ אָרוּר מַכֵּה רֵעֵהוּ בַּסָּתֶר וְאָמַר כָּל־הָעָם
כה אָמֵן׃ אָרוּר לֹקֵחַ שֹׁחַד לְהַכּוֹת נֶפֶשׁ דָּם נָקִי
כו וְאָמַר כָּל־הָעָם אָמֵן׃ אָרוּר אֲשֶׁר לֹא־יָקִים
אֶת־דִּבְרֵי הַתּוֹרָה־הַזֹּאת לַעֲשׂוֹת אוֹתָם וְאָמַר כָּל־הָעָם
אָמֵן׃

כח א וְהָיָה אִם־שָׁמוֹעַ תִּשְׁמַע בְּקוֹל יְהוָה אֱלֹהֶיךָ לִשְׁמֹר לַעֲשׂוֹת אֶת־ כב
כָּל־מִצְוֹתָיו אֲשֶׁר אָנֹכִי מְצַוְּךָ הַיּוֹם וּנְתָנְךָ יְהוָה אֱלֹהֶיךָ עֶלְיוֹן
ב עַל כָּל־גּוֹיֵי הָאָרֶץ׃ וּבָאוּ עָלֶיךָ כָּל־הַבְּרָכוֹת הָאֵלֶּה וְהִשִּׂיגֻךָ
ג כִּי תִשְׁמַע בְּקוֹל יְהוָה אֱלֹהֶיךָ׃ בָּרוּךְ אַתָּה בָּעִיר וּבָרוּךְ אַתָּה
ד בַּשָּׂדֶה׃ בָּרוּךְ פְּרִי־בִטְנְךָ וּפְרִי אַדְמָתְךָ וּפְרִי בְהֶמְתֶּךָ שְׁגַר ★
ה ו אֲלָפֶיךָ וְעַשְׁתְּרוֹת צֹאנֶךָ׃ בָּרוּךְ טַנְאֲךָ וּמִשְׁאַרְתֶּךָ׃ בָּרוּךְ אַתָּה
ז בְּבֹאֶךָ וּבָרוּךְ אַתָּה בְּצֵאתֶךָ׃ יִתֵּן יְהוָה אֶת־אֹיְבֶיךָ הַקָּמִים ששי
עָלֶיךָ נִגָּפִים לְפָנֶיךָ בְּדֶרֶךְ אֶחָד יֵצְאוּ אֵלֶיךָ וּבְשִׁבְעָה דְרָכִים
ח יָנוּסוּ לְפָנֶיךָ׃ יְצַו יְהוָה אִתְּךָ אֶת־הַבְּרָכָה בַּאֲסָמֶיךָ וּבְכֹל
ט מִשְׁלַח יָדֶךָ וּבֵרַכְךָ בָּאָרֶץ אֲשֶׁר־יְהוָה אֱלֹהֶיךָ נֹתֵן לָךְ׃ יְקִימְךָ
יְהוָה לוֹ לְעַם קָדוֹשׁ כַּאֲשֶׁר נִשְׁבַּע־לָךְ כִּי תִשְׁמֹר אֶת־מִצְוֹת

הזה יהוה אלהיך מצוך לעשות את החקים האלה ואת
המשפטים ושמרת ועשית אותם בכל לבבך ובכל נפשך
את יהוה האמרת היום להיות לך לאלהים וללכת בדרכיו
ולשמר חקיו ומצותיו ומשפטיו ולשמע בקלו ויהוה האמירך
היום להיות לו לעם סגלה כאשר דבר לך ולשמר כל מצותיו
ולתתך עליון על כל הגוים אשר עשה לתהלה ולשם ולתפארת
ולהיתך עם קדש ליהוה אלהיך כאשר דבר
ויצו משה וזקני ישראל את העם לאמר שמר את כל המצוה
אשר אנכי מצוה אתכם היום והיה ביום אשר תעברו את
הירדן אל הארץ אשר יהוה אלהיך נתן לך והקמת לך אבנים
גדלות ושדת אתם בשיד וכתבת עליהן את כל דברי התורה
הזאת בעברך למען אשר תבא אל הארץ אשר יהוה אלהיך
נתן לך ארץ זבת חלב ודבש כאשר דבר יהוה אלהי אבתיך
לך והיה בעברכם את הירדן תקימו את האבנים האלה
אשר אנכי מצוה אתכם היום בהר עיבל ושדת אותם בשיד
ובנית שם מזבח ליהוה אלהיך מזבח אבנים לא תניף עליהם
ברזל אבנים שלמות תבנה את מזבח יהוה אלהיך והעלית
עליו עולת ליהוה אלהיך וזבחת שלמים ואכלת שם ושמחת
לפני יהוה אלהיך וכתבת על האבנים את כל דברי התורה
הזאת באר היטב וידבר משה והכהנים הלוים
אל כל ישראל לאמר הסכת ושמע ישראל היום הזה נהיית
לעם ליהוה אלהיך ושמעת בקול יהוה אלהיך ועשית את
מצותו ואת חקיו אשר אנכי מצוך היום ויצו
משה את העם ביום ההוא לאמר אלה יעמדו לברך את
העם על הר גרזים בעברכם את הירדן שמעון ולוי ויהודה
וישׂשכר ויוסף ובנימן ואלה יעמדו על הקללה בהר עיבל
ראובן גד ואשר וזבולן דן ונפתלי וענו הלוים ואמרו אל כל

הַזֶּה יְהוָה אֱלֹהֶיךָ מְצַוְּךָ לַעֲשׂוֹת אֶת־הַחֻקִּים הָאֵלֶּה וְאֶת־
הַמִּשְׁפָּטִים וְשָׁמַרְתָּ וְעָשִׂיתָ אוֹתָם בְּכָל־לְבָבְךָ וּבְכָל־נַפְשֶׁךָ׃
יז אֶת־יְהוָה הֶאֱמַרְתָּ הַיּוֹם לִהְיוֹת לְךָ לֵאלֹהִים וְלָלֶכֶת בִּדְרָכָיו
יח וְלִשְׁמֹר חֻקָּיו וּמִצְוֺתָיו וּמִשְׁפָּטָיו וְלִשְׁמֹעַ בְּקֹלוֹ׃ וַיהוָה הֶאֱמִירְךָ
הַיּוֹם לִהְיוֹת לוֹ לְעַם סְגֻלָּה כַּאֲשֶׁר דִּבֶּר־לָךְ וְלִשְׁמֹר כָּל־מִצְוֺתָיו׃
יט וּלְתִתְּךָ עֶלְיוֹן עַל כָּל־הַגּוֹיִם אֲשֶׁר עָשָׂה לִתְהִלָּה וּלְשֵׁם וּלְתִפְאָרֶת
וְלִהְיֹתְךָ עַם־קָדֹשׁ לַיהוָה אֱלֹהֶיךָ כַּאֲשֶׁר דִּבֵּר׃
כז א וַיְצַו מֹשֶׁה וְזִקְנֵי יִשְׂרָאֵל אֶת־הָעָם לֵאמֹר שָׁמֹר אֶת־כָּל־הַמִּצְוָה רביעי
ב אֲשֶׁר אָנֹכִי מְצַוֶּה אֶתְכֶם הַיּוֹם׃ וְהָיָה בַּיּוֹם אֲשֶׁר תַּעַבְרוּ אֶת־
הַיַּרְדֵּן אֶל־הָאָרֶץ אֲשֶׁר־יְהוָה אֱלֹהֶיךָ נֹתֵן לָךְ וַהֲקֵמֹתָ לְךָ אֲבָנִים
ג גְּדֹלוֹת וְשַׂדְתָּ אֹתָם בַּשִּׂיד׃ וְכָתַבְתָּ עֲלֵיהֶן אֶת־כָּל־דִּבְרֵי הַתּוֹרָה
הַזֹּאת בְּעָבְרֶךָ לְמַעַן אֲשֶׁר תָּבֹא אֶל־הָאָרֶץ אֲשֶׁר־יְהוָה אֱלֹהֶיךָ ׀
נֹתֵן לְךָ אֶרֶץ זָבַת חָלָב וּדְבַשׁ כַּאֲשֶׁר דִּבֶּר יְהוָה אֱלֹהֵי־אֲבֹתֶיךָ
ד לָךְ׃ וְהָיָה בְּעָבְרְכֶם אֶת־הַיַּרְדֵּן תָּקִימוּ אֶת־הָאֲבָנִים הָאֵלֶּה *
אֲשֶׁר אָנֹכִי מְצַוֶּה אֶתְכֶם הַיּוֹם בְּהַר עֵיבָל וְשַׂדְתָּ אוֹתָם בַּשִּׂיד׃
ה וּבָנִיתָ שָּׁם מִזְבֵּחַ לַיהוָה אֱלֹהֶיךָ מִזְבַּח אֲבָנִים לֹא־תָנִיף עֲלֵיהֶם
ו בַּרְזֶל׃ אֲבָנִים שְׁלֵמוֹת תִּבְנֶה אֶת־מִזְבַּח יְהוָה אֱלֹהֶיךָ וְהַעֲלִיתָ
ז עָלָיו עוֹלֹת לַיהוָה אֱלֹהֶיךָ׃ וְזָבַחְתָּ שְׁלָמִים וְאָכַלְתָּ שָּׁם וְשָׂמַחְתָּ
ח לִפְנֵי יְהוָה אֱלֹהֶיךָ׃ וְכָתַבְתָּ עַל־הָאֲבָנִים אֶת־כָּל־דִּבְרֵי הַתּוֹרָה
ט הַזֹּאת בַּאֵר הֵיטֵב׃ וַיְדַבֵּר מֹשֶׁה וְהַכֹּהֲנִים הַלְוִיִּם
אֶל־כָּל־יִשְׂרָאֵל לֵאמֹר הַסְכֵּת ׀ וּשְׁמַע יִשְׂרָאֵל הַיּוֹם הַזֶּה נִהְיֵיתָ
י לְעָם לַיהוָה אֱלֹהֶיךָ׃ וְשָׁמַעְתָּ בְּקוֹל יְהוָה אֱלֹהֶיךָ וְעָשִׂיתָ אֶת־
יא מִצְוֺתָו וְאֶת־חֻקָּיו אֲשֶׁר אָנֹכִי מְצַוְּךָ הַיּוֹם׃ וַיְצַו חמישי
יב מֹשֶׁה אֶת־הָעָם בַּיּוֹם הַהוּא לֵאמֹר׃ אֵלֶּה יַעַמְדוּ לְבָרֵךְ אֶת־
הָעָם עַל־הַר גְּרִזִּים בְּעָבְרְכֶם אֶת־הַיַּרְדֵּן שִׁמְעוֹן וְלֵוִי וִיהוּדָה
יג וְיִשָּׂשכָר וְיוֹסֵף וּבִנְיָמִן׃ וְאֵלֶּה יַעַמְדוּ עַל־הַקְּלָלָה בְּהַר עֵיבָל
יד רְאוּבֵן גָּד וְאָשֵׁר וּזְבוּלֻן דָּן וְנַפְתָּלִי׃ וְעָנוּ הַלְוִיִּם וְאָמְרוּ אֶל־כָּל־

והיה כי תבוא אל הארץ אשר יהוה אלהיך נתן לך נחלה
וירשתה וישבת בה ולקחת מראשית כל פרי האדמה אשר
תביא מארצך אשר יהוה אלהיך נתן לך ושמת בטנא והלכת
אל המקום אשר יבחר יהוה אלהיך לשכן שמו שם ובאת
אל הכהן אשר יהיה בימים ההם ואמרת אליו הגדתי היום
ליהוה אלהיך כי באתי אל הארץ אשר נשבע יהוה לאבתינו
לתת לנו ולקח הכהן הטנא מידך והניחו לפני מזבח יהוה
אלהיך וענית ואמרת לפני יהוה אלהיך ארמי אבד אבי וירד
מצרימה ויגר שם במתי מעט ויהי שם לגוי גדול עצום ורב
וירעו אתנו המצרים ויענונו ויתנו עלינו עבדה קשה ונצעק
אל יהוה אלהי אבתינו וישמע יהוה את קלנו וירא את
ענינו ואת עמלנו ואת לחצנו ויוצאנו יהוה ממצרים ביד חזקה
ובזרע נטויה ובמרא גדל ובאתות ובמפתים ויבאנו אל
המקום הזה ויתן לנו את הארץ הזאת ארץ זבת חלב ודבש
ועתה הנה הבאתי את ראשית פרי האדמה אשר נתתה לי
יהוה והנחתו לפני יהוה אלהיך והשתחוית לפני יהוה אלהיך
ושמחת בכל הטוב אשר נתן לך יהוה אלהיך ולביתך אתה
והלוי והגר אשר בקרבך כי תכלה לעשר את
כל מעשר תבואתך בשנה השלישת שנת המעשר ונתתה
ללוי לגר ליתום ולאלמנה ואכלו בשעריך ושבעו ואמרת
לפני יהוה אלהיך בערתי הקדש מן הבית וגם נתתיו ללוי
ולגר ליתום ולאלמנה ככל מצותך אשר צויתני לא עברתי
ממצותיך ולא שכחתי לא אכלתי באני ממנו ולא בערתי
ממנו בטמא ולא נתתי ממנו למת שמעתי בקול יהוה אלהי
עשיתי ככל אשר צויתני השקיפה ממעון קדשך מן השמים
וברך את עמך את ישראל ואת האדמה אשר נתתה לנו כאשר
נשבעת לאבתינו ארץ זבת חלב ודבש היום

כא

א וְהָיָה֙ כִּֽי־תָב֣וֹא אֶל־הָאָ֔רֶץ אֲשֶׁר֙ יְהוָ֣ה אֱלֹהֶ֔יךָ נֹתֵ֥ן לְךָ֖ נַחֲלָ֑ה
ב וִֽירִשְׁתָּ֖הּ וְיָשַׁ֥בְתָּ בָּֽהּ׃ וְלָקַחְתָּ֞ מֵרֵאשִׁ֣ית ׀ כָּל־פְּרִ֣י הָאֲדָמָ֗ה אֲשֶׁ֨ר
תָּבִ֧יא מֵֽאַרְצְךָ֛ אֲשֶׁ֨ר יְהוָ֧ה אֱלֹהֶ֛יךָ נֹתֵ֥ן לָ֖ךְ וְשַׂמְתָּ֣ בַטֶּ֑נֶא וְהָֽלַכְתָּ֙
ג אֶל־הַמָּק֔וֹם אֲשֶׁ֤ר יִבְחַר֙ יְהוָ֣ה אֱלֹהֶ֔יךָ לְשַׁכֵּ֥ן שְׁמ֖וֹ שָֽׁם׃ וּבָאתָ֙
אֶל־הַכֹּהֵ֔ן אֲשֶׁ֥ר יִהְיֶ֖ה בַּיָּמִ֣ים הָהֵ֑ם וְאָמַרְתָּ֣ אֵלָ֗יו הִגַּ֤דְתִּי הַיּוֹם֙
לַיהוָ֣ה אֱלֹהֶ֔יךָ כִּי־בָ֙אתִי֙ אֶל־הָאָ֔רֶץ אֲשֶׁ֨ר נִשְׁבַּ֧ע יְהוָ֛ה לַאֲבֹתֵ֖ינוּ
ד לָ֥תֶת לָֽנוּ׃ וְלָקַ֥ח הַכֹּהֵ֛ן הַטֶּ֖נֶא מִיָּדֶ֑ךָ וְהִנִּיח֕וֹ לִפְנֵ֕י מִזְבַּ֖ח יְהוָ֥ה ✶
ה אֱלֹהֶֽיךָ׃ וְעָנִ֨יתָ וְאָמַרְתָּ֜ לִפְנֵ֣י ׀ יְהוָ֣ה אֱלֹהֶ֗יךָ אֲרַמִּי֙ אֹבֵ֣ד אָבִ֔י וַיֵּ֣רֶד
מִצְרַ֔יְמָה וַיָּ֥גָר שָׁ֖ם בִּמְתֵ֣י מְעָ֑ט וַֽיְהִי־שָׁ֕ם לְג֥וֹי גָּד֖וֹל עָצ֥וּם וָרָֽב׃
ו ז וַיָּרֵ֧עוּ אֹתָ֛נוּ הַמִּצְרִ֖ים וַיְעַנּ֑וּנוּ וַיִּתְּנ֥וּ עָלֵ֖ינוּ עֲבֹדָ֥ה קָשָֽׁה׃ וַנִּצְעַ֕ק
אֶל־יְהוָ֖ה אֱלֹהֵ֣י אֲבֹתֵ֑ינוּ וַיִּשְׁמַ֤ע יְהוָה֙ אֶת־קֹלֵ֔נוּ וַיַּ֧רְא אֶת־
ח עָנְיֵ֛נוּ וְאֶת־עֲמָלֵ֖נוּ וְאֶת־לַחֲצֵֽנוּ׃ וַיּוֹצִאֵ֤נוּ יְהוָה֙ מִמִּצְרַ֔יִם בְּיָ֤ד חֲזָקָה֙
ט וּבִזְרֹ֣עַ נְטוּיָ֔ה וּבְמֹרָ֖א גָּדֹ֑ל וּבְאֹת֖וֹת וּבְמֹפְתִֽים׃ וַיְבִאֵ֖נוּ אֶל־ ✶
הַמָּק֣וֹם הַזֶּ֑ה וַיִּתֶּן־לָ֙נוּ֙ אֶת־הָאָ֣רֶץ הַזֹּ֔את אֶ֛רֶץ זָבַ֥ת חָלָ֖ב וּדְבָֽשׁ׃
י וְעַתָּ֗ה הִנֵּ֤ה הֵבֵ֙אתִי֙ אֶת־רֵאשִׁית֙ פְּרִ֣י הָאֲדָמָ֔ה אֲשֶׁר־נָתַ֥תָּה לִּ֖י
יְהוָ֑ה וְהִנַּחְתּ֗וֹ לִפְנֵי֙ יְהוָ֣ה אֱלֹהֶ֔יךָ וְהִֽשְׁתַּחֲוִ֔יתָ לִפְנֵ֖י יְהוָ֥ה אֱלֹהֶֽיךָ׃
יא וְשָׂמַחְתָּ֣ בְכָל־הַטּ֗וֹב אֲשֶׁ֧ר נָֽתַן־לְךָ֛ יְהוָ֥ה אֱלֹהֶ֖יךָ וּלְבֵיתֶ֑ךָ אַתָּה֙
יב וְהַלֵּוִ֔י וְהַגֵּ֖ר אֲשֶׁ֥ר בְּקִרְבֶּֽךָ׃ כִּ֣י תְכַלֶּ֞ה לַ֠עְשֵׂר אֶֽת־ שני
כָּל־מַעְשַׂ֧ר תְּבוּאָתְךָ֛ בַּשָּׁנָ֥ה הַשְּׁלִישִׁ֖ת שְׁנַ֣ת הַֽמַּעֲשֵׂ֑ר וְנָתַתָּ֣ה
יג לַלֵּוִ֗י לַגֵּר֙ לַיָּת֣וֹם וְלָאַלְמָנָ֔ה וְאָכְל֥וּ בִשְׁעָרֶ֖יךָ וְשָׂבֵֽעוּ׃ וְאָמַרְתָּ֡
לִפְנֵי֩ יְהוָ֨ה אֱלֹהֶ֜יךָ בִּעַ֧רְתִּי הַקֹּ֣דֶשׁ מִן־הַבַּ֗יִת וְגַ֨ם נְתַתִּ֤יו לַלֵּוִי֙
וְלַגֵּר֙ לַיָּת֣וֹם וְלָאַלְמָנָ֔ה כְּכָל־מִצְוָתְךָ֖ אֲשֶׁ֣ר צִוִּיתָ֑נִי לֹֽא־עָבַ֥רְתִּי
יד מִמִּצְוֺתֶ֖יךָ וְלֹ֥א שָׁכָֽחְתִּי׃ לֹֽא־אָכַ֨לְתִּי בְאֹנִ֜י מִמֶּ֗נּוּ וְלֹֽא־בִעַ֤רְתִּי
מִמֶּ֙נּוּ֙ בְּטָמֵ֔א וְלֹא־נָתַ֥תִּי מִמֶּ֖נּוּ לְמֵ֑ת שָׁמַ֗עְתִּי בְּקוֹל֙ יְהוָ֣ה אֱלֹהָ֔י
טו עָשִׂ֕יתִי כְּכֹ֖ל אֲשֶׁ֥ר צִוִּיתָֽנִי׃ הַשְׁקִ֩יפָה֩ מִמְּע֨וֹן קָדְשְׁךָ֜ מִן־הַשָּׁמַ֗יִם
וּבָרֵ֤ךְ אֶֽת־עַמְּךָ֙ אֶת־יִשְׂרָאֵ֔ל וְאֵת֙ הָאֲדָמָ֔ה אֲשֶׁ֥ר נָתַ֖תָּה לָ֑נוּ כַּאֲשֶׁ֤ר
טז נִשְׁבַּ֙עְתָּ֙ לַאֲבֹתֵ֔ינוּ אֶ֛רֶץ זָבַ֥ת חָלָ֖ב וּדְבָֽשׁ׃ הַיּ֣וֹם שלישי

אל המשפט ושפטום והצדיקו את הצדיק והרשיעו את
הרשע והיה אם בן הכות הרשע והפילו השפט והכהו
לפניו כדי רשעתו במספר ארבעים יכנו לא יסיף פן יסיף
להכתו על אלה מכה רבה ונקלה אחיך לעיניך לא תחסם
שור בדישו כי ישבו אחים יחדו ומת אחד
מהם ובן אין לו לא תהיה אשת המת החוצה לאיש זר יבמה
יבא עליה ולקחה לו לאשה ויבמה והיה הבכור אשר תלד
יקום על שם אחיו המת ולא ימחה שמו מישראל ואם
לא יחפץ האיש לקחת את יבמתו ועלתה יבמתו השערה
אל הזקנים ואמרה מאן יבמי להקים לאחיו שם בישראל
לא אבה יבמי וקראו לו זקני עירו ודברו אליו ועמד ואמר
לא חפצתי לקחתה ונגשה יבמתו אליו לעיני הזקנים וחלצה
נעלו מעל רגלו וירקה בפניו וענתה ואמרה ככה יעשה לאיש
אשר לא יבנה את בית אחיו ונקרא שמו בישראל בית חלוץ
הנעל כי ינצו אנשים יחדו איש ואחיו וקרבה
אשת האחד להציל את אישה מיד מכהו ושלחה ידה והחזיקה
במבשיו וקצתה את כפה לא תחוס עינך לא
יהיה לך בכיסך אבן ואבן גדולה וקטנה לא יהיה לך בביתך
איפה ואיפה גדולה וקטנה אבן שלמה וצדק יהיה לך איפה
שלמה וצדק יהיה לך למען יאריכו ימיך על האדמה אשר
יהוה אלהיך נתן לך כי תועבת יהוה אלהיך כל עשה אלה
כל עשה עול

זכור את אשר עשה לך עמלק בדרך בצאתכם ממצרים אשר
קרך בדרך ויזנב בך כל הנחשלים אחריך ואתה עיף ויגע ולא
ירא אלהים והיה בהניח יהוה אלהיך לך מכל איביך מסביב
בארץ אשר יהוה אלהיך נתן לך נחלה לרשתה תמחה את
זכר עמלק מתחת השמים לא תשכח

אֶל־הַמִּשְׁפָּט וּשְׁפָט֑וּם וְהִצְדִּ֙יקוּ֙ אֶת־הַצַּדִּ֔יק וְהִרְשִׁ֖יעוּ אֶת־

ב הָרָשָֽׁע: וְהָיָ֛ה אִם־בִּ֥ן הַכּ֖וֹת הָרָשָׁ֑ע וְהִפִּיל֤וֹ הַשֹּׁפֵט֙ וְהִכָּ֣הוּ

ג לְפָנָ֔יו כְּדֵ֥י רִשְׁעָת֖וֹ בְּמִסְפָּֽר: אַרְבָּעִ֥ים יַכֶּ֖נּוּ לֹ֣א יֹסִ֑יף פֶּן־יֹסִ֡יף

ד לְהַכֹּת֙וֹ עַל־אֵ֜לֶּה מַכָּ֣ה רַבָּ֗ה וְנִקְלָ֥ה אָחִ֖יךָ לְעֵינֶֽיךָ: לֹא־תַחְסֹ֥ם

ה שׁ֖וֹר בְּדִישֽׁוֹ:            כִּֽי־יֵשְׁב֨וּ אַחִ֜ים יַחְדָּ֗ו וּמֵ֨ת אַחַ֤ד    ✻

מֵהֶם֙ וּבֵ֣ן אֵֽין־ל֔וֹ לֹֽא־תִהְיֶ֧ה אֵֽשֶׁת־הַמֵּ֛ת הַח֖וּצָה לְאִ֣ישׁ זָ֑ר יְבָמָ֞הּ

ו יָבֹ֤א עָלֶ֨יהָ֙ וּלְקָחָ֥הּ ל֛וֹ לְאִשָּׁ֖ה וְיִבְּמָֽהּ: וְהָיָ֗ה הַבְּכוֹר֙ אֲשֶׁ֣ר תֵּלֵ֔ד

ז יָק֗וּם עַל־שֵׁ֛ם אָחִ֥יו הַמֵּ֖ת וְלֹֽא־יִמָּחֶ֥ה שְׁמ֖וֹ מִיִּשְׂרָאֵֽל: וְאִם־

לֹ֤א יַחְפֹּץ֙ הָאִ֔ישׁ לָקַ֖חַת אֶת־יְבִמְתּ֑וֹ וְעָלְתָה֩ יְבִמְתּ֨וֹ הַשַּׁ֜עְרָה

אֶל־הַזְּקֵנִ֗ים וְאָֽמְרָה֙ מֵאֵ֨ין יְבָמִ֜י לְהָקִ֨ים לְאָחִ֥יו שֵׁם֙ בְּיִשְׂרָאֵ֔ל

ח לֹ֥א אָבָ֖ה יַבְּמִֽי: וְקָֽרְאוּ־ל֥וֹ זִקְנֵֽי־עִיר֖וֹ וְדִבְּר֣וּ אֵלָ֑יו וְעָמַ֣ד וְאָמַ֔ר

ט לֹ֥א חָפַ֖צְתִּי לְקַחְתָּֽהּ: וְנִגְּשָׁ֨ה יְבִמְתּ֥וֹ אֵלָ֘יו֮ לְעֵינֵ֣י הַזְּקֵנִים֒ וְחָֽלְצָ֤ה

נַעֲלוֹ֙ מֵעַ֣ל רַגְל֔וֹ וְיָרְקָ֖ה בְּפָנָ֑יו וְעָֽנְתָה֙ וְאָ֣מְרָ֔ה כָּ֚כָה יֵעָשֶׂ֣ה לָאִ֔ישׁ

י אֲשֶׁ֥ר לֹא־יִבְנֶ֖ה אֶת־בֵּ֣ית אָחִֽיו: וְנִקְרָ֥א שְׁמ֖וֹ בְּיִשְׂרָאֵ֑ל בֵּ֖ית חֲל֥וּץ

יא הַנָּֽעַל:           כִּֽי־יִנָּצ֨וּ אֲנָשִׁ֤ים יַחְדָּו֙ אִ֣ישׁ וְאָחִ֔יו וְקָֽרְבָה֙

אֵ֣שֶׁת הָֽאֶחָ֔ד לְהַצִּ֥יל אֶת־אִישָׁ֖הּ מִיַּ֣ד מַכֵּ֑הוּ וְשָׁלְחָ֣ה יָדָ֔הּ וְהֶחֱזִ֖יקָה

יב בִּמְבֻשָֽׁיו: וְקַצֹּתָ֖ה אֶת־כַּפָּ֑הּ לֹ֥א תָח֖וֹס עֵינֶֽךָ:        לֹא־

יד יִהְיֶ֥ה לְךָ֛ בְּכִֽיסְךָ֖ אֶ֣בֶן וָאָ֑בֶן גְּדוֹלָ֖ה וּקְטַנָּֽה: לֹא־יִהְיֶ֥ה לְךָ֛ בְּבֵֽיתְךָ֖

טו אֵיפָ֣ה וְאֵיפָ֑ה גְּדוֹלָ֖ה וּקְטַנָּֽה: אֶ֣בֶן שְׁלֵמָ֤ה וָצֶ֨דֶק֙ יִֽהְיֶה־לָּ֔ךְ אֵיפָ֧ה

שְׁלֵמָ֛ה וָצֶ֖דֶק יִֽהְיֶה־לָּ֑ךְ לְמַ֨עַן֙ יַאֲרִ֣יכוּ יָמֶ֔יךָ עַ֚ל הָֽאֲדָמָ֔ה אֲשֶׁר־

טז יְהֹוָ֥ה אֱלֹהֶ֖יךָ נֹתֵ֥ן לָֽךְ: כִּ֧י תֽוֹעֲבַ֛ת יְהֹוָ֥ה אֱלֹהֶ֖יךָ כָּל־עֹ֣שֵׂה אֵ֑לֶּה

כֹּ֖ל עֹ֥שֵׂה עָֽוֶל:                                                   

יז זָכ֕וֹר אֵ֛ת אֲשֶׁר־עָשָׂ֥ה לְךָ֖ עֲמָלֵ֑ק בַּדֶּ֖רֶךְ בְּצֵאתְכֶ֥ם מִמִּצְרָֽיִם: אֲשֶׁ֨ר    מפטיר

קָֽרְךָ֜ בַּדֶּ֗רֶךְ וַיְזַנֵּ֤ב בְּךָ֙ כָּל־הַנֶּחֱשָׁלִ֣ים אַֽחֲרֶ֔יךָ וְאַתָּ֖ה עָיֵ֣ף וְיָגֵ֑עַ וְלֹ֥א

יח יָרֵ֖א אֱלֹהִֽים: וְהָיָ֡ה בְּהָנִ֣יחַ יְהֹוָ֣ה אֱלֹהֶ֣יךָ ׀ לְ֠ךָ֗ מִכָּל־אֹֽיְבֶ֨יךָ֙ מִסָּבִ֔יב

בָּאָ֕רֶץ אֲשֶׁ֣ר יְהֹוָֽה־אֱלֹהֶ֠יךָ נֹתֵ֨ן לְךָ֤ נַֽחֲלָה֙ לְרִשְׁתָּ֔הּ תִּמְחֶה֙ אֶת־

זֵ֣כֶר עֲמָלֵ֔ק מִתַּ֖חַת הַשָּׁמָ֑יִם לֹ֖א תִּשְׁכָּֽח:

בצבא ולא יעבר עליו לכל דבר נקי יהיה לביתו שנה אחת
ושמח את אשתו אשר לקח לא יחבל רחים ורכב כי נפש
הוא חבל כי ימצא איש גנב נפש מאחיו מבני
ישראל והתעמר בו ומכרו ומת הגנב ההוא ובערת הרע
מקרבך השמר בנגע הצרעת לשמר מאד
ולעשות ככל אשר יורו אתכם הכהנים הלוים כאשר צויתם
תשמרו לעשות זכור את אשר עשה יהוה אלהיך למרים
בדרך בצאתכם ממצרים כי תשה ברעך
משאת מאומה לא תבא אל ביתו לעבט עבטו בחוץ
תעמד והאיש אשר אתה נשה בו יוציא אליך את העבוט
החוצה ואם איש עני הוא לא תשכב בעבטו השב תשיב
לו את העבוט כבוא השמש ושכב בשלמתו וברכך ולך
תהיה צדקה לפני יהוה אלהיך לא תעשק
שכיר עני ואביון מאחיך או מגרך אשר בארצך בשעריך
ביומו תתן שכרו ולא תבוא עליו השמש כי עני הוא ואליו
הוא נשא את נפשו ולא יקרא עליך אל יהוה והיה בך
חטא לא יומתו אבות על בנים ובנים לא
יומתו על אבות איש בחטאו יומתו לא תטה
משפט גר יתום ולא תחבל בגד אלמנה וזכרת כי עבד היית
במצרים ויפדך יהוה אלהיך משם על כן אנכי מצוך לעשות
את הדבר הזה כי תקצר קצירך בשדך ושכחת
עמר בשדה לא תשוב לקחתו לגר ליתום ולאלמנה יהיה
למען יברכך יהוה אלהיך בכל מעשה ידיך כי
תחבט זיתך לא תפאר אחריך לגר ליתום ולאלמנה יהיה
כי תבצר כרמך לא תעולל אחריך לגר ליתום ולאלמנה יהיה
וזכרת כי עבד היית בארץ מצרים על כן אנכי מצוך לעשות
את הדבר הזה כי יהיה ריב בין אנשים ונגשו

בַּצָּבָא וְלֹא־יַעֲבֹר עָלָיו לְכָל־דָּבָר נָקִי יִהְיֶה לְבֵיתוֹ שָׁנָה אֶחָת
ו וְשִׂמַּח אֶת־אִשְׁתּוֹ אֲשֶׁר־לָקָח׃ לֹא־יַחֲבֹל רֵחַיִם וָרָכֶב כִּי־נֶפֶשׁ
ז הוּא חֹבֵל׃ כִּי־יִמָּצֵא אִישׁ גֹּנֵב נֶפֶשׁ מֵאֶחָיו מִבְּנֵי
יִשְׂרָאֵל וְהִתְעַמֶּר־בּוֹ וּמְכָרוֹ וּמֵת הַגַּנָּב הַהוּא וּבִעַרְתָּ הָרָע
ח מִקִּרְבֶּךָ׃ הִשָּׁמֶר בְּנֶגַע־הַצָּרַעַת לִשְׁמֹר מְאֹד
וְלַעֲשׂוֹת כְּכֹל אֲשֶׁר־יוֹרוּ אֶתְכֶם הַכֹּהֲנִים הַלְוִיִּם כַּאֲשֶׁר צִוִּיתִם
ט תִּשְׁמְרוּ לַעֲשׂוֹת׃ זָכוֹר אֵת אֲשֶׁר־עָשָׂה יְהוָה אֱלֹהֶיךָ לְמִרְיָם
י בַּדֶּרֶךְ בְּצֵאתְכֶם מִמִּצְרָיִם׃ כִּי־תַשֶּׁה בְרֵעֲךָ
יא מַשַּׁאת מְאוּמָה לֹא־תָבֹא אֶל־בֵּיתוֹ לַעֲבֹט עֲבֹטוֹ׃ בַּחוּץ
תַּעֲמֹד וְהָאִישׁ אֲשֶׁר אַתָּה נֹשֶׁה בוֹ יוֹצִיא אֵלֶיךָ אֶת־הָעֲבוֹט
יב יג הַחוּצָה׃ וְאִם־אִישׁ עָנִי הוּא לֹא תִשְׁכַּב בַּעֲבֹטוֹ׃ הָשֵׁב תָּשִׁיב
לוֹ אֶת־הָעֲבוֹט כְּבוֹא הַשֶּׁמֶשׁ וְשָׁכַב בְּשַׂלְמָתוֹ וּבֵרֲכֶךָּ וּלְךָ
יד תִּהְיֶה צְדָקָה לִפְנֵי יְהוָה אֱלֹהֶיךָ׃ לֹא־תַעֲשֹׁק שביעי
שְׂכִיר עָנִי וְאֶבְיוֹן מֵאַחֶיךָ אוֹ מִגֵּרְךָ אֲשֶׁר בְּאַרְצְךָ בִּשְׁעָרֶיךָ׃
טו בְּיוֹמוֹ תִתֵּן שְׂכָרוֹ וְלֹא־תָבוֹא עָלָיו הַשֶּׁמֶשׁ כִּי עָנִי הוּא וְאֵלָיו
הוּא נֹשֵׂא אֶת־נַפְשׁוֹ וְלֹא־יִקְרָא עָלֶיךָ אֶל־יְהוָה וְהָיָה בְךָ
טז חֵטְא׃ לֹא־יוּמְתוּ אָבוֹת עַל־בָּנִים וּבָנִים לֹא־
יז יוּמְתוּ עַל־אָבוֹת אִישׁ בְּחֶטְאוֹ יוּמָתוּ׃ לֹא תַטֶּה
יח מִשְׁפַּט גֵּר יָתוֹם וְלֹא תַחֲבֹל בֶּגֶד אַלְמָנָה׃ וְזָכַרְתָּ כִּי עֶבֶד הָיִיתָ
בְּמִצְרַיִם וַיִּפְדְּךָ יְהוָה אֱלֹהֶיךָ מִשָּׁם עַל־כֵּן אָנֹכִי מְצַוְּךָ לַעֲשׂוֹת
יט אֶת־הַדָּבָר הַזֶּה׃ כִּי תִקְצֹר קְצִירְךָ בְשָׂדֶךָ וְשָׁכַחְתָּ כ ★
עֹמֶר בַּשָּׂדֶה לֹא תָשׁוּב לְקַחְתּוֹ לַגֵּר לַיָּתוֹם וְלָאַלְמָנָה יִהְיֶה
כ לְמַעַן יְבָרֶכְךָ יְהוָה אֱלֹהֶיךָ בְּכֹל מַעֲשֵׂה יָדֶיךָ׃ כִּי
תַחְבֹּט זֵיתְךָ לֹא תְפַאֵר אַחֲרֶיךָ לַגֵּר לַיָּתוֹם וְלָאַלְמָנָה יִהְיֶה׃
כא כִּי תִבְצֹר כַּרְמְךָ לֹא תְעוֹלֵל אַחֲרֶיךָ לַגֵּר לַיָּתוֹם וְלָאַלְמָנָה יִהְיֶה׃
כב וְזָכַרְתָּ כִּי־עֶבֶד הָיִיתָ בְּאֶרֶץ מִצְרָיִם עַל־כֵּן אָנֹכִי מְצַוְּךָ לַעֲשׂוֹת
כה א אֶת־הַדָּבָר הַזֶּה׃ כִּי־יִהְיֶה רִיב בֵּין אֲנָשִׁים וְנִגְּשׁוּ ★

על אזנך והיה בשבתך חוץ וחפרתה בה ושבת וכסית את
צאתך כי יהוה אלהיך מתהלך בקרב מחנך להצילך ולתת
איביך לפניך והיה מחניך קדוש ולא יראה בך ערות דבר
ושב מאחריך לא תסגיר עבד אל אדניו אשר
ינצל אליך מעם אדניו עמך ישב בקרבך במקום אשר יבחר
באחד שעריך בטוב לו לא תוננו לא תהיה
קדשה מבנות ישראל ולא יהיה קדש מבני ישראל לא תביא
אתנן זונה ומחיר כלב בית יהוה אלהיך לכל נדר כי תועבת
יהוה אלהיך גם שניהם לא תשיך לאחיך נשך
כסף נשך אכל נשך כל דבר אשר ישך לנכרי תשיך ולאחיך
לא תשיך למען יברכך יהוה אלהיך בכל משלח ידך על הארץ
אשר אתה בא שמה לרשתה כי תדר נדר
ליהוה אלהיך לא תאחר לשלמו כי דרש ידרשנו יהוה אלהיך
מעמך והיה בך חטא וכי תחדל לנדר לא יהיה בך חטא
מוצא שפתיך תשמר ועשית כאשר נדרת ליהוה אלהיך נדבה
אשר דברת בפיך כי תבא בכרם רעך ואכלת
ענבים כנפשך שבעך ואל כליך לא תתן כי
תבא בקמת רעך וקטפת מלילת בידך וחרמש לא תניף על
קמת רעך כי יקח איש אשה ובעלה והיה אם לא
תמצא חן בעיניו כי מצא בה ערות דבר וכתב לה ספר כריתת
ונתן בידה ושלחה מביתו ויצאה מביתו והלכה והיתה
לאיש אחר ושנאה האיש האחרון וכתב לה ספר כריתת
ונתן בידה ושלחה מביתו או כי ימות האיש האחרון אשר
לקחה לו לאשה לא יוכל בעלה הראשון אשר שלחה לשוב
לקחתה להיות לו לאשה אחרי אשר הטמאה כי תועבה
הוא לפני יהוה ולא תחטיא את הארץ אשר יהוה אלהיך נתן
לך נחלה כי יקח איש אשה חדשה לא יצא

עַל־אָזְנֶ֑ךָ וְהָיָה֙ בְּשִׁבְתְּךָ֣ ח֔וּץ וְחָפַרְתָּ֣ה בָ֔הּ וְשַׁבְתָּ֖ וְכִסִּ֥יתָ אֶת־

טו　צֵאָתֶֽךָ: כִּי֩ יְהוָ֨ה אֱלֹהֶ֜יךָ מִתְהַלֵּ֣ךְ ׀ בְּקֶ֣רֶב מַחֲנֶ֗ךָ לְהַצִּֽילְךָ֙ וְלָתֵ֤ת

אֹיְבֶ֙יךָ֙ לְפָנֶ֔יךָ וְהָיָ֥ה מַחֲנֶ֖יךָ קָד֑וֹשׁ וְלֹֽא־יִרְאֶ֤ה בְךָ֙ עֶרְוַ֣ת דָּבָ֔ר

טז　וְשָׁ֖ב מֵאַחֲרֶֽיךָ:　　　　　　　　　　לֹא־תַסְגִּ֥יר עֶ֖בֶד אֶל־אֲדֹנָ֑יו אֲשֶׁר־

יז　יִנָּצֵ֥ל אֵלֶ֖יךָ מֵעִ֥ם אֲדֹנָֽיו: עִמְּךָ֞ יֵשֵׁ֣ב בְּקִרְבְּךָ֗ בַּמָּק֧וֹם אֲשֶׁר־יִבְחַ֛ר

יח　בְּאַחַ֥ד שְׁעָרֶ֖יךָ בַּטּ֣וֹב ל֑וֹ לֹ֖א תּוֹנֶֽנּוּ:　　　　　　　＊　　לֹא־תִהְיֶ֥ה

יט　קְדֵשָׁ֖ה מִבְּנ֣וֹת יִשְׂרָאֵ֑ל וְלֹֽא־יִהְיֶ֥ה קָדֵ֖שׁ מִבְּנֵ֥י יִשְׂרָאֵֽל: לֹא־תָבִיא֩

אֶתְנַ֨ן זוֹנָ֜ה וּמְחִ֣יר כֶּ֗לֶב בֵּ֛ית יְהוָ֥ה אֱלֹהֶ֖יךָ לְכָל־נֶ֑דֶר כִּ֧י תוֹעֲבַ֛ת

כ　יְהוָ֥ה אֱלֹהֶ֖יךָ גַּם־שְׁנֵיהֶֽם:　　　　　　　　　　לֹא־תַשִּׁ֣יךְ לְאָחִ֔יךָ נֶ֥שֶׁךְ

כא　כֶּ֖סֶף נֶ֣שֶׁךְ אֹ֑כֶל נֶ֕שֶׁךְ כָּל־דָּבָ֖ר אֲשֶׁ֥ר יִשָּֽׁךְ: לַנָּכְרִ֣י תַשִּׁ֔יךְ וּלְאָחִ֖יךָ

לֹ֣א תַשִּׁ֑יךְ לְמַ֨עַן֙ יְבָרֶכְךָ֜ יְהוָ֣ה אֱלֹהֶ֗יךָ בְּכֹל֙ מִשְׁלַ֣ח יָדֶ֔ךָ עַל־הָאָ֕רֶץ

יט　＊　כב　אֲשֶׁר־אַתָּ֥ה בָא־שָׁ֖מָּה לְרִשְׁתָּֽהּ:　　　　　　　כִּֽי־תִדֹּ֥ר נֶ֙דֶר֙

לַיהוָ֣ה אֱלֹהֶ֔יךָ לֹ֥א תְאַחֵ֖ר לְשַׁלְּמ֑וֹ כִּֽי־דָרֹ֨שׁ יִדְרְשֶׁ֜נּוּ יְהוָ֤ה אֱלֹהֶ֙יךָ֙

כג　מֵֽעִמָּ֔ךְ וְהָיָ֥ה בְךָ֖ חֵֽטְא: וְכִ֥י תֶחְדַּ֖ל לִנְדֹּ֑ר לֹֽא־יִהְיֶ֥ה בְךָ֖ חֵֽטְא:

כד　מוֹצָ֥א שְׂפָתֶ֖יךָ תִּשְׁמֹ֣ר וְעָשִׂ֑יתָ כַּאֲשֶׁ֨ר נָדַ֜רְתָּ לַיהוָ֤ה אֱלֹהֶ֙יךָ֙ נְדָבָ֔ה

חמישי　כה　אֲשֶׁ֥ר דִּבַּ֖רְתָּ בְּפִֽיךָ:　　　　　　　　　כִּ֤י תָבֹא֙ בְּכֶ֣רֶם רֵעֶ֔ךָ וְאָכַלְתָּ֧

כו　עֲנָבִ֛ים כְּנַפְשְׁךָ֥ שָׂבְעֶ֖ךָ וְאֶֽל־כֶּלְיְךָ֖ לֹ֥א תִתֵּֽן:　　　　　　כִּ֤י

תָבֹא֙ בְּקָמַ֣ת רֵעֶ֔ךָ וְקָטַפְתָּ֥ מְלִילֹ֖ת בְּיָדֶ֑ךָ וְחֶרְמֵשׁ֙ לֹ֣א תָנִ֔יף עַ֖ל

כד　א　קָמַ֥ת רֵעֶֽךָ:　　　　　　　　　　כִּֽי־יִקַּ֥ח אִ֛ישׁ אִשָּׁ֖ה וּבְעָלָ֑הּ וְהָיָ֞ה אִם־לֹ֧א

תִמְצָא־חֵ֣ן בְּעֵינָ֗יו כִּי־מָ֤צָא בָהּ֙ עֶרְוַ֣ת דָּבָ֔ר וְכָ֨תַב לָ֜הּ סֵ֤פֶר כְּרִיתֻת֙

ב　וְנָתַ֣ן בְּיָדָ֔הּ וְשִׁלְּחָ֖הּ מִבֵּיתֽוֹ: וְיָצְאָ֖ה מִבֵּיתֹ֑ו וְהָלְכָ֖ה וְהָיְתָ֥ה

ג　לְאִישׁ־אַחֵֽר: וּשְׂנֵאָהּ֮ הָאִ֣ישׁ הָאַחֲרוֹן֒ וְכָ֨תַב לָ֜הּ סֵ֤פֶר כְּרִיתֻת֙

וְנָתַ֣ן בְּיָדָ֔הּ וְשִׁלְּחָ֖הּ מִבֵּיתֹ֑ו א֣וֹ כִ֤י יָמוּת֙ הָאִ֣ישׁ הָאַחֲר֔וֹן אֲשֶׁר־

ד　לְקָחָ֥הּ ל֖וֹ לְאִשָּֽׁה: לֹא־יוּכַ֣ל בַּעְלָ֣הּ הָרִאשׁ֣וֹן אֲשֶֽׁר־שִׁלְּחָ֡הּ לָשׁ֣וּב

לְקַחְתָּהּ֩ לִהְי֨וֹת ל֜וֹ לְאִשָּׁ֗ה אַחֲרֵי֙ אֲשֶׁ֣ר הֻטַּמָּ֔אָה כִּֽי־תוֹעֵבָ֥ה

הִ֖וא לִפְנֵ֣י יְהוָ֑ה וְלֹ֤א תַחֲטִיא֙ אֶת־הָאָ֔רֶץ אֲשֶׁר֙ יְהוָ֣ה אֱלֹהֶ֔יךָ נֹתֵ֥ן

ששי　ה　לְךָ֖ נַחֲלָֽה:　　　　　　　　　　כִּֽי־יִקַּ֥ח אִישׁ֙ אִשָּׁ֣ה חֲדָשָׁ֔ה לֹ֤א יֵצֵא֙

דבר אשר לא צעקה בעיר ואת האיש על דבר אשר ענה את
אשת רעהו ובערת הרע מקרבך ואם בשדה
ימצא האיש את הנער המארשה והחזיק בה האיש ושכב
עמה ומת האיש אשר שכב עמה לבדו ולנער לא תעשה
דבר אין לנער חטא מות כי כאשר יקום איש על רעהו ורצחו
נפש כן הדבר הזה כי בשדה מצאה צעקה הנער המארשה
ואין מושיע לה כי ימצא איש נער בתולה
אשר לא ארשה ותפשה ושכב עמה ונמצאו ונתן האיש
השכב עמה לאבי הנער חמשים כסף ולו תהיה לאשה תחת
אשר ענה לא יוכל שלחה כל ימיו לא יקח
איש את אשת אביו ולא יגלה כנף אביו לא
יבא פצוע דכה וכרות שפכה בקהל יהוה לא
יבא ממזר בקהל יהוה גם דור עשירי לא יבא לו בקהל
יהוה לא יבא עמוני ומואבי בקהל יהוה גם
דור עשירי לא יבא להם בקהל יהוה עד עולם על דבר אשר
לא קדמו אתכם בלחם ובמים בדרך בצאתכם ממצרים
ואשר שכר עליך את בלעם בן בעור מפתור ארם נהרים
לקללך ולא אבה יהוה אלהיך לשמע אל בלעם ויהפך יהוה
אלהיך לך את הקללה לברכה כי אהבך יהוה אלהיך לא
תדרש שלמם וטבתם כל ימיך לעולם לא
תתעב אדמי כי אחיך הוא לא תתעב מצרי כי גר היית
בארצו בנים אשר יולדו להם דור שלישי יבא להם בקהל
יהוה כי תצא מחנה על איביך ונשמרת
מכל דבר רע כי יהיה בך איש אשר לא יהיה טהור מקרה
לילה ויצא אל מחוץ למחנה לא יבא אל תוך המחנה והיה
לפנות ערב ירחץ במים וכבא השמש יבא אל תוך המחנה
ויד תהיה לך מחוץ למחנה ויצאת שמה חוץ ויתד תהיה לך

דְּבַר אֲשֶׁר לֹא־צָעֲקָה בָעִיר וְאֶת־הָאִישׁ עַל־דְּבַר אֲשֶׁר־עִנָּה אֶת־
כה אֵשֶׁת רֵעֵהוּ וּבִעַרְתָּ הָרָע מִקִּרְבֶּךָ׃ וְאִם־בַּשָּׂדֶה
יִמְצָא הָאִישׁ אֶת־הַנַּעֲרָ הַמְאֹרָשָׂה וְהֶחֱזִיק־בָּהּ הָאִישׁ וְשָׁכַב
כו עִמָּהּ וּמֵת הָאִישׁ אֲשֶׁר־שָׁכַב עִמָּהּ לְבַדּוֹ׃ וְלַנַּעֲרָ לֹא־תַעֲשֶׂה
דָבָר אֵין לַנַּעֲרָ חֵטְא מָוֶת כִּי כַּאֲשֶׁר יָקוּם אִישׁ עַל־רֵעֵהוּ וּרְצָחוֹ
כז נֶפֶשׁ כֵּן הַדָּבָר הַזֶּה׃ כִּי בַשָּׂדֶה מְצָאָהּ צָעֲקָה הַנַּעֲרָ הַמְאֹרָשָׂה
כח וְאֵין מוֹשִׁיעַ לָהּ׃ כִּי־יִמְצָא אִישׁ נַעֲרָ בְתוּלָה
כט אֲשֶׁר לֹא־אֹרָשָׂה וּתְפָשָׂהּ וְשָׁכַב עִמָּהּ וְנִמְצָאוּ׃ וְנָתַן הָאִישׁ
הַשֹּׁכֵב עִמָּהּ לַאֲבִי הַנַּעֲרָ חֲמִשִּׁים כָּסֶף וְלוֹ־תִהְיֶה לְאִשָּׁה תַּחַת
כג א אֲשֶׁר עִנָּהּ לֹא־יוּכַל שַׁלְּחָהּ כָּל־יָמָיו׃ לֹא־יִקַּח
ב אִישׁ אֶת־אֵשֶׁת אָבִיו וְלֹא יְגַלֶּה כְּנַף אָבִיו׃ לֹא־
ג יָבֹא פְצוּעַ־דַּכָּא וּכְרוּת שָׁפְכָה בִּקְהַל יְהוָה׃ לֹא־
יָבֹא מַמְזֵר בִּקְהַל יְהוָה גַּם דּוֹר עֲשִׂירִי לֹא־יָבֹא לוֹ בִּקְהַל
ד יְהוָה׃ לֹא־יָבֹא עַמּוֹנִי וּמוֹאָבִי בִּקְהַל יְהוָה גַּם
ה דּוֹר עֲשִׂירִי לֹא־יָבֹא לָהֶם בִּקְהַל יְהוָה עַד־עוֹלָם׃ עַל־דְּבַר אֲשֶׁר
לֹא־קִדְּמוּ אֶתְכֶם בַּלֶּחֶם וּבַמַּיִם בַּדֶּרֶךְ בְּצֵאתְכֶם מִמִּצְרָיִם
וַאֲשֶׁר שָׂכַר עָלֶיךָ אֶת־בִּלְעָם בֶּן־בְּעוֹר מִפְּתוֹר אֲרַם נַהֲרַיִם
ו לְקַלְלֶךָּ׃ וְלֹא־אָבָה יְהוָה אֱלֹהֶיךָ לִשְׁמֹעַ אֶל־בִּלְעָם וַיַּהֲפֹךְ יְהוָה
ז אֱלֹהֶיךָ לְּךָ אֶת־הַקְּלָלָה לִבְרָכָה כִּי אֲהֵבְךָ יְהוָה אֱלֹהֶיךָ׃ לֹא־
ח תִדְרֹשׁ שְׁלֹמָם וְטֹבָתָם כָּל־יָמֶיךָ לְעוֹלָם׃ לֹא־ רביעי
תְתַעֵב אֲדֹמִי כִּי אָחִיךָ הוּא לֹא־תְתַעֵב מִצְרִי כִּי־גֵר הָיִיתָ
ט בְאַרְצוֹ׃ בָּנִים אֲשֶׁר־יִוָּלְדוּ לָהֶם דּוֹר שְׁלִישִׁי יָבֹא לָהֶם בִּקְהַל
י יְהוָה׃ כִּי־תֵצֵא מַחֲנֶה עַל־אֹיְבֶיךָ וְנִשְׁמַרְתָּ יח
יא מִכֹּל דָּבָר רָע׃ כִּי־יִהְיֶה בְךָ אִישׁ אֲשֶׁר לֹא־יִהְיֶה טָהוֹר מִקְּרֵה־
יב לָיְלָה וְיָצָא אֶל־מִחוּץ לַמַּחֲנֶה לֹא יָבֹא אֶל־תּוֹךְ הַמַּחֲנֶה׃ וְהָיָה
לִפְנוֹת־עֶרֶב יִרְחַץ בַּמָּיִם וּכְבֹא הַשֶּׁמֶשׁ יָבֹא אֶל־תּוֹךְ הַמַּחֲנֶה׃
יג יד וְיָד תִּהְיֶה לְךָ מִחוּץ לַמַּחֲנֶה וְיָצָאתָ שָׁמָּה חוּץ׃ וְיָתֵד תִּהְיֶה לְךָ ★

אפרחים או ביצים והאם רבצת על האפרחים או על הביצים
לא תקח האם על הבנים שלח תשלח את האם ואת הבנים
תקח לך למען ייטב לך והארכת ימים כי
תבנה בית חדש ועשית מעקה לגגך ולא תשים דמים בביתך
כי יפל הנפל ממנו לא תזרע כרמך כלאים פן תקדש
המלאה הזרע אשר תזרע ותבואת הכרם לא
תחרש בשור ובחמר יחדו לא תלבש שעטנז צמר ופשתים
יחדו גדלים תעשה לך על ארבע כנפות
כסותך אשר תכסה בה כי יקח איש אשה
ובא אליה ושנאה ושם לה עלילת דברים והוצא עליה
שם רע ואמר את האשה הזאת לקחתי ואקרב אליה ולא
מצאתי לה בתולים ולקח אבי הנער ואמה והוציאו את
בתולי הנער אל זקני העיר השערה ואמר אבי הנער אל
הזקנים את בתי נתתי לאיש הזה לאשה וישנאה והנה הוא
שם עלילת דברים לאמר לא מצאתי לבתך בתולים ואלה
בתולי בתי ופרשו השמלה לפני זקני העיר ולקחו זקני העיר
ההוא את האיש ויסרו אתו וענשו אתו מאה כסף ונתנו
לאבי הנערה כי הוציא שם רע על בתולת ישראל ולו תהיה
לאשה לא יוכל לשלחה כל ימיו ואם אמת היה
הדבר הזה לא נמצאו בתולים לנער והוציאו את הנער
אל פתח בית אביה וסקלוה אנשי עירה באבנים ומתה
כי עשתה נבלה בישראל לזנות בית אביה ובערת הרע
מקרבך כי ימצא איש שכב עם אשה בעלת
בעל ומתו גם שניהם האיש השכב עם האשה והאשה ובערת
הרע מישראל כי יהיה נער בתולה מארשה
לאיש ומצאה איש בעיר ושכב עמה והוצאתם את שניהם אל
שער העיר ההוא וסקלתם אתם באבנים ומתו את הנער על

אֶפְרֹחִים אוֹ בֵיצִים וְהָאֵם רֹבֶצֶת עַל־הָאֶפְרֹחִים אוֹ עַל־הַבֵּיצִים
ז לֹא־תִקַּח הָאֵם עַל־הַבָּנִים׃ שַׁלֵּחַ תְּשַׁלַּח אֶת־הָאֵם וְאֶת־הַבָּנִים
ח תִּקַּח־לָךְ לְמַעַן יִיטַב לָךְ וְהַאֲרַכְתָּ יָמִים׃ כִּי שלישי
תִבְנֶה בַּיִת חָדָשׁ וְעָשִׂיתָ מַעֲקֶה לְגַגֶּךָ וְלֹא־תָשִׂים דָּמִים בְּבֵיתֶךָ
ט כִּי־יִפֹּל הַנֹּפֵל מִמֶּנּוּ׃ לֹא־תִזְרַע כַּרְמְךָ כִּלְאָיִם פֶּן־תִּקְדַּשׁ
י הַמְלֵאָה הַזֶּרַע אֲשֶׁר תִּזְרָע וּתְבוּאַת הַכָּרֶם׃ לֹא־
יא תַחֲרֹשׁ בְּשׁוֹר־וּבַחֲמֹר יַחְדָּו׃ לֹא תִלְבַּשׁ שַׁעַטְנֵז צֶמֶר וּפִשְׁתִּים
יב יַחְדָּו׃ גְּדִלִים תַּעֲשֶׂה־לָּךְ עַל־אַרְבַּע כַּנְפוֹת ✶
יג כְּסוּתְךָ אֲשֶׁר תְּכַסֶּה־בָּהּ׃ כִּי־יִקַּח אִישׁ אִשָּׁה
יד וּבָא אֵלֶיהָ וּשְׂנֵאָהּ׃ וְשָׂם לָהּ עֲלִילֹת דְּבָרִים וְהוֹצִא עָלֶיהָ
שֵׁם רָע וְאָמַר אֶת־הָאִשָּׁה הַזֹּאת לָקַחְתִּי וָאֶקְרַב אֵלֶיהָ וְלֹא־
טו מָצָאתִי לָהּ בְּתוּלִים׃ וְלָקַח אֲבִי הַנַּעֲרָ וְאִמָּהּ וְהוֹצִיאוּ אֶת־
טז בְּתוּלֵי הַנַּעֲרָ אֶל־זִקְנֵי הָעִיר הַשָּׁעְרָה׃ וְאָמַר אֲבִי הַנַּעֲרָ אֶל־
יז הַזְּקֵנִים אֶת־בִּתִּי נָתַתִּי לָאִישׁ הַזֶּה לְאִשָּׁה וַיִּשְׂנָאֶהָ׃ וְהִנֵּה־הוּא
שָׂם עֲלִילֹת דְּבָרִים לֵאמֹר לֹא־מָצָאתִי לְבִתְּךָ בְּתוּלִים וְאֵלֶּה
יח בְּתוּלֵי בִתִּי וּפָרְשׂוּ הַשִּׂמְלָה לִפְנֵי זִקְנֵי הָעִיר׃ וְלָקְחוּ זִקְנֵי הָעִיר־
יט הַהִוא אֶת־הָאִישׁ וְיִסְּרוּ אֹתוֹ׃ וְעָנְשׁוּ אֹתוֹ מֵאָה כֶסֶף וְנָתְנוּ
לַאֲבִי הַנַּעֲרָה כִּי הוֹצִיא שֵׁם רָע עַל בְּתוּלַת יִשְׂרָאֵל וְלוֹ־תִהְיֶה
כ לְאִשָּׁה לֹא־יוּכַל לְשַׁלְּחָהּ כָּל־יָמָיו׃ וְאִם־אֱמֶת הָיָה
כא הַדָּבָר הַזֶּה לֹא־נִמְצְאוּ בְתוּלִים לַנַּעֲרָ׃ וְהוֹצִיאוּ אֶת־הַנַּעֲרָ
אֶל־פֶּתַח בֵּית־אָבִיהָ וּסְקָלוּהָ אַנְשֵׁי עִירָהּ בָּאֲבָנִים וָמֵתָה
כִּי־עָשְׂתָה נְבָלָה בְּיִשְׂרָאֵל לִזְנוֹת בֵּית אָבִיהָ וּבִעַרְתָּ הָרָע
כב מִקִּרְבֶּךָ׃ כִּי־יִמָּצֵא אִישׁ שֹׁכֵב ׀ עִם־אִשָּׁה בְעֻלַת־
בַּעַל וּמֵתוּ גַּם־שְׁנֵיהֶם הָאִישׁ הַשֹּׁכֵב עִם־הָאִשָּׁה וְהָאִשָּׁה וּבִעַרְתָּ
כג הָרָע מִיִּשְׂרָאֵל׃ כִּי יִהְיֶה נַעֲרָ בְתוּלָה מְאֹרָשָׂה
כד לְאִישׁ וּמְצָאָהּ אִישׁ בָּעִיר וְשָׁכַב עִמָּהּ׃ וְהוֹצֵאתֶם אֶת־שְׁנֵיהֶם אֶל־
שַׁעַר ׀ הָעִיר הַהִוא וּסְקַלְתֶּם אֹתָם בָּאֲבָנִים וָמֵתוּ אֶת־הַנַּעֲרָ עַל־

ומכר לא תמכרנה בכסף לא תתעמר בה תחת אשר
עניתה                    כי תהיין לאיש שתי נשים האחת
אהובה והאחת שנואה וילדו לו בנים האהובה והשנואה
והיה הבן הבכר לשניאה  והיה ביום הנחילו את בניו את
אשר יהיה לו לא יוכל לבכר את בן האהובה על פני בן
השנואה הבכר  כי את הבכר בן השנואה יכיר לתת לו
פי שנים בכל אשר ימצא לו כי הוא ראשית אנו לו משפט
הבכרה                    כי יהיה לאיש בן סורר ומורה איננו
שמע בקול אביו ובקול אמו ויסרו אתו ולא ישמע אליהם
ותפשו בו אביו ואמו והוציאו אתו אל זקני עירו ואל שער
מקמו  ואמרו אל זקני עירו בננו זה סורר ומרה איננו שמע
בקלנו זולל וסבא  ורגמהו כל אנשי עירו באבנים ומת ובערת
הרע מקרבך וכל ישראל ישמעו ויראו                    וכי
יהיה באיש חטא משפט מות והומת ותלית אתו על עץ
לא תלין נבלתו על העץ כי קבור תקברנו ביום ההוא כי
קללת אלהים תלוי ולא תטמא את אדמתך אשר יהוה אלהיך
נתן לך נחלה                    לא תראה את שור אחיך או
את שיו נדחים והתעלמת מהם השב תשיבם לאחיך  ואם
לא קרוב אחיך אליך ולא ידעתו ואספתו אל תוך ביתך והיה
עמך עד דרש אחיך אתו והשבתו לו  וכן תעשה לחמרו וכן
תעשה לשמלתו וכן תעשה לכל אבדת אחיך אשר תאבד
ממנו ומצאתה לא תוכל להתעלם                    לא תראה
את חמור אחיך או שורו נפלים בדרך והתעלמת מהם הקם
תקים עמו                    לא יהיה כלי גבר על אשה ולא
ילבש גבר שמלת אשה כי תועבת יהוה אלהיך כל עשה
אלה
כי יקרא קן צפור  לפניך בדרך בכל עץ  או על הארץ

וּמָכֹר לֹא־תִמְכְּרֶנָּה בַּכָּסֶף לֹא־תִתְעַמֵּר בָּהּ תַּחַת אֲשֶׁר
טו עִנִּיתָהּ׃ כִּי־תִהְיֶיןָ לְאִישׁ שְׁתֵּי נָשִׁים הָאַחַת *
אֲהוּבָה וְהָאַחַת שְׂנוּאָה וְיָלְדוּ־לוֹ בָנִים הָאֲהוּבָה וְהַשְּׂנוּאָה
טז וְהָיָה הַבֵּן הַבְּכֹר לַשְּׂנִיאָה׃ וְהָיָה בְּיוֹם הַנְחִילוֹ אֶת־בָּנָיו אֵת
אֲשֶׁר־יִהְיֶה לוֹ לֹא יוּכַל לְבַכֵּר אֶת־בֶּן־הָאֲהוּבָה עַל־פְּנֵי בֶן־
יז הַשְּׂנוּאָה הַבְּכֹר׃ כִּי אֶת־הַבְּכֹר בֶּן־הַשְּׂנוּאָה יַכִּיר לָתֶת לוֹ
פִּי שְׁנַיִם בְּכֹל אֲשֶׁר־יִמָּצֵא לוֹ כִּי־הוּא רֵאשִׁית אֹנוֹ לוֹ מִשְׁפַּט
יח הַבְּכֹרָה׃ כִּי־יִהְיֶה לְאִישׁ בֵּן סוֹרֵר וּמוֹרֶה אֵינֶנּוּ *
שֹׁמֵעַ בְּקוֹל אָבִיו וּבְקוֹל אִמּוֹ וְיִסְּרוּ אֹתוֹ וְלֹא יִשְׁמַע אֲלֵיהֶם׃
יט וְתָפְשׂוּ בוֹ אָבִיו וְאִמּוֹ וְהוֹצִיאוּ אֹתוֹ אֶל־זִקְנֵי עִירוֹ וְאֶל־שַׁעַר
כ מְקֹמוֹ׃ וְאָמְרוּ אֶל־זִקְנֵי עִירוֹ בְּנֵנוּ זֶה סוֹרֵר וּמֹרֶה אֵינֶנּוּ שֹׁמֵעַ
כא בְּקֹלֵנוּ זוֹלֵל וְסֹבֵא׃ וּרְגָמֻהוּ כָּל־אַנְשֵׁי עִירוֹ בָאֲבָנִים וָמֵת וּבִעַרְתָּ
כב הָרָע מִקִּרְבֶּךָ וְכָל־יִשְׂרָאֵל יִשְׁמְעוּ וְיִרָאוּ׃ וְכִי־ שני
יִהְיֶה בְאִישׁ חֵטְא מִשְׁפַּט־מָוֶת וְהוּמָת וְתָלִיתָ אֹתוֹ עַל־עֵץ׃
כג לֹא־תָלִין נִבְלָתוֹ עַל־הָעֵץ כִּי־קָבוֹר תִּקְבְּרֶנּוּ בַּיּוֹם הַהוּא כִּי־
קִלְלַת אֱלֹהִים תָּלוּי וְלֹא תְטַמֵּא אֶת־אַדְמָתְךָ אֲשֶׁר יְהוָה אֱלֹהֶיךָ
כב א נֹתֵן לְךָ נַחֲלָה׃ לֹא־תִרְאֶה אֶת־שׁוֹר אָחִיךָ אוֹ
ב אֶת־שֵׂיוֹ נִדָּחִים וְהִתְעַלַּמְתָּ מֵהֶם הָשֵׁב תְּשִׁיבֵם לְאָחִיךָ׃ וְאִם־
לֹא קָרוֹב אָחִיךָ אֵלֶיךָ וְלֹא יְדַעְתּוֹ וַאֲסַפְתּוֹ אֶל־תּוֹךְ בֵּיתֶךָ וְהָיָה
ג עִמְּךָ עַד דְּרֹשׁ אָחִיךָ אֹתוֹ וַהֲשֵׁבֹתוֹ לוֹ׃ וְכֵן תַּעֲשֶׂה לַחֲמֹרוֹ וְכֵן
תַּעֲשֶׂה לְשִׂמְלָתוֹ וְכֵן תַּעֲשֶׂה לְכָל־אֲבֵדַת אָחִיךָ אֲשֶׁר־תֹּאבַד
ד מִמֶּנּוּ וּמְצָאתָהּ לֹא תוּכַל לְהִתְעַלֵּם׃ לֹא־תִרְאֶה
אֶת־חֲמוֹר אָחִיךָ אוֹ שׁוֹרוֹ נֹפְלִים בַּדֶּרֶךְ וְהִתְעַלַּמְתָּ מֵהֶם הָקֵם
ה תָּקִים עִמּוֹ׃ לֹא־יִהְיֶה כְלִי־גֶבֶר עַל־אִשָּׁה וְלֹא־ *
יִלְבַּשׁ גֶּבֶר שִׂמְלַת אִשָּׁה כִּי תוֹעֲבַת יְהוָה אֱלֹהֶיךָ כָּל־עֹשֵׂה
אֵלֶּה׃
ו כִּי יִקָּרֵא קַן־צִפּוֹר ׀ לְפָנֶיךָ בַּדֶּרֶךְ בְּכָל־עֵץ ׀ אוֹ עַל־הָאָרֶץ יז

למען אשר לא ילמדו אתכם לעשות ככל תועבתם אשר
עשו לאלהיהם וחטאתם ליהוה אלהיכם כי
תצור אל עיר ימים רבים להלחם עליה לתפשה לא תשחית
את עצה לנדח עליו גרזן כי ממנו תאכל ואתו לא תכרת כי
האדם עץ השדה לבא מפניך במצור רק עץ אשר תדע כי לא
עץ מאכל הוא אתו תשחית וכרת ובנית מצור על העיר
אשר הוא עשה עמך מלחמה עד רדתה
כי ימצא חלל באדמה אשר יהוה אלהיך נתן לך לרשתה נפל
בשדה לא נודע מי הכהו ויצאו זקניך ושפטיך ומדדו אל
הערים אשר סביבת החלל והיה העיר הקרבה אל החלל
ולקחו זקני העיר ההוא עגלת בקר אשר לא עבד בה אשר
לא משכה בעל והורדו זקני העיר ההוא את העגלה אל
נחל איתן אשר לא יעבד בו ולא יזרע וערפו שם את העגלה
בנחל ונגשו הכהנים בני לוי כי בם בחר יהוה אלהיך לשרתו
ולברך בשם יהוה ועל פיהם יהיה כל ריב וכל נגע וכל
זקני העיר ההוא הקרבים אל החלל ירחצו את ידיהם על
העגלה הערופה בנחל וענו ואמרו ידינו לא שפכה את
הדם הזה ועינינו לא ראו כפר לעמך ישראל אשר פדית
יהוה ואל תתן דם נקי בקרב עמך ישראל ונכפר להם
הדם ואתה תבער הדם הנקי מקרבך כי תעשה הישר
בעיני יהוה כי תצא למלחמה על איביך
ונתנו יהוה אלהיך בידך ושבית שביו וראית בשביה אשת
יפת תאר וחשקת בה ולקחת לך לאשה והבאתה אל
תוך ביתך וגלחה את ראשה ועשתה את צפרניה והסירה
את שמלת שביה מעליה וישבה בביתך ובכתה את אביה
ואת אמה ירח ימים ואחר כן תבוא אליה ובעלתה והיתה
לך לאשה והיה אם לא חפצת בה ושלחתה לנפשה

יח לְמַעַן אֲשֶׁר לֹא־יְלַמְּדוּ אֶתְכֶם לַעֲשׂוֹת כְּכֹל תּוֹעֲבֹתָם אֲשֶׁר
יט עָשׂוּ לֵאלֹהֵיהֶם וַחֲטָאתֶם לַיהוָה אֱלֹהֵיכֶם׃ כִּי־
תָצוּר אֶל־עִיר יָמִים רַבִּים לְהִלָּחֵם עָלֶיהָ לְתָפְשָׂהּ לֹא־תַשְׁחִית
אֶת־עֵצָהּ לִנְדֹּחַ עָלָיו גַּרְזֶן כִּי מִמֶּנּוּ תֹאכֵל וְאֹתוֹ לֹא תִכְרֹת כִּי
כ הָאָדָם עֵץ הַשָּׂדֶה לָבֹא מִפָּנֶיךָ בַּמָּצוֹר׃ רַק עֵץ אֲשֶׁר־תֵּדַע כִּי־לֹא־
עֵץ מַאֲכָל הוּא אֹתוֹ תַשְׁחִית וְכָרָתָּ וּבָנִיתָ מָצוֹר עַל־הָעִיר
אֲשֶׁר־הִוא עֹשָׂה עִמְּךָ מִלְחָמָה עַד רִדְתָּהּ׃

כא א כִּי־יִמָּצֵא חָלָל בָּאֲדָמָה אֲשֶׁר יְהוָה אֱלֹהֶיךָ נֹתֵן לְךָ לְרִשְׁתָּהּ נֹפֵל ★
ב בַּשָּׂדֶה לֹא נוֹדַע מִי הִכָּהוּ׃ וְיָצְאוּ זְקֵנֶיךָ וְשֹׁפְטֶיךָ וּמָדְדוּ אֶל־
ג הֶעָרִים אֲשֶׁר סְבִיבֹת הֶחָלָל׃ וְהָיָה הָעִיר הַקְּרֹבָה אֶל־הֶחָלָל
וְלָקְחוּ זִקְנֵי הָעִיר הַהִוא עֶגְלַת בָּקָר אֲשֶׁר לֹא־עֻבַּד בָּהּ אֲשֶׁר
ד לֹא־מָשְׁכָה בְּעֹל׃ וְהוֹרִדוּ זִקְנֵי הָעִיר הַהִוא אֶת־הָעֶגְלָה אֶל־
נַחַל אֵיתָן אֲשֶׁר לֹא־יֵעָבֵד בּוֹ וְלֹא יִזָּרֵעַ וְעָרְפוּ־שָׁם אֶת־הָעֶגְלָה
ה בַּנָּחַל׃ וְנִגְּשׁוּ הַכֹּהֲנִים בְּנֵי לֵוִי כִּי בָם בָּחַר יְהוָה אֱלֹהֶיךָ לְשָׁרְתוֹ
ו וּלְבָרֵךְ בְּשֵׁם יְהוָה וְעַל־פִּיהֶם יִהְיֶה כָּל־רִיב וְכָל־נָגַע׃ וְכֹל
זִקְנֵי הָעִיר הַהִוא הַקְּרֹבִים אֶל־הֶחָלָל יִרְחֲצוּ אֶת־יְדֵיהֶם עַל־
מפטיר
ז הָעֶגְלָה הָעֲרוּפָה בַנָּחַל׃ וְעָנוּ וְאָמְרוּ יָדֵינוּ לֹא שפכה אֶת־ שָׁפְכוּ
ח הַדָּם הַזֶּה וְעֵינֵינוּ לֹא רָאוּ׃ כַּפֵּר לְעַמְּךָ יִשְׂרָאֵל אֲשֶׁר־פָּדִיתָ
יְהוָה וְאַל־תִּתֵּן דָּם נָקִי בְּקֶרֶב עַמְּךָ יִשְׂרָאֵל וְנִכַּפֵּר לָהֶם
ט הַדָּם׃ וְאַתָּה תְּבַעֵר הַדָּם הַנָּקִי מִקִּרְבֶּךָ כִּי־תַעֲשֶׂה הַיָּשָׁר
י בְּעֵינֵי יְהוָה׃ כִּי־תֵצֵא לַמִּלְחָמָה עַל־אֹיְבֶיךָ כי תצא
יא וּנְתָנוֹ יְהוָה אֱלֹהֶיךָ בְּיָדֶךָ וְשָׁבִיתָ שִׁבְיוֹ׃ וְרָאִיתָ בַּשִּׁבְיָה אֵשֶׁת
יב יְפַת־תֹּאַר וְחָשַׁקְתָּ בָהּ וְלָקַחְתָּ לְךָ לְאִשָּׁה׃ וַהֲבֵאתָהּ אֶל־
יג תּוֹךְ בֵּיתֶךָ וְגִלְּחָה אֶת־רֹאשָׁהּ וְעָשְׂתָה אֶת־צִפָּרְנֶיהָ׃ וְהֵסִירָה
אֶת־שִׂמְלַת שִׁבְיָהּ מֵעָלֶיהָ וְיָשְׁבָה בְּבֵיתֶךָ וּבָכְתָה אֶת־אָבִיהָ
וְאֶת־אִמָּהּ יֶרַח יָמִים וְאַחַר כֵּן תָּבוֹא אֵלֶיהָ וּבְעַלְתָּהּ וְהָיְתָה
יד לְךָ לְאִשָּׁה׃ וְהָיָה אִם־לֹא חָפַצְתָּ בָּהּ וְשִׁלַּחְתָּהּ לְנַפְשָׁהּ

הרע הזה בקרבך ולא תחוס עינך נפש בנפש עין בעין שן
בשן יד ביד רגל ברגל כי תצא למלחמה על
איבך וראית סוס ורכב עם רב ממך לא תירא מהם כי יהוה
אלהיך עמך המעלך מארץ מצרים והיה כקרבכם אל
המלחמה ונגש הכהן ודבר אל העם ואמר אלהם שמע
ישראל אתם קרבים היום למלחמה על איביכם אל ירך
לבבכם אל תיראו ואל תחפזו ואל תערצו מפניהם כי יהוה
אלהיכם ההלך עמכם להלחם לכם עם איביכם להושיע
אתכם ודברו השטרים אל העם לאמר מי האיש אשר בנה
בית חדש ולא חנכו ילך וישב לביתו פן ימות במלחמה
ואיש אחר יחנכנו ומי האיש אשר נטע כרם ולא חללו ילך
וישב לביתו פן ימות במלחמה ואיש אחר יחללנו ומי
האיש אשר ארש אשה ולא לקחה ילך וישב לביתו פן ימות
במלחמה ואיש אחר יקחנה ויספו השטרים לדבר אל העם
ואמרו מי האיש הירא ורך הלבב ילך וישב לביתו ולא ימס
את לבב אחיו כלבבו והיה ככלת השטרים לדבר אל העם
ופקדו שרי צבאות בראש העם כי תקרב אל
עיר להלחם עליה וקראת אליה לשלום והיה אם שלום
תענך ופתחה לך והיה כל העם הנמצא בה יהיו לך למס
ועבדוך ואם לא תשלים עמך ועשתה עמך מלחמה וצרת
עליה ונתנה יהוה אלהיך בידך והכית את כל זכורה לפי
חרב רק הנשים והטף והבהמה וכל אשר יהיה בעיר כל
שללה תבז לך ואכלת את שלל איביך אשר נתן יהוה אלהיך
לך כן תעשה לכל הערים הרחקת ממך מאד אשר לא מערי
הגוים האלה הנה רק מערי העמים האלה אשר יהוה אלהיך
נתן לך נחלה לא תחיה כל נשמה כי החרם תחרימם החתי
והאמרי הכנעני והפרזי החוי והיבוסי כאשר צוך יהוה אלהיך

כא הָרַע הַזֶּה בְּקִרְבֶּךָ׃ וְלֹא תָחוֹס עֵינֶךָ נֶפֶשׁ בְּנֶפֶשׁ עַיִן בְּעַיִן שֵׁן
כ א בְּשֵׁן יָד בְּיָד רֶגֶל בְּרָגֶל׃ כִּי־תֵצֵא לַמִּלְחָמָה עַל־
אֹיְבֶךָ וְרָאִיתָ סוּס וָרֶכֶב עַם רַב מִמְּךָ לֹא תִירָא מֵהֶם כִּי־יְהוָה
ב אֱלֹהֶיךָ עִמָּךְ הַמַּעַלְךָ מֵאֶרֶץ מִצְרָיִם׃ וְהָיָה כְּקָרָבְכֶם אֶל־
ג הַמִּלְחָמָה וְנִגַּשׁ הַכֹּהֵן וְדִבֶּר אֶל־הָעָם׃ וְאָמַר אֲלֵהֶם שְׁמַע
יִשְׂרָאֵל אַתֶּם קְרֵבִים הַיּוֹם לַמִּלְחָמָה עַל־אֹיְבֵיכֶם אַל־יֵרַךְ
ד לְבַבְכֶם אַל־תִּירְאוּ וְאַל־תַּחְפְּזוּ וְאַל־תַּעַרְצוּ מִפְּנֵיהֶם׃ כִּי יְהוָה
אֱלֹהֵיכֶם הַהֹלֵךְ עִמָּכֶם לְהִלָּחֵם לָכֶם עִם־אֹיְבֵיכֶם לְהוֹשִׁיעַ
ה אֶתְכֶם׃ וְדִבְּרוּ הַשֹּׁטְרִים אֶל־הָעָם לֵאמֹר מִי־הָאִישׁ אֲשֶׁר בָּנָה ✶
בַיִת־חָדָשׁ וְלֹא חֲנָכוֹ יֵלֵךְ וְיָשֹׁב לְבֵיתוֹ פֶּן־יָמוּת בַּמִּלְחָמָה
ו וְאִישׁ אַחֵר יַחְנְכֶנּוּ׃ וּמִי־הָאִישׁ אֲשֶׁר נָטַע כֶּרֶם וְלֹא חִלְּלוֹ יֵלֵךְ
ז וְיָשֹׁב לְבֵיתוֹ פֶּן־יָמוּת בַּמִּלְחָמָה וְאִישׁ אַחֵר יְחַלְּלֶנּוּ׃ וּמִי־
הָאִישׁ אֲשֶׁר אֵרַשׂ אִשָּׁה וְלֹא לְקָחָהּ יֵלֵךְ וְיָשֹׁב לְבֵיתוֹ פֶּן־יָמוּת
ח בַּמִּלְחָמָה וְאִישׁ אַחֵר יִקָּחֶנָּה׃ וְיָסְפוּ הַשֹּׁטְרִים לְדַבֵּר אֶל־הָעָם
וְאָמְרוּ מִי־הָאִישׁ הַיָּרֵא וְרַךְ הַלֵּבָב יֵלֵךְ וְיָשֹׁב לְבֵיתוֹ וְלֹא יִמַּס
ט אֶת־לְבַב אֶחָיו כִּלְבָבוֹ׃ וְהָיָה כְּכַלֹּת הַשֹּׁטְרִים לְדַבֵּר אֶל־הָעָם
י וּפָקְדוּ שָׂרֵי צְבָאוֹת בְּרֹאשׁ הָעָם׃ כִּי־תִקְרַב אֶל־ טז שביעי
יא עִיר לְהִלָּחֵם עָלֶיהָ וְקָרָאתָ אֵלֶיהָ לְשָׁלוֹם׃ וְהָיָה אִם־שָׁלוֹם
תַּעַנְךָ וּפָתְחָה לָךְ וְהָיָה כָּל־הָעָם הַנִּמְצָא־בָהּ יִהְיוּ לְךָ לָמַס
יב וַעֲבָדוּךָ׃ וְאִם־לֹא תַשְׁלִים עִמָּךְ וְעָשְׂתָה עִמְּךָ מִלְחָמָה וְצַרְתָּ
יג עָלֶיהָ׃ וּנְתָנָהּ יְהוָה אֱלֹהֶיךָ בְּיָדֶךָ וְהִכִּיתָ אֶת־כָּל־זְכוּרָהּ לְפִי־
יד חָרֶב׃ רַק הַנָּשִׁים וְהַטַּף וְהַבְּהֵמָה וְכֹל אֲשֶׁר יִהְיֶה בָעִיר כָּל־
שְׁלָלָהּ תָּבֹז לָךְ וְאָכַלְתָּ אֶת־שְׁלַל אֹיְבֶיךָ אֲשֶׁר נָתַן יְהוָה אֱלֹהֶיךָ
טו לָךְ׃ כֵּן תַּעֲשֶׂה לְכָל־הֶעָרִים הָרְחֹקֹת מִמְּךָ מְאֹד אֲשֶׁר לֹא־מֵעָרֵי ✶
טז הַגּוֹיִם־הָאֵלֶּה הֵנָּה׃ רַק מֵעָרֵי הָעַמִּים הָאֵלֶּה אֲשֶׁר יְהוָה אֱלֹהֶיךָ
יז נֹתֵן לְךָ נַחֲלָה לֹא תְחַיֶּה כָּל־נְשָׁמָה׃ כִּי־הַחֲרֵם תַּחֲרִימֵם הַחִתִּי
וְהָאֱמֹרִי הַכְּנַעֲנִי וְהַפְּרִזִּי הַחִוִּי וְהַיְבוּסִי כַּאֲשֶׁר צִוְּךָ יְהוָה אֱלֹהֶיךָ׃

וזה דבר הרצח אשר ינוס שמה וחי אשר יכה את רעהו
בבלי דעת והוא לא שנא לו מתמל שלשם ואשר יבא את
רעהו ביער לחטב עצים ונדחה ידו בגרזן לכרת העץ ונשל
הברזל מן העץ ומצא את רעהו ומת הוא ינוס אל אחת
הערים האלה וחי פן ירדף גאל הדם אחרי הרצח כי יחם
לבבו והשיגו כי ירבה הדרך והכהו נפש ולו אין משפט
מות כי לא שנא הוא לו מתמול שלשום על כן אנכי מצוך
לאמר שלש ערים תבדיל לך ואם ירחיב יהוה אלהיך את
גבלך כאשר נשבע לאבתיך ונתן לך את כל הארץ אשר
דבר לתת לאבתיך כי תשמר את כל המצוה הזאת לעשתה
אשר אנכי מצוך היום לאהבה את יהוה אלהיך וללכת בדרכיו
כל הימים ויספת לך עוד שלש ערים על השלש האלה ולא
ישפך דם נקי בקרב ארצך אשר יהוה אלהיך נתן לך נחלה
והיה עליך דמים

וכי יהיה איש שנא לרעהו וארב לו וקם עליו והכהו נפש ומת
ונס אל אחת הערים האל ושלחו זקני עירו ולקחו אתו משם
ונתנו אתו ביד גאל הדם ומת לא תחוס עינך עליו ובערת דם
הנקי מישראל וטוב לך לא תסיג גבול רעך
אשר גבלו ראשנים בנחלתך אשר תנחל בארץ אשר יהוה
אלהיך נתן לך לרשתה לא יקום עד אחד
באיש לכל עון ולכל חטאת בכל חטא אשר יחטא על
פי שני עדים או על פי שלשה עדים יקום דבר כי יקום עד
חמס באיש לענות בו סרה ועמדו שני האנשים אשר להם
הריב לפני יהוה לפני הכהנים והשפטים אשר יהיו בימים
ההם ודרשו השפטים היטב והנה עד שקר העד שקר ענה
באחיו ועשיתם לו כאשר זמם לעשות לאחיו ובערת הרע
מקרבך והנשארים ישמעו ויראו ולא יספו לעשות עוד כדבר

ד וְזֶה דְּבַר הָרֹצֵחַ אֲשֶׁר־יָנוּס שָׁמָּה וָחָי אֲשֶׁר יַכֶּה אֶת־רֵעֵהוּ

ה בִּבְלִי־דַעַת וְהוּא לֹא־שֹׂנֵא לוֹ מִתְּמֹל שִׁלְשֹׁם: וַאֲשֶׁר יָבֹא אֶת־
רֵעֵהוּ בַיַּעַר לַחְטֹב עֵצִים וְנִדְּחָה יָדוֹ בַגַּרְזֶן לִכְרֹת הָעֵץ וְנָשַׁל
הַבַּרְזֶל מִן־הָעֵץ וּמָצָא אֶת־רֵעֵהוּ וָמֵת הוּא יָנוּס אֶל־אַחַת

ו הֶעָרִים־הָאֵלֶּה וָחָי: פֶּן־יִרְדֹּף גֹּאֵל הַדָּם אַחֲרֵי הָרֹצֵחַ כִּי יֵחַם
לְבָבוֹ וְהִשִּׂיגוֹ כִּי־יִרְבֶּה הַדֶּרֶךְ וְהִכָּהוּ נָפֶשׁ וְלוֹ אֵין מִשְׁפַּט־

ז מָוֶת כִּי לֹא־שֹׂנֵא הוּא לוֹ מִתְּמוֹל שִׁלְשֹׁם: עַל־כֵּן אָנֹכִי מְצַוְּךָ

ח לֵאמֹר שָׁלֹשׁ עָרִים תַּבְדִּיל לָךְ: וְאִם־יַרְחִיב יְהֹוָה אֱלֹהֶיךָ אֶת־
גְּבֻלְךָ כַּאֲשֶׁר נִשְׁבַּע לַאֲבֹתֶיךָ וְנָתַן לְךָ אֶת־כָּל־הָאָרֶץ אֲשֶׁר

ט דִּבֶּר לָתֵת לַאֲבֹתֶיךָ: כִּי־תִשְׁמֹר אֶת־כָּל־הַמִּצְוָה הַזֹּאת לַעֲשֹׂתָהּ
אֲשֶׁר אָנֹכִי מְצַוְּךָ הַיּוֹם לְאַהֲבָה אֶת־יְהֹוָה אֱלֹהֶיךָ וְלָלֶכֶת בִּדְרָכָיו

י כָּל־הַיָּמִים וְיָסַפְתָּ לְךָ עוֹד שָׁלֹשׁ עָרִים עַל הַשָּׁלֹשׁ הָאֵלֶּה: וְלֹא
יִשָּׁפֵךְ דָּם נָקִי בְּקֶרֶב אַרְצְךָ אֲשֶׁר יְהֹוָה אֱלֹהֶיךָ נֹתֵן לְךָ נַחֲלָה
וְהָיָה עָלֶיךָ דָּמִים:

יא וְכִי־יִהְיֶה אִישׁ שֹׂנֵא לְרֵעֵהוּ וְאָרַב לוֹ וְקָם עָלָיו וְהִכָּהוּ נֶפֶשׁ וָמֵת

יב וְנָס אֶל־אַחַת הֶעָרִים הָאֵל: וְשָׁלְחוּ זִקְנֵי עִירוֹ וְלָקְחוּ אֹתוֹ מִשָּׁם

יג וְנָתְנוּ אֹתוֹ בְּיַד גֹּאֵל הַדָּם וָמֵת: לֹא־תָחוֹס עֵינְךָ עָלָיו וּבִעַרְתָּ דַם־

יד הַנָּקִי מִיִּשְׂרָאֵל וְטוֹב לָךְ:          לֹא תַסִּיג גְּבוּל רֵעֲךָ   ששי
אֲשֶׁר גָּבְלוּ רִאשֹׁנִים בְּנַחֲלָתְךָ אֲשֶׁר תִּנְחַל בָּאָרֶץ אֲשֶׁר יְהֹוָה

טו אֱלֹהֶיךָ נֹתֵן לְךָ לְרִשְׁתָּהּ:          לֹא־יָקוּם עֵד אֶחָד
בְּאִישׁ לְכָל־עָוֹן וּלְכָל־חַטָּאת בְּכָל־חֵטְא אֲשֶׁר יֶחֱטָא עַל־

טז פִּי שְׁנֵי עֵדִים אוֹ עַל־פִּי שְׁלֹשָׁה־עֵדִים יָקוּם דָּבָר: כִּי־יָקוּם עֵד־

יז חָמָס בְּאִישׁ לַעֲנוֹת בּוֹ סָרָה: וְעָמְדוּ שְׁנֵי־הָאֲנָשִׁים אֲשֶׁר־לָהֶם
הָרִיב לִפְנֵי יְהֹוָה לִפְנֵי הַכֹּהֲנִים וְהַשֹּׁפְטִים אֲשֶׁר יִהְיוּ בַּיָּמִים

יח הָהֵם: וְדָרְשׁוּ הַשֹּׁפְטִים הֵיטֵב וְהִנֵּה עֵד־שֶׁקֶר הָעֵד שֶׁקֶר עָנָה

יט בְאָחִיו: וַעֲשִׂיתֶם לוֹ כַּאֲשֶׁר זָמַם לַעֲשׂוֹת לְאָחִיו וּבִעַרְתָּ הָרָע

כ מִקִּרְבֶּךָ: וְהַנִּשְׁאָרִים יִשְׁמְעוּ וְיִרָאוּ וְלֹא־יֹסִפוּ לַעֲשׂוֹת עוֹד כַּדָּבָר

אשר יבחר יהוה ושרת בשם יהוה אלהיו ככל אחיו הלוים
העמדים שם לפני יהוה חלק כחלק יאכלו לבד ממכריו
על האבות כי אתה בא אל הארץ אשר
יהוה אלהיך נתן לך לא תלמד לעשות כתועבת הגוים ההם
לא ימצא בך מעביר בנו ובתו באש קסם קסמים מעונן
ומנחש ומכשף וחבר חבר ושאל אוב וידעני ודרש אל
המתים כי תועבת יהוה כל עשה אלה ובגלל התועבת
האלה יהוה אלהיך מוריש אותם מפניך תמים תהיה עם
יהוה אלהיך כי הגוים האלה אשר אתה יורש אותם אל
מעננים ואל קסמים ישמעו ואתה לא כן נתן לך יהוה אלהיך
נביא מקרבך מאחיך כמני יקים לך יהוה אלהיך אליו תשמעון
ככל אשר שאלת מעם יהוה אלהיך בחרב ביום הקהל לאמר
לא אסף לשמע את קול יהוה אלהי ואת האש הגדלה הזאת
לא אראה עוד ולא אמות ויאמר יהוה אלי היטיבו אשר
דברו נביא אקים להם מקרב אחיהם כמוך ונתתי דברי
בפיו ודבר אליהם את כל אשר אצונו והיה האיש אשר
לא ישמע אל דברי אשר ידבר בשמי אנכי אדרש מעמו
אך הנביא אשר יזיד לדבר דבר בשמי את אשר לא צויתיו
לדבר ואשר ידבר בשם אלהים אחרים ומת הנביא ההוא
וכי תאמר בלבבך איכה נדע את הדבר אשר לא דברו
יהוה אשר ידבר הנביא בשם יהוה ולא יהיה הדבר ולא
יבא הוא הדבר אשר לא דברו יהוה בזדון דברו הנביא לא
תגור ממנו כי יכרית יהוה אלהיך את הגוים
אשר יהוה אלהיך נתן לך את ארצם וירשתם וישבת בעריהם
ובבתיהם שלוש ערים תבדיל לך בתוך ארצך אשר יהוה
אלהיך נתן לך לרשתה תכין לך הדרך ושלשת את גבול
ארצך אשר ינחילך יהוה אלהיך והיה לנוס שמה כל רצח

ז אֲשֶׁר־יִבְחַר יהוה: וְשֵׁרֵת בְּשֵׁם יהוה אֱלֹהָיו כְּכָל־אֶחָיו הַלְוִיִּם
ח הָעֹמְדִים שָׁם לִפְנֵי יהוה: חֵלֶק כְּחֵלֶק יֹאכֵלוּ לְבַד מִמְכָּרָיו
ט עַל־הָאָבוֹת: כִּי אַתָּה בָּא אֶל־הָאָרֶץ אֲשֶׁר־ ★
יהוה אֱלֹהֶיךָ נֹתֵן לָךְ לֹא־תִלְמַד לַעֲשׂוֹת כְּתוֹעֲבֹת הַגּוֹיִם הָהֵם:
י לֹא־יִמָּצֵא בְךָ מַעֲבִיר בְּנוֹ־וּבִתּוֹ בָּאֵשׁ קֹסֵם קְסָמִים מְעוֹנֵן
יא וּמְנַחֵשׁ וּמְכַשֵּׁף: וְחֹבֵר חָבֶר וְשֹׁאֵל אוֹב וְיִדְּעֹנִי וְדֹרֵשׁ אֶל־
יב הַמֵּתִים: כִּי־תוֹעֲבַת יהוה כָּל־עֹשֵׂה אֵלֶּה וּבִגְלַל הַתּוֹעֵבֹת
יג הָאֵלֶּה יהוה אֱלֹהֶיךָ מוֹרִישׁ אוֹתָם מִפָּנֶיךָ: תָּמִים תִּהְיֶה עִם
יד יהוה אֱלֹהֶיךָ: כִּי ׀ הַגּוֹיִם הָאֵלֶּה אֲשֶׁר אַתָּה יוֹרֵשׁ אוֹתָם אֶל־ חמישי
מְעֹנְנִים וְאֶל־קֹסְמִים יִשְׁמָעוּ וְאַתָּה לֹא כֵן נָתַן לְךָ יהוה אֱלֹהֶיךָ:
טו נָבִיא מִקִּרְבְּךָ מֵאַחֶיךָ כָּמֹנִי יָקִים לְךָ יהוה אֱלֹהֶיךָ אֵלָיו תִּשְׁמָעוּן:
טז כְּכֹל אֲשֶׁר־שָׁאַלְתָּ מֵעִם יהוה אֱלֹהֶיךָ בְּחֹרֵב בְּיוֹם הַקָּהָל לֵאמֹר
לֹא אֹסֵף לִשְׁמֹעַ אֶת־קוֹל יהוה אֱלֹהָי וְאֶת־הָאֵשׁ הַגְּדֹלָה הַזֹּאת
יז לֹא־אֶרְאֶה עוֹד וְלֹא אָמוּת: וַיֹּאמֶר יהוה אֵלָי הֵיטִיבוּ אֲשֶׁר
יח דִּבֵּרוּ: נָבִיא אָקִים לָהֶם מִקֶּרֶב אֲחֵיהֶם כָּמוֹךָ וְנָתַתִּי דְבָרַי ★
יט בְּפִיו וְדִבֶּר אֲלֵיהֶם אֵת כָּל־אֲשֶׁר אֲצַוֶּנּוּ: וְהָיָה הָאִישׁ אֲשֶׁר
לֹא־יִשְׁמַע אֶל־דְּבָרַי אֲשֶׁר יְדַבֵּר בִּשְׁמִי אָנֹכִי אֶדְרֹשׁ מֵעִמּוֹ:
כ אַךְ הַנָּבִיא אֲשֶׁר יָזִיד לְדַבֵּר דָּבָר בִּשְׁמִי אֵת אֲשֶׁר לֹא־צִוִּיתִיו
לְדַבֵּר וַאֲשֶׁר יְדַבֵּר בְּשֵׁם אֱלֹהִים אֲחֵרִים וּמֵת הַנָּבִיא הַהוּא:
כא וְכִי תֹאמַר בִּלְבָבֶךָ אֵיכָה נֵדַע אֶת־הַדָּבָר אֲשֶׁר לֹא־דִבְּרוֹ
כב יהוה: אֲשֶׁר יְדַבֵּר הַנָּבִיא בְּשֵׁם יהוה וְלֹא־יִהְיֶה הַדָּבָר וְלֹא
יָבֹא הוּא הַדָּבָר אֲשֶׁר לֹא־דִבְּרוֹ יהוה בְּזָדוֹן דִּבְּרוֹ הַנָּבִיא לֹא
יט א תָגוּר מִמֶּנּוּ: כִּי־יַכְרִית יהוה אֱלֹהֶיךָ אֶת־הַגּוֹיִם
אֲשֶׁר יהוה אֱלֹהֶיךָ נֹתֵן לְךָ אֶת־אַרְצָם וִירִשְׁתָּם וְיָשַׁבְתָּ בְעָרֵיהֶם
ב וּבְבָתֵּיהֶם: שָׁלוֹשׁ עָרִים תַּבְדִּיל לָךְ בְּתוֹךְ אַרְצְךָ אֲשֶׁר יהוה
ג אֱלֹהֶיךָ נֹתֵן לְךָ לְרִשְׁתָּהּ: תָּכִין לְךָ הַדֶּרֶךְ וְשִׁלַּשְׁתָּ אֶת־גְּבוּל
אַרְצְךָ אֲשֶׁר יַנְחִילְךָ יהוה אֱלֹהֶיךָ וְהָיָה לָנוּס שָׁמָּה כָּל־רֹצֵחַ:

תעשה לא תסור מן הדבר אשר יגידו לך ימין ושמאל
והאיש אשר יעשה בזדון לבלתי שמע אל הכהן העמד
לשרת שם את יהוה אלהיך או אל השפט ומת האיש ההוא
ובערת הרע מישראל וכל העם ישמעו ויראו ולא יזידון
עוד כי תבא אל הארץ אשר יהוה אלהיך
נתן לך וירשתה וישבתה בה ואמרת אשימה עלי מלך ככל
הגוים אשר סביבתי שום תשים עליך מלך אשר יבחר יהוה
אלהיך בו מקרב אחיך תשים עליך מלך לא תוכל לתת
עליך איש נכרי אשר לא אחיך הוא רק לא ירבה לו סוסים
ולא ישיב את העם מצרימה למען הרבות סוס ויהוה אמר
לכם לא תספון לשוב בדרך הזה עוד ולא ירבה לו נשים
ולא יסור לבבו וכסף וזהב לא ירבה לו מאד והיה כשבתו
על כסא ממלכתו וכתב לו את משנה התורה הזאת על
ספר מלפני הכהנים הלוים והיתה עמו וקרא בו כל ימי
חייו למען ילמד ליראה את יהוה אלהיו לשמר את כל דברי
התורה הזאת ואת החקים האלה לעשתם לבלתי רום לבבו
מאחיו ולבלתי סור מן המצוה ימין ושמאול למען יאריך
ימים על ממלכתו הוא ובניו בקרב ישראל לא
יהיה לכהנים הלוים כל שבט לוי חלק ונחלה עם ישראל
אשי יהוה ונחלתו יאכלון ונחלה לא יהיה לו בקרב אחיו
יהוה הוא נחלתו כאשר דבר לו וזה יהיה
משפט הכהנים מאת העם מאת זבחי הזבח אם שור אם
שה ונתן לכהן הזרע והלחיים והקבה ראשית דגנך תירשך
ויצהרך וראשית גז צאנך תתן לו כי בו בחר יהוה אלהיך
מכל שבטיך לעמד לשרת בשם יהוה הוא ובניו כל
הימים וכי יבא הלוי מאחד שעריך מכל
ישראל אשר הוא גר שם ובא בכל אות נפשו אל המקום

תַעֲשֶׂה לֹא תָסוּר מִן־הַדָּבָר אֲשֶׁר־יַגִּידוּ לְךָ יָמִין וּשְׂמֹאל׃
יב וְהָאִישׁ אֲשֶׁר־יַעֲשֶׂה בְזָדוֹן לְבִלְתִּי שְׁמֹעַ אֶל־הַכֹּהֵן הָעֹמֵד
לְשָׁרֶת שָׁם אֶת־יְהוָה אֱלֹהֶיךָ אוֹ אֶל־הַשֹּׁפֵט וּמֵת הָאִישׁ הַהוּא
יג וּבִעַרְתָּ הָרָע מִיִּשְׂרָאֵל׃ וְכָל־הָעָם יִשְׁמְעוּ וְיִרָאוּ וְלֹא יְזִידוּן
שני יד עוֹד׃ כִּי־תָבֹא אֶל־הָאָרֶץ אֲשֶׁר יְהוָה אֱלֹהֶיךָ טו שני
נֹתֵן לָךְ וִירִשְׁתָּהּ וְיָשַׁבְתָּה בָּהּ וְאָמַרְתָּ אָשִׂימָה עָלַי מֶלֶךְ כְּכָל־
טו הַגּוֹיִם אֲשֶׁר סְבִיבֹתָי׃ שׂוֹם תָּשִׂים עָלֶיךָ מֶלֶךְ אֲשֶׁר יִבְחַר יְהוָה
אֱלֹהֶיךָ בּוֹ מִקֶּרֶב אַחֶיךָ תָּשִׂים עָלֶיךָ מֶלֶךְ לֹא תוּכַל לָתֵת
טז עָלֶיךָ אִישׁ נָכְרִי אֲשֶׁר לֹא־אָחִיךָ הוּא׃ רַק לֹא־יַרְבֶּה־לּוֹ סוּסִים
וְלֹא־יָשִׁיב אֶת־הָעָם מִצְרַיְמָה לְמַעַן הַרְבּוֹת סוּס וַיהוָה אָמַר
יז לָכֶם לֹא תֹסִפוּן לָשׁוּב בַּדֶּרֶךְ הַזֶּה עוֹד׃ וְלֹא יַרְבֶּה־לּוֹ נָשִׁים
יח וְלֹא יָסוּר לְבָבוֹ וְכֶסֶף וְזָהָב לֹא יַרְבֶּה־לּוֹ מְאֹד׃ וְהָיָה כְשִׁבְתּוֹ *
עַל כִּסֵּא מַמְלַכְתּוֹ וְכָתַב לוֹ אֶת־מִשְׁנֵה הַתּוֹרָה הַזֹּאת עַל־
יט סֵפֶר מִלִּפְנֵי הַכֹּהֲנִים הַלְוִיִּם׃ וְהָיְתָה עִמּוֹ וְקָרָא בוֹ כָּל־יְמֵי
חַיָּיו לְמַעַן יִלְמַד לְיִרְאָה אֶת־יְהוָה אֱלֹהָיו לִשְׁמֹר אֶת־כָּל־דִּבְרֵי
כ הַתּוֹרָה הַזֹּאת וְאֶת־הַחֻקִּים הָאֵלֶּה לַעֲשֹׂתָם׃ לְבִלְתִּי רוּם־לְבָבוֹ
מֵאֶחָיו וּלְבִלְתִּי סוּר מִן־הַמִּצְוָה יָמִין וּשְׂמֹאול לְמַעַן יַאֲרִיךְ
יח א יָמִים עַל־מַמְלַכְתּוֹ הוּא וּבָנָיו בְּקֶרֶב יִשְׂרָאֵל׃ לֹא־ שלישי
יִהְיֶה לַכֹּהֲנִים הַלְוִיִּם כָּל־שֵׁבֶט לֵוִי חֵלֶק וְנַחֲלָה עִם־יִשְׂרָאֵל
ב אִשֵּׁי יְהוָה וְנַחֲלָתוֹ יֹאכֵלוּן׃ וְנַחֲלָה לֹא־יִהְיֶה־לּוֹ בְּקֶרֶב אֶחָיו
ג יְהוָה הוּא נַחֲלָתוֹ כַּאֲשֶׁר דִּבֶּר־לוֹ׃ וְזֶה יִהְיֶה
מִשְׁפַּט הַכֹּהֲנִים מֵאֵת הָעָם מֵאֵת זֹבְחֵי הַזֶּבַח אִם־שׁוֹר אִם־
ד שֶׂה וְנָתַן לַכֹּהֵן הַזְּרֹעַ וְהַלְּחָיַיִם וְהַקֵּבָה׃ רֵאשִׁית דְּגָנְךָ תִּירֹשְׁךָ
ה וְיִצְהָרֶךָ וְרֵאשִׁית גֵּז צֹאנְךָ תִּתֶּן־לּוֹ׃ כִּי בוֹ בָּחַר יְהוָה אֱלֹהֶיךָ
מִכָּל־שְׁבָטֶיךָ לַעֲמֹד לְשָׁרֵת בְּשֵׁם־יְהוָה הוּא וּבָנָיו כָּל־
ו הַיָּמִים׃ וְכִי־יָבֹא הַלֵּוִי מֵאַחַד שְׁעָרֶיךָ מִכָּל־ רביעי
יִשְׂרָאֵל אֲשֶׁר־הוּא גָּר שָׁם וּבָא בְּכָל־אַוַּת נַפְשׁוֹ אֶל־הַמָּקוֹם

אשר נתן לך          שפטים ושטרים תתן לך בכל
שעריך אשר יהוה אלהיך נתן לך לשבטיך ושפטו את העם
משפט צדק  לא תטה משפט לא תכיר פנים ולא תקח
שחד כי השחד יעור עיני חכמים ויסלף דברי צדיקם  צדק
צדק תרדף למען תחיה וירשת את הארץ אשר יהוה אלהיך
נתן לך          לא תטע לך אשרה כל עץ אצל
מזבח יהוה אלהיך אשר תעשה לך  ולא תקים לך מצבה
אשר שנא יהוה אלהיך          לא תזבח ליהוה
אלהיך שור ושה אשר יהיה בו מום כל דבר רע כי תועבת
יהוה אלהיך הוא          כי ימצא בקרבך באחד
שעריך אשר יהוה אלהיך נתן לך איש או אשה אשר יעשה
את הרע בעיני יהוה אלהיך לעבר בריתו  וילך ויעבד אלהים
אחרים וישתחו להם ולשמש או לירח או לכל צבא השמים
אשר לא צויתי  והגד לך ושמעת ודרשת היטב והנה אמת
נכון הדבר נעשתה התועבה הזאת בישראל  והוצאת את
האיש ההוא או את האשה ההוא אשר עשו את הדבר הרע
הזה אל שעריך את האיש או את האשה וסקלתם באבנים
ומתו  על פי שנים עדים או שלשה עדים יומת המת לא יומת
על פי עד אחד  יד העדים תהיה בו בראשנה להמיתו ויד כל
העם באחרנה ובערת הרע מקרבך
כי יפלא ממך דבר למשפט בין דם לדם בין דין לדין ובין
נגע לנגע דברי ריבת בשעריך וקמת ועלית אל המקום
אשר יבחר יהוה אלהיך בו  ובאת אל הכהנים הלוים ואל
השפט אשר יהיה בימים ההם ודרשת והגידו לך את דבר
המשפט  ועשית על פי הדבר אשר יגידו לך מן המקום
ההוא אשר יבחר יהוה ושמרת לעשות ככל אשר יורוך
על פי התורה אשר יורוך ועל המשפט אשר יאמרו לך

יח אֲשֶׁר נָתַן־לָךְ׃ שֹׁפְטִים וְשֹׁטְרִים תִּתֶּן־לְךָ בְּכָל־ יד
שְׁעָרֶיךָ אֲשֶׁר יְהוָה אֱלֹהֶיךָ נֹתֵן לְךָ לִשְׁבָטֶיךָ וְשָׁפְטוּ אֶת־הָעָם
יט מִשְׁפַּט־צֶדֶק׃ לֹא־תַטֶּה מִשְׁפָּט לֹא תַכִּיר פָּנִים וְלֹא־תִקַּח
כ שֹׁחַד כִּי הַשֹּׁחַד יְעַוֵּר עֵינֵי חֲכָמִים וִיסַלֵּף דִּבְרֵי צַדִּיקִם׃ צֶדֶק
צֶדֶק תִּרְדֹּף לְמַעַן תִּחְיֶה וְיָרַשְׁתָּ אֶת־הָאָרֶץ אֲשֶׁר־יְהוָה אֱלֹהֶיךָ
כא נֹתֵן לָךְ׃ לֹא־תִטַּע לְךָ אֲשֵׁרָה כָּל־עֵץ אֵצֶל ★
כב מִזְבַּח יְהוָה אֱלֹהֶיךָ אֲשֶׁר תַּעֲשֶׂה־לָּךְ׃ וְלֹא־תָקִים לְךָ מַצֵּבָה
יז א אֲשֶׁר שָׂנֵא יְהוָה אֱלֹהֶיךָ׃ לֹא־תִזְבַּח לַיהוָה
אֱלֹהֶיךָ שׁוֹר וָשֶׂה אֲשֶׁר יִהְיֶה בוֹ מוּם כֹּל דָּבָר רָע כִּי תוֹעֲבַת
ב יְהוָה אֱלֹהֶיךָ הוּא׃ כִּי־יִמָּצֵא בְקִרְבְּךָ בְּאַחַד
שְׁעָרֶיךָ אֲשֶׁר־יְהוָה אֱלֹהֶיךָ נֹתֵן לָךְ אִישׁ אוֹ־אִשָּׁה אֲשֶׁר יַעֲשֶׂה
ג אֶת־הָרַע בְּעֵינֵי יְהוָה־אֱלֹהֶיךָ לַעֲבֹר בְּרִיתוֹ׃ וַיֵּלֶךְ וַיַּעֲבֹד אֱלֹהִים
אֲחֵרִים וַיִּשְׁתַּחוּ לָהֶם וְלַשֶּׁמֶשׁ ׀ אוֹ לַיָּרֵחַ אוֹ לְכָל־צְבָא הַשָּׁמַיִם
ד אֲשֶׁר לֹא־צִוִּיתִי׃ וְהֻגַּד־לְךָ וְשָׁמָעְתָּ וְדָרַשְׁתָּ הֵיטֵב וְהִנֵּה אֱמֶת
ה נָכוֹן הַדָּבָר נֶעֶשְׂתָה הַתּוֹעֵבָה הַזֹּאת בְּיִשְׂרָאֵל׃ וְהוֹצֵאתָ אֶת־
הָאִישׁ הַהוּא אוֹ אֶת־הָאִשָּׁה הַהִוא אֲשֶׁר עָשׂוּ אֶת־הַדָּבָר הָרָע
הַזֶּה אֶל־שְׁעָרֶיךָ אֶת־הָאִישׁ אוֹ אֶת־הָאִשָּׁה וּסְקַלְתָּם בָּאֲבָנִים
ו וָמֵתוּ׃ עַל־פִּי ׀ שְׁנַיִם עֵדִים אוֹ שְׁלֹשָׁה עֵדִים יוּמַת הַמֵּת לֹא יוּמַת
ז עַל־פִּי עֵד אֶחָד׃ יַד הָעֵדִים תִּהְיֶה־בּוֹ בָרִאשֹׁנָה לַהֲמִיתוֹ וְיַד כָּל־
הָעָם בָּאַחֲרֹנָה וּבִעַרְתָּ הָרָע מִקִּרְבֶּךָ׃
ח כִּי יִפָּלֵא מִמְּךָ דָבָר לַמִּשְׁפָּט בֵּין־דָּם ׀ לְדָם בֵּין־דִּין לְדִין וּבֵין
נֶגַע לָנֶגַע דִּבְרֵי רִיבֹת בִּשְׁעָרֶיךָ וְקַמְתָּ וְעָלִיתָ אֶל־הַמָּקוֹם
ט אֲשֶׁר יִבְחַר יְהוָה אֱלֹהֶיךָ בּוֹ׃ וּבָאתָ אֶל־הַכֹּהֲנִים הַלְוִיִּם וְאֶל־
הַשֹּׁפֵט אֲשֶׁר יִהְיֶה בַּיָּמִים הָהֵם וְדָרַשְׁתָּ וְהִגִּידוּ לְךָ אֵת דְּבַר
י הַמִּשְׁפָּט׃ וְעָשִׂיתָ עַל־פִּי הַדָּבָר אֲשֶׁר יַגִּידוּ לְךָ מִן־הַמָּקוֹם
הַהוּא אֲשֶׁר יִבְחַר יְהוָה וְשָׁמַרְתָּ לַעֲשׂוֹת כְּכֹל אֲשֶׁר יוֹרוּךָ׃
יא עַל־פִּי הַתּוֹרָה אֲשֶׁר יוֹרוּךָ וְעַל־הַמִּשְׁפָּט אֲשֶׁר־יֹאמְרוּ לְךָ ★

ליהוה אלהיך צאן ובקר במקום אשר יבחר יהוה לשכן
שמו שם לא תאכל עליו חמץ שבעת ימים תאכל עליו מצות
לחם עני כי בחפזון יצאת מארץ מצרים למען תזכר את יום
צאתך מארץ מצרים כל ימי חייך ולא יראה לך שאר בכל
גבלך שבעת ימים ולא ילין מן הבשר אשר תזבח בערב
ביום הראשון לבקר לא תוכל לזבח את הפסח באחד
שעריך אשר יהוה אלהיך נתן לך כי אם אל המקום אשר
יבחר יהוה אלהיך לשכן שמו שם תזבח את הפסח בערב
כבוא השמש מועד צאתך ממצרים ובשלת ואכלת במקום
אשר יבחר יהוה אלהיך בו ופנית בבקר והלכת לאהליך
ששת ימים תאכל מצות וביום השביעי עצרת ליהוה אלהיך
לא תעשה מלאכה שבעה שבעת תספר לך
מהחל חרמש בקמה תחל לספר שבעה שבעות ועשית חג
שבעות ליהוה אלהיך מסת נדבת ידך אשר תתן כאשר
יברכך יהוה אלהיך ושמחת לפני יהוה אלהיך אתה ובנך
ובתך ועבדך ואמתך והלוי אשר בשעריך והגר והיתום
והאלמנה אשר בקרבך במקום אשר יבחר יהוה אלהיך
לשכן שמו שם וזכרת כי עבד היית במצרים ושמרת ועשית
את החקים האלה
חג הסכת תעשה לך שבעת ימים באספך מגרנך ומיקבך
ושמחת בחגך אתה ובנך ובתך ועבדך ואמתך והלוי והגר
והיתום והאלמנה אשר בשעריך שבעת ימים תחג ליהוה
אלהיך במקום אשר יבחר יהוה כי יברכך יהוה אלהיך בכל
תבואתך ובכל מעשה ידיך והיית אך שמח שלוש פעמים
בשנה יראה כל זכורך את פני יהוה אלהיך במקום אשר
יבחר בחג המצות ובחג השבעות ובחג הסכות ולא יראה
את פני יהוה ריקם איש כמתנת ידו כברכת יהוה אלהיך

לַיהוָה אֱלֹהֶיךָ צֹאן וּבָקָר בַּמָּקוֹם אֲשֶׁר יִבְחַר יְהוָה לְשַׁכֵּן
ג שְׁמוֹ שָׁם׃ לֹא־תֹאכַל עָלָיו חָמֵץ שִׁבְעַת יָמִים תֹּאכַל־עָלָיו מַצּוֹת
לֶחֶם עֹנִי כִּי בְחִפָּזוֹן יָצָאתָ מֵאֶרֶץ מִצְרַיִם לְמַעַן תִּזְכֹּר אֶת־יוֹם
ד צֵאתְךָ מֵאֶרֶץ מִצְרַיִם כֹּל יְמֵי חַיֶּיךָ׃ וְלֹא־יֵרָאֶה לְךָ שְׂאֹר בְּכָל־
גְּבֻלְךָ שִׁבְעַת יָמִים וְלֹא־יָלִין מִן־הַבָּשָׂר אֲשֶׁר תִּזְבַּח בָּעֶרֶב
ה בַּיּוֹם הָרִאשׁוֹן לַבֹּקֶר׃ לֹא תוּכַל לִזְבֹּחַ אֶת־הַפָּסַח בְּאַחַד
ו שְׁעָרֶיךָ אֲשֶׁר־יְהוָה אֱלֹהֶיךָ נֹתֵן לָךְ׃ כִּי אִם־אֶל־הַמָּקוֹם אֲשֶׁר־
יִבְחַר יְהוָה אֱלֹהֶיךָ לְשַׁכֵּן שְׁמוֹ שָׁם תִּזְבַּח אֶת־הַפֶּסַח בָּעָרֶב
ז כְּבוֹא הַשֶּׁמֶשׁ מוֹעֵד צֵאתְךָ מִמִּצְרָיִם׃ וּבִשַּׁלְתָּ וְאָכַלְתָּ בַּמָּקוֹם
אֲשֶׁר יִבְחַר יְהוָה אֱלֹהֶיךָ בּוֹ וּפָנִיתָ בַבֹּקֶר וְהָלַכְתָּ לְאֹהָלֶיךָ׃
ח שֵׁשֶׁת יָמִים תֹּאכַל מַצּוֹת וּבַיּוֹם הַשְּׁבִיעִי עֲצֶרֶת לַיהוָה אֱלֹהֶיךָ
ט לֹא תַעֲשֶׂה מְלָאכָה׃ שִׁבְעָה שָׁבֻעֹת תִּסְפָּר־לָךְ
י מֵהָחֵל חֶרְמֵשׁ בַּקָּמָה תָּחֵל לִסְפֹּר שִׁבְעָה שָׁבֻעוֹת׃ וְעָשִׂיתָ חַג
שָׁבֻעוֹת לַיהוָה אֱלֹהֶיךָ מִסַּת נִדְבַת יָדְךָ אֲשֶׁר תִּתֵּן כַּאֲשֶׁר
יא יְבָרֶכְךָ יְהוָה אֱלֹהֶיךָ׃ וְשָׂמַחְתָּ לִפְנֵי ׀ יְהוָה אֱלֹהֶיךָ אַתָּה וּבִנְךָ
וּבִתֶּךָ וְעַבְדְּךָ וַאֲמָתֶךָ וְהַלֵּוִי אֲשֶׁר בִּשְׁעָרֶיךָ וְהַגֵּר וְהַיָּתוֹם
וְהָאַלְמָנָה אֲשֶׁר בְּקִרְבֶּךָ בַּמָּקוֹם אֲשֶׁר יִבְחַר יְהוָה אֱלֹהֶיךָ
יב לְשַׁכֵּן שְׁמוֹ שָׁם׃ וְזָכַרְתָּ כִּי־עֶבֶד הָיִיתָ בְּמִצְרָיִם וְשָׁמַרְתָּ וְעָשִׂיתָ
אֶת־הַחֻקִּים הָאֵלֶּה׃

יג חַג הַסֻּכֹּת תַּעֲשֶׂה לְךָ שִׁבְעַת יָמִים בְּאָסְפְּךָ מִגָּרְנְךָ וּמִיִּקְבֶךָ׃ מפטיר ★
יד וְשָׂמַחְתָּ בְּחַגֶּךָ אַתָּה וּבִנְךָ וּבִתֶּךָ וְעַבְדְּךָ וַאֲמָתֶךָ וְהַלֵּוִי וְהַגֵּר
טו וְהַיָּתוֹם וְהָאַלְמָנָה אֲשֶׁר בִּשְׁעָרֶיךָ׃ שִׁבְעַת יָמִים תָּחֹג לַיהוָה
אֱלֹהֶיךָ בַּמָּקוֹם אֲשֶׁר־יִבְחַר יְהוָה כִּי יְבָרֶכְךָ יְהוָה אֱלֹהֶיךָ בְּכֹל־
טז תְּבוּאָתְךָ וּבְכֹל מַעֲשֵׂה יָדֶיךָ וְהָיִיתָ אַךְ שָׂמֵחַ׃ שָׁלוֹשׁ פְּעָמִים ׀
בַּשָּׁנָה יֵרָאֶה כָל־זְכוּרְךָ אֶת־פְּנֵי ׀ יְהוָה אֱלֹהֶיךָ בַּמָּקוֹם אֲשֶׁר
יִבְחָר בְּחַג הַמַּצּוֹת וּבְחַג הַשָּׁבֻעוֹת וּבְחַג הַסֻּכּוֹת וְלֹא יֵרָאֶה
יז אֶת־פְּנֵי יְהוָה רֵיקָם׃ אִישׁ כְּמַתְּנַת יָדוֹ כְּבִרְכַּת יְהוָה אֱלֹהֶיךָ

פתח תפתח את ידך לו והעבט תעביטנו די מחסרו אשר
יחסר לו השמר לך פן יהיה דבר עם לבבך בליעל לאמר
קרבה שנת השבע שנת השמטה ורעה עינך באחיך האביון
ולא תתן לו וקרא עליך אל יהוה והיה בך חטא נתון תתן
לו ולא ירע לבבך בתתך לו כי בגלל הדבר הזה יברכך יהוה
אלהיך בכל מעשך ובכל משלח ידך כי לא יחדל אביון
מקרב הארץ על כן אנכי מצוך לאמר פתח תפתח את
ידך לאחיך לעניך ולאבינך בארצך כי ימכר
לך אחיך העברי או העבריה ועבדך שש שנים ובשנה השביעת
תשלחנו חפשי מעמך וכי תשלחנו חפשי מעמך לא תשלחנו
ריקם העניק תעניק לו מצאנך ומגרנך ומיקבך אשר ברכך
יהוה אלהיך תתן לו וזכרת כי עבד היית בארץ מצרים
ויפדך יהוה אלהיך על כן אנכי מצוך את הדבר הזה היום
והיה כי יאמר אליך לא אצא מעמך כי אהבך ואת ביתך
כי טוב לו עמך ולקחת את המרצע ונתתה באזנו ובדלת
והיה לך עבד עולם ואף לאמתך תעשה כן לא יקשה בעינך
בשלחך אתו חפשי מעמך כי משנה שכר שכיר עבדך שש
שנים וברכך יהוה אלהיך בכל אשר תעשה
כל הבכור אשר יולד בבקרך ובצאנך הזכר תקדיש ליהוה
אלהיך לא תעבד בבכר שורך ולא תגז בכור צאנך לפני
יהוה אלהיך תאכלנו שנה בשנה במקום אשר יבחר יהוה
אתה וביתך וכי יהיה בו מום פסח או עור כל מום רע
לא תזבחנו ליהוה אלהיך בשעריך תאכלנו הטמא והטהור
יחדו כצבי וכאיל רק את דמו לא תאכל על הארץ תשפכנו
כמים
שמור את חדש האביב ועשית פסח ליהוה אלהיך כי בחדש
האביב הוציאך יהוה אלהיך ממצרים לילה וזבחת פסח

פָּתֹחַ תִּפְתַּח אֶת־יָדְךָ לוֹ וְהַעֲבֵט תַּעֲבִיטֶנּוּ דֵּי מַחְסֹרוֹ אֲשֶׁר
ט יֶחְסַר לוֹ׃ הִשָּׁמֶר לְךָ פֶּן־יִהְיֶה דָבָר עִם־לְבָבְךָ בְלִיַּעַל לֵאמֹר
קָרְבָה שְׁנַת־הַשֶּׁבַע שְׁנַת הַשְּׁמִטָּה וְרָעָה עֵינְךָ בְּאָחִיךָ הָאֶבְיוֹן
י וְלֹא תִתֵּן לוֹ וְקָרָא עָלֶיךָ אֶל־יְהוָה וְהָיָה בְךָ חֵטְא׃ נָתוֹן תִּתֵּן
לוֹ וְלֹא־יֵרַע לְבָבְךָ בְּתִתְּךָ לוֹ כִּי בִּגְלַל ׀ הַדָּבָר הַזֶּה יְבָרֶכְךָ יְהוָה
יא אֱלֹהֶיךָ בְּכָל־מַעֲשֶׂךָ וּבְכֹל מִשְׁלַח יָדֶךָ׃ כִּי לֹא־יֶחְדַּל אֶבְיוֹן
מִקֶּרֶב הָאָרֶץ עַל־כֵּן אָנֹכִי מְצַוְּךָ לֵאמֹר פָּתֹחַ תִּפְתַּח אֶת־
יב יָדְךָ לְאָחִיךָ לַעֲנִיֶּךָ וּלְאֶבְיֹנְךָ בְּאַרְצֶךָ׃ כִּי־יִמָּכֵר ✶
לְךָ אָחִיךָ הָעִבְרִי אוֹ הָעִבְרִיָּה וַעֲבָדְךָ שֵׁשׁ שָׁנִים וּבַשָּׁנָה הַשְּׁבִיעִת
יג תְּשַׁלְּחֶנּוּ חָפְשִׁי מֵעִמָּךְ׃ וְכִי־תְשַׁלְּחֶנּוּ חָפְשִׁי מֵעִמָּךְ לֹא תְשַׁלְּחֶנּוּ
יד רֵיקָם׃ הַעֲנֵיק תַּעֲנִיק לוֹ מִצֹּאנְךָ וּמִגָּרְנְךָ וּמִיִּקְבֶךָ אֲשֶׁר בֵּרַכְךָ
טו יְהוָה אֱלֹהֶיךָ תִּתֶּן־לוֹ׃ וְזָכַרְתָּ כִּי עֶבֶד הָיִיתָ בְּאֶרֶץ מִצְרַיִם
וַיִּפְדְּךָ יְהוָה אֱלֹהֶיךָ עַל־כֵּן אָנֹכִי מְצַוְּךָ אֶת־הַדָּבָר הַזֶּה הַיּוֹם׃
טז וְהָיָה כִּי־יֹאמַר אֵלֶיךָ לֹא אֵצֵא מֵעִמָּךְ כִּי אֲהֵבְךָ וְאֶת־בֵּיתֶךָ
יז כִּי־טוֹב לוֹ עִמָּךְ׃ וְלָקַחְתָּ אֶת־הַמַּרְצֵעַ וְנָתַתָּה בְאָזְנוֹ וּבַדֶּלֶת
יח וְהָיָה לְךָ עֶבֶד עוֹלָם וְאַף לַאֲמָתְךָ תַּעֲשֶׂה־כֵּן׃ לֹא־יִקְשֶׁה בְעֵינֶךָ
בְּשַׁלֵּחֲךָ אֹתוֹ חָפְשִׁי מֵעִמָּךְ כִּי מִשְׁנֶה שְׂכַר שָׂכִיר עֲבָדְךָ שֵׁשׁ
שָׁנִים וּבֵרַכְךָ יְהוָה אֱלֹהֶיךָ בְּכֹל אֲשֶׁר תַּעֲשֶׂה׃

יט כָּל־הַבְּכוֹר אֲשֶׁר יִוָּלֵד בִּבְקָרְךָ וּבְצֹאנְךָ הַזָּכָר תַּקְדִּישׁ לַיהוָה שביעי
כ אֱלֹהֶיךָ לֹא תַעֲבֹד בִּבְכֹר שׁוֹרֶךָ וְלֹא תָגֹז בְּכוֹר צֹאנֶךָ׃ לִפְנֵי
יְהוָה אֱלֹהֶיךָ תֹאכְלֶנּוּ שָׁנָה בְשָׁנָה בַּמָּקוֹם אֲשֶׁר־יִבְחַר יְהוָה
כא אַתָּה וּבֵיתֶךָ׃ וְכִי־יִהְיֶה בוֹ מוּם פִּסֵּחַ אוֹ עִוֵּר כֹּל מוּם רָע
כב לֹא תִזְבָּחֶנּוּ לַיהוָה אֱלֹהֶיךָ׃ בִּשְׁעָרֶיךָ תֹּאכְלֶנּוּ הַטָּמֵא וְהַטָּהוֹר
כג יַחְדָּו כַּצְּבִי וְכָאַיָּל׃ רַק אֶת־דָּמוֹ לֹא תֹאכֵל עַל־הָאָרֶץ תִּשְׁפְּכֶנּוּ
כַּמָּיִם׃

טז א שָׁמוֹר אֶת־חֹדֶשׁ הָאָבִיב וְעָשִׂיתָ פֶּסַח לַיהוָה אֱלֹהֶיךָ כִּי בְּחֹדֶשׁ ✶
ב הָאָבִיב הוֹצִיאֲךָ יְהוָה אֱלֹהֶיךָ מִמִּצְרַיִם לָיְלָה׃ וְזָבַחְתָּ פֶּסַח

עשר תעשר את כל תבואת זרעך היצא השדה שנה שנה
ואכלת לפני יהוה אלהיך במקום אשר יבחר לשכן שמו
שם מעשר דגנך תירשך ויצהרך ובכרת בקרך וצאנך למען
תלמד ליראה את יהוה אלהיך כל הימים וכי ירבה
ממך הדרך כי לא תוכל שאתו כי ירחק ממך המקום אשר
יבחר יהוה אלהיך לשום שמו שם כי יברכך יהוה אלהיך
ונתתה בכסף וצרת הכסף בידך והלכת אל המקום אשר
יבחר יהוה אלהיך בו ונתתה הכסף בכל אשר תאוה
נפשך בבקר ובצאן וביין ובשכר ובכל אשר תשאלך
נפשך ואכלת שם לפני יהוה אלהיך ושמחת אתה וביתך
והלוי אשר בשעריך לא תעזבנו כי אין לו חלק ונחלה
עמך מקצה שלש שנים תוציא את כל מעשר
תבואתך בשנה ההוא והנחת בשעריך ובא הלוי כי אין
לו חלק ונחלה עמך והגר והיתום והאלמנה אשר בשעריך
ואכלו ושבעו למען יברכך יהוה אלהיך בכל מעשה ידך
אשר תעשה מקץ שבע שנים תעשה שמטה
וזה דבר השמטה שמוט כל בעל משה ידו אשר ישה ברעהו
לא יגש את רעהו ואת אחיו כי קרא שמטה ליהוה את
הנכרי תגש ואשר יהיה לך את אחיך תשמט ידך אפס
כי לא יהיה בך אביון כי ברך יברכך יהוה בארץ אשר יהוה
אלהיך נתן לך נחלה לרשתה רק אם שמוע תשמע בקול
יהוה אלהיך לשמר לעשות את כל המצוה הזאת אשר
אנכי מצוך היום כי יהוה אלהיך ברכך כאשר דבר לך
והעבטת גוים רבים ואתה לא תעבט ומשלת בגוים רבים
ובך לא ימשלו כי יהיה בך אביון מאחד
אחיך באחד שעריך בארצך אשר יהוה אלהיך נתן לך לא
תאמץ את לבבך ולא תקפץ את ידך מאחיך האביון כי

כב עַשֵּׂר תְּעַשֵּׂר אֵת כָּל־תְּבוּאַת זַרְעֶךָ הַיֹּצֵא הַשָּׂדֶה שָׁנָה שָׁנָה: חמישי

כג וְאָכַלְתָּ לִפְנֵי ׀ יְהוָה אֱלֹהֶיךָ בַּמָּקוֹם אֲשֶׁר־יִבְחַר לְשַׁכֵּן שְׁמוֹ שָׁם מַעְשַׂר דְּגָנְךָ תִּירֹשְׁךָ וְיִצְהָרֶךָ וּבְכֹרֹת בְּקָרְךָ וְצֹאנֶךָ לְמַעַן

כד תִּלְמַד לְיִרְאָה אֶת־יְהוָה אֱלֹהֶיךָ כָּל־הַיָּמִים: וְכִי־יִרְבֶּה מִמְּךָ הַדֶּרֶךְ כִּי לֹא תוּכַל שְׂאֵתוֹ כִּי־יִרְחַק מִמְּךָ הַמָּקוֹם אֲשֶׁר יִבְחַר יְהוָה אֱלֹהֶיךָ לָשׂוּם שְׁמוֹ שָׁם כִּי יְבָרֶכְךָ יְהוָה אֱלֹהֶיךָ:

כה וְנָתַתָּה בַּכָּסֶף וְצַרְתָּ הַכֶּסֶף בְּיָדְךָ וְהָלַכְתָּ אֶל־הַמָּקוֹם אֲשֶׁר ✱

כו יִבְחַר יְהוָה אֱלֹהֶיךָ בּוֹ: וְנָתַתָּה הַכֶּסֶף בְּכֹל אֲשֶׁר־תְּאַוֶּה נַפְשְׁךָ בַּבָּקָר וּבַצֹּאן וּבַיַּיִן וּבַשֵּׁכָר וּבְכֹל אֲשֶׁר תִּשְׁאָלְךָ נַפְשֶׁךָ וְאָכַלְתָּ שָּׁם לִפְנֵי יְהוָה אֱלֹהֶיךָ וְשָׂמַחְתָּ אַתָּה וּבֵיתֶךָ:

כז וְהַלֵּוִי אֲשֶׁר־בִּשְׁעָרֶיךָ לֹא תַעַזְבֶנּוּ כִּי אֵין לוֹ חֵלֶק וְנַחֲלָה

כח עִמָּךְ: מִקְצֵה ׀ שָׁלֹשׁ שָׁנִים תּוֹצִיא אֶת־כָּל־מַעְשַׂר

כט תְּבוּאָתְךָ בַּשָּׁנָה הַהִוא וְהִנַּחְתָּ בִּשְׁעָרֶיךָ: וּבָא הַלֵּוִי כִּי אֵין־ לוֹ חֵלֶק וְנַחֲלָה עִמָּךְ וְהַגֵּר וְהַיָּתוֹם וְהָאַלְמָנָה אֲשֶׁר בִּשְׁעָרֶיךָ וְאָכְלוּ וְשָׂבֵעוּ לְמַעַן יְבָרֶכְךָ יְהוָה אֱלֹהֶיךָ בְּכָל־מַעֲשֵׂה יָדְךָ

טו א אֲשֶׁר תַּעֲשֶׂה: מִקֵּץ שֶׁבַע־שָׁנִים תַּעֲשֶׂה שְׁמִטָּה: ששי

ב וְזֶה דְּבַר הַשְּׁמִטָּה שָׁמוֹט כָּל־בַּעַל מַשֵּׁה יָדוֹ אֲשֶׁר יַשֶּׁה בְּרֵעֵהוּ

ג לֹא־יִגֹּשׂ אֶת־רֵעֵהוּ וְאֶת־אָחִיו כִּי־קָרָא שְׁמִטָּה לַיהוָה: אֶת־

ד הַנָּכְרִי תִּגֹּשׂ וַאֲשֶׁר יִהְיֶה לְךָ אֶת־אָחִיךָ תַּשְׁמֵט יָדֶךָ: אֶפֶס ✱ כִּי לֹא יִהְיֶה־בְּךָ אֶבְיוֹן כִּי־בָרֵךְ יְבָרֶכְךָ יְהוָה בָּאָרֶץ אֲשֶׁר יְהוָה

ה אֱלֹהֶיךָ נֹתֵן־לְךָ נַחֲלָה לְרִשְׁתָּהּ: רַק אִם־שָׁמוֹעַ תִּשְׁמַע בְּקוֹל יְהוָה אֱלֹהֶיךָ לִשְׁמֹר לַעֲשׂוֹת אֶת־כָּל־הַמִּצְוָה הַזֹּאת אֲשֶׁר

ו אָנֹכִי מְצַוְּךָ הַיּוֹם: כִּי־יְהוָה אֱלֹהֶיךָ בֵּרַכְךָ כַּאֲשֶׁר דִּבֶּר־לָךְ וְהַעֲבַטְתָּ גּוֹיִם רַבִּים וְאַתָּה לֹא תַעֲבֹט וּמָשַׁלְתָּ בְּגוֹיִם רַבִּים

ז וּבְךָ לֹא יִמְשֹׁלוּ: כִּי־יִהְיֶה בְךָ אֶבְיוֹן מֵאַחַד יג ✱ ✱ אַחֶיךָ בְּאַחַד שְׁעָרֶיךָ בְּאַרְצְךָ אֲשֶׁר־יְהוָה אֱלֹהֶיךָ נֹתֵן לָךְ לֹא

ח תְאַמֵּץ אֶת־לְבָבְךָ וְלֹא תִקְפֹּץ אֶת־יָדְךָ מֵאָחִיךָ הָאֶבְיוֹן: כִּי־

לא תבנה עוד ולא ידבק בידך מאומה מן החרם למען ישוב
יהוה מחרון אפו ונתן לך רחמים ורחמך והרבך כאשר
נשבע לאבתיך כי תשמע בקול יהוה אלהיך לשמר את
כל מצותיו אשר אנכי מצוך היום לעשות הישר בעיני יהוה
אלהיך בנים אתם ליהוה אלהיכם לא תתגדדו
ולא תשימו קרחה בין עיניכם למת כי עם קדוש אתה
ליהוה אלהיך ובך בחר יהוה להיות לו לעם סגלה מכל
העמים אשר על פני האדמה לא תאכל כל
תועבה זאת הבהמה אשר תאכלו שור שה כשבים ושה
עזים איל וצבי ויחמור ואקו ודישן ותאו וזמר וכל בהמה
מפרסת פרסה ושסעת שסע שתי פרסות מעלת גרה בבהמה
אתה תאכלו אך את זה לא תאכלו ממעלי הגרה וממפריסי
הפרסה השסועה את הגמל ואת הארנבת ואת השפן כי
מעלה גרה המה ופרסה לא הפריסו טמאים הם לכם ואת
החזיר כי מפריס פרסה הוא ולא גרה טמא הוא לכם מבשרם
לא תאכלו ובנבלתם לא תגעו את זה
תאכלו מכל אשר במים כל אשר לו סנפיר וקשקשת תאכלו
וכל אשר אין לו סנפיר וקשקשת לא תאכלו טמא הוא
לכם כל צפור טהרה תאכלו וזה אשר לא
תאכלו מהם הנשר והפרס והעזניה והראה ואת האיה והדיה
למינה ואת כל ערב למינו ואת בת היענה ואת התחמס ואת
השחף ואת הנץ למינהו את הכוס ואת הינשוף והתנשמת
והקאת ואת הרחמה ואת השלך והחסידה והאנפה למינה
והדוכיפת והעטלף וכל שרץ העוף טמא הוא לכם לא יאכלו
כל עוף טהור תאכלו לא תאכלו כל נבלה לגר אשר בשעריך
תתננה ואכלה או מכר לנכרי כי עם קדוש אתה ליהוה אלהיך
לא תבשל גדי בחלב אמו

יח לֹא תִבָּנֶה עוֹד׃ וְלֹא־יִדְבַּק בְּיָדְךָ מְאוּמָה מִן־הַחֵרֶם לְמַעַן יָשׁוּב
יְהוָה מֵחֲרוֹן אַפּוֹ וְנָתַן־לְךָ רַחֲמִים וְרִחַמְךָ וְהִרְבֶּךָ כַּאֲשֶׁר
יט נִשְׁבַּע לַאֲבֹתֶיךָ׃ כִּי תִשְׁמַע בְּקוֹל יְהוָה אֱלֹהֶיךָ לִשְׁמֹר אֶת־
כָּל־מִצְוֺתָיו אֲשֶׁר אָנֹכִי מְצַוְּךָ הַיּוֹם לַעֲשׂוֹת הַיָּשָׁר בְּעֵינֵי יְהוָה
יד א אֱלֹהֶיךָ׃ בָּנִים אַתֶּם לַיהוָה אֱלֹהֵיכֶם לֹא תִתְגֹּדְדוּ יב רביעי
ב וְלֹא־תָשִׂימוּ קָרְחָה בֵּין עֵינֵיכֶם לָמֵת׃ כִּי עַם קָדוֹשׁ אַתָּה
לַיהוָה אֱלֹהֶיךָ וּבְךָ בָּחַר יְהוָה לִהְיוֹת לוֹ לְעַם סְגֻלָּה מִכֹּל
ג הָעַמִּים אֲשֶׁר עַל־פְּנֵי הָאֲדָמָה׃ לֹא תֹאכַל כָּל־
ד תּוֹעֵבָה׃ זֹאת הַבְּהֵמָה אֲשֶׁר תֹּאכֵלוּ שׁוֹר שֵׂה כְשָׂבִים וְשֵׂה
ה ו עִזִּים׃ אַיָּל וּצְבִי וְיַחְמוּר וְאַקּוֹ וְדִישֹׁן וּתְאוֹ וָזָמֶר׃ וְכָל־בְּהֵמָה
מַפְרֶסֶת פַּרְסָה וְשֹׁסַעַת שֶׁסַע שְׁתֵּי פְרָסוֹת מַעֲלַת גֵּרָה בַּבְּהֵמָה
ז אֹתָהּ תֹּאכֵלוּ׃ אַךְ אֶת־זֶה לֹא תֹאכְלוּ מִמַּעֲלֵי הַגֵּרָה וּמִמַּפְרִיסֵי
הַפַּרְסָה הַשְּׁסוּעָה אֶת־הַגָּמָל וְאֶת־הָאַרְנֶבֶת וְאֶת־הַשָּׁפָן כִּי־
ח מַעֲלֵה גֵרָה הֵמָּה וּפַרְסָה לֹא הִפְרִיסוּ טְמֵאִים הֵם לָכֶם׃ וְאֶת־
הַחֲזִיר כִּי־מַפְרִיס פַּרְסָה הוּא וְלֹא גֵרָה טָמֵא הוּא לָכֶם מִבְּשָׂרָם
ט לֹא תֹאכֵלוּ וּבְנִבְלָתָם לֹא תִגָּעוּ׃ אֶת־זֶה
תֹּאכְלוּ מִכֹּל אֲשֶׁר בַּמָּיִם כֹּל אֲשֶׁר־לוֹ סְנַפִּיר וְקַשְׂקֶשֶׂת תֹּאכֵלוּ׃
י וְכֹל אֲשֶׁר אֵין־לוֹ סְנַפִּיר וְקַשְׂקֶשֶׂת לֹא תֹאכֵלוּ טָמֵא הוּא
יא יב לָכֶם׃ כָּל־צִפּוֹר טְהֹרָה תֹּאכֵלוּ׃ וְזֶה אֲשֶׁר לֹא־
יג תֹאכְלוּ מֵהֶם הַנֶּשֶׁר וְהַפֶּרֶס וְהָעָזְנִיָּה׃ וְהָרָאָה וְאֶת־הָאַיָּה וְהַדַּיָּה
יד טו לְמִינָהּ׃ וְאֵת כָּל־עֹרֵב לְמִינוֹ׃ וְאֵת בַּת הַיַּעֲנָה וְאֶת־הַתַּחְמָס וְאֶת־
טז הַשָּׁחַף וְאֶת־הַנֵּץ לְמִינֵהוּ׃ אֶת־הַכּוֹס וְאֶת־הַיַּנְשׁוּף וְהַתִּנְשָׁמֶת׃
יז יח וְהַקָּאָת וְאֶת־הָרָחָמָה וְאֶת־הַשָּׁלָךְ׃ וְהַחֲסִידָה וְהָאֲנָפָה לְמִינָהּ
יט וְהַדּוּכִיפַת וְהָעֲטַלֵּף׃ וְכֹל שֶׁרֶץ הָעוֹף טָמֵא הוּא לָכֶם לֹא יֵאָכֵלוּ׃
כ כא כָּל־עוֹף טָהוֹר תֹּאכֵלוּ׃ לֹא תֹאכְלוּ כָל־נְבֵלָה לַגֵּר אֲשֶׁר־בִּשְׁעָרֶיךָ
תִּתְּנֶנָּה וַאֲכָלָהּ אוֹ מָכֹר לְנָכְרִי כִּי עַם קָדוֹשׁ אַתָּה לַיהוָה אֱלֹהֶיךָ
לֹא־תְבַשֵּׁל גְּדִי בַּחֲלֵב אִמּוֹ׃

אחרי אלהים אחרים אשר לא ידעתם ונעבדם לא תשמע
אל דברי הנביא ההוא או אל חולם החלום ההוא כי מנסה
יהוה אלהיכם אתכם לדעת הישכם אהבים את יהוה
אלהיכם בכל לבבכם ובכל נפשכם אחרי יהוה אלהיכם
תלכו ואתו תיראו ואת מצותיו תשמרו ובקלו תשמעו ואתו
תעבדו ובו תדבקון והנביא ההוא או חלם החלום ההוא
יומת כי דבר סרה על יהוה אלהיכם המוציא אתכם מארץ
מצרים והפדך מבית עבדים להדיחך מן הדרך אשר צוך יהוה
אלהיך ללכת בה ובערת הרע מקרבך כי
יסיתך אחיך בן אמך או בנך או בתך או אשת חיקך או
רעך אשר כנפשך בסתר לאמר נלכה ונעבדה אלהים אחרים
אשר לא ידעת אתה ואבתיך מאלהי העמים אשר סביבתיכם
הקרבים אליך או הרחקים ממך מקצה הארץ ועד קצה
הארץ לא תאבה לו ולא תשמע אליו ולא תחוס עינך עליו
ולא תחמל ולא תכסה עליו כי הרג תהרגנו ידך תהיה בו
בראשונה להמיתו ויד כל העם באחרנה וסקלתו באבנים
ומת כי בקש להדיחך מעל יהוה אלהיך המוציאך מארץ
מצרים מבית עבדים וכל ישראל ישמעו ויראון ולא יוספו
לעשות כדבר הרע הזה בקרבך כי תשמע
באחת עריך אשר יהוה אלהיך נתן לך לשבת שם לאמר
יצאו אנשים בני בליעל מקרבך וידיחו את ישבי עירם לאמר
נלכה ונעבדה אלהים אחרים אשר לא ידעתם ודרשת
וחקרת ושאלת היטב והנה אמת נכון הדבר נעשתה התועבה
הזאת בקרבך הכה תכה את ישבי העיר ההוא לפי חרב
החרם אתה ואת כל אשר בה ואת בהמתה לפי חרב
ואת כל שללה תקבץ אל תוך רחבה ושרפת באש את
העיר ואת כל שללה כליל ליהוה אלהיך והיתה תל עולם

ד אַחֲרֵי אֱלֹהִים אֲחֵרִים אֲשֶׁר לֹא־יְדַעְתָּם וְנָעָבְדֵם׃ לֹא תִשְׁמַע
אֶל־דִּבְרֵי הַנָּבִיא הַהוּא אוֹ אֶל־חוֹלֵם הַחֲלוֹם הַהוּא כִּי מְנַסֶּה
יְהוָה אֱלֹהֵיכֶם אֶתְכֶם לָדַעַת הֲיִשְׁכֶם אֹהֲבִים אֶת־יְהוָה
ה אֱלֹהֵיכֶם בְּכָל־לְבַבְכֶם וּבְכָל־נַפְשְׁכֶם׃ אַחֲרֵי יְהוָה אֱלֹהֵיכֶם
תֵּלֵכוּ וְאֹתוֹ תִירָאוּ וְאֶת־מִצְוֺתָיו תִּשְׁמֹרוּ וּבְקֹלוֹ תִשְׁמָעוּ וְאֹתוֹ
ו תַעֲבֹדוּ וּבוֹ תִדְבָּקוּן׃ וְהַנָּבִיא הַהוּא אוֹ חֹלֵם הַחֲלוֹם הַהוּא
יוּמָת כִּי דִבֶּר־סָרָה עַל־יְהוָה אֱלֹהֵיכֶם הַמּוֹצִיא אֶתְכֶם ׀ מֵאֶרֶץ
מִצְרַיִם וְהַפֹּדְךָ מִבֵּית עֲבָדִים לְהַדִּיחֲךָ מִן־הַדֶּרֶךְ אֲשֶׁר צִוְּךָ יְהוָה
ז אֱלֹהֶיךָ לָלֶכֶת בָּהּ וּבִעַרְתָּ הָרָע מִקִּרְבֶּךָ׃ כִּי
יְסִיתְךָ אָחִיךָ בֶן־אִמֶּךָ אוֹ־בִנְךָ אוֹ־בִתְּךָ אוֹ ׀ אֵשֶׁת חֵיקֶךָ אוֹ
רֵעֲךָ אֲשֶׁר כְּנַפְשְׁךָ בַּסֵּתֶר לֵאמֹר נֵלְכָה וְנַעַבְדָה אֱלֹהִים אֲחֵרִים
ח אֲשֶׁר לֹא יָדַעְתָּ אַתָּה וַאֲבֹתֶיךָ׃ מֵאֱלֹהֵי הָעַמִּים אֲשֶׁר סְבִיבֹתֵיכֶם
הַקְּרֹבִים אֵלֶיךָ אוֹ הָרְחֹקִים מִמֶּךָּ מִקְצֵה הָאָרֶץ וְעַד־קְצֵה
ט הָאָרֶץ׃ לֹא־תֹאבֶה לוֹ וְלֹא תִשְׁמַע אֵלָיו וְלֹא־תָחוֹס עֵינְךָ עָלָיו
י וְלֹא־תַחְמֹל וְלֹא־תְכַסֶּה עָלָיו׃ כִּי הָרֹג תַּהַרְגֶנּוּ יָדְךָ תִּהְיֶה־בּוֹ
יא בָרִאשׁוֹנָה לַהֲמִיתוֹ וְיַד כָּל־הָעָם בָּאַחֲרֹנָה׃ וּסְקַלְתּוֹ בָאֲבָנִים
וָמֵת כִּי בִקֵּשׁ לְהַדִּיחֲךָ מֵעַל יְהוָה אֱלֹהֶיךָ הַמּוֹצִיאֲךָ מֵאֶרֶץ
יב מִצְרַיִם מִבֵּית עֲבָדִים׃ וְכָל־יִשְׂרָאֵל יִשְׁמְעוּ וְיִרָאוּן וְלֹא־יוֹסִפוּ
יג לַעֲשׂוֹת כַּדָּבָר הָרָע הַזֶּה בְּקִרְבֶּךָ׃ כִּי־תִשְׁמַע
בְּאַחַת עָרֶיךָ אֲשֶׁר יְהוָה אֱלֹהֶיךָ נֹתֵן לְךָ לָשֶׁבֶת שָׁם לֵאמֹר׃
יד יָצְאוּ אֲנָשִׁים בְּנֵי־בְלִיַּעַל מִקִּרְבֶּךָ וַיַּדִּיחוּ אֶת־יֹשְׁבֵי עִירָם לֵאמֹר
טו נֵלְכָה וְנַעַבְדָה אֱלֹהִים אֲחֵרִים אֲשֶׁר לֹא־יְדַעְתֶּם׃ וְדָרַשְׁתָּ
וְחָקַרְתָּ וְשָׁאַלְתָּ הֵיטֵב וְהִנֵּה אֱמֶת נָכוֹן הַדָּבָר נֶעֶשְׂתָה הַתּוֹעֵבָה
טז הַזֹּאת בְּקִרְבֶּךָ׃ הַכֵּה תַכֶּה אֶת־יֹשְׁבֵי הָעִיר הַהִוא לְפִי־חָרֶב
הַחֲרֵם אֹתָהּ וְאֶת־כָּל־אֲשֶׁר־בָּהּ וְאֶת־בְּהֶמְתָּהּ לְפִי־חָרֶב׃
יז וְאֶת־כָּל־שְׁלָלָהּ תִּקְבֹּץ אֶל־תּוֹךְ רְחֹבָהּ וְשָׂרַפְתָּ בָאֵשׁ אֶת־
הָעִיר וְאֶת־כָּל־שְׁלָלָהּ כָּלִיל לַיהוָה אֱלֹהֶיךָ וְהָיְתָה תֵּל עוֹלָם

בשעריך ושמחת לפני יהוה אלהיך בכל משלח ידך השמר
לך פן תעזב את הלוי כל ימיך על אדמתך כי
ירחיב יהוה אלהיך את גבלך כאשר דבר לך ואמרת אכלה
בשר כי תאוה נפשך לאכל בשר בכל אות נפשך תאכל
בשר כי ירחק ממך המקום אשר יבחר יהוה אלהיך לשום
שמו שם וזבחת מבקרך ומצאנך אשר נתן יהוה לך כאשר
צויתך ואכלת בשעריך בכל אות נפשך אך כאשר יאכל
את הצבי ואת האיל כן תאכלנו הטמא והטהור יחדו
יאכלנו רק חזק לבלתי אכל הדם כי הדם הוא הנפש ולא
תאכל הנפש עם הבשר לא תאכלנו על הארץ תשפכנו
כמים לא תאכלנו למען ייטב לך ולבניך אחריך כי תעשה
הישר בעיני יהוה רק קדשיך אשר יהיו לך ונדריך תשא ובאת
אל המקום אשר יבחר יהוה ועשית עלתיך הבשר והדם על
מזבח יהוה אלהיך ודם זבחיך ישפך על מזבח יהוה אלהיך
והבשר תאכל שמר ושמעת את כל הדברים האלה אשר
אנכי מצוך למען ייטב לך ולבניך אחריך עד עולם כי תעשה
הטוב והישר בעיני יהוה אלהיך כי יכרית
יהוה אלהיך את הגוים אשר אתה בא שמה לרשת אותם
מפניך וירשת אתם וישבת בארצם השמר לך פן תנקש
אחריהם אחרי השמדם מפניך ופן תדרש לאלהיהם לאמר
איכה יעבדו הגוים האלה את אלהיהם ואעשה כן גם אני
לא תעשה כן ליהוה אלהיך כי כל תועבת יהוה אשר שנא
עשו לאלהיהם כי גם את בניהם ואת בנתיהם ישרפו באש
לאלהיהם את כל הדבר אשר אנכי מצוה אתכם אתו תשמרו
לעשות לא תסף עליו ולא תגרע ממנו
כי יקום בקרבך נביא או חלם חלום ונתן אליך אות או
מופת ובא האות והמופת אשר דבר אליך לאמר נלכה

יט בִּשְׁעָרֶיךָ וְשָׂמַחְתָּ לִפְנֵי יהוה אֱלֹהֶיךָ בְּכֹל מִשְׁלַח יָדֶךָ: הִשָּׁמֶר

כ לְךָ פֶּן־תַּעֲזֹב אֶת־הַלֵּוִי כָּל־יָמֶיךָ עַל־אַדְמָתֶךָ: **יא** כִּי־

יַרְחִיב יהוה אֱלֹהֶיךָ אֶת־גְּבֻלְךָ כַּאֲשֶׁר דִּבֶּר־לָךְ וְאָמַרְתָּ אֹכְלָה

בָשָׂר כִּי־תְאַוֶּה נַפְשְׁךָ לֶאֱכֹל בָּשָׂר בְּכָל־אַוַּת נַפְשְׁךָ תֹּאכַל

כא בָּשָׂר: כִּי־יִרְחַק מִמְּךָ הַמָּקוֹם אֲשֶׁר יִבְחַר יהוה אֱלֹהֶיךָ לָשׂוּם

שְׁמוֹ שָׁם וְזָבַחְתָּ מִבְּקָרְךָ וּמִצֹּאנְךָ אֲשֶׁר נָתַן יהוה לְךָ כַּאֲשֶׁר

כב צִוִּיתִךָ וְאָכַלְתָּ בִּשְׁעָרֶיךָ בְּכֹל אַוַּת נַפְשֶׁךָ: אַךְ כַּאֲשֶׁר יֵאָכֵל

אֶת־הַצְּבִי וְאֶת־הָאַיָּל כֵּן תֹּאכְלֶנּוּ הַטָּמֵא וְהַטָּהוֹר יַחְדָּו

כג יֹאכְלֶנּוּ: רַק חֲזַק לְבִלְתִּי אֲכֹל הַדָּם כִּי הַדָּם הוּא הַנָּפֶשׁ וְלֹא־

כד תֹאכַל הַנֶּפֶשׁ עִם־הַבָּשָׂר: לֹא תֹּאכְלֶנּוּ עַל־הָאָרֶץ תִּשְׁפְּכֶנּוּ

כה כַּמָּיִם: לֹא תֹּאכְלֶנּוּ לְמַעַן יִיטַב לְךָ וּלְבָנֶיךָ אַחֲרֶיךָ כִּי־תַעֲשֶׂה

כו הַיָּשָׁר בְּעֵינֵי יהוה: רַק קָדָשֶׁיךָ אֲשֶׁר־יִהְיוּ לְךָ וּנְדָרֶיךָ תִּשָּׂא וּבָאתָ

כז אֶל־הַמָּקוֹם אֲשֶׁר־יִבְחַר יהוה: וְעָשִׂיתָ עֹלֹתֶיךָ הַבָּשָׂר וְהַדָּם עַל־

מִזְבַּח יהוה אֱלֹהֶיךָ וְדַם־זְבָחֶיךָ יִשָּׁפֵךְ עַל־מִזְבַּח יהוה אֱלֹהֶיךָ

כח וְהַבָּשָׂר תֹּאכֵל: שְׁמֹר וְשָׁמַעְתָּ אֵת כָּל־הַדְּבָרִים הָאֵלֶּה אֲשֶׁר

אָנֹכִי מְצַוֶּךָּ לְמַעַן יִיטַב לְךָ וּלְבָנֶיךָ אַחֲרֶיךָ עַד־עוֹלָם כִּי תַעֲשֶׂה

כט הַטּוֹב וְהַיָּשָׁר בְּעֵינֵי יהוה אֱלֹהֶיךָ: שלישי כִּי־יַכְרִית

יהוה אֱלֹהֶיךָ אֶת־הַגּוֹיִם אֲשֶׁר אַתָּה בָא־שָׁמָּה לָרֶשֶׁת אוֹתָם

ל מִפָּנֶיךָ וְיָרַשְׁתָּ אֹתָם וְיָשַׁבְתָּ בְּאַרְצָם: הִשָּׁמֶר לְךָ פֶּן־תִּנָּקֵשׁ

אַחֲרֵיהֶם אַחֲרֵי הִשָּׁמְדָם מִפָּנֶיךָ וּפֶן־תִּדְרֹשׁ לֵאלֹהֵיהֶם לֵאמֹר

אֵיכָה יַעַבְדוּ הַגּוֹיִם הָאֵלֶּה אֶת־אֱלֹהֵיהֶם וְאֶעֱשֶׂה־כֵּן גַּם־אָנִי:

לא לֹא־תַעֲשֶׂה כֵן לַיהוה אֱלֹהֶיךָ כִּי כָל־תּוֹעֲבַת יהוה אֲשֶׁר שָׂנֵא

עָשׂוּ לֵאלֹהֵיהֶם כִּי גַם אֶת־בְּנֵיהֶם וְאֶת־בְּנֹתֵיהֶם יִשְׂרְפוּ בָאֵשׁ

יג **א** לֵאלֹהֵיהֶם: אֵת כָּל־הַדָּבָר אֲשֶׁר אָנֹכִי מְצַוֶּה אֶתְכֶם אֹתוֹ תִשְׁמְרוּ

לַעֲשׂוֹת לֹא־תֹסֵף עָלָיו וְלֹא תִגְרַע מִמֶּנּוּ:

ב כִּי־יָקוּם בְּקִרְבְּךָ נָבִיא אוֹ חֹלֵם חֲלוֹם וְנָתַן אֵלֶיךָ אוֹת אוֹ

ג מוֹפֵת: וּבָא הָאוֹת וְהַמּוֹפֵת אֲשֶׁר־דִּבֶּר אֵלֶיךָ לֵאמֹר נֵלְכָה

מזבחתם ושברתם את מצבתם ואשריהם תשרפון באש
ופסילי אלהיהם תגדעון ואבדתם את שמם מן המקום ההוא
לא תעשון כן ליהוה אלהיכם כי אם אל המקום אשר יבחר
יהוה אלהיכם מכל שבטיכם לשום את שמו שם לשכנו
תדרשו ובאת שמה והבאתם שמה עלתיכם וזבחיכם ואת
מעשרתיכם ואת תרומת ידכם ונדריכם ונדבתיכם ובכרת
בקרכם וצאנכם ואכלתם שם לפני יהוה אלהיכם ושמחתם
בכל משלח ידכם אתם ובתיכם אשר ברכך יהוה אלהיך
לא תעשון ככל אשר אנחנו עשים פה היום איש כל הישר
בעיניו כי לא באתם עד עתה אל המנוחה ואל הנחלה
אשר יהוה אלהיך נתן לך ועברתם את הירדן וישבתם
בארץ אשר יהוה אלהיכם מנחיל אתכם והניח לכם מכל
איביכם מסביב וישבתם בטח והיה המקום אשר יבחר יהוה
אלהיכם בו לשכן שמו שם שמה תביאו את כל אשר אנכי
מצוה אתכם עולתיכם וזבחיכם מעשרתיכם ותרמת ידכם
וכל מבחר נדריכם אשר תדרו ליהוה ושמחתם לפני יהוה
אלהיכם אתם ובניכם ובנתיכם ועבדיכם ואמהתיכם והלוי
אשר בשעריכם כי אין לו חלק ונחלה אתכם השמר לך פן
תעלה עלתיך בכל מקום אשר תראה כי אם במקום אשר
יבחר יהוה באחד שבטיך שם תעלה עלתיך ושם תעשה כל
אשר אנכי מצוך רק בכל אות נפשך תזבח ואכלת בשר
כברכת יהוה אלהיך אשר נתן לך בכל שעריך הטמא והטהור
יאכלנו כצבי וכאיל רק הדם לא תאכלו על הארץ תשפכנו
כמים לא תוכל לאכל בשעריך מעשר דגנך ותירשך ויצהרך
ובכרת בקרך וצאנך וכל נדריך אשר תדר ונדבתיך ותרומת
ידך כי אם לפני יהוה אלהיך תאכלנו במקום אשר יבחר
יהוה אלהיך בו אתה ובנך ובתך ועבדך ואמתך והלוי אשר

מִזְבְּחֹתָם וְשִׁבַּרְתֶּם אֶת־מַצֵּבֹתָם וַאֲשֵׁרֵיהֶם תִּשְׂרְפוּן בָּאֵשׁ
וּפְסִילֵי אֱלֹהֵיהֶם תְּגַדֵּעוּן וְאִבַּדְתֶּם אֶת־שְׁמָם מִן־הַמָּקוֹם הַהוּא׃
ד ה לֹא־תַעֲשׂוּן כֵּן לַיהוָה אֱלֹהֵיכֶם׃ כִּי אִם־אֶל־הַמָּקוֹם אֲשֶׁר־יִבְחַר
יְהוָה אֱלֹהֵיכֶם מִכָּל־שִׁבְטֵיכֶם לָשׂוּם אֶת־שְׁמוֹ שָׁם לְשִׁכְנוֹ
ו תִדְרְשׁוּ וּבָאתָ שָׁמָּה׃ וַהֲבֵאתֶם שָׁמָּה עֹלֹתֵיכֶם וְזִבְחֵיכֶם וְאֵת ★
מַעְשְׂרֹתֵיכֶם וְאֵת תְּרוּמַת יֶדְכֶם וְנִדְרֵיכֶם וְנִדְבֹתֵיכֶם וּבְכֹרֹת
ז בְּקַרְכֶם וְצֹאנְכֶם׃ וַאֲכַלְתֶּם־שָׁם לִפְנֵי יְהוָה אֱלֹהֵיכֶם וּשְׂמַחְתֶּם
בְּכֹל מִשְׁלַח יֶדְכֶם אַתֶּם וּבָתֵּיכֶם אֲשֶׁר בֵּרַכְךָ יְהוָה אֱלֹהֶיךָ׃
ח לֹא תַעֲשׂוּן כְּכֹל אֲשֶׁר אֲנַחְנוּ עֹשִׂים פֹּה הַיּוֹם אִישׁ כָּל־הַיָּשָׁר
ט בְּעֵינָיו׃ כִּי לֹא־בָאתֶם עַד־עָתָּה אֶל־הַמְּנוּחָה וְאֶל־הַנַּחֲלָה
י אֲשֶׁר־יְהוָה אֱלֹהֶיךָ נֹתֵן לָךְ׃ וַעֲבַרְתֶּם אֶת־הַיַּרְדֵּן וִישַׁבְתֶּם
בָּאָרֶץ אֲשֶׁר־יְהוָה אֱלֹהֵיכֶם מַנְחִיל אֶתְכֶם וְהֵנִיחַ לָכֶם מִכָּל־
יא אֹיְבֵיכֶם מִסָּבִיב וִישַׁבְתֶּם־בֶּטַח׃ וְהָיָה הַמָּקוֹם אֲשֶׁר־יִבְחַר יְהוָה שני
אֱלֹהֵיכֶם בּוֹ לְשַׁכֵּן שְׁמוֹ שָׁם שָׁמָּה תָבִיאוּ אֵת כָּל־אֲשֶׁר אָנֹכִי
מְצַוֶּה אֶתְכֶם עוֹלֹתֵיכֶם וְזִבְחֵיכֶם מַעְשְׂרֹתֵיכֶם וּתְרֻמַת יֶדְכֶם
יב וְכֹל מִבְחַר נִדְרֵיכֶם אֲשֶׁר תִּדְּרוּ לַיהוָה׃ וּשְׂמַחְתֶּם לִפְנֵי יְהוָה
אֱלֹהֵיכֶם אַתֶּם וּבְנֵיכֶם וּבְנֹתֵיכֶם וְעַבְדֵיכֶם וְאַמְהֹתֵיכֶם וְהַלֵּוִי
יג אֲשֶׁר בְּשַׁעֲרֵיכֶם כִּי אֵין לוֹ חֵלֶק וְנַחֲלָה אִתְּכֶם׃ הִשָּׁמֶר לְךָ פֶּן־
יד תַּעֲלֶה עֹלֹתֶיךָ בְּכָל־מָקוֹם אֲשֶׁר תִּרְאֶה׃ כִּי אִם־בַּמָּקוֹם אֲשֶׁר־
יִבְחַר יְהוָה בְּאַחַד שְׁבָטֶיךָ שָׁם תַּעֲלֶה עֹלֹתֶיךָ וְשָׁם תַּעֲשֶׂה כֹּל
טו אֲשֶׁר אָנֹכִי מְצַוֶּךָּ׃ רַק בְּכָל־אַוַּת נַפְשְׁךָ תִּזְבַּח ׀ וְאָכַלְתָּ בָשָׂר ★
כְּבִרְכַּת יְהוָה אֱלֹהֶיךָ אֲשֶׁר נָתַן־לְךָ בְּכָל־שְׁעָרֶיךָ הַטָּמֵא וְהַטָּהוֹר
טז יֹאכְלֶנּוּ כַּצְּבִי וְכָאַיָּל׃ רַק הַדָּם לֹא תֹאכֵלוּ עַל־הָאָרֶץ תִּשְׁפְּכֶנּוּ
יז כַּמָּיִם׃ לֹא־תוּכַל לֶאֱכֹל בִּשְׁעָרֶיךָ מַעְשַׂר דְּגָנְךָ וְתִירֹשְׁךָ וְיִצְהָרֶךָ
וּבְכֹרֹת בְּקָרְךָ וְצֹאנֶךָ וְכָל־נְדָרֶיךָ אֲשֶׁר תִּדֹּר וְנִדְבֹתֶיךָ וּתְרוּמַת
יח יָדֶךָ׃ כִּי אִם־לִפְנֵי יְהוָה אֱלֹהֶיךָ תֹּאכְלֶנּוּ בַּמָּקוֹם אֲשֶׁר יִבְחַר
יְהוָה אֱלֹהֶיךָ בּוֹ אַתָּה וּבִנְךָ וּבִתֶּךָ וְעַבְדְּךָ וַאֲמָתֶךָ וְהַלֵּוִי אֲשֶׁר

אשר נשבע יהוה לאבתיכם לתת להם כימי השמים על
הארץ                          כי אם שמר תשמרון את כל
המצוה הזאת אשר אנכי מצוה אתכם לעשתה לאהבה
את יהוה אלהיכם ללכת בכל דרכיו ולדבקה בו והוריש
יהוה את כל הגוים האלה מלפניכם וירשתם גוים גדלים
ועצמים מכם כל המקום אשר תדרך כף רגלכם בו לכם
יהיה מן המדבר והלבנון מן הנהר נהר פרת ועד הים האחרון
יהיה גבלכם לא יתיצב איש בפניכם פחדכם ומוראכם יתן
יהוה אלהיכם על פני כל הארץ אשר תדרכו בה כאשר דבר
לכם                          ראה אנכי נתן לפניכם היום ברכה
וקללה את הברכה אשר תשמעו אל מצות יהוה אלהיכם
אשר אנכי מצוה אתכם היום והקללה אם לא תשמעו
אל מצות יהוה אלהיכם וסרתם מן הדרך אשר אנכי
מצוה אתכם היום ללכת אחרי אלהים אחרים אשר לא
ידעתם                          והיה כי יביאך יהוה אלהיך אל
הארץ אשר אתה בא שמה לרשתה ונתתה את הברכה
על הר גרזים ואת הקללה על הר עיבל הלא המה בעבר
הירדן אחרי דרך מבוא השמש בארץ הכנעני הישב בערבה
מול הגלגל אצל אלוני מרה כי אתם עברים את הירדן
לבא לרשת את הארץ אשר יהוה אלהיכם נתן לכם וירשתם
אתה וישבתם בה ושמרתם לעשות את כל החקים ואת
המשפטים אשר אנכי נתן לפניכם היום אלה החקים
והמשפטים אשר תשמרון לעשות בארץ אשר נתן יהוה
אלהי אבתיך לך לרשתה כל הימים אשר אתם חיים על
האדמה אבד תאבדון את כל המקמות אשר עבדו שם
הגוים אשר אתם ירשים אתם את אלהיהם על ההרים
הרמים ועל הגבעות ותחת כל עץ רענן ונתצתם את

אֲשֶׁר נִשְׁבַּע יְהוָה לַאֲבֹתֵיכֶם לָתֵת לָהֶם כִּימֵי הַשָּׁמַיִם עַל־
כב הָאָרֶץ׃ כִּי אִם־שָׁמֹר תִּשְׁמְרוּן אֶת־כָּל־ שביעי ומפ
הַמִּצְוָה הַזֹּאת אֲשֶׁר אָנֹכִי מְצַוֶּה אֶתְכֶם לַעֲשֹׂתָהּ לְאַהֲבָה
כג אֶת־יְהוָה אֱלֹהֵיכֶם לָלֶכֶת בְּכָל־דְּרָכָיו וּלְדָבְקָה־בוֹ׃ וְהוֹרִישׁ
יְהוָה אֶת־כָּל־הַגּוֹיִם הָאֵלֶּה מִלִּפְנֵיכֶם וִירִשְׁתֶּם גּוֹיִם גְּדֹלִים
כד וַעֲצֻמִים מִכֶּם׃ כָּל־הַמָּקוֹם אֲשֶׁר תִּדְרֹךְ כַּף־רַגְלְכֶם בּוֹ לָכֶם
יִהְיֶה מִן־הַמִּדְבָּר וְהַלְּבָנוֹן מִן־הַנָּהָר נְהַר־פְּרָת וְעַד הַיָּם הָאַחֲרוֹן
כה יִהְיֶה גְּבֻלְכֶם׃ לֹא־יִתְיַצֵּב אִישׁ בִּפְנֵיכֶם פַּחְדְּכֶם וּמוֹרַאֲכֶם יִתֵּן ׀
יְהוָה אֱלֹהֵיכֶם עַל־פְּנֵי כָל־הָאָרֶץ אֲשֶׁר תִּדְרְכוּ־בָהּ כַּאֲשֶׁר דִּבֶּר
כו לָכֶם׃ רְאֵה אָנֹכִי נֹתֵן לִפְנֵיכֶם הַיּוֹם בְּרָכָה ראה
כז וּקְלָלָה׃ אֶת־הַבְּרָכָה אֲשֶׁר תִּשְׁמְעוּ אֶל־מִצְוֹת יְהוָה אֱלֹהֵיכֶם
כח אֲשֶׁר אָנֹכִי מְצַוֶּה אֶתְכֶם הַיּוֹם׃ וְהַקְּלָלָה אִם־לֹא תִשְׁמְעוּ
אֶל־מִצְוֹת יְהוָה אֱלֹהֵיכֶם וְסַרְתֶּם מִן־הַדֶּרֶךְ אֲשֶׁר אָנֹכִי
מְצַוֶּה אֶתְכֶם הַיּוֹם לָלֶכֶת אַחֲרֵי אֱלֹהִים אֲחֵרִים אֲשֶׁר לֹא־
כט יְדַעְתֶּם׃ וְהָיָה כִּי יְבִיאֲךָ יְהוָה אֱלֹהֶיךָ אֶל־
הָאָרֶץ אֲשֶׁר־אַתָּה בָא־שָׁמָּה לְרִשְׁתָּהּ וְנָתַתָּה אֶת־הַבְּרָכָה
ל עַל־הַר גְּרִזִים וְאֶת־הַקְּלָלָה עַל־הַר עֵיבָל׃ הֲלֹא־הֵמָּה בְּעֵבֶר
הַיַּרְדֵּן אַחֲרֵי דֶּרֶךְ מְבוֹא הַשֶּׁמֶשׁ בְּאֶרֶץ הַכְּנַעֲנִי הַיֹּשֵׁב בָּעֲרָבָה
לא מוּל הַגִּלְגָּל אֵצֶל אֵלוֹנֵי מֹרֶה׃ כִּי אַתֶּם עֹבְרִים אֶת־הַיַּרְדֵּן
לָבֹא לָרֶשֶׁת אֶת־הָאָרֶץ אֲשֶׁר־יְהוָה אֱלֹהֵיכֶם נֹתֵן לָכֶם וִירִשְׁתֶּם
לב אֹתָהּ וִישַׁבְתֶּם־בָּהּ׃ וּשְׁמַרְתֶּם לַעֲשׂוֹת אֵת כָּל־הַחֻקִּים וְאֶת־ *
יב א הַמִּשְׁפָּטִים אֲשֶׁר אָנֹכִי נֹתֵן לִפְנֵיכֶם הַיּוֹם׃ אֵלֶּה הַחֻקִּים
וְהַמִּשְׁפָּטִים אֲשֶׁר תִּשְׁמְרוּן לַעֲשׂוֹת בָּאָרֶץ אֲשֶׁר נָתַן יְהוָה
אֱלֹהֵי אֲבֹתֶיךָ לְךָ לְרִשְׁתָּהּ כָּל־הַיָּמִים אֲשֶׁר־אַתֶּם חַיִּים עַל־
ב הָאֲדָמָה׃ אַבֵּד תְּאַבְּדוּן אֶת־כָּל־הַמְּקֹמוֹת אֲשֶׁר עָבְדוּ־שָׁם
הַגּוֹיִם אֲשֶׁר אַתֶּם יֹרְשִׁים אֹתָם אֶת־אֱלֹהֵיהֶם עַל־הֶהָרִים
ג הָרָמִים וְעַל־הַגְּבָעוֹת וְתַחַת כָּל־עֵץ רַעֲנָן׃ וְנִתַּצְתֶּם אֶת־

הזה ואשר עשה לכם במדבר עד באכם עד המקום הזה
ואשר עשה לדתן ולאבירם בני אליאב בן ראובן אשר פצתה
הארץ את פיה ותבלעם ואת בתיהם ואת אהליהם ואת כל
היקום אשר ברגליהם בקרב כל ישראל כי עיניכם הראת
את כל מעשה יהוה הגדל אשר עשה ושמרתם את כל
המצוה אשר אנכי מצוך היום למען תחזקו ובאתם וירשתם
את הארץ אשר אתם עברים שמה לרשתה ולמען תאריכו
ימים על האדמה אשר נשבע יהוה לאבתיכם לתת להם
ולזרעם ארץ זבת חלב ודבש כי הארץ אשר
אתה בא שמה לרשתה לא כארץ מצרים הוא אשר יצאתם
משם אשר תזרע את זרעך והשקית ברגלך כגן הירק והארץ
אשר אתם עברים שמה לרשתה ארץ הרים ובקעת למטר
השמים תשתה מים ארץ אשר יהוה אלהיך דרש אתה
תמיד עיני יהוה אלהיך בה מרשית השנה ועד אחרית
שנה והיה אם שמע תשמעו אל מצותי אשר
אנכי מצוה אתכם היום לאהבה את יהוה אלהיכם ולעבדו
בכל לבבכם ובכל נפשכם ונתתי מטר ארצכם בעתו יורה
ומלקוש ואספת דגנך ותירשך ויצהרך ונתתי עשב בשדך
לבהמתך ואכלת ושבעת השמרו לכם פן יפתה לבבכם
וסרתם ועבדתם אלהים אחרים והשתחויתם להם וחרה
אף יהוה בכם ועצר את השמים ולא יהיה מטר והאדמה
לא תתן את יבולה ואבדתם מהרה מעל הארץ הטבה אשר
יהוה נתן לכם ושמתם את דברי אלה על לבבכם ועל
נפשכם וקשרתם אתם לאות על ידכם והיו לטוטפת בין
עיניכם ולמדתם אתם את בניכם לדבר בם בשבתך בביתך
ובלכתך בדרך ובשכבך ובקומך וכתבתם על מזוזות
ביתך ובשעריך למען ירבו ימיכם וימי בניכם על האדמה

ה  הַזֶּה: וַאֲשֶׁר עָשָׂה לָכֶם בַּמִּדְבָּר עַד־בֹּאֲכֶם עַד־הַמָּקוֹם הַזֶּה:

ו  וַאֲשֶׁר עָשָׂה לְדָתָן וְלַאֲבִירָם בְּנֵי אֱלִיאָב בֶּן־רְאוּבֵן אֲשֶׁר פָּצְתָה
הָאָרֶץ אֶת־פִּיהָ וַתִּבְלָעֵם וְאֶת־בָּתֵּיהֶם וְאֶת־אָהֳלֵיהֶם וְאֵת כָּל־

ז  הַיְקוּם אֲשֶׁר בְּרַגְלֵיהֶם בְּקֶרֶב כָּל־יִשְׂרָאֵל: כִּי עֵינֵיכֶם הָרֹאֹת

ח  אֵת כָּל־מַעֲשֵׂה יְהוָה הַגָּדֹל אֲשֶׁר עָשָׂה: וּשְׁמַרְתֶּם אֶת־כָּל־
הַמִּצְוָה אֲשֶׁר אָנֹכִי מְצַוְּךָ הַיּוֹם לְמַעַן תֶּחֶזְקוּ וּבָאתֶם וִירִשְׁתֶּם

ט  אֶת־הָאָרֶץ אֲשֶׁר אַתֶּם עֹבְרִים שָׁמָּה לְרִשְׁתָּהּ: וּלְמַעַן תַּאֲרִיכוּ
יָמִים עַל־הָאֲדָמָה אֲשֶׁר נִשְׁבַּע יְהוָה לַאֲבֹתֵיכֶם לָתֵת לָהֶם

וּלְזַרְעָם אֶרֶץ זָבַת חָלָב וּדְבָשׁ:                    כִּי הָאָרֶץ אֲשֶׁר
אַתָּה בָא־שָׁמָּה לְרִשְׁתָּהּ לֹא כְאֶרֶץ מִצְרַיִם הִוא אֲשֶׁר יְצָאתֶם

יא  מִשָּׁם אֲשֶׁר תִּזְרַע אֶת־זַרְעֲךָ וְהִשְׁקִיתָ בְרַגְלְךָ כְּגַן הַיָּרָק: וְהָאָרֶץ
אֲשֶׁר אַתֶּם עֹבְרִים שָׁמָּה לְרִשְׁתָּהּ אֶרֶץ הָרִים וּבְקָעֹת לִמְטַר

יב  הַשָּׁמַיִם תִּשְׁתֶּה־מָּיִם: אֶרֶץ אֲשֶׁר־יְהוָה אֱלֹהֶיךָ דֹּרֵשׁ אֹתָהּ
תָּמִיד עֵינֵי יְהוָה אֱלֹהֶיךָ בָּהּ מֵרֵשִׁית הַשָּׁנָה וְעַד אַחֲרִית

יג  ★  שָׁנָה:                              וְהָיָה אִם־שָׁמֹעַ תִּשְׁמְעוּ אֶל־מִצְוֺתַי אֲשֶׁר
אָנֹכִי מְצַוֶּה אֶתְכֶם הַיּוֹם לְאַהֲבָה אֶת־יְהוָה אֱלֹהֵיכֶם וּלְעָבְדוֹ

יד  בְּכָל־לְבַבְכֶם וּבְכָל־נַפְשְׁכֶם: וְנָתַתִּי מְטַר־אַרְצְכֶם בְּעִתּוֹ יוֹרֶה

טו  וּמַלְקוֹשׁ וְאָסַפְתָּ דְגָנֶךָ וְתִירֹשְׁךָ וְיִצְהָרֶךָ: וְנָתַתִּי עֵשֶׂב בְּשָׂדְךָ

טז  ★  לִבְהֶמְתֶּךָ וְאָכַלְתָּ וְשָׂבָעְתָּ: הִשָּׁמְרוּ לָכֶם פֶּן־יִפְתֶּה לְבַבְכֶם

יז  וְסַרְתֶּם וַעֲבַדְתֶּם אֱלֹהִים אֲחֵרִים וְהִשְׁתַּחֲוִיתֶם לָהֶם: וְחָרָה
אַף־יְהוָה בָּכֶם וְעָצַר אֶת־הַשָּׁמַיִם וְלֹא־יִהְיֶה מָטָר וְהָאֲדָמָה
לֹא תִתֵּן אֶת־יְבוּלָהּ וַאֲבַדְתֶּם מְהֵרָה מֵעַל הָאָרֶץ הַטֹּבָה אֲשֶׁר

יח  יְהוָה נֹתֵן לָכֶם: וְשַׂמְתֶּם אֶת־דְּבָרַי אֵלֶּה עַל־לְבַבְכֶם וְעַל־
נַפְשְׁכֶם וּקְשַׁרְתֶּם אֹתָם לְאוֹת עַל־יֶדְכֶם וְהָיוּ לְטוֹטָפֹת בֵּין

יט  ★  עֵינֵיכֶם: וְלִמַּדְתֶּם אֹתָם אֶת־בְּנֵיכֶם לְדַבֵּר בָּם בְּשִׁבְתְּךָ בְּבֵיתֶךָ

כ  וּבְלֶכְתְּךָ בַדֶּרֶךְ וּבְשָׁכְבְּךָ וּבְקוּמֶךָ: וּכְתַבְתָּם עַל־מְזוּזֹות

כא  בֵּיתֶךָ וּבִשְׁעָרֶיךָ: לְמַעַן יִרְבּוּ יְמֵיכֶם וִימֵי בְנֵיכֶם עַל הָאֲדָמָה

כאשר דבר יהוה אלהיך לו ואנכי עמדתי בהר כימים
הראשנים ארבעים יום וארבעים לילה וישמע יהוה אלי גם
בפעם ההוא לא אבה יהוה השחיתך ויאמר יהוה אלי קום
לך למסע לפני העם ויבאו ויירשו את הארץ אשר נשבעתי
לאבתם לתת להם

ועתה ישראל מה יהוה אלהיך שאל מעמך כי אם ליראה
את יהוה אלהיך ללכת בכל דרכיו ולאהבה אתו ולעבד
את יהוה אלהיך בכל לבבך ובכל נפשך לשמר את מצות
יהוה ואת חקתיו אשר אנכי מצוך היום לטוב לך הן ליהוה
אלהיך השמים ושמי השמים הארץ וכל אשר בה רק
באבתיך חשק יהוה לאהבה אותם ויבחר בזרעם אחריהם
בכם מכל העמים כיום הזה ומלתם את ערלת לבבכם
וערפכם לא תקשו עוד כי יהוה אלהיכם הוא אלהי האלהים
ואדני האדנים האל הגדל הגבר והנורא אשר לא ישא פנים
ולא יקח שחד עשה משפט יתום ואלמנה ואהב גר לתת לו
לחם ושמלה ואהבתם את הגר כי גרים הייתם בארץ מצרים
את יהוה אלהיך תירא אתו תעבד ובו תדבק ובשמו תשבע
הוא תהלתך והוא אלהיך אשר עשה אתך את הגדלת
ואת הנוראת האלה אשר ראו עיניך בשבעים נפש ירדו
אבתיך מצרימה ועתה שמך יהוה אלהיך ככוכבי השמים
לרב ואהבת את יהוה אלהיך ושמרת משמרתו וחקתיו
ומשפטיו ומצותיו כל הימים וידעתם היום כי לא את בניכם
אשר לא ידעו ואשר לא ראו את מוסר יהוה אלהיכם את
גדלו את ידו החזקה וזרעו הנטויה ואת אתתיו ואת מעשיו
אשר עשה בתוך מצרים לפרעה מלך מצרים ולכל ארצו
ואשר עשה לחיל מצרים לסוסיו ולרכבו אשר הציף את מי
ים סוף על פניהם ברדפם אחריכם ויאבדם יהוה עד היום

י כַּאֲשֶׁ֨ר דִּבֶּ֧ר יְהֹוָ֛ה אֵלֶ֖יךָ לֽוֹ: וְאָנֹכִ֞י עָמַ֣דְתִּי בָהָ֗ר כַּיָּמִ֤ים

הָרִֽאשֹׁנִים֙ אַרְבָּעִ֣ים י֔וֹם וְאַרְבָּעִ֖ים לָ֑יְלָה וַיִּשְׁמַ֨ע יְהֹוָ֜ה אֵלַ֗י גַּ֚ם

יא בַּפַּ֣עַם הַהִ֔וא לֹא־אָבָ֥ה יְהֹוָ֖ה הַשְׁחִיתֶֽךָ: וַיֹּ֤אמֶר יְהֹוָה֙ אֵלַ֔י ק֛וּם

לֵ֥ךְ לְמַסַּ֖ע לִפְנֵ֣י הָעָ֑ם וְיָבֹ֙אוּ֙ וְיִֽרְשׁ֣וּ אֶת־הָאָ֔רֶץ אֲשֶׁר־נִשְׁבַּ֥עְתִּי

לַאֲבֹתָ֖ם לָתֵ֥ת לָהֶֽם:

יב חמישי וְעַתָּה֙ יִשְׂרָאֵ֔ל מָ֚ה יְהֹוָ֣ה אֱלֹהֶ֔יךָ שֹׁאֵ֖ל מֵעִמָּ֑ךְ כִּ֣י אִם־לְ֠יִרְאָ֠ה

אֶת־יְהֹוָ֨ה אֱלֹהֶ֜יךָ לָלֶ֣כֶת בְּכָל־דְּרָכָ֗יו וּלְאַֽהֲבָ֤ה אֹתוֹ֙ וְלַֽעֲבֹד֙

יג אֶת־יְהֹוָ֣ה אֱלֹהֶ֔יךָ בְּכָל־לְבָבְךָ֖ וּבְכָל־נַפְשֶֽׁךָ: לִשְׁמֹ֞ר אֶת־מִצְוֺ֤ת

יד יְהֹוָה֙ וְאֶת־חֻקֹּתָ֔יו אֲשֶׁ֛ר אָֽנֹכִ֥י מְצַוְּךָ֖ הַיּ֑וֹם לְט֖וֹב לָֽךְ: הֵ֚ן לַֽיהֹוָ֣ה

טו אֱלֹהֶ֔יךָ הַשָּׁמַ֖יִם וּשְׁמֵ֣י הַשָּׁמָ֑יִם הָאָ֖רֶץ וְכָל־אֲשֶׁר־בָּֽהּ: רַ֧ק

בַּֽאֲבֹתֶ֛יךָ חָשַׁ֥ק יְהֹוָ֖ה לְאַֽהֲבָ֣ה אוֹתָ֑ם וַיִּבְחַ֞ר בְּזַרְעָ֤ם אַֽחֲרֵיהֶם֙

טז ✻ בָּכֶ֔ם מִכָּל־הָֽעַמִּ֖ים כַּיּ֥וֹם הַזֶּֽה: וּמַלְתֶּ֕ם אֵ֖ת עָרְלַ֣ת לְבַבְכֶ֑ם

יז וְעָ֨רְפְּכֶ֔ם לֹ֥א תַקְשׁ֖וּ עֽוֹד: כִּ֚י יְהֹוָ֣ה אֱלֹֽהֵיכֶ֔ם ה֚וּא אֱלֹהֵ֣י הָֽאֱלֹהִ֔ים

וַֽאֲדֹנֵ֖י הָֽאֲדֹנִ֑ים הָאֵ֨ל הַגָּדֹ֤ל הַגִּבֹּר֙ וְהַנּוֹרָ֔א אֲשֶׁר֙ לֹא־יִשָּׂ֣א פָנִ֔ים

יח וְלֹ֥א יִקַּ֖ח שֹֽׁחַד: עֹשֶׂ֛ה מִשְׁפַּ֥ט יָת֖וֹם וְאַלְמָנָ֑ה וְאֹהֵ֣ב גֵּ֔ר לָ֥תֶת ל֖וֹ

יט ✻ לֶ֥חֶם וְשִׂמְלָֽה: וַֽאֲהַבְתֶּ֖ם אֶת־הַגֵּ֑ר כִּֽי־גֵרִ֥ים הֱיִיתֶ֖ם בְּאֶ֥רֶץ מִצְרָֽיִם:

כ אֶת־יְהֹוָ֧ה אֱלֹהֶ֛יךָ תִּירָ֖א אֹת֣וֹ תַֽעֲבֹ֑ד וּב֣וֹ תִדְבָּ֔ק וּבִשְׁמ֖וֹ תִּשָּׁבֵֽעַ:

כא ה֥וּא תְהִלָּֽתְךָ֖ וְה֣וּא אֱלֹהֶ֑יךָ אֲשֶׁר־עָשָׂ֣ה אִתְּךָ֗ אֶת־הַגְּדֹלֹ֤ת

כב וְאֶת־הַנּֽוֹרָאֹת֙ הָאֵ֔לֶּה אֲשֶׁ֥ר רָא֖וּ עֵינֶֽיךָ: בְּשִׁבְעִ֣ים נֶ֔פֶשׁ יָֽרְד֥וּ

אֲבֹתֶ֖יךָ מִצְרָ֑יְמָה וְעַתָּ֗ה שָֽׂמְךָ֙ יְהֹוָ֣ה אֱלֹהֶ֔יךָ כְּכֽוֹכְבֵ֥י הַשָּׁמַ֖יִם

יא א ✻ לָרֹֽב: וְאָ֣הַבְתָּ֔ אֵ֖ת יְהֹוָ֣ה אֱלֹהֶ֑יךָ וְשָֽׁמַרְתָּ֣ מִשְׁמַרְתּ֗וֹ וְחֻקֹּתָ֛יו

ב וּמִשְׁפָּטָ֥יו וּמִצְוֺתָ֖יו כָּל־הַיָּמִֽים: וִֽידַעְתֶּם֮ הַיּוֹם֒ כִּ֣י ׀ לֹ֣א אֶת־בְּנֵיכֶ֗ם

אֲשֶׁ֤ר לֹֽא־יָֽדְעוּ֙ וַֽאֲשֶׁ֣ר לֹֽא־רָא֔וּ אֶת־מוּסַ֖ר יְהֹוָ֣ה אֱלֹֽהֵיכֶ֑ם אֶת־

ג גָּדְל֕וֹ אֶת־יָדוֹ֙ הַֽחֲזָקָ֔ה וּזְרֹע֖וֹ הַנְּטוּיָֽה: וְאֶת־אֹֽתֹתָיו֙ וְאֶֽת־מַֽעֲשָׂ֔יו

אֲשֶׁ֥ר עָשָׂ֖ה בְּת֣וֹךְ מִצְרָ֑יִם לְפַרְעֹ֥ה מֶֽלֶךְ־מִצְרַ֖יִם וּלְכָל־אַרְצֽוֹ:

ד וַֽאֲשֶׁ֣ר עָשָׂה֩ לְחֵ֨יל מִצְרַ֜יִם לְסוּסָ֣יו וּלְרִכְבּ֗וֹ אֲשֶׁ֨ר הֵצִ֜יף אֶת־מֵ֥י

יַם־סוּף֙ עַל־פְּנֵיהֶ֔ם בְּרָדְפָ֖ם אַֽחֲרֵיכֶ֑ם וַיְאַבְּדֵ֖ם יְהֹוָ֖ה עַ֥ד הַיּֽוֹם

ובקברת התאוה מקצפים הייתם את יהוה ובשלח יהוה
אתכם מקדש ברנע לאמר עלו ורשו את הארץ אשר נתתי
לכם ותמרו את פי יהוה אלהיכם ולא האמנתם לו ולא
שמעתם בקלו ממרים הייתם עם יהוה מיום דעתי אתכם
ואתנפל לפני יהוה את ארבעים היום ואת ארבעים הלילה
אשר התנפלתי כי אמר יהוה להשמיד אתכם ואתפלל
אל יהוה ואמר אדני יהוה אל תשחת עמך ונחלתך אשר
פדית בגדלך אשר הוצאת ממצרים ביד חזקה זכר לעבדיך
לאברהם ליצחק וליעקב אל תפן אל קשי העם הזה ואל
רשעו ואל חטאתו פן יאמרו הארץ אשר הוצאתנו משם
מבלי יכלת יהוה להביאם אל הארץ אשר דבר להם ומשנאתו
אותם הוציאם להמתם במדבר והם עמך ונחלתך אשר
הוצאת בכחך הגדל ובזרעך הנטויה
בעת ההוא אמר יהוה אלי פסל לך שני לוחת אבנים כראשנים
ועלה אלי ההרה ועשית לך ארון עץ ואכתב על הלחת את
הדברים אשר היו על הלחת הראשנים אשר שברת ושמתם
בארון ואעש ארון עצי שטים ואפסל שני לחת אבנים
כראשנים ואעל ההרה ושני הלחת בידי ויכתב על הלחת
כמכתב הראשון את עשרת הדברים אשר דבר יהוה אליכם
בהר מתוך האש ביום הקהל ויתנם יהוה אלי ואפן וארד
מן ההר ואשם את הלחת בארון אשר עשיתי ויהיו שם כאשר
צוני יהוה ובני ישראל נסעו מבארת בני יעקן מוסרה שם
מת אהרן ויקבר שם ויכהן אלעזר בנו תחתיו משם נסעו
הגדגדה ומן הגדגדה יטבתה ארץ נחלי מים בעת ההוא
הבדיל יהוה את שבט הלוי לשאת את ארון ברית יהוה
לעמד לפני יהוה לשרתו ולברך בשמו עד היום הזה על
כן לא היה ללוי חלק ונחלה עם אחיו יהוה הוא נחלתו

כג וּבְקִבְרֹת הַתַּאֲוָה מַקְצִפִים הֱיִיתֶם אֶת־יְהוָה: וּבִשְׁלֹחַ יְהוָה
אֶתְכֶם מִקָּדֵשׁ בַּרְנֵעַ לֵאמֹר עֲלוּ וּרְשׁוּ אֶת־הָאָרֶץ אֲשֶׁר נָתַתִּי
לָכֶם וַתַּמְרוּ אֶת־פִּי יְהוָה אֱלֹהֵיכֶם וְלֹא הֶאֱמַנְתֶּם לוֹ וְלֹא
כד שְׁמַעְתֶּם בְּקֹלוֹ: מַמְרִים הֱיִיתֶם עִם־יְהוָה מִיּוֹם דַּעְתִּי אֶתְכֶם:
כה וָאֶתְנַפַּל לִפְנֵי יְהוָה אֶת־אַרְבָּעִים הַיּוֹם וְאֶת־אַרְבָּעִים הַלַּיְלָה
כו אֲשֶׁר הִתְנַפָּלְתִּי כִּי־אָמַר יְהוָה לְהַשְׁמִיד אֶתְכֶם: וָאֶתְפַּלֵּל
אֶל־יְהוָה וָאֹמַר אֲדֹנָי יֱהוִה אַל־תַּשְׁחֵת עַמְּךָ וְנַחֲלָתְךָ אֲשֶׁר
כז פָּדִיתָ בְּגָדְלֶךָ אֲשֶׁר־הוֹצֵאתָ מִמִּצְרַיִם בְּיָד חֲזָקָה: זְכֹר לַעֲבָדֶיךָ
לְאַבְרָהָם לְיִצְחָק וּלְיַעֲקֹב אַל־תֵּפֶן אֶל־קְשִׁי הָעָם הַזֶּה וְאֶל־
כח רִשְׁעוֹ וְאֶל־חַטָּאתוֹ: פֶּן־יֹאמְרוּ הָאָרֶץ אֲשֶׁר הוֹצֵאתָנוּ מִשָּׁם
מִבְּלִי יְכֹלֶת יְהוָה לַהֲבִיאָם אֶל־הָאָרֶץ אֲשֶׁר־דִּבֶּר לָהֶם וּמִשִּׂנְאָתוֹ
כט אוֹתָם הוֹצִיאָם לַהֲמִתָם בַּמִּדְבָּר: וְהֵם עַמְּךָ וְנַחֲלָתֶךָ אֲשֶׁר
הוֹצֵאתָ בְּכֹחֲךָ הַגָּדֹל וּבִזְרֹעֲךָ הַנְּטוּיָה:
י א בָּעֵת הַהִוא אָמַר יְהוָה אֵלַי פְּסָל־לְךָ שְׁנֵי־לוּחֹת אֲבָנִים כָּרִאשֹׁנִים ט רביעי
ב וַעֲלֵה אֵלַי הָהָרָה וְעָשִׂיתָ לְּךָ אֲרוֹן עֵץ: וְאֶכְתֹּב עַל־הַלֻּחֹת אֶת־
הַדְּבָרִים אֲשֶׁר הָיוּ עַל־הַלֻּחֹת הָרִאשֹׁנִים אֲשֶׁר שִׁבַּרְתָּ וְשַׂמְתָּם
ג בָּאָרוֹן: וָאַעַשׂ אֲרוֹן עֲצֵי שִׁטִּים וָאֶפְסֹל שְׁנֵי־לֻחֹת אֲבָנִים
ד כָּרִאשֹׁנִים וָאַעַל הָהָרָה וּשְׁנֵי הַלֻּחֹת בְּיָדִי: וַיִּכְתֹּב עַל־הַלֻּחֹת
כַּמִּכְתָּב הָרִאשׁוֹן אֵת עֲשֶׂרֶת הַדְּבָרִים אֲשֶׁר דִּבֶּר יְהוָה אֲלֵיכֶם
ה בָּהָר מִתּוֹךְ הָאֵשׁ בְּיוֹם הַקָּהָל וַיִּתְּנֵם יְהוָה אֵלָי: וָאֵפֶן וָאֵרֵד *
מִן־הָהָר וָאָשִׂם אֶת־הַלֻּחֹת בָּאָרוֹן אֲשֶׁר עָשִׂיתִי וַיִּהְיוּ שָׁם כַּאֲשֶׁר
ו צִוַּנִי יְהוָה: וּבְנֵי יִשְׂרָאֵל נָסְעוּ מִבְּאֵרֹת בְּנֵי־יַעֲקָן מוֹסֵרָה שָׁם
ז מֵת אַהֲרֹן וַיִּקָּבֵר שָׁם וַיְכַהֵן אֶלְעָזָר בְּנוֹ תַּחְתָּיו: מִשָּׁם נָסְעוּ
ח הַגֻּדְגֹּדָה וּמִן־הַגֻּדְגֹּדָה יָטְבָתָה אֶרֶץ נַחֲלֵי מָיִם: בָּעֵת הַהִוא *
הִבְדִּיל יְהוָה אֶת־שֵׁבֶט הַלֵּוִי לָשֵׂאת אֶת־אֲרוֹן בְּרִית־יְהוָה
ט לַעֲמֹד לִפְנֵי יְהוָה לְשָׁרְתוֹ וּלְבָרֵךְ בִּשְׁמוֹ עַד הַיּוֹם הַזֶּה: עַל־
כֵּן לֹא־הָיָה לְלֵוִי חֵלֶק וְנַחֲלָה עִם־אֶחָיו יְהוָה הוּא נַחֲלָתוֹ

אל תשכח את אשר הקצפת את יהוה אלהיך במדבר למן
היום אשר יצאת מארץ מצרים עד באכם עד המקום הזה
ממרים הייתם עם יהוה ובחרב הקצפתם את יהוה ויתאנף
יהוה בכם להשמיד אתכם בעלתי ההרה לקחת לוחת
האבנים לוחת הברית אשר כרת יהוה עמכם ואשב בהר
ארבעים יום וארבעים לילה לחם לא אכלתי ומים לא שתיתי
ויתן יהוה אלי את שני לוחת האבנים כתבים באצבע אלהים
ועליהם ככל הדברים אשר דבר יהוה עמכם בהר מתוך האש
ביום הקהל ויהי מקץ ארבעים יום וארבעים לילה נתן יהוה
אלי את שני לחת האבנים לחות הברית ויאמר יהוה אלי קום
רד מהר מזה כי שחת עמך אשר הוצאת ממצרים סרו מהר
מן הדרך אשר צויתם עשו להם מסכה ויאמר יהוה אלי
לאמר ראיתי את העם הזה והנה עם קשה ערף הוא הרף
ממני ואשמידם ואמחה את שמם מתחת השמים ואעשה
אותך לגוי עצום ורב ממנו ואפן וארד מן ההר וההר בער
באש ושני לוחת הברית על שתי ידי וארא והנה חטאתם
ליהוה אלהיכם עשיתם לכם עגל מסכה סרתם מהר מן
הדרך אשר צוה יהוה אתכם ואתפש בשני הלחת ואשלכם
מעל שתי ידי ואשברם לעיניכם ואתנפל לפני יהוה כראשנה
ארבעים יום וארבעים לילה לחם לא אכלתי ומים לא שתיתי
על כל חטאתכם אשר חטאתם לעשות הרע בעיני יהוה
להכעיסו כי יגרתי מפני האף והחמה אשר קצף יהוה עליכם
להשמיד אתכם וישמע יהוה אלי גם בפעם ההוא ובאהרן
התאנף יהוה מאד להשמידו ואתפלל גם בעד אהרן בעת
ההוא ואת חטאתכם אשר עשיתם את העגל לקחתי ואשרף
אתו באש ואכת אתו טחון היטב עד אשר דק לעפר ואשלך
את עפרו אל הנחל הירד מן ההר ובתבערה ובמסה

אַל־תִּשְׁכַּח אֵת אֲשֶׁר־הִקְצַפְתָּ אֶת־יְהוָה אֱלֹהֶיךָ בַּמִּדְבָּר לְמִן־
הַיּוֹם אֲשֶׁר־יָצָאתָ ׀ מֵאֶרֶץ מִצְרַיִם עַד־בֹּאֲכֶם עַד־הַמָּקוֹם הַזֶּה
ח מַמְרִים הֱיִיתֶם עִם־יְהוָה׃ וּבְחֹרֵב הִקְצַפְתֶּם אֶת־יְהוָה וַיִּתְאַנַּף
ט יְהוָה בָּכֶם לְהַשְׁמִיד אֶתְכֶם׃ בַּעֲלֹתִי הָהָרָה לָקַחַת לוּחֹת
הָאֲבָנִים לוּחֹת הַבְּרִית אֲשֶׁר־כָּרַת יְהוָה עִמָּכֶם וָאֵשֵׁב בָּהָר
אַרְבָּעִים יוֹם וְאַרְבָּעִים לַיְלָה לֶחֶם לֹא אָכַלְתִּי וּמַיִם לֹא שָׁתִיתִי׃
י וַיִּתֵּן יְהוָה אֵלַי אֶת־שְׁנֵי לוּחֹת הָאֲבָנִים כְּתֻבִים בְּאֶצְבַּע אֱלֹהִים
וַעֲלֵיהֶם כְּכָל־הַדְּבָרִים אֲשֶׁר דִּבֶּר יְהוָה עִמָּכֶם בָּהָר מִתּוֹךְ הָאֵשׁ
יא בְּיוֹם הַקָּהָל׃ וַיְהִי מִקֵּץ אַרְבָּעִים יוֹם וְאַרְבָּעִים לַיְלָה נָתַן יְהוָה *
יב אֵלַי אֶת־שְׁנֵי לֻחֹת הָאֲבָנִים לֻחוֹת הַבְּרִית׃ וַיֹּאמֶר יְהוָה אֵלַי קוּם
רֵד מַהֵר מִזֶּה כִּי שִׁחֵת עַמְּךָ אֲשֶׁר הוֹצֵאתָ מִמִּצְרָיִם סָרוּ מַהֵר
יג מִן־הַדֶּרֶךְ אֲשֶׁר צִוִּיתִם עָשׂוּ לָהֶם מַסֵּכָה׃ וַיֹּאמֶר יְהוָה אֵלַי
יד לֵאמֹר רָאִיתִי אֶת־הָעָם הַזֶּה וְהִנֵּה עַם־קְשֵׁה־עֹרֶף הוּא׃ הֶרֶף
מִמֶּנִּי וְאַשְׁמִידֵם וְאֶמְחֶה אֶת־שְׁמָם מִתַּחַת הַשָּׁמָיִם וְאֶעֱשֶׂה
טו אוֹתְךָ לְגוֹי־עָצוּם וָרָב מִמֶּנּוּ׃ וָאֵפֶן וָאֵרֵד מִן־הָהָר וְהָהָר בֹּעֵר
טז בָּאֵשׁ וּשְׁנֵי לוּחֹת הַבְּרִית עַל שְׁתֵּי יָדָי׃ וָאֵרֶא וְהִנֵּה חֲטָאתֶם
לַיהוָה אֱלֹהֵיכֶם עֲשִׂיתֶם לָכֶם עֵגֶל מַסֵּכָה סַרְתֶּם מַהֵר מִן־
יז הַדֶּרֶךְ אֲשֶׁר־צִוָּה יְהוָה אֶתְכֶם׃ וָאֶתְפֹּשׂ בִּשְׁנֵי הַלֻּחֹת וָאַשְׁלִכֵם
יח מֵעַל שְׁתֵּי יָדָי וָאֲשַׁבְּרֵם לְעֵינֵיכֶם׃ וָאֶתְנַפַּל לִפְנֵי יְהוָה כָּרִאשֹׁנָה
אַרְבָּעִים יוֹם וְאַרְבָּעִים לַיְלָה לֶחֶם לֹא אָכַלְתִּי וּמַיִם לֹא שָׁתִיתִי
עַל כָּל־חַטַּאתְכֶם אֲשֶׁר חֲטָאתֶם לַעֲשׂוֹת הָרַע בְּעֵינֵי יְהוָה
יט לְהַכְעִיסוֹ׃ כִּי יָגֹרְתִּי מִפְּנֵי הָאַף וְהַחֵמָה אֲשֶׁר קָצַף יְהוָה עֲלֵיכֶם
כ לְהַשְׁמִיד אֶתְכֶם וַיִּשְׁמַע יְהוָה אֵלַי גַּם בַּפַּעַם הַהִוא׃ וּבְאַהֲרֹן
הִתְאַנַּף יְהוָה מְאֹד לְהַשְׁמִידוֹ וָאֶתְפַּלֵּל גַּם־בְּעַד אַהֲרֹן בָּעֵת
כא הַהִוא׃ וְאֶת־חַטַּאתְכֶם אֲשֶׁר־עֲשִׂיתֶם אֶת־הָעֵגֶל לָקַחְתִּי וָאֶשְׂרֹף
אֹתוֹ ׀ בָּאֵשׁ וָאֶכֹּת אֹתוֹ טָחוֹן הֵיטֵב עַד אֲשֶׁר־דַּק לְעָפָר וָאַשְׁלִךְ
כב אֶת־עֲפָרוֹ אֶל־הַנַּחַל הַיֹּרֵד מִן־הָהָר׃ וּבְתַבְעֵרָה וּבְמַסָּה

תאכל ושבעת ובתים טבים תבנה וישבת ובקרך וצאנך
ירבין וכסף וזהב ירבה לך וכל אשר לך ירבה ורם לבבך
ושכחת את יהוה אלהיך המוציאך מארץ מצרים מבית
עבדים המוליכך במדבר הגדל והנורא נחש שרף ועקרב
וצמאון אשר אין מים המוציא לך מים מצור החלמיש
המאכלך מן במדבר אשר לא ידעון אבתיך למען ענתך
ולמען נסתך להיטבך באחריתך ואמרת בלבבך כחי ועצם
ידי עשה לי את החיל הזה וזכרת את יהוה אלהיך כי הוא
הנתן לך כח לעשות חיל למען הקים את בריתו אשר נשבע
לאבתיך כיום הזה

והיה אם שכח תשכח את יהוה אלהיך והלכת אחרי אלהים
אחרים ועבדתם והשתחוית להם העדתי בכם היום כי אבד
תאבדון כגוים אשר יהוה מאביד מפניכם כן תאבדון עקב
לא תשמעון בקול יהוה אלהיכם

שמע ישראל אתה עבר היום את הירדן לבא לרשת גוים
גדלים ועצמים ממך ערים גדלת ובצרת בשמים עם גדול
ורם בני ענקים אשר אתה ידעת ואתה שמעת מי יתיצב לפני
בני ענק וידעת היום כי יהוה אלהיך הוא העבר לפניך אש
אכלה הוא ישמידם והוא יכניעם לפניך והורשתם והאבדתם
מהר כאשר דבר יהוה לך אל תאמר בלבבך בהדף יהוה
אלהיך אתם מלפניך לאמר בצדקתי הביאני יהוה לרשת
את הארץ הזאת וברשעת הגוים האלה יהוה מורישם מפניך
לא בצדקתך ובישר לבבך אתה בא לרשת את ארצם כי
ברשעת הגוים האלה יהוה אלהיך מורישם מפניך ולמען
הקים את הדבר אשר נשבע יהוה לאבתיך לאברהם ליצחק
וליעקב וידעת כי לא בצדקתך יהוה אלהיך נתן לך את
הארץ הטובה הזאת לרשתה כי עם קשה ערף אתה זכר

יג תֹּאכַל וְשָׂבָעְתָּ וּבָתִּים טֹבִים תִּבְנֶה וְיָשָׁבְתָּ: וּבְקָרְךָ וְצֹאנְךָ

יד יִרְבְּיֻן וְכֶסֶף וְזָהָב יִרְבֶּה־לָּךְ וְכֹל אֲשֶׁר־לְךָ יִרְבֶּה: וְרָם לְבָבֶךָ
וְשָׁכַחְתָּ אֶת־יְהוָה אֱלֹהֶיךָ הַמּוֹצִיאֲךָ מֵאֶרֶץ מִצְרַיִם מִבֵּית

טו עֲבָדִים: הַמּוֹלִיכֲךָ בַּמִּדְבָּר ׀ הַגָּדֹל וְהַנּוֹרָא נָחָשׁ ׀ שָׂרָף וְעַקְרָב
וְצִמָּאוֹן אֲשֶׁר אֵין־מָיִם הַמּוֹצִיא לְךָ מַיִם מִצּוּר הַחַלָּמִישׁ:

טז הַמַּאֲכִלְךָ מָן בַּמִּדְבָּר אֲשֶׁר לֹא־יָדְעוּן אֲבֹתֶיךָ לְמַעַן עַנֹּתְךָ

יז וּלְמַעַן נַסֹּתֶךָ לְהֵיטִבְךָ בְּאַחֲרִיתֶךָ: וְאָמַרְתָּ בִּלְבָבֶךָ כֹּחִי וְעֹצֶם

יח יָדִי עָשָׂה לִי אֶת־הַחַיִל הַזֶּה: וְזָכַרְתָּ אֶת־יְהוָה אֱלֹהֶיךָ כִּי הוּא
הַנֹּתֵן לְךָ כֹּחַ לַעֲשׂוֹת חָיִל לְמַעַן הָקִים אֶת־בְּרִיתוֹ אֲשֶׁר־נִשְׁבַּע
לַאֲבֹתֶיךָ כַּיּוֹם הַזֶּה:

יט וְהָיָה אִם־שָׁכֹחַ תִּשְׁכַּח אֶת־יְהוָה אֱלֹהֶיךָ וְהָלַכְתָּ אַחֲרֵי אֱלֹהִים
אֲחֵרִים וַעֲבַדְתָּם וְהִשְׁתַּחֲוִיתָ לָהֶם הַעִדֹתִי בָכֶם הַיּוֹם כִּי אָבֹד

כ תֹּאבֵדוּן: כַּגּוֹיִם אֲשֶׁר יְהוָה מַאֲבִיד מִפְּנֵיכֶם כֵּן תֹּאבֵדוּן עֵקֶב
לֹא תִשְׁמְעוּן בְּקוֹל יְהוָה אֱלֹהֵיכֶם:

ט א שְׁמַע יִשְׂרָאֵל אַתָּה עֹבֵר הַיּוֹם אֶת־הַיַּרְדֵּן לָבֹא לָרֶשֶׁת גּוֹיִם ח

ב גְּדֹלִים וַעֲצֻמִים מִמֶּךָּ עָרִים גְּדֹלֹת וּבְצֻרֹת בַּשָּׁמָיִם: עַם־גָּדוֹל
וָרָם בְּנֵי עֲנָקִים אֲשֶׁר אַתָּה יָדַעְתָּ וְאַתָּה שָׁמַעְתָּ מִי יִתְיַצֵּב לִפְנֵי

ג בְּנֵי עֲנָק: וְיָדַעְתָּ הַיּוֹם כִּי יְהוָה אֱלֹהֶיךָ הוּא־הָעֹבֵר לְפָנֶיךָ אֵשׁ
אֹכְלָה הוּא יַשְׁמִידֵם וְהוּא יַכְנִיעֵם לְפָנֶיךָ וְהוֹרַשְׁתָּם וְהַאֲבַדְתָּם

ד מַהֵר כַּאֲשֶׁר דִּבֶּר יְהוָה לָךְ: אַל־תֹּאמַר בִּלְבָבְךָ בַּהֲדֹף יְהוָה שלישי
אֱלֹהֶיךָ אֹתָם ׀ מִלְּפָנֶיךָ לֵאמֹר בְּצִדְקָתִי הֱבִיאַנִי יְהוָה לָרֶשֶׁת
אֶת־הָאָרֶץ הַזֹּאת וּבְרִשְׁעַת הַגּוֹיִם הָאֵלֶּה יְהוָה מוֹרִישָׁם מִפָּנֶיךָ:

ה לֹא בְצִדְקָתְךָ וּבְיֹשֶׁר לְבָבְךָ אַתָּה בָא לָרֶשֶׁת אֶת־אַרְצָם כִּי
בְּרִשְׁעַת ׀ הַגּוֹיִם הָאֵלֶּה יְהוָה אֱלֹהֶיךָ מוֹרִישָׁם מִפָּנֶיךָ וּלְמַעַן
הָקִים אֶת־הַדָּבָר אֲשֶׁר נִשְׁבַּע יְהוָה לַאֲבֹתֶיךָ לְאַבְרָהָם לְיִצְחָק

ו וּלְיַעֲקֹב: וְיָדַעְתָּ כִּי לֹא בְצִדְקָתְךָ יְהוָה אֱלֹהֶיךָ נֹתֵן לְךָ אֶת־

ז הָאָרֶץ הַטּוֹבָה הַזֹּאת לְרִשְׁתָּהּ כִּי עַם־קְשֵׁה־עֹרֶף אָתָּה: זְכֹר

לא תערץ מפניהם כי יהוה אלהיך בקרבך אל גדול ונורא
ונשל יהוה אלהיך את הגוים האל מפניך מעט מעט לא
תוכל כלתם מהר פן תרבה עליך חית השדה ונתנם יהוה
אלהיך לפניך והמם מהומה גדלה עד השמדם ונתן מלכיהם
בידך והאבדת את שמם מתחת השמים לא יתיצב איש בפניך
עד השמדך אתם פסילי אלהיהם תשרפון באש לא תחמד
כסף וזהב עליהם ולקחת לך פן תוקש בו כי תועבת יהוה
אלהיך הוא ולא תביא תועבה אל ביתך והיית חרם כמהו
שקץ תשקצנו ותעב תתעבנו כי חרם הוא
כל המצוה אשר אנכי מצוך היום תשמרון לעשות למען
תחיון ורביתם ובאתם וירשתם את הארץ אשר נשבע יהוה
לאבתיכם וזכרת את כל הדרך אשר הוליכך יהוה אלהיך
זה ארבעים שנה במדבר למען ענתך לנסתך לדעת את
אשר בלבבך התשמר מצותו אם לא ויענך וירעבך ויאכלך
את המן אשר לא ידעת ולא ידעון אבתיך למען הודיעך
כי לא על הלחם לבדו יחיה האדם כי על כל מוצא פי
יהוה יחיה האדם שמלתך לא בלתה מעליך ורגלך לא
בצקה זה ארבעים שנה וידעת עם לבבך כי כאשר ייסר
איש את בנו יהוה אלהיך מיסרך ושמרת את מצות יהוה
אלהיך ללכת בדרכיו וליראה אתו כי יהוה אלהיך מביאך
אל ארץ טובה ארץ נחלי מים עינת ותהמת יצאים בבקעה
ובהר ארץ חטה ושערה וגפן ותאנה ורמון ארץ זית שמן
ודבש ארץ אשר לא במסכנת תאכל בה לחם לא תחסר
כל בה ארץ אשר אבניה ברזל ומהרריה תחצב נחשת
ואכלת ושבעת וברכת את יהוה אלהיך על הארץ הטבה
אשר נתן לך השמר לך פן תשכח את יהוה אלהיך לבלתי
שמר מצותיו ומשפטיו וחקתיו אשר אנכי מצוך היום פן

כא לֹא תַעֲרֹץ מִפְּנֵיהֶם כִּי־יְהוָה אֱלֹהֶיךָ בְּקִרְבֶּךָ אֵל גָּדוֹל וְנוֹרָא׃ *
כב וְנָשַׁל יְהוָה אֱלֹהֶיךָ אֶת־הַגּוֹיִם הָאֵל מִפָּנֶיךָ מְעַט מְעָט לֹא
כג תוּכַל כַּלֹּתָם מַהֵר פֶּן־תִּרְבֶּה עָלֶיךָ חַיַּת הַשָּׂדֶה׃ וּנְתָנָם יְהוָה
כד אֱלֹהֶיךָ לְפָנֶיךָ וְהָמָם מְהוּמָה גְדֹלָה עַד הִשָּׁמְדָם׃ וְנָתַן מַלְכֵיהֶם
בְּיָדֶךָ וְהַאֲבַדְתָּ אֶת־שְׁמָם מִתַּחַת הַשָּׁמָיִם לֹא־יִתְיַצֵּב אִישׁ בְּפָנֶיךָ
כה עַד הִשְׁמִדְךָ אֹתָם׃ פְּסִילֵי אֱלֹהֵיהֶם תִּשְׂרְפוּן בָּאֵשׁ לֹא־תַחְמֹד
כֶּסֶף וְזָהָב עֲלֵיהֶם וְלָקַחְתָּ לָךְ פֶּן תִּוָּקֵשׁ בּוֹ כִּי תוֹעֲבַת יְהוָה
כו אֱלֹהֶיךָ הוּא׃ וְלֹא־תָבִיא תוֹעֵבָה אֶל־בֵּיתֶךָ וְהָיִיתָ חֵרֶם כָּמֹהוּ
שַׁקֵּץ ׀ תְּשַׁקְּצֶנּוּ וְתַעֵב ׀ תְּתַעֲבֶנּוּ כִּי־חֵרֶם הוּא׃
ח א כָּל־הַמִּצְוָה אֲשֶׁר אָנֹכִי מְצַוְּךָ הַיּוֹם תִּשְׁמְרוּן לַעֲשׂוֹת לְמַעַן
תִּחְיוּן וּרְבִיתֶם וּבָאתֶם וִירִשְׁתֶּם אֶת־הָאָרֶץ אֲשֶׁר־נִשְׁבַּע יְהוָה
ב לַאֲבֹתֵיכֶם׃ וְזָכַרְתָּ אֶת־כָּל־הַדֶּרֶךְ אֲשֶׁר הוֹלִיכְךָ יְהוָה אֱלֹהֶיךָ
זֶה אַרְבָּעִים שָׁנָה בַּמִּדְבָּר לְמַעַן עַנֹּתְךָ לְנַסֹּתְךָ לָדַעַת אֶת־
ג אֲשֶׁר בִּלְבָבְךָ הֲתִשְׁמֹר מִצְוֺתָו אִם־לֹא׃ וַיְעַנְּךָ וַיַּרְעִבֶךָ וַיַּאֲכִלְךָ
אֶת־הַמָּן אֲשֶׁר לֹא־יָדַעְתָּ וְלֹא יָדְעוּן אֲבֹתֶיךָ לְמַעַן הוֹדִיעֲךָ
כִּי לֹא עַל־הַלֶּחֶם לְבַדּוֹ יִחְיֶה הָאָדָם כִּי עַל־כָּל־מוֹצָא פִי־
ד יְהוָה יִחְיֶה הָאָדָם׃ שִׂמְלָתְךָ לֹא בָלְתָה מֵעָלֶיךָ וְרַגְלְךָ לֹא *
ה בָצֵקָה זֶה אַרְבָּעִים שָׁנָה׃ וְיָדַעְתָּ עִם־לְבָבֶךָ כִּי כַּאֲשֶׁר יְיַסֵּר
ו אִישׁ אֶת־בְּנוֹ יְהוָה אֱלֹהֶיךָ מְיַסְּרֶךָּ׃ וְשָׁמַרְתָּ אֶת־מִצְוֺת יְהוָה
ז אֱלֹהֶיךָ לָלֶכֶת בִּדְרָכָיו וּלְיִרְאָה אֹתוֹ׃ כִּי יְהוָה אֱלֹהֶיךָ מְבִיאֲךָ *
אֶל־אֶרֶץ טוֹבָה אֶרֶץ נַחֲלֵי מָיִם עֲיָנֹת וּתְהֹמֹת יֹצְאִים בַּבִּקְעָה
ח וּבָהָר׃ אֶרֶץ חִטָּה וּשְׂעֹרָה וְגֶפֶן וּתְאֵנָה וְרִמּוֹן אֶרֶץ־זֵית שֶׁמֶן
ט וּדְבָשׁ׃ אֶרֶץ אֲשֶׁר לֹא בְמִסְכֵּנֻת תֹּאכַל־בָּהּ לֶחֶם לֹא־תֶחְסַר
כֹּל בָּהּ אֶרֶץ אֲשֶׁר אֲבָנֶיהָ בַרְזֶל וּמֵהֲרָרֶיהָ תַּחְצֹב נְחֹשֶׁת׃
י וְאָכַלְתָּ וְשָׂבָעְתָּ וּבֵרַכְתָּ אֶת־יְהוָה אֱלֹהֶיךָ עַל־הָאָרֶץ הַטֹּבָה
יא אֲשֶׁר נָתַן־לָךְ׃ הִשָּׁמֶר לְךָ פֶּן־תִּשְׁכַּח אֶת־יְהוָה אֱלֹהֶיךָ לְבִלְתִּי שני
יב שְׁמֹר מִצְוֺתָיו וּמִשְׁפָּטָיו וְחֻקֹּתָיו אֲשֶׁר אָנֹכִי מְצַוְּךָ הַיּוֹם׃ פֶּן־

ופסיליהם תשרפון באש כי עם קדוש אתה ליהוה אלהיך
בך בחר יהוה אלהיך להיות לו לעם סגלה מכל העמים
אשר על פני האדמה לא מרבכם מכל העמים חשק יהוה
בכם ויבחר בכם כי אתם המעט מכל העמים כי מאהבת
יהוה אתכם ומשמרו את השבעה אשר נשבע לאבתיכם
הוציא יהוה אתכם ביד חזקה ויפדך מבית עבדים מיד פרעה
מלך מצרים וידעת כי יהוה אלהיך הוא האלהים האל
הנאמן שמר הברית והחסד לאהביו ולשמרי מצותו לאלף
דור ומשלם לשנאיו אל פניו להאבידו לא יאחר לשנאו אל
פניו ישלם לו ושמרת את המצוה ואת החקים ואת המשפטים
אשר אנכי מצוך היום לעשותם

והיה עקב תשמעון את המשפטים האלה ושמרתם ועשיתם
אתם ושמר יהוה אלהיך לך את הברית ואת החסד אשר
נשבע לאבתיך ואהבך וברכך והרבך וברך פרי בטנך ופרי
אדמתך דגנך ותירשך ויצהרך שגר אלפיך ועשתרת צאנך
על האדמה אשר נשבע לאבתיך לתת לך ברוך תהיה מכל
העמים לא יהיה בך עקר ועקרה ובבהמתך והסיר יהוה
ממך כל חלי וכל מדוי מצרים הרעים אשר ידעת לא ישימם
בך ונתנם בכל שנאיך ואכלת את כל העמים אשר יהוה
אלהיך נתן לך לא תחוס עינך עליהם ולא תעבד את אלהיהם
כי מוקש הוא לך כי תאמר בלבבך רבים
הגוים האלה ממני איכה אוכל להורישם לא תירא מהם
זכר תזכר את אשר עשה יהוה אלהיך לפרעה ולכל מצרים
המסת הגדלת אשר ראו עיניך והאתת והמפתים והיד החזקה
והזרע הנטויה אשר הוצאך יהוה אלהיך כן יעשה יהוה אלהיך
לכל העמים אשר אתה ירא מפניהם וגם את הצרעה
ישלח יהוה אלהיך בם עד אבד הנשארים והנסתרים מפניך

ו וּפְסִילֵיהֶ֖ם תִּשְׂרְפ֣וּן בָּאֵ֑שׁ כִּי֩ עַ֨ם קָד֜וֹשׁ אַתָּ֗ה לַיהוָ֣ה אֱלֹהֶ֔יךָ
בְּךָ֣ בָּחַ֣ר ׀ יְהוָ֣ה אֱלֹהֶ֗יךָ לִהְי֥וֹת לוֹ֙ לְעַ֣ם סְגֻלָּ֔ה מִכֹּל֙ הָֽעַמִּ֔ים
★ ז אֲשֶׁ֖ר עַל־פְּנֵ֥י הָאֲדָמָֽה: לֹ֣א מֵֽרֻבְּכֶ֞ם מִכָּל־הָֽעַמִּ֗ים חָשַׁ֧ק יְהוָ֛ה
ח בָּכֶ֖ם וַיִּבְחַ֣ר בָּכֶ֑ם כִּֽי־אַתֶּ֥ם הַמְעַ֖ט מִכָּל־הָעַמִּֽים: כִּי֩ מֵֽאַהֲבַ֨ת
יְהוָ֜ה אֶתְכֶ֗ם וּמִשָּׁמְר֤וֹ אֶת־הַשְּׁבֻעָה֙ אֲשֶׁ֤ר נִשְׁבַּע֙ לַאֲבֹ֣תֵיכֶ֔ם
הוֹצִ֨יא יְהוָ֤ה אֶתְכֶם֙ בְּיָ֣ד חֲזָקָ֔ה וַֽיִּפְדְּךָ֖ מִבֵּ֣ית עֲבָדִ֑ים מִיַּ֖ד פַּרְעֹ֥ה
מפטיר ט מֶֽלֶךְ־מִצְרָֽיִם: וְיָ֣דַעְתָּ֔ כִּֽי־יְהוָ֥ה אֱלֹהֶ֖יךָ ה֣וּא הָֽאֱלֹהִ֑ים הָאֵל֙
הַנֶּֽאֱמָ֔ן שֹׁמֵ֧ר הַבְּרִ֣ית וְהַחֶ֗סֶד לְאֹהֲבָ֛יו וּלְשֹׁמְרֵ֥י מִצְוֹתָ֖יו לְאֶ֥לֶף
י דּֽוֹר: וּמְשַׁלֵּ֧ם לְשֹׂנְאָ֛יו אֶל־פָּנָ֖יו לְהַֽאֲבִיד֑וֹ לֹ֤א יְאַחֵר֙ לְשֹׂ֣נְא֔וֹ אֶל־
יא פָּנָ֖יו יְשַׁלֶּם־לֽוֹ: וְשָׁמַרְתָּ֨ אֶת־הַמִּצְוָ֜ה וְאֶת־הַֽחֻקִּ֗ים וְאֶת־הַמִּשְׁפָּטִים֙
אֲשֶׁ֨ר אָֽנֹכִ֧י מְצַוְּךָ֛ הַיּ֖וֹם לַעֲשׂוֹתָֽם:

עקב ז      יב וְהָיָ֣ה ׀ עֵ֣קֶב תִּשְׁמְע֗וּן אֵ֤ת הַמִּשְׁפָּטִים֙ הָאֵ֔לֶּה וּשְׁמַרְתֶּ֥ם וַעֲשִׂיתֶ֖ם
אֹתָ֑ם וְשָׁמַר֩ יְהוָ֨ה אֱלֹהֶ֜יךָ לְךָ֗ אֶֽת־הַבְּרִית֙ וְאֶת־הַחֶ֔סֶד אֲשֶׁ֥ר
יג נִשְׁבַּ֖ע לַאֲבֹתֶֽיךָ: וַאֲהֵ֣בְךָ֔ וּבֵרַכְךָ֖ וְהִרְבֶּ֑ךָ וּבֵרַ֣ךְ פְּרִֽי־בִטְנְךָ֣ וּפְרִֽי־
אַדְמָתֶ֗ךָ דְּגָֽנְךָ֜ וְתִירֹֽשְׁךָ֣ וְיִצְהָרֶ֗ךָ שְׁגַר־אֲלָפֶ֙יךָ֙ וְעַשְׁתְּרֹ֣ת צֹאנֶ֔ךָ
יד עַ֚ל הָֽאֲדָמָ֔ה אֲשֶׁר־נִשְׁבַּ֥ע לַאֲבֹתֶ֖יךָ לָ֣תֶת לָֽךְ: בָּר֥וּךְ תִּֽהְיֶ֖ה מִכָּל־
טו הָעַמִּ֑ים לֹא־יִהְיֶ֥ה בְךָ֛ עָקָ֥ר וַֽעֲקָרָ֖ה וּבִבְהֶמְתֶּֽךָ: וְהֵסִ֧יר יְהוָ֛ה
מִמְּךָ֖ כָּל־חֹ֑לִי וְכָל־מַדְוֵי֩ מִצְרַ֨יִם הָרָעִ֜ים אֲשֶׁ֣ר יָדַ֗עְתָּ לֹ֤א יְשִׂימָם֙
טז בָּ֔ךְ וּנְתָנָ֖ם בְּכָל־שֹׂנְאֶֽיךָ: וְאָֽכַלְתָּ֣ אֶת־כָּל־הָֽעַמִּ֗ים אֲשֶׁ֨ר יְהוָ֤ה
אֱלֹהֶ֙יךָ֙ נֹתֵ֣ן לָ֔ךְ לֹא־תָחֹ֥ס עֵֽינְךָ֖ עֲלֵיהֶ֑ם וְלֹ֤א תַעֲבֹד֙ אֶת־אֱלֹ֣הֵיהֶ֔ם
יז כִּֽי־מוֹקֵ֥שׁ ה֖וּא לָֽךְ:         כִּ֣י תֹאמַ֣ר בִּלְבָבְךָ֔ רַבִּ֛ים
הַגּוֹיִ֥ם הָאֵ֖לֶּה מִמֶּ֑נִּי אֵיכָ֥ה אוּכַ֖ל לְהֽוֹרִישָֽׁם: לֹ֥א תִירָ֖א מֵהֶ֑ם
יח זָכֹ֣ר תִּזְכֹּ֗ר אֵ֤ת אֲשֶׁר־עָשָׂה֙ יְהוָ֣ה אֱלֹהֶ֔יךָ לְפַרְעֹ֖ה וּלְכָל־מִצְרָֽיִם:
יט הַמַּסֹּ֨ת הַגְּדֹלֹ֜ת אֲשֶׁר־רָא֣וּ עֵינֶ֗יךָ וְהָאֹתֹ֤ת וְהַמֹּֽפְתִים֙ וְהַיָּ֤ד הַחֲזָקָה֙
וְהַזְּרֹ֣עַ הַנְּטוּיָ֔ה אֲשֶׁ֥ר הוֹצִֽאֲךָ֖ יְהוָ֣ה אֱלֹהֶ֑יךָ כֵּֽן־יַעֲשֶׂ֞ה יְהוָ֤ה אֱלֹהֶ֙יךָ֙
כ לְכָל־הָ֣עַמִּ֔ים אֲשֶׁר־אַתָּ֥ה יָרֵ֖א מִפְּנֵיהֶֽם: וְגַם֙ אֶת־הַצִּרְעָ֔ה
יְשַׁלַּ֛ח יְהוָ֥ה אֱלֹהֶ֖יךָ בָּ֑ם עַד־אֲבֹ֗ד הַנִּשְׁאָרִ֛ים וְהַנִּסְתָּרִ֖ים מִפָּנֶֽיךָ:

לך פן תשכח את יהוה אשר הוציאך מארץ מצרים מבית
עבדים את יהוה אלהיך תירא ואתו תעבד ובשמו תשבע לא
תלכון אחרי אלהים אחרים מאלהי העמים אשר סביבותיכם
כי אל קנא יהוה אלהיך בקרבך פן יחרה אף יהוה אלהיך
בך והשמידך מעל פני האדמה לא תנסו את
יהוה אלהיכם כאשר נסיתם במסה שמור תשמרון את
מצות יהוה אלהיכם ועדתיו וחקיו אשר צוך ועשית הישר
והטוב בעיני יהוה למען ייטב לך ובאת וירשת את הארץ
הטבה אשר נשבע יהוה לאבתיך להדף את כל איביך
מפניך כאשר דבר יהוה כי ישאלך בנך מחר
לאמר מה העדת והחקים והמשפטים אשר צוה יהוה אלהינו
אתכם ואמרת לבנך עבדים היינו לפרעה במצרים ויציאנו
יהוה ממצרים ביד חזקה ויתן יהוה אותת ומפתים גדלים
ורעים במצרים בפרעה ובכל ביתו לעינינו ואותנו הוציא
משם למען הביא אתנו לתת לנו את הארץ אשר נשבע
לאבתינו ויצונו יהוה לעשות את כל החקים האלה ליראה
את יהוה אלהינו לטוב לנו כל הימים לחיתנו כהיום הזה
וצדקה תהיה לנו כי נשמר לעשות את כל המצוה הזאת
לפני יהוה אלהינו כאשר צונו כי יביאך יהוה
אלהיך אל הארץ אשר אתה בא שמה לרשתה ונשל גוים
רבים מפניך החתי והגרגשי והאמרי והכנעני והפרזי והחוי
והיבוסי שבעה גוים רבים ועצומים ממך ונתנם יהוה אלהיך
לפניך והכיתם החרם תחרים אתם לא תכרת להם ברית
ולא תחנם ולא תתחתן בם בתך לא תתן לבנו ובתו לא
תקח לבנך כי יסיר את בנך מאחרי ועבדו אלהים אחרים
וחרה אף יהוה בכם והשמידך מהר כי אם כה תעשו
להם מזבחתיהם תתצו ומצבתם תשברו ואשירהם תגדעון

לְךָ פֶּן־תִּשְׁכַּח אֶת־יְהוָה אֲשֶׁר הוֹצִיאֲךָ מֵאֶרֶץ מִצְרַיִם מִבֵּית
יג יד עֲבָדִים: אֶת־יְהוָה אֱלֹהֶיךָ תִּירָא וְאֹתוֹ תַעֲבֹד וּבִשְׁמוֹ תִּשָּׁבֵעַ: לֹא
תֵלְכוּן אַחֲרֵי אֱלֹהִים אֲחֵרִים מֵאֱלֹהֵי הָעַמִּים אֲשֶׁר סְבִיבוֹתֵיכֶם:
טו כִּי אֵל קַנָּא יְהוָה אֱלֹהֶיךָ בְּקִרְבֶּךָ פֶּן־יֶחֱרֶה אַף־יְהוָה אֱלֹהֶיךָ
טז בָּךְ וְהִשְׁמִידְךָ מֵעַל פְּנֵי הָאֲדָמָה: לֹא תְנַסּוּ אֶת־
יז יְהוָה אֱלֹהֵיכֶם כַּאֲשֶׁר נִסִּיתֶם בַּמַּסָּה: שָׁמוֹר תִּשְׁמְרוּן אֶת־
יח מִצְוֺת יְהוָה אֱלֹהֵיכֶם וְעֵדֹתָיו וְחֻקָּיו אֲשֶׁר צִוָּךְ: וְעָשִׂיתָ הַיָּשָׁר
וְהַטּוֹב בְּעֵינֵי יְהוָה לְמַעַן יִיטַב לָךְ וּבָאתָ וְיָרַשְׁתָּ אֶת־הָאָרֶץ
יט הַטֹּבָה אֲשֶׁר־נִשְׁבַּע יְהוָה לַאֲבֹתֶיךָ: לַהֲדֹף אֶת־כָּל־אֹיְבֶיךָ
כ מִפָּנֶיךָ כַּאֲשֶׁר דִּבֶּר יְהוָה: כִּי־יִשְׁאָלְךָ בִנְךָ מָחָר *
לֵאמֹר מָה הָעֵדֹת וְהַחֻקִּים וְהַמִּשְׁפָּטִים אֲשֶׁר צִוָּה יְהוָה אֱלֹהֵינוּ
כא אֶתְכֶם: וְאָמַרְתָּ לְבִנְךָ עֲבָדִים הָיִינוּ לְפַרְעֹה בְּמִצְרָיִם וַיֹּצִיאֵנוּ
כב יְהוָה מִמִּצְרַיִם בְּיָד חֲזָקָה: וַיִּתֵּן יְהוָה אוֹתֹת וּמֹפְתִים גְּדֹלִים
כג וְרָעִים ׀ בְּמִצְרַיִם בְּפַרְעֹה וּבְכָל־בֵּיתוֹ לְעֵינֵינוּ: וְאוֹתָנוּ הוֹצִיא
מִשָּׁם לְמַעַן הָבִיא אֹתָנוּ לָתֶת לָנוּ אֶת־הָאָרֶץ אֲשֶׁר נִשְׁבַּע
כד לַאֲבֹתֵינוּ: וַיְצַוֵּנוּ יְהוָה לַעֲשׂוֹת אֶת־כָּל־הַחֻקִּים הָאֵלֶּה לְיִרְאָה
אֶת־יְהוָה אֱלֹהֵינוּ לְטוֹב לָנוּ כָּל־הַיָּמִים לְחַיֹּתֵנוּ כְּהַיּוֹם הַזֶּה:
כה וּצְדָקָה תִּהְיֶה־לָּנוּ כִּי־נִשְׁמֹר לַעֲשׂוֹת אֶת־כָּל־הַמִּצְוָה הַזֹּאת
ז א לִפְנֵי יְהוָה אֱלֹהֵינוּ כַּאֲשֶׁר צִוָּנוּ: כִּי יְבִיאֲךָ יְהוָה שביעי
אֱלֹהֶיךָ אֶל־הָאָרֶץ אֲשֶׁר־אַתָּה בָא־שָׁמָּה לְרִשְׁתָּהּ וְנָשַׁל גּוֹיִם־
רַבִּים ׀ מִפָּנֶיךָ הַחִתִּי וְהַגִּרְגָּשִׁי וְהָאֱמֹרִי וְהַכְּנַעֲנִי וְהַפְּרִזִּי וְהַחִוִּי
ב וְהַיְבוּסִי שִׁבְעָה גוֹיִם רַבִּים וַעֲצוּמִים מִמֶּךָּ: וּנְתָנָם יְהוָה אֱלֹהֶיךָ
לְפָנֶיךָ וְהִכִּיתָם הַחֲרֵם תַּחֲרִים אֹתָם לֹא־תִכְרֹת לָהֶם בְּרִית
ג וְלֹא תְחָנֵּם: וְלֹא תִתְחַתֵּן בָּם בִּתְּךָ לֹא־תִתֵּן לִבְנוֹ וּבִתּוֹ לֹא־
ד תִקַּח לִבְנֶךָ: כִּי־יָסִיר אֶת־בִּנְךָ מֵאַחֲרַי וְעָבְדוּ אֱלֹהִים אֲחֵרִים
ה וְחָרָה אַף־יְהוָה בָּכֶם וְהִשְׁמִידְךָ מַהֵר: כִּי־אִם־כֹּה תַעֲשׂוּ
לָהֶם מִזְבְּחֹתֵיהֶם תִּתֹּצוּ וּמַצֵּבֹתָם תְּשַׁבֵּרוּ וַאֲשֵׁירֵהֶם תְּגַדֵּעוּן

ידבר יהוה אלהינו אליך ושמענו ועשינו וישמע יהוה את
קול דבריכם בדברכם אלי ויאמר יהוה אלי שמעתי את קול
דברי העם הזה אשר דברו אליך היטיבו כל אשר דברו מי
יתן והיה לבבם זה להם ליראה אתי ולשמר את כל מצותי
כל הימים למען ייטב להם ולבניהם לעלם לך אמר להם שובו
לכם לאהליכם ואתה פה עמד עמדי ואדברה אליך את כל
המצוה והחקים והמשפטים אשר תלמדם ועשו בארץ אשר
אנכי נתן להם לרשתה ושמרתם לעשות כאשר צוה יהוה
אלהיכם אתכם לא תסרו ימין ושמאל בכל הדרך אשר צוה
יהוה אלהיכם אתכם תלכו למען תחיון וטוב לכם והארכתם
ימים בארץ אשר תירשון וזאת המצוה החקים והמשפטים
אשר צוה יהוה אלהיכם ללמד אתכם לעשות בארץ אשר
אתם עברים שמה לרשתה למען תירא את יהוה אלהיך
לשמר את כל חקתיו ומצותיו אשר אנכי מצוך אתה ובנך
ובן בנך כל ימי חייך ולמען יארכן ימיך ושמעת ישראל
ושמרת לעשות אשר ייטב לך ואשר תרבון מאד כאשר דבר
יהוה אלהי אבתיך לך ארץ זבת חלב ודבש

שמע ישראל יהוה אלהינו יהוה אחד ואהבת את יהוה
אלהיך בכל לבבך ובכל נפשך ובכל מאדך והיו הדברים
האלה אשר אנכי מצוך היום על לבבך ושננתם לבניך
ודברת בם בשבתך בביתך ובלכתך בדרך ובשכבך ובקומך
וקשרתם לאות על ידך והיו לטטפת בין עיניך וכתבתם
על מזזות ביתך ובשעריך והיה כי יביאך יהוה
אלהיך אל הארץ אשר נשבע לאבתיך לאברהם ליצחק
וליעקב לתת לך ערים גדלת וטבת אשר לא בנית ובתים
מלאים כל טוב אשר לא מלאת וברת חצובים אשר לא
חצבת כרמים וזיתים אשר לא נטעת ואכלת ושבעת השמר

כה יְדַבֵּר יְהוָה אֱלֹהֵינוּ אֵלֶיךָ וְשָׁמַעְנוּ וְעָשִׂינוּ׃ וַיִּשְׁמַע יְהוָה אֶת־
קוֹל דִּבְרֵיכֶם בְּדַבֶּרְכֶם אֵלָי וַיֹּאמֶר יְהוָה אֵלַי שָׁמַעְתִּי אֶת־קוֹל
כו דִּבְרֵי הָעָם הַזֶּה אֲשֶׁר דִּבְּרוּ אֵלֶיךָ הֵיטִיבוּ כָּל־אֲשֶׁר דִּבֵּרוּ׃ מִי־
יִתֵּן וְהָיָה לְבָבָם זֶה לָהֶם לְיִרְאָה אֹתִי וְלִשְׁמֹר אֶת־כָּל־מִצְוֺתַי
כז כָּל־הַיָּמִים לְמַעַן יִיטַב לָהֶם וְלִבְנֵיהֶם לְעֹלָם׃ לֵךְ אֱמֹר לָהֶם שׁוּבוּ ✶
כח לָכֶם לְאָהֳלֵיכֶם׃ וְאַתָּה פֹּה עֲמֹד עִמָּדִי וַאֲדַבְּרָה אֵלֶיךָ אֵת כָּל־
הַמִּצְוָה וְהַחֻקִּים וְהַמִּשְׁפָּטִים אֲשֶׁר תְּלַמְּדֵם וְעָשׂוּ בָאָרֶץ אֲשֶׁר
כט אָנֹכִי נֹתֵן לָהֶם לְרִשְׁתָּהּ׃ וּשְׁמַרְתֶּם לַעֲשׂוֹת כַּאֲשֶׁר צִוָּה יְהוָה
ל אֱלֹהֵיכֶם אֶתְכֶם לֹא תָסֻרוּ יָמִין וּשְׂמֹאל׃ בְּכָל־הַדֶּרֶךְ אֲשֶׁר צִוָּה
יְהוָה אֱלֹהֵיכֶם אֶתְכֶם תֵּלֵכוּ לְמַעַן תִּחְיוּן וְטוֹב לָכֶם וְהַאֲרַכְתֶּם
ו א יָמִים בָּאָרֶץ אֲשֶׁר תִּירָשׁוּן׃ וְזֹאת הַמִּצְוָה הַחֻקִּים וְהַמִּשְׁפָּטִים ✶
אֲשֶׁר צִוָּה יְהוָה אֱלֹהֵיכֶם לְלַמֵּד אֶתְכֶם לַעֲשׂוֹת בָּאָרֶץ אֲשֶׁר
ב אַתֶּם עֹבְרִים שָׁמָּה לְרִשְׁתָּהּ׃ לְמַעַן תִּירָא אֶת־יְהוָה אֱלֹהֶיךָ
לִשְׁמֹר אֶת־כָּל־חֻקֹּתָיו וּמִצְוֺתָיו אֲשֶׁר אָנֹכִי מְצַוֶּךָ אַתָּה וּבִנְךָ
ג וּבֶן־בִּנְךָ כֹּל יְמֵי חַיֶּיךָ וּלְמַעַן יַאֲרִכֻן יָמֶיךָ׃ וְשָׁמַעְתָּ יִשְׂרָאֵל
וְשָׁמַרְתָּ לַעֲשׂוֹת אֲשֶׁר יִיטַב לְךָ וַאֲשֶׁר תִּרְבּוּן מְאֹד כַּאֲשֶׁר דִּבֶּר
יְהוָה אֱלֹהֵי אֲבֹתֶיךָ לָךְ אֶרֶץ זָבַת חָלָב וּדְבָשׁ׃
ד ה שְׁמַע יִשְׂרָאֵל יְהוָה אֱלֹהֵינוּ יְהוָה אֶחָד׃ וְאָהַבְתָּ אֵת יְהוָה ו ששי
ו אֱלֹהֶיךָ בְּכָל־לְבָבְךָ וּבְכָל־נַפְשְׁךָ וּבְכָל־מְאֹדֶךָ׃ וְהָיוּ הַדְּבָרִים
ז הָאֵלֶּה אֲשֶׁר אָנֹכִי מְצַוְּךָ הַיּוֹם עַל־לְבָבֶךָ׃ וְשִׁנַּנְתָּם לְבָנֶיךָ
וְדִבַּרְתָּ בָּם בְּשִׁבְתְּךָ בְּבֵיתֶךָ וּבְלֶכְתְּךָ בַדֶּרֶךְ וּבְשָׁכְבְּךָ וּבְקוּמֶךָ׃
ח ט וּקְשַׁרְתָּם לְאוֹת עַל־יָדֶךָ וְהָיוּ לְטֹטָפֹת בֵּין עֵינֶיךָ׃ וּכְתַבְתָּם
י עַל־מְזֻזוֹת בֵּיתֶךָ וּבִשְׁעָרֶיךָ׃ וְהָיָה כִּי־יְבִיאֲךָ יְהוָה ✶
אֱלֹהֶיךָ אֶל־הָאָרֶץ אֲשֶׁר נִשְׁבַּע לַאֲבֹתֶיךָ לְאַבְרָהָם לְיִצְחָק
יא וּלְיַעֲקֹב לָתֶת לָךְ עָרִים גְּדֹלֹת וְטֹבֹת אֲשֶׁר לֹא־בָנִיתָ׃ וּבָתִּים
מְלֵאִים כָּל־טוּב אֲשֶׁר לֹא־מִלֵּאתָ וּבֹרֹת חֲצוּבִים אֲשֶׁר לֹא־
יב חָצַבְתָּ כְּרָמִים וְזֵיתִים אֲשֶׁר לֹא־נָטָעְתָּ וְאָכַלְתָּ וְשָׂבָעְתָּ׃ הִשָּׁמֶר

מצותו לא תשא את שם יהוה אלהיך לשוא כי לא
ינקה יהוה את אשר ישא את שמו לשוא שמור
את יום השבת לקדשו כאשר צוך יהוה אלהיך ששת ימים
תעבד ועשית כל מלאכתך ויום השביעי שבת ליהוה
אלהיך לא תעשה כל מלאכה אתה ובנך ובתך ועבדך
ואמתך ושורך וחמרך וכל בהמתך וגרך אשר בשעריך למען
ינוח עבדך ואמתך כמוך וזכרת כי עבד היית בארץ מצרים
ויצאך יהוה אלהיך משם ביד חזקה ובזרע נטויה על כן צוך
יהוה אלהיך לעשות את יום השבת כבד
את אביך ואת אמך כאשר צוך יהוה אלהיך למען יאריכן
ימיך ולמען ייטב לך על האדמה אשר יהוה אלהיך נתן
לך לא תרצח ולא
תנאף ולא תגנב ולא
תענה ברעך עד שוא ולא
תחמד אשת רעך ולא
תתאוה בית רעך שדהו ועבדו ואמתו שורו וחמרו וכל אשר
לרעך את הדברים האלה דבר יהוה אל כל
קהלכם בהר מתוך האש הענן והערפל קול גדול ולא יסף
ויכתבם על שני לחת אבנים ויתנם אלי ויהי כשמעכם את
הקול מתוך החשך וההר בער באש ותקרבון אלי כל ראשי
שבטיכם וזקניכם ותאמרו הן הראנו יהוה אלהינו את כבדו
ואת גדלו ואת קלו שמענו מתוך האש היום הזה ראינו כי
ידבר אלהים את האדם וחי ועתה למה נמות כי תאכלנו
האש הגדלה הזאת אם יספים אנחנו לשמע את קול יהוה
אלהינו עוד ומתנו כי מי כל בשר אשר שמע קול אלהים
חיים מדבר מתוך האש כמנו ויחי קרב אתה ושמע את כל
אשר יאמר יהוה אלהינו ואת תדבר אלינו את כל אשר

יא מצותו: לֹא תִשָּׂא אֶת־שֵׁם־יְהוָה אֱלֹהֶיךָ לַשָּׁוְא כִּי לֹא מִצְוֹתָֽי
יב יְנַקֶּה יְהוָה אֵת אֲשֶׁר־יִשָּׂא אֶת־שְׁמוֹ לַשָּׁוְא: שָׁמוֹר
יג אֶת־יוֹם הַשַּׁבָּת לְקַדְּשׁוֹ כַּאֲשֶׁר צִוְּךָ יְהוָה אֱלֹהֶיךָ: שֵׁשֶׁת יָמִים
יד תַּעֲבֹד וְעָשִׂיתָ כָּל־מְלַאכְתֶּךָ: וְיוֹם הַשְּׁבִיעִי שַׁבָּת לַיהוָה
אֱלֹהֶיךָ לֹא־תַעֲשֶׂה כָל־מְלָאכָה אַתָּה ׀ וּבִנְךָ־וּבִתֶּךָ וְעַבְדְּךָ־
וַאֲמָתֶךָ וְשׁוֹרְךָ וַחֲמֹרְךָ וְכָל־בְּהֶמְתֶּךָ וְגֵרְךָ אֲשֶׁר בִּשְׁעָרֶיךָ לְמַעַן
טו יָנוּחַ עַבְדְּךָ וַאֲמָתְךָ כָּמוֹךָ: וְזָכַרְתָּ כִּי עֶבֶד הָיִיתָ בְּאֶרֶץ מִצְרַיִם
וַיֹּצִאֲךָ יְהוָה אֱלֹהֶיךָ מִשָּׁם בְּיָד חֲזָקָה וּבִזְרֹעַ נְטוּיָה עַל־כֵּן צִוְּךָ
טז יְהוָה אֱלֹהֶיךָ לַעֲשׂוֹת אֶת־יוֹם הַשַּׁבָּת: כַּבֵּד
אֶת־אָבִיךָ וְאֶת־אִמֶּךָ כַּאֲשֶׁר צִוְּךָ יְהוָה אֱלֹהֶיךָ לְמַעַן ׀ יַאֲרִיכֻן
יָמֶיךָ וּלְמַעַן יִיטַב לָךְ עַל הָאֲדָמָה אֲשֶׁר־יְהוָה אֱלֹהֶיךָ נֹתֵן
יז לָךְ: לֹא תִרְצָח וְלֹא
תִנְאָף וְלֹא תִגְנֹב וְלֹא־
יח תַעֲנֶה בְרֵעֲךָ עֵד שָׁוְא: וְלֹא
תַחְמֹד אֵשֶׁת רֵעֶךָ וְלֹא
תִתְאַוֶּה בֵּית רֵעֶךָ שָׂדֵהוּ וְעַבְדּוֹ וַאֲמָתוֹ שׁוֹרוֹ וַחֲמֹרוֹ וְכֹל אֲשֶׁר
יט לְרֵעֶךָ: אֶת־הַדְּבָרִים הָאֵלֶּה דִּבֶּר יְהוָה אֶל־כָּל־ חמישי
קְהַלְכֶם בָּהָר מִתּוֹךְ הָאֵשׁ הֶעָנָן וְהָעֲרָפֶל קוֹל גָּדוֹל וְלֹא יָסָף
כ וַיִּכְתְּבֵם עַל־שְׁנֵי לֻחֹת אֲבָנִים וַיִּתְּנֵם אֵלָי: וַיְהִי כְּשָׁמְעֲכֶם אֶת־
הַקּוֹל מִתּוֹךְ הַחֹשֶׁךְ וְהָהָר בֹּעֵר בָּאֵשׁ וַתִּקְרְבוּן אֵלַי כָּל־רָאשֵׁי
כא שִׁבְטֵיכֶם וְזִקְנֵיכֶם: וַתֹּאמְרוּ הֵן הֶרְאָנוּ יְהוָה אֱלֹהֵינוּ אֶת־כְּבֹדוֹ
וְאֶת־גָּדְלוֹ וְאֶת־קֹלוֹ שָׁמַעְנוּ מִתּוֹךְ הָאֵשׁ הַיּוֹם הַזֶּה רָאִינוּ כִּי־
כב יְדַבֵּר אֱלֹהִים אֶת־הָאָדָם וָחָי: וְעַתָּה לָמָּה נָמוּת כִּי תֹאכְלֵנוּ *
הָאֵשׁ הַגְּדֹלָה הַזֹּאת אִם־יֹסְפִים ׀ אֲנַחְנוּ לִשְׁמֹעַ אֶת־קוֹל יְהוָה
כג אֱלֹהֵינוּ עוֹד וָמָתְנוּ: כִּי מִי כָל־בָּשָׂר אֲשֶׁר שָׁמַע קוֹל אֱלֹהִים
כד חַיִּים מְדַבֵּר מִתּוֹךְ־הָאֵשׁ כָּמֹנוּ וַיֶּחִי: קְרַב אַתָּה וּשְׁמָע אֵת כָּל־
אֲשֶׁר יֹאמַר יְהוָה אֱלֹהֵינוּ וְאַתְּ ׀ תְּדַבֵּר אֵלֵינוּ אֵת כָּל־אֲשֶׁר

אז יבדיל משה שלש ערים בעבר הירדן מזרחה שמש לנס
שמה רוצח אשר ירצח את רעהו בבלי דעת והוא לא שנא
לו מתמל שלשם ונס אל אחת מן הערים האל וחי את בצר
במדבר בארץ המישר לראובני ואת ראמת בגלעד לגדי
ואת גולן בבשן למנשי וזאת התורה אשר שם משה לפני
בני ישראל אלה העדת והחקים והמשפטים אשר דבר משה
אל בני ישראל בצאתם ממצרים בעבר הירדן בגיא מול
בית פעור בארץ סיחן מלך האמרי אשר יושב בחשבון אשר
הכה משה ובני ישראל בצאתם ממצרים ויירשו את ארצו
ואת ארץ עוג מלך הבשן שני מלכי האמרי אשר בעבר
הירדן מזרח שמש מערער אשר על שפת נחל ארנן ועד הר
שיאן הוא חרמון וכל הערבה עבר הירדן מזרחה ועד ים
הערבה תחת אשדת הפסגה

ויקרא משה אל כל ישראל ויאמר אלהם שמע ישראל
את החקים ואת המשפטים אשר אנכי דבר באזניכם היום
ולמדתם אתם ושמרתם לעשתם יהוה אלהינו כרת עמנו
ברית בחרב לא את אבתינו כרת יהוה את הברית הזאת
כי אתנו אנחנו אלה פה היום כלנו חיים פנים בפנים דבר
יהוה עמכם בהר מתוך האש אנכי עמד בין יהוה וביניכם
בעת ההוא להגיד לכם את דבר יהוה כי יראתם מפני האש
ולא עליתם בהר לאמר אנכי יהוה אלהיך
אשר הוצאתיך מארץ מצרים מבית עבדים לא יהיה לך
אלהים אחרים על פני לא תעשה לך פסל כל תמונה
אשר בשמים ממעל ואשר בארץ מתחת ואשר במים
מתחת לארץ לא תשתחוה להם ולא תעבדם כי אנכי יהוה
אלהיך אל קנא פקד עון אבות על בנים ועל שלשים
ועל רבעים לשנאי ועשה חסד לאלפים לאהבי ולשמרי

שלישי ה אָז יַבְדִּיל מֹשֶׁה שָׁלֹשׁ עָרִים בְּעֵבֶר הַיַּרְדֵּן מִזְרְחָה שָׁמֶשׁ׃ לָנֻס מא מב
שָׁמָּה רוֹצֵחַ אֲשֶׁר יִרְצַח אֶת־רֵעֵהוּ בִּבְלִי־דַעַת וְהוּא לֹא־שֹׂנֵא
לוֹ מִתְּמֹל שִׁלְשֹׁם וְנָס אֶל־אַחַת מִן־הֶעָרִים הָאֵל וָחָי׃ אֶת־בֶּצֶר מג
בַּמִּדְבָּר בְּאֶרֶץ הַמִּישֹׁר לָראוּבֵנִי וְאֶת־רָאמֹת בַּגִּלְעָד לַגָּדִי
★ ׳ וְאֶת־גּוֹלָן בַּבָּשָׁן לַמְנַשִּׁי׃ וְזֹאת הַתּוֹרָה אֲשֶׁר־שָׂם מֹשֶׁה לִפְנֵי מד
בְּנֵי יִשְׂרָאֵל׃ אֵלֶּה הָעֵדֹת וְהַחֻקִּים וְהַמִּשְׁפָּטִים אֲשֶׁר דִּבֶּר מֹשֶׁה מה
אֶל־בְּנֵי יִשְׂרָאֵל בְּצֵאתָם מִמִּצְרָיִם׃ בְּעֵבֶר הַיַּרְדֵּן בַּגַּיְא מוּל מו
בֵּית פְּעוֹר בְּאֶרֶץ סִיחֹן מֶלֶךְ הָאֱמֹרִי אֲשֶׁר יוֹשֵׁב בְּחֶשְׁבּוֹן אֲשֶׁר
הִכָּה מֹשֶׁה וּבְנֵי יִשְׂרָאֵל בְּצֵאתָם מִמִּצְרָיִם׃ וַיִּירְשׁוּ אֶת־אַרְצוֹ מז
וְאֶת־אֶרֶץ ׀ עוֹג מֶלֶךְ־הַבָּשָׁן שְׁנֵי מַלְכֵי הָאֱמֹרִי אֲשֶׁר בְּעֵבֶר
הַיַּרְדֵּן מִזְרַח שָׁמֶשׁ׃ מֵעֲרֹעֵר אֲשֶׁר עַל־שְׂפַת־נַחַל אַרְנֹן וְעַד־הַר מח
שִׂיאֹן הוּא חֶרְמוֹן׃ וְכָל־הָעֲרָבָה עֵבֶר הַיַּרְדֵּן מִזְרָחָה וְעַד יָם מט
הָעֲרָבָה תַּחַת אַשְׁדֹּת הַפִּסְגָּה׃

רביעי וַיִּקְרָא מֹשֶׁה אֶל־כָּל־יִשְׂרָאֵל וַיֹּאמֶר אֲלֵהֶם שְׁמַע יִשְׂרָאֵל ה א
אֶת־הַחֻקִּים וְאֶת־הַמִּשְׁפָּטִים אֲשֶׁר אָנֹכִי דֹּבֵר בְּאָזְנֵיכֶם הַיּוֹם
וּלְמַדְתֶּם אֹתָם וּשְׁמַרְתֶּם לַעֲשֹׂתָם׃ יְהוָה אֱלֹהֵינוּ כָּרַת עִמָּנוּ ב
בְּרִית בְּחֹרֵב׃ לֹא אֶת־אֲבֹתֵינוּ כָּרַת יְהוָה אֶת־הַבְּרִית הַזֹּאת ג
כִּי אִתָּנוּ אֲנַחְנוּ אֵלֶּה פֹה הַיּוֹם כֻּלָּנוּ חַיִּים׃ פָּנִים ׀ בְּפָנִים דִּבֶּר ד
יְהוָה עִמָּכֶם בָּהָר מִתּוֹךְ הָאֵשׁ׃ אָנֹכִי עֹמֵד בֵּין־יְהוָה וּבֵינֵיכֶם ה
בָּעֵת הַהִוא לְהַגִּיד לָכֶם אֶת־דְּבַר יְהוָה כִּי יְרֵאתֶם מִפְּנֵי הָאֵשׁ
וְלֹא־עֲלִיתֶם בָּהָר לֵאמֹר׃ אָנֹכִי יְהוָה אֱלֹהֶיךָ ו
אֲשֶׁר הוֹצֵאתִיךָ מֵאֶרֶץ מִצְרַיִם מִבֵּית עֲבָדִים׃ לֹא־יִהְיֶה לְךָ ז
אֱלֹהִים אֲחֵרִים עַל־פָּנָיַ׃ לֹא־תַעֲשֶׂה לְךָ פֶסֶל כָּל־תְּמוּנָה ח
אֲשֶׁר בַּשָּׁמַיִם מִמַּעַל וַאֲשֶׁר בָּאָרֶץ מִתָּחַת וַאֲשֶׁר בַּמַּיִם
מִתַּחַת לָאָרֶץ׃ לֹא־תִשְׁתַּחֲוֶה לָהֶם וְלֹא תָעָבְדֵם כִּי אָנֹכִי יְהוָה ט
אֱלֹהֶיךָ אֵל קַנָּא פֹּקֵד עֲוֺן אָבוֹת עַל־בָּנִים וְעַל־שִׁלֵּשִׁים
וְעַל־רִבֵּעִים לְשֹׂנְאָי׃ וְעֹשֶׂה חֶסֶד לַאֲלָפִים לְאֹהֲבַי וּלְשֹׁמְרֵי י

העידתי בכם היום את השמים ואת הארץ כי אבד תאבדון
מהר מעל הארץ אשר אתם עברים את הירדן שמה לרשתה
לא תאריכן ימים עליה כי השמד תשמדון והפיץ יהוה אתכם
בעמים ונשארתם מתי מספר בגוים אשר ינהג יהוה אתכם
שמה ועבדתם שם אלהים מעשה ידי אדם עץ ואבן אשר
לא יראון ולא ישמעון ולא יאכלון ולא יריחן ובקשתם משם
את יהוה אלהיך ומצאת כי תדרשנו בכל לבבך ובכל
נפשך בצר לך ומצאוך כל הדברים האלה באחרית הימים
ושבת עד יהוה אלהיך ושמעת בקלו כי אל רחום יהוה
אלהיך לא ירפך ולא ישחיתך ולא ישכח את ברית אבתיך
אשר נשבע להם כי שאל נא לימים ראשנים אשר היו לפניך
למן היום אשר ברא אלהים אדם על הארץ ולמקצה השמים
ועד קצה השמים הנהיה כדבר הגדול הזה או הנשמע כמהו
השמע עם קול אלהים מדבר מתוך האש כאשר שמעת
אתה ויחי או הנסה אלהים לבוא לקחת לו גוי מקרב גוי
במסת באתת ובמופתים ובמלחמה וביד חזקה ובזרוע נטויה
ובמוראים גדלים ככל אשר עשה לכם יהוה אלהיכם במצרים
לעיניך אתה הראת לדעת כי יהוה הוא האלהים אין עוד
מלבדו מן השמים השמיעך את קלו ליסרך ועל הארץ
הראך את אשו הגדולה ודבריו שמעת מתוך האש ותחת
כי אהב את אבתיך ויבחר בזרעו אחריו ויוצאך בפניו בכחו
הגדל ממצרים להוריש גוים גדלים ועצמים ממך מפניך
להביאך לתת לך את ארצם נחלה כיום הזה וידעת היום
והשבת אל לבבך כי יהוה הוא האלהים בשמים ממעל ועל
הארץ מתחת אין עוד ושמרת את חקיו ואת מצותיו אשר אנכי
מצוך היום אשר ייטב לך ולבניך אחריך ולמען תאריך ימים על
האדמה אשר יהוה אלהיך נתן לך כל הימים

כו הַעִידֹ֩תִי בָכֶ֨ם הַיּ֜וֹם אֶת־הַשָּׁמַ֣יִם וְאֶת־הָאָ֗רֶץ כִּֽי־אָבֹ֣ד תֹּאבֵדוּן֘ מַהֵ֗ר מֵעַ֤ל הָאָ֙רֶץ֙ אֲשֶׁ֨ר אַתֶּ֜ם עֹבְרִ֧ים אֶת־הַיַּרְדֵּ֛ן שָׁ֖מָּה לְרִשְׁתָּ֑הּ

כז לֹֽא־תַאֲרִיכֻ֤ן יָמִים֙ עָלֶ֔יהָ כִּ֥י הִשָּׁמֵ֖ד תִּשָּׁמֵדֽוּן׃ וְהֵפִ֧יץ יְהֹוָ֛ה אֶתְכֶ֖ם בָּֽעַמִּ֑ים וְנִשְׁאַרְתֶּם֙ מְתֵ֣י מִסְפָּ֔ר בַּגּוֹיִ֕ם אֲשֶׁ֨ר יְנַהֵ֧ג יְהֹוָ֛ה אֶתְכֶ֖ם

כח שָֽׁמָּה׃ וַעֲבַדְתֶּם־שָׁ֣ם אֱלֹהִ֔ים מַעֲשֵׂ֖ה יְדֵ֣י אָדָ֑ם עֵ֣ץ וָאֶ֔בֶן אֲשֶׁ֤ר

כט לֹֽא־יִרְאוּן֙ וְלֹ֣א יִשְׁמְע֔וּן וְלֹ֥א יֹֽאכְל֖וּן וְלֹ֥א יְרִיחֻֽן׃ וּבִקַּשְׁתֶּ֥ם מִשָּׁ֛ם אֶת־יְהֹוָ֥ה אֱלֹהֶ֖יךָ וּמָצָ֑אתָ כִּ֣י תִדְרְשֶׁ֔נּוּ בְּכׇל־לְבָבְךָ֖ וּבְכׇל־

ל נַפְשֶֽׁךָ׃ בַּצַּ֣ר לְךָ֔ וּמְצָא֕וּךָ כֹּ֖ל הַדְּבָרִ֣ים הָאֵ֑לֶּה בְּאַחֲרִית֙ הַיָּמִ֔ים

לא וְשַׁבְתָּ֙ עַד־יְהֹוָ֣ה אֱלֹהֶ֔יךָ וְשָׁמַעְתָּ֖ בְּקֹלֽוֹ׃ כִּ֣י אֵ֤ל רַחוּם֙ יְהֹוָ֣ה אֱלֹהֶ֔יךָ לֹ֥א יַרְפְּךָ֖ וְלֹ֣א יַשְׁחִיתֶ֑ךָ וְלֹ֤א יִשְׁכַּח֙ אֶת־בְּרִ֣ית אֲבֹתֶ֔יךָ

לב אֲשֶׁ֖ר נִשְׁבַּ֥ע לָהֶֽם׃ כִּ֣י שְׁאַל־נָא֩ לְיָמִ֨ים רִֽאשֹׁנִ֜ים אֲשֶׁר־הָי֣וּ לְפָנֶ֗יךָ לְמִן־הַיּוֹם֙ אֲשֶׁר֩ בָּרָ֨א אֱלֹהִ֤ים ׀ אָדָם֙ עַל־הָאָ֔רֶץ וּלְמִקְצֵ֥ה הַשָּׁמַ֖יִם וְעַד־קְצֵ֣ה הַשָּׁמָ֑יִם הֲנִֽהְיָ֗ה כַּדָּבָ֤ר הַגָּדוֹל֙ הַזֶּ֔ה א֖וֹ הֲנִשְׁמַ֥ע כָּמֹֽהוּ׃

לג הֲשָׁ֣מַֽע עָם֩ ק֨וֹל אֱלֹהִ֜ים מְדַבֵּ֧ר מִתּוֹךְ־הָאֵ֛שׁ כַּאֲשֶׁר־שָׁמַ֥עְתָּ

לד אַתָּ֖ה וַיֶּֽחִי׃ א֣וֹ ׀ הֲנִסָּ֣ה אֱלֹהִ֗ים לָ֠ב֠וֹא לָקַ֨חַת ל֣וֹ גוֹי֮ מִקֶּ֣רֶב גּוֹי֒ בְּמַסֹּת֩ בְּאֹתֹ֨ת וּבְמוֹפְתִ֜ים וּבְמִלְחָמָ֗ה וּבְיָ֤ד חֲזָקָה֙ וּבִזְר֣וֹעַ נְטוּיָ֔ה וּבְמוֹרָאִ֖ים גְּדֹלִ֑ים כְּ֠כֹ֠ל אֲשֶׁר־עָשָׂ֨ה לָכֶ֜ם יְהֹוָ֧ה אֱלֹהֵיכֶ֛ם בְּמִצְרַ֖יִם

לה לְעֵינֶֽיךָ׃ אַתָּה֙ הׇרְאֵ֣תָ לָדַ֔עַת כִּ֥י יְהֹוָ֖ה ה֣וּא הָאֱלֹהִ֑ים אֵ֥ין ע֖וֹד

לו מִלְבַדּֽוֹ׃ מִן־הַשָּׁמַ֛יִם הִשְׁמִֽיעֲךָ֥ אֶת־קֹל֖וֹ לְיַסְּרֶ֑ךָּ וְעַל־הָאָ֗רֶץ

לז הֶרְאֲךָ֙ אֶת־אִשּׁ֣וֹ הַגְּדוֹלָ֔ה וּדְבָרָ֥יו שָׁמַ֖עְתָּ מִתּ֥וֹךְ הָאֵֽשׁ׃ וְתַ֗חַת כִּ֤י אָהַב֙ אֶת־אֲבֹתֶ֔יךָ וַיִּבְחַ֥ר בְּזַרְע֖וֹ אַחֲרָ֑יו וַיּוֹצִֽאֲךָ֧ בְּפָנָ֛יו בְּכֹח֥וֹ

לח הַגָּדֹ֖ל מִמִּצְרָֽיִם׃ לְהוֹרִ֗ישׁ גּוֹיִ֛ם גְּדֹלִ֧ים וַעֲצֻמִ֛ים מִמְּךָ֖ מִפָּנֶ֑יךָ

לט לַהֲבִֽיאֲךָ֗ לָֽתֶת־לְךָ֧ אֶת־אַרְצָ֛ם נַחֲלָ֖ה כַּיּ֥וֹם הַזֶּֽה׃ וְיָדַעְתָּ֣ הַיּ֗וֹם וַהֲשֵׁבֹתָ֘ אֶל־לְבָבֶ֒ךָ֒ כִּ֤י יְהֹוָה֙ ה֣וּא הָֽאֱלֹהִ֔ים בַּשָּׁמַ֣יִם מִמַּ֔עַל וְעַל־

מ הָאָ֖רֶץ מִתָּ֑חַת אֵ֖ין עֽוֹד׃ וְשָׁמַרְתָּ֞ אֶת־חֻקָּ֣יו וְאֶת־מִצְוֺתָ֗יו אֲשֶׁ֨ר אָנֹכִ֤י מְצַוְּךָ֙ הַיּ֔וֹם אֲשֶׁר֩ יִיטַ֨ב לְךָ֜ וּלְבָנֶ֣יךָ אַחֲרֶ֗יךָ וּלְמַ֨עַן תַּאֲרִ֤יךְ יָמִים֙ עַל־הָ֣אֲדָמָ֔ה אֲשֶׁ֨ר יְהֹוָ֧ה אֱלֹהֶ֛יךָ נֹתֵ֥ן לְךָ֖ כׇּל־הַיָּמִֽים׃

ליראה אתי כל הימים אשר הם חיים על האדמה ואת
בניהם ילמדון ותקרבון ותעמדון תחת ההר וההר בער
באש עד לב השמים חשך ענן וערפל וידבר יהוה אליכם
מתוך האש קול דברים אתם שמעים ותמונה אינכם ראים
זולתי קול ויגד לכם את בריתו אשר צוה אתכם לעשות
עשרת הדברים ויכתבם על שני לחות אבנים ואתי צוה
יהוה בעת ההוא ללמד אתכם חקים ומשפטים לעשתכם
אתם בארץ אשר אתם עברים שמה לרשתה ונשמרתם
מאד לנפשתיכם כי לא ראיתם כל תמונה ביום דבר יהוה
אליכם בחרב מתוך האש פן תשחתון ועשיתם לכם פסל
תמונת כל סמל תבנית זכר או נקבה תבנית כל בהמה אשר
בארץ תבנית כל צפור כנף אשר תעוף בשמים תבנית כל
רמש באדמה תבנית כל דגה אשר במים מתחת לארץ
ופן תשא עיניך השמימה וראית את השמש ואת הירח
ואת הכוכבים כל צבא השמים ונדחת והשתחוית להם
ועבדתם אשר חלק יהוה אלהיך אתם לכל העמים תחת
כל השמים ואתכם לקח יהוה ויוצא אתכם מכור הברזל
ממצרים להיות לו לעם נחלה כיום הזה ויהוה התאנף
בי על דבריכם וישבע לבלתי עברי את הירדן ולבלתי בא
אל הארץ הטובה אשר יהוה אלהיך נתן לך נחלה כי אנכי
מת בארץ הזאת אינני עבר את הירדן ואתם עברים וירשתם
את הארץ הטובה הזאת השמרו לכם פן תשכחו את ברית
יהוה אלהיכם אשר כרת עמכם ועשיתם לכם פסל תמונת
כל אשר צוך יהוה אלהיך כי יהוה אלהיך אש אכלה הוא
אל קנא

כי תוליד בנים ובני בנים ונושנתם בארץ והשחתם ועשיתם
פסל תמונת כל ועשיתם הרע בעיני יהוה אלהיך להכעיסו

לְיִרְאָה אֹתִי כָּל־הַיָּמִים אֲשֶׁר הֵם חַיִּים עַל־הָאֲדָמָה וְאֶת־
יא בְּנֵיהֶם יְלַמֵּדוּן׃ וַתִּקְרְבוּן וַתַּעַמְדוּן תַּחַת הָהָר וְהָהָר בֹּעֵר
יב בָּאֵשׁ עַד־לֵב הַשָּׁמַיִם חֹשֶׁךְ עָנָן וַעֲרָפֶל׃ וַיְדַבֵּר יהוה אֲלֵיכֶם
מִתּוֹךְ הָאֵשׁ קוֹל דְּבָרִים אַתֶּם שֹׁמְעִים וּתְמוּנָה אֵינְכֶם רֹאִים
יג זוּלָתִי קוֹל׃ וַיַּגֵּד לָכֶם אֶת־בְּרִיתוֹ אֲשֶׁר צִוָּה אֶתְכֶם לַעֲשׂוֹת
יד עֲשֶׂרֶת הַדְּבָרִים וַיִּכְתְּבֵם עַל־שְׁנֵי לֻחוֹת אֲבָנִים׃ וְאֹתִי צִוָּה
יהוה בָּעֵת הַהִוא לְלַמֵּד אֶתְכֶם חֻקִּים וּמִשְׁפָּטִים לַעֲשֹׂתְכֶם
טו אֹתָם בָּאָרֶץ אֲשֶׁר אַתֶּם עֹבְרִים שָׁמָּה לְרִשְׁתָּהּ׃ וְנִשְׁמַרְתֶּם ✶
מְאֹד לְנַפְשֹׁתֵיכֶם כִּי לֹא רְאִיתֶם כָּל־תְּמוּנָה בְּיוֹם דִּבֶּר יהוה
טז אֲלֵיכֶם בְּחֹרֵב מִתּוֹךְ הָאֵשׁ׃ פֶּן־תַּשְׁחִתוּן וַעֲשִׂיתֶם לָכֶם פֶּסֶל
יז תְּמוּנַת כָּל־סָמֶל תַּבְנִית זָכָר אוֹ נְקֵבָה׃ תַּבְנִית כָּל־בְּהֵמָה אֲשֶׁר
יח בָּאָרֶץ תַּבְנִית כָּל־צִפּוֹר כָּנָף אֲשֶׁר תָּעוּף בַּשָּׁמָיִם׃ תַּבְנִית כָּל־
רֹמֵשׂ בָּאֲדָמָה תַּבְנִית כָּל־דָּגָה אֲשֶׁר־בַּמַּיִם מִתַּחַת לָאָרֶץ׃
יט וּפֶן־תִּשָּׂא עֵינֶיךָ הַשָּׁמַיְמָה וְרָאִיתָ אֶת־הַשֶּׁמֶשׁ וְאֶת־הַיָּרֵחַ
וְאֶת־הַכּוֹכָבִים כֹּל צְבָא הַשָּׁמַיִם וְנִדַּחְתָּ וְהִשְׁתַּחֲוִיתָ לָהֶם
וַעֲבַדְתָּם אֲשֶׁר חָלַק יהוה אֱלֹהֶיךָ אֹתָם לְכֹל הָעַמִּים תַּחַת
כ כָּל־הַשָּׁמָיִם׃ וְאֶתְכֶם לָקַח יהוה וַיּוֹצִא אֶתְכֶם מִכּוּר הַבַּרְזֶל
כא מִמִּצְרָיִם לִהְיוֹת לוֹ לְעַם נַחֲלָה כַּיּוֹם הַזֶּה׃ וַיהוה הִתְאַנַּף־
בִּי עַל־דִּבְרֵיכֶם וַיִּשָּׁבַע לְבִלְתִּי עָבְרִי אֶת־הַיַּרְדֵּן וּלְבִלְתִּי־בֹא
כב אֶל־הָאָרֶץ הַטּוֹבָה אֲשֶׁר יהוה אֱלֹהֶיךָ נֹתֵן לְךָ נַחֲלָה׃ כִּי אָנֹכִי
מֵת בָּאָרֶץ הַזֹּאת אֵינֶנִּי עֹבֵר אֶת־הַיַּרְדֵּן וְאַתֶּם עֹבְרִים וִירִשְׁתֶּם
כג אֶת־הָאָרֶץ הַטּוֹבָה הַזֹּאת׃ הִשָּׁמְרוּ לָכֶם פֶּן־תִּשְׁכְּחוּ אֶת־בְּרִית
יהוה אֱלֹהֵיכֶם אֲשֶׁר כָּרַת עִמָּכֶם וַעֲשִׂיתֶם לָכֶם פֶּסֶל תְּמוּנַת
כד כֹּל אֲשֶׁר צִוְּךָ יהוה אֱלֹהֶיךָ׃ כִּי יהוה אֱלֹהֶיךָ אֵשׁ אֹכְלָה הוּא
אֵל קַנָּא׃

כה כִּי־תוֹלִיד בָּנִים וּבְנֵי בָנִים וְנוֹשַׁנְתֶּם בָּאָרֶץ וְהִשְׁחַתֶּם וַעֲשִׂיתֶם
פֶּסֶל תְּמוּנַת כֹּל וַעֲשִׂיתֶם הָרַע בְּעֵינֵי־יהוה אֱלֹהֶיךָ לְהַכְעִיסוֹ׃

וכגבורתך אעברה נא ואראה את הארץ הטובה אשר בעבר
הירדן ההר הטוב הזה והלבנן ויתעבר יהוה בי למענכם
ולא שמע אלי ויאמר יהוה אלי רב לך אל תוסף דבר אלי
עוד בדבר הזה עלה ראש הפסגה ושא עיניך ימה וצפנה
ותימנה ומזרחה וראה בעיניך כי לא תעבר את הירדן הזה
וצו את יהושע וחזקהו ואמצהו כי הוא יעבר לפני העם הזה
והוא ינחיל אותם את הארץ אשר תראה ונשב בגיא מול
בית פעור

ועתה ישראל שמע אל החקים ואל המשפטים אשר אנכי
מלמד אתכם לעשות למען תחיו ובאתם וירשתם את הארץ
אשר יהוה אלהי אבתיכם נתן לכם לא תספו על הדבר
אשר אנכי מצוה אתכם ולא תגרעו ממנו לשמר את מצות
יהוה אלהיכם אשר אנכי מצוה אתכם עיניכם הראות את
אשר עשה יהוה בבעל פעור כי כל האיש אשר הלך אחרי
בעל פעור השמידו יהוה אלהיך מקרבך ואתם הדבקים
ביהוה אלהיכם חיים כלכם היום ראה למדתי אתכם חקים
ומשפטים כאשר צוני יהוה אלהי לעשות כן בקרב הארץ
אשר אתם באים שמה לרשתה ושמרתם ועשיתם כי הוא
חכמתכם ובינתכם לעיני העמים אשר ישמעון את כל החקים
האלה ואמרו רק עם חכם ונבון הגוי הגדול הזה כי מי
גוי גדול אשר לו אלהים קרבים אליו כיהוה אלהינו בכל
קראנו אליו ומי גוי גדול אשר לו חקים ומשפטים צדיקם
ככל התורה הזאת אשר אנכי נתן לפניכם היום רק השמר
לך ושמר נפשך מאד פן תשכח את הדברים אשר ראו
עיניך ופן יסורו מלבבך כל ימי חייך והודעתם לבניך ולבני
בניך יום אשר עמדת לפני יהוה אלהיך בחרב באמר יהוה
אלי הקהל לי את העם ואשמעם את דברי אשר ילמדון

כה וְכִגְבֻרֹתֶ֑ךָ אֶעְבְּרָה־נָּ֗א וְאֶרְאֶה֙ אֶת־הָאָ֣רֶץ הַטּוֹבָ֔ה אֲשֶׁ֖ר בְּעֵ֥בֶר

כו הַיַּרְדֵּ֑ן הָהָ֥ר הַטּ֛וֹב הַזֶּ֖ה וְהַלְּבָנֹֽן׃ וַיִּתְעַבֵּ֨ר יְהוָ֥ה בִּי֙ לְמַ֣עַנְכֶ֔ם
וְלֹ֥א שָׁמַ֖ע אֵלָ֑י וַיֹּ֨אמֶר יְהוָ֤ה אֵלַי֙ רַב־לָ֔ךְ אַל־תּ֗וֹסֶף דַּבֵּ֥ר אֵלַ֛י

כז ע֖וֹד בַּדָּבָ֥ר הַזֶּֽה׃ עֲלֵ֣ה ׀ רֹ֣אשׁ הַפִּסְגָּ֗ה וְשָׂ֥א עֵינֶ֛יךָ יָ֧מָּה וְצָפֹ֛נָה
וְתֵימָ֥נָה וּמִזְרָ֖חָה וּרְאֵ֣ה בְעֵינֶ֑יךָ כִּי־לֹ֥א תַעֲבֹ֖ר אֶת־הַיַּרְדֵּ֥ן הַזֶּֽה׃

כח וְצַ֥ו אֶת־יְהוֹשֻׁ֖עַ וְחַזְּקֵ֣הוּ וְאַמְּצֵ֑הוּ כִּי־ה֣וּא יַעֲבֹ֗ר לִפְנֵי֙ הָעָ֣ם הַזֶּ֔ה

כט וְהוּא֙ יַנְחִ֣יל אוֹתָ֔ם אֶת־הָאָ֖רֶץ אֲשֶׁ֣ר תִּרְאֶֽה׃ וַנֵּ֣שֶׁב בַּגָּ֔יְא מ֖וּל
בֵּ֥ית פְּעֽוֹר׃

ד א וְעַתָּ֣ה יִשְׂרָאֵ֗ל שְׁמַ֤ע אֶל־הַֽחֻקִּים֙ וְאֶל־הַמִּשְׁפָּטִ֔ים אֲשֶׁ֧ר אָנֹכִ֛י
מְלַמֵּ֥ד אֶתְכֶ֖ם לַעֲשׂ֑וֹת לְמַ֣עַן תִּֽחְי֗וּ וּבָאתֶם֙ וִֽירִשְׁתֶּ֣ם אֶת־הָאָ֔רֶץ

ב אֲשֶׁ֧ר יְהוָ֛ה אֱלֹהֵ֥י אֲבֹתֵיכֶ֖ם נֹתֵ֥ן לָכֶֽם׃ לֹ֣א תֹסִ֗פוּ עַל־הַדָּבָר֙
אֲשֶׁ֤ר אָנֹכִי֙ מְצַוֶּ֣ה אֶתְכֶ֔ם וְלֹ֥א תִגְרְע֖וּ מִמֶּ֑נּוּ לִשְׁמֹ֕ר אֶת־מִצְוֺת֙

ג יְהוָ֣ה אֱלֹֽהֵיכֶ֔ם אֲשֶׁ֥ר אָנֹכִ֖י מְצַוֶּ֥ה אֶתְכֶֽם׃ עֵֽינֵיכֶם֙ הָֽרֹאֹ֔ת אֵ֧ת
אֲשֶׁר־עָשָׂ֛ה יְהוָ֖ה בְּבַ֣עַל פְּע֑וֹר כִּ֣י כָל־הָאִ֗ישׁ אֲשֶׁ֤ר הָלַךְ֙ אַחֲרֵ֣י

ד בַֽעַל־פְּע֔וֹר הִשְׁמִיד֛וֹ יְהוָ֥ה אֱלֹהֶ֖יךָ מִקִּרְבֶּֽךָ׃ וְאַתֶּם֙ הַדְּבֵקִ֔ים

ה בַּיהוָ֖ה אֱלֹהֵיכֶ֑ם חַיִּ֥ים כֻּלְּכֶ֖ם הַיּֽוֹם׃ רְאֵ֣ה ׀ לִמַּ֣דְתִּי אֶתְכֶ֗ם חֻקִּים֙
וּמִשְׁפָּטִ֔ים כַּאֲשֶׁ֥ר צִוַּ֖נִי יְהוָ֣ה אֱלֹהָ֑י לַעֲשׂ֣וֹת כֵּ֔ן בְּקֶ֖רֶב הָאָ֔רֶץ

ו אֲשֶׁ֥ר אַתֶּ֛ם בָּאִ֥ים שָׁ֖מָּה לְרִשְׁתָּֽהּ׃ וּשְׁמַרְתֶּם֮ וַעֲשִׂיתֶם֒ כִּ֣י הִ֤וא
חׇכְמַתְכֶם֙ וּבִ֣ינַתְכֶ֔ם לְעֵינֵ֖י הָעַמִּ֑ים אֲשֶׁ֣ר יִשְׁמְע֗וּן אֵ֚ת כָּל־הַֽחֻקִּ֣ים

ז הָאֵ֔לֶּה וְאָמְר֗וּ רַ֚ק עַם־חָכָ֣ם וְנָב֔וֹן הַגּ֥וֹי הַגָּד֖וֹל הַזֶּֽה׃ כִּ֚י מִֽי־
ג֣וֹי גָּד֔וֹל אֲשֶׁר־ל֥וֹ אֱלֹהִ֖ים קְרֹבִ֣ים אֵלָ֑יו כַּיהוָ֣ה אֱלֹהֵ֔ינוּ בְּכׇל־

ח קׇרְאֵ֖נוּ אֵלָֽיו׃ וּמִי֙ גּ֣וֹי גָּד֔וֹל אֲשֶׁר־ל֛וֹ חֻקִּ֥ים וּמִשְׁפָּטִ֖ים צַדִּיקִ֑ם

ט כְּכֹל֙ הַתּוֹרָ֣ה הַזֹּ֔את אֲשֶׁ֧ר אָנֹכִ֛י נֹתֵ֥ן לִפְנֵיכֶ֖ם הַיּֽוֹם׃ רַ֡ק הִשָּׁ֣מֶר
לְךָ֩ וּשְׁמֹ֨ר נַפְשְׁךָ֜ מְאֹ֗ד פֶּן־תִּשְׁכַּ֣ח אֶת־הַדְּבָרִ֡ים אֲשֶׁר־רָא֣וּ
עֵינֶ֗יךָ וּפֶן־יָס֙וּרוּ֙ מִלְּבָ֣בְךָ֔ כֹּ֖ל יְמֵ֣י חַיֶּ֑יךָ וְהוֹדַעְתָּ֥ם לְבָנֶ֖יךָ וְלִבְנֵ֥י

י בָנֶֽיךָ׃ י֗וֹם אֲשֶׁ֨ר עָמַ֜דְתָּ לִפְנֵ֨י יְהוָ֣ה אֱלֹהֶ֘יךָ֘ בְּחֹרֵב֒ בֶּאֱמֹ֨ר יְהוָ֜ה
אֵלַ֗י הַקְהֶל־לִי֙ אֶת־הָעָ֔ם וְאַשְׁמִעֵ֖ם אֶת־דְּבָרָ֑י אֲשֶׁ֨ר יִלְמְד֜וּן

ארנן עד הר חרמון צידנים יקראו לחרמון שרין והאמרי
יקראו לו שניר כל ערי המישר וכל הגלעד וכל הבשן עד
סלכה ואדרעי ערי ממלכת עוג בבשן כי רק עוג מלך הבשן
נשאר מיתר הרפאים הנה ערשו ערש ברזל הלה הוא ברבת
בני עמון תשע אמות ארכה וארבע אמות רחבה באמת
איש ואת הארץ הזאת ירשנו בעת ההוא מערער אשר על
נחל ארנן וחצי הר הגלעד ועריו נתתי לראובני ולגדי ויתר
הגלעד וכל הבשן ממלכת עוג נתתי לחצי שבט המנשה
כל חבל הארגב לכל הבשן ההוא יקרא ארץ רפאים יאיר
בן מנשה לקח את כל חבל ארגב עד גבול הגשורי והמעכתי
ויקרא אתם על שמו את הבשן חות יאיר עד היום הזה
ולמכיר נתתי את הגלעד ולראובני ולגדי נתתי מן הגלעד
ועד נחל ארנן תוך הנחל וגבל ועד יבק הנחל גבול בני עמון
והערבה והירדן וגבל מכנרת ועד ים הערבה ים המלח תחת
אשדת הפסגה מזרחה ואצו אתכם בעת ההוא לאמר יהוה
אלהיכם נתן לכם את הארץ הזאת לרשתה חלוצים תעברו
לפני אחיכם בני ישראל כל בני חיל רק נשיכם וטפכם
ומקנכם ידעתי כי מקנה רב לכם ישבו בעריכם אשר נתתי
לכם עד אשר יניח יהוה לאחיכם ככם וירשו גם הם את
הארץ אשר יהוה אלהיכם נתן להם בעבר הירדן ושבתם
איש לירשתו אשר נתתי לכם ואת יהושוע צויתי בעת
ההוא לאמר עיניך הראת את כל אשר עשה יהוה אלהיכם
לשני המלכים האלה כן יעשה יהוה לכל הממלכות אשר
אתה עבר שמה לא תיראום כי יהוה אלהיכם הוא הנלחם
לכם ואתחנן אל יהוה בעת ההוא לאמר
אדני יהוה אתה החלות להראות את עבדך את גדלך ואת
ידך החזקה אשר מי אל בשמים ובארץ אשר יעשה כמעשיך

ט אַרְנֹן עַד־הַר חֶרְמוֹן׃ צִידֹנִים יִקְרְאוּ לְחֶרְמוֹן שִׂרְיֹן וְהָאֱמֹרִי
י יִקְרְאוּ־לוֹ שְׂנִיר׃ כֹּל ׀ עָרֵי הַמִּישֹׁר וְכָל־הַגִּלְעָד וְכָל־הַבָּשָׁן עַד־
יא סַלְכָה וְאֶדְרֶעִי עָרֵי מַמְלֶכֶת עוֹג בַּבָּשָׁן׃ כִּי רַק־עוֹג מֶלֶךְ הַבָּשָׁן *
נִשְׁאַר מִיֶּתֶר הָרְפָאִים הִנֵּה עַרְשׂוֹ עֶרֶשׂ בַּרְזֶל הֲלֹה הִוא בְּרַבַּת
בְּנֵי עַמּוֹן תֵּשַׁע אַמּוֹת אָרְכָּהּ וְאַרְבַּע אַמּוֹת רָחְבָּהּ בְּאַמַּת־
יב אִישׁ׃ וְאֶת־הָאָרֶץ הַזֹּאת יָרַשְׁנוּ בָּעֵת הַהִוא מֵעֲרֹעֵר אֲשֶׁר־עַל־
יג נַחַל אַרְנֹן וַחֲצִי הַר־הַגִּלְעָד וְעָרָיו נָתַתִּי לָראוּבֵנִי וְלַגָּדִי׃ וְיֶתֶר
הַגִּלְעָד וְכָל־הַבָּשָׁן מַמְלֶכֶת עוֹג נָתַתִּי לַחֲצִי שֵׁבֶט הַמְנַשֶּׁה
יד כֹּל חֶבֶל הָאַרְגֹּב לְכָל־הַבָּשָׁן הַהוּא יִקָּרֵא אֶרֶץ רְפָאִים׃ יָאִיר
בֶּן־מְנַשֶּׁה לָקַח אֶת־כָּל־חֶבֶל אַרְגֹּב עַד־גְּבוּל הַגְּשׁוּרִי וְהַמַּעֲכָתִי
וַיִּקְרָא אֹתָם עַל־שְׁמוֹ אֶת־הַבָּשָׁן חַוֺּת יָאִיר עַד הַיּוֹם הַזֶּה׃
טו טז * וּלְמָכִיר נָתַתִּי אֶת־הַגִּלְעָד׃ וְלָראוּבֵנִי וְלַגָּדִי נָתַתִּי מִן־הַגִּלְעָד שביעי
וְעַד־נַחַל אַרְנֹן תּוֹךְ הַנַּחַל וּגְבֻל וְעַד יַבֹּק הַנַּחַל גְּבוּל בְּנֵי עַמּוֹן׃
יז וְהָעֲרָבָה וְהַיַּרְדֵּן וּגְבֻל מִכִּנֶּרֶת וְעַד יָם הָעֲרָבָה יָם הַמֶּלַח תַּחַת
יח אַשְׁדֹּת הַפִּסְגָּה מִזְרָחָה׃ וָאֲצַו אֶתְכֶם בָּעֵת הַהִוא לֵאמֹר יְהוָה
אֱלֹהֵיכֶם נָתַן לָכֶם אֶת־הָאָרֶץ הַזֹּאת לְרִשְׁתָּהּ חֲלוּצִים תַּעַבְרוּ
יט לִפְנֵי אֲחֵיכֶם בְּנֵי־יִשְׂרָאֵל כָּל־בְּנֵי־חָיִל׃ רַק נְשֵׁיכֶם וְטַפְּכֶם *
וּמִקְנֵכֶם יָדַעְתִּי כִּי־מִקְנֶה רַב לָכֶם יֵשְׁבוּ בְּעָרֵיכֶם אֲשֶׁר נָתַתִּי
כ לָכֶם׃ עַד אֲשֶׁר־יָנִיחַ יְהוָה ׀ לַאֲחֵיכֶם כָּכֶם וְיָרְשׁוּ גַם־הֵם אֶת־ מפטיר
הָאָרֶץ אֲשֶׁר יְהוָה אֱלֹהֵיכֶם נֹתֵן לָהֶם בְּעֵבֶר הַיַּרְדֵּן וְשַׁבְתֶּם
כא אִישׁ לִירֻשָּׁתוֹ אֲשֶׁר נָתַתִּי לָכֶם׃ וְאֶת־יְהוֹשׁוּעַ צִוֵּיתִי בָּעֵת
הַהִוא לֵאמֹר עֵינֶיךָ הָרֹאֹת אֵת כָּל־אֲשֶׁר עָשָׂה יְהוָה אֱלֹהֵיכֶם
לִשְׁנֵי הַמְּלָכִים הָאֵלֶּה כֵּן־יַעֲשֶׂה יְהוָה לְכָל־הַמַּמְלָכוֹת אֲשֶׁר
כב אַתָּה עֹבֵר שָׁמָּה׃ לֹא תִּירָאוּם כִּי יְהוָה אֱלֹהֵיכֶם הוּא הַנִּלְחָם
כג לָכֶם׃ וָאֶתְחַנַּן אֶל־יְהוָה בָּעֵת הַהִוא לֵאמֹר׃ ד ואתחנן
כד אֲדֹנָי יֱהוִה אַתָּה הַחִלּוֹתָ לְהַרְאוֹת אֶת־עַבְדְּךָ אֶת־גָּדְלְךָ וְאֶת־
יָדְךָ הַחֲזָקָה אֲשֶׁר מִי־אֵל בַּשָּׁמַיִם וּבָאָרֶץ אֲשֶׁר־יַעֲשֶׂה כְמַעֲשֶׂיךָ

ואכלתי ומים בכסף תתן לי ושתיתי רק אעברה ברגלי
כאשר עשו לי בני עשו הישבים בשעיר והמואבים הישבים
בער עד אשר אעבר את הירדן אל הארץ אשר יהוה
אלהינו נתן לנו ולא אבה סיחן מלך חשבון העברנו בו
כי הקשה יהוה אלהיך את רוחו ואמץ את לבבו למען תתו
בידך כיום הזה ויאמר יהוה אלי ראה החלתי
תת לפניך את סיחן ואת ארצו החל רש לרשת את ארצו
ויצא סיחן לקראתנו הוא וכל עמו למלחמה יהצה ויתנהו
יהוה אלהינו לפנינו ונך אתו ואת בנו ואת כל עמו ונלכד
את כל עריו בעת ההוא ונחרם את כל עיר מתם והנשים
והטף לא השארנו שריד רק הבהמה בזזנו לנו ושלל הערים
אשר לכדנו מערער אשר על שפת נחל ארנן והעיר אשר
בנחל ועד הגלעד לא היתה קריה אשר שגבה ממנו את
הכל נתן יהוה אלהינו לפנינו רק אל ארץ בני עמון לא
קרבת כל יד נחל יבק וערי ההר וכל אשר צוה יהוה אלהינו
ונפן ונעל דרך הבשן ויצא עוג מלך הבשן לקראתנו הוא
וכל עמו למלחמה אדרעי ויאמר יהוה אלי אל תירא אתו
כי בידך נתתי אתו ואת כל עמו ואת ארצו ועשית לו כאשר
עשית לסיחן מלך האמרי אשר יושב בחשבון ויתן יהוה
אלהינו בידנו גם את עוג מלך הבשן ואת כל עמו ונכהו
עד בלתי השאיר לו שריד ונלכד את כל עריו בעת ההוא
לא היתה קריה אשר לא לקחנו מאתם ששים עיר כל חבל
ארגב ממלכת עוג בבשן כל אלה ערים בצרת חומה גבהה
דלתים ובריח לבד מערי הפרזי הרבה מאד ונחרם אותם
כאשר עשינו לסיחן מלך חשבון החרם כל עיר מתם הנשים
והטף וכל הבהמה ושלל הערים בזונו לנו ונקח בעת ההוא
את הארץ מיד שני מלכי האמרי אשר בעבר הירדן מנחל

וְאָכַלְתִּי וּמַיִם בַּכֶּסֶף תִּתֶּן־לִי וְשָׁתִיתִי רַק אֶעְבְּרָה בְרַגְלָי׃
כט כַּאֲשֶׁר עָשׂוּ־לִי בְּנֵי עֵשָׂו הַיֹּשְׁבִים בְּשֵׂעִיר וְהַמּוֹאָבִים הַיֹּשְׁבִים
בְּעָר עַד אֲשֶׁר־אֶעֱבֹר אֶת־הַיַּרְדֵּן אֶל־הָאָרֶץ אֲשֶׁר־יְהוָה
ל אֱלֹהֵינוּ נֹתֵן לָנוּ׃ וְלֹא אָבָה סִיחֹן מֶלֶךְ חֶשְׁבּוֹן הַעֲבִרֵנוּ בּוֹ
כִּי־הִקְשָׁה יְהוָה אֱלֹהֶיךָ אֶת־רוּחוֹ וְאִמֵּץ אֶת־לְבָבוֹ לְמַעַן תִּתּוֹ
לא בְיָדְךָ כַּיּוֹם הַזֶּה׃ וַיֹּאמֶר יְהוָה אֵלַי רְאֵה הַחִלֹּתִי ג ששי
תֵּת לְפָנֶיךָ אֶת־סִיחֹן וְאֶת־אַרְצוֹ הָחֵל רָשׁ לָרֶשֶׁת אֶת־אַרְצוֹ׃
לב לג וַיֵּצֵא סִיחֹן לִקְרָאתֵנוּ הוּא וְכָל־עַמּוֹ לַמִּלְחָמָה יָהְצָה׃ וַיִּתְּנֵהוּ
לד יְהוָה אֱלֹהֵינוּ לְפָנֵינוּ וַנַּךְ אֹתוֹ וְאֶת־בָּנָו וְאֶת־כָּל־עַמּוֹ׃ וַנִּלְכֹּד
אֶת־כָּל־עָרָיו בָּעֵת הַהִוא וַנַּחֲרֵם אֶת־כָּל־עִיר מְתִם וְהַנָּשִׁים
לה וְהַטָּף לֹא הִשְׁאַרְנוּ שָׂרִיד׃ רַק הַבְּהֵמָה בָּזַזְנוּ לָנוּ וּשְׁלַל הֶעָרִים
לו אֲשֶׁר לָכָדְנוּ׃ מֵעֲרֹעֵר אֲשֶׁר עַל־שְׂפַת־נַחַל אַרְנֹן וְהָעִיר אֲשֶׁר
בַּנַּחַל וְעַד־הַגִּלְעָד לֹא הָיְתָה קִרְיָה אֲשֶׁר שָׂגְבָה מִמֶּנּוּ אֶת־
לז הַכֹּל נָתַן יְהוָה אֱלֹהֵינוּ לְפָנֵינוּ׃ רַק אֶל־אֶרֶץ בְּנֵי־עַמּוֹן לֹא *
קָרָבְתָּ כָּל־יַד נַחַל יַבֹּק וְעָרֵי הָהָר וְכֹל אֲשֶׁר־צִוָּה יְהוָה אֱלֹהֵינוּ׃
ג א וַנֵּפֶן וַנַּעַל דֶּרֶךְ הַבָּשָׁן וַיֵּצֵא עוֹג מֶלֶךְ־הַבָּשָׁן לִקְרָאתֵנוּ הוּא
ב וְכָל־עַמּוֹ לַמִּלְחָמָה אֶדְרֶעִי׃ וַיֹּאמֶר יְהוָה אֵלַי אַל־תִּירָא אֹתוֹ
כִּי בְיָדְךָ נָתַתִּי אֹתוֹ וְאֶת־כָּל־עַמּוֹ וְאֶת־אַרְצוֹ וְעָשִׂיתָ לּוֹ כַּאֲשֶׁר
ג עָשִׂיתָ לְסִיחֹן מֶלֶךְ הָאֱמֹרִי אֲשֶׁר יוֹשֵׁב בְּחֶשְׁבּוֹן׃ וַיִּתֵּן יְהוָה
אֱלֹהֵינוּ בְּיָדֵנוּ גַּם אֶת־עוֹג מֶלֶךְ־הַבָּשָׁן וְאֶת־כָּל־עַמּוֹ וַנַּכֵּהוּ
ד עַד־בִּלְתִּי הִשְׁאִיר־לוֹ שָׂרִיד׃ וַנִּלְכֹּד אֶת־כָּל־עָרָיו בָּעֵת הַהִוא
לֹא הָיְתָה קִרְיָה אֲשֶׁר לֹא־לָקַחְנוּ מֵאִתָּם שִׁשִּׁים עִיר כָּל־חֶבֶל
ה אַרְגֹּב מַמְלֶכֶת עוֹג בַּבָּשָׁן׃ כָּל־אֵלֶּה עָרִים בְּצֻרֹת חוֹמָה גְבֹהָה
ו דְּלָתַיִם וּבְרִיחַ לְבַד מֵעָרֵי הַפְּרָזִי הַרְבֵּה מְאֹד׃ וַנַּחֲרֵם אוֹתָם *
כַּאֲשֶׁר עָשִׂינוּ לְסִיחֹן מֶלֶךְ חֶשְׁבּוֹן הַחֲרֵם כָּל־עִיר מְתִם הַנָּשִׁים
ז ח וְהַטָּף׃ וְכָל־הַבְּהֵמָה וּשְׁלַל הֶעָרִים בַּזּוֹנוּ לָנוּ׃ וַנִּקַּח בָּעֵת הַהִוא
אֶת־הָאָרֶץ מִיַּד שְׁנֵי מַלְכֵי הָאֱמֹרִי אֲשֶׁר בְּעֵבֶר הַיַּרְדֵּן מִנַּחַל

יהוה אלי אל תצר את מואב ואל תתגר בם מלחמה כי
לא אתן לך מארצו ירשה כי לבני לוט נתתי את ער ירשה
האמים לפנים ישבו בה עם גדול ורב ורם כענקים רפאים
יחשבו אף הם כענקים והמאבים יקראו להם אמים ובשעיר
ישבו החרים לפנים ובני עשו יירשום וישמידום מפניהם וישבו
תחתם כאשר עשה ישראל לארץ ירשתו אשר נתן יהוה
להם עתה קמו ועברו לכם את נחל זרד ונעבר את נחל זרד
והימים אשר הלכנו מקדש ברנע עד אשר עברנו את נחל
זרד שלשים ושמנה שנה עד תם כל הדור אנשי המלחמה
מקרב המחנה כאשר נשבע יהוה להם וגם יד יהוה היתה בם
להמם מקרב המחנה עד תמם ויהי כאשר תמו כל אנשי
המלחמה למות מקרב העם וידבר יהוה אלי
לאמר אתה עבר היום את גבול מואב את ער וקרבת
מול בני עמון אל תצרם ואל תתגר בם כי לא אתן מארץ
בני עמון לך ירשה כי לבני לוט נתתיה ירשה ארץ רפאים
תחשב אף הוא רפאים ישבו בה לפנים והעמנים יקראו להם
זמזמים עם גדול ורב ורם כענקים וישמידם יהוה מפניהם
ויירשם וישבו תחתם כאשר עשה לבני עשו הישבים בשעיר
אשר השמיד את החרי מפניהם ויירשם וישבו תחתם עד היום
הזה והעוים הישבים בחצרים עד עזה כפתרים היצאים
מכפתר השמידם וישבו תחתם קומו סעו ועברו את נחל
ארנן ראה נתתי בידך את סיחן מלך חשבון האמרי ואת
ארצו החל רש והתגר בו מלחמה היום הזה אחל תת פחדך
ויראתך על פני העמים תחת כל השמים אשר ישמעון שמעך
ורגזו וחלו מפניך ואשלח מלאכים ממדבר קדמות אל
סיחון מלך חשבון דברי שלום לאמר אעברה בארצך בדרך
בדרך אלך לא אסור ימין ושמאול אכל בכסף תשברני

יְהוָה אֵלַי אַל־תָּצַר אֶת־מוֹאָב וְאַל־תִּתְגָּר בָּם מִלְחָמָה כִּי
לֹא־אֶתֵּן לְךָ מֵאַרְצוֹ יְרֻשָּׁה כִּי לִבְנֵי־לוֹט נָתַתִּי אֶת־עָר יְרֻשָּׁה׃
י יא הָאֵמִים לְפָנִים יָשְׁבוּ בָהּ עַם גָּדוֹל וְרַב וָרָם כַּעֲנָקִים׃ רְפָאִים
יב יֵחָשְׁבוּ אַף־הֵם כַּעֲנָקִים וְהַמֹּאָבִים יִקְרְאוּ לָהֶם אֵמִים׃ וּבְשֵׂעִיר
יָשְׁבוּ הַחֹרִים לְפָנִים וּבְנֵי עֵשָׂו יִירָשׁוּם וַיַּשְׁמִידוּם מִפְּנֵיהֶם וַיֵּשְׁבוּ
תַּחְתָּם כַּאֲשֶׁר עָשָׂה יִשְׂרָאֵל לְאֶרֶץ יְרֻשָּׁתוֹ אֲשֶׁר־נָתַן יְהוָה
יג לָהֶם׃ עַתָּה קֻמוּ וְעִבְרוּ לָכֶם אֶת־נַחַל זָרֶד וַנַּעֲבֹר אֶת־נַחַל זָרֶד׃ *
יד וְהַיָּמִים אֲשֶׁר־הָלַכְנוּ ׀ מִקָּדֵשׁ בַּרְנֵעַ עַד אֲשֶׁר־עָבַרְנוּ אֶת־נַחַל
זֶרֶד שְׁלֹשִׁים וּשְׁמֹנֶה שָׁנָה עַד־תֹּם כָּל־הַדּוֹר אַנְשֵׁי הַמִּלְחָמָה
טו מִקֶּרֶב הַמַּחֲנֶה כַּאֲשֶׁר נִשְׁבַּע יְהוָה לָהֶם׃ וְגַם יַד־יְהוָה הָיְתָה בָּם
טז לְהֻמָּם מִקֶּרֶב הַמַּחֲנֶה עַד תֻּמָּם׃ וַיְהִי כַאֲשֶׁר־תַּמּוּ כָּל־אַנְשֵׁי
יז הַמִּלְחָמָה לָמוּת מִקֶּרֶב הָעָם׃ וַיְדַבֵּר יְהוָה אֵלַי
יח יט לֵאמֹר׃ אַתָּה עֹבֵר הַיּוֹם אֶת־גְּבוּל מוֹאָב אֶת־עָר׃ וְקָרַבְתָּ
מוּל בְּנֵי עַמּוֹן אַל־תְּצֻרֵם וְאַל־תִּתְגָּר בָּם כִּי לֹא־אֶתֵּן מֵאֶרֶץ
כ בְּנֵי־עַמּוֹן לְךָ יְרֻשָּׁה כִּי לִבְנֵי־לוֹט נְתַתִּיהָ יְרֻשָּׁה׃ אֶרֶץ־רְפָאִים
תֵּחָשֵׁב אַף־הִוא רְפָאִים יָשְׁבוּ־בָהּ לְפָנִים וְהָעַמֹּנִים יִקְרְאוּ לָהֶם
כא זַמְזֻמִּים׃ עַם גָּדוֹל וְרַב וָרָם כַּעֲנָקִים וַיַּשְׁמִידֵם יְהוָה מִפְּנֵיהֶם
כב וַיִּירָשֻׁם וַיֵּשְׁבוּ תַחְתָּם׃ כַּאֲשֶׁר עָשָׂה לִבְנֵי עֵשָׂו הַיֹּשְׁבִים בְּשֵׂעִיר
אֲשֶׁר הִשְׁמִיד אֶת־הַחֹרִי מִפְּנֵיהֶם וַיִּירָשֻׁם וַיֵּשְׁבוּ תַחְתָּם עַד הַיּוֹם
כג הַזֶּה׃ וְהָעַוִּים הַיֹּשְׁבִים בַּחֲצֵרִים עַד־עַזָּה כַּפְתֹּרִים הַיֹּצְאִים
כד מִכַּפְתֹּר הִשְׁמִידֻם וַיֵּשְׁבוּ תַחְתָּם׃ קוּמוּ סְּעוּ וְעִבְרוּ אֶת־נַחַל
אַרְנֹן רְאֵה נָתַתִּי בְיָדְךָ אֶת־סִיחֹן מֶלֶךְ־חֶשְׁבּוֹן הָאֱמֹרִי וְאֶת־
כה אַרְצוֹ הָחֵל רָשׁ וְהִתְגָּר בּוֹ מִלְחָמָה׃ הַיּוֹם הַזֶּה אָחֵל תֵּת פַּחְדְּךָ
וְיִרְאָתְךָ עַל־פְּנֵי הָעַמִּים תַּחַת כָּל־הַשָּׁמָיִם אֲשֶׁר יִשְׁמְעוּן שִׁמְעֲךָ
כו וְרָגְזוּ וְחָלוּ מִפָּנֶיךָ׃ וָאֶשְׁלַח מַלְאָכִים מִמִּדְבַּר קְדֵמוֹת אֶל־ *
כז סִיחוֹן מֶלֶךְ חֶשְׁבּוֹן דִּבְרֵי שָׁלוֹם לֵאמֹר׃ אֶעְבְּרָה בְאַרְצֶךָ בַּדֶּרֶךְ
כח בַּדֶּרֶךְ אֵלֵךְ לֹא אָסוּר יָמִין וּשְׂמֹאול׃ אֹכֶל בַּכֶּסֶף תַּשְׁבִּרֵנִי

דרך בה ולבניו יען אשר מלא אחרי יהוה גם בי התאנף
יהוה בגללכם לאמר גם אתה לא תבא שם יהושע בן נון
העמד לפניך הוא יבא שמה אתו חזק כי הוא ינחלנה את
ישראל וטפכם אשר אמרתם לבז יהיה ובניכם אשר לא
ידעו היום טוב ורע המה יבאו שמה ולהם אתננה והם
יירשוה ואתם פנו לכם וסעו המדברה דרך ים סוף ותענו
ותאמרו אלי חטאנו ליהוה אנחנו נעלה ונלחמנו ככל אשר
צונו יהוה אלהינו ותחגרו איש את כלי מלחמתו ותהינו
לעלת ההרה ויאמר יהוה אלי אמר להם לא תעלו ולא
תלחמו כי אינני בקרבכם ולא תנגפו לפני איביכם ואדבר
אליכם ולא שמעתם ותמרו את פי יהוה ותזדו ותעלו ההרה
ויצא האמרי הישב בהר ההוא לקראתכם וירדפו אתכם
כאשר תעשינה הדברים ויכתו אתכם בשעיר עד חרמה
ותשבו ותבכו לפני יהוה ולא שמע יהוה בקלכם ולא האזין
אליכם ותשבו בקדש ימים רבים כימים אשר ישבתם
ונפן ונסע המדברה דרך ים סוף כאשר דבר יהוה אלי ונסב
את הר שעיר ימים רבים ויאמר יהוה אלי
לאמר רב לכם סב את ההר הזה פנו לכם צפנה ואת העם
צו לאמר אתם עברים בגבול אחיכם בני עשו הישבים
בשעיר וייראו מכם ונשמרתם מאד אל תתגרו בם כי לא
אתן לכם מארצם עד מדרך כף רגל כי ירשה לעשו נתתי
את הר שעיר אכל תשברו מאתם בכסף ואכלתם וגם
מים תכרו מאתם בכסף ושתיתם כי יהוה אלהיך ברכך
בכל מעשה ידך ידע לכתך את המדבר הגדל הזה זה ארבעים
שנה יהוה אלהיך עמך לא חסרת דבר ונעבר מאת אחינו
בני עשו הישבים בשעיר מדרך הערבה מאילת ומעצין
גבר ונפן ונעבר דרך מדבר מואב ויאמר

לז דֶּ֫רֶךְ־בָּ֑הּ וּלְבָנָ֔יו יַ֕עַן אֲשֶׁ֥ר מִלֵּ֖א אַחֲרֵ֥י יְהוָֽה׃ גַּם־בִּי֙ הִתְאַנַּ֣ף
לח יְהוָ֔ה בִּגְלַלְכֶ֖ם לֵאמֹ֑ר גַּם־אַתָּ֖ה לֹא־תָבֹ֥א שָֽׁם׃ יְהוֹשֻׁ֤עַ בִּן־נוּן֙
הָעֹמֵ֣ד לְפָנֶ֔יךָ ה֖וּא יָ֣בֹא שָׁ֑מָּה אֹת֣וֹ חַזֵּ֔ק כִּי־ה֖וּא יַנְחִלֶ֥נָּה אֶת־
לט יִשְׂרָאֵֽל׃ וְטַפְּכֶם֩ אֲשֶׁ֨ר אֲמַרְתֶּ֜ם לָבַ֣ז יִהְיֶ֗ה וּ֨בְנֵיכֶ֜ם אֲשֶׁ֨ר לֹא־ רביעי
יָדְע֤וּ הַיּוֹם֙ ט֣וֹב וָרָ֔ע הֵ֖מָּה יָבֹ֣אוּ שָׁ֑מָּה וְלָהֶ֣ם אֶתְּנֶ֔נָּה וְהֵ֖ם
מ מא יִירָשֽׁוּהָ׃ וְאַתֶּ֖ם פְּנ֣וּ לָכֶ֑ם וּסְע֥וּ הַמִּדְבָּ֖רָה דֶּ֥רֶךְ יַם־סֽוּף׃ וַתַּעֲנ֣וּ ׀
וַתֹּאמְר֣וּ אֵלַ֗י חָטָ֘אנוּ֮ לַיהוָה֒ אֲנַ֤חְנוּ נַעֲלֶה֙ וְנִלְחַ֔מְנוּ כְּכֹ֥ל אֲשֶׁר־
צִוָּ֖נוּ יְהוָ֣ה אֱלֹהֵ֑ינוּ וַֽתַּחְגְּר֗וּ אִ֚ישׁ אֶת־כְּלֵ֣י מִלְחַמְתּ֔וֹ וַתָּהִ֖ינוּ
מב לַעֲלֹ֥ת הָהָֽרָה׃ וַיֹּ֨אמֶר יְהוָ֜ה אֵלַ֗י אֱמֹ֤ר לָהֶם֙ לֹ֤א תַֽעֲלוּ֙ וְלֹֽא
מג תִלָּ֣חֲמ֔וּ כִּ֥י אֵינֶ֖נִּי בְּקִרְבְּכֶ֑ם וְלֹא֙ תִּנָּ֣גְפ֔וּ לִפְנֵ֖י אֹיְבֵיכֶֽם׃ וָאֲדַבֵּ֥ר
אֲלֵיכֶ֖ם וְלֹ֣א שְׁמַעְתֶּ֑ם וַתַּמְרוּ֙ אֶת־פִּ֣י יְהוָ֔ה וַתָּזִ֖דוּ וַתַּעֲל֥וּ הָהָֽרָה׃
מד וַיֵּצֵ֨א הָאֱמֹרִ֜י הַיֹּשֵׁ֨ב בָּהָ֤ר הַהוּא֙ לִקְרַאתְכֶ֔ם וַיִּרְדְּפ֣וּ אֶתְכֶ֔ם
כַּאֲשֶׁ֥ר תַּעֲשֶׂ֖ינָה הַדְּבֹרִ֑ים וַֽיַּכְּת֥וּ אֶתְכֶ֛ם בְּשֵׂעִ֖יר עַד־חָרְמָֽה׃
מה וַתָּשֻׁ֥בוּ וַתִּבְכּ֖וּ לִפְנֵ֣י יְהוָ֑ה וְלֹֽא־שָׁמַ֤ע יְהוָה֙ בְּקֹ֣לְכֶ֔ם וְלֹ֥א הֶאֱזִ֖ין
מו אֲלֵיכֶֽם׃ וַתֵּשְׁב֥וּ בְקָדֵ֖שׁ יָמִ֣ים רַבִּ֑ים כַּיָּמִ֖ים אֲשֶׁ֥ר יְשַׁבְתֶּֽם׃
ב א וַנֵּ֜פֶן וַנִּסַּ֤ע הַמִּדְבָּ֨רָה֙ דֶּ֣רֶךְ יַם־ס֔וּף כַּאֲשֶׁ֛ר דִּבֶּ֥ר יְהוָ֖ה אֵלָ֑י וַנָּ֥סָב
ב אֶת־הַר־שֵׂעִ֖יר יָמִ֥ים רַבִּֽים׃ וַיֹּ֥אמֶר יְהוָ֖ה אֵלַ֥י ב חמישי
ג ד לֵאמֹֽר׃ רַב־לָכֶ֕ם סֹ֖ב אֶת־הָהָ֣ר הַזֶּ֑ה פְּנ֥וּ לָכֶ֖ם צָפֹֽנָה׃ וְאֶת־הָעָם֮
צַ֣ו לֵאמֹר֒ אַתֶּ֣ם עֹֽבְרִ֗ים בִּגְבוּל֙ אֲחֵיכֶ֣ם בְּנֵי־עֵשָׂ֔ו הַיֹּשְׁבִ֖ים
ה בְּשֵׂעִ֑יר וְיִֽירְא֣וּ מִכֶּ֔ם וְנִשְׁמַרְתֶּ֖ם מְאֹֽד׃ אַל־תִּתְגָּר֣וּ בָ֔ם כִּ֠י לֹֽא־
אֶתֵּ֤ן לָכֶם֙ מֵֽאַרְצָ֔ם עַ֖ד מִדְרַ֣ךְ כַּף־רָ֑גֶל כִּֽי־יְרֻשָּׁ֣ה לְעֵשָׂ֔ו נָתַ֖תִּי
ו אֶת־הַ֥ר שֵׂעִֽיר׃ אֹ֣כֶל תִּשְׁבְּר֧וּ מֵאִתָּ֛ם בַּכֶּ֖סֶף וַאֲכַלְתֶּ֑ם וְגַם־
ז מַ֗יִם תִּכְר֧וּ מֵֽאִתָּ֛ם בַּכֶּ֖סֶף וּשְׁתִיתֶֽם׃ כִּי֩ יְהוָ֨ה אֱלֹהֶ֜יךָ בֵּֽרַכְךָ֗
בְּכֹל֙ מַעֲשֵׂ֣ה יָדֶ֔ךָ יָדַ֣ע לֶכְתְּךָ֔ אֶת־הַמִּדְבָּ֥ר הַגָּדֹ֖ל הַזֶּ֑ה זֶ֣ה ׀ אַרְבָּעִ֣ים
ח שְׁנָ֗ה יְהוָ֤ה אֱלֹהֶ֨יךָ֙ עִמָּ֔ךְ לֹ֥א חָסַ֖רְתָּ דָּבָֽר׃ וַנַּעֲבֹ֞ר מֵאֵ֧ת אַחֵ֣ינוּ *
בְנֵי־עֵשָׂ֗ו הַיֹּֽשְׁבִים֙ בְּשֵׂעִ֔יר מִדֶּ֨רֶךְ֙ הָֽעֲרָבָ֔ה מֵאֵילַ֖ת וּמֵעֶצְיֹ֣ן
ט גָּ֑בֶר וַנֵּ֨פֶן֙ וַֽנַּעֲבֹ֔ר דֶּ֖רֶךְ מִדְבַּ֥ר מוֹאָֽב׃ וַיֹּ֨אמֶר

הדברים אשר תעשון ונסע מחרב ונלך את כל המדבר
הגדול והנורא ההוא אשר ראיתם דרך הר האמרי כאשר
צוה יהוה אלהינו אתנו ונבא עד קדש ברנע ואמר אלכם
באתם עד הר האמרי אשר יהוה אלהינו נתן לנו ראה נתן
יהוה אלהיך לפניך את הארץ עלה רש כאשר דבר יהוה
אלהי אבתיך לך אל תירא ואל תחת ותקרבון אלי כלכם
ותאמרו נשלחה אנשים לפנינו ויחפרו לנו את הארץ וישבו
אתנו דבר את הדרך אשר נעלה בה ואת הערים אשר נבא
אליהן וייטב בעיני הדבר ואקח מכם שנים עשר אנשים איש
אחד לשבט ויפנו ויעלו ההרה ויבאו עד נחל אשכל וירגלו
אתה ויקחו בידם מפרי הארץ ויורדו אלינו וישבו אתנו
דבר ויאמרו טובה הארץ אשר יהוה אלהינו נתן לנו ולא
אביתם לעלת ותמרו את פי יהוה אלהיכם ותרגנו באהליכם
ותאמרו בשנאת יהוה אתנו הוציאנו מארץ מצרים לתת
אתנו ביד האמרי להשמידנו אנה אנחנו עלים אחינו המסו
את לבבנו לאמר עם גדול ורם ממנו ערים גדלת ובצורת
בשמים וגם בני ענקים ראינו שם ואמר אלכם לא תערצון
ולא תיראון מהם יהוה אלהיכם ההלך לפניכם הוא ילחם
לכם ככל אשר עשה אתכם במצרים לעיניכם ובמדבר
אשר ראית אשר נשאך יהוה אלהיך כאשר ישא איש את
בנו בכל הדרך אשר הלכתם עד באכם עד המקום הזה
ובדבר הזה אינכם מאמינם ביהוה אלהיכם ההלך לפניכם
בדרך לתור לכם מקום לחנתכם באש לילה לראתכם בדרך
אשר תלכו בה ובענן יומם וישמע יהוה את קול דבריכם
ויקצף וישבע לאמר אם יראה איש באנשים האלה הדור
הרע הזה את הארץ הטובה אשר נשבעתי לתת לאבתיכם
זולתי כלב בן יפנה הוא יראנה ולו אתן את הארץ אשר

יט הַדְּבָרִים אֲשֶׁר תַּעֲשׂוּן: וַנִּסַּע מֵחֹרֵב וַנֵּלֶךְ אֵת כָּל־הַמִּדְבָּר
הַגָּדוֹל וְהַנּוֹרָא הַהוּא אֲשֶׁר רְאִיתֶם דֶּרֶךְ הַר הָאֱמֹרִי כַּאֲשֶׁר

כ צִוָּה יְהוָה אֱלֹהֵינוּ אֹתָנוּ וַנָּבֹא עַד קָדֵשׁ בַּרְנֵעַ: וָאֹמַר אֲלֵכֶם

כא בָּאתֶם עַד־הַר הָאֱמֹרִי אֲשֶׁר־יְהוָה אֱלֹהֵינוּ נֹתֵן לָנוּ: רְאֵה נָתַן
יְהוָה אֱלֹהֶיךָ לְפָנֶיךָ אֶת־הָאָרֶץ עֲלֵה רֵשׁ כַּאֲשֶׁר דִּבֶּר יְהוָה

שלישי כב אֱלֹהֵי אֲבֹתֶיךָ לָךְ אַל־תִּירָא וְאַל־תֵּחָת: וַתִּקְרְבוּן אֵלַי כֻּלְּכֶם
וַתֹּאמְרוּ נִשְׁלְחָה אֲנָשִׁים לְפָנֵינוּ וְיַחְפְּרוּ־לָנוּ אֶת־הָאָרֶץ וְיָשִׁבוּ
אֹתָנוּ דָּבָר אֶת־הַדֶּרֶךְ אֲשֶׁר נַעֲלֶה־בָּהּ וְאֵת הֶעָרִים אֲשֶׁר נָבֹא

כג אֲלֵיהֶן: וַיִּיטַב בְּעֵינַי הַדָּבָר וָאֶקַּח מִכֶּם שְׁנֵים עָשָׂר אֲנָשִׁים אִישׁ

כד אֶחָד לַשָּׁבֶט: וַיִּפְנוּ וַיַּעֲלוּ הָהָרָה וַיָּבֹאוּ עַד־נַחַל אֶשְׁכֹּל וַיְרַגְּלוּ

כה אֹתָהּ: וַיִּקְחוּ בְיָדָם מִפְּרִי הָאָרֶץ וַיּוֹרִדוּ אֵלֵינוּ וַיָּשִׁבוּ אֹתָנוּ
דָבָר וַיֹּאמְרוּ טוֹבָה הָאָרֶץ אֲשֶׁר־יְהוָה אֱלֹהֵינוּ נֹתֵן לָנוּ: וְלֹא

כו אֲבִיתֶם לַעֲלֹת וַתַּמְרוּ אֶת־פִּי יְהוָה אֱלֹהֵיכֶם: וַתֵּרָגְנוּ בְאָהֳלֵיכֶם

כז וַתֹּאמְרוּ בְּשִׂנְאַת יְהוָה אֹתָנוּ הוֹצִיאָנוּ מֵאֶרֶץ מִצְרָיִם לָתֵת

כח אֹתָנוּ בְּיַד הָאֱמֹרִי לְהַשְׁמִידֵנוּ: אָנָה | אֲנַחְנוּ עֹלִים אַחֵינוּ הֵמַסּוּ
אֶת־לְבָבֵנוּ לֵאמֹר עַם גָּדוֹל וָרָם מִמֶּנּוּ עָרִים גְּדֹלֹת וּבְצוּרֹת

כט בַּשָּׁמָיִם וְגַם־בְּנֵי עֲנָקִים רָאִינוּ שָׁם: וָאֹמַר אֲלֵכֶם לֹא־תַעַרְצוּן

ל וְלֹא־תִירְאוּן מֵהֶם: יְהוָה אֱלֹהֵיכֶם הַהֹלֵךְ לִפְנֵיכֶם הוּא יִלָּחֵם

לא לָכֶם כְּכֹל אֲשֶׁר עָשָׂה אִתְּכֶם בְּמִצְרַיִם לְעֵינֵיכֶם: וּבַמִּדְבָּר
אֲשֶׁר רָאִיתָ אֲשֶׁר נְשָׂאֲךָ יְהוָה אֱלֹהֶיךָ כַּאֲשֶׁר יִשָּׂא־אִישׁ אֶת־
בְּנוֹ בְּכָל־הַדֶּרֶךְ אֲשֶׁר הֲלַכְתֶּם עַד־בֹּאֲכֶם עַד־הַמָּקוֹם הַזֶּה:

לב לג וּבַדָּבָר הַזֶּה אֵינְכֶם מַאֲמִינִם בַּיהוָה אֱלֹהֵיכֶם: הַהֹלֵךְ לִפְנֵיכֶם
בַּדֶּרֶךְ לָתוּר לָכֶם מָקוֹם לַחֲנֹתְכֶם בָּאֵשׁ | לַיְלָה לַרְאֹתְכֶם בַּדֶּרֶךְ

לד אֲשֶׁר תֵּלְכוּ־בָהּ וּבֶעָנָן יוֹמָם: וַיִּשְׁמַע יְהוָה אֶת־קוֹל דִּבְרֵיכֶם

לה וַיִּקְצֹף וַיִּשָּׁבַע לֵאמֹר: אִם־יִרְאֶה אִישׁ בָּאֲנָשִׁים הָאֵלֶּה הַדּוֹר
הָרָע הַזֶּה אֵת הָאָרֶץ הַטּוֹבָה אֲשֶׁר נִשְׁבַּעְתִּי לָתֵת לַאֲבֹתֵיכֶם:

לו זוּלָתִי כָּלֵב בֶּן־יְפֻנֶּה הוּא יִרְאֶנָּה וְלוֹ־אֶתֵּן אֶת־הָאָרֶץ אֲשֶׁר

אלה הדברים אשר דבר משה אל כל ישראל בעבר הירדן
במדבר בערבה מול סוף בין פארן ובין תפל ולבן וחצרת
ודי זהב אחד עשר יום מחרב דרך הר שעיר עד קדש ברנע
ויהי בארבעים שנה בעשתי עשר חדש באחד לחדש דבר
משה אל בני ישראל ככל אשר צוה יהוה אתו אלהם אחרי
הכתו את סיחן מלך האמרי אשר יושב בחשבון ואת עוג
מלך הבשן אשר יושב בעשתרת באדרעי בעבר הירדן
בארץ מואב הואיל משה באר את התורה הזאת לאמר
יהוה אלהינו דבר אלינו בחרב לאמר רב לכם שבת בהר
הזה פנו וסעו לכם ובאו הר האמרי ואל כל שכניו בערבה
בהר ובשפלה ובנגב ובחוף הים ארץ הכנעני והלבנון עד
הנהר הגדל נהר פרת ראה נתתי לפניכם את הארץ באו
ורשו את הארץ אשר נשבע יהוה לאבתיכם לאברהם ליצחק
וליעקב לתת להם ולזרעם אחריהם ואמר אלכם בעת ההוא
לאמר לא אוכל לבדי שאת אתכם יהוה אלהיכם הרבה
אתכם והנכם היום ככוכבי השמים לרב יהוה אלהי אבותכם
יסף עליכם ככם אלף פעמים ויברך אתכם כאשר דבר לכם
איכה אשא לבדי טרחכם ומשאכם וריבכם הבו לכם אנשים
חכמים ונבנים וידעים לשבטיכם ואשימם בראשיכם ותענו
אתי ותאמרו טוב הדבר אשר דברת לעשות ואקח את
ראשי שבטיכם אנשים חכמים וידעים ואתן אותם ראשים
עליכם שרי אלפים ושרי מאות ושרי חמשים ושרי עשרת
ושטרים לשבטיכם ואצוה את שפטיכם בעת ההוא לאמר
שמע בין אחיכם ושפטתם צדק בין איש ובין אחיו ובין גרו
לא תכירו פנים במשפט כקטן כגדל תשמעון לא תגורו
מפני איש כי המשפט לאלהים הוא והדבר אשר יקשה מכם
תקרבון אלי ושמעתיו ואצוה אתכם בעת ההוא את כל

א אֵ֣לֶּה הַדְּבָרִ֗ים אֲשֶׁ֨ר דִּבֶּ֤ר מֹשֶׁה֙ אֶל־כָּל־יִשְׂרָאֵ֔ל בְּעֵ֖בֶר הַיַּרְדֵּ֑ן
בַּמִּדְבָּ֡ר בָּֽעֲרָבָה֩ מ֨וֹל ס֜וּף בֵּֽין־פָּארָ֧ן וּבֵֽין־תֹּ֛פֶל וְלָבָ֥ן וַחֲצֵרֹ֖ת
ב וְדִ֥י זָהָֽב: אַחַ֨ד עָשָׂ֥ר יוֹם֙ מֵֽחֹרֵ֔ב דֶּ֖רֶךְ הַר־שֵׂעִ֑יר עַ֖ד קָדֵ֥שׁ בַּרְנֵֽעַ:
ג וַיְהִי֙ בְּאַרְבָּעִ֣ים שָׁנָ֔ה בְּעַשְׁתֵּֽי־עָשָׂ֥ר חֹ֖דֶשׁ בְּאֶחָ֣ד לַחֹ֑דֶשׁ דִּבֶּ֤ר
★ מֹשֶׁה֙ אֶל־בְּנֵ֣י יִשְׂרָאֵ֔ל כְּכֹל֩ אֲשֶׁ֨ר צִוָּ֧ה יְהוָֹ֛ה אֹת֖וֹ אֲלֵהֶֽם: אַֽחֲרֵ֣י
ד הַכֹּת֗וֹ אֵ֚ת סִיחֹן֙ מֶ֣לֶךְ הָֽאֱמֹרִ֔י אֲשֶׁ֥ר יוֹשֵׁ֖ב בְּחֶשְׁבּ֑וֹן וְאֵ֗ת ע֚וֹג
ה מֶ֣לֶךְ הַבָּשָׁ֔ן אֲשֶׁר־יוֹשֵׁ֥ב בְּעַשְׁתָּרֹ֖ת בְּאֶדְרֶֽעִי: בְּעֵ֥בֶר הַיַּרְדֵּ֖ן
בְּאֶ֣רֶץ מוֹאָ֑ב הוֹאִ֣יל מֹשֶׁ֔ה בֵּאֵ֛ר אֶת־הַתּוֹרָ֥ה הַזֹּ֖את לֵאמֹֽר:
ו יְהוָ֧ה אֱלֹהֵ֛ינוּ דִּבֶּ֥ר אֵלֵ֖ינוּ בְּחֹרֵ֣ב לֵאמֹ֑ר רַב־לָכֶ֥ם שֶׁ֖בֶת בָּהָ֥ר
ז הַזֶּֽה: פְּנ֣וּ ׀ וּסְע֣וּ לָכֶ֗ם וּבֹ֨אוּ הַ֤ר הָֽאֱמֹרִי֙ וְאֶל־כָּל־שְׁכֵנָ֔יו בָּֽעֲרָבָ֥ה
בָהָ֛ר וּבַשְּׁפֵלָ֥ה וּבַנֶּ֖גֶב וּבְח֣וֹף הַיָּ֑ם אֶ֤רֶץ הַֽכְּנַֽעֲנִי֙ וְהַלְּבָנ֔וֹן עַד־
★ הַנָּהָ֥ר הַגָּדֹ֖ל נְהַר־פְּרָֽת: רְאֵ֛ה נָתַ֥תִּי לִפְנֵיכֶ֖ם אֶת־הָאָ֑רֶץ בֹּ֚אוּ
ח וּרְשׁ֣וּ אֶת־הָאָ֔רֶץ אֲשֶׁ֣ר נִשְׁבַּ֣ע יְֹהוָֹ֠ה לַֽאֲבֹֽתֵיכֶ֞ם לְאַבְרָהָ֨ם לְיִצְחָ֤ק
ט וּלְיַֽעֲקֹב֙ לָתֵ֣ת לָהֶ֔ם וּלְזַרְעָ֖ם אַֽחֲרֵיהֶֽם: וָֽאֹמַ֣ר אֲלֵכֶ֔ם בָּעֵ֥ת הַהִ֖וא
י לֵאמֹ֑ר לֹֽא־אוּכַ֥ל לְבַדִּ֖י שְׂאֵ֥ת אֶתְכֶֽם: יְהוָ֥ה אֱלֹֽהֵיכֶ֖ם הִרְבָּ֣ה
שני יא אֶתְכֶ֑ם וְהִנְּכֶ֣ם הַיּ֔וֹם כְּכֽוֹכְבֵ֥י הַשָּׁמַ֖יִם לָרֹֽב: יְהֹוָ֞ה אֱלֹהֵ֣י אֲבֽוֹתֵכֶ֗ם
יֹסֵ֧ף עֲלֵיכֶ֛ם כָּכֶ֖ם אֶ֣לֶף פְּעָמִ֑ים וִֽיבָרֵ֣ךְ אֶתְכֶ֔ם כַּֽאֲשֶׁ֖ר דִּבֶּ֥ר לָכֶֽם:
יב איכָ֥ה אֶשָּׂ֖א לְבַדִּ֑י טָרְחֲכֶ֥ם וּמַשַּֽׂאֲכֶ֖ם וְרִֽיבְכֶֽם: הָב֣וּ לָ֠כֶ֠ם אֲנָשִׁ֨ים
יג חֲכָמִ֧ים וּנְבֹנִ֛ים וִֽידֻעִ֖ים לְשִׁבְטֵיכֶ֑ם וַֽאֲשִׂימֵ֖ם בְּרָֽאשֵׁיכֶֽם: וַתַּֽעֲנ֣וּ
יד ★ אֹתִ֔י וַתֹּ֣אמְר֔וּ טֽוֹב־הַדָּבָ֥ר אֲשֶׁר־דִּבַּ֖רְתָּ לַֽעֲשֽׂוֹת: וָֽאֶקַּ֞ח אֶת־
טו רָאשֵׁ֣י שִׁבְטֵיכֶ֗ם אֲנָשִׁ֤ים חֲכָמִים֙ וִֽידֻעִ֔ים וָֽאֶתֵּ֥ן אֹתָ֛ם רָאשִׁ֖ים
עֲלֵיכֶ֑ם שָׂרֵ֨י אֲלָפִ֜ים וְשָׂרֵ֣י מֵא֗וֹת וְשָׂרֵ֤י חֲמִשִּׁים֙ וְשָׂרֵ֣י עֲשָׂרֹ֔ת
טז וְשֹֽׁטְרִ֖ים לְשִׁבְטֵיכֶֽם: וָֽאֲצַוֶּה֙ אֶת־שֹׁ֣פְטֵיכֶ֔ם בָּעֵ֥ת הַהִ֖וא לֵאמֹ֑ר
שָׁמֹ֤עַ בֵּֽין־אֲחֵיכֶם֙ וּשְׁפַטְתֶּ֣ם צֶ֔דֶק בֵּֽין־אִ֥ישׁ וּבֵֽין־אָחִ֖יו וּבֵ֥ין גֵּרֽוֹ:
יז לֹֽא־תַכִּ֨ירוּ פָנִ֜ים בַּמִּשְׁפָּ֗ט כַּקָּטֹ֤ן כַּגָּדֹל֙ תִּשְׁמָע֔וּן לֹ֤א תָג֨וּרוּ֙
מִפְּנֵי־אִ֔ישׁ כִּ֥י הַמִּשְׁפָּ֖ט לֵֽאלֹהִ֣ים ה֑וּא וְהַדָּבָר֙ אֲשֶׁ֣ר יִקְשֶׁ֣ה מִכֶּ֔ם
יח ★ תַּקְרִב֥וּן אֵלַ֖י וּשְׁמַעְתִּֽיו: וָֽאֲצַוֶּ֥ה אֶתְכֶ֖ם בָּעֵ֣ת הַהִ֑וא אֵ֥ת כָּל־

לשבת בארץ עד מות הכהן ולא תחניפו את הארץ אשר
אתם בה כי הדם הוא יחניף את הארץ ולארץ לא יכפר
לדם אשר שפך בה כי אם בדם שפכו ולא תטמא את
הארץ אשר אתם ישבים בה אשר אני שכן בתוכה כי אני
יהוה שכן בתוך בני ישראל
ויקרבו ראשי האבות למשפחת בני גלעד בן מכיר בן מנשה
ממשפחת בני יוסף וידברו לפני משה ולפני הנשאים ראשי
אבות לבני ישראל ויאמרו את אדני צוה יהוה לתת את הארץ
בנחלה בגורל לבני ישראל ואדני צוה ביהוה לתת את נחלת
צלפחד אחינו לבנתיו והיו לאחד מבני שבטי בני ישראל
לנשים ונגרעה נחלתן מנחלת אבתינו ונוסף על נחלת המטה
אשר תהיינה להם ומגרל נחלתנו יגרע ואם יהיה היבל לבני
ישראל ונוספה נחלתן על נחלת המטה אשר תהיינה להם
ומנחלת מטה אבתינו יגרע נחלתן ויצו משה את בני ישראל
על פי יהוה לאמר כן מטה בני יוסף דברים זה הדבר אשר צוה
יהוה לבנות צלפחד לאמר לטוב בעיניהם תהיינה לנשים אך
למשפחת מטה אביהם תהיינה לנשים ולא תסב נחלה
לבני ישראל ממטה אל מטה כי איש בנחלת מטה אבתיו
ידבקו בני ישראל וכל בת ירשת נחלה ממטות בני ישראל
לאחד ממשפחת מטה אביה תהיה לאשה למען יירשו
בני ישראל איש נחלת אבתיו ולא תסב נחלה ממטה
למטה אחר כי איש בנחלתו ידבקו מטות בני ישראל כאשר
צוה יהוה את משה כן עשו בנות צלפחד ותהיינה מחלה
תרצה וחגלה ומלכה ונעה בנות צלפחד לבני דדיהן לנשים
ממשפחת בני מנשה בן יוסף היו לנשים ותהי נחלתן על
מטה משפחת אביהן אלה המצות והמשפטים אשר צוה
יהוה ביד משה אל בני ישראל בערבת מואב על ירדן ירחו

לג לָשֶׁבֶת בָּאָרֶץ עַד־מוֹת הַכֹּהֵן׃ וְלֹא־תַחֲנִיפוּ אֶת־הָאָרֶץ אֲשֶׁר
אַתֶּם בָּהּ כִּי הַדָּם הוּא יַחֲנִיף אֶת־הָאָרֶץ וְלָאָרֶץ לֹא־יְכֻפַּר
לד לַדָּם אֲשֶׁר שֻׁפַּךְ־בָּהּ כִּי־אִם בְּדַם שֹׁפְכוֹ׃ וְלֹא תְטַמֵּא אֶת־
הָאָרֶץ אֲשֶׁר אַתֶּם יֹשְׁבִים בָּהּ אֲשֶׁר אֲנִי שֹׁכֵן בְּתוֹכָהּ כִּי אֲנִי
יְהֹוָה שֹׁכֵן בְּתוֹךְ בְּנֵי יִשְׂרָאֵל׃

לו א וַיִּקְרְבוּ רָאשֵׁי הָאָבוֹת לְמִשְׁפַּחַת בְּנֵי־גִלְעָד בֶּן־מָכִיר בֶּן־מְנַשֶּׁה שביעי
מִמִּשְׁפְּחֹת בְּנֵי יוֹסֵף וַיְדַבְּרוּ לִפְנֵי מֹשֶׁה וְלִפְנֵי הַנְּשִׂאִים רָאשֵׁי
ב אָבוֹת לִבְנֵי יִשְׂרָאֵל׃ וַיֹּאמְרוּ אֶת־אֲדֹנִי צִוָּה יְהֹוָה לָתֵת אֶת־הָאָרֶץ
בְּנַחֲלָה בְּגוֹרָל לִבְנֵי יִשְׂרָאֵל וַאדֹנִי צֻוָּה בַיהֹוָה לָתֵת אֶת־נַחֲלַת
ג צְלָפְחָד אָחִינוּ לִבְנֹתָיו׃ וְהָיוּ לְאֶחָד מִבְּנֵי שִׁבְטֵי בְנֵי־יִשְׂרָאֵל
לְנָשִׁים וְנִגְרְעָה נַחֲלָתָן מִנַּחֲלַת אֲבֹתֵינוּ וְנוֹסַף עַל נַחֲלַת הַמַּטֶּה
ד אֲשֶׁר תִּהְיֶינָה לָהֶם וּמִגֹּרַל נַחֲלָתֵנוּ יִגָּרֵעַ׃ וְאִם־יִהְיֶה הַיֹּבֵל לִבְנֵי
יִשְׂרָאֵל וְנוֹסְפָה נַחֲלָתָן עַל נַחֲלַת הַמַּטֶּה אֲשֶׁר תִּהְיֶינָה לָהֶם
ה וּמִנַּחֲלַת מַטֵּה אֲבֹתֵינוּ יִגָּרַע נַחֲלָתָן׃ וַיְצַו מֹשֶׁה אֶת־בְּנֵי יִשְׂרָאֵל
ו עַל־פִּי יְהֹוָה לֵאמֹר כֵּן מַטֵּה בְנֵי־יוֹסֵף דֹּבְרִים׃ זֶה הַדָּבָר אֲשֶׁר־צִוָּה *
יְהֹוָה לִבְנוֹת צְלָפְחָד לֵאמֹר לַטּוֹב בְּעֵינֵיהֶם תִּהְיֶינָה לְנָשִׁים אַךְ
ז לְמִשְׁפַּחַת מַטֵּה אֲבִיהֶם תִּהְיֶינָה לְנָשִׁים׃ וְלֹא־תִסֹּב נַחֲלָה
לִבְנֵי יִשְׂרָאֵל מִמַּטֶּה אֶל־מַטֶּה כִּי אִישׁ בְּנַחֲלַת מַטֵּה אֲבֹתָיו
ח יִדְבְּקוּ בְּנֵי יִשְׂרָאֵל׃ וְכָל־בַּת יֹרֶשֶׁת נַחֲלָה מִמַּטּוֹת בְּנֵי יִשְׂרָאֵל
לְאֶחָד מִמִּשְׁפַּחַת מַטֵּה אָבִיהָ תִּהְיֶה לְאִשָּׁה לְמַעַן יִירְשׁוּ
ט בְּנֵי יִשְׂרָאֵל אִישׁ נַחֲלַת אֲבֹתָיו׃ וְלֹא־תִסֹּב נַחֲלָה מִמַּטֶּה *
י לְמַטֶּה אַחֵר כִּי־אִישׁ בְּנַחֲלָתוֹ יִדְבְּקוּ מַטּוֹת בְּנֵי יִשְׂרָאֵל׃ כַּאֲשֶׁר
יא צִוָּה יְהֹוָה אֶת־מֹשֶׁה כֵּן עָשׂוּ בְּנוֹת צְלָפְחָד׃ וַתִּהְיֶינָה מַחְלָה מפטיר
תִרְצָה וְחָגְלָה וּמִלְכָּה וְנֹעָה בְּנוֹת צְלָפְחָד לִבְנֵי דֹדֵיהֶן לְנָשִׁים׃
יב מִמִּשְׁפְּחֹת בְּנֵי־מְנַשֶּׁה בֶן־יוֹסֵף הָיוּ לְנָשִׁים וַתְּהִי נַחֲלָתָן עַל־
יג מַטֵּה מִשְׁפַּחַת אֲבִיהֶן׃ אֵלֶּה הַמִּצְוֹת וְהַמִּשְׁפָּטִים אֲשֶׁר צִוָּה
יְהֹוָה בְּיַד־מֹשֶׁה אֶל־בְּנֵי יִשְׂרָאֵל בְּעַרְבֹת מוֹאָב עַל יַרְדֵּן יְרֵחוֹ׃

נפש בשגגה והיו לכם הערים למקלט מגאל ולא ימות הרצח
עד עמדו לפני העדה למשפט והערים אשר תתנו שש
ערי מקלט תהיינה לכם את שלש הערים תתנו מעבר
לירדן ואת שלש הערים תתנו בארץ כנען ערי מקלט תהיינה
לבני ישראל ולגר ולתושב בתוכם תהיינה שש הערים האלה
למקלט לנוס שמה כל מכה נפש בשגגה ואם בכלי ברזל
הכהו וימת רצח הוא מות יומת הרצח ואם באבן יד אשר
ימות בה הכהו וימת רצח הוא מות יומת הרצח או בכלי
עץ יד אשר ימות בו הכהו וימת רצח הוא מות יומת הרצח
גאל הדם הוא ימית את הרצח בפגעו בו הוא ימתנו ואם
בשנאה יהדפנו או השליך עליו בצדיה וימת או באיבה
הכהו בידו וימת מות יומת המכה רצח הוא גאל הדם ימית
את הרצח בפגעו בו ואם בפתע בלא איבה הדפו או
השליך עליו כל כלי בלא צדיה או בכל אבן אשר ימות
בה בלא ראות ויפל עליו וימת והוא לא אויב לו ולא מבקש
רעתו ושפטו העדה בין המכה ובין גאל הדם על המשפטים
האלה והצילו העדה את הרצח מיד גאל הדם והשיבו אתו
העדה אל עיר מקלטו אשר נס שמה וישב בה עד מות
הכהן הגדל אשר משח אתו בשמן הקדש ואם יצא יצא
הרצח את גבול עיר מקלטו אשר ינוס שמה ומצא אתו
גאל הדם מחוץ לגבול עיר מקלטו ורצח גאל הדם את הרצח
אין לו דם כי בעיר מקלטו ישב עד מות הכהן הגדל ואחרי
מות הכהן הגדל ישוב הרצח אל ארץ אחזתו והיו אלה
לכם לחקת משפט לדרתיכם בכל מושבתיכם כל מכה
נפש לפי עדים ירצח את הרצח ועד אחד לא יענה בנפש
למות ולא תקחו כפר לנפש רצח אשר הוא רשע למות
כי מות יומת ולא תקחו כפר לנוס אל עיר מקלטו לשוב

נֶפֶשׁ בִּשְׁגָגָה׃ וְהָיוּ לָכֶם הֶעָרִים לְמִקְלָט מִגֹּאֵל וְלֹא יָמוּת הָרֹצֵחַ יב
עַד־עָמְדוֹ לִפְנֵי הָעֵדָה לַמִּשְׁפָּט׃ וְהֶעָרִים אֲשֶׁר תִּתֵּנוּ שֵׁשׁ־ יג
עָרֵי מִקְלָט תִּהְיֶינָה לָכֶם׃ אֵת ׀ שְׁלֹשׁ הֶעָרִים תִּתְּנוּ מֵעֵבֶר יד
לַיַּרְדֵּן וְאֵת שְׁלֹשׁ הֶעָרִים תִּתְּנוּ בְּאֶרֶץ כְּנָעַן עָרֵי מִקְלָט תִּהְיֶינָה׃
לִבְנֵי יִשְׂרָאֵל וְלַגֵּר וְלַתּוֹשָׁב בְּתוֹכָם תִּהְיֶינָה שֵׁשׁ־הֶעָרִים הָאֵלֶּה טו *
לְמִקְלָט לָנוּס שָׁמָּה כָּל־מַכֵּה־נֶפֶשׁ בִּשְׁגָגָה׃ וְאִם־בִּכְלִי בַרְזֶל ׀ טז
הִכָּהוּ וַיָּמֹת רֹצֵחַ הוּא מוֹת יוּמַת הָרֹצֵחַ׃ וְאִם בְּאֶבֶן יָד אֲשֶׁר־ יז
יָמוּת בָּהּ הִכָּהוּ וַיָּמֹת רֹצֵחַ הוּא מוֹת יוּמַת הָרֹצֵחַ׃ אוֹ בִּכְלִי יח
עֵץ־יָד אֲשֶׁר־יָמוּת בּוֹ הִכָּהוּ וַיָּמֹת רֹצֵחַ הוּא מוֹת יוּמַת הָרֹצֵחַ׃
גֹּאֵל הַדָּם הוּא יָמִית אֶת־הָרֹצֵחַ בְּפִגְעוֹ־בוֹ הוּא יְמִתֶנּוּ׃ וְאִם־ יט כ
בְּשִׂנְאָה יֶהְדֳּפֶנּוּ אוֹ־הִשְׁלִיךְ עָלָיו בִּצְדִיָּה וַיָּמֹת׃ אוֹ בְאֵיבָה כא
הִכָּהוּ בְיָדוֹ וַיָּמֹת מוֹת־יוּמַת הַמַּכֶּה רֹצֵחַ הוּא גֹּאֵל הַדָּם יָמִית
אֶת־הָרֹצֵחַ בְּפִגְעוֹ־בוֹ׃ וְאִם־בְּפֶתַע בְּלֹא־אֵיבָה הֲדָפוֹ אוֹ־ כב
הִשְׁלִיךְ עָלָיו כָּל־כְּלִי בְּלֹא צְדִיָּה׃ אוֹ בְכָל־אֶבֶן אֲשֶׁר־יָמוּת כג
בָּהּ בְּלֹא רְאוֹת וַיַּפֵּל עָלָיו וַיָּמֹת וְהוּא לֹא־אוֹיֵב לוֹ וְלֹא מְבַקֵּשׁ
רָעָתוֹ׃ וְשָׁפְטוּ הָעֵדָה בֵּין הַמַּכֶּה וּבֵין גֹּאֵל הַדָּם עַל הַמִּשְׁפָּטִים כד
הָאֵלֶּה׃ וְהִצִּילוּ הָעֵדָה אֶת־הָרֹצֵחַ מִיַּד גֹּאֵל הַדָּם וְהֵשִׁיבוּ אֹתוֹ כה
הָעֵדָה אֶל־עִיר מִקְלָטוֹ אֲשֶׁר־נָס שָׁמָּה וְיָשַׁב בָּהּ עַד־מוֹת
הַכֹּהֵן הַגָּדֹל אֲשֶׁר־מָשַׁח אֹתוֹ בְּשֶׁמֶן הַקֹּדֶשׁ׃ וְאִם־יָצֹא יֵצֵא כו
הָרֹצֵחַ אֶת־גְּבוּל עִיר מִקְלָטוֹ אֲשֶׁר יָנוּס שָׁמָּה׃ וּמָצָא אֹתוֹ כז
גֹּאֵל הַדָּם מִחוּץ לִגְבוּל עִיר מִקְלָטוֹ וְרָצַח גֹּאֵל הַדָּם אֶת־הָרֹצֵחַ
אֵין לוֹ דָּם׃ כִּי בְעִיר מִקְלָטוֹ יֵשֵׁב עַד־מוֹת הַכֹּהֵן הַגָּדֹל וְאַחֲרֵי־ כח
מוֹת הַכֹּהֵן הַגָּדֹל יָשׁוּב הָרֹצֵחַ אֶל־אֶרֶץ אֲחֻזָּתוֹ׃ וְהָיוּ אֵלֶּה כט
לָכֶם לְחֻקַּת מִשְׁפָּט לְדֹרֹתֵיכֶם בְּכֹל מוֹשְׁבֹתֵיכֶם׃ כָּל־מַכֵּה־ ל *
נֶפֶשׁ לְפִי עֵדִים יִרְצַח אֶת־הָרֹצֵחַ וְעֵד אֶחָד לֹא־יַעֲנֶה בְנֶפֶשׁ
לָמוּת׃ וְלֹא־תִקְחוּ כֹפֶר לְנֶפֶשׁ רֹצֵחַ אֲשֶׁר־הוּא רָשָׁע לָמוּת לא
כִּי־מוֹת יוּמָת׃ וְלֹא־תִקְחוּ כֹפֶר לָנוּס אֶל־עִיר מִקְלָטוֹ לָשׁוּב לב

ינחלו לכם את הארץ אלעזר הכהן ויהושע בן נון ונשיא
אחד נשיא אחד ממטה תקחו לנחל את הארץ ואלה שמות
האנשים למטה יהודה כלב בן יפנה ולמטה בני שמעון
שמואל בן עמיהוד למטה בנימן אלידד בן כסלון ולמטה
בני דן נשיא בקי בן יגלי לבני יוסף למטה בני מנשה נשיא
חניאל בן אפד ולמטה בני אפרים נשיא קמואל בן שפטן
ולמטה בני זבולן נשיא אליצפן בן פרנך ולמטה בני יששכר
נשיא פלטיאל בן עזן ולמטה בני אשר נשיא אחיהוד בן שלמי
ולמטה בני נפתלי נשיא פדהאל בן עמיהוד אלה אשר צוה
יהוה לנחל את בני ישראל בארץ כנען

וידבר יהוה אל משה בערבת מואב על ירדן ירחו לאמר
צו את בני ישראל ונתנו ללוים מנחלת אחזתם ערים לשבת
ומגרש לערים סביבתיהם תתנו ללוים והיו הערים להם
לשבת ומגרשיהם יהיו לבהמתם ולרכשם ולכל חיתם
ומגרשי הערים אשר תתנו ללוים מקיר העיר וחוצה אלף אמה
סביב ומדתם מחוץ לעיר את פאת קדמה אלפים באמה
ואת פאת נגב אלפים באמה ואת פאת ים אלפים באמה
ואת פאת צפון אלפים באמה והעיר בתוך זה יהיה להם
מגרשי הערים ואת הערים אשר תתנו ללוים את שש ערי
המקלט אשר תתנו לנס שמה הרצח ועליהם תתנו ארבעים
ושתים עיר כל הערים אשר תתנו ללוים ארבעים ושמנה עיר
אתהן ואת מגרשיהן והערים אשר תתנו מאחזת בני ישראל
מאת הרב תרבו ומאת המעט תמעיטו איש כפי נחלתו אשר
ינחלו יתן מעריו ללוים

וידבר יהוה אל משה לאמר דבר אל בני ישראל ואמרת
אלהם כי אתם עברים את הירדן ארצה כנען והקריתם
לכם ערים ערי מקלט תהיינה לכם ונס שמה רצח מכה

יח יִנְחֲלוּ לָכֶם אֶת־הָאָרֶץ אֶלְעָזָר הַכֹּהֵן וִיהוֹשֻׁעַ בִּן־נוּן׃ וְנָשִׂיא
יט אֶחָד נָשִׂיא אֶחָד מִמַּטֶּה תִּקְחוּ לִנְחֹל אֶת־הָאָרֶץ׃ וְאֵלֶּה שְׁמוֹת
כ הָאֲנָשִׁים לְמַטֵּה יְהוּדָה כָּלֵב בֶּן־יְפֻנֶּה׃ וּלְמַטֵּה בְּנֵי שִׁמְעוֹן
כא כב שְׁמוּאֵל בֶּן־עַמִּיהוּד׃ לְמַטֵּה בִנְיָמִן אֱלִידָד בֶּן־כִּסְלוֹן׃ וּלְמַטֵּה
כג בְנֵי־דָן נָשִׂיא בֻּקִּי בֶּן־יָגְלִי׃ לִבְנֵי יוֹסֵף לְמַטֵּה בְנֵי־מְנַשֶּׁה נָשִׂיא
כד חַנִּיאֵל בֶּן־אֵפֹד׃ וּלְמַטֵּה בְנֵי־אֶפְרַיִם נָשִׂיא קְמוּאֵל בֶּן־שִׁפְטָן׃
כה כו וּלְמַטֵּה בְנֵי־זְבוּלֻן נָשִׂיא אֱלִיצָפָן בֶּן־פַּרְנָךְ׃ וּלְמַטֵּה בְנֵי־יִשָּׂשכָר
כז נָשִׂיא פַּלְטִיאֵל בֶּן־עַזָּן׃ וּלְמַטֵּה בְנֵי־אָשֵׁר נָשִׂיא אֲחִיהוּד בֶּן־שְׁלֹמִי׃
כח כט וּלְמַטֵּה בְנֵי־נַפְתָּלִי נָשִׂיא פְּדַהְאֵל בֶּן־עַמִּיהוּד׃ אֵלֶּה אֲשֶׁר צִוָּה
יְהוָה לְנַחֵל אֶת־בְּנֵי־יִשְׂרָאֵל בְּאֶרֶץ כְּנָעַן׃

א וַיְדַבֵּר יְהוָה אֶל־מֹשֶׁה בְּעַרְבֹת מוֹאָב עַל־יַרְדֵּן יְרֵחוֹ לֵאמֹר׃ חמישי
ב צַו אֶת־בְּנֵי יִשְׂרָאֵל וְנָתְנוּ לַלְוִיִּם מִנַּחֲלַת אֲחֻזָּתָם עָרִים לָשָׁבֶת
ג וּמִגְרָשׁ לֶעָרִים סְבִיבֹתֵיהֶם תִּתְּנוּ לַלְוִיִּם׃ וְהָיוּ הֶעָרִים לָהֶם
לָשָׁבֶת וּמִגְרְשֵׁיהֶם יִהְיוּ לִבְהֶמְתָּם וְלִרְכֻשָׁם וּלְכֹל חַיָּתָם׃
ד וּמִגְרְשֵׁי הֶעָרִים אֲשֶׁר תִּתְּנוּ לַלְוִיִּם מִקִּיר הָעִיר וָחוּצָה אֶלֶף אַמָּה
ה סָבִיב׃ וּמַדֹּתֶם מִחוּץ לָעִיר אֶת־פְּאַת־קֵדְמָה אַלְפַּיִם בָּאַמָּה
וְאֶת־פְּאַת־נֶגֶב אַלְפַּיִם בָּאַמָּה וְאֶת־פְּאַת־יָם ׀ אַלְפַּיִם בָּאַמָּה
וְאֵת פְּאַת צָפוֹן אַלְפַּיִם בָּאַמָּה וְהָעִיר בַּתָּוֶךְ זֶה יִהְיֶה לָהֶם
ו מִגְרְשֵׁי הֶעָרִים׃ וְאֵת הֶעָרִים אֲשֶׁר תִּתְּנוּ לַלְוִיִּם אֵת שֵׁשׁ־עָרֵי *
הַמִּקְלָט אֲשֶׁר תִּתְּנוּ לָנֻס שָׁמָּה הָרֹצֵחַ וַעֲלֵיהֶם תִּתְּנוּ אַרְבָּעִים
ז וּשְׁתַּיִם עִיר׃ כָּל־הֶעָרִים אֲשֶׁר תִּתְּנוּ לַלְוִיִּם אַרְבָּעִים וּשְׁמֹנֶה עִיר
ח אֶתְהֶן וְאֶת־מִגְרְשֵׁיהֶן׃ וְהֶעָרִים אֲשֶׁר תִּתְּנוּ מֵאֲחֻזַּת בְּנֵי־יִשְׂרָאֵל
מֵאֵת הָרַב תַּרְבּוּ וּמֵאֵת הַמְעַט תַּמְעִיטוּ אִישׁ כְּפִי נַחֲלָתוֹ אֲשֶׁר
יִנְחָלוּ יִתֵּן מֵעָרָיו לַלְוִיִּם׃

ט י וַיְדַבֵּר יְהוָה אֶל־מֹשֶׁה לֵאמֹר׃ דַּבֵּר אֶל־בְּנֵי יִשְׂרָאֵל וְאָמַרְתָּ לב ששי /שביעי
יא אֲלֵהֶם כִּי אַתֶּם עֹבְרִים אֶת־הַיַּרְדֵּן אַרְצָה כְּנָעַן׃ וְהִקְרִיתֶם
לָכֶם עָרִים עָרֵי מִקְלָט תִּהְיֶינָה לָכֶם וְנָס שָׁמָּה רֹצֵחַ מַכֵּה־

תרבו את נחלתו ולמעט תמעיט את נחלתו אל אשר יצא
לו שמה הגורל לו יהיה למטות אבתיכם תתנחלו ואם
לא תורישו את ישבי הארץ מפניכם והיה אשר תותירו
מהם לשכים בעיניכם ולצנינם בצדיכם וצררו אתכם על
הארץ אשר אתם ישבים בה והיה כאשר דמיתי לעשות
להם אעשה לכם
וידבר יהוה אל משה לאמר צו את בני ישראל ואמרת
אלהם כי אתם באים אל הארץ כנען זאת הארץ אשר
תפל לכם בנחלה ארץ כנען לגבלתיה והיה לכם פאת
נגב ממדבר צן על ידי אדום והיה לכם גבול נגב מקצה ים
המלח קדמה ונסב לכם הגבול מנגב למעלה עקרבים ועבר
צנה והיה תוצאתיו מנגב לקדש ברנע ויצא חצר אדר ועבר
עצמנה ונסב הגבול מעצמון נחלה מצרים והיו תוצאתיו
הימה וגבול ים והיה לכם הים הגדול וגבול זה יהיה לכם
גבול ים וזה יהיה לכם גבול צפון מן הים הגדל תתאו לכם
הר ההר מהר ההר תתאו לבא חמת והיו תוצאת הגבל
צדדה ויצא הגבל זפרנה והיו תוצאתיו חצר עינן זה יהיה
לכם גבול צפון והתאויתם לכם לגבול קדמה מחצר עינן
שפמה וירד הגבל משפם הרבלה מקדם לעין וירד הגבל ומחה
על כתף ים כנרת קדמה וירד הגבול הירדנה והיו תוצאתיו
ים המלח זאת תהיה לכם הארץ לגבלתיה סביב ויצו משה
את בני ישראל לאמר זאת הארץ אשר תתנחלו אתה בגורל
אשר צוה יהוה לתת לתשעת המטות וחצי המטה כי לקחו
מטה בני הראובני לבית אבתם ומטה בני הגדי לבית אבתם
וחצי מטה מנשה לקחו נחלתם שני המטות וחצי המטה לקחו
נחלתם מעבר לירדן ירחו קדמה מזרחה
וידבר יהוה אל משה לאמר אלה שמות האנשים אשר

תַּרְבּוּ אֶת־נַחֲלָתוֹ וְלַמְעַט תַּמְעִיט אֶת־נַחֲלָתוֹ אֶל אֲשֶׁר־יֵצֵא
נה לוֹ שָׁמָּה הַגּוֹרָל לוֹ יִהְיֶה לְמַטּוֹת אֲבֹתֵיכֶם תִּתְנֶחָלוּ׃ וְאִם־
לֹא תוֹרִישׁוּ אֶת־יֹשְׁבֵי הָאָרֶץ מִפְּנֵיכֶם וְהָיָה אֲשֶׁר תּוֹתִירוּ
מֵהֶם לְשִׂכִּים בְּעֵינֵיכֶם וְלִצְנִינִם בְּצִדֵּיכֶם וְצָרְרוּ אֶתְכֶם עַל־
נו הָאָרֶץ אֲשֶׁר אַתֶּם יֹשְׁבִים בָּהּ׃ וְהָיָה כַּאֲשֶׁר דִּמִּיתִי לַעֲשׂוֹת
לָהֶם אֶעֱשֶׂה לָכֶם׃

לד א ב וַיְדַבֵּר יְהוָה אֶל־מֹשֶׁה לֵּאמֹר׃ צַו אֶת־בְּנֵי יִשְׂרָאֵל וְאָמַרְתָּ לא
אֲלֵהֶם כִּי־אַתֶּם בָּאִים אֶל־הָאָרֶץ כְּנָעַן זֹאת הָאָרֶץ אֲשֶׁר
ג תִּפֹּל לָכֶם בְּנַחֲלָה אֶרֶץ כְּנַעַן לִגְבֻלֹתֶיהָ׃ וְהָיָה לָכֶם פְּאַת־
נֶגֶב מִמִּדְבַּר־צִן עַל־יְדֵי אֱדוֹם וְהָיָה לָכֶם גְּבוּל נֶגֶב מִקְצֵה יָם־
ד הַמֶּלַח קֵדְמָה׃ וְנָסַב לָכֶם הַגְּבוּל מִנֶּגֶב לְמַעֲלֵה עַקְרַבִּים וְעָבַר *
צִנָה והיה תּוֹצְאֹתָיו מִנֶּגֶב לְקָדֵשׁ בַּרְנֵעַ וְיָצָא חֲצַר־אַדָּר וְעָבַר וְהָיוּ
ה עַצְמֹנָה׃ וְנָסַב הַגְּבוּל מֵעַצְמוֹן נַחְלָה מִצְרָיִם וְהָיוּ תוֹצְאֹתָיו
ו הַיָּמָּה׃ וּגְבוּל יָם וְהָיָה לָכֶם הַיָּם הַגָּדוֹל וּגְבוּל זֶה־יִהְיֶה לָכֶם
ז גְּבוּל יָם׃ וְזֶה־יִהְיֶה לָכֶם גְּבוּל צָפוֹן מִן־הַיָּם הַגָּדֹל תְּתָאוּ לָכֶם *
ח הֹר הָהָר׃ מֵהֹר הָהָר תְּתָאוּ לְבֹא חֲמָת וְהָיוּ תּוֹצְאֹת הַגְּבֻל
ט צְדָדָה׃ וְיָצָא הַגְּבֻל זִפְרֹנָה וְהָיוּ תוֹצְאֹתָיו חֲצַר עֵינָן זֶה־יִהְיֶה
י לָכֶם גְּבוּל צָפוֹן׃ וְהִתְאַוִּיתֶם לָכֶם לִגְבוּל קֵדְמָה מֵחֲצַר עֵינָן
יא שְׁפָמָה׃ וְיָרַד הַגְּבֻל מִשְּׁפָם הָרִבְלָה מִקֶּדֶם לָעָיִן וְיָרַד הַגְּבֻל וּמָחָה
יב עַל־כֶּתֶף יָם־כִּנֶּרֶת קֵדְמָה׃ וְיָרַד הַגְּבוּל הַיַּרְדֵּנָה וְהָיוּ תוֹצְאֹתָיו
יג יָם הַמֶּלַח זֹאת תִּהְיֶה לָכֶם הָאָרֶץ לִגְבֻלֹתֶיהָ סָבִיב׃ וַיְצַו מֹשֶׁה *
אֶת־בְּנֵי יִשְׂרָאֵל לֵאמֹר זֹאת הָאָרֶץ אֲשֶׁר תִּתְנַחֲלוּ אֹתָהּ בְּגוֹרָל
יד אֲשֶׁר צִוָּה יְהוָה לָתֵת לְתִשְׁעַת הַמַּטּוֹת וַחֲצִי הַמַּטֶּה׃ כִּי לָקְחוּ
מַטֵּה בְנֵי הָרְאוּבֵנִי לְבֵית אֲבֹתָם וּמַטֵּה בְנֵי־הַגָּדִי לְבֵית אֲבֹתָם
טו וַחֲצִי מַטֵּה מְנַשֶּׁה לָקְחוּ נַחֲלָתָם׃ שְׁנֵי הַמַּטּוֹת וַחֲצִי הַמַּטֶּה לָקְחוּ
נַחֲלָתָם מֵעֵבֶר לְיַרְדֵּן יְרֵחוֹ קֵדְמָה מִזְרָחָה׃
טז יז וַיְדַבֵּר יְהוָה אֶל־מֹשֶׁה לֵּאמֹר׃ אֵלֶּה שְׁמוֹת הָאֲנָשִׁים אֲשֶׁר־ רביעי (ששי)

ויסעו מקהלתה ויחנו בהר שפר ויסעו מהר שפר ויחנו
בחרדה ויסעו מחרדה ויחנו במקהלת ויסעו ממקהלת
ויחנו בתחת ויסעו מתחת ויחנו בתרח ויסעו מתרח ויחנו
במתקה ויסעו ממתקה ויחנו בחשמנה ויסעו מחשמנה
ויחנו במסרות ויסעו ממסרות ויחנו בבני יעקן ויסעו מבני
יעקן ויחנו בחר הגדגד ויסעו מחר הגדגד ויחנו ביטבתה
ויסעו מיטבתה ויחנו בעברנה ויסעו מעברנה ויחנו בעצין
גבר ויסעו מעצין גבר ויחנו במדבר צן הוא קדש ויסעו
מקדש ויחנו בהר ההר בקצה ארץ אדום ויעל אהרן
הכהן אל הר ההר על פי יהוה וימת שם בשנת הארבעים
לצאת בני ישראל מארץ מצרים בחדש החמישי באחד
לחדש ואהרן בן שלש ועשרים ומאת שנה במתו בהר
ההר וישמע הכנעני מלך ערד והוא ישב
בנגב בארץ כנען בבא בני ישראל ויסעו מהר ההר ויחנו
בצלמנה ויסעו מצלמנה ויחנו בפונן ויסעו מפונן ויחנו
באבת ויסעו מאבת ויחנו בעיי העברים בגבול מואב
ויסעו מעיים ויחנו בדיבן גד ויסעו מדיבן גד ויחנו בעלמן
דבלתימה ויסעו מעלמן דבלתימה ויחנו בהרי העברים
לפני נבו ויסעו מהרי העברים ויחנו בערבת מואב על ירדן
ירחו ויחנו על הירדן מבית הישמת עד אבל השטים בערבת
מואב וידבר יהוה אל משה בערבת מואב
על ירדן ירחו לאמר דבר אל בני ישראל ואמרת אלהם
כי אתם עברים את הירדן אל ארץ כנען והורשתם את
כל ישבי הארץ מפניכם ואבדתם את כל משכיתם ואת
כל צלמי מסכתם תאבדו ואת כל במותם תשמידו והורשתם
את הארץ וישבתם בה כי לכם נתתי את הארץ לרשת
אתה והתנחלתם את הארץ בגורל למשפחתיכם לרב

כג כד ויסעו מקהלתה ויחנו בהר־שפר׃ ויסעו מהר־שפר ויחנו
כה כו בחרדה׃ ויסעו מחרדה ויחנו במקהלת׃ ויסעו ממקהלת
כז כח ויחנו בתחת׃ ויסעו מתחת ויחנו בתרח׃ ויסעו מתרח ויחנו
כט ל במתקה׃ ויסעו ממתקה ויחנו בחשמנה׃ ויסעו מחשמנה
לא לב ויחנו במסרות׃ ויסעו ממסרות ויחנו בבני יעקן׃ ויסעו מבני
לג יעקן ויחנו בחר הגדגד׃ ויסעו מחר הגדגד ויחנו ביטבתה׃
לד לה ויסעו מיטבתה ויחנו בעברנה׃ ויסעו מעברנה ויחנו בעצין
לו לז גבר׃ ויסעו מעצין גבר ויחנו במדבר־צן הוא קדש׃ ויסעו
לח מקדש ויחנו בהר ההר בקצה ארץ אדום׃ ויעל אהרן
הכהן אל־הר ההר על־פי יהוה וימת שם בשנת הארבעים
לצאת בני־ישראל מארץ מצרים בחדש החמישי באחד
לט לחדש׃ ואהרן בן־שלש ועשרים ומאת שנה במתו בהר
מ ההר׃ וישמע הכנעני מלך ערד והוא־ישב
מא בנגב בארץ כנען בבא בני ישראל׃ ויסעו מהר ההר ויחנו
מב מג בצלמנה׃ ויסעו מצלמנה ויחנו בפונן׃ ויסעו מפונן ויחנו
מד באבת׃ ויסעו מאבת ויחנו בעיי העברים בגבול מואב׃
מה מו ויסעו מעיים ויחנו בדיבן גד׃ ויסעו מדיבן גד ויחנו בעלמן
מז דבלתימה׃ ויסעו מעלמן דבלתימה ויחנו בהרי העברים
מח לפני נבו׃ ויסעו מהרי העברים ויחנו בערבת מואב על ירדן
מט ירחו׃ ויחנו על־הירדן מבית הישמת עד אבל השטים בערבת
נ מואב׃ וידבר יהוה אל־משה בערבת מואב שלישי (חמישי)
נא על־ירדן ירחו לאמר׃ דבר אל־בני ישראל ואמרת אלהם
נב כי אתם עברים את־הירדן אל־ארץ כנען׃ והורשתם את־
כל־ישבי הארץ מפניכם ואבדתם את כל־משכיתם ואת
נג כל־צלמי מסכתם תאבדו ואת כל־במותם תשמידו׃ והורשתם
את־הארץ וישבתם־בה כי לכם נתתי את־הארץ לרשת
נד אתה׃ והתנחלתם את־הארץ בגורל למשפחתיכם לרב

קריתים ואת נבו ואת בעל מעון מוסבת שם ואת שבמה
ויקראו בשמת את שמות הערים אשר בנו וילכו בני
מכיר בן מנשה גלעדה וילכדה ויורש את האמרי אשר
בה ויתן משה את הגלעד למכיר בן מנשה וישב בה
ויאיר בן מנשה הלך וילכד את חותיהם ויקרא אתהן חות
יאיר ונבח הלך וילכד את קנת ואת בנתיה ויקרא לה
נבח בשמו

אלה מסעי בני ישראל אשר יצאו מארץ מצרים לצבאתם
ביד משה ואהרן ויכתב משה את מוצאיהם למסעיהם
על פי יהוה ואלה מסעיהם למוצאיהם ויסעו מרעמסס
בחדש הראשון בחמשה עשר יום לחדש הראשון ממחרת
הפסח יצאו בני ישראל ביד רמה לעיני כל מצרים ומצרים
מקברים את אשר הכה יהוה בהם כל בכור ובאלהיהם
עשה יהוה שפטים ויסעו בני ישראל מרעמסס ויחנו בסכת
ויסעו מסכת ויחנו באתם אשר בקצה המדבר ויסעו מאתם
וישב על פי החירת אשר על פני בעל צפון ויחנו לפני מגדל
ויסעו מפני החירת ויעברו בתוך הים המדברה וילכו דרך
שלשת ימים במדבר אתם ויחנו במרה ויסעו ממרה ויבאו
אילמה ובאילם שתים עשרה עינת מים ושבעים תמרים
ויחנו שם ויסעו מאילם ויחנו על ים סוף ויסעו מים סוף
ויחנו במדבר סין ויסעו ממדבר סין ויחנו בדפקה ויסעו
מדפקה ויחנו באלוש ויסעו מאלוש ויחנו ברפידם ולא
היה שם מים לעם לשתות ויסעו מרפידם ויחנו במדבר
סיני ויסעו ממדבר סיני ויחנו בקברת התאוה ויסעו מקברת
התאוה ויחנו בחצרת ויסעו מחצרת ויחנו ברתמה ויסעו
מרתמה ויחנו ברמן פרץ ויסעו מרמן פרץ ויחנו בלבנה
ויסעו מלבנה ויחנו ברסה ויסעו מרסה ויחנו בקהלתה

לה קְרִיֹתָיִם: וְאֶת־נְבוֹ וְאֶת־בַּעַל מְעוֹן מוּסַבֹּת שֵׁם וְאֶת־שִׂבְמָה

לט וַיִּקְרְאוּ בְשֵׁמֹת אֶת־שְׁמוֹת הֶעָרִים אֲשֶׁר בָּנוּ: וַיֵּלְכוּ בְּנֵי מָכִיר בֶּן־מְנַשֶּׁה גִּלְעָדָה וַיִּלְכְּדֻהָ וַיּוֹרֶשׁ אֶת־הָאֱמֹרִי אֲשֶׁר־

מ בָּהּ: וַיִּתֵּן מֹשֶׁה אֶת־הַגִּלְעָד לְמָכִיר בֶּן־מְנַשֶּׁה וַיֵּשֶׁב בָּהּ:    מפטיר *

מא וְיָאִיר בֶּן־מְנַשֶּׁה הָלַךְ וַיִּלְכֹּד אֶת־חַוֺּתֵיהֶם וַיִּקְרָא אֶתְהֶן חַוֺּת

מב יָאִיר: וְנֹבַח הָלַךְ וַיִּלְכֹּד אֶת־קְנָת וְאֶת־בְּנֹתֶיהָ וַיִּקְרָא לָה נֹבַח בִּשְׁמוֹ:

לג א אֵלֶּה מַסְעֵי בְנֵי־יִשְׂרָאֵל אֲשֶׁר יָצְאוּ מֵאֶרֶץ מִצְרַיִם לְצִבְאֹתָם ל מסעי

ב בְּיַד־מֹשֶׁה וְאַהֲרֹן: וַיִּכְתֹּב מֹשֶׁה אֶת־מוֹצָאֵיהֶם לְמַסְעֵיהֶם

ג עַל־פִּי יְהוָה וְאֵלֶּה מַסְעֵיהֶם לְמוֹצָאֵיהֶם: וַיִּסְעוּ מֵרַעְמְסֵס בַּחֹדֶשׁ הָרִאשׁוֹן בַּחֲמִשָּׁה עָשָׂר יוֹם לַחֹדֶשׁ הָרִאשׁוֹן מִמָּחֳרַת

ד הַפֶּסַח יָצְאוּ בְנֵי־יִשְׂרָאֵל בְּיָד רָמָה לְעֵינֵי כָּל־מִצְרָיִם: וּמִצְרַיִם מְקַבְּרִים אֵת אֲשֶׁר הִכָּה יְהוָה בָּהֶם כָּל־בְּכוֹר וּבֵאלֹהֵיהֶם

ה עָשָׂה יְהוָה שְׁפָטִים: וַיִּסְעוּ בְנֵי־יִשְׂרָאֵל מֵרַעְמְסֵס וַיַּחֲנוּ בְּסֻכֹּת:

ו וַיִּסְעוּ מִסֻּכֹּת וַיַּחֲנוּ בְאֵתָם אֲשֶׁר בִּקְצֵה הַמִּדְבָּר: וַיִּסְעוּ מֵאֵתָם ז וַיָּשָׁב עַל־פִּי הַחִירֹת אֲשֶׁר עַל־פְּנֵי בַּעַל צְפוֹן וַיַּחֲנוּ לִפְנֵי מִגְדֹּל:

ח וַיִּסְעוּ מִפְּנֵי הַחִירֹת וַיַּעַבְרוּ בְתוֹךְ־הַיָּם הַמִּדְבָּרָה וַיֵּלְכוּ דֶּרֶךְ שְׁלֹשֶׁת יָמִים בְּמִדְבַּר אֵתָם וַיַּחֲנוּ בְּמָרָה: וַיִּסְעוּ מִמָּרָה וַיָּבֹאוּ

ט אֵילִמָה וּבְאֵילִם שְׁתֵּים עֶשְׂרֵה עֵינֹת מַיִם וְשִׁבְעִים תְּמָרִים

יא וַיַּחֲנוּ־שָׁם: וַיִּסְעוּ מֵאֵילִם וַיַּחֲנוּ עַל־יַם־סוּף: וַיִּסְעוּ מִיַּם־סוּף    שני

יב יג וַיַּחֲנוּ בְּמִדְבַּר־סִין: וַיִּסְעוּ מִמִּדְבַּר־סִין וַיַּחֲנוּ בְּדָפְקָה: וַיִּסְעוּ

יד מִדָּפְקָה וַיַּחֲנוּ בְּאָלוּשׁ: וַיִּסְעוּ מֵאָלוּשׁ וַיַּחֲנוּ בִּרְפִידִם וְלֹא־

טו הָיָה שָׁם מַיִם לָעָם לִשְׁתּוֹת: וַיִּסְעוּ מֵרְפִידִם וַיַּחֲנוּ בְּמִדְבַּר

טז סִינָי: וַיִּסְעוּ מִמִּדְבַּר סִינָי וַיַּחֲנוּ בְּקִבְרֹת הַתַּאֲוָה: וַיִּסְעוּ מִקִּבְרֹת

יז יח הַתַּאֲוָה וַיַּחֲנוּ בַּחֲצֵרֹת: וַיִּסְעוּ מֵחֲצֵרֹת וַיַּחֲנוּ בְּרִתְמָה: וַיִּסְעוּ

יט כ מֵרִתְמָה וַיַּחֲנוּ בְּרִמֹּן פָּרֶץ: וַיִּסְעוּ מֵרִמֹּן פָּרֶץ וַיַּחֲנוּ בְּלִבְנָה:

כא כב וַיִּסְעוּ מִלִּבְנָה וַיַּחֲנוּ בְּרִסָּה: וַיִּסְעוּ מֵרִסָּה וַיַּחֲנוּ בִּקְהֵלָתָה:

המבצר מפני ישבי הארץ לא נשוב אל בתינו עד התנחל בני
ישראל איש נחלתו כי לא ננחל אתם מעבר לירדן והלאה
כי באה נחלתנו אלינו מעבר הירדן מזרחה
ויאמר אליהם משה אם תעשון את הדבר הזה אם תחלצו
לפני יהוה למלחמה ועבר לכם כל חלוץ את הירדן לפני
יהוה עד הורישו את איביו מפניו ונכבשה הארץ לפני יהוה
ואחר תשבו והייתם נקים מיהוה ומישראל והיתה הארץ
הזאת לכם לאחזה לפני יהוה ואם לא תעשון כן הנה חטאתם
ליהוה ודעו חטאתכם אשר תמצא אתכם בנו לכם ערים
לטפכם וגדרת לצנאכם והיצא מפיכם תעשו ויאמר בני
גד ובני ראובן אל משה לאמר עבדיך יעשו כאשר אדני
מצוה טפנו נשינו מקננו וכל בהמתנו יהיו שם בערי הגלעד
ועבדיך יעברו כל חלוץ צבא לפני יהוה למלחמה כאשר
אדני דבר ויצו להם משה את אלעזר הכהן ואת יהושע
בן נון ואת ראשי אבות המטות לבני ישראל ויאמר משה
אלהם אם יעברו בני גד ובני ראובן אתכם את הירדן כל
חלוץ למלחמה לפני יהוה ונכבשה הארץ לפניכם ונתתם
להם את ארץ הגלעד לאחזה ואם לא יעברו חלוצים אתכם
ונאחזו בתככם בארץ כנען ויענו בני גד ובני ראובן לאמר
את אשר דבר יהוה אל עבדיך כן נעשה נחנו נעבר חלוצים
לפני יהוה ארץ כנען ואתנו אחזת נחלתנו מעבר לירדן
ויתן להם משה לבני גד ולבני ראובן ולחצי שבט מנשה
בן יוסף את ממלכת סיחן מלך האמרי ואת ממלכת עוג
מלך הבשן הארץ לעריה בגבלת ערי הארץ סביב ויבנו
בני גד את דיבן ואת עטרת ואת ערער ואת עטרת שופן
ואת יעזר ויגבהה ואת בית נמרה ואת בית הרן ערי מבצר
וגדרת צאן ובני ראובן בנו את חשבון ואת אלעלא ואת

יח המבצר מפני ישבי הארץ: לא נשוב אל־בתינו עד התנחל בני
יט ישראל איש נחלתו: כי לא ננחל אתם מעבר לירדן והלאה
כי באה נחלתנו אלינו מעבר הירדן מזרחה:
כ ויאמר אליהם משה אם־תעשון את־הדבר הזה אם־תחלצו שביעי /רביעי
כא לפני יהוה למלחמה: ועבר לכם כל־חלוץ את־הירדן לפני
כב יהוה עד הורישו את־איביו מפניו: ונכבשה הארץ לפני יהוה
ואחר תשבו והייתם נקים מיהוה ומישראל והיתה הארץ
כג הזאת לכם לאחזה לפני יהוה: ואם־לא תעשון כן הנה חטאתם
כד ליהוה ודעו חטאתכם אשר תמצא אתכם: בנו־לכם ערים
כה לטפכם וגדרת לצנאכם והיצא מפיכם תעשו: ויאמר בני־ *
גד ובני ראובן אל־משה לאמר עבדיך יעשו כאשר אדני
כו מצוה: טפנו נשינו מקננו וכל־בהמתנו יהיו־שם בערי הגלעד:
כז ועבדיך יעברו כל־חלוץ צבא לפני יהוה למלחמה כאשר
כח אדני דבר: ויצו להם משה את אלעזר הכהן ואת יהושע *
כט בן־נון ואת־ראשי אבות המטות לבני ישראל: ויאמר משה
אלהם אם־יעברו בני־גד ובני־ראובן | אתכם את־הירדן כל־
חלוץ למלחמה לפני יהוה ונכבשה הארץ לפניכם ונתתם
ל להם את־ארץ הגלעד לאחזה: ואם־לא יעברו חלוצים אתכם
לא ונאחזו בתככם בארץ כנען: ויענו בני־גד ובני ראובן לאמר
לב את אשר דבר יהוה אל־עבדיך כן נעשה: נחנו נעבר חלוצים
לפני יהוה ארץ כנען ואתנו אחזת נחלתנו מעבר לירדן:
לג ויתן להם | משה לבני־גד ולבני ראובן ולחצי | שבט | מנשה *
בן־יוסף את־ממלכת סיחן מלך האמרי ואת־ממלכת עוג
לד מלך הבשן הארץ לעריה בגבלת ערי הארץ סביב: ויבנו
לה בני־גד את־דיבן ואת־עטרת ואת ערער: ואת־עטרת שופן
לו ואת־יעזר ויגבהה: ואת־בית נמרה ואת־בית הרן ערי מבצר
לז וגדרת צאן: ובני ראובן בנו את־חשבון ואת־אלעלא ואת *

אנשי הצבא בזזו איש לו ויקח משה ואלעזר הכהן את הזהב
מאת שרי האלפים והמאות ויבאו אתו אל אהל מועד זכרון
לבני ישראל לפני יהוה

ומקנה רב היה לבני ראובן ולבני גד עצום מאד ויראו את
ארץ יעזר ואת ארץ גלעד והנה המקום מקום מקנה ויבאו
בני גד ובני ראובן ויאמרו אל משה ואל אלעזר הכהן ואל
נשיאי העדה לאמר עטרות ודיבן ויעזר ונמרה וחשבון
ואלעלה ושבם ונבו ובען הארץ אשר הכה יהוה לפני עדת
ישראל ארץ מקנה הוא ולעבדיך מקנה ויאמרו
אם מצאנו חן בעיניך יתן את הארץ הזאת לעבדיך לאחזה
אל תעברנו את הירדן ויאמר משה לבני גד ולבני ראובן
האחיכם יבאו למלחמה ואתם תשבו פה ולמה תנואון את
לב בני ישראל מעבר אל הארץ אשר נתן להם יהוה כה
עשו אבתיכם בשלחי אתם מקדש ברנע לראות את הארץ
ויעלו עד נחל אשכול ויראו את הארץ ויניאו את לב בני
ישראל לבלתי בא אל הארץ אשר נתן להם יהוה ויחר אף
יהוה ביום ההוא וישבע לאמר אם יראו האנשים העלים
ממצרים מבן עשרים שנה ומעלה את האדמה אשר נשבעתי
לאברהם ליצחק וליעקב כי לא מלאו אחרי בלתי כלב
בן יפנה הקנזי ויהושע בן נון כי מלאו אחרי יהוה ויחר
אף יהוה בישראל וינעם במדבר ארבעים שנה עד תם כל
הדור העשה הרע בעיני יהוה והנה קמתם תחת אבתיכם
תרבות אנשים חטאים לספות עוד על חרון אף יהוה אל
ישראל כי תשובן מאחריו ויסף עוד להניחו במדבר ושחתם
לכל העם הזה ויגשו אליו ויאמרו גדרת צאן
נבנה למקננו פה וערים לטפנו ואנחנו נחלץ חשים לפני בני
ישראל עד אשר אם הביאנם אל מקומם וישב טפנו בערי

נג נד אַנְשֵׁי הַצָּבָא בָּזְזוּ אִישׁ לוֹ׃ וַיִּקַּח מֹשֶׁה וְאֶלְעָזָר הַכֹּהֵן אֶת־הַזָּהָב
מֵאֵת שָׂרֵי הָאֲלָפִים וְהַמֵּאוֹת וַיָּבִאוּ אֹתוֹ אֶל־אֹהֶל מוֹעֵד זִכָּרוֹן
לִבְנֵי־יִשְׂרָאֵל לִפְנֵי יְהוָה׃

לב א וּמִקְנֶה ׀ רַב הָיָה לִבְנֵי רְאוּבֵן וְלִבְנֵי־גָד עָצוּם מְאֹד וַיִּרְאוּ אֶת־ כט ששי ושלישי
ב אֶרֶץ יַעְזֵר וְאֶת־אֶרֶץ גִּלְעָד וְהִנֵּה הַמָּקוֹם מְקוֹם מִקְנֶה׃ וַיָּבֹאוּ
בְנֵי־גָד וּבְנֵי רְאוּבֵן וַיֹּאמְרוּ אֶל־מֹשֶׁה וְאֶל־אֶלְעָזָר הַכֹּהֵן וְאֶל־
ג נְשִׂיאֵי הָעֵדָה לֵאמֹר׃ עֲטָרוֹת וְדִיבֹן וְיַעְזֵר וְנִמְרָה וְחֶשְׁבּוֹן
ד וְאֶלְעָלֵה וּשְׂבָם וּנְבוֹ וּבְעֹן׃ הָאָרֶץ אֲשֶׁר הִכָּה יְהוָה לִפְנֵי עֲדַת
ה יִשְׂרָאֵל אֶרֶץ מִקְנֶה הִוא וְלַעֲבָדֶיךָ מִקְנֶה׃ וַיֹּאמְרוּ ✶
אִם־מָצָאנוּ חֵן בְּעֵינֶיךָ יֻתַּן אֶת־הָאָרֶץ הַזֹּאת לַעֲבָדֶיךָ לַאֲחֻזָּה
ו אַל־תַּעֲבִרֵנוּ אֶת־הַיַּרְדֵּן׃ וַיֹּאמֶר מֹשֶׁה לִבְנֵי־גָד וְלִבְנֵי רְאוּבֵן
ז הַאַחֵיכֶם יָבֹאוּ לַמִּלְחָמָה וְאַתֶּם תֵּשְׁבוּ פֹה׃ וְלָמָּה תנואון אֶת־ תְנִיאוּן
ח לֵב בְּנֵי יִשְׂרָאֵל מֵעֲבֹר אֶל־הָאָרֶץ אֲשֶׁר־נָתַן לָהֶם יְהוָה׃ כֹּה
עָשׂוּ אֲבֹתֵיכֶם בְּשָׁלְחִי אֹתָם מִקָּדֵשׁ בַּרְנֵעַ לִרְאוֹת אֶת־הָאָרֶץ׃
ט וַיַּעֲלוּ עַד־נַחַל אֶשְׁכּוֹל וַיִּרְאוּ אֶת־הָאָרֶץ וַיָּנִיאוּ אֶת־לֵב בְּנֵי
י יִשְׂרָאֵל לְבִלְתִּי־בֹא אֶל־הָאָרֶץ אֲשֶׁר־נָתַן לָהֶם יְהוָה׃ וַיִּחַר־אַף
יא יְהוָה בַּיּוֹם הַהוּא וַיִּשָּׁבַע לֵאמֹר׃ אִם־יִרְאוּ הָאֲנָשִׁים הָעֹלִים
מִמִּצְרַיִם מִבֶּן עֶשְׂרִים שָׁנָה וָמַעְלָה אֵת הָאֲדָמָה אֲשֶׁר נִשְׁבַּעְתִּי
יב לְאַבְרָהָם לְיִצְחָק וּלְיַעֲקֹב כִּי לֹא־מִלְאוּ אַחֲרָי׃ בִּלְתִּי כָּלֵב
יג בֶּן־יְפֻנֶּה הַקְּנִזִּי וִיהוֹשֻׁעַ בִּן־נוּן כִּי מִלְאוּ אַחֲרֵי יְהוָה׃ וַיִּחַר־
אַף יְהוָה בְּיִשְׂרָאֵל וַיְנִעֵם בַּמִּדְבָּר אַרְבָּעִים שָׁנָה עַד־תֹּם כָּל־
יד הַדּוֹר הָעֹשֶׂה הָרַע בְּעֵינֵי יְהוָה׃ וְהִנֵּה קַמְתֶּם תַּחַת אֲבֹתֵיכֶם
תַּרְבּוּת אֲנָשִׁים חַטָּאִים לִסְפּוֹת עוֹד עַל חֲרוֹן אַף־יְהוָה אֶל־
טו יִשְׂרָאֵל׃ כִּי תְשׁוּבֻן מֵאַחֲרָיו וְיָסַף עוֹד לְהַנִּיחוֹ בַּמִּדְבָּר וְשִׁחַתֶּם
טז לְכָל־הָעָם הַזֶּה׃ וַיִּגְּשׁוּ אֵלָיו וַיֹּאמְרוּ גִּדְרֹת צֹאן
יז נִבְנֶה לְמִקְנֵנוּ פֹּה וְעָרִים לְטַפֵּנוּ׃ וַאֲנַחְנוּ נֵחָלֵץ חֻשִׁים לִפְנֵי בְּנֵי
יִשְׂרָאֵל עַד אֲשֶׁר אִם־הֲבִיאֹנֻם אֶל־מְקוֹמָם וְיָשַׁב טַפֵּנוּ בְּעָרֵי

ללוים שמרי משמרת משכן יהוה ויעש משה ואלעזר הכהן
כאשר צוה יהוה את משה ויהי המלקוח יתר הבז אשר בזזו
עם הצבא צאן שש מאות אלף ושבעים אלף וחמשת אלפים
ובקר שנים ושבעים אלף וחמרים אחד וששים אלף ונפש
אדם מן הנשים אשר לא ידעו משכב זכר כל נפש שנים
ושלשים אלף ותהי המחצה חלק היצאים בצבא מספר
הצאן שלש מאות אלף ושלשים אלף ושבעת אלפים וחמש
מאות ויהי המכס ליהוה מן הצאן שש מאות חמש ושבעים
והבקר ששה ושלשים אלף ומכסם ליהוה שנים ושבעים
וחמרים שלשים אלף וחמש מאות ומכסם ליהוה אחד וששים
ונפש אדם ששה עשר אלף ומכסם ליהוה שנים ושלשים נפש
ויתן משה את מכס תרומת יהוה לאלעזר הכהן כאשר צוה
יהוה את משה וממחצית בני ישראל אשר חצה משה מן
האנשים הצבאים ותהי מחצת העדה מן הצאן שלש מאות
אלף ושלשים אלף שבעת אלפים וחמש מאות ובקר ששה
ושלשים אלף וחמרים שלשים אלף וחמש מאות ונפש אדם
ששה עשר אלף ויקח משה ממחצת בני ישראל את האחז
אחד מן החמשים מן האדם ומן הבהמה ויתן אתם ללוים
שמרי משמרת משכן יהוה כאשר צוה יהוה את משה
ויקרבו אל משה הפקדים אשר לאלפי הצבא שרי האלפים
ושרי המאות ויאמרו אל משה עבדיך נשאו את ראש
אנשי המלחמה אשר בידנו ולא נפקד ממנו איש ונקרב
את קרבן יהוה איש אשר מצא כלי זהב אצעדה וצמיד
טבעת עגיל וכומז לכפר על נפשתינו לפני יהוה ויקח משה
ואלעזר הכהן את הזהב מאתם כל כלי מעשה ויהי כל
זהב התרומה אשר הרימו ליהוה ששה עשר אלף שבע
מאות וחמשים שקל מאת שרי האלפים ומאת שרי המאות

לא לַלְוִיִּם שֹׁמְרֵי מִשְׁמֶרֶת מִשְׁכַּן יְהוָה: וַיַּעַשׂ מֹשֶׁה וְאֶלְעָזָר הַכֹּהֵן
לב כַּאֲשֶׁר צִוָּה יְהוָה אֶת־מֹשֶׁה: וַיְהִי הַמַּלְקוֹחַ יֶתֶר הַבָּז אֲשֶׁר בָּזְזוּ ★
עַם הַצָּבָא צֹאן שֵׁשׁ־מֵאוֹת אֶלֶף וְשִׁבְעִים אֶלֶף וַחֲמֵשֶׁת אֲלָפִים:
לג לד לה וּבָקָר שְׁנַיִם וְשִׁבְעִים אָלֶף: וַחֲמֹרִים אֶחָד וְשִׁשִּׁים אָלֶף: וְנֶפֶשׁ
אָדָם מִן־הַנָּשִׁים אֲשֶׁר לֹא־יָדְעוּ מִשְׁכַּב זָכָר כָּל־נֶפֶשׁ שְׁנַיִם
לו וּשְׁלֹשִׁים אָלֶף: וַתְּהִי הַמֶּחֱצָה חֵלֶק הַיֹּצְאִים בַּצָּבָא מִסְפַּר
הַצֹּאן שְׁלֹשׁ־מֵאוֹת אֶלֶף וּשְׁלֹשִׁים אֶלֶף וְשִׁבְעַת אֲלָפִים וַחֲמֵשׁ
לז מֵאוֹת: וַיְהִי הַמֶּכֶס לַיהוָה מִן־הַצֹּאן שֵׁשׁ מֵאוֹת חָמֵשׁ וְשִׁבְעִים: ★
לח וְהַבָּקָר שִׁשָּׁה וּשְׁלֹשִׁים אָלֶף וּמִכְסָם לַיהוָה שְׁנַיִם וְשִׁבְעִים:
לט וַחֲמֹרִים שְׁלֹשִׁים אֶלֶף וַחֲמֵשׁ מֵאוֹת וּמִכְסָם לַיהוָה אֶחָד וְשִׁשִּׁים:
מ וְנֶפֶשׁ אָדָם שִׁשָּׁה עָשָׂר אָלֶף וּמִכְסָם לַיהוָה שְׁנַיִם וּשְׁלֹשִׁים נָפֶשׁ:
מא וַיִּתֵּן מֹשֶׁה אֶת־מֶכֶס תְּרוּמַת יְהוָה לְאֶלְעָזָר הַכֹּהֵן כַּאֲשֶׁר צִוָּה
מב יְהוָה אֶת־מֹשֶׁה: וּמִמַּחֲצִית בְּנֵי יִשְׂרָאֵל אֲשֶׁר חָצָה מֹשֶׁה מִן־ חמישי
מג הָאֲנָשִׁים הַצֹּבְאִים: וַתְּהִי מֶחֱצַת הָעֵדָה מִן־הַצֹּאן שְׁלֹשׁ־מֵאוֹת
מד אֶלֶף וּשְׁלֹשִׁים אֶלֶף שִׁבְעַת אֲלָפִים וַחֲמֵשׁ מֵאוֹת: וּבָקָר שִׁשָּׁה
מה מו וּשְׁלֹשִׁים אָלֶף: וַחֲמֹרִים שְׁלֹשִׁים אֶלֶף וַחֲמֵשׁ מֵאוֹת: וְנֶפֶשׁ אָדָם
מז שִׁשָּׁה עָשָׂר אָלֶף: וַיִּקַּח מֹשֶׁה מִמַּחֲצִת בְּנֵי־יִשְׂרָאֵל אֶת־הָאָחֻז
אֶחָד מִן־הַחֲמִשִּׁים מִן־הָאָדָם וּמִן־הַבְּהֵמָה וַיִּתֵּן אֹתָם לַלְוִיִּם
שֹׁמְרֵי מִשְׁמֶרֶת מִשְׁכַּן יְהוָה כַּאֲשֶׁר צִוָּה יְהוָה אֶת־מֹשֶׁה:
מח וַיִּקְרְבוּ אֶל־מֹשֶׁה הַפְּקֻדִים אֲשֶׁר לְאַלְפֵי הַצָּבָא שָׂרֵי הָאֲלָפִים ★
מט וְשָׂרֵי הַמֵּאוֹת: וַיֹּאמְרוּ אֶל־מֹשֶׁה עֲבָדֶיךָ נָשְׂאוּ אֶת־רֹאשׁ
נ אַנְשֵׁי הַמִּלְחָמָה אֲשֶׁר בְּיָדֵנוּ וְלֹא־נִפְקַד מִמֶּנּוּ אִישׁ: וַנַּקְרֵב
אֶת־קָרְבַּן יְהוָה אִישׁ אֲשֶׁר מָצָא כְלִי־זָהָב אֶצְעָדָה וְצָמִיד
נא טַבַּעַת עָגִיל וְכוּמָז לְכַפֵּר עַל־נַפְשֹׁתֵינוּ לִפְנֵי יְהוָה: וַיִּקַּח מֹשֶׁה ★
נב וְאֶלְעָזָר הַכֹּהֵן אֶת־הַזָּהָב מֵאִתָּם כֹּל כְּלִי מַעֲשֶׂה: וַיְהִי ׀ כָּל־
זְהַב הַתְּרוּמָה אֲשֶׁר הֵרִימוּ לַיהוָה שִׁשָּׁה עָשָׂר אֶלֶף שְׁבַע־
מֵאוֹת וַחֲמִשִּׁים שָׁקֶל מֵאֵת שָׂרֵי הָאֲלָפִים וּמֵאֵת שָׂרֵי הַמֵּאוֹת:

ישראל את השבי ואת המלקוח ואת השלל אל המחנה
אל ערבת מואב אשר על ירדן ירחו ויצאו
משה ואלעזר הכהן וכל נשיאי העדה לקראתם אל מחוץ
למחנה ויקצף משה על פקודי החיל שרי האלפים ושרי
המאות הבאים מצבא המלחמה ויאמר אליהם משה
החייתם כל נקבה הן הנה היו לבני ישראל בדבר בלעם
למסר מעל ביהוה על דבר פעור ותהי המגפה בעדת יהוה
ועתה הרגו כל זכר בטף וכל אשה ידעת איש למשכב
זכר הרגו וכל הטף בנשים אשר לא ידעו משכב זכר החיו
לכם ואתם חנו מחוץ למחנה שבעת ימים כל הרג נפש
וכל נגע בחלל תתחטאו ביום השלישי וביום השביעי אתם
ושביכם וכל בגד וכל כלי עור וכל מעשה עזים וכל כלי
עץ תתחטאו ויאמר אלעזר הכהן אל אנשי
הצבא הבאים למלחמה זאת חקת התורה אשר צוה יהוה
את משה אך את הזהב ואת הכסף את הנחשת את הברזל
את הבדיל ואת העפרת כל דבר אשר יבא באש תעבירו
באש וטהר אך במי נדה יתחטא וכל אשר לא יבא באש
תעבירו במים וכבסתם בגדיכם ביום השביעי וטהרתם
ואחר תבאו אל המחנה ויאמר יהוה אל
משה לאמר שא את ראש מלקוח השבי באדם ובבהמה
אתה ואלעזר הכהן וראשי אבות העדה וחצית את המלקוח
בין תפשי המלחמה היצאים לצבא ובין כל העדה והרמת
מכס ליהוה מאת אנשי המלחמה היצאים לצבא אחד נפש
מחמש המאות מן האדם ומן הבקר ומן החמרים ומן הצאן
ממחציתם תקחו ונתתה לאלעזר הכהן תרומת יהוה
וממחצת בני ישראל תקח אחד אחז מן החמשים מן האדם
מן הבקר מן החמרים ומן הצאן מכל הבהמה ונתתה אתם

ישראל את־השבי ואת־המלקוח ואת־השלל אל־המחנה
יג אל־ערבת מואב אשר על־ירדן ירחו: ויצאו — שלישי (שני)
משה ואלעזר הכהן וכל־נשיאי העדה לקראתם אל־מחוץ
יד למחנה: ויקצף משה על פקודי החיל שרי האלפים ושרי
טו המאות הבאים מצבא המלחמה: ויאמר אליהם משה
טז החייתם כל־נקבה: הן הנה היו לבני ישראל בדבר בלעם
למסר־מעל ביהוה על־דבר פעור ותהי המגפה בעדת יהוה:
יז ועתה הרגו כל־זכר בטף וכל־אשה ידעת איש למשכב
יח זכר הרגו: וכל הטף בנשים אשר לא־ידעו משכב זכר החיו
יט לכם: ואתם חנו מחוץ למחנה שבעת ימים כל הרג נפש
וכל ׀ נגע בחלל תתחטאו ביום השלישי וביום השביעי אתם
כ ושביכם: וכל־בגד וכל־כלי־עור וכל־מעשה עזים וכל־כלי־
כא עץ תתחטאו: ויאמר אלעזר הכהן אל־אנשי ★
הצבא הבאים למלחמה זאת חקת התורה אשר־צוה יהוה
כב את־משה: אך את־הזהב ואת־הכסף את־הנחשת את־הברזל
כג את־הבדיל ואת־העפרת: כל־דבר אשר־יבא באש תעבירו
באש וטהר אך במי נדה יתחטא וכל אשר לא־יבא באש
כד תעבירו במים: וכבסתם בגדיכם ביום השביעי וטהרתם
כה ואחר תבאו אל־המחנה: ויאמר יהוה אל־ — כח רביעי
כו משה לאמר: שא את ראש מלקוח השבי באדם ובבהמה
כז אתה ואלעזר הכהן וראשי אבות העדה: וחצית את־המלקוח
כח בין תפשי המלחמה היצאים לצבא ובין כל־העדה: והרמת
מכס ליהוה מאת אנשי המלחמה היצאים לצבא אחד נפש
מחמש המאות מן־האדם ומן־הבקר ומן־החמרים ומן־הצאן:
כט ממחציתם תקחו ונתתה לאלעזר הכהן תרומת יהוה:
ל וממחצת בני־ישראל תקח ׀ אחד ׀ אחז מן־החמשים מן־האדם
מן־הבקר מן־החמרים ומן־הצאן מכל־הבהמה ונתתה אתם

יסלח לה ונדר אלמנה וגרושה כל אשר אסרה על נפשה
יקום עליה ואם בית אישה נדרה או אסרה אסר על נפשה
בשבעה ושמע אישה והחרש לה לא הניא אתה וקמו כל
נדריה וכל אסר אשר אסרה על נפשה יקום ואם הפר
יפר אתם אישה ביום שמעו כל מוצא שפתיה לנדריה
ולאסר נפשה לא יקום אישה הפרם ויהוה יסלח לה כל
נדר וכל שבעת אסר לענת נפש אישה יקימנו ואישה יפרנו
ואם החרש יחריש לה אישה מיום אל יום והקים את כל
נדריה או את כל אסריה אשר עליה הקים אתם כי החרש
לה ביום שמעו ואם הפר יפר אתם אחרי שמעו ונשא את
עונה אלה החקים אשר צוה יהוה את משה בין איש
לאשתו בין אב לבתו בנעריה בית אביה
וידבר יהוה אל משה לאמר נקם נקמת בני ישראל מאת
המדינים אחר תאסף אל עמיך וידבר משה אל העם לאמר
החלצו מאתכם אנשים לצבא ויהיו על מדין לתת נקמת
יהוה במדין אלף למטה אלף למטה לכל מטות ישראל
תשלחו לצבא וימסרו מאלפי ישראל אלף למטה שנים
עשר אלף חלוצי צבא וישלח אתם משה אלף למטה לצבא
אתם ואת פינחס בן אלעזר הכהן לצבא וכלי הקדש וחצצרות
התרועה בידו ויצבאו על מדין כאשר צוה יהוה את משה
ויהרגו כל זכר ואת מלכי מדין הרגו על חלליהם את אוי
ואת רקם ואת צור ואת חור ואת רבע חמשת מלכי מדין
ואת בלעם בן בעור הרגו בחרב וישבו בני ישראל את
נשי מדין ואת טפם ואת כל בהמתם ואת כל מקנהם ואת
כל חילם בזזו ואת כל עריהם במושבתם ואת כל טירתם
שרפו באש ויקחו את כל השלל ואת כל המלקוח באדם
ובבהמה ויבאו אל משה ואל אלעזר הכהן ואל עדת בני

י יִסְלַח־לָהּ׃ וְנֵדֶר אַלְמָנָה וּגְרוּשָׁה כֹּל אֲשֶׁר־אָסְרָה עַל־נַפְשָׁהּ *
יא יָקוּם עָלֶיהָ׃ וְאִם־בֵּית אִישָׁהּ נָדָרָה אוֹ־אָסְרָה אִסָּר עַל־נַפְשָׁהּ
יב בִּשְׁבֻעָה׃ וְשָׁמַע אִישָׁהּ וְהֶחֱרִשׁ לָהּ לֹא הֵנִיא אֹתָהּ וְקָמוּ כָּל־
יג נְדָרֶיהָ וְכָל־אִסָּר אֲשֶׁר־אָסְרָה עַל־נַפְשָׁהּ יָקוּם׃ וְאִם־הָפֵר
יָפֵר אֹתָם ׀ אִישָׁהּ בְּיוֹם שָׁמְעוֹ כָּל־מוֹצָא שְׂפָתֶיהָ לִנְדָרֶיהָ
יד וּלְאִסַּר נַפְשָׁהּ לֹא יָקוּם אִישָׁהּ הֲפֵרָם וַיהוָה יִסְלַח־לָהּ׃ כָּל־ *
נֵדֶר וְכָל־שְׁבֻעַת אִסָּר לְעַנֹּת נָפֶשׁ אִישָׁהּ יְקִימֶנּוּ וְאִישָׁהּ יְפֵרֶנּוּ׃
טו וְאִם־הַחֲרֵשׁ יַחֲרִישׁ לָהּ אִישָׁהּ מִיּוֹם אֶל־יוֹם וְהֵקִים אֶת־כָּל־
נְדָרֶיהָ אוֹ אֶת־כָּל־אֱסָרֶיהָ אֲשֶׁר עָלֶיהָ הֵקִים אֹתָם כִּי־הֶחֱרִשׁ
טז לָהּ בְּיוֹם שָׁמְעוֹ׃ וְאִם־הָפֵר יָפֵר אֹתָם אַחֲרֵי שָׁמְעוֹ וְנָשָׂא אֶת־
יז עֲוֺנָהּ׃ אֵלֶּה הַחֻקִּים אֲשֶׁר צִוָּה יְהוָה אֶת־מֹשֶׁה בֵּין אִישׁ
לְאִשְׁתּוֹ בֵּין־אָב לְבִתּוֹ בִּנְעֻרֶיהָ בֵּית אָבִיהָ׃

לא א ב וַיְדַבֵּר יְהוָה אֶל־מֹשֶׁה לֵּאמֹר׃ נְקֹם נִקְמַת בְּנֵי יִשְׂרָאֵל מֵאֵת כז שני
ג הַמִּדְיָנִים אַחַר תֵּאָסֵף אֶל־עַמֶּיךָ׃ וַיְדַבֵּר מֹשֶׁה אֶל־הָעָם לֵאמֹר
הֵחָלְצוּ מֵאִתְּכֶם אֲנָשִׁים לַצָּבָא וְיִהְיוּ עַל־מִדְיָן לָתֵת נִקְמַת־
ד יְהוָה בְּמִדְיָן׃ אֶלֶף לַמַּטֶּה אֶלֶף לַמַּטֶּה לְכֹל מַטּוֹת יִשְׂרָאֵל
ה תִּשְׁלְחוּ לַצָּבָא׃ וַיִּמָּסְרוּ מֵאַלְפֵי יִשְׂרָאֵל אֶלֶף לַמַּטֶּה שְׁנֵים־
ו עָשָׂר אֶלֶף חֲלוּצֵי צָבָא׃ וַיִּשְׁלַח אֹתָם מֹשֶׁה אֶלֶף לַמַּטֶּה לַצָּבָא
אֹתָם וְאֶת־פִּינְחָס בֶּן־אֶלְעָזָר הַכֹּהֵן לַצָּבָא וּכְלֵי הַקֹּדֶשׁ וַחֲצֹצְרוֹת
ז הַתְּרוּעָה בְּיָדוֹ׃ וַיִּצְבְּאוּ עַל־מִדְיָן כַּאֲשֶׁר צִוָּה יְהוָה אֶת־מֹשֶׁה *
ח וַיַּהַרְגוּ כָּל־זָכָר׃ וְאֶת־מַלְכֵי מִדְיָן הָרְגוּ עַל־חַלְלֵיהֶם אֶת־אֱוִי
וְאֶת־רֶקֶם וְאֶת־צוּר וְאֶת־חוּר וְאֶת־רֶבַע חֲמֵשֶׁת מַלְכֵי מִדְיָן
ט וְאֵת בִּלְעָם בֶּן־בְּעוֹר הָרְגוּ בֶּחָרֶב׃ וַיִּשְׁבּוּ בְנֵי־יִשְׂרָאֵל אֶת־
נְשֵׁי מִדְיָן וְאֶת־טַפָּם וְאֵת כָּל־בְּהֶמְתָּם וְאֶת־כָּל־מִקְנֵהֶם וְאֶת־
י כָּל־חֵילָם בָּזָזוּ׃ וְאֵת כָּל־עָרֵיהֶם בְּמוֹשְׁבֹתָם וְאֵת כָּל־טִירֹתָם *
יא שָׂרְפוּ בָּאֵשׁ׃ וַיִּקְחוּ אֶת־כָּל־הַשָּׁלָל וְאֵת כָּל־הַמַּלְקוֹחַ בָּאָדָם
יב וּבַבְּהֵמָה׃ וַיָּבִאוּ אֶל־מֹשֶׁה וְאֶל־אֶלְעָזָר הַכֹּהֵן וְאֶל־עֲדַת בְּנֵי־

עשר תמימם ומנחתם ונסכיהם לפרים לאילם ולכבשים
במספרם כמשפט ושעיר חטאת אחד מלבד עלת התמיד
מנחתה ונסכיה וביום השביעי פרים שבעה
אילם שנים כבשים בני שנה ארבעה עשר תמימם ומנחתם
ונסכהם לפרים לאילם ולכבשים במספרם כמשפטם ושעיר
חטאת אחד מלבד עלת התמיד מנחתה ונסכה ביום
השמיני עצרת תהיה לכם כל מלאכת עבדה לא תעשו
והקרבתם עלה אשה ריח ניחח ליהוה פר אחד איל אחד
כבשים בני שנה שבעה תמימם מנחתם ונסכיהם לפר
לאיל ולכבשים במספרם כמשפט ושעיר חטאת אחד
מלבד עלת התמיד ומנחתה ונסכה אלה תעשו ליהוה
במועדיכם לבד מנדריכם ונדבתיכם לעלתיכם ולמנחתיכם
ולנסכיכם ולשלמיכם ויאמר משה אל בני ישראל ככל
אשר צוה יהוה את משה
וידבר משה אל ראשי המטות לבני ישראל לאמר זה הדבר
אשר צוה יהוה איש כי ידר נדר ליהוה או השבע שבעה
לאסר אסר על נפשו לא יחל דברו ככל היצא מפיו יעשה
ואשה כי תדר נדר ליהוה ואסרה אסר בבית אביה בנעריה
ושמע אביה את נדרה ואסרה אשר אסרה על נפשה והחריש
לה אביה וקמו כל נדריה וכל אסר אשר אסרה על נפשה
יקום ואם הניא אביה אתה ביום שמעו כל נדריה ואסריה
אשר אסרה על נפשה לא יקום ויהוה יסלח לה כי הניא
אֲבִיה אתה ואם היו תהיה לאיש ונדריה עליה או מבטא
שפתיה אשר אסרה על נפשה ושמע אישה ביום שמעו
והחריש לה וקמו נדריה ואסרה אשר אסרה על נפשה
יקמו ואם ביום שמע אישה יניא אותה והפר את נדרה
אשר עליה ואת מבטא שפתיה אשר אסרה על נפשה ויהוה

ל עֲשָׂר תְּמִימִֽם: וּמִנְחָתָם וְנִסְכֵּיהֶ֗ם לַפָּרִ֤ים לָֽאֵילִ֨ם וְלַכְּבָשִׂים

לא בְּמִסְפָּרָ֖ם כַּמִּשְׁפָּ֑ט: וּשְׂעִ֥יר חַטָּ֖את אֶחָ֑ד מִלְּבַ֕ד עֹלַ֥ת הַתָּמִ֖יד

לב מִנְחָתָ֖הּ וּנְסָכֶֽיהָ: ★ וּבַיּ֧וֹם הַשְּׁבִיעִ֛י פָּרִ֖ים שִׁבְעָ֑ה

לג אֵילִ֣ם שְׁנַ֔יִם כְּבָשִׂ֧ים בְּנֵֽי־שָׁנָ֛ה אַרְבָּעָ֥ה עָשָׂ֖ר תְּמִימִֽם: וּמִנְחָתָ֡ם

לד וְנִסְכֵּהֶ֡ם לַ֠פָּרִ֠ים לָאֵילִ֤ם וְלַכְּבָשִׂים֙ בְּמִסְפָּרָ֔ם כַּמִּשְׁפָּטָ֑ם: וּשְׂעִ֥יר

לה חַטָּ֖את אֶחָ֑ד מִלְּבַד֙ עֹלַ֣ת הַתָּמִ֔יד מִנְחָתָ֖הּ וְנִסְכָּֽהּ: ★מפטיר בַּיּ֣וֹם

הַשְּׁמִינִ֗י עֲצֶ֨רֶת֙ תִּֽהְיֶ֣ה לָכֶ֔ם כָּל־מְלֶ֥אכֶת עֲבֹדָ֖ה לֹ֥א תַעֲשֽׂוּ:

לו וְהִקְרַבְתֶּ֨ם עֹלָ֜ה אִשֵּׁ֨ה רֵ֤יחַ נִיחֹ֨חַ֙ לַֽיהֹוָ֔ה פַּ֥ר אֶחָ֖ד אַ֣יִל אֶחָ֑ד

לז כְּבָשִׂ֧ים בְּנֵֽי־שָׁנָ֛ה שִׁבְעָ֖ה תְּמִימִֽם: מִנְחָתָ֣ם וְנִסְכֵּיהֶ֗ם לַפָּ֨ר

לח לָאַ֧יִל וְלַכְּבָשִׂ֛ים בְּמִסְפָּרָ֖ם כַּמִּשְׁפָּ֑ט: וּשְׂעִ֥יר חַטָּ֖את אֶחָ֑ד

לט מִלְּבַד֙ עֹלַ֣ת הַתָּמִ֔יד וּמִנְחָתָ֖הּ וְנִסְכָּֽהּ: אֵ֛לֶּה תַּעֲשׂ֥וּ לַֽיהֹוָ֖ה

בְּמֹועֲדֵיכֶ֑ם לְבַ֨ד מִנִּדְרֵיכֶ֜ם וְנִדְבֹֽתֵיכֶ֗ם לְעֹלֹ֨תֵיכֶם֙ וּלְמִנְחֹ֣תֵיכֶ֔ם

ל א וּלְנִסְכֵּיכֶ֖ם וּלְשַׁלְמֵיכֶֽם: וַיֹּ֥אמֶר מֹשֶׁ֖ה אֶל־בְּנֵ֣י יִשְׂרָאֵ֑ל כְּכֹ֛ל

אֲשֶׁר־צִוָּ֥ה יְהֹוָ֖ה אֶת־מֹשֶֽׁה:

ב וַיְדַבֵּ֤ר מֹשֶׁה֙ אֶל־רָאשֵׁ֣י הַמַּטּ֔וֹת לִבְנֵ֥י יִשְׂרָאֵ֖ל לֵאמֹ֑ר זֶ֣ה הַדָּבָ֔ר

ג אֲשֶׁ֖ר צִוָּ֣ה יְהֹוָֽה: אִישׁ֩ כִּֽי־יִדֹּ֨ר נֶ֜דֶר לַֽיהֹוָ֗ה אֽוֹ־הִשָּׁ֤בַע שְׁבֻעָה֙

לֶאְסֹ֤ר אִסָּר֙ עַל־נַפְשׁ֔וֹ לֹ֥א יַחֵ֖ל דְּבָר֑וֹ כְּכָל־הַיֹּצֵ֥א מִפִּ֖יו יַעֲשֶֽׂה:

ד וְאִשָּׁ֕ה כִּֽי־תִדֹּ֥ר נֶ֖דֶר לַֽיהֹוָ֑ה וְאָסְרָ֥ה אִסָּ֛ר בְּבֵ֥ית אָבִ֖יהָ בִּנְעֻרֶֽיהָ:

ה וְשָׁמַ֨ע אָבִ֜יהָ אֶת־נִדְרָ֗הּ וֶֽאֱסָרָהּ֙ אֲשֶׁ֣ר אָֽסְרָ֣ה עַל־נַפְשָׁ֔הּ וְהֶחֱרִ֥ישׁ

לָ֖הּ אָבִ֑יהָ וְקָ֨מוּ֙ כָּל־נְדָרֶ֔יהָ וְכָל־אִסָּ֛ר אֲשֶׁר־אָסְרָ֥ה עַל־נַפְשָׁ֖הּ

ו יָקֽוּם: וְאִם־הֵנִ֨יא אָבִ֤יהָ אֹתָהּ֙ בְּי֣וֹם שָׁמְע֔וֹ כָּל־נְדָרֶ֨יהָ֙ וֶֽאֱסָרֶ֔יהָ ★

אֲשֶׁר־אָסְרָ֥ה עַל־נַפְשָׁ֖הּ לֹ֣א יָק֑וּם וַֽיהֹוָה֙ יִֽסְלַֽח־לָ֔הּ כִּֽי־הֵנִ֥יא

ז אָבִ֖יהָ אֹתָֽהּ: וְאִם־הָי֤וֹ תִֽהְיֶה֙ לְאִ֔ישׁ וּנְדָרֶ֖יהָ עָלֶ֑יהָ אֶ֖וֹ מִבְטָ֥א

ח שְׂפָתֶ֔יהָ אֲשֶׁ֥ר אָסְרָ֖ה עַל־נַפְשָֽׁהּ: וְשָׁמַ֥ע אִישָׁ֛הּ בְּי֥וֹם שָׁמְע֖וֹ

וְהֶחֱרִ֣ישׁ לָ֑הּ וְקָ֣מוּ נְדָרֶ֗יהָ וֶֽאֱסָרֶ֛הָ אֲשֶׁר־אָסְרָ֥ה עַל־נַפְשָׁ֖הּ

ט יָקֻֽמוּ: וְ֠אִ֠ם בְּי֨וֹם שְׁמֹ֤עַ אִישָׁהּ֙ יָנִ֣יא אוֹתָ֔הּ וְהֵפֵ֗ר אֶת־נִדְרָהּ֙

אֲשֶׁ֣ר עָלֶ֔יהָ וְאֵת֙ מִבְטָ֣א שְׂפָתֶ֔יהָ אֲשֶׁ֥ר אָסְרָ֖ה עַל־נַפְשָׁ֑הּ וַֽיהֹוָ֖ה

שני עשרנים לאיל האחד עשרון עשרון לכבש האחד לשבעת
הכבשים שעיר עזים אחד חטאת מלבד חטאת הכפרים
ועלת התמיד ומנחתה ונסכיהם ובחמשה
עשר יום לחדש השביעי מקרא קדש יהיה לכם כל מלאכת
עבדה לא תעשו וחגתם חג ליהוה שבעת ימים והקרבתם
עלה אשה ריח ניחח ליהוה פרים בני בקר שלשה עשר אילם
שנים כבשים בני שנה ארבעה עשר תמימם יהיו ומנחתם
סלת בלולה בשמן שלשה עשרנים לפר האחד לשלשה עשר
פרים שני עשרנים לאיל האחד לשני האילם ועשרון עשרון
לכבש האחד לארבעה עשר כבשים ושעיר עזים אחד חטאת
מלבד עלת התמיד מנחתה ונסכה וביום
השני פרים בני בקר שנים עשר אילם שנים כבשים בני שנה
ארבעה עשר תמימם ומנחתם ונסכיהם לפרים לאילם
ולכבשים במספרם כמשפט ושעיר עזים אחד חטאת מלבד
עלת התמיד ומנחתה ונסכיהם וביום השלישי
פרים עשתי עשר אילם שנים כבשים בני שנה ארבעה
עשר תמימם ומנחתם ונסכיהם לפרים לאילם ולכבשים
במספרם כמשפט ושעיר חטאת אחד מלבד עלת התמיד
ומנחתה ונסכה וביום הרביעי פרים עשרה
אילם שנים כבשים בני שנה ארבעה עשר תמימם מנחתם
ונסכיהם לפרים לאילם ולכבשים במספרם כמשפט
ושעיר עזים אחד חטאת מלבד עלת התמיד מנחתה
ונסכה וביום החמישי פרים תשעה אילם שנים
כבשים בני שנה ארבעה עשר תמימם ומנחתם ונסכיהם
לפרים לאילם ולכבשים במספרם כמשפט ושעיר חטאת
אחד מלבד עלת התמיד ומנחתה ונסכה וביום
הששי פרים שמנה אילם שנים כבשים בני שנה ארבעה

י שְׁנֵי עֶשְׂרֹנִים לָאַיִל הָאֶחָד׃ עִשָּׂרוֹן עִשָּׂרוֹן לַכֶּבֶשׂ הָאֶחָד לְשִׁבְעַת
יא הַכְּבָשִׂים׃ שְׂעִיר־עִזִּים אֶחָד חַטָּאת מִלְּבַד חַטַּאת הַכִּפֻּרִים
יב וְעֹלַת הַתָּמִיד וּמִנְחָתָהּ וְנִסְכֵּיהֶם׃ וּבַחֲמִשָּׁה שביעי
עָשָׂר יוֹם לַחֹדֶשׁ הַשְּׁבִיעִי מִקְרָא־קֹדֶשׁ יִהְיֶה לָכֶם כָּל־מְלֶאכֶת
יג עֲבֹדָה לֹא תַעֲשׂוּ וְחַגֹּתֶם חַג לַיהוָה שִׁבְעַת יָמִים׃ וְהִקְרַבְתֶּם
עֹלָה אִשֵּׁה רֵיחַ נִיחֹחַ לַיהוָה פָּרִים בְּנֵי־בָקָר שְׁלֹשָׁה עָשָׂר אֵילִם
יד שְׁנָיִם כְּבָשִׂים בְּנֵי־שָׁנָה אַרְבָּעָה עָשָׂר תְּמִימִם יִהְיוּ׃ וּמִנְחָתָם
סֹלֶת בְּלוּלָה בַשָּׁמֶן שְׁלֹשָׁה עֶשְׂרֹנִים לַפָּר הָאֶחָד לִשְׁלֹשָׁה עָשָׂר
טו פָּרִים שְׁנֵי עֶשְׂרֹנִים לָאַיִל הָאֶחָד לִשְׁנֵי הָאֵילִם׃ וְעִשָּׂרוֹן עִשָּׂרוֹן
טז לַכֶּבֶשׂ הָאֶחָד לְאַרְבָּעָה עָשָׂר כְּבָשִׂים׃ וּשְׂעִיר־עִזִּים אֶחָד חַטָּאת
יז מִלְּבַד עֹלַת הַתָּמִיד מִנְחָתָהּ וְנִסְכָּהּ׃ וּבַיּוֹם ★
הַשֵּׁנִי פָּרִים בְּנֵי־בָקָר שְׁנֵים עָשָׂר אֵילִם שְׁנָיִם כְּבָשִׂים בְּנֵי־שָׁנָה
יח אַרְבָּעָה עָשָׂר תְּמִימִם׃ וּמִנְחָתָם וְנִסְכֵּיהֶם לַפָּרִים לָאֵילִם
יט וְלַכְּבָשִׂים בְּמִסְפָּרָם כַּמִּשְׁפָּט׃ וּשְׂעִיר־עִזִּים אֶחָד חַטָּאת מִלְּבַד
כ עֹלַת הַתָּמִיד וּמִנְחָתָהּ וְנִסְכֵּיהֶם׃ וּבַיּוֹם הַשְּׁלִישִׁי ★
פָּרִים עַשְׁתֵּי־עָשָׂר אֵילִם שְׁנָיִם כְּבָשִׂים בְּנֵי־שָׁנָה אַרְבָּעָה
כא עָשָׂר תְּמִימִם׃ וּמִנְחָתָם וְנִסְכֵּיהֶם לַפָּרִים לָאֵילִם וְלַכְּבָשִׂים
כב בְּמִסְפָּרָם כַּמִּשְׁפָּט׃ וּשְׂעִיר חַטָּאת אֶחָד מִלְּבַד עֹלַת הַתָּמִיד
כג וּמִנְחָתָהּ וְנִסְכָּהּ׃ וּבַיּוֹם הָרְבִיעִי פָּרִים עֲשָׂרָה ★
כד אֵילִם שְׁנָיִם כְּבָשִׂים בְּנֵי־שָׁנָה אַרְבָּעָה עָשָׂר תְּמִימִם׃ מִנְחָתָם
וְנִסְכֵּיהֶם לַפָּרִים לָאֵילִם וְלַכְּבָשִׂים בְּמִסְפָּרָם כַּמִּשְׁפָּט׃
כה וּשְׂעִיר־עִזִּים אֶחָד חַטָּאת מִלְּבַד עֹלַת הַתָּמִיד מִנְחָתָהּ
כו וְנִסְכָּהּ׃ וּבַיּוֹם הַחֲמִישִׁי פָּרִים תִּשְׁעָה אֵילִם שְׁנָיִם ★
כז כְּבָשִׂים בְּנֵי־שָׁנָה אַרְבָּעָה עָשָׂר תְּמִימִם׃ וּמִנְחָתָם וְנִסְכֵּיהֶם
כח לַפָּרִים לָאֵילִם וְלַכְּבָשִׂים בְּמִסְפָּרָם כַּמִּשְׁפָּט׃ וּשְׂעִיר חַטָּאת
כט אֶחָד מִלְּבַד עֹלַת הַתָּמִיד וּמִנְחָתָהּ וְנִסְכָּהּ׃ וּבַיּוֹם ★
הַשִּׁשִּׁי פָּרִים שְׁמֹנָה אֵילִם שְׁנָיִם כְּבָשִׂים בְּנֵי־שָׁנָה אַרְבָּעָה

לכם ומנחתם סלת בלולה בשמן שלשה עשרנים לפר ושני
עשרנים לאיל תעשו עשרון עשרון תעשה לכבש האחד
לשבעת הכבשים ושעיר חטאת אחד לכפר עליכם מלבד
עלת הבקר אשר לעלת התמיד תעשו את אלה כאלה
תעשו ליום שבעת ימים לחם אשה ריח ניחח ליהוה על
עולת התמיד יעשה ונסכו וביום השביעי מקרא קדש יהיה
לכם כל מלאכת עבדה לא תעשו וביום
הבכורים בהקריבכם מנחה חדשה ליהוה בשבעתיכם
מקרא קדש יהיה לכם כל מלאכת עבדה לא תעשו
והקרבתם עולה לריח ניחח ליהוה פרים בני בקר שנים איל
אחד שבעה כבשים בני שנה ומנחתם סלת בלולה בשמן
שלשה עשרנים לפר האחד שני עשרנים לאיל האחד עשרון
עשרון לכבש האחד לשבעת הכבשים שעיר עזים אחד
לכפר עליכם מלבד עלת התמיד ומנחתו תעשו תמימם
יהיו לכם ונסכיהם

ובחדש השביעי באחד לחדש מקרא קדש יהיה לכם כל
מלאכת עבדה לא תעשו יום תרועה יהיה לכם ועשיתם
עלה לריח ניחח ליהוה פר בן בקר אחד איל אחד כבשים
בני שנה שבעה תמימם ומנחתם סלת בלולה בשמן שלשה
עשרנים לפר שני עשרנים לאיל ועשרון אחד לכבש האחד
לשבעת הכבשים ושעיר עזים אחד חטאת לכפר עליכם
מלבד עלת החדש ומנחתה ועלת התמיד ומנחתה ונסכיהם
כמשפטם לריח ניחח אשה ליהוה ובעשור
לחדש השביעי הזה מקרא קדש יהיה לכם ועניתם את
נפשתיכם כל מלאכה לא תעשו והקרבתם עלה ליהוה ריח
ניחח פר בן בקר אחד איל אחד כבשים בני שנה שבעה תמימם
יהיו לכם ומנחתם סלת בלולה בשמן שלשה עשרנים לפר

כ לָכֶם׃ וּמִנְחָתָם סֹלֶת בְּלוּלָה בַשָּׁמֶן שְׁלֹשָׁה עֶשְׂרֹנִים לַפָּר וּשְׁנֵי
כא עֶשְׂרֹנִים לָאַיִל תַּעֲשׂוּ׃ עִשָּׂרוֹן עִשָּׂרוֹן תַּעֲשֶׂה לַכֶּבֶשׂ הָאֶחָד
כב כג לְשִׁבְעַת הַכְּבָשִׂים׃ וּשְׂעִיר חַטָּאת אֶחָד לְכַפֵּר עֲלֵיכֶם׃ מִלְּבַד
כד עֹלַת הַבֹּקֶר אֲשֶׁר לְעֹלַת הַתָּמִיד תַּעֲשׂוּ אֶת־אֵלֶּה׃ כָּאֵלֶּה
תַּעֲשׂוּ לַיּוֹם שִׁבְעַת יָמִים לֶחֶם אִשֵּׁה רֵיחַ־נִיחֹחַ לַיהוָה עַל־
כה עוֹלַת הַתָּמִיד יֵעָשֶׂה וְנִסְכּוֹ׃ וּבַיּוֹם הַשְּׁבִיעִי מִקְרָא־קֹדֶשׁ יִהְיֶה
כו לָכֶם כָּל־מְלֶאכֶת עֲבֹדָה לֹא תַעֲשׂוּ׃ וּבְיוֹם כה ✶
הַבִּכּוּרִים בְּהַקְרִיבְכֶם מִנְחָה חֲדָשָׁה לַיהוָה בְּשָׁבֻעֹתֵיכֶם
מִקְרָא־קֹדֶשׁ יִהְיֶה לָכֶם כָּל־מְלֶאכֶת עֲבֹדָה לֹא תַעֲשׂוּ׃
כז וְהִקְרַבְתֶּם עוֹלָה לְרֵיחַ נִיחֹחַ לַיהוָה פָּרִים בְּנֵי־בָקָר שְׁנַיִם אַיִל
כח אֶחָד שִׁבְעָה כְבָשִׂים בְּנֵי שָׁנָה׃ וּמִנְחָתָם סֹלֶת בְּלוּלָה בַשָּׁמֶן
כט שְׁלֹשָׁה עֶשְׂרֹנִים לַפָּר הָאֶחָד שְׁנֵי עֶשְׂרֹנִים לָאַיִל הָאֶחָד׃ עִשָּׂרוֹן
ל עִשָּׂרוֹן לַכֶּבֶשׂ הָאֶחָד לְשִׁבְעַת הַכְּבָשִׂים׃ שְׂעִיר עִזִּים אֶחָד
לא לְכַפֵּר עֲלֵיכֶם׃ מִלְּבַד עֹלַת הַתָּמִיד וּמִנְחָתוֹ תַּעֲשׂוּ תְּמִימִם
יִהְיוּ־לָכֶם וְנִסְכֵּיהֶם׃

כט א וּבַחֹדֶשׁ הַשְּׁבִיעִי בְּאֶחָד לַחֹדֶשׁ מִקְרָא־קֹדֶשׁ יִהְיֶה לָכֶם כָּל־ ✶
ב מְלֶאכֶת עֲבֹדָה לֹא תַעֲשׂוּ יוֹם תְּרוּעָה יִהְיֶה לָכֶם׃ וַעֲשִׂיתֶם
עֹלָה לְרֵיחַ נִיחֹחַ לַיהוָה פַּר בֶּן־בָּקָר אֶחָד אַיִל אֶחָד כְּבָשִׂים
ג בְּנֵי־שָׁנָה שִׁבְעָה תְּמִימִם׃ וּמִנְחָתָם סֹלֶת בְּלוּלָה בַשָּׁמֶן שְׁלֹשָׁה
ד עֶשְׂרֹנִים לַפָּר שְׁנֵי עֶשְׂרֹנִים לָאָיִל׃ וְעִשָּׂרוֹן אֶחָד לַכֶּבֶשׂ הָאֶחָד
ה לְשִׁבְעַת הַכְּבָשִׂים׃ וּשְׂעִיר־עִזִּים אֶחָד חַטָּאת לְכַפֵּר עֲלֵיכֶם׃
ו מִלְּבַד עֹלַת הַחֹדֶשׁ וּמִנְחָתָהּ וְעֹלַת הַתָּמִיד וּמִנְחָתָהּ וְנִסְכֵּיהֶם
ז כְּמִשְׁפָּטָם לְרֵיחַ נִיחֹחַ אִשֶּׁה לַיהוָה׃ וּבֶעָשׂוֹר ✶
לַחֹדֶשׁ הַשְּׁבִיעִי הַזֶּה מִקְרָא־קֹדֶשׁ יִהְיֶה לָכֶם וְעִנִּיתֶם אֶת־
ח נַפְשֹׁתֵיכֶם כָּל־מְלָאכָה לֹא תַעֲשׂוּ׃ וְהִקְרַבְתֶּם עֹלָה לַיהוָה רֵיחַ
נִיחֹחַ פַּר בֶּן־בָּקָר אֶחָד אַיִל אֶחָד כְּבָשִׂים בְּנֵי־שָׁנָה שִׁבְעָה תְּמִימִם
ט יִהְיוּ לָכֶם׃ וּמִנְחָתָם סֹלֶת בְּלוּלָה בַשָּׁמֶן שְׁלֹשָׁה עֶשְׂרֹנִים לַפָּר

דבר יהוה ביד משה
וידבר יהוה אל משה לאמר צו את בני ישראל ואמרת
אלהם את קרבני לחמי לאשי ריח ניחחי תשמרו להקריב
לי במועדו ואמרת להם זה האשה אשר תקריבו ליהוה
כבשים בני שנה תמימם שנים ליום עלה תמיד את הכבש
אחד תעשה בבקר ואת הכבש השני תעשה בין הערבים
ועשירית האיפה סלת למנחה בלולה בשמן כתית רביעת
ההין עלת תמיד העשיה בהר סיני לריח ניחח אשה ליהוה
ונסכו רביעת ההין לכבש האחד בקדש הסך נסך שכר ליהוה
ואת הכבש השני תעשה בין הערבים כמנחת הבקר וכנסכו
תעשה אשה ריח ניחח ליהוה
וביום השבת שני כבשים בני שנה תמימם ושני עשרנים סלת
מנחה בלולה בשמן ונסכו עלת שבת בשבתו על עלת
התמיד ונסכה
ובראשי חדשיכם תקריבו עלה ליהוה פרים בני בקר שנים
ואיל אחד כבשים בני שנה שבעה תמימם ושלשה עשרנים
סלת מנחה בלולה בשמן לפר האחד ושני עשרנים סלת
מנחה בלולה בשמן לאיל האחד ועשרן עשרון סלת
מנחה בלולה בשמן לכבש האחד עלה ריח ניחח אשה
ליהוה ונסכיהם חצי ההין יהיה לפר ושלישת ההין לאיל
ורביעת ההין לכבש יין זאת עלת חדש בחדשו לחדשי השנה
ושעיר עזים אחד לחטאת ליהוה על עלת התמיד יעשה
ונסכו ובחדש הראשון בארבעה עשר יום
לחדש פסח ליהוה ובחמשה עשר יום לחדש הזה חג שבעת
ימים מצות יאכל ביום הראשון מקרא קדש כל מלאכת
עבדה לא תעשו והקרבתם אשה עלה ליהוה פרים בני
בקר שנים ואיל אחד ושבעה כבשים בני שנה תמימם יהיו

דִּבֶּר יְהוָה בְּיַד־מֹשֶׁה׃

כח א ב וַיְדַבֵּר יְהוָה אֶל־מֹשֶׁה לֵּאמֹר׃ צַו אֶת־בְּנֵי יִשְׂרָאֵל וְאָמַרְתָּ חמישי
אֲלֵהֶם אֶת־קָרְבָּנִי לַחְמִי לְאִשַּׁי רֵיחַ נִיחֹחִי תִּשְׁמְרוּ לְהַקְרִיב
ג לִי בְּמוֹעֲדוֹ׃ וְאָמַרְתָּ לָהֶם זֶה הָאִשֶּׁה אֲשֶׁר תַּקְרִיבוּ לַיהוָה
ד כְּבָשִׂים בְּנֵי־שָׁנָה תְמִימִם שְׁנַיִם לַיּוֹם עֹלָה תָמִיד׃ אֶת־הַכֶּבֶשׂ
אֶחָד תַּעֲשֶׂה בַבֹּקֶר וְאֵת הַכֶּבֶשׂ הַשֵּׁנִי תַּעֲשֶׂה בֵּין הָעַרְבָּיִם׃
ה וַעֲשִׂירִית הָאֵיפָה סֹלֶת לְמִנְחָה בְּלוּלָה בְּשֶׁמֶן כָּתִית רְבִיעִת
ו הַהִין׃ עֹלַת תָּמִיד הָעֲשֻׂיָה בְּהַר סִינַי לְרֵיחַ נִיחֹחַ אִשֶּׁה לַיהוָה׃
ז וְנִסְכּוֹ רְבִיעִת הַהִין לַכֶּבֶשׂ הָאֶחָד בַּקֹּדֶשׁ הַסֵּךְ נֶסֶךְ שֵׁכָר לַיהוָה׃
ח וְאֵת הַכֶּבֶשׂ הַשֵּׁנִי תַּעֲשֶׂה בֵּין הָעַרְבָּיִם כְּמִנְחַת הַבֹּקֶר וּכְנִסְכּוֹ
תַּעֲשֶׂה אִשֵּׁה רֵיחַ נִיחֹחַ לַיהוָה׃

ט וּבְיוֹם הַשַּׁבָּת שְׁנֵי־כְבָשִׂים בְּנֵי־שָׁנָה תְּמִימִם וּשְׁנֵי עֶשְׂרֹנִים סֹלֶת ★
י מִנְחָה בְּלוּלָה בַשֶּׁמֶן וְנִסְכּוֹ׃ עֹלַת שַׁבַּת בְּשַׁבַּתּוֹ עַל־עֹלַת
הַתָּמִיד וְנִסְכָּהּ׃

יא וּבְרָאשֵׁי חָדְשֵׁיכֶם תַּקְרִיבוּ עֹלָה לַיהוָה פָּרִים בְּנֵי־בָקָר שְׁנַיִם
יב וְאַיִל אֶחָד כְּבָשִׂים בְּנֵי־שָׁנָה שִׁבְעָה תְּמִימִם׃ וּשְׁלֹשָׁה עֶשְׂרֹנִים
סֹלֶת מִנְחָה בְּלוּלָה בַשֶּׁמֶן לַפָּר הָאֶחָד וּשְׁנֵי עֶשְׂרֹנִים סֹלֶת
יג מִנְחָה בְּלוּלָה בַשֶּׁמֶן לָאַיִל הָאֶחָד׃ וְעִשָּׂרֹן עִשָּׂרוֹן סֹלֶת
מִנְחָה בְּלוּלָה בַשֶּׁמֶן לַכֶּבֶשׂ הָאֶחָד עֹלָה רֵיחַ נִיחֹחַ אִשֶּׁה
יד לַיהוָה׃ וְנִסְכֵּיהֶם חֲצִי הַהִין יִהְיֶה לַפָּר וּשְׁלִישִׁת הַהִין לָאַיִל
וּרְבִיעִת הַהִין לַכֶּבֶשׂ יָיִן זֹאת עֹלַת חֹדֶשׁ בְּחָדְשׁוֹ לְחָדְשֵׁי הַשָּׁנָה׃
טו וּשְׂעִיר עִזִּים אֶחָד לְחַטָּאת לַיהוָה עַל־עֹלַת הַתָּמִיד יֵעָשֶׂה
טז וְנִסְכּוֹ׃ וּבַחֹדֶשׁ הָרִאשׁוֹן בְּאַרְבָּעָה עָשָׂר יוֹם ששי
יז לַחֹדֶשׁ פֶּסַח לַיהוָה׃ וּבַחֲמִשָּׁה עָשָׂר יוֹם לַחֹדֶשׁ הַזֶּה חָג שִׁבְעַת
יח יָמִים מַצּוֹת יֵאָכֵל׃ בַּיּוֹם הָרִאשׁוֹן מִקְרָא־קֹדֶשׁ כָּל־מְלֶאכֶת
יט עֲבֹדָה לֹא תַעֲשׂוּ׃ וְהִקְרַבְתֶּם אִשֶּׁה עֹלָה לַיהוָה פָּרִים בְּנֵי־
בָקָר שְׁנַיִם וְאַיִל אֶחָד וְשִׁבְעָה כְבָשִׂים בְּנֵי שָׁנָה תְּמִימִם יִהְיוּ

מת ובנים לא היו לו למה יגרע שם אבינו מתוך משפחתו
כי אין לו בן תנה לנו אחזה בתוך אחי אבינו ויקרב משה
את משפטן לפני יהוה
ויאמר יהוה אל משה לאמר כן בנות צלפחד דברת נתן תתן
להם אחזת נחלה בתוך אחי אביהם והעברת את נחלת
אביהן להן ואל בני ישראל תדבר לאמר איש כי ימות ובן
אין לו והעברתם את נחלתו לבתו ואם אין לו בת ונתתם
את נחלתו לאחיו ואם אין לו אחים ונתתם את נחלתו
לאחי אביו ואם אין אחים לאביו ונתתם את נחלתו לשארו
הקרב אליו ממשפחתו וירש אתה והיתה לבני ישראל לחקת
משפט כאשר צוה יהוה את משה
ויאמר יהוה אל משה עלה אל הר העברים הזה וראה את
הארץ אשר נתתי לבני ישראל וראיתה אתה ונאספת אל
עמיך גם אתה כאשר נאסף אהרן אחיך כאשר מריתם פי
במדבר צן במריבת העדה להקדישני במים לעיניהם הם מי
מריבת קדש מדבר צן וידבר משה אל יהוה
לאמר יפקד יהוה אלהי הרוחת לכל בשר איש על העדה
אשר יצא לפניהם ואשר יבא לפניהם ואשר יוציאם ואשר
יביאם ולא תהיה עדת יהוה כצאן אשר אין להם רעה
ויאמר יהוה אל משה קח לך את יהושע בן נון איש אשר
רוח בו וסמכת את ידך עליו והעמדת אתו לפני אלעזר
הכהן ולפני כל העדה וצויתה אתו לעיניהם ונתתה מהודך
עליו למען ישמעו כל עדת בני ישראל ולפני אלעזר הכהן
יעמד ושאל לו במשפט האורים לפני יהוה על פיו יצאו ועל
פיו יבאו הוא וכל בני ישראל אתו וכל העדה ויעש משה
כאשר צוה יהוה אתו ויקח את יהושע ויעמדהו לפני אלעזר
הכהן ולפני כל העדה ויסמך את ידיו עליו ויצוהו כאשר

ד מת ובנים לא־היו לו: למה יגרע שם־אבינו מתוך משפחתו
ה כי אין לו בן תנה־לנו אחזה בתוך אחי אבינו: ויקרב משה
את־משפטן לפני יהוה:
ו ז ויאמר יהוה אל־משה לאמר: כן בנות צלפחד דברת נתן תתן רביעי
להם אחזת נחלה בתוך אחי אביהם והעברת את־נחלת
ח אביהן להן: ואל־בני ישראל תדבר לאמר איש כי־ימות ובן
ט אין לו והעברתם את־נחלתו לבתו: ואם־אין לו בת ונתתם
י את־נחלתו לאחיו: ואם־אין לו אחים ונתתם את־נחלתו
יא לאחי אביו: ואם־אין אחים לאביו ונתתם את־נחלתו לשארו
הקרב אליו ממשפחתו וירש אתה והיתה לבני ישראל לחקת
משפט כאשר צוה יהוה את־משה:
יב ויאמר יהוה אל־משה עלה אל־הר העברים הזה וראה את־ *
יג הארץ אשר נתתי לבני ישראל: וראיתה אתה ונאספת אל־
יד עמיך גם־אתה כאשר נאסף אהרן אחיך: כאשר מריתם פי
במדבר־צן במריבת העדה להקדישני במים לעיניהם הם מי־
טו מריבת קדש מדבר־צן: וידבר משה אל־יהוה כד
טז לאמר: יפקד יהוה אלהי הרוחת לכל־בשר איש על־העדה:
יז אשר־יצא לפניהם ואשר יבא לפניהם ואשר יוציאם ואשר
יביאם ולא תהיה עדת יהוה כצאן אשר אין־להם רעה:
יח ויאמר יהוה אל־משה קח־לך את־יהושע בן־נון איש אשר־
יט רוח בו וסמכת את־ידך עליו: והעמדת אתו לפני אלעזר
כ הכהן ולפני כל־העדה וצויתה אתו לעיניהם: ונתתה מהודך
כא עליו למען ישמעו כל־עדת בני ישראל: ולפני אלעזר הכהן *
יעמד ושאל לו במשפט האורים לפני יהוה על־פיו יצאו ועל־
כב פיו יבאו הוא וכל־בני־ישראל אתו וכל־העדה: ויעש משה
כאשר צוה יהוה אתו ויקח את־יהושע ויעמדהו לפני אלעזר
כג הכהן ולפני כל־העדה: ויסמך את־ידיו עליו ויצוהו כאשר

חמשה וארבעים אלף וארבע מאות אלה פקודי בני ישראל
שש מאות אלף ואלף שבע מאות ושלשים
וידבר יהוה אל משה לאמר לאלה תחלק הארץ בנחלה
במספר שמות לרב תרבה נחלתו ולמעט תמעיט נחלתו
איש לפי פקדיו יתן נחלתו אך בגורל יחלק את הארץ
לשמות מטות אבתם ינחלו על פי הגורל תחלק נחלתו
בין רב למעט ואלה פקודי הלוי למשפחתם
לגרשון משפחת הגרשני לקהת משפחת הקהתי למררי
משפחת המררי אלה משפחת לוי משפחת הלבני משפחת
החברני משפחת המחלי משפחת המושי משפחת הקרחי
וקהת הולד את עמרם ושם אשת עמרם יוכבד בת לוי
אשר ילדה אתה ללוי במצרים ותלד לעמרם את אהרן ואת
משה ואת מרים אחתם ויולד לאהרן את נדב ואת אביהוא
את אלעזר ואת איתמר וימת נדב ואביהוא בהקריבם
אש זרה לפני יהוה ויהיו פקדיהם שלשה ועשרים אלף כל
זכר מבן חדש ומעלה כי לא התפקדו בתוך בני ישראל כי
לא נתן להם נחלה בתוך בני ישראל אלה פקודי משה
ואלעזר הכהן אשר פקדו את בני ישראל בערבת מואב
על ירדן ירחו ובאלה לא היה איש מפקודי משה ואהרן
הכהן אשר פקדו את בני ישראל במדבר סיני כי אמר יהוה
להם מות ימתו במדבר ולא נותר מהם איש כי אם כלב
בן יפנה ויהושע בן נון ותקרבנה בנות צלפחד
בן חפר בן גלעד בן מכיר בן מנשה למשפחת מנשה בן
יוסף ואלה שמות בנתיו מחלה נעה וחגלה ומלכה ותרצה
ותעמדנה לפני משה ולפני אלעזר הכהן ולפני הנשיאם וכל
העדה פתח אהל מועד לאמר אבינו מת במדבר והוא לא
היה בתוך העדה הנועדים על יהוה בעדת קרח כי בחטאו

נא חֲמִשָּׁה וְאַרְבָּעִים אֶלֶף וְאַרְבַּע מֵאוֹת׃ אֵלֶּה פְּקוּדֵי בְּנֵי יִשְׂרָאֵל
שֵׁשׁ־מֵאוֹת אֶלֶף וָאָלֶף שְׁבַע מֵאוֹת וּשְׁלֹשִׁים׃
נב נג וַיְדַבֵּר יְהוָה אֶל־מֹשֶׁה לֵּאמֹר׃ לָאֵלֶּה תֵּחָלֵק הָאָרֶץ בְּנַחֲלָה כג שלישי
נד בְּמִסְפַּר שֵׁמוֹת׃ לָרַב תַּרְבֶּה נַחֲלָתוֹ וְלַמְעַט תַּמְעִיט נַחֲלָתוֹ
נה אִישׁ לְפִי פְקֻדָיו יֻתַּן נַחֲלָתוֹ׃ אַךְ־בְּגוֹרָל יֵחָלֵק אֶת־הָאָרֶץ
נו לִשְׁמוֹת מַטּוֹת־אֲבֹתָם יִנְחָלוּ׃ עַל־פִּי הַגּוֹרָל תֵּחָלֵק נַחֲלָתוֹ
נז בֵּין רַב לִמְעָט׃ וְאֵלֶּה פְקוּדֵי הַלֵּוִי לְמִשְׁפְּחֹתָם ★
לְגֵרְשׁוֹן מִשְׁפַּחַת הַגֵּרְשֻׁנִּי לִקְהָת מִשְׁפַּחַת הַקְּהָתִי לִמְרָרִי
נח מִשְׁפַּחַת הַמְּרָרִי׃ אֵלֶּה ׀ מִשְׁפְּחֹת לֵוִי מִשְׁפַּחַת הַלִּבְנִי מִשְׁפַּחַת
הַחֶבְרֹנִי מִשְׁפַּחַת הַמַּחְלִי מִשְׁפַּחַת הַמּוּשִׁי מִשְׁפַּחַת הַקָּרְחִי
נט וּקְהָת הוֹלִד אֶת־עַמְרָם׃ וְשֵׁם ׀ אֵשֶׁת עַמְרָם יוֹכֶבֶד בַּת־לֵוִי
אֲשֶׁר יָלְדָה אֹתָהּ לְלֵוִי בְּמִצְרָיִם וַתֵּלֶד לְעַמְרָם אֶת־אַהֲרֹן וְאֶת־
ס מֹשֶׁה וְאֵת מִרְיָם אֲחֹתָם׃ וַיִּוָּלֵד לְאַהֲרֹן אֶת־נָדָב וְאֶת־אֲבִיהוּא ★
סא אֶת־אֶלְעָזָר וְאֶת־אִיתָמָר׃ וַיָּמָת נָדָב וַאֲבִיהוּא בְּהַקְרִיבָם
סב אֵשׁ־זָרָה לִפְנֵי יְהוָה׃ וַיִּהְיוּ פְקֻדֵיהֶם שְׁלֹשָׁה וְעֶשְׂרִים אֶלֶף כָּל־
זָכָר מִבֶּן־חֹדֶשׁ וָמָעְלָה כִּי ׀ לֹא הָתְפָּקְדוּ בְּתוֹךְ בְּנֵי יִשְׂרָאֵל כִּי
סג לֹא־נִתַּן לָהֶם נַחֲלָה בְּתוֹךְ בְּנֵי יִשְׂרָאֵל׃ אֵלֶּה פְּקוּדֵי מֹשֶׁה ★
וְאֶלְעָזָר הַכֹּהֵן אֲשֶׁר פָּקְדוּ אֶת־בְּנֵי יִשְׂרָאֵל בְּעַרְבֹת מוֹאָב
סד עַל יַרְדֵּן יְרֵחוֹ׃ וּבְאֵלֶּה לֹא־הָיָה אִישׁ מִפְּקוּדֵי מֹשֶׁה וְאַהֲרֹן
סה הַכֹּהֵן אֲשֶׁר פָּקְדוּ אֶת־בְּנֵי יִשְׂרָאֵל בְּמִדְבַּר סִינָי׃ כִּי־אָמַר יְהוָה
לָהֶם מוֹת יָמֻתוּ בַּמִּדְבָּר וְלֹא־נוֹתַר מֵהֶם אִישׁ כִּי אִם־כָּלֵב
כז א בֶּן־יְפֻנֶּה וִיהוֹשֻׁעַ בִּן־נוּן׃ וַתִּקְרַבְנָה בְּנוֹת צְלָפְחָד ★
בֶּן־חֵפֶר בֶּן־גִּלְעָד בֶּן־מָכִיר בֶּן־מְנַשֶּׁה לְמִשְׁפְּחֹת מְנַשֶּׁה בֶן־
יוֹסֵף וְאֵלֶּה שְׁמוֹת בְּנֹתָיו מַחְלָה נֹעָה וְחָגְלָה וּמִלְכָּה וְתִרְצָה׃
ב וַתַּעֲמֹדְנָה לִפְנֵי מֹשֶׁה וְלִפְנֵי אֶלְעָזָר הַכֹּהֵן וְלִפְנֵי הַנְּשִׂיאִם וְכָל־
ג הָעֵדָה פֶּתַח אֹהֶל־מוֹעֵד לֵאמֹר׃ אָבִינוּ מֵת בַּמִּדְבָּר וְהוּא לֹא־
הָיָה בְּתוֹךְ הָעֵדָה הַנּוֹעָדִים עַל־יְהוָה בַּעֲדַת־קֹרַח כִּי־בְחֶטְאוֹ

בני מנשה למכיר משפחת המכירי ומכיר הוליד את גלעד
לגלעד משפחת הגלעדי אלה בני גלעד איעזר משפחת
האיעזרי לחלק משפחת החלקי ואשריאל משפחת האשראלי
ושכם משפחת השכמי ושמידע משפחת השמידעי וחפר
משפחת החפרי וצלפחד בן חפר לא היו לו בנים כי אם
בנות ושם בנות צלפחד מחלה ונעה חגלה מלכה ותרצה
אלה משפחת מנשה ופקדיהם שנים וחמשים אלף ושבע
מאות אלה בני אפרים למשפחתם לשותלח
משפחת השתלחי לבכר משפחת הבכרי לתחן משפחת
התחני ואלה בני שותלח לערן משפחת הערני אלה משפחת
בני אפרים לפקדיהם שנים ושלשים אלף וחמש מאות אלה
בני יוסף למשפחתם בני בנימן למשפחתם
לבלע משפחת הבלעי לאשבל משפחת האשבלי לאחירם
משפחת האחירמי לשפופם משפחת השופמי לחופם משפחת
החופמי ויהיו בני בלע ארד ונעמן משפחת הארדי לנעמן
משפחת הנעמי אלה בני בנימן למשפחתם ופקדיהם חמשה
וארבעים אלף ושש מאות אלה בני
דן למשפחתם לשוחם משפחת השוחמי אלה משפחת דן
למשפחתם כל משפחת השוחמי לפקדיהם ארבעה וששים
אלף וארבע מאות בני אשר למשפחתם
לימנה משפחת הימנה לישוי משפחת הישוי לבריעה
משפחת הבריעי לבני בריעה לחבר משפחת החברי
למלכיאל משפחת המלכיאלי ושם בת אשר שרח אלה
משפחת בני אשר לפקדיהם שלשה וחמשים אלף וארבע
מאות בני נפתלי למשפחתם ליחצאל משפחת
היחצאלי לגוני משפחת הגוני ליצר משפחת היצרי לשלם
משפחת השלמי אלה משפחת נפתלי למשפחתם ופקדיהם

כט בְּנֵ֣י מְנַשֶּׁ֗ה לְמָכִיר֙ מִשְׁפַּ֣חַת הַמָּֽכִירִ֔י וּמָכִ֖יר הוֹלִ֣יד אֶת־גִּלְעָ֑ד
ל לְגִלְעָ֕ד מִשְׁפַּ֖חַת הַגִּלְעָדִֽי׃ אֵ֚לֶּה בְּנֵ֣י גִלְעָ֔ד אִיעֶ֕זֶר מִשְׁפַּ֖חַת
לא הָאִֽיעֶזְרִ֑י לְחֵ֕לֶק מִשְׁפַּ֖חַת הַֽחֶלְקִֽי׃ וְאַ֨שְׂרִיאֵ֔ל מִשְׁפַּ֖חַת הָֽאַשְׂרִאֵלִ֑י
לב וְשֶׁ֕כֶם מִשְׁפַּ֖חַת הַשִּׁכְמִֽי׃ וּשְׁמִידָ֕ע מִשְׁפַּ֖חַת הַשְּׁמִידָעִ֑י וְחֵ֕פֶר
לג מִשְׁפַּ֖חַת הַֽחֶפְרִֽי׃ וּצְלָפְחָ֣ד בֶּן־חֵ֗פֶר לֹא־הָ֥יוּ ל֛וֹ בָּנִ֖ים כִּ֣י אִם־
בָּנ֑וֹת וְשֵׁם֙ בְּנ֣וֹת צְלָפְחָ֔ד מַחְלָ֣ה וְנֹעָ֔ה חָגְלָ֥ה מִלְכָּ֖ה וְתִרְצָֽה׃
לד אֵ֖לֶּה מִשְׁפְּחֹ֣ת מְנַשֶּׁ֑ה וּפְקֻדֵיהֶ֕ם שְׁנַ֧יִם וַחֲמִשִּׁ֛ים אֶ֖לֶף וּשְׁבַ֥ע
לה מֵאֽוֹת׃ אֵ֣לֶּה בְנֵֽי־אֶפְרַ֘יִם֮ לְמִשְׁפְּחֹתָם֒ לְשׁ֨וּתֶ֔לַח ★
מִשְׁפַּ֙חַת֙ הַשֻּׁ֣תַלְחִ֔י לְבֶ֕כֶר מִשְׁפַּ֖חַת הַבַּכְרִ֑י לְתַ֕חַן מִשְׁפַּ֖חַת
לו לז הַתַּחֲנִֽי׃ וְאֵ֖לֶּה בְּנֵ֣י שׁוּתָ֑לַח לְעֵרָ֕ן מִשְׁפַּ֖חַת הָעֵרָנִֽי׃ אֵ֣לֶּה מִשְׁפְּחֹ֣ת
בְּנֵֽי־אֶ֠פְרַיִם לִפְקֻדֵיהֶ֗ם שְׁנַ֧יִם וּשְׁלֹשִׁ֛ים אֶ֖לֶף וַחֲמֵ֣שׁ מֵא֑וֹת אֵ֥לֶּה
לח בְנֵי־יוֹסֵ֖ף לְמִשְׁפְּחֹתָֽם׃ בְּנֵ֣י בִנְיָמִן֮ לְמִשְׁפְּחֹתָם֒ ★
לְבֶ֗לַע מִשְׁפַּ֙חַת֙ הַבַּלְעִ֔י לְאַשְׁבֵּ֕ל מִשְׁפַּ֖חַת הָֽאַשְׁבֵּלִ֑י לַאֲחִירָ֕ם
לט מִשְׁפַּ֖חַת הָאֲחִירָמִֽי׃ לִשְׁפוּפָ֕ם מִשְׁפַּ֖חַת הַשּׁוּפָמִ֑י לְחוּפָ֕ם מִשְׁפַּ֖חַת
מ הַחוּפָמִֽי׃ וַיִּהְי֥וּ בְנֵי־בֶ֖לַע אַ֣רְדְּ וְנַעֲמָ֑ן מִשְׁפַּ֙חַת֙ הָֽאַרְדִּ֔י לְנַֽעֲמָ֕ן
מא מִשְׁפַּ֖חַת הַנַּעֲמִֽי׃ אֵ֥לֶּה בְנֵֽי־בִנְיָמִ֖ן לְמִשְׁפְּחֹתָ֑ם וּפְקֻדֵיהֶ֗ם חֲמִשָּׁ֧ה
מב וְאַרְבָּעִ֛ים אֶ֖לֶף וְשֵׁ֥שׁ מֵאֽוֹת׃ אֵ֤לֶּה בְנֵי־
דָן֙ לְמִשְׁפְּחֹתָ֔ם לְשׁוּחָ֕ם מִשְׁפַּ֖חַת הַשּׁוּחָמִ֑י אֵ֛לֶּה מִשְׁפְּחֹ֥ת דָּ֖ן
מג לְמִשְׁפְּחֹתָֽם׃ כָּל־מִשְׁפְּחֹ֖ת הַשּׁוּחָמִ֑י לִפְקֻדֵיהֶ֕ם אַרְבָּעָ֥ה וְשִׁשִּׁ֛ים
מד אֶ֖לֶף וְאַרְבַּ֥ע מֵאֽוֹת׃ בְּנֵ֣י אָשֵׁר֮ לְמִשְׁפְּחֹתָם֒ ★
לְיִמְנָ֗ה מִשְׁפַּ֙חַת֙ הַיִּמְנָ֔ה לְיִשְׁוִ֕י מִשְׁפַּ֖חַת הַיִּשְׁוִ֑י לִבְרִיעָ֕ה
מה מִשְׁפַּ֖חַת הַבְּרִיעִֽי׃ לִבְנֵ֣י בְרִיעָ֔ה לְחֵ֕בֶר מִשְׁפַּ֖חַת הַֽחֶבְרִ֑י
מו מז לְמַ֨לְכִּיאֵ֔ל מִשְׁפַּ֖חַת הַמַּלְכִּיאֵלִֽי׃ וְשֵׁ֥ם בַּת־אָשֵׁ֖ר שָֽׂרַח׃ אֵ֛לֶּה
מִשְׁפְּחֹ֥ת בְּנֵֽי־אָשֵׁ֖ר לִפְקֻדֵיהֶ֑ם שְׁלֹשָׁ֧ה וַחֲמִשִּׁ֛ים אֶ֖לֶף וְאַרְבַּ֥ע
מח מֵאֽוֹת׃ בְּנֵ֤י נַפְתָּלִי֙ לְמִשְׁפְּחֹתָ֔ם לְיַ֨חְצְאֵ֔ל מִשְׁפַּ֖חַת ★
מט הַיַּחְצְאֵלִ֑י לְגוּנִ֕י מִשְׁפַּ֖חַת הַגּוּנִֽי׃ לְיֵ֕צֶר מִשְׁפַּ֖חַת הַיִּצְרִ֑י לְשִׁלֵּ֕ם
נ מִשְׁפַּ֖חַת הַשִּׁלֵּמִֽי׃ אֵ֛לֶּה מִשְׁפְּחֹ֥ת נַפְתָּלִ֖י לְמִשְׁפְּחֹתָ֑ם וּפְקֻדֵיהֶ֕ם

החנכי לפלוא משפחת הפלאי לחצרן משפחת החצרוני
לכרמי משפחת הכרמי אלה משפחת הראובני ויהיו פקדיהם
שלשה וארבעים אלף ושבע מאות ושלשים ובני פלוא
אליאב ובני אליאב נמואל ודתן ואבירם הוא דתן ואבירם
קרואי העדה אשר הצו על משה ועל אהרן בעדת קרח
בהצתם על יהוה ותפתח הארץ את פיה ותבלע אתם
ואת קרח במות העדה באכל האש את חמשים ומאתים
איש ויהיו לנס ובני קרח לא מתו בני
שמעון למשפחתם לנמואל משפחת הנמואלי לימין משפחת
הימיני ליכין משפחת היכיני לזרח משפחת הזרחי לשאול
משפחת השאולי אלה משפחת השמעני שנים ועשרים
אלף ומאתים בני גד למשפחתם לצפון משפחת
הצפוני לחגי משפחת החגי לשוני משפחת השוני לאזני משפחת
האזני לערי משפחת הערי לארוד משפחת הארודי לאראלי
משפחת האראלי אלה משפחת בני גד לפקדיהם ארבעים
אלף וחמש מאות בני יהודה ער ואונן וימת
ער ואונן בארץ כנען ויהיו בני יהודה למשפחתם לשלה
משפחת השלני לפרץ משפחת הפרצי לזרח משפחת הזרחי
ויהיו בני פרץ לחצרן משפחת החצרני לחמול משפחת החמולי
אלה משפחת יהודה לפקדיהם ששה ושבעים אלף וחמש
מאות בני יששכר למשפחתם תולע משפחת
התולעי לפוה משפחת הפוני לישוב משפחת הישבי לשמרן
משפחת השמרני אלה משפחת יששכר לפקדיהם ארבעה
וששים אלף ושלש מאות בני זבולן למשפחתם
לסרד משפחת הסרדי לאלון משפחת האלני ליחלאל משפחת
היחלאלי אלה משפחת הזבולני לפקדיהם ששים אלף וחמש
מאות בני יוסף למשפחתם מנשה ואפרים

ו הַחֲנֹכִי לְפַלּוּא מִשְׁפַּחַת הַפַּלֻּאִי: לְחֶצְרֹן מִשְׁפַּחַת הַחֶצְרוֹנִי
ז לְכַרְמִי מִשְׁפַּחַת הַכַּרְמִי: אֵלֶּה מִשְׁפְּחֹת הָראוּבֵנִי וַיִּהְיוּ פְקֻדֵיהֶם
ח שְׁלֹשָׁה וְאַרְבָּעִים אֶלֶף וּשְׁבַע מֵאוֹת וּשְׁלֹשִׁים: וּבְנֵי פַלּוּא
ט אֱלִיאָב: וּבְנֵי אֱלִיאָב נְמוּאֵל וְדָתָן וַאֲבִירָם הוּא־דָתָן וַאֲבִירָם
קרואי הָעֵדָה אֲשֶׁר הִצּוּ עַל־מֹשֶׁה וְעַל־אַהֲרֹן בַּעֲדַת־קֹרַח קְרִיאֵי
י בְּהַצֹּתָם עַל־יְהוָה: וַתִּפְתַּח הָאָרֶץ אֶת־פִּיהָ וַתִּבְלַע אֹתָם
וְאֶת־קֹרַח בְּמוֹת הָעֵדָה בַּאֲכֹל הָאֵשׁ אֵת חֲמִשִּׁים וּמָאתַיִם
יא יב אִישׁ וַיִּהְיוּ לְנֵס: וּבְנֵי־קֹרַח לֹא־מֵתוּ: בְּנֵי
שִׁמְעוֹן לְמִשְׁפְּחֹתָם לִנְמוּאֵל מִשְׁפַּחַת הַנְּמוּאֵלִי לְיָמִין מִשְׁפַּחַת
יג הַיָּמִינִי לְיָכִין מִשְׁפַּחַת הַיָּכִינִי: לְזֶרַח מִשְׁפַּחַת הַזַּרְחִי לְשָׁאוּל
יד מִשְׁפַּחַת הַשָּׁאוּלִי: אֵלֶּה מִשְׁפְּחֹת הַשִּׁמְעֹנִי שְׁנַיִם וְעֶשְׂרִים
טו אֶלֶף וּמָאתָיִם: בְּנֵי גָד לְמִשְׁפְּחֹתָם לִצְפוֹן מִשְׁפַּחַת *
טז הַצְּפוֹנִי לְחַגִּי מִשְׁפַּחַת הַחַגִּי לְשׁוּנִי מִשְׁפַּחַת הַשּׁוּנִי: לְאָזְנִי מִשְׁפַּחַת
יז הָאָזְנִי לְעֵרִי מִשְׁפַּחַת הָעֵרִי: לַאֲרוֹד מִשְׁפַּחַת הָאֲרוֹדִי לְאַרְאֵלִי
יח מִשְׁפַּחַת הָאַרְאֵלִי: אֵלֶּה מִשְׁפְּחֹת בְּנֵי־גָד לִפְקֻדֵיהֶם אַרְבָּעִים
יט אֶלֶף וַחֲמֵשׁ מֵאוֹת: בְּנֵי יְהוּדָה עֵר וְאוֹנָן וַיָּמָת *
כ עֵר וְאוֹנָן בְּאֶרֶץ כְּנָעַן: וַיִּהְיוּ בְנֵי־יְהוּדָה לְמִשְׁפְּחֹתָם לְשֵׁלָה
מִשְׁפַּחַת הַשֵּׁלָנִי לְפֶרֶץ מִשְׁפַּחַת הַפַּרְצִי לְזֶרַח מִשְׁפַּחַת הַזַּרְחִי:
כא וַיִּהְיוּ בְנֵי־פֶרֶץ לְחֶצְרֹן מִשְׁפַּחַת הַחֶצְרֹנִי לְחָמוּל מִשְׁפַּחַת הֶחָמוּלִי:
כב אֵלֶּה מִשְׁפְּחֹת יְהוּדָה לִפְקֻדֵיהֶם שִׁשָּׁה וְשִׁבְעִים אֶלֶף וַחֲמֵשׁ
כג מֵאוֹת: בְּנֵי יִשָּׂשכָר לְמִשְׁפְּחֹתָם תּוֹלָע מִשְׁפַּחַת *
כד הַתּוֹלָעִי לְפֻוָה מִשְׁפַּחַת הַפּוּנִי: לְיָשׁוּב מִשְׁפַּחַת הַיָּשֻׁבִי לְשִׁמְרֹן
כה מִשְׁפַּחַת הַשִּׁמְרֹנִי: אֵלֶּה מִשְׁפְּחֹת יִשָּׂשכָר לִפְקֻדֵיהֶם אַרְבָּעָה
כו וְשִׁשִּׁים אֶלֶף וּשְׁלֹשׁ מֵאוֹת: בְּנֵי זְבוּלֻן לְמִשְׁפְּחֹתָם
לְסֶרֶד מִשְׁפַּחַת הַסַּרְדִּי לְאֵלוֹן מִשְׁפַּחַת הָאֵלֹנִי לְיַחְלְאֵל מִשְׁפַּחַת
כז הַיַּחְלְאֵלִי: אֵלֶּה מִשְׁפְּחֹת הַזְּבוּלֹנִי לִפְקֻדֵיהֶם שִׁשִּׁים אֶלֶף וַחֲמֵשׁ
כח מֵאוֹת: בְּנֵי יוֹסֵף לְמִשְׁפְּחֹתָם מְנַשֶּׁה וְאֶפְרָיִם: *

נגד השמש וישב חרון אף יהוה מישראל ויאמר משה אל
שפטי ישראל הרגו איש אנשיו הנצמדים לבעל פעור והנה
איש מבני ישראל בא ויקרב אל אחיו את המדינית לעיני
משה ולעיני כל עדת בני ישראל והמה בכים פתח אהל
מועד וירא פינחס בן אלעזר בן אהרן הכהן ויקם מתוך
העדה ויקח רמח בידו ויבא אחר איש ישראל אל הקבה
וידקר את שניהם את איש ישראל ואת האשה אל קבתה
ותעצר המגפה מעל בני ישראל ויהיו המתים במגפה ארבעה
ועשרים אלף
וידבר יהוה אל משה לאמר פינחס בן אלעזר בן אהרן הכהן
השיב את חמתי מעל בני ישראל בקנאו את קנאתי בתוכם
ולא כליתי את בני ישראל בקנאתי לכן אמר הנני נתן לו
את בריתי שלום והיתה לו ולזרעו אחריו ברית כהנת עולם
תחת אשר קנא לאלהיו ויכפר על בני ישראל ושם איש
ישראל המכה אשר הכה את המדינית זמרי בן סלוא נשיא
בית אב לשמעני ושם האשה המכה המדינית כזבי בת
צור ראש אמות בית אב במדין הוא
וידבר יהוה אל משה לאמר צרור את המדינים והכיתם
אותם כי צררים הם לכם בנכליהם אשר נכלו לכם על דבר
פעור ועל דבר כזבי בת נשיא מדין אחתם המכה ביום
המגפה על דבר פעור ויהי אחרי המגפה
ויאמר יהוה אל משה ואל אלעזר בן אהרן הכהן לאמר
שאו את ראש כל עדת בני ישראל מבן עשרים שנה ומעלה
לבית אבתם כל יצא צבא בישראל וידבר משה ואלעזר
הכהן אתם בערבת מואב על ירדן ירחו לאמר מבן עשרים
שנה ומעלה כאשר צוה יהוה את משה ובני ישראל היצאים
מארץ מצרים ראובן בכור ישראל בני ראובן חנוך משפחת

ה נֶגֶד הַשָּׁמֶשׁ וְיָשֹׁב חֲרוֹן אַף־יהוה מִיִּשְׂרָאֵל: וַיֹּאמֶר מֹשֶׁה אֶל־
ו שֹׁפְטֵי יִשְׂרָאֵל הִרְגוּ אִישׁ אֲנָשָׁיו הַנִּצְמָדִים לְבַעַל פְּעוֹר: וְהִנֵּה
אִישׁ מִבְּנֵי יִשְׂרָאֵל בָּא וַיַּקְרֵב אֶל־אֶחָיו אֶת־הַמִּדְיָנִית לְעֵינֵי
מֹשֶׁה וּלְעֵינֵי כָּל־עֲדַת בְּנֵי־יִשְׂרָאֵל וְהֵמָּה בֹכִים פֶּתַח אֹהֶל
ז מוֹעֵד: וַיַּרְא פִּינְחָס בֶּן־אֶלְעָזָר בֶּן־אַהֲרֹן הַכֹּהֵן וַיָּקָם מִתּוֹךְ מפטיר
ח הָעֵדָה וַיִּקַּח רֹמַח בְּיָדוֹ: וַיָּבֹא אַחַר אִישׁ־יִשְׂרָאֵל אֶל־הַקֻּבָּה
וַיִּדְקֹר אֶת־שְׁנֵיהֶם אֵת אִישׁ יִשְׂרָאֵל וְאֶת־הָאִשָּׁה אֶל־קֳבָתָהּ
ט וַתֵּעָצַר הַמַּגֵּפָה מֵעַל בְּנֵי יִשְׂרָאֵל: וַיִּהְיוּ הַמֵּתִים בַּמַּגֵּפָה אַרְבָּעָה
וְעֶשְׂרִים אָלֶף:

יא וַיְדַבֵּר יהוה אֶל־מֹשֶׁה לֵּאמֹר: פִּינְחָס בֶּן־אֶלְעָזָר בֶּן־אַהֲרֹן הַכֹּהֵן כב פינ
הֵשִׁיב אֶת־חֲמָתִי מֵעַל בְּנֵי־יִשְׂרָאֵל בְּקַנְאוֹ אֶת־קִנְאָתִי בְּתוֹכָם
יב וְלֹא־כִלִּיתִי אֶת־בְּנֵי־יִשְׂרָאֵל בְּקִנְאָתִי: לָכֵן אֱמֹר הִנְנִי נֹתֵן לוֹ
יג אֶת־בְּרִיתִי שָׁלוֹם: וְהָיְתָה לּוֹ וּלְזַרְעוֹ אַחֲרָיו בְּרִית כְּהֻנַּת עוֹלָם ✶
יד תַּחַת אֲשֶׁר קִנֵּא לֵאלֹהָיו וַיְכַפֵּר עַל־בְּנֵי יִשְׂרָאֵל: וְשֵׁם אִישׁ
יִשְׂרָאֵל הַמֻּכֶּה אֲשֶׁר הֻכָּה אֶת־הַמִּדְיָנִית זִמְרִי בֶּן־סָלוּא נְשִׂיא
טו בֵּית־אָב לַשִּׁמְעֹנִי: וְשֵׁם הָאִשָּׁה הַמֻּכָּה הַמִּדְיָנִית כָּזְבִּי בַת־
צוּר רֹאשׁ אֻמּוֹת בֵּית־אָב בְּמִדְיָן הוּא:

טז יז וַיְדַבֵּר יהוה אֶל־מֹשֶׁה לֵּאמֹר: צָרוֹר אֶת־הַמִּדְיָנִים וְהִכִּיתֶם ✶
יח אוֹתָם: כִּי צֹרְרִים הֵם לָכֶם בְּנִכְלֵיהֶם אֲשֶׁר־נִכְּלוּ לָכֶם עַל־דְּבַר
פְּעוֹר וְעַל־דְּבַר כָּזְבִּי בַת־נְשִׂיא מִדְיָן אֲחֹתָם הַמֻּכָּה בְיוֹם־
כו א הַמַּגֵּפָה עַל־דְּבַר פְּעוֹר: וַיְהִי אַחֲרֵי הַמַּגֵּפָה
וַיֹּאמֶר יהוה אֶל־מֹשֶׁה וְאֶל אֶלְעָזָר בֶּן־אַהֲרֹן הַכֹּהֵן לֵאמֹר:
ב שְׂאוּ אֶת־רֹאשׁ ׀ כָּל־עֲדַת בְּנֵי־יִשְׂרָאֵל מִבֶּן עֶשְׂרִים שָׁנָה וָמַעְלָה
ג לְבֵית אֲבֹתָם כָּל־יֹצֵא צָבָא בְּיִשְׂרָאֵל: וַיְדַבֵּר מֹשֶׁה וְאֶלְעָזָר
ד הַכֹּהֵן אֹתָם בְּעַרְבֹת מוֹאָב עַל־יַרְדֵּן יְרֵחוֹ לֵאמֹר: מִבֶּן עֶשְׂרִים
שָׁנָה וָמָעְלָה כַּאֲשֶׁר צִוָּה יהוה אֶת־מֹשֶׁה וּבְנֵי יִשְׂרָאֵל הַיֹּצְאִים
ה מֵאֶרֶץ מִצְרָיִם: רְאוּבֵן בְּכוֹר יִשְׂרָאֵל בְּנֵי רְאוּבֵן חֲנוֹךְ מִשְׁפַּחַת שני

אל מוציאו ממצרים כתועפת ראם לו יאכל גוים צריו
ועצמתיהם יגרם וחציו ימחץ כרע שכב כארי וכלביא מי
יקימנו מברכיך ברוך ואורריך ארור ויחר אף בלק אל
בלעם ויספק את כפיו ויאמר בלק אל בלעם לקב איבי
קראתיך והנה ברכת ברך זה שלש פעמים ועתה ברח לך
אל מקומך אמרתי כבד אכבדך והנה מנעך יהוה מכבוד
ויאמר בלעם אל בלק הלא גם אל מלאכיך אשר שלחת
אלי דברתי לאמר אם יתן לי בלק מלא ביתו כסף וזהב
לא אוכל לעבר את פי יהוה לעשות טובה או רעה מלבי
אשר ידבר יהוה אתו אדבר ועתה הנני הולך לעמי לכה
איעצך אשר יעשה העם הזה לעמך באחרית הימים וישא
משלו ויאמר נאם בלעם בנו בער ונאם הגבר שתם העין
נאם שמע אמרי אל וידע דעת עליון מחזה שדי יחזה נפל
וגלוי עינים אראנו ולא עתה אשורנו ולא קרוב דרך כוכב
מיעקב וקם שבט מישראל ומחץ פאתי מואב וקרקר כל
בני שת והיה אדום ירשה והיה ירשה שעיר איביו וישראל
עשה חיל וירד מיעקב והאביד שריד מעיר וירא את
עמלק וישא משלו ויאמר ראשית גוים עמלק ואחריתו עדי
אבד וירא את הקיני וישא משלו ויאמר איתן מושבך ושים
בסלע קנך כי אם יהיה לבער קין עד מה אשור תשבך
וישא משלו ויאמר אוי מי יחיה משמו אל וצים מיד כתים
וענו אשור וענו עבר וגם הוא עדי אבד ויקם בלעם וילך
וישב למקמו וגם בלק הלך לדרכו
וישב ישראל בשטים ויחל העם לזנות אל בנות מואב
ותקראן לעם לזבחי אלהיהן ויאכל העם וישתחוו לאלהיהן
ויצמד ישראל לבעל פעור ויחר אף יהוה בישראל ויאמר
יהוה אל משה קח את כל ראשי העם והוקע אותם ליהוה

ח אֵל מוֹצִיאוֹ מִמִּצְרַיִם כְּתוֹעֲפֹת רְאֵם לוֹ יֹאכַל גּוֹיִם צָרָיו ★
ט וְעַצְמֹתֵיהֶם יְגָרֵם וְחִצָּיו יִמְחָץ׃ כָּרַע שָׁכַב כַּאֲרִי וּכְלָבִיא מִי
י יְקִימֶנּוּ מְבָרְכֶיךָ בָרוּךְ וְאֹרְרֶיךָ אָרוּר׃ וַיִּחַר־אַף בָּלָק אֶל־
בִּלְעָם וַיִּסְפֹּק אֶת־כַּפָּיו וַיֹּאמֶר בָּלָק אֶל־בִּלְעָם לָקֹב אֹיְבַי
יא קְרָאתִיךָ וְהִנֵּה בֵּרַכְתָּ בָרֵךְ זֶה שָׁלֹשׁ פְּעָמִים׃ וְעַתָּה בְּרַח־לְךָ
אֶל־מְקוֹמֶךָ אָמַרְתִּי כַּבֵּד אֲכַבֶּדְךָ וְהִנֵּה מְנָעֲךָ יהוה מִכָּבוֹד׃
יב וַיֹּאמֶר בִּלְעָם אֶל־בָּלָק הֲלֹא גַּם אֶל־מַלְאָכֶיךָ אֲשֶׁר־שָׁלַחְתָּ
יג אֵלַי דִּבַּרְתִּי לֵאמֹר׃ אִם־יִתֶּן־לִי בָלָק מְלֹא בֵיתוֹ כֶּסֶף וְזָהָב
לֹא אוּכַל לַעֲבֹר אֶת־פִּי יהוה לַעֲשׂוֹת טוֹבָה אוֹ רָעָה מִלִּבִּי
יד אֲשֶׁר־יְדַבֵּר יהוה אֹתוֹ אֲדַבֵּר׃ וְעַתָּה הִנְנִי הוֹלֵךְ לְעַמִּי לְכָה שביעי
טו אִיעָצְךָ אֲשֶׁר יַעֲשֶׂה הָעָם הַזֶּה לְעַמְּךָ בְּאַחֲרִית הַיָּמִים׃ וַיִּשָּׂא
מְשָׁלוֹ וַיֹּאמַר נְאֻם בִּלְעָם בְּנוֹ בְעֹר וּנְאֻם הַגֶּבֶר שְׁתֻם הָעָיִן׃
טז נְאֻם שֹׁמֵעַ אִמְרֵי־אֵל וְיֹדֵעַ דַּעַת עֶלְיוֹן מַחֲזֵה שַׁדַּי יֶחֱזֶה נֹפֵל
יז וּגְלוּי עֵינָיִם׃ אֶרְאֶנּוּ וְלֹא עַתָּה אֲשׁוּרֶנּוּ וְלֹא קָרוֹב דָּרַךְ כּוֹכָב
מִיַּעֲקֹב וְקָם שֵׁבֶט מִיִּשְׂרָאֵל וּמָחַץ פַּאֲתֵי מוֹאָב וְקַרְקַר כָּל־
יח בְּנֵי־שֵׁת׃ וְהָיָה אֱדוֹם יְרֵשָׁה וְהָיָה יְרֵשָׁה שֵׂעִיר אֹיְבָיו וְיִשְׂרָאֵל
יט כ עֹשֶׂה חָיִל׃ וְיֵרְדְּ מִיַּעֲקֹב וְהֶאֱבִיד שָׂרִיד מֵעִיר׃ וַיַּרְא אֶת־
עֲמָלֵק וַיִּשָּׂא מְשָׁלוֹ וַיֹּאמַר רֵאשִׁית גּוֹיִם עֲמָלֵק וְאַחֲרִיתוֹ עֲדֵי
כא אֹבֵד׃ וַיַּרְא אֶת־הַקֵּינִי וַיִּשָּׂא מְשָׁלוֹ וַיֹּאמַר אֵיתָן מוֹשָׁבֶךָ וְשִׂים
כב בַּסֶּלַע קִנֶּךָ׃ כִּי אִם־יִהְיֶה לְבָעֵר קָיִן עַד־מָה אַשּׁוּר תִּשְׁבֶּךָּ׃
כג כד וַיִּשָּׂא מְשָׁלוֹ וַיֹּאמַר אוֹי מִי יִחְיֶה מִשֻּׂמוֹ אֵל׃ וְצִים מִיַּד כִּתִּים
כה וְעִנּוּ אַשּׁוּר וְעִנּוּ־עֵבֶר וְגַם־הוּא עֲדֵי אֹבֵד׃ וַיָּקָם בִּלְעָם וַיֵּלֶךְ
וַיָּשָׁב לִמְקֹמוֹ וְגַם־בָּלָק הָלַךְ לְדַרְכּוֹ׃

כה א וַיֵּשֶׁב יִשְׂרָאֵל בַּשִּׁטִּים וַיָּחֶל הָעָם לִזְנוֹת אֶל־בְּנוֹת מוֹאָב׃ כא ★
ב וַתִּקְרֶאןָ לָעָם לְזִבְחֵי אֱלֹהֵיהֶן וַיֹּאכַל הָעָם וַיִּשְׁתַּחֲווּ לֵאלֹהֵיהֶן׃
ג ד וַיִּצָּמֶד יִשְׂרָאֵל לְבַעַל פְּעוֹר וַיִּחַר־אַף יהוה בְּיִשְׂרָאֵל׃ וַיֹּאמֶר
יהוה אֶל־מֹשֶׁה קַח אֶת־כָּל־רָאשֵׁי הָעָם וְהוֹקַע אוֹתָם לַיהוה

אל בלק התיצב כה על עלתך ואנכי אקרה כה ויקר יהוה
אל בלעם וישם דבר בפיו ויאמר שוב אל בלק וכה תדבר
ויבא אליו והנו נצב על עלתו ושרי מואב אתו ויאמר לו
בלק מה דבר יהוה וישא משלו ויאמר קום בלק ושמע
האזינה עדי בנו צפר לא איש אל ויכזב ובן אדם ויתנחם
ההוא אמר ולא יעשה ודבר ולא יקימנה הנה ברך לקחתי
וברך ולא אשיבנה לא הביט און ביעקב ולא ראה עמל
בישראל יהוה אלהיו עמו ותרועת מלך בו אל מוציאם
ממצרים כתועפת ראם לו כי לא נחש ביעקב ולא קסם
בישראל כעת יאמר ליעקב ולישראל מה פעל אל הן עם
כלביא יקום וכארי יתנשא לא ישכב עד יאכל טרף ודם
חללים ישתה ויאמר בלק אל בלעם גם קב לא תקבנו
גם ברך לא תברכנו ויען בלעם ויאמר אל בלק הלא
דברתי אליך לאמר כל אשר ידבר יהוה אתו אעשה ויאמר
בלק אל בלעם לכה נא אקחך אל מקום אחר אולי יישר בעיני
האלהים וקבתו לי משם ויקח בלק את בלעם ראש הפעור
הנשקף על פני הישימן ויאמר בלעם אל בלק בנה לי בזה
שבעה מזבחת והכן לי בזה שבעה פרים ושבעה אילם ויעש
בלק כאשר אמר בלעם ויעל פר ואיל במזבח וירא בלעם
כי טוב בעיני יהוה לברך את ישראל ולא הלך כפעם בפעם
לקראת נחשים וישת אל המדבר פניו וישא בלעם את עיניו
וירא את ישראל שכן לשבטיו ותהי עליו רוח אלהים וישא
משלו ויאמר נאם בלעם בנו בער ונאם הגבר שתם העין
נאם שמע אמרי אל אשר מחזה שדי יחזה נפל וגלוי עינים
מה טבו אהליך יעקב משכנתיך ישראל כנחלים נטיו כגנת
עלי נהר כאהלים נטע יהוה כארזים עלי מים יזל מים
מדליו וזרעו במים רבים וירם מאגג מלכו ותנשא מלכתו

טז אל-בלק התיצב כה על-עלתך ואנכי אקרה כה: ויקר יהוה
אל-בלעם וישם דבר בפיו ויאמר שוב אל-בלק וכה תדבר:
יז ויבא אליו והנו נצב על-עלתו ושרי מואב אתו ויאמר לו
יח בלק מה-דבר יהוה: וישא משלו ויאמר קום בלק ושמע
יט האזינה עדי בנו צפר: לא איש אל ויכזב ובן-אדם ויתנחם
כ ההוא אמר ולא יעשה ודבר ולא יקימנה: הנה ברך לקחתי
כא וברך ולא אשיבנה: לא-הביט און ביעקב ולא-ראה עמל
כב בישראל יהוה אלהיו עמו ותרועת מלך בו: אל מוציאם
כג ממצרים כתועפת ראם לו: כי לא-נחש ביעקב ולא-קסם
כד בישראל כעת יאמר ליעקב ולישראל מה-פעל אל: הן-עם
כלביא יקום וכארי יתנשא לא ישכב עד-יאכל טרף ודם-
כה חללים ישתה: ויאמר בלק אל-בלעם גם-קב לא תקבנו
כו גם-ברך לא תברכנו: ויען בלעם ויאמר אל-בלק הלא
ששי /שביעי/ כז דברתי אליך לאמר כל אשר-ידבר יהוה אתו אעשה: ויאמר
בלק אל-בלעם לכה-נא אקחך אל-מקום אחר אולי יישר בעיני
כח האלהים וקבתו לי משם: ויקח בלק את-בלעם ראש הפעור
כט הנשקף על-פני הישימן: ויאמר בלעם אל-בלק בנה-לי בזה
ל שבעה מזבחת והכן לי בזה שבעה פרים ושבעה אילם: ויעש
כד א בלק כאשר אמר בלעם ויעל פר ואיל במזבח: וירא בלעם
כי טוב בעיני יהוה לברך את-ישראל ולא-הלך כפעם-בפעם
ב לקראת נחשים וישת אל-המדבר פניו: וישא בלעם את-עיניו
ג וירא את-ישראל שכן לשבטיו ותהי עליו רוח אלהים: וישא
משלו ויאמר נאם בלעם בנו בער ונאם הגבר שתם העין:
ד נאם שמע אמרי-אל אשר מחזה שדי יחזה נפל וגלוי עינים:
ה ו מה-טבו אהליך יעקב משכנתיך ישראל: כנחלים נטיו כגנת
ז עלי נהר כאהלים נטע יהוה כארזים עלי-מים: יזל-מים
מדליו וזרעו במים רבים וירם מאגג מלכו ותנשא מלכתו:

עיר מואב אשר על גבול ארנן אשר בקצה הגבול ויאמר
בלק אל בלעם הלא שלח שלחתי אליך לקרא לך למה
לא הלכת אלי האמנם לא אוכל כבדך ויאמר בלעם אל
בלק הנה באתי אליך עתה היכל אוכל דבר מאומה הדבר
אשר ישים אלהים בפי אתו אדבר וילך בלעם עם בלק
ויבאו קרית חצות ויזבח בלק בקר וצאן וישלח לבלעם
ולשרים אשר אתו ויהי בבקר ויקח בלק את בלעם ויעלהו
במות בעל וירא משם קצה העם ויאמר בלעם אל בלק
בנה לי בזה שבעה מזבחת והכן לי בזה שבעה פרים ושבעה
אילים ויעש בלק כאשר דבר בלעם ויעל בלק ובלעם פר
ואיל במזבח ויאמר בלעם לבלק התיצב על עלתך ואלכה
אולי יקרה יהוה לקראתי ודבר מה יראני והגדתי לך וילך
שפי ויקר אלהים אל בלעם ויאמר אליו את שבעת המזבחת
ערכתי ואעל פר ואיל במזבח וישם יהוה דבר בפי בלעם
ויאמר שוב אל בלק וכה תדבר וישב אליו והנה נצב על
עלתו הוא וכל שרי מואב וישא משלו ויאמר מן ארם
ינחני בלק מלך מואב מהררי קדם לכה ארה לי יעקב ולכה
זעמה ישראל מה אקב לא קבה אל ומה אזעם לא זעם
יהוה כי מראש צרים אראנו ומגבעות אשורנו הן עם
לבדד ישכן ובגוים לא יתחשב מי מנה עפר יעקב ומספר
את רבע ישראל תמת נפשי מות ישרים ותהי אחריתי
כמהו ויאמר בלק אל בלעם מה עשית לי לקב איבי
לקחתיך והנה ברכת ברך ויען ויאמר הלא את אשר ישים
יהוה בפי אתו אשמר לדבר ויאמר אליו בלק לך נא אתי
אל מקום אחר אשר תראנו משם אפס קצהו תראה וכלו
לא תראה וקבנו לי משם ויקחהו שדה צפים אל ראש
הפסגה ויבן שבעה מזבחת ויעל פר ואיל במזבח ויאמר

לז עִיר מוֹאָב אֲשֶׁר עַל־גְּבוּל אַרְנֹן אֲשֶׁר בִּקְצֵה הַגְּבוּל׃ וַיֹּאמֶר
בָּלָק אֶל־בִּלְעָם הֲלֹא שָׁלֹחַ שָׁלַחְתִּי אֵלֶיךָ לִקְרֹא־לָךְ לָמָּה
לח לֹא־הָלַכְתָּ אֵלָי הַאֻמְנָם לֹא אוּכַל כַּבְּדֶךָ׃ וַיֹּאמֶר בִּלְעָם אֶל־
בָּלָק הִנֵּה־בָאתִי אֵלֶיךָ עַתָּה הֲיָכֹל אוּכַל דַּבֵּר מְאוּמָה הַדָּבָר
לט אֲשֶׁר יָשִׂים אֱלֹהִים בְּפִי אֹתוֹ אֲדַבֵּר׃ וַיֵּלֶךְ בִּלְעָם עִם־בָּלָק רביעי *ששי*
מ וַיָּבֹאוּ קִרְיַת חֻצוֹת׃ וַיִּזְבַּח בָּלָק בָּקָר וָצֹאן וַיְשַׁלַּח לְבִלְעָם
מא וְלַשָּׂרִים אֲשֶׁר אִתּוֹ׃ וַיְהִי בַבֹּקֶר וַיִּקַּח בָּלָק אֶת־בִּלְעָם וַיַּעֲלֵהוּ
כג א בָּמוֹת בָּעַל וַיַּרְא מִשָּׁם קְצֵה הָעָם׃ וַיֹּאמֶר בִּלְעָם אֶל־בָּלָק ✶
בְּנֵה־לִי בָזֶה שִׁבְעָה מִזְבְּחֹת וְהָכֵן לִי בָּזֶה שִׁבְעָה פָרִים וְשִׁבְעָה
ב אֵילִים׃ וַיַּעַשׂ בָּלָק כַּאֲשֶׁר דִּבֶּר בִּלְעָם וַיַּעַל בָּלָק וּבִלְעָם פַּר
ג וָאַיִל בַּמִּזְבֵּחַ׃ וַיֹּאמֶר בִּלְעָם לְבָלָק הִתְיַצֵּב עַל־עֹלָתֶךָ וְאֵלְכָה
אוּלַי יִקָּרֵה יְהוָה לִקְרָאתִי וּדְבַר מַה־יַּרְאֵנִי וְהִגַּדְתִּי לָךְ וַיֵּלֶךְ
ד שֶׁפִי׃ וַיִּקָּר אֱלֹהִים אֶל־בִּלְעָם וַיֹּאמֶר אֵלָיו אֶת־שִׁבְעַת הַמִּזְבְּחֹת
ה עָרַכְתִּי וָאַעַל פַּר וָאַיִל בַּמִּזְבֵּחַ׃ וַיָּשֶׂם יְהוָה דָּבָר בְּפִי בִלְעָם ✶
ו וַיֹּאמֶר שׁוּב אֶל־בָּלָק וְכֹה תְדַבֵּר׃ וַיָּשָׁב אֵלָיו וְהִנֵּה נִצָּב עַל־
ז עֹלָתוֹ הוּא וְכָל־שָׂרֵי מוֹאָב׃ וַיִּשָּׂא מְשָׁלוֹ וַיֹּאמַר מִן־אֲרָם
יַנְחֵנִי בָלָק מֶלֶךְ־מוֹאָב מֵהַרְרֵי־קֶדֶם לְכָה אָרָה־לִּי יַעֲקֹב וּלְכָה
ח זֹעֲמָה יִשְׂרָאֵל׃ מָה אֶקֹּב לֹא קַבֹּה אֵל וּמָה אֶזְעֹם לֹא זָעַם
ט יְהוָה׃ כִּי־מֵרֹאשׁ צֻרִים אֶרְאֶנּוּ וּמִגְּבָעוֹת אֲשׁוּרֶנּוּ הֶן־עָם
י לְבָדָד יִשְׁכֹּן וּבַגּוֹיִם לֹא יִתְחַשָּׁב׃ מִי מָנָה עֲפַר יַעֲקֹב וּמִסְפָּר כ
אֶת־רֹבַע יִשְׂרָאֵל תָּמֹת נַפְשִׁי מוֹת יְשָׁרִים וּתְהִי אַחֲרִיתִי
יא כָּמֹהוּ׃ וַיֹּאמֶר בָּלָק אֶל־בִּלְעָם מֶה עָשִׂיתָ לִי לָקֹב אֹיְבַי
יב לְקַחְתִּיךָ וְהִנֵּה בֵּרַכְתָּ בָרֵךְ׃ וַיַּעַן וַיֹּאמַר הֲלֹא אֵת אֲשֶׁר יָשִׂים
יג יְהוָה בְּפִי אֹתוֹ אֶשְׁמֹר לְדַבֵּר׃ וַיֹּאמֶר אֵלָיו בָּלָק לְךָ־נָּא אִתִּי חמישי
אֶל־מָקוֹם אַחֵר אֲשֶׁר תִּרְאֶנּוּ מִשָּׁם אֶפֶס קָצֵהוּ תִרְאֶה וְכֻלּוֹ
יד לֹא תִרְאֶה וְקָבְנוֹ־לִי מִשָּׁם׃ וַיִּקָּחֵהוּ שְׂדֵה צֹפִים אֶל־רֹאשׁ
טו הַפִּסְגָּה וַיִּבֶן שִׁבְעָה מִזְבְּחֹת וַיַּעַל פַּר וָאַיִל בַּמִּזְבֵּחַ׃ וַיֹּאמֶר

לו אם לקרא לך באו האנשים קום לך אתם ואך את הדבר
אשר אדבר אליך אתו תעשה ויקם בלעם בבקר ויחבש
את אתנו וילך עם שרי מואב ויחר אף אלהים כי הולך
הוא ויתיצב מלאך יהוה בדרך לשטן לו והוא רכב על אתנו
ושני נעריו עמו ותרא האתון את מלאך יהוה נצב בדרך
וחרבו שלופה בידו ותט האתון מן הדרך ותלך בשדה ויך
בלעם את האתון להטתה הדרך ויעמד מלאך יהוה במשעול
הכרמים גדר מזה וגדר מזה ותרא האתון את מלאך יהוה
ותלחץ אל הקיר ותלחץ את רגל בלעם אל הקיר ויסף
להכתה ויוסף מלאך יהוה עבור ויעמד במקום צר אשר
אין דרך לנטות ימין ושמאול ותרא האתון את מלאך יהוה
ותרבץ תחת בלעם ויחר אף בלעם ויך את האתון במקל
ויפתח יהוה את פי האתון ותאמר לבלעם מה עשיתי לך
כי הכיתני זה שלש רגלים ויאמר בלעם לאתון כי התעללת
בי לו יש חרב בידי כי עתה הרגתיך ותאמר האתון אל
בלעם הלוא אנכי אתנך אשר רכבת עלי מעודך עד היום
הזה ההסכן הסכנתי לעשות לך כה ויאמר לא ויגל יהוה
את עיני בלעם וירא את מלאך יהוה נצב בדרך וחרבו
שלפה בידו ויקד וישתחו לאפיו ויאמר אליו מלאך יהוה
על מה הכית את אתנך זה שלוש רגלים הנה אנכי יצאתי
לשטן כי ירט הדרך לנגדי ותראני האתון ותט לפני זה שלש
רגלים אולי נטתה מפני כי עתה גם אתכה הרגתי ואותה
החייתי ויאמר בלעם אל מלאך יהוה חטאתי כי לא ידעתי
כי אתה נצב לקראתי בדרך ועתה אם רע בעיניך אשובה
לי ויאמר מלאך יהוה אל בלעם לך עם האנשים ואפס
את הדבר אשר אדבר אליך אתו תדבר וילך בלעם עם
שרי בלק וישמע בלק כי בא בלעם ויצא לקראתו אל

לֹא אִם־לִקְרֹא לְךָ בָּאוּ הָאֲנָשִׁים קוּם לֵךְ אִתָּם וְאַךְ אֶת־הַדָּבָר

כא אֲשֶׁר־אֲדַבֵּר אֵלֶיךָ אֹתוֹ תַעֲשֶׂה: וַיָּקָם בִּלְעָם בַּבֹּקֶר וַיַּחֲבֹשׁ שלישי

כב אֶת־אֲתֹנוֹ וַיֵּלֶךְ עִם־שָׂרֵי מוֹאָב: וַיִּחַר־אַף אֱלֹהִים כִּי־הוֹלֵךְ
הוּא וַיִּתְיַצֵּב מַלְאַךְ יְהוָה בַּדֶּרֶךְ לְשָׂטָן לוֹ וְהוּא רֹכֵב עַל־אֲתֹנוֹ

כג וּשְׁנֵי נְעָרָיו עִמּוֹ: וַתֵּרֶא הָאָתוֹן אֶת־מַלְאַךְ יְהוָה נִצָּב בַּדֶּרֶךְ
וְחַרְבּוֹ שְׁלוּפָה בְּיָדוֹ וַתֵּט הָאָתוֹן מִן־הַדֶּרֶךְ וַתֵּלֶךְ בַּשָּׂדֶה וַיַּךְ

כד בִּלְעָם אֶת־הָאָתוֹן לְהַטֹּתָהּ הַדָּרֶךְ: וַיַּעֲמֹד מַלְאַךְ יְהוָה בְּמִשְׁעוֹל ✶

כה הַכְּרָמִים גָּדֵר מִזֶּה וְגָדֵר מִזֶּה: וַתֵּרֶא הָאָתוֹן אֶת־מַלְאַךְ יְהוָה
וַתִּלָּחֵץ אֶל־הַקִּיר וַתִּלְחַץ אֶת־רֶגֶל בִּלְעָם אֶל־הַקִּיר וַיֹּסֶף

כו לְהַכֹּתָהּ: וַיּוֹסֶף מַלְאַךְ־יְהוָה עֲבוֹר וַיַּעֲמֹד בְּמָקוֹם צַר אֲשֶׁר

כז אֵין־דֶּרֶךְ לִנְטוֹת יָמִין וּשְׂמֹאול: וַתֵּרֶא הָאָתוֹן אֶת־מַלְאַךְ יְהוָה ✶
וַתִּרְבַּץ תַּחַת בִּלְעָם וַיִּחַר־אַף בִּלְעָם וַיַּךְ אֶת־הָאָתוֹן בַּמַּקֵּל:

כח וַיִּפְתַּח יְהוָה אֶת־פִּי הָאָתוֹן וַתֹּאמֶר לְבִלְעָם מֶה־עָשִׂיתִי לְךָ

כט כִּי הִכִּיתַנִי זֶה שָׁלֹשׁ רְגָלִים: וַיֹּאמֶר בִּלְעָם לָאָתוֹן כִּי הִתְעַלַּלְתְּ

ל בִּי לוּ יֶשׁ־חֶרֶב בְּיָדִי כִּי עַתָּה הֲרַגְתִּיךְ: וַתֹּאמֶר הָאָתוֹן אֶל־
בִּלְעָם הֲלוֹא אָנֹכִי אֲתֹנְךָ אֲשֶׁר־רָכַבְתָּ עָלַי מֵעוֹדְךָ עַד־הַיּוֹם

לא הַזֶּה הַהַסְכֵּן הִסְכַּנְתִּי לַעֲשׂוֹת לְךָ כֹּה וַיֹּאמֶר לֹא: וַיְגַל יְהוָה
אֶת־עֵינֵי בִלְעָם וַיַּרְא אֶת־מַלְאַךְ יְהוָה נִצָּב בַּדֶּרֶךְ וְחַרְבּוֹ

לב שְׁלֻפָה בְּיָדוֹ וַיִּקֹּד וַיִּשְׁתַּחוּ לְאַפָּיו: וַיֹּאמֶר אֵלָיו מַלְאַךְ יְהוָה ✶
עַל־מָה הִכִּיתָ אֶת־אֲתֹנְךָ זֶה שָׁלוֹשׁ רְגָלִים הִנֵּה אָנֹכִי יָצָאתִי

לג לְשָׂטָן כִּי־יָרַט הַדֶּרֶךְ לְנֶגְדִּי: וַתִּרְאַנִי הָאָתוֹן וַתֵּט לְפָנַי זֶה שָׁלֹשׁ
רְגָלִים אוּלַי נָטְתָה מִפָּנַי כִּי עַתָּה גַּם־אֹתְכָה הָרַגְתִּי וְאוֹתָהּ

לד הֶחֱיֵיתִי: וַיֹּאמֶר בִּלְעָם אֶל־מַלְאַךְ יְהוָה חָטָאתִי כִּי לֹא יָדַעְתִּי
כִּי אַתָּה נִצָּב לִקְרָאתִי בַּדָּרֶךְ וְעַתָּה אִם־רַע בְּעֵינֶיךָ אָשׁוּבָה

לה לִּי: וַיֹּאמֶר מַלְאַךְ יְהוָה אֶל־בִּלְעָם לֵךְ עִם־הָאֲנָשִׁים וְאֶפֶס
אֶת־הַדָּבָר אֲשֶׁר־אֲדַבֵּר אֵלֶיךָ אֹתוֹ תְדַבֵּר וַיֵּלֶךְ בִּלְעָם עִם־

לו שָׂרֵי בָלָק: וַיִּשְׁמַע בָּלָק כִּי־בָא בִלְעָם וַיֵּצֵא לִקְרָאתוֹ אֶל־ ✶

כי רב הוא ויקץ מואב מפני בני ישראל ויאמר מואב אל
זקני מדין עתה ילחכו הקהל את כל סביבתינו כלחך השור
את ירק השדה ובלק בן צפור מלך למואב בעת ההוא
וישלח מלאכים אל בלעם בן בעור פתורה אשר על הנהר
ארץ בני עמו לקרא לו לאמר הנה עם יצא ממצרים הנה
כסה את עין הארץ והוא ישב ממלי ועתה לכה נא ארה
לי את העם הזה כי עצום הוא ממני אולי אוכל נכה בו
ואגרשנו מן הארץ כי ידעתי את אשר תברך מברך ואשר
תאר יואר וילכו זקני מואב וזקני מדין וקסמים בידם ויבאו
אל בלעם וידברו אליו דברי בלק ויאמר אליהם לינו פה
הלילה והשבתי אתכם דבר כאשר ידבר יהוה אלי וישבו
שרי מואב עם בלעם ויבא אלהים אל בלעם ויאמר מי
האנשים האלה עמך ויאמר בלעם אל האלהים בלק בן
צפר מלך מואב שלח אלי הנה העם היצא ממצרים ויכס
את עין הארץ עתה לכה קבה לי אתו אולי אוכל להלחם
בו וגרשתיו ויאמר אלהים אל בלעם לא תלך עמהם לא
תאר את העם כי ברוך הוא ויקם בלעם בבקר ויאמר
אל שרי בלק לכו אל ארצכם כי מאן יהוה לתתי להלך
עמכם ויקומו שרי מואב ויבאו אל בלק ויאמרו מאן בלעם
הלך עמנו ויסף עוד בלק שלח שרים רבים ונכבדים מאלה
ויבאו אל בלעם ויאמרו לו כה אמר בלק בן צפור אל
נא תמנע מהלך אלי כי כבד אכבדך מאד וכל אשר
תאמר אלי אעשה ולכה נא קבה לי את העם הזה ויען
בלעם ויאמר אל עבדי בלק אם יתן לי בלק מלא ביתו
כסף וזהב לא אוכל לעבר את פי יהוה אלהי לעשות קטנה
או גדולה ועתה שבו נא בזה גם אתם הלילה ואדעה מה
יסף יהוה דבר עמי ויבא אלהים אל בלעם לילה ויאמר

ד כִּי רַב־ה֑וּא וַיָּ֣קָץ מוֹאָ֔ב מִפְּנֵ֖י בְּנֵ֥י יִשְׂרָאֵֽל׃ וַיֹּ֨אמֶר מוֹאָ֜ב אֶל־
זִקְנֵ֣י מִדְיָ֗ן עַתָּ֞ה יְלַחֲכ֤וּ הַקָּהָל֙ אֶת־כָּל־סְבִ֣יבֹתֵ֔ינוּ כִּלְחֹ֣ךְ הַשּׁ֔וֹר
אֵ֖ת יֶ֣רֶק הַשָּׂדֶ֑ה וּבָלָ֧ק בֶּן־צִפּ֛וֹר מֶ֥לֶךְ לְמוֹאָ֖ב בָּעֵ֥ת הַהִֽוא׃
ה וַיִּשְׁלַ֨ח מַלְאָכִ֜ים אֶל־בִּלְעָ֣ם בֶּן־בְּעֹ֗ר פְּ֠תוֹרָה אֲשֶׁ֧ר עַל־הַנָּהָ֛ר ✶
אֶ֥רֶץ בְּנֵי־עַמּ֖וֹ לִקְרֹא־ל֑וֹ לֵאמֹ֗ר הִ֠נֵּה עַ֣ם יָצָ֤א מִמִּצְרַ֙יִם֙ הִנֵּ֤ה
ו כִסָּה֙ אֶת־עֵ֣ין הָאָ֔רֶץ וְה֥וּא יֹשֵׁ֖ב מִמֻּלִֽי׃ וְעַתָּה֩ לְכָה־נָּ֨א אָֽרָה־
לִּ֜י אֶת־הָעָ֣ם הַזֶּ֗ה כִּֽי־עָצ֥וּם הוּא֙ מִמֶּ֔נִּי אוּלַ֤י אוּכַל֙ נַכֶּה־בּ֔וֹ
וַאֲגָרְשֶׁ֖נּוּ מִן־הָאָ֑רֶץ כִּ֣י יָדַ֗עְתִּי אֵ֤ת אֲשֶׁר־תְּבָרֵךְ֙ מְבֹרָ֔ךְ וַאֲשֶׁ֥ר
ז תָּאֹ֖ר יוּאָֽר׃ וַיֵּ֨לְכ֜וּ זִקְנֵ֤י מוֹאָב֙ וְזִקְנֵ֣י מִדְיָ֔ן וּקְסָמִ֖ים בְּיָדָ֑ם וַיָּבֹ֙אוּ֙
ח אֶל־בִּלְעָ֔ם וַיְדַבְּר֥וּ אֵלָ֖יו דִּבְרֵ֥י בָלָֽק׃ וַיֹּ֣אמֶר אֲלֵיהֶ֗ם לִ֤ינוּ פֹה֙ ✶
הַלַּ֔יְלָה וַהֲשִׁבֹתִ֤י אֶתְכֶם֙ דָּבָ֔ר כַּאֲשֶׁ֛ר יְדַבֵּ֥ר יְהֹוָ֖ה אֵלָ֑י וַיֵּשְׁב֥וּ
ט שָׂרֵֽי־מוֹאָ֖ב עִם־בִּלְעָֽם׃ וַיָּבֹ֥א אֱלֹהִ֖ים אֶל־בִּלְעָ֑ם וַיֹּ֕אמֶר מִ֛י
י הָאֲנָשִׁ֥ים הָאֵ֖לֶּה עִמָּֽךְ׃ וַיֹּ֥אמֶר בִּלְעָ֖ם אֶל־הָאֱלֹהִ֑ים בָּלָ֧ק בֶּן־
יא צִפֹּ֛ר מֶ֥לֶךְ מוֹאָ֖ב שָׁלַ֥ח אֵלָֽי׃ הִנֵּ֤ה הָעָם֙ הַיֹּצֵ֣א מִמִּצְרַ֔יִם וַיְכַ֖ס
אֶת־עֵ֣ין הָאָ֑רֶץ עַתָּ֗ה לְכָ֤ה קָֽבָה־לִּי֙ אֹת֔וֹ אוּלַ֥י אוּכַ֛ל לְהִלָּ֥חֶם
יב בּ֖וֹ וְגֵרַשְׁתִּֽיו׃ וַיֹּ֤אמֶר אֱלֹהִים֙ אֶל־בִּלְעָ֔ם לֹ֥א תֵלֵ֖ךְ עִמָּהֶ֑ם לֹ֤א
יג תָאֹר֙ אֶת־הָעָ֔ם כִּ֥י בָר֖וּךְ הֽוּא׃ וַיָּ֤קָם בִּלְעָם֙ בַּבֹּ֔קֶר וַיֹּ֙אמֶר֙ שני /חמישי/
אֶל־שָׂרֵ֣י בָלָ֔ק לְכ֖וּ אֶל־אַרְצְכֶ֑ם כִּ֚י מֵאֵ֣ן יְהֹוָ֔ה לְתִתִּ֖י לַהֲלֹ֥ךְ
יד עִמָּכֶֽם׃ וַיָּק֙וּמוּ֙ שָׂרֵ֣י מוֹאָ֔ב וַיָּבֹ֖אוּ אֶל־בָּלָ֑ק וַיֹּ֣אמְר֔וּ מֵאֵ֥ן בִּלְעָ֖ם
טו הֲלֹ֥ךְ עִמָּֽנוּ׃ וַיֹּ֥סֶף ע֖וֹד בָּלָ֑ק שְׁלֹ֣חַ שָׂרִ֔ים רַבִּ֥ים וְנִכְבָּדִ֖ים מֵאֵֽלֶּה׃
טז וַיָּבֹ֖אוּ אֶל־בִּלְעָ֑ם וַיֹּ֣אמְרוּ ל֗וֹ כֹּ֤ה אָמַר֙ בָּלָ֣ק בֶּן־צִפּ֔וֹר אַל־
יז נָ֥א תִמָּנַ֖ע מֵהֲלֹ֥ךְ אֵלָֽי׃ כִּֽי־כַבֵּ֤ד אֲכַבֶּדְךָ֙ מְאֹ֔ד וְכֹ֛ל אֲשֶׁר־
יח תֹּאמַ֥ר אֵלַ֖י אֶֽעֱשֶׂ֑ה וּלְכָה־נָּא֙ קָֽבָה־לִּ֔י אֵ֖ת הָעָ֥ם הַזֶּֽה׃ וַיַּ֣עַן
בִּלְעָ֗ם וַיֹּ֙אמֶר֙ אֶל־עַבְדֵ֣י בָלָ֔ק אִם־יִתֶּן־לִ֥י בָלָ֛ק מְלֹ֥א בֵית֖וֹ
כֶּ֣סֶף וְזָהָ֑ב לֹ֣א אוּכַ֗ל לַעֲבֹר֙ אֶת־פִּי֙ יְהֹוָ֣ה אֱלֹהָ֔י לַעֲשׂ֥וֹת קְטַנָּ֖ה
יט א֥וֹ גְדוֹלָֽה׃ וְעַתָּ֗ה שְׁב֨וּ נָ֥א בָזֶ֛ה גַּם־אַתֶּ֖ם הַלָּ֑יְלָה וְאֵ֣דְעָ֔ה מַה־
כ יֹּסֵ֥ף יְהֹוָ֖ה דַּבֵּ֥ר עִמִּֽי׃ וַיָּבֹ֨א אֱלֹהִ֤ים ׀ אֶל־בִּלְעָם֙ לַ֔יְלָה וַיֹּ֣אמֶר

במשענתם וממדבר מתנה וממתנה נחליאל ומנחליאל
במות ומבמות הגיא אשר בשדה מואב ראש הפסגה ונשקפה
על פני הישימן
וישלח ישראל מלאכים אל סיחן מלך האמרי לאמר
אעברה בארצך לא נטה בשדה ובכרם לא נשתה מי באר
בדרך המלך נלך עד אשר נעבר גבלך ולא נתן סיחן את
ישראל עבר בגבלו ויאסף סיחן את כל עמו ויצא לקראת
ישראל המדברה ויבא יהצה וילחם בישראל ויכהו ישראל
לפי חרב ויירש את ארצו מארנן עד יבק עד בני עמון כי
עז גבול בני עמון ויקח ישראל את כל הערים האלה וישב
ישראל בכל ערי האמרי בחשבון ובכל בנתיה כי חשבון
עיר סיחן מלך האמרי הוא והוא נלחם במלך מואב הראשון
ויקח את כל ארצו מידו עד ארנן על כן יאמרו המשלים
באו חשבון תבנה ותכונן עיר סיחון כי אש יצאה מחשבון
להבה מקרית סיחן אכלה ער מואב בעלי במות ארנן אוי
לך מואב אבדת עם כמוש נתן בניו פליטם ובנתיו בשבית
למלך אמרי סיחון ונירם אבד חשבון עד דיבן ונשים עד
נפח אשר עד מידבא וישב ישראל בארץ האמרי וישלח
משה לרגל את יעזר וילכדו בנתיה ויירש את האמרי אשר
שם ויפנו ויעלו דרך הבשן ויצא עוג מלך הבשן לקראתם
הוא וכל עמו למלחמה אדרעי ויאמר יהוה אל משה אל
תירא אתו כי בידך נתתי אתו ואת כל עמו ואת ארצו ועשית
לו כאשר עשית לסיחן מלך האמרי אשר יושב בחשבון
ויכו אתו ואת בניו ואת כל עמו עד בלתי השאיר לו שריד
ויירשו את ארצו ויסעו בני ישראל ויחנו בערבות מואב
מעבר לירדן ירחו וירא בלק בן צפור את
כל אשר עשה ישראל לאמרי ויגר מואב מפני העם מאד

יט בְּמִשְׁעֲנֹתָם וּמִמִּדְבָּר מַתָּנָה׃ וּמִמַּתָּנָה נַחֲלִיאֵל וּמִנַּחֲלִיאֵל
כ בָּמוֹת׃ וּמִבָּמוֹת הַגַּיְא אֲשֶׁר בִּשְׂדֵה מוֹאָב רֹאשׁ הַפִּסְגָּה וְנִשְׁקָפָה
עַל־פְּנֵי הַיְשִׁימֹן׃
כא וַיִּשְׁלַח יִשְׂרָאֵל מַלְאָכִים אֶל־סִיחֹן מֶלֶךְ־הָאֱמֹרִי לֵאמֹר׃ שביעי /רביעי/
כב אֶעְבְּרָה בְאַרְצֶךָ לֹא נִטֶּה בְּשָׂדֶה וּבְכֶרֶם לֹא נִשְׁתֶּה מֵי בְאֵר
כג בְּדֶרֶךְ הַמֶּלֶךְ נֵלֵךְ עַד אֲשֶׁר־נַעֲבֹר גְּבֻלֶךָ׃ וְלֹא־נָתַן סִיחֹן אֶת־
יִשְׂרָאֵל עֲבֹר בִּגְבֻלוֹ וַיֶּאֱסֹף סִיחֹן אֶת־כָּל־עַמּוֹ וַיֵּצֵא לִקְרַאת
כד יִשְׂרָאֵל הַמִּדְבָּרָה וַיָּבֹא יָהְצָה וַיִּלָּחֶם בְּיִשְׂרָאֵל׃ וַיַּכֵּהוּ יִשְׂרָאֵל
לְפִי־חָרֶב וַיִּירַשׁ אֶת־אַרְצוֹ מֵאַרְנֹן עַד־יַבֹּק עַד־בְּנֵי עַמּוֹן כִּי
כה עַז גְּבוּל בְּנֵי עַמּוֹן׃ וַיִּקַּח יִשְׂרָאֵל אֵת כָּל־הֶעָרִים הָאֵלֶּה וַיֵּשֶׁב
כו יִשְׂרָאֵל בְּכָל־עָרֵי הָאֱמֹרִי בְּחֶשְׁבּוֹן וּבְכָל־בְּנֹתֶיהָ׃ כִּי חֶשְׁבּוֹן
עִיר סִיחֹן מֶלֶךְ הָאֱמֹרִי הִוא וְהוּא נִלְחַם בְּמֶלֶךְ מוֹאָב הָרִאשׁוֹן
כז וַיִּקַּח אֶת־כָּל־אַרְצוֹ מִיָּדוֹ עַד־אַרְנֹן׃ עַל־כֵּן יֹאמְרוּ הַמֹּשְׁלִים
כח בֹּאוּ חֶשְׁבּוֹן תִּבָּנֶה וְתִכּוֹנֵן עִיר סִיחוֹן׃ כִּי־אֵשׁ יָצְאָה מֵחֶשְׁבּוֹן
כט לֶהָבָה מִקִּרְיַת סִיחֹן אָכְלָה עָר מוֹאָב בַּעֲלֵי בָּמוֹת אַרְנֹן׃ אוֹי־
לְךָ מוֹאָב אָבַדְתָּ עַם־כְּמוֹשׁ נָתַן בָּנָיו פְּלֵיטִם וּבְנֹתָיו בַּשְּׁבִית
ל לְמֶלֶךְ אֱמֹרִי סִיחוֹן׃ וַנִּירָם אָבַד חֶשְׁבּוֹן עַד־דִּיבֹן וַנַּשִּׁים עַד־
לא לב נֹפַח אֲשֶׁר עַד־מֵידְבָא׃ וַיֵּשֶׁב יִשְׂרָאֵל בְּאֶרֶץ הָאֱמֹרִי׃ וַיִּשְׁלַח
מֹשֶׁה לְרַגֵּל אֶת־יַעְזֵר וַיִּלְכְּדוּ בְּנֹתֶיהָ ויירש אֶת־הָאֱמֹרִי אֲשֶׁר־ וַיּוֹרֶשׁ
לג שָׁם׃ וַיִּפְנוּ וַיַּעֲלוּ דֶּרֶךְ הַבָּשָׁן וַיֵּצֵא עוֹג מֶלֶךְ־הַבָּשָׁן לִקְרָאתָם
לד הוּא וְכָל־עַמּוֹ לַמִּלְחָמָה אֶדְרֶעִי׃ וַיֹּאמֶר יהוה אֶל־מֹשֶׁה אַל־ מפטיר
תִּירָא אֹתוֹ כִּי בְיָדְךָ נָתַתִּי אֹתוֹ וְאֶת־כָּל־עַמּוֹ וְאֶת־אַרְצוֹ וְעָשִׂיתָ
לּוֹ כַּאֲשֶׁר עָשִׂיתָ לְסִיחֹן מֶלֶךְ הָאֱמֹרִי אֲשֶׁר יוֹשֵׁב בְּחֶשְׁבּוֹן׃
לה וַיַּכּוּ אֹתוֹ וְאֶת־בָּנָיו וְאֶת־כָּל־עַמּוֹ עַד־בִּלְתִּי הִשְׁאִיר־לוֹ שָׂרִיד
כב א וַיִּירְשׁוּ אֶת־אַרְצוֹ׃ וַיִּסְעוּ בְּנֵי יִשְׂרָאֵל וַיַּחֲנוּ בְּעַרְבוֹת מוֹאָב
ב מֵעֵבֶר לְיַרְדֵּן יְרֵחוֹ׃ וַיַּרְא בָּלָק בֶּן־צִפּוֹר אֵת יט בלק
ג כָּל־אֲשֶׁר־עָשָׂה יִשְׂרָאֵל לָאֱמֹרִי׃ וַיָּגָר מוֹאָב מִפְּנֵי הָעָם מְאֹד

ואלעזר מן ההר ויראו כל העדה כי גוע אהרן ויבכו את
אהרן שלשים יום כל בית ישראל וישמע
הכנעני מלך ערד ישב הנגב כי בא ישראל דרך האתרים
וילחם בישראל וישב ממנו שבי וידר ישראל נדר ליהוה
ויאמר אם נתן תתן את העם הזה בידי והחרמתי את
עריהם וישמע יהוה בקול ישראל ויתן את הכנעני ויחרם
אתהם ואת עריהם ויקרא שם המקום חרמה
ויסעו מהר ההר דרך ים סוף לסבב את ארץ אדום ותקצר
נפש העם בדרך וידבר העם באלהים ובמשה למה העליתנו
ממצרים למות במדבר כי אין לחם ואין מים ונפשנו קצה
בלחם הקלקל וישלח יהוה בעם את הנחשים השרפים
וינשכו את העם וימת עם רב מישראל ויבא העם אל
משה ויאמרו חטאנו כי דברנו ביהוה ובך התפלל אל יהוה
ויסר מעלינו את הנחש ויתפלל משה בעד העם ויאמר
יהוה אל משה עשה לך שרף ושים אתו על נס והיה כל
הנשוך וראה אתו וחי ויעש משה נחש נחשת וישמהו
על הנס והיה אם נשך הנחש את איש והביט אל נחש
הנחשת וחי ויסעו בני ישראל ויחנו באבת ויסעו מאבת
ויחנו בעיי העברים במדבר אשר על פני מואב ממזרח
השמש משם נסעו ויחנו בנחל זרד משם נסעו ויחנו מעבר
ארנון אשר במדבר היצא מגבל האמרי כי ארנון גבול מואב
בין מואב ובין האמרי על כן יאמר בספר מלחמת יהוה
את והב בסופה ואת הנחלים ארנון ואשד הנחלים אשר
נטה לשבת ער ונשען לגבול מואב ומשם בארה הוא
הבאר אשר אמר יהוה למשה אסף את העם ואתנה להם
מים אז ישיר ישראל את השירה הזאת עלי
באר ענו לה באר חפרוה שרים כרוה נדיבי העם במחקק

כט וְאֶלְעָזָר מִן־הָהָר׃ וַיִּרְאוּ כָּל־הָעֵדָה כִּי גָוַע אַהֲרֹן וַיִּבְכּוּ אֶת־
כא א אַהֲרֹן שְׁלֹשִׁים יוֹם כֹּל בֵּית יִשְׂרָאֵל׃ וַיִּשְׁמַע ✶
הַכְּנַעֲנִי מֶלֶךְ־עֲרָד יֹשֵׁב הַנֶּגֶב כִּי בָּא יִשְׂרָאֵל דֶּרֶךְ הָאֲתָרִים
ב וַיִּלָּחֶם בְּיִשְׂרָאֵל וַיִּשְׁבְּ ׀ מִמֶּנּוּ שֶׁבִי׃ וַיִּדַּר יִשְׂרָאֵל נֶדֶר לַיהוָה
וַיֹּאמַר אִם־נָתֹן תִּתֵּן אֶת־הָעָם הַזֶּה בְּיָדִי וְהַחֲרַמְתִּי אֶת־
ג עָרֵיהֶם׃ וַיִּשְׁמַע יהוה בְּקוֹל יִשְׂרָאֵל וַיִּתֵּן אֶת־הַכְּנַעֲנִי וַיַּחֲרֵם
אֶתְהֶם וְאֶת־עָרֵיהֶם וַיִּקְרָא שֵׁם־הַמָּקוֹם חָרְמָה׃
ד וַיִּסְעוּ מֵהֹר הָהָר דֶּרֶךְ יַם־סוּף לִסְבֹב אֶת־אֶרֶץ אֱדוֹם וַתִּקְצַר ✶
ה נֶפֶשׁ־הָעָם בַּדָּרֶךְ׃ וַיְדַבֵּר הָעָם בֵּאלֹהִים וּבְמֹשֶׁה לָמָה הֶעֱלִיתֻנוּ
מִמִּצְרַיִם לָמוּת בַּמִּדְבָּר כִּי אֵין לֶחֶם וְאֵין מַיִם וְנַפְשֵׁנוּ קָצָה
ו בַּלֶּחֶם הַקְּלֹקֵל׃ וַיְשַׁלַּח יהוה בָּעָם אֵת הַנְּחָשִׁים הַשְּׂרָפִים
ז וַיְנַשְּׁכוּ אֶת־הָעָם וַיָּמָת עַם־רָב מִיִּשְׂרָאֵל׃ וַיָּבֹא הָעָם אֶל־
מֹשֶׁה וַיֹּאמְרוּ חָטָאנוּ כִּי־דִבַּרְנוּ בַיהוה וָבָךְ הִתְפַּלֵּל אֶל־יהוה
ח וְיָסֵר מֵעָלֵינוּ אֶת־הַנָּחָשׁ וַיִּתְפַּלֵּל מֹשֶׁה בְּעַד הָעָם׃ וַיֹּאמֶר
יהוה אֶל־מֹשֶׁה עֲשֵׂה לְךָ שָׂרָף וְשִׂים אֹתוֹ עַל־נֵס וְהָיָה כָּל־
ט הַנָּשׁוּךְ וְרָאָה אֹתוֹ וָחָי׃ וַיַּעַשׂ מֹשֶׁה נְחַשׁ נְחֹשֶׁת וַיְשִׂמֵהוּ
עַל־הַנֵּס וְהָיָה אִם־נָשַׁךְ הַנָּחָשׁ אֶת־אִישׁ וְהִבִּיט אֶל־נְחַשׁ
י יא הַנְּחֹשֶׁת וָחָי׃ ✶וַיִּסְעוּ בְּנֵי יִשְׂרָאֵל וַיַּחֲנוּ בְּאֹבֹת׃ וַיִּסְעוּ מֵאֹבֹת ששי
וַיַּחֲנוּ בְּעִיֵּי הָעֲבָרִים בַּמִּדְבָּר אֲשֶׁר עַל־פְּנֵי מוֹאָב מִמִּזְרַח
יב יג הַשָּׁמֶשׁ׃ מִשָּׁם נָסָעוּ וַיַּחֲנוּ בְּנַחַל זָרֶד׃ מִשָּׁם נָסָעוּ וַיַּחֲנוּ מֵעֵבֶר
אַרְנוֹן אֲשֶׁר בַּמִּדְבָּר הַיֹּצֵא מִגְּבֻל הָאֱמֹרִי כִּי אַרְנוֹן גְּבוּל מוֹאָב
יד בֵּין מוֹאָב וּבֵין הָאֱמֹרִי׃ עַל־כֵּן יֵאָמַר בְּסֵפֶר מִלְחֲמֹת יהוה ✶
טו אֶת־וָהֵב בְּסוּפָה וְאֶת־הַנְּחָלִים אַרְנוֹן׃ וְאֶשֶׁד הַנְּחָלִים אֲשֶׁר
טז נָטָה לְשֶׁבֶת עָר וְנִשְׁעַן לִגְבוּל מוֹאָב׃ וּמִשָּׁם בְּאֵרָה הִוא
הַבְּאֵר אֲשֶׁר אָמַר יהוה לְמֹשֶׁה אֱסֹף אֶת־הָעָם וְאֶתְּנָה לָהֶם
יז מָיִם׃ אָז יָשִׁיר יִשְׂרָאֵל אֶת־הַשִּׁירָה הַזֹּאת עֲלִי ✶
יח בְאֵר עֱנוּ־לָהּ׃ בְּאֵר חֲפָרוּהָ שָׂרִים כָּרוּהָ נְדִיבֵי הָעָם בִּמְחֹקֵק

וירם משה את ידו ויך את הסלע במטהו פעמים ויצאו
מים רבים ותשת העדה ובעירם ויאמר יהוה
אל משה ואל אהרן יען לא האמנתם בי להקדישני לעיני
בני ישראל לכן לא תביאו את הקהל הזה אל הארץ אשר
נתתי להם המה מי מריבה אשר רבו בני ישראל את
יהוה ויקדש בם וישלח משה מלאכים מקדש
אל מלך אדום כה אמר אחיך ישראל אתה ידעת את כל
התלאה אשר מצאתנו וירדו אבתינו מצרימה ונשב במצרים
ימים רבים וירעו לנו מצרים ולאבתינו ונצעק אל יהוה
וישמע קלנו וישלח מלאך ויצאנו ממצרים והנה אנחנו בקדש
עיר קצה גבולך נעברה נא בארצך לא נעבר בשדה ובכרם
ולא נשתה מי באר דרך המלך נלך לא נטה ימין ושמאול
עד אשר נעבר גבלך ויאמר אליו אדום לא תעבר בי פן
בחרב אצא לקראתך ויאמרו אליו בני ישראל במסלה נעלה
ואם מימיך נשתה אני ומקני ונתתי מכרם רק אין דבר ברגלי
אעברה ויאמר לא תעבר ויצא אדום לקראתו בעם כבד
וביד חזקה וימאן אדום נתן את ישראל עבר בגבלו ויט
ישראל מעליו

ויסעו מקדש ויבאו בני ישראל כל העדה הר ההר ויאמר
יהוה אל משה ואל אהרן בהר ההר על גבול ארץ אדום
לאמר יאסף אהרן אל עמיו כי לא יבא אל הארץ אשר
נתתי לבני ישראל על אשר מריתם את פי למי מריבה
קח את אהרן ואת אלעזר בנו והעל אתם הר ההר והפשט
את אהרן את בגדיו והלבשתם את אלעזר בנו ואהרן יאסף
ומת שם ויעש משה כאשר צוה יהוה ויעלו אל הר ההר
לעיני כל העדה ויפשט משה את אהרן את בגדיו וילבש
אתם את אלעזר בנו וימת אהרן שם בראש ההר וירד משה

יא וַיָּ֨רֶם מֹשֶׁ֜ה אֶת־יָד֗וֹ וַיַּ֤ךְ אֶת־הַסֶּ֙לַע֙ בְּמַטֵּ֔הוּ פַּעֲמָ֑יִם וַיֵּצְא֣וּ

יב מַ֣יִם רַבִּ֔ים וַתֵּ֥שְׁתְּ הָעֵדָ֖ה וּבְעִירָֽם: וַיֹּ֣אמֶר יְהֹוָה֮

אֶל־מֹשֶׁ֣ה וְאֶֽל־אַהֲרֹן֒ יַ֚עַן לֹא־הֶאֱמַנְתֶּ֣ם בִּ֔י לְהַ֨קְדִּישֵׁ֔נִי לְעֵינֵ֖י

בְּנֵ֣י יִשְׂרָאֵ֑ל לָכֵ֗ן לֹ֤א תָבִ֙יאוּ֙ אֶת־הַקָּהָ֣ל הַזֶּ֔ה אֶל־הָאָ֖רֶץ אֲשֶׁר־

יג נָתַ֥תִּי לָהֶֽם: הֵ֚מָּה מֵ֣י מְרִיבָ֔ה אֲשֶׁר־רָב֥וּ בְנֵֽי־יִשְׂרָאֵ֖ל אֶת־

יד יְהֹוָ֑ה וַיִּקָּדֵ֖שׁ בָּֽם: וַיִּשְׁלַ֨ח מֹשֶׁ֤ה מַלְאָכִים֙ מִקָּדֵ֔שׁ

אֶל־מֶ֣לֶךְ אֱד֑וֹם כֹּ֤ה אָמַר֙ אָחִ֣יךָ יִשְׂרָאֵ֔ל אַתָּ֣ה יָדַ֔עְתָּ אֵ֥ת כָּל־

טו הַתְּלָאָ֖ה אֲשֶׁ֥ר מְצָאָֽתְנוּ: וַיֵּרְד֤וּ אֲבֹתֵ֙ינוּ֙ מִצְרַ֔יְמָה וַנֵּ֥שֶׁב בְּמִצְרַ֖יִם

טז יָמִ֣ים רַבִּ֑ים וַיָּרֵ֥עוּ לָ֛נוּ מִצְרַ֖יִם וְלַאֲבֹתֵֽינוּ: וַנִּצְעַ֤ק אֶל־יְהֹוָה֙

וַיִּשְׁמַ֣ע קֹלֵ֔נוּ וַיִּשְׁלַ֣ח מַלְאָ֔ךְ וַיֹּצִאֵ֖נוּ מִמִּצְרָ֑יִם וְהִנֵּה֙ אֲנַ֣חְנוּ בְקָדֵ֔שׁ

יז עִ֖יר קְצֵ֣ה גְבוּלֶֽךָ: נַעְבְּרָה־נָּ֣א בְאַרְצֶ֗ךָ לֹ֤א נַעֲבֹר֙ בְּשָׂדֶ֣ה וּבְכֶ֔רֶם

וְלֹ֥א נִשְׁתֶּ֖ה מֵ֣י בְאֵ֑ר דֶּ֧רֶךְ הַמֶּ֣לֶךְ נֵלֵ֗ךְ לֹ֤א נִטֶּה֙ יָמִ֣ין וּשְׂמֹ֔אול

יח עַ֥ד אֲשֶֽׁר־נַעֲבֹ֖ר גְּבֻלֶֽךָ: וַיֹּ֤אמֶר אֵלָיו֙ אֱד֔וֹם לֹ֥א תַעֲבֹ֖ר בִּ֑י פֶּן־

יט בַּחֶ֖רֶב אֵצֵ֥א לִקְרָאתֶֽךָ: וַיֹּאמְר֨וּ אֵלָ֥יו בְּנֵֽי־יִשְׂרָאֵל֮ בַּֽמְסִלָּ֣ה נַעֲלֶה֒

וְאִם־מֵימֶ֤יךָ נִשְׁתֶּה֙ אֲנִ֣י וּמִקְנַ֔י וְנָתַתִּ֖י מִכְרָ֑ם רַ֥ק אֵין־דָּבָ֖ר בְּרַגְלַ֥י

כ אֶֽעֱבֹֽרָה: וַיֹּ֖אמֶר לֹ֣א תַעֲבֹ֑ר וַיֵּצֵ֤א אֱדוֹם֙ לִקְרָאת֔וֹ בְּעַ֥ם כָּבֵ֖ד

כא וּבְיָ֥ד חֲזָקָֽה: וַיְמָאֵ֣ן ׀ אֱד֗וֹם נְתֹן֙ אֶת־יִשְׂרָאֵ֔ל עֲבֹ֖ר בִּגְבֻל֑וֹ וַיֵּ֥ט

יִשְׂרָאֵ֖ל מֵעָלָֽיו:

כב וַיִּסְע֖וּ מִקָּדֵ֑שׁ וַיָּבֹ֧אוּ בְנֵֽי־יִשְׂרָאֵ֛ל כָּל־הָעֵדָ֖ה הֹ֥ר הָהָֽר: וַיֹּ֧אמֶר

כג יְהֹוָ֛ה אֶל־מֹשֶׁ֥ה וְאֶֽל־אַהֲרֹ֖ן בְּהֹ֣ר הָהָ֑ר עַל־גְּב֥וּל אֶֽרֶץ־אֱד֖וֹם

כד לֵאמֹֽר: יֵֽאָסֵ֤ף אַהֲרֹן֙ אֶל־עַמָּ֔יו כִּ֣י לֹ֤א יָבֹא֙ אֶל־הָאָ֔רֶץ אֲשֶׁ֥ר

נָתַ֖תִּי לִבְנֵ֣י יִשְׂרָאֵ֑ל עַ֛ל אֲשֶׁר־מְרִיתֶ֥ם אֶת־פִּ֖י לְמֵ֥י מְרִיבָֽה:

כה קַ֚ח אֶֽת־אַהֲרֹ֔ן וְאֶת־אֶלְעָזָ֖ר בְּנ֑וֹ וְהַ֥עַל אֹתָ֖ם הֹ֥ר הָהָֽר: וְהַפְשֵׁ֤ט

כו אֶֽת־אַהֲרֹן֙ אֶת־בְּגָדָ֔יו וְהִלְבַּשְׁתָּ֖ם אֶת־אֶלְעָזָ֣ר בְּנ֑וֹ וְאַהֲרֹ֥ן יֵאָסֵ֖ף

כז וּמֵ֥ת שָֽׁם: וַיַּ֣עַשׂ מֹשֶׁ֔ה כַּאֲשֶׁ֖ר צִוָּ֣ה יְהֹוָ֑ה וַֽיַּעֲל֖וּ אֶל־הֹ֥ר הָהָ֔ר

כח לְעֵינֵ֖י כָּל־הָעֵדָֽה: וַיַּפְשֵׁט֩ מֹשֶׁ֨ה אֶֽת־אַהֲרֹ֜ן אֶת־בְּגָדָ֗יו וַיַּלְבֵּ֤שׁ

אֹתָם֙ אֶת־אֶלְעָזָ֣ר בְּנ֔וֹ וַיָּ֧מָת אַהֲרֹ֛ן שָׁ֖ם בְּרֹ֣אשׁ הָהָ֑ר וַיֵּ֧רֶד מֹשֶׁ֛ה

יגע על פני השדה בחלל חרב או במת או בעצם אדם או
בקבר יטמא שבעת ימים ולקחו לטמא מעפר שרפת
החטאת ונתן עליו מים חיים אל כלי ולקח אזוב וטבל במים
איש טהור והזה על האהל ועל כל הכלים ועל הנפשות
אשר היו שם ועל הנגע בעצם או בחלל או במת או בקבר
והזה הטהר על הטמא ביום השלישי וביום השביעי וחטאו
ביום השביעי וכבס בגדיו ורחץ במים וטהר בערב ואיש
אשר יטמא ולא יתחטא ונכרתה הנפש ההוא מתוך הקהל
כי את מקדש יהוה טמא מי נדה לא זרק עליו טמא הוא
והיתה להם לחקת עולם ומזה מי הנדה יכבס בגדיו והנגע
במי הנדה יטמא עד הערב וכל אשר יגע בו הטמא יטמא
והנפש הנגעת תטמא עד הערב

ויבאו בני ישראל כל העדה מדבר צן בחדש הראשון וישב
העם בקדש ותמת שם מרים ותקבר שם ולא היה מים
לעדה ויקהלו על משה ועל אהרן וירב העם עם משה
ויאמרו לאמר ולו גוענו בגוע אחינו לפני יהוה ולמה הבאתם
את קהל יהוה אל המדבר הזה למות שם אנחנו ובעירנו
ולמה העליתנו ממצרים להביא אתנו אל המקום הרע הזה
לא מקום זרע ותאנה וגפן ורמון ומים אין לשתות ויבא
משה ואהרן מפני הקהל אל פתח אהל מועד ויפלו על פניהם
וירא כבוד יהוה אליהם

וידבר יהוה אל משה לאמר קח את המטה והקהל את
העדה אתה ואהרן אחיך ודברתם אל הסלע לעיניהם
ונתן מימיו והוצאת להם מים מן הסלע והשקית את העדה
ואת בעירם ויקח משה את המטה מלפני יהוה כאשר
צוהו ויקהלו משה ואהרן את הקהל אל פני הסלע ויאמר
להם שמעו נא המרים המן הסלע הזה נוציא לכם מים

יִגַּע עַל־פְּנֵי הַשָּׂדֶה בַּחֲלַל־חֶרֶב אוֹ בְמֵת אוֹ־בְעֶצֶם אָדָם אוֹ
יז בְקָבֶר יִטְמָא שִׁבְעַת יָמִים׃ וְלָקְחוּ לַטָּמֵא מֵעֲפַר שְׂרֵפַת
יח הַחַטָּאת וְנָתַן עָלָיו מַיִם חַיִּים אֶל־כֶּלִי׃ וְלָקַח אֵזוֹב וְטָבַל בַּמַּיִם שני
אִישׁ טָהוֹר וְהִזָּה עַל־הָאֹהֶל וְעַל־כָּל־הַכֵּלִים וְעַל־הַנְּפָשׁוֹת
אֲשֶׁר הָיוּ־שָׁם וְעַל־הַנֹּגֵעַ בַּעֶצֶם אוֹ בֶחָלָל אוֹ בַמֵּת אוֹ בַקָּבֶר׃
יט וְהִזָּה הַטָּהֹר עַל־הַטָּמֵא בַּיּוֹם הַשְּׁלִישִׁי וּבַיּוֹם הַשְּׁבִיעִי וְחִטְּאוֹ
כ בַּיּוֹם הַשְּׁבִיעִי וְכִבֶּס בְּגָדָיו וְרָחַץ בַּמַּיִם וְטָהֵר בָּעָרֶב׃ וְאִישׁ
אֲשֶׁר־יִטְמָא וְלֹא יִתְחַטָּא וְנִכְרְתָה הַנֶּפֶשׁ הַהִוא מִתּוֹךְ הַקָּהָל
כִּי אֶת־מִקְדַּשׁ יהוה טִמֵּא מֵי נִדָּה לֹא־זֹרַק עָלָיו טָמֵא הוּא׃
כא וְהָיְתָה לָהֶם לְחֻקַּת עוֹלָם וּמַזֵּה מֵי־הַנִּדָּה יְכַבֵּס בְּגָדָיו וְהַנֹּגֵעַ
כב בְּמֵי הַנִּדָּה יִטְמָא עַד־הָעָרֶב׃ וְכֹל אֲשֶׁר־יִגַּע־בּוֹ הַטָּמֵא יִטְמָא
וְהַנֶּפֶשׁ הַנֹּגַעַת תִּטְמָא עַד־הָעָרֶב׃

כ א וַיָּבֹאוּ בְנֵי־יִשְׂרָאֵל כָּל־הָעֵדָה מִדְבַּר־צִן בַּחֹדֶשׁ הָרִאשׁוֹן וַיֵּשֶׁב ★
ב הָעָם בְּקָדֵשׁ וַתָּמָת שָׁם מִרְיָם וַתִּקָּבֵר שָׁם׃ וְלֹא־הָיָה מַיִם
ג לָעֵדָה וַיִּקָּהֲלוּ עַל־מֹשֶׁה וְעַל־אַהֲרֹן׃ וַיָּרֶב הָעָם עִם־מֹשֶׁה
ד וַיֹּאמְרוּ לֵאמֹר וְלוּ גָוַעְנוּ בִּגְוַע אַחֵינוּ לִפְנֵי יהוה׃ וְלָמָה הֲבֵאתֶם
אֶת־קְהַל יהוה אֶל־הַמִּדְבָּר הַזֶּה לָמוּת שָׁם אֲנַחְנוּ וּבְעִירֵנוּ׃
ה וְלָמָה הֶעֱלִיתֻנוּ מִמִּצְרַיִם לְהָבִיא אֹתָנוּ אֶל־הַמָּקוֹם הָרָע הַזֶּה
ו לֹא ׀ מְקוֹם זֶרַע וּתְאֵנָה וְגֶפֶן וְרִמּוֹן וּמַיִם אַיִן לִשְׁתּוֹת׃ וַיָּבֹא
מֹשֶׁה וְאַהֲרֹן מִפְּנֵי הַקָּהָל אֶל־פֶּתַח אֹהֶל מוֹעֵד וַיִּפְּלוּ עַל־פְּנֵיהֶם
וַיֵּרָא כְבוֹד־יהוה אֲלֵיהֶם׃
ז וַיְדַבֵּר יהוה אֶל־מֹשֶׁה לֵּאמֹר׃ קַח אֶת־הַמַּטֶּה וְהַקְהֵל אֶת־ שלישי / שני /
הָעֵדָה אַתָּה וְאַהֲרֹן אָחִיךָ וְדִבַּרְתֶּם אֶל־הַסֶּלַע לְעֵינֵיהֶם
וְנָתַן מֵימָיו וְהוֹצֵאתָ לָהֶם מַיִם מִן־הַסֶּלַע וְהִשְׁקִיתָ אֶת־הָעֵדָה
ט וְאֶת־בְּעִירָם׃ וַיִּקַּח מֹשֶׁה אֶת־הַמַּטֶּה מִלִּפְנֵי יהוה כַּאֲשֶׁר
י צִוָּהוּ׃ וַיַּקְהִלוּ מֹשֶׁה וְאַהֲרֹן אֶת־הַקָּהָל אֶל־פְּנֵי הַסָּלַע וַיֹּאמֶר
לָהֶם שִׁמְעוּ־נָא הַמֹּרִים הֲמִן־הַסֶּלַע הַזֶּה נוֹצִיא לָכֶם מָיִם׃

ואכלתם אתו בכל מקום אתם וביתכם כי שכר הוא לכם
חלף עבדתכם באהל מועד ולא תשאו עליו חטא בהרימכם
את חלבו ממנו ואת קדשי בני ישראל לא תחללו ולא
תמותו

וידבר יהוה אל משה ואל אהרן לאמר זאת חקת התורה
אשר צוה יהוה לאמר דבר אל בני ישראל ויקחו אליך פרה
אדמה תמימה אשר אין בה מום אשר לא עלה עליה על
ונתתם אתה אל אלעזר הכהן והוציא אתה אל מחוץ למחנה
ושחט אתה לפניו ולקח אלעזר הכהן מדמה באצבעו והזה
אל נכח פני אהל מועד מדמה שבע פעמים ושרף את
הפרה לעיניו את ערה ואת בשרה ואת דמה על פרשה
ישרף ולקח הכהן עץ ארז ואזוב ושני תולעת והשליך אל
תוך שרפת הפרה וכבס בגדיו הכהן ורחץ בשרו במים
ואחר יבא אל המחנה וטמא הכהן עד הערב והשרף אתה
יכבס בגדיו במים ורחץ בשרו במים וטמא עד הערב
ואסף איש טהור את אפר הפרה והניח מחוץ למחנה במקום
טהור והיתה לעדת בני ישראל למשמרת למי נדה חטאת
הוא וכבס האסף את אפר הפרה את בגדיו וטמא עד
הערב והיתה לבני ישראל ולגר הגר בתוכם לחקת עולם
הנגע במת לכל נפש אדם וטמא שבעת ימים הוא יתחטא
בו ביום השלישי וביום השביעי יטהר ואם לא יתחטא ביום
השלישי וביום השביעי לא יטהר כל הנגע במת בנפש
האדם אשר ימות ולא יתחטא את משכן יהוה טמא ונכרתה
הנפש ההוא מישראל כי מי נדה לא זרק עליו טמא יהיה
עוד טמאתו בו זאת התורה אדם כי ימות באהל כל
הבא אל האהל וכל אשר באהל יטמא שבעת ימים וכל
כלי פתוח אשר אין צמיד פתיל עליו טמא הוא וכל אשר

לא וַאֲכַלְתֶּם אֹתוֹ בְּכָל־מָקוֹם אַתֶּם וּבֵיתְכֶם כִּי־שָׂכָר הוּא לָכֶם
לב חֵלֶף עֲבֹדַתְכֶם בְּאֹהֶל מוֹעֵד: וְלֹא־תִשְׂאוּ עָלָיו חֵטְא בַּהֲרִימְכֶם
אֶת־חֶלְבּוֹ מִמֶּנּוּ וְאֶת־קָדְשֵׁי בְנֵי־יִשְׂרָאֵל לֹא תְחַלְּלוּ וְלֹא
תָמוּתוּ:

יט א ב וַיְדַבֵּר יהוה אֶל־מֹשֶׁה וְאֶל־אַהֲרֹן לֵאמֹר: זֹאת חֻקַּת הַתּוֹרָה — חקת
אֲשֶׁר־צִוָּה יהוה לֵאמֹר דַּבֵּר ׀ אֶל־בְּנֵי יִשְׂרָאֵל וְיִקְחוּ אֵלֶיךָ פָרָה
אֲדֻמָּה תְּמִימָה אֲשֶׁר אֵין־בָּהּ מוּם אֲשֶׁר לֹא־עָלָה עָלֶיהָ עֹל:
ג וּנְתַתֶּם אֹתָהּ אֶל־אֶלְעָזָר הַכֹּהֵן וְהוֹצִיא אֹתָהּ אֶל־מִחוּץ לַמַּחֲנֶה
ד וְשָׁחַט אֹתָהּ לְפָנָיו: וְלָקַח אֶלְעָזָר הַכֹּהֵן מִדָּמָהּ בְּאֶצְבָּעוֹ וְהִזָּה
ה אֶל־נֹכַח פְּנֵי אֹהֶל־מוֹעֵד מִדָּמָהּ שֶׁבַע פְּעָמִים: וְשָׂרַף אֶת־
הַפָּרָה לְעֵינָיו אֶת־עֹרָהּ וְאֶת־בְּשָׂרָהּ וְאֶת־דָּמָהּ עַל־פִּרְשָׁהּ
ו יִשְׂרֹף: וְלָקַח הַכֹּהֵן עֵץ אֶרֶז וְאֵזוֹב וּשְׁנִי תוֹלָעַת וְהִשְׁלִיךְ אֶל־
ז תּוֹךְ שְׂרֵפַת הַפָּרָה: וְכִבֶּס בְּגָדָיו הַכֹּהֵן וְרָחַץ בְּשָׂרוֹ בַּמַּיִם ✶
ח וְאַחַר יָבֹא אֶל־הַמַּחֲנֶה וְטָמֵא הַכֹּהֵן עַד־הָעָרֶב: וְהַשֹּׂרֵף אֹתָהּ
יְכַבֵּס בְּגָדָיו בַּמַּיִם וְרָחַץ בְּשָׂרוֹ בַּמָּיִם וְטָמֵא עַד־הָעָרֶב:
ט וְאָסַף ׀ אִישׁ טָהוֹר אֵת אֵפֶר הַפָּרָה וְהִנִּיחַ מִחוּץ לַמַּחֲנֶה בְּמָקוֹם
טָהוֹר וְהָיְתָה לַעֲדַת בְּנֵי־יִשְׂרָאֵל לְמִשְׁמֶרֶת לְמֵי נִדָּה חַטָּאת
י הִוא: וְכִבֶּס הָאֹסֵף אֶת־אֵפֶר הַפָּרָה אֶת־בְּגָדָיו וְטָמֵא עַד־ ✶
הָעָרֶב וְהָיְתָה לִבְנֵי יִשְׂרָאֵל וְלַגֵּר הַגָּר בְּתוֹכָם לְחֻקַּת עוֹלָם:
יא יב הַנֹּגֵעַ בְּמֵת לְכָל־נֶפֶשׁ אָדָם וְטָמֵא שִׁבְעַת יָמִים: הוּא יִתְחַטָּא־
בוֹ בַּיּוֹם הַשְּׁלִישִׁי וּבַיּוֹם הַשְּׁבִיעִי יִטְהָר וְאִם־לֹא יִתְחַטָּא בַּיּוֹם
יג הַשְּׁלִישִׁי וּבַיּוֹם הַשְּׁבִיעִי לֹא יִטְהָר: כָּל־הַנֹּגֵעַ בְּמֵת בְּנֶפֶשׁ
הָאָדָם אֲשֶׁר־יָמוּת וְלֹא יִתְחַטָּא אֶת־מִשְׁכַּן יהוה טִמֵּא וְנִכְרְתָה
הַנֶּפֶשׁ הַהִוא מִיִּשְׂרָאֵל כִּי מֵי נִדָּה לֹא־זֹרַק עָלָיו טָמֵא יִהְיֶה
יד עוֹד טֻמְאָתוֹ בוֹ: זֹאת הַתּוֹרָה אָדָם כִּי־יָמוּת בְּאֹהֶל כָּל־
טו הַבָּא אֶל־הָאֹהֶל וְכָל־אֲשֶׁר בָּאֹהֶל יִטְמָא שִׁבְעַת יָמִים: וְכֹל
טז כְּלִי פָתוּחַ אֲשֶׁר אֵין־צָמִיד פָּתִיל עָלָיו טָמֵא הוּא: וְכֹל אֲשֶׁר־

תפדה את בכור האדם ואת בכור הבהמה הטמאה תפדה
ופדויו מבן חדש תפדה בערכך כסף חמשת שקלים בשקל
הקדש עשרים גרה הוא אך בכור שור או בכור כשב או
בכור עז לא תפדה קדש הם את דמם תזרק על המזבח
ואת חלבם תקטיר אשה לריח ניחח ליהוה ובשרם יהיה
לך כחזה התנופה וכשוק הימין לך יהיה כל תרומת
הקדשים אשר ירימו בני ישראל ליהוה נתתי לך ולבניך
ולבנתיך אתך לחק עולם ברית מלח עולם הוא לפני יהוה
לך ולזרעך אתך ויאמר יהוה אל אהרן בארצם לא תנחל
וחלק לא יהיה לך בתוכם אני חלקך ונחלתך בתוך בני
ישראל ולבני לוי הנה נתתי כל מעשר בישראל
לנחלה חלף עבדתם אשר הם עבדים את עבדת אהל מועד
ולא יקרבו עוד בני ישראל אל אהל מועד לשאת חטא
למות ועבד הלוי הוא את עבדת אהל מועד והם ישאו
עונם חקת עולם לדרתיכם ובתוך בני ישראל לא ינחלו
נחלה כי את מעשר בני ישראל אשר ירימו ליהוה תרומה
נתתי ללוים לנחלה על כן אמרתי להם בתוך בני ישראל
לא ינחלו נחלה

וידבר יהוה אל משה לאמר ואל הלוים תדבר ואמרת
אלהם כי תקחו מאת בני ישראל את המעשר אשר נתתי
לכם מאתם בנחלתכם והרמתם ממנו תרומת יהוה מעשר
מן המעשר ונחשב לכם תרומתכם כדגן מן הגרן וכמלאה
מן היקב כן תרימו גם אתם תרומת יהוה מכל מעשרתיכם
אשר תקחו מאת בני ישראל ונתתם ממנו את תרומת יהוה
לאהרן הכהן מכל מתנתיכם תרימו את כל תרומת יהוה
מכל חלבו את מקדשו ממנו ואמרת אלהם בהרימכם
את חלבו ממנו ונחשב ללוים כתבואת גרן וכתבואת יקב

תִּפְדֶּה אֵת בְּכוֹר הָאָדָם וְאֵת בְּכוֹר־הַבְּהֵמָה הַטְּמֵאָה תִּפְדֶּה׃
טז וּפְדוּיָו מִבֶּן־חֹדֶשׁ תִּפְדֶּה בְּעֶרְכְּךָ כֶּסֶף חֲמֵשֶׁת שְׁקָלִים בְּשֶׁקֶל
יז הַקֹּדֶשׁ עֶשְׂרִים גֵּרָה הוּא׃ אַךְ בְּכוֹר־שׁוֹר אוֹ־בְכוֹר כֶּשֶׂב אוֹ־
בְכוֹר עֵז לֹא תִפְדֶּה קֹדֶשׁ הֵם אֶת־דָּמָם תִּזְרֹק עַל־הַמִּזְבֵּחַ
יח וְאֶת־חֶלְבָּם תַּקְטִיר אִשֶּׁה לְרֵיחַ נִיחֹחַ לַיהוָה׃ וּבְשָׂרָם יִהְיֶה־ *
יט לָּךְ כַּחֲזֵה הַתְּנוּפָה וּכְשׁוֹק הַיָּמִין לְךָ יִהְיֶה׃ כֹּל ׀ תְּרוּמֹת
הַקֳּדָשִׁים אֲשֶׁר יָרִימוּ בְנֵי־יִשְׂרָאֵל לַיהוָה נָתַתִּי לְךָ וּלְבָנֶיךָ
וְלִבְנֹתֶיךָ אִתְּךָ לְחָק־עוֹלָם בְּרִית מֶלַח עוֹלָם הִוא לִפְנֵי יְהוָה
כ לְךָ וּלְזַרְעֲךָ אִתָּךְ׃ וַיֹּאמֶר יְהוָה אֶל־אַהֲרֹן בְּאַרְצָם לֹא תִנְחָל
וְחֵלֶק לֹא־יִהְיֶה לְךָ בְּתוֹכָם אֲנִי חֶלְקְךָ וְנַחֲלָתְךָ בְּתוֹךְ בְּנֵי
כא יִשְׂרָאֵל׃ וְלִבְנֵי לֵוִי הִנֵּה נָתַתִּי כָּל־מַעֲשֵׂר בְּיִשְׂרָאֵל שביעי
לְנַחֲלָה חֵלֶף עֲבֹדָתָם אֲשֶׁר־הֵם עֹבְדִים אֶת־עֲבֹדַת אֹהֶל מוֹעֵד׃
כב וְלֹא־יִקְרְבוּ עוֹד בְּנֵי יִשְׂרָאֵל אֶל־אֹהֶל מוֹעֵד לָשֵׂאת חֵטְא
כג לָמוּת׃ וְעָבַד הַלֵּוִי הוּא אֶת־עֲבֹדַת אֹהֶל מוֹעֵד וְהֵם יִשְׂאוּ
עֲוֺנָם חֻקַּת עוֹלָם לְדֹרֹתֵיכֶם וּבְתוֹךְ בְּנֵי יִשְׂרָאֵל לֹא יִנְחֲלוּ
כד נַחֲלָה׃ כִּי אֶת־מַעְשַׂר בְּנֵי־יִשְׂרָאֵל אֲשֶׁר יָרִימוּ לַיהוָה תְּרוּמָה
נָתַתִּי לַלְוִיִּם לְנַחֲלָה עַל־כֵּן אָמַרְתִּי לָהֶם בְּתוֹךְ בְּנֵי יִשְׂרָאֵל
לֹא יִנְחֲלוּ נַחֲלָה׃
כה כו וַיְדַבֵּר יְהוָה אֶל־מֹשֶׁה לֵּאמֹר׃ וְאֶל־הַלְוִיִּם תְּדַבֵּר וְאָמַרְתָּ יז *
אֲלֵהֶם כִּי־תִקְחוּ מֵאֵת בְּנֵי־יִשְׂרָאֵל אֶת־הַמַּעֲשֵׂר אֲשֶׁר נָתַתִּי
לָכֶם מֵאִתָּם בְּנַחֲלַתְכֶם וַהֲרֵמֹתֶם מִמֶּנּוּ תְּרוּמַת יְהוָה מַעֲשֵׂר
כז מִן־הַמַּעֲשֵׂר׃ וְנֶחְשַׁב לָכֶם תְּרוּמַתְכֶם כַּדָּגָן מִן־הַגֹּרֶן וְכַמְלֵאָה
כח מִן־הַיָּקֶב׃ כֵּן תָּרִימוּ גַם־אַתֶּם תְּרוּמַת יְהוָה מִכֹּל מַעְשְׂרֹתֵיכֶם
אֲשֶׁר תִּקְחוּ מֵאֵת בְּנֵי יִשְׂרָאֵל וּנְתַתֶּם מִמֶּנּוּ אֶת־תְּרוּמַת יְהוָה
כט לְאַהֲרֹן הַכֹּהֵן׃ מִכֹּל מַתְּנֹתֵיכֶם תָּרִימוּ אֵת כָּל־תְּרוּמַת יְהוָה
ל מִכָּל־חֶלְבּוֹ אֶת־מִקְדְּשׁוֹ מִמֶּנּוּ׃ וְאָמַרְתָּ אֲלֵהֶם בַּהֲרִימְכֶם מפטיר *
אֶת־חֶלְבּוֹ מִמֶּנּוּ וְנֶחְשַׁב לַלְוִיִּם כִּתְבוּאַת גֹּרֶן וְכִתְבוּאַת יָקֶב׃

אבדנו כל הקרב הקרב אל משכן יהוה ימות האם תמנו
לגוע ויאמר יהוה אל אהרן אתה ובניך ובית
אביך אתך תשאו את עון המקדש ואתה ובניך אתך תשאו
את עון כהנתכם וגם את אחיך מטה לוי שבט אביך הקרב
אתך וילוו עליך וישרתוך ואתה ובניך אתך לפני אהל העדת
ושמרו משמרתך ומשמרת כל האהל אך אל כלי הקדש
ואל המזבח לא יקרבו ולא ימתו גם הם גם אתם ונלוו
עליך ושמרו את משמרת אהל מועד לכל עבדת האהל
וזר לא יקרב אליכם ושמרתם את משמרת הקדש ואת
משמרת המזבח ולא יהיה עוד קצף על בני ישראל ואני
הנה לקחתי את אחיכם הלוים מתוך בני ישראל לכם
מתנה נתנים ליהוה לעבד את עבדת אהל מועד ואתה
ובניך אתך תשמרו את כהנתכם לכל דבר המזבח ולמבית
לפרכת ועבדתם עבדת מתנה אתן את כהנתכם והזר הקרב
יומת

וידבר יהוה אל אהרן ואני הנה נתתי לך את משמרת
תרומתי לכל קדשי בני ישראל לך נתתים למשחה ולבניך
לחק עולם זה יהיה לך מקדש הקדשים מן האש כל קרבנם
לכל מנחתם ולכל חטאתם ולכל אשמם אשר ישיבו לי
קדש קדשים לך הוא ולבניך בקדש הקדשים תאכלנו כל
זכר יאכל אתו קדש יהיה לך וזה לך תרומת מתנם לכל
תנופת בני ישראל לך נתתים ולבניך ולבנתיך אתך לחק
עולם כל טהור בביתך יאכל אתו כל חלב יצהר וכל חלב
תירוש ודגן ראשיתם אשר יתנו ליהוה לך נתתים בכורי
כל אשר בארצם אשר יביאו ליהוה לך יהיה כל טהור בביתך
יאכלנו כל חרם בישראל לך יהיה כל פטר רחם לכל
בשר אשר יקריבו ליהוה באדם ובבהמה יהיה לך אך פדה

כח אָבַדְנוּ׃ כֹּל הַקָּרֵב ׀ הַקָּרֵב אֶל־מִשְׁכַּן יְהוָה יָמוּת הַאִם תַּמְנוּ
יח א לִגְוֺעַ׃ וַיֹּאמֶר יְהוָה אֶל־אַהֲרֹן אַתָּה וּבָנֶיךָ וּבֵית־
אָבִיךָ אִתָּךְ תִּשְׂאוּ אֶת־עֲוֺן הַמִּקְדָּשׁ וְאַתָּה וּבָנֶיךָ אִתָּךְ תִּשְׂאוּ
ב אֶת־עֲוֺן כְּהֻנַּתְכֶם׃ וְגַם אֶת־אַחֶיךָ מַטֵּה לֵוִי שֵׁבֶט אָבִיךָ הַקְרֵב
אִתָּךְ וְיִלָּווּ עָלֶיךָ וִישָׁרְתוּךָ וְאַתָּה וּבָנֶיךָ אִתָּךְ לִפְנֵי אֹהֶל הָעֵדֻת׃
ג וְשָׁמְרוּ מִשְׁמַרְתְּךָ וּמִשְׁמֶרֶת כָּל־הָאֹהֶל אַךְ אֶל־כְּלֵי הַקֹּדֶשׁ
ד וְאֶל־הַמִּזְבֵּחַ לֹא יִקְרָבוּ וְלֹא־יָמֻתוּ גַם־הֵם גַּם־אַתֶּם׃ וְנִלְווּ
עָלֶיךָ וְשָׁמְרוּ אֶת־מִשְׁמֶרֶת אֹהֶל מוֹעֵד לְכֹל עֲבֹדַת הָאֹהֶל
ה וְזָר לֹא־יִקְרַב אֲלֵיכֶם׃ וּשְׁמַרְתֶּם אֵת מִשְׁמֶרֶת הַקֹּדֶשׁ וְאֵת *
ו מִשְׁמֶרֶת הַמִּזְבֵּחַ וְלֹא־יִהְיֶה עוֹד קֶצֶף עַל־בְּנֵי יִשְׂרָאֵל׃ וַאֲנִי
הִנֵּה לָקַחְתִּי אֶת־אֲחֵיכֶם הַלְוִיִּם מִתּוֹךְ בְּנֵי יִשְׂרָאֵל לָכֶם
ז מַתָּנָה נְתֻנִים לַיהוָה לַעֲבֹד אֶת־עֲבֹדַת אֹהֶל מוֹעֵד׃ וְאַתָּה
וּבָנֶיךָ אִתְּךָ תִּשְׁמְרוּ אֶת־כְּהֻנַּתְכֶם לְכָל־דְּבַר הַמִּזְבֵּחַ וּלְמִבֵּית
לַפָּרֹכֶת וַעֲבַדְתֶּם עֲבֹדַת מַתָּנָה אֶתֵּן אֶת־כְּהֻנַּתְכֶם וְהַזָּר הַקָּרֵב
יוּמָת׃

ח וַיְדַבֵּר יְהוָה אֶל־אַהֲרֹן וַאֲנִי הִנֵּה נָתַתִּי לְךָ אֶת־מִשְׁמֶרֶת
תְּרוּמֹתָי לְכָל־קָדְשֵׁי בְנֵי־יִשְׂרָאֵל לְךָ נְתַתִּים לְמָשְׁחָה וּלְבָנֶיךָ
ט לְחָק־עוֹלָם׃ זֶה יִהְיֶה לְךָ מִקֹּדֶשׁ הַקֳּדָשִׁים מִן־הָאֵשׁ כָּל־קָרְבָּנָם
לְכָל־מִנְחָתָם וּלְכָל־חַטָּאתָם וּלְכָל־אֲשָׁמָם אֲשֶׁר יָשִׁיבוּ לִי
י קֹדֶשׁ קָדָשִׁים לְךָ הוּא וּלְבָנֶיךָ׃ בְּקֹדֶשׁ הַקֳּדָשִׁים תֹּאכְלֶנּוּ כָּל־
יא זָכָר יֹאכַל אֹתוֹ קֹדֶשׁ יִהְיֶה־לָּךְ׃ וְזֶה־לְּךָ תְּרוּמַת מַתָּנָם לְכָל־ *
תְּנוּפֹת בְּנֵי יִשְׂרָאֵל לְךָ נְתַתִּים וּלְבָנֶיךָ וְלִבְנֹתֶיךָ אִתְּךָ לְחָק־
יב עוֹלָם כָּל־טָהוֹר בְּבֵיתְךָ יֹאכַל אֹתוֹ׃ כֹּל חֵלֶב יִצְהָר וְכָל־חֵלֶב
יג תִּירוֹשׁ וְדָגָן רֵאשִׁיתָם אֲשֶׁר־יִתְּנוּ לַיהוָה לְךָ נְתַתִּים׃ בִּכּוּרֵי
כָּל־אֲשֶׁר בְּאַרְצָם אֲשֶׁר־יָבִיאוּ לַיהוָה לְךָ יִהְיֶה כָּל־טָהוֹר בְּבֵיתְךָ
יד טו יֹאכְלֶנּוּ׃ * כָּל־חֵרֶם בְּיִשְׂרָאֵל לְךָ יִהְיֶה׃ כָּל־פֶּטֶר רֶחֶם לְכָל־ *
בָּשָׂר אֲשֶׁר־יַקְרִיבוּ לַיהוָה בָּאָדָם וּבַבְּהֵמָה יִהְיֶה־לָּךְ אַךְ ׀ פָּדֹה

מתוך העדה הזאת ואכלה אתם כרגע ויפלו על פניהם
ויאמר משה אל אהרן קח את המחתה ותן עליה אש
מעל המזבח ושים קטרת והולך מהרה אל העדה וכפר
עליהם כי יצא הקצף מלפני יהוה החל הנגף ויקח אהרן
כאשר דבר משה וירץ אל תוך הקהל והנה החל הנגף בעם
ויתן את הקטרת ויכפר על העם ויעמד בין המתים ובין
החיים ותעצר המגפה ויהיו המתים במגפה ארבעה עשר
אלף ושבע מאות מלבד המתים על דבר קרח וישב אהרן
אל משה אל פתח אהל מועד והמגפה נעצרה

וידבר יהוה אל משה לאמר דבר אל בני ישראל וקח
מאתם מטה מטה לבית אב מאת כל נשיאהם לבית אבתם
שנים עשר מטות איש את שמו תכתב על מטהו ואת שם
אהרן תכתב על מטה לוי כי מטה אחד לראש בית אבותם
והנחתם באהל מועד לפני העדות אשר אועד לכם שמה
והיה האיש אשר אבחר בו מטהו יפרח והשכתי מעלי את
תלנות בני ישראל אשר הם מלינם עליכם וידבר משה
אל בני ישראל ויתנו אליו כל נשיאיהם מטה לנשיא אחד
מטה לנשיא אחד לבית אבתם שנים עשר מטות ומטה
אהרן בתוך מטותם וינח משה את המטת לפני יהוה באהל
העדת ויהי ממחרת ויבא משה אל אהל העדות והנה פרח
מטה אהרן לבית לוי ויצא פרח ויצץ ציץ ויגמל שקדים
ויצא משה את כל המטת מלפני יהוה אל כל בני ישראל
ויראו ויקחו איש מטהו

ויאמר יהוה אל משה השב את מטה אהרן לפני העדות
למשמרת לאות לבני מרי ותכל תלונתם מעלי ולא ימתו
ויעש משה כאשר צוה יהוה אתו כן עשה

ויאמרו בני ישראל אל משה לאמר הן גוענו אבדנו כלנו

מִתּוֹךְ הָעֵדָה הַזֹּאת וַאֲכַלֶּה אֹתָם כְּרָגַע וַיִּפְּלוּ עַל־פְּנֵיהֶם׃
יא וַיֹּאמֶר מֹשֶׁה אֶל־אַהֲרֹן קַח אֶת־הַמַּחְתָּה וְתֶן־עָלֶיהָ אֵשׁ
מֵעַל הַמִּזְבֵּחַ וְשִׂים קְטֹרֶת וְהוֹלֵךְ מְהֵרָה אֶל־הָעֵדָה וְכַפֵּר
יב עֲלֵיהֶם כִּי־יָצָא הַקֶּצֶף מִלִּפְנֵי יְהוָה הֵחֵל הַנָּגֶף׃ וַיִּקַּח אַהֲרֹן
כַּאֲשֶׁר ׀ דִּבֶּר מֹשֶׁה וַיָּרָץ אֶל־תּוֹךְ הַקָּהָל וְהִנֵּה הֵחֵל הַנֶּגֶף בָּעָם
יג וַיִּתֵּן אֶת־הַקְּטֹרֶת וַיְכַפֵּר עַל־הָעָם׃ וַיַּעֲמֹד בֵּין־הַמֵּתִים וּבֵין
יד הַחַיִּים וַתֵּעָצַר הַמַּגֵּפָה׃ וַיִּהְיוּ הַמֵּתִים בַּמַּגֵּפָה אַרְבָּעָה עָשָׂר
טו אֶלֶף וּשְׁבַע מֵאוֹת מִלְּבַד הַמֵּתִים עַל־דְּבַר־קֹרַח׃ וַיָּשָׁב אַהֲרֹן
אֶל־מֹשֶׁה אֶל־פֶּתַח אֹהֶל מוֹעֵד וְהַמַּגֵּפָה נֶעֱצָרָה׃
טז יז וַיְדַבֵּר יְהוָה אֶל־מֹשֶׁה לֵּאמֹר׃ דַּבֵּר ׀ אֶל־בְּנֵי יִשְׂרָאֵל וְקַח טז חמישי
מֵאִתָּם מַטֶּה מַטֶּה לְבֵית אָב מֵאֵת כָּל־נְשִׂיאֵהֶם לְבֵית אֲבֹתָם
יח שְׁנֵים עָשָׂר מַטּוֹת אִישׁ אֶת־שְׁמוֹ תִּכְתֹּב עַל־מַטֵּהוּ׃ וְאֵת שֵׁם
אַהֲרֹן תִּכְתֹּב עַל־מַטֵּה לֵוִי כִּי מַטֶּה אֶחָד לְרֹאשׁ בֵּית אֲבוֹתָם׃
יט * וְהִנַּחְתָּם בְּאֹהֶל מוֹעֵד לִפְנֵי הָעֵדוּת אֲשֶׁר אִוָּעֵד לָכֶם שָׁמָּה׃ *
כ וְהָיָה הָאִישׁ אֲשֶׁר אֶבְחַר־בּוֹ מַטֵּהוּ יִפְרָח וַהֲשִׁכֹּתִי מֵעָלַי אֶת־
כא תְּלֻנּוֹת בְּנֵי יִשְׂרָאֵל אֲשֶׁר הֵם מַלִּינִם עֲלֵיכֶם׃ וַיְדַבֵּר מֹשֶׁה
אֶל־בְּנֵי יִשְׂרָאֵל וַיִּתְּנוּ אֵלָיו ׀ כָּל־נְשִׂיאֵיהֶם מַטֶּה לְנָשִׂיא אֶחָד
מַטֶּה לְנָשִׂיא אֶחָד לְבֵית אֲבֹתָם שְׁנֵים עָשָׂר מַטּוֹת וּמַטֵּה
כב אַהֲרֹן בְּתוֹךְ מַטּוֹתָם׃ וַיַּנַּח מֹשֶׁה אֶת־הַמַּטֹּת לִפְנֵי יְהוָה בְּאֹהֶל *
כג הָעֵדֻת׃ וַיְהִי מִמָּחֳרָת וַיָּבֹא מֹשֶׁה אֶל־אֹהֶל הָעֵדוּת וְהִנֵּה פָּרַח
מַטֵּה־אַהֲרֹן לְבֵית לֵוִי וַיֹּצֵא פֶרַח וַיָּצֵץ צִיץ וַיִּגְמֹל שְׁקֵדִים׃
כד וַיֹּצֵא מֹשֶׁה אֶת־כָּל־הַמַּטֹּת מִלִּפְנֵי יְהוָה אֶל־כָּל־בְּנֵי יִשְׂרָאֵל
וַיִּרְאוּ וַיִּקְחוּ אִישׁ מַטֵּהוּ׃
כה וַיֹּאמֶר יְהוָה אֶל־מֹשֶׁה הָשֵׁב אֶת־מַטֵּה אַהֲרֹן לִפְנֵי הָעֵדוּת ששי
לְמִשְׁמֶרֶת לְאוֹת לִבְנֵי־מֶרִי וּתְכַל תְּלוּנֹּתָם מֵעָלַי וְלֹא יָמֻתוּ׃
כו וַיַּעַשׂ מֹשֶׁה כַּאֲשֶׁר צִוָּה יְהוָה אֹתוֹ כֵּן עָשָׂה׃
כז וַיֹּאמְרוּ בְּנֵי יִשְׂרָאֵל אֶל־מֹשֶׁה לֵּאמֹר הֵן גָּוַעְנוּ אָבַדְנוּ כֻּלָּנוּ

יצאו נצבים פתח אהליהם ונשיהם ובניהם וטפם ויאמר
משה בזאת תדעון כי יהוה שלחני לעשות את כל המעשים
האלה כי לא מלבי אם כמות כל האדם ימתון אלה ופקדת
כל האדם יפקד עליהם לא יהוה שלחני ואם בריאה יברא
יהוה ופצתה האדמה את פיה ובלעה אתם ואת כל אשר
להם וירדו חיים שאלה וידעתם כי נאצו האנשים האלה
את יהוה ויהי ככלתו לדבר את כל הדברים האלה ותבקע
האדמה אשר תחתיהם ותפתח הארץ את פיה ותבלע אתם
ואת בתיהם ואת כל האדם אשר לקרח ואת כל הרכוש וירדו
הם וכל אשר להם חיים שאלה ותכס עליהם הארץ ויאבדו
מתוך הקהל וכל ישראל אשר סביבתיהם נסו לקלם כי
אמרו פן תבלענו הארץ ואש יצאה מאת יהוה ותאכל את
החמשים ומאתים איש מקריבי הקטרת וידבר
יהוה אל משה לאמר אמר אל אלעזר בן אהרן הכהן וירם
את המחתת מבין השרפה ואת האש זרה הלאה כי קדשו
את מחתות החטאים האלה בנפשתם ועשו אתם רקעי
פחים צפוי למזבח כי הקריבם לפני יהוה ויקדשו ויהיו לאות
לבני ישראל ויקח אלעזר הכהן את מחתות הנחשת אשר
הקריבו השרפים וירקעום צפוי למזבח זכרון לבני ישראל
למען אשר לא יקרב איש זר אשר לא מזרע אהרן הוא
להקטיר קטרת לפני יהוה ולא יהיה כקרח וכעדתו כאשר
דבר יהוה ביד משה לו

וילנו כל עדת בני ישראל ממחרת על משה ועל אהרן
לאמר אתם המתם את עם יהוה ויהי בהקהל העדה
על משה ועל אהרן ויפנו אל אהל מועד והנה כסהו
הענן וירא כבוד יהוה ויבא משה ואהרן אל פני אהל
מועד וידבר יהוה אל משה לאמר הרמו

כד יָצְאוּ נִצָּבִים פֶּתַח אָהֳלֵיהֶם וּנְשֵׁיהֶם וּבְנֵיהֶם וְטַפָּם: וַיֹּאמֶר
מֹשֶׁה בְּזֹאת תֵּדְעוּן כִּי־יְהוָה שְׁלָחַנִי לַעֲשׂוֹת אֵת כָּל־הַמַּעֲשִׂים
כט הָאֵלֶּה כִּי־לֹא מִלִּבִּי: אִם־כְּמוֹת כָּל־הָאָדָם יְמֻתוּן אֵלֶּה וּפְקֻדַּת
ל כָּל־הָאָדָם יִפָּקֵד עֲלֵיהֶם לֹא יְהוָה שְׁלָחָנִי: וְאִם־בְּרִיאָה יִבְרָא
יְהוָה וּפָצְתָה הָאֲדָמָה אֶת־פִּיהָ וּבָלְעָה אֹתָם וְאֶת־כָּל־אֲשֶׁר
לָהֶם וְיָרְדוּ חַיִּים שְׁאֹלָה וִידַעְתֶּם כִּי נִאֲצוּ הָאֲנָשִׁים הָאֵלֶּה
לא אֶת־יְהוָה: וַיְהִי כְּכַלֹּתוֹ לְדַבֵּר אֵת כָּל־הַדְּבָרִים הָאֵלֶּה וַתִּבָּקַע
לב הָאֲדָמָה אֲשֶׁר תַּחְתֵּיהֶם: וַתִּפְתַּח הָאָרֶץ אֶת־פִּיהָ וַתִּבְלַע אֹתָם
לג וְאֶת־בָּתֵּיהֶם וְאֵת כָּל־הָאָדָם אֲשֶׁר לְקֹרַח וְאֵת כָּל־הָרְכוּשׁ: וַיֵּרְדוּ
הֵם וְכָל־אֲשֶׁר לָהֶם חַיִּים שְׁאֹלָה וַתְּכַס עֲלֵיהֶם הָאָרֶץ וַיֹּאבְדוּ
לד מִתּוֹךְ הַקָּהָל: וְכָל־יִשְׂרָאֵל אֲשֶׁר סְבִיבֹתֵיהֶם נָסוּ לְקֹלָם כִּי
לה אָמְרוּ פֶּן־תִּבְלָעֵנוּ הָאָרֶץ: וְאֵשׁ יָצְאָה מֵאֵת יְהוָה וַתֹּאכַל אֵת
הַחֲמִשִּׁים וּמָאתַיִם אִישׁ מַקְרִיבֵי הַקְּטֹרֶת:
יז א                                                  וַיְדַבֵּר
יְהוָה אֶל־מֹשֶׁה לֵּאמֹר: אֱמֹר אֶל־אֶלְעָזָר בֶּן־אַהֲרֹן הַכֹּהֵן וְיָרֵם
אֶת־הַמַּחְתֹּת מִבֵּין הַשְּׂרֵפָה וְאֶת־הָאֵשׁ זְרֵה־הָלְאָה כִּי קָדֵשׁוּ:
ג אֵת מַחְתּוֹת הַחַטָּאִים הָאֵלֶּה בְּנַפְשֹׁתָם וְעָשׂוּ אֹתָם רִקֻּעֵי
פַחִים צִפּוּי לַמִּזְבֵּחַ כִּי־הִקְרִיבֻם לִפְנֵי־יְהוָה וַיִּקְדָּשׁוּ וְיִהְיוּ לְאוֹת
ד לִבְנֵי יִשְׂרָאֵל: וַיִּקַּח אֶלְעָזָר הַכֹּהֵן אֵת מַחְתּוֹת הַנְּחֹשֶׁת אֲשֶׁר
ה הִקְרִיבוּ הַשְּׂרֻפִים וַיְרַקְּעוּם צִפּוּי לַמִּזְבֵּחַ: זִכָּרוֹן לִבְנֵי יִשְׂרָאֵל
לְמַעַן אֲשֶׁר לֹא־יִקְרַב אִישׁ זָר אֲשֶׁר לֹא מִזֶּרַע אַהֲרֹן הוּא
לְהַקְטִיר קְטֹרֶת לִפְנֵי יְהוָה וְלֹא־יִהְיֶה כְקֹרַח וְכַעֲדָתוֹ כַּאֲשֶׁר
דִּבֶּר יְהוָה בְּיַד־מֹשֶׁה לוֹ:
ו  ✳ וַיִּלֹּנוּ כָּל־עֲדַת בְּנֵי־יִשְׂרָאֵל מִמָּחֳרָת עַל־מֹשֶׁה וְעַל־אַהֲרֹן
ז לֵאמֹר אַתֶּם הֲמִתֶּם אֶת־עַם יְהוָה: וַיְהִי בְּהִקָּהֵל הָעֵדָה
עַל־מֹשֶׁה וְעַל־אַהֲרֹן וַיִּפְנוּ אֶל־אֹהֶל מוֹעֵד וְהִנֵּה כִסָּהוּ
ח הֶעָנָן וַיֵּרָא כְּבוֹד יְהוָה: וַיָּבֹא מֹשֶׁה וְאַהֲרֹן אֶל־פְּנֵי אֹהֶל
ט מוֹעֵד:                               וַיְדַבֵּר יְהוָה אֶל־מֹשֶׁה לֵּאמֹר: הֵרֹמּוּ  רביעי

המעט מכם כי הבדיל אלהי ישראל אתכם מעדת ישראל
להקריב אתכם אליו לעבד את עבדת משכן יהוה ולעמד
לפני העדה לשרתם ויקרב אתך ואת כל אחיך בני לוי אתך
ובקשתם גם כהנה לכן אתה וכל עדתך הנעדים על יהוה
ואהרן מה הוא כי תלונו עליו וישלח משה לקרא לדתן
ולאבירם בני אליאב ויאמרו לא נעלה המעט כי העליתנו
מארץ זבת חלב ודבש להמיתנו במדבר כי תשתרר עלינו
גם השתרר אף לא אל ארץ זבת חלב ודבש הביאתנו
ותתן לנו נחלת שדה וכרם העיני האנשים ההם תנקר לא
נעלה ויחר למשה מאד ויאמר אל יהוה אל תפן אל
מנחתם לא חמור אחד מהם נשאתי ולא הרעתי את אחד
מהם ויאמר משה אל קרח אתה וכל עדתך היו לפני יהוה
אתה והם ואהרן מחר וקחו איש מחתתו ונתתם עליהם
קטרת והקרבתם לפני יהוה איש מחתתו חמשים ומאתים
מחתת ואתה ואהרן איש מחתתו ויקחו איש מחתתו ויתנו
עליהם אש וישימו עליהם קטרת ויעמדו פתח אהל מועד
ומשה ואהרן ויקהל עליהם קרח את כל העדה אל פתח אהל
מועד וירא כבוד יהוה אל כל העדה וידבר
יהוה אל משה ואל אהרן לאמר הבדלו מתוך העדה
הזאת ואכלה אתם כרגע ויפלו על פניהם ויאמרו אל
אלהי הרוחת לכל בשר האיש אחד יחטא ועל כל העדה
תקצף וידבר יהוה אל משה לאמר דבר
אל העדה לאמר העלו מסביב למשכן קרח דתן ואבירם
ויקם משה וילך אל דתן ואבירם וילכו אחריו זקני ישראל
וידבר אל העדה לאמר סורו נא מעל אהלי האנשים הרשעים
האלה ואל תגעו בכל אשר להם פן תספו בכל חטאתם
ויעלו מעל משכן קרח דתן ואבירם מסביב ודתן ואבירם

ט הַמְעַט מִכֶּם כִּי־הִבְדִּיל אֱלֹהֵי יִשְׂרָאֵל אֶתְכֶם מֵעֲדַת יִשְׂרָאֵל לְהַקְרִיב אֶתְכֶם אֵלָיו לַעֲבֹד אֶת־עֲבֹדַת מִשְׁכַּן יְהוָה וְלַעֲמֹד לִפְנֵי הָעֵדָה לְשָׁרְתָם: י וַיַּקְרֵב אֹתְךָ וְאֶת־כָּל־אַחֶיךָ בְנֵי־לֵוִי אִתָּךְ וּבִקַּשְׁתֶּם גַּם־כְּהֻנָּה: יא לָכֵן אַתָּה וְכָל־עֲדָתְךָ הַנֹּעָדִים עַל־יְהוָה וְאַהֲרֹן מַה־הוּא כִּי תַלִּונוּ עָלָיו: יב וַיִּשְׁלַח מֹשֶׁה לִקְרֹא לְדָתָן      **תלונו** וְלַאֲבִירָם בְּנֵי אֱלִיאָב וַיֹּאמְרוּ לֹא נַעֲלֶה: יג הַמְעַט כִּי הֶעֱלִיתָנוּ מֵאֶרֶץ זָבַת חָלָב וּדְבַשׁ לַהֲמִיתֵנוּ בַּמִּדְבָּר כִּי־תִשְׂתָּרֵר עָלֵינוּ גַּם־הִשְׂתָּרֵר: יד אַף לֹא אֶל־אֶרֶץ זָבַת חָלָב וּדְבַשׁ הֲבִיאֹתָנוּ      שני וַתִּתֶּן־לָנוּ נַחֲלַת שָׂדֶה וָכָרֶם הַעֵינֵי הָאֲנָשִׁים הָהֵם תְּנַקֵּר לֹא נַעֲלֶה: טו וַיִּחַר לְמֹשֶׁה מְאֹד וַיֹּאמֶר אֶל־יְהוָה אַל־תֵּפֶן אֶל־מִנְחָתָם לֹא חֲמוֹר אֶחָד מֵהֶם נָשָׂאתִי וְלֹא הֲרֵעֹתִי אֶת־אַחַד מֵהֶם: טז וַיֹּאמֶר מֹשֶׁה אֶל־קֹרַח אַתָּה וְכָל־עֲדָתְךָ הֱיוּ לִפְנֵי יְהוָה אַתָּה וָהֵם וְאַהֲרֹן מָחָר: יז וּקְחוּ אִישׁ מַחְתָּתוֹ וּנְתַתֶּם עֲלֵיהֶם קְטֹרֶת וְהִקְרַבְתֶּם לִפְנֵי יְהוָה אִישׁ מַחְתָּתוֹ חֲמִשִּׁים וּמָאתַיִם מַחְתֹּת וְאַתָּה וְאַהֲרֹן אִישׁ מַחְתָּתוֹ: יח וַיִּקְחוּ אִישׁ מַחְתָּתוֹ וַיִּתְּנוּ עֲלֵיהֶם אֵשׁ וַיָּשִׂימוּ עֲלֵיהֶם קְטֹרֶת וַיַּעַמְדוּ פֶּתַח אֹהֶל מוֹעֵד וּמֹשֶׁה וְאַהֲרֹן: יט וַיַּקְהֵל עֲלֵיהֶם קֹרַח אֶת־כָּל־הָעֵדָה אֶל־פֶּתַח אֹהֶל מוֹעֵד וַיֵּרָא כְבוֹד־יְהוָה אֶל־כָּל־הָעֵדָה:      שלישי וַיְדַבֵּר כ יְהוָה אֶל־מֹשֶׁה וְאֶל־אַהֲרֹן לֵאמֹר: הִבָּדְלוּ מִתּוֹךְ הָעֵדָה כא הַזֹּאת וַאֲכַלֶּה אֹתָם כְּרָגַע: וַיִּפְּלוּ עַל־פְּנֵיהֶם וַיֹּאמְרוּ אֵל אֱלֹהֵי הָרוּחֹת לְכָל־בָּשָׂר הָאִישׁ אֶחָד יֶחֱטָא וְעַל כָּל־הָעֵדָה כב תִּקְצֹף: וַיְדַבֵּר יְהוָה אֶל־מֹשֶׁה לֵּאמֹר: דַּבֵּר כג אֶל־הָעֵדָה לֵאמֹר הֵעָלוּ מִסָּבִיב לְמִשְׁכַּן־קֹרַח דָּתָן וַאֲבִירָם: כד וַיָּקָם מֹשֶׁה וַיֵּלֶךְ אֶל־דָּתָן וַאֲבִירָם וַיֵּלְכוּ אַחֲרָיו זִקְנֵי יִשְׂרָאֵל: כה וַיְדַבֵּר אֶל־הָעֵדָה לֵאמֹר סוּרוּ נָא מֵעַל אָהֳלֵי הָאֲנָשִׁים הָרְשָׁעִים הָאֵלֶּה וְאַל־תִּגְּעוּ בְּכָל־אֲשֶׁר לָהֶם פֶּן־תִּסָּפוּ בְּכָל־חַטֹּאתָם: כו וַיֵּעָלוּ מֵעַל מִשְׁכַּן־קֹרַח דָּתָן וַאֲבִירָם מִסָּבִיב וְדָתָן וַאֲבִירָם

הפר הכרת תכרת הנפש ההוא עונה בה
ויהיו בני ישראל במדבר וימצאו איש מקשש עצים ביום
השבת ויקריבו אתו המצאים אתו מקשש עצים אל משה
ואל אהרן ואל כל העדה ויניחו אתו במשמר כי לא פרש
מה יעשה לו ויאמר יהוה אל משה מות
יומת האיש רגום אתו באבנים כל העדה מחוץ למחנה
ויציאו אתו כל העדה אל מחוץ למחנה וירגמו אתו באבנים
וימת כאשר צוה יהוה את משה
ויאמר יהוה אל משה לאמר דבר אל בני ישראל ואמרת
אלהם ועשו להם ציצת על כנפי בגדיהם לדרתם ונתנו על
ציצת הכנף פתיל תכלת והיה לכם לציצת וראיתם אתו
וזכרתם את כל מצות יהוה ועשיתם אתם ולא תתורו אחרי
לבבכם ואחרי עיניכם אשר אתם זנים אחריהם למען תזכרו
ועשיתם את כל מצותי והייתם קדשים לאלהיכם אני יהוה
אלהיכם אשר הוצאתי אתכם מארץ מצרים להיות לכם
לאלהים אני יהוה אלהיכם
ויקח קרח בן יצהר בן קהת בן לוי ודתן ואבירם בני אליאב
ואון בן פלת בני ראובן ויקמו לפני משה ואנשים מבני
ישראל חמשים ומאתים נשיאי עדה קראי מועד אנשי שם
ויקהלו על משה ועל אהרן ויאמרו אלהם רב לכם כי כל
העדה כלם קדשים ובתוכם יהוה ומדוע תתנשאו על קהל
יהוה וישמע משה ויפל על פניו וידבר אל קרח ואל כל
עדתו לאמר בקר וידע יהוה את אשר לו ואת הקדוש והקריב
אליו ואת אשר יבחר בו יקריב אליו זאת עשו קחו לכם
מחתות קרח וכל עדתו ותנו בהן אש ושימו עליהן קטרת
לפני יהוה מחר והיה האיש אשר יבחר יהוה הוא הקדוש
רב לכם בני לוי ויאמר משה אל קרח שמעו נא בני לוי

הֵפַר הִכָּרֵת ׀ תִּכָּרֵת הַנֶּפֶשׁ הַהִוא עֲוֺנָה בָהּ׃
לב וַיִּהְיוּ בְנֵי־יִשְׂרָאֵל בַּמִּדְבָּר וַיִּמְצְאוּ אִישׁ מְקֹשֵׁשׁ עֵצִים בְּיוֹם
לג הַשַּׁבָּת׃ וַיַּקְרִיבוּ אֹתוֹ הַמֹּצְאִים אֹתוֹ מְקֹשֵׁשׁ עֵצִים אֶל־מֹשֶׁה
לד וְאֶל־אַהֲרֹן וְאֶל כָּל־הָעֵדָה׃ וַיַּנִּיחוּ אֹתוֹ בַּמִּשְׁמָר כִּי לֹא פֹרַשׁ
לה מַה־יֵּעָשֶׂה לוֹ׃ וַיֹּאמֶר יהוה אֶל־מֹשֶׁה מוֹת
יוּמַת הָאִישׁ רָגוֹם אֹתוֹ בָאֲבָנִים כָּל־הָעֵדָה מִחוּץ לַמַּחֲנֶה׃
לו וַיֹּצִיאוּ אֹתוֹ כָּל־הָעֵדָה אֶל־מִחוּץ לַמַּחֲנֶה וַיִּרְגְּמוּ אֹתוֹ בָּאֲבָנִים
וַיָּמֹת כַּאֲשֶׁר צִוָּה יהוה אֶת־מֹשֶׁה׃
לז לח וַיֹּאמֶר יהוה אֶל־מֹשֶׁה לֵּאמֹר׃ דַּבֵּר אֶל־בְּנֵי יִשְׂרָאֵל וְאָמַרְתָּ מפטיר
אֲלֵהֶם וְעָשׂוּ לָהֶם צִיצִת עַל־כַּנְפֵי בִגְדֵיהֶם לְדֹרֹתָם וְנָתְנוּ עַל־
לט צִיצִת הַכָּנָף פְּתִיל תְּכֵלֶת׃ וְהָיָה לָכֶם לְצִיצִת וּרְאִיתֶם אֹתוֹ
וּזְכַרְתֶּם אֶת־כָּל־מִצְוֺת יהוה וַעֲשִׂיתֶם אֹתָם וְלֹא תָתֻרוּ אַחֲרֵי
מ לְבַבְכֶם וְאַחֲרֵי עֵינֵיכֶם אֲשֶׁר־אַתֶּם זֹנִים אַחֲרֵיהֶם׃ לְמַעַן תִּזְכְּרוּ
מא וַעֲשִׂיתֶם אֶת־כָּל־מִצְוֺתָי וִהְיִיתֶם קְדֹשִׁים לֵאלֹהֵיכֶם׃ אֲנִי יהוה
אֱלֹהֵיכֶם אֲשֶׁר הוֹצֵאתִי אֶתְכֶם מֵאֶרֶץ מִצְרַיִם לִהְיוֹת לָכֶם
לֵאלֹהִים אֲנִי יהוה אֱלֹהֵיכֶם׃

טז א וַיִּקַּח קֹרַח בֶּן־יִצְהָר בֶּן־קְהָת בֶּן־לֵוִי וְדָתָן וַאֲבִירָם בְּנֵי אֱלִיאָב טו קרח
ב וְאוֹן בֶּן־פֶּלֶת בְּנֵי רְאוּבֵן׃ וַיָּקֻמוּ לִפְנֵי מֹשֶׁה וַאֲנָשִׁים מִבְּנֵי־
יִשְׂרָאֵל חֲמִשִּׁים וּמָאתָיִם נְשִׂיאֵי עֵדָה קְרִאֵי מוֹעֵד אַנְשֵׁי־שֵׁם׃
ג וַיִּקָּהֲלוּ עַל־מֹשֶׁה וְעַל־אַהֲרֹן וַיֹּאמְרוּ אֲלֵהֶם רַב־לָכֶם כִּי כָל־
הָעֵדָה כֻּלָּם קְדֹשִׁים וּבְתוֹכָם יהוה וּמַדּוּעַ תִּתְנַשְּׂאוּ עַל־קְהַל
ד ה יהוה׃ וַיִּשְׁמַע מֹשֶׁה וַיִּפֹּל עַל־פָּנָיו׃ וַיְדַבֵּר אֶל־קֹרַח וְאֶל־כָּל־
עֲדָתוֹ לֵאמֹר בֹּקֶר וְיֹדַע יהוה אֶת־אֲשֶׁר־לוֹ וְאֶת־הַקָּדוֹשׁ וְהִקְרִיב
ו אֵלָיו וְאֵת אֲשֶׁר יִבְחַר־בּוֹ יַקְרִיב אֵלָיו׃ זֹאת עֲשׂוּ קְחוּ־לָכֶם
ז מַחְתּוֹת קֹרַח וְכָל־עֲדָתוֹ׃ וּתְנוּ־בָהֵן ׀ אֵשׁ וְשִׂימוּ עֲלֵיהֶן ׀ קְטֹרֶת
לִפְנֵי יהוה מָחָר וְהָיָה הָאִישׁ אֲשֶׁר־יִבְחַר יהוה הוּא הַקָּדוֹשׁ
ח רַב־לָכֶם בְּנֵי לֵוִי׃ * וַיֹּאמֶר מֹשֶׁה אֶל־קֹרַח שִׁמְעוּ־נָא בְּנֵי לֵוִי׃ *

בעזים כמספר אשר תעשו ככה תעשו לאחד כמספרם
כל האזרח יעשה ככה את אלה להקריב אשה ריח ניחח
ליהוה וכי יגור אתכם גר או אשר בתוככם לדרתיכם ועשה
אשה ריח ניחח ליהוה כאשר תעשו כן יעשה הקהל חקה
אחת לכם ולגר הגר חקת עולם לדרתיכם ככם כגר יהיה
לפני יהוה תורה אחת ומשפט אחד יהיה לכם ולגר הגר
אתכם

וידבר יהוה אל משה לאמר דבר אל בני ישראל ואמרת
אלהם בבאכם אל הארץ אשר אני מביא אתכם שמה והיה
באכלכם מלחם הארץ תרימו תרומה ליהוה ראשית ערסתכם
חלה תרימו תרומה כתרומת גרן כן תרימו אתה מראשית
ערסתיכם תתנו ליהוה תרומה לדרתיכם וכי
תשגו ולא תעשו את כל המצות האלה אשר דבר יהוה
אל משה את כל אשר צוה יהוה אליכם ביד משה מן
היום אשר צוה יהוה והלאה לדרתיכם והיה אם מעיני
העדה נעשתה לשגגה ועשו כל העדה פר בן בקר אחד
לעלה לריח ניחח ליהוה ומנחתו ונסכו כמשפט ושעיר עזים
אחד לחטת וכפר הכהן על כל עדת בני ישראל ונסלח
להם כי שגגה הוא והם הביאו את קרבנם אשה ליהוה
וחטאתם לפני יהוה על שגגתם ונסלח לכל עדת בני ישראל
ולגר הגר בתוכם כי לכל העם בשגגה ואם
נפש אחת תחטא בשגגה והקריבה עז בת שנתה לחטאת
וכפר הכהן על הנפש השגגת בחטאה בשגגה לפני יהוה
לכפר עליו ונסלח לו האזרח בבני ישראל ולגר הגר בתוכם
תורה אחת יהיה לכם לעשה בשגגה והנפש אשר תעשה
ביד רמה מן האזרח ומן הגר את יהוה הוא מגדף ונכרתה
הנפש ההוא מקרב עמה כי דבר יהוה בזה ואת מצותו

יב בָּעִזִּים׃ כַּמִּסְפָּר אֲשֶׁר תַּעֲשׂוּ כָּכָה תַּעֲשׂוּ לָאֶחָד כְּמִסְפָּרָם׃
יג כָּל־הָאֶזְרָח יַעֲשֶׂה־כָּכָה אֶת־אֵלֶּה לְהַקְרִיב אִשֵּׁה רֵיחַ־נִיחֹחַ
יד לַיהוָה׃ וְכִי־יָגוּר אִתְּכֶם גֵּר אוֹ אֲשֶׁר־בְּתוֹכְכֶם לְדֹרֹתֵיכֶם וְעָשָׂה *
טו אִשֵּׁה רֵיחַ־נִיחֹחַ לַיהוָה כַּאֲשֶׁר תַּעֲשׂוּ כֵּן יַעֲשֶׂה׃ הַקָּהָל חֻקָּה
אַחַת לָכֶם וְלַגֵּר הַגָּר חֻקַּת עוֹלָם לְדֹרֹתֵיכֶם כָּכֶם כַּגֵּר יִהְיֶה
טז לִפְנֵי יְהוָה׃ תּוֹרָה אַחַת וּמִשְׁפָּט אֶחָד יִהְיֶה לָכֶם וְלַגֵּר הַגָּר
אִתְּכֶם׃
יז יח וַיְדַבֵּר יְהוָה אֶל־מֹשֶׁה לֵּאמֹר׃ דַּבֵּר אֶל־בְּנֵי יִשְׂרָאֵל וְאָמַרְתָּ ששי
יט אֲלֵהֶם בְּבֹאֲכֶם אֶל־הָאָרֶץ אֲשֶׁר אֲנִי מֵבִיא אֶתְכֶם שָׁמָּה׃ וְהָיָה
כ בַּאֲכָלְכֶם מִלֶּחֶם הָאָרֶץ תָּרִימוּ תְרוּמָה לַיהוָה׃ רֵאשִׁית עֲרִסֹתֵכֶם
כא חַלָּה תָּרִימוּ תְרוּמָה כִּתְרוּמַת גֹּרֶן כֵּן תָּרִימוּ אֹתָהּ׃ מֵרֵאשִׁית
כב עֲרִסֹתֵיכֶם תִּתְּנוּ לַיהוָה תְּרוּמָה לְדֹרֹתֵיכֶם׃ וְכִי *
תִשְׁגּוּ וְלֹא תַעֲשׂוּ אֵת כָּל־הַמִּצְוֺת הָאֵלֶּה אֲשֶׁר־דִּבֶּר יְהוָה
כג אֶל־מֹשֶׁה׃ אֵת כָּל־אֲשֶׁר צִוָּה יְהוָה אֲלֵיכֶם בְּיַד־מֹשֶׁה מִן־
כד הַיּוֹם אֲשֶׁר צִוָּה יְהוָה וָהָלְאָה לְדֹרֹתֵיכֶם׃ וְהָיָה אִם מֵעֵינֵי
הָעֵדָה נֶעֶשְׂתָה לִשְׁגָגָה וְעָשׂוּ כָל־הָעֵדָה פַּר בֶּן־בָּקָר אֶחָד
לְעֹלָה לְרֵיחַ נִיחֹחַ לַיהוָה וּמִנְחָתוֹ וְנִסְכּוֹ כַּמִּשְׁפָּט וּשְׂעִיר־עִזִּים
כה אֶחָד לְחַטָּת׃ וְכִפֶּר הַכֹּהֵן עַל־כָּל־עֲדַת בְּנֵי יִשְׂרָאֵל וְנִסְלַח
לָהֶם כִּי־שְׁגָגָה הִוא וְהֵם הֵבִיאוּ אֶת־קָרְבָּנָם אִשֶּׁה לַיהוָה
כו וְחַטָּאתָם לִפְנֵי יְהוָה עַל־שִׁגְגָתָם׃ וְנִסְלַח לְכָל־עֲדַת בְּנֵי יִשְׂרָאֵל
כז וְלַגֵּר הַגָּר בְּתוֹכָם כִּי לְכָל־הָעָם בִּשְׁגָגָה׃ וְאִם־ שביעי
נֶפֶשׁ אַחַת תֶּחֱטָא בִשְׁגָגָה וְהִקְרִיבָה עֵז בַּת־שְׁנָתָהּ לְחַטָּאת׃
כח וְכִפֶּר הַכֹּהֵן עַל־הַנֶּפֶשׁ הַשֹּׁגֶגֶת בְּחֶטְאָה בִשְׁגָגָה לִפְנֵי יְהוָה
כט לְכַפֵּר עָלָיו וְנִסְלַח לוֹ׃ הָאֶזְרָח בִּבְנֵי יִשְׂרָאֵל וְלַגֵּר הַגָּר בְּתוֹכָם
ל תּוֹרָה אַחַת יִהְיֶה לָכֶם לָעֹשֶׂה בִּשְׁגָגָה׃ וְהַנֶּפֶשׁ אֲשֶׁר־תַּעֲשֶׂה *
בְּיָד רָמָה מִן־הָאֶזְרָח וּמִן־הַגֵּר אֶת־יְהוָה הוּא מְגַדֵּף וְנִכְרְתָה
לא הַנֶּפֶשׁ הַהִוא מִקֶּרֶב עַמָּהּ׃ כִּי דְבַר־יְהוָה בָּזָה וְאֶת־מִצְוָתוֹ

אשר שלח משה לתור את הארץ וישבו וילונו עליו את
כל העדה להוציא דבה על הארץ וימתו האנשים מוצאי
דבת הארץ רעה במגפה לפני יהוה ויהושע בן נון וכלב
בן יפנה חיו מן האנשים ההם ההלכים לתור את הארץ
וידבר משה את הדברים האלה אל כל בני ישראל ויתאבלו
העם מאד וישכמו בבקר ויעלו אל ראש ההר לאמר
הננו ועלינו אל המקום אשר אמר יהוה כי חטאנו ויאמר
משה למה זה אתם עברים את פי יהוה והוא לא תצלח
אל תעלו כי אין יהוה בקרבכם ולא תנגפו לפני איביכם
כי העמלקי והכנעני שם לפניכם ונפלתם בחרב כי על כן
שבתם מאחרי יהוה ולא יהיה יהוה עמכם ויעפלו לעלות
אל ראש ההר וארון ברית יהוה ומשה לא משו מקרב
המחנה וירד העמלקי והכנעני הישב בהר ההוא ויכום
ויכתום עד החרמה

וידבר יהוה אל משה לאמר דבר אל בני ישראל ואמרת
אלהם כי תבאו אל ארץ מושבתיכם אשר אני נתן לכם
ועשיתם אשה ליהוה עלה או זבח לפלא נדר או בנדבה
או במעדיכם לעשות ריח ניחח ליהוה מן הבקר או מן
הצאן והקריב המקריב קרבנו ליהוה מנחה סלת עשרון
בלול ברבעית ההין שמן ויין לנסך רביעית ההין תעשה
על העלה או לזבח לכבש האחד או לאיל תעשה מנחה
סלת שני עשרנים בלולה בשמן שלשית ההין ויין לנסך
שלשית ההין תקריב ריח ניחח ליהוה וכי תעשה בן בקר
עלה או זבח לפלא נדר או שלמים ליהוה והקריב על
בן הבקר מנחה סלת שלשה עשרנים בלול בשמן חצי ההין
ויין תקריב לנסך חצי ההין אשה ריח ניחח ליהוה ככה
יעשה לשור האחד או לאיל האחד או לשה בכבשים או

אֲשֶׁר־שָׁלַח מֹשֶׁה לָתוּר אֶת־הָאָרֶץ וַיָּשֻׁבוּ וילונו עָלָיו אֶת־

לז כָּל־הָעֵדָה לְהוֹצִיא דִבָּה עַל־הָאָרֶץ: וַיָּמֻתוּ הָאֲנָשִׁים מוֹצִאֵי

לח דִבַּת־הָאָרֶץ רָעָה בַּמַּגֵּפָה לִפְנֵי יְהֹוָה: וִיהוֹשֻׁעַ בִּן־נוּן וְכָלֵב

בֶּן־יְפֻנֶּה חָיוּ מִן־הָאֲנָשִׁים הָהֵם הַהֹלְכִים לָתוּר אֶת־הָאָרֶץ:

לט וַיְדַבֵּר מֹשֶׁה אֶת־הַדְּבָרִים הָאֵלֶּה אֶל־כָּל־בְּנֵי יִשְׂרָאֵל וַיִּתְאַבְּלוּ ★

מ הָעָם מְאֹד: וַיַּשְׁכִּמוּ בַבֹּקֶר וַיַּעֲלוּ אֶל־רֹאשׁ־הָהָר לֵאמֹר

מא הִנֶּנּוּ וְעָלִינוּ אֶל־הַמָּקוֹם אֲשֶׁר־אָמַר יְהֹוָה כִּי חָטָאנוּ: וַיֹּאמֶר

מֹשֶׁה לָמָּה זֶּה אַתֶּם עֹבְרִים אֶת־פִּי יְהֹוָה וְהִוא לֹא תִצְלָח:

מב אַל־תַּעֲלוּ כִּי אֵין יְהֹוָה בְּקִרְבְּכֶם וְלֹא תִּנָּגְפוּ לִפְנֵי אֹיְבֵיכֶם:

מג כִּי הָעֲמָלֵקִי וְהַכְּנַעֲנִי שָׁם לִפְנֵיכֶם וּנְפַלְתֶּם בֶּחָרֶב כִּי־עַל־כֵּן

מד שַׁבְתֶּם מֵאַחֲרֵי יְהֹוָה וְלֹא־יִהְיֶה יְהֹוָה עִמָּכֶם: וַיַּעְפִּלוּ לַעֲלוֹת

אֶל־רֹאשׁ הָהָר וַאֲרוֹן בְּרִית־יְהֹוָה וּמֹשֶׁה לֹא־מָשׁוּ מִקֶּרֶב

מה הַמַּחֲנֶה: וַיֵּרֶד הָעֲמָלֵקִי וְהַכְּנַעֲנִי הַיֹּשֵׁב בָּהָר הַהוּא וַיַּכּוּם

וַיַּכְּתוּם עַד־הַחָרְמָה:

טו א וַיְדַבֵּר יְהֹוָה אֶל־מֹשֶׁה לֵּאמֹר: דַּבֵּר אֶל־בְּנֵי יִשְׂרָאֵל וְאָמַרְתָּ יד

ב אֲלֵהֶם כִּי תָבֹאוּ אֶל־אֶרֶץ מוֹשְׁבֹתֵיכֶם אֲשֶׁר אֲנִי נֹתֵן לָכֶם:

ג וַעֲשִׂיתֶם אִשֶּׁה לַיהֹוָה עֹלָה אוֹ־זֶבַח לְפַלֵּא־נֶדֶר אוֹ בִנְדָבָה

אוֹ בְּמֹעֲדֵיכֶם לַעֲשׂוֹת רֵיחַ נִיחֹחַ לַיהֹוָה מִן־הַבָּקָר אוֹ מִן־

ד הַצֹּאן: וְהִקְרִיב הַמַּקְרִיב קָרְבָּנוֹ לַיהֹוָה מִנְחָה סֹלֶת עִשָּׂרוֹן ★

ה בָּלוּל בִּרְבִעִית הַהִין שָׁמֶן: וְיַיִן לַנֶּסֶךְ רְבִיעִית הַהִין תַּעֲשֶׂה

ו עַל־הָעֹלָה אוֹ לַזָּבַח לַכֶּבֶשׂ הָאֶחָד: אוֹ לָאַיִל תַּעֲשֶׂה מִנְחָה

ז סֹלֶת שְׁנֵי עֶשְׂרֹנִים בְּלוּלָה בַשֶּׁמֶן שְׁלִשִׁית הַהִין: וְיַיִן לַנֶּסֶךְ

ח שְׁלִשִׁית הַהִין תַּקְרִיב רֵיחַ־נִיחֹחַ לַיהֹוָה: וְכִי־תַעֲשֶׂה בֶן־בָּקָר

ט עֹלָה אוֹ־זָבַח לְפַלֵּא־נֶדֶר אוֹ־שְׁלָמִים לַיהֹוָה: וְהִקְרִיב עַל־

בֶּן־הַבָּקָר מִנְחָה סֹלֶת שְׁלֹשָׁה עֶשְׂרֹנִים בָּלוּל בַּשֶּׁמֶן חֲצִי הַהִין:

יא וְיַיִן תַּקְרִיב לַנֶּסֶךְ חֲצִי הַהִין אִשֵּׁה רֵיחַ־נִיחֹחַ לַיהֹוָה: כָּכָה

יֵעָשֶׂה לַשּׁוֹר הָאֶחָד אוֹ לָאַיִל הָאֶחָד אוֹ־לַשֶּׂה בַכְּבָשִׂים אוֹ

יגדל נא כח אדני כאשר דברת לאמר יהוה ארך אפים
ורב חסד נשא עון ופשע ונקה לא ינקה פקד עון אבות על
בנים על שלשים ועל רבעים סלח נא לעון העם הזה כגדל
חסדך וכאשר נשאתה לעם הזה ממצרים ועד הנה ויאמר
יהוה סלחתי כדברך ואולם חי אני וימלא כבוד יהוה את
כל הארץ כי כל האנשים הראים את כבדי ואת אתתי
אשר עשיתי במצרים ובמדבר וינסו אתי זה עשר פעמים
ולא שמעו בקולי אם יראו את הארץ אשר נשבעתי לאבתם
וכל מנאצי לא יראוה ועבדי כלב עקב היתה רוח אחרת
עמו וימלא אחרי והביאתיו אל הארץ אשר בא שמה וזרעו
יורשנה והעמלקי והכנעני יושב בעמק מחר פנו וסעו לכם
המדבר דרך ים סוף
וידבר יהוה אל משה ואל אהרן לאמר עד מתי לעדה
הרעה הזאת אשר המה מלינים עלי את תלנות בני ישראל
אשר המה מלינים עלי שמעתי אמר אלהם חי אני נאם
יהוה אם לא כאשר דברתם באזני כן אעשה לכם במדבר
הזה יפלו פגריכם וכל פקדיכם לכל מספרכם מבן עשרים
שנה ומעלה אשר הלינתם עלי אם אתם תבאו אל הארץ
אשר נשאתי את ידי לשכן אתכם בה כי אם כלב בן יפנה
ויהושע בן נון וטפכם אשר אמרתם לבז יהיה והביאתי
אתם וידעו את הארץ אשר מאסתם בה ופגריכם אתם
יפלו במדבר הזה ובניכם יהיו רעים במדבר ארבעים שנה
ונשאו את זנותיכם עד תם פגריכם במדבר במספר הימים
אשר תרתם את הארץ ארבעים יום יום לשנה יום לשנה
תשאו את עונתיכם ארבעים שנה וידעתם את תנואתי
אני יהוה דברתי אם לא זאת אעשה לכל העדה הרעה
הזאת הנועדים עלי במדבר הזה יתמו ושם ימתו והאנשים

יח יִגְדַּל־נָא כֹּחַ אֲדֹנָי כַּאֲשֶׁר דִּבַּרְתָּ לֵאמֹר: יהוה אֶרֶךְ אַפַּיִם
וְרַב־חֶסֶד נֹשֵׂא עָוֺן וָפָשַׁע וְנַקֵּה לֹא יְנַקֶּה פֹּקֵד עֲוֺן אָבוֹת עַל־
יט בָּנִים עַל־שִׁלֵּשִׁים וְעַל־רִבֵּעִים: סְלַח־נָא לַעֲוֺן הָעָם הַזֶּה כְּגֹדֶל
כ חַסְדֶּךָ וְכַאֲשֶׁר נָשָׂאתָה לָעָם הַזֶּה מִמִּצְרַיִם וְעַד־הֵנָּה: וַיֹּאמֶר
כא יהוה סָלַחְתִּי כִּדְבָרֶךָ: וְאוּלָם חַי־אָנִי וְיִמָּלֵא כְבוֹד־יהוה אֶת־ *
כב כָּל־הָאָרֶץ: כִּי כָל־הָאֲנָשִׁים הָרֹאִים אֶת־כְּבֹדִי וְאֶת־אֹתֹתַי
אֲשֶׁר־עָשִׂיתִי בְמִצְרַיִם וּבַמִּדְבָּר וַיְנַסּוּ אֹתִי זֶה עֶשֶׂר פְּעָמִים
כג וְלֹא שָׁמְעוּ בְּקוֹלִי: אִם־יִרְאוּ אֶת־הָאָרֶץ אֲשֶׁר נִשְׁבַּעְתִּי לַאֲבֹתָם
כד וְכָל־מְנַאֲצַי לֹא יִרְאוּהָ: וְעַבְדִּי כָלֵב עֵקֶב הָיְתָה רוּחַ אַחֶרֶת
עִמּוֹ וַיְמַלֵּא אַחֲרָי וַהֲבִיאֹתִיו אֶל־הָאָרֶץ אֲשֶׁר־בָּא שָׁמָּה וְזַרְעוֹ
כה יוֹרִשֶׁנָּה: וְהָעֲמָלֵקִי וְהַכְּנַעֲנִי יוֹשֵׁב בָּעֵמֶק מָחָר פְּנוּ וּסְעוּ לָכֶם
הַמִּדְבָּר דֶּרֶךְ יַם־סוּף:
כו כז וַיְדַבֵּר יהוה אֶל־מֹשֶׁה וְאֶל־אַהֲרֹן לֵאמֹר: עַד־מָתַי לָעֵדָה רביעי
הָרָעָה הַזֹּאת אֲשֶׁר הֵמָּה מַלִּינִים עָלָי אֶת־תְּלֻנּוֹת בְּנֵי יִשְׂרָאֵל
כח אֲשֶׁר הֵמָּה מַלִּינִים עָלַי שָׁמָעְתִּי: אֱמֹר אֲלֵהֶם חַי־אָנִי נְאֻם־
כט יהוה אִם־לֹא כַּאֲשֶׁר דִּבַּרְתֶּם בְּאָזְנָי כֵּן אֶעֱשֶׂה לָכֶם: בַּמִּדְבָּר
הַזֶּה יִפְּלוּ פִגְרֵיכֶם וְכָל־פְּקֻדֵיכֶם לְכָל־מִסְפַּרְכֶם מִבֶּן עֶשְׂרִים
ל שָׁנָה וָמָעְלָה אֲשֶׁר הֲלִינֹתֶם עָלָי: אִם־אַתֶּם תָּבֹאוּ אֶל־הָאָרֶץ
אֲשֶׁר נָשָׂאתִי אֶת־יָדִי לְשַׁכֵּן אֶתְכֶם בָּהּ כִּי אִם־כָּלֵב בֶּן־יְפֻנֶּה
לא וִיהוֹשֻׁעַ בִּן־נוּן: וְטַפְּכֶם אֲשֶׁר אֲמַרְתֶּם לָבַז יִהְיֶה וְהֵבֵיאתִי
לב אֹתָם וְיָדְעוּ אֶת־הָאָרֶץ אֲשֶׁר מְאַסְתֶּם בָּהּ: וּפִגְרֵיכֶם אַתֶּם
לג יִפְּלוּ בַּמִּדְבָּר הַזֶּה: וּבְנֵיכֶם יִהְיוּ רֹעִים בַּמִּדְבָּר אַרְבָּעִים שָׁנָה
לד וְנָשְׂאוּ אֶת־זְנוּתֵיכֶם עַד־תֹּם פִּגְרֵיכֶם בַּמִּדְבָּר: בְּמִסְפַּר הַיָּמִים
אֲשֶׁר־תַּרְתֶּם אֶת־הָאָרֶץ אַרְבָּעִים יוֹם יוֹם לַשָּׁנָה יוֹם לַשָּׁנָה
תִּשְׂאוּ אֶת־עֲוֺנֹתֵיכֶם אַרְבָּעִים שָׁנָה וִידַעְתֶּם אֶת־תְּנוּאָתִי:
לה אֲנִי יהוה דִּבַּרְתִּי אִם־לֹא ׀ זֹאת אֶעֱשֶׂה לְכָל־הָעֵדָה הָרָעָה
לו הַזֹּאת הַנּוֹעָדִים עָלָי בַּמִּדְבָּר הַזֶּה יִתַּמּוּ וְשָׁם יָמֻתוּ: וְהָאֲנָשִׁים

ראינו בתוכה אנשי מדות ושם ראינו את הנפילים בני
ענק מן הנפלים ונהי בעינינו כחגבים וכן היינו בעיניהם
ותשא כל העדה ויתנו את קולם ויבכו העם בלילה ההוא
וילנו על משה ועל אהרן כל בני ישראל ויאמרו אלהם כל
העדה לו מתנו בארץ מצרים או במדבר הזה לו מתנו
ולמה יהוה מביא אתנו אל הארץ הזאת לנפל בחרב נשינו
וטפנו יהיו לבז הלוא טוב לנו שוב מצרימה ויאמרו איש
אל אחיו נתנה ראש ונשובה מצרימה ויפל משה ואהרן
על פניהם לפני כל קהל עדת בני ישראל ויהושע בן נון
וכלב בן יפנה מן התרים את הארץ קרעו בגדיהם ויאמרו
אל כל עדת בני ישראל לאמר הארץ אשר עברנו בה לתור
אתה טובה הארץ מאד מאד אם חפץ בנו יהוה והביא
אתנו אל הארץ הזאת ונתנה לנו ארץ אשר הוא זבת חלב
ודבש אך ביהוה אל תמרדו ואתם אל תיראו את עם הארץ
כי לחמנו הם סר צלם מעליהם ויהוה אתנו אל תיראם
ויאמרו כל העדה לרגום אתם באבנים וכבוד יהוה נראה
באהל מועד אל כל בני ישראל

ויאמר יהוה אל משה עד אנה ינאצני העם הזה ועד אנה
לא יאמינו בי בכל האתות אשר עשיתי בקרבו אכנו בדבר
ואורשנו ואעשה אתך לגוי גדול ועצום ממנו ויאמר משה
אל יהוה ושמעו מצרים כי העלית בכחך את העם הזה
מקרבו ואמרו אל יושב הארץ הזאת שמעו כי אתה יהוה
בקרב העם הזה אשר עין בעין נראה אתה יהוה ועננך
עמד עלהם ובעמד ענן אתה הלך לפניהם יומם ובעמוד אש
לילה והמתה את העם הזה כאיש אחד ואמרו הגוים אשר
שמעו את שמעך לאמר מבלתי יכלת יהוה להביא את
העם הזה אל הארץ אשר נשבע להם וישחטם במדבר ועתה

לג רָאִ֙ינוּ֙ בְתוֹכָ֔הּ אַנְשֵׁ֖י מִדּ֑וֹת וְשָׁ֣ם רָאִ֗ינוּ אֶת־הַנְּפִילִ֛ים בְּנֵ֥י
עֲנָ֖ק מִן־הַנְּפִלִ֑ים וַנְּהִ֤י בְעֵינֵ֙ינוּ֙ כַּחֲגָבִ֔ים וְכֵ֥ן הָיִ֖ינוּ בְּעֵינֵיהֶֽם:

יד א וַתִּשָּׂא֙ כָּל־הָ֣עֵדָ֔ה וַֽיִּתְּנ֖וּ אֶת־קוֹלָ֑ם וַיִּבְכּ֥וּ הָעָ֖ם בַּלַּ֥יְלָה הַהֽוּא:

ב וַיִּלֹּ֙נוּ֙ עַל־מֹשֶׁ֣ה וְעַֽל־אַהֲרֹ֔ן כֹּ֖ל בְּנֵ֣י יִשְׂרָאֵ֑ל וַיֹּֽאמְר֨וּ אֲלֵהֶ֜ם כָּל־
הָעֵדָ֗ה לוּ־מַ֙תְנוּ֙ בְּאֶ֣רֶץ מִצְרַ֔יִם א֛וֹ בַּמִּדְבָּ֥ר הַזֶּ֖ה לוּ־מָֽתְנוּ:

ג וְלָמָ֣ה יְ֠הוָה מֵבִ֙יא אֹתָ֜נוּ אֶל־הָאָ֤רֶץ הַזֹּאת֙ לִנְפֹּ֣ל בַּחֶ֔רֶב נָשֵׁ֥ינוּ
ד וְטַפֵּ֖נוּ יִהְי֣וּ לָבַ֑ז הֲל֧וֹא ט֛וֹב לָ֖נוּ שׁ֥וּב מִצְרָֽיְמָה: וַיֹּאמְר֖וּ אִ֣ישׁ
ה אֶל־אָחִ֑יו נִתְּנָ֥ה רֹ֖אשׁ וְנָשׁ֥וּבָה מִצְרָֽיְמָה: וַיִּפֹּ֥ל מֹשֶׁ֛ה וְאַהֲרֹ֖ן
ו עַל־פְּנֵיהֶ֑ם לִפְנֵ֕י כָּל־קְהַ֥ל עֲדַ֖ת בְּנֵ֥י יִשְׂרָאֵֽל: וִיהוֹשֻׁ֣עַ בִּן־נ֗וּן
ז וְכָלֵב֙ בֶּן־יְפֻנֶּ֔ה מִן־הַתָּרִ֖ים אֶת־הָאָ֑רֶץ קָרְע֖וּ בִּגְדֵיהֶֽם: וַיֹּ֣אמְר֔וּ
אֶל־כָּל־עֲדַ֥ת בְּנֵֽי־יִשְׂרָאֵ֖ל לֵאמֹ֑ר הָאָ֗רֶץ אֲשֶׁ֨ר עָבַ֤רְנוּ בָהּ֙ לָת֣וּר
ח אֹתָ֔הּ טוֹבָ֥ה הָאָ֖רֶץ מְאֹ֥ד מְאֹֽד: אִם־חָפֵ֥ץ בָּ֙נוּ֙ יְהוָ֔ה וְהֵבִ֤יא
אֹתָ֙נוּ֙ אֶל־הָאָ֣רֶץ הַזֹּ֔את וּנְתָנָ֖הּ לָ֑נוּ אֶ֕רֶץ אֲשֶׁר־הִ֛וא זָבַ֥ת חָלָ֖ב
ט וּדְבָֽשׁ: אַ֣ךְ בַּֽיהוָה֮ אַל־תִּמְרֹדוּ֒ וְאַתֶּ֗ם אַל־תִּֽירְאוּ֙ אֶת־עַ֣ם הָאָ֔רֶץ
כִּ֥י לַחְמֵ֖נוּ הֵ֑ם סָ֣ר צִלָּ֧ם מֵעֲלֵיהֶ֛ם וַֽיהוָ֥ה אִתָּ֖נוּ אַל־תִּירָאֻֽם:
י וַיֹּֽאמְרוּ֙ כָּל־הָ֣עֵדָ֔ה לִרְגּ֥וֹם אֹתָ֖ם בָּאֲבָנִ֑ים וּכְב֣וֹד יְהוָ֗ה נִרְאָה֙
בְּאֹ֣הֶל מוֹעֵ֔ד אֶֽל־כָּל־בְּנֵ֖י יִשְׂרָאֵֽל:

יא וַיֹּ֤אמֶר יְהוָה֙ אֶל־מֹשֶׁ֔ה עַד־אָ֥נָה יְנַאֲצֻ֖נִי הָעָ֣ם הַזֶּ֑ה וְעַד־אָ֙נָה֙
יב לֹא־יַאֲמִ֣ינוּ בִ֔י בְּכֹל֙ הָֽאֹת֔וֹת אֲשֶׁ֥ר עָשִׂ֖יתִי בְּקִרְבּֽוֹ: אַכֶּ֥נּוּ בַדֶּ֖בֶר
יג וְאוֹרִשֶׁ֑נּוּ וְאֶֽעֱשֶׂה֙ אֹ֣תְךָ֔ לְגֽוֹי־גָּד֥וֹל וְעָצ֖וּם מִמֶּֽנּוּ: וַיֹּ֥אמֶר מֹשֶׁ֖ה
אֶל־יְהוָ֑ה וְשָׁמְע֣וּ מִצְרַ֔יִם כִּֽי־הֶעֱלִ֧יתָ בְכֹחֲךָ֛ אֶת־הָעָ֥ם הַזֶּ֖ה
יד מִקִּרְבּֽוֹ: וְאָֽמְר֗וּ אֶל־יוֹשֵׁב֮ הָאָ֣רֶץ הַזֹּאת֒ שָֽׁמְע֗וּ כִּֽי־אַתָּ֤ה יְהוָה֙
בְּקֶ֣רֶב הָעָ֣ם הַזֶּ֔ה אֲשֶׁר־עַ֙יִן֙ בְּעַ֣יִן נִרְאָ֣ה ׀ אַתָּ֣ה יְהוָ֗ה וַעֲנָֽנְךָ֙
עֹמֵ֣ד עֲלֵהֶ֔ם וּבְעַמֻּ֣ד עָנָ֗ן אַתָּ֨ה הֹלֵ֤ךְ לִפְנֵיהֶם֙ יוֹמָ֔ם וּבְעַמּ֥וּד אֵ֖שׁ
טו לָֽיְלָה: וְהֵמַתָּ֛ה אֶת־הָעָ֥ם הַזֶּ֖ה כְּאִ֣ישׁ אֶחָ֑ד וְאָֽמְרוּ֙ הַגּוֹיִ֔ם אֲשֶׁר־
טז שָׁמְע֥וּ אֶֽת־שִׁמְעֲךָ֖ לֵאמֹֽר: מִבִּלְתִּ֞י יְכֹ֣לֶת יְהוָ֗ה לְהָבִיא֙ אֶת־
יז הָעָ֤ם הַזֶּה֙ אֶל־הָאָ֔רֶץ אֲשֶׁר־נִשְׁבַּ֖ע לָהֶ֑ם וַיִּשְׁחָטֵ֖ם בַּמִּדְבָּֽר: וְעַתָּ֕ה

משה לתור את הארץ ויקרא משה להושע בן נון יהושע
וישלח אתם משה לתור את ארץ כנען ויאמר אלהם עלו
זה בנגב ועליתם את ההר וראיתם את הארץ מה הוא
ואת העם הישב עליה החזק הוא הרפה המעט הוא אם
רב ומה הארץ אשר הוא ישב בה הטובה הוא אם רעה
ומה הערים אשר הוא יושב בהנה הבמחנים אם במבצרים
ומה הארץ השמנה הוא אם רזה היש בה עץ אם אין
והתחזקתם ולקחתם מפרי הארץ והימים ימי בכורי ענבים
ויעלו ויתרו את הארץ ממדבר צן עד רחב לבא חמת
ויעלו בנגב ויבא עד חברון ושם אחימן ששי ותלמי ילידי
הענק וחברון שבע שנים נבנתה לפני צען מצרים ויבאו
עד נחל אשכל ויכרתו משם זמורה ואשכול ענבים אחד
וישאהו במוט בשנים ומן הרמנים ומן התאנים למקום
ההוא קרא נחל אשכול על אדות האשכול אשר כרתו משם
בני ישראל וישבו מתור הארץ מקץ ארבעים יום וילכו
ויבאו אל משה ואל אהרן ואל כל עדת בני ישראל אל
מדבר פארן קדשה וישיבו אתם דבר ואת כל העדה ויראום
את פרי הארץ ויספרו לו ויאמרו באנו אל הארץ אשר
שלחתנו וגם זבת חלב ודבש הוא וזה פריה אפס כי עז
העם הישב בארץ והערים בצרות גדלת מאד וגם ילדי
הענק ראינו שם עמלק יושב בארץ הנגב והחתי והיבוסי
והאמרי יושב בהר והכנעני יושב על הים ועל יד הירדן
ויהס כלב את העם אל משה ויאמר עלה נעלה וירשנו
אתה כי יכול נוכל לה והאנשים אשר עלו עמו אמרו לא
נוכל לעלות אל העם כי חזק הוא ממנו ויציאו דבת הארץ
אשר תרו אתה אל בני ישראל לאמר הארץ אשר עברנו
בה לתור אתה ארץ אכלת יושביה הוא וכל העם אשר

מֹשֶׁה לָתוּר אֶת־הָאָרֶץ וַיִּקְרָא מֹשֶׁה לְהוֹשֵׁעַ בִּן־נוּן יְהוֹשֻׁעַ׃
יז וַיִּשְׁלַח אֹתָם מֹשֶׁה לָתוּר אֶת־אֶרֶץ כְּנָעַן וַיֹּאמֶר אֲלֵהֶם עֲלוּ
יח זֶה בַּנֶּגֶב וַעֲלִיתֶם אֶת־הָהָר׃ וּרְאִיתֶם אֶת־הָאָרֶץ מַה־הִוא
וְאֶת־הָעָם הַיֹּשֵׁב עָלֶיהָ הֶחָזָק הוּא הֲרָפֶה הַמְעַט הוּא אִם־
יט רָב׃ וּמָה הָאָרֶץ אֲשֶׁר־הוּא יֹשֵׁב בָּהּ הֲטוֹבָה הִוא אִם־רָעָה
וּמָה הֶעָרִים אֲשֶׁר־הוּא יוֹשֵׁב בָּהֵנָּה הַבְּמַחֲנִים אִם בְּמִבְצָרִים׃
כ וּמָה הָאָרֶץ הַשְּׁמֵנָה הִוא אִם־רָזָה הֲיֵשׁ־בָּהּ עֵץ אִם־אַיִן
וְהִתְחַזַּקְתֶּם וּלְקַחְתֶּם מִפְּרִי הָאָרֶץ וְהַיָּמִים יְמֵי בִּכּוּרֵי עֲנָבִים׃
כא וַיַּעֲלוּ וַיָּתֻרוּ אֶת־הָאָרֶץ מִמִּדְבַּר־צִן עַד־רְחֹב לְבֹא חֲמָת׃ שני
כב וַיַּעֲלוּ בַנֶּגֶב וַיָּבֹא עַד־חֶבְרוֹן וְשָׁם אֲחִימַן שֵׁשַׁי וְתַלְמַי יְלִידֵי
כג הָעֲנָק וְחֶבְרוֹן שֶׁבַע שָׁנִים נִבְנְתָה לִפְנֵי צֹעַן מִצְרָיִם׃ וַיָּבֹאוּ
עַד־נַחַל אֶשְׁכֹּל וַיִּכְרְתוּ מִשָּׁם זְמוֹרָה וְאֶשְׁכּוֹל עֲנָבִים אֶחָד
כד וַיִּשָּׂאֻהוּ בַמּוֹט בִּשְׁנָיִם וּמִן־הָרִמֹּנִים וּמִן־הַתְּאֵנִים׃ לַמָּקוֹם
הַהוּא קָרָא נַחַל אֶשְׁכּוֹל עַל אֹדוֹת הָאֶשְׁכּוֹל אֲשֶׁר־כָּרְתוּ מִשָּׁם
כה כו בְּנֵי יִשְׂרָאֵל׃ וַיָּשֻׁבוּ מִתּוּר הָאָרֶץ מִקֵּץ אַרְבָּעִים יוֹם׃ וַיֵּלְכוּ
וַיָּבֹאוּ אֶל־מֹשֶׁה וְאֶל־אַהֲרֹן וְאֶל־כָּל־עֲדַת בְּנֵי־יִשְׂרָאֵל אֶל־
מִדְבַּר פָּארָן קָדֵשָׁה וַיָּשִׁיבוּ אֹתָם דָּבָר וְאֶת־כָּל־הָעֵדָה וַיַּרְאוּם
כז אֶת־פְּרִי הָאָרֶץ׃ וַיְסַפְּרוּ־לוֹ וַיֹּאמְרוּ בָּאנוּ אֶל־הָאָרֶץ אֲשֶׁר
כח שְׁלַחְתָּנוּ וְגַם זָבַת חָלָב וּדְבַשׁ הִוא וְזֶה־פִּרְיָהּ׃ אֶפֶס כִּי־עַז
הָעָם הַיֹּשֵׁב בָּאָרֶץ וְהֶעָרִים בְּצֻרוֹת גְּדֹלֹת מְאֹד וְגַם־יְלִדֵי
כט הָעֲנָק רָאִינוּ שָׁם׃ עֲמָלֵק יוֹשֵׁב בְּאֶרֶץ הַנֶּגֶב וְהַחִתִּי וְהַיְבוּסִי
וְהָאֱמֹרִי יוֹשֵׁב בָּהָר וְהַכְּנַעֲנִי יֹשֵׁב עַל־הַיָּם וְעַל יַד הַיַּרְדֵּן׃
ל וַיַּהַס כָּלֵב אֶת־הָעָם אֶל־מֹשֶׁה וַיֹּאמֶר עָלֹה נַעֲלֶה וְיָרַשְׁנוּ
לא אֹתָהּ כִּי־יָכוֹל נוּכַל לָהּ׃ וְהָאֲנָשִׁים אֲשֶׁר עָלוּ עִמּוֹ אָמְרוּ לֹא
לב נוּכַל לַעֲלוֹת אֶל־הָעָם כִּי־חָזָק הוּא מִמֶּנּוּ׃ וַיֹּצִיאוּ דִּבַּת הָאָרֶץ
אֲשֶׁר תָּרוּ אֹתָהּ אֶל־בְּנֵי יִשְׂרָאֵל לֵאמֹר הָאָרֶץ אֲשֶׁר עָבַרְנוּ
בָהּ לָתוּר אֹתָהּ אֶרֶץ אֹכֶלֶת יוֹשְׁבֶיהָ הִוא וְכָל־הָעָם אֲשֶׁר־

פתח האהל ויקרא אהרן ומרים ויצאו שניהם ויאמר שמעו
נא דברי אם יהיה נביאכם יהוה במראה אליו אתודע בחלום
אדבר בו לא כן עבדי משה בכל ביתי נאמן הוא פה
אל פה אדבר בו ומראה ולא בחידת ותמנת יהוה יביט
ומדוע לא יראתם לדבר בעבדי במשה ויחר אף יהוה בם
וילך והענן סר מעל האהל והנה מרים מצרעת כשלג
ויפן אהרן אל מרים והנה מצרעת ויאמר אהרן אל
משה בי אדני אל נא תשת עלינו חטאת אשר נואלנו ואשר
חטאנו אל נא תהי כמת אשר בצאתו מרחם אמו ויאכל
חצי בשרו ויצעק משה אל יהוה לאמר אל נא רפא נא
לה

ויאמר יהוה אל משה ואביה ירק ירק בפניה הלא תכלם
שבעת ימים תסגר שבעת ימים מחוץ למחנה ואחר תאסף
ותסגר מרים מחוץ למחנה שבעת ימים והעם לא נסע
עד האסף מרים ואחר נסעו העם מחצרות ויחנו במדבר
פארן

וידבר יהוה אל משה לאמר שלח לך אנשים ויתרו את
ארץ כנען אשר אני נתן לבני ישראל איש אחד איש אחד
למטה אבתיו תשלחו כל נשיא בהם וישלח אתם משה
ממדבר פארן על פי יהוה כלם אנשים ראשי בני ישראל
המה ואלה שמותם למטה ראובן שמוע בן זכור למטה
שמעון שפט בן חורי למטה יהודה כלב בן יפנה למטה
יששכר יגאל בן יוסף למטה אפרים הושע בן נון למטה
בנימן פלטי בן רפוא למטה זבולן גדיאל בן סודי למטה
יוסף למטה מנשה גדי בן סוסי למטה דן עמיאל בן גמלי
למטה אשר סתור בן מיכאל למטה נפתלי נחבי בן ופסי
למטה גד גאואל בן מכי אלה שמות האנשים אשר שלח

ו פֶּתַח הָאֹהֶל וַיִּקְרָא אַהֲרֹן וּמִרְיָם וַיֵּצְאוּ שְׁנֵיהֶם: וַיֹּאמֶר שִׁמְעוּ־
נָא דְבָרָי אִם־יִהְיֶה נְבִיאֲכֶם יהוה בַּמַּרְאָה אֵלָיו אֶתְוַדָּע בַּחֲלוֹם
ז ח אֲדַבֶּר־בּוֹ: לֹא־כֵן עַבְדִּי מֹשֶׁה בְּכָל־בֵּיתִי נֶאֱמָן הוּא: פֶּה ★
אֶל־פֶּה אֲדַבֶּר־בּוֹ וּמַרְאֶה וְלֹא בְחִידֹת וּתְמֻנַת יהוה יַבִּיט
ט וּמַדּוּעַ לֹא יְרֵאתֶם לְדַבֵּר בְּעַבְדִּי בְמֹשֶׁה: וַיִּחַר־אַף יהוה בָּם
י וַיֵּלַךְ: וְהֶעָנָן סָר מֵעַל הָאֹהֶל וְהִנֵּה מִרְיָם מְצֹרַעַת כַּשָּׁלֶג
יא וַיִּפֶן אַהֲרֹן אֶל־מִרְיָם וְהִנֵּה מְצֹרָעַת: וַיֹּאמֶר אַהֲרֹן אֶל־
מֹשֶׁה בִּי אֲדֹנִי אַל־נָא תָשֵׁת עָלֵינוּ חַטָּאת אֲשֶׁר נוֹאַלְנוּ וַאֲשֶׁר
יב חָטָאנוּ: אַל־נָא תְהִי כַּמֵּת אֲשֶׁר בְּצֵאתוֹ מֵרֶחֶם אִמּוֹ וַיֵּאָכֵל
יג חֲצִי בְשָׂרוֹ: וַיִּצְעַק מֹשֶׁה אֶל־יהוה לֵאמֹר אֵל נָא רְפָא נָא
לָהּ:
יד וַיֹּאמֶר יהוה אֶל־מֹשֶׁה וְאָבִיהָ יָרֹק יָרַק בְּפָנֶיהָ הֲלֹא תִכָּלֵם מפטיר
שִׁבְעַת יָמִים תִּסָּגֵר שִׁבְעַת יָמִים מִחוּץ לַמַּחֲנֶה וְאַחַר תֵּאָסֵף:
טו וַתִּסָּגֵר מִרְיָם מִחוּץ לַמַּחֲנֶה שִׁבְעַת יָמִים וְהָעָם לֹא נָסַע
טז עַד־הֵאָסֵף מִרְיָם: וְאַחַר נָסְעוּ הָעָם מֵחֲצֵרוֹת וַיַּחֲנוּ בְּמִדְבַּר
פָּארָן:

יג א ב וַיְדַבֵּר יהוה אֶל־מֹשֶׁה לֵּאמֹר: שְׁלַח־לְךָ אֲנָשִׁים וְיָתֻרוּ אֶת־ יב של
אֶרֶץ כְּנַעַן אֲשֶׁר־אֲנִי נֹתֵן לִבְנֵי יִשְׂרָאֵל אִישׁ אֶחָד אִישׁ אֶחָד
ג לְמַטֵּה אֲבֹתָיו תִּשְׁלָחוּ כֹּל נָשִׂיא בָהֶם: וַיִּשְׁלַח אֹתָם מֹשֶׁה
מִמִּדְבַּר פָּארָן עַל־פִּי יהוה כֻּלָּם אֲנָשִׁים רָאשֵׁי בְנֵי־יִשְׂרָאֵל
ד ה הֵמָּה: וְאֵלֶּה שְׁמוֹתָם לְמַטֵּה רְאוּבֵן שַׁמּוּעַ בֶּן־זַכּוּר: לְמַטֵּה ★
ו ז שִׁמְעוֹן שָׁפָט בֶּן־חוֹרִי: לְמַטֵּה יְהוּדָה כָּלֵב בֶּן־יְפֻנֶּה: לְמַטֵּה
ח ט יִשָּׂשכָר יִגְאָל בֶּן־יוֹסֵף: לְמַטֵּה אֶפְרָיִם הוֹשֵׁעַ בִּן־נוּן: לְמַטֵּה
י יא בִנְיָמִן פַּלְטִי בֶּן־רָפוּא: לְמַטֵּה זְבוּלֻן גַּדִּיאֵל בֶּן־סוֹדִי: לְמַטֵּה
יב יוֹסֵף לְמַטֵּה מְנַשֶּׁה גַּדִּי בֶּן־סוּסִי: לְמַטֵּה דָן עַמִּיאֵל בֶּן־גְּמַלִּי:
יג יד לְמַטֵּה אָשֵׁר סְתוּר בֶּן־מִיכָאֵל: לְמַטֵּה נַפְתָּלִי נַחְבִּי בֶּן־וָפְסִי:
טו טז לְמַטֵּה גָד גְּאוּאֵל בֶּן־מָכִי: אֵלֶּה שְׁמוֹת הָאֲנָשִׁים אֲשֶׁר־שָׁלַח

ויאמר יהוה אל משה היד יהוה תקצר עתה תראה היקרך
דברי אם לא ויצא משה וידבר אל העם את דברי יהוה
ויאסף שבעים איש מזקני העם ויעמד אתם סביבת האהל
וירד יהוה בענן וידבר אליו ויאצל מן הרוח אשר עליו ויתן
על שבעים איש הזקנים ויהי כנוח עליהם הרוח ויתנבאו
ולא יספו וישארו שני אנשים במחנה שם האחד אלדד
ושם השני מידד ותנח עלהם הרוח והמה בכתבים ולא יצאו
האהלה ויתנבאו במחנה וירץ הנער ויגד למשה ויאמר
אלדד ומידד מתנבאים במחנה ויען יהושע בן נון משרת
משה מבחריו ויאמר אדני משה כלאם ויאמר לו משה
המקנא אתה לי ומי יתן כל עם יהוה נביאים כי יתן יהוה
את רוחו עליהם ויאסף משה אל המחנה הוא וזקני ישראל
ורוח נסע מאת יהוה ויגז שלוים מן הים ויטש על המחנה
כדרך יום כה וכדרך יום כה סביבות המחנה וכאמתים על
פני הארץ ויקם העם כל היום ההוא וכל הלילה וכל יום
המחרת ויאספו את השלו הממעיט אסף עשרה חמרים
וישטחו להם שטוח סביבות המחנה הבשר עודנו בין שניהם
טרם יכרת ואף יהוה חרה בעם ויך יהוה בעם מכה רבה
מאד ויקרא את שם המקום ההוא קברות התאוה כי
שם קברו את העם המתאוים מקברות התאוה נסעו העם
חצרות ויהיו בחצרות

ותדבר מרים ואהרן במשה על אדות האשה הכשית אשר
לקח כי אשה כשית לקח ויאמרו הרק אך במשה דבר יהוה
הלא גם בנו דבר וישמע יהוה והאיש משה ענו מאד מכל
האדם אשר על פני האדמה ויאמר יהוה
פתאם אל משה ואל אהרן ואל מרים צאו שלשתכם אל
אהל מועד ויצאו שלשתם וירד יהוה בעמוד ענן ויעמד

יא
כג וַיֹּאמֶר יְהוָה אֶל־מֹשֶׁה הֲיַד יְהוָה תִּקְצָר עַתָּה תִרְאֶה הֲיִקְרְךָ
כד דְבָרִי אִם־לֹא׃ וַיֵּצֵא מֹשֶׁה וַיְדַבֵּר אֶל־הָעָם אֵת דִּבְרֵי יְהוָה
וַיֶּאֱסֹף שִׁבְעִים אִישׁ מִזִּקְנֵי הָעָם וַיַּעֲמֵד אֹתָם סְבִיבֹת הָאֹהֶל׃
כה וַיֵּרֶד יְהוָה ׀ בֶּעָנָן וַיְדַבֵּר אֵלָיו וַיָּאצֶל מִן־הָרוּחַ אֲשֶׁר עָלָיו וַיִּתֵּן
עַל־שִׁבְעִים אִישׁ הַזְּקֵנִים וַיְהִי כְּנוֹחַ עֲלֵיהֶם הָרוּחַ וַיִּתְנַבְּאוּ
כו וְלֹא יָסָפוּ׃ וַיִּשָּׁאֲרוּ שְׁנֵי־אֲנָשִׁים ׀ בַּמַּחֲנֶה שֵׁם הָאֶחָד ׀ אֶלְדָּד *
וְשֵׁם הַשֵּׁנִי מֵידָד וַתָּנַח עֲלֵהֶם הָרוּחַ וְהֵמָּה בַּכְּתֻבִים וְלֹא יָצְאוּ
כז הָאֹהֱלָה וַיִּתְנַבְּאוּ בַּמַּחֲנֶה׃ וַיָּרָץ הַנַּעַר וַיַּגֵּד לְמֹשֶׁה וַיֹּאמַר
כח אֶלְדָּד וּמֵידָד מִתְנַבְּאִים בַּמַּחֲנֶה׃ וַיַּעַן יְהוֹשֻׁעַ בִּן־נוּן מְשָׁרֵת
כט מֹשֶׁה מִבְּחֻרָיו וַיֹּאמַר אֲדֹנִי מֹשֶׁה כְּלָאֵם׃ וַיֹּאמֶר לוֹ מֹשֶׁה
הַמְקַנֵּא אַתָּה לִי וּמִי יִתֵּן כָּל־עַם יְהוָה נְבִיאִים כִּי־יִתֵּן יְהוָה
ל אֶת־רוּחוֹ עֲלֵיהֶם׃ וַיֵּאָסֵף מֹשֶׁה אֶל־הַמַּחֲנֶה הוּא וְזִקְנֵי יִשְׂרָאֵל׃ שביעי
לא וְרוּחַ נָסַע ׀ מֵאֵת יְהוָה וַיָּגָז שַׂלְוִים מִן־הַיָּם וַיִּטֹּשׁ עַל־הַמַּחֲנֶה
כְּדֶרֶךְ יוֹם כֹּה וּכְדֶרֶךְ יוֹם כֹּה סְבִיבוֹת הַמַּחֲנֶה וּכְאַמָּתַיִם עַל־
לב פְּנֵי הָאָרֶץ׃ וַיָּקָם הָעָם כָּל־הַיּוֹם הַהוּא וְכָל־הַלַּיְלָה וְכֹל ׀ יוֹם
הַמָּחֳרָת וַיַּאַסְפוּ אֶת־הַשְּׂלָו הַמַּמְעִיט אָסַף עֲשָׂרָה חֳמָרִים
לג וַיִּשְׁטְחוּ לָהֶם שָׁטוֹחַ סְבִיבוֹת הַמַּחֲנֶה׃ הַבָּשָׂר עוֹדֶנּוּ בֵּין שִׁנֵּיהֶם
טֶרֶם יִכָּרֵת וְאַף יְהוָה חָרָה בָעָם וַיַּךְ יְהוָה בָּעָם מַכָּה רַבָּה
לד מְאֹד׃ וַיִּקְרָא אֶת־שֵׁם־הַמָּקוֹם הַהוּא קִבְרוֹת הַתַּאֲוָה כִּי־
לה שָׁם קָבְרוּ אֶת־הָעָם הַמִּתְאַוִּים׃ מִקִּבְרוֹת הַתַּאֲוָה נָסְעוּ הָעָם
חֲצֵרוֹת וַיִּהְיוּ בַּחֲצֵרוֹת׃

יב
א וַתְּדַבֵּר מִרְיָם וְאַהֲרֹן בְּמֹשֶׁה עַל־אֹדוֹת הָאִשָּׁה הַכֻּשִׁית אֲשֶׁר
ב לָקָח כִּי־אִשָּׁה כֻשִׁית לָקָח׃ וַיֹּאמְרוּ הֲרַק אַךְ־בְּמֹשֶׁה דִּבֶּר יְהוָה
ג הֲלֹא גַּם־בָּנוּ דִבֵּר וַיִּשְׁמַע יְהוָה׃ וְהָאִישׁ מֹשֶׁה עָנָו מְאֹד מִכֹּל
ד הָאָדָם אֲשֶׁר עַל־פְּנֵי הָאֲדָמָה׃ וַיֹּאמֶר יְהוָה
פִּתְאֹם אֶל־מֹשֶׁה וְאֶל־אַהֲרֹן וְאֶל־מִרְיָם צְאוּ שְׁלָשְׁתְּכֶם אֶל־
ה אֹהֶל מוֹעֵד וַיֵּצְאוּ שְׁלָשְׁתָּם׃ וַיֵּרֶד יְהוָה בְּעַמּוּד עָנָן וַיַּעֲמֹד

ולקטו וטחנו ברחים או דכו במדכה ובשלו בפרור ועשו אתו
עגות והיה טעמו כטעם לשד השמן וברדת הטל על המחנה
לילה ירד המן עליו וישמע משה את העם בכה למשפחתיו
איש לפתח אהלו ויחר אף יהוה מאד ובעיני משה רע ויאמר
משה אל יהוה למה הרעת לעבדך ולמה לא מצתי חן בעיניך
לשום את משא כל העם הזה עלי האנכי הריתי את כל העם
הזה אם אנכי ילדתיהו כי תאמר אלי שאהו בחיקך כאשר
ישא האמן את הינק על האדמה אשר נשבעת לאבתיו
מאין לי בשר לתת לכל העם הזה כי יבכו עלי לאמר תנה
לנו בשר ונאכלה לא אוכל אנכי לבדי לשאת את כל העם
הזה כי כבד ממני ואם ככה את עשה לי הרגני נא הרג אם
מצאתי חן בעיניך ואל אראה ברעתי
ויאמר יהוה אל משה אספה לי שבעים איש מזקני ישראל
אשר ידעת כי הם זקני העם ושטריו ולקחת אתם אל אהל
מועד והתיצבו שם עמך וירדתי ודברתי עמך שם ואצלתי
מן הרוח אשר עליך ושמתי עליהם ונשאו אתך במשא
העם ולא תשא אתה לבדך ואל העם תאמר התקדשו
למחר ואכלתם בשר כי בכיתם באזני יהוה לאמר מי יאכלנו
בשר כי טוב לנו במצרים ונתן יהוה לכם בשר ואכלתם
לא יום אחד תאכלון ולא יומים ולא חמשה ימים ולא
עשרה ימים ולא עשרים יום עד חדש ימים עד אשר
יצא מאפכם והיה לכם לזרא יען כי מאסתם את יהוה
אשר בקרבכם ותבכו לפניו לאמר למה זה יצאנו ממצרים
ויאמר משה שש מאות אלף רגלי העם אשר אנכי בקרבו
ואתה אמרת בשר אתן להם ואכלו חדש ימים הצאן ובקר
ישחט להם ומצא להם אם את כל דגי הים יאסף להם ומצא
להם

וְלָקְטוּ וְטָחֲנוּ בָרֵחַיִם אוֹ דָכוּ בַּמְּדֹכָה וּבִשְּׁלוּ בַּפָּרוּר וְעָשׂוּ אֹתוֹ
ט עֻגוֹת וְהָיָה טַעְמוֹ כְּטַעַם לְשַׁד הַשָּׁמֶן׃ וּבְרֶדֶת הַטַּל עַל־הַמַּחֲנֶה
י לָיְלָה יֵרֵד הַמָּן עָלָיו׃ וַיִּשְׁמַע מֹשֶׁה אֶת־הָעָם בֹּכֶה לְמִשְׁפְּחֹתָיו
יא אִישׁ לְפֶתַח אָהֳלוֹ וַיִּחַר־אַף יְהוָה מְאֹד וּבְעֵינֵי מֹשֶׁה רָע׃ וַיֹּאמֶר
מֹשֶׁה אֶל־יְהוָה לָמָה הֲרֵעֹתָ לְעַבְדֶּךָ וְלָמָּה לֹא־מָצָתִי חֵן בְּעֵינֶיךָ
יב לָשׂוּם אֶת־מַשָּׂא כָּל־הָעָם הַזֶּה עָלָי׃ הֶאָנֹכִי הָרִיתִי אֵת כָּל־הָעָם
הַזֶּה אִם־אָנֹכִי יְלִדְתִּיהוּ כִּי־תֹאמַר אֵלַי שָׂאֵהוּ בְחֵיקֶךָ כַּאֲשֶׁר
יִשָּׂא הָאֹמֵן אֶת־הַיֹּנֵק עַל הָאֲדָמָה אֲשֶׁר נִשְׁבַּעְתָּ לַאֲבֹתָיו׃
יג מֵאַיִן לִי בָּשָׂר לָתֵת לְכָל־הָעָם הַזֶּה כִּי־יִבְכּוּ עָלַי לֵאמֹר תְּנָה־
יד לָּנוּ בָשָׂר וְנֹאכֵלָה׃ לֹא־אוּכַל אָנֹכִי לְבַדִּי לָשֵׂאת אֶת־כָּל־הָעָם
טו הַזֶּה כִּי כָבֵד מִמֶּנִּי׃ וְאִם־כָּכָה ׀ אַתְּ־עֹשֶׂה לִּי הָרְגֵנִי נָא הָרֹג אִם־
מָצָאתִי חֵן בְּעֵינֶיךָ וְאַל־אֶרְאֶה בְּרָעָתִי׃
טז וַיֹּאמֶר יְהוָה אֶל־מֹשֶׁה אֶסְפָה־לִּי שִׁבְעִים אִישׁ מִזִּקְנֵי יִשְׂרָאֵל י
אֲשֶׁר יָדַעְתָּ כִּי־הֵם זִקְנֵי הָעָם וְשֹׁטְרָיו וְלָקַחְתָּ אֹתָם אֶל־אֹהֶל
יז מוֹעֵד וְהִתְיַצְּבוּ שָׁם עִמָּךְ׃ וְיָרַדְתִּי וְדִבַּרְתִּי עִמְּךָ שָׁם וְאָצַלְתִּי
מִן־הָרוּחַ אֲשֶׁר עָלֶיךָ וְשַׂמְתִּי עֲלֵיהֶם וְנָשְׂאוּ אִתְּךָ בְּמַשָּׂא
יח הָעָם וְלֹא־תִשָּׂא אַתָּה לְבַדֶּךָ׃ וְאֶל־הָעָם תֹּאמַר הִתְקַדְּשׁוּ
לְמָחָר וַאֲכַלְתֶּם בָּשָׂר כִּי בְּכִיתֶם בְּאָזְנֵי יְהוָה לֵאמֹר מִי יַאֲכִלֵנוּ
בָּשָׂר כִּי־טוֹב לָנוּ בְּמִצְרָיִם וְנָתַן יְהוָה לָכֶם בָּשָׂר וַאֲכַלְתֶּם׃
יט לֹא יוֹם אֶחָד תֹּאכְלוּן וְלֹא יוֹמָיִם וְלֹא ׀ חֲמִשָּׁה יָמִים וְלֹא
כ עֲשָׂרָה יָמִים וְלֹא עֶשְׂרִים יוֹם׃ עַד ׀ חֹדֶשׁ יָמִים עַד אֲשֶׁר־
יֵצֵא מֵאַפְּכֶם וְהָיָה לָכֶם לְזָרָא יַעַן כִּי־מְאַסְתֶּם אֶת־יְהוָה
אֲשֶׁר בְּקִרְבְּכֶם וַתִּבְכּוּ לְפָנָיו לֵאמֹר לָמָּה זֶּה יָצָאנוּ מִמִּצְרָיִם׃
כא וַיֹּאמֶר מֹשֶׁה שֵׁשׁ־מֵאוֹת אֶלֶף רַגְלִי הָעָם אֲשֶׁר אָנֹכִי בְּקִרְבּוֹ
כב וְאַתָּה אָמַרְתָּ בָּשָׂר אֶתֵּן לָהֶם וְאָכְלוּ חֹדֶשׁ יָמִים׃ הֲצֹאן וּבָקָר
יִשָּׁחֵט לָהֶם וּמָצָא לָהֶם אִם אֶת־כָּל־דְּגֵי הַיָּם יֵאָסֵף לָהֶם וּמָצָא
לָהֶם׃

לצבאתם ועל צבאו אלישמע בן עמיהוד ועל צבא מטה
בני מנשה גמליאל בן פדהצור ועל צבא מטה בני בנימן
אבידן בן גדעוני ונסע דגל מחנה בני דן מאסף לכל
המחנת לצבאתם ועל צבאו אחיעזר בן עמישדי ועל
צבא מטה בני אשר פגעיאל בן עכרן ועל צבא מטה
בני נפתלי אחירע בן עינן אלה מסעי בני ישראל לצבאתם
ויסעו ויאמר משה לחבב בן רעואל המדיני
חתן משה נסעים אנחנו אל המקום אשר אמר יהוה אתו
אתן לכם לכה אתנו והטבנו לך כי יהוה דבר טוב על ישראל
ויאמר אליו לא אלך כי אם אל ארצי ואל מולדתי אלך
ויאמר אל נא תעזב אתנו כי על כן ידעת חנתנו במדבר
והיית לנו לעינים והיה כי תלך עמנו והיה הטוב ההוא
אשר ייטיב יהוה עמנו והטבנו לך ויסעו מהר יהוה דרך
שלשת ימים וארון ברית יהוה נסע לפניהם דרך שלשת
ימים לתור להם מנוחה וענן יהוה עליהם יומם בנסעם מן
המחנה ﬞ ויהי בנסע הארן ויאמר משה קומה
יהוה ויפצו איביך וינסו משנאיך מפניך ובנחה יאמר שובה
יהוה רבבות אלפי ישראל ﬞ
ויהי העם כמתאננים רע באזני יהוה וישמע יהוה ויחר אפו
ותבער בם אש יהוה ותאכל בקצה המחנה ויצעק העם
אל משה ויתפלל משה אל יהוה ותשקע האש ויקרא שם
המקום ההוא תבערה כי בערה בם אש יהוה והאספסף
אשר בקרבו התאוו תאוה וישבו ויבכו גם בני ישראל ויאמרו
מי יאכלנו בשר זכרנו את הדגה אשר נאכל במצרים חנם
את הקשאים ואת האבטחים ואת החציר ואת הבצלים
ואת השומים ועתה נפשנו יבשה אין כל בלתי אל המן
עינינו והמן כזרע גד הוא ועינו כעין הבדלח שטו העם

כג לְצִבְאֹתָם וְעַל־צְבָאוֹ אֱלִישָׁמָע בֶּן־עַמִּיהוּד׃ וְעַל־צְבָא מַטֵּה
כד בְּנֵי מְנַשֶּׁה גַּמְלִיאֵל בֶּן־פְּדָהצוּר׃ וְעַל־צְבָא מַטֵּה בְּנֵי בִנְיָמִן
כה אֲבִידָן בֶּן־גִּדְעוֹנִי׃ וְנָסַע דֶּגֶל מַחֲנֵה בְנֵי־דָן מְאַסֵּף לְכָל־
כו הַמַּחֲנֹת לְצִבְאֹתָם וְעַל־צְבָאוֹ אֲחִיעֶזֶר בֶּן־עַמִּישַׁדָּי׃ וְעַל־
כז צְבָא מַטֵּה בְּנֵי אָשֵׁר פַּגְעִיאֵל בֶּן־עָכְרָן׃ וְעַל־צְבָא מַטֵּה
כח בְּנֵי נַפְתָּלִי אֲחִירַע בֶּן־עֵינָן׃ אֵלֶּה מַסְעֵי בְנֵי־יִשְׂרָאֵל לְצִבְאֹתָם
כט וַיִּסָּעוּ׃ וַיֹּאמֶר מֹשֶׁה לְחֹבָב בֶּן־רְעוּאֵל הַמִּדְיָנִי ★
חֹתֵן מֹשֶׁה נֹסְעִים ׀ אֲנַחְנוּ אֶל־הַמָּקוֹם אֲשֶׁר אָמַר יְהוָה אֹתוֹ
אֶתֵּן לָכֶם לְכָה אִתָּנוּ וְהֵטַבְנוּ לָךְ כִּי־יְהוָה דִּבֶּר־טוֹב עַל־יִשְׂרָאֵל׃
ל וַיֹּאמֶר אֵלָיו לֹא אֵלֵךְ כִּי אִם־אֶל־אַרְצִי וְאֶל־מוֹלַדְתִּי אֵלֵךְ׃
לא וַיֹּאמֶר אַל־נָא תַּעֲזֹב אֹתָנוּ כִּי ׀ עַל־כֵּן יָדַעְתָּ חֲנֹתֵנוּ בַּמִּדְבָּר
לב וְהָיִיתָ לָּנוּ לְעֵינָיִם׃ וְהָיָה כִּי־תֵלֵךְ עִמָּנוּ וְהָיָה ׀ הַטּוֹב הַהוּא
לג אֲשֶׁר יֵיטִיב יְהוָה עִמָּנוּ וְהֵטַבְנוּ לָךְ׃ וַיִּסְעוּ מֵהַר יְהוָה דֶּרֶךְ
שְׁלֹשֶׁת יָמִים וַאֲרוֹן בְּרִית־יְהוָה נֹסֵעַ לִפְנֵיהֶם דֶּרֶךְ שְׁלֹשֶׁת
לד יָמִים לָתוּר לָהֶם מְנוּחָה׃ וַעֲנַן יְהוָה עֲלֵיהֶם יוֹמָם בְּנָסְעָם מִן־
לה הַמַּחֲנֶה׃ ׆ וַיְהִי בִּנְסֹעַ הָאָרֹן וַיֹּאמֶר מֹשֶׁה קוּמָה ׀ ששי
לו יְהוָה וְיָפֻצוּ אֹיְבֶיךָ וְיָנֻסוּ מְשַׂנְאֶיךָ מִפָּנֶיךָ׃ וּבְנֻחֹה יֹאמַר שׁוּבָה
יְהוָה רִבְבוֹת אַלְפֵי יִשְׂרָאֵל׃ ׆

יא א וַיְהִי הָעָם כְּמִתְאֹנְנִים רַע בְּאָזְנֵי יְהוָה וַיִּשְׁמַע יְהוָה וַיִּחַר אַפּוֹ
ב וַתִּבְעַר־בָּם אֵשׁ יְהוָה וַתֹּאכַל בִּקְצֵה הַמַּחֲנֶה׃ וַיִּצְעַק הָעָם
ג אֶל־מֹשֶׁה וַיִּתְפַּלֵּל מֹשֶׁה אֶל־יְהוָה וַתִּשְׁקַע הָאֵשׁ׃ וַיִּקְרָא שֵׁם־
ד הַמָּקוֹם הַהוּא תַּבְעֵרָה כִּי־בָעֲרָה בָם אֵשׁ יְהוָה׃ וְהָאסַפְסֻף
אֲשֶׁר בְּקִרְבּוֹ הִתְאַוּוּ תַּאֲוָה וַיָּשֻׁבוּ וַיִּבְכּוּ גַּם בְּנֵי יִשְׂרָאֵל וַיֹּאמְרוּ
ה מִי יַאֲכִלֵנוּ בָּשָׂר׃ זָכַרְנוּ אֶת־הַדָּגָה אֲשֶׁר־נֹאכַל בְּמִצְרַיִם חִנָּם
אֵת הַקִּשֻּׁאִים וְאֵת הָאֲבַטִּחִים וְאֶת־הֶחָצִיר וְאֶת־הַבְּצָלִים
ו וְאֶת־הַשּׁוּמִים׃ וְעַתָּה נַפְשֵׁנוּ יְבֵשָׁה אֵין כֹּל בִּלְתִּי אֶל־הַמָּן
ז ח עֵינֵינוּ׃ וְהַמָּן כִּזְרַע־גַּד הוּא וְעֵינוֹ כְּעֵין הַבְּדֹלַח׃ שָׁטוּ הָעָם

לשכן עליו יחנו בני ישראל ולא יסעו ובהעלתו יסעו על
פי יהוה יחנו ועל פי יהוה יסעו את משמרת יהוה שמרו על
פי יהוה ביד משה
וידבר יהוה אל משה לאמר עשה לך שתי חצוצרת כסף
מקשה תעשה אתם והיו לך למקרא העדה ולמסע את
המחנות ותקעו בהן ונועדו אליך כל העדה אל פתח אהל
מועד ואם באחת יתקעו ונועדו אליך הנשיאים ראשי
אלפי ישראל ותקעתם תרועה ונסעו המחנות החנים קדמה
ותקעתם תרועה שנית ונסעו המחנות החנים תימנה תרועה
יתקעו למסעיהם ובהקהיל את הקהל תתקעו ולא תריעו
ובני אהרן הכהנים יתקעו בחצצרות והיו לכם לחקת עולם
לדרתיכם וכי תבאו מלחמה בארצכם על הצר הצרר אתכם
והרעתם בחצצרת ונזכרתם לפני יהוה אלהיכם ונושעתם
מאיביכם וביום שמחתכם ובמועדיכם ובראשי חדשכם
ותקעתם בחצצרת על עלתיכם ועל זבחי שלמיכם והיו לכם
לזכרון לפני אלהיכם אני יהוה אלהיכם
ויהי בשנה השנית בחדש השני בעשרים בחדש נעלה הענן
מעל משכן העדת ויסעו בני ישראל למסעיהם ממדבר סיני
וישכן הענן במדבר פארן ויסעו בראשנה על פי יהוה ביד
משה ויסע דגל מחנה בני יהודה בראשנה לצבאתם ועל
צבאו נחשון בן עמינדב ועל צבא מטה בני יששכר נתנאל
בן צוער ועל צבא מטה בני זבולן אליאב בן חלן והורד
המשכן ונסעו בני גרשון ובני מררי נשאי המשכן ונסע דגל
מחנה ראובן לצבאתם ועל צבאו אליצור בן שדיאור ועל
צבא מטה בני שמעון שלמיאל בן צורישדי ועל צבא מטה
בני גד אליסף בן דעואל ונסעו הקהתים נשאי המקדש
והקימו את המשכן עד באם ונסע דגל מחנה בני אפרים

כג לִשְׁכֹּן עָלָיו יַחֲנוּ בְנֵי־יִשְׂרָאֵל וְלֹא יִסָּעוּ וּבְהֵעָלֹתוֹ יִסָּעוּ׃ עַל־
פִּי יְהוָה יַחֲנוּ וְעַל־פִּי יְהוָה יִסָּעוּ אֶת־מִשְׁמֶרֶת יְהוָה שָׁמָרוּ עַל־
פִּי יְהוָה בְּיַד־מֹשֶׁה׃

י א ב וַיְדַבֵּר יְהוָה אֶל־מֹשֶׁה לֵּאמֹר׃ עֲשֵׂה לְךָ שְׁתֵּי חֲצוֹצְרֹת כֶּסֶף ט ✶
מִקְשָׁה תַּעֲשֶׂה אֹתָם וְהָיוּ לְךָ לְמִקְרָא הָעֵדָה וּלְמַסַּע אֶת־
ג הַמַּחֲנוֹת׃ וְתָקְעוּ בָּהֵן וְנוֹעֲדוּ אֵלֶיךָ כָּל־הָעֵדָה אֶל־פֶּתַח אֹהֶל
ד מוֹעֵד׃ וְאִם־בְּאַחַת יִתְקָעוּ וְנוֹעֲדוּ אֵלֶיךָ הַנְּשִׂיאִים רָאשֵׁי
ה אַלְפֵי יִשְׂרָאֵל׃ וּתְקַעְתֶּם תְּרוּעָה וְנָסְעוּ הַמַּחֲנוֹת הַחֹנִים קֵדְמָה׃
ו וּתְקַעְתֶּם תְּרוּעָה שֵׁנִית וְנָסְעוּ הַמַּחֲנוֹת הַחֹנִים תֵּימָנָה תְּרוּעָה
ז יִתְקְעוּ לְמַסְעֵיהֶם׃ וּבְהַקְהִיל אֶת־הַקָּהָל תִּתְקְעוּ וְלֹא תָרִיעוּ׃
ח וּבְנֵי אַהֲרֹן הַכֹּהֲנִים יִתְקְעוּ בַּחֲצֹצְרוֹת וְהָיוּ לָכֶם לְחֻקַּת עוֹלָם ✶
ט לְדֹרֹתֵיכֶם׃ וְכִי־תָבֹאוּ מִלְחָמָה בְּאַרְצְכֶם עַל־הַצַּר הַצֹּרֵר אֶתְכֶם
וַהֲרֵעֹתֶם בַּחֲצֹצְרֹת וְנִזְכַּרְתֶּם לִפְנֵי יְהוָה אֱלֹהֵיכֶם וְנוֹשַׁעְתֶּם
י מֵאֹיְבֵיכֶם׃ וּבְיוֹם שִׂמְחַתְכֶם וּבְמוֹעֲדֵיכֶם וּבְרָאשֵׁי חָדְשֵׁכֶם
וּתְקַעְתֶּם בַּחֲצֹצְרֹת עַל עֹלֹתֵיכֶם וְעַל זִבְחֵי שַׁלְמֵיכֶם וְהָיוּ לָכֶם
לְזִכָּרוֹן לִפְנֵי אֱלֹהֵיכֶם אֲנִי יְהוָה אֱלֹהֵיכֶם׃

יא וַיְהִי בַּשָּׁנָה הַשֵּׁנִית בַּחֹדֶשׁ הַשֵּׁנִי בְּעֶשְׂרִים בַּחֹדֶשׁ נַעֲלָה הֶעָנָן חמישי
יב מֵעַל מִשְׁכַּן הָעֵדֻת׃ וַיִּסְעוּ בְנֵי־יִשְׂרָאֵל לְמַסְעֵיהֶם מִמִּדְבַּר סִינָי
יג וַיִּשְׁכֹּן הֶעָנָן בְּמִדְבַּר פָּארָן׃ וַיִּסְעוּ בָּרִאשֹׁנָה עַל־פִּי יְהוָה בְּיַד־
יד מֹשֶׁה׃ וַיִּסַּע דֶּגֶל מַחֲנֵה בְנֵי־יְהוּדָה בָּרִאשֹׁנָה לְצִבְאֹתָם וְעַל־ ✶
טו צְבָאוֹ נַחְשׁוֹן בֶּן־עַמִּינָדָב׃ וְעַל־צְבָא מַטֵּה בְּנֵי יִשָּׂשכָר נְתַנְאֵל
טז יז בֶּן־צוּעָר׃ וְעַל־צְבָא מַטֵּה בְּנֵי זְבוּלֻן אֱלִיאָב בֶּן־חֵלֹן׃ וְהוּרַד
יח הַמִּשְׁכָּן וְנָסְעוּ בְנֵי־גֵרְשׁוֹן וּבְנֵי מְרָרִי נֹשְׂאֵי הַמִּשְׁכָּן׃ וְנָסַע דֶּגֶל
יט מַחֲנֵה רְאוּבֵן לְצִבְאֹתָם וְעַל־צְבָאוֹ אֱלִיצוּר בֶּן־שְׁדֵיאוּר׃ וְעַל־
כ צְבָא מַטֵּה בְּנֵי שִׁמְעוֹן שְׁלֻמִיאֵל בֶּן־צוּרִישַׁדָּי׃ וְעַל־צְבָא מַטֵּה
כא בְנֵי־גָד אֶלְיָסָף בֶּן־דְּעוּאֵל׃ וְנָסְעוּ הַקְּהָתִים נֹשְׂאֵי הַמִּקְדָּשׁ
כב וְהֵקִימוּ אֶת־הַמִּשְׁכָּן עַד־בֹּאָם׃ וְנָסַע דֶּגֶל מַחֲנֵה בְנֵי־אֶפְרַיִם ✶

יכלו לעשת הפסח ביום ההוא ויקרבו לפני משה ולפני
אהרן ביום ההוא ויאמרו האנשים ההמה אליו אנחנו
טמאים לנפש אדם למה נגרע לבלתי הקריב את קרבן יהוה
במעדו בתוך בני ישראל ויאמר אלהם משה עמדו ואשמעה
מה יצוה יהוה לכם
וידבר יהוה אל משה לאמר דבר אל בני ישראל לאמר
איש איש כי יהיה טמא לנפש או בדרך רחקה לכם או
לדרתיכם ועשה פסח ליהוה בחדש השני בארבעה עשר
יום בין הערבים יעשו אתו על מצות ומררים יאכלהו
לא ישאירו ממנו עד בקר ועצם לא ישברו בו ככל חקת
הפסח יעשו אתו והאיש אשר הוא טהור ובדרך לא
היה וחדל לעשות הפסח ונכרתה הנפש ההוא מעמיה
כי קרבן יהוה לא הקריב במעדו חטאו ישא האיש ההוא
וכי יגור אתכם גר ועשה פסח ליהוה כחקת הפסח
וכמשפטו כן יעשה חקה אחת יהיה לכם ולגר ולאזרח
הארץ ‏ וביום הקים את המשכן כסה הענן
את המשכן לאהל העדת ובערב יהיה על המשכן כמראה
אש עד בקר כן יהיה תמיד הענן יכסנו ומראה אש לילה
ולפי העלות הענן מעל האהל ואחרי כן יסעו בני ישראל
ובמקום אשר ישכן שם הענן שם יחנו בני ישראל על
פי יהוה יסעו בני ישראל ועל פי יהוה יחנו כל ימי אשר
ישכן הענן על המשכן יחנו ובהאריך הענן על המשכן
ימים רבים ושמרו בני ישראל את משמרת יהוה ולא יסעו
ויש אשר יהיה הענן ימים מספר על המשכן על פי יהוה
יחנו ועל פי יהוה יסעו ויש אשר יהיה הענן מערב עד
בקֶר ונעלה הענן בבקר ונסעו או יומם ולילה ונעלה הענן
ונסעו או ימים או חדש או ימים בהאריך הענן על המשכן

יָכְלוּ לַעֲשֹׂת־הַפֶּסַח בַּיּוֹם הַהוּא וַיִּקְרְבוּ לִפְנֵי מֹשֶׁה וְלִפְנֵי
ז אַהֲרֹן בַּיּוֹם הַהוּא׃ וַיֹּאמְרוּ הָאֲנָשִׁים הָהֵמָּה אֵלָיו אֲנַחְנוּ
טְמֵאִים לְנֶפֶשׁ אָדָם לָמָּה נִגָּרַע לְבִלְתִּי הַקְרִיב אֶת־קָרְבַּן יהוה
ח בְּמֹעֲדוֹ בְּתוֹךְ בְּנֵי יִשְׂרָאֵל׃ וַיֹּאמֶר אֲלֵהֶם מֹשֶׁה עִמְדוּ וְאֶשְׁמְעָה
מַה־יְצַוֶּה יהוה לָכֶם׃
ט י וַיְדַבֵּר יהוה אֶל־מֹשֶׁה לֵּאמֹר׃ דַּבֵּר אֶל־בְּנֵי יִשְׂרָאֵל לֵאמֹר ★
אִישׁ אִישׁ כִּי־יִהְיֶה טָמֵא ׀ לָנֶפֶשׁ אוֹ בְדֶרֶךְ רְחֹקָה לָכֶם אוֹ
יא לְדֹרֹתֵיכֶם וְעָשָׂה פֶסַח לַיהוה׃ בַּחֹדֶשׁ הַשֵּׁנִי בְּאַרְבָּעָה עָשָׂר
יוֹם בֵּין הָעַרְבַּיִם יַעֲשׂוּ אֹתוֹ עַל־מַצּוֹת וּמְרֹרִים יֹאכְלֻהוּ׃
יב לֹא־יַשְׁאִירוּ מִמֶּנּוּ עַד־בֹּקֶר וְעֶצֶם לֹא יִשְׁבְּרוּ־בוֹ כְּכָל־חֻקַּת
יג הַפֶּסַח יַעֲשׂוּ אֹתוֹ׃ וְהָאִישׁ אֲשֶׁר־הוּא טָהוֹר וּבְדֶרֶךְ לֹא־
הָיָה וְחָדַל לַעֲשׂוֹת הַפֶּסַח וְנִכְרְתָה הַנֶּפֶשׁ הַהִוא מֵעַמֶּיהָ
כִּי ׀ קָרְבַּן יהוה לֹא הִקְרִיב בְּמֹעֲדוֹ חֶטְאוֹ יִשָּׂא הָאִישׁ הַהוּא׃
יד וְכִי־יָגוּר אִתְּכֶם גֵּר וְעָשָׂה פֶסַח לַיהוה כְּחֻקַּת הַפֶּסַח
וּכְמִשְׁפָּטוֹ כֵּן יַעֲשֶׂה חֻקָּה אַחַת יִהְיֶה לָכֶם וְלַגֵּר וּלְאֶזְרַח
טו הָאָרֶץ׃ וּבְיוֹם הָקִים אֶת־הַמִּשְׁכָּן כִּסָּה הֶעָנָן רביעי
אֶת־הַמִּשְׁכָּן לְאֹהֶל הָעֵדֻת וּבָעֶרֶב יִהְיֶה עַל־הַמִּשְׁכָּן כְּמַרְאֵה־
טז אֵשׁ עַד־בֹּקֶר׃ כֵּן יִהְיֶה תָמִיד הֶעָנָן יְכַסֶּנּוּ וּמַרְאֵה־אֵשׁ לָיְלָה׃
יז וּלְפִי הֵעָלוֹת הֶעָנָן מֵעַל הָאֹהֶל וְאַחֲרֵי כֵן יִסְעוּ בְּנֵי יִשְׂרָאֵל
יח וּבִמְקוֹם אֲשֶׁר יִשְׁכָּן־שָׁם הֶעָנָן שָׁם יַחֲנוּ בְּנֵי יִשְׂרָאֵל׃ עַל־ ★
פִּי יהוה יִסְעוּ בְּנֵי יִשְׂרָאֵל וְעַל־פִּי יהוה יַחֲנוּ כָּל־יְמֵי אֲשֶׁר
יט יִשְׁכֹּן הֶעָנָן עַל־הַמִּשְׁכָּן יַחֲנוּ׃ וּבְהַאֲרִיךְ הֶעָנָן עַל־הַמִּשְׁכָּן
יָמִים רַבִּים וְשָׁמְרוּ בְנֵי־יִשְׂרָאֵל אֶת־מִשְׁמֶרֶת יהוה וְלֹא יִסָּעוּ׃
כ וְיֵשׁ אֲשֶׁר יִהְיֶה הֶעָנָן יָמִים מִסְפָּר עַל־הַמִּשְׁכָּן עַל־פִּי יהוה
כא יַחֲנוּ וְעַל־פִּי יהוה יִסָּעוּ׃ וְיֵשׁ אֲשֶׁר יִהְיֶה הֶעָנָן מֵעֶרֶב עַד־
בֹּקֶר וְנַעֲלָה הֶעָנָן בַּבֹּקֶר וְנָסָעוּ אוֹ יוֹמָם וָלַיְלָה וְנַעֲלָה הֶעָנָן
כב וְנָסָעוּ׃ אוֹ־יֹמַיִם אוֹ־חֹדֶשׁ אוֹ־יָמִים בְּהַאֲרִיךְ הֶעָנָן עַל־הַמִּשְׁכָּן

אהל מועד וטהרת אתם והנפת אתם תנופה כי נתנים
נתנים המה לי מתוך בני ישראל תחת פטרת כל רחם בכור
כל מבני ישראל לקחתי אתם לי כי לי כל בכור בבני ישראל
באדם ובבהמה ביום הכתי כל בכור בארץ מצרים הקדשתי
אתם לי ואקח את הלוים תחת כל בכור בבני ישראל
ואתנה את הלוים נתנים לאהרן ולבניו מתוך בני ישראל
לעבד את עבדת בני ישראל באהל מועד ולכפר על בני
ישראל ולא יהיה בבני ישראל נגף בגשת בני ישראל אל
הקדש ויעש משה ואהרן וכל עדת בני ישראל ללוים
ככל אשר צוה יהוה את משה ללוים כן עשו להם בני
ישראל ויתחטאו הלוים ויכבסו בגדיהם וינף אהרן אתם
תנופה לפני יהוה ויכפר עליהם אהרן לטהרם ואחרי כן
באו הלוים לעבד את עבדתם באהל מועד לפני אהרן
ולפני בניו כאשר צוה יהוה את משה על הלוים כן עשו
להם וידבר יהוה אל משה לאמר זאת אשר
ללוים מבן חמש ועשרים שנה ומעלה יבוא לצבא צבא בעבדת
אהל מועד ומבן חמשים שנה ישוב מצבא העבדה ולא יעבד
עוד ושרת את אחיו באהל מועד לשמר משמרת ועבדה
לא יעבד ככה תעשה ללוים במשמרתם

וידבר יהוה אל משה במדבר סיני בשנה השנית לצאתם
מארץ מצרים בחדש הראשון לאמר ויעשו בני ישראל
את הפסח במועדו בארבעה עשר יום בחדש הזה בין
הערבים תעשו אתו במעדו ככל חקתיו וככל משפטיו
תעשו אתו וידבר משה אל בני ישראל לעשת הפסח
ויעשו את הפסח בראשון בארבעה עשר יום לחדש בין
הערבים במדבר סיני ככל אשר צוה יהוה את משה כן עשו
בני ישראל ויהי אנשים אשר היו טמאים לנפש אדם ולא

טו אֹהֶל מוֹעֵד וְטִהַרְתָּ אֹתָם וְהֵנַפְתָּ אֹתָם תְּנוּפָה׃ כִּי נְתֻנִים

נְתֻנִים הֵמָּה לִי מִתּוֹךְ בְּנֵי יִשְׂרָאֵל תַּחַת פִּטְרַת כָּל־רֶחֶם בְּכוֹר

יז כֹּל מִבְּנֵי יִשְׂרָאֵל לָקַחְתִּי אֹתָם לִי׃ כִּי לִי כָל־בְּכוֹר בִּבְנֵי יִשְׂרָאֵל

בָּאָדָם וּבַבְּהֵמָה בְּיוֹם הַכֹּתִי כָל־בְּכוֹר בְּאֶרֶץ מִצְרַיִם הִקְדַּשְׁתִּי

יח אֹתָם לִי׃ וָאֶקַּח אֶת־הַלְוִיִּם תַּחַת כָּל־בְּכוֹר בִּבְנֵי יִשְׂרָאֵל׃ ★

יט וָאֶתְּנָה אֶת־הַלְוִיִּם נְתֻנִים ׀ לְאַהֲרֹן וּלְבָנָיו מִתּוֹךְ בְּנֵי יִשְׂרָאֵל

לַעֲבֹד אֶת־עֲבֹדַת בְּנֵי־יִשְׂרָאֵל בְּאֹהֶל מוֹעֵד וּלְכַפֵּר עַל־בְּנֵי

יִשְׂרָאֵל וְלֹא יִהְיֶה בִּבְנֵי יִשְׂרָאֵל נֶגֶף בְּגֶשֶׁת בְּנֵי־יִשְׂרָאֵל אֶל־

כ הַקֹּדֶשׁ׃ וַיַּעַשׂ מֹשֶׁה וְאַהֲרֹן וְכָל־עֲדַת בְּנֵי־יִשְׂרָאֵל לַלְוִיִּם

כְּכֹל אֲשֶׁר־צִוָּה יְהוָה אֶת־מֹשֶׁה לַלְוִיִּם כֵּן־עָשׂוּ לָהֶם בְּנֵי

כא יִשְׂרָאֵל׃ וַיִּתְחַטְּאוּ הַלְוִיִּם וַיְכַבְּסוּ בִּגְדֵיהֶם וַיָּנֶף אַהֲרֹן אֹתָם

כב תְּנוּפָה לִפְנֵי יְהוָה וַיְכַפֵּר עֲלֵיהֶם אַהֲרֹן לְטַהֲרָם׃ וְאַחֲרֵי־כֵן

בָּאוּ הַלְוִיִּם לַעֲבֹד אֶת־עֲבֹדָתָם בְּאֹהֶל מוֹעֵד לִפְנֵי אַהֲרֹן

וְלִפְנֵי בָנָיו כַּאֲשֶׁר צִוָּה יְהוָה אֶת־מֹשֶׁה עַל־הַלְוִיִּם כֵּן עָשׂוּ

כג כד לָהֶם׃ וַיְדַבֵּר יְהוָה אֶל־מֹשֶׁה לֵּאמֹר׃ זֹאת אֲשֶׁר ★

לַלְוִיִּם מִבֶּן חָמֵשׁ וְעֶשְׂרִים שָׁנָה וָמַעְלָה יָבוֹא לִצְבֹא צָבָא בַּעֲבֹדַת

כה אֹהֶל מוֹעֵד׃ וּמִבֶּן חֲמִשִּׁים שָׁנָה יָשׁוּב מִצְּבָא הָעֲבֹדָה וְלֹא יַעֲבֹד

כו עוֹד׃ וְשֵׁרֵת אֶת־אֶחָיו בְּאֹהֶל מוֹעֵד לִשְׁמֹר מִשְׁמֶרֶת וַעֲבֹדָה

לֹא יַעֲבֹד כָּכָה תַּעֲשֶׂה לַלְוִיִּם בְּמִשְׁמְרֹתָם׃

ט א וַיְדַבֵּר יְהוָה אֶל־מֹשֶׁה בְמִדְבַּר־סִינַי בַּשָּׁנָה הַשֵּׁנִית לְצֵאתָם שלישי

ב מֵאֶרֶץ מִצְרַיִם בַּחֹדֶשׁ הָרִאשׁוֹן לֵאמֹר׃ וְיַעֲשׂוּ בְנֵי־יִשְׂרָאֵל

ג אֶת־הַפָּסַח בְּמוֹעֲדוֹ׃ בְּאַרְבָּעָה עָשָׂר־יוֹם בַּחֹדֶשׁ הַזֶּה בֵּין

הָעַרְבַּיִם תַּעֲשׂוּ אֹתוֹ בְּמֹעֲדוֹ כְּכָל־חֻקֹּתָיו וּכְכָל־מִשְׁפָּטָיו

ד תַּעֲשׂוּ אֹתוֹ׃ וַיְדַבֵּר מֹשֶׁה אֶל־בְּנֵי יִשְׂרָאֵל לַעֲשֹׂת הַפָּסַח׃

ה וַיַּעֲשׂוּ אֶת־הַפֶּסַח בָּרִאשׁוֹן בְּאַרְבָּעָה עָשָׂר יוֹם לַחֹדֶשׁ בֵּין

הָעַרְבַּיִם בְּמִדְבַּר סִינָי כְּכֹל אֲשֶׁר צִוָּה יְהוָה אֶת־מֹשֶׁה כֵּן עָשׂוּ

ו בְּנֵי יִשְׂרָאֵל׃ וַיְהִי אֲנָשִׁים אֲשֶׁר הָיוּ טְמֵאִים לְנֶפֶשׁ אָדָם וְלֹא־ ★

הכף בשקל הקדש כל זהב הכפות עשרים ומאה כל הבקר
לעלה שנים עשר פרים אילם שנים עשר כבשים בני שנה
שנים עשר ומנחתם ושעירי עזים שנים עשר לחטאת וכל
בקר זבח השלמים עשרים וארבעה פרים אילם ששים
עתדים ששים כבשים בני שנה ששים זאת חנכת המזבח
אחרי המשח אתו ובבא משה אל אהל מועד לדבר אתו
וישמע את הקול מדבר אליו מעל הכפרת אשר על ארן
העדת מבין שני הכרבים וידבר אליו
וידבר יהוה אל משה לאמר דבר אל אהרן ואמרת אליו
בהעלתך את הנרת אל מול פני המנורה יאירו שבעת הנרות
ויעש כן אהרן אל מול פני המנורה העלה נרתיה כאשר
צוה יהוה את משה וזה מעשה המנרה מקשה זהב עד
ירכה עד פרחה מקשה הוא כמראה אשר הראה יהוה את
משה כן עשה את המנרה
וידבר יהוה אל משה לאמר קח את הלוים מתוך בני ישראל
וטהרת אתם וכה תעשה להם לטהרם הזה עליהם מי
חטאת והעבירו תער על כל בשרם וכבסו בגדיהם והטהרו
ולקחו פר בן בקר ומנחתו סלת בלולה בשמן ופר שני בן
בקר תקח לחטאת והקרבת את הלוים לפני אהל מועד
והקהלת את כל עדת בני ישראל והקרבת את הלוים
לפני יהוה וסמכו בני ישראל את ידיהם על הלוים והניף
אהרן את הלוים תנופה לפני יהוה מאת בני ישראל והיו
לעבד את עבדת יהוה והלוים יסמכו את ידיהם על ראש
הפרים ועשה את האחד חטאת ואת האחד עלה ליהוה
לכפר עַל הלוים והעמדת את הלוים לפני אהרן ולפני בניו
והנפת אתם תנופה ליהוה והבדלת את הלוים מתוך בני
ישראל והיו לי הלוים ואחרי כן יבאו הלוים לעבד את

פז הַכַּף בְּשֶׁקֶל הַקֹּדֶשׁ כׇּל־זְהַב הַכַּפּוֹת עֶשְׂרִים וּמֵאָה׃ כׇּל־הַבָּקָר מפטיר ★
לָעֹלָה שְׁנֵים עָשָׂר פָּרִים אֵילִם שְׁנֵים־עָשָׂר כְּבָשִׂים בְּנֵי־שָׁנָה
פח שְׁנֵים עָשָׂר וּמִנְחָתָם וּשְׂעִירֵי עִזִּים שְׁנֵים עָשָׂר לְחַטָּאת׃ וְכֹל
בְּקַר ׀ זֶבַח הַשְּׁלָמִים עֶשְׂרִים וְאַרְבָּעָה פָּרִים אֵילִם שִׁשִּׁים
עַתֻּדִים שִׁשִּׁים כְּבָשִׂים בְּנֵי־שָׁנָה שִׁשִּׁים זֹאת חֲנֻכַּת הַמִּזְבֵּחַ
פט אַחֲרֵי הִמָּשַׁח אֹתוֹ׃ וּבְבֹא מֹשֶׁה אֶל־אֹהֶל מוֹעֵד לְדַבֵּר אִתּוֹ
וַיִּשְׁמַע אֶת־הַקּוֹל מִדַּבֵּר אֵלָיו מֵעַל הַכַּפֹּרֶת אֲשֶׁר עַל־אֲרֹן
הָעֵדֻת מִבֵּין שְׁנֵי הַכְּרֻבִים וַיְדַבֵּר אֵלָיו׃

ח א ב וַיְדַבֵּר יְהֹוָה אֶל־מֹשֶׁה לֵּאמֹר׃ דַּבֵּר אֶל־אַהֲרֹן וְאָמַרְתָּ אֵלָיו ח בהע
בְּהַעֲלֹתְךָ אֶת־הַנֵּרֹת אֶל־מוּל פְּנֵי הַמְּנוֹרָה יָאִירוּ שִׁבְעַת הַנֵּרוֹת׃
ג וַיַּעַשׂ כֵּן אַהֲרֹן אֶל־מוּל פְּנֵי הַמְּנוֹרָה הֶעֱלָה נֵרֹתֶיהָ כַּאֲשֶׁר
ד צִוָּה יְהֹוָה אֶת־מֹשֶׁה׃ וְזֶה מַעֲשֵׂה הַמְּנֹרָה מִקְשָׁה זָהָב עַד־
יְרֵכָהּ עַד־פִּרְחָהּ מִקְשָׁה הִוא כַּמַּרְאֶה אֲשֶׁר הֶרְאָה יְהֹוָה אֶת־
מֹשֶׁה כֵּן עָשָׂה אֶת־הַמְּנֹרָה׃

ה ו וַיְדַבֵּר יְהֹוָה אֶל־מֹשֶׁה לֵּאמֹר׃ קַח אֶת־הַלְוִיִּם מִתּוֹךְ בְּנֵי יִשְׂרָאֵל ★
ז וְטִהַרְתָּ אֹתָם׃ וְכֹה־תַעֲשֶׂה לָהֶם לְטַהֲרָם הַזֵּה עֲלֵיהֶם מֵי
חַטָּאת וְהֶעֱבִירוּ תַעַר עַל־כׇּל־בְּשָׂרָם וְכִבְּסוּ בִגְדֵיהֶם וְהִטֶּהָרוּ׃
ח וְלָקְחוּ פַּר בֶּן־בָּקָר וּמִנְחָתוֹ סֹלֶת בְּלוּלָה בַשָּׁמֶן וּפַר־שֵׁנִי בֶן־
ט בָּקָר תִּקַּח לְחַטָּאת׃ וְהִקְרַבְתָּ אֶת־הַלְוִיִּם לִפְנֵי אֹהֶל מוֹעֵד
י וְהִקְהַלְתָּ אֶת־כׇּל־עֲדַת בְּנֵי יִשְׂרָאֵל׃ וְהִקְרַבְתָּ אֶת־הַלְוִיִּם ★
יא לִפְנֵי יְהֹוָה וְסָמְכוּ בְנֵי־יִשְׂרָאֵל אֶת־יְדֵיהֶם עַל־הַלְוִיִּם׃ וְהֵנִיף
אַהֲרֹן אֶת־הַלְוִיִּם תְּנוּפָה לִפְנֵי יְהֹוָה מֵאֵת בְּנֵי יִשְׂרָאֵל וְהָיוּ
יב לַעֲבֹד אֶת־עֲבֹדַת יְהֹוָה׃ וְהַלְוִיִּם יִסְמְכוּ אֶת־יְדֵיהֶם עַל רֹאשׁ
הַפָּרִים וַעֲשֵׂה אֶת־הָאֶחָד חַטָּאת וְאֶת־הָאֶחָד עֹלָה לַיהֹוָה
יג לְכַפֵּר עַל־הַלְוִיִּם׃ וְהַעֲמַדְתָּ אֶת־הַלְוִיִּם לִפְנֵי אַהֲרֹן וְלִפְנֵי בָנָיו
יד וְהֵנַפְתָּ אֹתָם תְּנוּפָה לַיהֹוָה׃ וְהִבְדַּלְתָּ אֶת־הַלְוִיִּם מִתּוֹךְ בְּנֵי
טו יִשְׂרָאֵל וְהָיוּ לִי הַלְוִיִּם׃ וְאַחֲרֵי־כֵן יָבֹאוּ הַלְוִיִּם לַעֲבֹד אֶת־ שני

שבעים שקל בשקל הקדש שניהם מלאים סלת בלולה
בשמן למנחה כף אחת עשרה זהב מלאה קטרת פר
אחד בן בקר איל אחד כבש אחד בן שנתו לעלה שעיר
עזים אחד לחטאת ולזבח השלמים בקר שנים אילם חמשה
עתדים חמשה כבשים בני שנה חמשה זה קרבן אחיעזר
בן עמישדי

ביום עשתי עשר יום נשיא לבני אשר פגעיאל בן עכרן קרבנו
קערת כסף אחת שלשים ומאה משקלה מזרק אחד כסף
שבעים שקל בשקל הקדש שניהם מלאים סלת בלולה
בשמן למנחה כף אחת עשרה זהב מלאה קטרת פר אחד
בן בקר איל אחד כבש אחד בן שנתו לעלה שעיר עזים
אחד לחטאת ולזבח השלמים בקר שנים אילם חמשה
עתדים חמשה כבשים בני שנה חמשה זה קרבן פגעיאל
בן עכרן

ביום שנים עשר יום נשיא לבני נפתלי אחירע בן עינן קרבנו
קערת כסף אחת שלשים ומאה משקלה מזרק אחד כסף
שבעים שקל בשקל הקדש שניהם מלאים סלת בלולה
בשמן למנחה כף אחת עשרה זהב מלאה קטרת פר אחד
בן בקר איל אחד כבש אחד בן שנתו לעלה שעיר עזים
אחד לחטאת ולזבח השלמים בקר שנים אילם חמשה
עתדים חמשה כבשים בני שנה חמשה זה קרבן אחירע
בן עינן

זאת חנכת המזבח ביום המשח אתו מאת נשיאי ישראל
קערת כסף שתים עשרה מזרקי כסף שנים עשר כפות זהב
שתים עשרה שלשים ומאה הקערה האחת כסף ושבעים
המזרק האחד כל כסף הכלים אלפים וארבע מאות בשקל
הקדש כפות זהב שתים עשרה מלאת קטרת עשרה עשרה

שִׁבְעִ֥ים שֶׁ֖קֶל בְּשֶׁ֣קֶל הַקֹּ֑דֶשׁ שְׁנֵיהֶ֣ם ׀ מְלֵאִ֗ים סֹ֛לֶת בְּלוּלָ֥ה
סח סט בַשֶּׁ֖מֶן לְמִנְחָֽה׃ כַּ֥ף אַחַ֛ת עֲשָׂרָ֥ה זָהָ֖ב מְלֵאָ֥ה קְטֹֽרֶת׃ פַּ֣ר
ע אֶחָ֞ד בֶּן־בָּקָ֗ר אַ֧יִל אֶחָ֛ד כֶּֽבֶשׂ־אֶחָ֥ד בֶּן־שְׁנָת֖וֹ לְעֹלָֽה׃ שְׂעִיר־
עא עִזִּ֥ים אֶחָ֖ד לְחַטָּֽאת׃ וּלְזֶ֣בַח הַשְּׁלָמִים֮ בָּקָ֣ר שְׁנַ֒יִם֒ אֵילִ֤ם חֲמִשָּׁה֙
עַתֻּדִ֣ים חֲמִשָּׁ֔ה כְּבָשִׂ֥ים בְּנֵי־שָׁנָ֖ה חֲמִשָּׁ֑ה זֶ֛ה קָרְבַּ֥ן אֲחִיעֶ֖זֶר
בֶּן־עַמִּישַׁדָּֽי׃

עב עג בְּי֗וֹם עַשְׁתֵּ֥י עָשָׂ֛ר י֖וֹם נָשִׂ֣יא לִבְנֵ֣י אָשֵׁ֑ר פַּגְעִיאֵ֖ל בֶּן־עָכְרָֽן׃ קָרְבָּנ֞וֹ שביעי
קַֽעֲרַת־כֶּ֣סֶף אַחַ֗ת שְׁלֹשִׁ֣ים וּמֵאָה֮ מִשְׁקָלָהּ֒ מִזְרָ֤ק אֶחָד֙ כֶּ֔סֶף
שִׁבְעִ֥ים שֶׁ֖קֶל בְּשֶׁ֣קֶל הַקֹּ֑דֶשׁ שְׁנֵיהֶ֣ם ׀ מְלֵאִ֗ים סֹ֛לֶת בְּלוּלָ֥ה
עד עה בַשֶּׁ֖מֶן לְמִנְחָֽה׃ כַּ֥ף אַחַ֛ת עֲשָׂרָ֥ה זָהָ֖ב מְלֵאָ֥ה קְטֹֽרֶת׃ פַּ֣ר אֶחָ֞ד
עו בֶּן־בָּקָ֗ר אַ֧יִל אֶחָ֛ד כֶּֽבֶשׂ־אֶחָ֥ד בֶּן־שְׁנָת֖וֹ לְעֹלָֽה׃ שְׂעִיר־עִזִּ֥ים
עז אֶחָ֖ד לְחַטָּֽאת׃ וּלְזֶ֣בַח הַשְּׁלָמִים֮ בָּקָ֣ר שְׁנַ֒יִם֒ אֵילִ֤ם חֲמִשָּׁה֙
עַתֻּדִ֣ים חֲמִשָּׁ֔ה כְּבָשִׂ֥ים בְּנֵי־שָׁנָ֖ה חֲמִשָּׁ֑ה זֶ֛ה קָרְבַּ֥ן פַּגְעִיאֵ֖ל
בֶּן־עָכְרָֽן׃

עח עט בְּיוֹם֙ שְׁנֵ֣ים עָשָׂ֔ר י֔וֹם נָשִׂ֖יא לִבְנֵ֣י נַפְתָּלִ֑י אֲחִירַ֖ע בֶּן־עֵינָֽן׃ קָרְבָּנ֞וֹ ★
קַֽעֲרַת־כֶּ֣סֶף אַחַ֗ת שְׁלֹשִׁ֣ים וּמֵאָה֮ מִשְׁקָלָהּ֒ מִזְרָ֤ק אֶחָד֙ כֶּ֔סֶף
שִׁבְעִ֥ים שֶׁ֖קֶל בְּשֶׁ֣קֶל הַקֹּ֑דֶשׁ שְׁנֵיהֶ֣ם ׀ מְלֵאִ֗ים סֹ֛לֶת בְּלוּלָ֥ה
פ פא בַשֶּׁ֖מֶן לְמִנְחָֽה׃ כַּ֥ף אַחַ֛ת עֲשָׂרָ֥ה זָהָ֖ב מְלֵאָ֥ה קְטֹֽרֶת׃ פַּ֣ר אֶחָ֞ד
פב בֶּן־בָּקָ֗ר אַ֧יִל אֶחָ֛ד כֶּֽבֶשׂ־אֶחָ֥ד בֶּן־שְׁנָת֖וֹ לְעֹלָֽה׃ שְׂעִיר־עִזִּ֥ים
פג אֶחָ֖ד לְחַטָּֽאת׃ וּלְזֶ֣בַח הַשְּׁלָמִים֮ בָּקָ֣ר שְׁנַ֒יִם֒ אֵילִ֤ם חֲמִשָּׁה֙
עַתֻּדִ֣ים חֲמִשָּׁ֔ה כְּבָשִׂ֥ים בְּנֵי־שָׁנָ֖ה חֲמִשָּׁ֑ה זֶ֛ה קָרְבַּ֥ן אֲחִירַ֖ע
בֶּן־עֵינָֽן׃

פד זֹ֣את ׀ חֲנֻכַּ֣ת הַמִּזְבֵּ֗חַ בְּיוֹם֙ הִמָּשַׁ֣ח אֹת֔וֹ מֵאֵ֖ת נְשִׂיאֵ֣י יִשְׂרָאֵ֑ל ★
קַעֲרֹ֨ת כֶּ֜סֶף שְׁתֵּ֣ים עֶשְׂרֵ֗ה מִֽזְרְקֵי־כֶ֙סֶף֙ שְׁנֵ֣ים עָשָׂ֔ר כַּפּ֥וֹת זָהָ֖ב
פה שְׁתֵּ֥ים עֶשְׂרֵֽה׃ שְׁלֹשִׁ֣ים וּמֵאָ֗ה הַקְּעָרָ֤ה הָֽאַחַת֙ כֶּ֔סֶף וְשִׁבְעִ֖ים
הַמִּזְרָ֣ק הָאֶחָ֑ד כֹּ֚ל כֶּ֣סֶף הַכֵּלִ֔ים אַלְפַּ֥יִם וְאַרְבַּע־מֵא֖וֹת בְּשֶׁ֥קֶל
פו הַקֹּֽדֶשׁ׃ כַּפּ֨וֹת זָהָ֤ב שְׁתֵּים־עֶשְׂרֵה֙ מְלֵאֹ֣ת קְטֹ֔רֶת עֲשָׂרָ֧ה עֲשָׂרָ֛ה

בן דעואל
ביום השביעי נשיא לבני אפרים אלישמע בן עמיהוד קרבנו
קערת כסף אחת שלשים ומאה משקלה מזרק אחד כסף
שבעים שקל בשקל הקדש שניהם מלאים סלת בלולה
בשמן למנחה כף אחת עשרה זהב מלאה קטרת פר אחד
בן בקר איל אחד כבש אחד בן שנתו לעלה שעיר עזים
אחד לחטאת ולזבח השלמים בקר שנים אילם חמשה
עתדים חמשה כבשים בני שנה חמשה זה קרבן אלישמע
בן עמיהוד
ביום השמיני נשיא לבני מנשה גמליאל בן פדהצור קרבנו
קערת כסף אחת שלשים ומאה משקלה מזרק אחד כסף
שבעים שקל בשקל הקדש שניהם מלאים סלת בלולה
בשמן למנחה כף אחת עשרה זהב מלאה קטרת פר אחד
בן בקר איל אחד כבש אחד בן שנתו לעלה שעיר עזים
אחד לחטאת ולזבח השלמים בקר שנים אילם חמשה
עתדים חמשה כבשים בני שנה חמשה זה קרבן גמליאל
בן פדהצור
ביום התשיעי נשיא לבני בנימן אבידן בן גדעני קרבנו
קערת כסף אחת שלשים ומאה משקלה מזרק אחד כסף
שבעים שקל בשקל הקדש שניהם מלאים סלת בלולה
בשמן למנחה כף אחת עשרה זהב מלאה קטרת פר אחד
בן בקר איל אחד כבש אחד בן שנתו לעלה שעיר עזים
אחד לחטאת ולזבח השלמים בקר שנים אילם חמשה
עתדים חמשה כבשים בני שנה חמשה זה קרבן אבידן
בן גדעני
ביום העשירי נשיא לבני דן אחיעזר בן עמישדי קרבנו
קערת כסף אחת שלשים ומאה משקלה מזרק אחד כסף

בֶּן־דְּעוּאֵל:

מט  ★ ז   בַּיּוֹם֙ הַשְּׁבִיעִ֔י נָשִׂ֖יא לִבְנֵ֣י אֶפְרָ֑יִם אֱלִישָׁמָ֖ע בֶּן־עַמִּיה֑וּד: קָרְבָּנ֞וֹ
קַעֲרַת־כֶּ֣סֶף אַחַ֗ת שְׁלֹשִׁ֣ים וּמֵאָה֮ מִשְׁקָלָהּ֒ מִזְרָ֤ק אֶחָד֙ כֶּ֔סֶף
שִׁבְעִ֥ים שֶׁ֖קֶל בְּשֶׁ֣קֶל הַקֹּ֑דֶשׁ שְׁנֵיהֶ֣ם ׀ מְלֵאִ֗ים סֹ֛לֶת בְּלוּלָ֥ה

נא   בַשֶּׁ֖מֶן לְמִנְחָֽה: כַּ֥ף אַחַ֛ת עֲשָׂרָ֥ה זָהָ֖ב מְלֵאָ֥ה קְטֹֽרֶת: פַּ֣ר אֶחָ֡ד
נב   בֶּן־בָּקָר֩ אַ֨יִל אֶחָ֜ד כֶּֽבֶשׂ־אֶחָ֤ד בֶּן־שְׁנָתוֹ֙ לְעֹלָֽה: שְׂעִיר־עִזִּ֥ים
נג   אֶחָ֖ד לְחַטָּֽאת: וּלְזֶ֣בַח הַשְּׁלָמִים֮ בָּקָ֣ר שְׁנַ֒יִם֒ אֵילִ֤ם חֲמִשָּׁה֙
עַתֻּדִ֣ים חֲמִשָּׁ֔ה כְּבָשִׂ֥ים בְּנֵֽי־שָׁנָ֖ה חֲמִשָּׁ֑ה זֶ֛ה קָרְבַּ֥ן אֱלִישָׁמָ֖ע
בֶּן־עַמִּיהֽוּד:

נד  ★   בַּיּוֹם֙ הַשְּׁמִינִ֔י נָשִׂ֖יא לִבְנֵ֣י מְנַשֶּׁ֑ה גַּמְלִיאֵ֖ל בֶּן־פְּדָהצֽוּר: קָרְבָּנ֞וֹ
נה   קַעֲרַת־כֶּ֣סֶף אַחַ֗ת שְׁלֹשִׁ֣ים וּמֵאָה֮ מִשְׁקָלָהּ֒ מִזְרָ֤ק אֶחָד֙ כֶּ֔סֶף
שִׁבְעִ֥ים שֶׁ֖קֶל בְּשֶׁ֣קֶל הַקֹּ֑דֶשׁ שְׁנֵיהֶ֣ם ׀ מְלֵאִ֗ים סֹ֛לֶת בְּלוּלָ֥ה

נו   בַשֶּׁ֖מֶן לְמִנְחָֽה: כַּ֥ף אַחַ֛ת עֲשָׂרָ֥ה זָהָ֖ב מְלֵאָ֥ה קְטֹֽרֶת: פַּ֣ר אֶחָ֡ד
נז   בֶּן־בָּקָר֩ אַ֨יִל אֶחָ֜ד כֶּֽבֶשׂ־אֶחָ֤ד בֶּן־שְׁנָתוֹ֙ לְעֹלָֽה: שְׂעִיר־עִזִּ֥ים
נח   אֶחָ֖ד לְחַטָּֽאת: וּלְזֶ֣בַח הַשְּׁלָמִים֮ בָּקָ֣ר שְׁנַ֒יִם֒ אֵילִ֤ם חֲמִשָּׁה֙
עַתֻּדִ֣ים חֲמִשָּׁ֔ה כְּבָשִׂ֥ים בְּנֵֽי־שָׁנָ֖ה חֲמִשָּׁ֑ה זֶ֛ה קָרְבַּ֥ן גַּמְלִיאֵ֖ל
בֶּן־פְּדָהצֽוּר:

נט  ★   בַּיּוֹם֙ הַתְּשִׁיעִ֔י נָשִׂ֖יא לִבְנֵ֣י בִנְיָמִ֑ן אֲבִידָ֖ן בֶּן־גִּדְעֹנִֽי: קָרְבָּנ֞וֹ
ס   קַעֲרַת־כֶּ֣סֶף אַחַ֗ת שְׁלֹשִׁ֣ים וּמֵאָה֮ מִשְׁקָלָהּ֒ מִזְרָ֤ק אֶחָד֙ כֶּ֔סֶף
שִׁבְעִ֥ים שֶׁ֖קֶל בְּשֶׁ֣קֶל הַקֹּ֑דֶשׁ שְׁנֵיהֶ֣ם ׀ מְלֵאִ֗ים סֹ֛לֶת בְּלוּלָ֥ה

סב   בַשֶּׁ֖מֶן לְמִנְחָֽה: כַּ֥ף אַחַ֛ת עֲשָׂרָ֥ה זָהָ֖ב מְלֵאָ֥ה קְטֹֽרֶת: פַּ֣ר אֶחָ֡ד
סד   בֶּן־בָּקָר֩ אַ֨יִל אֶחָ֜ד כֶּֽבֶשׂ־אֶחָ֤ד בֶּן־שְׁנָתוֹ֙ לְעֹלָֽה: שְׂעִיר־עִזִּ֥ים
סה   אֶחָ֖ד לְחַטָּֽאת: וּלְזֶ֣בַח הַשְּׁלָמִים֮ בָּקָ֣ר שְׁנַ֒יִם֒ אֵילִ֤ם חֲמִשָּׁה֙
עַתֻּדִ֣ים חֲמִשָּׁ֔ה כְּבָשִׂ֥ים בְּנֵֽי־שָׁנָ֖ה חֲמִשָּׁ֑ה זֶ֛ה קָרְבַּ֥ן אֲבִידָ֖ן
בֶּן־גִּדְעֹנִֽי:

סו  ★   בַּיּוֹם֙ הָעֲשִׂירִ֔י נָשִׂ֖יא לִבְנֵ֣י דָ֑ן אֲחִיעֶ֖זֶר בֶּן־עַמִּישַׁדָּֽי: קָרְבָּנ֞וֹ
קַעֲרַת־כֶּ֣סֶף אַחַ֗ת שְׁלֹשִׁ֣ים וּמֵאָה֮ מִשְׁקָלָהּ֒ מִזְרָ֤ק אֶחָד֙ כֶּ֔סֶף

בן בקר איל אחד כבש אחד בן שנתו לעלה שעיר עזים
אחד לחטאת ולזבח השלמים בקר שנים אילם חמשה
עתדים חמשה כבשים בני שנה חמשה זה קרבן אליאב
בן חלן

ביום הרביעי נשיא לבני ראובן אליצור בן שדיאור קרבנו
קערת כסף אחת שלשים ומאה משקלה מזרק אחד כסף
שבעים שקל בשקל הקדש שניהם מלאים סלת בלולה
בשמן למנחה כף אחת עשרה זהב מלאה קטרת פר
אחד בן בקר איל אחד כבש אחד בן שנתו לעלה שעיר
עזים אחד לחטאת ולזבח השלמים בקר שנים אילם חמשה
עתדים חמשה כבשים בני שנה חמשה זה קרבן אליצור
בן שדיאור

ביום החמישי נשיא לבני שמעון שלמיאל בן צורישדי
קרבנו קערת כסף אחת שלשים ומאה משקלה מזרק אחד
כסף שבעים שקל בשקל הקדש שניהם מלאים סלת בלולה
בשמן למנחה כף אחת עשרה זהב מלאה קטרת פר
אחד בן בקר איל אחד כבש אחד בן שנתו לעלה שעיר
עזים אחד לחטאת ולזבח השלמים בקר שנים אילם חמשה
עתדים חמשה כבשים בני שנה חמשה זה קרבן שלמיאל
בן צורישדי

ביום הששי נשיא לבני גד אליסף בן דעואל קרבנו קערת
כסף אחת שלשים ומאה משקלה מזרק אחד כסף שבעים
שקל בשקל הקדש שניהם מלאים סלת בלולה בשמן
למנחה כף אחת עשרה זהב מלאה קטרת פר אחד בן
בקר איל אחד כבש אחד בן שנתו לעלה שעיר עזים
אחד לחטאת ולזבח השלמים בקר שנים אילם חמשה
עתדים חמשה כבשים בני שנה חמשה זה קרבן אליסף

כח בֶּן־בָּקָר אַיִל אֶחָד כֶּבֶשׂ־אֶחָד בֶּן־שְׁנָתוֹ לְעֹלָה: שְׂעִיר־עִזִּים
כט אֶחָד לְחַטָּאת: וּלְזֶבַח הַשְּׁלָמִים בָּקָר שְׁנַיִם אֵילִם חֲמִשָּׁה
עַתֻּדִים חֲמִשָּׁה כְּבָשִׂים בְּנֵי־שָׁנָה חֲמִשָּׁה זֶה קָרְבַּן אֱלִיאָב
בֶּן־חֵלֹן:

ל לא בַּיּוֹם הָרְבִיעִי נָשִׂיא לִבְנֵי רְאוּבֵן אֱלִיצוּר בֶּן־שְׁדֵיאוּר: קָרְבָּנוֹ ★
קַעֲרַת־כֶּסֶף אַחַת שְׁלֹשִׁים וּמֵאָה מִשְׁקָלָהּ מִזְרָק אֶחָד כֶּסֶף
שִׁבְעִים שֶׁקֶל בְּשֶׁקֶל הַקֹּדֶשׁ שְׁנֵיהֶם ׀ מְלֵאִים סֹלֶת בְּלוּלָה
לב לג בַשֶּׁמֶן לְמִנְחָה: כַּף אַחַת עֲשָׂרָה זָהָב מְלֵאָה קְטֹרֶת: פַּר
לד אֶחָד בֶּן־בָּקָר אַיִל אֶחָד כֶּבֶשׂ־אֶחָד בֶּן־שְׁנָתוֹ לְעֹלָה: שְׂעִיר־
לה עִזִּים אֶחָד לְחַטָּאת: וּלְזֶבַח הַשְּׁלָמִים בָּקָר שְׁנַיִם אֵילִם חֲמִשָּׁה
עַתֻּדִים חֲמִשָּׁה כְּבָשִׂים בְּנֵי־שָׁנָה חֲמִשָּׁה זֶה קָרְבַּן אֱלִיצוּר
בֶּן־שְׁדֵיאוּר:

לו בַּיּוֹם הַחֲמִישִׁי נָשִׂיא לִבְנֵי שִׁמְעוֹן שְׁלֻמִיאֵל בֶּן־צוּרִישַׁדָּי: ★
לז קָרְבָּנוֹ קַעֲרַת־כֶּסֶף אַחַת שְׁלֹשִׁים וּמֵאָה מִשְׁקָלָהּ מִזְרָק אֶחָד
כֶּסֶף שִׁבְעִים שֶׁקֶל בְּשֶׁקֶל הַקֹּדֶשׁ שְׁנֵיהֶם ׀ מְלֵאִים סֹלֶת בְּלוּלָה
לח לט בַשֶּׁמֶן לְמִנְחָה: כַּף אַחַת עֲשָׂרָה זָהָב מְלֵאָה קְטֹרֶת: פַּר
מ אֶחָד בֶּן־בָּקָר אַיִל אֶחָד כֶּבֶשׂ־אֶחָד בֶּן־שְׁנָתוֹ לְעֹלָה: שְׂעִיר־
מא עִזִּים אֶחָד לְחַטָּאת: וּלְזֶבַח הַשְּׁלָמִים בָּקָר שְׁנַיִם אֵילִם חֲמִשָּׁה
עַתֻּדִים חֲמִשָּׁה כְּבָשִׂים בְּנֵי־שָׁנָה חֲמִשָּׁה זֶה קָרְבַּן שְׁלֻמִיאֵל
בֶּן־צוּרִישַׁדָּי:

מב מג בַּיּוֹם הַשִּׁשִּׁי נָשִׂיא לִבְנֵי גָד אֶלְיָסָף בֶּן־דְּעוּאֵל: קָרְבָּנוֹ קַעֲרַת־ ששי
כֶּסֶף אַחַת שְׁלֹשִׁים וּמֵאָה מִשְׁקָלָהּ מִזְרָק אֶחָד כֶּסֶף שִׁבְעִים
שֶׁקֶל בְּשֶׁקֶל הַקֹּדֶשׁ שְׁנֵיהֶם ׀ מְלֵאִים סֹלֶת בְּלוּלָה בַשֶּׁמֶן
מד מה לְמִנְחָה: כַּף אַחַת עֲשָׂרָה זָהָב מְלֵאָה קְטֹרֶת: פַּר אֶחָד בֶּן־
מו בָּקָר אַיִל אֶחָד כֶּבֶשׂ־אֶחָד בֶּן־שְׁנָתוֹ לְעֹלָה: שְׂעִיר־עִזִּים
מז אֶחָד לְחַטָּאת: וּלְזֶבַח הַשְּׁלָמִים בָּקָר שְׁנַיִם אֵילִם חֲמִשָּׁה
עַתֻּדִים חֲמִשָּׁה כְּבָשִׂים בְּנֵי־שָׁנָה חֲמִשָּׁה זֶה קָרְבַּן אֶלְיָסָף

ארבעת הבקר נתן לבני גרשון כפי עבדתם ואת ארבע
העגלת ואת שמנת הבקר נתן לבני מררי כפי עבדתם ביד
איתמר בן אהרן הכהן ולבני קהת לא נתן כי עבדת הקדש
עלהם בכתף ישאו ויקריבו הנשאים את חנכת המזבח ביום
המשח אתו ויקריבו הנשיאם את קרבנם לפני המזבח ויאמר
יהוה אל משה נשיא אחד ליום נשיא אחד ליום יקריבו
את קרבנם לחנכת המזבח ויהי המקריב ביום
הראשון את קרבנו נחשון בן עמינדב למטה יהודה וקרבנו
קערת כסף אחת שלשים ומאה משקלה מזרק אחד כסף
שבעים שקל בשקל הקדש שניהם מלאים סלת בלולה
בשמן למנחה כף אחת עשרה זהב מלאה קטרת פר אחד
בן בקר איל אחד כבש אחד בן שנתו לעלה שעיר עזים
אחד לחטאת ולזבח השלמים בקר שנים אילם חמשה
עתודים חמשה כבשים בני שנה חמשה זה קרבן נחשון
בן עמינדב

ביום השני הקריב נתנאל בן צוער נשיא יששכר הקרב
את קרבנו קערת כסף אחת שלשים ומאה משקלה מזרק
אחד כסף שבעים שקל בשקל הקדש שניהם מלאים סלת
בלולה בשמן למנחה כף אחת עשרה זהב מלאה קטרת
פר אחד בן בקר איל אחד כבש אחד בן שנתו לעלה
שעיר עזים אחד לחטאת ולזבח השלמים בקר שנים אילם
חמשה עתדים חמשה כבשים בני שנה חמשה זה קרבן
נתנאל בן צוער

ביום השלישי נשיא לבני זבולן אליאב בן חלן קרבנו
קערת כסף אחת שלשים ומאה משקלה מזרק אחד כסף
שבעים שקל בשקל הקדש שניהם מלאים סלת בלולה
בשמן למנחה כף אחת עשרה זהב מלאה קטרת פר אחד

ח אַרְבַּעַת הַבָּקָר נָתַן לִבְנֵי גֵרְשׁוֹן כְּפִי עֲבֹדָתָם: וְאֵת ׀ אַרְבַּע
הָעֲגָלֹת וְאֵת שְׁמֹנַת הַבָּקָר נָתַן לִבְנֵי מְרָרִי כְּפִי עֲבֹדָתָם בְּיַד

ט אִיתָמָר בֶּן־אַהֲרֹן הַכֹּהֵן: וְלִבְנֵי קְהָת לֹא נָתָן כִּי־עֲבֹדַת הַקֹּדֶשׁ

י עֲלֵהֶם בַּכָּתֵף יִשָּׂאוּ: וַיַּקְרִיבוּ הַנְּשִׂאִים אֵת חֲנֻכַּת הַמִּזְבֵּחַ בְּיוֹם

יא הִמָּשַׁח אֹתוֹ וַיַּקְרִיבוּ הַנְּשִׂיאִם אֶת־קָרְבָּנָם לִפְנֵי הַמִּזְבֵּחַ: וַיֹּאמֶר
יְהוָה אֶל־מֹשֶׁה נָשִׂיא אֶחָד לַיּוֹם נָשִׂיא אֶחָד לַיּוֹם יַקְרִיבוּ

יב אֶת־קָרְבָּנָם לַחֲנֻכַּת הַמִּזְבֵּחַ: וַיְהִי הַמַּקְרִיב בַּיּוֹם

יג הָרִאשׁוֹן אֶת־קָרְבָּנוֹ נַחְשׁוֹן בֶּן־עַמִּינָדָב לְמַטֵּה יְהוּדָה: וְקָרְבָּנוֹ
קַעֲרַת־כֶּסֶף אַחַת שְׁלֹשִׁים וּמֵאָה מִשְׁקָלָהּ מִזְרָק אֶחָד כֶּסֶף
שִׁבְעִים שֶׁקֶל בְּשֶׁקֶל הַקֹּדֶשׁ שְׁנֵיהֶם ׀ מְלֵאִים סֹלֶת בְּלוּלָה

יד בַשֶּׁמֶן לְמִנְחָה: כַּף אַחַת עֲשָׂרָה זָהָב מְלֵאָה קְטֹרֶת: פַּר אֶחָד

טו בֶּן־בָּקָר אַיִל אֶחָד כֶּבֶשׂ־אֶחָד בֶּן־שְׁנָתוֹ לְעֹלָה: שְׂעִיר־עִזִּים

יז אֶחָד לְחַטָּאת: וּלְזֶבַח הַשְּׁלָמִים בָּקָר שְׁנַיִם אֵילִם חֲמִשָּׁה
עַתּוּדִים חֲמִשָּׁה כְּבָשִׂים בְּנֵי־שָׁנָה חֲמִשָּׁה זֶה קָרְבַּן נַחְשׁוֹן
בֶּן־עַמִּינָדָב:

יח בַּיּוֹם הַשֵּׁנִי הִקְרִיב נְתַנְאֵל בֶּן־צוּעָר נְשִׂיא יִשָּׂשכָר: הִקְרִב
יט אֶת־קָרְבָּנוֹ קַעֲרַת־כֶּסֶף אַחַת שְׁלֹשִׁים וּמֵאָה מִשְׁקָלָהּ מִזְרָק
אֶחָד כֶּסֶף שִׁבְעִים שֶׁקֶל בְּשֶׁקֶל הַקֹּדֶשׁ שְׁנֵיהֶם ׀ מְלֵאִים סֹלֶת

כ בְּלוּלָה בַשֶּׁמֶן לְמִנְחָה: כַּף אַחַת עֲשָׂרָה זָהָב מְלֵאָה קְטֹרֶת:

כא פַּר אֶחָד בֶּן־בָּקָר אַיִל אֶחָד כֶּבֶשׂ־אֶחָד בֶּן־שְׁנָתוֹ לְעֹלָה:

כב שְׂעִיר־עִזִּים אֶחָד לְחַטָּאת: וּלְזֶבַח הַשְּׁלָמִים בָּקָר שְׁנַיִם אֵילִם
חֲמִשָּׁה עַתֻּדִים חֲמִשָּׁה כְּבָשִׂים בְּנֵי־שָׁנָה חֲמִשָּׁה זֶה קָרְבַּן
נְתַנְאֵל בֶּן־צוּעָר:

כג בַּיּוֹם הַשְּׁלִישִׁי נָשִׂיא לִבְנֵי זְבוּלֻן אֱלִיאָב בֶּן־חֵלֹן: קָרְבָּנוֹ
קַעֲרַת־כֶּסֶף אַחַת שְׁלֹשִׁים וּמֵאָה מִשְׁקָלָהּ מִזְרָק אֶחָד כֶּסֶף
שִׁבְעִים שֶׁקֶל בְּשֶׁקֶל הַקֹּדֶשׁ שְׁנֵיהֶם ׀ מְלֵאִים סֹלֶת בְּלוּלָה

כה בַשֶּׁמֶן לְמִנְחָה: כַּף אַחַת עֲשָׂרָה זָהָב מְלֵאָה קְטֹרֶת: פַּר אֶחָד

לשלמים וסל מצות סלת חלת בלולת בשמן ורקיקי מצות
משחים בשמן ומנחתם ונסכיהם והקריב הכהן לפני יהוה
ועשה את חטאתו ואת עלתו ואת האיל יעשה זבח
שלמים ליהוה על סל המצות ועשה הכהן את מנחתו ואת
נסכו וגלח הנזיר פתח אהל מועד את ראש נזרו ולקח
את שער ראש נזרו ונתן על האש אשר תחת זבח השלמים
ולקח הכהן את הזרע בשלה מן האיל וחלת מצה אחת
מן הסל ורקיק מצה אחד ונתן על כפי הנזיר אחר התגלחו
את נזרו והניף אותם הכהן תנופה לפני יהוה קדש הוא
לכהן על חזה התנופה ועל שוק התרומה ואחר ישתה הנזיר
יין זאת תורת הנזיר אשר ידר קרבנו ליהוה על נזרו מלבד
אשר תשיג ידו כפי נדרו אשר ידר כן יעשה על תורת
נזרו

וידבר יהוה אל משה לאמר דבר אל אהרן ואל בניו לאמר כה
תברכו את בני ישראל אמור להם יברכך יהוה
וישמרך יאר יהוה פניו אליך ויחנך ישא
יהוה פניו אליך וישם לך שלום ושמו את שמי
על בני ישראל ואני אברכם ויהי ביום כלות משה
להקים את המשכן וימשח אתו ויקדש אתו ואת כל כליו
ואת המזבח ואת כל כליו וימשחם ויקדש אתם ויקריבו
נשיאי ישראל ראשי בית אבתם הם נשיאי המטת הם
העמדים על הפקדים ויביאו את קרבנם לפני יהוה שש
עגלת צב ושני עשר בקר עגלה על שני הנשאים ושור
לאחד ויקריבו אותם לפני המשכן ויאמר יהוה אל משה
לאמר קח מאתם והיו לעבד את עבדת אהל מועד ונתתה
אותם אל הלוים איש כפי עבדתו ויקח משה את העגלת
ואת הבקר ויתן אותם אל הלוים את שתי העגלות ואת

טו לִשְׁלָמִים: וְסַל מַצּוֹת סֹלֶת חַלֹּת בְּלוּלֹת בַּשֶּׁמֶן וּרְקִיקֵי מַצּוֹת
טז מְשֻׁחִים בַּשָּׁמֶן וּמִנְחָתָם וְנִסְכֵּיהֶם: וְהִקְרִיב הַכֹּהֵן לִפְנֵי יְהוָה ★
יז וְעָשָׂה אֶת־חַטָּאתוֹ וְאֶת־עֹלָתוֹ: וְאֶת־הָאַיִל יַעֲשֶׂה זֶבַח
שְׁלָמִים לַיהוָה עַל סַל הַמַּצּוֹת וְעָשָׂה הַכֹּהֵן אֶת־מִנְחָתוֹ וְאֶת־
יח נִסְכּוֹ: וְגִלַּח הַנָּזִיר פֶּתַח אֹהֶל מוֹעֵד אֶת־רֹאשׁ נִזְרוֹ וְלָקַח
אֶת־שְׂעַר רֹאשׁ נִזְרוֹ וְנָתַן עַל־הָאֵשׁ אֲשֶׁר־תַּחַת זֶבַח הַשְּׁלָמִים:
יט וְלָקַח הַכֹּהֵן אֶת־הַזְּרֹעַ בְּשֵׁלָה מִן־הָאַיִל וְחַלַּת מַצָּה אַחַת ★
מִן־הַסַּל וּרְקִיק מַצָּה אֶחָד וְנָתַן עַל־כַּפֵּי הַנָּזִיר אַחַר הִתְגַּלְּחוֹ
כ אֶת־נִזְרוֹ: וְהֵנִיף אוֹתָם הַכֹּהֵן ׀ תְּנוּפָה לִפְנֵי יְהוָה קֹדֶשׁ הוּא
לַכֹּהֵן עַל חֲזֵה הַתְּנוּפָה וְעַל שׁוֹק הַתְּרוּמָה וְאַחַר יִשְׁתֶּה הַנָּזִיר
כא יָיִן: זֹאת תּוֹרַת הַנָּזִיר אֲשֶׁר יִדֹּר קָרְבָּנוֹ לַיהוָה עַל־נִזְרוֹ מִלְּבַד
אֲשֶׁר־תַּשִּׂיג יָדוֹ כְּפִי נִדְרוֹ אֲשֶׁר יִדֹּר כֵּן יַעֲשֶׂה עַל תּוֹרַת
נִזְרוֹ:

כב כג וַיְדַבֵּר יְהוָה אֶל־מֹשֶׁה לֵּאמֹר: דַּבֵּר אֶל־אַהֲרֹן וְאֶל־בָּנָיו לֵאמֹר כֹּה ו ★
כד תְבָרְכוּ אֶת־בְּנֵי יִשְׂרָאֵל אָמוֹר לָהֶם: יְבָרֶכְךָ יְהוָה
כה כו וְיִשְׁמְרֶךָ: יָאֵר יְהוָה ׀ פָּנָיו אֵלֶיךָ וִיחֻנֶּךָּ: יִשָּׂא
כז יְהוָה ׀ פָּנָיו אֵלֶיךָ וְיָשֵׂם לְךָ שָׁלוֹם: וְשָׂמוּ אֶת־שְׁמִי
ז א עַל־בְּנֵי יִשְׂרָאֵל וַאֲנִי אֲבָרְכֵם: וַיְהִי בְּיוֹם כַּלּוֹת מֹשֶׁה חמישי
לְהָקִים אֶת־הַמִּשְׁכָּן וַיִּמְשַׁח אֹתוֹ וַיְקַדֵּשׁ אֹתוֹ וְאֶת־כָּל־כֵּלָיו
ב וְאֶת־הַמִּזְבֵּחַ וְאֶת־כָּל־כֵּלָיו וַיִּמְשָׁחֵם וַיְקַדֵּשׁ אֹתָם: וַיַּקְרִיבוּ
נְשִׂיאֵי יִשְׂרָאֵל רָאשֵׁי בֵּית אֲבֹתָם הֵם נְשִׂיאֵי הַמַּטֹּת הֵם
ג הָעֹמְדִים עַל־הַפְּקֻדִים: וַיָּבִיאוּ אֶת־קָרְבָּנָם לִפְנֵי יְהוָה שֵׁשׁ־
עֶגְלֹת צָב וּשְׁנֵי־עָשָׂר בָּקָר עֲגָלָה עַל־שְׁנֵי הַנְּשִׂאִים וְשׁוֹר
ד לְאֶחָד וַיַּקְרִיבוּ אוֹתָם לִפְנֵי הַמִּשְׁכָּן: וַיֹּאמֶר יְהוָה אֶל־מֹשֶׁה ★
ה לֵּאמֹר: קַח מֵאִתָּם וְהָיוּ לַעֲבֹד אֶת־עֲבֹדַת אֹהֶל מוֹעֵד וְנָתַתָּה
ו אוֹתָם אֶל־הַלְוִיִּם אִישׁ כְּפִי עֲבֹדָתוֹ: וַיִּקַּח מֹשֶׁה אֶת־הָעֲגָלֹת
ז וְאֶת־הַבָּקָר וַיִּתֵּן אוֹתָם אֶל־הַלְוִיִּם: אֵת ׀ שְׁתֵּי הָעֲגָלוֹת וְאֵת

באישה ובאו בה המים המאררים למרים וצבתה בטנה
ונפלה ירכה והיתה האשה לאלה בקרב עמה ואם לא
נטמאה האשה וטהרה הוא ונקתה ונזרעה זרע זאת
תורת הקנאת אשר תשטה אשה תחת אישה ונטמאה
או איש אשר תעבר עליו רוח קנאה וקנא את אשתו
והעמיד את האשה לפני יהוה ועשה לה הכהן את כל
התורה הזאת ונקה האיש מעון והאשה ההוא תשא את
עונה

וידבר יהוה אל משה לאמר דבר אל בני ישראל ואמרת
אלהם איש או אשה כי יפלא לנדר נדר נזיר להזיר ליהוה
מיין ושכר יזיר חמץ יין וחמץ שכר לא ישתה וכל משרת
ענבים לא ישתה וענבים לחים ויבשים לא יאכל כל ימי
נזרו מכל אשר יעשה מגפן היין מחרצנים ועד זג לא יאכל
כל ימי נדר נזרו תער לא יעבר על ראשו עד מלאת הימם
אשר יזיר ליהוה קדש יהיה גדל פרע שער ראשו כל ימי
הזירו ליהוה על נפש מת לא יבא לאביו ולאמו לאחיו
ולאחתו לא יטמא להם במתם כי נזר אלהיו על ראשו
כל ימי נזרו קדש הוא ליהוה וכי ימות מת עליו בפתע
פתאם וטמא ראש נזרו וגלח ראשו ביום טהרתו ביום השביעי
יגלחנו וביום השמיני יבא שתי תרים או שני בני יונה אל
הכהן אל פתח אהל מועד ועשה הכהן אחד לחטאת ואחד
לעלה וכפר עליו מאשר חטא על הנפש וקדש את ראשו
ביום ההוא והזיר ליהוה את ימי נזרו והביא כבש בן שנתו
לאשם והימים הראשנים יפלו כי טמא נזרו וזאת תורת
הנזיר ביום מלאת ימי נזרו יביא אתו אל פתח אהל מועד
והקריב את קרבנו ליהוה כבש בן שנתו תמים אחד לעלה
וכבשה אחת בת שנתה תמימה לחטאת ואיל אחד תמים

בְּאִשָּׁה֙ וּבָ֣אוּ בָ֣הּ הַמַּ֜יִם הַמְאָֽרֲרִ֤ים לְמָרִים֙ וְצָבְתָ֣ה בִטְנָ֔הּ

כח וְנָפְלָ֖ה יְרֵכָ֑הּ וְהָֽיְתָ֧ה הָֽאִשָּׁ֛ה לְאָלָ֖ה בְּקֶ֥רֶב עַמָּֽהּ: וְאִם־לֹ֤א

כט נִטְמְאָה֙ הָֽאִשָּׁ֔ה וּטְהֹרָ֖ה הִ֑וא וְנִקְּתָ֖ה וְנִזְרְעָ֥ה זָֽרַע: זֹ֚את

תּוֹרַ֣ת הַקְּנָאֹ֔ת אֲשֶׁ֨ר תִּשְׂטֶ֥ה אִשָּׁ֛ה תַּ֥חַת אִישָׁ֖הּ וְנִטְמָֽאָה:

ל א֣וֹ אִ֗ישׁ אֲשֶׁ֨ר תַּעֲבֹ֥ר עָלָ֛יו ר֥וּחַ קִנְאָ֖ה וְקִנֵּ֣א אֶת־אִשְׁתּ֑וֹ

וְהֶֽעֱמִ֤יד אֶת־הָֽאִשָּׁה֙ לִפְנֵ֣י יְהֹוָ֔ה וְעָ֤שָׂה לָהּ֙ הַכֹּהֵ֔ן אֵ֥ת כָּל־

לא הַתּוֹרָ֖ה הַזֹּֽאת: וְנִקָּ֥ה הָאִ֖ישׁ מֵֽעָוֺ֑ן וְהָֽאִשָּׁ֣ה הַהִ֔וא תִּשָּׂ֖א אֶת־

עֲוֺנָֽהּ:

ו א וַיְדַבֵּ֥ר יְהֹוָ֖ה אֶל־מֹשֶׁ֥ה לֵּאמֹֽר: דַּבֵּר֙ אֶל־בְּנֵ֣י יִשְׂרָאֵ֔ל וְאָֽמַרְתָּ֖

אֲלֵהֶ֑ם אִ֣ישׁ אֽוֹ־אִשָּׁ֗ה כִּ֤י יַפְלִא֙ לִנְדֹּר֙ נֶ֣דֶר נָזִ֔יר לְהַזִּ֖יר לַֽיהֹוָֽה:

ג מִיַּ֤יִן וְשֵׁכָר֙ יַזִּ֔יר חֹ֥מֶץ יַ֛יִן וְחֹ֥מֶץ שֵׁכָ֖ר לֹ֣א יִשְׁתֶּ֑ה וְכָל־מִשְׁרַ֤ת

ד עֲנָבִים֙ לֹ֣א יִשְׁתֶּ֔ה וַֽעֲנָבִ֛ים לַחִ֥ים וִֽיבֵשִׁ֖ים לֹ֥א יֹאכֵֽל: כֹּ֖ל יְמֵ֣י

נִזְר֑וֹ מִכֹּל֩ אֲשֶׁ֨ר יֵֽעָשֶׂ֜ה מִגֶּ֣פֶן הַיַּ֗יִן מֵחַרְצַנִּ֛ים וְעַד־זָ֖ג לֹ֥א יֹאכֵֽל:

ה כָּל־יְמֵי֙ נֶ֣דֶר נִזְר֔וֹ תַּ֖עַר לֹֽא־יַעֲבֹ֣ר עַל־רֹאשׁ֑וֹ עַד־מְלֹ֨את הַיָּמִ֜ם

ו אֲשֶׁר־יַזִּ֤יר לַֽיהֹוָה֙ קָדֹ֣שׁ יִֽהְיֶ֔ה גַּדֵּ֥ל פֶּ֖רַע שְׂעַ֣ר רֹאשֽׁוֹ: כָּל־יְמֵ֥י

ז הַזִּיר֖וֹ לַֽיהֹוָ֑ה עַל־נֶ֥פֶשׁ מֵ֖ת לֹ֣א יָבֹֽא: לְאָבִ֣יו וּלְאִמּ֗וֹ לְאָחִיו֙

וּלְאַ֣חֹת֔וֹ לֹֽא־יִטַּמָּ֥א לָהֶ֖ם בְּמֹתָ֑ם כִּ֛י נֵ֥זֶר אֱלֹהָ֖יו עַל־רֹאשֽׁוֹ:

ח כֹּ֖ל יְמֵ֣י נִזְר֑וֹ קָדֹ֥שׁ ה֖וּא לַֽיהֹוָֽה: וְכִֽי־יָמ֨וּת מֵ֤ת עָלָיו֙ בְּפֶ֣תַע

פִּתְאֹ֔ם וְטִמֵּ֖א רֹ֣אשׁ נִזְר֑וֹ וְגִלַּ֤ח רֹאשׁוֹ֙ בְּי֣וֹם טׇֽהֳרָת֔וֹ בַּיּ֥וֹם הַשְּׁבִיעִ֖י

י יְגַלְּחֶֽנּוּ: וּבַיּ֣וֹם הַשְּׁמִינִ֗י יָבִא֙ שְׁתֵּ֣י תֹרִ֔ים א֥וֹ שְׁנֵ֖י בְּנֵ֣י יוֹנָ֑ה אֶל־

יא הַכֹּהֵ֔ן אֶל־פֶּ֖תַח אֹ֥הֶל מוֹעֵֽד: וְעָשָׂ֣ה הַכֹּהֵ֗ן אֶחָ֤ד לְחַטָּאת֙ וְאֶחָ֣ד

לְעֹלָ֔ה וְכִפֶּ֣ר עָלָ֔יו מֵֽאֲשֶׁ֥ר חָטָ֖א עַל־הַנָּ֑פֶשׁ וְקִדַּ֥שׁ אֶת־רֹאשׁ֖וֹ

יב בַּיּ֥וֹם הַהֽוּא: וְהִזִּ֤יר לַֽיהֹוָה֙ אֶת־יְמֵ֣י נִזְר֔וֹ וְהֵבִ֛יא כֶּ֥בֶשׂ בֶּן־שְׁנָת֖וֹ

יג לְאָשָׁ֑ם וְהַיָּמִ֤ים הָרִֽאשֹׁנִים֙ יִפְּל֔וּ כִּ֥י טָמֵ֖א נִזְר֑וֹ: וְזֹ֥את תּוֹרַ֖ת

הַנָּזִ֑יר בְּי֗וֹם מְלֹאת֙ יְמֵ֣י נִזְר֔וֹ יָבִ֣יא אֹת֔וֹ אֶל־פֶּ֖תַח אֹ֥הֶל מוֹעֵֽד:

יד וְהִקְרִ֣יב אֶת־קׇרְבָּנ֣וֹ לַֽיהֹוָ֡ה כֶּ֩בֶשׂ֩ בֶּן־שְׁנָת֨וֹ תָמִ֤ים אֶחָד֙ לְעֹלָ֔ה

וְכַבְשָׂ֨ה אַחַ֧ת בַּת־שְׁנָתָ֛הּ תְּמִימָ֖ה לְחַטָּ֑את וְאַֽיִל־אֶחָ֥ד תָּמִֽים

אלהם איש איש כי תשטה אשתו ומעלה בו מעל ושכב
איש אתה שכבת זרע ונעלם מעיני אישה ונסתרה והיא
נטמאה ועד אין בה והוא לא נתפשה ועבר עליו רוח
קנאה וקנא את אשתו והוא נטמאה או עבר עליו רוח
קנאה וקנא את אשתו והיא לא נטמאה והביא האיש
את אשתו אל הכהן והביא את קרבנה עליה עשירת האיפה
קמח שערים לא יצק עליו שמן ולא יתן עליו לבנה כי
מנחת קנאת הוא מנחת זכרון מזכרת עון והקריב אתה
הכהן והעמדה לפני יהוה ולקח הכהן מים קדשים בכלי
חרש ומן העפר אשר יהיה בקרקע המשכן יקח הכהן ונתן
אל המים והעמיד הכהן את האשה לפני יהוה ופרע את
ראש האשה ונתן על כפיה את מנחת הזכרון מנחת קנאת
הוא וביד הכהן יהיו מי המרים המאררים והשביע אתה
הכהן ואמר אל האשה אם לא שכב איש אתך ואם לא
שטית טמאה תחת אישך הנקי ממי המרים המאררים האלה
ואת כי שטית תחת אישך וכי נטמאת ויתן איש בך את
שכבתו מבלעדי אישך והשביע הכהן את האשה בשבעת
האלה ואמר הכהן לאשה יתן יהוה אותך לאלה ולשבעה
בתוך עמך בתת יהוה את ירכך נפלת ואת בטנך צבה
ובאו המים המאררים האלה במעיך לצבות בטן ולנפל ירך
ואמרה האשה אמן אמן וכתב את האלת האלה הכהן
בספר ומחה אל מי המרים והשקה את האשה את מי
המרים המאררים ובאו בה המים המאררים למרים ולקח
הכהן מיד האשה את מנחת הקנאת והניף את המנחה
לפני יהוה והקריב אתה אל המזבח וקמץ הכהן מן המנחה
את אזכרתה והקטיר המזבחה ואחר ישקה את האשה את
המים והשקה את המים והיתה אם נטמאה ותמעל מעל

יג אֲלֵהֶם אִישׁ אִישׁ כִּי־תִשְׂטֶה אִשְׁתּוֹ וּמָעֲלָה בוֹ מָעַל: וְשָׁכַב
אִישׁ אֹתָהּ שִׁכְבַת־זֶרַע וְנֶעְלַם מֵעֵינֵי אִישָׁהּ וְנִסְתְּרָה וְהִיא
יד נִטְמָאָה וְעֵד אֵין בָּהּ וְהִוא לֹא נִתְפָּשָׂה: וְעָבַר עָלָיו רוּחַ־
קִנְאָה וְקִנֵּא אֶת־אִשְׁתּוֹ וְהִוא נִטְמָאָה אוֹ־עָבַר עָלָיו רוּחַ־
טו קִנְאָה וְקִנֵּא אֶת־אִשְׁתּוֹ וְהִיא לֹא נִטְמָאָה: וְהֵבִיא הָאִישׁ
אֶת־אִשְׁתּוֹ אֶל־הַכֹּהֵן וְהֵבִיא אֶת־קָרְבָּנָהּ עָלֶיהָ עֲשִׂירִת הָאֵיפָה
קֶמַח שְׂעֹרִים לֹא־יִצֹק עָלָיו שֶׁמֶן וְלֹא־יִתֵּן עָלָיו לְבֹנָה כִּי־
טז מִנְחַת קְנָאֹת הוּא מִנְחַת זִכָּרוֹן מַזְכֶּרֶת עָוֺן: וְהִקְרִיב אֹתָהּ
יז הַכֹּהֵן וְהֶעֱמִדָהּ לִפְנֵי יְהוָֹה: וְלָקַח הַכֹּהֵן מַיִם קְדֹשִׁים בִּכְלִי־
חֶרֶשׂ וּמִן־הֶעָפָר אֲשֶׁר יִהְיֶה בְּקַרְקַע הַמִּשְׁכָּן יִקַּח הַכֹּהֵן וְנָתַן
יח אֶל־הַמָּיִם: וְהֶעֱמִיד הַכֹּהֵן אֶת־הָאִשָּׁה לִפְנֵי יְהוָֹה וּפָרַע אֶת־
רֹאשׁ הָאִשָּׁה וְנָתַן עַל־כַּפֶּיהָ אֵת מִנְחַת הַזִּכָּרוֹן מִנְחַת קְנָאֹת
יט הִוא וּבְיַד הַכֹּהֵן יִהְיוּ מֵי הַמָּרִים הַמְאָרֲרִים: וְהִשְׁבִּיעַ אֹתָהּ
הַכֹּהֵן וְאָמַר אֶל־הָאִשָּׁה אִם־לֹא שָׁכַב אִישׁ אֹתָךְ וְאִם־לֹא
שָׂטִית טֻמְאָה תַּחַת אִישֵׁךְ הִנָּקִי מִמֵּי הַמָּרִים הַמְאָרֲרִים הָאֵלֶּה:
כ וְאַתְּ כִּי שָׂטִית תַּחַת אִישֵׁךְ וְכִי נִטְמֵאת וַיִּתֵּן אִישׁ בָּךְ אֶת־
כא שְׁכָבְתּוֹ מִבַּלְעֲדֵי אִישֵׁךְ: וְהִשְׁבִּיעַ הַכֹּהֵן אֶת־הָאִשָּׁה בִּשְׁבֻעַת
הָאָלָה וְאָמַר הַכֹּהֵן לָאִשָּׁה יִתֵּן יְהוָֹה אוֹתָךְ לְאָלָה וְלִשְׁבֻעָה
בְּתוֹךְ עַמֵּךְ בְּתֵת יְהוָֹה אֶת־יְרֵכֵךְ נֹפֶלֶת וְאֶת־בִּטְנֵךְ צָבָה:
כב וּבָאוּ הַמַּיִם הַמְאָרֲרִים הָאֵלֶּה בְּמֵעַיִךְ לַצְבּוֹת בֶּטֶן וְלַנְפִּל יָרֵךְ
כג וְאָמְרָה הָאִשָּׁה אָמֵן ׀ אָמֵן: וְכָתַב אֶת־הָאָלֹת הָאֵלֶּה הַכֹּהֵן
כד בַּסֵּפֶר וּמָחָה אֶל־מֵי הַמָּרִים: וְהִשְׁקָה אֶת־הָאִשָּׁה אֶת־מֵי
כה הַמָּרִים הַמְאָרֲרִים וּבָאוּ בָהּ הַמַּיִם הַמְאָרֲרִים לְמָרִים: וְלָקַח
הַכֹּהֵן מִיַּד הָאִשָּׁה אֵת מִנְחַת הַקְּנָאֹת וְהֵנִיף אֶת־הַמִּנְחָה
כו לִפְנֵי יְהוָֹה וְהִקְרִיב אֹתָהּ אֶל־הַמִּזְבֵּחַ: וְקָמַץ הַכֹּהֵן מִן־הַמִּנְחָה
אֶת־אַזְכָּרָתָהּ וְהִקְטִיר הַמִּזְבֵּחָה וְאַחַר יַשְׁקֶה אֶת־הָאִשָּׁה אֶת־
כז הַמָּיִם: וְהִשְׁקָהּ אֶת־הַמַּיִם וְהָיְתָה אִם־נִטְמְאָה וַתִּמְעֹל מַעַל

משה ואהרן על פי יהוה ופקודי משפחת בני מררי למשפחתם
לבית אבתם מבן שלשים שנה ומעלה ועד בן חמשים
שנה כל הבא לצבא לעבדה באהל מועד ויהיו פקדיהם
למשפחתם שלשת אלפים ומאתים אלה פקודי משפחת
בני מררי אשר פקד משה ואהרן על פי יהוה ביד משה
כל הפקדים אשר פקד משה ואהרן ונשיאי ישראל את
הלוים למשפחתם ולבית אבתם מבן שלשים שנה ומעלה
ועד בן חמשים שנה כל הבא לעבד עבדת עבדה ועבדת
משא באהל מועד ויהיו פקדיהם שמנת אלפים וחמש מאות
ושמנים על פי יהוה פקד אותם ביד משה איש איש על עבדתו
ועל משאו ופקדיו אשר צוה יהוה את משה

וידבר יהוה אל משה לאמר צו את בני ישראל וישלחו מן
המחנה כל צרוע וכל זב וכל טמא לנפש מזכר עד נקבה
תשלחו אל מחוץ למחנה תשלחום ולא יטמאו את מחניהם
אשר אני שכן בתוכם ויעשו כן בני ישראל וישלחו אותם
אל מחוץ למחנה כאשר דבר יהוה אל משה כן עשו בני
ישראל

וידבר יהוה אל משה לאמר דבר אל בני ישראל איש או
אשה כי יעשו מכל חטאת האדם למעל מעל ביהוה
ואשמה הנפש ההוא והתודו את חטאתם אשר עשו והשיב
את אשמו בראשו וחמישתו יסף עליו ונתן לאשר אשם
לו ואם אין לאיש גאל להשיב האשם אליו האשם המושב
ליהוה לכהן מלבד איל הכפרים אשר יכפר בו עליו וכל
תרומה לכל קדשי בני ישראל אשר יקריבו לכהן לו
יהיה ואיש את קדשיו לו יהיו איש אשר יתן לכהן לו
יהיה

וידבר יהוה אל משה לאמר דבר אל בני ישראל ואמרת

מב מֹשֶׁה וְאַהֲרֹן עַל־פִּי יְהוָה: וּפְקוּדֵי מִשְׁפְּחֹת בְּנֵי מְרָרִי לְמִשְׁפְּחֹתָם

מג לְבֵית אֲבֹתָם: מִבֶּן שְׁלֹשִׁים שָׁנָה וָמַעְלָה וְעַד בֶּן־חֲמִשִּׁים

מד שָׁנָה כָּל־הַבָּא לַצָּבָא לַעֲבֹדָה בְּאֹהֶל מוֹעֵד: וַיִּהְיוּ פְקֻדֵיהֶם

מה לְמִשְׁפְּחֹתָם שְׁלֹשֶׁת אֲלָפִים וּמָאתָיִם: אֵלֶּה פְקוּדֵי מִשְׁפְּחֹת

בְּנֵי מְרָרִי אֲשֶׁר פָּקַד מֹשֶׁה וְאַהֲרֹן עַל־פִּי יְהוָה בְּיַד־מֹשֶׁה:

מו ★ כָּל־הַפְּקֻדִים אֲשֶׁר פָּקַד מֹשֶׁה וְאַהֲרֹן וּנְשִׂיאֵי יִשְׂרָאֵל אֶת־

מז הַלְוִיִּם לְמִשְׁפְּחֹתָם וּלְבֵית אֲבֹתָם: מִבֶּן שְׁלֹשִׁים שָׁנָה וָמַעְלָה

וְעַד בֶּן־חֲמִשִּׁים שָׁנָה כָּל־הַבָּא לַעֲבֹד עֲבֹדַת עֲבֹדָה וַעֲבֹדַת

מח מַשָּׂא בְּאֹהֶל מוֹעֵד: וַיִּהְיוּ פְּקֻדֵיהֶם שְׁמֹנַת אֲלָפִים וַחֲמֵשׁ מֵאוֹת

מט וּשְׁמֹנִים: עַל־פִּי יְהוָה פָּקַד אוֹתָם בְּיַד־מֹשֶׁה אִישׁ אִישׁ עַל־עֲבֹדָתוֹ

וְעַל־מַשָּׂאוֹ וּפְקֻדָיו אֲשֶׁר־צִוָּה יְהוָה אֶת־מֹשֶׁה:

ה א וַיְדַבֵּר יְהוָה אֶל־מֹשֶׁה לֵּאמֹר: צַו אֶת־בְּנֵי יִשְׂרָאֵל וִישַׁלְּחוּ מִן־

ג הַמַּחֲנֶה כָּל־צָרוּעַ וְכָל־זָב וְכֹל טָמֵא לָנָפֶשׁ: מִזָּכָר עַד־נְקֵבָה

תְּשַׁלֵּחוּ אֶל־מִחוּץ לַמַּחֲנֶה תְּשַׁלְּחוּם וְלֹא יְטַמְּאוּ אֶת־מַחֲנֵיהֶם

ד אֲשֶׁר אֲנִי שֹׁכֵן בְּתוֹכָם: וַיַּעֲשׂוּ־כֵן בְּנֵי יִשְׂרָאֵל וַיְשַׁלְּחוּ אוֹתָם

אֶל־מִחוּץ לַמַּחֲנֶה כַּאֲשֶׁר דִּבֶּר יְהוָה אֶל־מֹשֶׁה כֵּן עָשׂוּ בְּנֵי

יִשְׂרָאֵל:

ה ★ וַיְדַבֵּר יְהוָה אֶל־מֹשֶׁה לֵּאמֹר: דַּבֵּר אֶל־בְּנֵי יִשְׂרָאֵל אִישׁ אוֹ־

ו אִשָּׁה כִּי יַעֲשׂוּ מִכָּל־חַטֹּאת הָאָדָם לִמְעֹל מַעַל בַּיהוָה

ז וְאָשְׁמָה הַנֶּפֶשׁ הַהִוא: וְהִתְוַדּוּ אֶת־חַטָּאתָם אֲשֶׁר עָשׂוּ וְהֵשִׁיב

אֶת־אֲשָׁמוֹ בְּרֹאשׁוֹ וַחֲמִישִׁתוֹ יֹסֵף עָלָיו וְנָתַן לַאֲשֶׁר אָשַׁם

ח לוֹ: וְאִם־אֵין לָאִישׁ גֹּאֵל לְהָשִׁיב הָאָשָׁם אֵלָיו הָאָשָׁם הַמּוּשָׁב

ט לַיהוָה לַכֹּהֵן מִלְּבַד אֵיל הַכִּפֻּרִים אֲשֶׁר יְכַפֶּר־בּוֹ עָלָיו: וְכָל־

תְּרוּמָה לְכָל־קָדְשֵׁי בְנֵי־יִשְׂרָאֵל אֲשֶׁר־יַקְרִיבוּ לַכֹּהֵן לוֹ

י יִהְיֶה: וְאִישׁ אֶת־קֳדָשָׁיו לוֹ יִהְיוּ אִישׁ אֲשֶׁר־יִתֵּן לַכֹּהֵן לוֹ

יִהְיֶה:

יא וַיְדַבֵּר יְהוָה אֶל־מֹשֶׁה לֵּאמֹר: דַּבֵּר אֶל־בְּנֵי יִשְׂרָאֵל וְאָמַרְתָּ

עבדה באהל מועד זאת עבדת משפחת הגרשני לעבד
ולמשא ונשאו את יריעת המשכן ואת אהל מועד מכסהו
ומכסה התחש אשר עליו מלמעלה ואת מסך פתח אהל
מועד ואת קלעי החצר ואת מסך פתח שער החצר אשר
על המשכן ועל המזבח סביב ואת מיתריהם ואת כל כלי
עבדתם ואת כל אשר יעשה להם ועבדו על פי אהרן ובניו
תהיה כל עבדת בני הגרשני לכל משאם ולכל עבדתם
ופקדתם עלהם במשמרת את כל משאם זאת עבדת
משפחת בני הגרשני באהל מועד ומשמרתם ביד איתמר בן
אהרן הכהן בני מררי למשפחתם לבית
אבתם תפקד אתם מבן שלשים שנה ומעלה ועד בן חמשים
שנה תפקדם כל הבא לצבא לעבד את עבדת אהל מועד
וזאת משמרת משאם לכל עבדתם באהל מועד קרשי המשכן
ובריחיו ועמודיו ואדניו ועמודי החצר סביב ואדניהם ויתדתם
ומיתריהם לכל כליהם ולכל עבדתם ובשמת תפקדו את
כלי משמרת משאם זאת עבדת משפחת בני מררי לכל
עבדתם באהל מועד ביד איתמר בן אהרן הכהן ויפקד
משה ואהרן ונשיאי העדה את בני הקהתי למשפחתם ולבית
אבתם מבן שלשים שנה ומעלה ועד בן חמשים שנה כל
הבא לצבא לעבדה באהל מועד ויהיו פקדיהם למשפחתם
אלפים שבע מאות וחמשים אלה פקודי משפחת הקהתי
כל העבד באהל מועד אשר פקד משה ואהרן על פי יהוה
ביד משה ופקודי בני גרשון למשפחותם
ולבית אבתם מבן שלשים שנה ומעלה ועד בן חמשים
שנה כל הבא לצבא לעבדה באהל מועד ויהיו פקדיהם
למשפחתם לבית אבתם אלפים ושש מאות ושלשים אלה
פקודי משפחת בני גרשון כל העבד באהל מועד אשר פקד

כד עֲבֹדָה בְּאֹהֶל מוֹעֵד׃ זֹאת עֲבֹדַת מִשְׁפְּחֹת הַגֵּרְשֻׁנִּי לַעֲבֹד
כה וּלְמַשָּׂא׃ וְנָשְׂאוּ אֶת־יְרִיעֹת הַמִּשְׁכָּן וְאֶת־אֹהֶל מוֹעֵד מִכְסֵהוּ ★
וּמִכְסֵה הַתַּחַשׁ אֲשֶׁר־עָלָיו מִלְמָעְלָה וְאֶת־מָסַךְ פֶּתַח אֹהֶל
כו מוֹעֵד׃ וְאֵת קַלְעֵי הֶחָצֵר וְאֶת־מָסַךְ ׀ פֶּתַח ׀ שַׁעַר הֶחָצֵר אֲשֶׁר
עַל־הַמִּשְׁכָּן וְעַל־הַמִּזְבֵּחַ סָבִיב וְאֵת מֵיתְרֵיהֶם וְאֶת־כָּל־כְּלֵי
כז עֲבֹדָתָם וְאֵת כָּל־אֲשֶׁר יֵעָשֶׂה לָהֶם וְעָבָדוּ׃ עַל־פִּי אַהֲרֹן וּבָנָיו
תִּהְיֶה כָּל־עֲבֹדַת בְּנֵי הַגֵּרְשֻׁנִּי לְכָל־מַשָּׂאָם וּלְכֹל עֲבֹדָתָם
כח וּפְקַדְתֶּם עֲלֵהֶם בְּמִשְׁמֶרֶת אֵת כָּל־מַשָּׂאָם׃ זֹאת עֲבֹדַת
מִשְׁפְּחֹת בְּנֵי הַגֵּרְשֻׁנִּי בְּאֹהֶל מוֹעֵד וּמִשְׁמַרְתָּם בְּיַד אִיתָמָר בֶּן־
כט אַהֲרֹן הַכֹּהֵן׃ בְּנֵי מְרָרִי לְמִשְׁפְּחֹתָם לְבֵית־ ★
ל אֲבֹתָם תִּפְקֹד אֹתָם׃ מִבֶּן שְׁלֹשִׁים שָׁנָה וָמַעְלָה וְעַד בֶּן־חֲמִשִּׁים
שָׁנָה תִּפְקְדֵם כָּל־הַבָּא לַצָּבָא לַעֲבֹד אֶת־עֲבֹדַת אֹהֶל מוֹעֵד׃
לא וְזֹאת מִשְׁמֶרֶת מַשָּׂאָם לְכָל־עֲבֹדָתָם בְּאֹהֶל מוֹעֵד קַרְשֵׁי הַמִּשְׁכָּן
לב וּבְרִיחָיו וְעַמּוּדָיו וַאֲדָנָיו׃ וְעַמּוּדֵי הֶחָצֵר סָבִיב וְאַדְנֵיהֶם וִיתֵדֹתָם
וּמֵיתְרֵיהֶם לְכָל־כְּלֵיהֶם וּלְכֹל עֲבֹדָתָם וּבְשֵׁמֹת תִּפְקְדוּ אֶת־
לג כְּלֵי מִשְׁמֶרֶת מַשָּׂאָם׃ זֹאת עֲבֹדַת מִשְׁפְּחֹת בְּנֵי מְרָרִי לְכָל־
לד עֲבֹדָתָם בְּאֹהֶל מוֹעֵד בְּיַד אִיתָמָר בֶּן־אַהֲרֹן הַכֹּהֵן׃ וַיִּפְקֹד ★
מֹשֶׁה וְאַהֲרֹן וּנְשִׂיאֵי הָעֵדָה אֶת־בְּנֵי הַקְּהָתִי לְמִשְׁפְּחֹתָם וּלְבֵית
לה אֲבֹתָם׃ מִבֶּן שְׁלֹשִׁים שָׁנָה וָמַעְלָה וְעַד בֶּן־חֲמִשִּׁים שָׁנָה כָּל־
לו הַבָּא לַצָּבָא לַעֲבֹדָה בְּאֹהֶל מוֹעֵד׃ וַיִּהְיוּ פְקֻדֵיהֶם לְמִשְׁפְּחֹתָם
לז אַלְפַּיִם שְׁבַע מֵאוֹת וַחֲמִשִּׁים׃ אֵלֶּה פְקוּדֵי מִשְׁפְּחֹת הַקְּהָתִי
כָּל־הָעֹבֵד בְּאֹהֶל מוֹעֵד אֲשֶׁר פָּקַד מֹשֶׁה וְאַהֲרֹן עַל־פִּי יְהוָה
לח בְּיַד־מֹשֶׁה׃ וּפְקוּדֵי בְּנֵי גֵּרְשׁוֹן לְמִשְׁפְּחוֹתָם שני
לט וּלְבֵית אֲבֹתָם׃ מִבֶּן שְׁלֹשִׁים שָׁנָה וָמַעְלָה וְעַד בֶּן־חֲמִשִּׁים
מ שָׁנָה כָּל־הַבָּא לַצָּבָא לַעֲבֹדָה בְּאֹהֶל מוֹעֵד׃ וַיִּהְיוּ פְּקֻדֵיהֶם
מא לְמִשְׁפְּחֹתָם לְבֵית אֲבֹתָם אַלְפַּיִם וְשֵׁשׁ מֵאוֹת וּשְׁלֹשִׁים׃ אֵלֶּה
פְקוּדֵי מִשְׁפְּחֹת בְּנֵי גֵרְשׁוֹן כָּל־הָעֹבֵד בְּאֹהֶל מוֹעֵד אֲשֶׁר פָּקַד

ועל שלחן הפנים יפרשו בגד תכלת ונתנו עליו את הקערת
ואת הכפת ואת המנקית ואת קשות הנסך ולחם התמיד
עליו יהיה ופרשו עליהם בגד תולעת שני וכסו אתו במכסה
עור תחש ושמו את בדיו ולקחו בגד תכלת וכסו את
מנרת המאור ואת נרתיה ואת מלקחיה ואת מחתתיה
ואת כל כלי שמנה אשר ישרתו לה בהם ונתנו אתה ואת
כל כליה אל מכסה עור תחש ונתנו על המוט ועל מזבח
הזהב יפרשו בגד תכלת וכסו אתו במכסה עור תחש ושמו
את בדיו ולקחו את כל כלי השרת אשר ישרתו בם בקדש
ונתנו אל בגד תכלת וכסו אותם במכסה עור תחש ונתנו
על המוט ודשנו את המזבח ופרשו עליו בגד ארגמן ונתנו
עליו את כל כליו אשר ישרתו עליו בהם את המחתת את
המזלגת ואת היעים ואת המזרקת כל כלי המזבח ופרשו
עליו כסוי עור תחש ושמו בדיו וכלה אהרן ובניו לכסת את
הקדש ואת כל כלי הקדש בנסע המחנה ואחרי כן יבאו בני
קהת לשאת ולא יגעו אל הקדש ומתו אלה משא בני קהת
באהל מועד ופקדת אלעזר בן אהרן הכהן שמן המאור
וקטרת הסמים ומנחת התמיד ושמן המשחה פקדת כל
המשכן וכל אשר בו בקדש ובכליו
וידבר יהוה אל משה ואל אהרן לאמר אל תכריתו את
שבט משפחת הקהתי מתוך הלוים וזאת עשו להם וחיו
ולא ימתו בגשתם את קדש הקדשים אהרן ובניו יבאו ושמו
אותם איש איש על עבדתו ואל משאו ולא יבאו לראות
כבלע את הקדש ומתו
וידבר יהוה אל משה לאמר נשא את ראש בני גרשון גם
הם לבית אבתם למשפחתם מבן שלשים שנה ומעלה עד
בן חמשים שנה תפקד אותם כל הבא לצבא צבא לעבד

ז וְעַל ׀ שֻׁלְחַן הַפָּנִים֮ יִפְרְשׂוּ֒ בֶּ֣גֶד תְּכֵ֔לֶת וְנָתְנ֣וּ עָ֠לָיו אֶת־הַקְּעָרֹ֤ת
וְאֶת־הַכַּפֹּת֙ וְאֶת־הַמְּנַקִּיֹּ֔ת וְאֵ֖ת קְשׂ֣וֹת הַנָּ֑סֶךְ וְלֶ֥חֶם הַתָּמִ֖יד
עָלָ֥יו יִהְיֶֽה: ח וּפָרְשׂ֣וּ עֲלֵיהֶ֗ם בֶּ֚גֶד תּוֹלַ֣עַת שָׁנִ֔י וְכִסּ֣וּ אֹת֔וֹ בְּמִכְסֵ֖ה

★ עֹ֣ור תָּ֑חַשׁ וְשָׂמ֖וּ אֶת־בַּדָּֽיו: ט וְלָקְח֣וּ ׀ בֶּ֣גֶד תְּכֵ֗לֶת וְכִסּ֞וּ אֶת־
מְנֹרַ֤ת הַמָּאוֹר֙ וְאֶת־נֵ֣רֹתֶ֔יהָ וְאֶת־מַלְקָחֶ֖יהָ וְאֶת־מַחְתֹּתֶ֑יהָ
י וְאֵת֙ כָּל־כְּלֵ֣י שַׁמְנָ֔הּ אֲשֶׁ֥ר יְשָׁרְתוּ־לָ֖הּ בָּהֶֽם: וְנָתְנ֣וּ אֹתָ֣הּ וְאֶת־
כָּל־כֵּלֶ֗יהָ אֶל־מִכְסֵ֖ה ע֣וֹר תָּ֑חַשׁ וְנָתְנ֖וּ עַל־הַמּֽוֹט: יא וְעַ֣ל ׀ מִזְבַּ֣ח
הַזָּהָ֗ב יִפְרְשׂוּ֙ בֶּ֣גֶד תְּכֵ֔לֶת וְכִסּ֣וּ אֹת֔וֹ בְּמִכְסֵ֖ה ע֣וֹר תָּ֑חַשׁ וְשָׂמ֖וּ

★ אֶת־בַּדָּֽיו: יב וְלָקְח֞וּ אֶת־כָּל־כְּלֵ֣י הַשָּׁרֵ֗ת אֲשֶׁ֨ר יְשָׁרְתוּ־בָ֜ם בַּקֹּ֗דֶשׁ
וְנָֽתְנוּ֙ אֶל־בֶּ֣גֶד תְּכֵ֔לֶת וְכִסּ֣וּ אוֹתָ֔ם בְּמִכְסֵ֖ה ע֣וֹר תָּ֑חַשׁ וְנָתְנ֖וּ
עַל־הַמּֽוֹט: יג וְדִשְּׁנ֖וּ אֶת־הַמִּזְבֵּ֑חַ וּפָרְשׂ֣וּ עָלָ֔יו בֶּ֖גֶד אַרְגָּמָֽן: יד וְנָתְנ֣וּ
עָ֠לָיו אֶת־כָּל־כֵּלָ֞יו אֲשֶׁ֣ר יְשָׁרְת֧וּ עָלָ֣יו בָּהֶ֗ם אֶת־הַמַּחְתֹּ֤ת אֶת־
הַמִּזְלָגֹת֙ וְאֶת־הַיָּעִ֣ים וְאֶת־הַמִּזְרָקֹ֔ת כֹּ֖ל כְּלֵ֣י הַמִּזְבֵּ֑חַ וּפָרְשׂ֣וּ
עָלָ֗יו כְּס֛וּי ע֥וֹר תַּ֖חַשׁ וְשָׂמ֥וּ בַדָּֽיו: טו וְכִלָּ֣ה אַֽהֲרֹן־וּ֠בָנָיו לְכַסֹּ֨ת אֶת־
הַקֹּ֜דֶשׁ וְאֶת־כָּל־כְּלֵ֣י הַקֹּדֶשׁ֮ בִּנְסֹ֣עַ הַֽמַּחֲנֶה֒ וְאַֽחֲרֵי־כֵ֗ן יָבֹ֤אוּ בְנֵֽי־
קְהָת֙ לָשֵׂ֔את וְלֹֽא־יִגְּע֥וּ אֶל־הַקֹּ֖דֶשׁ וָמֵ֑תוּ אֵ֛לֶּה מַשָּׂ֥א בְנֵֽי־קְהָ֖ת
בְּאֹ֥הֶל מוֹעֵֽד: טז וּפְקֻדַּ֞ת אֶלְעָזָ֣ר ׀ בֶּן־אַֽהֲרֹ֣ן הַכֹּהֵ֗ן שֶׁ֤מֶן הַמָּאוֹר֙
וּקְטֹ֣רֶת הַסַּמִּ֔ים וּמִנְחַ֥ת הַתָּמִ֖יד וְשֶׁ֣מֶן הַמִּשְׁחָ֑ה פְּקֻדַּ֗ת כָּל־
הַמִּשְׁכָּן֙ וְכָל־אֲשֶׁר־בּ֔וֹ בְּקֹ֖דֶשׁ וּבְכֵלָֽיו:

ד מפטיר יז וַיְדַבֵּ֣ר יְהֹוָ֔ה אֶל־מֹשֶׁ֥ה וְאֶֽל־אַֽהֲרֹ֖ן לֵאמֹֽר: יח אַל־תַּכְרִ֕יתוּ אֶת־
שֵׁ֔בֶט מִשְׁפְּחֹ֖ת הַקְּהָתִ֑י מִתּ֖וֹךְ הַֽלְוִיִּֽם: יט וְזֹ֣את ׀ עֲשׂ֣וּ לָהֶ֗ם וְחָיוּ֙
וְלֹ֣א יָמֻ֔תוּ בְּגִשְׁתָּ֖ם אֶת־קֹ֣דֶשׁ הַקֳּדָשִׁ֑ים אַֽהֲרֹ֤ן וּבָנָיו֙ יָבֹ֔אוּ וְשָׂמ֣וּ
כ אוֹתָ֗ם אִ֥ישׁ אִ֛ישׁ עַל־עֲבֹֽדָת֖וֹ וְאֶל־מַשָּׂאֽוֹ: וְלֹֽא־יָבֹ֧אוּ לִרְא֛וֹת
כְּבַלַּ֥ע אֶת־הַקֹּ֖דֶשׁ וָמֵֽתוּ:

נשא כא וַיְדַבֵּ֥ר יְהֹוָ֖ה אֶל־מֹשֶׁ֥ה לֵּאמֹֽר: כב נָשֹׂ֗א אֶת־רֹ֛אשׁ בְּנֵ֥י גֵֽרְשׁ֖וֹן גַּם־
כג הֵ֑ם לְבֵ֥ית אֲבֹתָ֖ם לְמִשְׁפְּחֹתָֽם: מִבֶּן֩ שְׁלֹשִׁ֨ים שָׁנָ֜ה וָמַ֗עְלָה עַ֛ד
בֶּן־חֲמִשִּׁ֥ים שָׁנָ֖ה תִּפְקֹ֣ד אוֹתָ֑ם כָּל־הַבָּא֙ לִצְבֹ֣א צָבָ֔א לַֽעֲבֹ֥ד

כל פקודי הלוים אשר פקד משה ואהרן על פי יהוה
למשפחתם כל זכר מבן חדש ומעלה שנים ועשרים
אלף ויאמר יהוה אל משה פקד כל בכר
זכר לבני ישראל מבן חדש ומעלה ושא את מספר שמתם
ולקחת את הלוים לי אני יהוה תחת כל בכר בבני ישראל
ואת בהמת הלוים תחת כל בכור בבהמת בני ישראל
ויפקד משה כאשר צוה יהוה אתו את כל בכור בבני ישראל
ויהי כל בכור זכר במספר שמת מבן חדש ומעלה לפקדיהם
שנים ועשרים אלף שלשה ושבעים ומאתים
וידבר יהוה אל משה לאמר קח את הלוים תחת כל בכור
בבני ישראל ואת בהמת הלוים תחת בהמתם והיו לי
הלוים אני יהוה ואת פדויי השלשה והשבעים והמאתים
העדפים על הלוים מבכור בני ישראל ולקחת חמשת
חמשת שקלים לגלגלת בשקל הקדש תקח עשרים גרה
השקל ונתתה הכסף לאהרן ולבניו פדויי העדפים בהם
ויקח משה את כסף הפדיום מאת העדפים על פדויי הלוים
מאת בכור בני ישראל לקח את הכסף חמשה וששים
ושלש מאות ואלף בשקל הקדש ויתן משה את כסף
הפדים לאהרן ולבניו על פי יהוה כאשר צוה יהוה את
משה

וידבר יהוה אל משה ואל אהרן לאמר נשא את ראש בני
קהת מתוך בני לוי למשפחתם לבית אבתם מבן שלשים
שנה ומעלה ועד בן חמשים שנה כל בא לצבא לעשות
מלאכה באהל מועד זאת עבדת בני קהת באהל מועד
קדש הקדשים ובא אהרן ובניו בנסע המחנה והורדו את
פרכת המסך וכסו בה את ארן העדת ונתנו עליו כסוי
עור תחש ופרשו בגד כליל תכלת מלמעלה ושמו בדיו

לט כָּל־פְּקוּדֵי הַלְוִיִּם אֲשֶׁר פָּקַד מֹשֶׁה וְאַהֲרֹן עַל־פִּי יהוה
לְמִשְׁפְּחֹתָם כָּל־זָכָר מִבֶּן־חֹדֶשׁ וָמַעְלָה שְׁנַיִם וְעֶשְׂרִים
מ אָלֶף: וַיֹּאמֶר יהוה אֶל־מֹשֶׁה פְּקֹד כָּל־בְּכֹר ששי
זָכָר לִבְנֵי יִשְׂרָאֵל מִבֶּן־חֹדֶשׁ וָמָעְלָה וְשָׂא אֵת מִסְפַּר שְׁמֹתָם:
מא וְלָקַחְתָּ אֶת־הַלְוִיִּם לִי אֲנִי יהוה תַּחַת כָּל־בְּכֹר בִּבְנֵי יִשְׂרָאֵל
וְאֵת בֶּהֱמַת הַלְוִיִּם תַּחַת כָּל־בְּכוֹר בְּבֶהֱמַת בְּנֵי יִשְׂרָאֵל:
מב וַיִּפְקֹד מֹשֶׁה כַּאֲשֶׁר צִוָּה יהוה אֹתוֹ אֶת־כָּל־בְּכוֹר בִּבְנֵי יִשְׂרָאֵל:
מג וַיְהִי כָל־בְּכוֹר זָכָר בְּמִסְפַּר שֵׁמֹת מִבֶּן־חֹדֶשׁ וָמַעְלָה לִפְקֻדֵיהֶם
שְׁנַיִם וְעֶשְׂרִים אֶלֶף שְׁלֹשָׁה וְשִׁבְעִים וּמָאתָיִם:
מד מה וַיְדַבֵּר יהוה אֶל־מֹשֶׁה לֵּאמֹר: קַח אֶת־הַלְוִיִּם תַּחַת כָּל־בְּכוֹר ★
בִּבְנֵי יִשְׂרָאֵל וְאֶת־בֶּהֱמַת הַלְוִיִּם תַּחַת בְּהֶמְתָּם וְהָיוּ־לִי
מו הַלְוִיִּם אֲנִי יהוה: וְאֵת פְּדוּיֵי הַשְּׁלֹשָׁה וְהַשִּׁבְעִים וְהַמָּאתָיִם
מז הָעֹדְפִים עַל־הַלְוִיִּם מִבְּכוֹר בְּנֵי יִשְׂרָאֵל: וְלָקַחְתָּ חֲמֵשֶׁת
חֲמֵשֶׁת שְׁקָלִים לַגֻּלְגֹּלֶת בְּשֶׁקֶל הַקֹּדֶשׁ תִּקָּח עֶשְׂרִים גֵּרָה
מח הַשָּׁקֶל: וְנָתַתָּה הַכֶּסֶף לְאַהֲרֹן וּלְבָנָיו פְּדוּיֵי הָעֹדְפִים בָּהֶם:
מט וַיִּקַּח מֹשֶׁה אֵת כֶּסֶף הַפִּדְיוֹם מֵאֵת הָעֹדְפִים עַל פְּדוּיֵי הַלְוִיִּם:
נ מֵאֵת בְּכוֹר בְּנֵי יִשְׂרָאֵל לָקַח אֶת־הַכָּסֶף חֲמִשָּׁה וְשִׁשִּׁים
נא וּשְׁלֹשׁ מֵאוֹת וָאֶלֶף בְּשֶׁקֶל הַקֹּדֶשׁ: וַיִּתֵּן מֹשֶׁה אֶת־כֶּסֶף
הַפְּדֻיִם לְאַהֲרֹן וּלְבָנָיו עַל־פִּי יהוה כַּאֲשֶׁר צִוָּה יהוה אֶת־
מֹשֶׁה:

ד א ב וַיְדַבֵּר יהוה אֶל־מֹשֶׁה וְאֶל־אַהֲרֹן לֵאמֹר: נָשֹׂא אֶת־רֹאשׁ בְּנֵי שביעי
ג קְהָת מִתּוֹךְ בְּנֵי לֵוִי לְמִשְׁפְּחֹתָם לְבֵית אֲבֹתָם: מִבֶּן שְׁלֹשִׁים
שָׁנָה וָמַעְלָה וְעַד בֶּן־חֲמִשִּׁים שָׁנָה כָּל־בָּא לַצָּבָא לַעֲשׂוֹת
ד מְלָאכָה בְּאֹהֶל מוֹעֵד: זֹאת עֲבֹדַת בְּנֵי־קְהָת בְּאֹהֶל מוֹעֵד
ה קֹדֶשׁ הַקֳּדָשִׁים: וּבָא אַהֲרֹן וּבָנָיו בִּנְסֹעַ הַמַּחֲנֶה וְהוֹרִדוּ אֵת ★
ו פָּרֹכֶת הַמָּסָךְ וְכִסּוּ־בָהּ אֵת אֲרֹן הָעֵדֻת: וְנָתְנוּ עָלָיו כְּסוּי
עוֹר תַּחַשׁ וּפָרְשׂוּ בֶגֶד־כְּלִיל תְּכֵלֶת מִלְמָעְלָה וְשָׂמוּ בַּדָּיו:

לוי בשמתם גרשון וקהת ומררי ואלה שמות בני גרשון
למשפחתם לבני ושמעי ובני קהת למשפחתם עמרם ויצהר
חברון ועזיאל ובני מררי למשפחתם מחלי ומושי אלה הם
משפחת הלוי לבית אבתם לגרשון משפחת הלבני ומשפחת
השמעי אלה הם משפחת הגרשני פקדיהם במספר כל זכר
מבן חדש ומעלה פקדיהם שבעת אלפים וחמש מאות
משפחת הגרשני אחרי המשכן יחנו ימה ונשיא בית אב
לגרשני אליסף בן לאל ומשמרת בני גרשון באהל מועד
המשכן והאהל מכסהו ומסך פתח אהל מועד וקלעי החצר
ואת מסך פתח החצר אשר על המשכן ועל המזבח סביב
ואת מיתריו לכל עבדתו ולקהת משפחת
העמרמי ומשפחת היצהרי ומשפחת החברני ומשפחת
העזיאלי אלה הם משפחת הקהתי במספר כל זכר מבן
חדש ומעלה שמנת אלפים ושש מאות שמרי משמרת
הקדש משפחת בני קהת יחנו על ירך המשכן תימנה ונשיא
בית אב למשפחת הקהתי אליצפן בן עזיאל ומשמרתם
הארן והשלחן והמנרה והמזבחת וכלי הקדש אשר ישרתו
בהם והמסך וכל עבדתו ונשיא נשיאי הלוי אלעזר בן
אהרן הכהן פקדת שמרי משמרת הקדש למררי משפחת
המחלי ומשפחת המושי אלה הם משפחת מררי ופקדיהם
במספר כל זכר מבן חדש ומעלה ששת אלפים ומאתים
ונשיא בית אב למשפחת מררי צוריאל בן אביחיל על ירך
המשכן יחנו צפנה ופקדת משמרת בני מררי קרשי המשכן
ובריחיו ועמדיו ואדניו וכל כליו וכל עבדתו ועמדי החצר
סביב ואדניהם ויתדתם ומיתריהם והחנים לפני המשכן
קדמה לפני אהל מועד מזרחה משה ואהרן ובניו שמרים
משמרת המקדש למשמרת בני ישראל והזר הקרב יומת

יח לֵוִי בְּשְׁמֹתָם גֵּרְשׁוֹן וּקְהָת וּמְרָרִי: וְאֵלֶּה שְׁמוֹת בְּנֵי־גֵרְשׁוֹן
יט לְמִשְׁפְּחֹתָם לִבְנִי וְשִׁמְעִי: וּבְנֵי קְהָת לְמִשְׁפְּחֹתָם עַמְרָם וְיִצְהָר
כ חֶבְרוֹן וְעֻזִּיאֵל: וּבְנֵי מְרָרִי לְמִשְׁפְּחֹתָם מַחְלִי וּמוּשִׁי אֵלֶּה הֵם
כא מִשְׁפְּחֹת הַלֵּוִי לְבֵית אֲבֹתָם: לְגֵרְשׁוֹן מִשְׁפַּחַת הַלִּבְנִי וּמִשְׁפַּחַת
כב הַשִּׁמְעִי אֵלֶּה הֵם מִשְׁפְּחֹת הַגֵּרְשֻׁנִּי: פְּקֻדֵיהֶם בְּמִסְפַּר כָּל־זָכָר
מִבֶּן־חֹדֶשׁ וָמָעְלָה פְּקֻדֵיהֶם שִׁבְעַת אֲלָפִים וַחֲמֵשׁ מֵאוֹת:
כג כד מִשְׁפְּחֹת הַגֵּרְשֻׁנִּי אַחֲרֵי הַמִּשְׁכָּן יַחֲנוּ יָמָּה: וּנְשִׂיא בֵית־אָב
כה לַגֵּרְשֻׁנִּי אֶלְיָסָף בֶּן־לָאֵל: וּמִשְׁמֶרֶת בְּנֵי־גֵרְשׁוֹן בְּאֹהֶל מוֹעֵד
כו הַמִּשְׁכָּן וְהָאֹהֶל מִכְסֵהוּ וּמָסַךְ פֶּתַח אֹהֶל מוֹעֵד: וְקַלְעֵי הֶחָצֵר
וְאֶת־מָסַךְ פֶּתַח הֶחָצֵר אֲשֶׁר עַל־הַמִּשְׁכָּן וְעַל־הַמִּזְבֵּחַ סָבִיב
כז וְאֵת מֵיתָרָיו לְכֹל עֲבֹדָתוֹ: וְלִקְהָת מִשְׁפַּחַת
הָעַמְרָמִי וּמִשְׁפַּחַת הַיִּצְהָרִי וּמִשְׁפַּחַת הַחֶבְרֹנִי וּמִשְׁפַּחַת
כח הָעָזִּיאֵלִי אֵלֶּה הֵם מִשְׁפְּחֹת הַקְּהָתִי: בְּמִסְפַּר כָּל־זָכָר מִבֶּן־
חֹדֶשׁ וָמָעְלָה שְׁמֹנַת אֲלָפִים וְשֵׁשׁ מֵאוֹת שֹׁמְרֵי מִשְׁמֶרֶת
כט ל הַקֹּדֶשׁ: מִשְׁפְּחֹת בְּנֵי־קְהָת יַחֲנוּ עַל יֶרֶךְ הַמִּשְׁכָּן תֵּימָנָה: וּנְשִׂיא
לא בֵית־אָב לְמִשְׁפְּחֹת הַקְּהָתִי אֱלִיצָפָן בֶּן־עֻזִּיאֵל: וּמִשְׁמַרְתָּם
הָאָרֹן וְהַשֻּׁלְחָן וְהַמְּנֹרָה וְהַמִּזְבְּחֹת וּכְלֵי הַקֹּדֶשׁ אֲשֶׁר יְשָׁרְתוּ
לב בָּהֶם וְהַמָּסָךְ וְכֹל עֲבֹדָתוֹ: וּנְשִׂיא נְשִׂיאֵי הַלֵּוִי אֶלְעָזָר בֶּן־
לג אַהֲרֹן הַכֹּהֵן פְּקֻדַּת שֹׁמְרֵי מִשְׁמֶרֶת הַקֹּדֶשׁ: לִמְרָרִי מִשְׁפַּחַת
לד הַמַּחְלִי וּמִשְׁפַּחַת הַמּוּשִׁי אֵלֶּה הֵם מִשְׁפְּחֹת מְרָרִי: וּפְקֻדֵיהֶם
בְּמִסְפַּר כָּל־זָכָר מִבֶּן־חֹדֶשׁ וָמָעְלָה שֵׁשֶׁת אֲלָפִים וּמָאתָיִם:
לה וּנְשִׂיא בֵית־אָב לְמִשְׁפְּחֹת מְרָרִי צוּרִיאֵל בֶּן־אֲבִיחָיִל עַל יֶרֶךְ
לו הַמִּשְׁכָּן יַחֲנוּ צָפֹנָה: וּפְקֻדַּת מִשְׁמֶרֶת בְּנֵי מְרָרִי קַרְשֵׁי הַמִּשְׁכָּן
לז וּבְרִיחָיו וְעַמֻּדָיו וַאֲדָנָיו וְכָל־כֵּלָיו וְכֹל עֲבֹדָתוֹ: וְעַמֻּדֵי הֶחָצֵר
לח סָבִיב וְאַדְנֵיהֶם וִיתֵדֹתָם וּמֵיתְרֵיהֶם: וְהַחֹנִים לִפְנֵי הַמִּשְׁכָּן
קֵדְמָה לִפְנֵי אֹהֶל־מוֹעֵד ׀ מִזְרָחָה מֹשֶׁה ׀ וְאַהֲרֹן וּבָנָיו שֹׁמְרִים
מִשְׁמֶרֶת הַמִּקְדָּשׁ לְמִשְׁמֶרֶת בְּנֵי יִשְׂרָאֵל וְהַזָּר הַקָּרֵב יוּמָת:

לצבאתם שש מאות אלף ושלשת אלפים וחמש מאות
וחמשים והלוים לא התפקדו בתוך בני ישראל כאשר צוה
יהוה את משה ויעשו בני ישראל ככל אשר צוה יהוה
את משה כן חנו לדגליהם וכן נסעו איש למשפחתיו על
בית אבתיו

ואלה תולדת אהרן ומשה ביום דבר יהוה את משה בהר
סיני ואלה שמות בני אהרן הבכר נדב ואביהוא אלעזר
ואיתמר אלה שמות בני אהרן הכהנים המשחים אשר מלא
ידם לכהן וימת נדב ואביהוא לפני יהוה בהקרבם אש זרה
לפני יהוה במדבר סיני ובנים לא היו להם ויכהן אלעזר
ואיתמר על פני אהרן אביהם

וידבר יהוה אל משה לאמר הקרב את מטה לוי והעמדת
אתו לפני אהרן הכהן ושרתו אתו ושמרו את משמרתו
ואת משמרת כל העדה לפני אהל מועד לעבד את עבדת
המשכן ושמרו את כל כלי אהל מועד ואת משמרת
בני ישראל לעבד את עבדת המשכן ונתתה את הלוים
לאהרן ולבניו נתונם נתונם המה לו מאת בני ישראל
ואת אהרן ואת בניו תפקד ושמרו את כהנתם והזר הקרב
יומת

וידבר יהוה אל משה לאמר ואני הנה לקחתי את הלוים
מתוך בני ישראל תחת כל בכור פטר רחם מבני ישראל
והיו לי הלוים כי לי כל בכור ביום הכתי כל בכור בארץ
מצרים הקדשתי לי כל בכור בישראל מאדם עד בהמה
לי יהיו אני יהוה

וידבר יהוה אל משה במדבר סיני לאמר פקד את בני לוי
לבית אבתם למשפחתם כל זכר מבן חדש ומעלה תפקדם
ויפקד אתם משה על פי יהוה כאשר צוה ויהיו אלה בני

לְצִבְאֹתָם שֵׁשׁ־מֵאוֹת אֶלֶף וּשְׁלֹשֶׁת אֲלָפִים וַחֲמֵשׁ מֵאוֹת
לג וַחֲמִשִּׁים׃ וְהַלְוִיִּם לֹא הָתְפָּקְדוּ בְּתוֹךְ בְּנֵי יִשְׂרָאֵל כַּאֲשֶׁר צִוָּה
לד יְהוָה אֶת־מֹשֶׁה׃ וַיַּעֲשׂוּ בְּנֵי יִשְׂרָאֵל כְּכֹל אֲשֶׁר־צִוָּה יְהוָה
אֶת־מֹשֶׁה כֵּן־חָנוּ לְדִגְלֵיהֶם וְכֵן נָסָעוּ אִישׁ לְמִשְׁפְּחֹתָיו עַל־
בֵּית אֲבֹתָיו׃

ג א וְאֵלֶּה תּוֹלְדֹת אַהֲרֹן וּמֹשֶׁה בְּיוֹם דִּבֶּר יְהוָה אֶת־מֹשֶׁה בְּהַר ג רביעי
ב סִינָי׃ וְאֵלֶּה שְׁמוֹת בְּנֵי־אַהֲרֹן הַבְּכֹר ׀ נָדָב וַאֲבִיהוּא אֶלְעָזָר
ג וְאִיתָמָר׃ אֵלֶּה שְׁמוֹת בְּנֵי אַהֲרֹן הַכֹּהֲנִים הַמְּשֻׁחִים אֲשֶׁר־מִלֵּא
ד יָדָם לְכַהֵן׃ וַיָּמָת נָדָב וַאֲבִיהוּא לִפְנֵי יְהוָה בְּהַקְרִבָם אֵשׁ זָרָה
לִפְנֵי יְהוָה בְּמִדְבַּר סִינַי וּבָנִים לֹא־הָיוּ לָהֶם וַיְכַהֵן אֶלְעָזָר
וְאִיתָמָר עַל־פְּנֵי אַהֲרֹן אֲבִיהֶם׃
ה ו וַיְדַבֵּר יְהוָה אֶל־מֹשֶׁה לֵּאמֹר׃ הַקְרֵב אֶת־מַטֵּה לֵוִי וְהַעֲמַדְתָּ
ז אֹתוֹ לִפְנֵי אַהֲרֹן הַכֹּהֵן וְשֵׁרְתוּ אֹתוֹ׃ וְשָׁמְרוּ אֶת־מִשְׁמַרְתּוֹ
וְאֶת־מִשְׁמֶרֶת כָּל־הָעֵדָה לִפְנֵי אֹהֶל מוֹעֵד לַעֲבֹד אֶת־עֲבֹדַת
ח הַמִּשְׁכָּן׃ וְשָׁמְרוּ אֶת־כָּל־כְּלֵי אֹהֶל מוֹעֵד וְאֶת־מִשְׁמֶרֶת
ט בְּנֵי יִשְׂרָאֵל לַעֲבֹד אֶת־עֲבֹדַת הַמִּשְׁכָּן׃ וְנָתַתָּה אֶת־הַלְוִיִּם
לְאַהֲרֹן וּלְבָנָיו נְתוּנִם נְתוּנִם הֵמָּה לוֹ מֵאֵת בְּנֵי יִשְׂרָאֵל׃
י וְאֶת־אַהֲרֹן וְאֶת־בָּנָיו תִּפְקֹד וְשָׁמְרוּ אֶת־כְּהֻנָּתָם וְהַזָּר הַקָּרֵב
יוּמָת׃
יא יב וַיְדַבֵּר יְהוָה אֶל־מֹשֶׁה לֵּאמֹר׃ וַאֲנִי הִנֵּה לָקַחְתִּי אֶת־הַלְוִיִּם
מִתּוֹךְ בְּנֵי יִשְׂרָאֵל תַּחַת כָּל־בְּכוֹר פֶּטֶר רֶחֶם מִבְּנֵי יִשְׂרָאֵל
יג וְהָיוּ לִי הַלְוִיִּם׃ כִּי לִי כָּל־בְּכוֹר בְּיוֹם הַכֹּתִי כָל־בְּכוֹר בְּאֶרֶץ
מִצְרַיִם הִקְדַּשְׁתִּי לִי כָל־בְּכוֹר בְּיִשְׂרָאֵל מֵאָדָם עַד־בְּהֵמָה
לִי יִהְיוּ אֲנִי יְהוָה׃
יד טו וַיְדַבֵּר יְהוָה אֶל־מֹשֶׁה בְּמִדְבַּר סִינַי לֵאמֹר׃ פְּקֹד אֶת־בְּנֵי לֵוִי חמישי
לְבֵית אֲבֹתָם לְמִשְׁפְּחֹתָם כָּל־זָכָר מִבֶּן־חֹדֶשׁ וָמַעְלָה תִּפְקְדֵם׃
טז יז וַיִּפְקֹד אֹתָם מֹשֶׁה עַל־פִּי יְהוָה כַּאֲשֶׁר צֻוָּה׃ וַיִּהְיוּ־אֵלֶּה בְנֵי־

ושמנים אלף וששת אלפים וארבע מאות לצבאתם ראשנה
יסעו דגל מחנה ראובן תימנה לצבאתם
ונשיא לבני ראובן אליצור בן שדיאור וצבאו ופקדיו
ששה וארבעים אלף וחמש מאות והחונם עליו מטה שמעון
ונשיא לבני שמעון שלמיאל בן צורישדי וצבאו ופקדיהם
תשעה וחמשים אלף ושלש מאות ומטה גד ונשיא לבני גד
אליסף בן רעואל וצבאו ופקדיהם חמשה וארבעים אלף
ושש מאות וחמשים כל הפקדים למחנה ראובן מאת
אלף ואחד וחמשים אלף וארבע מאות וחמשים לצבאתם
ושנים יסעו ונסע אהל מועד מחנה
הלוים בתוך המחנת כאשר יחנו כן יסעו איש על ידו
לדגליהם דגל מחנה אפרים לצבאתם
ימה ונשיא לבני אפרים אלישמע בן עמיהוד וצבאו ופקדיהם
ארבעים אלף וחמש מאות ועליו מטה מנשה ונשיא לבני
מנשה גמליאל בן פדהצור וצבאו ופקדיהם שנים ושלשים
אלף ומאתים ומטה בנימן ונשיא לבני בנימן אבידן בן
גדעני וצבאו ופקדיהם חמשה ושלשים אלף וארבע מאות
כל הפקדים למחנה אפרים מאת אלף ושמנת אלפים ומאה
לצבאתם ושלשים יסעו דגל מחנה דן צפנה
לצבאתם ונשיא לבני דן אחיעזר בן עמישדי וצבאו ופקדיהם
שנים וששים אלף ושבע מאות והחנים עליו מטה אשר
ונשיא לבני אשר פגעיאל בן עכרן וצבאו ופקדיהם אחד
וארבעים אלף וחמש מאות ומטה נפתלי ונשיא לבני נפתלי
אחירע בן עינן וצבאו ופקדיהם שלשה וחמשים אלף וארבע
מאות כל הפקדים למחנה דן מאת אלף ושבעה וחמשים
אלף ושש מאות לאחרנה יסעו לדגליהם
אלה פקודי בני ישראל לבית אבתם כל פקודי המחנת

וּשְׁמֹנִים אֶלֶף וְשֵׁשֶׁת־אֲלָפִים וְאַרְבַּע־מֵאוֹת לְצִבְאֹתָם רִאשֹׁנָה
י יִסָּעוּ׃ דֶּגֶל מַחֲנֵה רְאוּבֵן תֵּימָנָה לְצִבְאֹתָם ✶
יא וְנָשִׂיא לִבְנֵי רְאוּבֵן אֱלִיצוּר בֶּן־שְׁדֵיאוּר׃ וּצְבָאוֹ וּפְקֻדָיו
יב שִׁשָּׁה וְאַרְבָּעִים אֶלֶף וַחֲמֵשׁ מֵאוֹת׃ וְהַחוֹנִם עָלָיו מַטֵּה שִׁמְעוֹן
יג וְנָשִׂיא לִבְנֵי שִׁמְעוֹן שְׁלֻמִיאֵל בֶּן־צוּרִישַׁדָּי׃ וּצְבָאוֹ וּפְקֻדֵיהֶם
יד תִּשְׁעָה וַחֲמִשִּׁים אֶלֶף וּשְׁלֹשׁ מֵאוֹת׃ וּמַטֵּה גָּד וְנָשִׂיא לִבְנֵי גָד
טו אֶלְיָסָף בֶּן־רְעוּאֵל׃ וּצְבָאוֹ וּפְקֻדֵיהֶם חֲמִשָּׁה וְאַרְבָּעִים אֶלֶף
טז וְשֵׁשׁ מֵאוֹת וַחֲמִשִּׁים׃ כָּל־הַפְּקֻדִים לְמַחֲנֵה רְאוּבֵן מְאַת
אֶלֶף וְאֶחָד וַחֲמִשִּׁים אֶלֶף וְאַרְבַּע־מֵאוֹת וַחֲמִשִּׁים לְצִבְאֹתָם
יז וּשְׁנִיִּם יִסָּעוּ׃ וְנָסַע אֹהֶל־מוֹעֵד מַחֲנֵה
הַלְוִיִּם בְּתוֹךְ הַמַּחֲנֹת כַּאֲשֶׁר יַחֲנוּ כֵּן יִסָּעוּ אִישׁ עַל־יָדוֹ
יח לְדִגְלֵיהֶם׃ דֶּגֶל מַחֲנֵה אֶפְרַיִם לְצִבְאֹתָם ✶
יט יָמָּה וְנָשִׂיא לִבְנֵי אֶפְרַיִם אֱלִישָׁמָע בֶּן־עַמִּיהוּד׃ וּצְבָאוֹ וּפְקֻדֵיהֶם
כ אַרְבָּעִים אֶלֶף וַחֲמֵשׁ מֵאוֹת׃ וְעָלָיו מַטֵּה מְנַשֶּׁה וְנָשִׂיא לִבְנֵי
כא מְנַשֶּׁה גַּמְלִיאֵל בֶּן־פְּדָהצוּר׃ וּצְבָאוֹ וּפְקֻדֵיהֶם שְׁנַיִם וּשְׁלֹשִׁים
כב אֶלֶף וּמָאתָיִם׃ וּמַטֵּה בִּנְיָמִן וְנָשִׂיא לִבְנֵי בִנְיָמִן אֲבִידָן בֶּן־
כג גִּדְעֹנִי׃ וּצְבָאוֹ וּפְקֻדֵיהֶם חֲמִשָּׁה וּשְׁלֹשִׁים אֶלֶף וְאַרְבַּע מֵאוֹת׃
כד כָּל־הַפְּקֻדִים לְמַחֲנֵה אֶפְרַיִם מְאַת אֶלֶף וּשְׁמֹנַת־אֲלָפִים וּמֵאָה
כה לְצִבְאֹתָם וּשְׁלִשִׁים יִסָּעוּ׃ דֶּגֶל מַחֲנֵה דָן צָפֹנָה ✶
כו לְצִבְאֹתָם וְנָשִׂיא לִבְנֵי דָן אֲחִיעֶזֶר בֶּן־עַמִּישַׁדָּי׃ וּצְבָאוֹ וּפְקֻדֵיהֶם
כז שְׁנַיִם וְשִׁשִּׁים אֶלֶף וּשְׁבַע מֵאוֹת׃ וְהַחֹנִים עָלָיו מַטֵּה אָשֵׁר
כח וְנָשִׂיא לִבְנֵי אָשֵׁר פַּגְעִיאֵל בֶּן־עָכְרָן׃ וּצְבָאוֹ וּפְקֻדֵיהֶם אֶחָד
כט וְאַרְבָּעִים אֶלֶף וַחֲמֵשׁ מֵאוֹת׃ וּמַטֵּה נַפְתָּלִי וְנָשִׂיא לִבְנֵי נַפְתָּלִי
ל אֲחִירַע בֶּן־עֵינָן׃ וּצְבָאוֹ וּפְקֻדֵיהֶם שְׁלֹשָׁה וַחֲמִשִּׁים אֶלֶף וְאַרְבַּע
לא מֵאוֹת׃ כָּל־הַפְּקֻדִים לְמַחֲנֵה דָן מְאַת אֶלֶף וְשִׁבְעָה וַחֲמִשִּׁים
אֶלֶף וְשֵׁשׁ מֵאוֹת לָאַחֲרֹנָה יִסְעוּ לְדִגְלֵיהֶם׃
לב אֵלֶּה פְּקוּדֵי בְנֵי־יִשְׂרָאֵל לְבֵית אֲבֹתָם כָּל־פְּקוּדֵי הַמַּחֲנֹת ✶

מבן עשרים שנה ומעלה כל יצא צבא פקדיהם למטה נפתלי
שלשה וחמשים אלף וארבע מאות
אלה הפקדים אשר פקד משה ואהרן ונשיאי ישראל שנים
עשר איש איש אחד לבית אבתיו היו ויהיו כל פקודי בני
ישראל לבית אבתם מבן עשרים שנה ומעלה כל יצא צבא
בישראל ויהיו כל הפקדים שש מאות אלף ושלשת אלפים
וחמש מאות וחמשים והלוים למטה אבתם לא התפקדו
בתוכם
וידבר יהוה אל משה לאמר אך את מטה לוי לא תפקד
ואת ראשם לא תשא בתוך בני ישראל ואתה הפקד את
הלוים על משכן העדת ועל כל כליו ועל כל אשר לו המה
ישאו את המשכן ואת כל כליו והם ישרתהו וסביב למשכן
יחנו ובנסע המשכן יורידו אתו הלוים ובחנת המשכן יקימו
אתו הלוים והזר הקרב יומת וחנו בני ישראל איש על
מחנהו ואיש על דגלו לצבאתם והלוים יחנו סביב למשכן
העדת ולא יהיה קצף על עדת בני ישראל ושמרו הלוים
את משמרת משכן העדות ויעשו בני ישראל ככל אשר
צוה יהוה את משה כן עשו
וידבר יהוה אל משה ואל אהרן לאמר איש על דגלו
באתת לבית אבתם יחנו בני ישראל מנגד סביב לאהל
מועד יחנו והחנים קדמה מזרחה דגל מחנה יהודה לצבאתם
ונשיא לבני יהודה נחשון בן עמינדב וצבאו ופקדיהם
ארבעה ושבעים אלף ושש מאות והחנים עליו מטה
ישׂשכר ונשיא לבני ישׂשכר נתנאל בן צוער וצבאו ופקדיו
ארבעה וחמשים אלף וארבע מאות מטה זבולן ונשיא
לבני זבולן אליאב בן חלן וצבאו ופקדיו שבעה וחמשים
אלף וארבע מאות כל הפקדים למחנה יהודה מאת אלף

מג מִבֶּן עֶשְׂרִים שָׁנָה וָמַעְלָה כֹּל יֹצֵא צָבָא׃ פְּקֻדֵיהֶם לְמַטֵּה נַפְתָּלִי
שְׁלֹשָׁה וַחֲמִשִּׁים אֶלֶף וְאַרְבַּע מֵאוֹת׃
מד אֵלֶּה הַפְּקֻדִים אֲשֶׁר פָּקַד מֹשֶׁה וְאַהֲרֹן וּנְשִׂיאֵי יִשְׂרָאֵל שְׁנֵים ✶
מה עָשָׂר אִישׁ אִישׁ־אֶחָד לְבֵית־אֲבֹתָיו הָיוּ׃ וַיִּהְיוּ כָּל־פְּקוּדֵי בְנֵי־
יִשְׂרָאֵל לְבֵית אֲבֹתָם מִבֶּן עֶשְׂרִים שָׁנָה וָמַעְלָה כָּל־יֹצֵא צָבָא
מו בְּיִשְׂרָאֵל׃ וַיִּהְיוּ כָּל־הַפְּקֻדִים שֵׁשׁ־מֵאוֹת אֶלֶף וּשְׁלֹשֶׁת אֲלָפִים
מז וַחֲמֵשׁ מֵאוֹת וַחֲמִשִּׁים׃ וְהַלְוִיִּם לְמַטֵּה אֲבֹתָם לֹא הָתְפָּקְדוּ
בְּתוֹכָם׃
מח מט וַיְדַבֵּר יְהוָה אֶל־מֹשֶׁה לֵּאמֹר׃ אַךְ אֶת־מַטֵּה לֵוִי לֹא תִפְקֹד ✶
נ וְאֶת־רֹאשָׁם לֹא תִשָּׂא בְּתוֹךְ בְּנֵי יִשְׂרָאֵל׃ וְאַתָּה הַפְקֵד אֶת־
הַלְוִיִּם עַל־מִשְׁכַּן הָעֵדֻת וְעַל כָּל־כֵּלָיו וְעַל כָּל־אֲשֶׁר־לוֹ הֵמָּה
יִשְׂאוּ אֶת־הַמִּשְׁכָּן וְאֶת־כָּל־כֵּלָיו וְהֵם יְשָׁרְתֻהוּ וְסָבִיב לַמִּשְׁכָּן
נא יַחֲנוּ׃ וּבִנְסֹעַ הַמִּשְׁכָּן יוֹרִידוּ אֹתוֹ הַלְוִיִּם וּבַחֲנֹת הַמִּשְׁכָּן יָקִימוּ ✶
נב אֹתוֹ הַלְוִיִּם וְהַזָּר הַקָּרֵב יוּמָת׃ וְחָנוּ בְּנֵי יִשְׂרָאֵל אִישׁ עַל־
נג מַחֲנֵהוּ וְאִישׁ עַל־דִּגְלוֹ לְצִבְאֹתָם׃ וְהַלְוִיִּם יַחֲנוּ סָבִיב לְמִשְׁכַּן
הָעֵדֻת וְלֹא־יִהְיֶה קֶצֶף עַל־עֲדַת בְּנֵי יִשְׂרָאֵל וְשָׁמְרוּ הַלְוִיִּם
נד אֶת־מִשְׁמֶרֶת מִשְׁכַּן הָעֵדוּת׃ וַיַּעֲשׂוּ בְּנֵי יִשְׂרָאֵל כְּכֹל אֲשֶׁר
צִוָּה יְהוָה אֶת־מֹשֶׁה כֵּן עָשׂוּ׃
ב א ב וַיְדַבֵּר יְהוָה אֶל־מֹשֶׁה וְאֶל־אַהֲרֹן לֵאמֹר׃ אִישׁ עַל־דִּגְלוֹ ב שלישי
בְאֹתֹת לְבֵית אֲבֹתָם יַחֲנוּ בְּנֵי יִשְׂרָאֵל מִנֶּגֶד סָבִיב לְאֹהֶל־
ג מוֹעֵד יַחֲנוּ׃ וְהַחֹנִים קֵדְמָה מִזְרָחָה דֶּגֶל מַחֲנֵה יְהוּדָה לְצִבְאֹתָם
ד וְנָשִׂיא לִבְנֵי יְהוּדָה נַחְשׁוֹן בֶּן־עַמִּינָדָב׃ וּצְבָאוֹ וּפְקֻדֵיהֶם
ה אַרְבָּעָה וְשִׁבְעִים אֶלֶף וְשֵׁשׁ מֵאוֹת׃ וְהַחֹנִים עָלָיו מַטֵּה
ו יִשָּׂשכָר וְנָשִׂיא לִבְנֵי יִשָּׂשכָר נְתַנְאֵל בֶּן־צוּעָר׃ וּצְבָאוֹ וּפְקֻדָיו
ז אַרְבָּעָה וַחֲמִשִּׁים אֶלֶף וְאַרְבַּע מֵאוֹת׃ מַטֵּה זְבוּלֻן וְנָשִׂיא
ח לִבְנֵי זְבוּלֻן אֱלִיאָב בֶּן־חֵלֹן׃ וּצְבָאוֹ וּפְקֻדָיו שִׁבְעָה וַחֲמִשִּׁים
ט אֶלֶף וְאַרְבַּע מֵאוֹת׃ כָּל־הַפְּקֻדִים לְמַחֲנֵה יְהוּדָה מְאַת אֶלֶף

מבן עשרים שנה ומעלה כל יצא צבא פקדיהם למטה גד
חמשה וארבעים אלף ושש מאות וחמשים
לבני יהודה תולדתם למשפחתם לבית אבתם במספר שמת
מבן עשרים שנה ומעלה כל יצא צבא פקדיהם למטה יהודה
ארבעה ושבעים אלף ושש מאות
לבני יששכר תולדתם למשפחתם לבית אבתם במספר
שמת מבן עשרים שנה ומעלה כל יצא צבא פקדיהם למטה
יששכר ארבעה וחמשים אלף וארבע מאות
לבני זבולן תולדתם למשפחתם לבית אבתם במספר שמת
מבן עשרים שנה ומעלה כל יצא צבא פקדיהם למטה זבולן
שבעה וחמשים אלף וארבע מאות
לבני יוסף לבני אפרים תולדתם למשפחתם לבית אבתם
במספר שמת מבן עשרים שנה ומעלה כל יצא צבא פקדיהם
למטה אפרים ארבעים אלף וחמש מאות
לבני מנשה תולדתם למשפחתם לבית אבתם במספר שמות
מבן עשרים שנה ומעלה כל יצא צבא פקדיהם למטה מנשה
שנים ושלשים אלף ומאתים
לבני בנימן תולדתם למשפחתם לבית אבתם במספר שמת
מבן עשרים שנה ומעלה כל יצא צבא פקדיהם למטה בנימן
חמשה ושלשים אלף וארבע מאות
לבני דן תולדתם למשפחתם לבית אבתם במספר שמת מבן
עשרים שנה ומעלה כל יצא צבא פקדיהם למטה דן שנים
וששים אלף ושבע מאות
לבני אשר תולדתם למשפחתם לבית אבתם במספר שמת
מבן עשרים שנה ומעלה כל יצא צבא פקדיהם למטה אשר
אחד וארבעים אלף וחמש מאות
בני נפתלי תולדתם למשפחתם לבית אבתם במספר שמת

כה מִבֶּן עֶשְׂרִים שָׁנָה וָמַעְלָה כֹּל יֹצֵא צָבָא׃ פְּקֻדֵיהֶם לְמַטֵּה גָד
חֲמִשָּׁה וְאַרְבָּעִים אֶלֶף וְשֵׁשׁ מֵאוֹת וַחֲמִשִּׁים׃
כו לִבְנֵי יְהוּדָה תּוֹלְדֹתָם לְמִשְׁפְּחֹתָם לְבֵית אֲבֹתָם בְּמִסְפַּר שֵׁמֹת
כז מִבֶּן עֶשְׂרִים שָׁנָה וָמַעְלָה כֹּל יֹצֵא צָבָא׃ פְּקֻדֵיהֶם לְמַטֵּה יְהוּדָה
אַרְבָּעָה וְשִׁבְעִים אֶלֶף וְשֵׁשׁ מֵאוֹת׃
כח לִבְנֵי יִשָּׂשכָר תּוֹלְדֹתָם לְמִשְׁפְּחֹתָם לְבֵית אֲבֹתָם בְּמִסְפַּר ✶
כט שֵׁמֹת מִבֶּן עֶשְׂרִים שָׁנָה וָמַעְלָה כֹּל יֹצֵא צָבָא׃ פְּקֻדֵיהֶם לְמַטֵּה
יִשָּׂשכָר אַרְבָּעָה וַחֲמִשִּׁים אֶלֶף וְאַרְבַּע מֵאוֹת׃
ל לִבְנֵי זְבוּלֻן תּוֹלְדֹתָם לְמִשְׁפְּחֹתָם לְבֵית אֲבֹתָם בְּמִסְפַּר שֵׁמֹת
לא מִבֶּן עֶשְׂרִים שָׁנָה וָמַעְלָה כֹּל יֹצֵא צָבָא׃ פְּקֻדֵיהֶם לְמַטֵּה זְבוּלֻן
שִׁבְעָה וַחֲמִשִּׁים אֶלֶף וְאַרְבַּע מֵאוֹת׃
לב לִבְנֵי יוֹסֵף לִבְנֵי אֶפְרַיִם תּוֹלְדֹתָם לְמִשְׁפְּחֹתָם לְבֵית אֲבֹתָם ✶
לג בְּמִסְפַּר שֵׁמֹת מִבֶּן עֶשְׂרִים שָׁנָה וָמַעְלָה כֹּל יֹצֵא צָבָא׃ פְּקֻדֵיהֶם
לְמַטֵּה אֶפְרָיִם אַרְבָּעִים אֶלֶף וַחֲמֵשׁ מֵאוֹת׃
לד לִבְנֵי מְנַשֶּׁה תּוֹלְדֹתָם לְמִשְׁפְּחֹתָם לְבֵית אֲבֹתָם בְּמִסְפַּר שֵׁמוֹת
לה מִבֶּן עֶשְׂרִים שָׁנָה וָמַעְלָה כֹּל יֹצֵא צָבָא׃ פְּקֻדֵיהֶם לְמַטֵּה מְנַשֶּׁה
שְׁנַיִם וּשְׁלֹשִׁים אֶלֶף וּמָאתָיִם׃
לו לִבְנֵי בִנְיָמִן תּוֹלְדֹתָם לְמִשְׁפְּחֹתָם לְבֵית אֲבֹתָם בְּמִסְפַּר שֵׁמֹת ✶
לז מִבֶּן עֶשְׂרִים שָׁנָה וָמַעְלָה כֹּל יֹצֵא צָבָא׃ פְּקֻדֵיהֶם לְמַטֵּה בִנְיָמִן
חֲמִשָּׁה וּשְׁלֹשִׁים אֶלֶף וְאַרְבַּע מֵאוֹת׃
לח לִבְנֵי דָן תּוֹלְדֹתָם לְמִשְׁפְּחֹתָם לְבֵית אֲבֹתָם בְּמִסְפַּר שֵׁמֹת מִבֶּן
לט עֶשְׂרִים שָׁנָה וָמַעְלָה כֹּל יֹצֵא צָבָא׃ פְּקֻדֵיהֶם לְמַטֵּה דָן שְׁנַיִם
וְשִׁשִּׁים אֶלֶף וּשְׁבַע מֵאוֹת׃
מ לִבְנֵי אָשֵׁר תּוֹלְדֹתָם לְמִשְׁפְּחֹתָם לְבֵית אֲבֹתָם בְּמִסְפַּר שֵׁמֹת ✶
מא מִבֶּן עֶשְׂרִים שָׁנָה וָמַעְלָה כֹּל יֹצֵא צָבָא׃ פְּקֻדֵיהֶם לְמַטֵּה אָשֵׁר
אֶחָד וְאַרְבָּעִים אֶלֶף וַחֲמֵשׁ מֵאוֹת׃
מב בְּנֵי נַפְתָּלִי תּוֹלְדֹתָם לְמִשְׁפְּחֹתָם לְבֵית אֲבֹתָם בְּמִסְפַּר שֵׁמֹת

וידבר יהוה אל משה במדבר סיני באהל מועד באחד לחדש
השני בשנה השנית לצאתם מארץ מצרים לאמר שאו את
ראש כל עדת בני ישראל למשפחתם לבית אבתם במספר
שמות כל זכר לגלגלתם מבן עשרים שנה ומעלה כל יצא
צבא בישראל תפקדו אתם לצבאתם אתה ואהרן ואתכם
יהיו איש איש למטה איש ראש לבית אבתיו הוא ואלה
שמות האנשים אשר יעמדו אתכם לראובן אליצור בן
שדיאור לשמעון שלמיאל בן צורישדי ליהודה נחשון בן
עמינדב לישׂשכר נתנאל בן צוער לזבולן אליאב בן חלן
לבני יוסף לאפרים אלישמע בן עמיהוד למנשה גמליאל בן
פדהצור לבנימן אבידן בן גדעני לדן אחיעזר בן עמישדי
לאשר פגעיאל בן עכרן לגד אליסף בן דעואל לנפתלי
אחירע בן עינן אלה קריאי העדה נשיאי מטות אבותם ראשי
אלפי ישראל הם ויקח משה ואהרן את האנשים האלה
אשר נקבו בשמות ואת כל העדה הקהילו באחד לחדש
השני ויתילדו על משפחתם לבית אבתם במספר שמות
מבן עשרים שנה ומעלה לגלגלתם כאשר צוה יהוה את
משה ויפקדם במדבר סיני ויהיו בני ראובן
בכר ישראל תולדתם למשפחתם לבית אבתם במספר
שמות לגלגלתם כל זכר מבן עשרים שנה ומעלה כל יצא
צבא פקדיהם למטה ראובן ששה וארבעים אלף וחמש
מאות

לבני שמעון תולדתם למשפחתם לבית אבתם פקדיו במספר
שמות לגלגלתם כל זכר מבן עשרים שנה ומעלה כל יצא
צבא פקדיהם למטה שמעון תשעה וחמשים אלף ושלש
מאות

לבני גד תולדתם למשפחתם לבית אבתם במספר שמות

א וַיְדַבֵּר יְהוָה אֶל־מֹשֶׁה בְּמִדְבַּר סִינַי בְּאֹהֶל מוֹעֵד בְּאֶחָד לַחֹדֶשׁ א
ב הַשֵּׁנִי בַּשָּׁנָה הַשֵּׁנִית לְצֵאתָם מֵאֶרֶץ מִצְרַיִם לֵאמֹר׃ שְׂאוּ אֶת־
רֹאשׁ כָּל־עֲדַת בְּנֵי־יִשְׂרָאֵל לְמִשְׁפְּחֹתָם לְבֵית אֲבֹתָם בְּמִסְפַּר
ג שֵׁמוֹת כָּל־זָכָר לְגֻלְגְּלֹתָם׃ מִבֶּן עֶשְׂרִים שָׁנָה וָמַעְלָה כָּל־יֹצֵא
ד צָבָא בְּיִשְׂרָאֵל תִּפְקְדוּ אֹתָם לְצִבְאֹתָם אַתָּה וְאַהֲרֹן׃ וְאִתְּכֶם
ה יִהְיוּ אִישׁ אִישׁ לַמַּטֶּה אִישׁ רֹאשׁ לְבֵית־אֲבֹתָיו הוּא׃ וְאֵלֶּה
שְׁמוֹת הָאֲנָשִׁים אֲשֶׁר יַעַמְדוּ אִתְּכֶם לִרְאוּבֵן אֱלִיצוּר בֶּן־
ו ז שְׁדֵיאוּר׃ לְשִׁמְעוֹן שְׁלֻמִיאֵל בֶּן־צוּרִישַׁדָּי׃ לִיהוּדָה נַחְשׁוֹן בֶּן־
ח ט עַמִּינָדָב׃ לְיִשָּׂשכָר נְתַנְאֵל בֶּן־צוּעָר׃ לִזְבוּלֻן אֱלִיאָב בֶּן־חֵלֹן׃
י לִבְנֵי יוֹסֵף לְאֶפְרַיִם אֱלִישָׁמָע בֶּן־עַמִּיהוּד לִמְנַשֶּׁה גַּמְלִיאֵל בֶּן־
יא יב פְּדָהצוּר׃ לְבִנְיָמִן אֲבִידָן בֶּן־גִּדְעֹנִי׃ לְדָן אֲחִיעֶזֶר בֶּן־עַמִּישַׁדָּי׃
יג יד טו לְאָשֵׁר פַּגְעִיאֵל בֶּן־עָכְרָן׃ לְגָד אֶלְיָסָף בֶּן־דְּעוּאֵל׃ לְנַפְתָּלִי
טז אֲחִירַע בֶּן־עֵינָן׃ אֵלֶּה קריאי הָעֵדָה נְשִׂיאֵי מַטּוֹת אֲבוֹתָם רָאשֵׁי קְרוּאֵי
יז אַלְפֵי יִשְׂרָאֵל הֵם׃ וַיִּקַּח מֹשֶׁה וְאַהֲרֹן אֵת הָאֲנָשִׁים הָאֵלֶּה
יח אֲשֶׁר נִקְּבוּ בְּשֵׁמוֹת׃ וְאֵת כָּל־הָעֵדָה הִקְהִילוּ בְּאֶחָד לַחֹדֶשׁ
הַשֵּׁנִי וַיִּתְיַלְדוּ עַל־מִשְׁפְּחֹתָם לְבֵית אֲבֹתָם בְּמִסְפַּר שֵׁמוֹת
יט מִבֶּן עֶשְׂרִים שָׁנָה וָמַעְלָה לְגֻלְגְּלֹתָם׃ כַּאֲשֶׁר צִוָּה יְהוָה אֶת־
כ מֹשֶׁה וַיִּפְקְדֵם בְּמִדְבַּר סִינָי׃ וַיִּהְיוּ בְנֵי־רְאוּבֵן שני
בְּכֹר יִשְׂרָאֵל תּוֹלְדֹתָם לְמִשְׁפְּחֹתָם לְבֵית אֲבֹתָם בְּמִסְפַּר
שֵׁמוֹת לְגֻלְגְּלֹתָם כָּל־זָכָר מִבֶּן עֶשְׂרִים שָׁנָה וָמַעְלָה כֹּל יֹצֵא
כא צָבָא׃ פְּקֻדֵיהֶם לְמַטֵּה רְאוּבֵן שִׁשָּׁה וְאַרְבָּעִים אֶלֶף וַחֲמֵשׁ
מֵאוֹת׃
כב לִבְנֵי שִׁמְעוֹן תּוֹלְדֹתָם לְמִשְׁפְּחֹתָם לְבֵית אֲבֹתָם פְּקֻדָיו בְּמִסְפַּר
שֵׁמוֹת לְגֻלְגְּלֹתָם כָּל־זָכָר מִבֶּן עֶשְׂרִים שָׁנָה וָמַעְלָה כֹּל יֹצֵא
כג צָבָא׃ פְּקֻדֵיהֶם לְמַטֵּה שִׁמְעוֹן תִּשְׁעָה וַחֲמִשִּׁים אֶלֶף וּשְׁלֹשׁ
מֵאוֹת׃
כד לִבְנֵי גָד תּוֹלְדֹתָם לְמִשְׁפְּחֹתָם לְבֵית אֲבֹתָם בְּמִסְפַּר שֵׁמוֹת

אשר יחרם מן האדם לא יפדה מות יומת וכל מעשר
הארץ מזרע הארץ מפרי העץ ליהוה הוא קדש ליהוה
ואם גאל יגאל איש ממעשרו חמשיתו יסף עליו וכל
מעשר בקר וצאן כל אשר יעבר תחת השבט העשירי יהיה
קדש ליהוה לא יבקר בין טוב לרע ולא ימירנו ואם המר
ימירנו והיה הוא ותמורתו יהיה קדש לא יגאל אלה
המצות אשר צוה יהוה את משה אל בני ישראל בהר סיני

ל אֲשֶׁ֥ר יׇחֳרַ֛ם מִן־הָֽאָדָ֖ם לֹ֣א יִפָּדֶ֑ה מ֖וֹת יוּמָֽת׃ וְכׇל־מַעְשַׂ֨ר
הָאָ֜רֶץ מִזֶּ֤רַע הָאָ֙רֶץ֙ מִפְּרִ֣י הָעֵ֔ץ לַֽיהֹוָ֖ה ה֑וּא קֹ֖דֶשׁ לַֽיהֹוָֽה׃
לא לב וְאִם־גָּאֹ֥ל יִגְאַ֛ל אִ֖ישׁ מִֽמַּעַשְׂר֑וֹ חֲמִשִׁית֖וֹ יֹסֵ֥ף עָלָֽיו׃ וְכׇל־ מפטיר
מַעְשַׂ֤ר בָּקָר֙ וָצֹ֔אן כֹּ֥ל אֲשֶׁר־יַעֲבֹ֖ר תַּ֣חַת הַשָּׁ֑בֶט הָֽעֲשִׂירִ֕י יִֽהְיֶה־
לג קֹּ֖דֶשׁ לַֽיהֹוָֽה׃ לֹ֧א יְבַקֵּ֛ר בֵּֽין־ט֥וֹב לָרַ֖ע וְלֹ֣א יְמִירֶ֑נּוּ וְאִם־הָמֵ֣ר
לד יְמִירֶ֔נּוּ וְהָֽיָה־ה֧וּא וּתְמוּרָת֛וֹ יִֽהְיֶה־קֹּ֖דֶשׁ לֹ֥א יִגָּאֵֽל׃ אֵ֣לֶּה
הַמִּצְוֺ֗ת אֲשֶׁ֨ר צִוָּ֧ה יְהֹוָ֛ה אֶת־מֹשֶׁ֖ה אֶל־בְּנֵ֣י יִשְׂרָאֵ֑ל בְּהַ֖ר סִינָֽי׃

ולא ימיר אתו טוב ברע או רע בטוב ואם המר ימיר בהמה בבהמה והיה הוא ותמורתו יהיה קדש ואם כל בהמה טמאה אשר לא יקריבו ממנה קרבן ליהוה והעמיד את הבהמה לפני הכהן והעריך הכהן אתה בין טוב ובין רע כערכך הכהן כן יהיה ואם גאל יגאלנה ויסף חמישתו על ערכך ואיש כי יקדש את ביתו קדש ליהוה והעריכו הכהן בין טוב ובין רע כאשר יעריך אתו הכהן כן יקום ואם המקדיש יגאל את ביתו ויסף חמישית כסף ערכך עליו והיה לו ואם משדה אחזתו יקדיש איש ליהוה והיה ערכך לפי זרעו זרע חמר שערים בחמשים שקל כסף אם משנת היבל יקדיש שדהו כערכך יקום ואם אחר היבל יקדיש שדהו וחשב לו הכהן את הכסף על פי השנים הנותרת עד שנת היבל ונגרע מערכך ואם גאל יגאל את השדה המקדיש אתו ויסף חמשית כסף ערכך עליו וקם לו ואם לא יגאל את השדה ואם מכר את השדה לאיש אחר לא יגאל עוד והיה השדה בצאתו ביבל קדש ליהוה כשדה החרם לכהן תהיה אחזתו ואם את שדה מקנתו אשר לא משדה אחזתו יקדיש ליהוה וחשב לו הכהן את מכסת הערכך עד שנת היבל ונתן את הערכך ביום ההוא קדש ליהוה בשנת היובל ישוב השדה לאשר קנהו מאתו לאשר לו אחזת הארץ וכל ערכך יהיה בשקל הקדש עשרים גרה יהיה השקל אך בכור אשר יבכר ליהוה בבהמה לא יקדיש איש אתו אם שור אם שה ליהוה הוא ואם בבהמה הטמאה ופדה בערכך ויסף חמשתו עליו ואם לא יגאל ונמכר בערכך אך כל חרם אשר יחרם איש ליהוה מכל אשר לו מאדם ובהמה ומשדה אחזתו לא ימכר ולא יגאל כל חרם קדש קדשים הוא ליהוה כל חרם

וְלֹא־יָמִיר אֹתוֹ טוֹב בְּרָע אוֹ־רַע בְּטוֹב וְאִם־הָמֵר יָמִיר בְּהֵמָה
יא בִּבְהֵמָה וְהָיָה־הוּא וּתְמוּרָתוֹ יִהְיֶה־קֹּדֶשׁ׃ וְאִם כָּל־בְּהֵמָה
טְמֵאָה אֲשֶׁר לֹא־יַקְרִיבוּ מִמֶּנָּה קָרְבָּן לַיהוָה וְהֶעֱמִיד אֶת־
יב הַבְּהֵמָה לִפְנֵי הַכֹּהֵן׃ וְהֶעֱרִיךְ הַכֹּהֵן אֹתָהּ בֵּין טוֹב וּבֵין רָע
יג כְּעֶרְכְּךָ הַכֹּהֵן כֵּן יִהְיֶה׃ וְאִם־גָּאֹל יִגְאָלֶנָּה וְיָסַף חֲמִישִׁתוֹ עַל־ *
יד עֶרְכֶּךָ׃ וְאִישׁ כִּי־יַקְדִּשׁ אֶת־בֵּיתוֹ קֹדֶשׁ לַיהוָה וְהֶעֱרִיכוֹ הַכֹּהֵן
טו בֵּין טוֹב וּבֵין רָע כַּאֲשֶׁר יַעֲרִיךְ אֹתוֹ הַכֹּהֵן כֵּן יָקוּם׃ וְאִם־
הַמַּקְדִּישׁ יִגְאַל אֶת־בֵּיתוֹ וְיָסַף חֲמִישִׁית כֶּסֶף־עֶרְכְּךָ עָלָיו
טז וְהָיָה לוֹ׃ וְאִם ׀ מִשְּׂדֵה אֲחֻזָּתוֹ יַקְדִּישׁ אִישׁ לַיהוָה וְהָיָה עֶרְכְּךָ חמישי /שביעי/
יז לְפִי זַרְעוֹ זֶרַע חֹמֶר שְׂעֹרִים בַּחֲמִשִּׁים שֶׁקֶל כָּסֶף׃ אִם־מִשְּׁנַת
יח הַיֹּבֵל יַקְדִּישׁ שָׂדֵהוּ כְּעֶרְכְּךָ יָקוּם׃ וְאִם־אַחַר הַיֹּבֵל יַקְדִּישׁ
שָׂדֵהוּ וְחִשַּׁב־לוֹ הַכֹּהֵן אֶת־הַכֶּסֶף עַל־פִּי הַשָּׁנִים הַנּוֹתָרֹת
יט עַד שְׁנַת הַיֹּבֵל וְנִגְרַע מֵעֶרְכֶּךָ׃ וְאִם־גָּאֹל יִגְאַל אֶת־הַשָּׂדֶה *
כ הַמַּקְדִּישׁ אֹתוֹ וְיָסַף חֲמִשִׁית כֶּסֶף־עֶרְכְּךָ עָלָיו וְקָם לוֹ׃ וְאִם־
לֹא יִגְאַל אֶת־הַשָּׂדֶה וְאִם־מָכַר אֶת־הַשָּׂדֶה לְאִישׁ אַחֵר לֹא־
כא יִגָּאֵל עוֹד׃ וְהָיָה הַשָּׂדֶה בְּצֵאתוֹ בַיֹּבֵל קֹדֶשׁ לַיהוָה כִּשְׂדֵה
כב הַחֵרֶם לַכֹּהֵן תִּהְיֶה אֲחֻזָּתוֹ׃ וְאִם אֶת־שְׂדֵה מִקְנָתוֹ אֲשֶׁר לֹא ששי
כג מִשְּׂדֵה אֲחֻזָּתוֹ יַקְדִּישׁ לַיהוָה׃ וְחִשַּׁב־לוֹ הַכֹּהֵן אֵת מִכְסַת
הָעֶרְכְּךָ עַד שְׁנַת הַיֹּבֵל וְנָתַן אֶת־הָעֶרְכְּךָ בַּיּוֹם הַהוּא קֹדֶשׁ
כד לַיהוָה׃ בִּשְׁנַת הַיּוֹבֵל יָשׁוּב הַשָּׂדֶה לַאֲשֶׁר קָנָהוּ מֵאִתּוֹ
כה לַאֲשֶׁר־לוֹ אֲחֻזַּת הָאָרֶץ׃ וְכָל־עֶרְכְּךָ יִהְיֶה בְּשֶׁקֶל הַקֹּדֶשׁ
כו עֶשְׂרִים גֵּרָה יִהְיֶה הַשָּׁקֶל׃ אַךְ־בְּכוֹר אֲשֶׁר יְבֻכַּר לַיהוָה *
בִּבְהֵמָה לֹא־יַקְדִּישׁ אִישׁ אֹתוֹ אִם־שׁוֹר אִם־שֶׂה לַיהוָה
כז הוּא׃ וְאִם בַּבְּהֵמָה הַטְּמֵאָה וּפָדָה בְעֶרְכֶּךָ וְיָסַף חֲמִשִׁתוֹ עָלָיו
כח וְאִם־לֹא יִגָּאֵל וְנִמְכַּר בְּעֶרְכֶּךָ׃ אַךְ כָּל־חֵרֶם אֲשֶׁר יַחֲרִם אִישׁ
לַיהוָה מִכָּל־אֲשֶׁר־לוֹ מֵאָדָם וּבְהֵמָה וּמִשְּׂדֵה אֲחֻזָּתוֹ לֹא יִמָּכֵר
כט וְלֹא יִגָּאֵל כָּל־חֵרֶם קֹדֶשׁ־קָדָשִׁים הוּא לַיהוָה׃ כָּל־חֵרֶם שביעי

והנשארים בכם ימקו בעונם בארצת איביכם ואף בעונת
אבתם אתם ימקו והתודו את עונם ואת עון אבתם במעלם
אשר מעלו בי ואף אשר הלכו עמי בקרי אף אני אלך
עמם בקרי והבאתי אתם בארץ איביהם או אז יכנע לבבם
הערל ואז ירצו את עונם וזכרתי את בריתי יעקוב ואף
את בריתי יצחק ואף את בריתי אברהם אזכר והארץ אזכר
והארץ תעזב מהם ותרץ את שבתתיה בהשמה מהם והם
ירצו את עונם יען וביען במשפטי מאסו ואת חקתי געלה
נפשם ואף גם זאת בהיותם בארץ איביהם לא מאסתים
ולא געלתים לכלתם להפר בריתי אתם כי אני יהוה אלהיהם
וזכרתי להם ברית ראשנים אשר הוצאתי אתם מארץ מצרים
לעיני הגוים להיות להם לאלהים אני יהוה אלה החקים
והמשפטים והתורת אשר נתן יהוה בינו ובין בני ישראל
בהר סיני ביד משה
וידבר יהוה אל משה לאמר דבר אל בני ישראל ואמרת
אלהם איש כי יפלא נדר בערכך נפשת ליהוה והיה ערכך
הזכר מבן עשרים שנה ועד בן ששים שנה והיה ערכך
חמשים שקל כסף בשקל הקדש ואם נקבה הוא והיה
ערכך שלשים שקל ואם מבן חמש שנים ועד בן עשרים
שנה והיה ערכך הזכר עשרים שקלים ולנקבה עשרת שקלים
ואם מבן חדש ועד בן חמש שנים והיה ערכך הזכר חמשה
שקלים כסף ולנקבה ערכך שלשת שקלים כסף ואם מבן
ששים שנה ומעלה אם זכר והיה ערכך חמשה עשר שקל
ולנקבה עשרה שקלים ואם מך הוא מערכך והעמידו לפני
הכהן והעריך אתו הכהן על פי אשר תשיג יד הנדר יעריכנו
הכהן ואם בהמה אשר יקריבו ממנה קרבן
ליהוה כל אשר יתן ממנו ליהוה יהיה קדש לא יחליפנו

לט וְהַנִּשְׁאָרִים בָּכֶם יִמַּקּוּ בַּעֲוֺנָם בְּאַרְצֹת אֹיְבֵיכֶם וְאַף בַּעֲוֺנֹת
מ אֲבֹתָם אִתָּם יִמָּקּוּ׃ וְהִתְוַדּוּ אֶת־עֲוֺנָם וְאֶת־עֲוֺן אֲבֹתָם בְּמַעֲלָם
מא אֲשֶׁר מָעֲלוּ־בִי וְאַף אֲשֶׁר־הָלְכוּ עִמִּי בְּקֶרִי׃ אַף־אֲנִי אֵלֵךְ
עִמָּם בְּקֶרִי וְהֵבֵאתִי אֹתָם בְּאֶרֶץ אֹיְבֵיהֶם אוֹ־אָז יִכָּנַע לְבָבָם
מב הֶעָרֵל וְאָז יִרְצוּ אֶת־עֲוֺנָם׃ וְזָכַרְתִּי אֶת־בְּרִיתִי יַעֲקוֹב וְאַף
אֶת־בְּרִיתִי יִצְחָק וְאַף אֶת־בְּרִיתִי אַבְרָהָם אֶזְכֹּר וְהָאָרֶץ אֶזְכֹּר׃
מג וְהָאָרֶץ תֵּעָזֵב מֵהֶם וְתִרֶץ אֶת־שַׁבְּתֹתֶיהָ בָּהְשַׁמָּה מֵהֶם וְהֵם
יִרְצוּ אֶת־עֲוֺנָם יַעַן וּבְיַעַן בְּמִשְׁפָּטַי מָאָסוּ וְאֶת־חֻקֹּתַי גָּעֲלָה
מד נַפְשָׁם׃ וְאַף גַּם־זֹאת בִּהְיוֹתָם בְּאֶרֶץ אֹיְבֵיהֶם לֹא־מְאַסְתִּים
וְלֹא־גְעַלְתִּים לְכַלֹּתָם לְהָפֵר בְּרִיתִי אִתָּם כִּי אֲנִי יְהוָה אֱלֹהֵיהֶם׃
מה וְזָכַרְתִּי לָהֶם בְּרִית רִאשֹׁנִים אֲשֶׁר הוֹצֵאתִי־אֹתָם מֵאֶרֶץ מִצְרַיִם
מו לְעֵינֵי הַגּוֹיִם לִהְיוֹת לָהֶם לֵאלֹהִים אֲנִי יְהוָה׃ אֵלֶּה הַחֻקִּים
וְהַמִּשְׁפָּטִים וְהַתּוֹרֹת אֲשֶׁר נָתַן יְהוָה בֵּינוֹ וּבֵין בְּנֵי יִשְׂרָאֵל
בְּהַר סִינַי בְּיַד־מֹשֶׁה׃

כז א ב וַיְדַבֵּר יְהוָה אֶל־מֹשֶׁה לֵּאמֹר׃ דַּבֵּר אֶל־בְּנֵי יִשְׂרָאֵל וְאָמַרְתָּ כג רביעי (ששי)
ג אֲלֵהֶם אִישׁ כִּי יַפְלִא נֶדֶר בְּעֶרְכְּךָ נְפָשֹׁת לַיהוָה׃ וְהָיָה עֶרְכְּךָ
הַזָּכָר מִבֶּן עֶשְׂרִים שָׁנָה וְעַד בֶּן־שִׁשִּׁים שָׁנָה וְהָיָה עֶרְכְּךָ
ד חֲמִשִּׁים שֶׁקֶל כֶּסֶף בְּשֶׁקֶל הַקֹּדֶשׁ׃ וְאִם־נְקֵבָה הִוא וְהָיָה ★
ה עֶרְכְּךָ שְׁלֹשִׁים שָׁקֶל׃ וְאִם מִבֶּן־חָמֵשׁ שָׁנִים וְעַד בֶּן־עֶשְׂרִים
שָׁנָה וְהָיָה עֶרְכְּךָ הַזָּכָר עֶשְׂרִים שְׁקָלִים וְלַנְּקֵבָה עֲשֶׂרֶת שְׁקָלִים׃
ו וְאִם מִבֶּן־חֹדֶשׁ וְעַד בֶּן־חָמֵשׁ שָׁנִים וְהָיָה עֶרְכְּךָ הַזָּכָר חֲמִשָּׁה
ז שְׁקָלִים כָּסֶף וְלַנְּקֵבָה עֶרְכְּךָ שְׁלֹשֶׁת שְׁקָלִים כָּסֶף׃ וְאִם מִבֶּן־
שִׁשִּׁים שָׁנָה וָמַעְלָה אִם־זָכָר וְהָיָה עֶרְכְּךָ חֲמִשָּׁה עָשָׂר שָׁקֶל
ח וְלַנְּקֵבָה עֲשָׂרָה שְׁקָלִים׃ וְאִם־מָךְ הוּא מֵעֶרְכֶּךָ וְהֶעֱמִידוֹ לִפְנֵי
הַכֹּהֵן וְהֶעֱרִיךְ אֹתוֹ הַכֹּהֵן עַל־פִּי אֲשֶׁר תַּשִּׂיג יַד הַנֹּדֵר יַעֲרִיכֶנּוּ
ט הַכֹּהֵן׃ וְאִם־בְּהֵמָה אֲשֶׁר יַקְרִיבוּ מִמֶּנָּה קָרְבָּן ★
י לַיהוָה כֹּל אֲשֶׁר יִתֵּן מִמֶּנּוּ לַיהוָה יִהְיֶה־קֹּדֶשׁ׃ לֹא יַחֲלִיפֶנּוּ

גאון עזכם ונתתי את שמיכם כברזל ואת ארצכם כנחשה
ותם לריק כחכם ולא תתן ארצכם את יבולה ועץ הארץ
לא יתן פריו ואם תלכו עמי קרי ולא תאבו לשמע לי
ויספתי עליכם מכה שבע כחטאתיכם והשלחתי בכם את
חית השדה ושכלה אתכם והכריתה את בהמתכם והמעיטה
אתכם ונשמו דרכיכם ואם באלה לא תוסרו לי והלכתם
עמי קרי והלכתי אף אני עמכם בקרי והכיתי אתכם גם
אני שבע על חטאתיכם והבאתי עליכם חרב נקמת
נקם ברית ונאספתם אל עריכם ושלחתי דבר בתוככם
ונתתם ביד אויב בשברי לכם מטה לחם ואפו עשר נשים
לחמכם בתנור אחד והשיבו לחמכם במשקל ואכלתם ולא
תשבעו ואם בזאת לא תשמעו לי והלכתם
עמי בקרי והלכתי עמכם בחמת קרי ויסרתי אתכם אף
אני שבע על חטאתיכם ואכלתם בשר בניכם ובשר בנתיכם
תאכלו והשמדתי את במתיכם והכרתי את חמניכם ונתתי
את פגריכם על פגרי גלוליכם וגעלה נפשי אתכם ונתתי
את עריכם חרבה והשמותי את מקדשיכם ולא אריח בריח
ניחחכם והשמתי אני את הארץ ושממו עליה איביכם
הישבים בה ואתכם אזרה בגוים והריקתי אחריכם חרב
והיתה ארצכם שממה ועריכם יהיו חרבה אז תרצה הארץ
את שבתתיה כל ימי השמה ואתם בארץ איביכם אז תשבת
הארץ והרצת את שבתתיה כל ימי השמה תשבת את
אשר לא שבתה בשבתתיכם בשבתכם עליה והנשארים
בכם והבאתי מרך בלבבם בארצת איביהם ורדף אתם קול
עלה נדף ונסו מנסת חרב ונפלו ואין רדף וכשלו איש
באחיו כמפני חרב ורדף אין ולא תהיה לכם תקומה לפני
איביכם ואבדתם בגוים ואכלה אתכם ארץ איביכם

גְאוֹן עֻזְּכֶם וְנָתַתִּי אֶת־שְׁמֵיכֶם כַּבַּרְזֶל וְאֶת־אַרְצְכֶם כַּנְּחֻשָׁה׃
כ וְתַם לָרִיק כֹּחֲכֶם וְלֹא־תִתֵּן אַרְצְכֶם אֶת־יְבוּלָהּ וְעֵץ הָאָרֶץ
כא לֹא יִתֵּן פִּרְיוֹ׃ וְאִם־תֵּלְכוּ עִמִּי קֶרִי וְלֹא תֹאבוּ לִשְׁמֹעַ לִי
כב וְיָסַפְתִּי עֲלֵיכֶם מַכָּה שֶׁבַע כְּחַטֹּאתֵיכֶם׃ וְהִשְׁלַחְתִּי בָכֶם אֶת־
חַיַּת הַשָּׂדֶה וְשִׁכְּלָה אֶתְכֶם וְהִכְרִיתָה אֶת־בְּהֶמְתְּכֶם וְהִמְעִיטָה
כג אֶתְכֶם וְנָשַׁמּוּ דַּרְכֵיכֶם׃ וְאִם־בְּאֵלֶּה לֹא תִוָּסְרוּ לִי וַהֲלַכְתֶּם
כד עִמִּי קֶרִי׃ וְהָלַכְתִּי אַף־אֲנִי עִמָּכֶם בְּקֶרִי וְהִכֵּיתִי אֶתְכֶם גַּם־
כה אָנִי שֶׁבַע עַל־חַטֹּאתֵיכֶם׃ וְהֵבֵאתִי עֲלֵיכֶם חֶרֶב נֹקֶמֶת
נְקַם־בְּרִית וְנֶאֱסַפְתֶּם אֶל־עָרֵיכֶם וְשִׁלַּחְתִּי דֶבֶר בְּתוֹכְכֶם
כו וְנִתַּתֶּם בְּיַד־אוֹיֵב׃ בְּשִׁבְרִי לָכֶם מַטֵּה־לֶחֶם וְאָפוּ עֶשֶׂר נָשִׁים
לַחְמְכֶם בְּתַנּוּר אֶחָד וְהֵשִׁיבוּ לַחְמְכֶם בַּמִּשְׁקָל וַאֲכַלְתֶּם וְלֹא
כז תִשְׂבָּעוּ׃ וְאִם־בְּזֹאת לֹא תִשְׁמְעוּ לִי וַהֲלַכְתֶּם
כח עִמִּי בְּקֶרִי׃ וְהָלַכְתִּי עִמָּכֶם בַּחֲמַת־קֶרִי וְיִסַּרְתִּי אֶתְכֶם אַף־
כט אֲנִי שֶׁבַע עַל־חַטֹּאתֵיכֶם׃ וַאֲכַלְתֶּם בְּשַׂר בְּנֵיכֶם וּבְשַׂר בְּנֹתֵיכֶם
ל תֹּאכֵלוּ׃ וְהִשְׁמַדְתִּי אֶת־בָּמֹתֵיכֶם וְהִכְרַתִּי אֶת־חַמָּנֵיכֶם וְנָתַתִּי
לא אֶת־פִּגְרֵיכֶם עַל־פִּגְרֵי גִּלּוּלֵיכֶם וְגָעֲלָה נַפְשִׁי אֶתְכֶם׃ וְנָתַתִּי
אֶת־עָרֵיכֶם חָרְבָּה וַהֲשִׁמּוֹתִי אֶת־מִקְדְּשֵׁיכֶם וְלֹא אָרִיחַ בְּרֵיחַ
לב נִיחֹחֲכֶם׃ וַהֲשִׁמֹּתִי אֲנִי אֶת־הָאָרֶץ וְשָׁמְמוּ עָלֶיהָ אֹיְבֵיכֶם
לג הַיֹּשְׁבִים בָּהּ׃ וְאֶתְכֶם אֱזָרֶה בַגּוֹיִם וַהֲרִיקֹתִי אַחֲרֵיכֶם חָרֶב
לד וְהָיְתָה אַרְצְכֶם שְׁמָמָה וְעָרֵיכֶם יִהְיוּ חָרְבָּה׃ אָז תִּרְצֶה הָאָרֶץ
אֶת־שַׁבְּתֹתֶיהָ כֹּל יְמֵי הָשַּׁמָּה וְאַתֶּם בְּאֶרֶץ אֹיְבֵיכֶם אָז תִּשְׁבַּת
לה הָאָרֶץ וְהִרְצָת אֶת־שַׁבְּתֹתֶיהָ׃ כָּל־יְמֵי הָשַּׁמָּה תִּשְׁבֹּת אֵת
לו אֲשֶׁר לֹא־שָׁבְתָה בְּשַׁבְּתֹתֵיכֶם בְּשִׁבְתְּכֶם עָלֶיהָ׃ וְהַנִּשְׁאָרִים
בָּכֶם וְהֵבֵאתִי מֹרֶךְ בִּלְבָבָם בְּאַרְצֹת אֹיְבֵיהֶם וְרָדַף אֹתָם קוֹל
לז עָלֶה נִדָּף וְנָסוּ מְנֻסַת־חֶרֶב וְנָפְלוּ וְאֵין רֹדֵף׃ וְכָשְׁלוּ אִישׁ־
בְּאָחִיו כְּמִפְּנֵי־חֶרֶב וְרֹדֵף אָיִן וְלֹא־תִהְיֶה לָכֶם תְּקוּמָה לִפְנֵי
לח אֹיְבֵיכֶם׃ וַאֲבַדְתֶּם בַּגּוֹיִם וְאָכְלָה אֶתְכֶם אֶרֶץ אֹיְבֵיכֶם׃

עמו כי לי בני ישראל עבדים עבדי הם אשר הוצאתי
אותם מארץ מצרים אני יהוה אלהיכם לא תעשו לכם
אלילם ופסל ומצבה לא תקימו לכם ואבן משכית לא תתנו
בארצכם להשתחות עליה כי אני יהוה אלהיכם את שבתתי
תשמרו ומקדשי תיראו אני יהוה
אם בחקתי תלכו ואת מצותי תשמרו ועשיתם אתם ונתתי
גשמיכם בעתם ונתנה הארץ יבולה ועץ השדה יתן פריו
והשיג לכם דיש את בציר ובציר ישיג את זרע ואכלתם
לחמכם לשבע וישבתם לבטח בארצכם ונתתי שלום בארץ
ושכבתם ואין מחריד והשבתי חיה רעה מן הארץ וחרב
לא תעבר בארצכם ורדפתם את איביכם ונפלו לפניכם
לחרב ורדפו מכם חמשה מאה ומאה מכם רבבה ירדפו
ונפלו איביכם לפניכם לחרב ופניתי אליכם והפריתי אתכם
והרביתי אתכם והקימתי את בריתי אתכם ואכלתם ישן
נושן וישן מפני חדש תוציאו ונתתי משכני בתוככם ולא
תגעל נפשי אתכם והתהלכתי בתוככם והייתי לכם לאלהים
ואתם תהיו לי לעם אני יהוה אלהיכם אשר הוצאתי אתכם
מארץ מצרים מהית להם עבדים ואשבר מטת עלכם ואולך
אתכם קוממיות
ואם לא תשמעו לי ולא תעשו את כל המצות האלה ואם
בחקתי תמאסו ואם את משפטי תגעל נפשכם לבלתי עשות
את כל מצותי להפרכם את בריתי אף אני אעשה זאת
לכם והפקדתי עליכם בהלה את השחפת ואת הקדחת
מכלות עינים ומדיבת נפש וזרעתם לריק זרעכם ואכלהו
איביכם ונתתי פני בכם ונגפתם לפני איביכם ורדו בכם
שנאיכם ונסתם ואין רדף אתכם ואם עד אלה לא תשמעו
לי ויספתי ליסרה אתכם שבע על חטאתיכם ושברתי את

מפטיר ★

נה  עַמּוֹ: כִּי־לִי בְנֵי־יִשְׂרָאֵל עֲבָדִים עֲבָדַי הֵם אֲשֶׁר־הוֹצֵאתִי

כו  א  אוֹתָם מֵאֶרֶץ מִצְרָיִם אֲנִי יְהוָה אֱלֹהֵיכֶם: לֹא־תַעֲשׂוּ לָכֶם
אֱלִילִם וּפֶסֶל וּמַצֵּבָה לֹא־תָקִימוּ לָכֶם וְאֶבֶן מַשְׂכִּית לֹא תִתְּנוּ
ב  בְּאַרְצְכֶם לְהִשְׁתַּחֲוֹת עָלֶיהָ כִּי אֲנִי יְהוָה אֱלֹהֵיכֶם: אֶת־שַׁבְּתֹתַי
תִּשְׁמֹרוּ וּמִקְדָּשִׁי תִּירָאוּ אֲנִי יְהוָה:

כב בח

ג  אִם־בְּחֻקֹּתַי תֵּלֵכוּ וְאֶת־מִצְוֹתַי תִּשְׁמְרוּ וַעֲשִׂיתֶם אֹתָם: וְנָתַתִּי
גִשְׁמֵיכֶם בְּעִתָּם וְנָתְנָה הָאָרֶץ יְבוּלָהּ וְעֵץ הַשָּׂדֶה יִתֵּן פִּרְיוֹ:
ה  וְהִשִּׂיג לָכֶם דַּיִשׁ אֶת־בָּצִיר וּבָצִיר יַשִּׂיג אֶת־זָרַע וַאֲכַלְתֶּם

שני

לַחְמְכֶם לָשֹׂבַע וִישַׁבְתֶּם לָבֶטַח בְּאַרְצְכֶם: וְנָתַתִּי שָׁלוֹם בָּאָרֶץ
וּשְׁכַבְתֶּם וְאֵין מַחֲרִיד וְהִשְׁבַּתִּי חַיָּה רָעָה מִן־הָאָרֶץ וְחֶרֶב
ז  לֹא־תַעֲבֹר בְּאַרְצְכֶם: וּרְדַפְתֶּם אֶת־אֹיְבֵיכֶם וְנָפְלוּ לִפְנֵיכֶם
ח  לֶחָרֶב: וְרָדְפוּ מִכֶּם חֲמִשָּׁה מֵאָה וּמֵאָה מִכֶּם רְבָבָה יִרְדֹּפוּ
ט  וְנָפְלוּ אֹיְבֵיכֶם לִפְנֵיכֶם לֶחָרֶב: וּפָנִיתִי אֲלֵיכֶם וְהִפְרֵיתִי אֶתְכֶם
י  וְהִרְבֵּיתִי אֶתְכֶם וַהֲקִימֹתִי אֶת־בְּרִיתִי אִתְּכֶם: וַאֲכַלְתֶּם יָשָׁן

שלישי
/חמישי/

נוֹשָׁן וְיָשָׁן מִפְּנֵי חָדָשׁ תּוֹצִיאוּ: וְנָתַתִּי מִשְׁכָּנִי בְּתוֹכְכֶם וְלֹא־
יב  תִגְעַל נַפְשִׁי אֶתְכֶם: וְהִתְהַלַּכְתִּי בְּתוֹכְכֶם וְהָיִיתִי לָכֶם לֵאלֹהִים
יג  וְאַתֶּם תִּהְיוּ־לִי לְעָם: אֲנִי יְהוָה אֱלֹהֵיכֶם אֲשֶׁר הוֹצֵאתִי אֶתְכֶם
מֵאֶרֶץ מִצְרַיִם מִהְיֹת לָהֶם עֲבָדִים וָאֶשְׁבֹּר מֹטֹת עֻלְּכֶם וָאוֹלֵךְ
אֶתְכֶם קוֹמְמִיּוּת:

יד
טו  וְאִם־לֹא תִשְׁמְעוּ לִי וְלֹא תַעֲשׂוּ אֵת כָּל־הַמִּצְוֹת הָאֵלֶּה: וְאִם־
בְּחֻקֹּתַי תִּמְאָסוּ וְאִם אֶת־מִשְׁפָּטַי תִּגְעַל נַפְשְׁכֶם לְבִלְתִּי עֲשׂוֹת
טז  אֶת־כָּל־מִצְוֹתַי לְהַפְרְכֶם אֶת־בְּרִיתִי: אַף־אֲנִי אֶעֱשֶׂה־זֹּאת
לָכֶם וְהִפְקַדְתִּי עֲלֵיכֶם בֶּהָלָה אֶת־הַשַּׁחֶפֶת וְאֶת־הַקַּדַּחַת
מְכַלּוֹת עֵינַיִם וּמְדִיבֹת נָפֶשׁ וּזְרַעְתֶּם לָרִיק זַרְעֲכֶם וַאֲכָלֻהוּ
יז  אֹיְבֵיכֶם: וְנָתַתִּי פָנַי בָּכֶם וְנִגַּפְתֶּם לִפְנֵי אֹיְבֵיכֶם וְרָדוּ בָכֶם
יח  שֹׂנְאֵיכֶם וְנַסְתֶּם וְאֵין־רֹדֵף אֶתְכֶם: וְאִם־עַד־אֵלֶּה לֹא תִשְׁמְעוּ
יט  לִי וְיָסַפְתִּי לְיַסְּרָה אֶתְכֶם שֶׁבַע עַל־חַטֹּאתֵיכֶם: וְשָׁבַרְתִּי אֶת־

ישראל ושדה מגרש עריהם לא ימכר כי אחזת עולם הוא
להם וכי ימוך אחיך ומטה ידו עמך והחזקת
בו גר ותושב וחי עמך אל תקח מאתו נשך ותרבית ויראת
מאלהיך וחי אחיך עמך את כספך לא תתן לו בנשך
ובמרבית לא תתן אכלך אני יהוה אלהיכם אשר הוצאתי
אתכם מארץ מצרים לתת לכם את ארץ כנען להיות לכם
לאלהים וכי ימוך אחיך עמך ונמכר לך לא
תעבד בו עבדת עבד כשכיר כתושב יהיה עמך עד שנת
היבל יעבד עמך ויצא מעמך הוא ובניו עמו ושב אל
משפחתו ואל אחזת אבתיו ישוב כי עבדי הם אשר
הוצאתי אתם מארץ מצרים לא ימכרו ממכרת עבד לא
תרדה בו בפרך ויראת מאלהיך ועבדך ואמתך אשר יהיו
לך מאת הגוים אשר סביבתיכם מהם תקנו עבד ואמה
וגם מבני התושבים הגרים עמכם מהם תקנו וממשפחתם
אשר עמכם אשר הולידו בארצכם והיו לכם לאחזה
והתנחלתם אתם לבניכם אחריכם לרשת אחזה לעלם בהם
תעבדו ובאחיכם בני ישראל איש באחיו לא תרדה בו
בפרך וכי תשיג יד גר ותושב עמך ומך אחיך
עמו ונמכר לגר תושב עמך או לעקר משפחת גר אחרי
נמכר גאלה תהיה לו אחד מאחיו יגאלנו או דדו או בן
דדו יגאלנו או משאר בשרו ממשפחתו יגאלנו או השיגה
ידו ונגאל וחשב עם קנהו משנת המכרו לו עד שנת היבל
והיה כסף ממכרו במספר שנים כימי שכיר יהיה עמו אם
עוד רבות בשנים לפיהן ישיב גאלתו מכסף מקנתו ואם
מעט נשאר בשנים עד שנת היבל וחשב לו כפי שניו ישיב
את גאלתו כשכיר שנה בשנה יהיה עמו לא ירדנו בפרך
לעיניך ואם לא יגאל באלה ויצא בשנת היבל הוא ובניו

לד יִשְׂרָאֵל׃ וּשְׂדֵה מִגְרַשׁ עָרֵיהֶם לֹא יִמָּכֵר כִּי־אֲחֻזַּת עוֹלָם הוּא
לה לָהֶם׃ וְכִי־יָמוּךְ אָחִיךָ וּמָטָה יָדוֹ עִמָּךְ וְהֶחֱזַקְתָּ כא ★
לו בּוֹ גֵּר וְתוֹשָׁב וָחַי עִמָּךְ׃ אַל־תִּקַּח מֵאִתּוֹ נֶשֶׁךְ וְתַרְבִּית וְיָרֵאתָ
לז מֵאֱלֹהֶיךָ וְחֵי אָחִיךָ עִמָּךְ׃ אֶת־כַּסְפְּךָ לֹא־תִתֵּן לוֹ בְּנֶשֶׁךְ
לח וּבְמַרְבִּית לֹא־תִתֵּן אָכְלֶךָ׃ אֲנִי יהוה אֱלֹהֵיכֶם אֲשֶׁר־הוֹצֵאתִי
אֶתְכֶם מֵאֶרֶץ מִצְרָיִם לָתֵת לָכֶם אֶת־אֶרֶץ כְּנַעַן לִהְיוֹת לָכֶם
לט לֵאלֹהִים׃ וְכִי־יָמוּךְ אָחִיךָ עִמָּךְ וְנִמְכַּר־לָךְ לֹא־ ששי /רביעי/
מ תַעֲבֹד בּוֹ עֲבֹדַת עָבֶד׃ כְּשָׂכִיר כְּתוֹשָׁב יִהְיֶה עִמָּךְ עַד־שְׁנַת
מא הַיֹּבֵל יַעֲבֹד עִמָּךְ׃ וְיָצָא מֵעִמָּךְ הוּא וּבָנָיו עִמּוֹ וְשָׁב אֶל־
מב מִשְׁפַּחְתּוֹ וְאֶל־אֲחֻזַּת אֲבֹתָיו יָשׁוּב׃ כִּי־עֲבָדַי הֵם אֲשֶׁר־ ★
מג הוֹצֵאתִי אֹתָם מֵאֶרֶץ מִצְרָיִם לֹא יִמָּכְרוּ מִמְכֶּרֶת עָבֶד׃ לֹא־
מד תִרְדֶּה בוֹ בְּפָרֶךְ וְיָרֵאתָ מֵאֱלֹהֶיךָ׃ וְעַבְדְּךָ וַאֲמָתְךָ אֲשֶׁר יִהְיוּ־
לָךְ מֵאֵת הַגּוֹיִם אֲשֶׁר סְבִיבֹתֵיכֶם מֵהֶם תִּקְנוּ עֶבֶד וְאָמָה׃
מה וְגַם מִבְּנֵי הַתּוֹשָׁבִים הַגָּרִים עִמָּכֶם מֵהֶם תִּקְנוּ וּמִמִּשְׁפַּחְתָּם
אֲשֶׁר עִמָּכֶם אֲשֶׁר הוֹלִידוּ בְּאַרְצְכֶם וְהָיוּ לָכֶם לַאֲחֻזָּה׃
מו וְהִתְנַחַלְתֶּם אֹתָם לִבְנֵיכֶם אַחֲרֵיכֶם לָרֶשֶׁת אֲחֻזָּה לְעֹלָם בָּהֶם
תַּעֲבֹדוּ וּבְאַחֵיכֶם בְּנֵי־יִשְׂרָאֵל אִישׁ בְּאָחִיו לֹא־תִרְדֶּה בוֹ
מז בְּפָרֶךְ׃ וְכִי תַשִּׂיג יַד גֵּר וְתוֹשָׁב עִמָּךְ וּמָךְ אָחִיךָ שביעי
מח עִמּוֹ וְנִמְכַּר לְגֵר תּוֹשָׁב עִמָּךְ אוֹ לְעֵקֶר מִשְׁפַּחַת גֵּר׃ אַחֲרֵי
מט נִמְכַּר גְּאֻלָּה תִּהְיֶה־לּוֹ אֶחָד מֵאֶחָיו יִגְאָלֶנּוּ׃ אוֹ־דֹדוֹ אוֹ בֶן־
דֹּדוֹ יִגְאָלֶנּוּ אוֹ־מִשְּׁאֵר בְּשָׂרוֹ מִמִּשְׁפַּחְתּוֹ יִגְאָלֶנּוּ אוֹ־הִשִּׂיגָה
נ יָדוֹ וְנִגְאָל׃ וְחִשַּׁב עִם־קֹנֵהוּ מִשְּׁנַת הִמָּכְרוֹ לוֹ עַד שְׁנַת הַיֹּבֵל ★
נא וְהָיָה כֶּסֶף מִמְכָּרוֹ בְּמִסְפַּר שָׁנִים כִּימֵי שָׂכִיר יִהְיֶה עִמּוֹ׃ אִם־
נב עוֹד רַבּוֹת בַּשָּׁנִים לְפִיהֶן יָשִׁיב גְּאֻלָּתוֹ מִכֶּסֶף מִקְנָתוֹ׃ וְאִם־
מְעַט נִשְׁאַר בַּשָּׁנִים עַד־שְׁנַת הַיֹּבֵל וְחִשַּׁב־לוֹ כְּפִי שָׁנָיו יָשִׁיב
נג אֶת־גְּאֻלָּתוֹ׃ כִּשְׂכִיר שָׁנָה בְּשָׁנָה יִהְיֶה עִמּוֹ לֹא־יִרְדֶּנּוּ בְּפֶרֶךְ
נד לְעֵינֶיךָ׃ וְאִם־לֹא יִגָּאֵל בְּאֵלֶּה וְיָצָא בִּשְׁנַת הַיֹּבֵל הוּא וּבָנָיו

שני תבואת ימכר לך לפי רב השנים תרבה מקנתו
ולפי מעט השנים תמעיט מקנתו כי מספר תבואת הוא
מכר לך ולא תונו איש את עמיתו ויראת מאלהיך כי
אני יהוה אלהיכם ועשיתם את חקתי ואת משפטי תשמרו
ועשיתם אתם וישבתם על הארץ לבטח ונתנה הארץ
פריה ואכלתם לשבע וישבתם לבטח עליה וכי תאמרו
מה נאכל בשנה השביעת הן לא נזרע ולא נאסף את
תבואתנו וצויתי את ברכתי לכם בשנה הששית ועשת
את התבואה לשלש השנים וזרעתם את השנה השמינת
ואכלתם מן התבואה ישן עד השנה התשיעת עד בוא
תבואתה תאכלו ישן והארץ לא תמכר לצמתת כי לי
הארץ כי גרים ותושבים אתם עמדי ובכל ארץ אחזתכם
גאלה תתנו לארץ כי ימוך אחיך ומכר
מאחזתו ובא גאלו הקרב אליו וגאל את ממכר אחיו
ואיש כי לא יהיה לו גאל והשיגה ידו ומצא כדי גאלתו
וחשב את שני ממכרו והשיב את העדף לאיש אשר מכר
לו ושב לאחזתו ואם לא מצאה ידו די השיב לו והיה
ממכרו ביד הקנה אתו עד שנת היובל ויצא ביבל ושב
לאחזתו ואיש כי ימכר בית מושב עיר
חומה והיתה גאלתו עד תם שנת ממכרו ימים תהיה
גאלתו ואם לא יגאל עד מלאת לו שנה תמימה וקם
הבית אשר בעיר אשר לא חמה לצמיתת לקנה אתו
לדרתיו לא יצא ביבל ובתי החצרים אשר אין להם
חמה סביב על שדה הארץ יחשב גאלה תהיה לו וביבל
יצא וערי הלוים בתי ערי אחזתם גאלת עולם תהיה
ללוים ואשר יגאל מן הלוים ויצא ממכר בית ועיר
אחזתו ביבל כי בתי ערי הלוים הוא אחזתם בתוך בני

טז שְׁנֵי־תְבוּאֹת יִמְכָּר־לָךְ׃ לְפִי ׀ רֹב הַשָּׁנִים תַּרְבֶּה מִקְנָתוֹ
וּלְפִי מְעֹט הַשָּׁנִים תַּמְעִיט מִקְנָתוֹ כִּי מִסְפַּר תְּבוּאֹת הוּא
יז מֹכֵר לָךְ׃ וְלֹא תוֹנוּ אִישׁ אֶת־עֲמִיתוֹ וְיָרֵאתָ מֵאֱלֹהֶיךָ כִּי
יח אֲנִי יהוה אֱלֹהֵיכֶם׃ וַעֲשִׂיתֶם אֶת־חֻקֹּתַי וְאֶת־מִשְׁפָּטַי תִּשְׁמְרוּ
יט וַעֲשִׂיתֶם אֹתָם וִישַׁבְתֶּם עַל־הָאָרֶץ לָבֶטַח׃ וְנָתְנָה הָאָרֶץ שלישי /שני/
כ פִּרְיָהּ וַאֲכַלְתֶּם לָשֹׂבַע וִישַׁבְתֶּם לָבֶטַח עָלֶיהָ׃ וְכִי תֹאמְרוּ
מַה־נֹּאכַל בַּשָּׁנָה הַשְּׁבִיעִת הֵן לֹא נִזְרָע וְלֹא נֶאֱסֹף אֶת־
כא תְּבוּאָתֵנוּ׃ וְצִוִּיתִי אֶת־בִּרְכָתִי לָכֶם בַּשָּׁנָה הַשִּׁשִּׁית וְעָשָׂת
כב אֶת־הַתְּבוּאָה לִשְׁלֹשׁ הַשָּׁנִים׃ וּזְרַעְתֶּם אֵת הַשָּׁנָה הַשְּׁמִינִת *
וַאֲכַלְתֶּם מִן־הַתְּבוּאָה יָשָׁן עַד ׀ הַשָּׁנָה הַתְּשִׁיעִת עַד־בּוֹא
כג תְּבוּאָתָהּ תֹּאכְלוּ יָשָׁן׃ וְהָאָרֶץ לֹא תִמָּכֵר לִצְמִתֻת כִּי־לִי
כד הָאָרֶץ כִּי־גֵרִים וְתוֹשָׁבִים אַתֶּם עִמָּדִי׃ וּבְכֹל אֶרֶץ אֲחֻזַּתְכֶם
כה גְּאֻלָּה תִּתְּנוּ לָאָרֶץ׃ כִּי־יָמוּךְ אָחִיךָ וּמָכַר רביעי
מֵאֲחֻזָּתוֹ וּבָא גֹאֲלוֹ הַקָּרֹב אֵלָיו וְגָאַל אֵת מִמְכַּר אָחִיו׃
כו וְאִישׁ כִּי לֹא יִהְיֶה־לּוֹ גֹּאֵל וְהִשִּׂיגָה יָדוֹ וּמָצָא כְּדֵי גְאֻלָּתוֹ׃
כז וְחִשַּׁב אֶת־שְׁנֵי מִמְכָּרוֹ וְהֵשִׁיב אֶת־הָעֹדֵף לָאִישׁ אֲשֶׁר מָכַר־
כח לוֹ וְשָׁב לַאֲחֻזָּתוֹ׃ וְאִם לֹא־מָצְאָה יָדוֹ דֵּי הָשִׁיב לוֹ וְהָיָה
מִמְכָּרוֹ בְּיַד הַקֹּנֶה אֹתוֹ עַד שְׁנַת הַיּוֹבֵל וְיָצָא בַּיֹּבֵל וְשָׁב
כט לַאֲחֻזָּתוֹ׃ וְאִישׁ כִּי־יִמְכֹּר בֵּית־מוֹשַׁב עִיר חמישי /שלישי/
חוֹמָה וְהָיְתָה גְּאֻלָּתוֹ עַד־תֹּם שְׁנַת מִמְכָּרוֹ יָמִים תִּהְיֶה
ל גְאֻלָּתוֹ׃ וְאִם לֹא־יִגָּאֵל עַד־מְלֹאת לוֹ שָׁנָה תְמִימָה וְקָם
הַבַּיִת אֲשֶׁר־בָּעִיר אֲשֶׁר־לֹא חֹמָה לַצְּמִיתֻת לַקֹּנֶה אֹתוֹ לוֹ
לא לְדֹרֹתָיו לֹא יֵצֵא בַּיֹּבֵל׃ וּבָתֵּי הַחֲצֵרִים אֲשֶׁר אֵין־לָהֶם
חֹמָה סָבִיב עַל־שְׂדֵה הָאָרֶץ יֵחָשֵׁב גְּאֻלָּה תִּהְיֶה־לּוֹ וּבַיֹּבֵל
לב יֵצֵא׃ וְעָרֵי הַלְוִיִּם בָּתֵּי עָרֵי אֲחֻזָּתָם גְּאֻלַּת עוֹלָם תִּהְיֶה *
לג לַלְוִיִּם׃ וַאֲשֶׁר יִגְאַל מִן־הַלְוִיִּם וְיָצָא מִמְכַּר־בַּיִת וְעִיר
אֲחֻזָּתוֹ בַּיֹּבֵל כִּי בָתֵּי עָרֵי הַלְוִיִּם הִוא אֲחֻזָּתָם בְּתוֹךְ בְּנֵי

יעשה לו  שבר תחת שבר עין תחת עין שן תחת שן כאשר
יתן מום באדם כן ינתן בו  ומכה בהמה ישלמנה ומכה
אדם יומת  משפט אחד יהיה לכם כגר כאזרח יהיה כי אני
יהוה אלהיכם  וידבר משה אל בני ישראל ויוציאו את
המקלל אל מחוץ למחנה וירגמו אתו אבן ובני ישראל עשו
כאשר צוה יהוה את משה

וידבר יהוה אל משה בהר סיני לאמר  דבר אל בני ישראל
ואמרת אלהם כי תבאו אל הארץ אשר אני נתן לכם
ושבתה הארץ שבת ליהוה  שש שנים תזרע שדך ושש
שנים תזמר כרמך ואספת את תבואתה  ובשנה השביעת
שבת שבתון יהיה לארץ שבת ליהוה שדך לא תזרע וכרמך
לא תזמר  את ספיח קצירך לא תקצור ואת ענבי נזירך
לא תבצר שנת שבתון יהיה לארץ  והיתה שבת הארץ
לכם לאכלה לך ולעבדך ולאמתך ולשכירך ולתושבך הגרים
עמך  ולבהמתך ולחיה אשר בארצך תהיה כל תבואתה
לאכל  וספרת לך שבע שבתת שנים שבע
שנים שבע פעמים והיו לך ימי שבע שבתת השנים תשע
וארבעים שנה  והעברת שופר תרועה בחדש השבעי בעשור
לחדש ביום הכפרים תעבירו שופר בכל ארצכם  וקדשתם
את שנת החמשים שנה וקראתם דרור בארץ לכל ישביה
יובל הוא תהיה לכם ושבתם איש אל אחזתו ואיש אל
משפחתו תשבו  יובל הוא שנת החמשים שנה תהיה לכם
לא תזרעו ולא תקצרו את ספיחיה ולא תבצרו את נזריה
כי יובל הוא קדש תהיה לכם מן השדה תאכלו את תבואתה
בשנת היובל הזאת תשבו איש אל אחזתו  וכי תמכרו
ממכר לעמיתך או קנה מיד עמיתך אל תונו איש את
אחיו  במספר שנים אחר היובל תקנה מאת עמיתך במספר

כ יַעֲשֶׂה לּוֹ: שֶׁבֶר תַּחַת שֶׁבֶר עַיִן תַּחַת עַיִן שֵׁן תַּחַת שֵׁן כַּאֲשֶׁר
כא יִתֵּן מוּם בָּאָדָם כֵּן יִנָּתֶן בּוֹ: וּמַכֵּה בְהֵמָה יְשַׁלְּמֶנָּה וּמַכֵּה מפטיר
כב אָדָם יוּמָת: מִשְׁפַּט אֶחָד יִהְיֶה לָכֶם כַּגֵּר כָּאֶזְרָח יִהְיֶה כִּי אֲנִי
כג יְהוָה אֱלֹהֵיכֶם: וַיְדַבֵּר מֹשֶׁה אֶל־בְּנֵי יִשְׂרָאֵל וַיּוֹצִיאוּ אֶת־
הַמְקַלֵּל אֶל־מִחוּץ לַמַּחֲנֶה וַיִּרְגְּמוּ אֹתוֹ אָבֶן וּבְנֵי־יִשְׂרָאֵל עָשׂוּ
כַּאֲשֶׁר צִוָּה יְהוָה אֶת־מֹשֶׁה:

כה א ב וַיְדַבֵּר יְהוָה אֶל־מֹשֶׁה בְּהַר סִינַי לֵאמֹר: דַּבֵּר אֶל־בְּנֵי יִשְׂרָאֵל בהר סי
וְאָמַרְתָּ אֲלֵהֶם כִּי תָבֹאוּ אֶל־הָאָרֶץ אֲשֶׁר אֲנִי נֹתֵן לָכֶם
ג וְשָׁבְתָה הָאָרֶץ שַׁבָּת לַיהוָה: שֵׁשׁ שָׁנִים תִּזְרַע שָׂדֶךָ וְשֵׁשׁ
ד שָׁנִים תִּזְמֹר כַּרְמֶךָ וְאָסַפְתָּ אֶת־תְּבוּאָתָהּ: וּבַשָּׁנָה הַשְּׁבִיעִת *
שַׁבַּת שַׁבָּתוֹן יִהְיֶה לָאָרֶץ שַׁבָּת לַיהוָה שָׂדְךָ לֹא תִזְרָע וְכַרְמְךָ
ה לֹא תִזְמֹר: אֵת סְפִיחַ קְצִירְךָ לֹא תִקְצוֹר וְאֶת־עִנְּבֵי נְזִירֶךָ
ו לֹא תִבְצֹר שְׁנַת שַׁבָּתוֹן יִהְיֶה לָאָרֶץ: וְהָיְתָה שַׁבַּת הָאָרֶץ
לָכֶם לְאָכְלָה לְךָ וּלְעַבְדְּךָ וְלַאֲמָתֶךָ וְלִשְׂכִירְךָ וּלְתוֹשָׁבְךָ הַגָּרִים
ז עִמָּךְ: וְלִבְהֶמְתְּךָ וְלַחַיָּה אֲשֶׁר בְּאַרְצֶךָ תִּהְיֶה כָל־תְּבוּאָתָהּ
ח לֶאֱכֹל: וְסָפַרְתָּ לְךָ שֶׁבַע שַׁבְּתֹת שָׁנִים שֶׁבַע *
שָׁנִים שֶׁבַע פְּעָמִים וְהָיוּ לְךָ יְמֵי שֶׁבַע שַׁבְּתֹת הַשָּׁנִים תֵּשַׁע
ט וְאַרְבָּעִים שָׁנָה: וְהַעֲבַרְתָּ שׁוֹפַר תְּרוּעָה בַּחֹדֶשׁ הַשְּׁבִעִי בֶּעָשׂוֹר
י לַחֹדֶשׁ בְּיוֹם הַכִּפֻּרִים תַּעֲבִירוּ שׁוֹפָר בְּכָל־אַרְצְכֶם: וְקִדַּשְׁתֶּם
אֵת שְׁנַת הַחֲמִשִּׁים שָׁנָה וּקְרָאתֶם דְּרוֹר בָּאָרֶץ לְכָל־יֹשְׁבֶיהָ
יוֹבֵל הִוא תִּהְיֶה לָכֶם וְשַׁבְתֶּם אִישׁ אֶל־אֲחֻזָּתוֹ וְאִישׁ אֶל־
יא מִשְׁפַּחְתּוֹ תָּשֻׁבוּ: יוֹבֵל הִוא שְׁנַת הַחֲמִשִּׁים שָׁנָה תִּהְיֶה לָכֶם
לֹא תִזְרָעוּ וְלֹא תִקְצְרוּ אֶת־סְפִיחֶיהָ וְלֹא תִבְצְרוּ אֶת־נְזִרֶיהָ:
יב כִּי יוֹבֵל הִוא קֹדֶשׁ תִּהְיֶה לָכֶם מִן־הַשָּׂדֶה תֹּאכְלוּ אֶת־תְּבוּאָתָהּ:
יג יד בִּשְׁנַת הַיּוֹבֵל הַזֹּאת תָּשֻׁבוּ אִישׁ אֶל־אֲחֻזָּתוֹ: * וְכִי־תִמְכְּרוּ ב שני
מִמְכָּר לַעֲמִיתֶךָ אוֹ קָנֹה מִיַּד עֲמִיתֶךָ אַל־תּוֹנוּ אִישׁ אֶת־
טו אָחִיו: בְּמִסְפַּר שָׁנִים אַחַר הַיּוֹבֵל תִּקְנֶה מֵאֵת עֲמִיתֶךָ בְּמִסְפַּר

הושבתי את בני ישראל בהוציאי אותם מארץ מצרים
אני יהוה אלהיכם וידבר משה את מעדי יהוה אל בני
ישראל

וידבר יהוה אל משה לאמר צו את בני ישראל ויקחו אליך
שמן זית זך כתית למאור להעלת נר תמיד מחוץ לפרכת
העדת באהל מועד יערך אתו אהרן מערב עד בקר לפני
יהוה תמיד חקת עולם לדרתיכם על המנרה הטהרה יערך
את הנרות לפני יהוה תמיד

ולקחת סלת ואפית אתה שתים עשרה חלות שני עשרנים יהיה
החלה האחת ושמת אותם שתים מערכות שש המערכת
על השלחן הטהר לפני יהוה ונתת על המערכת לבנה
זכה והיתה ללחם לאזכרה אשה ליהוה ביום השבת ביום
השבת יערכנו לפני יהוה תמיד מאת בני ישראל ברית עולם
והיתה לאהרן ולבניו ואכלהו במקום קדש כי קדש קדשים
הוא לו מאשי יהוה חק עולם ויצא בן אשה
ישראלית והוא בן איש מצרי בתוך בני ישראל וינצו במחנה
בן הישראלית ואיש הישראלי ויקב בן האשה הישראלית
את השם ויקלל ויביאו אתו אל משה ושם אמו שלמית
בת דברי למטה דן ויניחהו במשמר לפרש להם על פי
יהוה

וידבר יהוה אל משה לאמר הוצא את המקלל אל מחוץ
למחנה וסמכו כל השמעים את ידיהם על ראשו ורגמו אתו
כל העדה ואל בני ישראל תדבר לאמר איש איש כי
יקלל אלהיו ונשא חטאו ונקב שם יהוה מות יומת רגום
ירגמו בו כל העדה כגר כאזרח בנקבו שם יומת ואיש כי
יכה כל נפש אדם מות יומת ומכה נפש בהמה ישלמנה
נפש תחת נפש ואיש כי יתן מום בעמיתו כאשר עשה כן

הוֹשַׁבְתִּי אֶת־בְּנֵי יִשְׂרָאֵל בְּהוֹצִיאִי אוֹתָם מֵאֶרֶץ מִצְרָיִם
מד אֲנִי יְהוָה אֱלֹהֵיכֶם׃ וַיְדַבֵּר מֹשֶׁה אֶת־מֹעֲדֵי יְהוָה אֶל־בְּנֵי
יִשְׂרָאֵל׃

כד א ב וַיְדַבֵּר יְהוָה אֶל־מֹשֶׁה לֵּאמֹר׃ צַו אֶת־בְּנֵי יִשְׂרָאֵל וְיִקְחוּ אֵלֶיךָ שביעי
ג שֶׁמֶן זַיִת זָךְ כָּתִית לַמָּאוֹר לְהַעֲלֹת נֵר תָּמִיד׃ מִחוּץ לְפָרֹכֶת
הָעֵדֻת בְּאֹהֶל מוֹעֵד יַעֲרֹךְ אֹתוֹ אַהֲרֹן מֵעֶרֶב עַד־בֹּקֶר לִפְנֵי
ד יְהוָה תָּמִיד חֻקַּת עוֹלָם לְדֹרֹתֵיכֶם׃ עַל הַמְּנֹרָה הַטְּהֹרָה יַעֲרֹךְ
אֶת־הַנֵּרוֹת לִפְנֵי יְהוָה תָּמִיד׃
ה וְלָקַחְתָּ סֹלֶת וְאָפִיתָ אֹתָהּ שְׁתֵּים עֶשְׂרֵה חַלּוֹת שְׁנֵי עֶשְׂרֹנִים יִהְיֶה ✶
ו הַחַלָּה הָאֶחָת׃ וְשַׂמְתָּ אוֹתָם שְׁתַּיִם מַעֲרָכוֹת שֵׁשׁ הַמַּעֲרָכֶת
ז עַל הַשֻּׁלְחָן הַטָּהֹר לִפְנֵי יְהוָה׃ וְנָתַתָּ עַל־הַמַּעֲרֶכֶת לְבֹנָה
ח זַכָּה וְהָיְתָה לַלֶּחֶם לְאַזְכָּרָה אִשֶּׁה לַיהוָה׃ בְּיוֹם הַשַּׁבָּת בְּיוֹם
הַשַּׁבָּת יַעַרְכֶנּוּ לִפְנֵי יְהוָה תָּמִיד מֵאֵת בְּנֵי־יִשְׂרָאֵל בְּרִית עוֹלָם׃
ט וְהָיְתָה לְאַהֲרֹן וּלְבָנָיו וַאֲכָלֻהוּ בְּמָקוֹם קָדֹשׁ כִּי קֹדֶשׁ קָדָשִׁים
י הוּא לוֹ מֵאִשֵּׁי יְהוָה חָק־עוֹלָם׃ וַיֵּצֵא בֶּן־אִשָּׁה ✶
יִשְׂרְאֵלִית וְהוּא בֶּן־אִישׁ מִצְרִי בְּתוֹךְ בְּנֵי יִשְׂרָאֵל וַיִּנָּצוּ בַּמַּחֲנֶה
יא בֶּן הַיִּשְׂרְאֵלִית וְאִישׁ הַיִּשְׂרְאֵלִי׃ וַיִּקֹּב בֶּן־הָאִשָּׁה הַיִּשְׂרְאֵלִית
אֶת־הַשֵּׁם וַיְקַלֵּל וַיָּבִיאוּ אֹתוֹ אֶל־מֹשֶׁה וְשֵׁם אִמּוֹ שְׁלֹמִית
יב בַּת־דִּבְרִי לְמַטֵּה־דָן׃ וַיַּנִּיחֻהוּ בַּמִּשְׁמָר לִפְרֹשׁ לָהֶם עַל־פִּי
יְהוָה׃

יג יד וַיְדַבֵּר יְהוָה אֶל־מֹשֶׁה לֵּאמֹר׃ הוֹצֵא אֶת־הַמְקַלֵּל אֶל־מִחוּץ
לַמַּחֲנֶה וְסָמְכוּ כָל־הַשֹּׁמְעִים אֶת־יְדֵיהֶם עַל־רֹאשׁוֹ וְרָגְמוּ אֹתוֹ
טו כָּל־הָעֵדָה׃ וְאֶל־בְּנֵי יִשְׂרָאֵל תְּדַבֵּר לֵאמֹר אִישׁ אִישׁ כִּי־
טז יְקַלֵּל אֱלֹהָיו וְנָשָׂא חֶטְאוֹ׃ וְנֹקֵב שֵׁם־יְהוָה מוֹת יוּמָת רָגוֹם
יז יִרְגְּמוּ־בוֹ כָּל־הָעֵדָה כַּגֵּר כָּאֶזְרָח בְּנָקְבוֹ־שֵׁם יוּמָת׃ וְאִישׁ כִּי
יח יַכֶּה כָּל־נֶפֶשׁ אָדָם מוֹת יוּמָת׃ וּמַכֵּה נֶפֶשׁ־בְּהֵמָה יְשַׁלְּמֶנָּה
יט נֶפֶשׁ תַּחַת נָפֶשׁ׃ וְאִישׁ כִּי־יִתֵּן מוּם בַּעֲמִיתוֹ כַּאֲשֶׁר עָשָׂה כֵּן

בעשור לחדש השביעי הזה יום הכפרים הוא מקרא קדש יהיה לכם ועניתם את נפשתיכם והקרבתם אשה ליהוה וכל מלאכה לא תעשו בעצם היום הזה כי יום כפרים הוא לכפר עליכם לפני יהוה אלהיכם כי כל הנפש אשר לא תענה בעצם היום הזה ונכרתה מעמיה וכל הנפש אשר תעשה כל מלאכה בעצם היום הזה והאבדתי את הנפש ההוא מקרב עמה כל מלאכה לא תעשו חקת עולם לדרתיכם בכל משבתיכם שבת שבתון הוא לכם ועניתם את נפשתיכם בתשעה לחדש בערב מערב עד ערב תשבתו שבתכם

וידבר יהוה אל משה לאמר דבר אל בני ישראל לאמר בחמשה עשר יום לחדש השביעי הזה חג הסכות שבעת ימים ליהוה ביום הראשון מקרא קדש כל מלאכת עבדה לא תעשו שבעת ימים תקריבו אשה ליהוה ביום השמיני מקרא קדש יהיה לכם והקרבתם אשה ליהוה עצרת הוא כל מלאכת עבדה לא תעשו אלה מועדי יהוה אשר תקראו אתם מקראי קדש להקריב אשה ליהוה עלה ומנחה זבח ונסכים דבר יום ביומו מלבד שבתת יהוה ומלבד מתנותיכם ומלבד כל נדריכם ומלבד כל נדבתיכם אשר תתנו ליהוה אך בחמשה עשר יום לחדש השביעי באספכם את תבואת הארץ תחגו את חג יהוה שבעת ימים ביום הראשון שבתון וביום השמיני שבתון ולקחתם לכם ביום הראשון פרי עץ הדר כפת תמרים וענף עץ עבת וערבי נחל ושמחתם לפני יהוה אלהיכם שבעת ימים וחגתם אתו חג ליהוה שבעת ימים בשנה חקת עולם לדרתיכם בחדש השביעי תחגו אתו בסכת תשבו שבעת ימים כל האזרח בישראל ישבו בסכת למען ידעו דרתיכם כי בסכות

בֶּעָשׂוֹר לַחֹדֶשׁ הַשְּׁבִיעִי הַזֶּה יוֹם הַכִּפֻּרִים הוּא מִקְרָא־קֹדֶשׁ
יִהְיֶה לָכֶם וְעִנִּיתֶם אֶת־נַפְשֹׁתֵיכֶם וְהִקְרַבְתֶּם אִשֶּׁה לַיהוה׃
כח וְכָל־מְלָאכָה לֹא תַעֲשׂוּ בְּעֶצֶם הַיּוֹם הַזֶּה כִּי יוֹם כִּפֻּרִים הוּא
כט לְכַפֵּר עֲלֵיכֶם לִפְנֵי יהוה אֱלֹהֵיכֶם׃ כִּי כָל־הַנֶּפֶשׁ אֲשֶׁר לֹא־
ל תְעֻנֶּה בְּעֶצֶם הַיּוֹם הַזֶּה וְנִכְרְתָה מֵעַמֶּיהָ׃ וְכָל־הַנֶּפֶשׁ אֲשֶׁר
תַּעֲשֶׂה כָּל־מְלָאכָה בְּעֶצֶם הַיּוֹם הַזֶּה וְהַאֲבַדְתִּי אֶת־הַנֶּפֶשׁ
לא הַהִוא מִקֶּרֶב עַמָּהּ׃ כָּל־מְלָאכָה לֹא תַעֲשׂוּ חֻקַּת עוֹלָם
לב לְדֹרֹתֵיכֶם בְּכֹל מֹשְׁבֹתֵיכֶם׃ שַׁבַּת שַׁבָּתוֹן הוּא לָכֶם וְעִנִּיתֶם
אֶת־נַפְשֹׁתֵיכֶם בְּתִשְׁעָה לַחֹדֶשׁ בָּעֶרֶב מֵעֶרֶב עַד־עֶרֶב תִּשְׁבְּתוּ
שַׁבַּתְּכֶם׃
לג לד וַיְדַבֵּר יהוה אֶל־מֹשֶׁה לֵּאמֹר׃ דַּבֵּר אֶל־בְּנֵי יִשְׂרָאֵל לֵאמֹר ששי
בַּחֲמִשָּׁה עָשָׂר יוֹם לַחֹדֶשׁ הַשְּׁבִיעִי הַזֶּה חַג הַסֻּכּוֹת שִׁבְעַת
לה יָמִים לַיהוה׃ בַּיּוֹם הָרִאשׁוֹן מִקְרָא־קֹדֶשׁ כָּל־מְלֶאכֶת עֲבֹדָה
לו לֹא תַעֲשׂוּ׃ שִׁבְעַת יָמִים תַּקְרִיבוּ אִשֶּׁה לַיהוה בַּיּוֹם הַשְּׁמִינִי
מִקְרָא־קֹדֶשׁ יִהְיֶה לָכֶם וְהִקְרַבְתֶּם אִשֶּׁה לַיהוה עֲצֶרֶת הִוא
לז כָּל־מְלֶאכֶת עֲבֹדָה לֹא תַעֲשׂוּ׃ אֵלֶּה מוֹעֲדֵי יהוה אֲשֶׁר־ ★
תִּקְרְאוּ אֹתָם מִקְרָאֵי קֹדֶשׁ לְהַקְרִיב אִשֶּׁה לַיהוה עֹלָה וּמִנְחָה
לח זֶבַח וּנְסָכִים דְּבַר־יוֹם בְּיוֹמוֹ׃ מִלְּבַד שַׁבְּתֹת יהוה וּמִלְּבַד
מַתְּנוֹתֵיכֶם וּמִלְּבַד כָּל־נִדְרֵיכֶם וּמִלְּבַד כָּל־נִדְבֹתֵיכֶם אֲשֶׁר
לט תִּתְּנוּ לַיהוה׃ אַךְ בַּחֲמִשָּׁה עָשָׂר יוֹם לַחֹדֶשׁ הַשְּׁבִיעִי בְּאָסְפְּכֶם
אֶת־תְּבוּאַת הָאָרֶץ תָּחֹגּוּ אֶת־חַג־יהוה שִׁבְעַת יָמִים בַּיּוֹם
מ הָרִאשׁוֹן שַׁבָּתוֹן וּבַיּוֹם הַשְּׁמִינִי שַׁבָּתוֹן׃ וּלְקַחְתֶּם לָכֶם בַּיּוֹם ★
הָרִאשׁוֹן פְּרִי עֵץ הָדָר כַּפֹּת תְּמָרִים וַעֲנַף עֵץ־עָבֹת וְעַרְבֵי־
מא נָחַל וּשְׂמַחְתֶּם לִפְנֵי יהוה אֱלֹהֵיכֶם שִׁבְעַת יָמִים׃ וְחַגֹּתֶם
אֹתוֹ חַג לַיהוה שִׁבְעַת יָמִים בַּשָּׁנָה חֻקַּת עוֹלָם לְדֹרֹתֵיכֶם
מב בַּחֹדֶשׁ הַשְּׁבִיעִי תָּחֹגּוּ אֹתוֹ׃ בַּסֻּכֹּת תֵּשְׁבוּ שִׁבְעַת יָמִים כָּל־
מג הָאֶזְרָח בְּיִשְׂרָאֵל יֵשְׁבוּ בַּסֻּכֹּת׃ לְמַעַן יֵדְעוּ דֹרֹתֵיכֶם כִּי בַסֻּכּוֹת

אלהם כי תבאו אל הארץ אשר אני נתן לכם וקצרתם
את קצירה והבאתם את עמר ראשית קצירכם אל הכהן
והניף את העמר לפני יהוה לרצנכם ממחרת השבת יניפנו
הכהן ועשיתם ביום הניפכם את העמר כבש תמים בן
שנתו לעלה ליהוה ומנחתו שני עשרנים סלת בלולה
בשמן אשה ליהוה ריח ניחח ונסכה יין רביעת ההין
ולחם וקלי וכרמל לא תאכלו עד עצם היום הזה עד
הביאכם את קרבן אלהיכם חקת עולם לדרתיכם בכל
משבתיכם וספרתם לכם ממחרת השבת
מיום הביאכם את עמר התנופה שבע שבתות תמימת
תהיינה עד ממחרת השבת השביעת תספרו חמשים יום
והקרבתם מנחה חדשה ליהוה ממושבתיכם תביאו לחם
תנופה שתים שני עשרנים סלת תהיינה חמץ תאפינה בכורים
ליהוה והקרבתם על הלחם שבעת כבשים תמימם בני
שנה ופר בן בקר אחד ואילם שנים יהיו עלה ליהוה ומנחתם
ונסכיהם אשה ריח ניחח ליהוה ועשיתם שעיר עזים אחד
לחטאת ושני כבשים בני שנה לזבח שלמים והניף הכהן
אתם על לחם הבכרים תנופה לפני יהוה על שני כבשים
קדש יהיו ליהוה לכהן וקראתם בעצם היום הזה מקרא
קדש יהיה לכם כל מלאכת עבדה לא תעשו חקת עולם
בכל מושבתיכם לדרתיכם ובקצרכם את קציר ארצכם
לא תכלה פאת שדך בקצרך ולקט קצירך לא תלקט לעני
ולגר תעזב אתם אני יהוה אלהיכם
וידבר יהוה אל משה לאמר דבר אל בני ישראל לאמר
בחדש השביעי באחד לחדש יהיה לכם שבתון זכרון תרועה
מקרא קדש כל מלאכת עבדה לא תעשו והקרבתם אשה
ליהוה וידבר יהוה אל משה לאמר אך

אֲלֵהֶ֗ם כִּֽי־תָבֹ֣אוּ אֶל־הָאָ֗רֶץ אֲשֶׁ֤ר אֲנִי֙ נֹתֵ֣ן לָכֶ֔ם וּקְצַרְתֶּ֖ם
אֶת־קְצִירָ֑הּ וַהֲבֵאתֶ֥ם אֶת־עֹ֛מֶר רֵאשִׁ֥ית קְצִירְכֶ֖ם אֶל־הַכֹּהֵֽן׃
יא וְהֵנִ֧יף אֶת־הָעֹ֛מֶר לִפְנֵ֥י יְהוָ֖ה לִֽרְצֹנְכֶ֑ם מִֽמָּחֳרַת֙ הַשַּׁבָּ֔ת יְנִיפֶ֖נּוּ
יב הַכֹּהֵֽן׃ וַעֲשִׂיתֶ֕ם בְּי֥וֹם הֲנִֽיפְכֶ֖ם אֶת־הָעֹ֑מֶר כֶּ֣בֶשׂ תָּמִ֧ים בֶּן־ ★
יג שְׁנָת֛וֹ לְעֹלָ֖ה לַֽיהוָֽה׃ וּמִנְחָתוֹ֩ שְׁנֵ֨י עֶשְׂרֹנִ֜ים סֹ֣לֶת בְּלוּלָ֥ה
בַשֶּׁ֛מֶן אִשֶּׁ֥ה לַֽיהוָ֖ה רֵ֣יחַ נִיחֹ֑חַ וְנִסְכֹּ֥ה יַ֖יִן רְבִיעִ֥ת הַהִֽין׃
יד וְלֶ֩חֶם֩ וְקָלִ֨י וְכַרְמֶ֜ל לֹ֣א תֹֽאכְל֗וּ עַד־עֶ֙צֶם֙ הַיּ֣וֹם הַזֶּ֔ה עַ֚ד
הֲבִ֣יאֲכֶ֔ם אֶת־קָרְבַּ֖ן אֱלֹהֵיכֶ֑ם חֻקַּ֤ת עוֹלָם֙ לְדֹרֹ֣תֵיכֶ֔ם בְּכֹ֖ל
טו מֹשְׁבֹתֵיכֶֽם׃ וּסְפַרְתֶּ֤ם לָכֶם֙ מִמָּחֳרַ֣ת הַשַּׁבָּ֔ת יט ★
מִיּוֹם֙ הֲבִ֣יאֲכֶ֔ם אֶת־עֹ֖מֶר הַתְּנוּפָ֑ה שֶׁ֥בַע שַׁבָּת֖וֹת תְּמִימֹ֥ת
טז תִּהְיֶֽינָה׃ עַ֣ד מִֽמָּחֳרַ֤ת הַשַּׁבָּת֙ הַשְּׁבִיעִ֔ת תִּסְפְּר֖וּ חֲמִשִּׁ֣ים י֑וֹם
יז וְהִקְרַבְתֶּ֛ם מִנְחָ֥ה חֲדָשָׁ֖ה לַֽיהוָֽה׃ מִמּוֹשְׁבֹ֨תֵיכֶ֜ם תָּבִ֣יאּוּ ׀ לֶ֣חֶם
תְּנוּפָ֗ה שְׁ֚תַּיִם שְׁנֵ֣י עֶשְׂרֹנִ֔ים סֹ֣לֶת תִּהְיֶ֔ינָה חָמֵ֖ץ תֵּאָפֶ֑ינָה בִּכּוּרִ֖ים
יח לַֽיהוָֽה׃ וְהִקְרַבְתֶּ֣ם עַל־הַלֶּ֗חֶם שִׁבְעַ֨ת כְּבָשִׂ֤ים תְּמִימִם֙ בְּנֵ֣י ★
שָׁנָ֔ה וּפַ֧ר בֶּן־בָּקָ֛ר אֶחָ֖ד וְאֵילִ֣ם שְׁנָ֑יִם יִהְי֤וּ עֹלָה֙ לַֽיהוָ֔ה וּמִנְחָתָם֙
יט וְנִסְכֵּיהֶ֔ם אִשֵּׁ֥ה רֵֽיחַ־נִיחֹ֖חַ לַֽיהוָֽה׃ וַעֲשִׂיתֶ֛ם שְׂעִיר־עִזִּ֥ים אֶחָ֖ד
כ לְחַטָּ֑את וּשְׁנֵ֧י כְבָשִׂ֛ים בְּנֵ֥י שָׁנָ֖ה לְזֶ֥בַח שְׁלָמִֽים׃ וְהֵנִ֣יף הַכֹּהֵ֣ן ׀
אֹתָ֡ם עַל֩ לֶ֨חֶם הַבִּכֻּרִ֤ים תְּנוּפָה֙ לִפְנֵ֣י יְהוָ֔ה עַל־שְׁנֵ֖י כְּבָשִׂ֑ים
כא קֹ֛דֶשׁ יִהְי֥וּ לַֽיהוָ֖ה לַכֹּהֵֽן׃ וּקְרָאתֶ֞ם בְּעֶ֣צֶם ׀ הַיּ֣וֹם הַזֶּ֗ה מִֽקְרָא־
קֹ֙דֶשׁ֙ יִהְיֶ֣ה לָכֶ֔ם כָּל־מְלֶ֥אכֶת עֲבֹדָ֖ה לֹ֣א תַעֲשׂ֑וּ חֻקַּ֥ת עוֹלָ֛ם
כב בְּכָל־מוֹשְׁבֹתֵיכֶ֖ם לְדֹרֹתֵיכֶֽם׃ וּֽבְקֻצְרְכֶ֞ם אֶת־קְצִ֣יר אַרְצְכֶ֗ם
לֹֽא־תְכַלֶּ֞ה פְּאַ֤ת שָֽׂדְךָ֙ בְּקֻצְרֶ֔ךָ וְלֶ֥קֶט קְצִירְךָ֖ לֹ֣א תְלַקֵּ֑ט לֶֽעָנִ֤י
וְלַגֵּר֙ תַּעֲזֹ֣ב אֹתָ֔ם אֲנִ֖י יְהוָ֥ה אֱלֹהֵיכֶֽם׃
כג כד וַיְדַבֵּ֥ר יְהוָ֖ה אֶל־מֹשֶׁ֥ה לֵּאמֹֽר׃ דַּבֵּ֛ר אֶל־בְּנֵ֥י יִשְׂרָאֵ֖ל לֵאמֹ֑ר חמישי
בַּחֹ֨דֶשׁ הַשְּׁבִיעִ֜י בְּאֶחָ֣ד לַחֹ֗דֶשׁ יִהְיֶ֤ה לָכֶם֙ שַׁבָּת֔וֹן זִכְר֥וֹן תְּרוּעָ֖ה
כה מִקְרָא־קֹֽדֶשׁ׃ כָּל־מְלֶ֥אכֶת עֲבֹדָ֖ה לֹ֣א תַעֲשׂ֑וּ וְהִקְרַבְתֶּ֥ם אִשֶּׁ֖ה
כו כז לַֽיהוָֽה׃ וַיְדַבֵּ֥ר יְהוָ֖ה אֶל־מֹשֶׁ֥ה לֵּאמֹֽר׃ אַ֡ךְ ★

ילפת לא תקריבו אלה ליהוה ואשה לא תתנו מהם על
המזבח ליהוה ושור ושה שרוע וקלוט נדבה תעשה אתו
ולנדר לא ירצה ומעוך וכתות ונתוק וכרות לא תקריבו
ליהוה ובארצכם לא תעשו ומיד בן נכר לא תקריבו את
לחם אלהיכם מכל אלה כי משחתם בהם מום בם לא ירצו
לכם וידבר יהוה אל משה לאמר שור או
כשב או עז כי יולד והיה שבעת ימים תחת אמו ומיום השמיני
והלאה ירצה לקרבן אשה ליהוה ושור או שה אתו ואת
בנו לא תשחטו ביום אחד וכי תזבחו זבח תודה ליהוה
לרצנכם תזבחו ביום ההוא יאכל לא תותירו ממנו עד
בקר אני יהוה ושמרתם מצותי ועשיתם אתם אני יהוה
ולא תחללו את שם קדשי ונקדשתי בתוך בני ישראל אני
יהוה מקדשכם המוציא אתכם מארץ מצרים להיות לכם
לאלהים אני יהוה

וידבר יהוה אל משה לאמר דבר אל בני ישראל ואמרת
אלהם מועדי יהוה אשר תקראו אתם מקראי קדש אלה
הם מועדי ששת ימים תעשה מלאכה וביום השביעי שבת
שבתון מקרא קדש כל מלאכה לא תעשו שבת הוא ליהוה
בכל מושבתיכם

אלה מועדי יהוה מקראי קדש אשר תקראו אתם במועדם
בחדש הראשון בארבעה עשר לחדש בין הערבים פסח
ליהוה ובחמשה עשר יום לחדש הזה חג המצות ליהוה
שבעת ימים מצות תאכלו ביום הראשון מקרא קדש יהיה
לכם כל מלאכת עבדה לא תעשו והקרבתם אשה ליהוה
שבעת ימים ביום השביעי מקרא קדש כל מלאכת עבדה
לא תעשו

וידבר יהוה אל משה לאמר דבר אל בני ישראל ואמרת

יַלֶּפֶת לֹא־תַקְרִיבוּ אֵלֶּה לַיהוָה וְאִשֶּׁה לֹא־תִתְּנוּ מֵהֶם עַל־
כג הַמִּזְבֵּחַ לַיהוָה׃ וְשׁוֹר וָשֶׂה שָׂרוּעַ וְקָלוּט נְדָבָה תַּעֲשֶׂה אֹתוֹ
כד וּלְנֵדֶר לֹא יֵרָצֶה׃ וּמָעוּךְ וְכָתוּת וְנָתוּק וְכָרוּת לֹא תַקְרִיבוּ
כה לַיהוָה וּבְאַרְצְכֶם לֹא תַעֲשׂוּ׃ וּמִיַּד בֶּן־נֵכָר לֹא תַקְרִיבוּ אֶת־
לֶחֶם אֱלֹהֵיכֶם מִכָּל־אֵלֶּה כִּי מָשְׁחָתָם בָּהֶם מוּם בָּם לֹא יֵרָצוּ
כו כז לָכֶם׃ וַיְדַבֵּר יְהוָה אֶל־מֹשֶׁה לֵּאמֹר׃ שׁוֹר אוֹ־
כֶשֶׂב אוֹ־עֵז כִּי יִוָּלֵד וְהָיָה שִׁבְעַת יָמִים תַּחַת אִמּוֹ וּמִיּוֹם הַשְּׁמִינִי
כח וָהָלְאָה יֵרָצֶה לְקָרְבַּן אִשֶּׁה לַיהוָה׃ וְשׁוֹר אוֹ־שֶׂה אֹתוֹ וְאֶת־
כט בְּנוֹ לֹא תִשְׁחֲטוּ בְּיוֹם אֶחָד׃ וְכִי־תִזְבְּחוּ זֶבַח־תּוֹדָה לַיהוָה
ל לִרְצֹנְכֶם תִּזְבָּחוּ׃ בַּיּוֹם הַהוּא יֵאָכֵל לֹא־תוֹתִירוּ מִמֶּנּוּ עַד־
לא בֹּקֶר אֲנִי יְהוָה׃ וּשְׁמַרְתֶּם מִצְוֺתַי וַעֲשִׂיתֶם אֹתָם אֲנִי יְהוָה׃ *
לב וְלֹא תְחַלְּלוּ אֶת־שֵׁם קָדְשִׁי וְנִקְדַּשְׁתִּי בְּתוֹךְ בְּנֵי יִשְׂרָאֵל אֲנִי
לג יְהוָה מְקַדִּשְׁכֶם׃ הַמּוֹצִיא אֶתְכֶם מֵאֶרֶץ מִצְרַיִם לִהְיוֹת לָכֶם
לֵאלֹהִים אֲנִי יְהוָה׃

כג א ב וַיְדַבֵּר יְהוָה אֶל־מֹשֶׁה לֵּאמֹר׃ דַּבֵּר אֶל־בְּנֵי יִשְׂרָאֵל וְאָמַרְתָּ רביעי
אֲלֵהֶם מוֹעֲדֵי יְהוָה אֲשֶׁר־תִּקְרְאוּ אֹתָם מִקְרָאֵי קֹדֶשׁ אֵלֶּה
ג הֵם מוֹעֲדָי׃ שֵׁשֶׁת יָמִים תֵּעָשֶׂה מְלָאכָה וּבַיּוֹם הַשְּׁבִיעִי שַׁבַּת
שַׁבָּתוֹן מִקְרָא־קֹדֶשׁ כָּל־מְלָאכָה לֹא תַעֲשׂוּ שַׁבָּת הִוא לַיהוָה
בְּכֹל מוֹשְׁבֹתֵיכֶם׃

ד אֵלֶּה מוֹעֲדֵי יְהוָה מִקְרָאֵי קֹדֶשׁ אֲשֶׁר־תִּקְרְאוּ אֹתָם בְּמוֹעֲדָם׃ *
ה בַּחֹדֶשׁ הָרִאשׁוֹן בְּאַרְבָּעָה עָשָׂר לַחֹדֶשׁ בֵּין הָעַרְבָּיִם פֶּסַח
ו לַיהוָה׃ וּבַחֲמִשָּׁה עָשָׂר יוֹם לַחֹדֶשׁ הַזֶּה חַג הַמַּצּוֹת לַיהוָה
ז שִׁבְעַת יָמִים מַצּוֹת תֹּאכֵלוּ׃ בַּיּוֹם הָרִאשׁוֹן מִקְרָא־קֹדֶשׁ יִהְיֶה
ח לָכֶם כָּל־מְלֶאכֶת עֲבֹדָה לֹא תַעֲשׂוּ׃ וְהִקְרַבְתֶּם אִשֶּׁה לַיהוָה
שִׁבְעַת יָמִים בַּיּוֹם הַשְּׁבִיעִי מִקְרָא־קֹדֶשׁ כָּל־מְלֶאכֶת עֲבֹדָה
לֹא תַעֲשׂוּ׃

ט וַיְדַבֵּר יְהוָה אֶל־מֹשֶׁה לֵּאמֹר׃ דַּבֵּר אֶל־בְּנֵי יִשְׂרָאֵל וְאָמַרְתָּ *

ליהוה וטמאתו עליו ונכרתה הנפש ההוא מלפני אני יהוה
איש איש מזרע אהרן והוא צרוע או זב בקדשים לא יאכל
עד אשר יטהר והנגע בכל טמא נפש או איש אשר תצא
ממנו שכבת זרע או איש אשר יגע בכל שרץ אשר יטמא
לו או באדם אשר יטמא לו לכל טמאתו נפש אשר תגע
בו וטמאה עד הערב ולא יאכל מן הקדשים כי אם רחץ
בשרו במים ובא השמש וטהר ואחר יאכל מן הקדשים
כי לחמו הוא נבלה וטרפה לא יאכל לטמאה בה אני יהוה
ושמרו את משמרתי ולא ישאו עליו חטא ומתו בו כי יחללהו
אני יהוה מקדשם וכל זר לא יאכל קדש תושב כהן ושכיר
לא יאכל קדש וכהן כי יקנה נפש קנין כספו הוא יאכל
בו ויליד ביתו הם יאכלו בלחמו ובת כהן כי תהיה לאיש
זר הוא בתרומת הקדשים לא תאכל ובת כהן כי תהיה
אלמנה וגרושה וזרע אין לה ושבה אל בית אביה כנעוריה
מלחם אביה תאכל וכל זר לא יאכל בו ואיש כי יאכל
קדש בשגגה ויסף חמשיתו עליו ונתן לכהן את הקדש
ולא יחללו את קדשי בני ישראל את אשר ירימו ליהוה
והשיאו אותם עון אשמה באכלם את קדשיהם כי אני יהוה
מקדשם

וידבר יהוה אל משה לאמר דבר אל אהרן ואל בניו ואל
כל בני ישראל ואמרת אלהם איש איש מבית ישראל ומן
הגר בישראל אשר יקריב קרבנו לכל נדריהם ולכל נדבותם
אשר יקריבו ליהוה לעלה לרצנכם תמים זכר בבקר
בכשבים ובעזים כל אשר בו מום לא תקריבו כי לא לרצון
יהיה לכם ואיש כי יקריב זבח שלמים ליהוה לפלא נדר
או לנדבה בבקר או בצאן תמים יהיה לרצון כל מום לא
יהיה בו עורת או שבור או חרוץ או יבלת או גרב או

לַיהוָֹה וְטֻמְאָתוֹ עָלָיו וְנִכְרְתָ֛ה הַנֶּ֥פֶשׁ הַהִ֖וא מִלְּפָנַ֑י אֲנִ֥י יְהוָֹה:

ד אִ֣ישׁ אִ֣ישׁ מִזֶּ֣רַע אַהֲרֹ֡ן וְה֣וּא צָר֣וּעַ א֣וֹ זָ֡ב בַּקֳּדָשִׁים֩ לֹ֨א יֹאכַ֜ל עַ֣ד אֲשֶׁ֣ר יִטְהָ֗ר וְהַנֹּגֵ֨עַ֙ בְּכׇל־טְמֵא־נֶ֔פֶשׁ א֣וֹ אִ֔ישׁ אֲשֶׁר־תֵּצֵ֥א

ה מִמֶּ֖נּוּ שִׁכְבַת־זָ֑רַע אוֹ־אִישׁ֙ אֲשֶׁ֣ר יִגַּ֔ע בְּכׇל־שֶׁ֖רֶץ אֲשֶׁ֥ר יִטְמָא־

ו ל֗וֹ א֤וֹ בְאָדָם֙ אֲשֶׁ֣ר יִטְמָא־ל֔וֹ לְכֹ֖ל טֻמְאָת֑וֹ נֶ֚פֶשׁ אֲשֶׁ֣ר תִּגַּע־בּ֗וֹ וְטָֽמְאָ֣ה עַד־הָעֶ֔רֶב וְלֹ֤א יֹאכַל֙ מִן־הַקֳּדָשִׁ֔ים כִּ֥י אִם־רָחַ֥ץ

ז בְּשָׂר֖וֹ בַּמָּֽיִם: וּבָ֣א הַשֶּׁ֗מֶשׁ וְטָהֵ֑ר וְאַחַר֙ יֹאכַ֣ל מִן־הַקֳּדָשִׁ֔ים

ח כִּ֥י לַחְמ֖וֹ הֽוּא: נְבֵלָ֤ה וּטְרֵפָה֙ לֹ֣א יֹאכַ֔ל לְטׇמְאָה־בָ֑הּ אֲנִ֖י יְהוָֹה:

ט וְשָׁמְר֣וּ אֶת־מִשְׁמַרְתִּ֗י וְלֹא־יִשְׂא֤וּ עָלָיו֙ חֵ֔טְא וּמֵ֥תוּ ב֖וֹ כִּ֣י יְחַלְּלֻ֑הוּ  ٭

י אֲנִ֥י יְהוָֹ֖ה מְקַדְּשָֽׁם: וְכׇל־זָ֖ר לֹא־יֹ֣אכַל קֹ֑דֶשׁ תּוֹשַׁ֥ב כֹּהֵ֛ן וְשָׂכִ֖יר

יא לֹא־יֹ֥אכַל קֹֽדֶשׁ: וְכֹהֵ֗ן כִּֽי־יִקְנֶ֥ה נֶ֙פֶשׁ֙ קִנְיַ֣ן כַּסְפּ֔וֹ ה֖וּא יֹ֣אכַל

יב בּ֑וֹ וִילִ֣יד בֵּית֔וֹ הֵ֖ם יֹאכְל֥וּ בְלַחְמֽוֹ: וּבַת־כֹּהֵ֔ן כִּ֥י תִהְיֶ֖ה לְאִ֣ישׁ  ٭

יג זָ֑ר הִ֕וא בִּתְרוּמַ֥ת הַקֳּדָשִׁ֖ים לֹ֣א תֹאכֵֽל: וּבַת־כֹּהֵן֩ כִּ֨י תִהְיֶ֜ה אַלְמָנָ֣ה וּגְרוּשָׁ֗ה וְזֶ֘רַע֮ אֵ֣ין לָהּ֒ וְשָׁבָ֞ה אֶל־בֵּ֤ית אָבִ֙יהָ֙ כִּנְעוּרֶ֔יהָ

יד מִלֶּ֥חֶם אָבִ֖יהָ תֹּאכֵ֑ל וְכׇל־זָ֖ר לֹא־יֹ֥אכַל בּֽוֹ: וְאִ֕ישׁ כִּֽי־יֹאכַ֥ל קֹ֖דֶשׁ בִּשְׁגָגָ֑ה וְיָסַ֤ף חֲמִֽשִׁיתוֹ֙ עָלָ֔יו וְנָתַ֥ן לַכֹּהֵ֖ן אֶת־הַקֹּֽדֶשׁ:

טו וְלֹ֣א יְחַלְּל֔וּ אֶת־קׇדְשֵׁ֖י בְּנֵ֣י יִשְׂרָאֵ֑ל אֵ֥ת אֲשֶׁר־יָרִ֖ימוּ לַיהוָֹֽה:

טז וְהִשִּׂ֤יאוּ אוֹתָם֙ עֲוֺ֣ן אַשְׁמָ֔ה בְּאׇכְלָ֖ם אֶת־קׇדְשֵׁיהֶ֑ם כִּ֛י אֲנִ֥י יְהוָֹ֖ה מְקַדְּשָֽׁם:

יז וַיְדַבֵּ֥ר יְהוָֹ֖ה אֶל־מֹשֶׁ֥ה לֵּאמֹֽר: דַּבֵּ֨ר אֶֽל־אַהֲרֹ֜ן וְאֶל־בָּנָ֗יו וְאֶל֙  שליש

כׇּל־בְּנֵ֣י יִשְׂרָאֵ֔ל וְאָמַרְתָּ֖ אֲלֵהֶ֑ם אִ֣ישׁ אִישׁ֩ מִבֵּ֨ית יִשְׂרָאֵ֜ל וּמִן־הַגֵּ֣ר בְּיִשְׂרָאֵ֗ל אֲשֶׁ֨ר יַקְרִ֤יב קׇרְבָּנוֹ֙ לְכׇל־נִדְרֵיהֶם֙ וּלְכׇל־נִדְבוֹתָ֔ם

יט אֲשֶׁר־יַקְרִ֥יבוּ לַיהוָֹ֖ה לְעֹלָֽה: לִֽרְצֹנְכֶ֑ם תָּמִ֣ים זָכָ֔ר בַּבָּקָ֕ר

כ בַּכְּשָׂבִ֖ים וּבָעִזִּֽים: כֹּ֛ל אֲשֶׁר־בּ֥וֹ מ֖וּם לֹ֣א תַקְרִ֑יבוּ כִּי־לֹ֥א לְרָצ֖וֹן  ٭

כא יִהְיֶ֥ה לָכֶֽם: וְאִ֗ישׁ כִּֽי־יַקְרִ֥יב זֶֽבַח־שְׁלָמִים֙ לַיהוָֹ֔ה לְפַלֵּא־נֶ֙דֶר֙ א֣וֹ לִנְדָבָ֔ה בַּבָּקָ֖ר א֣וֹ בַצֹּ֑אן תָּמִ֤ים יִֽהְיֶה֙ לְרָצ֔וֹן כׇּל־מ֖וּם לֹ֥א

כב יִֽהְיֶה־בּֽוֹ: עַוֶּ֩רֶת֩ א֨וֹ שָׁב֜וּר אוֹ־חָר֣וּץ אֽוֹ־יַבֶּ֗לֶת א֤וֹ גָרָב֙ א֣וֹ

מאישה לא יקחו כי קדש הוא לאלהיו וקדשתו כי את
לחם אלהיך הוא מקריב קדש יהיה לך כי קדוש אני יהוה
מקדשכם ובת איש כהן כי תחל לזנות את אביה היא
מחללת באש תשרף והכהן הגדול מאחיו
אשר יוצק על ראשו שמן המשחה ומלא את ידו ללבש
את הבגדים את ראשו לא יפרע ובגדיו לא יפרם ועל כל
נפשת מת לא יבא לאביו ולאמו לא יטמא ומן המקדש
לא יצא ולא יחלל את מקדש אלהיו כי נזר שמן משחת
אלהיו עליו אני יהוה והוא אשה בבתוליה יקח אלמנה
וגרושה וחללה זנה את אלה לא יקח כי אם בתולה
מעמיו יקח אשה ולא יחלל זרעו בעמיו כי אני יהוה
מקדשו וידבר יהוה אל משה לאמר דבר
אל אהרן לאמר איש מזרעך לדרתם אשר יהיה בו מום לא
יקרב להקריב לחם אלהיו כי כל איש אשר בו מום לא
יקרב איש עור או פסח או חרם או שרוע או איש אשר
יהיה בו שבר רגל או שבר יד או גבן או דק או תבלל בעינו
או גרב או ילפת או מרוח אשך כל איש אשר בו מום
מזרע אהרן הכהן לא יגש להקריב את אשי יהוה מום בו
את לחם אלהיו לא יגש להקריב לחם אלהיו מקדשי
הקדשים ומן הקדשים יאכל אך אל הפרכת לא יבא ואל
המזבח לא יגש כי מום בו ולא יחלל את מקדשי כי אני
יהוה מקדשם וידבר משה אל אהרן ואל בניו ואל כל
בני ישראל

וידבר יהוה אל משה לאמר דבר אל אהרן ואל בניו וינזרו
מקדשי בני ישראל ולא יחללו את שם קדשי אשר הם
מקדשים לי אני יהוה אמר אלהם לדרתיכם כל איש אשר
יקרב מכל זרעכם אל הקדשים אשר יקדישו בני ישראל

ח מֵאִישָׁהּ לֹא יִקָּחוּ כִּי־קָדֹשׁ הוּא לֵאלֹהָיו: וְקִדַּשְׁתּוֹ כִּי־אֶת־
לֶחֶם אֱלֹהֶיךָ הוּא מַקְרִיב קָדֹשׁ יִהְיֶה־לָּךְ כִּי קָדוֹשׁ אֲנִי יְהוָה
ט מְקַדִּשְׁכֶם: וּבַת אִישׁ כֹּהֵן כִּי תֵחֵל לִזְנוֹת אֶת־אָבִיהָ הִיא
י מְחַלֶּלֶת בָּאֵשׁ תִּשָּׂרֵף: וְהַכֹּהֵן הַגָּדוֹל מֵאֶחָיו
אֲשֶׁר־יוּצַק עַל־רֹאשׁוֹ ׀ שֶׁמֶן הַמִּשְׁחָה וּמִלֵּא אֶת־יָדוֹ לִלְבֹּשׁ
יא אֶת־הַבְּגָדִים אֶת־רֹאשׁוֹ לֹא יִפְרָע וּבְגָדָיו לֹא יִפְרֹם: וְעַל כָּל־
יב נַפְשֹׁת מֵת לֹא יָבֹא לְאָבִיו וּלְאִמּוֹ לֹא יִטַּמָּא: וּמִן־הַמִּקְדָּשׁ
לֹא יֵצֵא וְלֹא יְחַלֵּל אֵת מִקְדַּשׁ אֱלֹהָיו כִּי נֵזֶר שֶׁמֶן מִשְׁחַת
יג יד אֱלֹהָיו עָלָיו אֲנִי יְהוָה: וְהוּא אִשָּׁה בִבְתוּלֶיהָ יִקָּח: אַלְמָנָה *
וּגְרוּשָׁה וַחֲלָלָה זֹנָה אֶת־אֵלֶּה לֹא יִקָּח כִּי אִם־בְּתוּלָה
טו מֵעַמָּיו יִקַּח אִשָּׁה: וְלֹא־יְחַלֵּל זַרְעוֹ בְּעַמָּיו כִּי אֲנִי יְהוָה
טז יז מְקַדְּשׁוֹ: וַיְדַבֵּר יְהוָה אֶל־מֹשֶׁה לֵּאמֹר: דַּבֵּר שני
אֶל־אַהֲרֹן לֵאמֹר אִישׁ מִזַּרְעֲךָ לְדֹרֹתָם אֲשֶׁר יִהְיֶה בוֹ מוּם לֹא
יח יִקְרַב לְהַקְרִיב לֶחֶם אֱלֹהָיו: כִּי כָל־אִישׁ אֲשֶׁר־בּוֹ מוּם לֹא
יט יִקְרָב אִישׁ עִוֵּר אוֹ פִסֵּחַ אוֹ חָרֻם אוֹ שָׂרוּעַ: אוֹ אִישׁ אֲשֶׁר־
כ יִהְיֶה בוֹ שֶׁבֶר רָגֶל אוֹ שֶׁבֶר יָד: אוֹ־גִבֵּן אוֹ־דַק אוֹ תְּבַלֻּל בְּעֵינוֹ
כא אוֹ גָרָב אוֹ יַלֶּפֶת אוֹ מְרוֹחַ אָשֶׁךְ: כָּל־אִישׁ אֲשֶׁר־בּוֹ מוּם
מִזֶּרַע אַהֲרֹן הַכֹּהֵן לֹא יִגַּשׁ לְהַקְרִיב אֶת־אִשֵּׁי יְהוָה מוּם בּוֹ
כב אֵת לֶחֶם אֱלֹהָיו לֹא יִגַּשׁ לְהַקְרִיב: לֶחֶם אֱלֹהָיו מִקָּדְשֵׁי
כג הַקֳּדָשִׁים וּמִן־הַקֳּדָשִׁים יֹאכֵל: אַךְ אֶל־הַפָּרֹכֶת לֹא יָבֹא וְאֶל־
הַמִּזְבֵּחַ לֹא יִגַּשׁ כִּי־מוּם בּוֹ וְלֹא יְחַלֵּל אֶת־מִקְדָּשַׁי כִּי אֲנִי
כד יְהוָה מְקַדְּשָׁם: וַיְדַבֵּר מֹשֶׁה אֶל־אַהֲרֹן וְאֶל־בָּנָיו וְאֶל־כָּל־
בְּנֵי יִשְׂרָאֵל:

כב א ב וַיְדַבֵּר יְהוָה אֶל־מֹשֶׁה לֵּאמֹר: דַּבֵּר אֶל־אַהֲרֹן וְאֶל־בָּנָיו וְיִנָּזְרוּ ★
מִקָּדְשֵׁי בְנֵי־יִשְׂרָאֵל וְלֹא יְחַלְּלוּ אֶת־שֵׁם קָדְשִׁי אֲשֶׁר הֵם
ג מַקְדִּשִׁים לִי אֲנִי יְהוָה: אֱמֹר אֲלֵהֶם לְדֹרֹתֵיכֶם כָּל־אִישׁ ׀ אֲשֶׁר־
יִקְרַב מִכָּל־זַרְעֲכֶם אֶל־הַקֳּדָשִׁים אֲשֶׁר יַקְדִּישׁוּ בְנֵי־יִשְׂרָאֵל

את ערותו חסד הוא ונכרתו לעיני בני עמם ערות אחתו
גלה עונו ישא ואיש אשר ישכב את אשה דוה וגלה את
ערותה את מקרה הערה והוא גלתה את מקור דמיה ונכרתו
שניהם מקרב עמם וערות אחות אמך ואחות אביך לא
תגלה כי את שארו הערה עונם ישאו ואיש אשר ישכב
את דדתו ערות דדו גלה חטאם ישאו ערירים ימתו ואיש
אשר יקח את אשת אחיו נדה הוא ערות אחיו גלה ערירים
יהיו ושמרתם את כל חקתי ואת כל משפטי ועשיתם
אתם ולא תקיא אתכם הארץ אשר אני מביא אתכם שמה
לשבת בה ולא תלכו בחקת הגוי אשר אני משלח מפניכם
כי את כל אלה עשו ואקץ בם ואמר לכם אתם תירשו
את אדמתם ואני אתננה לכם לרשת אתה ארץ זבת חלב
ודבש אני יהוה אלהיכם אשר הבדלתי אתכם מן העמים
והבדלתם בין הבהמה הטהרה לטמאה ובין העוף הטמא
לטהר ולא תשקצו את נפשתיכם בבהמה ובעוף ובכל
אשר תרמש האדמה אשר הבדלתי לכם לטמא והייתם לי
קדשים כי קדוש אני יהוה ואבדל אתכם מן העמים להיות
לי ואיש או אשה כי יהיה בהם אוב או ידעני מות יומתו
באבן ירגמו אתם דמיהם בם

ויאמר יהוה אל משה אמר אל הכהנים בני אהרן ואמרת
אלהם לנפש לא יטמא בעמיו כי אם לשארו הקרב אליו
לאמו ולאביו ולבנו ולבתו ולאחיו ולאחתו הבתולה הקרובה
אליו אשר לא היתה לאיש לה יטמא לא יטמא בעל בעמיו
להחלו לא יקרחה קרחה בראשם ופאת זקנם לא יגלחו
ובבשרם לא ישרטו שרטת קדשים יהיו לאלהיהם ולא
יחללו שם אלהיהם כי את אשי יהוה לחם אלהיהם הם
מקריבם והיו קדש אשה זנה וחללה לא יקחו ואשה גרושה

אֶת־עֶרְוָתוֹ חֶסֶד הוּא וְנִכְרְתוּ לְעֵינֵי בְּנֵי עַמָּם עֶרְוַת אֲחֹתוֹ
יח גִּלָּה עֲוֺנוֹ יִשָּׂא׃ וְאִישׁ אֲשֶׁר־יִשְׁכַּב אֶת־אִשָּׁה דָּוָה וְגִלָּה אֶת־
עֶרְוָתָהּ אֶת־מְקֹרָהּ הֶעֱרָה וְהִוא גִּלְּתָה אֶת־מְקוֹר דָּמֶיהָ וְנִכְרְתוּ
יט שְׁנֵיהֶם מִקֶּרֶב עַמָּם׃ וְעֶרְוַת אֲחוֹת אִמְּךָ וַאֲחוֹת אָבִיךָ לֹא
כ תְגַלֵּה כִּי אֶת־שְׁאֵרוֹ הֶעֱרָה עֲוֺנָם יִשָּׂאוּ׃ וְאִישׁ אֲשֶׁר יִשְׁכַּב
כא אֶת־דֹּדָתוֹ עֶרְוַת דֹּדוֹ גִּלָּה חֶטְאָם יִשָּׂאוּ עֲרִירִים יָמֻתוּ׃ וְאִישׁ
אֲשֶׁר יִקַּח אֶת־אֵשֶׁת אָחִיו נִדָּה הִוא עֶרְוַת אָחִיו גִּלָּה עֲרִירִים
כב יִהְיוּ׃ וּשְׁמַרְתֶּם אֶת־כָּל־חֻקֹּתַי וְאֶת־כָּל־מִשְׁפָּטַי וַעֲשִׂיתֶם
אֹתָם וְלֹא־תָקִיא אֶתְכֶם הָאָרֶץ אֲשֶׁר אֲנִי מֵבִיא אֶתְכֶם שָׁמָּה
כג לָשֶׁבֶת בָּהּ׃ וְלֹא תֵלְכוּ בְּחֻקֹּת הַגּוֹי אֲשֶׁר־אֲנִי מְשַׁלֵּחַ מִפְּנֵיכֶם שביעי
כד כִּי אֶת־כָּל־אֵלֶּה עָשׂוּ וָאָקֻץ בָּם׃ וָאֹמַר לָכֶם אַתֶּם תִּירְשׁוּ
אֶת־אַדְמָתָם וַאֲנִי אֶתְּנֶנָּה לָכֶם לָרֶשֶׁת אֹתָהּ אֶרֶץ זָבַת חָלָב
וּדְבָשׁ אֲנִי יְהוָה אֱלֹהֵיכֶם אֲשֶׁר־הִבְדַּלְתִּי אֶתְכֶם מִן־הָעַמִּים׃
כה וְהִבְדַּלְתֶּם בֵּין־הַבְּהֵמָה הַטְּהֹרָה לַטְּמֵאָה וּבֵין־הָעוֹף הַטָּמֵא מפטיר
לַטָּהֹר וְלֹא־תְשַׁקְּצוּ אֶת־נַפְשֹׁתֵיכֶם בַּבְּהֵמָה וּבָעוֹף וּבְכֹל
כו אֲשֶׁר תִּרְמֹשׂ הָאֲדָמָה אֲשֶׁר־הִבְדַּלְתִּי לָכֶם לְטַמֵּא׃ וִהְיִיתֶם לִי
קְדֹשִׁים כִּי קָדוֹשׁ אֲנִי יְהוָה וָאַבְדִּל אֶתְכֶם מִן־הָעַמִּים לִהְיוֹת
כז לִי׃ וְאִישׁ אוֹ־אִשָּׁה כִּי־יִהְיֶה בָהֶם אוֹב אוֹ יִדְּעֹנִי מוֹת יוּמָתוּ
בָּאֶבֶן יִרְגְּמוּ אֹתָם דְּמֵיהֶם בָּם׃

כא א וַיֹּאמֶר יְהוָה אֶל־מֹשֶׁה אֱמֹר אֶל־הַכֹּהֲנִים בְּנֵי אַהֲרֹן וְאָמַרְתָּ יז אמר
ב אֲלֵהֶם לְנֶפֶשׁ לֹא־יִטַּמָּא בְּעַמָּיו׃ כִּי אִם־לִשְׁאֵרוֹ הַקָּרֹב אֵלָיו
ג לְאִמּוֹ וּלְאָבִיו וְלִבְנוֹ וּלְבִתּוֹ וּלְאָחִיו׃ וְלַאֲחֹתוֹ הַבְּתוּלָה הַקְּרוֹבָה
ד אֵלָיו אֲשֶׁר לֹא־הָיְתָה לְאִישׁ לָהּ יִטַּמָּא׃ לֹא יִטַּמָּא בַּעַל בְּעַמָּיו
ה לְהֵחַלּוֹ׃ לֹא־יקרחה קָרְחָה בְּרֹאשָׁם וּפְאַת זְקָנָם לֹא יְגַלֵּחוּ יִקְרְחוּ
ו וּבִבְשָׂרָם לֹא יִשְׂרְטוּ שָׂרָטֶת׃ קְדֹשִׁים יִהְיוּ לֵאלֹהֵיהֶם וְלֹא
יְחַלְּלוּ שֵׁם אֱלֹהֵיהֶם כִּי אֶת־אִשֵּׁי יְהוָה לֶחֶם אֱלֹהֵיהֶם הֵם
ז מַקְרִיבִם וְהָיוּ קֹדֶשׁ׃ אִשָּׁה זֹנָה וַחֲלָלָה לֹא יִקָּחוּ וְאִשָּׁה גְּרוּשָׁה ★

ושמרתם את כל חקתי ואת כל משפטי ועשיתם אתם
אני יהוה
וידבר יהוה אל משה לאמר ואל בני ישראל תאמר איש
איש מבני ישראל ומן הגר הגר בישראל אשר יתן מזרעו
למלך מות יומת עם הארץ ירגמהו באבן ואני אתן את
פני באיש ההוא והכרתי אתו מקרב עמו כי מזרעו נתן
למלך למען טמא את מקדשי ולחלל את שם קדשי ואם
העלם יעלימו עם הארץ את עיניהם מן האיש ההוא בתתו
מזרעו למלך לבלתי המית אתו ושמתי אני את פני באיש
ההוא ובמשפחתו והכרתי אתו ואת כל הזנים אחריו לזנות
אחרי המלך מקרב עמם והנפש אשר תפנה אל האבת
ואל הידענים לזנת אחריהם ונתתי את פני בנפש ההוא
והכרתי אתו מקרב עמו והתקדשתם והייתם קדשים כי
אני יהוה אלהיכם ושמרתם את חקתי ועשיתם אתם אני
יהוה מקדשכם כי איש איש אשר יקלל את אביו ואת
אמו מות יומת אביו ואמו קלל דמיו בו ואיש אשר ינאף
את אשת איש אשר ינאף את אשת רעהו מות יומת הנאף
והנאפת ואיש אשר ישכב את אשת אביו ערות אביו גלה
מות יומתו שניהם דמיהם בם ואיש אשר ישכב את כלתו
מות יומתו שניהם תבל עשו דמיהם בם ואיש אשר ישכב
את זכר משכבי אשה תועבה עשו שניהם מות יומתו דמיהם
בם ואיש אשר יקח את אשה ואת אמה זמה הוא באש
ישרפו אתו ואתהן ולא תהיה זמה בתוככם ואיש אשר
יתן שכבתו בבהמה מות יומת ואת הבהמה תהרגו ואשה
אשר תקרב אל כל בהמה לרבעה אתה והרגת את האשה
ואת הבהמה מות יומתו דמיהם בם ואיש אשר יקח את
אחתו בת אביו או בת אמו וראה את ערותה והיא תראה

לז וּשְׁמַרְתֶּם אֶת־כָּל־חֻקֹּתַי וְאֶת־כָּל־מִשְׁפָּטַי וַעֲשִׂיתֶם אֹתָם
אֲנִי יְהוָה׃
כ א ב וַיְדַבֵּר יְהוָה אֶל־מֹשֶׁה לֵּאמֹר׃ וְאֶל־בְּנֵי יִשְׂרָאֵל תֹּאמַר אִישׁ חמישי
אִישׁ מִבְּנֵי יִשְׂרָאֵל וּמִן־הַגֵּר ׀ הַגָּר בְּיִשְׂרָאֵל אֲשֶׁר יִתֵּן מִזַּרְעוֹ
ג לַמֹּלֶךְ מוֹת יוּמָת עַם הָאָרֶץ יִרְגְּמֻהוּ בָאָבֶן׃ וַאֲנִי אֶתֵּן אֶת־
פָּנַי בָּאִישׁ הַהוּא וְהִכְרַתִּי אֹתוֹ מִקֶּרֶב עַמּוֹ כִּי מִזַּרְעוֹ נָתַן
ד לַמֹּלֶךְ לְמַעַן טַמֵּא אֶת־מִקְדָּשִׁי וּלְחַלֵּל אֶת־שֵׁם קָדְשִׁי׃ וְאִם
הַעְלֵם יַעְלִימוּ עַם הָאָרֶץ אֶת־עֵינֵיהֶם מִן־הָאִישׁ הַהוּא בְּתִתּוֹ
ה מִזַּרְעוֹ לַמֹּלֶךְ לְבִלְתִּי הָמִית אֹתוֹ׃ וְשַׂמְתִּי אֲנִי אֶת־פָּנַי בָּאִישׁ
הַהוּא וּבְמִשְׁפַּחְתּוֹ וְהִכְרַתִּי אֹתוֹ וְאֵת ׀ כָּל־הַזֹּנִים אַחֲרָיו לִזְנוֹת
ו אַחֲרֵי הַמֹּלֶךְ מִקֶּרֶב עַמָּם׃ וְהַנֶּפֶשׁ אֲשֶׁר תִּפְנֶה אֶל־הָאֹבֹת
וְאֶל־הַיִּדְּעֹנִים לִזְנֹת אַחֲרֵיהֶם וְנָתַתִּי אֶת־פָּנַי בַּנֶּפֶשׁ הַהִוא
ז וְהִכְרַתִּי אֹתוֹ מִקֶּרֶב עַמּוֹ׃ וְהִתְקַדִּשְׁתֶּם וִהְיִיתֶם קְדֹשִׁים כִּי
ח אֲנִי יְהוָה אֱלֹהֵיכֶם׃ וּשְׁמַרְתֶּם אֶת־חֻקֹּתַי וַעֲשִׂיתֶם אֹתָם אֲנִי ששי (שביעי)
ט יְהוָה מְקַדִּשְׁכֶם׃ כִּי־אִישׁ אִישׁ אֲשֶׁר יְקַלֵּל אֶת־אָבִיו וְאֶת־
י אִמּוֹ מוֹת יוּמָת אָבִיו וְאִמּוֹ קִלֵּל דָּמָיו בּוֹ׃ וְאִישׁ אֲשֶׁר יִנְאַף
אֶת־אֵשֶׁת אִישׁ אֲשֶׁר יִנְאַף אֶת־אֵשֶׁת רֵעֵהוּ מוֹת־יוּמַת הַנֹּאֵף
יא וְהַנֹּאָפֶת׃ וְאִישׁ אֲשֶׁר יִשְׁכַּב אֶת־אֵשֶׁת אָבִיו עֶרְוַת אָבִיו גִּלָּה
יב מוֹת־יוּמְתוּ שְׁנֵיהֶם דְּמֵיהֶם בָּם׃ וְאִישׁ אֲשֶׁר יִשְׁכַּב אֶת־כַּלָּתוֹ
יג מוֹת יוּמְתוּ שְׁנֵיהֶם תֶּבֶל עָשׂוּ דְּמֵיהֶם בָּם׃ וְאִישׁ אֲשֶׁר יִשְׁכַּב
אֶת־זָכָר מִשְׁכְּבֵי אִשָּׁה תּוֹעֵבָה עָשׂוּ שְׁנֵיהֶם מוֹת יוּמָתוּ דְּמֵיהֶם
יד בָּם׃ וְאִישׁ אֲשֶׁר יִקַּח אֶת־אִשָּׁה וְאֶת־אִמָּהּ זִמָּה הִוא בָּאֵשׁ
טו יִשְׂרְפוּ אֹתוֹ וְאֶתְהֶן וְלֹא־תִהְיֶה זִמָּה בְּתוֹכְכֶם׃ וְאִישׁ אֲשֶׁר *
טז יִתֵּן שְׁכָבְתּוֹ בִּבְהֵמָה מוֹת יוּמָת וְאֶת־הַבְּהֵמָה תַּהֲרֹגוּ׃ וְאִשָּׁה
אֲשֶׁר תִּקְרַב אֶל־כָּל־בְּהֵמָה לְרִבְעָה אֹתָהּ וְהָרַגְתָּ אֶת־הָאִשָּׁה
יז וְאֶת־הַבְּהֵמָה מוֹת יוּמָתוּ דְּמֵיהֶם בָּם׃ וְאִישׁ אֲשֶׁר־יִקַּח אֶת־
אֲחֹתוֹ בַּת־אָבִיו אוֹ בַת־אִמּוֹ וְרָאָה אֶת־עֶרְוָתָהּ וְהִיא־תִרְאֶה

לא תשנא את אחיך בלבבך הוכח תוכיח את עמיתך ולא
תשא עליו חטא  לא תקם ולא תטר את בני עמך ואהבת
לרעך כמוך אני יהוה  את חקתי תשמרו בהמתך לא תרביע
כלאים שדך לא תזרע כלאים ובגד כלאים שעטנז לא יעלה
עליך  ואיש כי ישכב את אשה שכבת זרע והוא שפחה
נחרפת לאיש והפדה לא נפדתה או חפשה לא נתן לה
בקרת תהיה לא יומתו כי לא חפשה  והביא את אשמו
ליהוה אל פתח אהל מועד איל אשם  וכפר עליו הכהן
באיל האשם לפני יהוה על חטאתו אשר חטא ונסלח לו
מחטאתו אשר חטא

וכי תבאו אל הארץ ונטעתם כל עץ מאכל וערלתם ערלתו
את פריו שלש שנים יהיה לכם ערלים לא יאכל  ובשנה
הרביעת יהיה כל פריו קדש הלולים ליהוה  ובשנה החמישת
תאכלו את פריו להוסיף לכם תבואתו אני יהוה אלהיכם
לא תאכלו על הדם לא תנחשו ולא תעוננו  לא תקפו
פאת ראשכם ולא תשחית את פאת זקנך  ושרט לנפש
לא תתנו בבשרכם וכתבת קעקע לא תתנו בכם אני יהוה
אל תחלל את בתך להזנותה ולא תזנה הארץ ומלאה
הארץ זמה  את שבתתי תשמרו ומקדשי תיראו אני יהוה
אל תפנו אל האבת ואל הידענים אל תבקשו לטמאה
בהם אני יהוה אלהיכם  מפני שיבה תקום והדרת פני זקן
ויראת מאלהיך אני יהוה          וכי יגור אתך גר
בארצכם לא תונו אתו  כאזרח מכם יהיה לכם הגר הגר
אתכם ואהבת לו כמוך כי גרים הייתם בארץ מצרים אני
יהוה אלהיכם  לא תעשו עול במשפט במדה במשקל
ובמשורה  מאזני צדק אבני צדק איפת צדק והין צדק יהיה
לכם אני יהוה אלהיכם אשר הוצאתי אתכם מארץ מצרים

יז לֹא־תִשְׂנָא אֶת־אָחִיךָ בִּלְבָבֶךָ הוֹכֵחַ תּוֹכִיחַ אֶת־עֲמִיתֶךָ וְלֹא־
תִשָּׂא עָלָיו חֵטְא: לֹא־תִקֹּם וְלֹא־תִטֹּר אֶת־בְּנֵי עַמֶּךָ וְאָהַבְתָּ
יח
יט לְרֵעֲךָ כָּמוֹךָ אֲנִי יְהוָה: אֶת־חֻקֹּתַי תִּשְׁמֹרוּ בְּהֶמְתְּךָ לֹא־תַרְבִּיעַ ★
כִּלְאַיִם שָׂדְךָ לֹא־תִזְרַע כִּלְאָיִם וּבֶגֶד כִּלְאַיִם שַׁעַטְנֵז לֹא יַעֲלֶה
כ עָלֶיךָ: וְאִישׁ כִּי־יִשְׁכַּב אֶת־אִשָּׁה שִׁכְבַת־זֶרַע וְהִוא שִׁפְחָה
נֶחֱרֶפֶת לְאִישׁ וְהָפְדֵּה לֹא נִפְדָּתָה אוֹ חֻפְשָׁה לֹא נִתַּן־לָהּ
כא בִּקֹּרֶת תִּהְיֶה לֹא יוּמְתוּ כִּי־לֹא חֻפָּשָׁה: וְהֵבִיא אֶת־אֲשָׁמוֹ
כב לַיהוָה אֶל־פֶּתַח אֹהֶל מוֹעֵד אֵיל אָשָׁם: וְכִפֶּר עָלָיו הַכֹּהֵן
בְּאֵיל הָאָשָׁם לִפְנֵי יְהוָה עַל־חַטָּאתוֹ אֲשֶׁר חָטָא וְנִסְלַח לוֹ
מֵחַטָּאתוֹ אֲשֶׁר חָטָא:

כג וְכִי־תָבֹאוּ אֶל־הָאָרֶץ וּנְטַעְתֶּם כָּל־עֵץ מַאֲכָל וַעֲרַלְתֶּם עָרְלָתוֹ ‏טז שלישי
כד אֶת־פִּרְיוֹ שָׁלֹשׁ שָׁנִים יִהְיֶה לָכֶם עֲרֵלִים לֹא יֵאָכֵל: וּבַשָּׁנָה
כה הָרְבִיעִת יִהְיֶה כָּל־פִּרְיוֹ קֹדֶשׁ הִלּוּלִים לַיהוָה: וּבַשָּׁנָה הַחֲמִישִׁת
תֹּאכְלוּ אֶת־פִּרְיוֹ לְהוֹסִיף לָכֶם תְּבוּאָתוֹ אֲנִי יְהוָה אֱלֹהֵיכֶם:
כו לֹא תֹאכְלוּ עַל־הַדָּם לֹא תְנַחֲשׁוּ וְלֹא תְעוֹנֵנוּ: לֹא תַקִּפוּ ★
כז פְּאַת רֹאשְׁכֶם וְלֹא תַשְׁחִית אֵת פְּאַת זְקָנֶךָ: וְשֶׂרֶט לָנֶפֶשׁ
לֹא תִתְּנוּ בִּבְשַׂרְכֶם וּכְתֹבֶת קַעֲקַע לֹא תִתְּנוּ בָּכֶם אֲנִי יְהוָה:
כט אַל־תְּחַלֵּל אֶת־בִּתְּךָ לְהַזְנוֹתָהּ וְלֹא־תִזְנֶה הָאָרֶץ וּמָלְאָה ★
ל הָאָרֶץ זִמָּה: אֶת־שַׁבְּתֹתַי תִּשְׁמֹרוּ וּמִקְדָּשִׁי תִּירָאוּ אֲנִי יְהוָה:
לא אַל־תִּפְנוּ אֶל־הָאֹבֹת וְאֶל־הַיִּדְּעֹנִים אַל־תְּבַקְשׁוּ לְטָמְאָה
לב בָהֶם אֲנִי יְהוָה אֱלֹהֵיכֶם: מִפְּנֵי שֵׂיבָה תָּקוּם וְהָדַרְתָּ פְּנֵי זָקֵן
לג וְיָרֵאתָ מֵּאֱלֹהֶיךָ אֲנִי יְהוָה: וְכִי־יָגוּר אִתְּךָ גֵּר ‏רביעי (ששי)
לד בְּאַרְצְכֶם לֹא תוֹנוּ אֹתוֹ: כְּאֶזְרָח מִכֶּם יִהְיֶה לָכֶם הַגֵּר | הַגָּר
אִתְּכֶם וְאָהַבְתָּ לוֹ כָּמוֹךָ כִּי־גֵרִים הֱיִיתֶם בְּאֶרֶץ מִצְרָיִם אֲנִי
לה יְהוָה אֱלֹהֵיכֶם: לֹא־תַעֲשׂוּ עָוֶל בַּמִּשְׁפָּט בַּמִּדָּה בַּמִּשְׁקָל
לו וּבַמְּשׂוּרָה: מֹאזְנֵי צֶדֶק אַבְנֵי־צֶדֶק אֵיפַת צֶדֶק וְהִין צֶדֶק יִהְיֶה
לָכֶם אֲנִי יְהוָה אֱלֹהֵיכֶם אֲשֶׁר־הוֹצֵאתִי אֶתְכֶם מֵאֶרֶץ מִצְרָיִם:

ואפקד עונה עליה ותקא הארץ את ישביה ושמרתם אתם
את חקתי ואת משפטי ולא תעשו מכל התועבת האלה
האזרח והגר הגר בתוככם כי את כל התועבת האל עשו
אנשי הארץ אשר לפניכם ותטמא הארץ ולא תקיא הארץ
אתכם בטמאכם אתה כאשר קאה את הגוי אשר לפניכם
כי כל אשר יעשה מכל התועבת האלה ונכרתו הנפשות
העשת מקרב עמם ושמרתם את משמרתי לבלתי עשות
מחקות התועבת אשר נעשו לפניכם ולא תטמאו בהם אני
יהוה אלהיכם

וידבר יהוה אל משה לאמר דבר אל כל עדת בני ישראל
ואמרת אלהם קדשים תהיו כי קדוש אני יהוה אלהיכם
איש אמו ואביו תיראו ואת שבתתי תשמרו אני יהוה
אלהיכם אל תפנו אל האלילם ואלהי מסכה לא תעשו
לכם אני יהוה אלהיכם וכי תזבחו זבח שלמים ליהוה
לרצנכם תזבחהו ביום זבחכם יאכל וממחרת והנותר עד
יום השלישי באש ישרף ואם האכל יאכל ביום השלישי
פגול הוא לא ירצה ואכליו עונו ישא כי את קדש יהוה
חלל ונכרתה הנפש ההוא מעמיה ובקצרכם את קציר
ארצכם לא תכלה פאת שדך לקצר ולקט קצירך לא תלקט
וכרמך לא תעולל ופרט כרמך לא תלקט לעני ולגר תעזב
אתם אני יהוה אלהיכם לא תגנבו ולא תכחשו ולא תשקרו
איש בעמיתו ולא תשבעו בשמי לשקר וחללת את שם
אלהיך אני יהוה לא תעשק את רעך ולא תגזל לא תלין
פעלת שכיר אתך עד בקר לא תקלל חרש ולפני עור לא
תתן מכשל ויראת מאלהיך אני יהוה לא תעשו עול במשפט
לא תשא פני דל ולא תהדר פני גדול בצדק תשפט עמיתך
לא תלך רכיל בעמיך לא תעמד על דם רעך אני יהוה

כו וְאָפְקֹד עֲוֺנָהּ עָלֶיהָ וַתָּקִא הָאָרֶץ אֶת־יֹשְׁבֶיהָ: וּשְׁמַרְתֶּם אַתֶּם
אֶת־חֻקֹּתַי וְאֶת־מִשְׁפָּטַי וְלֹא תַעֲשׂוּ מִכֹּל הַתּוֹעֵבֹת הָאֵלֶּה
כז הָאֶזְרָח וְהַגֵּר הַגָּר בְּתוֹכְכֶם: כִּי אֶת־כָּל־הַתּוֹעֵבֹת הָאֵל עָשׂוּ
כח אַנְשֵׁי־הָאָרֶץ אֲשֶׁר לִפְנֵיכֶם וַתִּטְמָא הָאָרֶץ: וְלֹא־תָקִיא הָאָרֶץ מפטיר
אֶתְכֶם בְּטַמַּאֲכֶם אֹתָהּ כַּאֲשֶׁר קָאָה אֶת־הַגּוֹי אֲשֶׁר לִפְנֵיכֶם:
כט כִּי כָּל־אֲשֶׁר יַעֲשֶׂה מִכֹּל הַתּוֹעֵבֹת הָאֵלֶּה וְנִכְרְתוּ הַנְּפָשׁוֹת
ל הָעֹשֹׂת מִקֶּרֶב עַמָּם: וּשְׁמַרְתֶּם אֶת־מִשְׁמַרְתִּי לְבִלְתִּי עֲשׂוֹת
מֵחֻקּוֹת הַתּוֹעֵבֹת אֲשֶׁר נַעֲשׂוּ לִפְנֵיכֶם וְלֹא תִטַּמְּאוּ בָּהֶם אֲנִי
יְהוָה אֱלֹהֵיכֶם:

יט א ב וַיְדַבֵּר יְהוָה אֶל־מֹשֶׁה לֵּאמֹר: דַּבֵּר אֶל־כָּל־עֲדַת בְּנֵי־יִשְׂרָאֵל טו קדש
וְאָמַרְתָּ אֲלֵהֶם קְדֹשִׁים תִּהְיוּ כִּי קָדוֹשׁ אֲנִי יְהוָה אֱלֹהֵיכֶם:
ג אִישׁ אִמּוֹ וְאָבִיו תִּירָאוּ וְאֶת־שַׁבְּתֹתַי תִּשְׁמֹרוּ אֲנִי יְהוָה
ד אֱלֹהֵיכֶם: אַל־תִּפְנוּ אֶל־הָאֱלִילִם וֵאלֹהֵי מַסֵּכָה לֹא תַעֲשׂוּ
ה לָכֶם אֲנִי יְהוָה אֱלֹהֵיכֶם: וְכִי תִזְבְּחוּ זֶבַח שְׁלָמִים לַיהוָה ★
ו לִרְצֹנְכֶם תִּזְבָּחֻהוּ: בְּיוֹם זִבְחֲכֶם יֵאָכֵל וּמִמָּחֳרָת וְהַנּוֹתָר עַד־
ז יוֹם הַשְּׁלִישִׁי בָּאֵשׁ יִשָּׂרֵף: וְאִם הֵאָכֹל יֵאָכֵל בַּיּוֹם הַשְּׁלִישִׁי
ח פִּגּוּל הוּא לֹא יֵרָצֶה: וְאֹכְלָיו עֲוֺנוֹ יִשָּׂא כִּי־אֶת־קֹדֶשׁ יְהוָה
ט חִלֵּל וְנִכְרְתָה הַנֶּפֶשׁ הַהִוא מֵעַמֶּיהָ: וּבְקֻצְרְכֶם אֶת־קְצִיר
אַרְצְכֶם לֹא תְכַלֶּה פְּאַת שָׂדְךָ לִקְצֹר וְלֶקֶט קְצִירְךָ לֹא תְלַקֵּט:
י וְכַרְמְךָ לֹא תְעוֹלֵל וּפֶרֶט כַּרְמְךָ לֹא תְלַקֵּט לֶעָנִי וְלַגֵּר תַּעֲזֹב
יא אֹתָם אֲנִי יְהוָה אֱלֹהֵיכֶם: לֹא תִּגְנֹבוּ וְלֹא־תְכַחֲשׁוּ וְלֹא־תְשַׁקְּרוּ ★
יב אִישׁ בַּעֲמִיתוֹ: וְלֹא־תִשָּׁבְעוּ בִשְׁמִי לַשָּׁקֶר וְחִלַּלְתָּ אֶת־שֵׁם
יג אֱלֹהֶיךָ אֲנִי יְהוָה: לֹא־תַעֲשֹׁק אֶת־רֵעֲךָ וְלֹא תִגְזֹל לֹא־תָלִין
יד פְּעֻלַּת שָׂכִיר אִתְּךָ עַד־בֹּקֶר: לֹא־תְקַלֵּל חֵרֵשׁ וְלִפְנֵי עִוֵּר לֹא
טו תִתֵּן מִכְשֹׁל וְיָרֵאתָ מֵּאֱלֹהֶיךָ אֲנִי יְהוָה: לֹא־תַעֲשׂוּ עָוֶל בַּמִּשְׁפָּט שני /חמישי/
לֹא־תִשָּׂא פְנֵי־דָל וְלֹא תֶהְדַּר פְּנֵי גָדוֹל בְּצֶדֶק תִּשְׁפֹּט עֲמִיתֶךָ:
טז לֹא־תֵלֵךְ רָכִיל בְּעַמֶּיךָ לֹא תַעֲמֹד עַל־דַּם רֵעֶךָ אֲנִי יְהוָה:

שמה לא תעשו ובחקתיהם לא תלכו את משפטי תעשו
ואת חקתי תשמרו ללכת בהם אני יהוה אלהיכם ושמרתם
את חקתי ואת משפטי אשר יעשה אתם האדם וחי בהם אני
יהוה איש איש אל כל שאר בשרו לא תקרבו
לגלות ערוה אני יהוה ערות אביך וערות אמך
לא תגלה אמך הוא לא תגלה ערותה ערות
אשת אביך לא תגלה ערות אביך הוא ערות
אחותך בת אביך או בת אמך מולדת בית או מולדת חוץ
לא תגלה ערותן ערות בת בנך או בת
בתך לא תגלה ערותן כי ערותך הנה ערות
בת אשת אביך מולדת אביך אחותך הוא לא תגלה
ערותה ערות אחות אביך לא תגלה שאר
אביך הוא ערות אחות אמך לא תגלה כי
שאר אמך הוא ערות אחי אביך לא תגלה אל
אשתו לא תקרב דדתך הוא ערות כלתך לא
תגלה אשת בנך הוא לא תגלה ערותה ערות
אשת אחיך לא תגלה ערות אחיך הוא ערות
אשה ובתה לא תגלה את בת בנה ואת בת בתה לא
תקח לגלות ערותה שארה הנה זמה הוא ואשה אל
אחתה לא תקח לצרר לגלות ערותה עליה בחייה ואל
אשה בנדת טמאתה לא תקרב לגלות ערותה ואל אשת
עמיתך לא תתן שכבתך לזרע לטמאה בה ומזרעך לא
תתן להעביר למלך ולא תחלל את שם אלהיך אני יהוה
ואת זכר לא תשכב משכבי אשה תועבה הוא ובכל בהמה
לא תתן שכבתך לטמאה בה ואשה לא תעמד לפני בהמה
לרבעה תבל הוא אל תטמאו בכל אלה כי בכל אלה
נטמאו הגוים אשר אני משלח מפניכם ותטמא הארץ

ד שָׁמָּה לֹא תַעֲשׂוּ וּבְחֻקֹּתֵיהֶם לֹא תֵלֵכוּ׃ אֶת־מִשְׁפָּטַי תַּעֲשׂוּ
ה וְאֶת־חֻקֹּתַי תִּשְׁמְרוּ לָלֶכֶת בָּהֶם אֲנִי יְהוָה אֱלֹהֵיכֶם׃ וּשְׁמַרְתֶּם
אֶת־חֻקֹּתַי וְאֶת־מִשְׁפָּטַי אֲשֶׁר יַעֲשֶׂה אֹתָם הָאָדָם וָחַי בָּהֶם אֲנִי
ו יְהוָה׃ אִישׁ אִישׁ אֶל־כָּל־שְׁאֵר בְּשָׂרוֹ לֹא תִקְרְבוּ ששי
ז לְגַלּוֹת עֶרְוָה אֲנִי יְהוָה׃ עֶרְוַת אָבִיךָ וְעֶרְוַת אִמְּךָ
ח לֹא תְגַלֵּה אִמְּךָ הִוא לֹא תְגַלֶּה עֶרְוָתָהּ׃ עֶרְוַת
ט אֵשֶׁת־אָבִיךָ לֹא תְגַלֵּה עֶרְוַת אָבִיךָ הִוא׃ עֶרְוַת
אֲחוֹתְךָ בַת־אָבִיךָ אוֹ בַת־אִמֶּךָ מוֹלֶדֶת בַּיִת אוֹ מוֹלֶדֶת חוּץ
י לֹא תְגַלֶּה עֶרְוָתָן׃ עֶרְוַת בַּת־בִּנְךָ אוֹ בַת־
יא בִּתְּךָ לֹא תְגַלֶּה עֶרְוָתָן כִּי עֶרְוָתְךָ הֵנָּה׃ עֶרְוַת
בַּת־אֵשֶׁת אָבִיךָ מוֹלֶדֶת אָבִיךָ אֲחוֹתְךָ הִוא לֹא תְגַלֶּה
יב עֶרְוָתָהּ׃ עֶרְוַת אֲחוֹת־אָבִיךָ לֹא תְגַלֵּה שְׁאֵר
יג אָבִיךָ הִוא׃ עֶרְוַת אֲחוֹת־אִמְּךָ לֹא תְגַלֵּה כִּי־
יד שְׁאֵר אִמְּךָ הִוא׃ עֶרְוַת אֲחִי־אָבִיךָ לֹא תְגַלֵּה אֶל־
טו אִשְׁתּוֹ לֹא תִקְרָב דֹּדָתְךָ הִוא׃ עֶרְוַת כַּלָּתְךָ לֹא
טז תְגַלֵּה אֵשֶׁת בִּנְךָ הִוא לֹא תְגַלֶּה עֶרְוָתָהּ׃ עֶרְוַת
יז אֵשֶׁת־אָחִיךָ לֹא תְגַלֵּה עֶרְוַת אָחִיךָ הִוא׃ עֶרְוַת
אִשָּׁה וּבִתָּהּ לֹא תְגַלֵּה אֶת־בַּת־בְּנָהּ וְאֶת־בַּת־בִּתָּהּ לֹא
יח תִקַּח לְגַלּוֹת עֶרְוָתָהּ שַׁאֲרָה הֵנָּה זִמָּה הִוא׃ וְאִשָּׁה אֶל־
יט אֲחֹתָהּ לֹא תִקָּח לִצְרֹר לְגַלּוֹת עֶרְוָתָהּ עָלֶיהָ בְּחַיֶּיהָ׃ וְאֶל־
כ אִשָּׁה בְּנִדַּת טֻמְאָתָהּ לֹא תִקְרַב לְגַלּוֹת עֶרְוָתָהּ׃ וְאֶל־אֵשֶׁת
כא עֲמִיתְךָ לֹא־תִתֵּן שְׁכָבְתְּךָ לְזָרַע לְטָמְאָה־בָהּ׃ וּמִזַּרְעֲךָ לֹא־
תִתֵּן לְהַעֲבִיר לַמֹּלֶךְ וְלֹא תְחַלֵּל אֶת־שֵׁם אֱלֹהֶיךָ אֲנִי יְהוָה׃
כב כג * וְאֶת־זָכָר לֹא תִשְׁכַּב מִשְׁכְּבֵי אִשָּׁה תּוֹעֵבָה הִוא׃ וּבְכָל־בְּהֵמָה שביעי /רביעי/
לֹא־תִתֵּן שְׁכָבְתְּךָ לְטָמְאָה־בָהּ וְאִשָּׁה לֹא־תַעֲמֹד לִפְנֵי בְהֵמָה
כד לְרִבְעָהּ תֶּבֶל הוּא׃ אַל־תִּטַּמְּאוּ בְּכָל־אֵלֶּה כִּי בְכָל־אֵלֶּה
כה נִטְמְאוּ הַגּוֹיִם אֲשֶׁר־אֲנִי מְשַׁלֵּחַ מִפְּנֵיכֶם׃ וַתִּטְמָא הָאָרֶץ

אהל מועד לא הביאו להקריב קרבן ליהוה לפני משכן יהוה
דם יחשב לאיש ההוא דם שפך ונכרת האיש ההוא מקרב
עמו למען אשר יביאו בני ישראל את זבחיהם אשר הם
זבחים על פני השדה והביאם ליהוה אל פתח אהל מועד
אל הכהן וזבחו זבחי שלמים ליהוה אותם וזרק הכהן את
הדם על מזבח יהוה פתח אהל מועד והקטיר החלב לריח
ניחח ליהוה ולא יזבחו עוד את זבחיהם לשעירם אשר הם
זנים אחריהם חקת עולם תהיה זאת להם לדרתם ואלהם
תאמר איש איש מבית ישראל ומן הגר אשר יגור בתוכם
אשר יעלה עלה או זבח ואל פתח אהל מועד לא יביאנו
לעשות אתו ליהוה ונכרת האיש ההוא מעמיו ואיש איש
מבית ישראל ומן הגר הגר בתוכם אשר יאכל כל דם
ונתתי פני בנפש האכלת את הדם והכרתי אתה מקרב
עמה כי נפש הבשר בדם הוא ואני נתתיו לכם על המזבח
לכפר על נפשתיכם כי הדם הוא בנפש יכפר על כן
אמרתי לבני ישראל כל נפש מכם לא תאכל דם והגר
הגר בתוככם לא יאכל דם ואיש איש מבני ישראל ומן
הגר הגר בתוכם אשר יצוד ציד חיה או עוף אשר יאכל
ושפך את דמו וכסהו בעפר כי נפש כל בשר דמו בנפשו
הוא ואמר לבני ישראל דם כל בשר לא תאכלו כי נפש
כל בשר דמו הוא כל אכליו יכרת וכל נפש אשר תאכל
נבלה וטרפה באזרח ובגר וכבס בגדיו ורחץ במים וטמא
עד הערב וטהר ואם לא יכבס ובשרו לא ירחץ ונשא
עונו

וידבר יהוה אל משה לאמר דבר אל בני ישראל ואמרת
אלהם אני יהוה אלהיכם כמעשה ארץ מצרים אשר ישבתם
בה לא תעשו וכמעשה ארץ כנען אשר אני מביא אתכם

אֹהֶל מוֹעֵד לֹא הֱבִיאוֹ לְהַקְרִיב קָרְבָּן לַיהוָה לִפְנֵי מִשְׁכַּן יְהוָה
דָּם יֵחָשֵׁב לָאִישׁ הַהוּא דָּם שָׁפָךְ וְנִכְרַת הָאִישׁ הַהוּא מִקֶּרֶב
ה עַמּוֹ: לְמַעַן אֲשֶׁר יָבִיאוּ בְּנֵי יִשְׂרָאֵל אֶת־זִבְחֵיהֶם אֲשֶׁר הֵם
זֹבְחִים עַל־פְּנֵי הַשָּׂדֶה וֶהֱבִיאֻם לַיהוָה אֶל־פֶּתַח אֹהֶל מוֹעֵד
ו אֶל־הַכֹּהֵן וְזָבְחוּ זִבְחֵי שְׁלָמִים לַיהוָה אוֹתָם: וְזָרַק הַכֹּהֵן אֶת־
הַדָּם עַל־מִזְבַּח יְהוָה פֶּתַח אֹהֶל מוֹעֵד וְהִקְטִיר הַחֵלֶב לְרֵיחַ
ז נִיחֹחַ לַיהוָה: וְלֹא־יִזְבְּחוּ עוֹד אֶת־זִבְחֵיהֶם לַשְּׂעִירִם אֲשֶׁר הֵם
ח זֹנִים אַחֲרֵיהֶם חֻקַּת עוֹלָם תִּהְיֶה־זֹּאת לָהֶם לְדֹרֹתָם: וַאֲלֵהֶם חמישי (שלישי)
תֹּאמַר אִישׁ אִישׁ מִבֵּית יִשְׂרָאֵל וּמִן־הַגֵּר אֲשֶׁר־יָגוּר בְּתוֹכָם
ט אֲשֶׁר־יַעֲלֶה עֹלָה אוֹ־זָבַח: וְאֶל־פֶּתַח אֹהֶל מוֹעֵד לֹא יְבִיאֶנּוּ
י לַעֲשׂוֹת אֹתוֹ לַיהוָה וְנִכְרַת הָאִישׁ הַהוּא מֵעַמָּיו: וְאִישׁ אִישׁ
מִבֵּית יִשְׂרָאֵל וּמִן־הַגֵּר הַגָּר בְּתוֹכָם אֲשֶׁר יֹאכַל כָּל־דָּם
וְנָתַתִּי פָנַי בַּנֶּפֶשׁ הָאֹכֶלֶת אֶת־הַדָּם וְהִכְרַתִּי אֹתָהּ מִקֶּרֶב
יא עַמָּהּ: כִּי־נֶפֶשׁ הַבָּשָׂר בַּדָּם הִוא וַאֲנִי נְתַתִּיו לָכֶם עַל־הַמִּזְבֵּחַ
יב לְכַפֵּר עַל־נַפְשֹׁתֵיכֶם כִּי־הַדָּם הוּא בַּנֶּפֶשׁ יְכַפֵּר: עַל־כֵּן *
אָמַרְתִּי לִבְנֵי יִשְׂרָאֵל כָּל־נֶפֶשׁ מִכֶּם לֹא־תֹאכַל דָּם וְהַגֵּר
יג הַגָּר בְּתוֹכְכֶם לֹא־יֹאכַל דָּם: וְאִישׁ אִישׁ מִבְּנֵי יִשְׂרָאֵל וּמִן־
הַגֵּר הַגָּר בְּתוֹכָם אֲשֶׁר יָצוּד צֵיד חַיָּה אוֹ־עוֹף אֲשֶׁר יֵאָכֵל
יד וְשָׁפַךְ אֶת־דָּמוֹ וְכִסָּהוּ בֶּעָפָר: כִּי־נֶפֶשׁ כָּל־בָּשָׂר דָּמוֹ בְנַפְשׁוֹ
הוּא וָאֹמַר לִבְנֵי יִשְׂרָאֵל דַּם כָּל־בָּשָׂר לֹא תֹאכֵלוּ כִּי נֶפֶשׁ
טו כָּל־בָּשָׂר דָּמוֹ הִוא כָּל־אֹכְלָיו יִכָּרֵת: וְכָל־נֶפֶשׁ אֲשֶׁר תֹּאכַל
נְבֵלָה וּטְרֵפָה בָּאֶזְרָח וּבַגֵּר וְכִבֶּס בְּגָדָיו וְרָחַץ בַּמַּיִם וְטָמֵא
טז עַד־הָעֶרֶב וְטָהֵר: וְאִם לֹא יְכַבֵּס וּבְשָׂרוֹ לֹא יִרְחָץ וְנָשָׂא
עֲוֺנוֹ:

יח א ב וַיְדַבֵּר יְהוָה אֶל־מֹשֶׁה לֵּאמֹר: דַּבֵּר אֶל־בְּנֵי יִשְׂרָאֵל וְאָמַרְתָּ יד
ג אֲלֵהֶם אֲנִי יְהוָה אֱלֹהֵיכֶם: כְּמַעֲשֵׂה אֶרֶץ־מִצְרַיִם אֲשֶׁר יְשַׁבְתֶּם־
בָּהּ לֹא תַעֲשׂוּ וּכְמַעֲשֵׂה אֶרֶץ־כְּנַעַן אֲשֶׁר אֲנִי מֵבִיא אֶתְכֶם

עונת בני ישראל ואת כל פשעיהם לכל חטאתם ונתן אתם
על ראש השעיר ושלח ביד איש עתי המדברה ונשא
השעיר עליו את כל עונתם אל ארץ גזרה ושלח את השעיר
במדבר ובא אהרן אל אהל מועד ופשט את בגדי הבד
אשר לבש בבאו אל הקדש והניחם שם ורחץ את בשרו
במים במקום קדוש ולבש את בגדיו ויצא ועשה את עלתו
ואת עלת העם וכפר בעדו ובעד העם ואת חלב החטאת
יקטיר המזבחה והמשלח את השעיר לעזאזל יכבס בגדיו
ורחץ את בשרו במים ואחרי כן יבוא אל המחנה ואת
פר החטאת ואת שעיר החטאת אשר הובא את דמם לכפר
בקדש יוציא אל מחוץ למחנה ושרפו באש את ערתם ואת
בשרם ואת פרשם והשרף אתם יכבס בגדיו ורחץ את
בשרו במים ואחרי כן יבוא אל המחנה והיתה לכם לחקת
עולם בחדש השביעי בעשור לחדש תענו את נפשתיכם
וכל מלאכה לא תעשו האזרח והגר הגר בתוככם כי ביום
הזה יכפר עליכם לטהר אתכם מכל חטאתיכם לפני יהוה
תטהרו שבת שבתון היא לכם ועניתם את נפשתיכם חקת
עולם וכפר הכהן אשר ימשח אתו ואשר ימלא את ידו
לכהן תחת אביו ולבש את בגדי הבד בגדי הקדש וכפר
את מקדש הקדש ואת אהל מועד ואת המזבח יכפר ועל
הכהנים ועל כל עם הקהל יכפר והיתה זאת לכם לחקת
עולם לכפר על בני ישראל מכל חטאתם אחת בשנה ויעש
כאשר צוה יהוה את משה

וידבר יהוה אל משה לאמר דבר אל אהרן ואל בניו ואל
כל בני ישראל ואמרת אליהם זה הדבר אשר צוה יהוה
לאמר איש איש מבית ישראל אשר ישחט שור או כשב
או עז במחנה או אשר ישחט מחוץ למחנה ואל פתח

עֲוֺנֹת בְּנֵי יִשְׂרָאֵל וְאֶת־כָּל־פִּשְׁעֵיהֶם לְכָל־חַטֹּאתָם וְנָתַן אֹתָם

כב עַל־רֹאשׁ הַשָּׂעִיר וְשִׁלַּח בְּיַד־אִישׁ עִתִּי הַמִּדְבָּרָה: וְנָשָׂא הַשָּׂעִיר עָלָיו אֶת־כָּל־עֲוֺנֹתָם אֶל־אֶרֶץ גְּזֵרָה וְשִׁלַּח אֶת־הַשָּׂעִיר

כג בַּמִּדְבָּר: וּבָא אַהֲרֹן אֶל־אֹהֶל מוֹעֵד וּפָשַׁט אֶת־בִּגְדֵי הַבָּד

כד אֲשֶׁר לָבַשׁ בְּבֹאוֹ אֶל־הַקֹּדֶשׁ וְהִנִּיחָם שָׁם: וְרָחַץ אֶת־בְּשָׂרוֹ בַמַּיִם בְּמָקוֹם קָדוֹשׁ וְלָבַשׁ אֶת־בְּגָדָיו וְיָצָא וְעָשָׂה אֶת־עֹלָתוֹ

כה וְאֶת־עֹלַת הָעָם וְכִפֶּר בַּעֲדוֹ וּבְעַד הָעָם: וְאֵת חֵלֶב הַחַטָּאת

כו יַקְטִיר הַמִּזְבֵּחָה: וְהַמְשַׁלֵּחַ אֶת־הַשָּׂעִיר לַעֲזָאזֵל יְכַבֵּס בְּגָדָיו

כז וְרָחַץ אֶת־בְּשָׂרוֹ בַּמָּיִם וְאַחֲרֵי־כֵן יָבוֹא אֶל־הַמַּחֲנֶה: וְאֵת פַּר הַחַטָּאת וְאֵת ׀ שְׂעִיר הַחַטָּאת אֲשֶׁר הוּבָא אֶת־דָּמָם לְכַפֵּר בַּקֹּדֶשׁ יוֹצִיא אֶל־מִחוּץ לַמַּחֲנֶה וְשָׂרְפוּ בָאֵשׁ אֶת־עֹרֹתָם וְאֶת־

כח בְּשָׂרָם וְאֶת־פִּרְשָׁם: וְהַשֹּׂרֵף אֹתָם יְכַבֵּס בְּגָדָיו וְרָחַץ אֶת־

כט בְּשָׂרוֹ בַּמָּיִם וְאַחֲרֵי־כֵן יָבוֹא אֶל־הַמַּחֲנֶה: וְהָיְתָה לָכֶם לְחֻקַּת עוֹלָם בַּחֹדֶשׁ הַשְּׁבִיעִי בֶּעָשׂוֹר לַחֹדֶשׁ תְּעַנּוּ אֶת־נַפְשֹׁתֵיכֶם

ל וְכָל־מְלָאכָה לֹא תַעֲשׂוּ הָאֶזְרָח וְהַגֵּר הַגָּר בְּתוֹכְכֶם: כִּי־בַיּוֹם הַזֶּה יְכַפֵּר עֲלֵיכֶם לְטַהֵר אֶתְכֶם מִכֹּל חַטֹּאתֵיכֶם לִפְנֵי יְהוָה

לא תִּטְהָרוּ: שַׁבַּת שַׁבָּתוֹן הִיא לָכֶם וְעִנִּיתֶם אֶת־נַפְשֹׁתֵיכֶם חֻקַּת

לב עוֹלָם: וְכִפֶּר הַכֹּהֵן אֲשֶׁר־יִמְשַׁח אֹתוֹ וַאֲשֶׁר יְמַלֵּא אֶת־יָדוֹ

לג לְכַהֵן תַּחַת אָבִיו וְלָבַשׁ אֶת־בִּגְדֵי הַבָּד בִּגְדֵי הַקֹּדֶשׁ: וְכִפֶּר אֶת־מִקְדַּשׁ הַקֹּדֶשׁ וְאֶת־אֹהֶל מוֹעֵד וְאֶת־הַמִּזְבֵּחַ יְכַפֵּר וְעַל

לד הַכֹּהֲנִים וְעַל־כָּל־עַם הַקָּהָל יְכַפֵּר: וְהָיְתָה־זֹּאת לָכֶם לְחֻקַּת עוֹלָם לְכַפֵּר עַל־בְּנֵי יִשְׂרָאֵל מִכָּל־חַטֹּאתָם אַחַת בַּשָּׁנָה וַיַּעַשׂ כַּאֲשֶׁר צִוָּה יְהוָה אֶת־מֹשֶׁה:

יז א וַיְדַבֵּר יְהוָה אֶל־מֹשֶׁה לֵּאמֹר: דַּבֵּר אֶל־אַהֲרֹן וְאֶל־בָּנָיו וְאֶל כָּל־בְּנֵי יִשְׂרָאֵל וְאָמַרְתָּ אֲלֵיהֶם זֶה הַדָּבָר אֲשֶׁר־צִוָּה יְהוָה

ג לֵאמֹר: אִישׁ אִישׁ מִבֵּית יִשְׂרָאֵל אֲשֶׁר יִשְׁחַט שׁוֹר אוֹ־כֶשֶׂב

ד אוֹ־עֵז בַּמַּחֲנֶה אוֹ אֲשֶׁר יִשְׁחַט מִחוּץ לַמַּחֲנֶה: וְאֶל־פֶּתַח

שלישי /שני/

✶

יג רביעי

בשרו ולבשם ומאת עדת בני ישראל יקח שני שעירי עזים
לחטאת ואיל אחד לעלה והקריב אהרן את פר החטאת
אשר לו וכפר בעדו ובעד ביתו ולקח את שני השעירם
והעמיד אתם לפני יהוה פתח אהל מועד ונתן אהרן על
שני השעירם גרלות גורל אחד ליהוה וגורל אחד לעזאזל
והקריב אהרן את השעיר אשר עלה עליו הגורל ליהוה
ועשהו חטאת והשעיר אשר עלה עליו הגורל לעזאזל יעמד
חי לפני יהוה לכפר עליו לשלח אתו לעזאזל המדברה
והקריב אהרן את פר החטאת אשר לו וכפר בעדו ובעד
ביתו ושחט את פר החטאת אשר לו ולקח מלא המחתה
גחלי אש מעל המזבח מלפני יהוה ומלא חפניו קטרת סמים
דקה והביא מבית לפרכת ונתן את הקטרת על האש לפני
יהוה וכסה ענן הקטרת את הכפרת אשר על העדות ולא
ימות ולקח מדם הפר והזה באצבעו על פני הכפרת קדמה
ולפני הכפרת יזה שבע פעמים מן הדם באצבעו ושחט
את שעיר החטאת אשר לעם והביא את דמו אל מבית
לפרכת ועשה את דמו כאשר עשה לדם הפר והזה אתו על
הכפרת ולפני הכפרת וכפר על הקדש מטמאת בני ישראל
ומפשעיהם לכל חטאתם וכן יעשה לאהל מועד השכן אתם
בתוך טמאתם וכל אדם לא יהיה באהל מועד בבאו
לכפר בקדש עד צאתו וכפר בעדו ובעד ביתו ובעד כל
קהל ישראל ויצא אל המזבח אשר לפני יהוה וכפר עליו
ולקח מדם הפר ומדם השעיר ונתן על קרנות המזבח סביב
והזה עליו מן הדם באצבעו שבע פעמים וטהרו וקדשו
מטמאת בני ישראל וכלה מכפר את הקדש ואת אהל
מועד ואת המזבח והקריב את השעיר החי וסמך אהרן
את שתי ידו על ראש השעיר החי והתודה עליו את כל

ה בְּשָׂרוֹ וּלְבֵשָׁם: וּמֵאֵת עֲדַת בְּנֵי יִשְׂרָאֵל יִקַּח שְׁנֵי־שְׂעִירֵי עִזִּים

ו לְחַטָּאת וְאַיִל אֶחָד לְעֹלָה: וְהִקְרִיב אַהֲרֹן אֶת־פַּר הַחַטָּאת

ז אֲשֶׁר־לוֹ וְכִפֶּר בַּעֲדוֹ וּבְעַד בֵּיתוֹ: וְלָקַח אֶת־שְׁנֵי הַשְּׂעִירִם ★

ח וְהֶעֱמִיד אֹתָם לִפְנֵי יְהוָֹה פֶּתַח אֹהֶל מוֹעֵד: וְנָתַן אַהֲרֹן עַל־

שְׁנֵי הַשְּׂעִירִם גֹּרָלוֹת גּוֹרָל אֶחָד לַיהוָֹה וְגוֹרָל אֶחָד לַעֲזָאזֵל:

ט וְהִקְרִיב אַהֲרֹן אֶת־הַשָּׂעִיר אֲשֶׁר עָלָה עָלָיו הַגּוֹרָל לַיהוָֹה

י וְעָשָׂהוּ חַטָּאת: וְהַשָּׂעִיר אֲשֶׁר עָלָה עָלָיו הַגּוֹרָל לַעֲזָאזֵל יָעֳמַד־

חַי לִפְנֵי יְהוָֹה לְכַפֵּר עָלָיו לְשַׁלַּח אֹתוֹ לַעֲזָאזֵל הַמִּדְבָּרָה:

יא וְהִקְרִיב אַהֲרֹן אֶת־פַּר הַחַטָּאת אֲשֶׁר־לוֹ וְכִפֶּר בַּעֲדוֹ וּבְעַד

יב בֵּיתוֹ וְשָׁחַט אֶת־פַּר הַחַטָּאת אֲשֶׁר־לוֹ: וְלָקַח מְלֹא־הַמַּחְתָּה ★

גַּחֲלֵי־אֵשׁ מֵעַל הַמִּזְבֵּחַ מִלִּפְנֵי יְהוָֹה וּמְלֹא חָפְנָיו קְטֹרֶת סַמִּים

יג דַּקָּה וְהֵבִיא מִבֵּית לַפָּרֹכֶת: וְנָתַן אֶת־הַקְּטֹרֶת עַל־הָאֵשׁ לִפְנֵי

יְהוָֹה וְכִסָּה ׀ עֲנַן הַקְּטֹרֶת אֶת־הַכַּפֹּרֶת אֲשֶׁר עַל־הָעֵדוּת וְלֹא

יד יָמוּת: וְלָקַח מִדַּם הַפָּר וְהִזָּה בְאֶצְבָּעוֹ עַל־פְּנֵי הַכַּפֹּרֶת קֵדְמָה

טו וְלִפְנֵי הַכַּפֹּרֶת יַזֶּה שֶׁבַע־פְּעָמִים מִן־הַדָּם בְּאֶצְבָּעוֹ: וְשָׁחַט

אֶת־שְׂעִיר הַחַטָּאת אֲשֶׁר לָעָם וְהֵבִיא אֶת־דָּמוֹ אֶל־מִבֵּית

לַפָּרֹכֶת וְעָשָׂה אֶת־דָּמוֹ כַּאֲשֶׁר עָשָׂה לְדַם הַפָּר וְהִזָּה אֹתוֹ עַל־

טז הַכַּפֹּרֶת וְלִפְנֵי הַכַּפֹּרֶת: וְכִפֶּר עַל־הַקֹּדֶשׁ מִטֻּמְאֹת בְּנֵי יִשְׂרָאֵל

וּמִפִּשְׁעֵיהֶם לְכָל־חַטֹּאתָם וְכֵן יַעֲשֶׂה לְאֹהֶל מוֹעֵד הַשֹּׁכֵן אִתָּם

יז בְּתוֹךְ טֻמְאֹתָם: וְכָל־אָדָם לֹא־יִהְיֶה ׀ בְּאֹהֶל מוֹעֵד בְּבֹאוֹ

לְכַפֵּר בַּקֹּדֶשׁ עַד־צֵאתוֹ וְכִפֶּר בַּעֲדוֹ וּבְעַד בֵּיתוֹ וּבְעַד כָּל־

יח קְהַל יִשְׂרָאֵל: וְיָצָא אֶל־הַמִּזְבֵּחַ אֲשֶׁר לִפְנֵי־יְהוָֹה וְכִפֶּר עָלָיו שני

וְלָקַח מִדַּם הַפָּר וּמִדַּם הַשָּׂעִיר וְנָתַן עַל־קַרְנוֹת הַמִּזְבֵּחַ סָבִיב:

יט וְהִזָּה עָלָיו מִן־הַדָּם בְּאֶצְבָּעוֹ שֶׁבַע פְּעָמִים וְטִהֲרוֹ וְקִדְּשׁוֹ

כ מִטֻּמְאֹת בְּנֵי יִשְׂרָאֵל: וְכִלָּה מִכַּפֵּר אֶת־הַקֹּדֶשׁ וְאֶת־אֹהֶל

כא מוֹעֵד וְאֶת־הַמִּזְבֵּחַ וְהִקְרִיב אֶת־הַשָּׂעִיר הֶחָי: וְסָמַךְ אַהֲרֹן ★

אֶת־שְׁתֵּי יָדָו עַל־רֹאשׁ הַשָּׂעִיר הֶחַי וְהִתְוַדָּה עָלָיו אֶת־כָּל־

הנגע במשכבה יכבס בגדיו ורחץ במים וטמא עד הערב
וכל הנגע בכל כלי אשר תשב עליו יכבס בגדיו ורחץ במים
וטמא עד הערב ואם על המשכב הוא או על הכלי אשר
הוא ישבת עליו בנגעו בו יטמא עד הערב ואם שכב ישכב
איש אתה ותהי נדתה עליו וטמא שבעת ימים וכל המשכב
אשר ישכב עליו יטמא ואשה כי יזוב זוב
דמה ימים רבים בלא עת נדתה או כי תזוב על נדתה כל
ימי זוב טמאתה כימי נדתה תהיה טמאה הוא כל המשכב
אשר תשכב עליו כל ימי זובה כמשכב נדתה יהיה לה
וכל הכלי אשר תשב עליו טמא יהיה כטמאת נדתה
וכל הנוגע בם יטמא וכבס בגדיו ורחץ במים וטמא עד
הערב ואם טהרה מזובה וספרה לה שבעת ימים ואחר
תטהר וביום השמיני תקח לה שתי תרים או שני בני יונה
והביאה אותם אל הכהן אל פתח אהל מועד ועשה הכהן
את האחד חטאת ואת האחד עלה וכפר עליה הכהן לפני
יהוה מזוב טמאתה והזרתם את בני ישראל מטמאתם
ולא ימתו בטמאתם בטמאם את משכני אשר בתוכם זאת
תורת הזב ואשר תצא ממנו שכבת זרע לטמאה בה והדוה
בנדתה והזב את זובו לזכר ולנקבה ולאיש אשר ישכב עם
טמאה

וידבר יהוה אל משה אחרי מות שני בני אהרן בקרבתם
לפני יהוה וימתו ויאמר יהוה אל משה דבר אל אהרן אחיך
ואל יבא בכל עת אל הקדש מבית לפרכת אל פני הכפרת
אשר על הארן ולא ימות כי בענן אראה על הכפרת בזאת
יבא אהרן אל הקדש בפר בן בקר לחטאת ואיל לעלה
כתנת בד קדש ילבש ומכנסי בד יהיו על בשרו ובאבנט
בד יחגר ובמצנפת בד יצנף בגדי קדש הם ורחץ במים את

הַנֹּגֵעַ בְּמִשְׁכָּבָהּ יְכַבֵּס בְּגָדָיו וְרָחַץ בַּמַּיִם וְטָמֵא עַד־הָעָרֶב׃
כב וְכָל־הַנֹּגֵעַ בְּכָל־כְּלִי אֲשֶׁר־תֵּשֵׁב עָלָיו יְכַבֵּס בְּגָדָיו וְרָחַץ בַּמַּיִם
כג וְטָמֵא עַד־הָעָרֶב׃ וְאִם עַל־הַמִּשְׁכָּב הוּא אוֹ עַל־הַכְּלִי אֲשֶׁר־
כד הִוא יֹשֶׁבֶת־עָלָיו בְּנָגְעוֹ־בוֹ יִטְמָא עַד־הָעָרֶב׃ וְאִם שָׁכֹב יִשְׁכַּב
אִישׁ אֹתָהּ וּתְהִי נִדָּתָהּ עָלָיו וְטָמֵא שִׁבְעַת יָמִים וְכָל־הַמִּשְׁכָּב
כה אֲשֶׁר־יִשְׁכַּב עָלָיו יִטְמָא׃ וְאִשָּׁה כִּי־יָזוּב זוֹב יב
דָּמָהּ יָמִים רַבִּים בְּלֹא עֶת־נִדָּתָהּ אוֹ כִי־תָזוּב עַל־נִדָּתָהּ כָּל־
כו יְמֵי זוֹב טֻמְאָתָהּ כִּימֵי נִדָּתָהּ תִּהְיֶה טְמֵאָה הִוא׃ כָּל־הַמִּשְׁכָּב
אֲשֶׁר־תִּשְׁכַּב עָלָיו כָּל־יְמֵי זוֹבָהּ כְּמִשְׁכַּב נִדָּתָהּ יִהְיֶה־לָּהּ
וְכָל־הַכְּלִי אֲשֶׁר תֵּשֵׁב עָלָיו טָמֵא יִהְיֶה כְּטֻמְאַת נִדָּתָהּ׃
כז וְכָל־הַנּוֹגֵעַ בָּם יִטְמָא וְכִבֶּס בְּגָדָיו וְרָחַץ בַּמַּיִם וְטָמֵא עַד־
כח הָעָרֶב׃ וְאִם־טָהֲרָה מִזּוֹבָהּ וְסָפְרָה־לָּהּ שִׁבְעַת יָמִים וְאַחַר
כט תִּטְהָר׃ וּבַיּוֹם הַשְּׁמִינִי תִּקַּח־לָהּ שְׁתֵּי תֹרִים אוֹ שְׁנֵי בְּנֵי יוֹנָה שביעי
ל וְהֵבִיאָה אוֹתָם אֶל־הַכֹּהֵן אֶל־פֶּתַח אֹהֶל מוֹעֵד׃ וְעָשָׂה הַכֹּהֵן
אֶת־הָאֶחָד חַטָּאת וְאֶת־הָאֶחָד עֹלָה וְכִפֶּר עָלֶיהָ הַכֹּהֵן לִפְנֵי
לא יהוה מִזּוֹב טֻמְאָתָהּ׃ וְהִזַּרְתֶּם אֶת־בְּנֵי־יִשְׂרָאֵל מִטֻּמְאָתָם מפטיר
לב וְלֹא יָמֻתוּ בְּטֻמְאָתָם בְּטַמְּאָם אֶת־מִשְׁכָּנִי אֲשֶׁר בְּתוֹכָם׃ זֹאת
לג תּוֹרַת הַזָּב וַאֲשֶׁר תֵּצֵא מִמֶּנּוּ שִׁכְבַת־זֶרַע לְטָמְאָה־בָהּ׃ וְהַדָּוָה
בְּנִדָּתָהּ וְהַזָּב אֶת־זוֹבוֹ לַזָּכָר וְלַנְּקֵבָה וּלְאִישׁ אֲשֶׁר יִשְׁכַּב עִם־
טְמֵאָה׃

טז א וַיְדַבֵּר יהוה אֶל־מֹשֶׁה אַחֲרֵי מוֹת שְׁנֵי בְּנֵי אַהֲרֹן בְּקָרְבָתָם אחרי מו
ב לִפְנֵי־יהוה וַיָּמֻתוּ׃ וַיֹּאמֶר יהוה אֶל־מֹשֶׁה דַּבֵּר אֶל־אַהֲרֹן אָחִיךָ
וְאַל־יָבֹא בְכָל־עֵת אֶל־הַקֹּדֶשׁ מִבֵּית לַפָּרֹכֶת אֶל־פְּנֵי הַכַּפֹּרֶת
ג אֲשֶׁר עַל־הָאָרֹן וְלֹא יָמוּת כִּי בֶּעָנָן אֵרָאֶה עַל־הַכַּפֹּרֶת׃ בְּזֹאת
יָבֹא אַהֲרֹן אֶל־הַקֹּדֶשׁ בְּפַר בֶּן־בָּקָר לְחַטָּאת וְאַיִל לְעֹלָה׃
ד כְּתֹנֶת־בַּד קֹדֶשׁ יִלְבָּשׁ וּמִכְנְסֵי־בַד יִהְיוּ עַל־בְּשָׂרוֹ וּבְאַבְנֵט *
בַּד יַחְגֹּר וּבְמִצְנֶפֶת בַּד יִצְנֹף בִּגְדֵי־קֹדֶשׁ הֵם וְרָחַץ בַּמַּיִם אֶת־

וידבר יהוה אל משה ואל אהרן לאמר דברו אל בני ישראל
ואמרתם אלהם איש איש כי יהיה זב מבשרו זובו טמא הוא
וזאת תהיה טמאתו בזובו רר בשרו את זובו או החתים
בשרו מזובו טמאתו הוא כל המשכב אשר ישכב עליו
הזב יטמא וכל הכלי אשר ישב עליו יטמא ואיש אשר יגע
במשכבו יכבס בגדיו ורחץ במים וטמא עד הערב והישב
על הכלי אשר ישב עליו הזב יכבס בגדיו ורחץ במים וטמא
עד הערב והנגע בבשר הזב יכבס בגדיו ורחץ במים וטמא
עד הערב וכי ירק הזב בטהור וכבס בגדיו ורחץ במים
וטמא עד הערב וכל המרכב אשר ירכב עליו הזב יטמא
וכל הנגע בכל אשר יהיה תחתיו יטמא עד הערב והנושא
אותם יכבס בגדיו ורחץ במים וטמא עד הערב וכל אשר
יגע בו הזב וידיו לא שטף במים וכבס בגדיו ורחץ במים
וטמא עד הערב וכלי חרש אשר יגע בו הזב ישבר וכל
כלי עץ ישטף במים וכי יטהר הזב מזובו וספר לו שבעת
ימים לטהרתו וכבס בגדיו ורחץ בשרו במים חיים וטהר
וביום השמיני יקח לו שתי תרים או שני בני יונה ובא לפני
יהוה אל פתח אהל מועד ונתנם אל הכהן ועשה אתם
הכהן אחד חטאת והאחד עלה וכפר עליו הכהן לפני יהוה
מזובו ואיש כי תצא ממנו שכבת זרע ורחץ
במים את כל בשרו וטמא עד הערב וכל בגד וכל עור
אשר יהיה עליו שכבת זרע וכבס במים וטמא עד הערב
ואשה אשר ישכב איש אתה שכבת זרע ורחצו במים וטמאו
עד הערב

ואשה כי תהיה זבה דם יהיה זבה בבשרה שבעת ימים
תהיה בנדתה וכל הנגע בה יטמא עד הערב וכל אשר
תשכב עליו בנדתה יטמא וכל אשר תשב עליו יטמא וכל

א וַיְדַבֵּ֣ר יְהוָ֔ה אֶל־מֹשֶׁ֥ה וְאֶֽל־אַהֲרֹ֖ן לֵאמֹֽר: דַּבְּרוּ֙ אֶל־בְּנֵ֣י יִשְׂרָאֵ֔ל
ב וַאֲמַרְתֶּ֖ם אֲלֵהֶ֑ם אִ֣ישׁ אִ֗ישׁ כִּ֤י יִהְיֶה֙ זָ֣ב מִבְּשָׂר֔וֹ זוֹב֖וֹ טָמֵ֥א הֽוּא:
ג וְזֹ֛את תִּהְיֶ֥ה טֻמְאָת֖וֹ בְּזוֹב֑וֹ רָ֣ר בְּשָׂר֞וֹ אֶת־זוֹב֗וֹ אֽוֹ־הֶחְתִּ֤ים
ד בְּשָׂרוֹ֙ מִזּוֹב֔וֹ טֻמְאָת֖וֹ הִֽוא: כָּל־הַמִּשְׁכָּ֗ב אֲשֶׁ֨ר יִשְׁכַּ֥ב עָלָ֛יו
ה הַזָּ֖ב יִטְמָ֑א וְכָֽל־הַכְּלִ֛י אֲשֶׁר־יֵשֵׁ֥ב עָלָ֖יו יִטְמָֽא: וְאִ֕ישׁ אֲשֶׁ֥ר יִגַּ֖ע
ו בְּמִשְׁכָּב֑וֹ יְכַבֵּ֧ס בְּגָדָ֛יו וְרָחַ֥ץ בַּמַּ֖יִם וְטָמֵ֥א עַד־הָעָֽרֶב: וְהַיֹּשֵׁב֙
עַל־הַכְּלִ֔י אֲשֶׁר־יֵשֵׁ֥ב עָלָ֖יו הַזָּ֑ב יְכַבֵּ֧ס בְּגָדָ֛יו וְרָחַ֥ץ בַּמַּ֖יִם וְטָמֵ֥א
ז עַד־הָעָֽרֶב: וְהַנֹּגֵ֙עַ֙ בִּבְשַׂ֣ר הַזָּ֔ב יְכַבֵּ֧ס בְּגָדָ֛יו וְרָחַ֥ץ בַּמַּ֖יִם וְטָמֵ֥א
ח עַד־הָעָֽרֶב: וְכִֽי־יָרֹ֥ק הַזָּ֖ב בַּטָּה֑וֹר וְכִבֶּ֧ס בְּגָדָ֛יו וְרָחַ֥ץ בַּמַּ֖יִם
ט וְטָמֵ֥א עַד־הָעָֽרֶב: וְכָל־הַמֶּרְכָּ֗ב אֲשֶׁ֨ר יִרְכַּ֥ב עָלָ֛יו הַזָּ֖ב יִטְמָֽא:
י וְכָל־הַנֹּגֵ֗עַ בְּכֹל֙ אֲשֶׁ֣ר יִהְיֶ֣ה תַחְתָּ֔יו יִטְמָ֖א עַד־הָעָ֑רֶב וְהַנּוֹשֵׂ֣א
יא אוֹתָ֔ם יְכַבֵּ֧ס בְּגָדָ֛יו וְרָחַ֥ץ בַּמַּ֖יִם וְטָמֵ֥א עַד־הָעָֽרֶב: וְכֹ֨ל אֲשֶׁ֤ר
יִגַּע־בּוֹ֙ הַזָּ֔ב וְיָדָ֖יו לֹא־שָׁטַ֣ף בַּמָּ֑יִם וְכִבֶּ֧ס בְּגָדָ֛יו וְרָחַ֥ץ בַּמַּ֖יִם
יב וְטָמֵ֥א עַד־הָעָֽרֶב: וּכְלִי־חֶ֛רֶשׂ אֲשֶׁר־יִגַּע־בּ֥וֹ הַזָּ֖ב יִשָּׁבֵ֑ר וְכָל־
★ יג כְּלִי־עֵ֔ץ יִשָּׁטֵ֖ף בַּמָּֽיִם: וְכִֽי־יִטְהַ֤ר הַזָּב֙ מִזּוֹב֔וֹ וְסָ֨פַר ל֜וֹ שִׁבְעַ֤ת
יָמִים֙ לְטָ֣הֳרָת֔וֹ וְכִבֶּ֣ס בְּגָדָ֑יו וְרָחַ֧ץ בְּשָׂר֛וֹ בְּמַ֥יִם חַיִּ֖ים וְטָהֵֽר:
יד וּבַיּ֣וֹם הַשְּׁמִינִ֗י יִֽקַּֽח־לוֹ֙ שְׁתֵּ֣י תֹרִ֔ים א֖וֹ שְׁנֵ֣י בְּנֵ֣י יוֹנָ֑ה וּבָ֣א ׀ לִפְנֵ֣י
טו יְהוָ֗ה אֶל־פֶּ֙תַח֙ אֹ֣הֶל מוֹעֵ֔ד וּנְתָנָ֖ם אֶל־הַכֹּהֵֽן: וְעָשָׂ֤ה אֹתָם֙
הַכֹּהֵ֔ן אֶחָ֣ד חַטָּ֔את וְהָאֶחָ֖ד עֹלָ֑ה וְכִפֶּ֨ר עָלָ֧יו הַכֹּהֵ֛ן לִפְנֵ֥י יְהוָ֖ה
טז מִזּוֹבֽוֹ: וְאִ֕ישׁ כִּֽי־תֵצֵ֥א מִמֶּ֖נּוּ שִׁכְבַת־זָ֑רַע וְרָחַ֥ץ
יז בַּמַּ֛יִם אֶת־כָּל־בְּשָׂר֖וֹ וְטָמֵ֥א עַד־הָעָֽרֶב: וְכָל־בֶּ֣גֶד וְכָל־ע֔וֹר
אֲשֶׁר־יִהְיֶ֥ה עָלָ֖יו שִׁכְבַת־זָ֑רַע וְכֻבַּ֥ס בַּמַּ֖יִם וְטָמֵ֥א עַד־הָעָֽרֶב:
יח וְאִשָּׁ֕ה אֲשֶׁ֨ר יִשְׁכַּ֥ב אִ֛ישׁ אֹתָ֖הּ שִׁכְבַת־זָ֑רַע וְרָחֲצ֣וּ בַמַּ֔יִם וְטָמְא֖וּ
עַד־הָעָֽרֶב:
יט וְאִשָּׁה֙ כִּֽי־תִהְיֶ֣ה זָבָ֔ה דָּ֛ם יִהְיֶ֥ה זֹבָ֖הּ בִּבְשָׂרָ֑הּ שִׁבְעַ֤ת יָמִים֙
כ תִּהְיֶ֣ה בְנִדָּתָ֔הּ וְכָל־הַנֹּגֵ֥עַ בָּ֖הּ יִטְמָ֥א עַד־הָעָֽרֶב: וְכֹל֩ אֲשֶׁ֨ר
כא תִּשְׁכַּ֤ב עָלָיו֙ בְּנִדָּתָ֔הּ יִטְמָ֑א וְכֹ֛ל אֲשֶׁר־תֵּשֵׁ֥ב עָלָ֖יו יִטְמָֽא: וְכָל־

הנגע בקירת הבית שקערורת ירקרקת או אדמדמת ומראיהן
שפל מן הקיר ויצא הכהן מן הבית אל פתח הבית והסגיר
את הבית שבעת ימים ושב הכהן ביום השביעי וראה והנה
פשה הנגע בקירת הבית וצוה הכהן וחלצו את האבנים
אשר בהן הנגע והשליכו אתהן אל מחוץ לעיר אל מקום
טמא ואת הבית יקצע מבית סביב ושפכו את העפר אשר
הקצו אל מחוץ לעיר אל מקום טמא ולקחו אבנים אחרות
והביאו אל תחת האבנים ועפר אחר יקח וטח את הבית
ואם ישוב הנגע ופרח בבית אחר חלץ את האבנים ואחרי
הקצות את הבית ואחרי הטוח ובא הכהן וראה והנה פשה
הנגע בבית צרעת ממארת הוא בבית טמא הוא ונתץ
את הבית את אבניו ואת עציו ואת כל עפר הבית והוציא
אל מחוץ לעיר אל מקום טמא והבא אל הבית כל ימי
הסגיר אתו יטמא עד הערב והשכב בבית יכבס את בגדיו
והאכל בבית יכבס את בגדיו ואם בא יבא הכהן וראה
והנה לא פשה הנגע בבית אחרי הטח את הבית וטהר
הכהן את הבית כי נרפא הנגע ולקח לחטא את הבית
שתי צפרים ועץ ארז ושני תולעת ואזב ושחט את הצפר
האחת אל כלי חרש על מים חיים ולקח את עץ הארז
ואת האזב ואת שני התולעת ואת הצפר החיה וטבל אתם
בדם הצפר השחוטה ובמים החיים והזה אל הבית שבע
פעמים וחטא את הבית בדם הצפור ובמים החיים ובצפר
החיה ובעץ הארז ובאזב ובשני התולעת ושלח את הצפר
החיה אל מחוץ לעיר אל פני השדה וכפר על הבית וטהר
זאת התורה לכל נגע הצרעת ולנתק ולצרעת הבגד ולבית
ולשאת ולספחת ולבהרת להורת ביום הטמא וביום הטהר
זאת תורת הצרעת

הַנֶּגַע בְּקִירֹת הַבַּיִת שְׁקַעֲרוּרֹת יְרַקְרַקֹּת אוֹ אֲדַמְדַּמֹּת וּמַרְאֵיהֶן
לח שָׁפָל מִן־הַקִּיר׃ וְיָצָא הַכֹּהֵן מִן־הַבַּיִת אֶל־פֶּתַח הַבָּיִת וְהִסְגִּיר
לט אֶת־הַבַּיִת שִׁבְעַת יָמִים׃ וְשָׁב הַכֹּהֵן בַּיּוֹם הַשְּׁבִיעִי וְרָאָה וְהִנֵּה
מ פָּשָׂה הַנֶּגַע בְּקִירֹת הַבָּיִת׃ וְצִוָּה הַכֹּהֵן וְחִלְּצוּ אֶת־הָאֲבָנִים
אֲשֶׁר בָּהֵן הַנָּגַע וְהִשְׁלִיכוּ אֶתְהֶן אֶל־מִחוּץ לָעִיר אֶל־מָקוֹם
מא טָמֵא׃ וְאֶת־הַבַּיִת יַקְצִעַ מִבַּיִת סָבִיב וְשָׁפְכוּ אֶת־הֶעָפָר אֲשֶׁר
מב הִקְצוּ אֶל־מִחוּץ לָעִיר אֶל־מָקוֹם טָמֵא׃ וְלָקְחוּ אֲבָנִים אֲחֵרוֹת
וְהֵבִיאוּ אֶל־תַּחַת הָאֲבָנִים וְעָפָר אַחֵר יִקַּח וְטָח אֶת־הַבָּיִת׃
מג וְאִם־יָשׁוּב הַנֶּגַע וּפָרַח בַּבַּיִת אַחַר חִלֵּץ אֶת־הָאֲבָנִים וְאַחֲרֵי
מד הִקְצוֹת אֶת־הַבַּיִת וְאַחֲרֵי הִטּוֹחַ׃ וּבָא הַכֹּהֵן וְרָאָה וְהִנֵּה פָּשָׂה
מה הַנֶּגַע בַּבָּיִת צָרַעַת מַמְאֶרֶת הִוא בַּבַּיִת טָמֵא הוּא׃ וְנָתַץ
אֶת־הַבַּיִת אֶת־אֲבָנָיו וְאֶת־עֵצָיו וְאֵת כָּל־עֲפַר הַבָּיִת וְהוֹצִיא
מו אֶל־מִחוּץ לָעִיר אֶל־מָקוֹם טָמֵא׃ וְהַבָּא אֶל־הַבַּיִת כָּל־יְמֵי
מז הִסְגִּיר אֹתוֹ יִטְמָא עַד־הָעָרֶב׃ וְהַשֹּׁכֵב בַּבַּיִת יְכַבֵּס אֶת־בְּגָדָיו
מח וְהָאֹכֵל בַּבַּיִת יְכַבֵּס אֶת־בְּגָדָיו׃ וְאִם־בֹּא יָבֹא הַכֹּהֵן וְרָאָה
וְהִנֵּה לֹא־פָשָׂה הַנֶּגַע בַּבַּיִת אַחֲרֵי הִטֹּחַ אֶת־הַבָּיִת וְטִהַר
מט הַכֹּהֵן אֶת־הַבַּיִת כִּי נִרְפָּא הַנָּגַע׃ וְלָקַח לְחַטֵּא אֶת־הַבַּיִת ★
נ שְׁתֵּי צִפֳּרִים וְעֵץ אֶרֶז וּשְׁנִי תוֹלַעַת וְאֵזֹב׃ וְשָׁחַט אֶת־הַצִּפֹּר
נא הָאֶחָת אֶל־כְּלִי־חֶרֶשׂ עַל־מַיִם חַיִּים׃ וְלָקַח אֶת־עֵץ־הָאֶרֶז
וְאֶת־הָאֵזֹב וְאֵת ׀ שְׁנִי הַתּוֹלַעַת וְאֵת הַצִּפֹּר הַחַיָּה וְטָבַל אֹתָם
בְּדַם הַצִּפֹּר הַשְּׁחוּטָה וּבַמַּיִם הַחַיִּים וְהִזָּה אֶל־הַבַּיִת שֶׁבַע
נב פְּעָמִים׃ וְחִטֵּא אֶת־הַבַּיִת בְּדַם הַצִּפּוֹר וּבַמַּיִם הַחַיִּים וּבַצִּפֹּר
נג הַחַיָּה וּבְעֵץ הָאֶרֶז וּבָאֵזֹב וּבִשְׁנִי הַתּוֹלָעַת׃ וְשִׁלַּח אֶת־הַצִּפֹּר
הַחַיָּה אֶל־מִחוּץ לָעִיר אֶל־פְּנֵי הַשָּׂדֶה וְכִפֶּר עַל־הַבַּיִת וְטָהֵר׃
★ נד נה זֹאת הַתּוֹרָה לְכָל־נֶגַע הַצָּרַעַת וְלַנָּתֶק׃ וּלְצָרַעַת הַבֶּגֶד וְלַבָּיִת׃ חמישי
נו נז וְלַשְׂאֵת וְלַסַּפַּחַת וְלַבֶּהָרֶת׃ לְהוֹרֹת בְּיוֹם הַטָּמֵא וּבְיוֹם הַטָּהֹר
זֹאת תּוֹרַת הַצָּרָעַת׃

ואחר ישחט את העלה והעלה הכהן את העלה ואת
המנחה המזבחה וכפר עליו הכהן וטהר ואם
דל הוא ואין ידו משגת ולקח כבש אחד אשם לתנופה לכפר
עליו ועשרון סלת אחד בלול בשמן למנחה ולג שמן ושתי
תרים או שני בני יונה אשר תשיג ידו והיה אחד חטאת
והאחד עלה והביא אתם ביום השמיני לטהרתו אל הכהן
אל פתח אהל מועד לפני יהוה ולקח הכהן את כבש
האשם ואת לג השמן והניף אתם הכהן תנופה לפני יהוה
ושחט את כבש האשם ולקח הכהן מדם האשם ונתן על
תנוך אזן המטהר הימנית ועל בהן ידו הימנית ועל בהן
רגלו הימנית ומן השמן יצק הכהן על כף הכהן השמאלית
והזה הכהן באצבעו הימנית מן השמן אשר על כפו
השמאלית שבע פעמים לפני יהוה ונתן הכהן מן השמן
אשר על כפו על תנוך אזן המטהר הימנית ועל בהן ידו
הימנית ועל בהן רגלו הימנית על מקום דם האשם והנותר
מן השמן אשר על כף הכהן יתן על ראש המטהר לכפר
עליו לפני יהוה ועשה את האחד מן התרים או מן בני
היונה מאשר תשיג ידו את אשר תשיג ידו את האחד
חטאת ואת האחד עלה על המנחה וכפר הכהן על המטהר
לפני יהוה זאת תורת אשר בו נגע צרעת אשר לא תשיג
ידו בטהרתו

וידבר יהוה אל משה ואל אהרן לאמר כי תבאו אל ארץ
כנען אשר אני נתן לכם לאחזה ונתתי נגע צרעת בבית
ארץ אחזתכם ובא אשר לו הבית והגיד לכהן לאמר
כנגע נראה לי בבית וצוה הכהן ופנו את הבית בטרם
יבא הכהן לראות את הנגע ולא יטמא כל אשר בבית ואחר
כן יבא הכהן לראות את הבית וראה את הנגע והנה

כ וְאַחַ֖ר יִשְׁחַ֣ט אֶת־הָעֹלָ֑ה וְהֶעֱלָ֨ה הַכֹּהֵ֧ן אֶת־הָעֹלָ֛ה וְאֶת־

שלישי
/חמישי/

כא הַמִּנְחָ֖ה הַמִּזְבֵּ֑חָה וְכִפֶּ֥ר עָלָ֛יו הַכֹּהֵ֖ן וְטָהֵֽר: וְאִם־
דַּ֣ל ה֗וּא וְאֵ֣ין יָדוֹ֘ מַשֶּׂגֶת֒ וְ֠לָקַח כֶּ֣בֶשׂ אֶחָ֛ד אָשָׁ֥ם לִתְנוּפָ֖ה לְכַפֵּ֣ר

כב עָלָ֑יו וְעִשָּׂר֨וֹן סֹ֜לֶת אֶחָ֨ד בָּל֥וּל בַּשֶּׁ֛מֶן לְמִנְחָ֖ה וְלֹ֥ג שָֽׁמֶן: וּשְׁתֵּ֣י
תֹרִ֗ים א֤וֹ שְׁנֵי֙ בְּנֵ֣י יוֹנָ֔ה אֲשֶׁ֥ר תַּשִּׂ֖יג יָד֑וֹ וְהָיָ֤ה אֶחָד֙ חַטָּ֔את

כג וְהָאֶחָ֖ד עֹלָֽה: וְהֵבִ֨יא אֹתָ֜ם בַּיּ֧וֹם הַשְּׁמִינִ֛י לְטָהֳרָת֖וֹ אֶל־הַכֹּהֵ֑ן
אֶל־פֶּ֥תַח אֹֽהֶל־מוֹעֵ֖ד לִפְנֵ֥י יְהוָֽה:

כד וְלָקַ֧ח הַכֹּהֵ֛ן אֶת־כֶּ֥בֶשׂ
הָאָשָׁ֖ם וְאֶת־לֹ֣ג הַשָּׁ֑מֶן וְהֵנִ֨יף אֹתָ֧ם הַכֹּהֵ֛ן תְּנוּפָ֖ה לִפְנֵ֥י יְהוָֽה:

כה וְשָׁחַט֮ אֶת־כֶּ֣בֶשׂ הָֽאָשָׁם֒ וְלָקַ֤ח הַכֹּהֵן֙ מִדַּ֣ם הָֽאָשָׁ֔ם וְנָתַ֛ן עַל־
תְּנ֛וּךְ אֹֽזֶן־הַמִּטַּהֵ֖ר הַיְמָנִ֑ית וְעַל־בֹּ֤הֶן יָדוֹ֙ הַיְמָנִ֔ית וְעַל־בֹּ֥הֶן

כו רַגְל֖וֹ הַיְמָנִֽית: וּמִן־הַשֶּׁ֖מֶן יִצֹ֣ק הַכֹּהֵ֑ן עַל־כַּ֥ף הַכֹּהֵ֖ן הַשְּׂמָאלִֽית:

כז וְהִזָּ֤ה הַכֹּהֵן֙ בְּאֶצְבָּע֣וֹ הַיְמָנִ֔ית מִן־הַשֶּׁ֕מֶן אֲשֶׁ֥ר עַל־כַּפּ֖וֹ

★ הַשְּׂמָאלִ֑ית שֶׁ֥בַע פְּעָמִ֖ים לִפְנֵ֥י יְהוָֽה:

כח וְנָתַ֨ן הַכֹּהֵ֜ן מִן־הַשֶּׁ֗מֶן
אֲשֶׁ֣ר עַל־כַּפּ֮וֹ עַל־תְּנוּךְ֮ אֹ֣זֶן הַמִּטַּהֵר֮ הַיְמָנִית֒ וְעַל־בֹּ֤הֶן יָדוֹ֙

כט הַיְמָנִ֔ית וְעַל־בֹּ֥הֶן רַגְל֖וֹ הַיְמָנִ֑ית עַל־מְק֖וֹם דַּ֥ם הָֽאָשָֽׁם: וְהַנּוֹתָ֗ר
מִן־הַשֶּׁ֙מֶן֙ אֲשֶׁר֙ עַל־כַּ֣ף הַכֹּהֵ֔ן יִתֵּ֖ן עַל־רֹ֣אשׁ הַמִּטַּהֵ֑ר לְכַפֵּ֥ר

ל עָלָ֖יו לִפְנֵ֥י יְהוָֽה: וְעָשָׂ֤ה אֶת־הָֽאֶחָד֙ מִן־הַתֹּרִ֔ים א֖וֹ מִן־בְּנֵ֣י

לא הַיּוֹנָ֑ה מֵאֲשֶׁ֥ר תַּשִּׂ֖יג יָדֽוֹ: אֵ֣ת אֲשֶׁר־תַּשִּׂ֞יג יָד֗וֹ אֶת־הָאֶחָ֥ד
חַטָּ֛את וְאֶת־הָאֶחָ֥ד עֹלָ֖ה עַל־הַמִּנְחָ֑ה וְכִפֶּ֧ר הַכֹּהֵ֛ן עַ֥ל הַמִּטַּהֵ֖ר

לב לִפְנֵ֥י יְהוָֽה: זֹ֣את תּוֹרַ֔ת אֲשֶׁר־בּ֖וֹ נֶ֣גַע צָרָ֑עַת אֲשֶׁ֛ר לֹֽא־תַשִּׂ֥יג
יָד֖וֹ בְּטָהֳרָתֽוֹ:

רביעי
/ששי/

לג וַיְדַבֵּ֣ר יְהוָ֔ה אֶל־מֹשֶׁ֥ה וְאֶֽל־אַהֲרֹ֖ן לֵאמֹֽר: כִּ֤י תָבֹ֙אוּ֙ אֶל־אֶ֣רֶץ
כְּנַ֔עַן אֲשֶׁ֥ר אֲנִ֛י נֹתֵ֥ן לָכֶ֖ם לַאֲחֻזָּ֑ה וְנָתַתִּי֙ נֶ֣גַע צָרַ֔עַת בְּבֵ֖ית

לה אֶ֥רֶץ אֲחֻזַּתְכֶֽם: וּבָא֙ אֲשֶׁר־ל֣וֹ הַבַּ֔יִת וְהִגִּ֥יד לַכֹּהֵ֖ן לֵאמֹ֑ר

לו כְּנֶ֕גַע נִרְאָ֥ה לִ֖י בַּבָּֽיִת: וְצִוָּ֨ה הַכֹּהֵ֜ן וּפִנּ֣וּ אֶת־הַבַּ֗יִת בְּטֶ֨רֶם
יָבֹ֤א הַכֹּהֵן֙ לִרְא֣וֹת אֶת־הַנֶּ֔גַע וְלֹ֥א יִטְמָ֖א כָּל־אֲשֶׁ֣ר בַּבָּ֑יִת וְאַחַ֥ר

★ לז כֵּ֛ן יָבֹ֥א הַכֹּהֵ֖ן לִרְא֥וֹת אֶת־הַבָּֽיִת: וְרָאָ֣ה אֶת־הַנֶּ֗גַע וְהִנֵּ֤ה

ואזב וצוה הכהן ושחט את הצפור האחת אל כלי חרש
על מים חיים את הצפר החיה יקח אתה ואת עץ הארז
ואת שני התולעת ואת האזב וטבל אותם ואת הצפר החיה
בדם הצפר השחטה על המים החיים והזה על המטהר
מן הצרעת שבע פעמים וטהרו ושלח את הצפר החיה
על פני השדה וכבס המטהר את בגדיו וגלח את כל
שערו ורחץ במים וטהר ואחר יבוא אל המחנה וישב
מחוץ לאהלו שבעת ימים והיה ביום השביעי יגלח את
כל שערו את ראשו ואת זקנו ואת גבת עיניו ואת כל
שערו יגלח וכבס את בגדיו ורחץ את בשרו במים וטהר
וביום השמיני יקח שני כבשים תמימם וכבשה אחת בת
שנתה תמימה ושלשה עשרנים סלת מנחה בלולה בשמן
ולג אחד שמן והעמיד הכהן המטהר את האיש המטהר
ואתם לפני יהוה פתח אהל מועד ולקח הכהן את הכבש
האחד והקריב אתו לאשם ואת לג השמן והניף אתם תנופה
לפני יהוה ושחט את הכבש במקום אשר ישחט את
החטאת ואת העלה במקום הקדש כי כחטאת האשם הוא
לכהן קדש קדשים הוא ולקח הכהן מדם האשם ונתן
הכהן על תנוך אזן המטהר הימנית ועל בהן ידו הימנית
ועל בהן רגלו הימנית ולקח הכהן מלג השמן ויצק על
כף הכהן השמאלית וטבל הכהן את אצבעו הימנית מן
השמן אשר על כפו השמאלית והזה מן השמן באצבעו
שבע פעמים לפני יהוה ומיתר השמן אשר על כפו יתן
הכהן על תנוך אזן המטהר הימנית ועל בהן ידו הימנית
ועל בהן רגלו הימנית על דם האשם והנותר בשמן אשר
על כף הכהן יתן על ראש המטהר וכפר עליו הכהן לפני
יהוה ועשה הכהן את החטאת וכפר על המטהר מטמאתו

ה וְצִוָּה֙ הַכֹּהֵ֔ן וְשָׁחַ֖ט אֶת־הַצִּפּ֣וֹר הָאֶחָ֑ת אֶל־כְּלִי־חֶ֖רֶשׂ

ו עַל־מַ֥יִם חַיִּֽים: אֶת־הַצִּפֹּ֣ר הַֽחַיָּ֗ה יִקַּ֤ח אֹתָהּ֙ וְאֶת־עֵ֣ץ הָאֶ֔רֶז וְאֶת־שְׁנִ֥י הַתּוֹלַ֖עַת וְאֶת־הָאֵזֹ֑ב וְטָבַ֨ל אוֹתָ֜ם וְאֵ֣ת ׀ הַצִּפֹּ֣ר הַֽחַיָּ֗ה

ז בְּדַם֙ הַצִּפֹּ֣ר הַשְּׁחֻטָ֔ה עַ֖ל הַמַּ֣יִם הַֽחַיִּֽים: וְהִזָּ֗ה עַ֧ל הַמִּטַּהֵ֛ר מִן־הַצָּרַ֖עַת שֶׁ֣בַע פְּעָמִ֑ים וְטִ֣הֲר֔וֹ וְשִׁלַּ֥ח אֶת־הַצִּפֹּ֖ר הַֽחַיָּ֑ה

ח עַל־פְּנֵ֥י הַשָּׂדֶֽה: וְכִבֶּס֩ הַמִּטַּהֵ֨ר אֶת־בְּגָדָ֜יו וְגִלַּ֣ח אֶת־כָּל־שְׂעָר֗וֹ וְרָחַ֤ץ בַּמַּ֙יִם֙ וְטָהֵ֔ר וְאַחַ֖ר יָב֣וֹא אֶל־הַֽמַּחֲנֶ֑ה וְיָשַׁ֛ב

ט מִח֥וּץ לְאָהֳל֖וֹ שִׁבְעַ֥ת יָמִֽים: וְהָיָה֩ בַיּ֨וֹם הַשְּׁבִיעִ֜י יְגַלַּ֣ח אֶת־כָּל־שְׂעָר֗וֹ אֶת־רֹאשׁ֤וֹ וְאֶת־זְקָנוֹ֙ וְאֵת֙ גַּבֹּ֣ת עֵינָ֔יו וְאֶת־כָּל־שְׂעָר֖וֹ יְגַלֵּ֑חַ וְכִבֶּ֣ס אֶת־בְּגָדָ֗יו וְרָחַ֧ץ אֶת־בְּשָׂר֛וֹ בַּמַּ֖יִם וְטָהֵֽר:

י וּבַיּ֣וֹם הַשְּׁמִינִ֗י יִקַּ֤ח שְׁנֵֽי־כְבָשִׂים֙ תְּמִימִ֔ם וְכַבְשָׂ֥ה אַחַ֖ת בַּת־שְׁנָתָ֣הּ תְּמִימָ֑ה וּשְׁלֹשָׁ֣ה עֶשְׂרֹנִ֗ים סֹ֤לֶת מִנְחָה֙ בְּלוּלָ֣ה בַשֶּׁ֔מֶן

יא וְלֹ֥ג אֶחָ֖ד שָֽׁמֶן: וְהֶֽעֱמִ֞יד הַכֹּהֵ֣ן הַֽמְטַהֵ֗ר אֵ֛ת הָאִ֥ישׁ הַמִּטַּהֵ֖ר

יב וְאֹתָ֑ם לִפְנֵ֣י יְהֹוָ֔ה פֶּ֖תַח אֹ֥הֶל מוֹעֵֽד: וְלָקַ֨ח הַכֹּהֵ֜ן אֶת־הַכֶּ֣בֶשׂ הָֽאֶחָ֗ד וְהִקְרִ֥יב אֹת֛וֹ לְאָשָׁ֖ם וְאֶת־לֹ֣ג הַשָּׁ֑מֶן וְהֵנִ֥יף אֹתָ֛ם תְּנוּפָ֖ה

שני יג לִפְנֵ֥י יְהֹוָֽה: וְשָׁחַ֣ט אֶת־הַכֶּ֗בֶשׂ בִּ֠מְק֠וֹם אֲשֶׁ֨ר יִשְׁחַ֧ט אֶת־הַֽחַטָּ֛את וְאֶת־הָֽעֹלָ֖ה בִּמְק֣וֹם הַקֹּ֑דֶשׁ כִּ֡י כַּ֠חַטָּ֠את הָֽאָשָׁ֥ם הוּא֙

יד לַכֹּהֵ֔ן קֹ֥דֶשׁ קָֽדָשִׁ֖ים הֽוּא: וְלָקַ֣ח הַכֹּהֵן֮ מִדַּ֣ם הָֽאָשָׁם֒ וְנָתַ֣ן הַכֹּהֵ֗ן עַל־תְּנ֛וּךְ אֹ֥זֶן הַמִּטַּהֵ֖ר הַיְמָנִ֑ית וְעַל־בֹּ֤הֶן יָדוֹ֙ הַיְמָנִ֔ית

טו וְעַל־בֹּ֥הֶן רַגְל֖וֹ הַיְמָנִֽית: וְלָקַ֥ח הַכֹּהֵ֖ן מִלֹּ֣ג הַשָּׁ֑מֶן וְיָצַ֛ק עַל־

טז כַּ֥ף הַכֹּהֵ֖ן הַשְּׂמָאלִֽית: וְטָבַ֤ל הַכֹּהֵן֙ אֶת־אֶצְבָּע֣וֹ הַיְמָנִ֔ית מִן־הַשֶּׁ֕מֶן אֲשֶׁ֥ר עַל־כַּפּ֖וֹ הַשְּׂמָאלִ֑ית וְהִזָּ֨ה מִן־הַשֶּׁ֧מֶן בְּאֶצְבָּע֛וֹ

יז שֶׁ֥בַע פְּעָמִ֖ים לִפְנֵ֥י יְהֹוָֽה: וּמִיֶּ֨תֶר הַשֶּׁ֜מֶן אֲשֶׁ֣ר עַל־כַּפּ֗וֹ יִתֵּ֤ן הַכֹּהֵן֙ עַל־תְּנ֨וּךְ אֹ֤זֶן הַמִּטַּהֵר֙ הַיְמָנִ֔ית וְעַל־בֹּ֥הֶן יָד֖וֹ הַיְמָנִ֑ית

יח וְעַל־בֹּ֥הֶן רַגְל֖וֹ הַיְמָנִ֑ית עַ֖ל דַּ֥ם הָֽאָשָֽׁם: וְהַנּוֹתָ֗ר בַּשֶּׁ֨מֶן֙ אֲשֶׁר֙ עַל־כַּ֣ף הַכֹּהֵ֔ן יִתֵּ֖ן עַל־רֹ֣אשׁ הַמִּטַּהֵ֑ר וְכִפֶּ֥ר עָלָ֛יו הַכֹּהֵ֖ן לִפְנֵ֥י

יט יְהֹוָֽה: וְעָשָׂ֤ה הַכֹּהֵן֙ אֶת־הַ֣חַטָּ֔את וְכִפֶּ֕ר עַל־הַמִּטַּהֵ֖ר מִטֻּמְאָת֑וֹ

נגע צרעת בבגד צמר או בבגד פשתים או בשתי או בערב
לפשתים ולצמר או בעור או בכל מלאכת עור והיה הנגע
ירקרק או אדמדם בבגד או בעור או בשתי או בערב או
בכל כלי עור נגע צרעת הוא והראה את הכהן וראה
הכהן את הנגע והסגיר את הנגע שבעת ימים וראה את
הנגע ביום השביעי כי פשה הנגע בבגד או בשתי או בערב
או בעור לכל אשר יעשה העור למלאכה צרעת ממארת
הנגע טמא הוא ושרף את הבגד או את השתי או את
הערב בצמר או בפשתים או את כל כלי העור אשר
יהיה בו הנגע כי צרעת ממארת הוא באש תשרף ואם
יראה הכהן והנה לא פשה הנגע בבגד או בשתי או בערב
או בכל כלי עור וצוה הכהן וכבסו את אשר בו הנגע
והסגירו שבעת ימים שנית וראה הכהן אחרי הכבס
את הנגע והנה לא הפך הנגע את עינו והנגע לא פשה
טמא הוא באש תשרפנו פחתת הוא בקרחתו או בגבחתו
ואם ראה הכהן והנה כהה הנגע אחרי הכבס אתו וקרע
אתו מן הבגד או מן העור או מן השתי או מן הערב
ואם תראה עוד בבגד או בשתי או בערב או בכל כלי
עור פרחת הוא באש תשרפנו את אשר בו הנגע והבגד
או השתי או הערב או כל כלי העור אשר תכבס וסר
מהם הנגע וכבס שנית וטהר זאת תורת נגע צרעת בגד
הצמר או הפשתים או השתי או הערב או כל כלי עור
לטהרו או לטמאו

וידבר יהוה אל משה לאמר זאת תהיה תורת המצרע
ביום טהרתו והובא אל הכהן ויצא הכהן אל מחוץ למחנה
וראה הכהן והנה נרפא נגע הצרעת מן הצרוע וצוה הכהן
ולקח למטהר שתי צפרים חיות טהרות ועץ ארז ושני תולעת

מח נֶגַע צָרַעַת בְּבֶגֶד צֶמֶר אוֹ בְּבֶגֶד פִּשְׁתִּים: אוֹ בִשְׁתִי אוֹ בְעֵרֶב
מט לַפִּשְׁתִּים וְלַצָּמֶר אוֹ בְעוֹר אוֹ בְּכָל־מְלֶאכֶת עוֹר: וְהָיָה הַנֶּגַע
יְרַקְרַק | אוֹ אֲדַמְדָּם בַּבֶּגֶד אוֹ בָעוֹר אוֹ־בַשְּׁתִי אוֹ־בָעֵרֶב אוֹ
נ בְכָל־כְּלִי־עוֹר נֶגַע צָרַעַת הוּא וְהָרְאָה אֶת־הַכֹּהֵן: וְרָאָה *
נא הַכֹּהֵן אֶת־הַנָּגַע וְהִסְגִּיר אֶת־הַנֶּגַע שִׁבְעַת יָמִים: וְרָאָה אֶת־
הַנֶּגַע בַּיּוֹם הַשְּׁבִיעִי כִּי־פָשָׂה הַנֶּגַע בַּבֶּגֶד אוֹ־בַשְּׁתִי אוֹ־בָעֵרֶב
אוֹ בָעוֹר לְכֹל אֲשֶׁר־יֵעָשֶׂה הָעוֹר לִמְלָאכָה צָרַעַת מַמְאֶרֶת
נב הַנֶּגַע טָמֵא הוּא: וְשָׂרַף אֶת־הַבֶּגֶד אוֹ אֶת־הַשְּׁתִי | אוֹ אֶת־
הָעֵרֶב בַּצֶּמֶר אוֹ בַפִּשְׁתִּים אוֹ אֶת־כָּל־כְּלִי הָעוֹר אֲשֶׁר־
נג יִהְיֶה בוֹ הַנָּגַע כִּי־צָרַעַת מַמְאֶרֶת הִוא בָּאֵשׁ תִּשָּׂרֵף: וְאִם
יִרְאֶה הַכֹּהֵן וְהִנֵּה לֹא־פָשָׂה הַנֶּגַע בַּבֶּגֶד אוֹ בַשְּׁתִי אוֹ בָעֵרֶב
נד אוֹ בְּכָל־כְּלִי־עוֹר: וְצִוָּה הַכֹּהֵן וְכִבְּסוּ אֵת אֲשֶׁר־בּוֹ הַנָּגַע
נה וְהִסְגִּירוֹ שִׁבְעַת־יָמִים שֵׁנִית: וְרָאָה הַכֹּהֵן אַחֲרֵי | הֻכַּבֵּס שביעי /רביעי/
אֶת־הַנֶּגַע וְהִנֵּה לֹא־הָפַךְ הַנֶּגַע אֶת־עֵינוֹ וְהַנֶּגַע לֹא־פָשָׂה
טָמֵא הוּא בָּאֵשׁ תִּשְׂרְפֶנּוּ פְּחֶתֶת הִוא בְּקָרַחְתּוֹ אוֹ בְגַבַּחְתּוֹ:
נו וְאִם רָאָה הַכֹּהֵן וְהִנֵּה כֵּהָה הַנֶּגַע אַחֲרֵי הֻכַּבֵּס אֹתוֹ וְקָרַע
אֹתוֹ מִן־הַבֶּגֶד אוֹ מִן־הָעוֹר אוֹ מִן־הַשְּׁתִי אוֹ מִן־הָעֵרֶב:
נז וְאִם־תֵּרָאֶה עוֹד בַּבֶּגֶד אוֹ־בַשְּׁתִי אוֹ־בָעֵרֶב אוֹ בְכָל־כְּלִי־ מפטיר
נח עוֹר פֹּרַחַת הִוא בָּאֵשׁ תִּשְׂרְפֶנּוּ אֵת אֲשֶׁר־בּוֹ הַנָּגַע: וְהַבֶּגֶד
אוֹ־הַשְּׁתִי אוֹ־הָעֵרֶב אוֹ־כָל־כְּלִי הָעוֹר אֲשֶׁר תְּכַבֵּס וְסָר
נט מֵהֶם הַנָּגַע וְכֻבַּס שֵׁנִית וְטָהֵר: זֹאת תּוֹרַת נֶגַע־צָרַעַת בֶּגֶד
הַצֶּמֶר | אוֹ הַפִּשְׁתִּים אוֹ הַשְּׁתִי אוֹ הָעֵרֶב אוֹ כָּל־כְּלִי־עוֹר
לְטַהֲרוֹ אוֹ לְטַמְּאוֹ:

יד א ב וַיְדַבֵּר יְהוָה אֶל־מֹשֶׁה לֵּאמֹר: זֹאת תִּהְיֶה תּוֹרַת הַמְּצֹרָע ט מצר
ג בְּיוֹם טָהֳרָתוֹ וְהוּבָא אֶל־הַכֹּהֵן: וְיָצָא הַכֹּהֵן אֶל־מִחוּץ לַמַּחֲנֶה
ד וְרָאָה הַכֹּהֵן וְהִנֵּה נִרְפָּא נֶגַע־הַצָּרַעַת מִן־הַצָּרוּעַ: וְצִוָּה הַכֹּהֵן
וְלָקַח לַמִּטַּהֵר שְׁתֵּי־צִפֳּרִים חַיּוֹת טְהֹרוֹת וְעֵץ אֶרֶז וּשְׁנִי תוֹלַעַת

וטהרו הכהן כי צרבת המכוה הוא
ואיש או אשה כי יהיה בו נגע בראש או בזקן וראה הכהן
את הנגע והנה מראהו עמק מן העור ובו שער צהב דק
וטמא אתו הכהן נתק הוא צרעת הראש או הזקן הוא
וכי יראה הכהן את נגע הנתק והנה אין מראהו עמק מן
העור ושער שחר אין בו והסגיר הכהן את נגע הנתק שבעת
ימים וראה הכהן את הנגע ביום השביעי והנה לא פשה
הנתק ולא היה בו שער צהב ומראה הנתק אין עמק מן
העור והתגלח ואת הנתק לא יגלח והסגיר הכהן את הנתק
שבעת ימים שנית וראה הכהן את הנתק ביום השביעי
והנה לא פשה הנתק בעור ומראהו איננו עמק מן העור
וטהר אתו הכהן וכבס בגדיו וטהר ואם פשה יפשה הנתק
בעור אחרי טהרתו וראהו הכהן והנה פשה הנתק בעור
לא יבקר הכהן לשער הצהב טמא הוא ואם בעיניו עמד
הנתק ושער שחר צמח בו נרפא הנתק טהור הוא וטהרו
הכהן ואיש או אשה כי יהיה בעור בשרם בהרת
בהרת לבנת וראה הכהן והנה בעור בשרם בהרת כהות
לבנת בהק הוא פרח בעור טהור הוא ואיש
כי ימרט ראשו קרח הוא טהור הוא ואם מפאת פניו ימרט
ראשו גבח הוא טהור הוא וכי יהיה בקרחת או בגבחת
נגע לבן אדמדם צרעת פרחת הוא בקרחתו או בגבחתו
וראה אתו הכהן והנה שאת הנגע לבנה אדמדמת בקרחתו
או בגבחתו כמראה צרעת עור בשר איש צרוע הוא טמא
הוא טמא יטמאנו הכהן בראשו נגעו והצרוע אשר בו הנגע
בגדיו יהיו פרמים וראשו יהיה פרוע ועל שפם יעטה וטמא
טמא יקרא כל ימי אשר הנגע בו יטמא טמא הוא בדד
ישב מחוץ למחנה מושבו והבגד כי יהיה בו

וְטִהֲרוֹ הַכֹּהֵן כִּי־צָרֶבֶת הַמִּכְוָה הִוא׃
כט ל וְאִישׁ אוֹ אִשָּׁה כִּי־יִהְיֶה בוֹ נָגַע בְּרֹאשׁ אוֹ בְזָקָן׃ וְרָאָה הַכֹּהֵן ח חמישי
אֶת־הַנֶּגַע וְהִנֵּה מַרְאֵהוּ עָמֹק מִן־הָעוֹר וּבוֹ שֵׂעָר צָהֹב דָּק
וְטִמֵּא אֹתוֹ הַכֹּהֵן נֶתֶק הוּא צָרַעַת הָרֹאשׁ אוֹ הַזָּקָן הוּא׃
לא וְכִי־יִרְאֶה הַכֹּהֵן אֶת־נֶגַע הַנֶּתֶק וְהִנֵּה אֵין־מַרְאֵהוּ עָמֹק מִן־
הָעוֹר וְשֵׂעָר שָׁחֹר אֵין בּוֹ וְהִסְגִּיר הַכֹּהֵן אֶת־נֶגַע הַנֶּתֶק שִׁבְעַת
לב יָמִים׃ וְרָאָה הַכֹּהֵן אֶת־הַנֶּגַע בַּיּוֹם הַשְּׁבִיעִי וְהִנֵּה לֹא־פָשָׂה
הַנֶּתֶק וְלֹא־הָיָה בוֹ שֵׂעָר צָהֹב וּמַרְאֵה הַנֶּתֶק אֵין עָמֹק מִן־
לג הָעוֹר׃ וְהִתְגַּלָּח וְאֶת־הַנֶּתֶק לֹא יְגַלֵּחַ וְהִסְגִּיר הַכֹּהֵן אֶת־הַנֶּתֶק
לד שִׁבְעַת יָמִים שֵׁנִית׃ וְרָאָה הַכֹּהֵן אֶת־הַנֶּתֶק בַּיּוֹם הַשְּׁבִיעִי ★
וְהִנֵּה לֹא־פָשָׂה הַנֶּתֶק בָּעוֹר וּמַרְאֵהוּ אֵינֶנּוּ עָמֹק מִן־הָעוֹר
לה וְטִהַר אֹתוֹ הַכֹּהֵן וְכִבֶּס בְּגָדָיו וְטָהֵר׃ וְאִם־פָּשֹׂה יִפְשֶׂה הַנֶּתֶק
לו בָּעוֹר אַחֲרֵי טָהֳרָתוֹ׃ וְרָאָהוּ הַכֹּהֵן וְהִנֵּה פָּשָׂה הַנֶּתֶק בָּעוֹר
לז לֹא־יְבַקֵּר הַכֹּהֵן לַשֵּׂעָר הַצָּהֹב טָמֵא הוּא׃ וְאִם־בְּעֵינָיו עָמַד
הַנֶּתֶק וְשֵׂעָר שָׁחֹר צָמַח־בּוֹ נִרְפָּא הַנֶּתֶק טָהוֹר הוּא וְטִהֲרוֹ
לח הַכֹּהֵן׃ וְאִישׁ אוֹ־אִשָּׁה כִּי־יִהְיֶה בְעוֹר־בְּשָׂרָם בֶּהָרֹת
לט בֶּהָרֹת לְבָנֹת׃ וְרָאָה הַכֹּהֵן וְהִנֵּה בְעוֹר־בְּשָׂרָם בֶּהָרֹת כֵּהוֹת
מ לְבָנֹת בֹּהַק הוּא פָּרַח בָּעוֹר טָהוֹר הוּא׃ וְאִישׁ ששי /שלישי/
מא כִּי יִמָּרֵט רֹאשׁוֹ קֵרֵחַ הוּא טָהוֹר הוּא׃ וְאִם מִפְּאַת פָּנָיו יִמָּרֵט
מב רֹאשׁוֹ גִּבֵּחַ הוּא טָהוֹר הוּא׃ וְכִי־יִהְיֶה בַקָּרַחַת אוֹ בַגַּבַּחַת
נֶגַע לָבָן אֲדַמְדָּם צָרַעַת פֹּרַחַת הִוא בְּקָרַחְתּוֹ אוֹ בְגַבַּחְתּוֹ׃
מג וְרָאָה אֹתוֹ הַכֹּהֵן וְהִנֵּה שְׂאֵת־הַנֶּגַע לְבָנָה אֲדַמְדֶּמֶת בְּקָרַחְתּוֹ
מד אוֹ בְגַבַּחְתּוֹ כְּמַרְאֵה צָרַעַת עוֹר בָּשָׂר׃ אִישׁ־צָרוּעַ הוּא טָמֵא
מה הוּא טַמֵּא יְטַמְּאֶנּוּ הַכֹּהֵן בְּרֹאשׁוֹ נִגְעוֹ׃ וְהַצָּרוּעַ אֲשֶׁר־בּוֹ הַנֶּגַע
בְּגָדָיו יִהְיוּ פְרֻמִים וְרֹאשׁוֹ יִהְיֶה פָרוּעַ וְעַל־שָׂפָם יַעְטֶה וְטָמֵא ׀
מו טָמֵא יִקְרָא׃ כָּל־יְמֵי אֲשֶׁר הַנֶּגַע בּוֹ יִטְמָא טָמֵא הוּא בָּדָד
מז יֵשֵׁב מִחוּץ לַמַּחֲנֶה מוֹשָׁבוֹ׃ וְהַבֶּגֶד כִּי־יִהְיֶה בוֹ

נגע צרעת כי תהיה באדם והובא אל הכהן   וראה הכהן
והנה שאת לבנה בעור והיא הפכה שער לבן ומחית בשר
חי בשאת   צרעת נושנת הוא בעור בשרו וטמאו הכהן
לא יסגרנו כי טמא הוא   ואם פרוח תפרח הצרעת בעור
וכסתה הצרעת את כל עור הנגע מראשו ועד רגליו לכל
מראה עיני הכהן   וראה הכהן והנה כסתה הצרעת את
כל בשרו וטהר את הנגע כלו הפך לבן טהור הוא   וביום
הראות בו בשר חי יטמא   וראה הכהן את הבשר החי
וטמאו הבשר החי טמא הוא צרעת הוא   או כי ישוב הבשר
החי ונהפך ללבן ובא אל הכהן   וראהו הכהן והנה נהפך
הנגע ללבן וטהר הכהן את הנגע טהור הוא
ובשר כי יהיה בו בערו שחין ונרפא והיה במקום השחין שאת
לבנה או בהרת לבנה אדמדמת ונראה אל הכהן   וראה
הכהן והנה מראה שפל מן העור ושערה הפך לבן וטמאו
הכהן נגע צרעת הוא בשחין פרחה   ואם יראנה הכהן והנה
אין בה שער לבן ושפלה איננה מן העור והיא כהה והסגירו
הכהן שבעת ימים   ואם פשה תפשה בעור וטמא הכהן אתו
נגע הוא   ואם תחתיה תעמד הבהרת לא פשתה צרבת
השחין הוא וטהרו הכהן          או בשר כי יהיה
בערו מכות אש והיתה מחית המכוה בהרת לבנה אדמדמת
או לבנה   וראה אתה הכהן והנה נהפך שער לבן בבהרת
ומראה עמק מן העור צרעת הוא במכוה פרחה וטמא אתו
הכהן נגע צרעת הוא   ואם יראנה הכהן והנה אין בבהרת
שער לבן ושפלה איננה מן העור והוא כהה והסגירו הכהן
שבעת ימים   וראהו הכהן ביום השביעי אם פשה תפשה
בעור וטמא הכהן אתו נגע צרעת הוא   ואם תחתיה תעמד
הבהרת לא פשתה בעור והוא כהה שאת המכוה הוא

י   נֶגַע צָרַעַת כִּי תִהְיֶה בְּאָדָם וְהוּבָא אֶל־הַכֹּהֵן: וְרָאָה הַכֹּהֵן
וְהִנֵּה שְׂאֵת־לְבָנָה בָּעוֹר וְהִיא הָפְכָה שֵׂעָר לָבָן וּמִחְיַת בָּשָׂר

יא   חַי בַּשְׂאֵת: צָרַעַת נוֹשֶׁנֶת הִוא בְּעוֹר בְּשָׂרוֹ וְטִמְּאוֹ הַכֹּהֵן
לֹא יַסְגִּרֶנּוּ כִּי טָמֵא הוּא: וְאִם־פָּרוֹחַ תִּפְרַח הַצָּרַעַת בָּעוֹר

יב   וְכִסְּתָה הַצָּרַעַת אֵת כָּל־עוֹר הַנֶּגַע מֵרֹאשׁוֹ וְעַד־רַגְלָיו לְכָל־

יג   מַרְאֵה עֵינֵי הַכֹּהֵן: וְרָאָה הַכֹּהֵן וְהִנֵּה כִסְּתָה הַצָּרַעַת אֶת־
כָּל־בְּשָׂרוֹ וְטִהַר אֶת־הַנָּגַע כֻּלּוֹ הָפַךְ לָבָן טָהוֹר הוּא: וּבְיוֹם

יד   הֵרָאוֹת בּוֹ בָּשָׂר חַי יִטְמָא: וְרָאָה הַכֹּהֵן אֶת־הַבָּשָׂר הַחַי

טו   וְטִמְּאוֹ הַבָּשָׂר הַחַי טָמֵא הוּא צָרַעַת הוּא: אוֹ כִי יָשׁוּב הַבָּשָׂר

טז   הַחַי וְנֶהְפַּךְ לְלָבָן וּבָא אֶל־הַכֹּהֵן: וְרָאָהוּ הַכֹּהֵן וְהִנֵּה נֶהְפַּךְ

יז   הַנֶּגַע לְלָבָן וְטִהַר הַכֹּהֵן אֶת־הַנֶּגַע טָהוֹר הוּא:

שלישי
יח   וּבָשָׂר כִּי־יִהְיֶה בוֹ־בְעֹרוֹ שְׁחִין וְנִרְפָּא: וְהָיָה בִּמְקוֹם הַשְּׁחִין שְׂאֵת

יט   לְבָנָה אוֹ בַהֶרֶת לְבָנָה אֲדַמְדָּמֶת וְנִרְאָה אֶל־הַכֹּהֵן: וְרָאָה
הַכֹּהֵן וְהִנֵּה מַרְאֶהָ שָׁפָל מִן־הָעוֹר וּשְׂעָרָהּ הָפַךְ לָבָן וְטִמְּאוֹ

כ   הַכֹּהֵן נֶגַע־צָרַעַת הִוא בַּשְּׁחִין פָּרָחָה: וְאִם יִרְאֶנָּה הַכֹּהֵן וְהִנֵּה
אֵין־בָּהּ שֵׂעָר לָבָן וּשְׁפָלָה אֵינֶנָּה מִן־הָעוֹר וְהִיא כֵהָה וְהִסְגִּירוֹ

כא   הַכֹּהֵן שִׁבְעַת יָמִים: וְאִם־פָּשֹׂה תִפְשֶׂה בָּעוֹר וְטִמֵּא הַכֹּהֵן אֹתוֹ

כב   נֶגַע הִוא: וְאִם־תַּחְתֶּיהָ תַעֲמֹד הַבַּהֶרֶת לֹא פָשָׂתָה צָרֶבֶת

כג   הַשְּׁחִין הִוא וְטִהֲרוֹ הַכֹּהֵן:           אוֹ בָשָׂר כִּי־יִהְיֶה

רביעי<br>/שני/
כד   בְעֹרוֹ מִכְוַת־אֵשׁ וְהָיְתָה מִחְיַת הַמִּכְוָה בַּהֶרֶת לְבָנָה אֲדַמְדֶּמֶת

כה   אוֹ לְבָנָה: וְרָאָה אֹתָהּ הַכֹּהֵן וְהִנֵּה נֶהְפַּךְ שֵׂעָר לָבָן בַּבַּהֶרֶת
וּמַרְאֶהָ עָמֹק מִן־הָעוֹר צָרַעַת הִוא בַּמִּכְוָה פָּרָחָה וְטִמֵּא אֹתוֹ

כו   הַכֹּהֵן נֶגַע צָרַעַת הִוא: וְאִם יִרְאֶנָּה הַכֹּהֵן וְהִנֵּה אֵין־בַּבַּהֶרֶת
שֵׂעָר לָבָן וּשְׁפָלָה אֵינֶנָּה מִן־הָעוֹר וְהִוא כֵהָה וְהִסְגִּירוֹ הַכֹּהֵן

כז   שִׁבְעַת יָמִים: וְרָאָהוּ הַכֹּהֵן בַּיּוֹם הַשְּׁבִיעִי אִם־פָּשֹׂה תִפְשֶׂה

כח   בָּעוֹר וְטִמֵּא הַכֹּהֵן אֹתוֹ נֶגַע צָרַעַת הִוא: וְאִם־תַּחְתֶּיהָ תַעֲמֹד
הַבַּהֶרֶת לֹא־פָשְׂתָה בָעוֹר וְהִוא כֵהָה שְׂאֵת הַמִּכְוָה הִוא

וידבר יהוה אל משה לאמר דבר אל בני ישראל לאמר
אשה כי תזריע וילדה זכר וטמאה שבעת ימים כימי נדת
דותה תטמא וביום השמיני ימול בשר ערלתו ושלשים
יום ושלשת ימים תשב בדמי טהרה בכל קדש לא תגע
ואל המקדש לא תבא עד מלאת ימי טהרה ואם נקבה
תלד וטמאה שבעים כנדתה וששים יום וששת ימים תשב
על דמי טהרה ובמלאת ימי טהרה לבן או לבת תביא
כבש בן שנתו לעלה ובן יונה או תר לחטאת אל פתח אהל
מועד אל הכהן והקריבו לפני יהוה וכפר עליה וטהרה
ממקר דמיה זאת תורת הילדת לזכר או לנקבה ואם לא
תמצא ידה די שה ולקחה שתי תרים או שני בני יונה אחד
לעלה ואחד לחטאת וכפר עליה הכהן וטהרה

וידבר יהוה אל משה ואל אהרן לאמר אדם כי יהיה
בעור בשרו שאת או ספחת או בהרת והיה בעור בשרו
לנגע צרעת והובא אל אהרן הכהן או אל אחד מבניו
הכהנים וראה הכהן את הנגע בעור הבשר ושער בנגע
הפך לבן ומראה הנגע עמק מעור בשרו נגע צרעת הוא
וראהו הכהן וטמא אתו ואם בהרת לבנה הוא בעור בשרו
ועמק אין מראה מן העור ושערה לא הפך לבן והסגיר
הכהן את הנגע שבעת ימים וראהו הכהן ביום השביעי
והנה הנגע עמד בעיניו לא פשה הנגע בעור והסגירו הכהן
שבעת ימים שנית וראה הכהן אתו ביום השביעי שנית
והנה כהה הנגע ולא פשה הנגע בעור וטהרו הכהן מספחת
הוא וכבס בגדיו וטהר ואם פשה תפשה המספחת בעור
אחרי הראתו אל הכהן לטהרתו ונראה שנית אל הכהן
וראה הכהן והנה פשתה המספחת בעור וטמאו הכהן
צרעת הוא

ז    א וַיְדַבֵּ֥ר יְהוָ֖ה אֶל־מֹשֶׁ֥ה לֵּאמֹֽר: דַּבֵּ֞ר אֶל־בְּנֵ֤י יִשְׂרָאֵל֙ לֵאמֹ֔ר
אִשָּׁה֙ כִּ֣י תַזְרִ֔יעַ וְיָלְדָ֖ה זָכָ֑ר וְטָֽמְאָה֙ שִׁבְעַ֣ת יָמִ֔ים כִּימֵ֛י נִדַּ֥ת
ג   דְּוֺתָ֖הּ תִּטְמָֽא: וּבַיּ֖וֹם הַשְּׁמִינִ֑י יִמּ֖וֹל בְּשַׂ֥ר עָרְלָתֽוֹ: וּשְׁלֹשִׁ֥ים
יוֹם֙ וּשְׁלֹ֣שֶׁת יָמִ֔ים תֵּשֵׁ֖ב בִּדְמֵ֣י טָהֳרָ֑ה בְּכָל־קֹ֣דֶשׁ לֹֽא־תִגָּ֗ע
★   ה וְאֶל־הַמִּקְדָּשׁ֙ לֹ֣א תָבֹ֔א עַד־מְלֹ֖את יְמֵ֥י טָהֳרָֽהּ: וְאִם־נְקֵבָ֣ה
תֵלֵ֔ד וְטָֽמְאָ֥ה שְׁבֻעַ֖יִם כְּנִדָּתָ֑הּ וְשִׁשִּׁ֥ים יוֹם֙ וְשֵׁ֣שֶׁת יָמִ֔ים תֵּשֵׁ֖ב
ו   עַל־דְּמֵ֥י טָהֳרָֽה: וּבִמְלֹ֣את ׀ יְמֵ֣י טָהֳרָ֗הּ לְבֵן֮ א֣וֹ לְבַת֒ תָּבִ֞יא
כֶּ֤בֶשׂ בֶּן־שְׁנָתוֹ֙ לְעֹלָ֔ה וּבֶן־יוֹנָ֥ה אוֹ־תֹ֖ר לְחַטָּ֑את אֶל־פֶּ֥תַח אֹֽהֶל־
ז   מוֹעֵ֖ד אֶל־הַכֹּהֵֽן: וְהִקְרִיב֞וֹ לִפְנֵ֤י יְהוָה֙ וְכִפֶּ֣ר עָלֶ֔יהָ וְטָֽהֲרָ֖ה
מִמְּקֹ֣ר דָּמֶ֑יהָ זֹ֤את תּוֹרַת֙ הַיֹּלֶ֔דֶת לַזָּכָ֖ר א֥וֹ לַנְּקֵבָֽה: וְאִם־לֹ֨א
תִמְצָ֣א יָדָהּ֮ דֵּ֣י שֶׂה֒ וְלָקְחָ֣ה שְׁתֵּֽי־תֹרִ֗ים א֤וֹ שְׁנֵי֙ בְּנֵ֣י יוֹנָ֔ה אֶחָ֥ד
לְעֹלָ֖ה וְאֶחָ֣ד לְחַטָּ֑את וְכִפֶּ֥ר עָלֶ֛יהָ הַכֹּהֵ֖ן וְטָהֵֽרָה:

★   יג   א וַיְדַבֵּ֣ר יְהוָ֔ה אֶל־מֹשֶׁ֥ה וְאֶֽל־אַהֲרֹ֖ן לֵאמֹֽר: אָדָ֗ם כִּֽי־יִהְיֶ֤ה
בְעוֹר־בְּשָׂרוֹ֙ שְׂאֵ֤ת אֽוֹ־סַפַּ֙חַת֙ א֣וֹ בַהֶ֔רֶת וְהָיָ֥ה בְעוֹר־בְּשָׂר֖וֹ
לְנֶ֣גַע צָרָ֑עַת וְהוּבָא֙ אֶל־אַהֲרֹ֣ן הַכֹּהֵ֔ן א֛וֹ אֶל־אַחַ֥ד מִבָּנָ֖יו
ג   הַכֹּהֲנִֽים: וְרָאָ֣ה הַכֹּהֵ֣ן אֶת־הַנֶּ֣גַע בְּעֽוֹר־הַ֠בָּשָׂר וְשֵׂעָ֨ר בַּנֶּ֜גַע
הָפַ֣ךְ ׀ לָבָ֗ן וּמַרְאֵ֤ה הַנֶּ֙גַע֙ עָמֹק֙ מֵע֣וֹר בְּשָׂר֔וֹ נֶ֥גַע צָרַ֖עַת ה֑וּא
ד   וְרָאָ֥הוּ הַכֹּהֵ֖ן וְטִמֵּ֥א אֹתֽוֹ: וְאִם־בַּהֶרֶת֩ לְבָנָ֨ה הִ֜וא בְּע֣וֹר בְּשָׂר֗וֹ
וְעָמֹק֙ אֵין־מַרְאֶ֣הָ מִן־הָע֔וֹר וּשְׂעָרָ֖הֿ לֹא־הָפַ֣ךְ לָבָ֑ן וְהִסְגִּ֧יר
ה   הַכֹּהֵ֛ן אֶת־הַנֶּ֖גַע שִׁבְעַ֥ת יָמִֽים: וְרָאָ֣הוּ הַכֹּהֵן֮ בַּיּ֣וֹם הַשְּׁבִיעִי֒
וְהִנֵּ֤ה הַנֶּ֙גַע֙ עָמַ֣ד בְּעֵינָ֔יו לֹֽא־פָשָׂ֥ה הַנֶּ֖גַע בָּע֑וֹר וְהִסְגִּיר֧וֹ הַכֹּהֵ֛ן
שני   ו   שִׁבְעַ֥ת יָמִ֖ים שֵׁנִֽית: וְרָאָה֩ הַכֹּהֵ֨ן אֹת֜וֹ בַּיּ֧וֹם הַשְּׁבִיעִ֣י שֵׁנִ֗ית
וְהִנֵּה֙ כֵּהָ֣ה הַנֶּ֔גַע וְלֹא־פָשָׂ֥ה הַנֶּ֖גַע בָּע֑וֹר וְטִהֲר֤וֹ הַכֹּהֵן֙ מִסְפַּ֣חַת
ז   ה֔וּא וְכִבֶּ֥ס בְּגָדָ֖יו וְטָהֵֽר: וְאִם־פָּשֹׂ֨ה תִפְשֶׂ֤ה הַמִּסְפַּ֙חַת֙ בָּע֔וֹר
אַחֲרֵ֧י הֵרָֽאֹת֛וֹ אֶל־הַכֹּהֵ֖ן לְטָהֳרָת֑וֹ וְנִרְאָ֥ה שֵׁנִ֖ית אֶל־הַכֹּהֵֽן:
ח   וְרָאָה֙ הַכֹּהֵ֔ן וְהִנֵּ֛ה פָּשְׂתָ֥ה הַמִּסְפַּ֖חַת בָּע֑וֹר וְטִמְּא֥וֹ הַכֹּהֵ֖ן
צָרַ֥עַת הֽוּא:

בשרץ השרץ על הארץ החלד והעכבר והצב למינהו
והאנקה והכח והלטאה והחמט והתנשמת אלה הטמאים
לכם בכל השרץ כל הנגע בהם במתם יטמא עד הערב וכל
אשר יפל עליו מהם במתם יטמא מכל כלי עץ או בגד או
עור או שק כל כלי אשר יעשה מלאכה בהם במים יובא וטמא
עד הערב וטהר וכל כלי חרש אשר יפל מהם אל תוכו
כל אשר בתוכו יטמא ואתו תשברו מכל האכל אשר
יאכל אשר יבוא עליו מים יטמא וכל משקה אשר ישתה
בכל כלי יטמא וכל אשר יפל מנבלתם עליו יטמא תנור
וכירים יתץ טמאים הם וטמאים יהיו לכם אך מעין ובור
מקוה מים יהיה טהור ונגע בנבלתם יטמא וכי יפל מנבלתם
על כל זרע זרוע אשר יזרע טהור הוא וכי יתן מים על
זרע ונפל מנבלתם עליו טמא הוא לכם וכי
ימות מן הבהמה אשר היא לכם לאכלה הנגע בנבלתה
יטמא עד הערב והאכל מנבלתה יכבס בגדיו וטמא עד
הערב והנשא את נבלתה יכבס בגדיו וטמא עד הערב
וכל השרץ השרץ על הארץ שקץ הוא לא יאכל כל הולך
על גחון וכל הולך על ארבע עד כל מרבה רגלים לכל
השרץ השרץ על הארץ לא תאכלום כי שקץ הם אל
תשקצו את נפשתיכם בכל השרץ השרץ ולא תטמאו בהם
ונטמתם בם כי אני יהוה אלהיכם והתקדשתם והייתם
קדשים כי קדוש אני ולא תטמאו את נפשתיכם בכל השרץ
הרמש על הארץ כי אני יהוה המעלה אתכם מארץ מצרים
להית לכם לאלהים והייתם קדשים כי קדוש אני זאת
תורת הבהמה והעוף וכל נפש החיה הרמשת במים ולכל
נפש השרצת על הארץ להבדיל בין הטמא ובין הטהר ובין
החיה הנאכלת ובין החיה אשר לא תאכל

בַּשֶּׁרֶץ הַשֹּׁרֵץ עַל־הָאָרֶץ הַחֹלֶד וְהָעַכְבָּר וְהַצָּב לְמִינֵהוּ׃
ל לא וְהָאֲנָקָה וְהַכֹּחַ וְהַלְּטָאָה וְהַחֹמֶט וְהַתִּנְשָׁמֶת׃ אֵלֶּה הַטְּמֵאִים
לב לָכֶם בְּכָל־הַשָּׁרֶץ כָּל־הַנֹּגֵעַ בָּהֶם בְּמֹתָם יִטְמָא עַד־הָעָרֶב׃ וְכֹל
אֲשֶׁר־יִפֹּל עָלָיו מֵהֶם ׀ בְּמֹתָם יִטְמָא מִכָּל־כְּלִי־עֵץ אוֹ בֶגֶד אוֹ־
עוֹר אוֹ שָׂק כָּל־כְּלִי אֲשֶׁר־יֵעָשֶׂה מְלָאכָה בָּהֶם בַּמַּיִם יוּבָא וְטָמֵא
לג עַד־הָעֶרֶב וְטָהֵר׃ וְכָל־כְּלִי־חֶרֶשׂ אֲשֶׁר־יִפֹּל מֵהֶם אֶל־תּוֹכוֹ שביעי
לד כֹּל אֲשֶׁר בְּתוֹכוֹ יִטְמָא וְאֹתוֹ תִשְׁבֹּרוּ׃ מִכָּל־הָאֹכֶל אֲשֶׁר
יֵאָכֵל אֲשֶׁר יָבוֹא עָלָיו מַיִם יִטְמָא וְכָל־מַשְׁקֶה אֲשֶׁר יִשָּׁתֶה
לה בְּכָל־כְּלִי יִטְמָא׃ וְכֹל אֲשֶׁר־יִפֹּל מִנִּבְלָתָם ׀ עָלָיו יִטְמָא תַּנּוּר
לו וְכִירַיִם יֻתָּץ טְמֵאִים הֵם וּטְמֵאִים יִהְיוּ לָכֶם׃ אַךְ מַעְיָן וּבוֹר
לז מִקְוֵה־מַיִם יִהְיֶה טָהוֹר וְנֹגֵעַ בְּנִבְלָתָם יִטְמָא׃ וְכִי יִפֹּל מִנִּבְלָתָם
לח עַל־כָּל־זֶרַע זֵרוּעַ אֲשֶׁר יִזָּרֵעַ טָהוֹר הוּא׃ וְכִי יֻתַּן־מַיִם עַל־
לט זֶרַע וְנָפַל מִנִּבְלָתָם עָלָיו טָמֵא הוּא לָכֶם׃ וְכִי
יָמוּת מִן־הַבְּהֵמָה אֲשֶׁר־הִיא לָכֶם לְאָכְלָה הַנֹּגֵעַ בְּנִבְלָתָהּ
מ יִטְמָא עַד־הָעָרֶב׃ וְהָאֹכֵל מִנִּבְלָתָהּ יְכַבֵּס בְּגָדָיו וְטָמֵא עַד־
הָעָרֶב וְהַנֹּשֵׂא אֶת־נִבְלָתָהּ יְכַבֵּס בְּגָדָיו וְטָמֵא עַד־הָעָרֶב׃
מא מב וְכָל־הַשֶּׁרֶץ הַשֹּׁרֵץ עַל־הָאָרֶץ שֶׁקֶץ הוּא לֹא יֵאָכֵל׃ כֹּל הוֹלֵךְ
עַל־גָּחוֹן וְכֹל ׀ הוֹלֵךְ עַל־אַרְבַּע עַד כָּל־מַרְבֵּה רַגְלַיִם לְכָל־
מג הַשֶּׁרֶץ הַשֹּׁרֵץ עַל־הָאָרֶץ לֹא תֹאכְלוּם כִּי־שֶׁקֶץ הֵם׃ אַל־
תְּשַׁקְּצוּ אֶת־נַפְשֹׁתֵיכֶם בְּכָל־הַשֶּׁרֶץ הַשֹּׁרֵץ וְלֹא תִטַּמְּאוּ בָּהֶם
מד וְנִטְמֵתֶם בָּם׃ כִּי אֲנִי יהוה אֱלֹהֵיכֶם וְהִתְקַדִּשְׁתֶּם וִהְיִיתֶם
קְדֹשִׁים כִּי קָדוֹשׁ אָנִי וְלֹא תְטַמְּאוּ אֶת־נַפְשֹׁתֵיכֶם בְּכָל־הַשֶּׁרֶץ
מה הָרֹמֵשׂ עַל־הָאָרֶץ׃ כִּי ׀ אֲנִי יהוה הַמַּעֲלֶה אֶתְכֶם מֵאֶרֶץ מִצְרַיִם מפטיר
מו לִהְיֹת לָכֶם לֵאלֹהִים וִהְיִיתֶם קְדֹשִׁים כִּי קָדוֹשׁ אָנִי׃ זֹאת
תּוֹרַת הַבְּהֵמָה וְהָעוֹף וְכֹל נֶפֶשׁ הַחַיָּה הָרֹמֶשֶׂת בַּמָּיִם וּלְכָל־
מז נֶפֶשׁ הַשֹּׁרֶצֶת עַל־הָאָרֶץ׃ לְהַבְדִּיל בֵּין הַטָּמֵא וּבֵין הַטָּהֹר וּבֵין
הַחַיָּה הַנֶּאֱכֶלֶת וּבֵין הַחַיָּה אֲשֶׁר לֹא תֵאָכֵל׃

הוא לכם ואת החזיר כי מפריס פרסה הוא ושסע שסע
פרסה והוא גרה לא יגר טמא הוא לכם מבשרם לא
תאכלו ובנבלתם לא תגעו טמאים הם לכם את זה תאכלו
מכל אשר במים כל אשר לו סנפיר וקשקשת במים בימים
ובנחלים אתם תאכלו וכל אשר אין לו סנפיר וקשקשת
בימים ובנחלים מכל שרץ המים ומכל נפש החיה אשר
במים שקץ הם לכם ושקץ יהיו לכם מבשרם לא תאכלו
ואת נבלתם תשקצו כל אשר אין לו סנפיר וקשקשת במים
שקץ הוא לכם ואת אלה תשקצו מן העוף לא יאכלו שקץ
הם את הנשר ואת הפרס ואת העזניה ואת הדאה ואת
האיה למינה את כל ערב למינו ואת בת היענה ואת
התחמס ואת השחף ואת הנץ למינהו ואת הכוס ואת
השלך ואת הינשוף ואת התנשמת ואת הקאת ואת
הרחם ואת החסידה האנפה למינה ואת הדוכיפת ואת
העטלף כל שרץ העוף ההלך על ארבע שקץ הוא לכם
אך את זה תאכלו מכל שרץ העוף ההלך על ארבע אשר
לא כרעים ממעל לרגליו לנתר בהן על הארץ את אלה
מהם תאכלו את הארבה למינו ואת הסלעם למינהו ואת
החרגל למינהו ואת החגב למינהו וכל שרץ העוף אשר
לו ארבע רגלים שקץ הוא לכם ולאלה תטמאו כל הנגע
בנבלתם יטמא עד הערב וכל הנשא מנבלתם יכבס בגדיו
וטמא עד הערב לכל הבהמה אשר הוא מפרסת פרסה
ושסע איננה שסעת וגרה איננה מעלה טמאים הם לכם
כל הנגע בהם יטמא וכל הולך על כפיו בכל החיה
ההלכת על ארבע טמאים הם לכם כל הנגע בנבלתם
יטמא עד הערב והנשא את נבלתם יכבס בגדיו וטמא
עד הערב טמאים המה לכם וזה לכם הטמא

ז הוּא לָכֶם: וְאֶת־הַחֲזִיר כִּי־מַפְרִיס פַּרְסָה הוּא וְשֹׁסַע שֶׁסַע

ח פַּרְסָה וְהוּא גֵּרָה לֹא־יִגָּר טָמֵא הוּא לָכֶם: מִבְּשָׂרָם לֹא

ט תֹאכֵלוּ וּבְנִבְלָתָם לֹא תִגָּעוּ טְמֵאִים הֵם לָכֶם: אֶת־זֶה תֹּאכְלוּ

מִכֹּל אֲשֶׁר בַּמָּיִם כֹּל אֲשֶׁר־לוֹ סְנַפִּיר וְקַשְׂקֶשֶׂת בַּמַּיִם בַּיַּמִּים

י וּבַנְּחָלִים אֹתָם תֹּאכֵלוּ: וְכֹל אֲשֶׁר אֵין־לוֹ סְנַפִּיר וְקַשְׂקֶשֶׂת ★

בַּיַּמִּים וּבַנְּחָלִים מִכֹּל שֶׁרֶץ הַמַּיִם וּמִכֹּל נֶפֶשׁ הַחַיָּה אֲשֶׁר

יא בַּמָּיִם שֶׁקֶץ הֵם לָכֶם: וְשֶׁקֶץ יִהְיוּ לָכֶם מִבְּשָׂרָם לֹא תֹאכֵלוּ

יב וְאֶת־נִבְלָתָם תְּשַׁקֵּצוּ: כֹּל אֲשֶׁר אֵין־לוֹ סְנַפִּיר וְקַשְׂקֶשֶׂת בַּמַּיִם

יג שֶׁקֶץ הוּא לָכֶם: וְאֶת־אֵלֶּה תְּשַׁקְּצוּ מִן־הָעוֹף לֹא יֵאָכְלוּ שֶׁקֶץ

יד הֵם אֶת־הַנֶּשֶׁר וְאֶת־הַפֶּרֶס וְאֵת הָעָזְנִיָּה: וְאֶת־הַדָּאָה וְאֶת־

טו הָאַיָּה לְמִינָהּ: אֵת כָּל־עֹרֵב לְמִינוֹ: וְאֵת בַּת הַיַּעֲנָה וְאֶת־

יז הַתַּחְמָס וְאֶת־הַשָּׁחַף וְאֶת־הַנֵּץ לְמִינֵהוּ: וְאֶת־הַכּוֹס וְאֶת־

יח הַשָּׁלָךְ וְאֶת־הַיַּנְשׁוּף: וְאֶת־הַתִּנְשֶׁמֶת וְאֶת־הַקָּאָת וְאֶת־

יט הָרָחָם: וְאֵת הַחֲסִידָה הָאֲנָפָה לְמִינָהּ וְאֶת־הַדּוּכִיפַת וְאֶת־

כ הָעֲטַלֵּף: כֹּל שֶׁרֶץ הָעוֹף הַהֹלֵךְ עַל־אַרְבַּע שֶׁקֶץ הוּא לָכֶם:

כא אַךְ אֶת־זֶה תֹּאכְלוּ מִכֹּל שֶׁרֶץ הָעוֹף הַהֹלֵךְ עַל־אַרְבַּע אֲשֶׁר־

כב לֹא כְרָעַיִם מִמַּעַל לְרַגְלָיו לְנַתֵּר בָּהֵן עַל־הָאָרֶץ: אֶת־אֵלֶּה לוֹ ★

מֵהֶם תֹּאכֵלוּ אֶת־הָאַרְבֶּה לְמִינוֹ וְאֶת־הַסָּלְעָם לְמִינֵהוּ וְאֶת־

כג הַחַרְגֹּל לְמִינֵהוּ וְאֶת־הֶחָגָב לְמִינֵהוּ: וְכֹל שֶׁרֶץ הָעוֹף אֲשֶׁר־

כד לוֹ אַרְבַּע רַגְלָיִם שֶׁקֶץ הוּא לָכֶם: וּלְאֵלֶּה תִּטַּמָּאוּ כָּל־הַנֹּגֵעַ

כה בְּנִבְלָתָם יִטְמָא עַד־הָעָרֶב: וְכָל־הַנֹּשֵׂא מִנִּבְלָתָם יְכַבֵּס בְּגָדָיו

כו וְטָמֵא עַד־הָעָרֶב: לְכָל־הַבְּהֵמָה אֲשֶׁר הִוא מַפְרֶסֶת פַּרְסָה

וְשֶׁסַע | אֵינֶנָּה שֹׁסַעַת וְגֵרָה אֵינֶנָּה מַעֲלָה טְמֵאִים הֵם לָכֶם

כז כָּל־הַנֹּגֵעַ בָּהֶם יִטְמָא: וְכֹל | הוֹלֵךְ עַל־כַּפָּיו בְּכָל־הַחַיָּה

הַהֹלֶכֶת עַל־אַרְבַּע טְמֵאִים הֵם לָכֶם כָּל־הַנֹּגֵעַ בְּנִבְלָתָם

כח יִטְמָא עַד־הָעָרֶב: וְהַנֹּשֵׂא אֶת־נִבְלָתָם יְכַבֵּס בְּגָדָיו וְטָמֵא

כט עַד־הָעֶרֶב טְמֵאִים הֵמָּה לָכֶם: וְזֶה לָכֶם הַטָּמֵא

הטהור ולהורת את בני ישראל את כל החקים אשר דבר
יהוה אליהם ביד משה
וידבר משה אל אהרן ואל אלעזר ואל איתמר בניו הנותרים
קחו את המנחה הנותרת מאשי יהוה ואכלוה מצות אצל
המזבח כי קדש קדשים הוא ואכלתם אתה במקום קדוש
כי חקך וחק בניך הוא מאשי יהוה כי כן צויתי ואת
חזה התנופה ואת שוק התרומה תאכלו במקום טהור
אתה ובניך ובנתיך אתך כי חקך וחק בניך נתנו מזבחי
שלמי בני ישראל שוק התרומה וחזה התנופה על אשי
החלבים יביאו להניף תנופה לפני יהוה והיה לך ולבניך אתך
לחק עולם כאשר צוה יהוה ואת שעיר החטאת דרש
דרש משה והנה שרף ויקצף על אלעזר ועל איתמר בני אהרן
הנותרם לאמר מדוע לא אכלתם את החטאת במקום
הקדש כי קדש קדשים הוא ואתה נתן לכם לשאת את
עון העדה לכפר עליהם לפני יהוה הן לא הובא את דמה
אל הקדש פנימה אכול תאכלו אתה בקדש כאשר צויתי
וידבר אהרן אל משה הן היום הקריבו את חטאתם ואת
עלתם לפני יהוה ותקראנה אתי כאלה ואכלתי חטאת היום
הייטב בעיני יהוה וישמע משה וייטב בעיניו
וידבר יהוה אל משה ואל אהרן לאמר אלהם דברו אל
בני ישראל לאמר זאת החיה אשר תאכלו מכל הבהמה
אשר על הארץ כל מפרסת פרסה ושסעת שסע פרסת
מעלת גרה בבהמה אתה תאכלו אך את זה לא תאכלו
ממעלי הגרה וממפרסי הפרסה את הגמל כי מעלה גרה
הוא ופרסה איננו מפריס טמא הוא לכם ואת השפן כי
מעלה גרה הוא ופרסה לא יפריס טמא הוא לכם ואת
הארנבת כי מעלת גרה הוא ופרסה לא הפריסה טמאה

יא הַטָּהוֹר׃ וּלְהוֹרֹת אֶת־בְּנֵי יִשְׂרָאֵל אֵת כָּל־הַחֻקִּים אֲשֶׁר דִּבֶּר
יְהוָה אֲלֵיהֶם בְּיַד־מֹשֶׁה׃
יב וַיְדַבֵּר מֹשֶׁה אֶל־אַהֲרֹן וְאֶל אֶלְעָזָר וְאֶל־אִיתָמָר ׀ בָּנָיו הַנּוֹתָרִים רביעי
קְחוּ אֶת־הַמִּנְחָה הַנּוֹתֶרֶת מֵאִשֵּׁי יְהוָה וְאִכְלוּהָ מַצּוֹת אֵצֶל
יג הַמִּזְבֵּחַ כִּי קֹדֶשׁ קָדָשִׁים הִוא׃ וַאֲכַלְתֶּם אֹתָהּ בְּמָקוֹם קָדוֹשׁ
יד כִּי חָקְךָ וְחָק־בָּנֶיךָ הִוא מֵאִשֵּׁי יְהוָה כִּי־כֵן צֻוֵּיתִי׃ וְאֵת
חֲזֵה הַתְּנוּפָה וְאֵת ׀ שׁוֹק הַתְּרוּמָה תֹּאכְלוּ בְּמָקוֹם טָהוֹר
אַתָּה וּבָנֶיךָ וּבְנֹתֶיךָ אִתָּךְ כִּי־חָקְךָ וְחָק־בָּנֶיךָ נִתְּנוּ מִזִּבְחֵי
טו שַׁלְמֵי בְּנֵי יִשְׂרָאֵל׃ שׁוֹק הַתְּרוּמָה וַחֲזֵה הַתְּנוּפָה עַל אִשֵּׁי
הַחֲלָבִים יָבִיאוּ לְהָנִיף תְּנוּפָה לִפְנֵי יְהוָה וְהָיָה לְךָ וּלְבָנֶיךָ אִתְּךָ
טז לְחָק־עוֹלָם כַּאֲשֶׁר צִוָּה יְהוָה׃ וְאֵת ׀ שְׂעִיר הַחַטָּאת דָּרֹשׁ חמישי
דָּרַשׁ מֹשֶׁה וְהִנֵּה שֹׂרָף וַיִּקְצֹף עַל־אֶלְעָזָר וְעַל־אִיתָמָר בְּנֵי אַהֲרֹן
יז הַנּוֹתָרִם לֵאמֹר׃ מַדּוּעַ לֹא־אֲכַלְתֶּם אֶת־הַחַטָּאת בִּמְקוֹם
הַקֹּדֶשׁ כִּי קֹדֶשׁ קָדָשִׁים הִוא וְאֹתָהּ ׀ נָתַן לָכֶם לָשֵׂאת אֶת־
יח עֲוֺן הָעֵדָה לְכַפֵּר עֲלֵיהֶם לִפְנֵי יְהוָה׃ הֵן לֹא־הוּבָא אֶת־דָּמָהּ
אֶל־הַקֹּדֶשׁ פְּנִימָה אָכוֹל תֹּאכְלוּ אֹתָהּ בַּקֹּדֶשׁ כַּאֲשֶׁר צִוֵּיתִי׃
יט וַיְדַבֵּר אַהֲרֹן אֶל־מֹשֶׁה הֵן הַיּוֹם הִקְרִיבוּ אֶת־חַטָּאתָם וְאֶת־
עֹלָתָם לִפְנֵי יְהוָה וַתִּקְרֶאנָה אֹתִי כָּאֵלֶּה וְאָכַלְתִּי חַטָּאת הַיּוֹם
כ הַיִיטַב בְּעֵינֵי יְהוָה׃ וַיִּשְׁמַע מֹשֶׁה וַיִּיטַב בְּעֵינָיו׃
יא א ב וַיְדַבֵּר יְהוָה אֶל־מֹשֶׁה וְאֶל־אַהֲרֹן לֵאמֹר אֲלֵהֶם׃ דַּבְּרוּ אֶל־ ו ששי
בְּנֵי יִשְׂרָאֵל לֵאמֹר זֹאת הַחַיָּה אֲשֶׁר תֹּאכְלוּ מִכָּל־הַבְּהֵמָה
ג אֲשֶׁר עַל־הָאָרֶץ׃ כֹּל ׀ מַפְרֶסֶת פַּרְסָה וְשֹׁסַעַת שֶׁסַע פְּרָסֹת
ד מַעֲלַת גֵּרָה בַּבְּהֵמָה אֹתָהּ תֹּאכֵלוּ׃ אַךְ אֶת־זֶה לֹא תֹאכְלוּ
מִמַּעֲלֵי הַגֵּרָה וּמִמַּפְרִסֵי הַפַּרְסָה אֶת־הַגָּמָל כִּי־מַעֲלֵה גֵרָה
ה הוּא וּפַרְסָה אֵינֶנּוּ מַפְרִיס טָמֵא הוּא לָכֶם׃ וְאֶת־הַשָּׁפָן כִּי־
ו מַעֲלֵה גֵרָה הוּא וּפַרְסָה לֹא יַפְרִיס טָמֵא הוּא לָכֶם׃ וְאֶת־
הָאַרְנֶבֶת כִּי־מַעֲלַת גֵּרָה הִוא וּפַרְסָה לֹא הִפְרִיסָה טְמֵאָה

ממנה ויקטר על המזבח מלבד עלת הבקר וישחט את
השור ואת האיל זבח השלמים אשר לעם וימצאו בני אהרן
את הדם אליו ויזרקהו על המזבח סביב ואת החלבים
מן השור ומן האיל האליה והמכסה והכלית ויתרת הכבד
וישימו את החלבים על החזות ויקטר החלבים המזבחה
ואת החזות ואת שוק הימין הניף אהרן תנופה לפני יהוה
כאשר צוה משה וישא אהרן את ידו אל העם ויברכם
וירד מעשת החטאת והעלה והשלמים ויבא משה ואהרן
אל אהל מועד ויצאו ויברכו את העם וירא כבוד יהוה אל
כל העם ותצא אש מלפני יהוה ותאכל על המזבח את
העלה ואת החלבים וירא כל העם וירנו ויפלו על פניהם
ויקחו בני אהרן נדב ואביהוא איש מחתתו ויתנו בהן אש
וישימו עליה קטרת ויקריבו לפני יהוה אש זרה אשר לא
צוה אתם ותצא אש מלפני יהוה ותאכל אותם וימתו לפני
יהוה ויאמר משה אל אהרן הוא אשר דבר יהוה לאמר
בקרבי אקדש ועל פני כל העם אכבד וידם אהרן ויקרא
משה אל מישאל ואל אלצפן בני עזיאל דד אהרן ויאמר
אלהם קרבו שאו את אחיכם מאת פני הקדש אל מחוץ
למחנה ויקרבו וישאם בכתנתם אל מחוץ למחנה כאשר
דבר משה ויאמר משה אל אהרן ולאלעזר ולאיתמר בניו
ראשיכם אל תפרעו ובגדיכם לא תפרמו ולא תמתו ועל כל
העדה יקצף ואחיכם כל בית ישראל יבכו את השרפה
אשר שרף יהוה ומפתח אהל מועד לא תצאו פן תמתו כי
שמן משחת יהוה עליכם ויעשו כדבר משה

וידבר יהוה אל אהרן לאמר יין ושכר אל תשת אתה
ובניך אתך בבאכם אל אהל מועד ולא תמתו חקת עולם
לדרתיכם ולהבדיל בין הקדש ובין החל ובין הטמא ובין

יח מִמֶּנָּה וַיַּקְטֵר עַל־הַמִּזְבֵּחַ מִלְּבַד עֹלַת הַבֹּקֶר: וַיִּשְׁחַט אֶת־
הַשּׁוֹר וְאֶת־הָאַיִל זֶבַח הַשְּׁלָמִים אֲשֶׁר לָעָם וַיַּמְצִאוּ בְּנֵי אַהֲרֹן

יט אֶת־הַדָּם אֵלָיו וַיִּזְרְקֵהוּ עַל־הַמִּזְבֵּחַ סָבִיב: וְאֶת־הַחֲלָבִים
מִן־הַשּׁוֹר וּמִן־הָאַיִל הָאַלְיָה וְהַמְכַסֶּה וְהַכְּלָיֹת וְיֹתֶרֶת הַכָּבֵד:

כ וַיָּשִׂימוּ אֶת־הַחֲלָבִים עַל־הֶחָזוֹת וַיַּקְטֵר הַחֲלָבִים הַמִּזְבֵּחָה:

כא ★ וְאֵת הֶחָזוֹת וְאֵת שׁוֹק הַיָּמִין הֵנִיף אַהֲרֹן תְּנוּפָה לִפְנֵי יְהֹוָה

כב כַּאֲשֶׁר צִוָּה מֹשֶׁה: וַיִּשָּׂא אַהֲרֹן אֶת־יָדָו אֶל־הָעָם וַיְבָרְכֵם

כג וַיֵּרֶד מֵעֲשֹׂת הַחַטָּאת וְהָעֹלָה וְהַשְּׁלָמִים: וַיָּבֹא מֹשֶׁה וְאַהֲרֹן
אֶל־אֹהֶל מוֹעֵד וַיֵּצְאוּ וַיְבָרְכוּ אֶת־הָעָם וַיֵּרָא כְבוֹד־יְהֹוָה אֶל־

כד שלישי כָּל־הָעָם: וַתֵּצֵא אֵשׁ מִלִּפְנֵי יְהֹוָה וַתֹּאכַל עַל־הַמִּזְבֵּחַ אֶת־
הָעֹלָה וְאֶת־הַחֲלָבִים וַיַּרְא כָּל־הָעָם וַיָּרֹנּוּ וַיִּפְּלוּ עַל־פְּנֵיהֶם:

י וַיִּקְחוּ בְנֵי־אַהֲרֹן נָדָב וַאֲבִיהוּא אִישׁ מַחְתָּתוֹ וַיִּתְּנוּ בָהֵן אֵשׁ
וַיָּשִׂימוּ עָלֶיהָ קְטֹרֶת וַיַּקְרִיבוּ לִפְנֵי יְהֹוָה אֵשׁ זָרָה אֲשֶׁר לֹא

ב צִוָּה אֹתָם: וַתֵּצֵא אֵשׁ מִלִּפְנֵי יְהֹוָה וַתֹּאכַל אוֹתָם וַיָּמֻתוּ לִפְנֵי

ג יְהֹוָה: וַיֹּאמֶר מֹשֶׁה אֶל־אַהֲרֹן הוּא אֲשֶׁר־דִּבֶּר יְהֹוָה ׀ לֵאמֹר
בִּקְרֹבַי אֶקָּדֵשׁ וְעַל־פְּנֵי כָל־הָעָם אֶכָּבֵד וַיִּדֹּם אַהֲרֹן: וַיִּקְרָא

ד מֹשֶׁה אֶל־מִישָׁאֵל וְאֶל אֶלְצָפָן בְּנֵי עֻזִּיאֵל דֹּד אַהֲרֹן וַיֹּאמֶר
אֲלֵהֶם קִרְבוּ שְׂאוּ אֶת־אֲחֵיכֶם מֵאֵת פְּנֵי־הַקֹּדֶשׁ אֶל־מִחוּץ

ה לַמַּחֲנֶה: וַיִּקְרְבוּ וַיִּשָּׂאֻם בְּכֻתֳּנֹתָם אֶל־מִחוּץ לַמַּחֲנֶה כַּאֲשֶׁר

ו דִּבֶּר מֹשֶׁה: וַיֹּאמֶר מֹשֶׁה אֶל־אַהֲרֹן וּלְאֶלְעָזָר וּלְאִיתָמָר ׀ בָּנָיו
רָאשֵׁיכֶם אַל־תִּפְרָעוּ ׀ וּבִגְדֵיכֶם לֹא־תִפְרֹמוּ וְלֹא תָמֻתוּ וְעַל כָּל־
הָעֵדָה יִקְצֹף וַאֲחֵיכֶם כָּל־בֵּית יִשְׂרָאֵל יִבְכּוּ אֶת־הַשְּׂרֵפָה

ז אֲשֶׁר שָׂרַף יְהֹוָה: וּמִפֶּתַח אֹהֶל מוֹעֵד לֹא תֵצְאוּ פֶּן־תָּמֻתוּ כִּי־
שֶׁמֶן מִשְׁחַת יְהֹוָה עֲלֵיכֶם וַיַּעֲשׂוּ כִּדְבַר מֹשֶׁה:

ח ★ה וַיְדַבֵּר יְהֹוָה אֶל־אַהֲרֹן לֵאמֹר: יַיִן וְשֵׁכָר אַל־תֵּשְׁתְּ ׀ אַתָּה ׀

ט וּבָנֶיךָ אִתָּךְ בְּבֹאֲכֶם אֶל־אֹהֶל מוֹעֵד וְלֹא תָמֻתוּ חֻקַּת עוֹלָם

י לְדֹרֹתֵיכֶם: וּלְהַבְדִּיל בֵּין הַקֹּדֶשׁ וּבֵין הַחֹל וּבֵין הַטָּמֵא וּבֵין

מלאת ימי מלאיכם כי שבעת ימים ימלא את ידכם כאשר
עשה ביום הזה צוה יהוה לעשת לכפר עליכם ופתח אהל
מועד תשבו יומם ולילה שבעת ימים ושמרתם את משמרת
יהוה ולא תמותו כי כן צויתי ויעש אהרן ובניו את כל
הדברים אשר צוה יהוה ביד משה ויהי
ביום השמיני קרא משה לאהרן ולבניו ולזקני ישראל ויאמר
אל אהרן קח לך עגל בן בקר לחטאת ואיל לעלה תמימם
והקרב לפני יהוה ואל בני ישראל תדבר לאמר קחו שעיר
עזים לחטאת ועגל וכבש בני שנה תמימם לעלה ושור
ואיל לשלמים לזבח לפני יהוה ומנחה בלולה בשמן כי היום
יהוה נראה אליכם ויקחו את אשר צוה משה אל פני אהל
מועד ויקרבו כל העדה ויעמדו לפני יהוה ויאמר משה זה
הדבר אשר צוה יהוה תעשו וירא אליכם כבוד יהוה ויאמר
משה אל אהרן קרב אל המזבח ועשה את חטאתך ואת
עלתך וכפר בעדך ובעד העם ועשה את קרבן העם וכפר
בעדם כאשר צוה יהוה ויקרב אהרן אל המזבח וישחט
את עגל החטאת אשר לו ויקרבו בני אהרן את הדם אליו
ויטבל אצבעו בדם ויתן על קרנות המזבח ואת הדם יצק
אל יסוד המזבח ואת החלב ואת הכלית ואת היתרת מן
הכבד מן החטאת הקטיר המזבחה כאשר צוה יהוה את
משה ואת הבשר ואת העור שרף באש מחוץ למחנה
וישחט את העלה וימצאו בני אהרן אליו את הדם ויזרקהו
על המזבח סביב ואת העלה המציאו אליו לנתחיה ואת
הראש ויקטר על המזבח וירחץ את הקרב ואת הכרעים
ויקטר על העלה המזבחה ויקרב את קרבן העם ויקח את
שעיר החטאת אשר לעם וישחטהו ויחטאהו כראשון ויקרב
את העלה ויעשה כמשפט ויקרב את המנחה וימלא כפו

לד מְלֹאת יְמֵי מִלֻּאֵיכֶם כִּי שִׁבְעַת יָמִים יְמַלֵּא אֶת־יֶדְכֶם׃ כַּאֲשֶׁר
לה עָשָׂה בַּיּוֹם הַזֶּה צִוָּה יהוה לַעֲשֹׂת לְכַפֵּר עֲלֵיכֶם׃ וּפֶתַח אֹהֶל
מוֹעֵד תֵּשְׁבוּ יוֹמָם וָלַיְלָה שִׁבְעַת יָמִים וּשְׁמַרְתֶּם אֶת־מִשְׁמֶרֶת
לו יהוה וְלֹא תָמוּתוּ כִּי־כֵן צֻוֵּיתִי׃ וַיַּעַשׂ אַהֲרֹן וּבָנָיו אֵת כָּל־
ט א הַדְּבָרִים אֲשֶׁר־צִוָּה יהוה בְּיַד־מֹשֶׁה׃ וַיְהִי שמיני
ב בַּיּוֹם הַשְּׁמִינִי קָרָא מֹשֶׁה לְאַהֲרֹן וּלְבָנָיו וּלְזִקְנֵי יִשְׂרָאֵל׃ וַיֹּאמֶר
אֶל־אַהֲרֹן קַח־לְךָ עֵגֶל בֶּן־בָּקָר לְחַטָּאת וְאַיִל לְעֹלָה תְּמִימִם
ג וְהַקְרֵב לִפְנֵי יהוה׃ וְאֶל־בְּנֵי יִשְׂרָאֵל תְּדַבֵּר לֵאמֹר קְחוּ שְׂעִיר־
ד עִזִּים לְחַטָּאת וְעֵגֶל וָכֶבֶשׂ בְּנֵי־שָׁנָה תְּמִימִם לְעֹלָה׃ וְשׁוֹר
וָאַיִל לִשְׁלָמִים לִזְבֹּחַ לִפְנֵי יהוה וּמִנְחָה בְּלוּלָה בַשָּׁמֶן כִּי הַיּוֹם
ה יהוה נִרְאָה אֲלֵיכֶם׃ וַיִּקְחוּ אֵת אֲשֶׁר צִוָּה מֹשֶׁה אֶל־פְּנֵי אֹהֶל
ו מוֹעֵד וַיִּקְרְבוּ כָּל־הָעֵדָה וַיַּעַמְדוּ לִפְנֵי יהוה׃ וַיֹּאמֶר מֹשֶׁה זֶה
ז הַדָּבָר אֲשֶׁר־צִוָּה יהוה תַּעֲשׂוּ וְיֵרָא אֲלֵיכֶם כְּבוֹד יהוה׃ וַיֹּאמֶר ★
מֹשֶׁה אֶל־אַהֲרֹן קְרַב אֶל־הַמִּזְבֵּחַ וַעֲשֵׂה אֶת־חַטָּאתְךָ וְאֶת־
עֹלָתֶךָ וְכַפֵּר בַּעַדְךָ וּבְעַד הָעָם וַעֲשֵׂה אֶת־קָרְבַּן הָעָם וְכַפֵּר
ח בַּעֲדָם כַּאֲשֶׁר צִוָּה יהוה׃ וַיִּקְרַב אַהֲרֹן אֶל־הַמִּזְבֵּחַ וַיִּשְׁחַט
ט אֶת־עֵגֶל הַחַטָּאת אֲשֶׁר־לוֹ׃ וַיַּקְרִבוּ בְּנֵי אַהֲרֹן אֶת־הַדָּם אֵלָיו
וַיִּטְבֹּל אֶצְבָּעוֹ בַּדָּם וַיִּתֵּן עַל־קַרְנוֹת הַמִּזְבֵּחַ וְאֶת־הַדָּם יָצַק
י אֶל־יְסוֹד הַמִּזְבֵּחַ׃ וְאֶת־הַחֵלֶב וְאֶת־הַכְּלָיֹת וְאֶת־הַיֹּתֶרֶת מִן־
הַכָּבֵד מִן־הַחַטָּאת הִקְטִיר הַמִּזְבֵּחָה כַּאֲשֶׁר צִוָּה יהוה אֶת־
יא מֹשֶׁה׃ ★ וְאֶת־הַבָּשָׂר וְאֶת־הָעוֹר שָׂרַף בָּאֵשׁ מִחוּץ לַמַּחֲנֶה׃ ★
יב וַיִּשְׁחַט אֶת־הָעֹלָה וַיַּמְצִאוּ בְּנֵי אַהֲרֹן אֵלָיו אֶת־הַדָּם וַיִּזְרְקֵהוּ
יג עַל־הַמִּזְבֵּחַ סָבִיב׃ וְאֶת־הָעֹלָה הִמְצִיאוּ אֵלָיו לִנְתָחֶיהָ וְאֶת־
יד הָרֹאשׁ וַיַּקְטֵר עַל־הַמִּזְבֵּחַ׃ וַיִּרְחַץ אֶת־הַקֶּרֶב וְאֶת־הַכְּרָעָיִם
טו וַיַּקְטֵר עַל־הָעֹלָה הַמִּזְבֵּחָה׃ וַיַּקְרֵב אֵת קָרְבַּן הָעָם וַיִּקַּח אֶת־
טז שְׂעִיר הַחַטָּאת אֲשֶׁר לָעָם וַיִּשְׁחָטֵהוּ וַיְחַטְּאֵהוּ כָּרִאשׁוֹן׃ וַיַּקְרֵב
יז אֶת־הָעֹלָה וַיַּעֲשֶׂהָ כַּמִּשְׁפָּט׃ וַיַּקְרֵב אֶת־הַמִּנְחָה וַיְמַלֵּא כַפּוֹ שני

ויסמכו אהרן ובניו את ידיהם על ראש האיל וישחט ויזרק
משה את הדם על המזבח סביב ואת האיל נתח לנתחיו
ויקטר משה את הראש ואת הנתחים ואת הפדר ואת
הקרב ואת הכרעים רחץ במים ויקטר משה את כל האיל
המזבחה עלה הוא לריח ניחח אשה הוא ליהוה כאשר צוה
יהוה את משה ויקרב את האיל השני איל המלאים ויסמכו
אהרן ובניו את ידיהם על ראש האיל וישחט ויקח משה
מדמו ויתן על תנוך אזן אהרן הימנית ועל בהן ידו הימנית
ועל בהן רגלו הימנית ויקרב את בני אהרן ויתן משה מן
הדם על תנוך אזנם הימנית ועל בהן ידם הימנית ועל בהן
רגלם הימנית ויזרק משה את הדם על המזבח סביב ויקח
את החלב ואת האליה ואת כל החלב אשר על הקרב
ואת יתרת הכבד ואת שתי הכלית ואת חלבהן ואת שוק
הימין ומסל המצות אשר לפני יהוה לקח חלת מצה אחת
וחלת לחם שמן אחת ורקיק אחד וישם על החלבים ועל
שוק הימין ויתן את הכל על כפי אהרן ועל כפי בניו וינף
אתם תנופה לפני יהוה ויקח משה אתם מעל כפיהם ויקטר
המזבחה על העלה מלאים הם לריח ניחח אשה הוא ליהוה
ויקח משה את החזה ויניפהו תנופה לפני יהוה מאיל המלאים
למשה היה למנה כאשר צוה יהוה את משה ויקח משה
משמן המשחה ומן הדם אשר על המזבח ויז על אהרן
על בגדיו ועל בניו ועל בגדי בניו אתו ויקדש את אהרן
את בגדיו ואת בניו ואת בגדי בניו אתו ויאמר משה אל
אהרן ואל בניו בשלו את הבשר פתח אהל מועד ושם
תאכלו אתו ואת הלחם אשר בסל המלאים כאשר צויתי
לאמר אהרן ובניו יאכלהו והנותר בבשר ובלחם באש
תשרפו ומפתח אהל מועד לא תצאו שבעת ימים עד יום

יט וַיִּסְמְכוּ אַהֲרֹן וּבָנָיו אֶת־יְדֵיהֶם עַל־רֹאשׁ הָאָיִל׃ וַיִּשְׁחָט וַיִּזְרֹק
כ מֹשֶׁה אֶת־הַדָּם עַל־הַמִּזְבֵּחַ סָבִיב׃ וְאֶת־הָאַיִל נִתַּח לִנְתָחָיו
כא וַיַּקְטֵר מֹשֶׁה אֶת־הָרֹאשׁ וְאֶת־הַנְּתָחִים וְאֶת־הַפָּדֶר׃ וְאֶת־
הַקֶּרֶב וְאֶת־הַכְּרָעַיִם רָחַץ בַּמָּיִם וַיַּקְטֵר מֹשֶׁה אֶת־כָּל־הָאַיִל
הַמִּזְבֵּחָה עֹלָה הוּא לְרֵיחַ־נִיחֹחַ אִשֶּׁה הוּא לַיהוָה כַּאֲשֶׁר צִוָּה
כב יְהוָה אֶת־מֹשֶׁה׃ וַיַּקְרֵב אֶת־הָאַיִל הַשֵּׁנִי אֵיל הַמִּלֻּאִים וַיִּסְמְכוּ ששי
כג אַהֲרֹן וּבָנָיו אֶת־יְדֵיהֶם עַל־רֹאשׁ הָאָיִל׃ וַיִּשְׁחָט ׀ וַיִּקַּח מֹשֶׁה
מִדָּמוֹ וַיִּתֵּן עַל־תְּנוּךְ אֹזֶן־אַהֲרֹן הַיְמָנִית וְעַל־בֹּהֶן יָדוֹ הַיְמָנִית
כד וְעַל־בֹּהֶן רַגְלוֹ הַיְמָנִית׃ וַיַּקְרֵב אֶת־בְּנֵי אַהֲרֹן וַיִּתֵּן מֹשֶׁה מִן־
הַדָּם עַל־תְּנוּךְ אָזְנָם הַיְמָנִית וְעַל־בֹּהֶן יָדָם הַיְמָנִית וְעַל־בֹּהֶן
כה רַגְלָם הַיְמָנִית וַיִּזְרֹק מֹשֶׁה אֶת־הַדָּם עַל־הַמִּזְבֵּחַ סָבִיב׃ וַיִּקַּח ★
אֶת־הַחֵלֶב וְאֶת־הָאַלְיָה וְאֶת־כָּל־הַחֵלֶב אֲשֶׁר עַל־הַקֶּרֶב
וְאֵת יֹתֶרֶת הַכָּבֵד וְאֶת־שְׁתֵּי הַכְּלָיֹת וְאֶת־חֶלְבְּהֶן וְאֵת שׁוֹק
כו הַיָּמִין׃ וּמִסַּל הַמַּצּוֹת אֲשֶׁר ׀ לִפְנֵי יְהוָה לָקַח חַלַּת מַצָּה אַחַת
וְחַלַּת לֶחֶם שֶׁמֶן אַחַת וְרָקִיק אֶחָד וַיָּשֶׂם עַל־הַחֲלָבִים וְעַל
כז שׁוֹק הַיָּמִין׃ וַיִּתֵּן אֶת־הַכֹּל עַל כַּפֵּי אַהֲרֹן וְעַל כַּפֵּי בָנָיו וַיָּנֶף
כח אֹתָם תְּנוּפָה לִפְנֵי יְהוָה׃ וַיִּקַּח מֹשֶׁה אֹתָם מֵעַל כַּפֵּיהֶם וַיַּקְטֵר
הַמִּזְבֵּחָה עַל־הָעֹלָה מִלֻּאִים הֵם לְרֵיחַ נִיחֹחַ אִשֶּׁה הוּא לַיהוָה׃
כט וַיִּקַּח מֹשֶׁה אֶת־הֶחָזֶה וַיְנִיפֵהוּ תְנוּפָה לִפְנֵי יְהוָה מֵאֵיל הַמִּלֻּאִים
ל לְמֹשֶׁה הָיָה לְמָנָה כַּאֲשֶׁר צִוָּה יְהוָה אֶת־מֹשֶׁה׃ וַיִּקַּח מֹשֶׁה שביעי
מִשֶּׁמֶן הַמִּשְׁחָה וּמִן־הַדָּם אֲשֶׁר עַל־הַמִּזְבֵּחַ וַיַּז עַל־אַהֲרֹן
עַל־בְּגָדָיו וְעַל־בָּנָיו וְעַל־בִּגְדֵי בָנָיו אִתּוֹ וַיְקַדֵּשׁ אֶת־אַהֲרֹן
לא אֶת־בְּגָדָיו וְאֶת־בָּנָיו וְאֶת־בִּגְדֵי בָנָיו אִתּוֹ׃ וַיֹּאמֶר מֹשֶׁה אֶל־
אַהֲרֹן וְאֶל־בָּנָיו בַּשְּׁלוּ אֶת־הַבָּשָׂר פֶּתַח אֹהֶל מוֹעֵד וְשָׁם
תֹּאכְלוּ אֹתוֹ וְאֶת־הַלֶּחֶם אֲשֶׁר בְּסַל הַמִּלֻּאִים כַּאֲשֶׁר צִוֵּיתִי
לב לֵאמֹר אַהֲרֹן וּבָנָיו יֹאכְלֻהוּ׃ וְהַנּוֹתָר בַּבָּשָׂר וּבַלָּחֶם בָּאֵשׁ
לג תִּשְׂרֹפוּ׃ וּמִפֶּתַח אֹהֶל מוֹעֵד לֹא תֵצְאוּ שִׁבְעַת יָמִים עַד יוֹם מפטיר

צוה יהוה את משה בהר סיני ביום צותו את בני ישראל
להקריב את קרבניהם ליהוה במדבר סיני
וידבר יהוה אל משה לאמר קח את אהרן ואת בניו אתו
ואת הבגדים ואת שמן המשחה ואת פר החטאת ואת שני
האילים ואת סל המצות ואת כל העדה הקהל אל פתח
אהל מועד ויעש משה כאשר צוה יהוה אתו ותקהל העדה
אל פתח אהל מועד ויאמר משה אל העדה זה הדבר
אשר צוה יהוה לעשות ויקרב משה את אהרן ואת בניו
וירחץ אתם במים ויתן עליו את הכתנת ויחגר אתו באבנט
וילבש אתו את המעיל ויתן עליו את האפד ויחגר אתו
בחשב האפד ויאפד לו בו וישם עליו את החשן ויתן אל
החשן את האורים ואת התמים וישם את המצנפת על
ראשו וישם על המצנפת אל מול פניו את ציץ הזהב נזר
הקדש כאשר צוה יהוה את משה ויקח משה את שמן
המשחה וימשח את המשכן ואת כל אשר בו ויקדש אתם
ויז ממנו על המזבח שבע פעמים וימשח את המזבח ואת
כל כליו ואת הכיר ואת כנו לקדשם ויצק משמן המשחה
על ראש אהרן וימשח אתו לקדשו ויקרב משה את בני
אהרן וילבשם כתנת ויחגר אתם אבנט ויחבש להם מגבעות
כאשר צוה יהוה את משה ויגש את פר החטאת ויסמך
אהרן ובניו את ידיהם על ראש פר החטאת וישחט ויקח
משה את הדם ויתן על קרנות המזבח סביב באצבעו ויחטא
את המזבח ואת הדם יצק אל יסוד המזבח ויקדשהו לכפר
עליו ויקח את כל החלב אשר על הקרב ואת יתרת הכבד
ואת שתי הכלית ואת חלבהן ויקטר משה המזבחה ואת
הפר ואת ערו ואת בשרו ואת פרשו שרף באש מחוץ
למחנה כאשר צוה יהוה את משה ויקרב את איל העלה

צִוָּה יְהוָה אֶת־מֹשֶׁה בְּהַר סִינָי בְּיוֹם צַוֺּתוֹ אֶת־בְּנֵי יִשְׂרָאֵל
לְהַקְרִיב אֶת־קָרְבְּנֵיהֶם לַיהוָה בְּמִדְבַּר סִינָי׃
ח א ב וַיְדַבֵּר יְהוָה אֶל־מֹשֶׁה לֵּאמֹר׃ קַח אֶת־אַהֲרֹן וְאֶת־בָּנָיו אִתּוֹ ד רביעי
וְאֵת הַבְּגָדִים וְאֵת שֶׁמֶן הַמִּשְׁחָה וְאֵת ׀ פַּר הַחַטָּאת וְאֵת שְׁנֵי
ג הָאֵילִים וְאֵת סַל הַמַּצּוֹת׃ וְאֵת כָּל־הָעֵדָה הַקְהֵל אֶל־פֶּתַח
ד אֹהֶל מוֹעֵד׃ וַיַּעַשׂ מֹשֶׁה כַּאֲשֶׁר צִוָּה יְהוָה אֹתוֹ וַתִּקָּהֵל הָעֵדָה
ה אֶל־פֶּתַח אֹהֶל מוֹעֵד׃ וַיֹּאמֶר מֹשֶׁה אֶל־הָעֵדָה זֶה הַדָּבָר ✶
ו אֲשֶׁר־צִוָּה יְהוָה לַעֲשׂוֹת׃ וַיַּקְרֵב מֹשֶׁה אֶת־אַהֲרֹן וְאֶת־בָּנָיו
ז וַיִּרְחַץ אֹתָם בַּמָּיִם׃ וַיִּתֵּן עָלָיו אֶת־הַכֻּתֹּנֶת וַיַּחְגֹּר אֹתוֹ בָּאַבְנֵט
וַיַּלְבֵּשׁ אֹתוֹ אֶת־הַמְּעִיל וַיִּתֵּן עָלָיו אֶת־הָאֵפֹד וַיַּחְגֹּר אֹתוֹ
ח בְּחֵשֶׁב הָאֵפֹד וַיֶּאְפֹּד לוֹ בּוֹ׃ וַיָּשֶׂם עָלָיו אֶת־הַחֹשֶׁן וַיִּתֵּן אֶל־
ט הַחֹשֶׁן אֶת־הָאוּרִים וְאֶת־הַתֻּמִּים׃ וַיָּשֶׂם אֶת־הַמִּצְנֶפֶת עַל־
רֹאשׁוֹ וַיָּשֶׂם עַל־הַמִּצְנֶפֶת אֶל־מוּל פָּנָיו אֵת צִיץ הַזָּהָב נֵזֶר
י הַקֹּדֶשׁ כַּאֲשֶׁר צִוָּה יְהוָה אֶת־מֹשֶׁה׃ וַיִּקַּח מֹשֶׁה אֶת־שֶׁמֶן ✶
הַמִּשְׁחָה וַיִּמְשַׁח אֶת־הַמִּשְׁכָּן וְאֶת־כָּל־אֲשֶׁר־בּוֹ וַיְקַדֵּשׁ אֹתָם׃
יא וַיַּז מִמֶּנּוּ עַל־הַמִּזְבֵּחַ שֶׁבַע פְּעָמִים וַיִּמְשַׁח אֶת־הַמִּזְבֵּחַ וְאֶת־
יב כָּל־כֵּלָיו וְאֶת־הַכִּיֹּר וְאֶת־כַּנּוֹ לְקַדְּשָׁם׃ וַיִּצֹק מִשֶּׁמֶן הַמִּשְׁחָה
יג עַל רֹאשׁ אַהֲרֹן וַיִּמְשַׁח אֹתוֹ לְקַדְּשׁוֹ׃ וַיַּקְרֵב מֹשֶׁה אֶת־בְּנֵי
אַהֲרֹן וַיַּלְבִּשֵׁם כֻּתֳּנֹת וַיַּחְגֹּר אֹתָם אַבְנֵט וַיַּחֲבֹשׁ לָהֶם מִגְבָּעוֹת
יד כַּאֲשֶׁר צִוָּה יְהוָה אֶת־מֹשֶׁה׃ וַיַּגֵּשׁ אֵת פַּר הַחַטָּאת וַיִּסְמֹךְ חמישי
טו אַהֲרֹן וּבָנָיו אֶת־יְדֵיהֶם עַל־רֹאשׁ פַּר הַחַטָּאת׃ וַיִּשְׁחָט וַיִּקַּח
מֹשֶׁה אֶת־הַדָּם וַיִּתֵּן עַל־קַרְנוֹת הַמִּזְבֵּחַ סָבִיב בְּאֶצְבָּעוֹ וַיְחַטֵּא
אֶת־הַמִּזְבֵּחַ וְאֶת־הַדָּם יָצַק אֶל־יְסוֹד הַמִּזְבֵּחַ וַיְקַדְּשֵׁהוּ לְכַפֵּר
טז עָלָיו׃ וַיִּקַּח אֶת־כָּל־הַחֵלֶב אֲשֶׁר עַל־הַקֶּרֶב וְאֵת יֹתֶרֶת הַכָּבֵד
יז וְאֶת־שְׁתֵּי הַכְּלָיֹת וְאֶת־חֶלְבְּהֶן וַיַּקְטֵר מֹשֶׁה הַמִּזְבֵּחָה׃ וְאֶת־
הַפָּר וְאֶת־עֹרוֹ וְאֶת־בְּשָׂרוֹ וְאֶת־פִּרְשׁוֹ שָׂרַף בָּאֵשׁ מִחוּץ
יח לַמַּחֲנֶה כַּאֲשֶׁר צִוָּה יְהוָה אֶת־מֹשֶׁה׃ וַיַּקְרֵב אֵת אֵיל הָעֹלָה ✶

והנפש האכלת ממנו עונה תשא והבשר אשר יגע בכל
טמא לא יאכל באש ישרף והבשר כל טהור יאכל בשר
והנפש אשר תאכל בשר מזבח השלמים אשר ליהוה וטמאתו
עליו ונכרתה הנפש ההוא מעמיה ונפש כי תגע בכל טמא
בטמאת אדם או בבהמה טמאה או בכל שקץ טמא ואכל
מבשר זבח השלמים אשר ליהוה ונכרתה הנפש ההוא
מעמיה וידבר יהוה אל משה לאמר דבר אל בני ישראל
לאמר כל חלב שור וכשב ועז לא תאכלו וחלב נבלה
וחלב טרפה יעשה לכל מלאכה ואכל לא תאכלהו כי
כל אכל חלב מן הבהמה אשר יקריב ממנה אשה ליהוה
ונכרתה הנפש האכלת מעמיה וכל דם לא תאכלו בכל
מושבתיכם לעוף ולבהמה כל נפש אשר תאכל כל דם
ונכרתה הנפש ההוא מעמיה

וידבר יהוה אל משה לאמר דבר אל בני ישראל לאמר
המקריב את זבח שלמיו ליהוה יביא את קרבנו ליהוה
מזבח שלמיו ידיו תביאינה את אשי יהוה את החלב על
החזה יביאנו את החזה להניף אתו תנופה לפני יהוה
והקטיר הכהן את החלב המזבחה והיה החזה לאהרן ולבניו
ואת שוק הימין תתנו תרומה לכהן מזבחי שלמיכם
המקריב את דם השלמים ואת החלב מבני אהרן לו תהיה
שוק הימין למנה כי את חזה התנופה ואת שוק התרומה
לקחתי מאת בני ישראל מזבחי שלמיהם ואתן אתם
לאהרן הכהן ולבניו לחק עולם מאת בני ישראל זאת
משחת אהרן ומשחת בניו מאשי יהוה ביום הקריב אתם
לכהן ליהוה אשר צוה יהוה לתת להם ביום משחו אתם
מאת בני ישראל חקת עולם לדרתם זאת התורה לעלה
למנחה ולחטאת ולאשם ולמלואים ולזבח השלמים אשר

יט וְהַנֶּפֶשׁ הָאֹכֶלֶת מִמֶּנּוּ עֲוֺנָהּ תִּשָּׂא׃ וְהַבָּשָׂר אֲשֶׁר־יִגַּע בְּכָל־
טָמֵא לֹא יֵאָכֵל בָּאֵשׁ יִשָּׂרֵף וְהַבָּשָׂר כָּל־טָהוֹר יֹאכַל בָּשָׂר׃
כ וְהַנֶּפֶשׁ אֲשֶׁר־תֹּאכַל בָּשָׂר מִזֶּבַח הַשְּׁלָמִים אֲשֶׁר לַיהוָה וְטֻמְאָתוֹ ★
כא עָלָיו וְנִכְרְתָה הַנֶּפֶשׁ הַהִוא מֵעַמֶּיהָ׃ וְנֶפֶשׁ כִּי־תִגַּע בְּכָל־טָמֵא
בְּטֻמְאַת אָדָם אוֹ ׀ בִּבְהֵמָה טְמֵאָה אוֹ בְּכָל־שֶׁקֶץ טָמֵא וְאָכַל
מִבְּשַׂר־זֶבַח הַשְּׁלָמִים אֲשֶׁר לַיהוָה וְנִכְרְתָה הַנֶּפֶשׁ הַהִוא
כב כג מֵעַמֶּיהָ׃ וַיְדַבֵּר יְהוָה אֶל־מֹשֶׁה לֵּאמֹר׃ דַּבֵּר אֶל־בְּנֵי יִשְׂרָאֵל
כד לֵאמֹר כָּל־חֵלֶב שׁוֹר וְכֶשֶׂב וָעֵז לֹא תֹאכֵלוּ׃ וְחֵלֶב נְבֵלָה
כה וְחֵלֶב טְרֵפָה יֵעָשֶׂה לְכָל־מְלָאכָה וְאָכֹל לֹא תֹאכְלֻהוּ׃ כִּי
כָּל־אֹכֵל חֵלֶב מִן־הַבְּהֵמָה אֲשֶׁר יַקְרִיב מִמֶּנָּה אִשֶּׁה לַיהוָה
כו וְנִכְרְתָה הַנֶּפֶשׁ הָאֹכֶלֶת מֵעַמֶּיהָ׃ וְכָל־דָּם לֹא תֹאכְלוּ בְּכֹל
כז מוֹשְׁבֹתֵיכֶם לָעוֹף וְלַבְּהֵמָה׃ כָּל־נֶפֶשׁ אֲשֶׁר־תֹּאכַל כָּל־דָּם
וְנִכְרְתָה הַנֶּפֶשׁ הַהִוא מֵעַמֶּיהָ׃
כח כט וַיְדַבֵּר יְהוָה אֶל־מֹשֶׁה לֵּאמֹר׃ דַּבֵּר אֶל־בְּנֵי יִשְׂרָאֵל לֵאמֹר
הַמַּקְרִיב אֶת־זֶבַח שְׁלָמָיו לַיהוָה יָבִיא אֶת־קָרְבָּנוֹ לַיהוָה
ל מִזֶּבַח שְׁלָמָיו׃ יָדָיו תְּבִיאֶינָה אֵת אִשֵּׁי יְהוָה אֶת־הַחֵלֶב עַל־
הֶחָזֶה יְבִיאֶנּוּ אֵת הֶחָזֶה לְהָנִיף אֹתוֹ תְּנוּפָה לִפְנֵי יְהוָה׃
לא* וְהִקְטִיר הַכֹּהֵן אֶת־הַחֵלֶב הַמִּזְבֵּחָה וְהָיָה הֶחָזֶה לְאַהֲרֹן וּלְבָנָיו׃ *
לב וְאֵת שׁוֹק הַיָּמִין תִּתְּנוּ תְרוּמָה לַכֹּהֵן מִזִּבְחֵי שַׁלְמֵיכֶם׃
לג הַמַּקְרִיב אֶת־דַּם הַשְּׁלָמִים וְאֶת־הַחֵלֶב מִבְּנֵי אַהֲרֹן לוֹ תִהְיֶה
לד שׁוֹק הַיָּמִין לְמָנָה׃ כִּי אֶת־חֲזֵה הַתְּנוּפָה וְאֵת ׀ שׁוֹק הַתְּרוּמָה
לָקַחְתִּי מֵאֵת בְּנֵי־יִשְׂרָאֵל מִזִּבְחֵי שַׁלְמֵיהֶם וָאֶתֵּן אֹתָם
לה לְאַהֲרֹן הַכֹּהֵן וּלְבָנָיו לְחָק־עוֹלָם מֵאֵת בְּנֵי יִשְׂרָאֵל׃ זֹאת ★
מִשְׁחַת אַהֲרֹן וּמִשְׁחַת בָּנָיו מֵאִשֵּׁי יְהוָה בְּיוֹם הִקְרִיב אֹתָם
לו לְכַהֵן לַיהוָה׃ אֲשֶׁר צִוָּה יְהוָה לָתֵת לָהֶם בְּיוֹם מָשְׁחוֹ אֹתָם
לז מֵאֵת בְּנֵי יִשְׂרָאֵל חֻקַּת עוֹלָם לְדֹרֹתָם׃ זֹאת הַתּוֹרָה לָעֹלָה
לח לַמִּנְחָה וְלַחַטָּאת וְלָאָשָׁם וְלַמִּלּוּאִים וּלְזֶבַח הַשְּׁלָמִים׃ אֲשֶׁר

בכהנים יאכל אתה קדש קדשים הוא וכל חטאת אשר
יובא מדמה אל אהל מועד לכפר בקדש לא תאכל באש
תשרף
וזאת תורת האשם קדש קדשים הוא במקום אשר ישחטו
את העלה ישחטו את האשם ואת דמו יזרק על המזבח
סביב ואת כל חלבו יקריב ממנו את האליה ואת החלב
המכסה את הקרב ואת שתי הכלית ואת החלב אשר
עליהן אשר על הכסלים ואת היתרת על הכבד על הכלית
יסירנה והקטיר אתם הכהן המזבחה אשה ליהוה אשם
הוא כל זכר בכהנים יאכלנו במקום קדוש יאכל קדש
קדשים הוא כחטאת כאשם תורה אחת להם הכהן אשר
יכפר בו לו יהיה והכהן המקריב את עלת איש עור העלה
אשר הקריב לכהן לו יהיה וכל מנחה אשר תאפה בתנור
וכל נעשה במרחשת ועל מחבת לכהן המקריב אתה לו
תהיה וכל מנחה בלולה בשמן וחרבה לכל בני אהרן
תהיה איש כאחיו
וזאת תורת זבח השלמים אשר יקריב ליהוה אם על תודה
יקריבנו והקריב על זבח התודה חלות מצות בלולת בשמן
ורקיקי מצות משחים בשמן וסלת מרבכת חלת בלולת
בשמן על חלת לחם חמץ יקריב קרבנו על זבח תודת
שלמיו והקריב ממנו אחד מכל קרבן תרומה ליהוה לכהן
הזרק את דם השלמים לו יהיה ובשר זבח תודת שלמיו
ביום קרבנו יאכל לא יניח ממנו עד בקר ואם נדר או
נדבה זבח קרבנו ביום הקריבו את זבחו יאכל וממחרת
והנותר ממנו יאכל והנותר מבשר הזבח ביום השלישי
באש ישרף ואם האכל יאכל מבשר זבח שלמיו ביום
השלישי לא ירצה המקריב אתו לא יחשב לו פגול יהיה

כג בַּכֹּהֲנִים יֹאכַל אֹתָהּ קֹדֶשׁ קָדָשִׁים הִוא׃ וְכָל־חַטָּאת אֲשֶׁר
יוּבָא מִדָּמָהּ אֶל־אֹהֶל מוֹעֵד לְכַפֵּר בַּקֹּדֶשׁ לֹא תֵאָכֵל בָּאֵשׁ
תִּשָּׂרֵף׃
ז א ב וְזֹאת תּוֹרַת הָאָשָׁם קֹדֶשׁ קָדָשִׁים הוּא׃ בִּמְקוֹם אֲשֶׁר יִשְׁחֲטוּ
אֶת־הָעֹלָה יִשְׁחֲטוּ אֶת־הָאָשָׁם וְאֶת־דָּמוֹ יִזְרֹק עַל־הַמִּזְבֵּחַ
ג סָבִיב׃ וְאֵת כָּל־חֶלְבּוֹ יַקְרִיב מִמֶּנּוּ אֵת הָאַלְיָה וְאֶת־הַחֵלֶב
ד הַמְכַסֶּה אֶת־הַקֶּרֶב׃ וְאֵת שְׁתֵּי הַכְּלָיֹת וְאֶת־הַחֵלֶב אֲשֶׁר
עֲלֵיהֶן אֲשֶׁר עַל־הַכְּסָלִים וְאֶת־הַיֹּתֶרֶת עַל־הַכָּבֵד עַל־הַכְּלָיֹת
ה יְסִירֶנָּה׃ וְהִקְטִיר אֹתָם הַכֹּהֵן הַמִּזְבֵּחָה אִשֶּׁה לַיהוָה אָשָׁם
ו הוּא׃ כָּל־זָכָר בַּכֹּהֲנִים יֹאכְלֶנּוּ בְּמָקוֹם קָדוֹשׁ יֵאָכֵל קֹדֶשׁ
ז קָדָשִׁים הוּא׃ כַּחַטָּאת כָּאָשָׁם תּוֹרָה אַחַת לָהֶם הַכֹּהֵן אֲשֶׁר
ח יְכַפֶּר־בּוֹ לוֹ יִהְיֶה׃ וְהַכֹּהֵן הַמַּקְרִיב אֶת־עֹלַת אִישׁ עוֹר הָעֹלָה
ט אֲשֶׁר הִקְרִיב לַכֹּהֵן לוֹ יִהְיֶה׃ וְכָל־מִנְחָה אֲשֶׁר תֵּאָפֶה בַּתַּנּוּר
וְכָל־נַעֲשָׂה בַמַּרְחֶשֶׁת וְעַל־מַחֲבַת לַכֹּהֵן הַמַּקְרִיב אֹתָהּ לוֹ
י תִהְיֶה׃ וְכָל־מִנְחָה בְלוּלָה־בַשֶּׁמֶן וַחֲרֵבָה לְכָל־בְּנֵי אַהֲרֹן
תִּהְיֶה אִישׁ כְּאָחִיו׃
יא יב וְזֹאת תּוֹרַת זֶבַח הַשְּׁלָמִים אֲשֶׁר יַקְרִיב לַיהוָה׃ אִם עַל־תּוֹדָה שלישי
יַקְרִיבֶנּוּ וְהִקְרִיב ׀ עַל־זֶבַח הַתּוֹדָה חַלּוֹת מַצּוֹת בְּלוּלֹת בַּשֶּׁמֶן
וּרְקִיקֵי מַצּוֹת מְשֻׁחִים בַּשָּׁמֶן וְסֹלֶת מֻרְבֶּכֶת חַלֹּת בְּלוּלֹת
יג בַּשָּׁמֶן׃ עַל־חַלֹּת לֶחֶם חָמֵץ יַקְרִיב קָרְבָּנוֹ עַל־זֶבַח תּוֹדַת
יד שְׁלָמָיו׃ וְהִקְרִיב מִמֶּנּוּ אֶחָד מִכָּל־קָרְבָּן תְּרוּמָה לַיהוָה לַכֹּהֵן
טו הַזֹּרֵק אֶת־דַּם הַשְּׁלָמִים לוֹ יִהְיֶה׃ וּבְשַׂר זֶבַח תּוֹדַת שְׁלָמָיו
טז בְּיוֹם קָרְבָּנוֹ יֵאָכֵל לֹא־יַנִּיחַ מִמֶּנּוּ עַד־בֹּקֶר׃ וְאִם־נֶדֶר ׀ אוֹ
נְדָבָה זֶבַח קָרְבָּנוֹ בְּיוֹם הַקְרִיבוֹ אֶת־זִבְחוֹ יֵאָכֵל וּמִמָּחֳרָת
יז וְהַנּוֹתָר מִמֶּנּוּ יֵאָכֵל׃ וְהַנּוֹתָר מִבְּשַׂר הַזָּבַח בַּיּוֹם הַשְּׁלִישִׁי
יח בָּאֵשׁ יִשָּׂרֵף׃ וְאִם הֵאָכֹל יֵאָכֵל מִבְּשַׂר־זֶבַח שְׁלָמָיו בַּיּוֹם
הַשְּׁלִישִׁי לֹא יֵרָצֶה הַמַּקְרִיב אֹתוֹ לֹא יֵחָשֵׁב לוֹ פִּגּוּל יִהְיֶה

ופשט את בגדיו ולבש בגדים אחרים והוציא את הדשן
אל מחוץ למחנה אל מקום טהור והאש על המזבח תוקד
בו לא תכבה ובער עליה הכהן עצים בבקר בבקר וערך
עליה העלה והקטיר עליה חלבי השלמים אש תמיד תוקד
על המזבח לא תכבה וזאת תורת המנחה
הקרב אתה בני אהרן לפני יהוה אל פני המזבח והרים
ממנו בקמצו מסלת המנחה ומשמנה ואת כל הלבנה אשר
על המנחה והקטיר המזבח ריח ניחח אזכרתה ליהוה
והנותרת ממנה יאכלו אהרן ובניו מצות תאכל במקום
קדש בחצר אהל מועד יאכלוה לא תאפה חמץ חלקם
נתתי אתה מאשי קדש קדשים הוא כחטאת וכאשם כל
זכר בבני אהרן יאכלנה חק עולם לדרתיכם מאשי יהוה
כל אשר יגע בהם יקדש
וידבר יהוה אל משה לאמר זה קרבן אהרן ובניו אשר
יקריבו ליהוה ביום המשח אתו עשירת האפה סלת מנחה
תמיד מחציתה בבקר ומחציתה בערב על מחבת בשמן
תעשה מרבכת תביאנה תפיני מנחת פתים תקריב ריח
ניחח ליהוה והכהן המשיח תחתיו מבניו יעשה אתה חק
עולם ליהוה כליל תקטר וכל מנחת כהן כליל תהיה לא
תאכל
וידבר יהוה אל משה לאמר דבר אל אהרן ואל בניו לאמר
זאת תורת החטאת במקום אשר תשחט העלה תשחט
החטאת לפני יהוה קדש קדשים הוא הכהן המחטא אתה
יאכלנה במקום קדש תאכל בחצר אהל מועד כל אשר
יגע בבשרה יקדש ואשר יזה מדמה על הבגד אשר יזה
עליה תכבס במקום קדש וכלי חרש אשר תבשל בו
ישבר ואם בכלי נחשת בשלה ומרק ושטף במים כל זכר

ד וּפָשַׁט֙ אֶת־בְּגָדָ֔יו וְלָבַ֖שׁ בְּגָדִ֣ים אֲחֵרִ֑ים וְהוֹצִ֤יא אֶת־הַדֶּ֙שֶׁן֙
ה אֶל־מִח֣וּץ לַֽמַּחֲנֶ֔ה אֶל־מָק֖וֹם טָהֽוֹר׃ וְהָאֵ֨שׁ עַל־הַמִּזְבֵּ֤חַ תּֽוּקַד־
בּוֹ֙ לֹ֣א תִכְבֶּ֔ה וּבִעֵ֨ר עָלֶ֧יהָ הַכֹּהֵ֛ן עֵצִ֖ים בַּבֹּ֣קֶר בַּבֹּ֑קֶר וְעָרַ֤ךְ
ו עָלֶ֙יהָ֙ הָעֹלָ֔ה וְהִקְטִ֥יר עָלֶ֖יהָ חֶלְבֵ֥י הַשְּׁלָמִֽים׃ אֵ֗שׁ תָּמִ֛יד תּוּקַ֥ד
ז עַל־הַמִּזְבֵּ֖חַ לֹ֥א תִכְבֶּֽה׃ וְזֹ֥את תּוֹרַ֖ת הַמִּנְחָ֑ה
ח הַקְרֵ֨ב אֹתָ֤הּ בְּנֵֽי־אַהֲרֹן֙ לִפְנֵ֣י יְהוָ֔ה אֶל־פְּנֵ֖י הַמִּזְבֵּֽחַ׃ וְהֵרִ֨ים
מִמֶּ֜נּוּ בְּקֻמְצ֗וֹ מִסֹּ֤לֶת הַמִּנְחָה֙ וּמִשַּׁמְנָ֔הּ וְאֵת֙ כָּל־הַלְּבֹנָ֔ה אֲשֶׁ֖ר
עַל־הַמִּנְחָ֑ה וְהִקְטִ֣יר הַמִּזְבֵּ֗חַ רֵ֧יחַ נִיחֹ֛חַ אַזְכָּרָתָ֖הּ לַֽיהוָֽה׃
ט וְהַנּוֹתֶ֣רֶת מִמֶּ֔נָּה יֹאכְל֖וּ אַהֲרֹ֣ן וּבָנָ֑יו מַצּ֤וֹת תֵּֽאָכֵל֙ בְּמָק֣וֹם
י קָדֹ֔שׁ בַּחֲצַ֥ר אֹֽהֶל־מוֹעֵ֖ד יֹאכְלֽוּהָ׃ לֹ֤א תֵאָפֶה֙ חָמֵ֔ץ חֶלְקָ֛ם
יא נָתַ֥תִּי אֹתָ֖הּ מֵאִשָּׁ֑י קֹ֤דֶשׁ קָֽדָשִׁים֙ הִ֔וא כַּֽחַטָּ֖את וְכָאָשָֽׁם׃ כָּל־
זָכָ֞ר בִּבְנֵ֤י אַהֲרֹן֙ יֹֽאכְלֶ֔נָּה חָק־עוֹלָם֙ לְדֹרֹ֣תֵיכֶ֔ם מֵאִשֵּׁ֖י יְהוָ֑ה
כֹּ֛ל אֲשֶׁר־יִגַּ֥ע בָּהֶ֖ם יִקְדָּֽשׁ׃
יב יג וַיְדַבֵּ֥ר יְהוָ֖ה אֶל־מֹשֶׁ֥ה לֵּאמֹֽר׃ זֶ֡ה קָרְבַּן֩ אַהֲרֹ֨ן וּבָנָ֜יו אֲשֶׁר־ ג שני
יַקְרִ֣יבוּ לַֽיהוָ֗ה בְּיוֹם֙ הִמָּשַׁ֣ח אֹת֔וֹ עֲשִׂירִ֨ת הָאֵפָ֥ה סֹ֛לֶת מִנְחָ֖ה
יד תָּמִ֑יד מַחֲצִיתָ֣הּ בַּבֹּ֔קֶר וּמַחֲצִיתָ֖הּ בָּעָֽרֶב׃ עַל־מַחֲבַ֗ת בַּשֶּׁ֛מֶן
תֵּעָשֶׂ֖ה מֻרְבֶּ֣כֶת תְּבִיאֶ֑נָּה תֻּפִינֵי֙ מִנְחַ֣ת פִּתִּ֔ים תַּקְרִ֥יב רֵֽיחַ־
טו נִיחֹ֖חַ לַֽיהוָֽה׃ וְהַכֹּהֵ֨ן הַמָּשִׁ֧יחַ תַּחְתָּ֛יו מִבָּנָ֖יו יַעֲשֶׂ֣ה אֹתָ֑הּ חָק־
טז עוֹלָ֕ם לַֽיהוָ֖ה כָּלִ֥יל תָּקְטָֽר׃ וְכָל־מִנְחַ֥ת כֹּהֵ֛ן כָּלִ֥יל תִּהְיֶ֖ה לֹ֥א
תֵאָכֵֽל׃
יז יח וַיְדַבֵּ֥ר יְהוָ֖ה אֶל־מֹשֶׁ֥ה לֵּאמֹֽר׃ דַּבֵּ֤ר אֶֽל־אַהֲרֹן֙ וְאֶל־בָּנָ֣יו לֵאמֹ֔ר
זֹ֥את תּוֹרַ֖ת הַֽחַטָּ֑את בִּמְק֡וֹם אֲשֶׁ֣ר תִּשָּׁחֵט֩ הָעֹלָ֨ה תִּשָּׁחֵ֤ט
יט הַֽחַטָּאת֙ לִפְנֵ֣י יְהוָ֔ה קֹ֥דֶשׁ קָדָשִׁ֖ים הִֽוא׃ הַכֹּהֵ֛ן הַֽמְחַטֵּ֥א אֹתָ֖הּ
כ יֹאכְלֶ֑נָּה בְּמָק֤וֹם קָדֹשׁ֙ תֵּֽאָכֵ֔ל בַּחֲצַ֖ר אֹ֥הֶל מוֹעֵֽד׃ כֹּ֛ל אֲשֶׁר־
יִגַּ֥ע בִּבְשָׂרָ֖הּ יִקְדָּ֑שׁ וַאֲשֶׁ֨ר יִזֶּ֤ה מִדָּמָהּ֙ עַל־הַבֶּ֔גֶד אֲשֶׁר֙ יִזֶּ֣ה
כא עָלֶ֔יהָ תְּכַבֵּ֖ס בְּמָק֥וֹם קָדֹֽשׁ׃ וּכְלִי־חֶ֛רֶשׂ אֲשֶׁ֥ר תְּבֻשַּׁל־בּ֖וֹ
כב יִשָּׁבֵ֑ר וְאִם־בִּכְלִ֤י נְחֹ֙שֶׁת֙ בֻּשָּׁ֔לָה וּמֹרַ֥ק וְשֻׁטַּ֖ף בַּמָּֽיִם׃ כָּל־זָכָ֥ר

מאחת מאלה ונסלח לו והיתה לכהן כמנחה וידבר
יהוה אל משה לאמר נפש כי תמעל מעל וחטאה בשגגה
מקדשי יהוה והביא את אשמו ליהוה איל תמים מן הצאן
בערכך כסף שקלים בשקל הקדש לאשם ואת אשר חטא
מן הקדש ישלם ואת חמישתו יוסף עליו ונתן אתו לכהן
והכהן יכפר עליו באיל האשם ונסלח לו
ואם נפש כי תחטא ועשתה אחת מכל מצות יהוה אשר
לא תעשינה ולא ידע ואשם ונשא עונו והביא איל תמים
מן הצאן בערכך לאשם אל הכהן וכפר עליו הכהן על
שגגתו אשר שגג והוא לא ידע ונסלח לו אשם הוא אשם
אשם ליהוה
וידבר יהוה אל משה לאמר נפש כי תחטא ומעלה מעל
ביהוה וכחש בעמיתו בפקדון או בתשומת יד או בגזל או
עשק את עמיתו או מצא אבדה וכחש בה ונשבע על
שקר על אחת מכל אשר יעשה האדם לחטא בהנה והיה
כי יחטא ואשם והשיב את הגזלה אשר גזל או את העשק
אשר עשק או את הפקדון אשר הפקד אתו או את האבדה
אשר מצא או מכל אשר ישבע עליו לשקר ושלם אתו
בראשו וחמשתיו יסף עליו לאשר הוא לו יתננו ביום אשמתו
ואת אשמו יביא ליהוה איל תמים מן הצאן בערכך לאשם
אל הכהן וכפר עליו הכהן לפני יהוה ונסלח לו על אחת
מכל אשר יעשה לאשמה בה
וידבר יהוה אל משה לאמר צו את אהרן ואת בניו לאמר
זאת תורת העלה הוא העלה על מוקדה על המזבח כל
הלילה עד הבקר ואש המזבח תוקד בו ולבש הכהן מדו
בד ומכנסי בד ילבש על בשרו והרים את הדשן אשר
תאכל האש את העלה על המזבח ושמו אצל המזבח

יד מֵאַחַת מֵאֵלֶּה וְנִסְלַח לוֹ וְהָיְתָה לַכֹּהֵן כַּמִּנְחָה׃ וַיְדַבֵּר ★
טו יְהוָה אֶל־מֹשֶׁה לֵּאמֹר׃ נֶפֶשׁ כִּי־תִמְעֹל מַעַל וְחָטְאָה בִּשְׁגָגָה
מִקָּדְשֵׁי יְהוָה וְהֵבִיא אֶת־אֲשָׁמוֹ לַיהוָה אַיִל תָּמִים מִן־הַצֹּאן
טז בְּעֶרְכְּךָ כֶּסֶף־שְׁקָלִים בְּשֶׁקֶל־הַקֹּדֶשׁ לְאָשָׁם׃ וְאֵת אֲשֶׁר חָטָא
מִן־הַקֹּדֶשׁ יְשַׁלֵּם וְאֶת־חֲמִישִׁתוֹ יוֹסֵף עָלָיו וְנָתַן אֹתוֹ לַכֹּהֵן
וְהַכֹּהֵן יְכַפֵּר עָלָיו בְּאֵיל הָאָשָׁם וְנִסְלַח לוֹ׃
יז וְאִם־נֶפֶשׁ כִּי תֶחֱטָא וְעָשְׂתָה אַחַת מִכָּל־מִצְוֺת יְהוָה אֲשֶׁר ★
יח לֹא תֵעָשֶׂינָה וְלֹא־יָדַע וְאָשֵׁם וְנָשָׂא עֲוֺנוֹ׃ וְהֵבִיא אַיִל תָּמִים
מִן־הַצֹּאן בְּעֶרְכְּךָ לְאָשָׁם אֶל־הַכֹּהֵן וְכִפֶּר עָלָיו הַכֹּהֵן עַל
יט שִׁגְגָתוֹ אֲשֶׁר־שָׁגָג וְהוּא לֹא־יָדַע וְנִסְלַח לוֹ׃ אָשָׁם הוּא אָשֹׁם
אָשַׁם לַיהוָה׃
כ כא וַיְדַבֵּר יְהוָה אֶל־מֹשֶׁה לֵּאמֹר׃ נֶפֶשׁ כִּי תֶחֱטָא וּמָעֲלָה מַעַל
בַּיהוָה וְכִחֵשׁ בַּעֲמִיתוֹ בְּפִקָּדוֹן אוֹ־בִתְשׂוּמֶת יָד אוֹ בְגָזֵל אוֹ
כב עָשַׁק אֶת־עֲמִיתוֹ׃ אוֹ־מָצָא אֲבֵדָה וְכִחֶשׁ בָּהּ וְנִשְׁבַּע עַל־
כג שָׁקֶר עַל־אַחַת מִכֹּל אֲשֶׁר־יַעֲשֶׂה הָאָדָם לַחֲטֹא בָהֵנָּה׃ וְהָיָה
כִּי־יֶחֱטָא וְאָשֵׁם וְהֵשִׁיב אֶת־הַגְּזֵלָה אֲשֶׁר גָּזָל אוֹ אֶת־הָעֹשֶׁק
אֲשֶׁר עָשָׁק אוֹ אֶת־הַפִּקָּדוֹן אֲשֶׁר הָפְקַד אִתּוֹ אוֹ אֶת־הָאֲבֵדָה
כד אֲשֶׁר מָצָא׃ אוֹ מִכֹּל אֲשֶׁר־יִשָּׁבַע עָלָיו לַשֶּׁקֶר וְשִׁלַּם אֹתוֹ מפטיר ★
בְּרֹאשׁוֹ וַחֲמִשִׁתָיו יֹסֵף עָלָיו לַאֲשֶׁר הוּא לוֹ יִתְּנֶנּוּ בְּיוֹם אַשְׁמָתוֹ׃
כה וְאֶת־אֲשָׁמוֹ יָבִיא לַיהוָה אַיִל תָּמִים מִן־הַצֹּאן בְּעֶרְכְּךָ לְאָשָׁם
כו אֶל־הַכֹּהֵן׃ וְכִפֶּר עָלָיו הַכֹּהֵן לִפְנֵי יְהוָה וְנִסְלַח לוֹ עַל־אַחַת
מִכֹּל אֲשֶׁר־יַעֲשֶׂה לְאַשְׁמָה בָהּ׃
ו א ב וַיְדַבֵּר יְהוָה אֶל־מֹשֶׁה לֵּאמֹר׃ צַו אֶת־אַהֲרֹן וְאֶת־בָּנָיו לֵאמֹר צו
זֹאת תּוֹרַת הָעֹלָה הִוא הָעֹלָה עַל מוֹקְדָה עַל־הַמִּזְבֵּחַ כָּל־
ג הַלַּיְלָה עַד־הַבֹּקֶר וְאֵשׁ הַמִּזְבֵּחַ תּוּקַד בּוֹ׃ וְלָבַשׁ הַכֹּהֵן מִדּוֹ
בַד וּמִכְנְסֵי־בַד יִלְבַּשׁ עַל־בְּשָׂרוֹ וְהֵרִים אֶת־הַדֶּשֶׁן אֲשֶׁר
תֹּאכַל הָאֵשׁ אֶת־הָעֹלָה עַל־הַמִּזְבֵּחַ וְשָׂמוֹ אֵצֶל הַמִּזְבֵּחַ׃

אל יסוד המזבח ואת כל חלבה יסיר כאשר יוסר חלב
הכשב מזבח השלמים והקטיר הכהן אתם המזבחה על
אשי יהוה וכפר עליו הכהן על חטאתו אשר חטא ונסלח
לו

ונפש כי תחטא ושמעה קול אלה והוא עד או ראה או ידע
אם לוא יגיד ונשא עונו או נפש אשר תגע בכל דבר טמא
או בנבלת חיה טמאה או בנבלת בהמה טמאה או בנבלת
שרץ טמא ונעלם ממנו והוא טמא ואשם או כי יגע
בטמאת אדם לכל טמאתו אשר יטמא בה ונעלם ממנו
והוא ידע ואשם או נפש כי תשבע לבטא בשפתים להרע
או להיטיב לכל אשר יבטא האדם בשבעה ונעלם ממנו
והוא ידע ואשם לאחת מאלה והיה כי יאשם לאחת
מאלה והתודה אשר חטא עליה והביא את אשמו ליהוה
על חטאתו אשר חטא נקבה מן הצאן כשבה או שעירת
עזים לחטאת וכפר עליו הכהן מחטאתו ואם לא תגיע ידו
די שה והביא את אשמו אשר חטא שתי תרים או שני
בני יונה ליהוה אחד לחטאת ואחד לעלה והביא אתם
אל הכהן והקריב את אשר לחטאת ראשונה ומלק את
ראשו ממול ערפו ולא יבדיל והזה מדם החטאת על קיר
המזבח והנשאר בדם ימצה אל יסוד המזבח חטאת הוא
ואת השני יעשה עלה כמשפט וכפר עליו הכהן מחטאתו
אשר חטא ונסלח לו ואם לא תשיג ידו
לשתי תרים או לשני בני יונה והביא את קרבנו אשר חטא
עשירת האפה סלת לחטאת לא ישים עליה שמן ולא יתן
עליה לבנה כי חטאת הוא והביאה אל הכהן וקמץ הכהן
ממנה מלוא קמצו את אזכרתה והקטיר המזבחה על אשי
יהוה חטאת הוא וכפר עליו הכהן על חטאתו אשר חטא

לה אֶל־יְסוֹד הַמִּזְבֵּחַ: וְאֶת־כָּל־חֶלְבָּהּ יָסִיר כַּאֲשֶׁר יוּסַר חֵלֶב־
הַכֶּשֶׂב מִזֶּבַח הַשְּׁלָמִים וְהִקְטִיר הַכֹּהֵן אֹתָם הַמִּזְבֵּחָה עַל
אִשֵּׁי יְהוָה וְכִפֶּר עָלָיו הַכֹּהֵן עַל־חַטָּאתוֹ אֲשֶׁר־חָטָא וְנִסְלַח
לוֹ:

ה א וְנֶפֶשׁ כִּי־תֶחֱטָא וְשָׁמְעָה קוֹל אָלָה וְהוּא עֵד אוֹ רָאָה אוֹ יָדָע ★
ב אִם־לוֹא יַגִּיד וְנָשָׂא עֲוֺנוֹ: אוֹ נֶפֶשׁ אֲשֶׁר תִּגַּע בְּכָל־דָּבָר טָמֵא
אוֹ בְנִבְלַת חַיָּה טְמֵאָה אוֹ בְּנִבְלַת בְּהֵמָה טְמֵאָה אוֹ בְּנִבְלַת
ג שֶׁרֶץ טָמֵא וְנֶעְלַם מִמֶּנּוּ וְהוּא טָמֵא וְאָשֵׁם: אוֹ כִי יִגַּע
בְּטֻמְאַת אָדָם לְכֹל טֻמְאָתוֹ אֲשֶׁר יִטְמָא בָּהּ וְנֶעְלַם מִמֶּנּוּ
ד וְהוּא יָדַע וְאָשֵׁם: אוֹ נֶפֶשׁ כִּי תִשָּׁבַע לְבַטֵּא בִשְׂפָתַיִם לְהָרַע ׀
אוֹ לְהֵיטִיב לְכֹל אֲשֶׁר יְבַטֵּא הָאָדָם בִּשְׁבֻעָה וְנֶעְלַם מִמֶּנּוּ
ה וְהוּא־יָדַע וְאָשֵׁם לְאַחַת מֵאֵלֶּה: וְהָיָה כִי־יֶאְשַׁם לְאַחַת
ו מֵאֵלֶּה וְהִתְוַדָּה אֲשֶׁר חָטָא עָלֶיהָ: וְהֵבִיא אֶת־אֲשָׁמוֹ לַיהוָה
עַל חַטָּאתוֹ אֲשֶׁר חָטָא נְקֵבָה מִן־הַצֹּאן כִּשְׂבָּה אוֹ־שְׂעִירַת
ז עִזִּים לְחַטָּאת וְכִפֶּר עָלָיו הַכֹּהֵן מֵחַטָּאתוֹ: וְאִם־לֹא תַגִּיעַ יָדוֹ ★
דֵּי שֶׂה וְהֵבִיא אֶת־אֲשָׁמוֹ אֲשֶׁר חָטָא שְׁתֵּי תֹרִים אוֹ־שְׁנֵי
ח בְנֵי־יוֹנָה לַיהוָה אֶחָד לְחַטָּאת וְאֶחָד לְעֹלָה: וְהֵבִיא אֹתָם
אֶל־הַכֹּהֵן וְהִקְרִיב אֶת־אֲשֶׁר לַחַטָּאת רִאשׁוֹנָה וּמָלַק אֶת־
ט רֹאשׁוֹ מִמּוּל עָרְפּוֹ וְלֹא יַבְדִּיל: וְהִזָּה מִדַּם הַחַטָּאת עַל־קִיר
הַמִּזְבֵּחַ וְהַנִּשְׁאָר בַּדָּם יִמָּצֵה אֶל־יְסוֹד הַמִּזְבֵּחַ חַטָּאת הוּא:
י וְאֶת־הַשֵּׁנִי יַעֲשֶׂה עֹלָה כַּמִּשְׁפָּט וְכִפֶּר עָלָיו הַכֹּהֵן מֵחַטָּאתוֹ
יא אֲשֶׁר־חָטָא וְנִסְלַח לוֹ: וְאִם־לֹא תַשִּׂיג יָדוֹ שביעי
לִשְׁתֵּי תֹרִים אוֹ לִשְׁנֵי בְנֵי־יוֹנָה וְהֵבִיא אֶת־קָרְבָּנוֹ אֲשֶׁר חָטָא
עֲשִׂירִת הָאֵפָה סֹלֶת לְחַטָּאת לֹא־יָשִׂים עָלֶיהָ שֶׁמֶן וְלֹא־יִתֵּן
יב עָלֶיהָ לְבֹנָה כִּי חַטָּאת הִוא: וֶהֱבִיאָהּ אֶל־הַכֹּהֵן וְקָמַץ הַכֹּהֵן ׀
מִמֶּנָּה מְלוֹא קֻמְצוֹ אֶת־אַזְכָּרָתָהּ וְהִקְטִיר הַמִּזְבֵּחָה עַל אִשֵּׁי
יג יְהוָה חַטָּאת הִוא: וְכִפֶּר עָלָיו הַכֹּהֵן עַל־חַטָּאתוֹ אֲשֶׁר־חָטָא

העלה אשר פתח אהל מועד ואת כל חלבו ירים ממנו
והקטיר המזבחה ועשה לפר כאשר עשה לפר החטאת כן
יעשה לו וכפר עלהם הכהן ונסלח להם והוציא את הפר
אל מחוץ למחנה ושרף אתו כאשר שרף את הפר הראשון
חטאת הקהל הוא

אשר נשיא יחטא ועשה אחת מכל מצות יהוה אלהיו
אשר לא תעשינה בשגגה ואשם או הודע אליו חטאתו
אשר חטא בה והביא את קרבנו שעיר עזים זכר תמים
וסמך ידו על ראש השעיר ושחט אתו במקום אשר
ישחט את העלה לפני יהוה חטאת הוא ולקח הכהן
מדם החטאת באצבעו ונתן על קרנת מזבח העלה ואת
דמו ישפך אל יסוד מזבח העלה ואת כל חלבו יקטיר
המזבחה כחלב זבח השלמים וכפר עליו הכהן מחטאתו
ונסלח לו

ואם נפש אחת תחטא בשגגה מעם הארץ בעשתה אחת
ממצות יהוה אשר לא תעשינה ואשם או הודע אליו
חטאתו אשר חטא והביא קרבנו שעירת עזים תמימה נקבה
על חטאתו אשר חטא וסמך את ידו על ראש החטאת
ושחט את החטאת במקום העלה ולקח הכהן מדמה
באצבעו ונתן על קרנת מזבח העלה ואת כל דמה ישפך
אל יסוד המזבח ואת כל חלבה יסיר כאשר הוסר חלב
מעל זבח השלמים והקטיר הכהן המזבחה לריח ניחח ליהוה
וכפר עליו הכהן ונסלח לו

ואם כבש יביא קרבנו לחטאת נקבה תמימה יביאנה
וסמך את ידו על ראש החטאת ושחט אתה לחטאת
במקום אשר ישחט את העלה ולקח הכהן מדם החטאת
באצבעו ונתן על קרנת מזבח העלה ואת כל דמה ישפך

יט הָעֹלָה אֲשֶׁר־פֶּתַח אֹהֶל מוֹעֵד׃ וְאֵת כָּל־חֶלְבּוֹ יָרִים מִמֶּנּוּ ★
כ וְהִקְטִיר הַמִּזְבֵּחָה׃ וְעָשָׂה לַפָּר כַּאֲשֶׁר עָשָׂה לְפַר הַחַטָּאת כֵּן
כא יַעֲשֶׂה־לּוֹ וְכִפֶּר עֲלֵהֶם הַכֹּהֵן וְנִסְלַח לָהֶם׃ וְהוֹצִיא אֶת־הַפָּר
אֶל־מִחוּץ לַמַּחֲנֶה וְשָׂרַף אֹתוֹ כַּאֲשֶׁר שָׂרַף אֵת הַפָּר הָרִאשׁוֹן
חַטַּאת הַקָּהָל הוּא׃

כב אֲשֶׁר נָשִׂיא יֶחֱטָא וְעָשָׂה אַחַת מִכָּל־מִצְוֺת יהוה אֱלֹהָיו
כג אֲשֶׁר לֹא־תֵעָשֶׂינָה בִּשְׁגָגָה וְאָשֵׁם׃ אוֹ־הוֹדַע אֵלָיו חַטָּאתוֹ
אֲשֶׁר חָטָא בָּהּ וְהֵבִיא אֶת־קָרְבָּנוֹ שְׂעִיר עִזִּים זָכָר תָּמִים׃
כד וְסָמַךְ יָדוֹ עַל־רֹאשׁ הַשָּׂעִיר וְשָׁחַט אֹתוֹ בִּמְקוֹם אֲשֶׁר־
כה יִשְׁחַט אֶת־הָעֹלָה לִפְנֵי יהוה חַטָּאת הוּא׃ וְלָקַח הַכֹּהֵן
מִדַּם הַחַטָּאת בְּאֶצְבָּעוֹ וְנָתַן עַל־קַרְנֹת מִזְבַּח הָעֹלָה וְאֶת־
כו דָּמוֹ יִשְׁפֹּךְ אֶל־יְסוֹד מִזְבַּח הָעֹלָה׃ וְאֶת־כָּל־חֶלְבּוֹ יַקְטִיר
הַמִּזְבֵּחָה כְּחֵלֶב זֶבַח הַשְּׁלָמִים וְכִפֶּר עָלָיו הַכֹּהֵן מֵחַטָּאתוֹ
וְנִסְלַח לוֹ׃

כז וְאִם־נֶפֶשׁ אַחַת תֶּחֱטָא בִשְׁגָגָה מֵעַם הָאָרֶץ בַּעֲשֹׂתָהּ אַחַת ששי
כח מִמִּצְוֺת יהוה אֲשֶׁר לֹא־תֵעָשֶׂינָה וְאָשֵׁם׃ אוֹ הוֹדַע אֵלָיו
חַטָּאתוֹ אֲשֶׁר חָטָא וְהֵבִיא קָרְבָּנוֹ שְׂעִירַת עִזִּים תְּמִימָה נְקֵבָה
כט עַל־חַטָּאתוֹ אֲשֶׁר חָטָא׃ וְסָמַךְ אֶת־יָדוֹ עַל רֹאשׁ הַחַטָּאת
ל וְשָׁחַט אֶת־הַחַטָּאת בִּמְקוֹם הָעֹלָה׃ וְלָקַח הַכֹּהֵן מִדָּמָהּ
בְּאֶצְבָּעוֹ וְנָתַן עַל־קַרְנֹת מִזְבַּח הָעֹלָה וְאֶת־כָּל־דָּמָהּ יִשְׁפֹּךְ
לא אֶל־יְסוֹד הַמִּזְבֵּחַ׃ וְאֶת־כָּל־חֶלְבָּהּ יָסִיר כַּאֲשֶׁר הוּסַר חֵלֶב
מֵעַל זֶבַח הַשְּׁלָמִים וְהִקְטִיר הַכֹּהֵן הַמִּזְבֵּחָה לְרֵיחַ נִיחֹחַ לַיהוה
וְכִפֶּר עָלָיו הַכֹּהֵן וְנִסְלַח לוֹ׃

לב וְאִם־כֶּבֶשׂ יָבִיא קָרְבָּנוֹ לְחַטָּאת נְקֵבָה תְמִימָה יְבִיאֶנָּה׃ ★
לג וְסָמַךְ אֶת־יָדוֹ עַל רֹאשׁ הַחַטָּאת וְשָׁחַט אֹתָהּ לְחַטָּאת
לד בִּמְקוֹם אֲשֶׁר יִשְׁחַט אֶת־הָעֹלָה׃ וְלָקַח הַכֹּהֵן מִדַּם הַחַטָּאת
בְּאֶצְבָּעוֹ וְנָתַן עַל־קַרְנֹת מִזְבַּח הָעֹלָה וְאֶת־כָּל־דָּמָהּ יִשְׁפֹּךְ

ועשה מאחת מהנה אם הכהן המשיח יחטא לאשמת
העם והקריב על חטאתו. אשר חטא פר בן בקר תמים
ליהוה לחטאת והביא את הפר אל פתח אהל מועד לפני
יהוה וסמך את ידו על ראש הפר ושחט את הפר לפני
יהוה ולקח הכהן המשיח מדם הפר והביא אתו אל אהל
מועד וטבל הכהן את אצבעו בדם והזה מן הדם שבע
פעמים לפני יהוה את פני פרכת הקדש ונתן הכהן מן
הדם על קרנות מזבח קטרת הסמים לפני יהוה אשר באהל
מועד ואת כל דם הפר ישפך אל יסוד מזבח העלה אשר
פתח אהל מועד ואת כל חלב פר החטאת ירים ממנו
את החלב המכסה על הקרב ואת כל החלב אשר על
הקרב ואת שתי הכלית ואת החלב אשר עליהן אשר על
הכסלים ואת היתרת על הכבד על הכליות יסירנה כאשר
יורם משור זבח השלמים והקטירם הכהן על מזבח העלה
ואת עור הפר ואת כל בשרו על ראשו ועל כרעיו וקרבו
ופרשו והוציא את כל הפר אל מחוץ למחנה אל מקום
טהור אל שפך הדשן ושרף אתו על עצים באש על שפך
הדשן ישרף

ואם כל עדת ישראל ישגו ונעלם דבר מעיני הקהל ועשו
אחת מכל מצות יהוה אשר לא תעשינה ואשמו ונודעה
החטאת אשר חטאו עליה והקריבו הקהל פר בן בקר
לחטאת והביאו אתו לפני אהל מועד וסמכו זקני העדה
את ידיהם על ראש הפר לפני יהוה ושחט את הפר לפני
יהוה והביא הכהן המשיח מדם הפר אל אהל מועד וטבל
הכהן אצבעו מן הדם והזה שבע פעמים לפני יהוה את
פני הפרכת ומן הדם יתן על קרנת המזבח אשר לפני
יהוה אשר באהל מועד ואת כל הדם ישפך אל יסוד מזבח

ג וְעָשָׂה מֵאַחַת מֵהֵנָּה: אִם הַכֹּהֵן הַמָּשִׁיחַ יֶחֱטָא לְאַשְׁמַת
הָעָם וְהִקְרִיב עַל חַטָּאתוֹ אֲשֶׁר חָטָא פַּר בֶּן־בָּקָר תָּמִים
ד לַיהוָה לְחַטָּאת: וְהֵבִיא אֶת־הַפָּר אֶל־פֶּתַח אֹהֶל מוֹעֵד לִפְנֵי
יהוָה וְסָמַךְ אֶת־יָדוֹ עַל־רֹאשׁ הַפָּר וְשָׁחַט אֶת־הַפָּר לִפְנֵי
ה יהוָה: וְלָקַח הַכֹּהֵן הַמָּשִׁיחַ מִדַּם הַפָּר וְהֵבִיא אֹתוֹ אֶל־אֹהֶל *
ו מוֹעֵד: וְטָבַל הַכֹּהֵן אֶת־אֶצְבָּעוֹ בַּדָּם וְהִזָּה מִן־הַדָּם שֶׁבַע
ז פְּעָמִים לִפְנֵי יהוָה אֶת־פְּנֵי פָּרֹכֶת הַקֹּדֶשׁ: וְנָתַן הַכֹּהֵן מִן־
הַדָּם עַל־קַרְנוֹת מִזְבַּח קְטֹרֶת הַסַּמִּים לִפְנֵי יהוָה אֲשֶׁר בְּאֹהֶל
מוֹעֵד וְאֵת ׀ כָּל־דַּם הַפָּר יִשְׁפֹּךְ אֶל־יְסוֹד מִזְבַּח הָעֹלָה אֲשֶׁר־
ח פֶּתַח אֹהֶל מוֹעֵד: וְאֶת־כָּל־חֵלֶב פַּר הַחַטָּאת יָרִים מִמֶּנּוּ *
אֶת־הַחֵלֶב הַמְכַסֶּה עַל־הַקֶּרֶב וְאֵת כָּל־הַחֵלֶב אֲשֶׁר עַל־
ט הַקֶּרֶב: וְאֵת שְׁתֵּי הַכְּלָיֹת וְאֶת־הַחֵלֶב אֲשֶׁר עֲלֵיהֶן אֲשֶׁר עַל־
י הַכְּסָלִים וְאֶת־הַיֹּתֶרֶת עַל־הַכָּבֵד עַל־הַכְּלָיוֹת יְסִירֶנָּה: כַּאֲשֶׁר
יוּרַם מִשּׁוֹר זֶבַח הַשְּׁלָמִים וְהִקְטִירָם הַכֹּהֵן עַל מִזְבַּח הָעֹלָה:
יא וְאֶת־עוֹר הַפָּר וְאֶת־כָּל־בְּשָׂרוֹ עַל־רֹאשׁוֹ וְעַל־כְּרָעָיו וְקִרְבּוֹ
יב וּפִרְשׁוֹ: וְהוֹצִיא אֶת־כָּל־הַפָּר אֶל־מִחוּץ לַמַּחֲנֶה אֶל־מָקוֹם
טָהוֹר אֶל־שֶׁפֶךְ הַדֶּשֶׁן וְשָׂרַף אֹתוֹ עַל־עֵצִים בָּאֵשׁ עַל־שֶׁפֶךְ
הַדֶּשֶׁן יִשָּׂרֵף:

יג וְאִם כָּל־עֲדַת יִשְׂרָאֵל יִשְׁגּוּ וְנֶעְלַם דָּבָר מֵעֵינֵי הַקָּהָל וְעָשׂוּ *
יד אַחַת מִכָּל־מִצְוֹת יהוָה אֲשֶׁר לֹא־תֵעָשֶׂינָה וְאָשֵׁמוּ: וְנוֹדְעָה
הַחַטָּאת אֲשֶׁר חָטְאוּ עָלֶיהָ וְהִקְרִיבוּ הַקָּהָל פַּר בֶּן־בָּקָר
טו לְחַטָּאת וְהֵבִיאוּ אֹתוֹ לִפְנֵי אֹהֶל מוֹעֵד: וְסָמְכוּ זִקְנֵי הָעֵדָה
אֶת־יְדֵיהֶם עַל־רֹאשׁ הַפָּר לִפְנֵי יהוָה וְשָׁחַט אֶת־הַפָּר לִפְנֵי
טז יז יהוָה: וְהֵבִיא הַכֹּהֵן הַמָּשִׁיחַ מִדַּם הַפָּר אֶל־אֹהֶל מוֹעֵד: וְטָבַל *
הַכֹּהֵן אֶצְבָּעוֹ מִן־הַדָּם וְהִזָּה שֶׁבַע פְּעָמִים לִפְנֵי יהוָה אֶת־
יח פְּנֵי הַפָּרֹכֶת: וּמִן־הַדָּם יִתֵּן ׀ עַל־קַרְנֹת הַמִּזְבֵּחַ אֲשֶׁר לִפְנֵי
יהוָה אֲשֶׁר בְּאֹהֶל מוֹעֵד וְאֵת כָּל־הַדָּם יִשְׁפֹּךְ אֶל־יְסוֹד מִזְבַּח

את הדם על המזבח סביב והקריב מזבח השלמים אשה
ליהוה את החלב המכסה את הקרב ואת כל החלב אשר
על הקרב ואת שתי הכלית ואת החלב אשר עלהן אשר
על הכסלים ואת היתרת על הכבד על הכליות יסירנה
והקטירו אתו בני אהרן המזבחה על העלה אשר על העצים
אשר על האש אשה ריח ניחח ליהוה

ואם מן הצאן קרבנו לזבח שלמים ליהוה זכר או נקבה
תמים יקריבנו אם כשב הוא מקריב את קרבנו והקריב
אתו לפני יהוה וסמך את ידו על ראש קרבנו ושחט אתו
לפני אהל מועד וזרקו בני אהרן את דמו על המזבח סביב
והקריב מזבח השלמים אשה ליהוה חלבו האליה תמימה
לעמת העצה יסירנה ואת החלב המכסה את הקרב ואת
כל החלב אשר על הקרב ואת שתי הכלית ואת החלב
אשר עלהן אשר על הכסלים ואת היתרת על הכבד
על הכלית יסירנה והקטירו הכהן המזבחה לחם אשה
ליהוה

ואם עז קרבנו והקריבו לפני יהוה וסמך את ידו על ראשו
ושחט אתו לפני אהל מועד וזרקו בני אהרן את דמו על
המזבח סביב והקריב ממנו קרבנו אשה ליהוה את החלב
המכסה את הקרב ואת כל החלב אשר על הקרב ואת
שתי הכלית ואת החלב אשר עלהן אשר על הכסלים
ואת היתרת על הכבד על הכלית יסירנה והקטירם
הכהן המזבחה לחם אשה לריח ניחח כל חלב ליהוה
חקת עולם לדרתיכם בכל מושבתיכם כל חלב וכל דם
לא תאכלו

וידבר יהוה אל משה לאמר דבר אל בני ישראל לאמר
נפש כי תחטא בשגגה מכל מצות יהוה אשר לא תעשינה

ג אֶת־הַדָּם עַל־הַמִּזְבֵּחַ סָבִיב: וְהִקְרִיב מִזֶּבַח הַשְּׁלָמִים אִשֶּׁה
לַיהוָה אֶת־הַחֵלֶב הַמְכַסֶּה אֶת־הַקֶּרֶב וְאֵת כָּל־הַחֵלֶב אֲשֶׁר
ד עַל־הַקֶּרֶב: וְאֵת שְׁתֵּי הַכְּלָיֹת וְאֶת־הַחֵלֶב אֲשֶׁר עֲלֵהֶן אֲשֶׁר
עַל־הַכְּסָלִים וְאֶת־הַיֹּתֶרֶת עַל־הַכָּבֵד עַל־הַכְּלָיוֹת יְסִירֶנָּה:
ה וְהִקְטִירוּ אֹתוֹ בְנֵי־אַהֲרֹן הַמִּזְבֵּחָה עַל־הָעֹלָה אֲשֶׁר עַל־הָעֵצִים
אֲשֶׁר עַל־הָאֵשׁ אִשֵּׁה רֵיחַ נִיחֹחַ לַיהוָה:
ו וְאִם־מִן־הַצֹּאן קָרְבָּנוֹ לְזֶבַח שְׁלָמִים לַיהוָה זָכָר אוֹ נְקֵבָה
ז תָּמִים יַקְרִיבֶנּוּ: אִם־כֶּשֶׂב הוּא־מַקְרִיב אֶת־קָרְבָּנוֹ וְהִקְרִיב
ח אֹתוֹ לִפְנֵי יְהוָה: וְסָמַךְ אֶת־יָדוֹ עַל־רֹאשׁ קָרְבָּנוֹ וְשָׁחַט אֹתוֹ
לִפְנֵי אֹהֶל מוֹעֵד וְזָרְקוּ בְּנֵי אַהֲרֹן אֶת־דָּמוֹ עַל־הַמִּזְבֵּחַ סָבִיב:
ט וְהִקְרִיב מִזֶּבַח הַשְּׁלָמִים אִשֶּׁה לַיהוָה חֶלְבּוֹ הָאַלְיָה תְמִימָה
לְעֻמַּת הֶעָצֶה יְסִירֶנָּה וְאֶת־הַחֵלֶב הַמְכַסֶּה אֶת־הַקֶּרֶב וְאֵת
י כָּל־הַחֵלֶב אֲשֶׁר עַל־הַקֶּרֶב: וְאֵת שְׁתֵּי הַכְּלָיֹת וְאֶת־הַחֵלֶב
אֲשֶׁר עֲלֵהֶן אֲשֶׁר עַל־הַכְּסָלִים וְאֶת־הַיֹּתֶרֶת עַל־הַכָּבֵד
יא עַל־הַכְּלָיֹת יְסִירֶנָּה: וְהִקְטִירוֹ הַכֹּהֵן הַמִּזְבֵּחָה לֶחֶם אִשֶּׁה
לַיהוָה:
יב יג וְאִם־עֵז קָרְבָּנוֹ וְהִקְרִיבוֹ לִפְנֵי יְהוָה: וְסָמַךְ אֶת־יָדוֹ עַל־רֹאשׁוֹ
וְשָׁחַט אֹתוֹ לִפְנֵי אֹהֶל מוֹעֵד וְזָרְקוּ בְּנֵי אַהֲרֹן אֶת־דָּמוֹ עַל־
יד הַמִּזְבֵּחַ סָבִיב: וְהִקְרִיב מִמֶּנּוּ קָרְבָּנוֹ אִשֶּׁה לַיהוָה אֶת־הַחֵלֶב
טו הַמְכַסֶּה אֶת־הַקֶּרֶב וְאֵת כָּל־הַחֵלֶב אֲשֶׁר עַל־הַקֶּרֶב: וְאֵת
שְׁתֵּי הַכְּלָיֹת וְאֶת־הַחֵלֶב אֲשֶׁר עֲלֵהֶן אֲשֶׁר עַל־הַכְּסָלִים
טז וְאֶת־הַיֹּתֶרֶת עַל־הַכָּבֵד עַל־הַכְּלָיֹת יְסִירֶנָּה: וְהִקְטִירָם
הַכֹּהֵן הַמִּזְבֵּחָה לֶחֶם אִשֶּׁה לְרֵיחַ נִיחֹחַ כָּל־חֵלֶב לַיהוָה:
יז חֻקַּת עוֹלָם לְדֹרֹתֵיכֶם בְּכֹל מוֹשְׁבֹתֵיכֶם כָּל־חֵלֶב וְכָל־דָּם
לֹא תֹאכֵלוּ:
ד א ב וַיְדַבֵּר יְהוָה אֶל־מֹשֶׁה לֵּאמֹר: דַּבֵּר אֶל־בְּנֵי יִשְׂרָאֵל לֵאמֹר ב חמישי
נֶפֶשׁ כִּי־תֶחֱטָא בִשְׁגָגָה מִכֹּל מִצְוֹת יְהוָה אֲשֶׁר לֹא תֵעָשֶׂינָה

אשה ריח ניחח ליהוה ונפש כי תקריב קרבן
מנחה ליהוה סלת יהיה קרבנו ויצק עליה שמן ונתן עליה
לבנה והביאה אל בני אהרן הכהנים וקמץ משם מלא קמצו
מסלתה ומשמנה על כל לבנתה והקטיר הכהן את אזכרתה
המזבחה אשה ריח ניחח ליהוה והנותרת מן המנחה לאהרן
ולבניו קדש קדשים מאשי יהוה וכי תקרב
קרבן מנחה מאפה תנור סלת חלות מצת בלולת בשמן
ורקיקי מצות משחים בשמן ואם מנחה על
המחבת קרבנך סלת בלולה בשמן מצה תהיה פתות אתה
פתים ויצקת עליה שמן מנחה הוא ואם
מנחת מרחשת קרבנך סלת בשמן תעשה והבאת את
המנחה אשר יעשה מאלה ליהוה והקריבה אל הכהן והגישה
אל המזבח והרים הכהן מן המנחה את אזכרתה והקטיר
המזבחה אשה ריח ניחח ליהוה והנותרת מן המנחה לאהרן
ולבניו קדש קדשים מאשי יהוה כל המנחה אשר תקריבו
ליהוה לא תעשה חמץ כי כל שאר וכל דבש לא תקטירו
ממנו אשה ליהוה קרבן ראשית תקריבו אתם ליהוה ואל
המזבח לא יעלו לריח ניחח וכל קרבן מנחתך במלח תמלח
ולא תשבית מלח ברית אלהיך מעל מנחתך על כל קרבנך
תקריב מלח ואם תקריב מנחת בכורים
ליהוה אביב קלוי באש גרש כרמל תקריב את מנחת
בכוריך ונתת עליה שמן ושמת עליה לבנה מנחה הוא
והקטיר הכהן את אזכרתה מגרשה ומשמנה על כל לבנתה
אשה ליהוה

ואם זבח שלמים קרבנו אם מן הבקר הוא מקריב אם
זכר אם נקבה תמים יקריבנו לפני יהוה וסמך ידו על ראש
קרבנו ושחטו פתח אהל מועד וזרקו בני אהרן הכהנים

א אִשֵּׁה רֵיחַ נִיחֹחַ לַיהוָה׃ וְנֶפֶשׁ כִּי־תַקְרִיב קָרְבַּן ★
מִנְחָה לַיהוָה סֹלֶת יִהְיֶה קָרְבָּנוֹ וְיָצַק עָלֶיהָ שֶׁמֶן וְנָתַן עָלֶיהָ
ב לְבֹנָה׃ וֶהֱבִיאָהּ אֶל־בְּנֵי אַהֲרֹן הַכֹּהֲנִים וְקָמַץ מִשָּׁם מְלֹא קֻמְצוֹ
מִסָּלְתָּהּ וּמִשַּׁמְנָהּ עַל כָּל־לְבֹנָתָהּ וְהִקְטִיר הַכֹּהֵן אֶת־אַזְכָּרָתָהּ
ג הַמִּזְבֵּחָה אִשֵּׁה רֵיחַ נִיחֹחַ לַיהוָה׃ וְהַנּוֹתֶרֶת מִן־הַמִּנְחָה לְאַהֲרֹן
ד וּלְבָנָיו קֹדֶשׁ קָדָשִׁים מֵאִשֵּׁי יְהוָה׃ וְכִי תַקְרִב ★
קָרְבַּן מִנְחָה מַאֲפֵה תַנּוּר סֹלֶת חַלּוֹת מַצֹּת בְּלוּלֹת בַּשֶּׁמֶן
ה וּרְקִיקֵי מַצּוֹת מְשֻׁחִים בַּשָּׁמֶן׃ וְאִם־מִנְחָה עַל־
ו הַמַּחֲבַת קָרְבָּנֶךָ סֹלֶת בְּלוּלָה בַשֶּׁמֶן מַצָּה תִהְיֶה׃ פָּתוֹת אֹתָהּ
ז פִּתִּים וְיָצַקְתָּ עָלֶיהָ שָׁמֶן מִנְחָה הִוא׃ וְאִם־ שלישי
ח מִנְחַת מַרְחֶשֶׁת קָרְבָּנֶךָ סֹלֶת בַּשֶּׁמֶן תֵּעָשֶׂה׃ וְהֵבֵאתָ אֶת־
הַמִּנְחָה אֲשֶׁר יֵעָשֶׂה מֵאֵלֶּה לַיהוָה וְהִקְרִיבָהּ אֶל־הַכֹּהֵן וְהִגִּישָׁהּ
ט אֶל־הַמִּזְבֵּחַ׃ וְהֵרִים הַכֹּהֵן מִן־הַמִּנְחָה אֶת־אַזְכָּרָתָהּ וְהִקְטִיר
י הַמִּזְבֵּחָה אִשֵּׁה רֵיחַ נִיחֹחַ לַיהוָה׃ וְהַנּוֹתֶרֶת מִן־הַמִּנְחָה לְאַהֲרֹן
יא וּלְבָנָיו קֹדֶשׁ קָדָשִׁים מֵאִשֵּׁי יְהוָה׃ כָּל־הַמִּנְחָה אֲשֶׁר תַּקְרִיבוּ ★
לַיהוָה לֹא תֵעָשֶׂה חָמֵץ כִּי כָל־שְׂאֹר וְכָל־דְּבַשׁ לֹא־תַקְטִירוּ
יב מִמֶּנּוּ אִשֶּׁה לַיהוָה׃ קָרְבַּן רֵאשִׁית תַּקְרִיבוּ אֹתָם לַיהוָה וְאֶל־
יג הַמִּזְבֵּחַ לֹא־יַעֲלוּ לְרֵיחַ נִיחֹחַ׃ וְכָל־קָרְבַּן מִנְחָתְךָ בַּמֶּלַח תִּמְלָח
וְלֹא תַשְׁבִּית מֶלַח בְּרִית אֱלֹהֶיךָ מֵעַל מִנְחָתֶךָ עַל כָּל־קָרְבָּנְךָ
יד תַּקְרִיב מֶלַח׃ וְאִם־תַּקְרִיב מִנְחַת בִּכּוּרִים ★
לַיהוָה אָבִיב קָלוּי בָּאֵשׁ גֶּרֶשׂ כַּרְמֶל תַּקְרִיב אֵת מִנְחַת
טו בִּכּוּרֶיךָ׃ וְנָתַתָּ עָלֶיהָ שֶׁמֶן וְשַׂמְתָּ עָלֶיהָ לְבֹנָה מִנְחָה הִוא׃
טז וְהִקְטִיר הַכֹּהֵן אֶת־אַזְכָּרָתָהּ מִגִּרְשָׂהּ וּמִשַּׁמְנָהּ עַל כָּל־לְבֹנָתָהּ
אִשֶּׁה לַיהוָה׃

ג א וְאִם־זֶבַח שְׁלָמִים קָרְבָּנוֹ אִם מִן־הַבָּקָר הוּא מַקְרִיב אִם־ רביעי
ב זָכָר אִם־נְקֵבָה תָּמִים יַקְרִיבֶנּוּ לִפְנֵי יְהוָה׃ וְסָמַךְ יָדוֹ עַל־רֹאשׁ
קָרְבָּנוֹ וּשְׁחָטוֹ פֶּתַח אֹהֶל מוֹעֵד וְזָרְקוּ בְּנֵי אַהֲרֹן הַכֹּהֲנִים

ויקרא אל משה וידבר יהוה אליו מאהל מועד לאמר
דבר אל בני ישראל ואמרת אלהם אדם כי יקריב מכם
קרבן ליהוה מן הבהמה מן הבקר ומן הצאן תקריבו את
קרבנכם אם עלה קרבנו מן הבקר זכר תמים יקריבנו
אל פתח אהל מועד יקריב אתו לרצנו לפני יהוה וסמך
ידו על ראש העלה ונרצה לו לכפר עליו ושחט את בן
הבקר לפני יהוה והקריבו בני אהרן הכהנים את הדם וזרקו
את הדם על המזבח סביב אשר פתח אהל מועד והפשיט
את העלה ונתח אתה לנתחיה ונתנו בני אהרן הכהן
אש על המזבח וערכו עצים על האש וערכו בני אהרן
הכהנים את הנתחים את הראש ואת הפדר על העצים
אשר על האש אשר על המזבח וקרבו וכרעיו ירחץ במים
והקטיר הכהן את הכל המזבחה עלה אשה ריח ניחוח
ליהוה ואם מן הצאן קרבנו מן הכשבים או
מן העזים לעלה זכר תמים יקריבנו ושחט אתו על ירך
המזבח צפנה לפני יהוה וזרקו בני אהרן הכהנים את דמו
על המזבח סביב ונתח אתו לנתחיו ואת ראשו ואת
פדרו וערך הכהן אתם על העצים אשר על האש אשר
על המזבח והקרב והכרעים ירחץ במים והקריב הכהן
את הכל והקטיר המזבחה עלה הוא אשה ריח ניחח
ליהוה

ואם מן העוף עלה קרבנו ליהוה והקריב מן התרים או
מן בני היונה את קרבנו והקריבו הכהן אל המזבח ומלק
את ראשו והקטיר המזבחה ונמצה דמו על קיר המזבח
והסיר את מראתו בנצתה והשליך אתה אצל המזבח
קדמה אל מקום הדשן ושסע אתו בכנפיו לא יבדיל והקטיר
אתו הכהן המזבחה על העצים אשר על האש עלה הוא

א וַיִּקְרָא אֶל־מֹשֶׁה וַיְדַבֵּר יהוה אֵלָיו מֵאֹהֶל מוֹעֵד לֵאמֹר׃
ב דַּבֵּר אֶל־בְּנֵי יִשְׂרָאֵל וְאָמַרְתָּ אֲלֵהֶם אָדָם כִּי־יַקְרִיב מִכֶּם
קָרְבָּן לַיהוה מִן־הַבְּהֵמָה מִן־הַבָּקָר וּמִן־הַצֹּאן תַּקְרִיבוּ אֶת־
ג קָרְבַּנְכֶם׃ אִם־עֹלָה קָרְבָּנוֹ מִן־הַבָּקָר זָכָר תָּמִים יַקְרִיבֶנּוּ
ד אֶל־פֶּתַח אֹהֶל מוֹעֵד יַקְרִיב אֹתוֹ לִרְצֹנוֹ לִפְנֵי יהוה׃ וְסָמַךְ
ה יָדוֹ עַל רֹאשׁ הָעֹלָה וְנִרְצָה לוֹ לְכַפֵּר עָלָיו׃ וְשָׁחַט אֶת־בֶּן
הַבָּקָר לִפְנֵי יהוה וְהִקְרִיבוּ בְּנֵי אַהֲרֹן הַכֹּהֲנִים אֶת־הַדָּם וְזָרְקוּ
ו אֶת־הַדָּם עַל־הַמִּזְבֵּחַ סָבִיב אֲשֶׁר־פֶּתַח אֹהֶל מוֹעֵד׃ וְהִפְשִׁיט
ז אֶת־הָעֹלָה וְנִתַּח אֹתָהּ לִנְתָחֶיהָ׃ וְנָתְנוּ בְּנֵי אַהֲרֹן הַכֹּהֵן
ח אֵשׁ עַל־הַמִּזְבֵּחַ וְעָרְכוּ עֵצִים עַל־הָאֵשׁ׃ וְעָרְכוּ בְּנֵי אַהֲרֹן
הַכֹּהֲנִים אֵת הַנְּתָחִים אֶת־הָרֹאשׁ וְאֶת־הַפָּדֶר עַל־הָעֵצִים
ט אֲשֶׁר עַל־הָאֵשׁ אֲשֶׁר עַל־הַמִּזְבֵּחַ׃ וְקִרְבּוֹ וּכְרָעָיו יִרְחַץ בַּמָּיִם
וְהִקְטִיר הַכֹּהֵן אֶת־הַכֹּל הַמִּזְבֵּחָה עֹלָה אִשֵּׁה רֵיחַ־נִיחוֹחַ
י לַיהוה׃ וְאִם־מִן־הַצֹּאן קָרְבָּנוֹ מִן־הַכְּשָׂבִים אוֹ
יא מִן־הָעִזִּים לְעֹלָה זָכָר תָּמִים יַקְרִיבֶנּוּ׃ וְשָׁחַט אֹתוֹ עַל יֶרֶךְ
הַמִּזְבֵּחַ צָפֹנָה לִפְנֵי יהוה וְזָרְקוּ בְּנֵי אַהֲרֹן הַכֹּהֲנִים אֶת־דָּמוֹ
יב עַל־הַמִּזְבֵּחַ סָבִיב׃ וְנִתַּח אֹתוֹ לִנְתָחָיו וְאֶת־רֹאשׁוֹ וְאֶת־
פִּדְרוֹ וְעָרַךְ הַכֹּהֵן אֹתָם עַל־הָעֵצִים אֲשֶׁר עַל־הָאֵשׁ אֲשֶׁר
יג עַל־הַמִּזְבֵּחַ׃ וְהַקֶּרֶב וְהַכְּרָעַיִם יִרְחַץ בַּמָּיִם וְהִקְרִיב הַכֹּהֵן
אֶת־הַכֹּל וְהִקְטִיר הַמִּזְבֵּחָה עֹלָה הוּא אִשֵּׁה רֵיחַ נִיחֹחַ
לַיהוה׃

יד וְאִם מִן־הָעוֹף עֹלָה קָרְבָּנוֹ לַיהוה וְהִקְרִיב מִן־הַתֹּרִים אוֹ שני
טו מִן־בְּנֵי הַיּוֹנָה אֶת־קָרְבָּנוֹ׃ וְהִקְרִיבוֹ הַכֹּהֵן אֶל־הַמִּזְבֵּחַ וּמָלַק
אֶת־רֹאשׁוֹ וְהִקְטִיר הַמִּזְבֵּחָה וְנִמְצָה דָמוֹ עַל קִיר הַמִּזְבֵּחַ׃
טז וְהֵסִיר אֶת־מֻרְאָתוֹ בְּנֹצָתָהּ וְהִשְׁלִיךְ אֹתָהּ אֵצֶל הַמִּזְבֵּחַ
יז קֵדְמָה אֶל־מְקוֹם הַדָּשֶׁן׃ וְשִׁסַּע אֹתוֹ בִכְנָפָיו לֹא יַבְדִּיל וְהִקְטִיר
אֹתוֹ הַכֹּהֵן הַמִּזְבֵּחָה עַל־הָעֵצִים אֲשֶׁר עַל־הָאֵשׁ עֹלָה הוּא

את משה                ויחס את הכיר בין אהל מועד
ובין המזבח ויתן שמה מים לרחצה  ורחצו ממנו משה
ואהרן ובניו את ידיהם ואת רגליהם  בבאם אל אהל
מועד ובקרבתם אל המזבח ירחצו כאשר צוה יהוה את
משה                ויקם את החצר סביב
למשכן ולמזבח ויתן את מסך שער החצר ויכל משה את
המלאכה
ויכס הענן את אהל מועד וכבוד יהוה מלא את המשכן
ולא יכל משה לבוא אל אהל מועד כי שכן עליו הענן
וכבוד יהוה מלא את המשכן  ובהעלות הענן מעל המשכן
יסעו בני ישראל בכל מסעיהם  ואם לא יעלה הענן ולא
יסעו עד יום העלתו  כי ענן יהוה על המשכן יומם ואש
תהיה לילה בו לעיני כל בית ישראל בכל מסעיהם

ל    אֶת־מֹשֶׁה:        וַיָּ֣שֶׂם אֶת־הַכִּיֹּ֗ר בֵּֽין־אֹ֥הֶל מוֹעֵ֛ד

לא   וּבֵ֣ין הַמִּזְבֵּ֑חַ וַיִּתֵּ֥ן שָׁ֛מָּה מַ֖יִם לְרָחְצָֽה: וְרָחֲצ֣וּ מִמֶּ֔נּוּ מֹשֶׁ֖ה

לב   וְאַהֲרֹ֣ן וּבָנָ֑יו אֶת־יְדֵיהֶ֖ם וְאֶת־רַגְלֵיהֶֽם: בְּבֹאָ֞ם אֶל־אֹ֣הֶל

מוֹעֵ֗ד וּבְקָרְבָתָ֛ם אֶל־הַמִּזְבֵּ֖חַ יִרְחָ֑צוּ כַּאֲשֶׁ֨ר צִוָּ֧ה יְהֹוָ֛ה אֶת־

לג   מֹשֶֽׁה:        וַיָּ֣קֶם אֶת־הֶֽחָצֵ֣ר סָבִ֗יב

לַמִּשְׁכָּן֙ וְלַמִּזְבֵּ֔חַ וַיִּתֵּ֕ן אֶת־מָסַ֖ךְ שַׁ֣עַר הֶחָצֵ֑ר וַיְכַ֥ל מֹשֶׁ֖ה אֶת־

הַמְּלָאכָֽה:

לד   וַיְכַ֥ס הֶעָנָ֖ן אֶת־אֹ֣הֶל מוֹעֵ֑ד וּכְב֣וֹד יְהֹוָ֔ה מָלֵ֖א אֶת־הַמִּשְׁכָּֽן:    מפטיר ★

לה   וְלֹא־יָכֹ֣ל מֹשֶׁ֗ה לָבוֹא֙ אֶל־אֹ֣הֶל מוֹעֵ֔ד כִּֽי־שָׁכַ֥ן עָלָ֖יו הֶעָנָ֑ן

לו   וּכְב֣וֹד יְהֹוָ֔ה מָלֵ֖א אֶת־הַמִּשְׁכָּֽן: וּבְהֵעָל֤וֹת הֶֽעָנָן֙ מֵעַ֣ל הַמִּשְׁכָּ֔ן

לז   יִסְע֖וּ בְּנֵ֣י יִשְׂרָאֵ֑ל בְּכֹ֖ל מַסְעֵיהֶֽם: וְאִם־לֹ֥א יֵעָלֶ֖ה הֶעָנָ֑ן וְלֹ֣א

לח   יִסְע֔וּ עַד־י֖וֹם הֵעָלֹתֽוֹ: כִּ֩י עֲנַ֨ן יְהֹוָ֤ה עַֽל־הַמִּשְׁכָּן֙ יוֹמָ֔ם וְאֵ֕שׁ

תִּהְיֶ֥ה לַ֖יְלָה בּ֑וֹ לְעֵינֵ֥י כָל־בֵּֽית־יִשְׂרָאֵ֖ל בְּכָל־מַסְעֵיהֶֽם:

את המשכן ואת כל אשר בו וקדשת אתו ואת כל כליו
והיה קדש ומשחת את מזבח העלה ואת כל כליו וקדשת
את המזבח והיה המזבח קדש קדשים ומשחת את הכיר
ואת כנו וקדשת אתו והקרבת את אהרן ואת בניו אל
פתח אהל מועד ורחצת אתם במים והלבשת את אהרן
את בגדי הקדש ומשחת אתו וקדשת אתו וכהן לי ואת
בניו תקריב והלבשת אתם כתנת ומשחת אתם כאשר
משחת את אביהם וכהנו לי והיתה להית להם משחתם
לכהנת עולם לדרתם ויעש משה ככל אשר צוה יהוה
אתו כן עשה ויהי בחדש הראשון בשנה
השנית באחד לחדש הוקם המשכן ויקם משה את
המשכן ויתן את אדניו וישם את קרשיו ויתן את בריחיו
ויקם את עמודיו ויפרש את האהל על המשכן וישם
את מכסה האהל עליו מלמעלה כאשר צוה יהוה את
משה ויקח ויתן את העדת אל הארן וישם
את הבדים על הארן ויתן את הכפרת על הארן מלמעלה
ויבא את הארן אל המשכן וישם את פרכת המסך ויסך על
ארון העדות כאשר צוה יהוה את משה ויתן
את השלחן באהל מועד על ירך המשכן צפנה מחוץ
לפרכת ויערך עליו ערך לחם לפני יהוה כאשר צוה יהוה
את משה וישם את המנרה באהל מועד
נכח השלחן על ירך המשכן נגבה ויעל הנרת לפני יהוה
כאשר צוה יהוה את משה וישם את מזבח
הזהב באהל מועד לפני הפרכת ויקטר עליו קטרת סמים
כאשר צוה יהוה את משה וישם את מסך
הפתח למשכן ואת מזבח העלה שם פתח משכן אהל
מועד ויעל עליו את העלה ואת המנחה כאשר צוה יהוה

אֶת־הַמִּשְׁכָּן וְאֶת־כָּל־אֲשֶׁר־בּוֹ וְקִדַּשְׁתָּ אֹתוֹ וְאֶת־כָּל־כֵּלָיו
י וְהָיָה קֹדֶשׁ׃ וּמָשַׁחְתָּ אֶת־מִזְבַּח הָעֹלָה וְאֶת־כָּל־כֵּלָיו וְקִדַּשְׁתָּ
יא אֶת־הַמִּזְבֵּחַ וְהָיָה הַמִּזְבֵּחַ קֹדֶשׁ קָדָשִׁים׃ וּמָשַׁחְתָּ אֶת־הַכִּיֹּר
יב וְאֶת־כַּנּוֹ וְקִדַּשְׁתָּ אֹתוֹ׃ וְהִקְרַבְתָּ אֶת־אַהֲרֹן וְאֶת־בָּנָיו אֶל־ *
יג פֶּתַח אֹהֶל מוֹעֵד וְרָחַצְתָּ אֹתָם בַּמָּיִם׃ וְהִלְבַּשְׁתָּ אֶת־אַהֲרֹן
יד אֵת בִּגְדֵי הַקֹּדֶשׁ וּמָשַׁחְתָּ אֹתוֹ וְקִדַּשְׁתָּ אֹתוֹ וְכִהֵן לִי׃ וְאֶת־
טו בָּנָיו תַּקְרִיב וְהִלְבַּשְׁתָּ אֹתָם כֻּתֳּנֹת׃ וּמָשַׁחְתָּ אֹתָם כַּאֲשֶׁר
מָשַׁחְתָּ אֶת־אֲבִיהֶם וְכִהֲנוּ לִי וְהָיְתָה לִהְיֹת לָהֶם מָשְׁחָתָם
טז לִכְהֻנַּת עוֹלָם לְדֹרֹתָם׃ וַיַּעַשׂ מֹשֶׁה כְּכֹל אֲשֶׁר צִוָּה יְהוָה
יז אֹתוֹ כֵּן עָשָׂה׃ וַיְהִי בַּחֹדֶשׁ הָרִאשׁוֹן בַּשָּׁנָה ששי
יח הַשֵּׁנִית בְּאֶחָד לַחֹדֶשׁ הוּקַם הַמִּשְׁכָּן׃ וַיָּקֶם מֹשֶׁה אֶת־
הַמִּשְׁכָּן וַיִּתֵּן אֶת־אֲדָנָיו וַיָּשֶׂם אֶת־קְרָשָׁיו וַיִּתֵּן אֶת־בְּרִיחָיו
יט וַיָּקֶם אֶת־עַמּוּדָיו׃ וַיִּפְרֹשׂ אֶת־הָאֹהֶל עַל־הַמִּשְׁכָּן וַיָּשֶׂם
אֶת־מִכְסֵה הָאֹהֶל עָלָיו מִלְמָעְלָה כַּאֲשֶׁר צִוָּה יְהוָה אֶת־
כ מֹשֶׁה׃ וַיִּקַּח וַיִּתֵּן אֶת־הָעֵדֻת אֶל־הָאָרֹן וַיָּשֶׂם *
אֶת־הַבַּדִּים עַל־הָאָרֹן וַיִּתֵּן אֶת־הַכַּפֹּרֶת עַל־הָאָרֹן מִלְמָעְלָה׃
כא וַיָּבֵא אֶת־הָאָרֹן אֶל־הַמִּשְׁכָּן וַיָּשֶׂם אֵת פָּרֹכֶת הַמָּסָךְ וַיָּסֶךְ עַל
כב אֲרוֹן הָעֵדוּת כַּאֲשֶׁר צִוָּה יְהוָה אֶת־מֹשֶׁה׃ וַיִּתֵּן
אֶת־הַשֻּׁלְחָן בְּאֹהֶל מוֹעֵד עַל יֶרֶךְ הַמִּשְׁכָּן צָפֹנָה מִחוּץ
כג לַפָּרֹכֶת׃ וַיַּעֲרֹךְ עָלָיו עֵרֶךְ לֶחֶם לִפְנֵי יְהוָה כַּאֲשֶׁר צִוָּה יְהוָה
כד אֶת־מֹשֶׁה׃ וַיָּשֶׂם אֶת־הַמְּנֹרָה בְּאֹהֶל מוֹעֵד *
כה נֹכַח הַשֻּׁלְחָן עַל יֶרֶךְ הַמִּשְׁכָּן נֶגְבָּה׃ וַיַּעַל הַנֵּרֹת לִפְנֵי יְהוָה
כו כַּאֲשֶׁר צִוָּה יְהוָה אֶת־מֹשֶׁה׃ וַיָּשֶׂם אֶת־מִזְבַּח
כז הַזָּהָב בְּאֹהֶל מוֹעֵד לִפְנֵי הַפָּרֹכֶת׃ וַיַּקְטֵר עָלָיו קְטֹרֶת סַמִּים
כח כַּאֲשֶׁר צִוָּה יְהוָה אֶת־מֹשֶׁה׃ וַיָּשֶׂם אֶת־מָסַךְ שביעי
כט הַפֶּתַח לַמִּשְׁכָּן׃ וְאֵת מִזְבַּח הָעֹלָה שָׂם פֶּתַח מִשְׁכַּן אֹהֶל־
מוֹעֵד וַיַּעַל עָלָיו אֶת־הָעֹלָה וְאֶת־הַמִּנְחָה כַּאֲשֶׁר צִוָּה יְהוָה

מועד ויעשו בני ישראל ככל אשר צוה יהוה את משה כן
עשו
ויביאו את המשכן אל משה את האהל ואת כל כליו
קרסיו קרשיו בריחו ועמדיו ואדניו ואת מכסה עורת האילם
המאדמים ואת מכסה ערת התחשים ואת פרכת המסך
את ארון העדת ואת בדיו ואת הכפרת את השלחן את
כל כליו ואת לחם הפנים את המנרה הטהרה את נרתיה
נרת המערכה ואת כל כליה ואת שמן המאור ואת מזבח
הזהב ואת שמן המשחה ואת קטרת הסמים ואת מסך
פתח האהל את מזבח הנחשת ואת מכבר הנחשת אשר
לו את בדיו ואת כל כליו את הכיר ואת כנו את קלעי
החצר את עמדיה ואת אדניה ואת המסך לשער החצר
את מיתריו ויתדתיה ואת כל כלי עבדת המשכן לאהל
מועד את בגדי השרד לשרת בקדש את בגדי הקדש
לאהרן הכהן ואת בגדי בניו לכהן ככל אשר צוה יהוה
את משה כן עשו בני ישראל את כל העבדה וירא משה
את כל המלאכה והנה עשו אתה כאשר צוה יהוה כן עשו
ויברך אתם משה
וידבר יהוה אל משה לאמר ביום החדש הראשון באחד
לחדש תקים את משכן אהל מועד ושמת שם את ארון
העדות וסכת על הארן את הפרכת והבאת את השלחן
וערכת את ערכו והבאת את המנרה והעלית את נרתיה
ונתתה את מזבח הזהב לקטרת לפני ארון העדת ושמת
את מסך הפתח למשכן ונתתה את מזבח העלה לפני
פתח משכן אהל מועד ונתת את הכיר בין אהל מועד
ובין המזבח ונתת שם מים ושמת את החצר סביב ונתת
את מסך שער החצר ולקחת את שמן המשחה ומשחת

מוֹעֵד וַיַּעֲשׂוּ בְּנֵי יִשְׂרָאֵל כְּכֹל אֲשֶׁר צִוָּה יְהֹוָה אֶת־מֹשֶׁה כֵּן עָשׂוּ:

לג וַיָּבִיאוּ אֶת־הַמִּשְׁכָּן אֶל־מֹשֶׁה אֶת־הָאֹהֶל וְאֶת־כָּל־כֵּלָיו רביעי כט

לד קְרָסָיו קְרָשָׁיו בְּרִיחָו וְעַמֻּדָיו וַאֲדָנָיו: וְאֶת־מִכְסֵה עוֹרֹת הָאֵילִם הַמְאָדָּמִים וְאֶת־מִכְסֵה עֹרֹת הַתְּחָשִׁים וְאֵת פָּרֹכֶת הַמָּסָךְ:

לה אֶת־אֲרוֹן הָעֵדֻת וְאֶת־בַּדָּיו וְאֵת הַכַּפֹּרֶת: אֶת־הַשֻּׁלְחָן אֶת־

לו כָּל־כֵּלָיו וְאֵת לֶחֶם הַפָּנִים: אֶת־הַמְּנֹרָה הַטְּהֹרָה אֶת־נֵרֹתֶיהָ

לז נֵרֹת הַמַּעֲרָכָה וְאֶת־כָּל־כֵּלֶיהָ וְאֵת שֶׁמֶן הַמָּאוֹר: וְאֵת מִזְבַּח

לח הַזָּהָב וְאֵת שֶׁמֶן הַמִּשְׁחָה וְאֵת קְטֹרֶת הַסַּמִּים וְאֵת מָסַךְ פֶּתַח הָאֹהֶל: אֵת ׀ מִזְבַּח הַנְּחֹשֶׁת וְאֶת־מִכְבַּר הַנְּחֹשֶׁת אֲשֶׁר־ ★

לט לוֹ אֶת־בַּדָּיו וְאֶת־כָּל־כֵּלָיו אֶת־הַכִּיֹּר וְאֶת־כַּנּוֹ: אֵת קַלְעֵי

מ הֶחָצֵר אֶת־עַמֻּדֶיהָ וְאֶת־אֲדָנֶיהָ וְאֶת־הַמָּסָךְ לְשַׁעַר הֶחָצֵר אֶת־מֵיתָרָיו וִיתֵדֹתֶיהָ וְאֵת כָּל־כְּלֵי עֲבֹדַת הַמִּשְׁכָּן לְאֹהֶל

מא מוֹעֵד: אֶת־בִּגְדֵי הַשְּׂרָד לְשָׁרֵת בַּקֹּדֶשׁ אֶת־בִּגְדֵי הַקֹּדֶשׁ

מב לְאַהֲרֹן הַכֹּהֵן וְאֶת־בִּגְדֵי בָנָיו לְכַהֵן: כְּכֹל אֲשֶׁר־צִוָּה יְהֹוָה

מג אֶת־מֹשֶׁה כֵּן עָשׂוּ בְּנֵי יִשְׂרָאֵל אֵת כָּל־הָעֲבֹדָה: וַיַּרְא מֹשֶׁה אֶת־כָּל־הַמְּלָאכָה וְהִנֵּה עָשׂוּ אֹתָהּ כַּאֲשֶׁר צִוָּה יְהֹוָה כֵּן עָשׂוּ וַיְבָרֶךְ אֹתָם מֹשֶׁה:

מ א וַיְדַבֵּר יְהֹוָה אֶל־מֹשֶׁה לֵּאמֹר: בְּיוֹם־הַחֹדֶשׁ הָרִאשׁוֹן בְּאֶחָד חמישי /שביעי/

ג לַחֹדֶשׁ תָּקִים אֶת־מִשְׁכַּן אֹהֶל מוֹעֵד: וְשַׂמְתָּ שָׁם אֵת אֲרוֹן

ד הָעֵדוּת וְסַכֹּתָ עַל־הָאָרֹן אֶת־הַפָּרֹכֶת: וְהֵבֵאתָ אֶת־הַשֻּׁלְחָן וְעָרַכְתָּ אֶת־עֶרְכּוֹ וְהֵבֵאתָ אֶת־הַמְּנֹרָה וְהַעֲלֵיתָ אֶת־נֵרֹתֶיהָ:

ה וְנָתַתָּה אֶת־מִזְבַּח הַזָּהָב לִקְטֹרֶת לִפְנֵי אֲרוֹן הָעֵדֻת וְשַׂמְתָּ

ו אֶת־מָסַךְ הַפֶּתַח לַמִּשְׁכָּן: וְנָתַתָּה אֵת מִזְבַּח הָעֹלָה לִפְנֵי

ז פֶּתַח מִשְׁכַּן אֹהֶל־מוֹעֵד: וְנָתַתָּ אֶת־הַכִּיֹּר בֵּין־אֹהֶל מוֹעֵד

ח וּבֵין הַמִּזְבֵּחַ וְנָתַתָּ שָׁם מָיִם: וְשַׂמְתָּ אֶת־הֶחָצֵר סָבִיב וְנָתַתָּ

ט אֶת־מָסַךְ שַׁעַר הֶחָצֵר: וְלָקַחְתָּ אֶת־שֶׁמֶן הַמִּשְׁחָה וּמָשַׁחְתָּ ★

פתוחי חתם איש על שמו לשנים עשר שבט ויעשו על
החשן שרשרת גבלת מעשה עבת זהב טהור ויעשו שתי
משבצת זהב ושתי טבעת זהב ויתנו את שתי הטבעת
על שני קצות החשן ויתנו שתי העבתת הזהב על שתי
הטבעת על קצות החשן ואת שתי קצות שתי העבתת
נתנו על שתי המשבצת ויתנם על כתפת האפד אל מול
פניו ויעשו שתי טבעת זהב וישימו על שני קצות החשן
על שפתו אשר אל עבר האפד ביתה ויעשו שתי טבעת
זהב ויתנם על שתי כתפת האפד מלמטה ממול פניו
לעמת מחברתו ממעל לחשב האפד וירכסו את החשן
מטבעתיו אל טבעת האפד בפתיל תכלת להית על
חשב האפד ולא יזח החשן מעל האפד כאשר צוה יהוה
את משה

ויעש את מעיל האפד מעשה ארג כליל תכלת ופי המעיל
בתוכו כפי תחרא שפה לפיו סביב לא יקרע ויעשו על
שולי המעיל רמוני תכלת וארגמן ותולעת שני משזר
ויעשו פעמני זהב טהור ויתנו את הפעמנים בתוך הרמנים
על שולי המעיל סביב בתוך הרמנים פעמן ורמן פעמן
ורמן על שולי המעיל סביב לשרת כאשר צוה יהוה את
משה ויעשו את הכתנת שש מעשה ארג
לאהרן ולבניו ואת המצנפת שש ואת פארי המגבעת שש
ואת מכנסי הבד שש משזר ואת האבנט שש משזר ותכלת
וארגמן ותולעת שני מעשה רקם כאשר צוה יהוה את
משה ויעשו את ציץ נזר הקדש זהב טהור
ויכתבו עליו מכתב פתוחי חותם קדש ליהוה ויתנו עליו
פתיל תכלת לתת על המצנפת מלמעלה כאשר צוה יהוה
את משה ותכל כל עבדת משכן אהל

טו פִּתּוּחֵי חוֹתָם אִישׁ עַל־שְׁמוֹ לִשְׁנֵים עָשָׂר שָׁבֶט׃ וַיַּעֲשׂוּ עַל־ ★
טז הַחֹשֶׁן שַׁרְשְׁרֹת גַּבְלֻת מַעֲשֵׂה עֲבֹת זָהָב טָהוֹר׃ וַיַּעֲשׂוּ שְׁתֵּי
מִשְׁבְּצֹת זָהָב וּשְׁתֵּי טַבְּעֹת זָהָב וַיִּתְּנוּ אֶת־שְׁתֵּי הַטַּבָּעֹת
יז עַל־שְׁנֵי קְצוֹת הַחֹשֶׁן׃ וַיִּתְּנוּ שְׁתֵּי הָעֲבֹתֹת הַזָּהָב עַל־שְׁתֵּי
יח הַטַּבָּעֹת עַל־קְצוֹת הַחֹשֶׁן׃ וְאֵת שְׁתֵּי קְצוֹת שְׁתֵּי הָעֲבֹתֹת
נָתְנוּ עַל־שְׁתֵּי הַמִּשְׁבְּצֹת וַיִּתְּנֻם עַל־כִּתְפֹת הָאֵפֹד אֶל־מוּל
יט פָּנָיו׃ וַיַּעֲשׂוּ שְׁתֵּי טַבְּעֹת זָהָב וַיָּשִׂימוּ עַל־שְׁנֵי קְצוֹת הַחֹשֶׁן ★
כ עַל־שְׂפָתוֹ אֲשֶׁר אֶל־עֵבֶר הָאֵפֹד בָּיְתָה׃ וַיַּעֲשׂוּ שְׁתֵּי טַבְּעֹת
זָהָב וַיִּתְּנֻם עַל־שְׁתֵּי כִתְפֹת הָאֵפֹד מִלְּמַטָּה מִמּוּל פָּנָיו
כא לְעֻמַּת מַחְבַּרְתּוֹ מִמַּעַל לְחֵשֶׁב הָאֵפֹד׃ וַיִּרְכְּסוּ אֶת־הַחֹשֶׁן
מִטַּבְּעֹתָיו אֶל־טַבְּעֹת הָאֵפֹד בִּפְתִיל תְּכֵלֶת לִהְיֹת עַל־
חֵשֶׁב הָאֵפֹד וְלֹא־יִזַּח הַחֹשֶׁן מֵעַל הָאֵפֹד כַּאֲשֶׁר צִוָּה יְהוָה
אֶת־מֹשֶׁה׃
כב כג וַיַּעַשׂ אֶת־מְעִיל הָאֵפֹד מַעֲשֵׂה אֹרֵג כְּלִיל תְּכֵלֶת׃ וּפִי־הַמְּעִיל שלישי /ששי/
כד בְּתוֹכוֹ כְּפִי תַחְרָא שָׂפָה לְפִיו סָבִיב לֹא יִקָּרֵעַ׃ וַיַּעֲשׂוּ עַל־
שׁוּלֵי הַמְּעִיל רִמּוֹנֵי תְּכֵלֶת וְאַרְגָּמָן וְתוֹלַעַת שָׁנִי מָשְׁזָר׃
כה וַיַּעֲשׂוּ פַעֲמֹנֵי זָהָב טָהוֹר וַיִּתְּנוּ אֶת־הַפַּעֲמֹנִים בְּתוֹךְ הָרִמֹּנִים
כו עַל־שׁוּלֵי הַמְּעִיל סָבִיב בְּתוֹךְ הָרִמֹּנִים׃ פַּעֲמֹן וְרִמֹּן פַּעֲמֹן
וְרִמֹּן עַל־שׁוּלֵי הַמְּעִיל סָבִיב לְשָׁרֵת כַּאֲשֶׁר צִוָּה יְהוָה אֶת־
כז מֹשֶׁה׃ וַיַּעֲשׂוּ אֶת־הַכָּתְנֹת שֵׁשׁ מַעֲשֵׂה אֹרֵג ★
כח לְאַהֲרֹן וּלְבָנָיו׃ וְאֵת הַמִּצְנֶפֶת שֵׁשׁ וְאֶת־פַּאֲרֵי הַמִּגְבָּעֹת שֵׁשׁ
כט וְאֶת־מִכְנְסֵי הַבָּד שֵׁשׁ מָשְׁזָר׃ וְאֶת־הָאַבְנֵט שֵׁשׁ מָשְׁזָר וּתְכֵלֶת
וְאַרְגָּמָן וְתוֹלַעַת שָׁנִי מַעֲשֵׂה רֹקֵם כַּאֲשֶׁר צִוָּה יְהוָה אֶת־
ל מֹשֶׁה׃ וַיַּעֲשׂוּ אֶת־צִיץ נֵזֶר־הַקֹּדֶשׁ זָהָב טָהוֹר ★
לא וַיִּכְתְּבוּ עָלָיו מִכְתַּב פִּתּוּחֵי חוֹתָם קֹדֶשׁ לַיהוָה׃ וַיִּתְּנוּ עָלָיו
פְּתִיל תְּכֵלֶת לָתֵת עַל־הַמִּצְנֶפֶת מִלְמָעְלָה כַּאֲשֶׁר צִוָּה יְהוָה
לב אֶת־מֹשֶׁה׃ וַתֵּכֶל כָּל־עֲבֹדַת מִשְׁכַּן אֹהֶל

את אדני הקדש ואת אדני הפרכת מאת אדנים למאת
הככר ככר לאדן ואת האלף ושבע המאות וחמשה ושבעים
עשה ווים לעמודים וצפה ראשיהם וחשק אתם ונחשת
התנופה שבעים ככר ואלפים וארבע מאות שקל ויעש
בה את אדני פתח אהל מועד ואת מזבח הנחשת ואת
מכבר הנחשת אשר לו ואת כל כלי המזבח ואת אדני
החצר סביב ואת אדני שער החצר ואת כל יתדת המשכן
ואת כל יתדת החצר סביב ומן התכלת והארגמן ותולעת
השני עשו בגדי שרד לשרת בקדש ויעשו את בגדי הקדש
אשר לאהרן כאשר צוה יהוה את משה

ויעש את האפד זהב תכלת וארגמן ותולעת שני ושש
משזר וירקעו את פחי הזהב וקצץ פתילם לעשות בתוך
התכלת ובתוך הארגמן ובתוך תולעת השני ובתוך השש
מעשה חשב כתפת עשו לו חברת על שני קצוותו חבר
וחשב אפדתו אשר עליו ממנו הוא כמעשהו זהב תכלת
וארגמן ותולעת שני ושש משזר כאשר צוה יהוה את
משה ויעשו את אבני השהם מסבת משבצת
זהב מפתחת פתוחי חותם על שמות בני ישראל וישם
אתם על כתפת האפד אבני זכרון לבני ישראל כאשר צוה
יהוה את משה

ויעש את החשן מעשה חשב כמעשה אפד זהב תכלת
וארגמן ותולעת שני ושש משזר רבוע היה כפול עשו את
החשן זרת ארכו וזרת רחבו כפול וימלאו בו ארבעה טורי
אבן טור אדם פטדה וברקת הטור האחד והטור השני נפך
ספיר ויהלם והטור השלישי לשם שבו ואחלמה והטור
הרביעי תרשיש שהם וישפה מוסבת משבצת זהב במלאתם
והאבנים על שמת בני ישראל הנה שתים עשרה על שמתם

אֵת אַדְנֵי הַקֹּדֶשׁ וְאֵת אַדְנֵי הַפָּרֹכֶת מְאַת אֲדָנִים לִמְאַת
כח הַכִּכָּר כִּכָּר לָאָדֶן׃ וְאֶת־הָאֶלֶף וּשְׁבַע הַמֵּאוֹת וַחֲמִשָּׁה וְשִׁבְעִים
כט עָשָׂה וָוִים לָעַמּוּדִים וְצִפָּה רָאשֵׁיהֶם וְחִשַּׁק אֹתָם׃ וּנְחֹשֶׁת
ל הַתְּנוּפָה שִׁבְעִים כִּכָּר וְאַלְפַּיִם וְאַרְבַּע־מֵאוֹת שָׁקֶל׃ וַיַּעַשׂ
בָּהּ אֶת־אַדְנֵי פֶּתַח אֹהֶל מוֹעֵד וְאֵת מִזְבַּח הַנְּחֹשֶׁת וְאֶת־
לא מִכְבַּר הַנְּחֹשֶׁת אֲשֶׁר־לוֹ וְאֵת כָּל־כְּלֵי הַמִּזְבֵּחַ׃ וְאֶת־אַדְנֵי
הֶחָצֵר סָבִיב וְאֶת־אַדְנֵי שַׁעַר הֶחָצֵר וְאֵת כָּל־יִתְדֹת הַמִּשְׁכָּן
לט א וְאֶת־כָּל־יִתְדֹת הֶחָצֵר סָבִיב׃ וּמִן־הַתְּכֵלֶת וְהָאַרְגָּמָן וְתוֹלַעַת
הַשָּׁנִי עָשׂוּ בִגְדֵי־שְׂרָד לְשָׁרֵת בַּקֹּדֶשׁ וַיַּעֲשׂוּ אֶת־בִּגְדֵי הַקֹּדֶשׁ
אֲשֶׁר לְאַהֲרֹן כַּאֲשֶׁר צִוָּה יְהוָה אֶת־מֹשֶׁה׃
ב וַיַּעַשׂ אֶת־הָאֵפֹד זָהָב תְּכֵלֶת וְאַרְגָּמָן וְתוֹלַעַת שָׁנִי וְשֵׁשׁ
ג מָשְׁזָר׃ וַיְרַקְּעוּ אֶת־פַּחֵי הַזָּהָב וְקִצֵּץ פְּתִילִם לַעֲשׂוֹת בְּתוֹךְ
הַתְּכֵלֶת וּבְתוֹךְ הָאַרְגָּמָן וּבְתוֹךְ תּוֹלַעַת הַשָּׁנִי וּבְתוֹךְ הַשֵּׁשׁ
ד מַעֲשֵׂה חֹשֵׁב׃ כְּתֵפֹת עָשׂוּ־לוֹ חֹבְרֹת עַל־שְׁנֵי קצוותו חֻבָּר׃ (קְצוֹתָיו)
ה וְחֵשֶׁב אֲפֻדָּתוֹ אֲשֶׁר עָלָיו מִמֶּנּוּ הוּא כְּמַעֲשֵׂהוּ זָהָב תְּכֵלֶת
וְאַרְגָּמָן וְתוֹלַעַת שָׁנִי וְשֵׁשׁ מָשְׁזָר כַּאֲשֶׁר צִוָּה יְהוָה אֶת־
ו מֹשֶׁה׃ וַיַּעֲשׂוּ אֶת־אַבְנֵי הַשֹּׁהַם מֻסַבֹּת מִשְׁבְּצֹת
ז זָהָב מְפֻתָּחֹת פִּתּוּחֵי חוֹתָם עַל־שְׁמוֹת בְּנֵי יִשְׂרָאֵל׃ וַיָּשֶׂם
אֹתָם עַל כִּתְפֹת הָאֵפֹד אַבְנֵי זִכָּרוֹן לִבְנֵי יִשְׂרָאֵל כַּאֲשֶׁר צִוָּה
יְהוָה אֶת־מֹשֶׁה׃
ח וַיַּעַשׂ אֶת־הַחֹשֶׁן מַעֲשֵׂה חֹשֵׁב כְּמַעֲשֵׂה אֵפֹד זָהָב תְּכֵלֶת
ט וְאַרְגָּמָן וְתוֹלַעַת שָׁנִי וְשֵׁשׁ מָשְׁזָר׃ רָבוּעַ הָיָה כָּפוּל עָשׂוּ אֶת־
י הַחֹשֶׁן זֶרֶת אָרְכּוֹ וְזֶרֶת רָחְבּוֹ כָּפוּל׃ וַיְמַלְאוּ־בוֹ אַרְבָּעָה טוּרֵי
יא אָבֶן טוּר אֹדֶם פִּטְדָה וּבָרֶקֶת הַטּוּר הָאֶחָד׃ וְהַטּוּר הַשֵּׁנִי נֹפֶךְ
יב יג סַפִּיר וְיָהֲלֹם׃ וְהַטּוּר הַשְּׁלִישִׁי לֶשֶׁם שְׁבוֹ וְאַחְלָמָה׃ וְהַטּוּר
הָרְבִיעִי תַּרְשִׁישׁ שֹׁהַם וְיָשְׁפֵה מוּסַבֹּת מִשְׁבְּצֹת זָהָב בְּמִלֻּאֹתָם׃
יד וְהָאֲבָנִים עַל־שְׁמֹת בְּנֵי־יִשְׂרָאֵל הֵנָּה שְׁתֵּים עֶשְׂרֵה עַל־שְׁמֹתָם

באמה עמודיהם עשרים ואדניהם עשרים נחשת ווי העמודים
וחשקיהם כסף ולפאת צפון מאה באמה עמודיהם עשרים
ואדניהם עשרים נחשת ווי העמודים וחשקיהם כסף ולפאת
ים קלעים חמשים באמה עמודיהם עשרה ואדניהם עשרה
ווי העמדים וחשוקיהם כסף ולפאת קדמה מזרחה חמשים
אמה קלעים חמש עשרה אמה אל הכתף עמודיהם שלשה
ואדניהם שלשה ולכתף השנית מזה ומזה לשער החצר
קלעים חמש עשרה אמה עמדיהם שלשה ואדניהם שלשה
כל קלעי החצר סביב שש משזר והאדנים לעמדים נחשת
ווי העמודים וחשוקיהם כסף וצפוי ראשיהם כסף והם
מחשקים כסף כל עמדי החצר ומסך שער החצר מעשה
רקם תכלת וארגמן ותולעת שני ושש משזר ועשרים
אמה ארך וקומה ברחב חמש אמות לעמת קלעי החצר
ועמדיהם ארבעה ואדניהם ארבעה נחשת וויהם כסף וצפוי
ראשיהם וחשקיהם כסף וכל היתדת למשכן ולחצר סביב
נחשת אלה פקודי המשכן משכן העדת
אשר פקד על פי משה עבדת הלוים ביד איתמר בן אהרן
הכהן ובצלאל בן אורי בן חור למטה יהודה עשה את
כל אשר צוה יהוה את משה ואתו אהליאב בן אחיסמך
למטה דן חרש וחשב ורקם בתכלת ובארגמן ובתולעת
השני ובשש כל הזהב העשוי למלאכה בכל
מלאכת הקדש ויהי זהב התנופה תשע ועשרים ככר ושבע
מאות ושלשים שקל בשקל הקדש וכסף פקודי העדה מאת
ככר ואלף ושבע מאות וחמשה ושבעים שקל בשקל הקדש
בקע לגלגלת מחצית השקל בשקל הקדש לכל העבר על
הפקדים מבן עשרים שנה ומעלה לשש מאות אלף ושלשת
אלפים וחמש מאות וחמשים ויהי מאת ככר הכסף לצקת

י בָּאַמָּה: עַמּוּדֵיהֶם עֶשְׂרִים וְאַדְנֵיהֶם עֶשְׂרִים נְחֹשֶׁת וָוֵי הָעַמֻּדִים

יא וַחֲשֻׁקֵיהֶם כָּסֶף: וְלִפְאַת צָפוֹן מֵאָה בָאַמָּה עַמּוּדֵיהֶם עֶשְׂרִים

יב וְאַדְנֵיהֶם עֶשְׂרִים נְחֹשֶׁת וָוֵי הָעַמּוּדִים וַחֲשֻׁקֵיהֶם כָּסֶף: וְלִפְאַת־יָם קְלָעִים חֲמִשִּׁים בָּאַמָּה עַמּוּדֵיהֶם עֲשָׂרָה וְאַדְנֵיהֶם עֲשָׂרָה

יג וָוֵי הָעַמֻּדִים וַחֲשׁוּקֵיהֶם כָּסֶף: וְלִפְאַת קֵדְמָה מִזְרָחָה חֲמִשִּׁים

יד אַמָּה: קְלָעִים חֲמֵשׁ־עֶשְׂרֵה אַמָּה אֶל־הַכָּתֵף עַמֻּדֵיהֶם שְׁלֹשָׁה

טו וְאַדְנֵיהֶם שְׁלֹשָׁה: וְלַכָּתֵף הַשֵּׁנִית מִזֶּה וּמִזֶּה לְשַׁעַר הֶחָצֵר קְלָעִים חֲמֵשׁ עֶשְׂרֵה אַמָּה עַמֻּדֵיהֶם שְׁלֹשָׁה וְאַדְנֵיהֶם שְׁלֹשָׁה:

טז כָּל־קַלְעֵי הֶחָצֵר סָבִיב שֵׁשׁ מָשְׁזָר: וְהָאֲדָנִים לָעַמֻּדִים נְחֹשֶׁת וָוֵי הָעַמּוּדִים וַחֲשׁוּקֵיהֶם כֶּסֶף וְצִפּוּי רָאשֵׁיהֶם כֶּסֶף וְהֵם

יח מְחֻשָּׁקִים כֶּסֶף כֹּל עַמֻּדֵי הֶחָצֵר: וּמָסַךְ שַׁעַר הֶחָצֵר מַעֲשֵׂה רֹקֵם תְּכֵלֶת וְאַרְגָּמָן וְתוֹלַעַת שָׁנִי וְשֵׁשׁ מָשְׁזָר וְעֶשְׂרִים אַמָּה אֹרֶךְ וְקוֹמָה בְרֹחַב חָמֵשׁ אַמּוֹת לְעֻמַּת קַלְעֵי הֶחָצֵר:

יט וְעַמֻּדֵיהֶם אַרְבָּעָה וְאַדְנֵיהֶם אַרְבָּעָה נְחֹשֶׁת וָוֵיהֶם כֶּסֶף וְצִפּוּי

כ רָאשֵׁיהֶם וַחֲשֻׁקֵיהֶם כָּסֶף: וְכָל־הַיְתֵדֹת לַמִּשְׁכָּן וְלֶחָצֵר סָבִיב

כא נְחֹשֶׁת: אֵלֶּה פְקוּדֵי הַמִּשְׁכָּן מִשְׁכַּן הָעֵדֻת כח פקו אֲשֶׁר פֻּקַּד עַל־פִּי מֹשֶׁה עֲבֹדַת הַלְוִיִּם בְּיַד אִיתָמָר בֶּן־אַהֲרֹן

כב הַכֹּהֵן: וּבְצַלְאֵל בֶּן־אוּרִי בֶן־חוּר לְמַטֵּה יְהוּדָה עָשָׂה אֵת

כג כָּל־אֲשֶׁר־צִוָּה יְהוָה אֶת־מֹשֶׁה: וְאִתּוֹ אָהֳלִיאָב בֶּן־אֲחִיסָמָךְ לְמַטֵּה־דָן חָרָשׁ וְחֹשֵׁב וְרֹקֵם בַּתְּכֵלֶת וּבָאַרְגָּמָן וּבְתוֹלַעַת

כד הַשָּׁנִי וּבַשֵּׁשׁ: כָּל־הַזָּהָב הֶעָשׂוּי לַמְּלָאכָה בְּכֹל מְלֶאכֶת הַקֹּדֶשׁ וַיְהִי זְהַב הַתְּנוּפָה תֵּשַׁע וְעֶשְׂרִים כִּכָּר וּשְׁבַע

כה מֵאוֹת וּשְׁלֹשִׁים שֶׁקֶל בְּשֶׁקֶל הַקֹּדֶשׁ: וְכֶסֶף פְּקוּדֵי הָעֵדָה מְאַת כִּכָּר וְאֶלֶף וּשְׁבַע מֵאוֹת וַחֲמִשָּׁה וְשִׁבְעִים שֶׁקֶל בְּשֶׁקֶל הַקֹּדֶשׁ:

כו בֶּקַע לַגֻּלְגֹּלֶת מַחֲצִית הַשֶּׁקֶל בְּשֶׁקֶל הַקֹּדֶשׁ לְכֹל הָעֹבֵר עַל־הַפְּקֻדִים מִבֶּן עֶשְׂרִים שָׁנָה וָמַעְלָה לְשֵׁשׁ־מֵאוֹת אֶלֶף וּשְׁלֹשֶׁת

כז אֲלָפִים וַחֲמֵשׁ מֵאוֹת וַחֲמִשִּׁים: וַיְהִי מְאַת כִּכַּר הַכֶּסֶף לָצֶקֶת

לששת הקנים היצאים מן המנרה ובמנרה ארבעה גבעים
משקדים כפתריה ופרחיה וכפתר תחת שני הקנים ממנה
וכפתר תחת שני הקנים ממנה וכפתר תחת שני הקנים ממנה
לששת הקנים היצאים ממנה כפתריהם וקנתם ממנה היו
כלה מקשה אחת זהב טהור ויעש את נרתיה שבעה
ומלקחיה ומחתתיה זהב טהור ככר זהב טהור עשה אתה
ואת כל כליה

ויעש את מזבח הקטרת עצי שטים אמה ארכו ואמה רחבו
רבוע ואמתים קמתו ממנו היו קרנתיו ויצף אתו זהב
טהור את גגו ואת קירתיו סביב ואת קרנתיו ויעש לו
זר זהב סביב ושתי טבעת זהב עשה לו מתחת לזרו
על שתי צלעתיו על שני צדיו לבתים לבדים לשאת אתו
בהם ויעש את הבדים עצי שטים ויצף אתם זהב ויעש
את שמן המשחה קדש ואת קטרת הסמים טהור מעשה
רקח ויעש את מזבח העלה עצי שטים חמש
אמות ארכו וחמש אמות רחבו רבוע ושלש אמות קמתו
ויעש קרנתיו על ארבע פנתיו ממנו היו קרנתיו ויצף אתו
נחשת ויעש את כל כלי המזבח את הסירת ואת היעים
ואת המזרקת את המזלגת ואת המחתת כל כליו עשה
נחשת ויעש למזבח מכבר מעשה רשת נחשת תחת
כרכבו מלמטה עד חציו ויצק ארבע טבעת בארבע
הקצות למכבר הנחשת בתים לבדים ויעש את הבדים
עצי שטים ויצף אתם נחשת ויבא את הבדים בטבעת
על צלעת המזבח לשאת אתו בהם נבוב לחת עשה
אתו ויעש את הכיור נחשת ואת כנו נחשת במראת
הצבאת אשר צבאו פתח אהל מועד ויעש
את החצר לפאת נגב תימנה קלעי החצר שש משזר מאה

כ לְשֵׁשֶׁת הַקָּנִים הַיֹּצְאִים מִן־הַמְּנֹרָה׃ וּבַמְּנֹרָה אַרְבָּעָה גְבִעִים ★
כא מְשֻׁקָּדִים כַּפְתֹּרֶיהָ וּפְרָחֶיהָ׃ וְכַפְתֹּר תַּחַת שְׁנֵי הַקָּנִים מִמֶּנָּה
וְכַפְתֹּר תַּחַת שְׁנֵי הַקָּנִים מִמֶּנָּה וְכַפְתֹּר תַּחַת־שְׁנֵי הַקָּנִים מִמֶּנָּה
כב לְשֵׁשֶׁת הַקָּנִים הַיֹּצְאִים מִמֶּנָּה׃ כַּפְתֹּרֵיהֶם וּקְנֹתָם מִמֶּנָּה הָיוּ
כג כֻּלָּהּ מִקְשָׁה אַחַת זָהָב טָהוֹר׃ וַיַּעַשׂ אֶת־נֵרֹתֶיהָ שִׁבְעָה
כד וּמַלְקָחֶיהָ וּמַחְתֹּתֶיהָ זָהָב טָהוֹר׃ כִּכַּר זָהָב טָהוֹר עָשָׂה אֹתָהּ
וְאֵת כָּל־כֵּלֶיהָ׃
כה וַיַּעַשׂ אֶת־מִזְבַּח הַקְּטֹרֶת עֲצֵי שִׁטִּים אַמָּה אָרְכּוֹ וְאַמָּה רָחְבּוֹ ★
כו רָבוּעַ וְאַמָּתַיִם קֹמָתוֹ מִמֶּנּוּ הָיוּ קַרְנֹתָיו׃ וַיְצַף אֹתוֹ זָהָב
טָהוֹר אֶת־גַּגּוֹ וְאֶת־קִירֹתָיו סָבִיב וְאֶת־קַרְנֹתָיו וַיַּעַשׂ לוֹ
כז זֵר זָהָב סָבִיב׃ וּשְׁתֵּי טַבְּעֹת זָהָב עָשָׂה־לוֹ ׀ מִתַּחַת לְזֵרוֹ
עַל שְׁתֵּי צַלְעֹתָיו עַל שְׁנֵי צִדָּיו לְבָתִּים לְבַדִּים לָשֵׂאת אֹתוֹ
כח כט בָּהֶם׃ וַיַּעַשׂ אֶת־הַבַּדִּים עֲצֵי שִׁטִּים וַיְצַף אֹתָם זָהָב׃ וַיַּעַשׂ
אֶת־שֶׁמֶן הַמִּשְׁחָה קֹדֶשׁ וְאֶת־קְטֹרֶת הַסַּמִּים טָהוֹר מַעֲשֵׂה
לח א רֹקֵחַ׃ וַיַּעַשׂ אֶת־מִזְבַּח הָעֹלָה עֲצֵי שִׁטִּים חָמֵשׁ שביעי /רביעי/
אַמּוֹת אָרְכּוֹ וְחָמֵשׁ־אַמּוֹת רָחְבּוֹ רָבוּעַ וְשָׁלֹשׁ אַמּוֹת קֹמָתוֹ׃
ב וַיַּעַשׂ קַרְנֹתָיו עַל אַרְבַּע פִּנֹּתָיו מִמֶּנּוּ הָיוּ קַרְנֹתָיו וַיְצַף אֹתוֹ
ג נְחֹשֶׁת׃ וַיַּעַשׂ אֶת־כָּל־כְּלֵי הַמִּזְבֵּחַ אֶת־הַסִּירֹת וְאֶת־הַיָּעִים
וְאֶת־הַמִּזְרָקֹת אֶת־הַמִּזְלָגֹת וְאֶת־הַמַּחְתֹּת כָּל־כֵּלָיו עָשָׂה
ד נְחֹשֶׁת׃ וַיַּעַשׂ לַמִּזְבֵּחַ מִכְבָּר מַעֲשֵׂה רֶשֶׁת נְחֹשֶׁת תַּחַת ★
ה כַּרְכֻּבּוֹ מִלְּמַטָּה עַד־חֶצְיוֹ׃ וַיִּצֹק אַרְבַּע טַבָּעֹת בְּאַרְבַּע
ו הַקְּצָוֹת לְמִכְבַּר הַנְּחֹשֶׁת בָּתִּים לַבַּדִּים׃ וַיַּעַשׂ אֶת־הַבַּדִּים
ז עֲצֵי שִׁטִּים וַיְצַף אֹתָם נְחֹשֶׁת׃ וַיָּבֵא אֶת־הַבַּדִּים בַּטַּבָּעֹת
עַל צַלְעֹת הַמִּזְבֵּחַ לָשֵׂאת אֹתוֹ בָּהֶם נְבוּב לֻחֹת עָשָׂה
ח אֹתוֹ׃ וַיַּעַשׂ אֵת הַכִּיּוֹר נְחֹשֶׁת וְאֵת כַּנּוֹ נְחֹשֶׁת בְּמַרְאֹת
ט הַצֹּבְאֹת אֲשֶׁר צָבְאוּ פֶּתַח אֹהֶל מוֹעֵד׃ וַיַּעַשׂ ★
אֶת־הֶחָצֵר לִפְאַת ׀ נֶגֶב תֵּימָנָה קַלְעֵי הֶחָצֵר שֵׁשׁ מָשְׁזָר מֵאָה

וחשקיהם זהב ואדניהם חמשה נחשת

ויעש בצלאל את הארן עצי שטים אמתים וחצי ארכו ואמה
וחצי רחבו ואמה וחצי קמתו ויצפהו זהב טהור מבית
ומחוץ ויעש לו זר זהב סביב ויצק לו ארבע טבעת זהב
על ארבע פעמתיו ושתי טבעת על צלעו האחת ושתי טבעת
על צלעו השנית ויעש בדי עצי שטים ויצף אתם זהב
ויבא את הבדים בטבעת על צלעת הארן לשאת את
הארן ויעש כפרת זהב טהור אמתים וחצי ארכה ואמה
וחצי רחבה ויעש שני כרבים זהב מקשה עשה אתם משני
קצות הכפרת כרוב אחד מקצה מזה וכרוב אחד מקצה מזה
מן הכפרת עשה את הכרבים משני קצוותו ויהיו הכרבים
פרשי כנפים למעלה סככים בכנפיהם על הכפרת ופניהם
איש אל אחיו אל הכפרת היו פני הכרבים

ויעש את השלחן עצי שטים אמתים ארכו ואמה רחבו
ואמה וחצי קמתו ויצף אתו זהב טהור ויעש לו זר זהב
סביב ויעש לו מסגרת טפח סביב ויעש זר זהב למסגרתו
סביב ויצק לו ארבע טבעת זהב ויתן את הטבעת על
ארבע הפאת אשר לארבע רגליו לעמת המסגרת היו
הטבעת בתים לבדים לשאת את השלחן ויעש את הבדים
עצי שטים ויצף אתם זהב לשאת את השלחן ויעש את
הכלים אשר על השלחן את קערתיו ואת כפתיו ואת
מנקיתיו ואת הקשות אשר יסך בהן זהב טהור

ויעש את המנרה זהב טהור מקשה עשה את המנרה ירכה
וקנה גביעיה כפתריה ופרחיה ממנה היו וששה קנים יצאים
מצדיה שלשה קני מנרה מצדה האחד ושלשה קני מנרה
מצדה השני שלשה גבעים משקדים בקנה האחד כפתר
ופרח ושלשה גבעים משקדים בקנה אחד כפתר ופרח כן

וַחֲשֻׁקֵיהֶם זָהָב וְאַדְנֵיהֶם חֲמִשָּׁה נְחֹשֶׁת:

כז ★ לו א וַיַּעַשׂ בְּצַלְאֵל אֶת־הָאָרֹן עֲצֵי שִׁטִּים אַמָּתַיִם וָחֵצִי אָרְכּוֹ וְאַמָּה

ב וָחֵצִי רָחְבּוֹ וְאַמָּה וָחֵצִי קֹמָתוֹ: וַיְצַפֵּהוּ זָהָב טָהוֹר מִבַּיִת

ג וּמִחוּץ וַיַּעַשׂ לוֹ זֵר זָהָב סָבִיב: וַיִּצֹק לוֹ אַרְבַּע טַבְּעֹת זָהָב
עַל אַרְבַּע פַּעֲמֹתָיו וּשְׁתֵּי טַבָּעֹת עַל־צַלְעוֹ הָאֶחָת וּשְׁתֵּי טַבָּעֹת

ד עַל־צַלְעוֹ הַשֵּׁנִית: וַיַּעַשׂ בַּדֵּי עֲצֵי שִׁטִּים וַיְצַף אֹתָם זָהָב:

ה וַיָּבֵא אֶת־הַבַּדִּים בַּטַּבָּעֹת עַל צַלְעֹת הָאָרֹן לָשֵׂאת אֶת־

ו ★ הָאָרֹן: וַיַּעַשׂ כַּפֹּרֶת זָהָב טָהוֹר אַמָּתַיִם וָחֵצִי אָרְכָּהּ וְאַמָּה

ז וָחֵצִי רָחְבָּהּ: וַיַּעַשׂ שְׁנֵי כְרֻבִים זָהָב מִקְשָׁה עָשָׂה אֹתָם מִשְּׁנֵי

ח קְצוֹת הַכַּפֹּרֶת: כְּרוּב־אֶחָד מִקָּצָה מִזֶּה וּכְרוּב־אֶחָד מִקָּצָה מִזֶּה

ט מִן־הַכַּפֹּרֶת עָשָׂה אֶת־הַכְּרֻבִים מִשְּׁנֵי קצוותו קְצוֹ וַיִּהְיוּ הַכְּרֻבִים
פֹּרְשֵׂי כְנָפַיִם לְמַעְלָה סֹכְכִים בְּכַנְפֵיהֶם עַל־הַכַּפֹּרֶת וּפְנֵיהֶם
אִישׁ אֶל־אָחִיו אֶל־הַכַּפֹּרֶת הָיוּ פְּנֵי הַכְּרֻבִים:

י ★ וַיַּעַשׂ אֶת־הַשֻּׁלְחָן עֲצֵי שִׁטִּים אַמָּתַיִם אָרְכּוֹ וְאַמָּה רָחְבּוֹ

יא וְאַמָּה וָחֵצִי קֹמָתוֹ: וַיְצַף אֹתוֹ זָהָב טָהוֹר וַיַּעַשׂ לוֹ זֵר זָהָב

יב סָבִיב: וַיַּעַשׂ לוֹ מִסְגֶּרֶת טֹפַח סָבִיב וַיַּעַשׂ זֵר־זָהָב לְמִסְגַּרְתּוֹ

יג סָבִיב: וַיִּצֹק לוֹ אַרְבַּע טַבְּעֹת זָהָב וַיִּתֵּן אֶת־הַטַּבָּעֹת עַל

יד אַרְבַּע הַפֵּאֹת אֲשֶׁר לְאַרְבַּע רַגְלָיו: לְעֻמַּת הַמִּסְגֶּרֶת הָיוּ

טו הַטַּבָּעֹת בָּתִּים לַבַּדִּים לָשֵׂאת אֶת־הַשֻּׁלְחָן: וַיַּעַשׂ אֶת־הַבַּדִּים

טז עֲצֵי שִׁטִּים וַיְצַף אֹתָם זָהָב לָשֵׂאת אֶת־הַשֻּׁלְחָן: וַיַּעַשׂ אֶת־
הַכֵּלִים ׀ אֲשֶׁר עַל־הַשֻּׁלְחָן אֶת־קְעָרֹתָיו וְאֶת־כַּפֹּתָיו וְאֵת
מְנַקִּיֹּתָיו וְאֶת־הַקְּשָׂוֹת אֲשֶׁר יֻסַּךְ בָּהֵן זָהָב טָהוֹר:

ששי
(שלישי)

יז וַיַּעַשׂ אֶת־הַמְּנֹרָה זָהָב טָהוֹר מִקְשָׁה עָשָׂה אֶת־הַמְּנֹרָה יְרֵכָהּ

יח וְקָנָהּ גְּבִיעֶיהָ כַּפְתֹּרֶיהָ וּפְרָחֶיהָ מִמֶּנָּה הָיוּ: וְשִׁשָּׁה קָנִים יֹצְאִים
מִצִּדֶּיהָ שְׁלֹשָׁה ׀ קְנֵי מְנֹרָה מִצִּדָּהּ הָאֶחָד וּשְׁלֹשָׁה קְנֵי מְנֹרָה

יט מִצִּדָּהּ הַשֵּׁנִי: שְׁלֹשָׁה גְבִעִים מְשֻׁקָּדִים בַּקָּנֶה הָאֶחָד כַּפְתֹּר
וָפֶרַח וּשְׁלֹשָׁה גְבִעִים מְשֻׁקָּדִים בְּקָנֶה אֶחָד כַּפְתֹּר וָפָרַח כֵּן

קרסי נחשת חמשים לחבר את האהל להית אחד ויעש
מכסה לאהל ערת אילם מאדמים ומכסה ערת תחשים
מלמעלה ויעש את הקרשים למשכן עצי
שטים עמדים עשר אמת ארך הקרש ואמה וחצי האמה
רחב הקרש האחד שתי ידת לקרש האחד משלבת אחת
אל אחת כן עשה לכל קרשי המשכן ויעש את הקרשים
למשכן עשרים קרשים לפאת נגב תימנה וארבעים אדני
כסף עשה תחת עשרים הקרשים שני אדנים תחת הקרש
האחד לשתי ידתיו ושני אדנים תחת הקרש האחד לשתי
ידתיו ולצלע המשכן השנית לפאת צפון עשה עשרים
קרשים וארבעים אדניהם כסף שני אדנים תחת הקרש
האחד ושני אדנים תחת הקרש האחד ולירכתי המשכן
ימה עשה ששה קרשים ושני קרשים עשה למקצעת המשכן
בירכתים והיו תואמם מלמטה ויחדו יהיו תמים אל ראשו
אל הטבעת האחת כן עשה לשניהם לשני המקצעת והיו
שמנה קרשים ואדניהם כסף ששה עשר אדנים שני אדנים
שני אדנים תחת הקרש האחד ויעש בריחי עצי שטים
חמשה לקרשי צלע המשכן האחת וחמשה בריחם לקרשי
צלע המשכן השנית וחמשה בריחם לקרשי המשכן לירכתים
ימה ויעש את הבריח התיכן לברח בתוך הקרשים מן
הקצה אל הקצה ואת הקרשים צפה זהב ואת טבעתם
עשה זהב בתים לבריחם ויצף את הבריחם זהב ויעש את
הפרכת תכלת וארגמן ותולעת שני ושש משזר מעשה
חשב עשה אתה כרבים ויעש לה ארבעה עמודי שטים
ויצפם זהב וויהם זהב ויצק להם ארבעה אדני כסף ויעש
מסך לפתח האהל תכלת וארגמן ותולעת שני ושש משזר
מעשה רקם ואת עמודיו חמשה ואת וויהם וצפה ראשיהם

יט קַרְסֵי נְחֹשֶׁת חֲמִשִּׁים לְחַבֵּר אֶת־הָאֹהֶל לִהְיֹת אֶחָד׃ וַיַּעַשׂ
מִכְסֶה לָאֹהֶל עֹרֹת אֵילִם מְאָדָּמִים וּמִכְסֵה עֹרֹת תְּחָשִׁים
כ מִלְמָעְלָה׃ וַיַּעַשׂ אֶת־הַקְּרָשִׁים לַמִּשְׁכָּן עֲצֵי חמישי
כא שִׁטִּים עֹמְדִים׃ עֶשֶׂר אַמֹּת אֹרֶךְ הַקָּרֶשׁ וְאַמָּה וַחֲצִי הָאַמָּה
כב רֹחַב הַקֶּרֶשׁ הָאֶחָד׃ שְׁתֵּי יָדֹת לַקֶּרֶשׁ הָאֶחָד מְשֻׁלָּבֹת אַחַת
כג אֶל־אֶחָת כֵּן עָשָׂה לְכֹל קַרְשֵׁי הַמִּשְׁכָּן׃ וַיַּעַשׂ אֶת־הַקְּרָשִׁים
כד לַמִּשְׁכָּן עֶשְׂרִים קְרָשִׁים לִפְאַת נֶגֶב תֵּימָנָה׃ וְאַרְבָּעִים אַדְנֵי־
כֶסֶף עָשָׂה תַּחַת עֶשְׂרִים הַקְּרָשִׁים שְׁנֵי אֲדָנִים תַּחַת־הַקֶּרֶשׁ
הָאֶחָד לִשְׁתֵּי יְדֹתָיו וּשְׁנֵי אֲדָנִים תַּחַת־הַקֶּרֶשׁ הָאֶחָד לִשְׁתֵּי
כה יְדֹתָיו׃ וּלְצֶלַע הַמִּשְׁכָּן הַשֵּׁנִית לִפְאַת צָפוֹן עָשָׂה עֶשְׂרִים ✶
כו קְרָשִׁים׃ וְאַרְבָּעִים אַדְנֵיהֶם כָּסֶף שְׁנֵי אֲדָנִים תַּחַת הַקֶּרֶשׁ
כז הָאֶחָד וּשְׁנֵי אֲדָנִים תַּחַת הַקֶּרֶשׁ הָאֶחָד׃ וּלְיַרְכְּתֵי הַמִּשְׁכָּן
כח יָמָּה עָשָׂה שִׁשָּׁה קְרָשִׁים׃ וּשְׁנֵי קְרָשִׁים עָשָׂה לִמְקֻצְעֹת הַמִּשְׁכָּן
כט בַּיַּרְכָתָיִם׃ וְהָיוּ תוֹאֲמִם מִלְּמַטָּה וְיַחְדָּו יִהְיוּ תַמִּים אֶל־רֹאשׁוֹ
ל אֶל־הַטַּבַּעַת הָאֶחָת כֵּן עָשָׂה לִשְׁנֵיהֶם לִשְׁנֵי הַמִּקְצֹעֹת׃ וְהָיוּ
שְׁמֹנָה קְרָשִׁים וְאַדְנֵיהֶם כֶּסֶף שִׁשָּׁה עָשָׂר אֲדָנִים שְׁנֵי אֲדָנִים
לא שְׁנֵי אֲדָנִים תַּחַת הַקֶּרֶשׁ הָאֶחָד׃ וַיַּעַשׂ בְּרִיחֵי עֲצֵי שִׁטִּים ✶
לב חֲמִשָּׁה לְקַרְשֵׁי צֶלַע־הַמִּשְׁכָּן הָאֶחָת׃ וַחֲמִשָּׁה בְרִיחִם לְקַרְשֵׁי
צֶלַע־הַמִּשְׁכָּן הַשֵּׁנִית וַחֲמִשָּׁה בְרִיחִם לְקַרְשֵׁי הַמִּשְׁכָּן לַיַּרְכָתַיִם
לג יָמָּה׃ וַיַּעַשׂ אֶת־הַבְּרִיחַ הַתִּיכֹן לִבְרֹחַ בְּתוֹךְ הַקְּרָשִׁים מִן־
לד הַקָּצֶה אֶל־הַקָּצֶה׃ וְאֶת־הַקְּרָשִׁים צִפָּה זָהָב וְאֶת־טַבְּעֹתָם
לה עָשָׂה זָהָב בָּתִּים לַבְּרִיחִם וַיְצַף אֶת־הַבְּרִיחִם זָהָב׃ וַיַּעַשׂ אֶת־ ✶
הַפָּרֹכֶת תְּכֵלֶת וְאַרְגָּמָן וְתוֹלַעַת שָׁנִי וְשֵׁשׁ מָשְׁזָר מַעֲשֵׂה
לו חֹשֵׁב עָשָׂה אֹתָהּ כְּרֻבִים׃ וַיַּעַשׂ לָהּ אַרְבָּעָה עַמּוּדֵי שִׁטִּים
לז וַיְצַפֵּם זָהָב וָוֵיהֶם זָהָב וַיִּצֹק לָהֶם אַרְבָּעָה אַדְנֵי־כָסֶף׃ וַיַּעַשׂ
מָסָךְ לְפֶתַח הָאֹהֶל תְּכֵלֶת וְאַרְגָּמָן וְתוֹלַעַת שָׁנִי וְשֵׁשׁ מָשְׁזָר
לח מַעֲשֵׂה רֹקֵם׃ וְאֶת־עַמּוּדָיו חֲמִשָּׁה וְאֶת־וָוֵיהֶם וְצִפָּה רָאשֵׁיהֶם

אל המלאכה לעשת אתה ויקחו מלפני משה את כל
התרומה אשר הביאו בני ישראל למלאכת עבדת הקדש
לעשת אתה והם הביאו אליו עוד נדבה בבקר בבקר
ויבאו כל החכמים העשים את כל מלאכת הקדש איש
איש ממלאכתו אשר המה עשים ויאמרו אל משה לאמר
מרבים העם להביא מדי העבדה למלאכה אשר צוה יהוה
לעשת אתה ויצו משה ויעבירו קול במחנה לאמר איש
ואשה אל יעשו עוד מלאכה לתרומת הקדש ויכלא העם
מהביא והמלאכה היתה דים לכל המלאכה לעשות אתה
והותר ויעשו כל חכם לב בעשי המלאכה
את המשכן עשר יריעת שש משזר ותכלת וארגמן ותולעת
שני כרבים מעשה חשב עשה אתם ארך היריעה האחת
שמנה ועשרים באמה ורחב ארבע באמה היריעה האחת
מדה אחת לכל היריעת ויחבר את חמש היריעת אחת
אל אחת וחמש יריעת חבר אחת אל אחת ויעש ללאת
תכלת על שפת היריעה האחת מקצה במחברת כן עשה
בשפת היריעה הקיצונה במחברת השנית חמשים ללאת
עשה ביריעה האחת וחמשים ללאת עשה בקצה היריעה
אשר במחברת השנית מקבילת הללאת אחת אל אחת
ויעש חמשים קרסי זהב ויחבר את היריעת אחת אל אחת
בקרסים ויהי המשכן אחד
ויעש יריעת עזים לאהל על המשכן עשתי עשרה יריעת
עשה אתם ארך היריעה האחת שלשים באמה וארבע
אמות רחב היריעה האחת מדה אחת לעשתי עשרה יריעת
ויחבר את חמש היריעת לבד ואת שש היריעת לבד ויעש
ללאת חמשים על שפת היריעה הקיצנה במחברת וחמשים
ללאת עשה על שפת היריעה החברת השנית ויעש

ג אֶל־הַמְּלָאכָה לַעֲשֹׂת אֹתָהּ: וַיִּקְחוּ מִלִּפְנֵי מֹשֶׁה אֵת כָּל־
הַתְּרוּמָה אֲשֶׁר הֵבִיאוּ בְּנֵי יִשְׂרָאֵל לִמְלֶאכֶת עֲבֹדַת הַקֹּדֶשׁ
לַעֲשֹׂת אֹתָהּ וְהֵם הֵבִיאוּ אֵלָיו עוֹד נְדָבָה בַּבֹּקֶר בַּבֹּקֶר:

★ ד וַיָּבֹאוּ כָּל־הַחֲכָמִים הָעֹשִׂים אֵת כָּל־מְלֶאכֶת הַקֹּדֶשׁ אִישׁ־
ה אִישׁ מִמְּלַאכְתּוֹ אֲשֶׁר־הֵמָּה עֹשִׂים: וַיֹּאמְרוּ אֶל־מֹשֶׁה לֵּאמֹר
מַרְבִּים הָעָם לְהָבִיא מִדֵּי הָעֲבֹדָה לַמְּלָאכָה אֲשֶׁר־צִוָּה יְהוָה
ו לַעֲשֹׂת אֹתָהּ: וַיְצַו מֹשֶׁה וַיַּעֲבִירוּ קוֹל בַּמַּחֲנֶה לֵאמֹר אִישׁ
וְאִשָּׁה אַל־יַעֲשׂוּ־עוֹד מְלָאכָה לִתְרוּמַת הַקֹּדֶשׁ וַיִּכָּלֵא הָעָם
ז מֵהָבִיא: וְהַמְּלָאכָה הָיְתָה דַיָּם לְכָל־הַמְּלָאכָה לַעֲשׂוֹת אֹתָהּ
ח וְהוֹתֵר:    רביעי    וַיַּעֲשׂוּ כָל־חֲכַם־לֵב בְּעֹשֵׂי הַמְּלָאכָה
אֶת־הַמִּשְׁכָּן עֶשֶׂר יְרִיעֹת שֵׁשׁ מָשְׁזָר וּתְכֵלֶת וְאַרְגָּמָן וְתֹלַעַת
ט שָׁנִי כְּרֻבִים מַעֲשֵׂה חֹשֵׁב עָשָׂה אֹתָם: אֹרֶךְ הַיְרִיעָה הָאַחַת
שְׁמֹנֶה וְעֶשְׂרִים בָּאַמָּה וְרֹחַב אַרְבַּע בָּאַמָּה הַיְרִיעָה הָאֶחָת
י מִדָּה אַחַת לְכָל־הַיְרִיעֹת: וַיְחַבֵּר אֶת־חֲמֵשׁ הַיְרִיעֹת אַחַת
★ יא אֶל־אֶחָת וְחָמֵשׁ יְרִיעֹת חִבַּר אַחַת אֶל־אֶחָת: וַיַּעַשׂ לֻלְאֹת
תְּכֵלֶת עַל שְׂפַת הַיְרִיעָה הָאֶחָת מִקָּצָה בַּמַּחְבָּרֶת כֵּן עָשָׂה
יב בִּשְׂפַת הַיְרִיעָה הַקִּיצוֹנָה בַּמַּחְבֶּרֶת הַשֵּׁנִית: חֲמִשִּׁים לֻלָאֹת
עָשָׂה בַּיְרִיעָה הָאֶחָת וַחֲמִשִּׁים לֻלָאֹת עָשָׂה בִּקְצֵה הַיְרִיעָה
אֲשֶׁר בַּמַּחְבֶּרֶת הַשֵּׁנִית מַקְבִּילֹת הַלֻּלָאֹת אַחַת אֶל־אֶחָת:
יג וַיַּעַשׂ חֲמִשִּׁים קַרְסֵי זָהָב וַיְחַבֵּר אֶת־הַיְרִיעֹת אַחַת אֶל־אַחַת
בַּקְּרָסִים וַיְהִי הַמִּשְׁכָּן אֶחָד:

★ יד וַיַּעַשׂ יְרִיעֹת עִזִּים לְאֹהֶל עַל־הַמִּשְׁכָּן עַשְׁתֵּי־עֶשְׂרֵה יְרִיעֹת
טו עָשָׂה אֹתָם: אֹרֶךְ הַיְרִיעָה הָאַחַת שְׁלֹשִׁים בָּאַמָּה וְאַרְבַּע
אַמּוֹת רֹחַב הַיְרִיעָה הָאֶחָת מִדָּה אַחַת לְעַשְׁתֵּי עֶשְׂרֵה יְרִיעֹת:
★ טז וַיְחַבֵּר אֶת־חֲמֵשׁ הַיְרִיעֹת לְבָד וְאֶת־שֵׁשׁ הַיְרִיעֹת לְבָד: וַיַּעַשׂ
לֻלָאֹת חֲמִשִּׁים עַל שְׂפַת הַיְרִיעָה הַקִּיצֹנָה בַּמַּחְבָּרֶת וַחֲמִשִּׁים
יח לֻלָאֹת עָשָׂה עַל־שְׂפַת הַיְרִיעָה הַחֹבֶרֶת הַשֵּׁנִית: וַיַּעַשׂ

על הנשים כל נדיב לב הביאו חח ונזם וטבעת וכומז כל
כלי זהב וכל איש אשר הניף תנופת זהב ליהוה וכל איש
אשר נמצא אתו תכלת וארגמן ותולעת שני ושש ועזים
וערת אילם מאדמים וערת תחשים הביאו כל מרים תרומת
כסף ונחשת הביאו את תרומת יהוה וכל אשר נמצא אתו
עצי שטים לכל מלאכת העבדה הביאו וכל אשה חכמת
לב בידיה טוו ויביאו מטוה את התכלת ואת הארגמן
את תולעת השני ואת השש וכל הנשים אשר נשא לבן
אתנה בחכמה טוו את העזים והנשאם הביאו את אבני
השהם ואת אבני המלאים לאפוד ולחשן ואת הבשם
ואת השמן למאור ולשמן המשחה ולקטרת הסמים כל
איש ואשה אשר נדב לבם אתם להביא לכל המלאכה
אשר צוה יהוה לעשות ביד משה הביאו בני ישראל נדבה
ליהוה

ויאמר משה אל בני ישראל ראו קרא יהוה בשם בצלאל
בן אורי בן חור למטה יהודה וימלא אתו רוח אלהים
בחכמה בתבונה ובדעת ובכל מלאכה ולחשב מחשבת
לעשת בזהב ובכסף ובנחשת ובחרשת אבן למלאת
ובחרשת עץ לעשות בכל מלאכת מחשבת ולהורת נתן
בלבו הוא ואהליאב בן אחיסמך למטה דן מלא אתם
חכמת לב לעשות כל מלאכת חרש וחשב ורקם בתכלת
ובארגמן בתולעת השני ובשש וארג עשי כל מלאכה
וחשבי מחשבת ועשה בצלאל ואהליאב וכל איש חכם
לב אשר נתן יהוה חכמה ותבונה בהמה לדעת לעשת את
כל מלאכת עבדת הקדש לכל אשר צוה יהוה ויקרא
משה אל בצלאל ואל אהליאב ואל כל איש חכם לב
אשר נתן יהוה חכמה בלבו כל אשר נשאו לבו לקרבה

עַל־הַנָּשִׁים כֹּל ׀ נְדִיב לֵב הֵבִיאוּ חָח וָנֶזֶם וְטַבַּעַת וְכוּמָז כָּל־
כג כְּלִי זָהָב וְכָל־אִישׁ אֲשֶׁר הֵנִיף תְּנוּפַת זָהָב לַיהוָה׃ וְכָל־אִישׁ
אֲשֶׁר־נִמְצָא אִתּוֹ תְּכֵלֶת וְאַרְגָּמָן וְתוֹלַעַת שָׁנִי וְשֵׁשׁ וְעִזִּים
כד וְעֹרֹת אֵילִם מְאָדָּמִים וְעֹרֹת תְּחָשִׁים הֵבִיאוּ׃ כָּל־מֵרִים תְּרוּמַת
כֶּסֶף וּנְחֹשֶׁת הֵבִיאוּ אֵת תְּרוּמַת יְהוָה וְכֹל אֲשֶׁר נִמְצָא אִתּוֹ
כה עֲצֵי שִׁטִּים לְכָל־מְלֶאכֶת הָעֲבֹדָה הֵבִיאוּ׃ וְכָל־אִשָּׁה חַכְמַת־ ★
לֵב בְּיָדֶיהָ טָווּ וַיָּבִיאוּ מַטְוֶה אֶת־הַתְּכֵלֶת וְאֶת־הָאַרְגָּמָן
כו אֶת־תּוֹלַעַת הַשָּׁנִי וְאֶת־הַשֵּׁשׁ׃ וְכָל־הַנָּשִׁים אֲשֶׁר נָשָׂא לִבָּן
כז אֹתָנָה בְּחָכְמָה טָווּ אֶת־הָעִזִּים׃ וְהַנְּשִׂאִם הֵבִיאוּ אֵת אַבְנֵי
כח הַשֹּׁהַם וְאֵת אַבְנֵי הַמִּלֻּאִים לָאֵפוֹד וְלַחֹשֶׁן׃ וְאֶת־הַבֹּשֶׂם
כט וְאֶת־הַשָּׁמֶן לְמָאוֹר וּלְשֶׁמֶן הַמִּשְׁחָה וְלִקְטֹרֶת הַסַּמִּים׃ כָּל־
אִישׁ וְאִשָּׁה אֲשֶׁר נָדַב לִבָּם אֹתָם לְהָבִיא לְכָל־הַמְּלָאכָה
אֲשֶׁר צִוָּה יְהוָה לַעֲשׂוֹת בְּיַד־מֹשֶׁה הֵבִיאוּ בְנֵי־יִשְׂרָאֵל נְדָבָה
לַיהוָה׃
ל וַיֹּאמֶר מֹשֶׁה אֶל־בְּנֵי יִשְׂרָאֵל רְאוּ קָרָא יְהוָה בְּשֵׁם בְּצַלְאֵל שלישי /שני/
לא בֶּן־אוּרִי בֶן־חוּר לְמַטֵּה יְהוּדָה׃ וַיְמַלֵּא אֹתוֹ רוּחַ אֱלֹהִים
לב בְּחָכְמָה בִּתְבוּנָה וּבְדַעַת וּבְכָל־מְלָאכָה׃ וְלַחְשֹׁב מַחֲשָׁבֹת
לג לַעֲשֹׂת בַּזָּהָב וּבַכֶּסֶף וּבַנְּחֹשֶׁת׃ וּבַחֲרֹשֶׁת אֶבֶן לְמַלֹּאת
לד וּבַחֲרֹשֶׁת עֵץ לַעֲשׂוֹת בְּכָל־מְלֶאכֶת מַחֲשָׁבֶת׃ וּלְהוֹרֹת נָתַן
לה בְּלִבּוֹ הוּא וְאָהֳלִיאָב בֶּן־אֲחִיסָמָךְ לְמַטֵּה־דָן׃ מִלֵּא אֹתָם
חָכְמַת־לֵב לַעֲשׂוֹת כָּל־מְלֶאכֶת חָרָשׁ ׀ וְחֹשֵׁב וְרֹקֵם בַּתְּכֵלֶת
וּבָאַרְגָּמָן בְּתוֹלַעַת הַשָּׁנִי וּבַשֵּׁשׁ וְאֹרֵג עֹשֵׂי כָּל־מְלָאכָה
א וְחֹשְׁבֵי מַחֲשָׁבֹת׃ וְעָשָׂה בְצַלְאֵל וְאָהֳלִיאָב וְכֹל ׀ אִישׁ חֲכַם־ לו
לֵב אֲשֶׁר נָתַן יְהוָה חָכְמָה וּתְבוּנָה בָּהֵמָּה לָדַעַת לַעֲשֹׂת אֶת־
ב כָּל־מְלֶאכֶת עֲבֹדַת הַקֹּדֶשׁ לְכֹל אֲשֶׁר־צִוָּה יְהוָה׃ וַיִּקְרָא ★
מֹשֶׁה אֶל־בְּצַלְאֵל וְאֶל־אָהֳלִיאָב וְאֶל כָּל־אִישׁ חֲכַם־לֵב
אֲשֶׁר נָתַן יְהוָה חָכְמָה בְּלִבּוֹ כֹּל אֲשֶׁר נְשָׂאוֹ לִבּוֹ לְקָרְבָה

באו לדבר אתו ויקהל משה את כל עדת
בני ישראל ויאמר אלהם אלה הדברים אשר צוה יהוה לעשת
אתם ששת ימים תעשה מלאכה וביום השביעי יהיה לכם
קדש שבת שבתון ליהוה כל העשה בו מלאכה יומת לא
תבערו אש בכל משבתיכם ביום השבת
ויאמר משה אל כל עדת בני ישראל לאמר זה הדבר אשר
צוה יהוה לאמר קחו מאתכם תרומה ליהוה כל נדיב
לבו יביאה את תרומת יהוה זהב וכסף ונחשת ותכלת
וארגמן ותולעת שני ושש ועזים וערת אילם מאדמים וערת
תחשים ועצי שטים ושמן למאור ובשמים לשמן המשחה
ולקטרת הסמים ואבני שהם ואבני מלאים לאפוד ולחשן
וכל חכם לב בכם יבאו ויעשו את כל אשר צוה יהוה
את המשכן את אהלו ואת מכסהו את קרסיו ואת קרשיו
את בריחו את עמדיו ואת אדניו את הארן ואת בדיו
את הכפרת ואת פרכת המסך את השלחן ואת בדיו
ואת כל כליו ואת לחם הפנים ואת מנרת המאור ואת
כליה ואת נרתיה ואת שמן המאור ואת מזבח הקטרת
ואת בדיו ואת שמן המשחה ואת קטרת הסמים ואת
מסך הפתח לפתח המשכן את מזבח העלה ואת מכבר
הנחשת אשר לו את בדיו ואת כל כליו את הכיר ואת
כנו את קלעי החצר את עמדיו ואת אדניה ואת מסך
שער החצר את יתדת המשכן ואת יתדת החצר ואת
מיתריהם את בגדי השרד לשרת בקדש את בגדי הקדש
לאהרן הכהן ואת בגדי בניו לכהן ויצאו כל עדת בני
ישראל מלפני משה ויבאו כל איש אשר נשאו לבו וכל
אשר נדבה רוחו אתו הביאו את תרומת יהוה למלאכת
אהל מועד ולכל עבדתו ולבגדי הקדש ויבאו האנשים

א באו לדבר אתו: ויקהל משה את־כל־עדת *
בני ישראל ויאמר אלהם אלה הדברים אשר־צוה יהוה לעשת
ב אתם: ששת ימים תעשה מלאכה וביום השביעי יהיה לכם
ג קדש שבת שבתון ליהוה כל־העשה בו מלאכה יומת: לא־
תבערו אש בכל משבתיכם ביום השבת:
ד ויאמר משה אל־כל־עדת בני־ישראל לאמר זה הדבר אשר־ *
ה צוה יהוה לאמר: קחו מאתכם תרומה ליהוה כל נדיב
ו לבו יביאה את תרומת יהוה זהב וכסף ונחשת: ותכלת
ז וארגמן ותולעת שני ושש ועזים: וערת אילם מאדמים וערת *
ח תחשים ועצי שטים: ושמן למאור ובשמים לשמן המשחה
ט ולקטרת הסמים: ואבני־שהם ואבני מלאים לאפוד ולחשן:
י וכל־חכם־לב בכם יבאו ויעשו את כל־אשר צוה יהוה:
יא את־המשכן את־אהלו ואת־מכסהו את־קרסיו ואת־קרשיו *
יב את־בריחו את־עמדיו ואת־אדניו: את־הארן ואת־בדיו
יג את־הכפרת ואת פרכת המסך: את־השלחן ואת־בדיו
יד ואת־כל־כליו ואת לחם הפנים: ואת־מנרת המאור ואת־
טו כליה ואת־נרתיה ואת שמן המאור: ואת־מזבח הקטרת
ואת־בדיו ואת שמן המשחה ואת קטרת הסמים ואת־
טז מסך הפתח לפתח המשכן: את ׀ מזבח העלה ואת־מכבר *
הנחשת אשר־לו את־בדיו ואת־כל־כליו את־הכיר ואת־
יז כנו: את קלעי החצר את־עמדיו ואת־אדניה ואת מסך
יח שער החצר: את־יתדת המשכן ואת־יתדת החצר ואת־
יט מיתריהם: את־בגדי השרד לשרת בקדש את־בגדי הקדש
כ לאהרן הכהן ואת־בגדי בניו לכהן: ויצאו כל־עדת בני־
כא ישראל מלפני משה: ויבאו כל־איש אשר־נשאו לבו וכל שני
אשר נדבה רוחו אתו הביאו את־תרומת יהוה למלאכת
כב אהל מועד ולכל־עבדתו ולבגדי הקדש: ויבאו האנשים

אלהי מסכה לא תעשה לך את חג המצות תשמר שבעת
ימים תאכל מצות אשר צויתך למועד חדש האביב כי בחדש
האביב יצאת ממצרים כל פטר רחם לי וכל מקנך תזכר
פטר שור ושה ופטר חמור תפדה בשה ואם לא תפדה
וערפתו כל בכור בניך תפדה ולא יראו פני ריקם ששת
ימים תעבד וביום השביעי תשבת בחריש ובקציר תשבת
וחג שבעת תעשה לך בכורי קציר חטים וחג האסיף תקופת
השנה שלש פעמים בשנה יראה כל זכורך את פני האדן
יהוה אלהי ישראל כי אוריש גוים מפניך והרחבתי את
גבלך ולא יחמד איש את ארצך בעלתך לראות את פני יהוה
אלהיך שלש פעמים בשנה לא תשחט על חמץ דם זבחי
ולא ילין לבקר זבח חג הפסח ראשית בכורי אדמתך תביא
בית יהוה אלהיך לא תבשל גדי בחלב אמו
ויאמר יהוה אל משה כתב לך את הדברים האלה כי על
פי הדברים האלה כרתי אתך ברית ואת ישראל ויהי שם
עם יהוה ארבעים יום וארבעים לילה לחם לא אכל ומים
לא שתה ויכתב על הלחת את דברי הברית עשרת הדברים
ויהי ברדת משה מהר סיני ושני לחת העדת ביד משה ברדתו
מן ההר ומשה לא ידע כי קרן עור פניו בדברו אתו וירא
אהרן וכל בני ישראל את משה והנה קרן עור פניו וייראו
מגשת אליו ויקרא אלהם משה וישבו אליו אהרן וכל
הנשאים בעדה וידבר משה אלהם ואחרי כן נגשו כל בני
ישראל ויצום את כל אשר דבר יהוה אתו בהר סיני ויכל
משה מדבר אתם ויתן על פניו מסוה ובבא משה לפני
יהוה לדבר אתו יסיר את המסוה עד צאתו ויצא ודבר אל
בני ישראל את אשר יצוה וראו בני ישראל את פני משה
כי קרן עור פני משה והשיב משה את המסוה על פניו עד

יז יח אֱלֹהֵי מַסֵּכָה לֹא תַעֲשֶׂה־לָּךְ׃ אֶת־חַג הַמַּצּוֹת תִּשְׁמֹר שִׁבְעַת ✶
יָמִים תֹּאכַל מַצּוֹת אֲשֶׁר צִוִּיתִךָ לְמוֹעֵד חֹדֶשׁ הָאָבִיב כִּי בְּחֹדֶשׁ
יט הָאָבִיב יָצָאתָ מִמִּצְרָיִם׃ כָּל־פֶּטֶר רֶחֶם לִי וְכָל־מִקְנְךָ תִּזָּכָר
כ פֶּטֶר שׁוֹר וָשֶׂה׃ וּפֶטֶר חֲמוֹר תִּפְדֶּה בְשֶׂה וְאִם־לֹא תִפְדֶּה
כא וַעֲרַפְתּוֹ כֹּל בְּכוֹר בָּנֶיךָ תִּפְדֶּה וְלֹא־יֵרָאוּ פָנַי רֵיקָם׃ שֵׁשֶׁת ✶
יָמִים תַּעֲבֹד וּבַיּוֹם הַשְּׁבִיעִי תִּשְׁבֹּת בֶּחָרִישׁ וּבַקָּצִיר תִּשְׁבֹּת׃
כב וְחַג שָׁבֻעֹת תַּעֲשֶׂה לְךָ בִּכּוּרֵי קְצִיר חִטִּים וְחַג הָאָסִיף תְּקוּפַת
כג הַשָּׁנָה׃ שָׁלֹשׁ פְּעָמִים בַּשָּׁנָה יֵרָאֶה כָּל־זְכוּרְךָ אֶת־פְּנֵי הָאָדֹן ׀
כד יְהוָה אֱלֹהֵי יִשְׂרָאֵל׃ כִּי־אוֹרִישׁ גּוֹיִם מִפָּנֶיךָ וְהִרְחַבְתִּי אֶת־ ✶
גְּבֻלֶךָ וְלֹא־יַחְמֹד אִישׁ אֶת־אַרְצְךָ בַּעֲלֹתְךָ לֵרָאוֹת אֶת־פְּנֵי יְהוָה
כה אֱלֹהֶיךָ שָׁלֹשׁ פְּעָמִים בַּשָּׁנָה׃ לֹא־תִשְׁחַט עַל־חָמֵץ דַּם־זִבְחִי
כו וְלֹא־יָלִין לַבֹּקֶר זֶבַח חַג הַפָּסַח׃ רֵאשִׁית בִּכּוּרֵי אַדְמָתְךָ תָּבִיא
בֵּית יְהוָה אֱלֹהֶיךָ לֹא־תְבַשֵּׁל גְּדִי בַּחֲלֵב אִמּוֹ׃
כז וַיֹּאמֶר יְהוָה אֶל־מֹשֶׁה כְּתָב־לְךָ אֶת־הַדְּבָרִים הָאֵלֶּה כִּי עַל־ כו שביעי
כח פִּי ׀ הַדְּבָרִים הָאֵלֶּה כָּרַתִּי אִתְּךָ בְּרִית וְאֶת־יִשְׂרָאֵל׃ וַיְהִי־שָׁם
עִם־יְהוָה אַרְבָּעִים יוֹם וְאַרְבָּעִים לַיְלָה לֶחֶם לֹא אָכַל וּמַיִם
לֹא שָׁתָה וַיִּכְתֹּב עַל־הַלֻּחֹת אֵת דִּבְרֵי הַבְּרִית עֲשֶׂרֶת הַדְּבָרִים׃
כט וַיְהִי בְּרֶדֶת מֹשֶׁה מֵהַר סִינַי וּשְׁנֵי לֻחֹת הָעֵדֻת בְּיַד־מֹשֶׁה בְּרִדְתּוֹ
ל מִן־הָהָר וּמֹשֶׁה לֹא־יָדַע כִּי קָרַן עוֹר פָּנָיו בְּדַבְּרוֹ אִתּוֹ׃ וַיַּרְא ✶
אַהֲרֹן וְכָל־בְּנֵי יִשְׂרָאֵל אֶת־מֹשֶׁה וְהִנֵּה קָרַן עוֹר פָּנָיו וַיִּירְאוּ
לא מִגֶּשֶׁת אֵלָיו׃ וַיִּקְרָא אֲלֵהֶם מֹשֶׁה וַיָּשֻׁבוּ אֵלָיו אַהֲרֹן וְכָל־
לב הַנְּשִׂאִים בָּעֵדָה וַיְדַבֵּר מֹשֶׁה אֲלֵהֶם׃ וְאַחֲרֵי־כֵן נִגְּשׁוּ כָּל־בְּנֵי
לג יִשְׂרָאֵל וַיְצַוֵּם אֵת כָּל־אֲשֶׁר דִּבֶּר יְהוָה אִתּוֹ בְּהַר סִינָי׃ וַיְכַל מפטיר ✶
לד מֹשֶׁה מִדַּבֵּר אִתָּם וַיִּתֵּן עַל־פָּנָיו מַסְוֶה׃ וּבְבֹא מֹשֶׁה לִפְנֵי
יְהוָה לְדַבֵּר אִתּוֹ יָסִיר אֶת־הַמַּסְוֶה עַד־צֵאתוֹ וְיָצָא וְדִבֶּר אֶל־
לה בְּנֵי יִשְׂרָאֵל אֵת אֲשֶׁר יְצֻוֶּה׃ וְרָאוּ בְנֵי־יִשְׂרָאֵל אֶת־פְּנֵי מֹשֶׁה
כִּי קָרַן עוֹר פְּנֵי מֹשֶׁה וְהֵשִׁיב מֹשֶׁה אֶת־הַמַּסְוֶה עַל־פָּנָיו עַד־

והסרתי את כפי וראית את אחרי ופני לא יראו
ויאמר יהוה אל משה פסל לך שני לחת אבנים כראשנים
וכתבתי על הלחת את הדברים אשר היו על הלחת
הראשנים אשר שברת והיה נכון לבקר ועלית בבקר אל
הר סיני ונצבת לי שם על ראש ההר ואיש לא יעלה עמך
וגם איש אל ירא בכל ההר גם הצאן והבקר אל ירעו אל
מול ההר ההוא ויפסל שני לחת אבנים כראשנים וישכם
משה בבקר ויעל אל הר סיני כאשר צוה יהוה אתו ויקח
בידו שני לחת אבנים וירד יהוה בענן ויתיצב עמו שם
ויקרא בשם יהוה ויעבר יהוה על פניו ויקרא יהוה יהוה
אל רחום וחנון ארך אפים ורב חסד ואמת נצר חסד
לאלפים נשא עון ופשע וחטאה ונקה לא ינקה פקד עון
אבות על בנים ועל בני בנים על שלשים ועל רבעים וימהר
משה ויקד ארצה וישתחו ויאמר אם נא מצאתי חן בעיניך
אדני ילך נא אדני בקרבנו כי עם קשה ערף הוא וסלחת
לעוננו ולחטאתנו ונחלתנו ויאמר הנה אנכי כרת ברית
נגד כל עמך אעשה נפלאת אשר לא נבראו בכל הארץ
ובכל הגוים וראה כל העם אשר אתה בקרבו את מעשה
יהוה כי נורא הוא אשר אני עשה עמך שמר לך את אשר
אנכי מצוך היום הנני גרש מפניך את האמרי והכנעני והחתי
והפרזי והחוי והיבוסי השמר לך פן תכרת ברית ליושב
הארץ אשר אתה בא עליה פן יהיה למוקש בקרבך כי
את מזבחתם תתצון ואת מצבתם תשברון ואת אשריו
תכרתון כי לא תשתחוה לאל אחר כי יהוה קנא שמו אל
קנא הוא פן תכרת ברית ליושב הארץ וזנו אחרי אלהיהם
וזבחו לאלהיהם וקרא לך ואכלת מזבחו ולקחת מבנתיו
לבניך וזנו בנתיו אחרי אלהיהן והזנו את בניך אחרי אלהיהן

כג וַהֲסִרֹתִי֙ אֶת־כַּפִּ֔י וְרָאִ֖יתָ אֶת־אֲחֹרָ֑י וּפָנַ֖י לֹ֥א יֵרָאֽוּ׃

לד א וַיֹּ֤אמֶר יְהֹוָה֙ אֶל־מֹשֶׁ֔ה פְּסׇל־לְךָ֛ שְׁנֵֽי־לֻחֹ֥ת אֲבָנִ֖ים כָּרִֽאשֹׁנִ֑ים וְכָתַבְתִּי֙ עַל־הַלֻּחֹ֔ת אֶת־הַדְּבָרִ֔ים אֲשֶׁ֥ר הָי֛וּ עַל־הַלֻּחֹ֥ת

ב הָרִֽאשֹׁנִ֖ים אֲשֶׁ֥ר שִׁבַּֽרְתָּ׃ וֶהְיֵ֥ה נָכ֖וֹן לַבֹּ֑קֶר וְעָלִ֤יתָ בַבֹּ֙קֶר֙ אֶל־

ג הַ֣ר סִינַ֔י וְנִצַּבְתָּ֥ לִ֛י שָׁ֖ם עַל־רֹ֥אשׁ הָהָֽר׃ וְאִישׁ֙ לֹא־יַעֲלֶ֣ה עִמָּ֔ךְ וְגַם־אִ֥ישׁ אַל־יֵרָ֖א בְּכׇל־הָהָ֑ר גַּם־הַצֹּ֤אן וְהַבָּקָר֙ אַל־יִרְע֔וּ אֶל־

ד מ֖וּל הָהָ֥ר הַהֽוּא׃ וַיִּפְסֹ֡ל שְׁנֵֽי־לֻחֹ֨ת אֲבָנִ֜ים כָּרִאשֹׁנִ֗ים וַיַּשְׁכֵּ֤ם מֹשֶׁה֙ בַּבֹּ֔קֶר וַיַּ֙עַל֙ אֶל־הַ֣ר סִינַ֔י כַּאֲשֶׁ֛ר צִוָּ֥ה יְהֹוָ֖ה אֹת֑וֹ וַיִּקַּ֣ח

ה בְּיָד֔וֹ שְׁנֵ֖י לֻחֹ֥ת אֲבָנִֽים׃ וַיֵּ֤רֶד יְהֹוָה֙ בֶּֽעָנָ֔ן וַיִּתְיַצֵּ֥ב עִמּ֖וֹ שָׁ֑ם

ו וַיִּקְרָ֥א בְשֵׁ֖ם יְהֹוָֽה׃ וַיַּעֲבֹ֨ר יְהֹוָ֥ה ׀ עַל־פָּנָיו֮ וַיִּקְרָא֒ יְהֹוָ֣ה ׀ יְהֹוָ֔ה

ז אֵ֥ל רַח֖וּם וְחַנּ֑וּן אֶ֥רֶךְ אַפַּ֖יִם וְרַב־חֶ֥סֶד וֶאֱמֶֽת׃ נֹצֵ֥ר חֶ֙סֶד֙ לָאֲלָפִ֔ים נֹשֵׂ֥א עָוֺ֛ן וָפֶ֖שַׁע וְחַטָּאָ֑ה וְנַקֵּה֙ לֹ֣א יְנַקֶּ֔ה פֹּקֵ֣ד ׀ עֲוֺ֣ן

ח אָב֗וֹת עַל־בָּנִים֙ וְעַל־בְּנֵ֣י בָנִ֔ים עַל־שִׁלֵּשִׁ֖ים וְעַל־רִבֵּעִֽים׃ וַיְמַהֵ֖ר

ט מֹשֶׁ֑ה וַיִּקֹּ֥ד אַ֖רְצָה וַיִּשְׁתָּֽחוּ׃ וַיֹּ֡אמֶר אִם־נָא֩ מָצָ֨אתִי חֵ֤ן בְּעֵינֶ֙יךָ֙ אֲדֹנָ֔י יֵֽלֶךְ־נָ֥א אֲדֹנָ֖י בְּקִרְבֵּ֑נוּ כִּ֤י עַם־קְשֵׁה־עֹ֙רֶף֙ ה֔וּא וְסָלַחְתָּ֛

י לַעֲוֺנֵ֥נוּ וּלְחַטָּאתֵ֖נוּ וּנְחַלְתָּֽנוּ׃ וַיֹּ֗אמֶר הִנֵּ֣ה אָנֹכִי֮ כֹּרֵ֣ת בְּרִית֒ נֶ֣גֶד כׇּֽל־עַמְּךָ֮ אֶעֱשֶׂ֣ה נִפְלָאֹת֒ אֲשֶׁ֧ר לֹֽא־נִבְרְא֛וּ בְכׇל־הָאָ֖רֶץ וּבְכׇל־הַגּוֹיִ֑ם וְרָאָ֣ה כׇל־הָ֠עָ֠ם אֲשֶׁר־אַתָּ֨ה בְקִרְבּ֜וֹ אֶת־מַעֲשֵׂ֤ה

יא יְהֹוָה֙ כִּֽי־נוֹרָ֣א ה֔וּא אֲשֶׁ֥ר אֲנִ֖י עֹשֶׂ֥ה עִמָּֽךְ׃ שְׁמׇ֨ר־לְךָ֔ אֵ֛ת אֲשֶׁ֥ר אָנֹכִ֖י מְצַוְּךָ֣ הַיּ֑וֹם הִנְנִ֧י גֹרֵ֣שׁ מִפָּנֶ֗יךָ אֶת־הָאֱמֹרִי֙ וְהַֽכְּנַעֲנִ֔י וְהַחִתִּי֙

יב וְהַפְּרִזִּ֔י וְהַחִוִּ֖י וְהַיְבוּסִֽי׃ הִשָּׁ֣מֶר לְךָ֗ פֶּן־תִּכְרֹ֤ת בְּרִית֙ לְיוֹשֵׁ֣ב

יג הָאָ֔רֶץ אֲשֶׁ֥ר אַתָּ֖ה בָּ֣א עָלֶ֑יהָ פֶּן־יִהְיֶ֥ה לְמוֹקֵ֖שׁ בְּקִרְבֶּֽךָ׃ כִּ֤י אֶת־מִזְבְּחֹתָם֙ תִּתֹּצ֔וּן וְאֶת־מַצֵּבֹתָ֖ם תְּשַׁבֵּר֑וּן וְאֶת־אֲשֵׁרָ֖יו

יד תִּכְרֹתֽוּן׃ כִּ֛י לֹ֥א תִֽשְׁתַּחֲוֶ֖ה לְאֵ֣ל אַחֵ֑ר כִּ֤י יְהֹוָה֙ קַנָּ֣א שְׁמ֔וֹ אֵ֥ל

טו קַנָּ֖א הֽוּא׃ פֶּן־תִּכְרֹ֥ת בְּרִ֖ית לְיוֹשֵׁ֣ב הָאָ֑רֶץ וְזָנ֣וּ ׀ אַחֲרֵ֣י אֱלֹֽהֵיהֶ֗ם

טז וְזָבְחוּ֙ לֵאלֹ֣הֵיהֶ֔ם וְקָרָ֣א לְךָ֔ וְאָכַלְתָּ֖ מִזִּבְח֑וֹ׃ וְלָקַחְתָּ֣ מִבְּנֹתָ֔יו לְבָנֶ֑יךָ וְזָנ֣וּ בְנֹתָ֗יו אַחֲרֵי֙ אֱלֹ֣הֵיהֶ֔ן וְהִזְנוּ֙ אֶת־בָּנֶ֔יךָ אַחֲרֵ֖י אֱלֹהֵיהֶֽן׃

ויתנצלו בני ישראל את עדים מהר חורב ומשה יקח
את האהל ונטה לו מחוץ למחנה הרחק מן המחנה וקרא
לו אהל מועד והיה כל מבקש יהוה יצא אל אהל מועד
אשר מחוץ למחנה והיה כצאת משה אל האהל יקומו
כל העם ונצבו איש פתח אהלו והביטו אחרי משה עד
באו האהלה והיה כבא משה האהלה ירד עמוד הענן
ועמד פתח האהל ודבר עם משה וראה כל העם את
עמוד הענן עמד פתח האהל וקם כל העם והשתחוו איש
פתח אהלו ודבר יהוה אל משה פנים אל פנים כאשר
ידבר איש אל רעהו ושב אל המחנה ומשרתו יהושע בן
נון נער לא ימיש מתוך האהל

ויאמר משה אל יהוה ראה אתה אמר אלי העל את העם
הזה ואתה לא הודעתני את אשר תשלח עמי ואתה אמרת
ידעתיך בשם וגם מצאת חן בעיני ועתה אם נא מצאתי
חן בעיניך הודעני נא את דרכך ואדעך למען אמצא חן
בעיניך וראה כי עמך הגוי הזה ויאמר פני ילכו והנחתי
לך ויאמר אליו אם אין פניך הלכים אל תעלנו מזה
ובמה יודע אפוא כי מצאתי חן בעיניך אני ועמך הלוא
בלכתך עמנו ונפלינו אני ועמך מכל העם אשר על פני
האדמה

ויאמר יהוה אל משה גם את הדבר הזה אשר דברת אעשה
כי מצאת חן בעיני ואדעך בשם ויאמר הראני נא את
כבדך ויאמר אני אעביר כל טובי על פניך וקראתי בשם
יהוה לפניך וחנתי את אשר אחן ורחמתי את אשר ארחם
ויאמר לא תוכל לראת את פני כי לא יראני האדם וחי
ויאמר יהוה הנה מקום אתי ונצבת על הצור והיה בעבר
כבדי ושמתיך בנקרת הצור ושכתי כפי עליך עד עברי

ז וַיִּתְנַצְּל֧וּ בְנֵֽי־יִשְׂרָאֵ֛ל אֶת־עֶדְיָ֖ם מֵהַ֥ר חוֹרֵֽב: וּמֹשֶׁה֩ יִקַּ֨ח
אֶת־הָאֹ֜הֶל וְנָֽטָה־ל֣וֹ ׀ מִח֣וּץ לַֽמַּחֲנֶ֗ה הַרְחֵק֙ מִן־הַֽמַּחֲנֶ֔ה וְקָ֥רָא
ל֖וֹ אֹ֣הֶל מוֹעֵ֑ד וְהָיָה֙ כָּל־מְבַקֵּ֣שׁ יְהוָ֔ה יֵצֵא֙ אֶל־אֹ֣הֶל מוֹעֵ֔ד
אֲשֶׁ֖ר מִח֥וּץ לַֽמַּחֲנֶֽה: ח וְהָיָ֗ה כְּצֵ֤את מֹשֶׁה֙ אֶל־הָאֹ֔הֶל יָק֨וּמוּ֙
כָּל־הָעָ֔ם וְנִ֨צְּב֔וּ אִ֖ישׁ פֶּ֣תַח אָהֳל֑וֹ וְהִבִּ֨יטוּ֙ אַֽחֲרֵ֣י מֹשֶׁ֔ה עַד־
בֹּא֖וֹ הָאֹֽהֱלָה: ט וְהָיָ֗ה כְּבֹ֤א מֹשֶׁה֙ הָאֹ֔הֱלָה יֵרֵד֙ עַמּ֣וּד הֶֽעָנָ֔ן
וְעָמַ֖ד פֶּ֣תַח הָאֹ֑הֶל וְדִבֶּ֖ר עִם־מֹשֶֽׁה: י וְרָאָ֤ה כָל־הָעָם֙ אֶת־
עַמּ֣וּד הֶֽעָנָ֔ן עֹמֵ֖ד פֶּ֣תַח הָאֹ֑הֶל וְקָ֤ם כָּל־הָעָם֙ וְהִֽשְׁתַּֽחֲו֔וּ אִ֖ישׁ
פֶּ֣תַח אָהֳלֽוֹ: יא וְדִבֶּ֨ר יְהוָ֤ה אֶל־מֹשֶׁה֙ פָּנִ֣ים אֶל־פָּנִ֔ים כַּֽאֲשֶׁ֛ר
יְדַבֵּ֥ר אִ֖ישׁ אֶל־רֵעֵ֑הוּ וְשָׁב֙ אֶל־הַֽמַּחֲנֶ֔ה וּמְשָׁ֨רְת֜וֹ יְהוֹשֻׁ֤עַ בִּן־
נוּן֙ נַ֔עַר לֹ֥א יָמִ֖ישׁ מִתּ֥וֹךְ הָאֹֽהֶל:
שלישי יב וַיֹּ֨אמֶר מֹשֶׁ֜ה אֶל־יְהוָ֗ה רְ֠אֵה אַתָּ֞ה אֹמֵ֤ר אֵלַי֙ הַ֚עַל אֶת־הָעָ֣ם
הַזֶּ֔ה וְאַתָּה֙ לֹ֣א הֽוֹדַעְתַּ֔נִי אֵ֥ת אֲשֶׁר־תִּשְׁלַ֖ח עִמִּ֑י וְאַתָּ֣ה אָמַ֗רְתָּ
יג יְדַעְתִּ֣יךָֽ בְשֵׁ֔ם וְגַם־מָצָ֥אתָ חֵ֖ן בְּעֵינָ֑י וְעַתָּ֡ה אִם־נָא֩ מָצָ֨אתִי
חֵ֜ן בְּעֵינֶ֗יךָ הֽוֹדִעֵ֤נִי נָא֙ אֶת־דְּרָכֶ֔ךָ וְאֵֽדָעֲךָ֔ לְמַ֥עַן אֶמְצָא־חֵ֖ן
יד בְּעֵינֶ֑יךָ וּרְאֵ֕ה כִּ֥י עַמְּךָ֖ הַגּ֥וֹי הַזֶּֽה: וַיֹּאמַ֑ר פָּנַ֥י יֵלֵ֖כוּ וַהֲנִחֹ֥תִי
טו לָֽךְ: וַיֹּ֖אמֶר אֵלָ֑יו אִם־אֵ֤ין פָּנֶ֨יךָ֙ הֹֽלְכִ֔ים אַֽל־תַּֽעֲלֵ֖נוּ מִזֶּֽה:
טז וּבַמֶּ֣ה ׀ יִוָּדַ֣ע אֵפ֗וֹא כִּֽי־מָצָ֨אתִי חֵ֤ן בְּעֵינֶ֨יךָ֙ אֲנִ֣י וְעַמֶּ֔ךָ הֲל֛וֹא
בְּלֶכְתְּךָ֖ עִמָּ֑נוּ וְנִפְלֵ֨ינוּ֙ אֲנִ֣י וְעַמְּךָ֔ מִכָּל־הָ֣עָ֔ם אֲשֶׁ֖ר עַל־פְּנֵ֥י
הָֽאֲדָמָֽה:
רביעי יז וַיֹּ֤אמֶר יְהוָה֙ אֶל־מֹשֶׁ֔ה גַּ֣ם אֶת־הַדָּבָ֥ר הַזֶּ֛ה אֲשֶׁ֥ר דִּבַּ֖רְתָּ אֶֽעֱשֶׂ֑ה
יח כִּֽי־מָצָ֤אתָ חֵן֙ בְּעֵינַ֔י וָאֵֽדָעֲךָ֖ בְּשֵֽׁם: וַיֹּאמַ֑ר הַרְאֵ֥נִי נָ֖א אֶת־
יט כְּבֹדֶֽךָ: וַיֹּ֗אמֶר אֲנִ֨י אַֽעֲבִ֤יר כָּל־טוּבִי֙ עַל־פָּנֶ֔יךָ וְקָרָ֧אתִֽי בְשֵׁ֛ם
יְהוָ֖ה לְפָנֶ֑יךָ וְחַנֹּתִי֙ אֶת־אֲשֶׁ֣ר אָחֹ֔ן וְרִֽחַמְתִּ֖י אֶת־אֲשֶׁ֥ר אֲרַחֵֽם:
כ וַיֹּ֕אמֶר לֹ֥א תוּכַ֖ל לִרְאֹ֣ת אֶת־פָּנָ֑י כִּ֛י לֹֽא־יִרְאַ֥נִי הָֽאָדָ֖ם וָחָֽי:
כא וַיֹּ֣אמֶר יְהוָ֔ה הִנֵּ֥ה מָק֖וֹם אִתִּ֑י וְנִצַּבְתָּ֖ עַל־הַצּֽוּר: וְהָיָה֙ בַּֽעֲבֹ֣ר
כְּבֹדִ֔י וְשַׂמְתִּ֖יךָ בְּנִקְרַ֣ת הַצּ֑וּר וְשַׂכֹּתִ֥י כַפִּ֛י עָלֶ֖יךָ עַד־עָבְרִֽי:

למי זהב התפרקו ויתנו לי ואשלכהו באש ויצא העגל
הזה וירא משה את העם כי פרע הוא כי פרעה אהרן
לשמצה בקמיהם ויעמד משה בשער המחנה ויאמר מי
ליהוה אלי ויאספו אליו כל בני לוי ויאמר להם כה אמר
יהוה אלהי ישראל שימו איש חרבו על ירכו עברו ושובו
משער לשער במחנה והרגו איש את אחיו ואיש את רעהו
ואיש את קרבו ויעשו בני לוי כדבר משה ויפל מן העם
ביום ההוא כשלשת אלפי איש ויאמר משה מלאו ידכם
היום ליהוה כי איש בבנו ובאחיו ולתת עליכם היום ברכה
ויהי ממחרת ויאמר משה אל העם אתם חטאתם חטאה
גדלה ועתה אעלה אל יהוה אולי אכפרה בעד חטאתכם
וישב משה אל יהוה ויאמר אנא חטא העם הזה חטאה גדלה
ויעשו להם אלהי זהב ועתה אם תשא חטאתם ואם אין
מחני נא מספרך אשר כתבת ויאמר יהוה אל משה מי
אשר חטא לי אמחנו מספרי ועתה לך נחה את העם אל
אשר דברתי לך הנה מלאכי ילך לפניך וביום פקדי ופקדתי
עלהם חטאתם ויגף יהוה את העם על אשר עשו את
העגל אשר עשה אהרן וידבר יהוה אל משה
לך עלה מזה אתה והעם אשר העלית מארץ מצרים אל
הארץ אשר נשבעתי לאברהם ליצחק וליעקב לאמר
לזרעך אתננה ושלחתי לפניך מלאך וגרשתי את הכנעני
האמרי והחתי והפרזי החוי והיבוסי אל ארץ זבת חלב
ודבש כי לא אעלה בקרבך כי עם קשה ערף אתה פן
אכלך בדרך וישמע העם את הדבר הרע הזה ויתאבלו
ולא שתו איש עדיו עליו ויאמר יהוה אל משה אמר אל
בני ישראל אתם עם קשה ערף רגע אחד אעלה בקרבך
וכליתיך ועתה הורד עדיך מעליך ואדעה מה אעשה לך

לְמִי זָהָב הִתְפָּרָקוּ וַיִּתְּנוּ־לִי וָאַשְׁלִכֵהוּ בָאֵשׁ וַיֵּצֵא הָעֵגֶל
כה הַזֶּה׃ וַיַּרְא מֹשֶׁה אֶת־הָעָם כִּי פָרֻעַ הוּא כִּי־פְרָעֹה אַהֲרֹן
כו לְשִׁמְצָה בְּקָמֵיהֶם׃ וַיַּעֲמֹד מֹשֶׁה בְּשַׁעַר הַמַּחֲנֶה וַיֹּאמֶר מִי
כז לַיהוָה אֵלָי וַיֵּאָסְפוּ אֵלָיו כָּל־בְּנֵי לֵוִי׃ וַיֹּאמֶר לָהֶם כֹּה־אָמַר
יְהוָה אֱלֹהֵי יִשְׂרָאֵל שִׂימוּ אִישׁ־חַרְבּוֹ עַל־יְרֵכוֹ עִבְרוּ וָשׁוּבוּ
מִשַּׁעַר לָשַׁעַר בַּמַּחֲנֶה וְהִרְגוּ אִישׁ־אֶת־אָחִיו וְאִישׁ אֶת־רֵעֵהוּ
כח וְאִישׁ אֶת־קְרֹבוֹ׃ וַיַּעֲשׂוּ בְנֵי־לֵוִי כִּדְבַר מֹשֶׁה וַיִּפֹּל מִן־הָעָם
כט בַּיּוֹם הַהוּא כִּשְׁלֹשֶׁת אַלְפֵי אִישׁ׃ וַיֹּאמֶר מֹשֶׁה מִלְאוּ יֶדְכֶם
הַיּוֹם לַיהוָה כִּי אִישׁ בִּבְנוֹ וּבְאָחִיו וְלָתֵת עֲלֵיכֶם הַיּוֹם בְּרָכָה׃
ל וַיְהִי מִמָּחֳרָת וַיֹּאמֶר מֹשֶׁה אֶל־הָעָם אַתֶּם חֲטָאתֶם חֲטָאָה
גְדֹלָה וְעַתָּה אֶעֱלֶה אֶל־יְהוָה אוּלַי אֲכַפְּרָה בְּעַד חַטַּאתְכֶם׃
לא וַיָּשָׁב מֹשֶׁה אֶל־יְהוָה וַיֹּאמַר אָנָּא חָטָא הָעָם הַזֶּה חֲטָאָה גְדֹלָה
לב וַיַּעֲשׂוּ לָהֶם אֱלֹהֵי זָהָב׃ וְעַתָּה אִם־תִּשָּׂא חַטָּאתָם וְאִם־אַיִן
לג מְחֵנִי נָא מִסִּפְרְךָ אֲשֶׁר כָּתָבְתָּ׃ וַיֹּאמֶר יְהוָה אֶל־מֹשֶׁה מִי
לד אֲשֶׁר חָטָא־לִי אֶמְחֶנּוּ מִסִּפְרִי׃ וְעַתָּה לֵךְ נְחֵה אֶת־הָעָם אֶל
אֲשֶׁר־דִּבַּרְתִּי לָךְ הִנֵּה מַלְאָכִי יֵלֵךְ לְפָנֶיךָ וּבְיוֹם פָּקְדִי וּפָקַדְתִּי
לה עֲלֵיהֶם חַטָּאתָם׃ וַיִּגֹּף יְהוָה אֶת־הָעָם עַל אֲשֶׁר עָשׂוּ אֶת־
לג א הָעֵגֶל אֲשֶׁר עָשָׂה אַהֲרֹן׃ וַיְדַבֵּר יְהוָה אֶל־מֹשֶׁה
לֵךְ עֲלֵה מִזֶּה אַתָּה וְהָעָם אֲשֶׁר הֶעֱלִיתָ מֵאֶרֶץ מִצְרָיִם אֶל־
הָאָרֶץ אֲשֶׁר נִשְׁבַּעְתִּי לְאַבְרָהָם לְיִצְחָק וּלְיַעֲקֹב לֵאמֹר
ב לְזַרְעֲךָ אֶתְּנֶנָּה׃ וְשָׁלַחְתִּי לְפָנֶיךָ מַלְאָךְ וְגֵרַשְׁתִּי אֶת־הַכְּנַעֲנִי
ג הָאֱמֹרִי וְהַחִתִּי וְהַפְּרִזִּי הַחִוִּי וְהַיְבוּסִי׃ אֶל־אֶרֶץ זָבַת חָלָב
וּדְבָשׁ כִּי לֹא אֶעֱלֶה בְּקִרְבְּךָ כִּי עַם־קְשֵׁה־עֹרֶף אַתָּה פֶּן־
ד אֲכֶלְךָ בַּדָּרֶךְ׃ וַיִּשְׁמַע הָעָם אֶת־הַדָּבָר הָרָע הַזֶּה וַיִּתְאַבָּלוּ
ה וְלֹא־שָׁתוּ אִישׁ עֶדְיוֹ עָלָיו׃ וַיֹּאמֶר יְהוָה אֶל־מֹשֶׁה אֱמֹר אֶל־
בְּנֵי־יִשְׂרָאֵל אַתֶּם עַם־קְשֵׁה־עֹרֶף רֶגַע אֶחָד אֶעֱלֶה בְקִרְבְּךָ
וְכִלִּיתִיךָ וְעַתָּה הוֹרֵד עֶדְיְךָ מֵעָלֶיךָ וְאֵדְעָה מָה אֶעֱשֶׂה־לָּךְ׃

מארץ מצרים סרו מהר מן הדרך אשר צויתם עשו להם
עגל מסכה וישתחוו לו ויזבחו לו ויאמרו אלה אלהיך
ישראל אשר העלוך מארץ מצרים ויאמר יהוה אל משה
ראיתי את העם הזה והנה עם קשה ערף הוא ועתה הניחה
לי ויחר אפי בהם ואכלם ואעשה אותך לגוי גדול ויחל משה
את פני יהוה אלהיו ויאמר למה יהוה יחרה אפך בעמך אשר
הוצאת מארץ מצרים בכח גדול וביד חזקה למה יאמרו
מצרים לאמר ברעה הוציאם להרג אתם בהרים ולכלתם
מעל פני האדמה שוב מחרון אפך והנחם על הרעה לעמך
זכר לאברהם ליצחק ולישראל עבדיך אשר נשבעת להם
בך ותדבר אלהם ארבה את זרעכם ככוכבי השמים וכל
הארץ הזאת אשר אמרתי אתן לזרעכם ונחלו לעלם וינחם
יהוה על הרעה אשר דבר לעשות לעמו

ויפן וירד משה מן ההר ושני לחת העדת בידו לחת כתבים
משני עבריהם מזה ומזה הם כתבים והלחת מעשה אלהים
המה והמכתב מכתב אלהים הוא חרות על הלחת וישמע
יהושע את קול העם ברעה ויאמר אל משה קול מלחמה
במחנה ויאמר אין קול ענות גבורה ואין קול ענות חלושה
קול ענות אנכי שמע ויהי כאשר קרב אל המחנה וירא
את העגל ומחלת ויחר אף משה וישלך מידו את הלחת
וישבר אתם תחת ההר ויקח את העגל אשר עשו וישרף
באש ויטחן עד אשר דק ויזר על פני המים וישק את בני
ישראל ויאמר משה אל אהרן מה עשה לך העם הזה
כי הבאת עליו חטאה גדלה ויאמר אהרן אל יחר אף
אדני אתה ידעת את העם כי ברע הוא ויאמרו לי עשה
לנו אלהים אשר ילכו לפנינו כי זה משה האיש אשר
העלנו מארץ מצרים לא ידענו מה היה לו ואמר להם

ח מֵאֶ֥רֶץ מִצְרָֽיִם׃ סָ֣רוּ מַהֵ֗ר מִן־הַדֶּ֙רֶךְ֙ אֲשֶׁ֣ר צִוִּיתִ֔ם עָשׂ֣וּ לָהֶ֔ם
עֵ֖גֶל מַסֵּכָ֑ה וַיִּשְׁתַּחֲווּ־לוֹ֙ וַיִּזְבְּחוּ־ל֔וֹ וַיֹּ֣אמְר֔וּ אֵ֤לֶּה אֱלֹהֶ֙יךָ֙
ט יִשְׂרָאֵ֔ל אֲשֶׁ֥ר הֶעֱל֖וּךָ מֵאֶ֥רֶץ מִצְרָֽיִם׃ וַיֹּ֥אמֶר יְהוָ֖ה אֶל־מֹשֶׁ֑ה
י רָאִ֙יתִי֙ אֶת־הָעָ֣ם הַזֶּ֔ה וְהִנֵּ֥ה עַם־קְשֵׁה־עֹ֖רֶף הֽוּא׃ וְעַתָּה֙ הַנִּ֣יחָה
יא לִּ֔י וְיִֽחַר־אַפִּ֥י בָהֶ֖ם וַאֲכַלֵּ֑ם וְאֶֽעֱשֶׂ֥ה אוֹתְךָ֖ לְג֥וֹי גָּדֽוֹל׃ וַיְחַ֣ל מֹשֶׁ֔ה
אֶת־פְּנֵ֖י יְהוָ֣ה אֱלֹהָ֑יו וַיֹּ֗אמֶר לָמָ֤ה יְהוָה֙ יֶחֱרֶ֤ה אַפְּךָ֙ בְּעַמֶּ֔ךָ אֲשֶׁ֤ר
יב הוֹצֵ֙אתָ֙ מֵאֶ֣רֶץ מִצְרַ֔יִם בְּכֹ֥חַ גָּד֖וֹל וּבְיָ֥ד חֲזָקָֽה׃ לָ֩מָּה֩ יֹאמְר֨וּ
מִצְרַ֜יִם לֵאמֹ֗ר בְּרָעָ֤ה הֽוֹצִיאָם֙ לַהֲרֹ֤ג אֹתָם֙ בֶּֽהָרִ֔ים וּ֨לְכַלֹּתָ֔ם
מֵעַ֖ל פְּנֵ֣י הָאֲדָמָ֑ה שׁ֚וּב מֵחֲר֣וֹן אַפֶּ֔ךָ וְהִנָּחֵ֥ם עַל־הָרָעָ֖ה לְעַמֶּֽךָ׃
יג זְכֹ֡ר לְאַבְרָהָם֩ לְיִצְחָ֨ק וּלְיִשְׂרָאֵ֜ל עֲבָדֶ֗יךָ אֲשֶׁ֨ר נִשְׁבַּ֣עְתָּ לָהֶם֮
בָּךְ֒ וַתְּדַבֵּ֣ר אֲלֵהֶ֔ם אַרְבֶּה֙ אֶֽת־זַרְעֲכֶ֔ם כְּכוֹכְבֵ֖י הַשָּׁמָ֑יִם וְכָל־
יד הָאָ֨רֶץ הַזֹּ֜את אֲשֶׁ֣ר אָמַ֗רְתִּי אֶתֵּן֙ לְזַרְעֲכֶ֔ם וְנָחֲל֖וּ לְעֹלָֽם׃ וַיִּנָּ֖חֶם
יְהוָ֑ה עַל־הָ֣רָעָ֔ה אֲשֶׁ֥ר דִּבֶּ֖ר לַעֲשׂ֥וֹת לְעַמּֽוֹ׃

טו וַיִּ֜פֶן וַיֵּ֤רֶד מֹשֶׁה֙ מִן־הָהָ֔ר וּשְׁנֵ֛י לֻחֹ֥ת הָעֵדֻ֖ת בְּיָד֑וֹ לֻחֹ֗ת כְּתֻבִים֙ כה
טז מִשְּׁנֵ֣י עֶבְרֵיהֶ֔ם מִזֶּ֥ה וּמִזֶּ֖ה הֵ֥ם כְּתֻבִֽים׃ וְהַ֨לֻּחֹ֔ת מַעֲשֵׂ֥ה אֱלֹהִ֖ים
יז הֵ֑מָּה וְהַמִּכְתָּ֗ב מִכְתַּ֤ב אֱלֹהִים֙ ה֔וּא חָר֖וּת עַל־הַלֻּחֹֽת׃ וַיִּשְׁמַ֧ע
יְהוֹשֻׁ֛עַ אֶת־ק֥וֹל הָעָ֖ם בְּרֵעֹ֑ה וַיֹּ֙אמֶר֙ אֶל־מֹשֶׁ֔ה ק֥וֹל מִלְחָמָ֖ה
יח בַּֽמַּחֲנֶֽה׃ וַיֹּ֗אמֶר אֵ֥ין קוֹל֙ עֲנ֣וֹת גְּבוּרָ֔ה וְאֵ֥ין ק֖וֹל עֲנ֣וֹת חֲלוּשָׁ֑ה
יט ק֣וֹל עַנּ֔וֹת אָנֹכִ֖י שֹׁמֵֽעַ׃ וַיְהִ֗י כַּאֲשֶׁ֤ר קָרַב֙ אֶל־הַֽמַּחֲנֶ֔ה וַיַּ֥רְא
אֶת־הָעֵ֖גֶל וּמְחֹלֹ֑ת וַיִּֽחַר־אַ֣ף מֹשֶׁ֔ה וַיַּשְׁלֵ֤ךְ מִיָּדָו֙ אֶת־הַלֻּחֹ֔ת
כ וַיְשַׁבֵּ֥ר אֹתָ֖ם תַּ֥חַת הָהָֽר׃ וַיִּקַּ֞ח אֶת־הָעֵ֨גֶל אֲשֶׁ֤ר עָשׂוּ֙ וַיִּשְׂרֹ֣ף
בָּאֵ֔שׁ וַיִּטְחַ֖ן עַ֣ד אֲשֶׁר־דָּ֑ק וַיִּ֙זֶר֙ עַל־פְּנֵ֣י הַמַּ֔יִם וַיַּ֖שְׁקְ אֶת־בְּנֵ֥י
כא יִשְׂרָאֵֽל׃ וַיֹּ֤אמֶר מֹשֶׁה֙ אֶֽל־אַהֲרֹ֔ן מֶה־עָשָׂ֥ה לְךָ֖ הָעָ֣ם הַזֶּ֑ה
כב כִּֽי־הֵבֵ֥אתָ עָלָ֖יו חֲטָאָ֥ה גְדֹלָֽה׃ וַיֹּ֣אמֶר אַהֲרֹ֔ן אַל־יִ֥חַר אַ֖ף
כג אֲדֹנִ֑י אַתָּה֙ יָדַ֣עְתָּ אֶת־הָעָ֔ם כִּ֥י בְרָ֖ע הֽוּא׃ וַיֹּ֣אמְרוּ לִ֔י עֲשֵׂה־
לָ֣נוּ אֱלֹהִ֔ים אֲשֶׁ֥ר יֵלְכ֖וּ לְפָנֵ֑ינוּ כִּי־זֶ֣ה ׀ מֹשֶׁ֣ה הָאִ֗ישׁ אֲשֶׁ֤ר
כד הֶֽעֱלָ֙נוּ֙ מֵאֶ֣רֶץ מִצְרַ֔יִם לֹ֥א יָדַ֖עְנוּ מֶה־הָ֥יָה לֽוֹ׃ וָאֹמַ֣ר לָהֶ֗ם

בגדי הקדש לאהרן הכהן ואת בגדי בניו לכהן ואת שמן
המשחה ואת קטרת הסמים לקדש ככל אשר צויתך
יעשו
ויאמר יהוה אל משה לאמר ואתה דבר אל בני ישראל
לאמר אך את שבתתי תשמרו כי אות הוא ביני וביניכם
לדרתיכם לדעת כי אני יהוה מקדשכם ושמרתם את
השבת כי קדש הוא לכם מחלליה מות יומת כי כל העשה
בה מלאכה ונכרתה הנפש ההוא מקרב עמיה ששת ימים
יעשה מלאכה וביום השביעי שבת שבתון קדש ליהוה
כל העשה מלאכה ביום השבת מות יומת ושמרו
בני ישראל את השבת לעשות את השבת לדרתם ברית
עולם ביני ובין בני ישראל אות הוא לעלם כי ששת ימים
עשה יהוה את השמים ואת הארץ וביום השביעי שבת
וינפש ויתן אל משה ככלתו לדבר אתו
בהר סיני שני לחת העדת לחת אבן כתבים באצבע אלהים
וירא העם כי בשש משה לרדת מן ההר ויקהל העם על
אהרן ויאמרו אליו קום עשה לנו אלהים אשר ילכו לפנינו
כי זה משה האיש אשר העלנו מארץ מצרים לא ידענו
מה היה לו ויאמר אלהם אהרן פרקו נזמי הזהב אשר
באזני נשיכם בניכם ובנתיכם והביאו אלי ויתפרקו כל
העם את נזמי הזהב אשר באזניהם ויביאו אל אהרן ויקח
מידם ויצר אתו בחרט ויעשהו עגל מסכה ויאמרו אלה
אלהיך ישראל אשר העלוך מארץ מצרים וירא אהרן ויבן
מזבח לפניו ויקרא אהרן ויאמר חג ליהוה מחר וישכימו
ממחרת ויעלו עלת ויגשו שלמים וישב העם לאכל ושתו
ויקמו לצחק
וידבר יהוה אל משה לך רד כי שחת עמך אשר העלית

יא בִּגְדֵי הַקֹּדֶשׁ לְאַהֲרֹן הַכֹּהֵן וְאֶת־בִּגְדֵי בָנָיו לְכַהֵן׃ וְאֵת שֶׁמֶן
הַמִּשְׁחָה וְאֶת־קְטֹרֶת הַסַּמִּים לַקֹּדֶשׁ כְּכֹל אֲשֶׁר־צִוִּיתִךָ
יַעֲשׂוּ׃
יב יג וַיֹּאמֶר יהוה אֶל־מֹשֶׁה לֵּאמֹר׃ וְאַתָּה דַּבֵּר אֶל־בְּנֵי יִשְׂרָאֵל
לֵאמֹר אַךְ אֶת־שַׁבְּתֹתַי תִּשְׁמֹרוּ כִּי אוֹת הִוא בֵּינִי וּבֵינֵיכֶם
יד לְדֹרֹתֵיכֶם לָדַעַת כִּי אֲנִי יהוה מְקַדִּשְׁכֶם׃ וּשְׁמַרְתֶּם אֶת־
הַשַּׁבָּת כִּי קֹדֶשׁ הִוא לָכֶם מְחַלְלֶיהָ מוֹת יוּמָת כִּי כָּל־הָעֹשֶׂה
טו בָהּ מְלָאכָה וְנִכְרְתָה הַנֶּפֶשׁ הַהִוא מִקֶּרֶב עַמֶּיהָ׃ שֵׁשֶׁת יָמִים
יֵעָשֶׂה מְלָאכָה וּבַיּוֹם הַשְּׁבִיעִי שַׁבַּת שַׁבָּתוֹן קֹדֶשׁ לַיהוה
טז כָּל־הָעֹשֶׂה מְלָאכָה בְּיוֹם הַשַּׁבָּת מוֹת יוּמָת׃ וְשָׁמְרוּ
בְנֵי־יִשְׂרָאֵל אֶת־הַשַּׁבָּת לַעֲשׂוֹת אֶת־הַשַּׁבָּת לְדֹרֹתָם בְּרִית
יז עוֹלָם׃ בֵּינִי וּבֵין בְּנֵי יִשְׂרָאֵל אוֹת הִוא לְעֹלָם כִּי־שֵׁשֶׁת יָמִים
עָשָׂה יהוה אֶת־הַשָּׁמַיִם וְאֶת־הָאָרֶץ וּבַיּוֹם הַשְּׁבִיעִי שָׁבַת
יח וַיִּנָּפַשׁ׃ וַיִּתֵּן אֶל־מֹשֶׁה כְּכַלֹּתוֹ לְדַבֵּר אִתּוֹ שני
בְּהַר סִינַי שְׁנֵי לֻחֹת הָעֵדֻת לֻחֹת אֶבֶן כְּתֻבִים בְּאֶצְבַּע אֱלֹהִים׃
לב א וַיַּרְא הָעָם כִּי־בֹשֵׁשׁ מֹשֶׁה לָרֶדֶת מִן־הָהָר וַיִּקָּהֵל הָעָם עַל־
אַהֲרֹן וַיֹּאמְרוּ אֵלָיו קוּם ׀ עֲשֵׂה־לָנוּ אֱלֹהִים אֲשֶׁר יֵלְכוּ לְפָנֵינוּ
כִּי־זֶה ׀ מֹשֶׁה הָאִישׁ אֲשֶׁר הֶעֱלָנוּ מֵאֶרֶץ מִצְרַיִם לֹא יָדַעְנוּ
ב מֶה־הָיָה לוֹ׃ וַיֹּאמֶר אֲלֵהֶם אַהֲרֹן פָּרְקוּ נִזְמֵי הַזָּהָב אֲשֶׁר
ג בְּאָזְנֵי נְשֵׁיכֶם בְּנֵיכֶם וּבְנֹתֵיכֶם וְהָבִיאוּ אֵלָי׃ וַיִּתְפָּרְקוּ כָּל־
ד הָעָם אֶת־נִזְמֵי הַזָּהָב אֲשֶׁר בְּאָזְנֵיהֶם וַיָּבִיאוּ אֶל־אַהֲרֹן׃ וַיִּקַּח
מִיָּדָם וַיָּצַר אֹתוֹ בַּחֶרֶט וַיַּעֲשֵׂהוּ עֵגֶל מַסֵּכָה וַיֹּאמְרוּ אֵלֶּה
ה אֱלֹהֶיךָ יִשְׂרָאֵל אֲשֶׁר הֶעֱלוּךָ מֵאֶרֶץ מִצְרָיִם׃ וַיַּרְא אַהֲרֹן וַיִּבֶן
ו מִזְבֵּחַ לְפָנָיו וַיִּקְרָא אַהֲרֹן וַיֹּאמַר חַג לַיהוה מָחָר׃ וַיַּשְׁכִּימוּ
מִמָּחֳרָת וַיַּעֲלוּ עֹלֹת וַיַּגִּשׁוּ שְׁלָמִים וַיֵּשֶׁב הָעָם לֶאֱכֹל וְשָׁתוֹ
וַיָּקֻמוּ לְצַחֵק׃
ז וַיְדַבֵּר יהוה אֶל־מֹשֶׁה לֶךְ־רֵד כִּי שִׁחֵת עַמְּךָ אֲשֶׁר הֶעֱלֵיתָ

מרקחת מעשה רקח שמן משחת קדש יהיה ומשחת בו
את אהל מועד ואת ארון העדת ואת השלחן ואת כל
כליו ואת המנרה ואת כליה ואת מזבח הקטרת ואת
מזבח העלה ואת כל כליו ואת הכיר ואת כנו וקדשת
אתם והיו קדש קדשים כל הנגע בהם יקדש ואת אהרן
ואת בניו תמשח וקדשת אתם לכהן לי ואל בני ישראל
תדבר לאמר שמן משחת קדש יהיה זה לי לדרתיכם על
בשר אדם לא ייסך ובמתכנתו לא תעשו כמהו קדש הוא
קדש יהיה לכם איש אשר ירקח כמהו ואשר יתן ממנו
על זר ונכרת מעמיו ויאמר יהוה אל משה
קח לך סמים נטף ושחלת וחלבנה סמים ולבנה זכה בד
בבד יהיה ועשית אתה קטרת רקח מעשה רוקח ממלח
טהור קדש ושחקת ממנה הדק ונתתה ממנה לפני העדת
באהל מועד אשר אועד לך שמה קדש קדשים תהיה לכם
והקטרת אשר תעשה במתכנתה לא תעשו לכם קדש
תהיה לך ליהוה איש אשר יעשה כמוה להריח בה ונכרת
מעמיו וידבר יהוה אל משה לאמר ראה
קראתי בשם בצלאל בן אורי בן חור למטה יהודה ואמלא
אתו רוח אלהים בחכמה ובתבונה ובדעת ובכל מלאכה
לחשב מחשבת לעשות בזהב ובכסף ובנחשת ובחרשת
אבן למלאת ובחרשת עץ לעשות בכל מלאכה ואני הנה
נתתי אתו את אהליאב בן אחיסמך למטה דן ובלב כל
חכם לב נתתי חכמה ועשו את כל אשר צויתך את אהל
מועד ואת הארן לעדת ואת הכפרת אשר עליו ואת כל
כלי האהל ואת השלחן ואת כליו ואת המנרה הטהרה
ואת כל כליה ואת מזבח הקטרת ואת מזבח העלה
ואת כל כליו ואת הכיור ואת כנו ואת בגדי השרד ואת

כו מִרְקַחַת מַעֲשֵׂה רֹקֵחַ שֶׁמֶן מִשְׁחַת־קֹדֶשׁ יִהְיֶה: וּמָשַׁחְתָּ בוֹ
כז אֶת־אֹהֶל מוֹעֵד וְאֵת אֲרוֹן הָעֵדֻת: וְאֶת־הַשֻּׁלְחָן וְאֶת־כָּל־
כח כֵּלָיו וְאֶת־הַמְּנֹרָה וְאֶת־כֵּלֶיהָ וְאֵת מִזְבַּח הַקְּטֹרֶת: וְאֶת־
כט מִזְבַּח הָעֹלָה וְאֶת־כָּל־כֵּלָיו וְאֶת־הַכִּיֹּר וְאֶת־כַּנּוֹ: וְקִדַּשְׁתָּ
ל אֹתָם וְהָיוּ קֹדֶשׁ קָדָשִׁים כָּל־הַנֹּגֵעַ בָּהֶם יִקְדָּשׁ: וְאֶת־אַהֲרֹן
לא וְאֶת־בָּנָיו תִּמְשָׁח וְקִדַּשְׁתָּ אֹתָם לְכַהֵן לִי: וְאֶל־בְּנֵי יִשְׂרָאֵל
לב תְּדַבֵּר לֵאמֹר שֶׁמֶן מִשְׁחַת־קֹדֶשׁ יִהְיֶה זֶה לִי לְדֹרֹתֵיכֶם: עַל־
בְּשַׂר אָדָם לֹא יִיסָךְ וּבְמַתְכֻּנְתּוֹ לֹא תַעֲשׂוּ כָּמֹהוּ קֹדֶשׁ הוּא
לג קֹדֶשׁ יִהְיֶה לָכֶם: אִישׁ אֲשֶׁר יִרְקַח כָּמֹהוּ וַאֲשֶׁר יִתֵּן מִמֶּנּוּ
לד עַל־זָר וְנִכְרַת מֵעַמָּיו: וַיֹּאמֶר יְהוָה אֶל־מֹשֶׁה
קַח־לְךָ סַמִּים נָטָף ׀ וּשְׁחֵלֶת וְחֶלְבְּנָה סַמִּים וּלְבֹנָה זַכָּה בַּד
לה בְּבַד יִהְיֶה: וְעָשִׂיתָ אֹתָהּ קְטֹרֶת רֹקַח מַעֲשֵׂה רוֹקֵחַ מְמֻלָּח
לו טָהוֹר קֹדֶשׁ: וְשָׁחַקְתָּ מִמֶּנָּה הָדֵק וְנָתַתָּה מִמֶּנָּה לִפְנֵי הָעֵדֻת
בְּאֹהֶל מוֹעֵד אֲשֶׁר אִוָּעֵד לְךָ שָׁמָּה קֹדֶשׁ קָדָשִׁים תִּהְיֶה לָכֶם:
לז וְהַקְּטֹרֶת אֲשֶׁר תַּעֲשֶׂה בְּמַתְכֻּנְתָּהּ לֹא תַעֲשׂוּ לָכֶם קֹדֶשׁ
לח תִּהְיֶה לְךָ לַיהוָה: אִישׁ אֲשֶׁר־יַעֲשֶׂה כָמוֹהָ לְהָרִיחַ בָּהּ וְנִכְרַת
לא א ב מֵעַמָּיו: וַיְדַבֵּר יְהוָה אֶל־מֹשֶׁה לֵּאמֹר: רְאֵה כד
ג קָרָאתִי בְשֵׁם בְּצַלְאֵל בֶּן־אוּרִי בֶן־חוּר לְמַטֵּה יְהוּדָה: וָאֲמַלֵּא
אֹתוֹ רוּחַ אֱלֹהִים בְּחָכְמָה וּבִתְבוּנָה וּבְדַעַת וּבְכָל־מְלָאכָה:
ד ה לַחְשֹׁב מַחֲשָׁבֹת לַעֲשׂוֹת בַּזָּהָב וּבַכֶּסֶף וּבַנְּחֹשֶׁת: וּבַחֲרֹשֶׁת
ו אֶבֶן לְמַלֹּאת וּבַחֲרֹשֶׁת עֵץ לַעֲשׂוֹת בְּכָל־מְלָאכָה: וַאֲנִי הִנֵּה
נָתַתִּי אִתּוֹ אֵת אָהֳלִיאָב בֶּן־אֲחִיסָמָךְ לְמַטֵּה־דָן וּבְלֵב כָּל־
ז חֲכַם־לֵב נָתַתִּי חָכְמָה וְעָשׂוּ אֵת כָּל־אֲשֶׁר צִוִּיתִךָ: אֵת ׀ אֹהֶל
מוֹעֵד וְאֶת־הָאָרֹן לָעֵדֻת וְאֶת־הַכַּפֹּרֶת אֲשֶׁר עָלָיו וְאֵת כָּל־
ח כְּלֵי הָאֹהֶל: וְאֶת־הַשֻּׁלְחָן וְאֶת־כֵּלָיו וְאֶת־הַמְּנֹרָה הַטְּהֹרָה
ט וְאֶת־כָּל־כֵּלֶיהָ וְאֵת מִזְבַּח הַקְּטֹרֶת: וְאֶת־מִזְבַּח הָעֹלָה
י וְאֶת־כָּל־כֵּלָיו וְאֶת־הַכִּיּוֹר וְאֶת־כַּנּוֹ: וְאֵת בִּגְדֵי הַשְּׂרָד וְאֶת־

ארן העדת לפני הכפרת אשר על העדת אשר אועד לך
שמה והקטיר עליו אהרן קטרת סמים בבקר בבקר בהיטיבו
את הנרת יקטירנה ובהעלת אהרן את הנרת בין הערבים
יקטירנה קטרת תמיד לפני יהוה לדרתיכם לא תעלו עליו
קטרת זרה ועלה ומנחה ונסך לא תסכו עליו וכפר אהרן
על קרנתיו אחת בשנה מדם חטאת הכפרים אחת בשנה
יכפר עליו לדרתיכם קדש קדשים הוא ליהוה
וידבר יהוה אל משה לאמר כי תשא את ראש בני ישראל
לפקדיהם ונתנו איש כפר נפשו ליהוה בפקד אתם ולא
יהיה בהם נגף בפקד אתם זה יתנו כל העבר על הפקדים
מחצית השקל בשקל הקדש עשרים גרה השקל מחצית
השקל תרומה ליהוה כל העבר על הפקדים מבן עשרים
שנה ומעלה יתן תרומת יהוה העשיר לא ירבה והדל לא
ימעיט ממחצית השקל לתת את תרומת יהוה לכפר על
נפשתיכם ולקחת את כסף הכפרים מאת בני ישראל ונתת
אתו על עבדת אהל מועד והיה לבני ישראל לזכרון לפני
יהוה לכפר על נפשתיכם
וידבר יהוה אל משה לאמר ועשית כיור נחשת וכנו נחשת
לרחצה ונתת אתו בין אהל מועד ובין המזבח ונתת שמה
מים ורחצו אהרן ובניו ממנו את ידיהם ואת רגליהם בבאם
אל אהל מועד ירחצו מים ולא ימתו או בגשתם אל המזבח
לשרת להקטיר אשה ליהוה ורחצו ידיהם ורגליהם ולא
ימתו והיתה להם חק עולם לו ולזרעו לדרתם
וידבר יהוה אל משה לאמר ואתה קח לך בשמים ראש
מר דרור חמש מאות וקנמן בשם מחציתו חמשים ומאתים
וקנה בשם חמשים ומאתים וקדה חמש מאות בשקל
הקדש ושמן זית הין ועשית אתו שמן משחת קדש רקח

אֲרֹן הָעֵדֻת לִפְנֵי הַכַּפֹּרֶת אֲשֶׁר עַל־הָעֵדֻת אֲשֶׁר אִוָּעֵד לְךָ
ז שָׁמָּה׃ וְהִקְטִיר עָלָיו אַהֲרֹן קְטֹרֶת סַמִּים בַּבֹּקֶר בַּבֹּקֶר בְּהֵיטִיבוֹ ✶
ח אֶת־הַנֵּרֹת יַקְטִירֶנָּה׃ וּבְהַעֲלֹת אַהֲרֹן אֶת־הַנֵּרֹת בֵּין הָעַרְבַּיִם מפטיר
ט יַקְטִירֶנָּה קְטֹרֶת תָּמִיד לִפְנֵי יהוה לְדֹרֹתֵיכֶם׃ לֹא־תַעֲלוּ עָלָיו
י קְטֹרֶת זָרָה וְעֹלָה וּמִנְחָה וְנֵסֶךְ לֹא תִסְּכוּ עָלָיו׃ וְכִפֶּר אַהֲרֹן
עַל־קַרְנֹתָיו אַחַת בַּשָּׁנָה מִדַּם חַטַּאת הַכִּפֻּרִים אַחַת בַּשָּׁנָה
יְכַפֵּר עָלָיו לְדֹרֹתֵיכֶם קֹדֶשׁ־קָדָשִׁים הוּא לַיהוה׃
יא יב וַיְדַבֵּר יהוה אֶל־מֹשֶׁה לֵּאמֹר׃ כִּי תִשָּׂא אֶת־רֹאשׁ בְּנֵי־יִשְׂרָאֵל כי תשא
לִפְקֻדֵיהֶם וְנָתְנוּ אִישׁ כֹּפֶר נַפְשׁוֹ לַיהוה בִּפְקֹד אֹתָם וְלֹא־
יג יִהְיֶה בָהֶם נֶגֶף בִּפְקֹד אֹתָם׃ זֶה ׀ יִתְּנוּ כָּל־הָעֹבֵר עַל־הַפְּקֻדִים
מַחֲצִית הַשֶּׁקֶל בְּשֶׁקֶל הַקֹּדֶשׁ עֶשְׂרִים גֵּרָה הַשֶּׁקֶל מַחֲצִית
יד הַשֶּׁקֶל תְּרוּמָה לַיהוה׃ כֹּל הָעֹבֵר עַל־הַפְּקֻדִים מִבֶּן עֶשְׂרִים
טו שָׁנָה וָמָעְלָה יִתֵּן תְּרוּמַת יהוה׃ הֶעָשִׁיר לֹא־יַרְבֶּה וְהַדַּל לֹא
יַמְעִיט מִמַּחֲצִית הַשָּׁקֶל לָתֵת אֶת־תְּרוּמַת יהוה לְכַפֵּר עַל־
טז נַפְשֹׁתֵיכֶם׃ וְלָקַחְתָּ אֶת־כֶּסֶף הַכִּפֻּרִים מֵאֵת בְּנֵי יִשְׂרָאֵל וְנָתַתָּ
אֹתוֹ עַל־עֲבֹדַת אֹהֶל מוֹעֵד וְהָיָה לִבְנֵי יִשְׂרָאֵל לְזִכָּרוֹן לִפְנֵי
יהוה לְכַפֵּר עַל־נַפְשֹׁתֵיכֶם׃
יז יח וַיְדַבֵּר יהוה אֶל־מֹשֶׁה לֵּאמֹר׃ וְעָשִׂיתָ כִּיּוֹר נְחֹשֶׁת וְכַנּוֹ נְחֹשֶׁת
לְרָחְצָה וְנָתַתָּ אֹתוֹ בֵּין־אֹהֶל מוֹעֵד וּבֵין הַמִּזְבֵּחַ וְנָתַתָּ שָׁמָּה
יט כ מָיִם׃ וְרָחֲצוּ אַהֲרֹן וּבָנָיו מִמֶּנּוּ אֶת־יְדֵיהֶם וְאֶת־רַגְלֵיהֶם׃ בְּבֹאָם
אֶל־אֹהֶל מוֹעֵד יִרְחֲצוּ־מַיִם וְלֹא יָמֻתוּ אוֹ בְגִשְׁתָּם אֶל־הַמִּזְבֵּחַ
כא לְשָׁרֵת לְהַקְטִיר אִשֶּׁה לַיהוה׃ וְרָחֲצוּ יְדֵיהֶם וְרַגְלֵיהֶם וְלֹא
יָמֻתוּ וְהָיְתָה לָהֶם חָק־עוֹלָם לוֹ וּלְזַרְעוֹ לְדֹרֹתָם׃
כב כג וַיְדַבֵּר יהוה אֶל־מֹשֶׁה לֵּאמֹר׃ וְאַתָּה קַח־לְךָ בְּשָׂמִים רֹאשׁ
מָר־דְּרוֹר חֲמֵשׁ מֵאוֹת וְקִנְּמָן־בֶּשֶׂם מַחֲצִיתוֹ חֲמִשִּׁים וּמָאתָיִם
כד וּקְנֵה־בֹשֶׂם חֲמִשִּׁים וּמָאתָיִם׃ וְקִדָּה חֲמֵשׁ מֵאוֹת בְּשֶׁקֶל
כה הַקֹּדֶשׁ וְשֶׁמֶן זַיִת הִין׃ וְעָשִׂיתָ אֹתוֹ שֶׁמֶן מִשְׁחַת־קֹדֶשׁ רֹקַח

את ידם לקדש אתם וזר לא יאכל כי קדש הם ואם
יותר מבשר המלאים ומן הלחם עד הבקר ושרפת את
הנותר באש לא יאכל כי קדש הוא ועשית לאהרן ולבניו
ככה ככל אשר צויתי אתכה שבעת ימים תמלא ידם ופר
חטאת תעשה ליום על הכפרים וחטאת על המזבח בכפרך
עליו ומשחת אתו לקדשו שבעת ימים תכפר על המזבח
וקדשת אתו והיה המזבח קדש קדשים כל הנגע במזבח
יקדש וזה אשר תעשה על המזבח כבשים
בני שנה שנים ליום תמיד את הכבש האחד תעשה
בבקר ואת הכבש השני תעשה בין הערבים ועשרן סלת
בלול בשמן כתית רבע ההין ונסך רביעת ההין יין לכבש
האחד ואת הכבש השני תעשה בין הערבים כמנחת
הבקר וכנסכה תעשה לה לריח ניחח אשה ליהוה עלת
תמיד לדרתיכם פתח אהל מועד לפני יהוה אשר אועד
לכם שמה לדבר אליך שם ונעדתי שמה לבני ישראל
ונקדש בכבדי וקדשתי את אהל מועד ואת המזבח
ואת אהרן ואת בניו אקדש לכהן לי ושכנתי בתוך בני
ישראל והייתי להם לאלהים וידעו כי אני יהוה אלהיהם
אשר הוצאתי אתם מארץ מצרים לשכני בתוכם אני יהוה
אלהיהם

ועשית מזבח מקטר קטרת עצי שטים תעשה אתו אמה
ארכו ואמה רחבו רבוע יהיה ואמתים קמתו ממנו קרנתיו
וצפית אתו זהב טהור את גגו ואת קירתיו סביב ואת
קרנתיו ועשית לו זר זהב סביב ושתי טבעת זהב תעשה
לו מתחת לזרו על שתי צלעתיו תעשה על שני צדיו והיה
לבתים לבדים לשאת אתו בהמה ועשית את הבדים עצי
שטים וצפית אתם זהב ונתתה אתו לפני הפרכת אשר על

לד אֶת־יָדָם לְקַדֵּשׁ אֹתָם וְזָר לֹא־יֹאכַל כִּי־קֹדֶשׁ הֵם׃ וְאִם־ ★
יִוָּתֵר מִבְּשַׂר הַמִּלֻּאִים וּמִן־הַלֶּחֶם עַד־הַבֹּקֶר וְשָׂרַפְתָּ אֶת־
לה הַנּוֹתָר בָּאֵשׁ לֹא יֵאָכֵל כִּי־קֹדֶשׁ הוּא׃ וְעָשִׂיתָ לְאַהֲרֹן וּלְבָנָיו
לו כָּכָה כְּכֹל אֲשֶׁר־צִוִּיתִי אֹתָכָה שִׁבְעַת יָמִים תְּמַלֵּא יָדָם׃ וּפַר
חַטָּאת תַּעֲשֶׂה לַיּוֹם עַל־הַכִּפֻּרִים וְחִטֵּאתָ עַל־הַמִּזְבֵּחַ בְּכַפֶּרְךָ
לז עָלָיו וּמָשַׁחְתָּ אֹתוֹ לְקַדְּשׁוֹ׃ שִׁבְעַת יָמִים תְּכַפֵּר עַל־הַמִּזְבֵּחַ
וְקִדַּשְׁתָּ אֹתוֹ וְהָיָה הַמִּזְבֵּחַ קֹדֶשׁ קָדָשִׁים כָּל־הַנֹּגֵעַ בַּמִּזְבֵּחַ
לח יִקְדָּשׁ׃ וְזֶה אֲשֶׁר תַּעֲשֶׂה עַל־הַמִּזְבֵּחַ כְּבָשִׂים ששי
לט בְּנֵי־שָׁנָה שְׁנַיִם לַיּוֹם תָּמִיד׃ אֶת־הַכֶּבֶשׂ הָאֶחָד תַּעֲשֶׂה
מ בַבֹּקֶר וְאֵת הַכֶּבֶשׂ הַשֵּׁנִי תַּעֲשֶׂה בֵּין הָעַרְבָּיִם׃ וְעִשָּׂרֹן סֹלֶת
בָּלוּל בְּשֶׁמֶן כָּתִית רֶבַע הַהִין וְנֵסֶךְ רְבִיעִת הַהִין יָיִן לַכֶּבֶשׂ
מא הָאֶחָד׃ וְאֵת הַכֶּבֶשׂ הַשֵּׁנִי תַּעֲשֶׂה בֵּין הָעַרְבָּיִם כְּמִנְחַת
מב הַבֹּקֶר וּכְנִסְכָּהּ תַּעֲשֶׂה־לָּהּ לְרֵיחַ נִיחֹחַ אִשֶּׁה לַיהוָה׃ עֹלַת
תָּמִיד לְדֹרֹתֵיכֶם פֶּתַח אֹהֶל־מוֹעֵד לִפְנֵי יהוָה אֲשֶׁר אִוָּעֵד
מג לָכֶם שָׁמָּה לְדַבֵּר אֵלֶיךָ שָׁם׃ וְנֹעַדְתִּי שָׁמָּה לִבְנֵי יִשְׂרָאֵל ★
מד וְנִקְדַּשׁ בִּכְבֹדִי׃ וְקִדַּשְׁתִּי אֶת־אֹהֶל מוֹעֵד וְאֶת־הַמִּזְבֵּחַ
מה וְאֶת־אַהֲרֹן וְאֶת־בָּנָיו אֲקַדֵּשׁ לְכַהֵן לִי׃ וְשָׁכַנְתִּי בְּתוֹךְ בְּנֵי
מו יִשְׂרָאֵל וְהָיִיתִי לָהֶם לֵאלֹהִים׃ וְיָדְעוּ כִּי אֲנִי יהוָה אֱלֹהֵיהֶם
אֲשֶׁר הוֹצֵאתִי אֹתָם מֵאֶרֶץ מִצְרַיִם לְשָׁכְנִי בְתוֹכָם אֲנִי יהוָה
אֱלֹהֵיהֶם׃

ל א ב וְעָשִׂיתָ מִזְבֵּחַ מִקְטַר קְטֹרֶת עֲצֵי שִׁטִּים תַּעֲשֶׂה אֹתוֹ׃ אַמָּה כג שביעי
אָרְכּוֹ וְאַמָּה רָחְבּוֹ רָבוּעַ יִהְיֶה וְאַמָּתַיִם קֹמָתוֹ מִמֶּנּוּ קַרְנֹתָיו׃
ג וְצִפִּיתָ אֹתוֹ זָהָב טָהוֹר אֶת־גַּגּוֹ וְאֶת־קִירֹתָיו סָבִיב וְאֶת־
ד קַרְנֹתָיו וְעָשִׂיתָ לּוֹ זֵר זָהָב סָבִיב׃ וּשְׁתֵּי טַבְּעֹת זָהָב תַּעֲשֶׂה־
לּוֹ מִתַּחַת לְזֵרוֹ עַל שְׁתֵּי צַלְעֹתָיו תַּעֲשֶׂה עַל־שְׁנֵי צִדָּיו וְהָיָה
ה לְבָתִּים לְבַדִּים לָשֵׂאת אֹתוֹ בָּהֵמָּה׃ וְעָשִׂיתָ אֶת־הַבַּדִּים עֲצֵי
ו שִׁטִּים וְצִפִּיתָ אֹתָם זָהָב׃ וְנָתַתָּה אֹתוֹ לִפְנֵי הַפָּרֹכֶת אֲשֶׁר עַל־

ועל ראשו והקטרת את כל האיל המזבחה עלה הוא
ליהוה ריח ניחוח אשה ליהוה הוא ולקחת את האיל השני
וסמך אהרן ובניו את ידיהם על ראש האיל ושחטת את
האיל ולקחת מדמו ונתתה על תנוך אזן אהרן ועל תנוך
אזן בניו הימנית ועל בהן ידם הימנית ועל בהן רגלם
הימנית וזרקת את הדם על המזבח סביב ולקחת מן הדם
אשר על המזבח ומשמן המשחה והזית על אהרן ועל
בגדיו ועל בניו ועל בגדי בניו אתו וקדש הוא ובגדיו ובניו
ובגדי בניו אתו ולקחת מן האיל החלב והאליה ואת
החלב המכסה את הקרב ואת יתרת הכבד ואת שתי
הכלית ואת החלב אשר עליהן ואת שוק הימין כי איל
מלאים הוא וככר לחם אחת וחלת לחם שמן אחת ורקיק
אחד מסל המצות אשר לפני יהוה ושמת הכל על כפי
אהרן ועל כפי בניו והנפת אתם תנופה לפני יהוה ולקחת
אתם מידם והקטרת המזבחה על העלה לריח ניחוח לפני
יהוה אשה הוא ליהוה ולקחת את החזה מאיל המלאים
אשר לאהרן והנפת אתו תנופה לפני יהוה והיה לך למנה
וקדשת את חזה התנופה ואת שוק התרומה אשר הונף
ואשר הורם מאיל המלאים מאשר לאהרן ומאשר לבניו
והיה לאהרן ולבניו לחק עולם מאת בני ישראל כי תרומה
הוא ותרומה יהיה מאת בני ישראל מזבחי שלמיהם
תרומתם ליהוה ובגדי הקדש אשר לאהרן יהיו לבניו
אחריו למשחה בהם ולמלא בם את ידם שבעת ימים
ילבשם הכהן תחתיו מבניו אשר יבא אל אהל מועד לשרת
בקדש ואת איל המלאים תקח ובשלת את בשרו במקם
קדש ואכל אהרן ובניו את בשר האיל ואת הלחם אשר
בסל פתח אהל מועד ואכלו אתם אשר כפר בהם למלא

יח וְעַל־רֹאשׁוֹ׃ וְהִקְטַרְתָּ אֶת־כָּל־הָאַיִל הַמִּזְבֵּחָה עֹלָה הוּא
יט לַיהוָה רֵיחַ נִיחוֹחַ אִשֶּׁה לַיהוָה הוּא׃ וְלָקַחְתָּ אֵת הָאַיִל הַשֵּׁנִי חמישי
כ וְסָמַךְ אַהֲרֹן וּבָנָיו אֶת־יְדֵיהֶם עַל־רֹאשׁ הָאָיִל׃ וְשָׁחַטְתָּ אֶת־
הָאַיִל וְלָקַחְתָּ מִדָּמוֹ וְנָתַתָּה עַל־תְּנוּךְ אֹזֶן אַהֲרֹן וְעַל־תְּנוּךְ
אֹזֶן בָּנָיו הַיְמָנִית וְעַל־בֹּהֶן יָדָם הַיְמָנִית וְעַל־בֹּהֶן רַגְלָם
כא הַיְמָנִית וְזָרַקְתָּ אֶת־הַדָּם עַל־הַמִּזְבֵּחַ סָבִיב׃ וְלָקַחְתָּ מִן־הַדָּם
אֲשֶׁר עַל־הַמִּזְבֵּחַ וּמִשֶּׁמֶן הַמִּשְׁחָה וְהִזֵּיתָ עַל־אַהֲרֹן וְעַל־
בְּגָדָיו וְעַל־בָּנָיו וְעַל־בִּגְדֵי בָנָיו אִתּוֹ וְקָדַשׁ הוּא וּבְגָדָיו וּבָנָיו
כב וּבִגְדֵי בָנָיו אִתּוֹ׃ וְלָקַחְתָּ מִן־הָאַיִל הַחֵלֶב וְהָאַלְיָה וְאֶת־ ✶
הַחֵלֶב ׀ הַמְכַסֶּה אֶת־הַקֶּרֶב וְאֵת יֹתֶרֶת הַכָּבֵד וְאֵת ׀ שְׁתֵּי
הַכְּלָיֹת וְאֶת־הַחֵלֶב אֲשֶׁר עֲלֵיהֶן וְאֵת שׁוֹק הַיָּמִין כִּי אֵיל
כג מִלֻּאִים הוּא׃ וְכִכַּר לֶחֶם אַחַת וְחַלַּת לֶחֶם שֶׁמֶן אַחַת וְרָקִיק
כד אֶחָד מִסַּל הַמַּצּוֹת אֲשֶׁר לִפְנֵי יְהוָה׃ וְשַׂמְתָּ הַכֹּל עַל כַּפֵּי
כה אַהֲרֹן וְעַל כַּפֵּי בָנָיו וְהֵנַפְתָּ אֹתָם תְּנוּפָה לִפְנֵי יְהוָה׃ וְלָקַחְתָּ
אֹתָם מִיָּדָם וְהִקְטַרְתָּ הַמִּזְבֵּחָה עַל־הָעֹלָה לְרֵיחַ נִיחוֹחַ לִפְנֵי
כו יְהוָה אִשֶּׁה הוּא לַיהוָה׃ וְלָקַחְתָּ אֶת־הֶחָזֶה מֵאֵיל הַמִּלֻּאִים ✶
אֲשֶׁר לְאַהֲרֹן וְהֵנַפְתָּ אֹתוֹ תְּנוּפָה לִפְנֵי יְהוָה וְהָיָה לְךָ לְמָנָה׃
כז וְקִדַּשְׁתָּ אֵת ׀ חֲזֵה הַתְּנוּפָה וְאֵת שׁוֹק הַתְּרוּמָה אֲשֶׁר הוּנַף
וַאֲשֶׁר הוּרָם מֵאֵיל הַמִּלֻּאִים מֵאֲשֶׁר לְאַהֲרֹן וּמֵאֲשֶׁר לְבָנָיו׃
כח וְהָיָה לְאַהֲרֹן וּלְבָנָיו לְחָק־עוֹלָם מֵאֵת בְּנֵי יִשְׂרָאֵל כִּי תְרוּמָה
הוּא וּתְרוּמָה יִהְיֶה מֵאֵת בְּנֵי־יִשְׂרָאֵל מִזִּבְחֵי שַׁלְמֵיהֶם
כט תְּרוּמָתָם לַיהוָה׃ וּבִגְדֵי הַקֹּדֶשׁ אֲשֶׁר לְאַהֲרֹן יִהְיוּ לְבָנָיו ✶
ל אַחֲרָיו לְמָשְׁחָה בָהֶם וּלְמַלֵּא־בָם אֶת־יָדָם׃ שִׁבְעַת יָמִים
יִלְבָּשָׁם הַכֹּהֵן תַּחְתָּיו מִבָּנָיו אֲשֶׁר יָבֹא אֶל־אֹהֶל מוֹעֵד לְשָׁרֵת
לא בַּקֹּדֶשׁ׃ וְאֵת אֵיל הַמִּלֻּאִים תִּקָּח וּבִשַּׁלְתָּ אֶת־בְּשָׂרוֹ בְּמָקֹם
לב קָדֹשׁ׃ וְאָכַל אַהֲרֹן וּבָנָיו אֶת־בְּשַׂר הָאַיִל וְאֶת־הַלֶּחֶם אֲשֶׁר
לג בַּסָּל פֶּתַח אֹהֶל מוֹעֵד׃ וְאָכְלוּ אֹתָם אֲשֶׁר כֻּפַּר בָּהֶם לְמַלֵּא

וכהנו לי ועשה להם מכנסי בד לכסות בשר ערוה ממתנים
ועד ירכים יהיו והיו על אהרן ועל בניו בבאם אל אהל
מועד או בגשתם אל המזבח לשרת בקדש ולא ישאו עון
ומתו חקת עולם לו ולזרעו אחריו וזה הדבר
אשר תעשה להם לקדש אתם לכהן לי לקח פר אחד בן
בקר ואילם שנים תמימם ולחם מצות וחלת מצת בלולת
בשמן ורקיקי מצות משחים בשמן סלת חטים תעשה אתם
ונתת אותם על סל אחד והקרבת אתם בסל ואת הפר
ואת שני האילם ואת אהרן ואת בניו תקריב אל פתח אהל
מועד ורחצת אתם במים ולקחת את הבגדים והלבשת
את אהרן את הכתנת ואת מעיל האפד ואת האפד ואת
החשן ואפדת לו בחשב האפד ושמת המצנפת על ראשו
ונתת את נזר הקדש על המצנפת ולקחת את שמן
המשחה ויצקת על ראשו ומשחת אתו ואת בניו תקריב
והלבשתם כתנת וחגרת אתם אבנט אהרן ובניו וחבשת
להם מגבעת והיתה להם כהנה לחקת עולם ומלאת יד
אהרן ויד בניו והקרבת את הפר לפני אהל מועד וסמך
אהרן ובניו את ידיהם על ראש הפר ושחטת את הפר
לפני יהוה פתח אהל מועד ולקחת מדם הפר ונתתה על
קרנת המזבח באצבעך ואת כל הדם תשפך אל יסוד
המזבח ולקחת את כל החלב המכסה את הקרב ואת
היתרת על הכבד ואת שתי הכלית ואת החלב אשר עליהן
והקטרת המזבחה ואת בשר הפר ואת ערו ואת פרשו
תשרף באש מחוץ למחנה חטאת הוא ואת האיל האחד
תקח וסמכו אהרן ובניו את ידיהם על ראש האיל ושחטת
את האיל ולקחת את דמו וזרקת על המזבח סביב ואת
האיל תנתח לנתחיו ורחצת קרבו וכרעיו ונתת על נתחיו

מב וּכְהַנּוּ־לִי: וַעֲשֵׂה לָהֶם מִכְנְסֵי־בָד לְכַסּוֹת בְּשַׂר עֶרְוָה מִמָּתְנַיִם
מג וְעַד־יְרֵכַיִם יִהְיוּ: וְהָיוּ עַל־אַהֲרֹן וְעַל־בָּנָיו בְּבֹאָם ׀ אֶל־אֹהֶל
מוֹעֵד אוֹ בְגִשְׁתָּם אֶל־הַמִּזְבֵּחַ לְשָׁרֵת בַּקֹּדֶשׁ וְלֹא־יִשְׂאוּ עָוֺן
כט א וָמֵתוּ חֻקַּת עוֹלָם לוֹ וּלְזַרְעוֹ אַחֲרָיו: וְזֶה הַדָּבָר כב רביעי
אֲשֶׁר תַּעֲשֶׂה לָהֶם לְקַדֵּשׁ אֹתָם לְכַהֵן לִי לְקַח פַּר אֶחָד בֶּן־
ב בָּקָר וְאֵילִם שְׁנַיִם תְּמִימִם: וְלֶחֶם מַצּוֹת וְחַלֹּת מַצֹּת בְּלוּלֹת
בַּשֶּׁמֶן וּרְקִיקֵי מַצּוֹת מְשֻׁחִים בַּשָּׁמֶן סֹלֶת חִטִּים תַּעֲשֶׂה אֹתָם:
ג וְנָתַתָּ אוֹתָם עַל־סַל אֶחָד וְהִקְרַבְתָּ אֹתָם בַּסָּל וְאֶת־הַפָּר
ד וְאֵת שְׁנֵי הָאֵילִם: וְאֶת־אַהֲרֹן וְאֶת־בָּנָיו תַּקְרִיב אֶל־פֶּתַח אֹהֶל *
ה מוֹעֵד וְרָחַצְתָּ אֹתָם בַּמָּיִם: וְלָקַחְתָּ אֶת־הַבְּגָדִים וְהִלְבַּשְׁתָּ
אֶת־אַהֲרֹן אֶת־הַכֻּתֹּנֶת וְאֵת מְעִיל הָאֵפֹד וְאֶת־הָאֵפֹד וְאֶת־
ו הַחֹשֶׁן וְאָפַדְתָּ לוֹ בְּחֵשֶׁב הָאֵפֹד: וְשַׂמְתָּ הַמִּצְנֶפֶת עַל־רֹאשׁוֹ
ז וְנָתַתָּ אֶת־נֵזֶר הַקֹּדֶשׁ עַל־הַמִּצְנָפֶת: וְלָקַחְתָּ אֶת־שֶׁמֶן
ח הַמִּשְׁחָה וְיָצַקְתָּ עַל־רֹאשׁוֹ וּמָשַׁחְתָּ אֹתוֹ: וְאֶת־בָּנָיו תַּקְרִיב *
ט וְהִלְבַּשְׁתָּם כֻּתֳּנֹת: וְחָגַרְתָּ אֹתָם אַבְנֵט אַהֲרֹן וּבָנָיו וְחָבַשְׁתָּ
לָהֶם מִגְבָּעֹת וְהָיְתָה לָהֶם כְּהֻנָּה לְחֻקַּת עוֹלָם וּמִלֵּאתָ יַד־
י אַהֲרֹן וְיַד־בָּנָיו: וְהִקְרַבְתָּ אֶת־הַפָּר לִפְנֵי אֹהֶל מוֹעֵד וְסָמַךְ
יא אַהֲרֹן וּבָנָיו אֶת־יְדֵיהֶם עַל־רֹאשׁ הַפָּר: וְשָׁחַטְתָּ אֶת־הַפָּר
יב לִפְנֵי יְהוָה פֶּתַח אֹהֶל מוֹעֵד: וְלָקַחְתָּ מִדַּם הַפָּר וְנָתַתָּה עַל־
קַרְנֹת הַמִּזְבֵּחַ בְּאֶצְבָּעֶךָ וְאֶת־כָּל־הַדָּם תִּשְׁפֹּךְ אֶל־יְסוֹד
יג הַמִּזְבֵּחַ: וְלָקַחְתָּ אֶת־כָּל־הַחֵלֶב הַמְכַסֶּה אֶת־הַקֶּרֶב וְאֵת
הַיֹּתֶרֶת עַל־הַכָּבֵד וְאֵת שְׁתֵּי הַכְּלָיֹת וְאֶת־הַחֵלֶב אֲשֶׁר עֲלֵיהֶן
יד וְהִקְטַרְתָּ הַמִּזְבֵּחָה: וְאֶת־בְּשַׂר הַפָּר וְאֶת־עֹרוֹ וְאֶת־פִּרְשׁוֹ
טו תִּשְׂרֹף בָּאֵשׁ מִחוּץ לַמַּחֲנֶה חַטָּאת הוּא: וְאֶת־הָאַיִל הָאֶחָד *
טז תִּקָּח וְסָמְכוּ אַהֲרֹן וּבָנָיו אֶת־יְדֵיהֶם עַל־רֹאשׁ הָאָיִל: וְשָׁחַטְתָּ
יז אֶת־הָאָיִל וְלָקַחְתָּ אֶת־דָּמוֹ וְזָרַקְתָּ עַל־הַמִּזְבֵּחַ סָבִיב: וְאֶת־
הָאַיִל תְּנַתֵּחַ לִנְתָחָיו וְרָחַצְתָּ קִרְבּוֹ וּכְרָעָיו וְנָתַתָּ עַל־נְתָחָיו

שתי העבתת תתן על שתי המשבצות ונתתה על כתפות
האפד אל מול פניו ועשית שתי טבעות זהב ושמת אתם
על שני קצות החשן על שפתו אשר אל עבר האפוד ביתה
ועשית שתי טבעות זהב ונתתה אתם על שתי כתפות
האפוד מלמטה ממול פניו לעמת מחברתו ממעל לחשב
האפוד וירכסו את החשן מטבעתו אל טבעת האפוד
בפתיל תכלת להיות על חשב האפוד ולא יזח החשן מעל
האפוד ונשא אהרן את שמות בני ישראל בחשן המשפט
על לבו בבאו אל הקדש לזכרן לפני יהוה תמיד ונתת אל
חשן המשפט את האורים ואת התמים והיו על לב אהרן
בבאו לפני יהוה ונשא אהרן את משפט בני ישראל על
לבו לפני יהוה תמיד ועשית את מעיל האפוד
כליל תכלת והיה פי ראשו בתוכו שפה יהיה לפיו סביב
מעשה ארג כפי תחרא יהיה לו לא יקרע ועשית על שוליו
רמני תכלת וארגמן ותולעת שני על שוליו סביב ופעמני
זהב בתוכם סביב פעמן זהב ורמון פעמן זהב ורמון על
שולי המעיל סביב והיה על אהרן לשרת ונשמע קולו בבאו
אל הקדש לפני יהוה ובצאתו ולא ימות ועשית
ציץ זהב טהור ופתחת עליו פתוחי חתם קדש ליהוה ושמת
אתו על פתיל תכלת והיה על המצנפת אל מול פני
המצנפת יהיה והיה על מצח אהרן ונשא אהרן את עון
הקדשים אשר יקדישו בני ישראל לכל מתנת קדשיהם
והיה על מצחו תמיד לרצון להם לפני יהוה ושבצת הכתנת
שש ועשית מצנפת שש ואבנט תעשה מעשה רקם ולבני
אהרן תעשה כתנת ועשית להם אבנטים ומגבעות תעשה
להם לכבוד ולתפארת והלבשת אתם את אהרן אחיך
ואת בניו אתו ומשחת אתם ומלאת את ידם וקדשת אתם

שְׁתֵּי הָעֲבֹתֹת תִּתֵּן עַל־שְׁתֵּי הַמִּשְׁבְּצוֹת וְנָתַתָּה עַל־כִּתְפוֹת
כו הָאֵפֹד אֶל־מוּל פָּנָיו׃ וְעָשִׂיתָ שְׁתֵּי טַבְּעוֹת זָהָב וְשַׂמְתָּ אֹתָם ★
עַל־שְׁנֵי קְצוֹת הַחֹשֶׁן עַל־שְׂפָתוֹ אֲשֶׁר אֶל־עֵבֶר הָאֵפוֹד בָּיְתָה׃
כז וְעָשִׂיתָ שְׁתֵּי טַבְּעוֹת זָהָב וְנָתַתָּה אֹתָם עַל־שְׁתֵּי כִתְפוֹת
הָאֵפוֹד מִלְּמַטָּה מִמּוּל פָּנָיו לְעֻמַּת מַחְבַּרְתּוֹ מִמַּעַל לְחֵשֶׁב
כח הָאֵפוֹד׃ וְיִרְכְּסוּ אֶת־הַחֹשֶׁן מִטַּבְּעֹתָו אֶל־טַבְּעֹת הָאֵפוֹד
בִּפְתִיל תְּכֵלֶת לִהְיוֹת עַל־חֵשֶׁב הָאֵפוֹד וְלֹא־יִזַּח הַחֹשֶׁן מֵעַל
כט הָאֵפוֹד׃ וְנָשָׂא אַהֲרֹן אֶת־שְׁמוֹת בְּנֵי־יִשְׂרָאֵל בְּחֹשֶׁן הַמִּשְׁפָּט
ל עַל־לִבּוֹ בְּבֹאוֹ אֶל־הַקֹּדֶשׁ לְזִכָּרֹן לִפְנֵי־יהוה תָּמִיד׃ וְנָתַתָּ אֶל־
חֹשֶׁן הַמִּשְׁפָּט אֶת־הָאוּרִים וְאֶת־הַתֻּמִּים וְהָיוּ עַל־לֵב אַהֲרֹן
בְּבֹאוֹ לִפְנֵי יהוה וְנָשָׂא אַהֲרֹן אֶת־מִשְׁפַּט בְּנֵי־יִשְׂרָאֵל עַל־
לא לִבּוֹ לִפְנֵי יהוה תָּמִיד׃ וְעָשִׂיתָ אֶת־מְעִיל הָאֵפוֹד שלישי
לב כְּלִיל תְּכֵלֶת׃ וְהָיָה פִי־רֹאשׁוֹ בְּתוֹכוֹ שָׂפָה יִהְיֶה לְפִיו סָבִיב
לג מַעֲשֵׂה אֹרֵג כְּפִי תַחְרָא יִהְיֶה־לּוֹ לֹא יִקָּרֵעַ׃ וְעָשִׂיתָ עַל־שׁוּלָיו
רִמֹּנֵי תְּכֵלֶת וְאַרְגָּמָן וְתוֹלַעַת שָׁנִי עַל־שׁוּלָיו סָבִיב וּפַעֲמֹנֵי
לד זָהָב בְּתוֹכָם סָבִיב׃ פַּעֲמֹן זָהָב וְרִמּוֹן פַּעֲמֹן זָהָב וְרִמּוֹן עַל־
לה שׁוּלֵי הַמְּעִיל סָבִיב׃ וְהָיָה עַל־אַהֲרֹן לְשָׁרֵת וְנִשְׁמַע קוֹלוֹ בְּבֹאוֹ
לו אֶל־הַקֹּדֶשׁ לִפְנֵי יהוה וּבְצֵאתוֹ וְלֹא יָמוּת׃ וְעָשִׂיתָ ★
לז צִּיץ זָהָב טָהוֹר וּפִתַּחְתָּ עָלָיו פִּתּוּחֵי חֹתָם קֹדֶשׁ לַיהוה׃ וְשַׂמְתָּ
אֹתוֹ עַל־פְּתִיל תְּכֵלֶת וְהָיָה עַל־הַמִּצְנָפֶת אֶל־מוּל פְּנֵי־
לח הַמִּצְנֶפֶת יִהְיֶה׃ וְהָיָה עַל־מֵצַח אַהֲרֹן וְנָשָׂא אַהֲרֹן אֶת־עֲוֺן
הַקֳּדָשִׁים אֲשֶׁר יַקְדִּישׁוּ בְּנֵי יִשְׂרָאֵל לְכָל־מַתְּנֹת קָדְשֵׁיהֶם
לט וְהָיָה עַל־מִצְחוֹ תָּמִיד לְרָצוֹן לָהֶם לִפְנֵי יהוה׃ וְשִׁבַּצְתָּ הַכְּתֹנֶת ★
מ שֵׁשׁ וְעָשִׂיתָ מִצְנֶפֶת שֵׁשׁ וְאַבְנֵט תַּעֲשֶׂה מַעֲשֵׂה רֹקֵם׃ וְלִבְנֵי
אַהֲרֹן תַּעֲשֶׂה כֻתֳּנֹת וְעָשִׂיתָ לָהֶם אַבְנֵטִים וּמִגְבָּעוֹת תַּעֲשֶׂה
מא לָהֶם לְכָבוֹד וּלְתִפְאָרֶת׃ וְהִלְבַּשְׁתָּ אֹתָם אֶת־אַהֲרֹן אָחִיךָ
וְאֶת־בָּנָיו אִתּוֹ וּמָשַׁחְתָּ אֹתָם וּמִלֵּאתָ אֶת־יָדָם וְקִדַּשְׁתָּ אֹתָם

לכהנו לי והם יקחו את הזהב ואת התכלת ואת הארגמן
ואת תולעת השני ואת השש
ועשו את האפד זהב תכלת וארגמן תולעת שני ושש משזר
מעשה חשב שתי כתפת חברת יהיה לו אל שני קצותיו
וחבר וחשב אפדתו אשר עליו כמעשהו ממנו יהיה זהב
תכלת וארגמן ותולעת שני ושש משזר ולקחת את שתי
אבני שהם ופתחת עליהם שמות בני ישראל ששה משמתם
על האבן האחת ואת שמות הששה הנותרים על האבן
השנית כתולדתם מעשה חרש אבן פתוחי חתם תפתח
את שתי האבנים על שמת בני ישראל מסבת משבצות
זהב תעשה אתם ושמת את שתי האבנים על כתפת האפד
אבני זכרן לבני ישראל ונשא אהרן את שמותם לפני יהוה
על שתי כתפיו לזכרן ועשית משבצת זהב
ושתי שרשרת זהב טהור מגבלת תעשה אתם מעשה עבת
ונתתה את שרשרת העבתת על המשבצת ועשית
חשן משפט מעשה חשב כמעשה אפד תעשנו זהב תכלת
וארגמן ותולעת שני ושש משזר תעשה אתו רבוע יהיה
כפול זרת ארכו וזרת רחבו ומלאת בו מלאת אבן ארבעה
טורים אבן טור אדם פטדה וברקת הטור האחד והטור
השני נפך ספיר ויהלם והטור השלישי לשם שבו ואחלמה
והטור הרביעי תרשיש ושהם וישפה משבצים זהב יהיו
במלואתם והאבנים תהיין על שמת בני ישראל שתים
עשרה על שמתם פתוחי חותם איש על שמו תהיין לשני
עשר שבט ועשית על החשן שרשת גבלת מעשה עבת
זהב טהור ועשית על החשן שתי טבעות זהב ונתת את
שתי הטבעות על שני קצות החשן ונתתה את שתי עבתת
הזהב על שתי הטבעת אל קצות החשן ואת שתי קצות

ה לְכַהֲנוֹ־לִי: וְהֵם֙ יִקְח֣וּ אֶת־הַזָּהָ֔ב וְאֶת־הַתְּכֵ֖לֶת וְאֶת־הָֽאַרְגָּמָ֑ן
וְאֶת־תּוֹלַ֥עַת הַשָּׁנִ֖י וְאֶת־הַשֵּֽׁשׁ:

★ ו וְעָשׂ֖וּ אֶת־הָֽאֵפֹ֑ד זָ֠הָב תְּכֵ֨לֶת וְאַרְגָּמָ֜ן תּוֹלַ֧עַת שָׁנִ֛י וְשֵׁ֥שׁ מָשְׁזָ֖ר
מַֽעֲשֵׂ֥ה חֹשֵֽׁב: ז שְׁתֵּ֧י כְתֵפֹ֣ת חֹֽבְרֹ֗ת יִֽהְיֶה־לּ֛וֹ אֶל־שְׁנֵ֥י קְצוֹתָ֖יו
וְחֻבָּֽר: ח וְחֵ֤שֶׁב אֲפֻדָּתוֹ֙ אֲשֶׁ֣ר עָלָ֔יו כְּמַֽעֲשֵׂ֖הוּ מִמֶּ֣נּוּ יִֽהְיֶ֑ה זָהָ֗ב
תְּכֵ֧לֶת וְאַרְגָּמָ֛ן וְתוֹלַ֥עַת שָׁנִ֖י וְשֵׁ֥שׁ מָשְׁזָֽר: ט וְלָ֣קַחְתָּ֔ אֶת־שְׁתֵּ֖י

★ י אַבְנֵי־שֹׁ֑הַם וּפִתַּחְתָּ֣ עֲלֵיהֶ֔ם שְׁמ֖וֹת בְּנֵ֣י יִשְׂרָאֵֽל: שִׁשָּׁה֙ מִשְּׁמֹתָ֔ם
עַ֖ל הָאֶ֣בֶן הָֽאֶחָ֑ת וְאֶת־שְׁמ֞וֹת הַשִּׁשָּׁ֧ה הַנּֽוֹתָרִ֛ים עַל־הָאֶ֥בֶן
הַשֵּׁנִ֖ית כְּתֽוֹלְדֹתָֽם: יא מַֽעֲשֵׂ֣ה חָרַשׁ֮ אֶבֶן֒ פִּתּוּחֵ֣י חֹתָ֗ם תְּפַתַּח֙
אֶת־שְׁתֵּ֣י הָֽאֲבָנִ֔ים עַל־שְׁמֹ֖ת בְּנֵ֣י יִשְׂרָאֵ֑ל מֻֽסַבֹּ֛ת מִשְׁבְּצ֥וֹת
זָהָ֖ב תַּֽעֲשֶׂ֥ה אֹתָֽם: יב וְשַׂמְתָּ֞ אֶת־שְׁתֵּ֣י הָֽאֲבָנִ֗ים עַ֚ל כִּתְפֹ֣ת הָֽאֵפֹ֔ד
אַבְנֵ֥י זִכָּרֹ֖ן לִבְנֵ֣י יִשְׂרָאֵ֑ל וְנָשָׂא֩ אַֽהֲרֹ֨ן אֶת־שְׁמוֹתָ֜ם לִפְנֵ֧י יְהוָ֛ה

יג עַל־שְׁתֵּ֥י כְתֵפָ֖יו לְזִכָּרֹֽן: ★ וְעָשִׂ֖יתָ מִשְׁבְּצֹ֥ת זָהָֽב: [שני]

יד וּשְׁתֵּ֣י שַׁרְשְׁרֹ֞ת זָהָ֣ב טָה֗וֹר מִגְבָּלֹ֛ת תַּֽעֲשֶׂ֥ה אֹתָ֖ם מַֽעֲשֵׂ֣ה עֲבֹ֑ת
טו וְנָֽתַתָּ֛ה אֶת־שַׁרְשְׁרֹ֥ת הָֽעֲבֹתֹ֖ת עַל־הַֽמִּשְׁבְּצֹֽת: וְעָשִׂ֜יתָ
חֹ֤שֶׁן מִשְׁפָּט֙ מַֽעֲשֵׂ֣ה חֹשֵׁ֔ב כְּמַֽעֲשֵׂ֥ה אֵפֹ֖ד תַּֽעֲשֶׂ֑נּוּ זָ֠הָ֗ב תְּכֵ֨לֶת
טז וְאַרְגָּמָ֜ן וְתוֹלַ֧עַת שָׁנִ֛י וְשֵׁ֥שׁ מָשְׁזָ֖ר תַּֽעֲשֶׂ֥ה אֹתֽוֹ: רָב֥וּעַ יִֽהְיֶ֛ה
כָּפ֖וּל זֶ֣רֶת אָרְכּ֑וֹ וְזֶ֥רֶת רָחְבּֽוֹ: יז וּמִלֵּאתָ֥ ב֙וֹ מִלֻּ֣אַת אֶ֔בֶן אַרְבָּעָ֖ה
טורים אֶ֣בֶן ט֞וּר אֹ֤דֶם פִּטְדָה֙ וּבָרֶ֔קֶת הַטּ֖וּר הָֽאֶחָֽד: יח וְהַטּ֖וּר
הַשֵּׁנִ֑י נֹ֥פֶךְ סַפִּ֖יר וְיָֽהֲלֹֽם: יט וְהַטּ֖וּר הַשְּׁלִישִׁ֑י לֶ֥שֶׁם שְׁב֖וֹ וְאַחְלָֽמָה:
כ וְהַטּוּר֙ הָֽרְבִיעִ֔י תַּרְשִׁ֥ישׁ וְשֹׁ֖הַם וְיָֽשְׁפֵ֑ה מְשֻׁבָּצִ֥ים זָהָ֛ב יִֽהְי֖וּ
כא בְּמִלּֽוּאֹתָֽם: וְהָֽאֲבָנִ֞ים תִּֽהְיֶ֫יןָ עַל־שְׁמֹ֣ת בְּנֵֽי־יִשְׂרָאֵ֣ל שְׁתֵּ֣ים
עֶשְׂרֵ֖ה עַל־שְׁמֹתָ֑ם פִּתּוּחֵ֤י חוֹתָם֙ אִ֣ישׁ עַל־שְׁמ֔וֹ תִּֽהְיֶ֖יןָ לִשְׁנֵ֥י

★ כב עָשָׂ֥ר שָֽׁבֶט: וְעָשִׂ֧יתָ עַל־הַחֹ֛שֶׁן שַֽׁרְשֹׁ֥ת גַּבְלֻ֖ת מַֽעֲשֵׂ֣ה עֲבֹ֑ת
כג זָהָ֖ב טָהֽוֹר: וְעָשִׂ֙יתָ֙ עַל־הַחֹ֔שֶׁן שְׁתֵּ֖י טַבְּע֣וֹת זָהָ֑ב וְנָֽתַתָּ֗ אֶת־
כד שְׁתֵּי֙ הַטַּבָּע֔וֹת עַל־שְׁנֵ֖י קְצ֣וֹת הַחֹֽשֶׁן: וְנָֽתַתָּ֗ה אֶת־שְׁתֵּ֤י עֲבֹתֹת֙
כה הַזָּהָ֔ב עַל־שְׁתֵּ֖י הַטַּבָּעֹ֑ת אֶל־קְצ֖וֹת הַחֹֽשֶׁן: וְאֵ֗ת שְׁתֵּ֤י קְצוֹת֙

הראה אתך בהר כן יעשו                ועשית את חצר
המשכן לפאת נגב תימנה קלעים לחצר שש משזר מאה
באמה ארך לפאה האחת ועמדיו עשרים ואדניהם עשרים
נחשת ווי העמדים וחשקיהם כסף וכן לפאת צפון בארך
קלעים מאה ארך ועמדו עשרים ואדניהם עשרים נחשת
ווי העמדים וחשקיהם כסף ורחב החצר לפאת ים קלעים
חמשים אמה עמדיהם עשרה ואדניהם עשרה ורחב החצר
לפאת קדמה מזרחה חמשים אמה וחמש עשרה אמה
קלעים לכתף עמדיהם שלשה ואדניהם שלשה ולכתף
השנית חמש עשרה קלעים עמדיהם שלשה ואדניהם שלשה
ולשער החצר מסך עשרים אמה תכלת וארגמן ותולעת
שני ושש משזר מעשה רקם עמדיהם ארבעה ואדניהם
ארבעה כל עמודי החצר סביב מחשקים כסף וויהם כסף
ואדניהם נחשת ארך החצר מאה באמה ורחב חמשים
בחמשים וקמה חמש אמות שש משזר ואדניהם נחשת לכל
כלי המשכן בכל עבדתו וכל יתדתיו וכל יתדת החצר
נחשת                ואתה תצוה את בני ישראל ויקחו
אליך שמן זית זך כתית למאור להעלת נר תמיד באהל
מועד מחוץ לפרכת אשר על העדת יערך אתו אהרן ובניו
מערב עד בקר לפני יהוה חקת עולם לדרתם מאת בני
ישראל                ואתה הקרב אליך את אהרן אחיך ואת
בניו אתו מתוך בני ישראל לכהנו לי אהרן נדב ואביהוא
אלעזר ואיתמר בני אהרן ועשית בגדי קדש לאהרן אחיך
לכבוד ולתפארת ואתה תדבר אל כל חכמי לב אשר
מלאתיו רוח חכמה ועשו את בגדי אהרן לקדשו לכהנו
לי ואלה הבגדים אשר יעשו חשן ואפוד ומעיל וכתנת
תשבץ מצנפת ואבנט ועשו בגדי קדש לאהרן אחיך ולבניו

ט הָרְאָה אֹתְךָ בָּהָר כֵּן יַעֲשׂוּ׃ וְעָשִׂיתָ אֵת חֲצַר שביעי
הַמִּשְׁכָּן לִפְאַת נֶגֶב־תֵּימָנָה קְלָעִים לֶחָצֵר שֵׁשׁ מָשְׁזָר מֵאָה
י בָאַמָּה אֹרֶךְ לַפֵּאָה הָאֶחָת׃ וְעַמֻּדָיו עֶשְׂרִים וְאַדְנֵיהֶם עֶשְׂרִים
יא נְחֹשֶׁת וָוֵי הָעַמֻּדִים וַחֲשֻׁקֵיהֶם כָּסֶף׃ וְכֵן לִפְאַת צָפוֹן בָּאֹרֶךְ
קְלָעִים מֵאָה אֹרֶךְ וְעַמֻּדָו עֶשְׂרִים וְאַדְנֵיהֶם עֶשְׂרִים נְחֹשֶׁת
יב וָוֵי הָעַמֻּדִים וַחֲשֻׁקֵיהֶם כָּסֶף׃ וְרֹחַב הֶחָצֵר לִפְאַת־יָם קְלָעִים
יג חֲמִשִּׁים אַמָּה עַמֻּדֵיהֶם עֲשָׂרָה וְאַדְנֵיהֶם עֲשָׂרָה׃ וְרֹחַב הֶחָצֵר
יד לִפְאַת קֵדְמָה מִזְרָחָה חֲמִשִּׁים אַמָּה׃ וַחֲמֵשׁ עֶשְׂרֵה אַמָּה
טו קְלָעִים לַכָּתֵף עַמֻּדֵיהֶם שְׁלֹשָׁה וְאַדְנֵיהֶם שְׁלֹשָׁה׃ וְלַכָּתֵף
הַשֵּׁנִית חֲמֵשׁ עֶשְׂרֵה קְלָעִים עַמֻּדֵיהֶם שְׁלֹשָׁה וְאַדְנֵיהֶם שְׁלֹשָׁה׃
טז וּלְשַׁעַר הֶחָצֵר מָסָךְ ׀ עֶשְׂרִים אַמָּה תְּכֵלֶת וְאַרְגָּמָן וְתוֹלַעַת ★
שָׁנִי וְשֵׁשׁ מָשְׁזָר מַעֲשֵׂה רֹקֵם עַמֻּדֵיהֶם אַרְבָּעָה וְאַדְנֵיהֶם
יז אַרְבָּעָה׃ כָּל־עַמּוּדֵי הֶחָצֵר סָבִיב מְחֻשָּׁקִים כֶּסֶף וָוֵיהֶם כָּסֶף מפטיר
יח וְאַדְנֵיהֶם נְחֹשֶׁת׃ אֹרֶךְ הֶחָצֵר מֵאָה בָאַמָּה וְרֹחַב ׀ חֲמִשִּׁים
יט בַּחֲמִשִּׁים וְקֹמָה חָמֵשׁ אַמּוֹת שֵׁשׁ מָשְׁזָר וְאַדְנֵיהֶם נְחֹשֶׁת׃ לְכֹל
כְּלֵי הַמִּשְׁכָּן בְּכֹל עֲבֹדָתוֹ וְכָל־יְתֵדֹתָיו וְכָל־יִתְדֹת הֶחָצֵר
כ נְחֹשֶׁת׃ וְאַתָּה תְּצַוֶּה ׀ אֶת־בְּנֵי יִשְׂרָאֵל וְיִקְחוּ כא תצ
כא אֵלֶיךָ שֶׁמֶן זַיִת זָךְ כָּתִית לַמָּאוֹר לְהַעֲלֹת נֵר תָּמִיד׃ בְּאֹהֶל
מוֹעֵד מִחוּץ לַפָּרֹכֶת אֲשֶׁר עַל־הָעֵדֻת יַעֲרֹךְ אֹתוֹ אַהֲרֹן וּבָנָיו
מֵעֶרֶב עַד־בֹּקֶר לִפְנֵי יהוה חֻקַּת עוֹלָם לְדֹרֹתָם מֵאֵת בְּנֵי
כח א יִשְׂרָאֵל׃ וְאַתָּה הַקְרֵב אֵלֶיךָ אֶת־אַהֲרֹן אָחִיךָ וְאֶת־
בָּנָיו אִתּוֹ מִתּוֹךְ בְּנֵי יִשְׂרָאֵל לְכַהֲנוֹ־לִי אַהֲרֹן נָדָב וַאֲבִיהוּא
ב אֶלְעָזָר וְאִיתָמָר בְּנֵי אַהֲרֹן׃ וְעָשִׂיתָ בִגְדֵי־קֹדֶשׁ לְאַהֲרֹן אָחִיךָ
ג לְכָבוֹד וּלְתִפְאָרֶת׃ וְאַתָּה תְּדַבֵּר אֶל־כָּל־חַכְמֵי־לֵב אֲשֶׁר
מִלֵּאתִיו רוּחַ חָכְמָה וְעָשׂוּ אֶת־בִּגְדֵי אַהֲרֹן לְקַדְּשׁוֹ לְכַהֲנוֹ־
ד לִי׃ וְאֵלֶּה הַבְּגָדִים אֲשֶׁר יַעֲשׂוּ חֹשֶׁן וְאֵפוֹד וּמְעִיל וּכְתֹנֶת
תַּשְׁבֵּץ מִצְנֶפֶת וְאַבְנֵט וְעָשׂוּ בִגְדֵי־קֹדֶשׁ לְאַהֲרֹן אָחִיךָ וּלְבָנָיו

לקרשי צלע המשכן השנית וחמשה בריחם לקרשי צלע
המשכן לירכתים ימה והבריח התיכן בתוך הקרשים
מברח מן הקצה אל הקצה ואת הקרשים תצפה זהב
ואת טבעתיהם תעשה זהב בתים לבריחם וצפית את
הבריחם זהב והקמת את המשכן כמשפטו אשר הראית
בהר ועשית פרכת תכלת וארגמן ותולעת
שני ושש משזר מעשה חשב יעשה אתה כרבים ונתתה
אתה על ארבעה עמודי שטים מצפים זהב וויהם זהב על
ארבעה אדני כסף ונתתה את הפרכת תחת הקרסים
והבאת שמה מבית לפרכת את ארון העדות והבדילה
הפרכת לכם בין הקדש ובין קדש הקדשים ונתת את
הכפרת על ארון העדת בקדש הקדשים ושמת את
השלחן מחוץ לפרכת ואת המנרה נכח השלחן על צלע
המשכן תימנה והשלחן תתן על צלע צפון ועשית מסך
לפתח האהל תכלת וארגמן ותולעת שני ושש משזר מעשה
רקם ועשית למסך חמשה עמודי שטים וצפית אתם זהב
וויהם זהב ויצקת להם חמשה אדני נחשת ועשית
את המזבח עצי שטים חמש אמות ארך וחמש אמות רחב
רבוע יהיה המזבח ושלש אמות קמתו ועשית קרנתיו על
ארבע פנתיו ממנו תהיין קרנתיו וצפית אתו נחשת ועשית
סירתיו לדשנו ויעיו ומזרקתיו ומזלגתיו ומחתתיו לכל כליו
תעשה נחשת ועשית לו מכבר מעשה רשת נחשת ועשית
על הרשת ארבע טבעת נחשת על ארבע קצותיו ונתתה
אתה תחת כרכב המזבח מלמטה והיתה הרשת עד חצי
המזבח ועשית בדים למזבח בדי עצי שטים וצפית אתם
נחשת והובא את בדיו בטבעת והיו הבדים על שתי
צלעת המזבח בשאת אתו נבוב לחת תעשה אתו כאשר

לְקַרְשֵׁי צֶלַע־הַמִּשְׁכָּן הַשֵּׁנִית וַחֲמִשָּׁה בְרִיחִם לְקַרְשֵׁי צֶלַע
כח הַמִּשְׁכָּן לַיַּרְכָתַיִם יָמָּה׃ וְהַבְּרִיחַ הַתִּיכֹן בְּתוֹךְ הַקְּרָשִׁים
כט מַבְרִחַ מִן־הַקָּצֶה אֶל־הַקָּצֶה׃ וְאֶת־הַקְּרָשִׁים תְּצַפֶּה זָהָב
וְאֶת־טַבְּעֹתֵיהֶם תַּעֲשֶׂה זָהָב בָּתִּים לַבְּרִיחִם וְצִפִּיתָ אֶת־
ל הַבְּרִיחִם זָהָב׃ וַהֲקֵמֹתָ אֶת־הַמִּשְׁכָּן כְּמִשְׁפָּטוֹ אֲשֶׁר הָרְאֵיתָ
לא בָּהָר׃ וְעָשִׂיתָ פָרֹכֶת תְּכֵלֶת וְאַרְגָּמָן וְתוֹלַעַת כ חמישי
לב שְׁנִי וְשֵׁשׁ מָשְׁזָר מַעֲשֵׂה חֹשֵׁב יַעֲשֶׂה אֹתָהּ כְּרֻבִים׃ וְנָתַתָּה
אֹתָהּ עַל־אַרְבָּעָה עַמּוּדֵי שִׁטִּים מְצֻפִּים זָהָב וָוֵיהֶם זָהָב עַל־
לג אַרְבָּעָה אַדְנֵי־כָסֶף׃ וְנָתַתָּה אֶת־הַפָּרֹכֶת תַּחַת הַקְּרָסִים
וְהֵבֵאתָ שָׁמָּה מִבֵּית לַפָּרֹכֶת אֵת אֲרוֹן הָעֵדוּת וְהִבְדִּילָה
לד הַפָּרֹכֶת לָכֶם בֵּין הַקֹּדֶשׁ וּבֵין קֹדֶשׁ הַקֳּדָשִׁים׃ וְנָתַתָּ אֶת־ *
לה הַכַּפֹּרֶת עַל אֲרוֹן הָעֵדֻת בְּקֹדֶשׁ הַקֳּדָשִׁים׃ וְשַׂמְתָּ אֶת־
הַשֻּׁלְחָן מִחוּץ לַפָּרֹכֶת וְאֶת־הַמְּנֹרָה נֹכַח הַשֻּׁלְחָן עַל צֶלַע
לו הַמִּשְׁכָּן תֵּימָנָה וְהַשֻּׁלְחָן תִּתֵּן עַל־צֶלַע צָפוֹן׃ וְעָשִׂיתָ מָסָךְ
לְפֶתַח הָאֹהֶל תְּכֵלֶת וְאַרְגָּמָן וְתוֹלַעַת שָׁנִי וְשֵׁשׁ מָשְׁזָר מַעֲשֵׂה
לז רֹקֵם׃ וְעָשִׂיתָ לַמָּסָךְ חֲמִשָּׁה עַמּוּדֵי שִׁטִּים וְצִפִּיתָ אֹתָם זָהָב
כז א וָוֵיהֶם זָהָב וְיָצַקְתָּ לָהֶם חֲמִשָּׁה אַדְנֵי נְחֹשֶׁת׃ וְעָשִׂיתָ ששי
אֶת־הַמִּזְבֵּחַ עֲצֵי שִׁטִּים חָמֵשׁ אַמּוֹת אֹרֶךְ וְחָמֵשׁ אַמּוֹת רֹחַב
ב רָבוּעַ יִהְיֶה הַמִּזְבֵּחַ וְשָׁלֹשׁ אַמּוֹת קֹמָתוֹ׃ וְעָשִׂיתָ קַרְנֹתָיו עַל
ג אַרְבַּע פִּנֹּתָיו מִמֶּנּוּ תִּהְיֶיןָ קַרְנֹתָיו וְצִפִּיתָ אֹתוֹ נְחֹשֶׁת׃ וְעָשִׂיתָ
סִּירֹתָיו לְדַשְּׁנוֹ וְיָעָיו וּמִזְרְקֹתָיו וּמִזְלְגֹתָיו וּמַחְתֹּתָיו לְכָל־כֵּלָיו
ד תַּעֲשֶׂה נְחֹשֶׁת׃ וְעָשִׂיתָ לּוֹ מִכְבָּר מַעֲשֵׂה רֶשֶׁת נְחֹשֶׁת וְעָשִׂיתָ *
ה עַל־הָרֶשֶׁת אַרְבַּע טַבְּעֹת נְחֹשֶׁת עַל אַרְבַּע קְצוֹתָיו׃ וְנָתַתָּה
אֹתָהּ תַּחַת כַּרְכֹּב הַמִּזְבֵּחַ מִלְּמָטָּה וְהָיְתָה הָרֶשֶׁת עַד חֲצִי
ו הַמִּזְבֵּחַ׃ וְעָשִׂיתָ בַדִּים לַמִּזְבֵּחַ בַּדֵּי עֲצֵי שִׁטִּים וְצִפִּיתָ אֹתָם
ז נְחֹשֶׁת׃ וְהוּבָא אֶת־בַּדָּיו בַּטַּבָּעֹת וְהָיוּ הַבַּדִּים עַל־שְׁתֵּי
ח צַלְעֹת הַמִּזְבֵּחַ בִּשְׂאֵת אֹתוֹ׃ נְבוּב לֻחֹת תַּעֲשֶׂה אֹתוֹ כַּאֲשֶׁר

אחת לעשתי עשרה יריעת וחברת את חמש היריעת לבד
ואת שש היריעת לבד וכפלת את היריעה הששית אל
מול פני האהל ועשית חמשים ללאת על שפת היריעה
האחת הקיצנה בחברת וחמשים ללאת על שפת היריעה
החברת השנית ועשית קרסי נחשת חמשים והבאת את
הקרסים בללאת וחברת את האהל והיה אחד וסרח העדף
ביריעת האהל חצי היריעה העדפת תסרח על אחרי
המשכן והאמה מזה והאמה מזה בעדף בארך יריעת
האהל יהיה סרוח על צדי המשכן מזה ומזה לכסתו
ועשית מכסה לאהל ערת אילם מאדמים ומכסה ערת
תחשים מלמעלה

ועשית את הקרשים למשכן עצי שטים עמדים עשר אמות
ארך הקרש ואמה וחצי האמה רחב הקרש האחד שתי
ידות לקרש האחד משלבת אשה אל אחתה כן תעשה
לכל קרשי המשכן ועשית את הקרשים למשכן עשרים
קרש לפאת נגבה תימנה וארבעים אדני כסף תעשה
תחת עשרים הקרש שני אדנים תחת הקרש האחד לשתי
ידתיו ושני אדנים תחת הקרש האחד לשתי ידתיו ולצלע
המשכן השנית לפאת צפון עשרים קרש וארבעים אדניהם
כסף שני אדנים תחת הקרש האחד ושני אדנים תחת הקרש
האחד ולירכתי המשכן ימה תעשה ששה קרשים ושני
קרשים תעשה למקצעת המשכן בירכתים ויהיו תאמם
מלמטה ויחדו יהיו תמים על ראשו אל הטבעת האחת
כן יהיה לשניהם לשני המקצעת יהיו והיו שמנה קרשים
ואדניהם כסף ששה עשר אדנים שני אדנים תחת הקרש
האחד ושני אדנים תחת הקרש האחד ועשית בריחם עצי
שטים חמשה לקרשי צלע המשכן האחד וחמשה בריחם

ט אַחַת לְעַשְׁתֵּי עֶשְׂרֵה יְרִיעֹת׃ וְחִבַּרְתָּ אֶת־חֲמֵשׁ הַיְרִיעֹת לְבָד
וְאֶת־שֵׁשׁ הַיְרִיעֹת לְבָד וְכָפַלְתָּ אֶת־הַיְרִיעָה הַשִּׁשִּׁית אֶל־
י מוּל פְּנֵי הָאֹהֶל׃ וְעָשִׂיתָ חֲמִשִּׁים לֻלָאֹת עַל שְׂפַת הַיְרִיעָה
הָאֶחָת הַקִּיצֹנָה בַּחֹבָרֶת וַחֲמִשִּׁים לֻלָאֹת עַל שְׂפַת הַיְרִיעָה
יא הַחֹבֶרֶת הַשֵּׁנִית׃ וְעָשִׂיתָ קַרְסֵי נְחֹשֶׁת חֲמִשִּׁים וְהֵבֵאתָ אֶת־
יב הַקְּרָסִים בַּלֻּלָאֹת וְחִבַּרְתָּ אֶת־הָאֹהֶל וְהָיָה אֶחָד׃ וְסֶרַח הָעֹדֵף *
בִּירִיעֹת הָאֹהֶל חֲצִי הַיְרִיעָה הָעֹדֶפֶת תִּסְרַח עַל אֲחֹרֵי
יג הַמִּשְׁכָּן׃ וְהָאַמָּה מִזֶּה וְהָאַמָּה מִזֶּה בָּעֹדֵף בְּאֹרֶךְ יְרִיעֹת
הָאֹהֶל יִהְיֶה סָרוּחַ עַל־צִדֵּי הַמִּשְׁכָּן מִזֶּה וּמִזֶּה לְכַסֹּתוֹ׃
יד וְעָשִׂיתָ מִכְסֶה לָאֹהֶל עֹרֹת אֵילִם מְאָדָּמִים וּמִכְסֵה עֹרֹת
תְּחָשִׁים מִלְמָעְלָה׃
טו טז וְעָשִׂיתָ אֶת־הַקְּרָשִׁים לַמִּשְׁכָּן עֲצֵי שִׁטִּים עֹמְדִים׃ עֶשֶׂר אַמּוֹת רביעי
יז אֹרֶךְ הַקָּרֶשׁ וְאַמָּה וַחֲצִי הָאַמָּה רֹחַב הַקֶּרֶשׁ הָאֶחָד׃ שְׁתֵּי
יָדוֹת לַקֶּרֶשׁ הָאֶחָד מְשֻׁלָּבֹת אִשָּׁה אֶל־אֲחֹתָהּ כֵּן תַּעֲשֶׂה
יח לְכֹל קַרְשֵׁי הַמִּשְׁכָּן׃ וְעָשִׂיתָ אֶת־הַקְּרָשִׁים לַמִּשְׁכָּן עֶשְׂרִים
יט קֶרֶשׁ לִפְאַת נֶגְבָּה תֵימָנָה׃ וְאַרְבָּעִים אַדְנֵי־כֶסֶף תַּעֲשֶׂה
תַּחַת עֶשְׂרִים הַקָּרֶשׁ שְׁנֵי אֲדָנִים תַּחַת־הַקֶּרֶשׁ הָאֶחָד לִשְׁתֵּי
כ יְדֹתָיו וּשְׁנֵי אֲדָנִים תַּחַת־הַקֶּרֶשׁ הָאֶחָד לִשְׁתֵּי יְדֹתָיו׃ וּלְצֶלַע
כא הַמִּשְׁכָּן הַשֵּׁנִית לִפְאַת צָפוֹן עֶשְׂרִים קָרֶשׁ׃ וְאַרְבָּעִים אַדְנֵיהֶם
כֶּסֶף שְׁנֵי אֲדָנִים תַּחַת הַקֶּרֶשׁ הָאֶחָד וּשְׁנֵי אֲדָנִים תַּחַת הַקֶּרֶשׁ
כב כג הָאֶחָד׃ וּלְיַרְכְּתֵי הַמִּשְׁכָּן יָמָּה תַּעֲשֶׂה שִׁשָּׁה קְרָשִׁים׃ וּשְׁנֵי *
כד קְרָשִׁים תַּעֲשֶׂה לִמְקֻצְעֹת הַמִּשְׁכָּן בַּיַּרְכָתָיִם׃ וְיִהְיוּ תֹאֲמִם
מִלְּמַטָּה וְיַחְדָּו יִהְיוּ תַמִּים עַל־רֹאשׁוֹ אֶל־הַטַּבַּעַת הָאֶחָת
כה כֵּן יִהְיֶה לִשְׁנֵיהֶם לִשְׁנֵי הַמִּקְצֹעֹת יִהְיוּ׃ וְהָיוּ שְׁמֹנָה קְרָשִׁים
וְאַדְנֵיהֶם כֶּסֶף שִׁשָּׁה עָשָׂר אֲדָנִים שְׁנֵי אֲדָנִים תַּחַת הַקֶּרֶשׁ
כו הָאֶחָד וּשְׁנֵי אֲדָנִים תַּחַת הַקֶּרֶשׁ הָאֶחָד׃ וְעָשִׂיתָ בְרִיחִם עֲצֵי *
כז שִׁטִּים חֲמִשָּׁה לְקַרְשֵׁי צֶלַע־הַמִּשְׁכָּן הָאֶחָד׃ וַחֲמִשָּׁה בְרִיחִם

ועשית מנרת זהב טהור מקשה תיעשה המנורה ירכה
וקנה גביעיה כפתריה ופרחיה ממנה יהיו וששה קנים
יצאים מצדיה שלשה קני מנרה מצדה האחד ושלשה קני
מנרה מצדה השני שלשה גבעים משקדים בקנה האחד
כפתר ופרח ושלשה גבעים משקדים בקנה האחד כפתר
ופרח כן לששת הקנים היצאים מן המנרה ובמנרה ארבעה
גבעים משקדים כפתריה ופרחיה וכפתר תחת שני הקנים
ממנה וכפתר תחת שני הקנים ממנה וכפתר תחת שני
הקנים ממנה לששת הקנים היצאים מן המנרה כפתריהם
וקנתם ממנה יהיו כלה מקשה אחת זהב טהור ועשית
את נרתיה שבעה והעלה את נרתיה והאיר על עבר פניה
ומלקחיה ומחתתיה זהב טהור ככר זהב טהור יעשה אתה
את כל הכלים האלה וראה ועשה בתבניתם אשר אתה
מראה בהר ואת המשכן תעשה עשר יריעת
שש משזר ותכלת וארגמן ותלעת שני כרבים מעשה חשב
תעשה אתם ארך היריעה האחת שמנה ועשרים באמה
ורחב ארבע באמה היריעה האחת מדה אחת לכל היריעת
חמש היריעת תהיין חברת אשה אל אחתה וחמש יריעת
חברת אשה אל אחתה ועשית ללאת תכלת על שפת
היריעה האחת מקצה בחברת וכן תעשה בשפת היריעה
הקיצונה במחברת השנית חמשים ללאת תעשה ביריעה
האחת וחמשים ללאת תעשה בקצה היריעה אשר במחברת
השנית מקבילת הללאת אשה אל אחתה ועשית חמשים
קרסי זהב וחברת את היריעת אשה אל אחתה בקרסים
והיה המשכן אחד ועשית יריעת עזים לאהל על המשכן
עשתי עשרה יריעת תעשה אתם ארך היריעה האחת
שלשים באמה ורחב ארבע באמה היריעה האחת מדה

לא וְעָשִׂיתָ מְנֹרַת זָהָב טָהוֹר מִקְשָׁה תֵּיעָשֶׂה הַמְּנוֹרָה יְרֵכָהּ ★
לב וְקָנָהּ גְּבִיעֶיהָ כַּפְתֹּרֶיהָ וּפְרָחֶיהָ מִמֶּנָּה יִהְיוּ׃ וְשִׁשָּׁה קָנִים
יֹצְאִים מִצִּדֶּיהָ שְׁלֹשָׁה ׀ קְנֵי מְנֹרָה מִצִּדָּהּ הָאֶחָד וּשְׁלֹשָׁה קְנֵי
לג מְנֹרָה מִצִּדָּהּ הַשֵּׁנִי׃ שְׁלֹשָׁה גְבִעִים מְשֻׁקָּדִים בַּקָּנֶה הָאֶחָד
כַּפְתֹּר וָפֶרַח וּשְׁלֹשָׁה גְבִעִים מְשֻׁקָּדִים בַּקָּנֶה הָאֶחָד כַּפְתֹּר
לד וָפָרַח כֵּן לְשֵׁשֶׁת הַקָּנִים הַיֹּצְאִים מִן־הַמְּנֹרָה׃ וּבַמְּנֹרָה אַרְבָּעָה
לה גְבִעִים מְשֻׁקָּדִים כַּפְתֹּרֶיהָ וּפְרָחֶיהָ׃ וְכַפְתֹּר תַּחַת שְׁנֵי הַקָּנִים ★
מִמֶּנָּה וְכַפְתֹּר תַּחַת שְׁנֵי הַקָּנִים מִמֶּנָּה וְכַפְתֹּר תַּחַת־שְׁנֵי
לו הַקָּנִים מִמֶּנָּה לְשֵׁשֶׁת הַקָּנִים הַיֹּצְאִים מִן־הַמְּנֹרָה׃ כַּפְתֹּרֵיהֶם
לז וּקְנֹתָם מִמֶּנָּה יִהְיוּ כֻּלָּהּ מִקְשָׁה אַחַת זָהָב טָהוֹר׃ וְעָשִׂיתָ
אֶת־נֵרֹתֶיהָ שִׁבְעָה וְהֶעֱלָה אֶת־נֵרֹתֶיהָ וְהֵאִיר עַל־עֵבֶר פָּנֶיהָ׃
לח לט וּמַלְקָחֶיהָ וּמַחְתֹּתֶיהָ זָהָב טָהוֹר׃ כִּכַּר זָהָב טָהוֹר יַעֲשֶׂה אֹתָהּ
מ אֵת כָּל־הַכֵּלִים הָאֵלֶּה׃ וּרְאֵה וַעֲשֵׂה בְּתַבְנִיתָם אֲשֶׁר־אַתָּה
כו א מָרְאֶה בָּהָר׃ וְאֶת־הַמִּשְׁכָּן תַּעֲשֶׂה עֶשֶׂר יְרִיעֹת יט שלישי
שֵׁשׁ מָשְׁזָר וּתְכֵלֶת וְאַרְגָּמָן וְתֹלַעַת שָׁנִי כְּרֻבִים מַעֲשֵׂה חֹשֵׁב
ב תַּעֲשֶׂה אֹתָם׃ אֹרֶךְ ׀ הַיְרִיעָה הָאַחַת שְׁמֹנֶה וְעֶשְׂרִים בָּאַמָּה
וְרֹחַב אַרְבַּע בָּאַמָּה הַיְרִיעָה הָאֶחָת מִדָּה אַחַת לְכָל־הַיְרִיעֹת׃
ג חֲמֵשׁ הַיְרִיעֹת תִּהְיֶיןָ חֹבְרֹת אִשָּׁה אֶל־אֲחֹתָהּ וְחָמֵשׁ יְרִיעֹת
ד חֹבְרֹת אִשָּׁה אֶל־אֲחֹתָהּ׃ וְעָשִׂיתָ לֻלְאֹת תְּכֵלֶת עַל שְׂפַת
הַיְרִיעָה הָאֶחָת מִקָּצָה בַּחֹבָרֶת וְכֵן תַּעֲשֶׂה בִּשְׂפַת הַיְרִיעָה
ה הַקִּיצוֹנָה בַּמַּחְבֶּרֶת הַשֵּׁנִית׃ חֲמִשִּׁים לֻלָאֹת תַּעֲשֶׂה בַּיְרִיעָה
הָאֶחָת וַחֲמִשִּׁים לֻלָאֹת תַּעֲשֶׂה בִּקְצֵה הַיְרִיעָה אֲשֶׁר בַּמַּחְבֶּרֶת
ו הַשֵּׁנִית מַקְבִּילֹת הַלֻּלָאֹת אִשָּׁה אֶל־אֲחֹתָהּ׃ וְעָשִׂיתָ חֲמִשִּׁים
קַרְסֵי זָהָב וְחִבַּרְתָּ אֶת־הַיְרִיעֹת אִשָּׁה אֶל־אֲחֹתָהּ בַּקְּרָסִים
ז וְהָיָה הַמִּשְׁכָּן אֶחָד׃ וְעָשִׂיתָ יְרִיעֹת עִזִּים לְאֹהֶל עַל־הַמִּשְׁכָּן ★
ח עַשְׁתֵּי־עֶשְׂרֵה יְרִיעֹת תַּעֲשֶׂה אֹתָם׃ אֹרֶךְ ׀ הַיְרִיעָה הָאַחַת
שְׁלֹשִׁים בָּאַמָּה וְרֹחַב אַרְבַּע בָּאַמָּה הַיְרִיעָה הָאַחַת מִדָּה

טהור מבית ומחוץ תצפנו ועשית עליו זר זהב סביב
ויצקת לו ארבע טבעת זהב ונתתה על ארבע פעמתיו
ושתי טבעת על צלעו האחת ושתי טבעת על צלעו השנית
ועשית בדי עצי שטים וצפית אתם זהב והבאת את הבדים
בטבעת על צלעת הארן לשאת את הארן בהם בטבעת
הארן יהיו הבדים לא יסרו ממנו ונתת אל הארן את
העדת אשר אתן אליך ועשית כפרת זהב טהור אמתים
וחצי ארכה ואמה וחצי רחבה ועשית שנים כרבים זהב
מקשה תעשה אתם משני קצות הכפרת ועשה כרוב אחד
מקצה מזה וכרוב אחד מקצה מזה מן הכפרת תעשו את
הכרבים על שני קצותיו והיו הכרבים פרשי כנפים למעלה
סככים בכנפיהם על הכפרת ופניהם איש אל אחיו אל
הכפרת יהיו פני הכרבים ונתת את הכפרת על הארן
מלמעלה ואל הארן תתן את העדת אשר אתן אליך
ונועדתי לך שם ודברתי אתך מעל הכפרת מבין שני
הכרבים אשר על ארון העדת את כל אשר אצוה אותך
אל בני ישראל

ועשית שלחן עצי שטים אמתים ארכו ואמה רחבו ואמה
וחצי קמתו וצפית אתו זהב טהור ועשית לו זר זהב סביב
ועשית לו מסגרת טפח סביב ועשית זר זהב למסגרתו
סביב ועשית לו ארבע טבעת זהב ונתת את הטבעת
על ארבע הפאת אשר לארבע רגליו לעמת המסגרת תהיין
הטבעת לבתים לבדים לשאת את השלחן ועשית את
הבדים עצי שטים וצפית אתם זהב ונשא בם את השלחן
ועשית קערתיו וכפתיו וקשותיו ומנקיתיו אשר יסך בהן
זהב טהור תעשה אתם ונתת על השלחן לחם פנים לפני
תמיד

טָהוֹר מִבַּיִת וּמִחוּץ תְּצַפֶּנּוּ וְעָשִׂיתָ עָלָיו זֵר זָהָב סָבִיב׃
יב וְיָצַקְתָּ לּוֹ אַרְבַּע טַבְּעֹת זָהָב וְנָתַתָּה עַל אַרְבַּע פַּעֲמֹתָיו
וּשְׁתֵּי טַבָּעֹת עַל־צַלְעוֹ הָאֶחָת וּשְׁתֵּי טַבָּעֹת עַל־צַלְעוֹ הַשֵּׁנִית׃
יג יד וְעָשִׂיתָ בַדֵּי עֲצֵי שִׁטִּים וְצִפִּיתָ אֹתָם זָהָב׃ וְהֵבֵאתָ אֶת־הַבַּדִּים
טו בַּטַּבָּעֹת עַל צַלְעֹת הָאָרֹן לָשֵׂאת אֶת־הָאָרֹן בָּהֶם׃ בְּטַבְּעֹת
טז הָאָרֹן יִהְיוּ הַבַּדִּים לֹא יָסֻרוּ מִמֶּנּוּ׃ וְנָתַתָּ אֶל־הָאָרֹן אֵת
יז הָעֵדֻת אֲשֶׁר אֶתֵּן אֵלֶיךָ׃ וְעָשִׂיתָ כַפֹּרֶת זָהָב טָהוֹר אַמָּתַיִם שני
יח וָחֵצִי אָרְכָּהּ וְאַמָּה וָחֵצִי רָחְבָּהּ׃ וְעָשִׂיתָ שְׁנַיִם כְּרֻבִים זָהָב
יט מִקְשָׁה תַּעֲשֶׂה אֹתָם מִשְּׁנֵי קְצוֹת הַכַּפֹּרֶת׃ וַעֲשֵׂה כְּרוּב אֶחָד
מִקָּצָה מִזֶּה וּכְרוּב־אֶחָד מִקָּצָה מִזֶּה מִן־הַכַּפֹּרֶת תַּעֲשׂוּ אֶת־
כ הַכְּרֻבִים עַל־שְׁנֵי קְצוֹתָיו׃ וְהָיוּ הַכְּרֻבִים פֹּרְשֵׂי כְנָפַיִם לְמַעְלָה
סֹכְכִים בְּכַנְפֵיהֶם עַל־הַכַּפֹּרֶת וּפְנֵיהֶם אִישׁ אֶל־אָחִיו אֶל־
כא הַכַּפֹּרֶת יִהְיוּ פְּנֵי הַכְּרֻבִים׃ וְנָתַתָּ אֶת־הַכַּפֹּרֶת עַל־הָאָרֹן
מִלְמָעְלָה וְאֶל־הָאָרֹן תִּתֵּן אֶת־הָעֵדֻת אֲשֶׁר אֶתֵּן אֵלֶיךָ׃
כב וְנוֹעַדְתִּי לְךָ שָׁם וְדִבַּרְתִּי אִתְּךָ מֵעַל הַכַּפֹּרֶת מִבֵּין שְׁנֵי
הַכְּרֻבִים אֲשֶׁר עַל־אֲרוֹן הָעֵדֻת אֵת כָּל־אֲשֶׁר אֲצַוֶּה אוֹתְךָ
אֶל־בְּנֵי יִשְׂרָאֵל׃

כג וְעָשִׂיתָ שֻׁלְחָן עֲצֵי שִׁטִּים אַמָּתַיִם אָרְכּוֹ וְאַמָּה רָחְבּוֹ וְאַמָּה ✶
כד וָחֵצִי קֹמָתוֹ׃ וְצִפִּיתָ אֹתוֹ זָהָב טָהוֹר וְעָשִׂיתָ לּוֹ זֵר זָהָב סָבִיב׃
כה וְעָשִׂיתָ לּוֹ מִסְגֶּרֶת טֹפַח סָבִיב וְעָשִׂיתָ זֵר־זָהָב לְמִסְגַּרְתּוֹ
כו סָבִיב׃ וְעָשִׂיתָ לּוֹ אַרְבַּע טַבְּעֹת זָהָב וְנָתַתָּ אֶת־הַטַּבָּעֹת
כז עַל אַרְבַּע הַפֵּאֹת אֲשֶׁר לְאַרְבַּע רַגְלָיו׃ לְעֻמַּת הַמִּסְגֶּרֶת תִּהְיֶיןָ
כח הַטַּבָּעֹת לְבָתִּים לְבַדִּים לָשֵׂאת אֶת־הַשֻּׁלְחָן׃ וְעָשִׂיתָ אֶת־
הַבַּדִּים עֲצֵי שִׁטִּים וְצִפִּיתָ אֹתָם זָהָב וְנִשָּׂא־בָם אֶת־הַשֻּׁלְחָן׃
כט וְעָשִׂיתָ קְּעָרֹתָיו וְכַפֹּתָיו וּקְשׂוֹתָיו וּמְנַקִּיֹּתָיו אֲשֶׁר יֻסַּךְ בָּהֵן
ל זָהָב טָהוֹר תַּעֲשֶׂה אֹתָם׃ וְנָתַתָּ עַל־הַשֻּׁלְחָן לֶחֶם פָּנִים לְפָנַי
תָּמִיד׃

ויקרא באזני העם ויאמרו כל אשר דבר יהוה נעשה ונשמע
ויקח משה את הדם ויזרק על העם ויאמר הנה דם הברית
אשר כרת יהוה עמכם על כל הדברים האלה ויעל משה
ואהרן נדב ואביהוא ושבעים מזקני ישראל ויראו את
אלהי ישראל ותחת רגליו כמעשה לבנת הספיר וכעצם
השמים לטהר ואל אצילי בני ישראל לא שלח ידו ויחזו
את האלהים ויאכלו וישתו ויאמר יהוה אל
משה עלה אלי ההרה והיה שם ואתנה לך את לחת האבן
והתורה והמצוה אשר כתבתי להורתם ויקם משה ויהושע
משרתו ויעל משה אל הר האלהים ואל הזקנים אמר
שבו לנו בזה עד אשר נשוב אליכם והנה אהרן וחור עמכם
מי בעל דברים יגש אלהם ויעל משה אל ההר ויכס הענן
את ההר וישכן כבוד יהוה על הר סיני ויכסהו הענן ששת
ימים ויקרא אל משה ביום השביעי מתוך הענן ומראה
כבוד יהוה כאש אכלת בראש ההר לעיני בני ישראל ויבא
משה בתוך הענן ויעל אל ההר ויהי משה בהר ארבעים
יום וארבעים לילה

וידבר יהוה אל משה לאמר דבר אל בני ישראל ויקחו
לי תרומה מאת כל איש אשר ידבנו לבו תקחו את תרומתי
וזאת התרומה אשר תקחו מאתם זהב וכסף ונחשת ותכלת
וארגמן ותולעת שני ושש ועזים וערת אילם מאדמים
וערת תחשים ועצי שטים שמן למאר בשמים לשמן
המשחה ולקטרת הסמים אבני שהם ואבני מלאים לאפד
ולחשן ועשו לי מקדש ושכנתי בתוכם ככל אשר אני
מראה אותך את תבנית המשכן ואת תבנית כל כליו וכן
תעשו ועשו ארון עצי שטים אמתים וחצי
ארכו ואמה וחצי רחבו ואמה וחצי קמתו וצפית אתו זהב

וַיִּקְרָא בְּאָזְנֵי הָעָם וַיֹּאמְרוּ כֹּל אֲשֶׁר־דִּבֶּר יְהוָה נַעֲשֶׂה וְנִשְׁמָע׃
ח וַיִּקַּח מֹשֶׁה אֶת־הַדָּם וַיִּזְרֹק עַל־הָעָם וַיֹּאמֶר הִנֵּה דַם־הַבְּרִית *
ט אֲשֶׁר כָּרַת יְהוָה עִמָּכֶם עַל כָּל־הַדְּבָרִים הָאֵלֶּה׃ וַיַּעַל מֹשֶׁה
י וְאַהֲרֹן נָדָב וַאֲבִיהוּא וְשִׁבְעִים מִזִּקְנֵי יִשְׂרָאֵל׃ וַיִּרְאוּ אֵת
אֱלֹהֵי יִשְׂרָאֵל וְתַחַת רַגְלָיו כְּמַעֲשֵׂה לִבְנַת הַסַּפִּיר וּכְעֶצֶם
יא הַשָּׁמַיִם לָטֹהַר׃ וְאֶל־אֲצִילֵי בְּנֵי יִשְׂרָאֵל לֹא שָׁלַח יָדוֹ וַיֶּחֱזוּ
יב אֶת־הָאֱלֹהִים וַיֹּאכְלוּ וַיִּשְׁתּוּ׃ וַיֹּאמֶר יְהוָה אֶל־ *
מֹשֶׁה עֲלֵה אֵלַי הָהָרָה וֶהְיֵה־שָׁם וְאֶתְּנָה לְךָ אֶת־לֻחֹת הָאֶבֶן
יג וְהַתּוֹרָה וְהַמִּצְוָה אֲשֶׁר כָּתַבְתִּי לְהוֹרֹתָם׃ וַיָּקָם מֹשֶׁה וִיהוֹשֻׁעַ
יד מְשָׁרְתוֹ וַיַּעַל מֹשֶׁה אֶל־הַר הָאֱלֹהִים׃ וְאֶל־הַזְּקֵנִים אָמַר
שְׁבוּ־לָנוּ בָזֶה עַד אֲשֶׁר־נָשׁוּב אֲלֵיכֶם וְהִנֵּה אַהֲרֹן וְחוּר עִמָּכֶם
טו מִי־בַעַל דְּבָרִים יִגַּשׁ אֲלֵהֶם׃ וַיַּעַל מֹשֶׁה אֶל־הָהָר וַיְכַס הֶעָנָן
טז אֶת־הָהָר׃ וַיִּשְׁכֹּן כְּבוֹד־יְהוָה עַל־הַר סִינַי וַיְכַסֵּהוּ הֶעָנָן שֵׁשֶׁת מפטיר *
יז יָמִים וַיִּקְרָא אֶל־מֹשֶׁה בַּיּוֹם הַשְּׁבִיעִי מִתּוֹךְ הֶעָנָן׃ וּמַרְאֵה
יח כְּבוֹד יְהוָה כְּאֵשׁ אֹכֶלֶת בְּרֹאשׁ הָהָר לְעֵינֵי בְּנֵי יִשְׂרָאֵל׃ וַיָּבֹא
מֹשֶׁה בְּתוֹךְ הֶעָנָן וַיַּעַל אֶל־הָהָר וַיְהִי מֹשֶׁה בָּהָר אַרְבָּעִים
יוֹם וְאַרְבָּעִים לָיְלָה׃

כה א ב וַיְדַבֵּר יְהוָה אֶל־מֹשֶׁה לֵּאמֹר׃ דַּבֵּר אֶל־בְּנֵי יִשְׂרָאֵל וְיִקְחוּ־ יח תרומה
לִי תְּרוּמָה מֵאֵת כָּל־אִישׁ אֲשֶׁר יִדְּבֶנּוּ לִבּוֹ תִּקְחוּ אֶת־תְּרוּמָתִי׃
ג ד וְזֹאת הַתְּרוּמָה אֲשֶׁר תִּקְחוּ מֵאִתָּם זָהָב וָכֶסֶף וּנְחֹשֶׁת׃ וּתְכֵלֶת
ה וְאַרְגָּמָן וְתוֹלַעַת שָׁנִי וְשֵׁשׁ וְעִזִּים׃ וְעֹרֹת אֵילִם מְאָדָּמִים
ו וְעֹרֹת תְּחָשִׁים וַעֲצֵי שִׁטִּים׃ שֶׁמֶן לַמָּאֹר בְּשָׂמִים לְשֶׁמֶן *
ז הַמִּשְׁחָה וְלִקְטֹרֶת הַסַּמִּים׃ אַבְנֵי־שֹׁהַם וְאַבְנֵי מִלֻּאִים לָאֵפֹד
ח ט וְלַחֹשֶׁן׃ וְעָשׂוּ לִי מִקְדָּשׁ וְשָׁכַנְתִּי בְּתוֹכָם׃ כְּכֹל אֲשֶׁר אֲנִי
מַרְאֶה אוֹתְךָ אֵת תַּבְנִית הַמִּשְׁכָּן וְאֵת תַּבְנִית כָּל־כֵּלָיו וְכֵן
י תַּעֲשׂוּ׃ וְעָשׂוּ אֲרוֹן עֲצֵי שִׁטִּים אַמָּתַיִם וָחֵצִי *
יא אָרְכּוֹ וְאַמָּה וָחֵצִי רָחְבּוֹ וְאַמָּה וָחֵצִי קֹמָתוֹ׃ וְצִפִּיתָ אֹתוֹ זָהָב

וצרתי את צרריך כי ילך מלאכי לפניך והביאך אל
האמרי והחתי והפרזי והכנעני החוי והיבוסי והכחדתיו לא
תשתחוה לאלהיהם ולא תעבדם ולא תעשה כמעשיהם
כי הרס תהרסם ושבר תשבר מצבתיהם ועבדתם את
יהוה אלהיכם וברך את לחמך ואת מימיך והסרתי מחלה
מקרבך לא תהיה משכלה ועקרה בארצך
את מספר ימיך אמלא את אימתי אשלח לפניך והמתי
את כל העם אשר תבא בהם ונתתי את כל איביך אליך
ערף ושלחתי את הצרעה לפניך וגרשה את החוי את
הכנעני ואת החתי מלפניך לא אגרשנו מפניך בשנה
אחת פן תהיה הארץ שממה ורבה עליך חית השדה מעט
מעט אגרשנו מפניך עד אשר תפרה ונחלת את הארץ
ושתי את גבלך מים סוף ועד ים פלשתים וממדבר עד
הנהר כי אתן בידכם את ישבי הארץ וגרשתמו מפניך
לא תכרת להם ולאלהיהם ברית לא ישבו בארצך
פן יחטיאו אתך לי כי תעבד את אלהיהם כי יהיה לך
למוקש

ואל משה אמר עלה אל יהוה אתה ואהרן נדב ואביהוא
ושבעים מזקני ישראל והשתחויתם מרחק ונגש משה
לבדו אל יהוה והם לא יגשו והעם לא יעלו עמו ויבא
משה ויספר לעם את כל דברי יהוה ואת כל המשפטים
ויען כל העם קול אחד ויאמרו כל הדברים אשר דבר
יהוה נעשה ויכתב משה את כל דברי יהוה וישכם בבקר
ויבן מזבח תחת ההר ושתים עשרה מצבה לשנים עשר
שבטי ישראל וישלח את נערי בני ישראל ויעלו עלת
ויזבחו זבחים שלמים ליהוה פרים ויקח משה חצי הדם
וישם באגנת וחצי הדם זרק על המזבח ויקח ספר הברית

כג וְצַרְתִּי אֶת־צֹרְרֶיךָ: כִּי־יֵלֵךְ מַלְאָכִי לְפָנֶיךָ וֶהֱבִיאֲךָ אֶל־ ★

כד הָאֱמֹרִי וְהַחִתִּי וְהַפְּרִזִּי וְהַכְּנַעֲנִי הַחִוִּי וְהַיְבוּסִי וְהִכְחַדְתִּיו: לֹא־
תִשְׁתַּחֲוֶה לֵאלֹהֵיהֶם וְלֹא תָעָבְדֵם וְלֹא תַעֲשֶׂה כְּמַעֲשֵׂיהֶם

כה כִּי הָרֵס תְּהָרְסֵם וְשַׁבֵּר תְּשַׁבֵּר מַצֵּבֹתֵיהֶם: וַעֲבַדְתֶּם אֵת
יְהוָֹה אֱלֹהֵיכֶם וּבֵרַךְ אֶת־לַחְמְךָ וְאֶת־מֵימֶיךָ וַהֲסִרֹתִי מַחֲלָה

כו מִקִּרְבֶּךָ:       לֹא תִהְיֶה מְשַׁכֵּלָה וַעֲקָרָה בְּאַרְצֶךָ    שביעי

כז אֶת־מִסְפַּר יָמֶיךָ אֲמַלֵּא: אֶת־אֵימָתִי אֲשַׁלַּח לְפָנֶיךָ וְהַמֹּתִי
אֶת־כָּל־הָעָם אֲשֶׁר תָּבֹא בָּהֶם וְנָתַתִּי אֶת־כָּל־אֹיְבֶיךָ אֵלֶיךָ

כח עֹרֶף: וְשָׁלַחְתִּי אֶת־הַצִּרְעָה לְפָנֶיךָ וְגֵרְשָׁה אֶת־הַחִוִּי אֶת־

כט הַכְּנַעֲנִי וְאֶת־הַחִתִּי מִלְּפָנֶיךָ: לֹא אֲגָרְשֶׁנּוּ מִפָּנֶיךָ בְּשָׁנָה

ל אֶחָת פֶּן־תִּהְיֶה הָאָרֶץ שְׁמָמָה וְרַבָּה עָלֶיךָ חַיַּת הַשָּׂדֶה: מְעַט
מְעַט אֲגָרְשֶׁנּוּ מִפָּנֶיךָ עַד אֲשֶׁר תִּפְרֶה וְנָחַלְתָּ אֶת־הָאָרֶץ:

לא וְשַׁתִּי אֶת־גְּבֻלְךָ מִיַּם־סוּף וְעַד־יָם פְּלִשְׁתִּים וּמִמִּדְבָּר עַד־ ★
הַנָּהָר כִּי | אֶתֵּן בְּיֶדְכֶם אֵת יֹשְׁבֵי הָאָרֶץ וְגֵרַשְׁתָּמוֹ מִפָּנֶיךָ:

לב,לג לֹא־תִכְרֹת לָהֶם וְלֵאלֹהֵיהֶם בְּרִית: לֹא יֵשְׁבוּ בְּאַרְצְךָ
פֶּן־יַחֲטִיאוּ אֹתְךָ לִי כִּי תַעֲבֹד אֶת־אֱלֹהֵיהֶם כִּי־יִהְיֶה לְךָ
לְמוֹקֵשׁ:

כד א וְאֶל־מֹשֶׁה אָמַר עֲלֵה אֶל־יְהוָֹה אַתָּה וְאַהֲרֹן נָדָב וַאֲבִיהוּא

ב וְשִׁבְעִים מִזִּקְנֵי יִשְׂרָאֵל וְהִשְׁתַּחֲוִיתֶם מֵרָחֹק: וְנִגַּשׁ מֹשֶׁה
לְבַדּוֹ אֶל־יְהוָֹה וְהֵם לֹא יִגָּשׁוּ וְהָעָם לֹא יַעֲלוּ עִמּוֹ: וַיָּבֹא

ג מֹשֶׁה וַיְסַפֵּר לָעָם אֵת כָּל־דִּבְרֵי יְהוָֹה וְאֵת כָּל־הַמִּשְׁפָּטִים
וַיַּעַן כָּל־הָעָם קוֹל אֶחָד וַיֹּאמְרוּ כָּל־הַדְּבָרִים אֲשֶׁר־דִּבֶּר

ד יְהוָֹה נַעֲשֶׂה: וַיִּכְתֹּב מֹשֶׁה אֵת כָּל־דִּבְרֵי יְהוָֹה וַיַּשְׁכֵּם בַּבֹּקֶר ★
וַיִּבֶן מִזְבֵּחַ תַּחַת הָהָר וּשְׁתֵּים עֶשְׂרֵה מַצֵּבָה לִשְׁנֵים עָשָׂר

ה שִׁבְטֵי יִשְׂרָאֵל: וַיִּשְׁלַח אֶת־נַעֲרֵי בְּנֵי יִשְׂרָאֵל וַיַּעֲלוּ עֹלֹת

ו וַיִּזְבְּחוּ זְבָחִים שְׁלָמִים לַיהוָֹה פָּרִים: וַיִּקַּח מֹשֶׁה חֲצִי הַדָּם

ז וַיָּשֶׂם בָּאַגָּנֹת וַחֲצִי הַדָּם זָרַק עַל־הַמִּזְבֵּחַ: וַיִּקַּח סֵפֶר הַבְּרִית

אחרי רבים לרעת ולא תענה על רב לנטת אחרי רבים
להטת ודל לא תהדר בריבו כי תפגע שור
איבך או חמרו תעה השב תשיבנו לו כי
תראה חמור שנאך רבץ תחת משאו וחדלת מעזב לו עזב
תעזב עמו לא תטה משפט אבינך בריבו
מדבר שקר תרחק ונקי וצדיק אל תהרג כי לא אצדיק
רשע ושחד לא תקח כי השחד יעור פקחים ויסלף דברי
צדיקים וגר לא תלחץ ואתם ידעתם את נפש הגר כי
גרים הייתם בארץ מצרים ושש שנים תזרע את ארצך
ואספת את תבואתה והשביעת תשמטנה ונטשתה ואכלו
אביני עמך ויתרם תאכל חית השדה כן תעשה לכרמך
לזיתך ששת ימים תעשה מעשיך וביום השביעי תשבת
למען ינוח שורך וחמרך וינפש בן אמתך והגר ובכל אשר
אמרתי אליכם תשמרו ושם אלהים אחרים לא תזכירו
לא ישמע על פיך שלש רגלים תחג לי בשנה את חג
המצות תשמר שבעת ימים תאכל מצות כאשר צויתך
למועד חדש האביב כי בו יצאת ממצרים ולא יראו פני
ריקם וחג הקציר בכורי מעשיך אשר תזרע בשדה וחג
האסף בצאת השנה באספך את מעשיך מן השדה שלש
פעמים בשנה יראה כל זכורך אל פני האדן יהוה לא
תזבח על חמץ דם זבחי ולא ילין חלב חגי עד בקר
ראשית בכורי אדמתך תביא בית יהוה אלהיך לא תבשל
גדי בחלב אמו

הנה אנכי שלח מלאך לפניך לשמרך בדרך ולהביאך אל
המקום אשר הכנתי השמר מפניו ושמע בקלו אל תמר
בו כי לא ישא לפשעכם כי שמי בקרבו כי אם שמוע
תשמע בקלו ועשית כל אשר אדבר ואיבתי את איביך

אַחֲרֵי־רַבִּים לְרָעֹת וְלֹא־תַעֲנֶה עַל־רִב לִנְטֹת אַחֲרֵי רַבִּים
ג ד לְהַטֹּת׃ וְדָל לֹא תֶהְדַּר בְּרִיבוֹ׃ כִּי תִפְגַּע שׁוֹר
ה אֹיִבְךָ אוֹ חֲמֹרוֹ תֹּעֶה הָשֵׁב תְּשִׁיבֶנּוּ לוֹ׃ כִּי־
תִרְאֶה חֲמוֹר שֹׂנַאֲךָ רֹבֵץ תַּחַת מַשָּׂאוֹ וְחָדַלְתָּ מֵעֲזֹב לוֹ עָזֹב
ו תַּעֲזֹב עִמּוֹ׃ לֹא תַטֶּה מִשְׁפַּט אֶבְיֹנְךָ בְּרִיבוֹ׃ חמישי
ז מִדְּבַר־שֶׁקֶר תִּרְחָק וְנָקִי וְצַדִּיק אַל־תַּהֲרֹג כִּי לֹא־אַצְדִּיק
ח רָשָׁע׃ וְשֹׁחַד לֹא תִקָּח כִּי הַשֹּׁחַד יְעַוֵּר פִּקְחִים וִיסַלֵּף דִּבְרֵי
ט צַדִּיקִים׃ וְגֵר לֹא תִלְחָץ וְאַתֶּם יְדַעְתֶּם אֶת־נֶפֶשׁ הַגֵּר כִּי־
י גֵרִים הֱיִיתֶם בְּאֶרֶץ מִצְרָיִם׃ וְשֵׁשׁ שָׁנִים תִּזְרַע אֶת־אַרְצֶךָ ★
יא וְאָסַפְתָּ אֶת־תְּבוּאָתָהּ׃ וְהַשְּׁבִיעִת תִּשְׁמְטֶנָּה וּנְטַשְׁתָּהּ וְאָכְלוּ
אֶבְיֹנֵי עַמֶּךָ וְיִתְרָם תֹּאכַל חַיַּת הַשָּׂדֶה כֵּן־תַּעֲשֶׂה לְכַרְמְךָ
יב לְזֵיתֶךָ׃ שֵׁשֶׁת יָמִים תַּעֲשֶׂה מַעֲשֶׂיךָ וּבַיּוֹם הַשְּׁבִיעִי תִּשְׁבֹּת
יג לְמַעַן יָנוּחַ שׁוֹרְךָ וַחֲמֹרֶךָ וְיִנָּפֵשׁ בֶּן־אֲמָתְךָ וְהַגֵּר׃ וּבְכֹל אֲשֶׁר־
אָמַרְתִּי אֲלֵיכֶם תִּשָּׁמֵרוּ וְשֵׁם אֱלֹהִים אֲחֵרִים לֹא תַזְכִּירוּ
יד טו לֹא יִשָּׁמַע עַל־פִּיךָ׃ שָׁלֹשׁ רְגָלִים תָּחֹג לִי בַּשָּׁנָה׃ אֶת־חַג ★
הַמַּצּוֹת תִּשְׁמֹר שִׁבְעַת יָמִים תֹּאכַל מַצּוֹת כַּאֲשֶׁר צִוִּיתִךָ
לְמוֹעֵד חֹדֶשׁ הָאָבִיב כִּי־בוֹ יָצָאתָ מִמִּצְרָיִם וְלֹא־יֵרָאוּ פָנַי
טז רֵיקָם׃ וְחַג הַקָּצִיר בִּכּוּרֵי מַעֲשֶׂיךָ אֲשֶׁר תִּזְרַע בַּשָּׂדֶה וְחַג
יז הָאָסִף בְּצֵאת הַשָּׁנָה בְּאָסְפְּךָ אֶת־מַעֲשֶׂיךָ מִן־הַשָּׂדֶה׃ שָׁלֹשׁ ★
יח פְּעָמִים בַּשָּׁנָה יֵרָאֶה כָּל־זְכוּרְךָ אֶל־פְּנֵי הָאָדֹן ׀ יהוה׃ לֹא־
תִזְבַּח עַל־חָמֵץ דַּם־זִבְחִי וְלֹא־יָלִין חֵלֶב־חַגִּי עַד־בֹּקֶר׃
יט רֵאשִׁית בִּכּוּרֵי אַדְמָתְךָ תָּבִיא בֵּית יהוה אֱלֹהֶיךָ לֹא־תְבַשֵּׁל
גְּדִי בַּחֲלֵב אִמּוֹ׃
כ הִנֵּה אָנֹכִי שֹׁלֵחַ מַלְאָךְ לְפָנֶיךָ לִשְׁמָרְךָ בַּדָּרֶךְ וְלַהֲבִיאֲךָ אֶל־ ששי
כא הַמָּקוֹם אֲשֶׁר הֲכִנֹתִי׃ הִשָּׁמֶר מִפָּנָיו וּשְׁמַע בְּקֹלוֹ אַל־תַּמֵּר
כב בּוֹ כִּי לֹא יִשָּׂא לְפִשְׁעֲכֶם כִּי שְׁמִי בְּקִרְבּוֹ׃ כִּי אִם־שָׁמוֹעַ
תִּשְׁמַע בְּקֹלוֹ וְעָשִׂיתָ כֹּל אֲשֶׁר אֲדַבֵּר וְאָיַבְתִּי אֶת־אֹיְבֶיךָ

לרעהו כי יתן איש אל רעהו חמור או שור
או שה וכל בהמה לשמר ומת או נשבר או נשבה אין
ראה שבעת יהוה תהיה בין שניהם אם לא שלח ידו
במלאכת רעהו ולקח בעליו ולא ישלם ואם גנב יגנב
מעמו ישלם לבעליו אם טרף יטרף יבאהו עד הטרפה
לא ישלם
וכי ישאל איש מעם רעהו ונשבר או מת בעליו אין עמו
שלם ישלם אם בעליו עמו לא ישלם אם שכיר הוא בא
בשכרו וכי יפתה איש בתולה אשר לא ארשה
ושכב עמה מהר ימהרנה לו לאשה אם מאן ימאן אביה
לתתה לו כסף ישקל כמהר הבתולת מכשפה
לא תחיה כל שכב עם בהמה מות יומת זבח
לאלהים יחרם בלתי ליהוה לבדו וגר לא תונה ולא
תלחצנו כי גרים הייתם בארץ מצרים כל אלמנה ויתום
לא תענון אם ענה תענה אתו כי אם צעק יצעק אלי
שמע אשמע צעקתו וחרה אפי והרגתי אתכם בחרב והיו
נשיכם אלמנות ובניכם יתמים
אם כסף תלוה את עמי את העני עמך לא תהיה לו כנשה
לא תשימון עליו נשך אם חבל תחבל שלמת רעך עד
בא השמש תשיבנו לו כי הוא כסותה לבדה הוא שמלתו
לערו במה ישכב והיה כי יצעק אלי ושמעתי כי חנון
אני אלהים לא תקלל ונשיא בעמך לא תאר
מלאתך ודמעך לא תאחר בכור בניך תתן לי כן תעשה
לשרך לצאנך שבעת ימים יהיה עם אמו ביום השמיני
תתנו לי ואנשי קדש תהיון לי ובשר בשדה טרפה לא
תאכלו לכלב תשלכון אתו לא תשא שמע
שוא אל תשת ידך עם רשע להית עד חמס לא תהיה

ט לְרֵעֵהוּ:            כִּי־יִתֵּן אִישׁ אֶל־רֵעֵהוּ חֲמוֹר אוֹ־שׁוֹר     *

אוֹ־שֶׂה וְכָל־בְּהֵמָה לִשְׁמֹר וּמֵת אוֹ־נִשְׁבַּר אוֹ־נִשְׁבָּה אֵין

י רֹאֶה: שְׁבֻעַת יְהוָה תִּהְיֶה בֵּין שְׁנֵיהֶם אִם־לֹא שָׁלַח יָדוֹ

יא בִּמְלֶאכֶת רֵעֵהוּ וְלָקַח בְּעָלָיו וְלֹא יְשַׁלֵּם: וְאִם־גָּנֹב יִגָּנֵב

יב מֵעִמּוֹ יְשַׁלֵּם לִבְעָלָיו: אִם־טָרֹף יִטָּרֵף יְבִאֵהוּ עֵד הַטְּרֵפָה

לֹא יְשַׁלֵּם:

יג וְכִי־יִשְׁאַל אִישׁ מֵעִם רֵעֵהוּ וְנִשְׁבַּר אוֹ־מֵת בְּעָלָיו אֵין־עִמּוֹ     *

יד שַׁלֵּם יְשַׁלֵּם: אִם־בְּעָלָיו עִמּוֹ לֹא יְשַׁלֵּם אִם־שָׂכִיר הוּא בָּא

בִּשְׂכָרוֹ:           וְכִי־יְפַתֶּה אִישׁ בְּתוּלָה אֲשֶׁר לֹא־אֹרָשָׂה

טו וְשָׁכַב עִמָּהּ מָהֹר יִמְהָרֶנָּה לּוֹ לְאִשָּׁה: אִם־מָאֵן יְמָאֵן אָבִיהָ

טז לְתִתָּהּ לוֹ כֶּסֶף יִשְׁקֹל כְּמֹהַר הַבְּתוּלֹת:      מְכַשֵּׁפָה

יז לֹא תְחַיֶּה: כָּל־שֹׁכֵב עִם־בְּהֵמָה מוֹת יוּמָת:      זֹבֵחַ

יח לָאֱלֹהִים יָחֳרָם בִּלְתִּי לַיהוָה לְבַדּוֹ: וְגֵר לֹא־תוֹנֶה וְלֹא

כ תִלְחָצֶנּוּ כִּי־גֵרִים הֱיִיתֶם בְּאֶרֶץ מִצְרָיִם: כָּל־אַלְמָנָה וְיָתוֹם

כא לֹא תְעַנּוּן: אִם־עַנֵּה תְעַנֶּה אֹתוֹ כִּי אִם־צָעֹק יִצְעַק אֵלַי

כב שָׁמֹעַ אֶשְׁמַע צַעֲקָתוֹ: וְחָרָה אַפִּי וְהָרַגְתִּי אֶתְכֶם בֶּחָרֶב וְהָיוּ

כג נְשֵׁיכֶם אַלְמָנוֹת וּבְנֵיכֶם יְתֹמִים:

כד אִם־כֶּסֶף ׀ תַּלְוֶה אֶת־עַמִּי אֶת־הֶעָנִי עִמָּךְ לֹא־תִהְיֶה לוֹ כְּנֹשֶׁה     יז

כה לֹא־תְשִׂימוּן עָלָיו נֶשֶׁךְ: אִם־חָבֹל תַּחְבֹּל שַׂלְמַת רֵעֶךָ עַד־

כו בֹּא הַשֶּׁמֶשׁ תְּשִׁיבֶנּוּ לוֹ: כִּי הִוא כְסוּתֹה לְבַדָּהּ הִוא שִׂמְלָתוֹ

לְעֹרוֹ בַּמֶּה יִשְׁכָּב וְהָיָה כִּי־יִצְעַק אֵלַי וְשָׁמַעְתִּי כִּי־חַנּוּן

כז אָנִי:          * אֱלֹהִים לֹא תְקַלֵּל וְנָשִׂיא בְעַמְּךָ לֹא תָאֹר:    רביעי

כח מְלֵאָתְךָ וְדִמְעֲךָ לֹא תְאַחֵר בְּכוֹר בָּנֶיךָ תִּתֶּן־לִי: כֶּן־תַּעֲשֶׂה

לְשֹׁרְךָ לְצֹאנֶךָ שִׁבְעַת יָמִים יִהְיֶה עִם־אִמּוֹ בַּיּוֹם הַשְּׁמִינִי

ל תִּתְּנוֹ־לִי: וְאַנְשֵׁי־קֹדֶשׁ תִּהְיוּן לִי וּבָשָׂר בַּשָּׂדֶה טְרֵפָה לֹא

כג א תֹאכֵלוּ לַכֶּלֶב תַּשְׁלִכוּן אֹתוֹ:        לֹא תִשָּׂא שֵׁמַע

ב שָׁוְא אַל־תָּשֶׁת יָדְךָ עִם־רָשָׁע לִהְיֹת עֵד חָמָס: לֹא־תִהְיֶה

ולא יאכל את בשרו ובעל השור נקי ואם שור נגח הוא
מתמל שלשם והועד בבעליו ולא ישמרנו והמית איש או
אשה השור יסקל וגם בעליו יומת אם כפר יושת עליו ונתן
פדין נפשו ככל אשר יושת עליו או בן יגח או בת יגח כמשפט
הזה יעשה לו אם עבד יגח השור או אמה כסף שלשים
שקלים יתן לאדניו והשור יסקל וכי יפתח
איש בור או כי יכרה איש בר ולא יכסנו ונפל שמה שור
או חמור בעל הבור ישלם כסף ישיב לבעליו והמת יהיה
לו וכי יגף שור איש את שור רעהו ומת
ומכרו את השור החי וחצו את כספו וגם את המת יחצון
או נודע כי שור נגח הוא מתמול שלשם ולא ישמרנו בעליו
שלם ישלם שור תחת השור והמת יהיה לו כי
יגנב איש שור או שה וטבחו או מכרו חמשה בקר ישלם
תחת השור וארבע צאן תחת השה אם במחתרת ימצא
הגנב והכה ומת אין לו דמים אם זרחה השמש עליו
דמים לו שלם ישלם אם אין לו ונמכר בגנבתו אם המצא
תמצא בידו הגנבה משור עד חמור עד שה חיים שנים
ישלם כי יבער איש שדה או כרם ושלח
את בעירה ובער בשדה אחר מיטב שדהו ומיטב כרמו
ישלם כי תצא אש ומצאה קצים ונאכל
גדיש או הקמה או השדה שלם ישלם המבער את
הבערה כי יתן איש אל רעהו כסף או כלים
לשמר וגנב מבית האיש אם ימצא הגנב ישלם שנים אם
לא ימצא הגנב ונקרב בעל הבית אל האלהים אם לא שלח
ידו במלאכת רעהו על כל דבר פשע על שור על חמור על
שה על שלמה על כל אבדה אשר יאמר כי הוא זה עד
האלהים יבא דבר שניהם אשר ירשיען אלהים ישלם שנים

כט וְלֹ֥א יֵֽאָכֵ֖ל אֶת־בְּשָׂר֑וֹ וּבַ֥עַל הַשּׁ֖וֹר נָקִֽי׃ וְאִ֡ם שׁ֣וֹר נַגָּח֩ ה֨וּא
מִתְּמֹ֣ל שִׁלְשֹׁ֗ם וְהוּעַ֤ד בִּבְעָלָיו֙ וְלֹ֣א יִשְׁמְרֶ֔נּוּ וְהֵמִ֥ית אִ֖ישׁ א֣וֹ
ל אִשָּׁ֑ה הַשּׁוֹר֙ יִסָּקֵ֔ל וְגַם־בְּעָלָ֖יו יוּמָֽת׃ אִם־כֹּ֖פֶר יוּשַׁ֣ת עָלָ֑יו וְנָתַן֙
לא פִּדְיֹ֣ן נַפְשׁ֔וֹ כְּכֹ֥ל אֲשֶׁר־יוּשַׁ֖ת עָלָֽיו׃ אוֹ־בֵ֥ן יִגָּ֖ח אוֹ־בַ֣ת יִגָּ֑ח כַּמִּשְׁפָּ֥ט
לב הַזֶּ֖ה יֵעָ֥שֶׂה לּֽוֹ׃ אִם־עֶ֛בֶד יִגַּ֥ח הַשּׁ֖וֹר א֣וֹ אָמָ֑ה כֶּ֣סֶף ׀ שְׁלֹשִׁ֣ים
לג שְׁקָלִ֗ים יִתֵּן֙ לַֽאדֹנָ֔יו וְהַשּׁ֖וֹר יִסָּקֵֽל׃ וְכִֽי־יִפְתַּ֨ח
אִ֜ישׁ בּ֗וֹר א֠וֹ כִּֽי־יִכְרֶ֥ה אִ֛ישׁ בֹּ֖ר וְלֹ֣א יְכַסֶּ֑נּוּ וְנָֽפַל־שָׁ֛מָּה שּׁ֖וֹר
לד א֥וֹ חֲמֽוֹר׃ בַּ֤עַל הַבּוֹר֙ יְשַׁלֵּ֔ם כֶּ֖סֶף יָשִׁ֣יב לִבְעָלָ֑יו וְהַמֵּ֖ת יִֽהְיֶה־
לה לּֽוֹ׃ וְכִֽי־יִגֹּ֧ף שֽׁוֹר־אִ֛ישׁ אֶת־שׁ֥וֹר רֵעֵ֖הוּ וָמֵ֑ת
וּמָ֨כְר֜וּ אֶת־הַשּׁ֤וֹר הַחַי֙ וְחָצ֣וּ אֶת־כַּסְפּ֔וֹ וְגַ֥ם אֶת־הַמֵּ֖ת יֶֽחֱצֽוּן׃
לו א֣וֹ נוֹדַ֗ע כִּ֠י שׁ֣וֹר נַגָּ֥ח הוּא֙ מִתְּמ֣וֹל שִׁלְשֹׁ֔ם וְלֹ֥א יִשְׁמְרֶ֖נּוּ בְּעָלָ֑יו
לז שַׁלֵּ֨ם יְשַׁלֵּ֥ם שׁוֹר֙ תַּ֣חַת הַשּׁ֔וֹר וְהַמֵּ֖ת יִֽהְיֶה־לּֽוֹ׃ כִּ֤י
יִגְנֹֽב־אִישׁ֙ שׁ֣וֹר אוֹ־שֶׂ֔ה וּטְבָח֖וֹ א֣וֹ מְכָר֑וֹ חֲמִשָּׁ֣ה בָקָ֗ר יְשַׁלֵּם֙
כב א תַּ֣חַת הַשּׁ֔וֹר וְאַרְבַּע־צֹ֖אן תַּ֥חַת הַשֶּֽׂה׃ אִם־בַּמַּחְתֶּ֛רֶת יִמָּצֵ֥א
ב הַגַּנָּ֖ב וְהֻכָּ֣ה וָמֵ֑ת אֵ֥ין ל֖וֹ דָּמִֽים׃ אִם־זָרְחָ֥ה הַשֶּׁ֛מֶשׁ עָלָ֖יו
ג דָּמִ֣ים ל֑וֹ שַׁלֵּ֣ם יְשַׁלֵּ֔ם אִם־אֵ֣ין ל֔וֹ וְנִמְכַּ֖ר בִּגְנֵבָתֽוֹ׃ אִֽם־הִמָּצֵא֩
תִמָּצֵ֨א בְיָד֜וֹ הַגְּנֵבָ֗ה מִשּׁ֛וֹר עַד־חֲמ֥וֹר עַד־שֶׂ֖ה חַיִּ֑ים שְׁנַ֖יִם
ד יְשַׁלֵּֽם׃ כִּ֤י יַבְעֶר־אִישׁ֙ שָׂדֶ֣ה אוֹ־כֶ֔רֶם וְשִׁלַּח֙ שלישי
אֶת־בְּעִירֹ֔ה וּבִעֵ֖ר בִּשְׂדֵ֣ה אַחֵ֑ר מֵיטַ֥ב שָׂדֵ֛הוּ וּמֵיטַ֥ב כַּרְמ֖וֹ
ה יְשַׁלֵּֽם׃ כִּֽי־תֵצֵ֨א אֵ֜שׁ וּמָצְאָ֤ה קֹצִים֙ וְנֶאֱכַ֣ל
גָּדִ֔ישׁ א֥וֹ הַקָּמָ֖ה א֣וֹ הַשָּׂדֶ֑ה שַׁלֵּ֣ם יְשַׁלֵּ֔ם הַמַּבְעִ֖ר אֶת־
ו הַבְּעֵרָֽה׃ כִּֽי־יִתֵּן֩ אִ֨ישׁ אֶל־רֵעֵ֜הוּ כֶּ֤סֶף אֽוֹ־כֵלִים֙
ז לִשְׁמֹ֔ר וְגֻנַּ֖ב מִבֵּ֣ית הָאִ֑ישׁ אִם־יִמָּצֵ֥א הַגַּנָּ֖ב יְשַׁלֵּ֥ם שְׁנָֽיִם׃ אִם־
לֹ֤א יִמָּצֵא֙ הַגַּנָּ֔ב וְנִקְרַ֥ב בַּֽעַל־הַבַּ֖יִת אֶל־הָאֱלֹהִ֑ים אִם־לֹ֥א שָׁלַ֛ח
ח יָד֖וֹ בִּמְלֶ֥אכֶת רֵעֵֽהוּ׃ עַֽל־כָּל־דְּבַר־פֶּ֡שַׁע עַל־שׁ֡וֹר עַל־חֲ֠מוֹר עַל־
שֶׂ֨ה עַל־שַׂלְמָ֜ה עַל־כָּל־אֲבֵדָ֗ה אֲשֶׁ֤ר יֹאמַר֙ כִּי־ה֣וּא זֶ֔ה עַ֚ד
הָֽאֱלֹהִ֖ים יָבֹ֣א דְּבַר־שְׁנֵיהֶ֑ם אֲשֶׁ֤ר יַרְשִׁיעֻן֙ אֱלֹהִ֔ים יְשַׁלֵּ֥ם שְׁנַ֖יִם

אל האלהים והגישו אל הדלת או אל המזוזה ורצע אדניו
את אזנו במרצע ועבדו לעלם וכי ימכר איש
את בתו לאמה לא תצא כצאת העבדים אם רעה בעיני
אדניה אשר לא יעדה והפדה לעם נכרי לא ימשל למכרה
בבגדו בה ואם לבנו ייעדנה כמשפט הבנות יעשה לה אם
אחרת יקח לו שארה כסותה וענתה לא יגרע ואם שלש
אלה לא יעשה לה ויצאה חנם אין כסף מכה
איש ומת מות יומת ואשר לא צדה והאלהים אנה לידו
ושמתי לך מקום אשר ינוס שמה וכי
יזד איש על רעהו להרגו בערמה מעם מזבחי תקחנו
למות ומכה אביו ואמו מות יומת וגנב
איש ומכרו ונמצא בידו מות יומת ומקלל
אביו ואמו מות יומת וכי יריבן אנשים והכה
איש את רעהו באבן או באגרף ולא ימות ונפל למשכב
אם יקום והתהלך בחוץ על משענתו ונקה המכה רק
שבתו יתן ורפא ירפא וכי יכה איש את עבדו
או את אמתו בשבט ומת תחת ידו נקם ינקם אך אם יום
או יומים יעמד לא יקם כי כספו הוא וכי
ינצו אנשים ונגפו אשה הרה ויצאו ילדיה ולא יהיה אסון
ענוש יענש כאשר ישית עליו בעל האשה ונתן בפללים
ואם אסון יהיה ונתתה נפש תחת נפש עין תחת עין שן
תחת שן יד תחת יד רגל תחת רגל כויה תחת כויה פצע
תחת פצע חבורה תחת חבורה וכי יכה איש
את עין עבדו או את עין אמתו ושחתה לחפשי ישלחנו
תחת עינו ואם שן עבדו או שן אמתו יפיל לחפשי ישלחנו
תחת שנו
וכי יגח שור את איש או את אשה ומת סקול יסקל השור

אֶל־הָאֱלֹהִים וְהִגִּישׁוֹ אֶל־הַדֶּלֶת אוֹ אֶל־הַמְּזוּזָה וְרָצַע אֲדֹנָיו
ז אֶת־אָזְנוֹ בַּמַּרְצֵעַ וַעֲבָדוֹ לְעֹלָם׃ וְכִי־יִמְכֹּר אִישׁ *
ח אֶת־בִּתּוֹ לְאָמָה לֹא תֵצֵא כְּצֵאת הָעֲבָדִים׃ אִם־רָעָה בְּעֵינֵי
אֲדֹנֶיהָ אֲשֶׁר־לֹא יְעָדָהּ וְהֶפְדָּהּ לְעַם נָכְרִי לֹא־יִמְשֹׁל לְמָכְרָהּ לוֹ
ט י בְּבִגְדוֹ־בָהּ׃ וְאִם־לִבְנוֹ יִיעָדֶנָּה כְּמִשְׁפַּט הַבָּנוֹת יַעֲשֶׂה־לָּהּ׃ אִם־
יא אַחֶרֶת יִקַּח־לוֹ שְׁאֵרָהּ כְּסוּתָהּ וְעֹנָתָהּ לֹא יִגְרָע׃ וְאִם־שְׁלָשׁ־
יב אֵלֶּה לֹא יַעֲשֶׂה לָהּ וְיָצְאָה חִנָּם אֵין כָּסֶף׃ מַכֵּה *
יג אִישׁ וָמֵת מוֹת יוּמָת׃ וַאֲשֶׁר לֹא צָדָה וְהָאֱלֹהִים אִנָּה לְיָדוֹ
יד וְשַׂמְתִּי לְךָ מָקוֹם אֲשֶׁר יָנוּס שָׁמָּה׃ וְכִי־
יָזִד אִישׁ עַל־רֵעֵהוּ לְהָרְגוֹ בְעָרְמָה מֵעִם מִזְבְּחִי תִּקָּחֶנּוּ
טו טז לָמוּת׃ וּמַכֵּה אָבִיו וְאִמּוֹ מוֹת יוּמָת׃ וְגֹנֵב
יז אִישׁ וּמְכָרוֹ וְנִמְצָא בְיָדוֹ מוֹת יוּמָת׃ וּמְקַלֵּל
יח אָבִיו וְאִמּוֹ מוֹת יוּמָת׃ וְכִי־יְרִיבֻן אֲנָשִׁים וְהִכָּה־
אִישׁ אֶת־רֵעֵהוּ בְּאֶבֶן אוֹ בְאֶגְרֹף וְלֹא יָמוּת וְנָפַל לְמִשְׁכָּב׃
יט אִם־יָקוּם וְהִתְהַלֵּךְ בַּחוּץ עַל־מִשְׁעַנְתּוֹ וְנִקָּה הַמַּכֶּה רַק
כ שִׁבְתּוֹ יִתֵּן וְרַפֹּא יְרַפֵּא׃ וְכִי־יַכֶּה אִישׁ אֶת־עַבְדּוֹ שני
כא אוֹ אֶת־אֲמָתוֹ בַּשֵּׁבֶט וּמֵת תַּחַת יָדוֹ נָקֹם יִנָּקֵם׃ אַךְ אִם־יוֹם
כב אוֹ יוֹמַיִם יַעֲמֹד לֹא יֻקַּם כִּי כַסְפּוֹ הוּא׃ וְכִי־
יִנָּצוּ אֲנָשִׁים וְנָגְפוּ אִשָּׁה הָרָה וְיָצְאוּ יְלָדֶיהָ וְלֹא יִהְיֶה אָסוֹן
עָנוֹשׁ יֵעָנֵשׁ כַּאֲשֶׁר יָשִׁית עָלָיו בַּעַל הָאִשָּׁה וְנָתַן בִּפְלִלִים׃
כג כד וְאִם־אָסוֹן יִהְיֶה וְנָתַתָּה נֶפֶשׁ תַּחַת נָפֶשׁ׃ עַיִן תַּחַת עַיִן שֵׁן
כה תַּחַת שֵׁן יָד תַּחַת יָד רֶגֶל תַּחַת רָגֶל׃ כְּוִיָּה תַּחַת כְּוִיָּה פֶּצַע
כו תַּחַת פָּצַע חַבּוּרָה תַּחַת חַבּוּרָה׃ וְכִי־יַכֶּה אִישׁ
אֶת־עֵין עַבְדּוֹ אוֹ־אֶת־עֵין אֲמָתוֹ וְשִׁחֲתָהּ לַחָפְשִׁי יְשַׁלְּחֶנּוּ
כז תַּחַת עֵינוֹ׃ וְאִם־שֵׁן עַבְדּוֹ אוֹ־שֵׁן אֲמָתוֹ יַפִּיל לַחָפְשִׁי יְשַׁלְּחֶנּוּ
תַּחַת שִׁנּוֹ׃
כח וְכִי־יִגַּח שׁוֹר אֶת־אִישׁ אוֹ אֶת־אִשָּׁה וָמֵת סָקוֹל יִסָּקֵל הַשּׁוֹר

נתן לך                    לא תרצח                    לא
תנאף                    לא תגנב                    לא
תענה ברעך עד שקר                    לא
תחמד בית רעך                    לא
תחמד אשת רעך ועבדו ואמתו ושורו וחמרו וכל אשר
לרעך

וכל העם ראים את הקולת ואת הלפידם ואת קול השפר
ואת ההר עשן וירא העם וינעו ויעמדו מרחק ויאמרו אל
משה דבר אתה עמנו ונשמעה ואל ידבר עמנו אלהים פן
נמות ויאמר משה אל העם אל תיראו כי לבעבור נסות
אתכם בא האלהים ובעבור תהיה יראתו על פניכם לבלתי
תחטאו ויעמד העם מרחק ומשה נגש אל הערפל אשר
שם האלהים                    ויאמר יהוה אל משה כה
תאמר אל בני ישראל אתם ראיתם כי מן השמים דברתי
עמכם לא תעשון אתי אלהי כסף ואלהי זהב לא תעשו
לכם מזבח אדמה תעשה לי וזבחת עליו את עלתיך
ואת שלמיך את צאנך ואת בקרך בכל המקום אשר
אזכיר את שמי אבוא אליך וברכתיך ואם מזבח אבנים
תעשה לי לא תבנה אתהן גזית כי חרבך הנפת עליה
ותחללה ולא תעלה במעלת על מזבחי אשר לא תגלה
ערותך עליו

ואלה המשפטים אשר תשים לפניהם כי תקנה עבד עברי
שש שנים יעבד ובשבעת יצא לחפשי חנם אם בגפו יבא
בגפו יצא אם בעל אשה הוא ויצאה אשתו עמו אם אדניו
יתן לו אשה וילדה לו בנים או בנות האשה וילדיה תהיה
לאדניה והוא יצא בגפו ואם אמר יאמר העבד אהבתי
את אדני את אשתי ואת בני לא אצא חפשי והגישו אדניו

יג נָתַן לָֽךְ:    לֹ֥א תִרְצָ֖ח    לֹ֣א
תִנְאָ֑ף    לֹ֣א תִגְנֹ֔ב    לֹֽא־

יד תַעֲנֶ֥ה בְרֵעֲךָ֖ עֵ֥ד שָֽׁקֶר:    לֹ֤א
תַחְמֹד֙ בֵּ֣ית רֵעֶ֔ךָ    לֹֽא־

תַחְמֹ֞ד אֵ֣שֶׁת רֵעֶ֗ךָ וְעַבְדּ֤וֹ וַאֲמָתוֹ֙ וְשׁוֹר֣וֹ וַחֲמֹר֔וֹ וְכֹ֖ל אֲשֶׁ֥ר לְרֵעֶֽךָ:

טו וְכָל־הָעָם֩ רֹאִ֨ים אֶת־הַקּוֹלֹ֜ת וְאֶת־הַלַּפִּידִ֗ם וְאֵת֙ ק֣וֹל הַשֹּׁפָ֔ר   שביעי

טז וְאֶת־הָהָ֖ר עָשֵׁ֑ן וַיַּ֤רְא הָעָם֙ וַיָּנֻ֔עוּ וַיַּֽעַמְד֖וּ מֵֽרָחֹֽק: וַיֹּֽאמְרוּ֙ אֶל־מֹשֶׁ֔ה דַּבֵּר־אַתָּ֥ה עִמָּ֖נוּ וְנִשְׁמָ֑עָה וְאַל־יְדַבֵּ֥ר עִמָּ֛נוּ אֱלֹהִ֖ים פֶּן־

יז נָמֽוּת: וַיֹּ֨אמֶר מֹשֶׁ֣ה אֶל־הָעָם֮ אַל־תִּירָאוּ֒ כִּ֗י לְבַֽעֲבוּר֙ נַסּ֣וֹת אֶתְכֶ֔ם בָּ֖א הָֽאֱלֹהִ֑ים וּבַֽעֲב֗וּר תִּֽהְיֶ֧ה יִרְאָת֛וֹ עַל־פְּנֵיכֶ֖ם לְבִלְתִּ֥י

יח תֶֽחֱטָֽאוּ: וַיַּֽעֲמֹ֥ד הָעָ֖ם מֵֽרָחֹ֑ק וּמֹשֶׁה֙ נִגַּ֣שׁ אֶל־הָֽעֲרָפֶ֔ל אֲשֶׁר־

יט שָׁ֖ם הָֽאֱלֹהִֽים:    וַיֹּ֤אמֶר יְהוָה֙ אֶל־מֹשֶׁ֔ה כֹּ֥ה  מפטיר ★

תֹאמַ֖ר אֶל־בְּנֵ֣י יִשְׂרָאֵ֑ל אַתֶּ֣ם רְאִיתֶ֔ם כִּ֚י מִן־הַשָּׁמַ֔יִם דִּבַּ֖רְתִּי

כ עִמָּכֶֽם: לֹ֥א תַֽעֲשׂ֖וּן אִתִּ֑י אֱלֹ֤הֵי כֶ֙סֶף֙ וֵאלֹהֵ֣י זָהָ֔ב לֹ֥א תַֽעֲשׂ֖וּ

כא לָכֶֽם: מִזְבַּ֣ח אֲדָמָה֮ תַּֽעֲשֶׂה־לִּי֒ וְזָבַחְתָּ֣ עָלָ֗יו אֶת־עֹלֹתֶ֙יךָ֙ וְאֶת־שְׁלָמֶ֔יךָ אֶת־צֹֽאנְךָ֖ וְאֶת־בְּקָרֶ֑ךָ בְּכָל־הַמָּקוֹם֙ אֲשֶׁ֣ר

כב אַזְכִּ֣יר אֶת־שְׁמִ֔י אָב֥וֹא אֵלֶ֖יךָ וּבֵֽרַכְתִּֽיךָ: וְאִם־מִזְבַּ֤ח אֲבָנִים֙ תַּֽעֲשֶׂה־לִּ֔י לֹֽא־תִבְנֶ֥ה אֶתְהֶ֖ן גָּזִ֑ית כִּ֧י חַרְבְּךָ֛ הֵנַ֥פְתָּ עָלֶ֖יהָ

כג וַתְּחַֽלְלֶֽהָ: וְלֹֽא־תַֽעֲלֶ֥ה בְמַֽעֲלֹ֖ת עַל־מִזְבְּחִ֑י אֲשֶׁ֛ר לֹֽא־תִגָּלֶ֥ה עֶרְוָֽתְךָ֖ עָלָֽיו:

כא א וְאֵ֙לֶּה֙ הַמִּשְׁפָּטִ֔ים אֲשֶׁ֥ר תָּשִׂ֖ים לִפְנֵיהֶֽם: ב כִּ֤י תִקְנֶה֙ עֶ֣בֶד עִבְרִ֔י   טז מש

ג שֵׁ֥שׁ שָׁנִ֖ים יַֽעֲבֹ֑ד וּבַ֨שְּׁבִעִ֔ת יֵצֵ֥א לַֽחָפְשִׁ֖י חִנָּֽם: אִם־בְּגַפּ֣וֹ יָבֹ֔א

ד בְּגַפּ֣וֹ יֵצֵ֑א אִם־בַּ֤עַל אִשָּׁה֙ ה֔וּא וְיָֽצְאָ֥ה אִשְׁתּ֖וֹ עִמּֽוֹ: אִם־אֲדֹנָי֙ו יִתֶּן־ל֣וֹ אִשָּׁ֔ה וְיָֽלְדָה־ל֥וֹ בָנִ֖ים א֣וֹ בָנ֑וֹת הָֽאִשָּׁ֣ה וִֽילָדֶ֗יהָ תִּֽהְיֶה֙

ה לַֽאדֹנֶ֔יהָ וְה֖וּא יֵצֵ֥א בְגַפּֽוֹ: וְאִם־אָמֹ֤ר יֹאמַר֙ הָעֶ֔בֶד אָהַ֙בְתִּי֙

ו אֶת־אֲדֹנִ֔י אֶת־אִשְׁתִּ֖י וְאֶת־בָּנָ֑י לֹ֥א אֵצֵ֖א חָפְשִֽׁי: וְהִגִּישׁ֤וֹ אֲדֹנָיו֙

באש ויעל עשנו כעשן הכבשן ויחרד כל ההר מאד ויהי
קול השפר הולך וחזק מאד משה ידבר והאלהים יעננו בקול
וירד יהוה על הר סיני אל ראש ההר ויקרא יהוה למשה
אל ראש ההר ויעל משה ויאמר יהוה אל משה רד העד
בעם פן יהרסו אל יהוה לראות ונפל ממנו רב וגם הכהנים
הנגשים אל יהוה יתקדשו פן יפרץ בהם יהוה ויאמר משה
אל יהוה לא יוכל העם לעלת אל הר סיני כי אתה העדתה
בנו לאמר הגבל את ההר וקדשתו ויאמר אליו יהוה לך
רד ועלית אתה ואהרן עמך והכהנים והעם אל יהרסו
לעלת אל יהוה פן יפרץ בם וירד משה אל העם ויאמר
אלהם וידבר אלהים את כל הדברים האלה
לאמר אנכי יהוה אלהיך אשר הוצאתיך
מארץ מצרים מבית עבדים לא יהיה לך אלהים אחרים
על פני לא תעשה לך פסל וכל תמונה אשר בשמים ממעל
ואשר בארץ מתחת ואשר במים מתחת לארץ לא
תשתחוה להם ולא תעבדם כי אנכי יהוה אלהיך אל קנא
פקד עון אֲבת על בנים על שלשים ועל רבעים לשנאי
ועשה חסד לאלפים לאהבי ולשמרי מצותי לא
תשא את שם יהוה אלהיך לשוא כי לא ינקה יהוה את
אשר ישא את שמו לשוא
זכור את יום השבת לקדשו ששת ימים תעבד ועשית כל
מלאכתך ויום השביעי שבת ליהוה אלהיך לא תעשה כל
מלאכה אתה ובנך ובתך עבדך ואמתך ובהמתך וגרך אשר
בשעריך כי ששת ימים עשה יהוה את השמים ואת הארץ
את הים ואת כל אשר בם וינח ביום השביעי על כן ברך
יהוה את יום השבת ויקדשהו כבד את אביך
ואת אמך למען יארכון ימיך על האדמה אשר יהוה אלהיך

יט בָּאֵשׁ וַיַּעַל עֲשָׁנוֹ כְּעֶשֶׁן הַכִּבְשָׁן וַיֶּחֱרַד כָּל־הָהָר מְאֹד׃ וַיְהִי
קוֹל הַשֹּׁפָר הוֹלֵךְ וְחָזֵק מְאֹד מֹשֶׁה יְדַבֵּר וְהָאֱלֹהִים יַעֲנֶנּוּ בְקוֹל׃
כ וַיֵּרֶד יהוה עַל־הַר סִינַי אֶל־רֹאשׁ הָהָר וַיִּקְרָא יהוה לְמֹשֶׁה ששי
כא אֶל־רֹאשׁ הָהָר וַיַּעַל מֹשֶׁה׃ וַיֹּאמֶר יהוה אֶל־מֹשֶׁה רֵד הָעֵד
כב בָּעָם פֶּן־יֶהֶרְסוּ אֶל־יהוה לִרְאוֹת וְנָפַל מִמֶּנּוּ רָב׃ וְגַם הַכֹּהֲנִים
כג הַנִּגָּשִׁים אֶל־יהוה יִתְקַדָּשׁוּ פֶּן־יִפְרֹץ בָּהֶם יהוה׃ וַיֹּאמֶר מֹשֶׁה
אֶל־יהוה לֹא־יוּכַל הָעָם לַעֲלֹת אֶל־הַר סִינָי כִּי־אַתָּה הַעֵדֹתָה
כד בָּנוּ לֵאמֹר הַגְבֵּל אֶת־הָהָר וְקִדַּשְׁתּוֹ׃ וַיֹּאמֶר אֵלָיו יהוה לֶךְ־
רֵד וְעָלִיתָ אַתָּה וְאַהֲרֹן עִמָּךְ וְהַכֹּהֲנִים וְהָעָם אַל־יֶהֶרְסוּ
כה לַעֲלֹת אֶל־יהוה פֶּן־יִפְרָץ־בָּם׃ וַיֵּרֶד מֹשֶׁה אֶל־הָעָם וַיֹּאמֶר
כ א אֲלֵהֶם׃ וַיְדַבֵּר אֱלֹהִים אֵת כָּל־הַדְּבָרִים הָאֵלֶּה
ב לֵאמֹר׃ אָנֹכִי יהוה אֱלֹהֶיךָ אֲשֶׁר הוֹצֵאתִיךָ
ג מֵאֶרֶץ מִצְרַיִם מִבֵּית עֲבָדִים׃ לֹא־יִהְיֶה לְךָ אֱלֹהִים אֲחֵרִים
ד עַל־פָּנָיַ׃ לֹא־תַעֲשֶׂה לְךָ פֶסֶל וְכָל־תְּמוּנָה אֲשֶׁר בַּשָּׁמַיִם מִמַּעַל
ה וַאֲשֶׁר בָּאָרֶץ מִתָּחַת וַאֲשֶׁר בַּמַּיִם מִתַּחַת לָאָרֶץ׃ לֹא־
תִשְׁתַּחֲוֶה לָהֶם וְלֹא תָעָבְדֵם כִּי אָנֹכִי יהוה אֱלֹהֶיךָ אֵל קַנָּא
פֹּקֵד עֲוֺן אָבֹת עַל־בָּנִים עַל־שִׁלֵּשִׁים וְעַל־רִבֵּעִים לְשֹׂנְאָי׃
ו ז וְעֹשֶׂה חֶסֶד לַאֲלָפִים לְאֹהֲבַי וּלְשֹׁמְרֵי מִצְוֺתָי׃ לֹא
תִשָּׂא אֶת־שֵׁם־יהוה אֱלֹהֶיךָ לַשָּׁוְא כִּי לֹא יְנַקֶּה יהוה אֵת
אֲשֶׁר־יִשָּׂא אֶת־שְׁמוֹ לַשָּׁוְא׃
ח ט זָכוֹר אֶת־יוֹם הַשַּׁבָּת לְקַדְּשׁוֹ׃ שֵׁשֶׁת יָמִים תַּעֲבֹד וְעָשִׂיתָ כָּל־
י מְלַאכְתֶּךָ׃ וְיוֹם הַשְּׁבִיעִי שַׁבָּת לַיהוה אֱלֹהֶיךָ לֹא־תַעֲשֶׂה כָל־
מְלָאכָה אַתָּה ׀ וּבִנְךָ וּבִתֶּךָ עַבְדְּךָ וַאֲמָתְךָ וּבְהֶמְתֶּךָ וְגֵרְךָ אֲשֶׁר
יא בִּשְׁעָרֶיךָ׃ כִּי שֵׁשֶׁת־יָמִים עָשָׂה יהוה אֶת־הַשָּׁמַיִם וְאֶת־הָאָרֶץ
אֶת־הַיָּם וְאֶת־כָּל־אֲשֶׁר־בָּם וַיָּנַח בַּיּוֹם הַשְּׁבִיעִי עַל־כֵּן בֵּרַךְ
יב יהוה אֶת־יוֹם הַשַּׁבָּת וַיְקַדְּשֵׁהוּ׃ כַּבֵּד אֶת־אָבִיךָ
וְאֶת־אִמֶּךָ לְמַעַן יַאֲרִכוּן יָמֶיךָ עַל הָאֲדָמָה אֲשֶׁר־יהוה אֱלֹהֶיךָ

בחדש השלישי לצאת בני ישראל מארץ מצרים ביום הזה
באו מדבר סיני ויסעו מרפידים ויבאו מדבר סיני ויחנו
במדבר ויחן שם ישראל נגד ההר ומשה עלה אל האלהים
ויקרא אליו יהוה מן ההר לאמר כה תאמר לבית יעקב
ותגיד לבני ישראל אתם ראיתם אשר עשיתי למצרים
ואשא אתכם על כנפי נשרים ואבא אתכם אלי ועתה
אם שמוע תשמעו בקלי ושמרתם את בריתי והייתם לי
סגלה מכל העמים כי לי כל הארץ ואתם תהיו לי ממלכת
כהנים וגוי קדוש אלה הדברים אשר תדבר אל בני ישראל
ויבא משה ויקרא לזקני העם וישם לפניהם את כל הדברים
האלה אשר צוהו יהוה ויענו כל העם יחדו ויאמרו כל
אשר דבר יהוה נעשה וישב משה את דברי העם אל
יהוה ויאמר יהוה אל משה הנה אנכי בא אליך בעב
הענן בעבור ישמע העם בדברי עמך וגם בך יאמינו לעולם
ויגד משה את דברי העם אל יהוה ויאמר יהוה אל משה
לך אל העם וקדשתם היום ומחר וכבסו שמלתם והיו
נכנים ליום השלישי כי ביום השלשי ירד יהוה לעיני כל
העם על הר סיני והגבלת את העם סביב לאמר השמרו
לכם עלות בהר ונגע בקצהו כל הנגע בהר מות יומת
לא תגע בו יד כי סקול יסקל או ירה יירה אם בהמה אם
איש לא יחיה במשך היבל המה יעלו בהר וירד משה
מן ההר אל העם ויקדש את העם ויכבסו שמלתם ויאמר
אל העם היו נכנים לשלשת ימים אל תגשו אל אשה
ויהי ביום השלישי בהית הבקר ויהי קלת וברקים וענן כבד
על ההר וקל שפר חזק מאד ויחרד כל העם אשר במחנה
ויוצא משה את העם לקראת האלהים מן המחנה ויתיצבו
בתחתית ההר והר סיני עשן כלו מפני אשר ירד עליו יהוה

א בַּחֹ֙דֶשׁ֙ הַשְּׁלִישִׁ֔י לְצֵ֥את בְּנֵֽי־יִשְׂרָאֵ֖ל מֵאֶ֣רֶץ מִצְרָ֑יִם בַּיּ֣וֹם הַזֶּ֔ה רביעי
ב בָּ֖אוּ מִדְבַּ֥ר סִינָֽי׃ וַיִּסְע֣וּ מֵרְפִידִ֗ים וַיָּבֹ֙אוּ֙ מִדְבַּ֣ר סִינַ֔י וַֽיַּחֲנ֖וּ
ג בַּמִּדְבָּ֑ר וַיִּֽחַן־שָׁ֥ם יִשְׂרָאֵ֖ל נֶ֥גֶד הָהָֽר׃ וּמֹשֶׁ֥ה עָלָ֖ה אֶל־הָאֱלֹהִ֑ים
וַיִּקְרָ֨א אֵלָ֤יו יְהוָה֙ מִן־הָהָ֣ר לֵאמֹ֔ר כֹּ֤ה תֹאמַר֙ לְבֵ֣ית יַעֲקֹ֔ב
ד וְתַגֵּ֖יד לִבְנֵ֥י יִשְׂרָאֵֽל׃ אַתֶּ֣ם רְאִיתֶ֔ם אֲשֶׁ֥ר עָשִׂ֖יתִי לְמִצְרָ֑יִם
ה וָאֶשָּׂ֤א אֶתְכֶם֙ עַל־כַּנְפֵ֣י נְשָׁרִ֔ים וָאָבִ֥א אֶתְכֶ֖ם אֵלָֽי׃ וְעַתָּ֗ה
אִם־שָׁמ֤וֹעַ תִּשְׁמְעוּ֙ בְּקֹלִ֔י וּשְׁמַרְתֶּ֖ם אֶת־בְּרִיתִ֑י וִהְיִ֨יתֶם לִ֤י
ו סְגֻלָּה֙ מִכָּל־הָ֣עַמִּ֔ים כִּי־לִ֖י כָּל־הָאָֽרֶץ׃ וְאַתֶּ֧ם תִּהְיוּ־לִ֛י מַמְלֶ֥כֶת טו
כֹּהֲנִ֖ים וְג֣וֹי קָד֑וֹשׁ אֵ֚לֶּה הַדְּבָרִ֔ים אֲשֶׁ֥ר תְּדַבֵּ֖ר אֶל־בְּנֵ֥י יִשְׂרָאֵֽל׃
ז וַיָּבֹ֣א מֹשֶׁ֔ה וַיִּקְרָ֖א לְזִקְנֵ֣י הָעָ֑ם וַיָּ֣שֶׂם לִפְנֵיהֶ֗ם אֵ֚ת כָּל־הַדְּבָרִ֣ים חמישי
ח הָאֵ֔לֶּה אֲשֶׁ֥ר צִוָּ֖הוּ יְהוָֽה׃ וַיַּעֲנ֨וּ כָל־הָעָ֤ם יַחְדָּו֙ וַיֹּ֣אמְר֔וּ כֹּ֛ל
אֲשֶׁר־דִּבֶּ֥ר יְהוָ֖ה נַעֲשֶׂ֑ה וַיָּ֧שֶׁב מֹשֶׁ֛ה אֶת־דִּבְרֵ֥י הָעָ֖ם אֶל־
ט יְהוָֽה׃ וַיֹּ֨אמֶר יְהוָ֜ה אֶל־מֹשֶׁ֗ה הִנֵּ֨ה אָנֹכִ֜י בָּ֣א אֵלֶיךָ֮ בְּעַ֣ב
הֶעָנָן֒ בַּעֲב֞וּר יִשְׁמַ֤ע הָעָם֙ בְּדַבְּרִ֣י עִמָּ֔ךְ וְגַם־בְּךָ֖ יַאֲמִ֣ינוּ לְעוֹלָ֑ם
י וַיַּגֵּ֥ד מֹשֶׁ֛ה אֶת־דִּבְרֵ֥י הָעָ֖ם אֶל־יְהוָֽה׃ וַיֹּ֨אמֶר יְהוָ֤ה אֶל־מֹשֶׁה֙ ★
יא לֵ֣ךְ אֶל־הָעָ֔ם וְקִדַּשְׁתָּ֥ם הַיּ֖וֹם וּמָחָ֑ר וְכִבְּס֖וּ שִׂמְלֹתָֽם׃ וְהָי֥וּ
נְכֹנִ֖ים לַיּ֣וֹם הַשְּׁלִישִׁ֑י כִּ֣י ׀ בַּיּ֣וֹם הַשְּׁלִשִׁ֗י יֵרֵ֧ד יְהוָ֛ה לְעֵינֵ֥י כָל־
יב הָעָ֖ם עַל־הַ֥ר סִינָֽי׃ וְהִגְבַּלְתָּ֤ אֶת־הָעָם֙ סָבִ֣יב לֵאמֹ֔ר הִשָּׁמְר֥וּ
לָכֶ֛ם עֲל֥וֹת בָּהָ֖ר וּנְגֹ֣עַ בְּקָצֵ֑הוּ כָּל־הַנֹּגֵ֥עַ בָּהָ֖ר מ֥וֹת יוּמָֽת׃
יג לֹא־תִגַּ֨ע בּ֜וֹ יָ֗ד כִּֽי־סָק֤וֹל יִסָּקֵל֙ אוֹ־יָרֹ֣ה יִיָּרֶ֔ה אִם־בְּהֵמָ֥ה אִם־
יד אִ֖ישׁ לֹ֣א יִחְיֶ֑ה בִּמְשֹׁךְ֙ הַיֹּבֵ֔ל הֵ֖מָּה יַעֲל֥וּ בָהָֽר׃ וַיֵּ֧רֶד מֹשֶׁ֛ה ★
טו מִן־הָהָ֖ר אֶל־הָעָ֑ם וַיְקַדֵּשׁ֙ אֶת־הָעָ֔ם וַֽיְכַבְּס֖וּ שִׂמְלֹתָֽם׃ וַיֹּ֙אמֶר֙
אֶל־הָעָ֔ם הֱי֥וּ נְכֹנִ֖ים לִשְׁלֹ֣שֶׁת יָמִ֑ים אַֽל־תִּגְּשׁ֖וּ אֶל־אִשָּֽׁה׃
טז וַיְהִי֩ בַיּ֨וֹם הַשְּׁלִישִׁ֜י בִּהְיֹ֣ת הַבֹּ֗קֶר וַיְהִי֩ קֹלֹ֨ת וּבְרָקִ֜ים וְעָנָ֤ן כָּבֵד֙
עַל־הָהָ֔ר וְקֹ֥ל שֹׁפָ֖ר חָזָ֣ק מְאֹ֑ד וַיֶּחֱרַ֥ד כָּל־הָעָ֖ם אֲשֶׁ֥ר בַּֽמַּחֲנֶֽה׃
יז וַיּוֹצֵ֨א מֹשֶׁ֧ה אֶת־הָעָ֛ם לִקְרַ֥את הָאֱלֹהִ֖ים מִן־הַֽמַּחֲנֶ֑ה וַיִּֽתְיַצְּב֖וּ
יח בְּתַחְתִּ֥ית הָהָֽר׃ וְהַ֤ר סִינַי֙ עָשַׁ֣ן כֻּלּ֔וֹ מִ֠פְּנֵי אֲשֶׁ֨ר יָרַ֥ד עָלָ֛יו יְהוָ֖ה

בדבר אשר זדו עליהם ויקח יתרו חתן משה עלה וזבחים
לאלהים ויבא אהרן וכל זקני ישראל לאכל לחם עם חתן
משה לפני האלהים ויהי ממחרת וישב משה לשפט את
העם ויעמד העם על משה מן הבקר עד הערב וירא חתן
משה את כל אשר הוא עשה לעם ויאמר מה הדבר הזה
אשר אתה עשה לעם מדוע אתה יושב לבדך וכל העם
נצב עליך מן בקר עד ערב ויאמר משה לחתנו כי יבא
אלי העם לדרש אלהים כי יהיה להם דבר בא אלי ושפטתי
בין איש ובין רעהו והודעתי את חקי האלהים ואת תורתיו
ויאמר חתן משה אליו לא טוב הדבר אשר אתה עשה
נבל תבל גם אתה גם העם הזה אשר עמך כי כבד ממך
הדבר לא תוכל עשהו לבדך עתה שמע בקלי איעצך ויהי
אלהים עמך היה אתה לעם מול האלהים והבאת אתה
את הדברים אל האלהים והזהרתה אתהם את החקים
ואת התורת והודעת להם את הדרך ילכו בה ואת המעשה
אשר יעשון ואתה תחזה מכל העם אנשי חיל יראי אלהים
אנשי אמת שנאי בצע ושמת עלהם שרי אלפים שרי מאות
שרי חמשים ושרי עשרת ושפטו את העם בכל עת והיה
כל הדבר הגדל יביאו אליך וכל הדבר הקטן ישפטו הם
והקל מעליך ונשאו אתך אם את הדבר הזה תעשה וצוך
אלהים ויכלת עמד וגם כל העם הזה על מקמו יבא בשלום
וישמע משה לקול חתנו ויעש כל אשר אמר ויבחר
משה אנשי חיל מכל ישראל ויתן אתם ראשים על העם
שרי אלפים שרי מאות שרי חמשים ושרי עשרת ושפטו
את העם בכל עת את הדבר הקשה יביאון אל משה וכל
הדבר הקטן ישפוטו הם וישלח משה את חתנו וילך לו
אל ארצו

יב בַּדָּבָר אֲשֶׁר זָדוּ עֲלֵיהֶם: וַיִּקַּח יִתְרוֹ חֹתֵן מֹשֶׁה עֹלָה וּזְבָחִים
לֵאלֹהִים וַיָּבֹא אַהֲרֹן וְכֹל ׀ זִקְנֵי יִשְׂרָאֵל לֶאֱכָל־לֶחֶם עִם־חֹתֵן
יג מֹשֶׁה לִפְנֵי הָאֱלֹהִים: וַיְהִי מִמָּחֳרָת וַיֵּשֶׁב מֹשֶׁה לִשְׁפֹּט אֶת־ שני
יד הָעָם וַיַּעֲמֹד הָעָם עַל־מֹשֶׁה מִן־הַבֹּקֶר עַד־הָעָרֶב: וַיַּרְא חֹתֵן
מֹשֶׁה אֵת כָּל־אֲשֶׁר־הוּא עֹשֶׂה לָעָם וַיֹּאמֶר מָה־הַדָּבָר הַזֶּה
אֲשֶׁר אַתָּה עֹשֶׂה לָעָם מַדּוּעַ אַתָּה יוֹשֵׁב לְבַדֶּךָ וְכָל־הָעָם
טו נִצָּב עָלֶיךָ מִן־בֹּקֶר עַד־עָרֶב: וַיֹּאמֶר מֹשֶׁה לְחֹתְנוֹ כִּי־יָבֹא
טז אֵלַי הָעָם לִדְרֹשׁ אֱלֹהִים: כִּי־יִהְיֶה לָהֶם דָּבָר בָּא אֵלַי וְשָׁפַטְתִּי
בֵּין אִישׁ וּבֵין רֵעֵהוּ וְהוֹדַעְתִּי אֶת־חֻקֵּי הָאֱלֹהִים וְאֶת־תּוֹרֹתָיו:
יז* וַיֹּאמֶר חֹתֵן מֹשֶׁה אֵלָיו לֹא־טוֹב הַדָּבָר אֲשֶׁר אַתָּה עֹשֶׂה: ★
יח נָבֹל תִּבֹּל גַּם־אַתָּה גַּם־הָעָם הַזֶּה אֲשֶׁר עִמָּךְ כִּי־כָבֵד מִמְּךָ
יט הַדָּבָר לֹא־תוּכַל עֲשֹׂהוּ לְבַדֶּךָ: עַתָּה שְׁמַע בְּקֹלִי אִיעָצְךָ וִיהִי
אֱלֹהִים עִמָּךְ הֱיֵה אַתָּה לָעָם מוּל הָאֱלֹהִים וְהֵבֵאתָ אַתָּה
כ אֶת־הַדְּבָרִים אֶל־הָאֱלֹהִים: וְהִזְהַרְתָּה אֶתְהֶם אֶת־הַחֻקִּים
וְאֶת־הַתּוֹרֹת וְהוֹדַעְתָּ לָהֶם אֶת־הַדֶּרֶךְ יֵלְכוּ בָהּ וְאֶת־הַמַּעֲשֶׂה
כא אֲשֶׁר יַעֲשׂוּן: וְאַתָּה תֶחֱזֶה מִכָּל־הָעָם אַנְשֵׁי־חַיִל יִרְאֵי אֱלֹהִים ★
אַנְשֵׁי אֱמֶת שֹׂנְאֵי בָצַע וְשַׂמְתָּ עֲלֵהֶם שָׂרֵי אֲלָפִים שָׂרֵי מֵאוֹת
כב שָׂרֵי חֲמִשִּׁים וְשָׂרֵי עֲשָׂרֹת: וְשָׁפְטוּ אֶת־הָעָם בְּכָל־עֵת וְהָיָה
כָל־הַדָּבָר הַגָּדֹל יָבִיאוּ אֵלֶיךָ וְכָל־הַדָּבָר הַקָּטֹן יִשְׁפְּטוּ־הֵם
כג וְהָקֵל מֵעָלֶיךָ וְנָשְׂאוּ אִתָּךְ: אִם אֶת־הַדָּבָר הַזֶּה תַּעֲשֶׂה וְצִוְּךָ
אֱלֹהִים וְיָכָלְתָּ עֲמֹד וְגַם כָּל־הָעָם הַזֶּה עַל־מְקֹמוֹ יָבֹא בְשָׁלוֹם:
כד כה* וַיִּשְׁמַע מֹשֶׁה לְקוֹל חֹתְנוֹ וַיַּעַשׂ כֹּל אֲשֶׁר אָמָר: וַיִּבְחַר שלישי
מֹשֶׁה אַנְשֵׁי־חַיִל מִכָּל־יִשְׂרָאֵל וַיִּתֵּן אֹתָם רָאשִׁים עַל־הָעָם
כו שָׂרֵי אֲלָפִים שָׂרֵי מֵאוֹת שָׂרֵי חֲמִשִּׁים וְשָׂרֵי עֲשָׂרֹת: וְשָׁפְטוּ
אֶת־הָעָם בְּכָל־עֵת אֶת־הַדָּבָר הַקָּשֶׁה יְבִיאוּן אֶל־מֹשֶׁה וְכָל־
כז הַדָּבָר הַקָּטֹן יִשְׁפּוּטוּ הֵם: וַיְשַׁלַּח מֹשֶׁה אֶת־חֹתְנוֹ וַיֵּלֶךְ לוֹ
אֶל־אַרְצוֹ:

על ראש הגבעה ומטה האלהים בידי ויעש יהושע כאשר
אמר לו משה להלחם בעמלק ומשה אהרן וחור עלו ראש
הגבעה והיה כאשר ירים משה ידו וגבר ישראל וכאשר
יניח ידו וגבר עמלק וידי משה כבדים ויקחו אבן וישימו
תחתיו וישב עליה ואהרן וחור תמכו בידיו מזה אחד ומזה
אחד ויהי ידיו אמונה עד בא השמש ויחלש יהושע את
עמלק ואת עמו לפי חרב
ויאמר יהוה אל משה כתב זאת זכרון בספר ושים באזני
יהושע כי מחה אמחה את זכר עמלק מתחת השמים ויבן
משה מזבח ויקרא שמו יהוה נסי ויאמר כי יד על כס
יה מלחמה ליהוה בעמלק מדר דר
וישמע יתרו כהן מדין חתן משה את כל אשר עשה אלהים
למשה ולישראל עמו כי הוציא יהוה את ישראל ממצרים
ויקח יתרו חתן משה את צפרה אשת משה אחר שלוחיה
ואת שני בניה אשר שם האחד גרשם כי אמר גר הייתי
בארץ נכריה ושם האחד אליעזר כי אלהי אבי בעזרי
ויצלני מחרב פרעה ויבא יתרו חתן משה ובניו ואשתו
אל משה אל המדבר אשר הוא חנה שם הר האלהים
ויאמר אל משה אני חתנך יתרו בא אליך ואשתך ושני
בניה עמה ויצא משה לקראת חתנו וישתחו וישק לו
וישאלו איש לרעהו לשלום ויבאו האהלה ויספר משה
לחתנו את כל אשר עשה יהוה לפרעה ולמצרים על אודת
ישראל את כל התלאה אשר מצאתם בדרך ויצלם יהוה
ויחד יתרו על כל הטובה אשר עשה יהוה לישראל אשר
הצילו מיד מצרים ויאמר יתרו ברוך יהוה אשר הציל
אתכם מיד מצרים ומיד פרעה אשר הציל את העם מתחת
יד מצרים עתה ידעתי כי גדול יהוה מכל האלהים כי

י עַל־רֹאשׁ הַגִּבְעָה וּמַטֵּה הָאֱלֹהִים בְּיָדִי׃ וַיַּעַשׂ יְהוֹשֻׁעַ כַּאֲשֶׁר
אָמַר־לוֹ מֹשֶׁה לְהִלָּחֵם בַּעֲמָלֵק וּמֹשֶׁה אַהֲרֹן וְחוּר עָלוּ רֹאשׁ
יא הַגִּבְעָה׃ וְהָיָה כַּאֲשֶׁר יָרִים מֹשֶׁה יָדוֹ וְגָבַר יִשְׂרָאֵל וְכַאֲשֶׁר ★
יב יָנִיחַ יָדוֹ וְגָבַר עֲמָלֵק׃ וִידֵי מֹשֶׁה כְּבֵדִים וַיִּקְחוּ־אֶבֶן וַיָּשִׂימוּ
תַחְתָּיו וַיֵּשֶׁב עָלֶיהָ וְאַהֲרֹן וְחוּר תָּמְכוּ בְיָדָיו מִזֶּה אֶחָד וּמִזֶּה
יג אֶחָד וַיְהִי יָדָיו אֱמוּנָה עַד־בֹּא הַשָּׁמֶשׁ׃ וַיַּחֲלֹשׁ יְהוֹשֻׁעַ אֶת־
עֲמָלֵק וְאֶת־עַמּוֹ לְפִי־חָרֶב׃
יד וַיֹּאמֶר יְהוָה אֶל־מֹשֶׁה כְּתֹב זֹאת זִכָּרוֹן בַּסֵּפֶר וְשִׂים בְּאָזְנֵי מפטיר ★
טו יְהוֹשֻׁעַ כִּי־מָחֹה אֶמְחֶה אֶת־זֵכֶר עֲמָלֵק מִתַּחַת הַשָּׁמָיִם׃ וַיִּבֶן
טז מֹשֶׁה מִזְבֵּחַ וַיִּקְרָא שְׁמוֹ יְהוָה ׀ נִסִּי׃ וַיֹּאמֶר כִּי־יָד עַל־כֵּס
יָהּ מִלְחָמָה לַיהוָה בַּעֲמָלֵק מִדֹּר דֹּר׃
יח א וַיִּשְׁמַע יִתְרוֹ כֹהֵן מִדְיָן חֹתֵן מֹשֶׁה אֵת כָּל־אֲשֶׁר עָשָׂה אֱלֹהִים יד יתרו
לְמֹשֶׁה וּלְיִשְׂרָאֵל עַמּוֹ כִּי־הוֹצִיא יְהוָה אֶת־יִשְׂרָאֵל מִמִּצְרָיִם׃
ב וַיִּקַּח יִתְרוֹ חֹתֵן מֹשֶׁה אֶת־צִפֹּרָה אֵשֶׁת מֹשֶׁה אַחַר שִׁלּוּחֶיהָ׃
ג וְאֵת שְׁנֵי בָנֶיהָ אֲשֶׁר שֵׁם הָאֶחָד גֵּרְשֹׁם כִּי אָמַר גֵּר הָיִיתִי
ד בְּאֶרֶץ נָכְרִיָּה׃ וְשֵׁם הָאֶחָד אֱלִיעֶזֶר כִּי־אֱלֹהֵי אָבִי בְּעֶזְרִי
ה וַיַּצִּלֵנִי מֵחֶרֶב פַּרְעֹה׃ וַיָּבֹא יִתְרוֹ חֹתֵן מֹשֶׁה וּבָנָיו וְאִשְׁתּוֹ ★
אֶל־מֹשֶׁה אֶל־הַמִּדְבָּר אֲשֶׁר־הוּא חֹנֶה שָׁם הַר הָאֱלֹהִים׃
ו וַיֹּאמֶר אֶל־מֹשֶׁה אֲנִי חֹתֶנְךָ יִתְרוֹ בָּא אֵלֶיךָ וְאִשְׁתְּךָ וּשְׁנֵי
ז בָנֶיהָ עִמָּהּ׃ וַיֵּצֵא מֹשֶׁה לִקְרַאת חֹתְנוֹ וַיִּשְׁתַּחוּ וַיִּשַּׁק־לוֹ
ח וַיִּשְׁאֲלוּ אִישׁ־לְרֵעֵהוּ לְשָׁלוֹם וַיָּבֹאוּ הָאֹהֱלָה׃ וַיְסַפֵּר מֹשֶׁה
לְחֹתְנוֹ אֵת כָּל־אֲשֶׁר עָשָׂה יְהוָה לְפַרְעֹה וּלְמִצְרַיִם עַל אוֹדֹת
יִשְׂרָאֵל אֵת כָּל־הַתְּלָאָה אֲשֶׁר מְצָאָתַם בַּדֶּרֶךְ וַיַּצִּלֵם יְהוָה׃
ט וַיִּחַדְּ יִתְרוֹ עַל כָּל־הַטּוֹבָה אֲשֶׁר־עָשָׂה יְהוָה לְיִשְׂרָאֵל אֲשֶׁר ★
י הִצִּילוֹ מִיַּד מִצְרָיִם׃ וַיֹּאמֶר יִתְרוֹ בָּרוּךְ יְהוָה אֲשֶׁר הִצִּיל
אֶתְכֶם מִיַּד מִצְרַיִם וּמִיַּד פַּרְעֹה אֲשֶׁר הִצִּיל אֶת־הָעָם מִתַּחַת
יַד־מִצְרָיִם׃ עַתָּה יָדַעְתִּי כִּי־גָדוֹל יְהוָה מִכָּל־הָאֱלֹהִים כִּי

כן הוא נתן לכם ביום הששי לחם יומים שבו איש תחתיו
אל יצא איש ממקמו ביום השביעי וישבתו העם ביום
השבעי ויקראו בית ישראל את שמו מן והוא כזרע גד
לבן וטעמו כצפיחת בדבש ויאמר משה זה הדבר אשר
צוה יהוה מלא העמר ממנו למשמרת לדרתיכם למען יראו
את הלחם אשר האכלתי אתכם במדבר בהוציאי אתכם
מארץ מצרים ויאמר משה אל אהרן קח צנצנת אחת
ותן שמה מלא העמר מן והנח אתו לפני יהוה למשמרת
לדרתיכם כאשר צוה יהוה אל משה ויניחהו אהרן לפני
העדת למשמרת ובני ישראל אכלו את המן ארבעים שנה
עד באם אל ארץ נושבת את המן אכלו עד באם אל
קצה ארץ כנען והעמר עשרית האיפה הוא
ויסעו כל עדת בני ישראל ממדבר סין למסעיהם על פי יהוה
ויחנו ברפידים ואין מים לשתת העם וירב העם עם משה
ויאמרו תנו לנו מים ונשתה ויאמר להם משה מה תריבון
עמדי מה תנסון את יהוה ויצמא שם העם למים וילן העם
על משה ויאמר למה זה העליתנו ממצרים להמית אתי
ואת בני ואת מקני בצמא ויצעק משה אל יהוה לאמר
מה אעשה לעם הזה עוד מעט וסקלני ויאמר יהוה אל
משה עבר לפני העם וקח אתך מזקני ישראל ומטך אשר
הכית בו את היאר קח בידך והלכת הנני עמד לפניך
שם על הצור בחרב והכית בצור ויצאו ממנו מים ושתה
העם ויעש כן משה לעיני זקני ישראל ויקרא שם המקום
מסה ומריבה על ריב בני ישראל ועל נסתם את יהוה
לאמר היש יהוה בקרבנו אם אין
ויבא עמלק וילחם עם ישראל ברפידם ויאמר משה אל
יהושע בחר לנו אנשים וצא הלחם בעמלק מחר אנכי נצב

כֵּן הוּא נֹתֵן לָכֶם בַּיּוֹם הַשִּׁשִּׁי לֶחֶם יוֹמָיִם שְׁבוּ ׀ אִישׁ תַּחְתָּיו
ל אַל־יֵצֵא אִישׁ מִמְּקֹמוֹ בַּיּוֹם הַשְּׁבִיעִי: וַיִּשְׁבְּתוּ הָעָם בַּיּוֹם
לא הַשְּׁבִעִי: וַיִּקְרְאוּ בֵית־יִשְׂרָאֵל אֶת־שְׁמוֹ מָן וְהוּא כְּזֶרַע גַּד ✶
לב לָבָן וְטַעְמוֹ כְּצַפִּיחִת בִּדְבָשׁ: וַיֹּאמֶר מֹשֶׁה זֶה הַדָּבָר אֲשֶׁר
צִוָּה יהוה מְלֹא הָעֹמֶר מִמֶּנּוּ לְמִשְׁמֶרֶת לְדֹרֹתֵיכֶם לְמַעַן ׀ יִרְאוּ
אֶת־הַלֶּחֶם אֲשֶׁר הֶאֱכַלְתִּי אֶתְכֶם בַּמִּדְבָּר בְּהוֹצִיאִי אֶתְכֶם
לג מֵאֶרֶץ מִצְרָיִם: וַיֹּאמֶר מֹשֶׁה אֶל־אַהֲרֹן קַח צִנְצֶנֶת אַחַת
וְתֶן־שָׁמָּה מְלֹא־הָעֹמֶר מָן וְהַנַּח אֹתוֹ לִפְנֵי יהוה לְמִשְׁמֶרֶת
לד לְדֹרֹתֵיכֶם: כַּאֲשֶׁר צִוָּה יהוה אֶל־מֹשֶׁה וַיַּנִּיחֵהוּ אַהֲרֹן לִפְנֵי ✶
לה הָעֵדֻת לְמִשְׁמָרֶת: וּבְנֵי יִשְׂרָאֵל אָכְלוּ אֶת־הַמָּן אַרְבָּעִים שָׁנָה
עַד־בֹּאָם אֶל־אֶרֶץ נוֹשָׁבֶת אֶת־הַמָּן אָכְלוּ עַד־בֹּאָם אֶל־
לו קְצֵה אֶרֶץ כְּנָעַן: וְהָעֹמֶר עֲשִׂרִית הָאֵיפָה הוּא:
יז א וַיִּסְעוּ כָּל־עֲדַת בְּנֵי־יִשְׂרָאֵל מִמִּדְבַּר־סִין לְמַסְעֵיהֶם עַל־פִּי יהוה שביעי
ב וַיַּחֲנוּ בִּרְפִידִים וְאֵין מַיִם לִשְׁתֹּת הָעָם: וַיָּרֶב הָעָם עִם־מֹשֶׁה
וַיֹּאמְרוּ תְּנוּ־לָנוּ מַיִם וְנִשְׁתֶּה וַיֹּאמֶר לָהֶם מֹשֶׁה מַה־תְּרִיבוּן
ג עִמָּדִי מַה־תְּנַסּוּן אֶת־יהוה: וַיִּצְמָא שָׁם הָעָם לַמַּיִם וַיָּלֶן הָעָם
עַל־מֹשֶׁה וַיֹּאמֶר לָמָּה זֶּה הֶעֱלִיתָנוּ מִמִּצְרַיִם לְהָמִית אֹתִי
ד וְאֶת־בָּנַי וְאֶת־מִקְנַי בַּצָּמָא: וַיִּצְעַק מֹשֶׁה אֶל־יהוה לֵאמֹר
ה מָה אֶעֱשֶׂה לָעָם הַזֶּה עוֹד מְעַט וּסְקָלֻנִי: וַיֹּאמֶר יהוה אֶל־
מֹשֶׁה עֲבֹר לִפְנֵי הָעָם וְקַח אִתְּךָ מִזִּקְנֵי יִשְׂרָאֵל וּמַטְּךָ אֲשֶׁר
ו הִכִּיתָ בּוֹ אֶת־הַיְאֹר קַח בְּיָדְךָ וְהָלָכְתָּ: הִנְנִי עֹמֵד לְפָנֶיךָ
שָּׁם ׀ עַל־הַצּוּר בְּחֹרֵב וְהִכִּיתָ בַצּוּר וְיָצְאוּ מִמֶּנּוּ מַיִם וְשָׁתָה
ז הָעָם וַיַּעַשׂ כֵּן מֹשֶׁה לְעֵינֵי זִקְנֵי יִשְׂרָאֵל: וַיִּקְרָא שֵׁם הַמָּקוֹם
מַסָּה וּמְרִיבָה עַל־רִיב ׀ בְּנֵי יִשְׂרָאֵל וְעַל נַסֹּתָם אֶת־יהוה
לֵאמֹר הֲיֵשׁ יהוה בְּקִרְבֵּנוּ אִם־אָיִן:
ח ט וַיָּבֹא עֲמָלֵק וַיִּלָּחֶם עִם־יִשְׂרָאֵל בִּרְפִידִם: וַיֹּאמֶר מֹשֶׁה אֶל־
יְהוֹשֻׁעַ בְּחַר־לָנוּ אֲנָשִׁים וְצֵא הִלָּחֵם בַּעֲמָלֵק מָחָר אָנֹכִי נִצָּב

והנה כבוד יהוה נראה בענן
וידבר יהוה אל משה לאמר שמעתי את תלונת בני
ישראל דבר אלהם לאמר בין הערבים תאכלו בשר ובבקר
תשבעו לחם וידעתם כי אני יהוה אלהיכם ויהי בערב
ותעל השלו ותכס את המחנה ובבקר היתה שכבת הטל
סביב למחנה ותעל שכבת הטל והנה על פני המדבר דק
מחספס דק ככפר על הארץ ויראו בני ישראל ויאמרו איש
אל אחיו מן הוא כי לא ידעו מה הוא ויאמר משה אלהם
הוא הלחם אשר נתן יהוה לכם לאכלה זה הדבר אשר
צוה יהוה לקטו ממנו איש לפי אכלו עמר לגלגלת מספר
נפשתיכם איש לאשר באהלו תקחו ויעשו כן בני ישראל
וילקטו המרבה והממעיט וימדו בעמר ולא העדיף המרבה
והממעיט לא החסיר איש לפי אכלו לקטו ויאמר משה
אלהם איש אל יותר ממנו עד בקר ולא שמעו אל משה
ויותרו אנשים ממנו עד בקר וירם תולעים ויבאש ויקצף
עלהם משה וילקטו אתו בבקר בבקר איש כפי אכלו
וחם השמש ונמס ויהי ביום הששי לקטו לחם משנה שני
העמר לאחד ויבאו כל נשיאי העדה ויגידו למשה ויאמר
אלהם הוא אשר דבר יהוה שבתון שבת קדש ליהוה מחר
את אשר תאפו אפו ואת אשר תבשלו בשלו ואת כל
העדף הניחו לכם למשמרת עד הבקר ויניחו אתו עד
הבקר כאשר צוה משה ולא הבאיש ורמה לא היתה בו
ויאמר משה אכלהו היום כי שבת היום ליהוה היום לא
תמצאהו בשדה ששת ימים תלקטהו וביום השביעי שבת
לא יהיה בו ויהי ביום השביעי יצאו מן העם ללקט ולא
מצאו ויאמר יהוה אל משה עד אנה מאנתם
לשמר מצותי ותורתי ראו כי יהוה נתן לכם השבת על

וְהִנֵּה כְּבוֹד יהוה נִרְאָה בֶּעָנָן׃
יא יב וַיְדַבֵּר יהוה אֶל־מֹשֶׁה לֵּאמֹר׃ שָׁמַעְתִּי אֶת־תְּלוּנֹּת בְּנֵי ששי
יִשְׂרָאֵל דַּבֵּר אֲלֵהֶם לֵאמֹר בֵּין הָעַרְבַּיִם תֹּאכְלוּ בָשָׂר וּבַבֹּקֶר
יג תִּשְׂבְּעוּ־לָחֶם וִידַעְתֶּם כִּי אֲנִי יהוה אֱלֹהֵיכֶם׃ וַיְהִי בָעֶרֶב
וַתַּעַל הַשְּׂלָו וַתְּכַס אֶת־הַמַּחֲנֶה וּבַבֹּקֶר הָיְתָה שִׁכְבַת הַטַּל
יד סָבִיב לַמַּחֲנֶה׃ וַתַּעַל שִׁכְבַת הַטָּל וְהִנֵּה עַל־פְּנֵי הַמִּדְבָּר דַּק
טו מְחֻסְפָּס דַּק כַּכְּפֹר עַל־הָאָרֶץ׃ וַיִּרְאוּ בְנֵי־יִשְׂרָאֵל וַיֹּאמְרוּ אִישׁ
אֶל־אָחִיו מָן הוּא כִּי לֹא יָדְעוּ מַה־הוּא וַיֹּאמֶר מֹשֶׁה אֲלֵהֶם
טז הוּא הַלֶּחֶם אֲשֶׁר נָתַן יהוה לָכֶם לְאָכְלָה׃ זֶה הַדָּבָר אֲשֶׁר ★
צִוָּה יהוה לִקְטוּ מִמֶּנּוּ אִישׁ לְפִי אָכְלוֹ עֹמֶר לַגֻּלְגֹּלֶת מִסְפַּר
יז נַפְשֹׁתֵיכֶם אִישׁ לַאֲשֶׁר בְּאָהֳלוֹ תִּקָּחוּ׃ וַיַּעֲשׂוּ־כֵן בְּנֵי יִשְׂרָאֵל
יח וַיִּלְקְטוּ הַמַּרְבֶּה וְהַמַּמְעִיט׃ וַיָּמֹדּוּ בָעֹמֶר וְלֹא הֶעְדִּיף הַמַּרְבֶּה
יט וְהַמַּמְעִיט לֹא הֶחְסִיר אִישׁ לְפִי־אָכְלוֹ לָקָטוּ׃ וַיֹּאמֶר מֹשֶׁה
כ אֲלֵהֶם אִישׁ אַל־יוֹתֵר מִמֶּנּוּ עַד־בֹּקֶר׃ וְלֹא־שָׁמְעוּ אֶל־מֹשֶׁה
וַיּוֹתִרוּ אֲנָשִׁים מִמֶּנּוּ עַד־בֹּקֶר וַיָּרֻם תּוֹלָעִים וַיִּבְאַשׁ וַיִּקְצֹף
כא עֲלֵהֶם מֹשֶׁה׃ וַיִּלְקְטוּ אֹתוֹ בַּבֹּקֶר בַּבֹּקֶר אִישׁ כְּפִי אָכְלוֹ
כב וְחַם הַשֶּׁמֶשׁ וְנָמָס׃ וַיְהִי ׀ בַּיּוֹם הַשִּׁשִּׁי לָקְטוּ לֶחֶם מִשְׁנֶה שְׁנֵי
כג הָעֹמֶר לָאֶחָד וַיָּבֹאוּ כָּל־נְשִׂיאֵי הָעֵדָה וַיַּגִּידוּ לְמֹשֶׁה׃ וַיֹּאמֶר
אֲלֵהֶם הוּא אֲשֶׁר דִּבֶּר יהוה שַׁבָּתוֹן שַׁבַּת־קֹדֶשׁ לַיהוה מָחָר
אֵת אֲשֶׁר־תֹּאפוּ אֵפוּ וְאֵת אֲשֶׁר־תְּבַשְּׁלוּ בַּשֵּׁלוּ וְאֵת כָּל־
כד הָעֹדֵף הַנִּיחוּ לָכֶם לְמִשְׁמֶרֶת עַד־הַבֹּקֶר׃ וַיַּנִּיחוּ אֹתוֹ עַד־
הַבֹּקֶר כַּאֲשֶׁר צִוָּה מֹשֶׁה וְלֹא הִבְאִישׁ וְרִמָּה לֹא־הָיְתָה־בּוֹ׃
כה וַיֹּאמֶר מֹשֶׁה אִכְלֻהוּ הַיּוֹם כִּי־שַׁבָּת הַיּוֹם לַיהוה הַיּוֹם לֹא
כו תִמְצָאֻהוּ בַּשָּׂדֶה׃ שֵׁשֶׁת יָמִים תִּלְקְטֻהוּ וּבַיּוֹם הַשְּׁבִיעִי שַׁבָּת
כז לֹא יִהְיֶה־בּוֹ׃ וַיְהִי בַּיּוֹם הַשְּׁבִיעִי יָצְאוּ מִן־הָעָם לִלְקֹט וְלֹא
כח מָצָאוּ׃ וַיֹּאמֶר יהוה אֶל־מֹשֶׁה עַד־אָנָה מֵאַנְתֶּם יג
כט לִשְׁמֹר מִצְוֹתַי וְתוֹרֹתָי׃ רְאוּ כִּי־יהוה נָתַן לָכֶם הַשַּׁבָּת עַל־

מים ממרה כי מרים הם על כן קרא שמה מרה וילנו
העם על משה לאמר מה נשתה ויצעק אל יהוה ויורהו
יהוה עץ וישלך אל המים וימתקו המים שם שם לו חק
ומשפט ושם נסהו ויאמר אם שמוע תשמע לקול יהוה
אלהיך והישר בעיניו תעשה והאזנת למצותיו ושמרת כל
חקיו כל המחלה אשר שמתי במצרים לא אשים עליך כי
אני יהוה רפאך ויבאו אילמה ושם שתים
עשרה עינת מים ושבעים תמרים ויחנו שם על המים
ויסעו מאילם ויבאו כל עדת בני ישראל אל מדבר סין
אשר בין אילם ובין סיני בחמשה עשר יום לחדש השני
לצאתם מארץ מצרים וילינו כל עדת בני ישראל על משה
ועל אהרן במדבר ויאמרו אלהם בני ישראל מי יתן מותנו
ביד יהוה בארץ מצרים בשבתנו על סיר הבשר באכלנו
לחם לשבע כי הוצאתם אתנו אל המדבר הזה להמית
את כל הקהל הזה ברעב ויאמר יהוה אל
משה הנני ממטיר לכם לחם מן השמים ויצא העם ולקטו
דבר יום ביומו למען אנסנו הילך בתורתי אם לא והיה
ביום הששי והכינו את אשר יביאו והיה משנה על אשר
ילקטו יום יום ויאמר משה ואהרן אל כל בני ישראל
ערב וידעתם כי יהוה הוציא אתכם מארץ מצרים ובקר
וראיתם את כבוד יהוה בשמעו את תלנתיכם על יהוה
ונחנו מה כי תלונו עלינו ויאמר משה בתת יהוה לכם
בערב בשר לאכל ולחם בבקר לשבע בשמע יהוה את
תלנתיכם אשר אתם מלינם עליו ונחנו מה לא עלינו
תלנתיכם כי על יהוה ויאמר משה אל אהרן אמר אל
כל עדת בני ישראל קרבו לפני יהוה כי שמע את תלנתיכם
ויהי כדבר אהרן אל כל עדת בני ישראל ויפנו אל המדבר

כד מַיִם מִמָּרָ֔ה כִּ֥י מָרִ֖ים הֵ֑ם עַל־כֵּ֥ן קָרָֽא־שְׁמָ֖הּ מָרָֽה: וַיִּלֹּ֧נוּ

כה הָעָ֛ם עַל־מֹשֶׁ֥ה לֵּאמֹ֖ר מַה־נִּשְׁתֶּֽה: וַיִּצְעַ֣ק אֶל־יְהֹוָ֗ה וַיּוֹרֵ֤הוּ
יְהֹוָה֙ עֵ֔ץ וַיַּשְׁלֵךְ֙ אֶל־הַמַּ֔יִם וַיִּמְתְּק֖וּ הַמָּ֑יִם שָׁ֣ם שָׂ֥ם ל֛וֹ חֹ֥ק

כו וּמִשְׁפָּ֖ט וְשָׁ֥ם נִסָּֽהוּ: וַיֹּאמֶר֩ אִם־שָׁמ֨וֹעַ תִּשְׁמַ֜ע לְק֣וֹל ׀ יְהֹוָ֣ה
אֱלֹהֶ֗יךָ וְהַיָּשָׁ֤ר בְּעֵינָיו֙ תַּֽעֲשֶׂ֔ה וְהַֽאֲזַנְתָּ֙ לְמִצְוֺתָ֔יו וְשָׁמַרְתָּ֖ כׇּל־
חֻקָּ֑יו כׇּל־הַמַּֽחֲלָ֞ה אֲשֶׁר־שַׂ֤מְתִּי בְמִצְרַ֙יִם֙ לֹֽא־אָשִׂ֣ים עָלֶ֔יךָ כִּ֛י

כז אֲנִ֥י יְהֹוָ֖ה רֹֽפְאֶֽךָ:　　וַיָּבֹ֣אוּ אֵילִ֔מָה וְשָׁ֗ם שְׁתֵּ֥ים עֶשְׂרֵ֛ה
עֵינֹ֥ת מַ֖יִם וְשִׁבְעִ֣ים תְּמָרִ֑ים וַיַּֽחֲנוּ־שָׁ֖ם עַל־הַמָּֽיִם:

טז א וַיִּסְעוּ֙ מֵֽאֵילִ֔ם וַיָּבֹ֜אוּ כׇּל־עֲדַ֤ת בְּנֵֽי־יִשְׂרָאֵל֙ אֶל־מִדְבַּר־סִ֔ין
אֲשֶׁ֥ר בֵּין־אֵילִ֖ם וּבֵ֣ין סִינָ֑י בַּֽחֲמִשָּׁ֨ה עָשָׂ֥ר יוֹם֙ לַחֹ֣דֶשׁ הַשֵּׁנִ֔י

ב לְצֵאתָ֖ם מֵאֶ֥רֶץ מִצְרָֽיִם: וַיִּלּ֜וֹנוּ כׇּל־עֲדַ֧ת בְּנֵֽי־יִשְׂרָאֵ֛ל עַל־מֹשֶׁ֥ה

ג וְעַֽל־אַֽהֲרֹ֖ן בַּמִּדְבָּֽר: וַיֹּֽאמְר֨וּ אֲלֵהֶ֜ם בְּנֵ֣י יִשְׂרָאֵ֗ל מִֽי־יִתֵּ֨ן מוּתֵ֤נוּ
בְיַד־יְהֹוָה֙ בְּאֶ֣רֶץ מִצְרַ֔יִם בְּשִׁבְתֵּ֙נוּ֙ עַל־סִ֣יר הַבָּשָׂ֔ר בְּאׇכְלֵ֥נוּ
לֶ֖חֶם לָשֹׂ֑בַע כִּֽי־הֽוֹצֵאתֶ֤ם אֹתָ֙נוּ֙ אֶל־הַמִּדְבָּ֣ר הַזֶּ֔ה לְהָמִ֛ית

ד אֶת־כׇּל־הַקָּהָ֥ל הַזֶּ֖ה בָּֽרָעָֽב:　　וַיֹּ֤אמֶר יְהֹוָה֙ אֶל־
מֹשֶׁ֔ה הִנְנִ֨י מַמְטִ֥יר לָכֶ֛ם לֶ֖חֶם מִן־הַשָּׁמָ֑יִם וְיָצָ֨א הָעָ֤ם וְלָֽקְטוּ֙

ה דְּבַר־י֣וֹם בְּיוֹמ֔וֹ לְמַ֧עַן אֲנַסֶּ֛נּוּ הֲיֵלֵ֥ךְ בְּתֽוֹרָתִ֖י אִם־לֹֽא: וְהָיָה֙
בַּיּ֣וֹם הַשִּׁשִּׁ֔י וְהֵכִ֖ינוּ אֵ֣ת אֲשֶׁר־יָבִ֑יאוּ וְהָיָ֣ה מִשְׁנֶ֔ה עַ֥ל אֲשֶׁר־

ו יִלְקְט֖וּ י֥וֹם ׀ יֽוֹם: וַיֹּ֤אמֶר מֹשֶׁה֙ וְאַֽהֲרֹ֔ן אֶֽל־כׇּל־בְּנֵ֖י יִשְׂרָאֵ֑ל

ז עֶ֕רֶב וִֽידַעְתֶּ֕ם כִּ֧י יְהֹוָ֛ה הוֹצִ֥יא אֶתְכֶ֖ם מֵאֶ֥רֶץ מִצְרָֽיִם: וּבֹ֗קֶר
וּרְאִיתֶם֙ אֶת־כְּב֣וֹד יְהֹוָ֔ה בְּשׇׁמְע֥וֹ אֶת־תְּלֻנֹּֽתֵיכֶ֖ם עַל־יְהֹוָ֑ה

ח וְנַ֣חְנוּ מָ֔ה כִּ֥י תַלִּ֖ינוּ עָלֵֽינוּ: וַיֹּ֣אמֶר מֹשֶׁ֗ה בְּתֵ֣ת יְהֹוָה֩ לָכֶ֨ם
בָּעֶ֜רֶב בָּשָׂ֣ר לֶֽאֱכֹ֗ל וְלֶ֤חֶם בַּבֹּ֙קֶר֙ לִשְׂבֹּ֔עַ בִּשְׁמֹ֤עַ יְהֹוָה֙ אֶת־
תְּלֻנֹּ֣תֵיכֶ֔ם אֲשֶׁר־אַתֶּ֥ם מַלִּינִ֖ם עָלָ֑יו וְנַ֣חְנוּ מָ֔ה לֹֽא־עָלֵ֥ינוּ

ט תְלֻנֹּֽתֵיכֶ֖ם כִּ֥י עַל־יְהֹוָֽה: וַיֹּ֤אמֶר מֹשֶׁה֙ אֶֽל־אַֽהֲרֹ֔ן אֱמֹ֗ר אֶֽל־
כׇּל־עֲדַת֙ בְּנֵ֣י יִשְׂרָאֵ֔ל קִרְב֖וּ לִפְנֵ֣י יְהֹוָ֑ה כִּ֣י שָׁמַ֔ע אֵ֖ת תְּלֻנֹּֽתֵיכֶֽם:

י וַיְהִ֗י כְּדַבֵּ֤ר אַֽהֲרֹן֙ אֶל־כׇּל־עֲדַ֣ת בְּנֵֽי־יִשְׂרָאֵ֔ל וַיִּפְנ֖וּ אֶל־הַמִּדְבָּ֑ר

קמיך תשלח חרנך יאכלמו כקש וברוח
אפיך נערמו מים נצבו כמו נד
נזלים קפאו תהמת בלב ים אמר
אויב ארדף אשיג אחלק שלל תמלאמו
נפשי אריק חרבי תורישמו ידי נשפת
ברוחך כסמו ים צללו כעופרת במים
אדירים מי כמכה באלם יהוה מי
כמכה נאדר בקדש נורא תהלת עשה
פלא נטית ימינך תבלעמו ארץ נחית
בחסדך עם זו גאלת נהלת בעזך אל נוה
קדשך שמעו עמים ירגזון חיל
אחז ישבי פלשת אז נבהלו אלופי
אדום אילי מואב יאחזמו רעד נמגו
כל ישבי כנען תפל עליהם אימתה
ופחד בגדל זרועך ידמו כאבן עד
יעבר עמך יהוה עד יעבר עם זו
קנית תבאמו ותטעמו בהר נחלתך מכון
לשבתך פעלת יהוה מקדש אדני כוננו
ידיך יהוה ימלך לעלם ועד כי
בא סוס פרעה ברכבו ובפרשיו בים וישב יהוה עלהם את מי
הים ובני ישראל הלכו ביבשה בתוך הים

ותקח מרים הנביאה אחות אהרן את התף בידה ותצאן
כל הנשים אחריה בתפים ובמחלת ותען להם מרים שירו
ליהוה כי גאה גאה סוס ורכבו רמה בים ויסע
משה את ישראל מים סוף ויצאו אל מדבר שור וילכו שלשת
ימים במדבר ולא מצאו מים ויבאו מרתה ולא יכלו לשתת

ח    קָמֶ֑יךָ    תְּשַׁלַּח֙ חֲרֹ֣נְךָ֔ יֹאכְלֵ֖מוֹ כַּקַּֽשׁ׃    וּבְר֤וּחַ

אַפֶּ֙יךָ֙ נֶ֣עֶרְמוּ מַ֔יִם    נִצְּב֥וּ כְמוֹ־נֵ֖ד

ט    נֹזְלִ֑ים    קָפְא֥וּ תְהֹמֹ֖ת בְּלֶב־יָֽם׃    אָמַ֥ר

אוֹיֵ֛ב אֶרְדֹּ֥ף אַשִּׂ֖יג    אֲחַלֵּ֣ק שָׁלָ֔ל תִּמְלָאֵ֣מוֹ

י    נַפְשִׁ֑י    אָרִ֣יק חַרְבִּ֔י תּוֹרִישֵׁ֖מוֹ יָדִֽי׃    נָשַׁ֥פְתָּ

בְרוּחֲךָ֖ כִּסָּ֣מוֹ יָ֑ם    צָלֲלוּ֙ כַּֽעוֹפֶ֔רֶת בְּמַ֖יִם

יא    אַדִּירִֽים׃    מִֽי־כָמֹ֤כָה בָּֽאֵלִם֙ יְהוָ֔ה    מִ֥י

כָּמֹ֖כָה נֶאְדָּ֣ר בַּקֹּ֑דֶשׁ    נוֹרָ֥א תְהִלֹּ֖ת עֹ֥שֵׂה

יב    פֶֽלֶא׃    נָטִ֙יתָ֙ יְמִ֣ינְךָ֔ תִּבְלָעֵ֖מוֹ אָֽרֶץ׃    נָחִ֥יתָ

בְחַסְדְּךָ֖ עַם־ז֣וּ גָּאָ֑לְתָּ    נֵהַ֥לְתָּ בְעָזְּךָ֖ אֶל־נְוֵ֥ה

יד    קָדְשֶֽׁךָ׃    שָֽׁמְע֥וּ עַמִּ֖ים יִרְגָּז֑וּן    חִ֣יל

טו    אָחַ֔ז יֹשְׁבֵ֖י פְּלָֽשֶׁת׃    אָ֤ז נִבְהֲלוּ֙ אַלּוּפֵ֣י

אֱד֔וֹם    אֵילֵ֣י מוֹאָ֔ב יֹֽאחֲזֵ֖מוֹ רָ֑עַד    נָמֹ֕גוּ

טז    כֹּ֖ל יֹשְׁבֵ֥י כְנָֽעַן׃    תִּפֹּ֨ל עֲלֵיהֶ֤ם אֵימָ֙תָה֙

וָפַ֔חַד    בִּגְדֹ֥ל זְרוֹעֲךָ֖ יִדְּמ֣וּ כָּאָ֑בֶן    עַד־

יַעֲבֹ֤ר עַמְּךָ֙ יְהוָ֔ה    עַֽד־יַעֲבֹ֖ר עַם־ז֥וּ

יז    קָנִֽיתָ׃    תְּבִאֵ֗מוֹ וְתִטָּעֵ֙מוֹ֙ בְּהַ֣ר נַחֲלָֽתְךָ֔    מָכ֧וֹן

לְשִׁבְתְּךָ֛ פָּעַ֖לְתָּ יְהוָ֑ה    מִקְּדָ֕שׁ אֲדֹנָ֖י כּוֹנְנ֥וּ

יח    יָדֶֽיךָ׃    יְהוָ֥ה ׀ יִמְלֹ֖ךְ לְעֹלָ֥ם וָעֶֽד׃    כִּ֣י

בָא֩ ס֨וּס פַּרְעֹ֜ה בְּרִכְבּ֤וֹ וּבְפָרָשָׁיו֙ בַּיָּ֔ם    וַיָּ֨שֶׁב יְהוָ֤ה עֲלֵהֶם֙ אֶת־מֵ֣י

הַיָּ֑ם    וּבְנֵ֧י יִשְׂרָאֵ֛ל הָלְכ֥וּ בַיַּבָּשָׁ֖ה בְּת֥וֹךְ הַיָּֽם׃

כ    וַתִּקַּח֩ מִרְיָ֨ם הַנְּבִיאָ֜ה אֲח֧וֹת אַהֲרֹ֛ן אֶת־הַתֹּ֖ף בְּיָדָ֑הּ וַתֵּצֶ֤אןָ

כא    כָל־הַנָּשִׁים֙ אַחֲרֶ֔יהָ בְּתֻפִּ֖ים וּבִמְחֹלֹֽת׃ וַתַּ֥עַן לָהֶ֖ם מִרְיָ֑ם שִׁ֤ירוּ

כב    לַֽיהוָה֙ כִּֽי־גָאֹ֣ה גָּאָ֔ה ס֥וּס וְרֹכְב֖וֹ רָמָ֥ה בַיָּֽם׃ וַיַּסַּ֨ע

מֹשֶׁ֤ה אֶת־יִשְׂרָאֵל֙ מִיַּם־ס֔וּף וַיֵּצְא֖וּ אֶל־מִדְבַּר־שׁ֑וּר וַיֵּלְכ֧וּ שְׁלֹֽשֶׁת־

כג    יָמִ֛ים בַּמִּדְבָּ֖ר וְלֹא־מָ֥צְאוּ מָֽיִם׃ וַיָּבֹ֣אוּ מָרָ֔תָה וְלֹ֣א יָֽכְל֗וּ לִשְׁתֹּ֥ת

ויבקעו המים ויבאו בני ישראל בתוך הים ביבשה והמים
להם חומה מימינם ומשמאלם וירדפו מצרים ויבאו אחריהם
כל סוס פרעה רכבו ופרשיו אל תוך הים ויהי באשמרת
הבקר וישקף יהוה אל מחנה מצרים בעמוד אש וענן
ויהם את מחנה מצרים ויסר את אפן מרכבתיו וינהגהו
בכבדת ויאמר מצרים אנוסה מפני ישראל כי יהוה נלחם
להם במצרים

ויאמר יהוה אל משה נטה את ידך על הים וישבו המים
על מצרים על רכבו ועל פרשיו ויט משה את ידו על הים
וישב הים לפנות בקר לאיתנו ומצרים נסים לקראתו וינער
יהוה את מצרים בתוך הים וישבו המים ויכסו את הרכב
ואת הפרשים לכל חיל פרעה הבאים אחריהם בים לא
נשאר בהם עד אחד ובני ישראל הלכו ביבשה בתוך הים
והמים להם חמה מימינם ומשמאלם ויושע יהוה ביום ההוא
את ישראל מיד מצרים וירא ישראל את מצרים מת על
שפת הים וירא ישראל את היד הגדלה אשר עשה יהוה
במצרים וייראו העם את יהוה ויאמינו ביהוה ובמשה עבדו

אז ישיר משה ובני ישראל את השירה הזאת ליהוה ויאמרו
לאמר אשירה ליהוה כי גאה גאה סוס
ורכבו רמה בים עזי וזמרת יה ויהי לי
לישועה זה אלי ואנוהו אלהי
אבי וארממנהו יהוה איש מלחמה יהוה
שמו מרכבת פרעה וחילו ירה בים ומבחר
שלשיו טבעו בים סוף תהמת יכסימו ירדו במצולת כמו
אבן ימינך יהוה נאדרי בכח ימינך
יהוה תרעץ אויב וברב גאונך תהרס

כב וַיִּבָּקְעוּ הַמָּיִם: וַיָּבֹאוּ בְנֵי־יִשְׂרָאֵל בְּתוֹךְ הַיָּם בַּיַּבָּשָׁה וְהַמַּיִם ✶
כג לָהֶם חוֹמָה מִימִינָם וּמִשְּׂמֹאלָם: וַיִּרְדְּפוּ מִצְרַיִם וַיָּבֹאוּ אַחֲרֵיהֶם
כד כֹּל סוּס פַּרְעֹה רִכְבּוֹ וּפָרָשָׁיו אֶל־תּוֹךְ הַיָּם: וַיְהִי בְּאַשְׁמֹרֶת
הַבֹּקֶר וַיַּשְׁקֵף יהוה אֶל־מַחֲנֵה מִצְרַיִם בְּעַמּוּד אֵשׁ וְעָנָן
כה וַיָּהָם אֵת מַחֲנֵה מִצְרָיִם: וַיָּסַר אֵת אֹפַן מַרְכְּבֹתָיו וַיְנַהֲגֵהוּ
בִּכְבֵדֻת וַיֹּאמֶר מִצְרַיִם אָנוּסָה מִפְּנֵי יִשְׂרָאֵל כִּי יהוה נִלְחָם
לָהֶם בְּמִצְרָיִם:
כו וַיֹּאמֶר יהוה אֶל־מֹשֶׁה נְטֵה אֶת־יָדְךָ עַל־הַיָּם וְיָשֻׁבוּ הַמַּיִם רביעי
כז עַל־מִצְרַיִם עַל־רִכְבּוֹ וְעַל־פָּרָשָׁיו: וַיֵּט מֹשֶׁה אֶת־יָדוֹ עַל־הַיָּם
וַיָּשָׁב הַיָּם לִפְנוֹת בֹּקֶר לְאֵיתָנוֹ וּמִצְרַיִם נָסִים לִקְרָאתוֹ וַיְנַעֵר
כח יהוה אֶת־מִצְרַיִם בְּתוֹךְ הַיָּם: וַיָּשֻׁבוּ הַמַּיִם וַיְכַסּוּ אֶת־הָרֶכֶב
וְאֶת־הַפָּרָשִׁים לְכֹל חֵיל פַּרְעֹה הַבָּאִים אַחֲרֵיהֶם בַּיָּם לֹא־
כט נִשְׁאַר בָּהֶם עַד־אֶחָד: וּבְנֵי יִשְׂרָאֵל הָלְכוּ בַיַּבָּשָׁה בְּתוֹךְ הַיָּם
ל וְהַמַּיִם לָהֶם חֹמָה מִימִינָם וּמִשְּׂמֹאלָם: וַיּוֹשַׁע יהוה בַּיּוֹם הַהוּא
אֶת־יִשְׂרָאֵל מִיַּד מִצְרָיִם וַיַּרְא יִשְׂרָאֵל אֶת־מִצְרַיִם מֵת עַל־
לא שְׂפַת הַיָּם: וַיַּרְא יִשְׂרָאֵל אֶת־הַיָּד הַגְּדֹלָה אֲשֶׁר עָשָׂה יהוה
בְּמִצְרַיִם וַיִּירְאוּ הָעָם אֶת־יהוה וַיַּאֲמִינוּ בַּיהוה וּבְמֹשֶׁה עַבְדּוֹ:

טו א אָז יָשִׁיר־מֹשֶׁה וּבְנֵי יִשְׂרָאֵל אֶת־הַשִּׁירָה הַזֹּאת לַיהוה וַיֹּאמְרוּ
לֵאמֹר אָשִׁירָה לַיהוה כִּי־גָאֹה גָּאָה סוּס
ב וְרֹכְבוֹ רָמָה בַיָּם: עָזִּי וְזִמְרָת יָהּ וַיְהִי־לִי
לִישׁוּעָה זֶה אֵלִי וְאַנְוֵהוּ אֱלֹהֵי
ג אָבִי וַאֲרֹמְמֶנְהוּ: יהוה אִישׁ מִלְחָמָה יהוה
ד שְׁמוֹ: מַרְכְּבֹת פַּרְעֹה וְחֵילוֹ יָרָה בַיָּם וּמִבְחַר
ה שָׁלִשָׁיו טֻבְּעוּ בְיַם־סוּף: תְּהֹמֹת יְכַסְיֻמוּ יָרְדוּ בִמְצוֹלֹת כְּמוֹ־
ו אָבֶן: יְמִינְךָ יהוה נֶאְדָּרִי בַּכֹּחַ יְמִינְךָ
ז יהוה תִּרְעַץ אוֹיֵב: וּבְרֹב גְּאוֹנְךָ תַּהֲרֹס

אל העם ויאמרו מה זאת עשינו כי שלחנו את ישראל
מעבדנו ויאסר את רכבו ואת עמו לקח עמו ויקח שש
מאות רכב בחור וכל רכב מצרים ושלשם על כלו ויחזק
יהוה את לב פרעה מלך מצרים וירדף אחרי בני ישראל
ובני ישראל יצאים ביד רמה וירדפו מצרים אחריהם וישיגו
אותם חנים על הים כל סוס רכב פרעה ופרשיו וחילו על
פי החירת לפני בעל צפן ופרעה הקריב וישאו בני ישראל
את עיניהם והנה מצרים נסע אחריהם וייראו מאד ויצעקו
בני ישראל אל יהוה ויאמרו אל משה המבלי אין קברים
במצרים לקחתנו למות במדבר מה זאת עשית לנו להוציאנו
ממצרים הלא זה הדבר אשר דברנו אליך במצרים לאמר
חדל ממנו ונעבדה את מצרים כי טוב לנו עבד את מצרים
ממתנו במדבר ויאמר משה אל העם אל תיראו התיצבו
וראו את ישועת יהוה אשר יעשה לכם היום כי אשר
ראיתם את מצרים היום לא תספו לראתם עוד עד עולם
יהוה ילחם לכם ואתם תחרשון

ויאמר יהוה אל משה מה תצעק אלי דבר אל בני ישראל
ויסעו ואתה הרם את מטך ונטה את ידך על הים ובקעהו
ויבאו בני ישראל בתוך הים ביבשה ואני הנני מחזק את
לב מצרים ויבאו אחריהם ואכבדה בפרעה ובכל חילו
ברכבו ובפרשיו וידעו מצרים כי אני יהוה בהכבדי בפרעה
ברכבו ובפרשיו ויסע מלאך האלהים ההלך לפני מחנה
ישראל וילך מאחריהם ויסע עמוד הענן מפניהם ויעמד
מאחריהם ויבא בין מחנה מצרים ובין מחנה ישראל
ויהי הענן והחשך ויאר את הלילה ולא קרב זה אל זה
כל הלילה ויט משה את ידו על הים ויולך יהוה את
הים ברוח קדים עזה כל הלילה וישם את הים לחרבה

אל־העם ויאמרו מה־זאת עשינו כי־שלחנו את־ישראל
ו ז מעבדנו: ויאסר את־רכבו ואת־עמו לקח עמו: ויקח שש־
ח מאות רכב בחור וכל רכב מצרים ושלשם על־כלו: ויחזק
יהוה את־לב פרעה מלך מצרים וירדף אחרי בני ישראל
ט ובני ישראל יצאים ביד רמה: וירדפו מצרים אחריהם וישיגו שני
אותם חנים על־הים כל־סוס רכב פרעה ופרשיו וחילו על־
י פי החירת לפני בעל צפן: ופרעה הקריב וישאו בני־ישראל
את־עיניהם והנה מצרים | נסע אחריהם וייראו מאד ויצעקו
יא בני־ישראל אל־יהוה: ויאמרו אל־משה המבלי אין־קברים
במצרים לקחתנו למות במדבר מה־זאת עשית לנו להוציאנו
יב ממצרים: הלא־זה הדבר אשר דברנו אליך במצרים לאמר
חדל ממנו ונעבדה את־מצרים כי טוב לנו עבד את־מצרים
יג ממתנו במדבר: ויאמר משה אל־העם אל־תיראו התיצבו
וראו את־ישועת יהוה אשר־יעשה לכם היום כי אשר
ראיתם את־מצרים היום לא תספו לראתם עוד עד־עולם:
יד יהוה ילחם לכם ואתם תחרשון:
טו ויאמר יהוה אל־משה מה־תצעק אלי דבר אל־בני־ישראל יא שליש
טז ויסעו: ואתה הרם את־מטך ונטה את־ידך על־הים ובקעהו
יז ויבאו בני־ישראל בתוך הים ביבשה: ואני הנני מחזק את־
לב מצרים ויבאו אחריהם ואכבדה בפרעה ובכל־חילו
יח ברכבו ובפרשיו: וידעו מצרים כי־אני יהוה בהכבדי בפרעה
יט ברכבו ובפרשיו: ויסע מלאך האלהים ההלך לפני מחנה *
ישראל וילך מאחריהם ויסע עמוד הענן מפניהם ויעמד
כ מאחריהם: ויבא בין | מחנה מצרים ובין מחנה ישראל
ויהי הענן והחשך ויאר את־הלילה ולא־קרב זה אל־זה
כא כל־הלילה: ויט משה את־ידו על־הים ויולך יהוה | את־
הים ברוח קדים עזה כל־הלילה וישם את־הים לחרבה

והיה כי יבאך יהוה אל ארץ הכנעני כאשר נשבע לך
ולאבתיך ונתנה לך והעברת כל פטר רחם ליהוה וכל
פטר שגר בהמה אשר יהיה לך הזכרים ליהוה וכל פטר
חמר תפדה בשה ואם לא תפדה וערפתו וכל בכור אדם
בבניך תפדה והיה כי ישאלך בנך מחר לאמר מה זאת
ואמרת אליו בחזק יד הוציאנו יהוה ממצרים מבית עבדים
ויהי כי הקשה פרעה לשלחנו ויהרג יהוה כל בכור בארץ
מצרים מבכר אדם ועד בכור בהמה על כן אני זבח ליהוה
כל פטר רחם הזכרים וכל בכור בני אפדה והיה לאות
על ידכה ולטוטפת בין עיניך כי בחזק יד הוציאנו יהוה
ממצרים ויהי בשלח פרעה את העם ולא
נחם אלהים דרך ארץ פלשתים כי קרוב הוא כי אמר
אלהים פן ינחם העם בראתם מלחמה ושבו מצרימה ויסב
אלהים את העם דרך המדבר ים סוף וחמשים עלו בני
ישראל מארץ מצרים ויקח משה את עצמות יוסף עמו
כי השבע השביע את בני ישראל לאמר פקד יפקד אלהים
אתכם והעליתם את עצמתי מזה אתכם ויסעו מסכת
ויחנו באתם בקצה המדבר ויהוה הלך לפניהם יומם
בעמוד ענן לנחתם הדרך ולילה בעמוד אש להאיר להם
ללכת יומם ולילה לא ימיש עמוד הענן יומם ועמוד האש
לילה לפני העם

וידבר יהוה אל משה לאמר דבר אל בני ישראל וישבו ויחנו
לפני פי החירת בין מגדל ובין הים לפני בעל צפן נכחו תחנו
על הים ואמר פרעה לבני ישראל נבכים הם בארץ סגר
עליהם המדבר וחזקתי את לב פרעה ורדף אחריהם ואכבדה
בפרעה ובכל חילו וידעו מצרים כי אני יהוה ויעשו כן
ויגד למלך מצרים כי ברח העם ויהפך לבב פרעה ועבדיו

יא ★ וְהָיָ֞ה כִּֽי־יְבִֽאֲךָ֤ יְהֹוָה֙ אֶל־אֶ֣רֶץ הַֽכְּנַעֲנִ֔י כַּאֲשֶׁ֛ר נִשְׁבַּ֥ע לְךָ֖

יב וְלַֽאֲבֹתֶ֑יךָ וּנְתָנָ֖הּ לָֽךְ: וְהַֽעֲבַרְתָּ֥ כָל־פֶּֽטֶר־רֶ֖חֶם לַֽיהֹוָ֑ה וְכָל־

יג פֶּ֣טֶר ׀ שֶׁ֣גֶר בְּהֵמָ֗ה אֲשֶׁ֨ר יִֽהְיֶ֥ה לְךָ֛ הַזְּכָרִ֖ים לַֽיהֹוָֽה: וְכָל־פֶּ֤טֶר

חֲמֹר֙ תִּפְדֶּ֣ה בְשֶׂ֔ה וְאִם־לֹ֥א תִפְדֶּ֖ה וַעֲרַפְתּ֑וֹ וְכֹ֨ל בְּכ֥וֹר אָדָ֛ם

יד מפטיר ★ בְּבָנֶ֖יךָ תִּפְדֶּֽה: וְהָיָ֞ה כִּֽי־יִשְׁאָֽלְךָ֥ בִנְךָ֛ מָחָ֖ר לֵאמֹ֣ר מַה־זֹּ֑את

וְאָֽמַרְתָּ֣ אֵלָ֔יו בְּחֹ֣זֶק יָ֗ד הֽוֹצִיאָ֧נוּ יְהֹוָ֛ה מִמִּצְרַ֖יִם מִבֵּ֥ית עֲבָדִֽים:

טו וַיְהִ֗י כִּֽי־הִקְשָׁ֣ה פַרְעֹה֮ לְשַׁלְּחֵ֒נוּ֒ וַיַּהֲרֹ֨ג יְהֹוָ֤ה כָּל־בְּכוֹר֙ בְּאֶ֣רֶץ

מִצְרַ֔יִם מִבְּכֹ֥ר אָדָ֖ם וְעַד־בְּכ֣וֹר בְּהֵמָ֑ה עַל־כֵּן֩ אֲנִ֨י זֹבֵ֜חַ לַֽיהֹוָ֗ה

טז כָּל־פֶּ֤טֶר רֶ֨חֶם֙ הַזְּכָרִ֔ים וְכָל־בְּכ֥וֹר בָּנַ֖י אֶפְדֶּֽה: וְהָיָ֤ה לְאוֹת֙

עַל־יָ֣דְכָ֔ה וּלְטֽוֹטָפֹ֖ת בֵּ֣ין עֵינֶ֑יךָ כִּ֚י בְּחֹ֣זֶק יָ֔ד הֽוֹצִיאָ֥נוּ יְהֹוָ֖ה

יז בשלח מִמִּצְרָֽיִם: וַיְהִ֗י בְּשַׁלַּ֣ח פַּרְעֹה֮ אֶת־הָעָם֒ וְלֹא־

נָחָ֣ם אֱלֹהִ֗ים דֶּ֚רֶךְ אֶ֣רֶץ פְּלִשְׁתִּ֔ים כִּ֥י קָר֖וֹב ה֑וּא כִּ֣י ׀ אָמַ֣ר

יח אֱלֹהִ֗ים פֶּֽן־יִנָּחֵ֥ם הָעָ֛ם בִּרְאֹתָ֥ם מִלְחָמָ֖ה וְשָׁ֥בוּ מִצְרָֽיְמָה: וַיַּסֵּ֨ב

אֱלֹהִ֧ים ׀ אֶת־הָעָ֛ם דֶּ֥רֶךְ הַמִּדְבָּ֖ר יַם־ס֑וּף וַֽחֲמֻשִׁ֛ים עָל֥וּ בְנֵֽי־

יט יִשְׂרָאֵ֖ל מֵאֶ֥רֶץ מִצְרָֽיִם: וַיִּקַּ֥ח מֹשֶׁ֛ה אֶת־עַצְמ֥וֹת יוֹסֵ֖ף עִמּ֑וֹ

כִּי֩ הַשְׁבֵּ֨עַ הִשְׁבִּ֜יעַ אֶת־בְּנֵ֤י יִשְׂרָאֵל֙ לֵאמֹ֔ר פָּקֹ֨ד יִפְקֹ֤ד אֱלֹהִים֙

כ אֶתְכֶ֔ם וְהַֽעֲלִיתֶ֧ם אֶת־עַצְמֹתַ֛י מִזֶּ֖ה אִתְּכֶֽם: וַיִּסְע֖וּ מִסֻּכֹּ֑ת

כא וַיַּחֲנ֣וּ בְאֵתָ֔ם בִּקְצֵ֖ה הַמִּדְבָּֽר: וַֽיהֹוָ֡ה הֹלֵךְ֩ לִפְנֵיהֶ֨ם יוֹמָ֜ם

בְּעַמּ֤וּד עָנָן֙ לַנְחֹתָ֣ם הַדֶּ֔רֶךְ וְלַ֛יְלָה בְּעַמּ֥וּד אֵ֖שׁ לְהָאִ֣יר לָהֶ֑ם

כב לָלֶ֖כֶת יוֹמָ֣ם וָלָֽיְלָה: לֹֽא־יָמִ֞ישׁ עַמּ֤וּד הֶֽעָנָן֙ יוֹמָ֔ם וְעַמּ֥וּד הָאֵ֖שׁ

לָ֑יְלָה לִפְנֵ֖י הָעָֽם:

א ★ וַיְדַבֵּ֥ר יְהֹוָ֖ה אֶל־מֹשֶׁ֥ה לֵּאמֹֽר: דַּבֵּר֮ אֶל־בְּנֵ֣י יִשְׂרָאֵל֒ וְיָשֻׁ֗בוּ וְיַחֲנוּ֙

לִפְנֵי֙ פִּ֣י הַֽחִירֹ֔ת בֵּ֥ין מִגְדֹּ֖ל וּבֵ֣ין הַיָּ֑ם לִפְנֵי֙ בַּ֣עַל צְפֹ֔ן נִכְח֥וֹ תַחֲנ֖וּ

ג עַל־הַיָּֽם: וְאָמַ֤ר פַּרְעֹה֙ לִבְנֵ֣י יִשְׂרָאֵ֔ל נְבֻכִ֥ים הֵ֖ם בָּאָ֑רֶץ סָגַ֥ר

ד עֲלֵיהֶ֖ם הַמִּדְבָּֽר: וְחִזַּקְתִּ֣י אֶת־לֵֽב־פַּרְעֹה֮ וְרָדַ֣ף אַֽחֲרֵיהֶם֒ וְאִכָּֽבְדָ֤ה

בְּפַרְעֹה֙ וּבְכָל־חֵיל֔וֹ וְיָדְע֥וּ מִצְרַ֖יִם כִּֽי־אֲנִ֣י יְהֹוָ֑ה וַיַּֽעֲשׂוּ־כֵֽן:

ה ★ וַיֻּגַּד֙ לְמֶ֣לֶךְ מִצְרַ֔יִם כִּ֥י בָרַ֖ח הָעָ֑ם וַ֠יֵּֽהָפֵ֠ךְ לְבַ֨ב פַּרְעֹ֤ה וַעֲבָדָיו֙

צבאות יהוה מארץ מצרים ליל שמרים הוא ליהוה
להוציאם מארץ מצרים הוא הלילה הזה ליהוה שמרים
לכל בני ישראל לדרתם
ויאמר יהוה אל משה ואהרן זאת חקת הפסח כל בן נכר
לא יאכל בו וכל עבד איש מקנת כסף ומלתה אתו אז
יאכל בו תושב ושכיר לא יאכל בו בבית אחד יאכל לא
תוציא מן הבית מן הבשר חוצה ועצם לא תשברו בו
כל עדת ישראל יעשו אתו וכי יגור אתך גר ועשה פסח
ליהוה המול לו כל זכר ואז יקרב לעשתו והיה כאזרח הארץ
וכל ערל לא יאכל בו תורה אחת יהיה לאזרח ולגר הגר
בתוככם ויעשו כל בני ישראל כאשר צוה יהוה את משה
ואת אהרן כן עשו ויהי בעצם היום הזה הוציא
יהוה את בני ישראל מארץ מצרים על צבאתם
וידבר יהוה אל משה לאמר קדש לי כל בכור פטר כל רחם
בבני ישראל באדם ובבהמה לי הוא ויאמר משה אל העם
זכור את היום הזה אשר יצאתם ממצרים מבית עבדים כי
בחזק יד הוציא יהוה אתכם מזה ולא יאכל חמץ היום
אתם יצאים בחדש האביב והיה כי יביאך יהוה אל ארץ
הכנעני והחתי והאמרי והחוי והיבוסי אשר נשבע לאבתיך
לתת לך ארץ זבת חלב ודבש ועבדת את העבדה הזאת
בחדש הזה שבעת ימים תאכל מצת וביום השביעי חג
ליהוה מצות יאכל את שבעת הימים ולא יראה לך חמץ
ולא יראה לך שאר בכל גבלך והגדת לבנך ביום ההוא
לאמר בעבור זה עשה יהוה לי בצאתי ממצרים והיה לך
לאות על ידך ולזכרון בין עיניך למען תהיה תורת יהוה
בפיך כי ביד חזקה הוצאך יהוה ממצרים ושמרת את
החקה הזאת למועדה מימים ימימה

מב צְבָא֥וֹת יְהוָ֖ה מֵאֶ֥רֶץ מִצְרָֽיִם׃ לֵ֣יל שִׁמֻּרִ֥ים הוּא֙ לַֽיהוָ֔ה
לְהוֹצִיאָ֖ם מֵאֶ֣רֶץ מִצְרָ֑יִם הֽוּא־הַלַּ֤יְלָה הַזֶּה֙ לַֽיהוָ֔ה שִׁמֻּרִ֛ים
לְכָל־בְּנֵ֥י יִשְׂרָאֵ֖ל לְדֹרֹתָֽם׃
מג וַיֹּ֤אמֶר יְהוָה֙ אֶל־מֹשֶׁ֣ה וְאַהֲרֹ֔ן זֹ֖את חֻקַּ֣ת הַפָּ֑סַח כָּל־בֶּן־נֵכָ֖ר ★
מד לֹא־יֹ֥אכַל בּֽוֹ׃ וְכָל־עֶ֥בֶד אִ֖ישׁ מִקְנַת־כָּ֑סֶף וּמַלְתָּ֣ה אֹת֔וֹ אָ֖ז
מה מו יֹ֥אכַל בּֽוֹ׃ תּוֹשָׁ֥ב וְשָׂכִ֖יר לֹא־יֹ֥אכַל בּֽוֹ׃ בְּבַ֤יִת אֶחָד֙ יֵֽאָכֵ֔ל לֹֽא־
תוֹצִ֧יא מִן־הַבַּ֛יִת מִן־הַבָּשָׂ֖ר ח֑וּצָה וְעֶ֖צֶם לֹ֥א תִשְׁבְּרוּ־בֽוֹ׃
מז מח כָּל־עֲדַ֥ת יִשְׂרָאֵ֖ל יַעֲשׂ֥וּ אֹתֽוֹ׃ וְכִֽי־יָג֨וּר אִתְּךָ֜ גֵּ֗ר וְעָ֣שָׂה פֶסַח֮
לַֽיהוָה֒ הִמּ֥וֹל ל֣וֹ כָל־זָכָ֗ר וְאָז֙ יִקְרַ֣ב לַעֲשֹׂת֔וֹ וְהָיָ֖ה כְּאֶזְרַ֣ח הָאָ֑רֶץ
מט וְכָל־עָרֵ֖ל לֹא־יֹ֥אכַל בּֽוֹ׃ תּוֹרָ֣ה אַחַ֔ת יִהְיֶ֖ה לָֽאֶזְרָ֑ח וְלַגֵּ֖ר הַגָּ֥ר
נ בְּתוֹכְכֶֽם׃ וַיַּעֲשׂ֖וּ כָּל־בְּנֵ֣י יִשְׂרָאֵ֑ל כַּאֲשֶׁ֨ר צִוָּ֧ה יְהוָ֛ה אֶת־מֹשֶׁ֥ה
נא וְאֶֽת־אַהֲרֹ֖ן כֵּ֥ן עָשֽׂוּ׃ וַיְהִ֕י בְּעֶ֖צֶם הַיּ֣וֹם הַזֶּ֑ה הוֹצִ֨יא
יְהוָ֜ה אֶת־בְּנֵ֧י יִשְׂרָאֵ֛ל מֵאֶ֥רֶץ מִצְרַ֖יִם עַל־צִבְאֹתָֽם׃
יג א ב וַיְדַבֵּ֥ר יְהוָ֖ה אֶל־מֹשֶׁ֥ה לֵּאמֹֽר׃ קַדֶּשׁ־לִ֨י כָל־בְּכ֜וֹר פֶּ֣טֶר כָּל־רֶ֗חֶם שביעי
ג בִּבְנֵ֣י יִשְׂרָאֵ֔ל בָּאָדָ֖ם וּבַבְּהֵמָ֑ה לִ֖י הֽוּא׃ וַיֹּ֨אמֶר מֹשֶׁ֜ה אֶל־הָעָ֗ם י
זָכ֞וֹר אֶת־הַיּ֣וֹם הַזֶּ֗ה אֲשֶׁ֨ר יְצָאתֶ֤ם מִמִּצְרַ֙יִם֙ מִבֵּ֣ית עֲבָדִ֔ים כִּ֚י
ד בְּחֹ֣זֶק יָ֔ד הוֹצִ֧יא יְהוָ֛ה אֶתְכֶ֖ם מִזֶּ֑ה וְלֹ֥א יֵאָכֵ֖ל חָמֵֽץ׃ הַיּ֖וֹם
ה אַתֶּ֣ם יֹצְאִ֑ים בְּחֹ֖דֶשׁ הָאָבִֽיב׃ וְהָיָ֣ה כִֽי־יְבִיאֲךָ֣ יְהוָ֡ה אֶל־אֶ֣רֶץ ★
הַֽכְּנַעֲנִ֡י וְהַֽחִתִּי֩ וְהָֽאֱמֹרִ֨י וְהַחִוִּ֜י וְהַיְבוּסִ֗י אֲשֶׁ֨ר נִשְׁבַּ֤ע לַאֲבֹתֶ֙יךָ֙
לָ֣תֶת לָ֔ךְ אֶ֛רֶץ זָבַ֥ת חָלָ֖ב וּדְבָ֑שׁ וְעָבַדְתָּ֛ אֶת־הָעֲבֹדָ֥ה הַזֹּ֖את
ו בַּחֹ֥דֶשׁ הַזֶּֽה׃ שִׁבְעַ֥ת יָמִ֖ים תֹּאכַ֣ל מַצֹּ֑ת וּבַיּוֹם֙ הַשְּׁבִיעִ֔י חַ֖ג
ז לַיהוָֽה׃ מַצּוֹת֙ יֵֽאָכֵ֔ל אֵ֖ת שִׁבְעַ֣ת הַיָּמִ֑ים וְלֹֽא־יֵרָאֶ֨ה לְךָ֜ חָמֵ֗ץ
ח וְלֹֽא־יֵרָאֶ֥ה לְךָ֛ שְׂאֹ֖ר בְּכָל־גְּבֻלֶֽךָ׃ וְהִגַּדְתָּ֣ לְבִנְךָ֔ בַּיּ֥וֹם הַה֖וּא
ט לֵאמֹ֑ר בַּעֲב֣וּר זֶ֗ה עָשָׂ֤ה יְהוָה֙ לִ֔י בְּצֵאתִ֖י מִמִּצְרָֽיִם׃ וְהָיָה֩ לְךָ֨
לְא֜וֹת עַל־יָדְךָ֗ וּלְזִכָּרוֹן֙ בֵּ֣ין עֵינֶ֔יךָ לְמַ֗עַן תִּהְיֶ֛ה תּוֹרַ֥ת יְהוָ֖ה
י בְּפִ֑יךָ כִּ֚י בְּיָ֣ד חֲזָקָ֔ה הוֹצִֽאֲךָ֥ יְהוָ֖ה מִמִּצְרָֽיִם׃ וְשָׁמַרְתָּ֛ אֶת־
הַחֻקָּ֥ה הַזֹּ֖את לְמוֹעֲדָ֑הּ מִיָּמִ֖ים יָמִֽימָה׃

ולא יתן המשחית לבא אל בתיכם לנגף ושמרתם את
הדבר הזה לחק לך ולבניך עד עולם והיה כי תבאו אל
הארץ אשר יתן יהוה לכם כאשר דבר ושמרתם את
העבדה הזאת והיה כי יאמרו אליכם בניכם מה העבדה
הזאת לכם ואמרתם זבח פסח הוא ליהוה אשר פסח על
בתי בני ישראל במצרים בנגפו את מצרים ואת בתינו הציל
ויקד העם וישתחוו וילכו ויעשו בני ישראל כאשר צוה יהוה
את משה ואהרן כן עשו ויהי בחצי הלילה
ויהוה הכה כל בכור בארץ מצרים מבכר פרעה הישב על
כסאו עד בכור השבי אשר בבית הבור וכל בכור בהמה
ויקם פרעה לילה הוא וכל עבדיו וכל מצרים ותהי צעקה
גדלה במצרים כי אין בית אשר אין שם מת ויקרא למשה
ולאהרן לילה ויאמר קומו צאו מתוך עמי גם אתם גם
בני ישראל ולכו עבדו את יהוה כדברכם גם צאנכם גם
בקרכם קחו כאשר דברתם ולכו וברכתם גם אתי ותחזק
מצרים על העם למהר לשלחם מן הארץ כי אמרו כלנו
מתים וישא העם את בצקו טרם יחמץ משארתם צררת
בשמלתם על שכמם ובני ישראל עשו כדבר משה וישאלו
ממצרים כלי כסף וכלי זהב ושמלת ויהוה נתן את חן העם
בעיני מצרים וישאלום וינצלו את מצרים
ויסעו בני ישראל מרעמסס סכתה כשש מאות אלף רגלי
הגברים לבד מטף וגם ערב רב עלה אתם וצאן ובקר
מקנה כבד מאד ויאפו את הבצק אשר הוציאו ממצרים
עגת מצות כי לא חמץ כי גרשו ממצרים ולא יכלו להתמהמה
וגם צדה לא עשו להם ומושב בני ישראל אשר ישבו
במצרים שלשים שנה וארבע מאות שנה ויהי מקץ שלשים
שנה וארבע מאות שנה ויהי בעצם היום הזה יצאו כל

כד וְלֹא יִתֵּן הַמַּשְׁחִית לָבֹא אֶל־בָּתֵּיכֶם לִנְגֹּף׃ וּשְׁמַרְתֶּם אֶת־
כה הַדָּבָר הַזֶּה לְחָק־לְךָ וּלְבָנֶיךָ עַד־עוֹלָם׃ וְהָיָה כִּי־תָבֹאוּ אֶל־ *
הָאָרֶץ אֲשֶׁר יִתֵּן יהוה לָכֶם כַּאֲשֶׁר דִּבֵּר וּשְׁמַרְתֶּם אֶת־
כו הָעֲבֹדָה הַזֹּאת׃ וְהָיָה כִּי־יֹאמְרוּ אֲלֵיכֶם בְּנֵיכֶם מָה הָעֲבֹדָה
כז הַזֹּאת לָכֶם׃ וַאֲמַרְתֶּם זֶבַח־פֶּסַח הוּא לַיהוה אֲשֶׁר פָּסַח עַל־
בָּתֵּי בְנֵי־יִשְׂרָאֵל בְּמִצְרַיִם בְּנָגְפּוֹ אֶת־מִצְרַיִם וְאֶת־בָּתֵּינוּ הִצִּיל
כח וַיִּקֹּד הָעָם וַיִּשְׁתַּחֲווּ׃ וַיֵּלְכוּ וַיַּעֲשׂוּ בְּנֵי יִשְׂרָאֵל כַּאֲשֶׁר צִוָּה יהוה
כט אֶת־מֹשֶׁה וְאַהֲרֹן כֵּן עָשׂוּ׃ וַיְהִי ׀ בַּחֲצִי הַלַּיְלָה ט ששי
וַיהוה הִכָּה כָל־בְּכוֹר בְּאֶרֶץ מִצְרַיִם מִבְּכֹר פַּרְעֹה הַיֹּשֵׁב עַל־
כִּסְאוֹ עַד בְּכוֹר הַשְּׁבִי אֲשֶׁר בְּבֵית הַבּוֹר וְכֹל בְּכוֹר בְּהֵמָה׃
ל וַיָּקָם פַּרְעֹה לַיְלָה הוּא וְכָל־עֲבָדָיו וְכָל־מִצְרַיִם וַתְּהִי צְעָקָה
לא גְדֹלָה בְּמִצְרָיִם כִּי־אֵין בַּיִת אֲשֶׁר אֵין־שָׁם מֵת׃ וַיִּקְרָא לְמֹשֶׁה
וּלְאַהֲרֹן לַיְלָה וַיֹּאמֶר קוּמוּ צְּאוּ מִתּוֹךְ עַמִּי גַּם־אַתֶּם גַּם־
לב בְּנֵי יִשְׂרָאֵל וּלְכוּ עִבְדוּ אֶת־יהוה כְּדַבֶּרְכֶם׃ גַּם־צֹאנְכֶם גַּם־
לג בְקַרְכֶם קְחוּ כַּאֲשֶׁר דִּבַּרְתֶּם וָלֵכוּ וּבֵרַכְתֶּם גַּם־אֹתִי׃ וַתֶּחֱזַק *
מִצְרַיִם עַל־הָעָם לְמַהֵר לְשַׁלְּחָם מִן־הָאָרֶץ כִּי אָמְרוּ כֻּלָּנוּ
לד מֵתִים׃ וַיִּשָּׂא הָעָם אֶת־בְּצֵקוֹ טֶרֶם יֶחְמָץ מִשְׁאֲרֹתָם צְרֻרֹת
לה בְּשִׂמְלֹתָם עַל־שִׁכְמָם׃ וּבְנֵי־יִשְׂרָאֵל עָשׂוּ כִּדְבַר מֹשֶׁה וַיִּשְׁאֲלוּ
לו מִמִּצְרַיִם כְּלֵי־כֶסֶף וּכְלֵי זָהָב וּשְׂמָלֹת׃ וַיהוה נָתַן אֶת־חֵן הָעָם
בְּעֵינֵי מִצְרַיִם וַיַּשְׁאִלוּם וַיְנַצְּלוּ אֶת־מִצְרָיִם׃

לז וַיִּסְעוּ בְנֵי־יִשְׂרָאֵל מֵרַעְמְסֵס סֻכֹּתָה כְּשֵׁשׁ־מֵאוֹת אֶלֶף רַגְלִי *
לח הַגְּבָרִים לְבַד מִטָּף׃ וְגַם־עֵרֶב רַב עָלָה אִתָּם וְצֹאן וּבָקָר
לט מִקְנֶה כָּבֵד מְאֹד׃ וַיֹּאפוּ אֶת־הַבָּצֵק אֲשֶׁר הוֹצִיאוּ מִמִּצְרַיִם
עֻגֹת מַצּוֹת כִּי לֹא חָמֵץ כִּי־גֹרְשׁוּ מִמִּצְרַיִם וְלֹא יָכְלוּ לְהִתְמַהְמֵהַּ
מ וְגַם־צֵדָה לֹא־עָשׂוּ לָהֶם׃ וּמוֹשַׁב בְּנֵי יִשְׂרָאֵל אֲשֶׁר יָשְׁבוּ
מא בְּמִצְרָיִם שְׁלֹשִׁים שָׁנָה וְאַרְבַּע מֵאוֹת שָׁנָה׃ וַיְהִי מִקֵּץ שְׁלֹשִׁים
שָׁנָה וְאַרְבַּע מֵאוֹת שָׁנָה וַיְהִי בְּעֶצֶם הַיּוֹם הַזֶּה יָצְאוּ כָּל־

בקר באש תשרפו  וככה תאכלו אתו מתניכם חגרים
נעליכם ברגליכם ומקלכם בידכם ואכלתם אתו בחפזון
פסח הוא ליהוה  ועברתי בארץ מצרים בלילה הזה והכיתי
כל בכור בארץ מצרים מאדם ועד בהמה ובכל אלהי
מצרים אעשה שפטים אני יהוה  והיה הדם לכם לאת על
הבתים אשר אתם שם וראיתי את הדם ופסחתי עלכם
ולא יהיה בכם נגף למשחית בהכתי בארץ מצרים  והיה
היום הזה לכם לזכרון וחגתם אתו חג ליהוה לדרתיכם
חקת עולם תחגהו  שבעת ימים מצות תאכלו אך ביום
הראשון תשביתו שאר מבתיכם כי כל אכל חמץ ונכרתה
הנפש ההוא מישראל מיום הראשן עד יום השבעי  וביום
הראשון מקרא קדש וביום השביעי מקרא קדש יהיה לכם
כל מלאכה לא יעשה בהם אך אשר יאכל לכל נפש הוא
לבדו יעשה לכם  ושמרתם את המצות כי בעצם היום
הזה הוצאתי את צבאותיכם מארץ מצרים ושמרתם את
היום הזה לדרתיכם חקת עולם  בראשן בארבעה עשר
יום לחדש בערב תאכלו מצת עד יום האחד ועשרים
לחדש בערב  שבעת ימים שאר לא ימצא בבתיכם כי כל
אכל מחמצת ונכרתה הנפש ההוא מעדת ישראל בגר
ובאזרח הארץ  כל מחמצת לא תאכלו בכל מושבתיכם
תאכלו מצות

ויקרא משה לכל זקני ישראל ויאמר אלהם משכו וקחו
לכם צאן למשפחתיכם ושחטו הפסח ולקחתם אגדת אזוב
וטבלתם בדם אשר בסף והגעתם אל המשקוף ואל שתי
המזוזת מן הדם אשר בסף ואתם לא תצאו איש מפתח
ביתו עד בקר  ועבר יהוה לנגף את מצרים וראה את
הדם על המשקוף ועל שתי המזוזת ופסח יהוה על הפתח

יא בְּבֹ֖קֶר בָּאֵ֣שׁ תִּשְׂרֹ֑פוּ: וְכָ֙כָה֙ תֹּאכְל֣וּ אֹת֔וֹ מָתְנֵיכֶ֣ם חֲגֻרִ֔ים
נַעֲלֵיכֶם֙ בְּרַגְלֵיכֶ֔ם וּמַקֶּלְכֶ֖ם בְּיֶדְכֶ֑ם וַאֲכַלְתֶּ֤ם אֹתוֹ֙ בְּחִפָּז֔וֹן

★ יב פֶּ֥סַח ה֖וּא לַֽיהֹוָֽה: וְעָבַרְתִּ֣י בְאֶֽרֶץ־מִצְרַ֘יִם֮ בַּלַּ֣יְלָה הַזֶּה֒ וְהִכֵּיתִ֤י
כָל־בְּכוֹר֙ בְּאֶ֣רֶץ מִצְרַ֔יִם מֵאָדָ֖ם וְעַד־בְּהֵמָ֑ה וּבְכָל־אֱלֹהֵ֤י

יג מִצְרַ֙יִם֙ אֶֽעֱשֶׂ֣ה שְׁפָטִ֔ים אֲנִ֖י יְהֹוָֽה: וְהָיָה֩ הַדָּ֨ם לָכֶ֜ם לְאֹ֗ת עַ֤ל
הַבָּתִּים֙ אֲשֶׁ֣ר אַתֶּ֣ם שָׁ֔ם וְרָאִ֙יתִי֙ אֶת־הַדָּ֔ם וּפָֽסַחְתִּ֖י עֲלֵכֶ֑ם

יד וְלֹֽא־יִֽהְיֶ֨ה בָכֶ֥ם נֶ֙גֶף֙ לְמַשְׁחִ֔ית בְּהַכֹּתִ֖י בְּאֶ֥רֶץ מִצְרָֽיִם: וְהָיָה֩
הַיּ֨וֹם הַזֶּ֤ה לָכֶם֙ לְזִכָּר֔וֹן וְחַגֹּתֶ֥ם אֹת֖וֹ חַ֣ג לַֽיהֹוָ֑ה לְדֹרֹ֣תֵיכֶ֔ם

טו חֻקַּ֥ת עוֹלָ֖ם תְּחָגֻּֽהוּ: שִׁבְעַ֤ת יָמִים֙ מַצּ֣וֹת תֹּאכֵ֔לוּ אַ֚ךְ בַּיּ֣וֹם
הָֽרִאשׁ֔וֹן תַּשְׁבִּ֥יתוּ שְּׂאֹ֖ר מִבָּֽתֵּיכֶ֑ם כִּ֣י ׀ כָּל־אֹכֵ֣ל חָמֵ֗ץ וְנִכְרְתָ֞ה

טז הַנֶּ֤פֶשׁ הַהִוא֙ מִיִּשְׂרָאֵ֔ל מִיּ֥וֹם הָרִאשֹׁ֖ן עַד־י֥וֹם הַשְּׁבִעִֽי: וּבַיּ֤וֹם
הָֽרִאשׁוֹן֙ מִקְרָא־קֹ֔דֶשׁ וּבַיּוֹם֙ הַשְּׁבִיעִ֔י מִקְרָא־קֹ֖דֶשׁ יִהְיֶ֣ה לָכֶ֑ם
כָּל־מְלָאכָה֙ לֹא־יֵֽעָשֶׂ֣ה בָהֶ֔ם אַ֚ךְ אֲשֶׁ֣ר יֵאָכֵ֣ל לְכָל־נֶ֔פֶשׁ ה֥וּא

★ יז לְבַדּ֖וֹ יֵעָשֶׂ֥ה לָכֶֽם: וּשְׁמַרְתֶּם֮ אֶת־הַמַּצּוֹת֒ כִּ֗י בְּעֶ֙צֶם֙ הַיּ֣וֹם הַזֶּ֔ה
הוֹצֵ֥אתִי אֶת־צִבְאֽוֹתֵיכֶ֖ם מֵאֶ֣רֶץ מִצְרָ֑יִם וּשְׁמַרְתֶּ֞ם אֶת־

יח הַיּ֥וֹם הַזֶּ֛ה לְדֹרֹֽתֵיכֶ֖ם חֻקַּ֥ת עוֹלָֽם: בָּֽרִאשֹׁ֡ן בְּאַרְבָּעָה֩ עָשָׂ֨ר
י֤וֹם לַחֹ֙דֶשׁ֙ בָּעֶ֔רֶב תֹּאכְל֖וּ מַצֹּ֑ת עַ֠ד י֣וֹם הָֽאֶחָ֧ד וְעֶשְׂרִ֛ים

יט לַחֹ֖דֶשׁ בָּעָֽרֶב: שִׁבְעַ֣ת יָמִ֔ים שְׂאֹ֕ר לֹ֥א יִמָּצֵ֖א בְּבָֽתֵּיכֶ֑ם כִּ֣י ׀ כָּל־
אֹכֵ֣ל מַחְמֶ֗צֶת וְנִכְרְתָ֞ה הַנֶּ֤פֶשׁ הַהִוא֙ מֵֽעֲדַ֣ת יִשְׂרָאֵ֔ל בַּגֵּ֖ר

כ וּבְאֶזְרַ֥ח הָאָֽרֶץ: כָּל־מַחְמֶ֖צֶת לֹ֣א תֹאכֵ֑לוּ בְּכֹל֙ מֽוֹשְׁבֹ֣תֵיכֶ֔ם
תֹּאכְל֖וּ מַצּֽוֹת:

חמישי כא וַיִּקְרָ֥א מֹשֶׁ֛ה לְכָל־זִקְנֵ֥י יִשְׂרָאֵ֖ל וַיֹּ֣אמֶר אֲלֵהֶ֑ם מִֽשְׁכ֗וּ וּקְח֨וּ

כב לָכֶ֥ם צֹ֛אן לְמִשְׁפְּחֹֽתֵיכֶ֖ם וְשַׁחֲט֥וּ הַפָּֽסַח: וּלְקַחְתֶּ֞ם אֲגֻדַּ֣ת אֵז֗וֹב
וּטְבַלְתֶּם֮ בַּדָּ֣ם אֲשֶׁר־בַּסַּף֒ וְהִגַּעְתֶּ֤ם אֶל־הַמַּשְׁקוֹף֙ וְאֶל־שְׁתֵּ֣י
הַמְּזוּזֹ֔ת מִן־הַדָּ֖ם אֲשֶׁ֣ר בַּסָּ֑ף וְאַתֶּ֗ם לֹ֥א תֵֽצְא֛וּ אִ֥ישׁ מִפֶּֽתַח־

כג בֵּית֖וֹ עַד־בֹּֽקֶר: וְעָבַ֣ר יְהֹוָה֘ לִנְגֹּ֣ף אֶת־מִצְרַ֒יִם֒ וְרָאָ֤ה אֶת־
הַדָּם֙ עַל־הַמַּשְׁק֔וֹף וְעַ֖ל שְׁתֵּ֣י הַמְּזוּזֹ֑ת וּפָסַ֤ח יְהֹוָה֙ עַל־הַפֶּ֔תַח

בעיני עבדי פרעה ובעיני העם ויאמר משה
כה אמר יהוה כחצת הלילה אני יוצא בתוך מצרים ומת
כל בכור בארץ מצרים מבכור פרעה הישב על כסאו עד
בכור השפחה אשר אחר הרחים וכל בכור בהמה והיתה
צעקה גדלה בכל ארץ מצרים אשר כמהו לא נהיתה
וכמהו לא תסף ולכל בני ישראל לא יחרץ כלב לשנו
למאיש ועד בהמה למען תדעון אשר יפלה יהוה בין מצרים
ובין ישראל וירדו כל עבדיך אלה אלי והשתחוו לי לאמר
צא אתה וכל העם אשר ברגליך ואחרי כן אצא ויצא
מעם פרעה בחרי אף ויאמר יהוה אל
משה לא ישמע אליכם פרעה למען רבות מופתי בארץ
מצרים ומשה ואהרן עשו את כל המפתים האלה לפני
פרעה ויחזק יהוה את לב פרעה ולא שלח את בני ישראל
מארצו ויאמר יהוה אל משה ואל אהרן
בארץ מצרים לאמר החדש הזה לכם ראש חדשים ראשון
הוא לכם לחדשי השנה דברו אל כל עדת ישראל לאמר
בעשר לחדש הזה ויקחו להם איש שה לבית אבת שה
לבית ואם ימעט הבית מהיות משה ולקח הוא ושכנו
הקרב אל ביתו במכסת נפשת איש לפי אכלו תכסו על
השה שה תמים זכר בן שנה יהיה לכם מן הכבשים ומן
העזים תקחו והיה לכם למשמרת עד ארבעה עשר יום
לחדש הזה ושחטו אתו כל קהל עדת ישראל בין הערבים
ולקחו מן הדם ונתנו על שתי המזוזת ועל המשקוף על
הבתים אשר יאכלו אתו בהם ואכלו את הבשר בלילה
הזה צלי אש ומצות על מררים יאכלהו אל תאכלו ממנו
נא ובשל מבשל במים כי אם צלי אש ראשו על כרעיו
ועל קרבו ולא תותירו ממנו עד בקר והנתר ממנו עד

ד בְּעֵינֵי עַבְדֵי־פַרְעֹה וּבְעֵינֵי הָעָם:    וַיֹּאמֶר מֹשֶׁה רביעי

ה כֹּה אָמַר יְהוָה כַּחֲצֹת הַלַּיְלָה אֲנִי יוֹצֵא בְּתוֹךְ מִצְרָיִם: וּמֵת כָּל־בְּכוֹר בְּאֶרֶץ מִצְרַיִם מִבְּכוֹר פַּרְעֹה הַיֹּשֵׁב עַל־כִּסְאוֹ עַד

ו בְּכוֹר הַשִּׁפְחָה אֲשֶׁר אַחַר הָרֵחָיִם וְכֹל בְּכוֹר בְּהֵמָה: וְהָיְתָה צְעָקָה גְדֹלָה בְּכָל־אֶרֶץ מִצְרָיִם אֲשֶׁר כָּמֹהוּ לֹא נִהְיָתָה

ז וְכָמֹהוּ לֹא תֹסִף: וּלְכֹל ׀ בְּנֵי יִשְׂרָאֵל לֹא יֶחֱרַץ־כֶּלֶב לְשֹׁנוֹ לְמֵאִישׁ וְעַד־בְּהֵמָה לְמַעַן תֵּדְעוּן אֲשֶׁר יַפְלֶה יְהוָה בֵּין מִצְרַיִם

ח וּבֵין יִשְׂרָאֵל: וְיָרְדוּ כָל־עֲבָדֶיךָ אֵלֶּה אֵלַי וְהִשְׁתַּחֲווּ־לִי לֵאמֹר צֵא אַתָּה וְכָל־הָעָם אֲשֶׁר־בְּרַגְלֶיךָ וְאַחֲרֵי־כֵן אֵצֵא וַיֵּצֵא

ט מֵעִם־פַּרְעֹה בָּחֳרִי־אָף:    וַיֹּאמֶר יְהוָה אֶל־ מֹשֶׁה לֹא־יִשְׁמַע אֲלֵיכֶם פַּרְעֹה לְמַעַן רְבוֹת מוֹפְתַי בְּאֶרֶץ

י מִצְרָיִם: וּמֹשֶׁה וְאַהֲרֹן עָשׂוּ אֶת־כָּל־הַמֹּפְתִים הָאֵלֶּה לִפְנֵי פַרְעֹה וַיְחַזֵּק יְהוָה אֶת־לֵב פַּרְעֹה וְלֹא־שִׁלַּח אֶת־בְּנֵי־יִשְׂרָאֵל

יב א מֵאַרְצוֹ:    וַיֹּאמֶר יְהוָה אֶל־מֹשֶׁה וְאֶל־אַהֲרֹן ✱

ב בְּאֶרֶץ מִצְרַיִם לֵאמֹר: הַחֹדֶשׁ הַזֶּה לָכֶם רֹאשׁ חֳדָשִׁים רִאשׁוֹן

ג הוּא לָכֶם לְחָדְשֵׁי הַשָּׁנָה: דַּבְּרוּ אֶל־כָּל־עֲדַת יִשְׂרָאֵל לֵאמֹר בֶּעָשֹׂר לַחֹדֶשׁ הַזֶּה וְיִקְחוּ לָהֶם אִישׁ שֶׂה לְבֵית־אָבֹת שֶׂה

ד לַבָּיִת: וְאִם־יִמְעַט הַבַּיִת מִהְיוֹת מִשֶּׂה וְלָקַח הוּא וּשְׁכֵנוֹ הַקָּרֹב אֶל־בֵּיתוֹ בְּמִכְסַת נְפָשֹׁת אִישׁ לְפִי אָכְלוֹ תָּכֹסּוּ עַל־

ה הַשֶּׂה: שֶׂה תָמִים זָכָר בֶּן־שָׁנָה יִהְיֶה לָכֶם מִן־הַכְּבָשִׂים וּמִן־ ✱

ו הָעִזִּים תִּקָּחוּ: וְהָיָה לָכֶם לְמִשְׁמֶרֶת עַד אַרְבָּעָה עָשָׂר יוֹם לַחֹדֶשׁ הַזֶּה וְשָׁחֲטוּ אֹתוֹ כֹּל קְהַל עֲדַת־יִשְׂרָאֵל בֵּין הָעַרְבָּיִם:

ז וְלָקְחוּ מִן־הַדָּם וְנָתְנוּ עַל־שְׁתֵּי הַמְּזוּזֹת וְעַל־הַמַּשְׁקוֹף עַל

ח הַבָּתִּים אֲשֶׁר־יֹאכְלוּ אֹתוֹ בָּהֶם: וְאָכְלוּ אֶת־הַבָּשָׂר בַּלַּיְלָה ✱

ט הַזֶּה צְלִי־אֵשׁ וּמַצּוֹת עַל־מְרֹרִים יֹאכְלֻהוּ: אַל־תֹּאכְלוּ מִמֶּנּוּ נָא וּבָשֵׁל מְבֻשָּׁל בַּמָּיִם כִּי אִם־צְלִי־אֵשׁ רֹאשׁוֹ עַל־כְּרָעָיו

י וְעַל־קִרְבּוֹ: וְלֹא־תוֹתִירוּ מִמֶּנּוּ עַד־בֹּקֶר וְהַנֹּתָר מִמֶּנּוּ עַד־

כל פרי העץ אשר הותיר הברד ולא נותר כל ירק בעץ
ובעשב השדה בכל ארץ מצרים וימהר פרעה לקרא
למשה ולאהרן ויאמר חטאתי ליהוה אלהיכם ולכם ועתה
שא נא חטאתי אך הפעם והעתירו ליהוה אלהיכם ויסר
מעלי רק את המות הזה ויצא מעם פרעה ויעתר אל יהוה
ויהפך יהוה רוח ים חזק מאד וישא את הארבה ויתקעהו
ימה סוף לא נשאר ארבה אחד בכל גבול מצרים ויחזק
יהוה את לב פרעה ולא שלח את בני ישראל
ויאמר יהוה אל משה נטה ידך על השמים ויהי חשך על
ארץ מצרים וימש חשך ויט משה את ידו על השמים
ויהי חשך אפלה בכל ארץ מצרים שלשת ימים לא ראו
איש את אחיו ולא קמו איש מתחתיו שלשת ימים ולכל
בני ישראל היה אור במושבתם ויקרא פרעה אל משה
ויאמר לכו עבדו את יהוה רק צאנכם ובקרכם יצג גם
טפכם ילך עמכם ויאמר משה גם אתה תתן בידנו זבחים
ועלת ועשינו ליהוה אלהינו וגם מקננו ילך עמנו לא
תשאר פרסה כי ממנו נקח לעבד את יהוה אלהינו ואנחנו
לא נדע מה נעבד את יהוה עד באנו שמה ויחזק
יהוה את לב פרעה ולא אבה לשלחם ויאמר לו פרעה
לך מעלי השמר לך אל תסף ראות פני כי ביום ראתך
פני תמות ויאמר משה כן דברת לא אסף עוד ראות
פניך
ויאמר יהוה אל משה עוד נגע אחד אביא על פרעה ועל
מצרים אחרי כן ישלח אתכם מזה כשלחו כלה גרש יגרש
אתכם מזה דבר נא באזני העם וישאלו איש מאת רעהו
ואשה מאת רעותה כלי כסף וכלי זהב ויתן יהוה את חן
העם בעיני מצרים גם האיש משה גדול מאד בארץ מצרים

כָּל־פְּרִי הָעֵץ אֲשֶׁר הוֹתִיר הַבָּרָד וְלֹא־נוֹתַר כָּל־יֶרֶק בָּעֵץ
טז וּבְעֵשֶׂב הַשָּׂדֶה בְּכָל־אֶרֶץ מִצְרָיִם: וַיְמַהֵר פַּרְעֹה לִקְרֹא
יז לְמֹשֶׁה וּלְאַהֲרֹן וַיֹּאמֶר חָטָאתִי לַיהוָה אֱלֹהֵיכֶם וְלָכֶם: וְעַתָּה
שָׂא נָא חַטָּאתִי אַךְ הַפַּעַם וְהַעְתִּירוּ לַיהוָה אֱלֹהֵיכֶם וְיָסֵר
יח מֵעָלַי רַק אֶת־הַמָּוֶת הַזֶּה: וַיֵּצֵא מֵעִם פַּרְעֹה וַיֶּעְתַּר אֶל־יְהוָה:
יט וַיַּהֲפֹךְ יְהוָה רוּחַ־יָם חָזָק מְאֹד וַיִּשָּׂא אֶת־הָאַרְבֶּה וַיִּתְקָעֵהוּ
כ יָמָּה סּוּף לֹא נִשְׁאַר אַרְבֶּה אֶחָד בְּכֹל גְּבוּל מִצְרָיִם: וַיְחַזֵּק
יְהוָה אֶת־לֵב פַּרְעֹה וְלֹא שִׁלַּח אֶת־בְּנֵי יִשְׂרָאֵל:
כא וַיֹּאמֶר יְהוָה אֶל־מֹשֶׁה נְטֵה יָדְךָ עַל־הַשָּׁמַיִם וִיהִי חֹשֶׁךְ עַל־
כב אֶרֶץ מִצְרָיִם וְיָמֵשׁ חֹשֶׁךְ: וַיֵּט מֹשֶׁה אֶת־יָדוֹ עַל־הַשָּׁמָיִם
כג וַיְהִי חֹשֶׁךְ־אֲפֵלָה בְּכָל־אֶרֶץ מִצְרַיִם שְׁלֹשֶׁת יָמִים: לֹא־רָאוּ
אִישׁ אֶת־אָחִיו וְלֹא־קָמוּ אִישׁ מִתַּחְתָּיו שְׁלֹשֶׁת יָמִים וּלְכָל־
כד בְּנֵי יִשְׂרָאֵל הָיָה אוֹר בְּמוֹשְׁבֹתָם: וַיִּקְרָא פַרְעֹה אֶל־מֹשֶׁה שלישי
וַיֹּאמֶר לְכוּ עִבְדוּ אֶת־יְהוָה רַק צֹאנְכֶם וּבְקַרְכֶם יֻצָּג גַּם־
כה טַפְּכֶם יֵלֵךְ עִמָּכֶם: וַיֹּאמֶר מֹשֶׁה גַּם־אַתָּה תִּתֵּן בְּיָדֵנוּ זְבָחִים
כו וְעֹלֹת וְעָשִׂינוּ לַיהוָה אֱלֹהֵינוּ: וְגַם־מִקְנֵנוּ יֵלֵךְ עִמָּנוּ לֹא
תִשָּׁאֵר פַּרְסָה כִּי מִמֶּנּוּ נִקַּח לַעֲבֹד אֶת־יְהוָה אֱלֹהֵינוּ וַאֲנַחְנוּ
כז לֹא־נֵדַע מַה־נַּעֲבֹד אֶת־יְהוָה עַד־בֹּאֵנוּ שָׁמָּה: וַיְחַזֵּק
כח יְהוָה אֶת־לֵב פַּרְעֹה וְלֹא אָבָה לְשַׁלְּחָם: וַיֹּאמֶר־לוֹ פַרְעֹה
לֵךְ מֵעָלָי הִשָּׁמֶר לְךָ אַל־תֹּסֶף רְאוֹת פָּנַי כִּי בְּיוֹם רְאֹתְךָ
כט פָּנַי תָּמוּת: וַיֹּאמֶר מֹשֶׁה כֵּן דִּבַּרְתָּ לֹא־אֹסִף עוֹד רְאוֹת
פָּנֶיךָ:
יא א וַיֹּאמֶר יְהוָה אֶל־מֹשֶׁה עוֹד נֶגַע אֶחָד אָבִיא עַל־פַּרְעֹה וְעַל־ ח
מִצְרַיִם אַחֲרֵי־כֵן יְשַׁלַּח אֶתְכֶם מִזֶּה כְּשַׁלְּחוֹ כָּלָה גָּרֵשׁ יְגָרֵשׁ
ב אֶתְכֶם מִזֶּה: דַּבֶּר־נָא בְּאָזְנֵי הָעָם וְיִשְׁאֲלוּ אִישׁ ׀ מֵאֵת רֵעֵהוּ
ג וְאִשָּׁה מֵאֵת רְעוּתָהּ כְּלֵי־כֶסֶף וּכְלֵי זָהָב: וַיִּתֵּן יְהוָה אֶת־חֵן
הָעָם בְּעֵינֵי מִצְרָיִם גַּם ׀ הָאִישׁ מֹשֶׁה גָּדוֹל מְאֹד בְּאֶרֶץ מִצְרַיִם

תספר באזני בנך ובן בנך את אשר התעללתי במצרים
ואת אתתי אשר שמתי בם וידעתם כי אני יהוה ויבא
משה ואהרן אל פרעה ויאמרו אליו כה אמר יהוה אלהי
העברים עד מתי מאנת לענת מפני שלח עמי ויעבדני
כי אם מאן אתה לשלח את עמי הנני מביא מחר ארבה
בגבלך וכסה את עין הארץ ולא יוכל לראת את הארץ
ואכל את יתר הפלטה הנשארת לכם מן הברד ואכל את
כל העץ הצמח לכם מן השדה ומלאו בתיך ובתי כל
עבדיך ובתי כל מצרים אשר לא ראו אבתיך ואבות אבתיך
מיום היותם על האדמה עד היום הזה ויפן ויצא מעם פרעה
ויאמרו עבדי פרעה אליו עד מתי יהיה זה לנו למוקש
שלח את האנשים ויעבדו את יהוה אלהיהם הטרם תדע
כי אבדה מצרים ויושב את משה ואת אהרן אל פרעה
ויאמר אלהם לכו עבדו את יהוה אלהיכם מי ומי ההלכים
ויאמר משה בנערינו ובזקנינו נלך בבנינו ובבנותנו בצאננו
ובבקרנו נלך כי חג יהוה לנו ויאמר אלהם יהי כן יהוה
עמכם כאשר אשלח אתכם ואת טפכם ראו כי רעה נגד
פניכם לא כן לכו נא הגברים ועבדו את יהוה כי אתה אתם
מבקשים ויגרש אתם מאת פני פרעה ויאמר
יהוה אל משה נטה ידך על ארץ מצרים בארבה ויעל על
ארץ מצרים ויאכל את כל עשב הארץ את כל אשר
השאיר הברד ויט משה את מטהו על ארץ מצרים ויהוה
נהג רוח קדים בארץ כל היום ההוא וכל הלילה הבקר
היה ורוח הקדים נשא את הארבה ויעל הארבה על כל
ארץ מצרים וינח בכל גבול מצרים כבד מאד לפניו לא
היה כן ארבה כמהו ואחריו לא יהיה כן ויכס את עין
כל הארץ ותחשך הארץ ויאכל את כל עשב הארץ ואת

תְּסַפֵּר בְּאָזְנֵי בִנְךָ וּבֶן־בִּנְךָ אֵת אֲשֶׁר הִתְעַלַּלְתִּי בְּמִצְרַיִם
ג וְאֶת־אֹתֹתַי אֲשֶׁר־שַׂמְתִּי בָם וִידַעְתֶּם כִּי־אֲנִי יְהוָה׃ וַיָּבֹא
מֹשֶׁה וְאַהֲרֹן אֶל־פַּרְעֹה וַיֹּאמְרוּ אֵלָיו כֹּה־אָמַר יְהוָה אֱלֹהֵי
הָעִבְרִים עַד־מָתַי מֵאַנְתָּ לֵעָנֹת מִפָּנָי שַׁלַּח עַמִּי וְיַעַבְדֻנִי׃
ד כִּי אִם־מָאֵן אַתָּה לְשַׁלֵּחַ אֶת־עַמִּי הִנְנִי מֵבִיא מָחָר אַרְבֶּה *
ה בִּגְבֻלֶךָ׃ וְכִסָּה אֶת־עֵין הָאָרֶץ וְלֹא יוּכַל לִרְאֹת אֶת־הָאָרֶץ
וְאָכַל ׀ אֶת־יֶתֶר הַפְּלֵטָה הַנִּשְׁאֶרֶת לָכֶם מִן־הַבָּרָד וְאָכַל אֶת־
ו כָּל־הָעֵץ הַצֹּמֵחַ לָכֶם מִן־הַשָּׂדֶה׃ וּמָלְאוּ בָתֶּיךָ וּבָתֵּי כָל־
עֲבָדֶיךָ וּבָתֵּי כָל־מִצְרַיִם אֲשֶׁר לֹא־רָאוּ אֲבֹתֶיךָ וַאֲבוֹת אֲבֹתֶיךָ
מִיּוֹם הֱיוֹתָם עַל־הָאֲדָמָה עַד הַיּוֹם הַזֶּה וַיִּפֶן וַיֵּצֵא מֵעִם פַּרְעֹה׃
ז וַיֹּאמְרוּ עַבְדֵי פַרְעֹה אֵלָיו עַד־מָתַי יִהְיֶה זֶה לָנוּ לְמוֹקֵשׁ *
שַׁלַּח אֶת־הָאֲנָשִׁים וְיַעַבְדוּ אֶת־יְהוָה אֱלֹהֵיהֶם הֲטֶרֶם תֵּדַע
ח כִּי אָבְדָה מִצְרָיִם׃ וַיּוּשַׁב אֶת־מֹשֶׁה וְאֶת־אַהֲרֹן אֶל־פַּרְעֹה
וַיֹּאמֶר אֲלֵהֶם לְכוּ עִבְדוּ אֶת־יְהוָה אֱלֹהֵיכֶם מִי וָמִי הַהֹלְכִים׃
ט וַיֹּאמֶר מֹשֶׁה בִּנְעָרֵינוּ וּבִזְקֵנֵינוּ נֵלֵךְ בְּבָנֵינוּ וּבִבְנוֹתֵנוּ בְּצֹאנֵנוּ
י וּבִבְקָרֵנוּ נֵלֵךְ כִּי חַג־יְהוָה לָנוּ׃ וַיֹּאמֶר אֲלֵהֶם יְהִי כֵן יְהוָה
עִמָּכֶם כַּאֲשֶׁר אֲשַׁלַּח אֶתְכֶם וְאֶת־טַפְּכֶם רְאוּ כִּי רָעָה נֶגֶד
יא פְּנֵיכֶם׃ לֹא כֵן לְכוּ־נָא הַגְּבָרִים וְעִבְדוּ אֶת־יְהוָה כִּי אֹתָהּ אַתֶּם
יב מְבַקְשִׁים וַיְגָרֶשׁ אֹתָם מֵאֵת פְּנֵי פַרְעֹה׃ וַיֹּאמֶר שני
יְהוָה אֶל־מֹשֶׁה נְטֵה יָדְךָ עַל־אֶרֶץ מִצְרַיִם בָּאַרְבֶּה וְיַעַל עַל־
אֶרֶץ מִצְרָיִם וְיֹאכַל אֶת־כָּל־עֵשֶׂב הָאָרֶץ אֵת כָּל־אֲשֶׁר
יג הִשְׁאִיר הַבָּרָד׃ וַיֵּט מֹשֶׁה אֶת־מַטֵּהוּ עַל־אֶרֶץ מִצְרַיִם וַיהוָה
נִהַג רוּחַ־קָדִים בָּאָרֶץ כָּל־הַיּוֹם הַהוּא וְכָל־הַלָּיְלָה הַבֹּקֶר
יד הָיָה וְרוּחַ הַקָּדִים נָשָׂא אֶת־הָאַרְבֶּה׃ וַיַּעַל הָאַרְבֶּה עַל כָּל־
אֶרֶץ מִצְרַיִם וַיָּנַח בְּכֹל גְּבוּל מִצְרָיִם כָּבֵד מְאֹד לְפָנָיו לֹא־
טו הָיָה כֵן אַרְבֶּה כָּמֹהוּ וְאַחֲרָיו לֹא יִהְיֶה־כֵּן׃ וַיְכַס אֶת־עֵין
כָּל־הָאָרֶץ וַתֶּחְשַׁךְ הָאָרֶץ וַיֹּאכַל אֶת־כָּל־עֵשֶׂב הָאָרֶץ וְאֵת

יהוה מעבדי פרעה הניס את עבדיו ואת מקנהו אל
הבתים ואשר לא שם לבו אל דבר יהוה ויעזב את עבדיו
ואת מקנהו בשדה
ויאמר יהוה אל משה נטה את ידך על השמים ויהי ברד
בכל ארץ מצרים על האדם ועל הבהמה ועל כל עשב
השדה בארץ מצרים ויט משה את מטהו על השמים
ויהוה נתן קלת וברד ותהלך אש ארצה וימטר יהוה ברד
על ארץ מצרים ויהי ברד ואש מתלקחת בתוך הברד כבד
מאד אשר לא היה כמהו בכל ארץ מצרים מאז היתה לגוי
ויך הברד בכל ארץ מצרים את כל אשר בשדה מאדם
ועד בהמה ואת כל עשב השדה הכה הברד ואת כל עץ
השדה שבר רק בארץ גשן אשר שם בני ישראל לא היה
ברד וישלח פרעה ויקרא למשה ולאהרן ויאמר אלהם
חטאתי הפעם יהוה הצדיק ואני ועמי הרשעים העתירו
אל יהוה ורב מהית קלת אלהים וברד ואשלחה אתכם ולא
תספון לעמד ויאמר אליו משה כצאתי את העיר אפרש
את כפי אל יהוה הקלות יחדלון והברד לא יהיה עוד למען
תדע כי ליהוה הארץ ואתה ועבדיך ידעתי כי טרם תיראון
מפני יהוה אלהים והפשתה והשערה נכתה כי השערה
אביב והפשתה גבעל והחטה והכסמת לא נכו כי אפילת
הנה ויצא משה מעם פרעה את העיר ויפרש כפיו אל יהוה
ויחדלו הקלות והברד ומטר לא נתך ארצה וירא פרעה
כי חדל המטר והברד והקלת ויסף לחטא ויכבד לבו הוא
ועבדיו ויחזק לב פרעה ולא שלח את בני ישראל כאשר
דבר יהוה ביד משה
ויאמר יהוה אל משה בא אל פרעה כי אני הכבדתי את
לבו ואת לב עבדיו למען שתי אתתי אלה בקרבו ולמען

יְהֹוָה מֵעַבְדֵי פַרְעֹה הֵנִיס אֶת־עֲבָדָיו וְאֶת־מִקְנֵהוּ אֶל־

כא הַבָּתִּים: וַאֲשֶׁר לֹא־שָׂם לִבּוֹ אֶל־דְּבַר יְהֹוָה וַיַּעֲזֹב אֶת־עֲבָדָיו
וְאֶת־מִקְנֵהוּ בַּשָּׂדֶה:

כב וַיֹּאמֶר יְהֹוָה אֶל־מֹשֶׁה נְטֵה אֶת־יָדְךָ עַל־הַשָּׁמַיִם וִיהִי בָרָד
בְּכָל־אֶרֶץ מִצְרָיִם עַל־הָאָדָם וְעַל־הַבְּהֵמָה וְעַל כָּל־עֵשֶׂב
כג הַשָּׂדֶה בְּאֶרֶץ מִצְרָיִם: וַיֵּט מֹשֶׁה אֶת־מַטֵּהוּ עַל־הַשָּׁמַיִם
וַיהֹוָה נָתַן קֹלֹת וּבָרָד וַתִּהֲלַךְ־אֵשׁ אָרְצָה וַיַּמְטֵר יְהֹוָה בָּרָד
כד עַל־אֶרֶץ מִצְרָיִם: וַיְהִי בָרָד וְאֵשׁ מִתְלַקַּחַת בְּתוֹךְ הַבָּרָד כָּבֵד
מְאֹד אֲשֶׁר לֹא־הָיָה כָמֹהוּ בְּכָל־אֶרֶץ מִצְרַיִם מֵאָז הָיְתָה לְגוֹי:
כה וַיַּךְ הַבָּרָד בְּכָל־אֶרֶץ מִצְרַיִם אֵת כָּל־אֲשֶׁר בַּשָּׂדֶה מֵאָדָם
וְעַד־בְּהֵמָה וְאֵת כָּל־עֵשֶׂב הַשָּׂדֶה הִכָּה הַבָּרָד וְאֶת־כָּל־עֵץ
כו הַשָּׂדֶה שִׁבֵּר: רַק בְּאֶרֶץ גֹּשֶׁן אֲשֶׁר־שָׁם בְּנֵי יִשְׂרָאֵל לֹא הָיָה
★ כז בָרָד: וַיִּשְׁלַח פַּרְעֹה וַיִּקְרָא לְמֹשֶׁה וּלְאַהֲרֹן וַיֹּאמֶר אֲלֵהֶם
כח חָטָאתִי הַפָּעַם יְהֹוָה הַצַּדִּיק וַאֲנִי וְעַמִּי הָרְשָׁעִים: הַעְתִּירוּ
אֶל־יְהֹוָה וְרַב מִהְיֹת קֹלֹת אֱלֹהִים וּבָרָד וַאֲשַׁלְּחָה אֶתְכֶם וְלֹא
כט תֹסִפוּן לַעֲמֹד: וַיֹּאמֶר אֵלָיו מֹשֶׁה כְּצֵאתִי אֶת־הָעִיר אֶפְרֹשׂ
אֶת־כַּפַּי אֶל־יְהֹוָה הַקֹּלוֹת יֶחְדָּלוּן וְהַבָּרָד לֹא יִהְיֶה־עוֹד לְמַעַן
ל תֵּדַע כִּי לַיהֹוָה הָאָרֶץ: וְאַתָּה וַעֲבָדֶיךָ יָדַעְתִּי כִּי טֶרֶם תִּירְאוּן
לא מִפְּנֵי יְהֹוָה אֱלֹהִים: וְהַפִּשְׁתָּה וְהַשְּׂעֹרָה נֻכָּתָה כִּי הַשְּׂעֹרָה
לב אָבִיב וְהַפִּשְׁתָּה גִּבְעֹל: וְהַחִטָּה וְהַכֻּסֶּמֶת לֹא נֻכּוּ כִּי אֲפִילֹת
מפטיר ★ לג הֵנָּה: וַיֵּצֵא מֹשֶׁה מֵעִם פַּרְעֹה אֶת־הָעִיר וַיִּפְרֹשׂ כַּפָּיו אֶל־יְהֹוָה
לד וַיַּחְדְּלוּ הַקֹּלוֹת וְהַבָּרָד וּמָטָר לֹא־נִתַּךְ אָרְצָה: וַיַּרְא פַּרְעֹה
כִּי־חָדַל הַמָּטָר וְהַבָּרָד וְהַקֹּלֹת וַיֹּסֶף לַחֲטֹא וַיַּכְבֵּד לִבּוֹ הוּא
לה וַעֲבָדָיו: וַיֶּחֱזַק לֵב פַּרְעֹה וְלֹא שִׁלַּח אֶת־בְּנֵי יִשְׂרָאֵל כַּאֲשֶׁר
דִּבֶּר יְהֹוָה בְּיַד־מֹשֶׁה:

ז בא   י א וַיֹּאמֶר יְהֹוָה אֶל־מֹשֶׁה בֹּא אֶל־פַּרְעֹה כִּי־אֲנִי הִכְבַּדְתִּי אֶת־
ב לִבּוֹ וְאֶת־לֵב עֲבָדָיו לְמַעַן שִׁתִי אֹתֹתַי אֵלֶּה בְּקִרְבּוֹ: וּלְמַעַן

בשדה בסוסים בחמרים בגמלים בבקר ובצאן דבר כבד
מאד והפלה יהוה בין מקנה ישראל ובין מקנה מצרים
ולא ימות מכל לבני ישראל דבר וישם יהוה מועד לאמר
מחר יעשה יהוה הדבר הזה בארץ ויעש יהוה את הדבר
הזה ממחרת וימת כל מקנה מצרים וממקנה בני ישראל
לא מת אחד וישלח פרעה והנה לא מת ממקנה ישראל
עד אחד ויכבד לב פרעה ולא שלח את העם

ויאמר יהוה אל משה ואל אהרן קחו לכם מלא חפניכם
פיח כבשן וזרקו משה השמימה לעיני פרעה והיה לאבק
על כל ארץ מצרים והיה על האדם ועל הבהמה לשחין
פרח אבעבעת בכל ארץ מצרים ויקחו את פיח הכבשן
ויעמדו לפני פרעה ויזרק אתו משה השמימה ויהי שחין
אבעבעת פרח באדם ובבהמה ולא יכלו החרטמים לעמד
לפני משה מפני השחין כי היה השחין בחרטמם ובכל מצרים
ויחזק יהוה את לב פרעה ולא שמע אלהם כאשר דבר
יהוה אל משה ויאמר יהוה אל משה השכם
בבקר והתיצב לפני פרעה ואמרת אליו כה אמר יהוה
אלהי העברים שלח את עמי ויעבדני כי בפעם הזאת אני
שלח את כל מגפתי אל לבך ובעבדיך ובעמך בעבור תדע
כי אין כמני בכל הארץ כי עתה שלחתי את ידי ואך אותך
ואת עמך בדבר ותכחד מן הארץ ואולם בעבור זאת
העמדתיך בעבור הראתך את כחי ולמען ספר שמי בכל
הארץ עודך מסתולל בעמי לבלתי שלחם הנני ממטיר
כעת מחר ברד כבד מאד אשר לא היה כמהו במצרים למן
היום הוסדה ועד עתה ועתה שלח העז את מקנך ואת כל
אשר לך בשדה כל האדם והבהמה אשר ימצא בשדה
ולא יאסף הביתה וירד עלהם הברד ומתו הירא את דבר

בשדה בסוסים בחמרים בגמלים בבקר ובצאן דבר כבד
ד מאד: והפלה יהוה בין מקנה ישראל ובין מקנה מצרים
ה ולא ימות מכל־לבני ישראל דבר: וישם יהוה מועד לאמר ★
ו מחר יעשה יהוה הדבר הזה בארץ: ויעש יהוה את־הדבר
הזה ממחרת וימת כל מקנה מצרים וממקנה בני־ישראל
ז לא־מת אחד: וישלח פרעה והנה לא־מת ממקנה ישראל
עד־אחד ויכבד לב פרעה ולא שלח את־העם:
ח ויאמר יהוה אל־משה ואל־אהרן קחו לכם מלא חפניכם ★
ט פיח כבשן וזרקו משה השמימה לעיני פרעה: והיה לאבק
על כל־ארץ מצרים והיה על־האדם ועל־הבהמה לשחין
י פרח אבעבעת בכל־ארץ מצרים: ויקחו את־פיח הכבשן
ויעמדו לפני פרעה ויזרק אתו משה השמימה ויהי שחין
יא אבעבעת פרח באדם ובבהמה: ולא־יכלו החרטמים לעמד
לפני משה מפני השחין כי־היה השחין בחרטמם ובכל־מצרים:
יב ויחזק יהוה את־לב פרעה ולא שמע אלהם כאשר דבר
יג יהוה אל־משה:                ויאמר יהוה אל־משה השכם ★
בבקר והתיצב לפני פרעה ואמרת אליו כה־אמר יהוה
יד אלהי העברים שלח את־עמי ויעבדני: כי | בפעם הזאת אני
שלח את־כל־מגפתי אל־לבך ובעבדיך ובעמך בעבור תדע
טו כי אין כמני בכל־הארץ: כי עתה שלחתי את־ידי ואך אותך
טז ואת־עמך בדבר ותכחד מן־הארץ: ואולם בעבור זאת
העמדתיך בעבור הראתך את־כחי ולמען ספר שמי בכל־
יז יח הארץ: ★ עודך מסתולל בעמי לבלתי שלחם: הנני ממטיר שביעי
כעת מחר ברד כבד מאד אשר לא־היה כמהו במצרים למן־
יט היום הוסדה ועד־עתה: ועתה שלח העז את־מקנך ואת כל־
אשר לך בשדה כל־האדם והבהמה אשר־ימצא בשדה
כ ולא יאסף הביתה וירד עלהם הברד ומתו: הירא את־דבר

ותהי הכנם באדם ובבהמה ויאמרו החרטמם אל פרעה
אצבע אלהים הוא ויחזק לב פרעה ולא שמע אלהם כאשר
דבר יהוה ויאמר יהוה אל משה השכם בבקר
והתיצב לפני פרעה הנה יוצא המימה ואמרת אליו כה
אמר יהוה שלח עמי ויעבדני כי אם אינך משלח את עמי
הנני משליח בך ובעבדיך ובעמך ובבתיך את הערב ומלאו
בתי מצרים את הערב וגם האדמה אשר הם עליה והפליתי
ביום ההוא את ארץ גשן אשר עמי עמד עליה לבלתי היות
שם ערב למען תדע כי אני יהוה בקרב הארץ ושמתי
פדת בין עמי ובין עמך למחר יהיה האת הזה ויעש יהוה
כן ויבא ערב כבד ביתה פרעה ובית עבדיו ובכל ארץ
מצרים תשחת הארץ מפני הערב ויקרא פרעה אל משה
ולאהרן ויאמר לכו זבחו לאלהיכם בארץ ויאמר משה
לא נכון לעשות כן כי תועבת מצרים נזבח ליהוה אלהינו
הן נזבח את תועבת מצרים לעיניהם ולא יסקלנו דרך
שלשת ימים נלך במדבר וזבחנו ליהוה אלהינו כאשר יאמר
אלינו ויאמר פרעה אנכי אשלח אתכם וזבחתם ליהוה
אלהיכם במדבר רק הרחק לא תרחיקו ללכת העתירו
בעדי ויאמר משה הנה אנכי יוצא מעמך והעתרתי אל
יהוה וסר הערב מפרעה מעבדיו ומעמו מחר רק אל יסף
פרעה התל לבלתי שלח את העם לזבח ליהוה ויצא משה
מעם פרעה ויעתר אל יהוה ויעש יהוה כדבר משה ויסר
הערב מפרעה מעבדיו ומעמו לא נשאר אחד ויכבד פרעה
את לבו גם בפעם הזאת ולא שלח את העם
ויאמר יהוה אל משה בא אל פרעה ודברת אליו כה אמר
יהוה אלהי העברים שלח את עמי ויעבדני כי אם מאן אתה
לשלח ועודך מחזיק בם הנה יד יהוה הויה במקנך אשר

טו וַתְּהִי הַכִּנָּם בָּאָדָם וּבַבְּהֵמָה: וַיֹּאמְרוּ הַחַרְטֻמִּם אֶל־פַּרְעֹה
אֶצְבַּע אֱלֹהִים הִוא וַיֶּחֱזַק לֵב־פַּרְעֹה וְלֹא־שָׁמַע אֲלֵהֶם כַּאֲשֶׁר
טז דִּבֶּר יְהוָה: וַיֹּאמֶר יְהוָה אֶל־מֹשֶׁה הַשְׁכֵּם בַּבֹּקֶר ו *
וְהִתְיַצֵּב לִפְנֵי פַרְעֹה הִנֵּה יוֹצֵא הַמָּיְמָה וְאָמַרְתָּ אֵלָיו כֹּה
יז אָמַר יְהוָה שַׁלַּח עַמִּי וְיַעַבְדֻנִי: כִּי אִם־אֵינְךָ מְשַׁלֵּחַ אֶת־עַמִּי
הִנְנִי מַשְׁלִיחַ בְּךָ וּבַעֲבָדֶיךָ וּבְעַמְּךָ וּבְבָתֶּיךָ אֶת־הֶעָרֹב וּמָלְאוּ
יח בָּתֵּי מִצְרַיִם אֶת־הֶעָרֹב וְגַם הָאֲדָמָה אֲשֶׁר־הֵם עָלֶיהָ: וְהִפְלֵיתִי
בַיּוֹם הַהוּא אֶת־אֶרֶץ גֹּשֶׁן אֲשֶׁר עַמִּי עֹמֵד עָלֶיהָ לְבִלְתִּי הֱיוֹת־
יט שָׁם עָרֹב לְמַעַן תֵּדַע כִּי אֲנִי יְהוָה בְּקֶרֶב הָאָרֶץ: וְשַׂמְתִּי ששי
כ פְדֻת בֵּין עַמִּי וּבֵין עַמֶּךָ לְמָחָר יִהְיֶה הָאֹת הַזֶּה: וַיַּעַשׂ יְהוָה
כֵּן וַיָּבֹא עָרֹב כָּבֵד בֵּיתָה פַרְעֹה וּבֵית עֲבָדָיו וּבְכָל־אֶרֶץ
כא מִצְרַיִם תִּשָּׁחֵת הָאָרֶץ מִפְּנֵי הֶעָרֹב: וַיִּקְרָא פַרְעֹה אֶל־מֹשֶׁה
כב וּלְאַהֲרֹן וַיֹּאמֶר לְכוּ זִבְחוּ לֵאלֹהֵיכֶם בָּאָרֶץ: וַיֹּאמֶר מֹשֶׁה
לֹא נָכוֹן לַעֲשׂוֹת כֵּן כִּי תּוֹעֲבַת מִצְרַיִם נִזְבַּח לַיהוָה אֱלֹהֵינוּ
כג הֵן נִזְבַּח אֶת־תּוֹעֲבַת מִצְרַיִם לְעֵינֵיהֶם וְלֹא יִסְקְלֻנוּ: דֶּרֶךְ
שְׁלֹשֶׁת יָמִים נֵלֵךְ בַּמִּדְבָּר וְזָבַחְנוּ לַיהוָה אֱלֹהֵינוּ כַּאֲשֶׁר יֹאמַר
כד אֵלֵינוּ: וַיֹּאמֶר פַּרְעֹה אָנֹכִי אֲשַׁלַּח אֶתְכֶם וּזְבַחְתֶּם לַיהוָה *
אֱלֹהֵיכֶם בַּמִּדְבָּר רַק הַרְחֵק לֹא־תַרְחִיקוּ לָלֶכֶת הַעְתִּירוּ
כה בַּעֲדִי: וַיֹּאמֶר מֹשֶׁה הִנֵּה אָנֹכִי יוֹצֵא מֵעִמָּךְ וְהַעְתַּרְתִּי אֶל־
יְהוָה וְסָר הֶעָרֹב מִפַּרְעֹה מֵעֲבָדָיו וּמֵעַמּוֹ מָחָר רַק אַל־יֹסֵף
כו פַּרְעֹה הָתֵל לְבִלְתִּי שַׁלַּח אֶת־הָעָם לִזְבֹּחַ לַיהוָה: וַיֵּצֵא מֹשֶׁה
כז מֵעִם פַּרְעֹה וַיֶּעְתַּר אֶל־יְהוָה: וַיַּעַשׂ יְהוָה כִּדְבַר מֹשֶׁה וַיָּסַר
כח הֶעָרֹב מִפַּרְעֹה מֵעֲבָדָיו וּמֵעַמּוֹ לֹא נִשְׁאַר אֶחָד: וַיַּכְבֵּד פַּרְעֹה
אֶת־לִבּוֹ גַּם בַּפַּעַם הַזֹּאת וְלֹא שִׁלַּח אֶת־הָעָם:

ט א וַיֹּאמֶר יְהוָה אֶל־מֹשֶׁה בֹּא אֶל־פַּרְעֹה וְדִבַּרְתָּ אֵלָיו כֹּה־אָמַר *
ב יְהוָה אֱלֹהֵי הָעִבְרִים שַׁלַּח אֶת־עַמִּי וְיַעַבְדֻנִי: כִּי אִם־מָאֵן אַתָּה
ג לְשַׁלֵּחַ וְעוֹדְךָ מַחֲזִיק בָּם: הִנֵּה יַד־יְהוָה הוֹיָה בְּמִקְנְךָ אֲשֶׁר

ויאמר יהוה אל משה בא אל פרעה ואמרת אליו כה אמר
יהוה שלח את עמי ויעבדני ואם מאן אתה לשלח הנה
אנכי נגף את כל גבולך בצפרדעים ושרץ היאר צפרדעים
ועלו ובאו בביתך ובחדר משכבך ועל מטתך ובבית עבדיך
ובעמך ובתנוריך ובמשארותיך ובכה ובעמך ובכל עבדיך
יעלו הצפרדעים ויאמר יהוה אל משה אמר אל אהרן
נטה את ידך במטך על הנהרת על היארים ועל האגמים
והעל את הצפרדעים על ארץ מצרים ויט אהרן את ידו
על מימי מצרים ותעל הצפרדע ותכס את ארץ מצרים
ויעשו כן החרטמים בלטיהם ויעלו את הצפרדעים על
ארץ מצרים ויקרא פרעה למשה ולאהרן ויאמר העתירו
אל יהוה ויסר הצפרדעים ממני ומעמי ואשלחה את העם
ויזבחו ליהוה ויאמר משה לפרעה התפאר עלי למתי
אעתיר לך ולעבדיך ולעמך להכרית הצפרדעים ממך
ומבתיך רק ביאר תשארנה ויאמר למחר ויאמר כדברך
למען תדע כי אין כיהוה אלהינו וסרו הצפרדעים ממך
ומבתיך ומעבדיך ומעמך רק ביאר תשארנה ויצא משה
ואהרן מעם פרעה ויצעק משה אל יהוה על דבר הצפרדעים
אשר שם לפרעה ויעש יהוה כדבר משה וימתו הצפרדעים
מן הבתים מן החצרת ומן השדת ויצברו אתם חמרם
חמרם ותבאש הארץ וירא פרעה כי היתה הרוחה והכבד
את לבו ולא שמע אלהם כאשר דבר יהוה ויאמר
יהוה אל משה אמר אל אהרן נטה את מטך והך את
עפר הארץ והיה לכנם בכל ארץ מצרים ויעשו כן ויט
אהרן את ידו במטהו ויך את עפר הארץ ותהי הכנם באדם
ובבהמה כל עפר הארץ היה כנים בכל ארץ מצרים
ויעשו כן החרטמים בלטיהם להוציא את הכנים ולא יכלו

כו וַיֹּאמֶר יהוה אֶל־מֹשֶׁה בֹּא אֶל־פַּרְעֹה וְאָמַרְתָּ אֵלָיו כֹּה אָמַר ✶
כז יהוה שַׁלַּח אֶת־עַמִּי וְיַעַבְדֻנִי׃ וְאִם־מָאֵן אַתָּה לְשַׁלֵּחַ הִנֵּה
כח אָנֹכִי נֹגֵף אֶת־כׇּל־גְּבוּלְךָ בַּצְפַרְדְּעִים׃ וְשָׁרַץ הַיְאֹר צְפַרְדְּעִים
וְעָלוּ וּבָאוּ בְּבֵיתֶךָ וּבַחֲדַר מִשְׁכָּבְךָ וְעַל־מִטָּתֶךָ וּבְבֵית עֲבָדֶיךָ
כט וּבְעַמֶּךָ וּבְתַנּוּרֶיךָ וּבְמִשְׁאֲרוֹתֶיךָ׃ וּבְכָה וּבְעַמְּךָ וּבְכׇל־עֲבָדֶיךָ
ח א יַעֲלוּ הַצְפַרְדְּעִים׃ וַיֹּאמֶר יהוה אֶל־מֹשֶׁה אֱמֹר אֶל־אַהֲרֹן
נְטֵה אֶת־יָדְךָ בְּמַטֶּךָ עַל־הַנְּהָרֹת עַל־הַיְאֹרִים וְעַל־הָאֲגַמִּים
ב וְהַעַל אֶת־הַצְפַרְדְּעִים עַל־אֶרֶץ מִצְרָיִם׃ וַיֵּט אַהֲרֹן אֶת־יָדוֹ
עַל מֵימֵי מִצְרָיִם וַתַּעַל הַצְּפַרְדֵּעַ וַתְּכַס אֶת־אֶרֶץ מִצְרָיִם׃
ג וַיַּעֲשׂוּ־כֵן הַחַרְטֻמִּים בְּלָטֵיהֶם וַיַּעֲלוּ אֶת־הַצְפַרְדְּעִים עַל־
ד אֶרֶץ מִצְרָיִם׃ וַיִּקְרָא פַרְעֹה לְמֹשֶׁה וּלְאַהֲרֹן וַיֹּאמֶר הַעְתִּירוּ
אֶל־יהוה וְיָסֵר הַצְפַרְדְּעִים מִמֶּנִּי וּמֵעַמִּי וַאֲשַׁלְּחָה אֶת־הָעָם
ה וְיִזְבְּחוּ לַיהוה׃ וַיֹּאמֶר מֹשֶׁה לְפַרְעֹה הִתְפָּאֵר עָלַי לְמָתַי ׀
אַעְתִּיר לְךָ וְלַעֲבָדֶיךָ וּלְעַמְּךָ לְהַכְרִית הַצְפַרְדְּעִים מִמְּךָ
ו וּמִבָּתֶּיךָ רַק בַּיְאֹר תִּשָּׁאַרְנָה׃ וַיֹּאמֶר לְמָחָר וַיֹּאמֶר כִּדְבָרְךָ
ז לְמַעַן תֵּדַע כִּי־אֵין כַּיהוה אֱלֹהֵינוּ׃ וְסָרוּ הַצְפַרְדְּעִים מִמְּךָ חמישי
ח וּמִבָּתֶּיךָ וּמֵעֲבָדֶיךָ וּמֵעַמֶּךָ רַק בַּיְאֹר תִּשָּׁאַרְנָה׃ וַיֵּצֵא מֹשֶׁה
וְאַהֲרֹן מֵעִם פַּרְעֹה וַיִּצְעַק מֹשֶׁה אֶל־יהוה עַל־דְּבַר הַצְפַרְדְּעִים
ט אֲשֶׁר־שָׂם לְפַרְעֹה׃ וַיַּעַשׂ יהוה כִּדְבַר מֹשֶׁה וַיָּמֻתוּ הַצְפַרְדְּעִים
י מִן־הַבָּתִּים מִן־הַחֲצֵרֹת וּמִן־הַשָּׂדֹת׃ וַיִּצְבְּרוּ אֹתָם חֳמָרִם
יא חֳמָרִם וַתִּבְאַשׁ הָאָרֶץ׃ וַיַּרְא פַּרְעֹה כִּי הָיְתָה הָרְוָחָה וְהַכְבֵּד
יב אֶת־לִבּוֹ וְלֹא שָׁמַע אֲלֵהֶם כַּאֲשֶׁר דִּבֶּר יהוה׃ וַיֹּאמֶר ✶
יהוה אֶל־מֹשֶׁה אֱמֹר אֶל־אַהֲרֹן נְטֵה אֶת־מַטְּךָ וְהַךְ אֶת־
יג עֲפַר הָאָרֶץ וְהָיָה לְכִנִּם בְּכׇל־אֶרֶץ מִצְרָיִם׃ וַיַּעֲשׂוּ־כֵן וַיֵּט
אַהֲרֹן אֶת־יָדוֹ בְמַטֵּהוּ וַיַּךְ אֶת־עֲפַר הָאָרֶץ וַתְּהִי הַכִּנָּם בָּאָדָם
וּבַבְּהֵמָה כׇּל־עֲפַר הָאָרֶץ הָיָה כִנִּים בְּכׇל־אֶרֶץ מִצְרָיִם׃
יד וַיַּעֲשׂוּ־כֵן הַחַרְטֻמִּים בְּלָטֵיהֶם לְהוֹצִיא אֶת־הַכִּנִּים וְלֹא יָכֹלוּ

מטך והשלך לפני פרעה יהי לתנין ויבא משה ואהרן אל
פרעה ויעשו כן כאשר צוה יהוה וישלך אהרן את מטהו
לפני פרעה ולפני עבדיו ויהי לתנין ויקרא גם פרעה לחכמים
ולמכשפים ויעשו גם הם חרטמי מצרים בלהטיהם כן
וישליכו איש מטהו ויהיו לתנינם ויבלע מטה אהרן את
מטתם ויחזק לב פרעה ולא שמע אלהם כאשר דבר
יהוה ויאמר יהוה אל משה כבד לב פרעה
מאן לשלח העם לך אל פרעה בבקר הנה יצא המימה
ונצבת לקראתו על שפת היאר והמטה אשר נהפך לנחש
תקח בידך ואמרת אליו יהוה אלהי העברים שלחני אליך
לאמר שלח את עמי ויעבדני במדבר והנה לא שמעת
עד כה כה אמר יהוה בזאת תדע כי אני יהוה הנה אנכי
מכה במטה אשר בידי על המים אשר ביאר ונהפכו לדם
והדגה אשר ביאר תמות ובאש היאר ונלאו מצרים לשתות
מים מן היאר ויאמר יהוה אל משה אמר
אל אהרן קח מטך ונטה ידך על מימי מצרים על נהרתם
על יאריהם ועל אגמיהם ועל כל מקוה מימיהם ויהיו דם
והיה דם בכל ארץ מצרים ובעצים ובאבנים ויעשו כן
משה ואהרן כאשר צוה יהוה וירם במטה ויך את המים
אשר ביאר לעיני פרעה ולעיני עבדיו ויהפכו כל המים אשר
ביאר לדם והדגה אשר ביאר מתה ויבאש היאר ולא
יכלו מצרים לשתות מים מן היאר ויהי הדם בכל ארץ
מצרים ויעשו כן חרטמי מצרים בלטיהם ויחזק לב פרעה
ולא שמע אלהם כאשר דבר יהוה ויפן פרעה ויבא אל
ביתו ולא שת לבו גם לזאת ויחפרו כל מצרים סביבת
היאר מים לשתות כי לא יכלו לשתת ממימי היאר וימלא
שבעת ימים אחרי הכות יהוה את היאר

י מַטְּךָ וְהַשְׁלֵךְ לִפְנֵי־פַרְעֹה יְהִי לְתַנִּין׃ וַיָּבֹא מֹשֶׁה וְאַהֲרֹן אֶל־
פַּרְעֹה וַיַּעֲשׂוּ־כֵן כַּאֲשֶׁר צִוָּה יהוה וַיַּשְׁלֵךְ אַהֲרֹן אֶת־מַטֵּהוּ
יא לִפְנֵי פַרְעֹה וְלִפְנֵי עֲבָדָיו וַיְהִי לְתַנִּין׃ וַיִּקְרָא גַּם־פַּרְעֹה לַחֲכָמִים
וְלַמְכַשְּׁפִים וַיַּעֲשׂוּ גַם־הֵם חַרְטֻמֵּי מִצְרַיִם בְּלַהֲטֵיהֶם כֵּן׃
יב וַיַּשְׁלִיכוּ אִישׁ מַטֵּהוּ וַיִּהְיוּ לְתַנִּינִם וַיִּבְלַע מַטֵּה־אַהֲרֹן אֶת־
יג מַטֹּתָם׃ וַיֶּחֱזַק לֵב פַּרְעֹה וְלֹא שָׁמַע אֲלֵהֶם כַּאֲשֶׁר דִּבֶּר
יד יהוה׃ וַיֹּאמֶר יהוה אֶל־מֹשֶׁה כָּבֵד לֵב פַּרְעֹה ★
טו מֵאֵן לְשַׁלַּח הָעָם׃ לֵךְ אֶל־פַּרְעֹה בַּבֹּקֶר הִנֵּה יֹצֵא הַמַּיְמָה
וְנִצַּבְתָּ לִקְרָאתוֹ עַל־שְׂפַת הַיְאֹר וְהַמַּטֶּה אֲשֶׁר־נֶהְפַּךְ לְנָחָשׁ
טז תִּקַּח בְּיָדֶךָ׃ וְאָמַרְתָּ אֵלָיו יהוה אֱלֹהֵי הָעִבְרִים שְׁלָחַנִי אֵלֶיךָ
לֵאמֹר שַׁלַּח אֶת־עַמִּי וְיַעַבְדֻנִי בַּמִּדְבָּר וְהִנֵּה לֹא־שָׁמַעְתָּ
יז עַד־כֹּה׃ כֹּה אָמַר יהוה בְּזֹאת תֵּדַע כִּי אֲנִי יהוה הִנֵּה אָנֹכִי
מַכֶּה ׀ בַּמַּטֶּה אֲשֶׁר־בְּיָדִי עַל־הַמַּיִם אֲשֶׁר בַּיְאֹר וְנֶהֶפְכוּ לְדָם׃
יח וְהַדָּגָה אֲשֶׁר־בַּיְאֹר תָּמוּת וּבָאַשׁ הַיְאֹר וְנִלְאוּ מִצְרַיִם לִשְׁתּוֹת
יט מַיִם מִן־הַיְאֹר׃ וַיֹּאמֶר יהוה אֶל־מֹשֶׁה אֱמֹר
אֶל־אַהֲרֹן קַח מַטְּךָ וּנְטֵה־יָדְךָ עַל־מֵימֵי מִצְרַיִם עַל־נַהֲרֹתָם ׀
עַל־יְאֹרֵיהֶם וְעַל־אַגְמֵיהֶם וְעַל כָּל־מִקְוֵה מֵימֵיהֶם וְיִהְיוּ־דָם
כ וְהָיָה דָם בְּכָל־אֶרֶץ מִצְרַיִם וּבָעֵצִים וּבָאֲבָנִים׃ וַיַּעֲשׂוּ־כֵן
מֹשֶׁה וְאַהֲרֹן כַּאֲשֶׁר ׀ צִוָּה יהוה וַיָּרֶם בַּמַּטֶּה וַיַּךְ אֶת־הַמַּיִם
אֲשֶׁר בַּיְאֹר לְעֵינֵי פַרְעֹה וּלְעֵינֵי עֲבָדָיו וַיֵּהָפְכוּ כָּל־הַמַּיִם אֲשֶׁר־
כא בַּיְאֹר לְדָם׃ וְהַדָּגָה אֲשֶׁר־בַּיְאֹר מֵתָה וַיִּבְאַשׁ הַיְאֹר וְלֹא־
יָכְלוּ מִצְרַיִם לִשְׁתּוֹת מַיִם מִן־הַיְאֹר וַיְהִי הַדָּם בְּכָל־אֶרֶץ
כב מִצְרָיִם׃ וַיַּעֲשׂוּ־כֵן חַרְטֻמֵּי מִצְרַיִם בְּלָטֵיהֶם וַיֶּחֱזַק לֵב־פַּרְעֹה
כג וְלֹא־שָׁמַע אֲלֵהֶם כַּאֲשֶׁר דִּבֶּר יהוה׃ וַיִּפֶן פַּרְעֹה וַיָּבֹא אֶל־
כד בֵּיתוֹ וְלֹא־שָׁת לִבּוֹ גַּם־לָזֹאת׃ וַיַּחְפְּרוּ כָל־מִצְרַיִם סְבִיבֹת
כה הַיְאֹר מַיִם לִשְׁתּוֹת כִּי לֹא יָכְלוּ לִשְׁתֹּת מִמֵּימֵי הַיְאֹר׃ וַיִּמָּלֵא
שִׁבְעַת יָמִים אַחֲרֵי הַכּוֹת־יהוה אֶת־הַיְאֹר׃

קרח ונפג וזכרי ובני עזיאל מישאל ואלצפן וסתרי ויקח
אהרן את אלישבע בת עמינדב אחות נחשון לו לאשה
ותלד לו את נדב ואת אביהוא את אלעזר ואת איתמר
ובני קרח אסיר ואלקנה ואביאסף אלה משפחת הקרחי
ואלעזר בן אהרן לקח לו מבנות פוטיאל לו לאשה
ותלד לו את פינחס אלה ראשי אבות הלוים למשפחתם
הוא אהרן ומשה אשר אמר יהוה להם הוציאו את
בני ישראל מארץ מצרים על צבאתם הם המדברים
אל פרעה מלך מצרים להוציא את בני ישראל ממצרים
הוא משה ואהרן ויהי ביום דבר יהוה אל משה בארץ
מצרים וידבר יהוה אל משה לאמר אני יהוה
דבר אל פרעה מלך מצרים את כל אשר אני דבר אליך
ויאמר משה לפני יהוה הן אני ערל שפתים ואיך ישמע
אלי פרעה

ויאמר יהוה אל משה ראה נתתיך אלהים לפרעה ואהרן
אחיך יהיה נביאך אתה תדבר את כל אשר אצוך ואהרן
אחיך ידבר אל פרעה ושלח את בני ישראל מארצו ואני
אקשה את לב פרעה והרביתי את אתתי ואת מופתי בארץ
מצרים ולא ישמע אלכם פרעה ונתתי את ידי במצרים
והוצאתי את צבאתי את עמי בני ישראל מארץ מצרים
בשפטים גדלים וידעו מצרים כי אני יהוה בנטתי את
ידי על מצרים והוצאתי את בני ישראל מתוכם ויעש
משה ואהרן כאשר צוה יהוה אתם כן עשו ומשה בן
שמנים שנה ואהרן בן שלש ושמנים שנה בדברם אל
פרעה

ויאמר יהוה אל משה ואל אהרן לאמר כי ידבר אלכם
פרעה לאמר תנו לכם מופת ואמרת אל אהרן קח את

כב כג קֹרַח וָנֶפֶג וְזִכְרִי׃ וּבְנֵי עֻזִּיאֵל מִישָׁאֵל וְאֶלְצָפָן וְסִתְרִי׃ וַיִּקַּח
אַהֲרֹן אֶת־אֱלִישֶׁבַע בַּת־עַמִּינָדָב אֲחוֹת נַחְשׁוֹן לוֹ לְאִשָּׁה
וַתֵּלֶד לוֹ אֶת־נָדָב וְאֶת־אֲבִיהוּא אֶת־אֶלְעָזָר וְאֶת־אִיתָמָר׃
כד וּבְנֵי קֹרַח אַסִּיר וְאֶלְקָנָה וַאֲבִיאָסָף אֵלֶּה מִשְׁפְּחֹת הַקָּרְחִי׃
כה וְאֶלְעָזָר בֶּן־אַהֲרֹן לָקַח־לוֹ מִבְּנוֹת פּוּטִיאֵל לוֹ לְאִשָּׁה
וַתֵּלֶד לוֹ אֶת־פִּינְחָס אֵלֶּה רָאשֵׁי אֲבוֹת הַלְוִיִּם לְמִשְׁפְּחֹתָם׃
כו הוּא אַהֲרֹן וּמֹשֶׁה אֲשֶׁר אָמַר יְהוָה לָהֶם הוֹצִיאוּ אֶת־ ★
כז בְּנֵי יִשְׂרָאֵל מֵאֶרֶץ מִצְרַיִם עַל־צִבְאֹתָם׃ הֵם הַמְדַבְּרִים
אֶל־פַּרְעֹה מֶלֶךְ־מִצְרַיִם לְהוֹצִיא אֶת־בְּנֵי־יִשְׂרָאֵל מִמִּצְרָיִם
כח הוּא מֹשֶׁה וְאַהֲרֹן׃ וַיְהִי בְּיוֹם דִּבֶּר יְהוָה אֶל־מֹשֶׁה בְּאֶרֶץ
כט מִצְרָיִם׃ וַיְדַבֵּר יְהוָה אֶל־מֹשֶׁה לֵּאמֹר אֲנִי יְהוָה שלישי
דַּבֵּר אֶל־פַּרְעֹה מֶלֶךְ מִצְרַיִם אֵת כָּל־אֲשֶׁר אֲנִי דֹּבֵר אֵלֶיךָ׃
ל וַיֹּאמֶר מֹשֶׁה לִפְנֵי יְהוָה הֵן אֲנִי עֲרַל שְׂפָתַיִם וְאֵיךְ יִשְׁמַע
אֵלַי פַּרְעֹה׃

ז א וַיֹּאמֶר יְהוָה אֶל־מֹשֶׁה רְאֵה נְתַתִּיךָ אֱלֹהִים לְפַרְעֹה וְאַהֲרֹן
ב אָחִיךָ יִהְיֶה נְבִיאֶךָ׃ אַתָּה תְדַבֵּר אֵת כָּל־אֲשֶׁר אֲצַוֶּךָּ וְאַהֲרֹן
ג אָחִיךָ יְדַבֵּר אֶל־פַּרְעֹה וְשִׁלַּח אֶת־בְּנֵי־יִשְׂרָאֵל מֵאַרְצוֹ׃ וַאֲנִי
אַקְשֶׁה אֶת־לֵב פַּרְעֹה וְהִרְבֵּיתִי אֶת־אֹתֹתַי וְאֶת־מוֹפְתַי בְּאֶרֶץ
ד מִצְרָיִם׃ וְלֹא־יִשְׁמַע אֲלֵכֶם פַּרְעֹה וְנָתַתִּי אֶת־יָדִי בְּמִצְרָיִם
וְהוֹצֵאתִי אֶת־צִבְאֹתַי אֶת־עַמִּי בְנֵי־יִשְׂרָאֵל מֵאֶרֶץ מִצְרַיִם
ה בִּשְׁפָטִים גְּדֹלִים׃ וְיָדְעוּ מִצְרַיִם כִּי־אֲנִי יְהוָה בִּנְטֹתִי אֶת־
ו יָדִי עַל־מִצְרָיִם וְהוֹצֵאתִי אֶת־בְּנֵי־יִשְׂרָאֵל מִתּוֹכָם׃ וַיַּעַשׂ
ז מֹשֶׁה וְאַהֲרֹן כַּאֲשֶׁר צִוָּה יְהוָה אֹתָם כֵּן עָשׂוּ׃ וּמֹשֶׁה בֶּן־
שְׁמֹנִים שָׁנָה וְאַהֲרֹן בֶּן־שָׁלֹשׁ וּשְׁמֹנִים שָׁנָה בְּדַבְּרָם אֶל־
פַּרְעֹה׃
ח ט וַיֹּאמֶר יְהוָה אֶל־מֹשֶׁה וְאֶל־אַהֲרֹן לֵאמֹר׃ כִּי יְדַבֵּר אֲלֵכֶם ה רביעי
פַּרְעֹה לֵאמֹר תְּנוּ לָכֶם מוֹפֵת וְאָמַרְתָּ אֶל־אַהֲרֹן קַח אֶת־

אתם לתת להם את ארץ כנען את ארץ מגריהם אשר
גרו בה וגם אני שמעתי את נאקת בני ישראל אשר מצרים
מעבדים אתם ואזכר את בריתי לכן אמר לבני ישראל
אני יהוה והוצאתי אתכם מתחת סבלת מצרים והצלתי
אתכם מעבדתם וגאלתי אתכם בזרוע נטויה ובשפטים
גדלים ולקחתי אתכם לי לעם והייתי לכם לאלהים וידעתם
כי אני יהוה אלהיכם המוציא אתכם מתחת סבלות מצרים
והבאתי אתכם אל הארץ אשר נשאתי את ידי לתת אתה
לאברהם ליצחק וליעקב ונתתי אתה לכם מורשה אני יהוה
וידבר משה כן אל בני ישראל ולא שמעו אל משה מקצר
רוח ומעבדה קשה

וידבר יהוה אל משה לאמר בא דבר אל פרעה מלך
מצרים וישלח את בני ישראל מארצו וידבר משה לפני
יהוה לאמר הן בני ישראל לא שמעו אלי ואיך ישמעני
פרעה ואני ערל שפתים

וידבר יהוה אל משה ואל אהרן ויצום אל בני ישראל
ואל פרעה מלך מצרים להוציא את בני ישראל מארץ
מצרים אלה ראשי בית אבתם בני ראובן
בכר ישראל חנוך ופלוא חצרן וכרמי אלה משפחת ראובן
ובני שמעון ימואל וימין ואהד ויכין וצחר ושאול בן הכנענית
אלה משפחת שמעון ואלה שמות בני לוי לתלדתם גרשון
וקהת ומררי ושני חיי לוי שבע ושלשים ומאת שנה בני
גרשון לבני ושמעי למשפחתם ובני קהת עמרם ויצהר
וחברון ועזיאל ושני חיי קהת שלש ושלשים ומאת שנה
ובני מררי מחלי ומושי אלה משפחת הלוי לתלדתם ויקח
עמרם את יוכבד דדתו לו לאשה ותלד לו את אהרן ואת
משה ושני חיי עמרם שבע ושלשים ומאת שנה ובני יצהר

אִתָּם לָתֵת לָהֶם אֶת־אֶרֶץ כְּנָעַן אֵת אֶרֶץ מְגֻרֵיהֶם אֲשֶׁר־
ה גָּרוּ בָהּ׃ וְגַם ׀ אֲנִי שָׁמַעְתִּי אֶת־נַאֲקַת בְּנֵי יִשְׂרָאֵל אֲשֶׁר מִצְרַיִם
ו מַעֲבִדִים אֹתָם וָאֶזְכֹּר אֶת־בְּרִיתִי׃ לָכֵן אֱמֹר לִבְנֵי־יִשְׂרָאֵל *
אֲנִי יְהוָה וְהוֹצֵאתִי אֶתְכֶם מִתַּחַת סִבְלֹת מִצְרַיִם וְהִצַּלְתִּי
אֶתְכֶם מֵעֲבֹדָתָם וְגָאַלְתִּי אֶתְכֶם בִּזְרוֹעַ נְטוּיָה וּבִשְׁפָטִים
ז גְּדֹלִים׃ וְלָקַחְתִּי אֶתְכֶם לִי לְעָם וְהָיִיתִי לָכֶם לֵאלֹהִים וִידַעְתֶּם
כִּי אֲנִי יְהוָה אֱלֹהֵיכֶם הַמּוֹצִיא אֶתְכֶם מִתַּחַת סִבְלוֹת מִצְרָיִם׃
ח וְהֵבֵאתִי אֶתְכֶם אֶל־הָאָרֶץ אֲשֶׁר נָשָׂאתִי אֶת־יָדִי לָתֵת אֹתָהּ
לְאַבְרָהָם לְיִצְחָק וּלְיַעֲקֹב וְנָתַתִּי אֹתָהּ לָכֶם מוֹרָשָׁה אֲנִי יְהוָה׃
ט וַיְדַבֵּר מֹשֶׁה כֵּן אֶל־בְּנֵי יִשְׂרָאֵל וְלֹא שָׁמְעוּ אֶל־מֹשֶׁה מִקֹּצֶר
רוּחַ וּמֵעֲבֹדָה קָשָׁה׃ *
י יא וַיְדַבֵּר יְהוָה אֶל־מֹשֶׁה לֵּאמֹר׃ בֹּא דַבֵּר אֶל־פַּרְעֹה מֶלֶךְ
יב מִצְרָיִם וִישַׁלַּח אֶת־בְּנֵי־יִשְׂרָאֵל מֵאַרְצוֹ׃ וַיְדַבֵּר מֹשֶׁה לִפְנֵי
יְהוָה לֵאמֹר הֵן בְּנֵי־יִשְׂרָאֵל לֹא־שָׁמְעוּ אֵלַי וְאֵיךְ יִשְׁמָעֵנִי
פַרְעֹה וַאֲנִי עֲרַל שְׂפָתָיִם׃
יג וַיְדַבֵּר יְהוָה אֶל־מֹשֶׁה וְאֶל־אַהֲרֹן וַיְצַוֵּם אֶל־בְּנֵי יִשְׂרָאֵל
וְאֶל־פַּרְעֹה מֶלֶךְ מִצְרָיִם לְהוֹצִיא אֶת־בְּנֵי־יִשְׂרָאֵל מֵאֶרֶץ
יד מִצְרָיִם׃ אֵלֶּה רָאשֵׁי בֵית־אֲבֹתָם בְּנֵי רְאוּבֵן שני
בְּכֹר יִשְׂרָאֵל חֲנוֹךְ וּפַלּוּא חֶצְרֹן וְכַרְמִי אֵלֶּה מִשְׁפְּחֹת רְאוּבֵן׃
טו וּבְנֵי שִׁמְעוֹן יְמוּאֵל וְיָמִין וְאֹהַד וְיָכִין וְצֹחַר וְשָׁאוּל בֶּן־הַכְּנַעֲנִית
טז אֵלֶּה מִשְׁפְּחֹת שִׁמְעוֹן׃ וְאֵלֶּה שְׁמוֹת בְּנֵי־לֵוִי לְתֹלְדֹתָם גֵּרְשׁוֹן
יז וּקְהָת וּמְרָרִי וּשְׁנֵי חַיֵּי לֵוִי שֶׁבַע וּשְׁלֹשִׁים וּמְאַת שָׁנָה׃ בְּנֵי *
יח גֵרְשׁוֹן לִבְנִי וְשִׁמְעִי לְמִשְׁפְּחֹתָם׃ וּבְנֵי קְהָת עַמְרָם וְיִצְהָר
וְחֶבְרוֹן וְעֻזִּיאֵל וּשְׁנֵי חַיֵּי קְהָת שָׁלֹשׁ וּשְׁלֹשִׁים וּמְאַת שָׁנָה׃
יט כ וּבְנֵי מְרָרִי מַחְלִי וּמוּשִׁי אֵלֶּה מִשְׁפְּחֹת הַלֵּוִי לְתֹלְדֹתָם׃ וַיִּקַּח
עַמְרָם אֶת־יוֹכֶבֶד דֹּדָתוֹ לוֹ לְאִשָּׁה וַתֵּלֶד לוֹ אֶת־אַהֲרֹן וְאֶת־
כא מֹשֶׁה וּשְׁנֵי חַיֵּי עַמְרָם שֶׁבַע וּשְׁלֹשִׁים וּמְאַת שָׁנָה׃ וּבְנֵי יִצְהָר

הלבנים אשר הם עשים תמול שלשם תשימו עליהם לא
תגרעו ממנו כי נרפים הם על כן הם צעקים לאמר נלכה
נזבחה לאלהינו תכבד העבדה על האנשים ויעשו בה
ואל ישעו בדברי שקר ויצאו נגשי העם ושטריו ויאמרו
אל העם לאמר כה אמר פרעה אינני נתן לכם תבן אתם
לכו קחו לכם תבן מאשר תמצאו כי אין נגרע מעבדתכם
דבר ויפץ העם בכל ארץ מצרים לקשש קש לתבן
והנגשים אצים לאמר כלו מעשיכם דבר יום ביומו כאשר
בהיות התבן ויכו שטרי בני ישראל אשר שמו עלהם נגשי
פרעה לאמר מדוע לא כליתם חקכם ללבן כתמול שלשם
גם תמול גם היום ויבאו שטרי בני ישראל ויצעקו אל
פרעה לאמר למה תעשה כה לעבדיך תבן אין נתן לעבדיך
ולבנים אמרים לנו עשו והנה עבדיך מכים וחטאת עמך
ויאמר נרפים אתם נרפים על כן אתם אמרים נלכה נזבחה
ליהוה ועתה לכו עבדו ותבן לא ינתן לכם ותכן לבנים
תתנו ויראו שטרי בני ישראל אתם ברע לאמר לא תגרעו
מלבניכם דבר יום ביומו ויפגעו את משה ואת אהרן
נצבים לקראתם בצאתם מאת פרעה ויאמרו אלהם ירא
יהוה עליכם וישפט אשר הבאשתם את ריחנו בעיני פרעה
ובעיני עבדיו לתת חרב בידם להרגנו וישב משה אל
יהוה ויאמר אדני למה הרעתה לעם הזה למה זה שלחתני
ומאז באתי אל פרעה לדבר בשמך הרע לעם הזה והצל
לא הצלת את עמך ויאמר יהוה אל משה עתה תראה
אשר אעשה לפרעה כי ביד חזקה ישלחם וביד חזקה יגרשם
מארצו וידבר אלהים אל משה ויאמר אליו
אני יהוה וארא אל אברהם אל יצחק ואל יעקב באל
שדי ושמי יהוה לא נודעתי להם וגם הקמתי את בריתי

הַלְּבֵנִים אֲשֶׁר הֵם עֹשִׂים תְּמוֹל שִׁלְשֹׁם תָּשִׂימוּ עֲלֵיהֶם לֹא
תִגְרְעוּ מִמֶּנּוּ כִּי־נִרְפִּים הֵם עַל־כֵּן הֵם צֹעֲקִים לֵאמֹר נֵלְכָה
ט נִזְבְּחָה לֵאלֹהֵינוּ: תִּכְבַּד הָעֲבֹדָה עַל־הָאֲנָשִׁים וְיַעֲשׂוּ־בָהּ
י וְאַל־יִשְׁעוּ בְּדִבְרֵי־שָׁקֶר: וַיֵּצְאוּ נֹגְשֵׂי הָעָם וְשֹׁטְרָיו וַיֹּאמְרוּ
יא אֶל־הָעָם לֵאמֹר כֹּה אָמַר פַּרְעֹה אֵינֶנִּי נֹתֵן לָכֶם תֶּבֶן: אַתֶּם
לְכוּ קְחוּ לָכֶם תֶּבֶן מֵאֲשֶׁר תִּמְצָאוּ כִּי אֵין נִגְרָע מֵעֲבֹדַתְכֶם
יב דָּבָר: וַיָּפֶץ הָעָם בְּכָל־אֶרֶץ מִצְרָיִם לְקֹשֵׁשׁ קַשׁ לַתֶּבֶן:
יג וְהַנֹּגְשִׂים אָצִים לֵאמֹר כַּלּוּ מַעֲשֵׂיכֶם דְּבַר־יוֹם בְּיוֹמוֹ כַּאֲשֶׁר
יד בִּהְיוֹת הַתֶּבֶן: וַיֻּכּוּ שֹׁטְרֵי בְּנֵי יִשְׂרָאֵל אֲשֶׁר־שָׂמוּ עֲלֵהֶם נֹגְשֵׂי
פַרְעֹה לֵאמֹר מַדּוּעַ לֹא כִלִּיתֶם חָקְכֶם לִלְבֹּן כִּתְמוֹל שִׁלְשֹׁם
טו גַּם־תְּמוֹל גַּם־הַיּוֹם: וַיָּבֹאוּ שֹׁטְרֵי בְּנֵי יִשְׂרָאֵל וַיִּצְעֲקוּ אֶל־
טז פַּרְעֹה לֵאמֹר לָמָּה תַעֲשֶׂה כֹה לַעֲבָדֶיךָ: תֶּבֶן אֵין נִתָּן לַעֲבָדֶיךָ
וּלְבֵנִים אֹמְרִים לָנוּ עֲשׂוּ וְהִנֵּה עֲבָדֶיךָ מֻכִּים וְחָטָאת עַמֶּךָ:
יז וַיֹּאמֶר נִרְפִּים אַתֶּם נִרְפִּים עַל־כֵּן אַתֶּם אֹמְרִים נֵלְכָה נִזְבְּחָה
יח לַיהוָה: וְעַתָּה לְכוּ עִבְדוּ וְתֶבֶן לֹא־יִנָּתֵן לָכֶם וְתֹכֶן לְבֵנִים
יט תִּתֵּנוּ: וַיִּרְאוּ שֹׁטְרֵי בְנֵי־יִשְׂרָאֵל אֹתָם בְּרָע לֵאמֹר לֹא־תִגְרְעוּ
כ מִלִּבְנֵיכֶם דְּבַר־יוֹם בְּיוֹמוֹ: וַיִּפְגְּעוּ אֶת־מֹשֶׁה וְאֶת־אַהֲרֹן
כא נִצָּבִים לִקְרָאתָם בְּצֵאתָם מֵאֵת פַּרְעֹה: וַיֹּאמְרוּ אֲלֵהֶם יֵרֶא
יְהוָה עֲלֵיכֶם וְיִשְׁפֹּט אֲשֶׁר הִבְאַשְׁתֶּם אֶת־רֵיחֵנוּ בְּעֵינֵי פַרְעֹה
כב וּבְעֵינֵי עֲבָדָיו לָתֶת־חֶרֶב בְּיָדָם לְהָרְגֵנוּ: וַיָּשָׁב מֹשֶׁה אֶל־ מפטיר
יְהוָה וַיֹּאמַר אֲדֹנָי לָמָה הֲרֵעֹתָה לָעָם הַזֶּה לָמָּה זֶּה שְׁלַחְתָּנִי:
כג וּמֵאָז בָּאתִי אֶל־פַּרְעֹה לְדַבֵּר בִּשְׁמֶךָ הֵרַע לָעָם הַזֶּה וְהַצֵּל
ו א לֹא־הִצַּלְתָּ אֶת־עַמֶּךָ: וַיֹּאמֶר יְהוָה אֶל־מֹשֶׁה עַתָּה תִרְאֶה
אֲשֶׁר אֶעֱשֶׂה לְפַרְעֹה כִּי בְיָד חֲזָקָה יְשַׁלְּחֵם וּבְיָד חֲזָקָה יְגָרְשֵׁם
ב מֵאַרְצוֹ: וַיְדַבֵּר אֱלֹהִים אֶל־מֹשֶׁה וַיֹּאמֶר אֵלָיו ד וארא
ג אֲנִי יְהוָה: וָאֵרָא אֶל־אַבְרָהָם אֶל־יִצְחָק וְאֶל־יַעֲקֹב בְּאֵל
ד שַׁדָּי וּשְׁמִי יְהוָה לֹא נוֹדַעְתִּי לָהֶם: וְגַם הֲקִמֹתִי אֶת־בְּרִיתִי

מצרים ויקח משה את מטה האלהים בידו ויאמר יהוה
אל משה בלכתך לשוב מצרימה ראה כל המפתים אשר
שמתי בידך ועשיתם לפני פרעה ואני אחזק את לבו ולא
ישלח את העם ואמרת אל פרעה כה אמר יהוה בני בכרי
ישראל ואמר אליך שלח את בני ויעבדני ותמאן לשלחו
הנה אנכי הרג את בנך בכרך ויהי בדרך במלון ויפגשהו
יהוה ויבקש המיתו ותקח צפרה צר ותכרת את ערלת
בנה ותגע לרגליו ותאמר כי חתן דמים אתה לי וירף
ממנו אז אמרה חתן דמים למולת
ויאמר יהוה אל אהרן לך לקראת משה המדברה וילך
ויפגשהו בהר האלהים וישק לו ויגד משה לאהרן את כל
דברי יהוה אשר שלחו ואת כל האתת אשר צוהו וילך
משה ואהרן ויאספו את כל זקני בני ישראל וידבר אהרן
את כל הדברים אשר דבר יהוה אל משה ויעש האתת
לעיני העם ויאמן העם וישמעו כי פקד יהוה את בני
ישראל וכי ראה את ענים ויקדו וישתחוו ואחר באו משה
ואהרן ויאמרו אל פרעה כה אמר יהוה אלהי ישראל שלח
את עמי ויחגו לי במדבר ויאמר פרעה מי יהוה אשר אשמע
בקלו לשלח את ישראל לא ידעתי את יהוה וגם את
ישראל לא אשלח ויאמרו אלהי העברים נקרא עלינו
נלכה נא דרך שלשת ימים במדבר ונזבחה ליהוה אלהינו
פן יפגענו בדבר או בחרב ויאמר אלהם מלך מצרים למה
משה ואהרן תפריעו את העם ממעשיו לכו לסבלתיכם
ויאמר פרעה הן רבים עתה עם הארץ והשבתם אתם
מסבלתם ויצו פרעה ביום ההוא את הנגשים בעם ואת
שטריו לאמר לא תאספון לתת תבן לעם ללבן הלבנים
כתמול שלשם הם ילכו וקששו להם תבן ואת מתכנת

כא מִצְרָיִם וַיִּקַּח מֹשֶׁה אֶת־מַטֵּה הָאֱלֹהִים בְּיָדוֹ: וַיֹּאמֶר יהוה ✶
אֶל־מֹשֶׁה בְּלֶכְתְּךָ לָשׁוּב מִצְרַיְמָה רְאֵה כָּל־הַמֹּפְתִים אֲשֶׁר־
שַׂמְתִּי בְיָדֶךָ וַעֲשִׂיתָם לִפְנֵי פַרְעֹה וַאֲנִי אֲחַזֵּק אֶת־לִבּוֹ וְלֹא
כב יְשַׁלַּח אֶת־הָעָם: וְאָמַרְתָּ אֶל־פַּרְעֹה כֹּה אָמַר יהוה בְּנִי בְכֹרִי
כג יִשְׂרָאֵל: וָאֹמַר אֵלֶיךָ שַׁלַּח אֶת־בְּנִי וְיַעַבְדֵנִי וַתְּמָאֵן לְשַׁלְּחוֹ
כד הִנֵּה אָנֹכִי הֹרֵג אֶת־בִּנְךָ בְּכֹרֶךָ: וַיְהִי בַדֶּרֶךְ בַּמָּלוֹן וַיִּפְגְּשֵׁהוּ
כה יהוה וַיְבַקֵּשׁ הֲמִיתוֹ: וַתִּקַּח צִפֹּרָה צֹר וַתִּכְרֹת אֶת־עָרְלַת
כו בְּנָהּ וַתַּגַּע לְרַגְלָיו וַתֹּאמֶר כִּי חֲתַן־דָּמִים אַתָּה לִי: וַיִּרֶף
מִמֶּנּוּ אָז אָמְרָה חֲתַן דָּמִים לַמּוּלֹת:
כז וַיֹּאמֶר יהוה אֶל־אַהֲרֹן לֵךְ לִקְרַאת מֹשֶׁה הַמִּדְבָּרָה וַיֵּלֶךְ ✶
כח וַיִּפְגְּשֵׁהוּ בְּהַר הָאֱלֹהִים וַיִּשַּׁק־לוֹ: וַיַּגֵּד מֹשֶׁה לְאַהֲרֹן אֵת כָּל־
כט דִּבְרֵי יהוה אֲשֶׁר שְׁלָחוֹ וְאֵת כָּל־הָאֹתֹת אֲשֶׁר צִוָּהוּ: וַיֵּלֶךְ
ל מֹשֶׁה וְאַהֲרֹן וַיַּאַסְפוּ אֶת־כָּל־זִקְנֵי בְּנֵי יִשְׂרָאֵל: וַיְדַבֵּר אַהֲרֹן
אֵת כָּל־הַדְּבָרִים אֲשֶׁר־דִּבֶּר יהוה אֶל־מֹשֶׁה וַיַּעַשׂ הָאֹתֹת
לא לְעֵינֵי הָעָם: וַיַּאֲמֵן הָעָם וַיִּשְׁמְעוּ כִּי־פָקַד יהוה אֶת־בְּנֵי
ה א יִשְׂרָאֵל וְכִי רָאָה אֶת־עָנְיָם וַיִּקְּדוּ וַיִּשְׁתַּחֲווּ: וְאַחַר בָּאוּ מֹשֶׁה שביעי
וְאַהֲרֹן וַיֹּאמְרוּ אֶל־פַּרְעֹה כֹּה־אָמַר יהוה אֱלֹהֵי יִשְׂרָאֵל שַׁלַּח
ב אֶת־עַמִּי וְיָחֹגּוּ לִי בַּמִּדְבָּר: וַיֹּאמֶר פַּרְעֹה מִי יהוה אֲשֶׁר אֶשְׁמַע
בְּקֹלוֹ לְשַׁלַּח אֶת־יִשְׂרָאֵל לֹא יָדַעְתִּי אֶת־יהוה וְגַם אֶת־
ג יִשְׂרָאֵל לֹא אֲשַׁלֵּחַ: וַיֹּאמְרוּ אֱלֹהֵי הָעִבְרִים נִקְרָא עָלֵינוּ
נֵלֲכָה־נָּא דֶּרֶךְ שְׁלֹשֶׁת יָמִים בַּמִּדְבָּר וְנִזְבְּחָה לַיהוה אֱלֹהֵינוּ
ד פֶּן־יִפְגָּעֵנוּ בַּדֶּבֶר אוֹ בֶחָרֶב: וַיֹּאמֶר אֲלֵהֶם מֶלֶךְ מִצְרַיִם לָמָּה
מֹשֶׁה וְאַהֲרֹן תַּפְרִיעוּ אֶת־הָעָם מִמַּעֲשָׂיו לְכוּ לְסִבְלֹתֵיכֶם:
ה וַיֹּאמֶר פַּרְעֹה הֵן־רַבִּים עַתָּה עַם הָאָרֶץ וְהִשְׁבַּתֶּם אֹתָם
ו מִסִּבְלֹתָם: וַיְצַו פַּרְעֹה בַּיּוֹם הַהוּא אֶת־הַנֹּגְשִׂים בָּעָם וְאֶת־
ז שֹׁטְרָיו לֵאמֹר: לֹא תֹאסִפוּן לָתֵת תֶּבֶן לָעָם לִלְבֹּן הַלְּבֵנִים
ח כִּתְמוֹל שִׁלְשֹׁם הֵם יֵלְכוּ וְקֹשְׁשׁוּ לָהֶם תֶּבֶן: וְאֶת־מַתְכֹּנֶת

שלח ידך ואחז בזנבו וישלח ידו ויחזק בו ויהי למטה בכפו
למען יאמינו כי נראה אליך יהוה אלהי אבתם אלהי
אברהם אלהי יצחק ואלהי יעקב ויאמר יהוה לו עוד הבא
נא ידך בחיקך ויבא ידו בחיקו ויוצאה והנה ידו מצרעת
כשלג ויאמר השב ידך אל חיקך וישב ידו אל חיקו ויוצאה
מחיקו והנה שבה כבשרו והיה אם לא יאמינו לך ולא
ישמעו לקל האת הראשון והאמינו לקל האת האחרון
והיה אם לא יאמינו גם לשני האתות האלה ולא ישמעון
לקלך ולקחת ממימי היאר ושפכת היבשה והיו המים אשר
תקח מן היאר והיו לדם ביבשת ויאמר משה אל יהוה
בי אדני לא איש דברים אנכי גם מתמול גם משלשם גם
מאז דברך אל עבדך כי כבד פה וכבד לשון אנכי ויאמר
יהוה אליו מי שם פה לאדם או מי ישום אלם או חרש או
פקח או עור הלא אנכי יהוה ועתה לך ואנכי אהיה עם פיך
והוריתיך אשר תדבר ויאמר בי אדני שלח נא ביד תשלח
ויחר אף יהוה במשה ויאמר הלא אהרן אחיך הלוי ידעתי
כי דבר ידבר הוא וגם הנה הוא יצא לקראתך וראך ושמח
בלבו ודברת אליו ושמת את הדברים בפיו ואנכי אהיה
עם פיך ועם פיהו והוריתי אתכם את אשר תעשון ודבר
הוא לך אל העם והיה הוא יהיה לך לפה ואתה תהיה
לו לאלהים ואת המטה הזה תקח בידך אשר תעשה
בו את האתת

וילך משה וישב אל יתר חתנו ויאמר לו אלכה נא ואשובה
אל אחי אשר במצרים ואראה העודם חיים ויאמר יתרו
למשה לך לשלום ויאמר יהוה אל משה במדין לך שב
מצרים כי מתו כל האנשים המבקשים את נפשך ויקח
משה את אשתו ואת בניו וירכבם על החמר וישב ארצה

שְׁלַח֙ יָֽדְךָ֔ וֶאֱחֹ֖ז בִּזְנָב֑וֹ וַיִּשְׁלַ֤ח יָדוֹ֙ וַיַּ֣חֲזֶק בּ֔וֹ וַיְהִ֥י לְמַטֶּ֖ה בְּכַפּֽוֹ׃
ה לְמַ֣עַן יַאֲמִ֔ינוּ כִּֽי־נִרְאָ֥ה אֵלֶ֛יךָ יְהוָ֖ה אֱלֹהֵ֣י אֲבֹתָ֑ם אֱלֹהֵ֧י
ו אַבְרָהָ֛ם אֱלֹהֵ֥י יִצְחָ֖ק וֵאלֹהֵ֥י יַעֲקֹֽב׃ וַיֹּאמֶר֩ יְהוָ֨ה ל֜וֹ ע֗וֹד הָֽבֵא־ ★
נָ֤א יָֽדְךָ֙ בְּחֵיקֶ֔ךָ וַיָּבֵ֥א יָד֖וֹ בְּחֵיק֑וֹ וַיּ֣וֹצִאָ֔הּ וְהִנֵּ֥ה יָד֖וֹ מְצֹרַ֥עַת
ז כַּשָּֽׁלֶג׃ וַיֹּ֗אמֶר הָשֵׁ֤ב יָֽדְךָ֙ אֶל־חֵיקֶ֔ךָ וַיָּ֥שֶׁב יָד֖וֹ אֶל־חֵיק֑וֹ וַיּֽוֹצִאָהּ֙
ח מֵֽחֵיק֔וֹ וְהִנֵּה־שָׁ֖בָה כִּבְשָׂרֽוֹ׃ וְהָיָה֙ אִם־לֹ֣א יַאֲמִ֣ינוּ לָ֔ךְ וְלֹ֣א
יִשְׁמְע֔וּ לְקֹ֖ל הָאֹ֣ת הָרִאשׁ֑וֹן וְהֶֽאֱמִ֔ינוּ לְקֹ֖ל הָאֹ֥ת הָאַחֲרֽוֹן׃
ט וְהָיָ֡ה אִם־לֹ֣א יַאֲמִ֡ינוּ גַּם֩ לִשְׁנֵ֨י הָאֹת֜וֹת הָאֵ֗לֶּה וְלֹ֤א יִשְׁמְעוּן֙
לְקֹלֶ֔ךָ וְלָקַחְתָּ֙ מִמֵּימֵ֣י הַיְאֹ֔ר וְשָׁפַכְתָּ֖ הַיַּבָּשָׁ֑ה וְהָי֤וּ הַמַּ֙יִם֙ אֲשֶׁ֣ר
י תִּקַּ֣ח מִן־הַיְאֹ֔ר וְהָי֥וּ לְדָ֖ם בַּיַּבָּֽשֶׁת׃ וַיֹּ֨אמֶר מֹשֶׁ֣ה אֶל־יְהוָה֮
בִּ֣י אֲדֹנָי֒ לֹא֩ אִ֨ישׁ דְּבָרִ֜ים אָנֹ֗כִי גַּ֤ם מִתְּמוֹל֙ גַּ֣ם מִשִּׁלְשֹׁ֔ם גַּ֛ם
יא מֵאָ֥ז דַּבֶּרְךָ֖ אֶל־עַבְדֶּ֑ךָ כִּ֧י כְבַד־פֶּ֛ה וּכְבַ֥ד לָשׁ֖וֹן אָנֹֽכִי׃ וַיֹּ֨אמֶר
יְהוָ֜ה אֵלָ֗יו מִ֣י שָׂ֣ם פֶּה֮ לָֽאָדָם֒ א֚וֹ מִֽי־יָשׂ֣וּם אִלֵּ֔ם א֣וֹ חֵרֵ֔שׁ א֥וֹ
יב פִקֵּ֖חַ א֣וֹ עִוֵּ֑ר הֲלֹ֥א אָנֹכִ֖י יְהוָֽה׃ וְעַתָּ֖ה לֵ֑ךְ וְאָנֹכִי֙ אֶהְיֶ֣ה עִם־פִּ֔יךָ
יג וְהוֹרֵיתִ֖יךָ אֲשֶׁ֥ר תְּדַבֵּֽר׃ וַיֹּ֖אמֶר בִּ֣י אֲדֹנָ֑י שְֽׁלַֽח־נָ֖א בְּיַד־תִּשְׁלָֽח׃ ★
יד וַיִּֽחַר־אַ֨ף יְהוָ֜ה בְּמֹשֶׁ֗ה וַיֹּ֙אמֶר֙ הֲלֹ֨א אַהֲרֹ֤ן אָחִ֙יךָ֙ הַלֵּוִ֔י יָדַ֕עְתִּי
כִּֽי־דַבֵּ֥ר יְדַבֵּ֖ר ה֑וּא וְגַ֤ם הִנֵּה־הוּא֙ יֹצֵ֣א לִקְרָאתֶ֔ךָ וְרָאֲךָ֖ וְשָׂמַ֥ח
טו בְּלִבּֽוֹ׃ וְדִבַּרְתָּ֣ אֵלָ֔יו וְשַׂמְתָּ֥ אֶת־הַדְּבָרִ֖ים בְּפִ֑יו וְאָנֹכִ֗י אֶהְיֶ֤ה
טז עִם־פִּ֙יךָ֙ וְעִם־פִּ֔יהוּ וְהוֹרֵיתִ֣י אֶתְכֶ֔ם אֵ֖ת אֲשֶׁ֥ר תַּעֲשֽׂוּן׃ וְדִבֶּר־
ה֥וּא לְךָ֖ אֶל־הָעָ֑ם וְהָ֤יָה הוּא֙ יִֽהְיֶה־לְּךָ֣ לְפֶ֔ה וְאַתָּ֖ה תִּֽהְיֶה־
יז לּ֥וֹ לֵאלֹהִֽים׃ וְאֶת־הַמַּטֶּ֥ה הַזֶּ֖ה תִּקַּ֣ח בְּיָדֶ֑ךָ אֲשֶׁ֥ר תַּעֲשֶׂה־
בּ֖וֹ אֶת־הָאֹתֹֽת׃
יח וַיֵּ֨לֶךְ מֹשֶׁ֜ה וַיָּ֣שָׁב ׀ אֶל־יֶ֣תֶר חֹתְנ֗וֹ וַיֹּ֤אמֶר לוֹ֙ אֵֽלְכָה־נָּ֔א וְאָשׁ֙וּבָה֙ ג ששי
אֶל־אַחַ֣י אֲשֶׁר־בְּמִצְרַ֔יִם וְאֶרְאֶ֖ה הַעוֹדָ֣ם חַיִּ֑ים וַיֹּ֧אמֶר יִתְר֛וֹ
יט לְמֹשֶׁ֖ה לֵ֥ךְ לְשָׁלֽוֹם׃ וַיֹּ֨אמֶר יְהוָ֤ה אֶל־מֹשֶׁה֙ בְּמִדְיָ֔ן לֵ֖ךְ שֻׁ֣ב
כ מִצְרָ֑יִם כִּי־מֵ֙תוּ֙ כָּל־הָ֣אֲנָשִׁ֔ים הַֽמְבַקְשִׁ֖ים אֶת־נַפְשֶֽׁךָ׃ וַיִּקַּ֨ח
מֹשֶׁ֜ה אֶת־אִשְׁתּ֣וֹ וְאֶת־בָּנָ֗יו וַיַּרְכִּבֵם֙ עַל־הַחֲמֹ֔ר וַיָּ֖שָׁב אַ֣רְצָה

אוציא את בני ישראל ממצרים ויאמר כי אהיה עמך וזה
לך האות כי אנכי שלחתיך בהוציאך את העם ממצרים
תעבדון את האלהים על ההר הזה ויאמר משה אל
האלהים הנה אנכי בא אל בני ישראל ואמרתי להם אלהי
אבותיכם שלחני אליכם ואמרו לי מה שמו מה אמר אלהם
ויאמר אלהים אל משה אהיה אשר אהיה ויאמר כה תאמר
לבני ישראל אהיה שלחני אליכם ויאמר עוד אלהים אל
משה כה תאמר אל בני ישראל יהוה אלהי אבתיכם אלהי
אברהם אלהי יצחק ואלהי יעקב שלחני אליכם זה שמי
לעלם וזה זכרי לדר דר לך ואספת את זקני ישראל ואמרת
אלהם יהוה אלהי אבתיכם נראה אלי אלהי אברהם
יצחק ויעקב לאמר פקד פקדתי אתכם ואת העשוי לכם
במצרים ואמר אעלה אתכם מעני מצרים אל ארץ הכנעני
והחתי והאמרי והפרזי והחוי והיבוסי אל ארץ זבת חלב
ודבש ושמעו לקלך ובאת אתה וזקני ישראל אל מלך
מצרים ואמרתם אליו יהוה אלהי העבריים נקרה עלינו
ועתה נלכה נא דרך שלשת ימים במדבר ונזבחה ליהוה
אלהינו ואני ידעתי כי לא יתן אתכם מלך מצרים להלך
ולא ביד חזקה ושלחתי את ידי והכיתי את מצרים בכל
נפלאתי אשר אעשה בקרבו ואחרי כן ישלח אתכם ונתתי
את חן העם הזה בעיני מצרים והיה כי תלכון לא תלכו
ריקם ושאלה אשה משכנתה ומגרת ביתה כלי כסף וכלי
זהב ושמלת ושמתם על בניכם ועל בנתיכם ונצלתם את
מצרים ויען משה ויאמר והן לא יאמינו לי ולא ישמעו
בקלי כי יאמרו לא נראה אליך יהוה ויאמר אליו יהוה
מזה בידך ויאמר מטה ויאמר השליכהו ארצה וישלכהו
ארצה ויהי לנחש וינס משה מפניו ויאמר יהוה אל משה

יב אוֹצִיא אֶת־בְּנֵי יִשְׂרָאֵל מִמִּצְרָיִם: וַיֹּאמֶר כִּי־אֶהְיֶה עִמָּךְ וְזֶה־
לְּךָ הָאוֹת כִּי אָנֹכִי שְׁלַחְתִּיךָ בְּהוֹצִיאֲךָ אֶת־הָעָם מִמִּצְרַיִם
תַּעַבְדוּן אֶת־הָאֱלֹהִים עַל הָהָר הַזֶּה: וַיֹּאמֶר מֹשֶׁה אֶל־

יג הָאֱלֹהִים הִנֵּה אָנֹכִי בָא אֶל־בְּנֵי יִשְׂרָאֵל וְאָמַרְתִּי לָהֶם אֱלֹהֵי
אֲבוֹתֵיכֶם שְׁלָחַנִי אֲלֵיכֶם וְאָמְרוּ־לִי מַה־שְּׁמוֹ מָה אֹמַר אֲלֵהֶם:

יד וַיֹּאמֶר אֱלֹהִים אֶל־מֹשֶׁה אֶהְיֶה אֲשֶׁר אֶהְיֶה וַיֹּאמֶר כֹּה תֹאמַר
לִבְנֵי יִשְׂרָאֵל אֶהְיֶה שְׁלָחַנִי אֲלֵיכֶם: וַיֹּאמֶר עוֹד אֱלֹהִים אֶל־

טו מֹשֶׁה כֹּה תֹאמַר אֶל־בְּנֵי יִשְׂרָאֵל יְהוָה אֱלֹהֵי אֲבֹתֵיכֶם אֱלֹהֵי
אַבְרָהָם אֱלֹהֵי יִצְחָק וֵאלֹהֵי יַעֲקֹב שְׁלָחַנִי אֲלֵיכֶם זֶה־שְּׁמִי

טז לְעֹלָם וְזֶה זִכְרִי לְדֹר דֹּר: לֵךְ וְאָסַפְתָּ אֶת־זִקְנֵי יִשְׂרָאֵל וְאָמַרְתָּ  חמישי
אֲלֵהֶם יְהוָה אֱלֹהֵי אֲבֹתֵיכֶם נִרְאָה אֵלַי אֱלֹהֵי אַבְרָהָם
יִצְחָק וְיַעֲקֹב לֵאמֹר פָּקֹד פָּקַדְתִּי אֶתְכֶם וְאֶת־הֶעָשׂוּי לָכֶם

יז בְּמִצְרָיִם: וָאֹמַר אַעֲלֶה אֶתְכֶם מֵעֳנִי מִצְרַיִם אֶל־אֶרֶץ הַכְּנַעֲנִי
וְהַחִתִּי וְהָאֱמֹרִי וְהַפְּרִזִּי וְהַחִוִּי וְהַיְבוּסִי אֶל־אֶרֶץ זָבַת חָלָב

יח וּדְבָשׁ: וְשָׁמְעוּ לְקֹלֶךָ וּבָאתָ אַתָּה וְזִקְנֵי יִשְׂרָאֵל אֶל־מֶלֶךְ
מִצְרַיִם וַאֲמַרְתֶּם אֵלָיו יְהוָה אֱלֹהֵי הָעִבְרִיִּים נִקְרָה עָלֵינוּ
וְעַתָּה נֵלְכָה־נָּא דֶּרֶךְ שְׁלֹשֶׁת יָמִים בַּמִּדְבָּר וְנִזְבְּחָה לַיהוָה

יט אֱלֹהֵינוּ: וַאֲנִי יָדַעְתִּי כִּי לֹא־יִתֵּן אֶתְכֶם מֶלֶךְ מִצְרַיִם לַהֲלֹךְ ★

כ וְלֹא בְּיָד חֲזָקָה: וְשָׁלַחְתִּי אֶת־יָדִי וְהִכֵּיתִי אֶת־מִצְרַיִם בְּכֹל

כא נִפְלְאֹתַי אֲשֶׁר אֶעֱשֶׂה בְּקִרְבּוֹ וְאַחֲרֵי־כֵן יְשַׁלַּח אֶתְכֶם: וְנָתַתִּי
אֶת־חֵן הָעָם־הַזֶּה בְּעֵינֵי מִצְרָיִם וְהָיָה כִּי תֵלֵכוּן לֹא תֵלְכוּ

כב רֵיקָם: וְשָׁאֲלָה אִשָּׁה מִשְּׁכֶנְתָּהּ וּמִגָּרַת בֵּיתָהּ כְּלֵי־כֶסֶף וּכְלֵי
זָהָב וּשְׂמָלֹת וְשַׂמְתֶּם עַל־בְּנֵיכֶם וְעַל־בְּנֹתֵיכֶם וְנִצַּלְתֶּם אֶת־

ד א מִצְרָיִם: וַיַּעַן מֹשֶׁה וַיֹּאמֶר וְהֵן לֹא־יַאֲמִינוּ לִי וְלֹא יִשְׁמְעוּ ★

ב בְּקֹלִי כִּי יֹאמְרוּ לֹא־נִרְאָה אֵלֶיךָ יְהוָה: וַיֹּאמֶר אֵלָיו יְהוָה

ג מַה־זֶּה בְיָדֶךָ וַיֹּאמֶר מַטֶּה: וַיֹּאמֶר הַשְׁלִיכֵהוּ אַרְצָה וַיַּשְׁלִכֵהוּ

ד אַרְצָה וַיְהִי לְנָחָשׁ וַיָּנָס מֹשֶׁה מִפָּנָיו: וַיֹּאמֶר יְהוָה אֶל־מֹשֶׁה

דלה לנו וישק את הצאן ויאמר אל בנתיו ואיו למה זה
עזבתן את האיש קראן לו ויאכל לחם ויואל משה לשבת
את האיש ויתן את צפרה בתו למשה ותלד בן ויקרא את
שמו גרשם כי אמר גר הייתי בארץ נכריה
ויהי בימים הרבים ההם וימת מלך מצרים ויאנחו בני
ישראל מן העבדה ויזעקו ותעל שועתם אל האלהים מן
העבדה וישמע אלהים את נאקתם ויזכר אלהים את
בריתו את אברהם את יצחק ואת יעקב וירא אלהים
את בני ישראל וידע אלהים ומשה היה רעה
את צאן יתרו חתנו כהן מדין וינהג את הצאן אחר המדבר
ויבא אל הר האלהים חרבה וירא מלאך יהוה אליו בלבת
אש מתוך הסנה וירא והנה הסנה בער באש והסנה איננו
אכל ויאמר משה אסרה נא ואראה את המראה הגדל
הזה מדוע לא יבער הסנה וירא יהוה כי סר לראות ויקרא
אליו אלהים מתוך הסנה ויאמר משה משה ויאמר הנני
ויאמר אל תקרב הלם של נעליך מעל רגליך כי המקום
אשר אתה עומד עליו אדמת קדש הוא ויאמר אנכי אלהי
אביך אלהי אברהם אלהי יצחק ואלהי יעקב ויסתר משה
פניו כי ירא מהביט אל האלהים ויאמר יהוה ראה ראיתי
את עני עמי אשר במצרים ואת צעקתם שמעתי מפני
נגשיו כי ידעתי את מכאביו וארד להצילו מיד מצרים
ולהעלתו מן הארץ ההוא אל ארץ טובה ורחבה אל ארץ
זבת חלב ודבש אל מקום הכנעני והחתי והאמרי והפרזי
והחוי והיבוסי ועתה הנה צעקת בני ישראל באה אלי וגם
ראיתי את הלחץ אשר מצרים לחצים אתם ועתה לכה
ואשלחך אל פרעה והוצא את עמי בני ישראל ממצרים
ויאמר משה אל האלהים מי אנכי כי אלך אל פרעה וכי

כ דָלָה לָנוּ וַיַּשְׁקְ אֶת־הַצֹּאן׃ וַיֹּאמֶר אֶל־בְּנֹתָיו וְאַיּוֹ לָמָּה זֶּה
כא עֲזַבְתֶּן אֶת־הָאִישׁ קִרְאֶן לוֹ וְיֹאכַל לָחֶם׃ וַיּוֹאֶל מֹשֶׁה לָשֶׁבֶת
כב אֶת־הָאִישׁ וַיִּתֵּן אֶת־צִפֹּרָה בִתּוֹ לְמֹשֶׁה׃ וַתֵּלֶד בֵּן וַיִּקְרָא אֶת־
שְׁמוֹ גֵּרְשֹׁם כִּי אָמַר גֵּר הָיִיתִי בְּאֶרֶץ נָכְרִיָּה׃
כג וַיְהִי בַיָּמִים הָרַבִּים הָהֵם וַיָּמָת מֶלֶךְ מִצְרַיִם וַיֵּאָנְחוּ בְנֵי־ ★
יִשְׂרָאֵל מִן־הָעֲבֹדָה וַיִּזְעָקוּ וַתַּעַל שַׁוְעָתָם אֶל־הָאֱלֹהִים מִן־
כד הָעֲבֹדָה׃ וַיִּשְׁמַע אֱלֹהִים אֶת־נַאֲקָתָם וַיִּזְכֹּר אֱלֹהִים אֶת־
כה בְּרִיתוֹ אֶת־אַבְרָהָם אֶת־יִצְחָק וְאֶת־יַעֲקֹב׃ וַיַּרְא אֱלֹהִים
ג א אֶת־בְּנֵי יִשְׂרָאֵל וַיֵּדַע אֱלֹהִים׃ וּמֹשֶׁה הָיָה רֹעֶה ב רביעי
אֶת־צֹאן יִתְרוֹ חֹתְנוֹ כֹּהֵן מִדְיָן וַיִּנְהַג אֶת־הַצֹּאן אַחַר הַמִּדְבָּר
ב וַיָּבֹא אֶל־הַר הָאֱלֹהִים חֹרֵבָה׃ וַיֵּרָא מַלְאַךְ יהוה אֵלָיו בְּלַבַּת־
אֵשׁ מִתּוֹךְ הַסְּנֶה וַיַּרְא וְהִנֵּה הַסְּנֶה בֹּעֵר בָּאֵשׁ וְהַסְּנֶה אֵינֶנּוּ
ג אֻכָּל׃ וַיֹּאמֶר מֹשֶׁה אָסֻרָה־נָּא וְאֶרְאֶה אֶת־הַמַּרְאֶה הַגָּדֹל
ד הַזֶּה מַדּוּעַ לֹא־יִבְעַר הַסְּנֶה׃ וַיַּרְא יהוה כִּי סָר לִרְאוֹת וַיִּקְרָא
אֵלָיו אֱלֹהִים מִתּוֹךְ הַסְּנֶה וַיֹּאמֶר מֹשֶׁה מֹשֶׁה וַיֹּאמֶר הִנֵּנִי׃
ה וַיֹּאמֶר אַל־תִּקְרַב הֲלֹם שַׁל־נְעָלֶיךָ מֵעַל רַגְלֶיךָ כִּי הַמָּקוֹם
ו אֲשֶׁר אַתָּה עוֹמֵד עָלָיו אַדְמַת־קֹדֶשׁ הוּא׃ וַיֹּאמֶר אָנֹכִי אֱלֹהֵי ★
אָבִיךָ אֱלֹהֵי אַבְרָהָם אֱלֹהֵי יִצְחָק וֵאלֹהֵי יַעֲקֹב וַיַּסְתֵּר מֹשֶׁה
ז פָּנָיו כִּי יָרֵא מֵהַבִּיט אֶל־הָאֱלֹהִים׃ וַיֹּאמֶר יהוה רָאֹה רָאִיתִי
אֶת־עֳנִי עַמִּי אֲשֶׁר בְּמִצְרָיִם וְאֶת־צַעֲקָתָם שָׁמַעְתִּי מִפְּנֵי
ח נֹגְשָׂיו כִּי יָדַעְתִּי אֶת־מַכְאֹבָיו׃ וָאֵרֵד לְהַצִּילוֹ ׀ מִיַּד מִצְרַיִם
וּלְהַעֲלֹתוֹ מִן־הָאָרֶץ הַהִוא אֶל־אֶרֶץ טוֹבָה וּרְחָבָה אֶל־אֶרֶץ
זָבַת חָלָב וּדְבָשׁ אֶל־מְקוֹם הַכְּנַעֲנִי וְהַחִתִּי וְהָאֱמֹרִי וְהַפְּרִזִּי
ט וְהַחִוִּי וְהַיְבוּסִי׃ וְעַתָּה הִנֵּה צַעֲקַת בְּנֵי־יִשְׂרָאֵל בָּאָה אֵלָי וְגַם־
י רָאִיתִי אֶת־הַלַּחַץ אֲשֶׁר מִצְרַיִם לֹחֲצִים אֹתָם׃ וְעַתָּה לְכָה
וְאֶשְׁלָחֲךָ אֶל־פַּרְעֹה וְהוֹצֵא אֶת־עַמִּי בְנֵי־יִשְׂרָאֵל מִמִּצְרָיִם׃
יא וַיֹּאמֶר מֹשֶׁה אֶל־הָאֱלֹהִים מִי אָנֹכִי כִּי אֵלֵךְ אֶל־פַּרְעֹה וְכִי ★

וילך איש מבית לוי ויקח את בת לוי ותהר האשה ותלד
בן ותרא אתו כי טוב הוא ותצפנהו שלשה ירחים ולא
יכלה עוד הצפינו ותקח לו תבת גמא ותחמרה בחמר ובזפת
ותשם בה את הילד ותשם בסוף על שפת היאר ותתצב
אחתו מרחק לדעה מה יעשה לו ותרד בת פרעה לרחץ
על היאר ונערתיה הלכת על יד היאר ותרא את התבה
בתוך הסוף ותשלח את אמתה ותקחה ותפתח ותראהו
את הילד והנה נער בכה ותחמל עליו ותאמר מילדי
העברים זה ותאמר אחתו אל בת פרעה האלך וקראתי
לך אשה מינקת מן העברית ותינק לך את הילד ותאמר
לה בת פרעה לכי ותלך העלמה ותקרא את אם הילד
ותאמר לה בת פרעה היליכי את הילד הזה והינקהו לי
ואני אתן את שכרך ותקח האשה הילד ותניקהו ויגדל הילד
ותבאהו לבת פרעה ויהי לה לבן ותקרא שמו משה ותאמר
כי מן המים משיתהו ויהי בימים ההם ויגדל משה ויצא
אל אחיו וירא בסבלתם וירא איש מצרי מכה איש עברי
מאחיו ויפן כה וכה וירא כי אין איש ויך את המצרי
ויטמנהו בחול ויצא ביום השני והנה שני אנשים עברים
נצים ויאמר לרשע למה תכה רעך ויאמר מי שמך לאיש
שר ושפט עלינו הלהרגני אתה אמר כאשר הרגת את
המצרי ויירא משה ויאמר אכן נודע הדבר וישמע פרעה
את הדבר הזה ויבקש להרג את משה ויברח משה מפני
פרעה וישב בארץ מדין וישב על הבאר ולכהן מדין שבע
בנות ותבאנה ותדלנה ותמלאנה את הרהטים להשקות
צאן אביהן ויבאו הרעים ויגרשום ויקם משה ויושען וישק
את צאנם ותבאנה אל רעואל אביהן ויאמר מדוע מהרתן
בא היום ותאמרן איש מצרי הצילנו מיד הרעים וגם דלה

א ב* וַיֵּ֥לֶךְ אִ֖ישׁ מִבֵּ֣ית לֵוִ֑י וַיִּקַּ֖ח אֶת־בַּת־לֵוִֽי: וַתַּ֥הַר הָאִשָּׁ֖ה וַתֵּ֥לֶד

ג בֵּ֑ן וַתֵּ֤רֶא אֹתוֹ֙ כִּי־ט֣וֹב ה֔וּא וַֽתִּצְפְּנֵ֖הוּ שְׁלֹשָׁ֥ה יְרָחִֽים: וְלֹא־

יָכְלָ֣ה עוֹד֮ הַצְּפִינוֹ֒ וַתִּֽקַּֽח־לוֹ֙ תֵּ֣בַת גֹּ֔מֶא וַתַּחְמְרָ֥ה בַחֵמָ֖ר וּבַזָּ֑פֶת

ד וַתָּ֤שֶׂם בָּהּ֙ אֶת־הַיֶּ֔לֶד וַתָּ֥שֶׂם בַּסּ֖וּף עַל־שְׂפַ֥ת הַיְאֹֽר: וַתֵּתַצַּ֥ב

ה* אֲחֹת֖וֹ מֵֽרָחֹ֑ק לְדֵעָ֕ה מַה־יֵּֽעָשֶׂ֖ה לֽוֹ: וַתֵּ֤רֶד בַּת־פַּרְעֹה֙ לִרְחֹ֣ץ

עַל־הַיְאֹ֔ר וְנַעֲרֹתֶ֥יהָ הֹלְכֹ֖ת עַל־יַ֣ד הַיְאֹ֑ר וַתֵּ֤רֶא אֶת־הַתֵּבָה֙

בְּת֣וֹךְ הַסּ֔וּף וַתִּשְׁלַ֥ח אֶת־אֲמָתָ֖הּ וַתִּקָּחֶֽהָ: וַתִּפְתַּח֙ וַתִּרְאֵ֣הוּ

ו אֶת־הַיֶּ֔לֶד וְהִנֵּה־נַ֖עַר בֹּכֶ֑ה וַתַּחְמֹ֣ל עָלָ֔יו וַתֹּ֕אמֶר מִיַּלְדֵ֥י

ז הָֽעִבְרִ֖ים זֶֽה: וַתֹּ֣אמֶר אֲחֹתוֹ֮ אֶל־בַּת־פַּרְעֹה֒ הַאֵלֵ֗ךְ וְקָרָ֤אתִי

לָךְ֙ אִשָּׁ֣ה מֵינֶ֔קֶת מִ֖ן הָעִבְרִיֹּ֑ת וְתֵינִ֥ק לָ֖ךְ אֶת־הַיָּֽלֶד: וַתֹּֽאמֶר־

ח לָ֥הּ בַּת־פַּרְעֹ֖ה לֵ֑כִי וַתֵּ֨לֶךְ֙ הָֽעַלְמָ֔ה וַתִּקְרָ֖א אֶת־אֵ֥ם הַיָּֽלֶד:

ט וַתֹּ֧אמֶר לָ֣הּ בַּת־פַּרְעֹ֗ה הֵילִ֜יכִי אֶת־הַיֶּ֤לֶד הַזֶּה֙ וְהֵֽינִקִ֣הוּ לִ֔י

י וַֽאֲנִ֖י אֶתֵּ֣ן אֶת־שְׂכָרֵ֑ךְ וַתִּקַּ֧ח הָאִשָּׁ֛ה הַיֶּ֖לֶד וַתְּנִיקֵֽהוּ: וַיִּגְדַּ֣ל הַיֶּ֗לֶד

וַתְּבִאֵ֙הוּ֙ לְבַת־פַּרְעֹ֔ה וַֽיְהִי־לָ֖הּ לְבֵ֑ן וַתִּקְרָ֤א שְׁמוֹ֙ מֹשֶׁ֔ה וַתֹּ֕אמֶר

יא שלישי כִּ֥י מִן־הַמַּ֖יִם מְשִׁיתִֽהוּ: וַיְהִ֣י ׀ בַּיָּמִ֣ים הָהֵ֗ם וַיִּגְדַּ֤ל מֹשֶׁה֙ וַיֵּצֵ֣א

אֶל־אֶחָ֔יו וַיַּ֖רְא בְּסִבְלֹתָ֑ם וַיַּרְא֙ אִ֣ישׁ מִצְרִ֔י מַכֶּ֥ה אִישׁ־עִבְרִ֖י

יב מֵֽאֶחָֽיו: וַיִּ֤פֶן כֹּה֙ וָכֹ֔ה וַיַּ֖רְא כִּ֣י אֵ֣ין אִ֑ישׁ וַיַּ֙ךְ֙ אֶת־הַמִּצְרִ֔י

יג וַֽיִּטְמְנֵ֖הוּ בַּחֽוֹל: וַיֵּצֵא֙ בַּיּ֣וֹם הַשֵּׁנִ֔י וְהִנֵּ֛ה שְׁנֵֽי־אֲנָשִׁ֥ים עִבְרִ֖ים

יד נִצִּ֑ים וַיֹּ֙אמֶר֙ לָ֣רָשָׁ֔ע לָ֥מָּה תַכֶּ֖ה רֵעֶֽךָ: וַ֠יֹּאמֶר מִ֣י שָֽׂמְךָ֞ לְאִ֣ישׁ

שַׂ֤ר וְשֹׁפֵט֙ עָלֵ֔ינוּ הַלְהׇרְגֵ֙נִי֙ אַתָּ֣ה אֹמֵ֔ר כַּאֲשֶׁ֥ר הָרַ֖גְתָּ אֶת־

טו הַמִּצְרִ֑י וַיִּירָ֤א מֹשֶׁה֙ וַיֹּאמַ֔ר אָכֵ֖ן נוֹדַ֣ע הַדָּבָֽר: וַיִּשְׁמַ֣ע פַּרְעֹ֗ה

אֶת־הַדָּבָ֣ר הַזֶּ֔ה וַיְבַקֵּ֖שׁ לַהֲרֹ֣ג אֶת־מֹשֶׁ֑ה וַיִּבְרַ֤ח מֹשֶׁה֙ מִפְּנֵ֣י

טז פַרְעֹ֔ה וַיֵּ֥שֶׁב בְּאֶֽרֶץ־מִדְיָ֖ן וַיֵּ֥שֶׁב עַֽל־הַבְּאֵֽר: וּלְכֹהֵ֥ן מִדְיָ֖ן שֶׁ֣בַע

בָּנ֑וֹת וַתָּבֹ֣אנָה וַתִּדְלֶ֗נָה וַתְּמַלֶּ֙אנָה֙ אֶת־הָ֣רְהָטִ֔ים לְהַשְׁק֖וֹת

יז צֹ֥אן אֲבִיהֶֽן: וַיָּבֹ֥אוּ הָרֹעִ֖ים וַיְגָרְשׁ֑וּם וַיָּ֤קׇם מֹשֶׁה֙ וַיּ֣וֹשִׁעָ֔ן וַיַּ֖שְׁקְ

יח* אֶת־צֹאנָֽם: וַתָּבֹ֕אנָה אֶל־רְעוּאֵ֖ל אֲבִיהֶ֑ן וַיֹּ֕אמֶר מַדּ֛וּעַ מִֽהַרְתֶּ֥ן

יט בֹּ֖א הַיּֽוֹם: וַתֹּאמַ֕רְןָ אִ֣ישׁ מִצְרִ֔י הִצִּילָ֖נוּ מִיַּ֣ד הָרֹעִ֑ים וְגַם־דָּלֹ֤ה

ואלה שמות בני ישראל הבאים מצרימה את יעקב איש
וביתו באו ראובן שמעון לוי ויהודה יששכר זבולן ובנימן
דן ונפתלי גד ואשר ויהי כל נפש יצאי ירך יעקב שבעים
נפש ויוסף היה במצרים וימת יוסף וכל אחיו וכל הדור
ההוא ובני ישראל פרו וישרצו וירבו ויעצמו במאד מאד
ותמלא הארץ אתם

ויקם מלך חדש על מצרים אשר לא ידע את יוסף ויאמר
אל עמו הנה עם בני ישראל רב ועצום ממנו הבה נתחכמה
לו פן ירבה והיה כי תקראנה מלחמה ונוסף גם הוא על
שנאינו ונלחם בנו ועלה מן הארץ וישימו עליו שרי מסים
למען ענתו בסבלתם ויבן ערי מסכנות לפרעה את פתם
ואת רעמסס וכאשר יענו אתו כן ירבה וכן יפרץ ויקצו
מפני בני ישראל ויעבדו מצרים את בני ישראל בפרך
וימררו את חייהם בעבדה קשה בחמר ובלבנים ובכל
עבדה בשדה את כל עבדתם אשר עבדו בהם בפרך
ויאמר מלך מצרים למילדת העברית אשר שם האחת שפרה
ושם השנית פועה ויאמר בילדכן את העבריות וראיתן על
האבנים אם בן הוא והמתן אתו ואם בת הוא וחיה ותיראן
המילדת את האלהים ולא עשו כאשר דבר אליהן מלך
מצרים ותחיין את הילדים ויקרא מלך מצרים למילדת
ויאמר להן מדוע עשיתן הדבר הזה ותחיין את הילדים
ותאמרן המילדת אל פרעה כי לא כנשים המצרית העברית
כי חיות הנה בטרם תבוא אלהן המילדת וילדו וייטב
אלהים למילדת וירב העם ויעצמו מאד ויהי כי יראו
המילדת את האלהים ויעש להם בתים ויצו פרעה לכל
עמו לאמר כל הבן הילוד היארה תשליכהו וכל הבת
תחיון

א וְאֵ֗לֶּה שְׁמוֹת֙ בְּנֵ֣י יִשְׂרָאֵ֔ל הַבָּאִ֖ים מִצְרָ֑יְמָה אֵ֣ת יַעֲקֹ֔ב אִ֥ישׁ

ב וּבֵיתֽוֹ בָּֽאוּ: רְאוּבֵ֣ן שִׁמְע֔וֹן לֵוִ֖י וִיהוּדָֽה: יִשָּׂשכָ֥ר זְבוּלֻ֖ן וּבִנְיָמִֽן:

ד דָּ֥ן וְנַפְתָּלִ֖י גָּ֥ד וְאָשֵֽׁר: וַֽיְהִ֗י כָּל־נֶ֛פֶשׁ יֹצְאֵ֥י יֶֽרֶךְ־יַעֲקֹ֖ב שִׁבְעִ֣ים

ו נָ֑פֶשׁ וְיוֹסֵ֖ף הָיָ֥ה בְמִצְרָֽיִם: וַיָּ֤מָת יוֹסֵף֙ וְכָל־אֶחָ֔יו וְכֹ֖ל הַדּ֥וֹר

ז הַהֽוּא: וּבְנֵ֣י יִשְׂרָאֵ֗ל פָּר֧וּ וַֽיִּשְׁרְצ֛וּ וַיִּרְבּ֥וּ וַיַּֽעַצְמ֖וּ בִּמְאֹ֣ד מְאֹ֑ד

וַתִּמָּלֵ֥א הָאָ֖רֶץ אֹתָֽם:

ח וַיָּ֥קָם מֶֽלֶךְ־חָדָ֖שׁ עַל־מִצְרָ֑יִם אֲשֶׁ֥ר לֹֽא־יָדַ֖ע אֶת־יוֹסֵֽף: וַיֹּ֖אמֶר

י אֶל־עַמּ֑וֹ הִנֵּ֗ה עַ֚ם בְּנֵ֣י יִשְׂרָאֵ֔ל רַ֥ב וְעָצ֖וּם מִמֶּֽנּוּ: הָ֥בָה נִֽתְחַכְּמָ֖ה

ל֑וֹ פֶּן־יִרְבֶּ֗ה וְהָיָ֞ה כִּֽי־תִקְרֶ֤אנָה מִלְחָמָה֙ וְנוֹסַ֤ף גַּם־הוּא֙ עַל־

יא שֹׂ֣נְאֵ֔ינוּ וְנִלְחַם־בָּ֖נוּ וְעָלָ֥ה מִן־הָאָֽרֶץ: וַיָּשִׂ֤ימוּ עָלָיו֙ שָׂרֵ֣י מִסִּ֔ים

לְמַ֥עַן עַנֹּת֖וֹ בְּסִבְלֹתָ֑ם וַיִּ֜בֶן עָרֵ֤י מִסְכְּנוֹת֙ לְפַרְעֹ֔ה אֶת־פִּתֹ֖ם

יב וְאֶת־רַעַמְסֵֽס: וְכַאֲשֶׁר֙ יְעַנּ֣וּ אֹת֔וֹ כֵּ֥ן יִרְבֶּ֖ה וְכֵ֣ן יִפְרֹ֑ץ וַיָּקֻ֕צוּ

יג מִפְּנֵ֖י בְּנֵ֥י יִשְׂרָאֵֽל: וַיַּעֲבִ֧דוּ מִצְרַ֛יִם אֶת־בְּנֵ֥י יִשְׂרָאֵ֖ל בְּפָֽרֶךְ:

יד וַיְמָרְר֨וּ אֶת־חַיֵּיהֶ֜ם בַּעֲבֹדָ֣ה קָשָׁ֗ה בְּחֹ֙מֶר֙ וּבִלְבֵנִ֔ים וּבְכָל־

עֲבֹדָ֖ה בַּשָּׂדֶ֑ה אֵ֚ת כָּל־עֲבֹ֣דָתָ֔ם אֲשֶׁר־עָבְד֥וּ בָהֶ֖ם בְּפָֽרֶךְ:

טו וַיֹּ֙אמֶר֙ מֶ֣לֶךְ מִצְרַ֔יִם לַֽמְיַלְּדֹ֖ת הָֽעִבְרִיֹּ֑ת אֲשֶׁ֨ר שֵׁ֤ם הָֽאַחַת֙ שִׁפְרָ֔ה

טז וְשֵׁ֥ם הַשֵּׁנִ֖ית פּוּעָֽה: וַיֹּ֗אמֶר בְּיַלֶּדְכֶן֙ אֶת־הָֽעִבְרִיּ֔וֹת וּרְאִיתֶ֖ן עַל־

יז הָאָבְנָ֑יִם אִם־בֵּ֥ן הוּא֙ וַהֲמִתֶּ֣ן אֹת֔וֹ וְאִם־בַּ֥ת הִ֖וא וָחָֽיָה: וַתִּירֶ֤אןָ

הַֽמְיַלְּדֹת֙ אֶת־הָ֣אֱלֹהִ֔ים וְלֹ֣א עָשׂ֔וּ כַּאֲשֶׁ֛ר דִּבֶּ֥ר אֲלֵיהֶ֖ן מֶ֣לֶךְ

יח מִצְרָ֑יִם וַתְּחַיֶּ֖יןָ אֶת־הַיְלָדִֽים: שני וַיִּקְרָ֤א מֶֽלֶךְ־מִצְרַ֙יִם֙ לַֽמְיַלְּדֹ֔ת

וַיֹּ֣אמֶר לָהֶ֔ן מַדּ֥וּעַ עֲשִׂיתֶ֖ן הַדָּבָ֣ר הַזֶּ֑ה וַתְּחַיֶּ֖יןָ אֶת־הַיְלָדִֽים:

יט וַתֹּאמַ֤רְןָ הַֽמְיַלְּדֹת֙ אֶל־פַּרְעֹ֔ה כִּ֣י לֹ֧א כַנָּשִׁ֛ים הַמִּצְרִיֹּ֖ת הָֽעִבְרִיֹּ֑ת

כ כִּֽי־חָי֣וֹת הֵ֔נָּה בְּטֶ֨רֶם תָּב֧וֹא אֲלֵהֶ֛ן הַֽמְיַלֶּ֖דֶת וְיָלָֽדוּ: וַיֵּ֥יטֶב

כא אֱלֹהִ֖ים לַֽמְיַלְּדֹ֑ת וַיִּ֧רֶב הָעָ֛ם וַיַּֽעַצְמ֖וּ מְאֹֽד: וַיְהִ֕י כִּֽי־יָרְא֥וּ

כב הַֽמְיַלְּדֹ֖ת אֶת־הָאֱלֹהִ֑ים וַיַּ֥עַשׂ לָהֶ֖ם בָּתִּֽים: וַיְצַ֣ו פַּרְעֹ֔ה לְכָל־

עַמּ֖וֹ לֵאמֹ֑ר כָּל־הַבֵּ֣ן הַיִּלּ֗וֹד הַיְאֹ֙רָה֙ תַּשְׁלִיכֻ֔הוּ וְכָל־הַבַּ֖ת

תְּחַיּֽוּן:

לפשע עבדי אלהי אביך ויבך יוסף בדברם אליו וילכו גם
אחיו ויפלו לפניו ויאמרו הננו לך לעבדים ויאמר אלהם
יוסף אל תיראו כי התחת אלהים אני ואתם חשבתם עלי
רעה אלהים חשבה לטבה למען עשה כיום הזה להחית
עם רב ועתה אל תיראו אנכי אכלכל אתכם ואת טפכם
וינחם אותם וידבר על לבם וישב יוסף במצרים הוא ובית
אביו ויחי יוסף מאה ועשר שנים וירא יוסף לאפרים בני
שלשים גם בני מכיר בן מנשה ילדו על ברכי יוסף ויאמר
יוסף אל אחיו אנכי מת ואלהים פקד יפקד אתכם והעלה
אתכם מן הארץ הזאת אל הארץ אשר נשבע לאברהם
ליצחק וליעקב וישבע יוסף את בני ישראל לאמר פקד
יפקד אלהים אתכם והעלתם את עצמתי מזה וימת יוסף
בן מאה ועשר שנים ויחנטו אתו ויישם בארון במצרים

יח לְפֶשַׁע עַבְדֵי אֱלֹהֵי אָבִיךָ וַיֵּבְךְּ יוֹסֵף בְּדַבְּרָם אֵלָיו: וַיֵּלְכוּ גַּם־
יט אֶחָיו וַיִּפְּלוּ לְפָנָיו וַיֹּאמְרוּ הִנֶּנּוּ לְךָ לַעֲבָדִים: וַיֹּאמֶר אֲלֵהֶם
כ יוֹסֵף אַל־תִּירָאוּ כִּי הֲתַחַת אֱלֹהִים אָנִי: וְאַתֶּם חֲשַׁבְתֶּם עָלַי
רָעָה אֱלֹהִים חֲשָׁבָהּ לְטֹבָה לְמַעַן עֲשֹׂה כַּיּוֹם הַזֶּה לְהַחֲיֹת
כא עַם־רָב: וְעַתָּה אַל־תִּירָאוּ אָנֹכִי אֲכַלְכֵּל אֶתְכֶם וְאֶת־טַפְּכֶם שביעי
כב וַיְנַחֵם אוֹתָם וַיְדַבֵּר עַל־לִבָּם: וַיֵּשֶׁב יוֹסֵף בְּמִצְרַיִם הוּא וּבֵית
כג אָבִיו וַיְחִי יוֹסֵף מֵאָה וָעֶשֶׂר שָׁנִים: וַיַּרְא יוֹסֵף לְאֶפְרַיִם בְּנֵי מפטיר
כד שִׁלֵּשִׁים גַּם בְּנֵי מָכִיר בֶּן־מְנַשֶּׁה יֻלְּדוּ עַל־בִּרְכֵּי יוֹסֵף: וַיֹּאמֶר
יוֹסֵף אֶל־אֶחָיו אָנֹכִי מֵת וֵאלֹהִים פָּקֹד יִפְקֹד אֶתְכֶם וְהֶעֱלָה
אֶתְכֶם מִן־הָאָרֶץ הַזֹּאת אֶל־הָאָרֶץ אֲשֶׁר נִשְׁבַּע לְאַבְרָהָם
כה לְיִצְחָק וּלְיַעֲקֹב: וַיַּשְׁבַּע יוֹסֵף אֶת־בְּנֵי יִשְׂרָאֵל לֵאמֹר פָּקֹד
כו יִפְקֹד אֱלֹהִים אֶתְכֶם וְהַעֲלִתֶם אֶת־עַצְמֹתַי מִזֶּה: וַיָּמָת יוֹסֵף
בֶּן־מֵאָה וָעֶשֶׂר שָׁנִים וַיַּחַנְטוּ אֹתוֹ וַיִּישֶׂם בָּאָרוֹן בְּמִצְרָיִם:

והמערה אשר בו מאת בני חת ויכל יעקב לצות את
בניו ויאסף רגליו אל המטה ויגוע ויאסף אל עמיו ויפל
יוסף על פני אביו ויבך עליו וישק לו ויצו יוסף את
עבדיו את הרפאים לחנט את אביו ויחנטו הרפאים את
ישראל וימלאו לו ארבעים יום כי כן ימלאו ימי החנטים
ויבכו אתו מצרים שבעים יום ויעברו ימי בכיתו וידבר
יוסף אל בית פרעה לאמר אם נא מצאתי חן בעיניכם
דברו נא באזני פרעה לאמר אבי השביעני לאמר הנה
אנכי מת בקברי אשר כריתי לי בארץ כנען שמה תקברני
ועתה אעלה נא ואקברה את אבי ואשובה ויאמר פרעה
עלה וקבר את אביך כאשר השביעך ויעל יוסף לקבר
את אביו ויעלו אתו כל עבדי פרעה זקני ביתו וכל זקני
ארץ מצרים וכל בית יוסף ואחיו ובית אביו רק טפם וצאנם
ובקרם עזבו בארץ גשן ויעל עמו גם רכב גם פרשים ויהי
המחנה כבד מאד ויבאו עד גרן האטד אשר בעבר הירדן
ויספדו שם מספד גדול וכבד מאד ויעש לאביו אבל שבעת
ימים וירא יושב הארץ הכנעני את האבל בגרן האטד
ויאמרו אבל כבד זה למצרים על כן קרא שמה אבל מצרים
אשר בעבר הירדן ויעשו בניו לו כן כאשר צום וישאו
אתו בניו ארצה כנען ויקברו אתו במערת שדה המכפלה
אשר קנה אברהם את השדה לאחזת קבר מאת עפרן
החתי על פני ממרא וישב יוסף מצרימה הוא ואחיו וכל
העלים אתו לקבר את אביו אחרי קברו את אביו ויראו
אחי יוסף כי מת אביהם ויאמרו לו ישטמנו יוסף והשב
ישיב לנו את כל הרעה אשר גמלנו אתו ויצוו אל יוסף
לאמר אביך צוה לפני מותו לאמר כה תאמרו ליוסף אנא
שא נא פשע אחיך וחטאתם כי רעה גמלוך ועתה שא נא

לג וְהַמְּעָרָ֛ה אֲשֶׁר־בּ֖וֹ מֵאֵ֥ת בְּנֵי־חֵֽת׃ וַיְכַ֤ל יַעֲקֹב֙ לְצַוֺּ֣ת אֶת־ ★
נ א בָּנָ֔יו וַיֶּאֱסֹ֥ף רַגְלָ֖יו אֶל־הַמִּטָּ֑ה וַיִּגְוַ֖ע וַיֵּאָ֥סֶף אֶל־עַמָּֽיו׃ וַיִּפֹּ֥ל
ב יוֹסֵ֖ף עַל־פְּנֵ֣י אָבִ֑יו וַיֵּ֥בְךְּ עָלָ֖יו וַיִּשַּׁק־לֽוֹ׃ וַיְצַ֨ו יוֹסֵ֤ף אֶת־
עֲבָדָיו֙ אֶת־הָרֹ֣פְאִ֔ים לַחֲנֹ֖ט אֶת־אָבִ֑יו וַיַּחַנְט֥וּ הָרֹפְאִ֖ים אֶת־
ג יִשְׂרָאֵֽל׃ וַיִּמְלְאוּ־לוֹ֙ אַרְבָּעִ֣ים י֔וֹם כִּ֛י כֵּ֥ן יִמְלְא֖וּ יְמֵ֣י הַחֲנֻטִ֑ים
ד וַיִּבְכּ֥וּ אֹת֛וֹ מִצְרַ֖יִם שִׁבְעִ֥ים יֽוֹם׃ וַיַּֽעַבְרוּ֙ יְמֵ֣י בְכִית֔וֹ וַיְדַבֵּ֣ר
יוֹסֵ֔ף אֶל־בֵּ֥ית פַּרְעֹ֖ה לֵאמֹ֑ר אִם־נָ֨א מָצָ֤אתִי חֵן֙ בְּעֵ֣ינֵיכֶ֔ם
ה דַּבְּרוּ־נָ֕א בְּאָזְנֵ֥י פַרְעֹ֖ה לֵאמֹֽר׃ אָבִ֞י הִשְׁבִּיעַ֣נִי לֵאמֹ֗ר הִנֵּ֣ה
אָנֹכִי֮ מֵת֒ בְּקִבְרִ֗י אֲשֶׁ֨ר כָּרִ֤יתִי לִי֙ בְּאֶ֣רֶץ כְּנַ֔עַן שָׁ֖מָּה תִּקְבְּרֵ֑נִי
ו וְעַתָּ֗ה אֶֽעֱלֶה־נָּ֛א וְאֶקְבְּרָ֥ה אֶת־אָבִ֖י וְאָשֽׁוּבָה׃ וַיֹּ֖אמֶר פַּרְעֹ֑ה
ז עֲלֵ֛ה וּקְבֹ֥ר אֶת־אָבִ֖יךָ כַּאֲשֶׁ֥ר הִשְׁבִּיעֶֽךָ׃ וַיַּ֥עַל יוֹסֵ֖ף לִקְבֹּ֣ר
אֶת־אָבִ֑יו וַֽיַּעֲל֨וּ אִתּ֜וֹ כָּל־עַבְדֵ֤י פַרְעֹה֙ זִקְנֵ֣י בֵית֔וֹ וְכֹ֖ל זִקְנֵ֥י
ח אֶֽרֶץ־מִצְרָֽיִם׃ וְכֹל֙ בֵּ֣ית יוֹסֵ֔ף וְאֶחָ֖יו וּבֵ֣ית אָבִ֑יו רַ֗ק טַפָּם֙ וְצֹאנָ֣ם
ט וּבְקָרָ֔ם עָזְב֖וּ בְּאֶ֥רֶץ גֹּֽשֶׁן׃ וַיַּ֣עַל עִמּ֔וֹ גַּם־רֶ֖כֶב גַּם־פָּֽרָשִׁ֑ים וַיְהִ֥י ★
י הַֽמַּחֲנֶ֖ה כָּבֵ֥ד מְאֹֽד׃ וַיָּבֹ֜אוּ עַד־גֹּ֣רֶן הָאָטָ֗ד אֲשֶׁר֙ בְּעֵ֣בֶר הַיַּרְדֵּ֔ן
וַיִּ֨סְפְּדוּ־שָׁ֔ם מִסְפֵּ֛ד גָּד֥וֹל וְכָבֵ֖ד מְאֹ֑ד וַיַּ֧עַשׂ לְאָבִ֛יו אֵ֖בֶל שִׁבְעַ֥ת
יא יָמִֽים׃ וַיַּ֡רְא יוֹשֵׁב֩ הָאָ֨רֶץ הַֽכְּנַעֲנִ֜י אֶת־הָאֵ֗בֶל בְּגֹ֙רֶן֙ הָֽאָטָ֔ד
וַיֹּ֣אמְר֔וּ אֵֽבֶל־כָּבֵ֥ד זֶ֖ה לְמִצְרָ֑יִם עַל־כֵּ֞ן קָרָ֤א שְׁמָהּ֙ אָבֵ֣ל מִצְרַ֔יִם
יב יג אֲשֶׁ֖ר בְּעֵ֥בֶר הַיַּרְדֵּֽן׃ וַיַּעֲשׂ֥וּ בָנָ֖יו ל֑וֹ כֵּ֖ן כַּאֲשֶׁ֥ר צִוָּֽם׃ וַיִּשְׂא֨וּ
אֹת֤וֹ בָנָיו֙ אַ֣רְצָה כְּנַ֔עַן וַיִּקְבְּר֣וּ אֹת֔וֹ בִּמְעָרַ֖ת שְׂדֵ֣ה הַמַּכְפֵּלָ֑ה
אֲשֶׁ֣ר קָנָה֩ אַבְרָהָ֨ם אֶת־הַשָּׂדֶ֜ה לַאֲחֻזַּת־קֶ֗בֶר מֵאֵ֛ת עֶפְרֹ֥ן
יד הַחִתִּ֖י עַל־פְּנֵ֥י מַמְרֵֽא׃ וַיָּ֨שָׁב יוֹסֵ֤ף מִצְרַ֙יְמָה֙ ה֣וּא וְאֶחָ֔יו וְכָל־ ★
טו הָעֹלִ֥ים אִתּ֖וֹ לִקְבֹּ֣ר אֶת־אָבִ֑יו אַחֲרֵ֖י קָבְר֥וֹ אֶת־אָבִֽיו׃ וַיִּרְא֤וּ
אֲחֵֽי־יוֹסֵף֙ כִּי־מֵ֣ת אֲבִיהֶ֔ם וַיֹּ֣אמְר֔וּ ל֥וּ יִשְׂטְמֵ֖נוּ יוֹסֵ֑ף וְהָשֵׁ֤ב
טז יָשִׁיב֙ לָ֔נוּ אֵ֚ת כָּל־הָ֣רָעָ֔ה אֲשֶׁ֥ר גָּמַ֖לְנוּ אֹתֽוֹ׃ וַיְצַוּ֕וּ אֶל־יוֹסֵ֖ף
יז לֵאמֹ֑ר אָבִ֣יךָ צִוָּ֔ה לִפְנֵ֥י מוֹת֖וֹ לֵאמֹֽר׃ כֹּֽה־תֹאמְר֣וּ לְיוֹסֵ֗ף אָ֣נָּ֡א
שָׂ֣א נָ֠א פֶּ֣שַׁע אַחֶ֤יךָ וְחַטָּאתָם֙ כִּי־רָעָ֣ה גְמָל֔וּךָ וְעַתָּה֙ שָׂ֣א נָ֔א

ולשרקה בני אתנו כבס ביין לבשו ובדם ענבים סותה
חכלילי עינים מיין ולבן שנים מחלב
זבולן לחוף ימים ישכן והוא לחוף אנית וירכתו על צידן
יששכר חמר גרם רבץ בין המשפתים וירא מנחה כי
טוב ואת הארץ כי נעמה ויט שכמו לסבל ויהי למס
עבד דן ידין עמו כאחד שבטי ישראל
יהי דן נחש עלי דרך שפיפן עלי ארח הנשך עקבי סוס
ויפל רכבו אחור לישועתך קויתי יהוה גד
גדוד יגודנו והוא יגד עקב מאשר שמנה לחמו
והוא יתן מעדני מלך נפתלי אילה שלחה
הנתן אמרי שפר בן פרת יוסף בן פרת
עלי עין בנות צעדה עלי שור וימררהו ורבו וישטמהו
בעלי חצים ותשב באיתן קשתו ויפזו זרעי ידיו מידי
אביר יעקב משם רעה אבן ישראל מאל אביך ויעזרך
ואת שדי ויברכך ברכת שמים מעל ברכת תהום רבצת
תחת ברכת שדים ורחם ברכת אביך גברו על ברכת הורי
עד תאות גבעת עולם תהיין לראש יוסף ולקדקד נזיר
אחיו
בנימין זאב יטרף בבקר יאכל עד ולערב יחלק שלל כל
אלה שבטי ישראל שנים עשר וזאת אשר דבר להם אביהם
ויברך אותם איש אשר כברכתו ברך אתם ויצו אותם
ויאמר אלהם אני נאסף אל עמי קברו אתי אל אבתי אל
המערה אשר בשדה עפרון החתי במערה אשר בשדה
המכפלה אשר על פני ממרא בארץ כנען אשר קנה
אברהם את השדה מאת עפרן החתי לאחזת קבר שמה
קברו את אברהם ואת שרה אשתו שמה קברו את יצחק
ואת רבקה אשתו ושמה קברתי את לאה מקנה השדה

וְלַשֹּׂרֵקָה בְּנִי אֲתֹנוֹ כִּבֵּס בַּיַּיִן לְבֻשׁוֹ וּבְדַם־עֲנָבִים סוּתֹה׃
יב חַכְלִילִי עֵינַיִם מִיָּיִן וּלְבֶן־שִׁנַּיִם מֵחָלָב׃
יג* זְבוּלֻן לְחוֹף יַמִּים יִשְׁכֹּן וְהוּא לְחוֹף אֳנִיֹּת וְיַרְכָתוֹ עַל־צִידֹן׃ ★
יד טו יִשָּׂשכָר חֲמֹר גָּרֶם רֹבֵץ בֵּין הַמִּשְׁפְּתָיִם׃ וַיַּרְא מְנֻחָה כִּי
טוֹב וְאֶת־הָאָרֶץ כִּי נָעֵמָה וַיֵּט שִׁכְמוֹ לִסְבֹּל וַיְהִי לְמַס־
טז עֹבֵד׃ דָּן יָדִין עַמּוֹ כְּאַחַד שִׁבְטֵי יִשְׂרָאֵל׃
יז יְהִי־דָן נָחָשׁ עֲלֵי־דֶרֶךְ שְׁפִיפֹן עֲלֵי־אֹרַח הַנֹּשֵׁךְ עִקְּבֵי־סוּס
יח יט וַיִּפֹּל רֹכְבוֹ אָחוֹר׃ לִישׁוּעָתְךָ קִוִּיתִי יהוה׃ גָּד חמישי
כ גְּדוּד יְגוּדֶנּוּ וְהוּא יָגֻד עָקֵב׃ מֵאָשֵׁר שְׁמֵנָה לַחְמוֹ
כא וְהוּא יִתֵּן מַעֲדַנֵּי־מֶלֶךְ׃ נַפְתָּלִי אַיָּלָה שְׁלֻחָה
כב הַנֹּתֵן אִמְרֵי־שָׁפֶר׃ בֵּן פֹּרָת יוֹסֵף בֵּן פֹּרָת
כג עֲלֵי־עָיִן בָּנוֹת צָעֲדָה עֲלֵי־שׁוּר׃ וַיְמָרְרֻהוּ וָרֹבּוּ וַיִּשְׂטְמֻהוּ
כד בַּעֲלֵי חִצִּים׃ וַתֵּשֶׁב בְּאֵיתָן קַשְׁתּוֹ וַיָּפֹזּוּ זְרֹעֵי יָדָיו מִידֵי
כה אֲבִיר יַעֲקֹב מִשָּׁם רֹעֶה אֶבֶן יִשְׂרָאֵל׃ מֵאֵל אָבִיךָ וְיַעְזְרֶךָּ
וְאֵת שַׁדַּי וִיבָרְכֶךָּ בִּרְכֹת שָׁמַיִם מֵעָל בִּרְכֹת תְּהוֹם רֹבֶצֶת
כו תָּחַת בִּרְכֹת שָׁדַיִם וָרָחַם׃ בִּרְכֹת אָבִיךָ גָּבְרוּ עַל־בִּרְכֹת הוֹרַי
עַד־תַּאֲוַת גִּבְעֹת עוֹלָם תִּהְיֶיןָ לְרֹאשׁ יוֹסֵף וּלְקָדְקֹד נְזִיר
אֶחָיו׃
כז* כח בִּנְיָמִין זְאֵב יִטְרָף בַּבֹּקֶר יֹאכַל עַד וְלָעֶרֶב יְחַלֵּק שָׁלָל׃ כָּל־ ששי
אֵלֶּה שִׁבְטֵי יִשְׂרָאֵל שְׁנֵים עָשָׂר וְזֹאת אֲשֶׁר־דִּבֶּר לָהֶם אֲבִיהֶם
כט וַיְבָרֶךְ אוֹתָם אִישׁ אֲשֶׁר כְּבִרְכָתוֹ בֵּרַךְ אֹתָם׃ וַיְצַו אוֹתָם
וַיֹּאמֶר אֲלֵהֶם אֲנִי נֶאֱסָף אֶל־עַמִּי קִבְרוּ אֹתִי אֶל־אֲבֹתָי אֶל־
ל הַמְּעָרָה אֲשֶׁר בִּשְׂדֵה עֶפְרוֹן הַחִתִּי׃ בַּמְּעָרָה אֲשֶׁר בִּשְׂדֵה
הַמַּכְפֵּלָה אֲשֶׁר־עַל־פְּנֵי מַמְרֵא בְּאֶרֶץ כְּנָעַן אֲשֶׁר קָנָה
לא אַבְרָהָם אֶת־הַשָּׂדֶה מֵאֵת עֶפְרֹן הַחִתִּי לַאֲחֻזַּת־קָבֶר׃ שָׁמָּה
קָבְרוּ אֶת־אַבְרָהָם וְאֵת שָׂרָה אִשְׁתּוֹ שָׁמָּה קָבְרוּ אֶת־יִצְחָק
לב וְאֵת רִבְקָה אִשְׁתּוֹ וְשָׁמָּה קָבַרְתִּי אֶת־לֵאָה׃ מִקְנֵה הַשָּׂדֶה

ויצחק האלהים הרעה אתי מעודי עד היום הזה המלאך
הגאל אתי מכל רע יברך את הנערים ויקרא בהם שמי
ושם אבתי אברהם ויצחק וידגו לרב בקרב הארץ וירא
יוסף כי ישית אביו יד ימינו על ראש אפרים וירע בעיניו
ויתמך יד אביו להסיר אתה מעל ראש אפרים על ראש
מנשה ויאמר יוסף אל אביו לא כן אבי כי זה הבכר שים
ימינך על ראשו וימאן אביו ויאמר ידעתי בני ידעתי גם
הוא יהיה לעם וגם הוא יגדל ואולם אחיו הקטן יגדל ממנו
וזרעו יהיה מלא הגוים ויברכם ביום ההוא לאמור בך
יברך ישראל לאמר ישמך אלהים כאפרים וכמנשה וישם
את אפרים לפני מנשה ויאמר ישראל אל יוסף הנה
אנכי מת והיה אלהים עמכם והשיב אתכם אל ארץ
אבתיכם ואני נתתי לך שכם אחד על אחיך אשר לקחתי
מיד האמרי בחרבי ובקשתי

ויקרא יעקב אל בניו ויאמר האספו ואגידה לכם את אשר
יקרא אתכם באחרית הימים הקבצו ושמעו בני יעקב
ושמעו אל ישראל אביכם ראובן בכרי אתה כחי וראשית
אוני יתר שאת ויתר עז פחז כמים אל תותר כי עלית
משכבי אביך אז חללת יצועי עלה

שמעון ולוי אחים כלי חמס מכרתיהם בסדם אל תבא
נפשי בקהלם אל תחד כבדי כי באפם הרגו איש וברצנם
עקרו שור ארור אפם כי עז ועברתם כי קשתה אחלקם
ביעקב ואפיצם בישראל

יהודה אתה יודוך אחיך ידך בערף איביך ישתחוו לך בני
אביך גור אריה יהודה מטרף בני עלית כרע רבץ כאריה
וכלביא מי יקימנו לא יסור שבט מיהודה ומחקק מבין
רגליו עד כי יבא שילה ולו יקהת עמים אסרי לגפן עירה

טז וְיִצְחָ֔ק הָאֱלֹהִים֙ הָרֹעֶ֣ה אֹתִ֔י מֵעוֹדִ֖י עַד־הַיּ֥וֹם הַזֶּֽה׃ הַמַּלְאָךְ֩
הַגֹּאֵ֨ל אֹתִ֜י מִכָּל־רָ֗ע יְבָרֵךְ֮ אֶת־הַנְּעָרִים֒ וְיִקָּרֵ֤א בָהֶם֙ שְׁמִ֔י
יז וְשֵׁ֥ם אֲבֹתַ֖י אַבְרָהָ֣ם וְיִצְחָ֑ק וְיִדְגּ֥וּ לָרֹ֖ב בְּקֶ֥רֶב הָאָֽרֶץ׃ וַיַּ֣רְא שלישי
יוֹסֵ֗ף כִּֽי־יָשִׁ֨ית אָבִ֧יו יַד־יְמִינ֛וֹ עַל־רֹ֥אשׁ אֶפְרַ֖יִם וַיֵּ֣רַע בְּעֵינָ֑יו
וַיִּתְמֹ֣ךְ יַד־אָבִ֗יו לְהָסִ֥יר אֹתָ֛הּ מֵעַ֥ל רֹאשׁ־אֶפְרַ֖יִם עַל־רֹ֥אשׁ
יח מְנַשֶּֽׁה׃ וַיֹּ֧אמֶר יוֹסֵ֛ף אֶל־אָבִ֖יו לֹא־כֵ֣ן אָבִ֑י כִּי־זֶ֣ה הַבְּכֹ֔ר שִׂ֥ים
יט יְמִֽינְךָ֖ עַל־רֹאשֽׁוֹ׃ וַיְמָאֵ֣ן אָבִ֗יו וַיֹּ֙אמֶר֙ יָדַ֤עְתִּֽי בְנִי֙ יָדַ֔עְתִּי גַּם־
ה֥וּא יִהְיֶה־לְּעָ֖ם וְגַם־ה֣וּא יִגְדָּ֑ל וְאוּלָ֗ם אָחִ֤יו הַקָּטֹן֙ יִגְדַּ֣ל מִמֶּ֔נּוּ
כ וְזַרְע֖וֹ יִהְיֶ֥ה מְלֹֽא־הַגּוֹיִֽם׃ וַיְבָרְכֵ֞ם בַּיּ֣וֹם הַהוּא֮ לֵאמוֹר֒ בְּךָ֗ ✶
יְבָרֵ֤ךְ יִשְׂרָאֵל֙ לֵאמֹ֔ר יְשִֽׂמְךָ֣ אֱלֹהִ֔ים כְּאֶפְרַ֖יִם וְכִמְנַשֶּׁ֑ה וַיָּ֥שֶׂם
כא אֶת־אֶפְרַ֖יִם לִפְנֵ֥י מְנַשֶּֽׁה׃ וַיֹּ֤אמֶר יִשְׂרָאֵל֙ אֶל־יוֹסֵ֔ף הִנֵּ֥ה
אָנֹכִ֖י מֵ֑ת וְהָיָ֤ה אֱלֹהִים֙ עִמָּכֶ֔ם וְהֵשִׁ֣יב אֶתְכֶ֔ם אֶל־אֶ֖רֶץ
כב אֲבֹתֵיכֶֽם׃ וַאֲנִ֞י נָתַ֧תִּי לְךָ֛ שְׁכֶ֥ם אַחַ֖ד עַל־אַחֶ֑יךָ אֲשֶׁ֤ר לָקַ֙חְתִּי֙
מִיַּ֣ד הָֽאֱמֹרִ֔י בְּחַרְבִּ֖י וּבְקַשְׁתִּֽי׃

מט א וַיִּקְרָ֥א יַעֲקֹ֖ב אֶל־בָּנָ֑יו וַיֹּ֗אמֶר הֵאָֽסְפוּ֙ וְאַגִּ֣ידָה לָכֶ֔ם אֵ֛ת אֲשֶׁר־ מג רביעי
ב יִקְרָ֥א אֶתְכֶ֖ם בְּאַחֲרִ֥ית הַיָּמִֽים׃ הִקָּבְצ֥וּ וְשִׁמְע֖וּ בְּנֵ֣י יַעֲקֹ֑ב
ג וְשִׁמְע֖וּ אֶל־יִשְׂרָאֵ֥ל אֲבִיכֶֽם׃ רְאוּבֵן֙ בְּכֹ֣רִי אַ֔תָּה כֹּחִ֖י וְרֵאשִׁ֣ית
ד אוֹנִ֑י יֶ֥תֶר שְׂאֵ֖ת וְיֶ֥תֶר עָֽז׃ פַּ֤חַז כַּמַּ֙יִם֙ אַל־תּוֹתַ֔ר כִּ֥י עָלִ֖יתָ
מִשְׁכְּבֵ֣י אָבִ֑יךָ אָ֥ז חִלַּ֖לְתָּ יְצוּעִ֥י עָלָֽה׃
ה ו שִׁמְע֥וֹן וְלֵוִ֖י אַחִ֑ים כְּלֵ֥י חָמָ֖ס מְכֵרֹתֵיהֶֽם׃ בְּסֹדָם֙ אַל־תָּבֹ֣א
נַפְשִׁ֔י בִּקְהָלָ֖ם אַל־תֵּחַ֣ד כְּבֹדִ֑י כִּ֤י בְאַפָּם֙ הָ֣רְגוּ אִ֔ישׁ וּבִרְצֹנָ֖ם
ז עִקְּרוּ־שֽׁוֹר׃ אָר֤וּר אַפָּם֙ כִּ֣י עָ֔ז וְעֶבְרָתָ֖ם כִּ֣י קָשָׁ֑תָה אֲחַלְּקֵ֣ם
בְּיַעֲקֹ֔ב וַאֲפִיצֵ֖ם בְּיִשְׂרָאֵֽל׃
ח יְהוּדָ֗ה אַתָּה֙ יוֹד֣וּךָ אַחֶ֔יךָ יָדְךָ֖ בְּעֹ֣רֶף אֹיְבֶ֑יךָ יִשְׁתַּחֲוּ֥וּ לְךָ֖ בְּנֵ֥י
ט אָבִֽיךָ׃ גּ֤וּר אַרְיֵה֙ יְהוּדָ֔ה מִטֶּ֖רֶף בְּנִ֣י עָלִ֑יתָ כָּרַ֨ע רָבַ֧ץ כְּאַרְיֵ֛ה
י וּכְלָבִ֖יא מִ֥י יְקִימֶֽנּוּ׃ לֹֽא־יָס֥וּר שֵׁ֙בֶט֙ מִֽיהוּדָ֔ה וּמְחֹקֵ֖ק מִבֵּ֣ין
יא רַגְלָ֑יו עַ֚ד כִּֽי־יָבֹ֣א שִׁילֹ֔ה וְל֖וֹ יִקְּהַ֥ת עַמִּֽים׃ אֹסְרִ֤י לַגֶּ֙פֶן֙ עִירֹ֔ה

ועשית עמדי חסד ואמת אל נא תקברני במצרים ושכבתי
עם אבתי ונשאתני ממצרים וקברתני בקברתם ויאמר
אנכי אעשה כדברך ויאמר השבעה לי וישבע לו וישתחו
ישראל על ראש המטה

ויהי אחרי הדברים האלה ויאמר ליוסף הנה אביך חלה
ויקח את שני בניו עמו את מנשה ואת אפרים ויגד ליעקב
ויאמר הנה בנך יוסף בא אליך ויתחזק ישראל וישב על
המטה ויאמר יעקב אל יוסף אל שדי נראה אלי בלוז
בארץ כנען ויברך אתי ויאמר אלי הנני מפרך והרביתך
ונתתיך לקהל עמים ונתתי את הארץ הזאת לזרעך אחריך
אחזת עולם ועתה שני בניך הנולדים לך בארץ מצרים עד
באי אליך מצרימה לי הם אפרים ומנשה כראובן ושמעון
יהיו לי ומולדתך אשר הולדת אחריהם לך יהיו על שם
אחיהם יקראו בנחלתם ואני בבאי מפדן מתה עלי רחל
בארץ כנען בדרך בעוד כברת ארץ לבא אפרתה ואקברה
שם בדרך אפרת הוא בית לחם וירא ישראל את בני
יוסף ויאמר מי אלה ויאמר יוסף אל אביו בני הם אשר
נתן לי אלהים בזה ויאמר קחם נא אלי ואברכם ועיני
ישראל כבדו מזקן לא יוכל לראות ויגש אתם אליו וישק
להם ויחבק להם ויאמר ישראל אל יוסף ראה פניך לא
פללתי והנה הראה אתי אלהים גם את זרעך ויוצא יוסף
אתם מעם ברכיו וישתחו לאפיו ארצה ויקח יוסף את
שניהם את אפרים בימינו משמאל ישראל ואת מנשה
בשמאלו מימין ישראל ויגש אליו וישלח ישראל את
ימינו וישת על ראש אפרים והוא הצעיר ואת שמאלו על
ראש מנשה שכל את ידיו כי מנשה הבכור ויברך את
יוסף ויאמר האלהים אשר התהלכו אבתי לפניו אברהם

ל ועשית עמדי חסד ואמת אל־נא תקברני במצרים: ושכבתי
עם־אבתי ונשאתני ממצרים וקברתני בקברתם ויאמר
לא אנכי אעשה כדברך: ויאמר השבעה לי וישבע לו וישתחו
ישראל על־ראש המטה:
מח א ויהי אחרי הדברים האלה ויאמר ליוסף הנה אביך חלה מב ✶
ב ויקח את־שני בניו עמו את־מנשה ואת־אפרים: ויגד ליעקב
ויאמר הנה בנך יוסף בא אליך ויתחזק ישראל וישב על־
ג המטה: ויאמר יעקב אל־יוסף אל שדי נראה־אלי בלוז
ד בארץ כנען ויברך אתי: ויאמר אלי הנני מפרך והרביתך ✶
ונתתיך לקהל עמים ונתתי את־הארץ הזאת לזרעך אחריך
ה אחזת עולם: ועתה שני־בניך הנולדים לך בארץ מצרים עד־
באי אליך מצרימה לי־הם אפרים ומנשה כראובן ושמעון
ו יהיו־לי: ומולדתך אשר־הולדת אחריהם לך יהיו על שם
ז אחיהם יקראו בנחלתם: ואני | בבאי מפדן מתה עלי רחל
בארץ כנען בדרך בעוד כברת־ארץ לבא אפרתה ואקברה
ח שם בדרך אפרת הוא בית לחם: וירא ישראל את־בני
ט יוסף ויאמר מי־אלה: ויאמר יוסף אל־אביו בני הם אשר־
י נתן־לי אלהים בזה ויאמר קחם־נא אלי ואברכם: ועיני שני
ישראל כבדו מזקן לא יוכל לראות ויגש אתם אליו וישק
יא להם ויחבק להם: ויאמר ישראל אל־יוסף ראה פניך לא
יב פללתי והנה הראה אתי אלהים גם את־זרעך: ויוצא יוסף
יג אתם מעם ברכיו וישתחו לאפיו ארצה: ויקח יוסף את־ ✶
שניהם את־אפרים בימינו משמאל ישראל ואת־מנשה
יד בשמאלו מימין ישראל ויגש אליו: וישלח ישראל את־
ימינו וישת על־ראש אפרים והוא הצעיר ואת־שמאלו על־
טו ראש מנשה שכל את־ידיו כי מנשה הבכור: ויברך את־
יוסף ויאמר האלהים אשר התהלכו אבתי לפניו אברהם

מצרים אל יוסף לאמר הבה לנו לחם ולמה נמות נגדך כי
אפס כסף ויאמר יוסף הבו מקניכם ואתנה לכם במקניכם
אם אפס כסף ויביאו את מקניהם אל יוסף ויתן להם יוסף
לחם בסוסים ובמקנה הצאן ובמקנה הבקר ובחמרים וינהלם
בלחם בכל מקנהם בשנה ההוא ותתם השנה ההוא ויבאו
אליו בשנה השנית ויאמרו לו לא נכחד מאדני כי אם תם
הכסף ומקנה הבהמה אל אדני לא נשאר לפני אדני בלתי
אם גויתנו ואדמתנו למה נמות לעיניך גם אנחנו גם
אדמתנו קנה אתנו ואת אדמתנו בלחם ונהיה אנחנו
ואדמתנו עבדים לפרעה ותן זרע ונחיה ולא נמות והאדמה
לא תשם ויקן יוסף את כל אדמת מצרים לפרעה כי
מכרו מצרים איש שדהו כי חזק עלהם הרעב ותהי הארץ
לפרעה ואת העם העביר אתו לערים מקצה גבול מצרים
ועד קצהו רק אדמת הכהנים לא קנה כי חק לכהנים מאת
פרעה ואכלו את חקם אשר נתן להם פרעה על כן לא
מכרו את אדמתם ויאמר יוסף אל העם הן קניתי אתכם
היום ואת אדמתכם לפרעה הא לכם זרע וזרעתם את
האדמה והיה בתבואת ונתתם חמישית לפרעה וארבע
הידת יהיה לכם לזרע השדה ולאכלכם ולאשר בבתיכם
ולאכל לטפכם ויאמרו החיתנו נמצא חן בעיני אדני והיינו
עבדים לפרעה וישם אתה יוסף לחק עד היום הזה על
אדמת מצרים לפרעה לחמש רק אדמת הכהנים לבדם לא
היתה לפרעה וישב ישראל בארץ מצרים בארץ גשן
ויאחזו בה ויפרו וירבו מאד ויחי יעקב בארץ מצרים שבע
עשרה שנה ויהי ימי יעקב שני חייו שבע שנים וארבעים
ומאת שנה ויקרבו ימי ישראל למות ויקרא לבנו ליוסף
ויאמר לו אם נא מצאתי חן בעיניך שים נא ידך תחת ירכי

מִצְרַיִם אֶל־יוֹסֵף לֵאמֹר הָבָה־לָּנוּ לֶחֶם וְלָמָּה נָמוּת נֶגְדֶּךָ כִּי
טז אָפֵס כָּסֶף׃ וַיֹּאמֶר יוֹסֵף הָבוּ מִקְנֵיכֶם וְאֶתְּנָה לָכֶם בְּמִקְנֵיכֶם
יז אִם־אָפֵס כָּסֶף׃ וַיָּבִיאוּ אֶת־מִקְנֵיהֶם אֶל־יוֹסֵף וַיִּתֵּן לָהֶם יוֹסֵף
לֶחֶם בַּסּוּסִים וּבְמִקְנֵה הַצֹּאן וּבְמִקְנֵה הַבָּקָר וּבַחֲמֹרִים וַיְנַהֲלֵם
יח בַּלֶּחֶם בְּכָל־מִקְנֵהֶם בַּשָּׁנָה הַהִוא׃ וַתִּתֹּם הַשָּׁנָה הַהִוא וַיָּבֹאוּ ★
אֵלָיו בַּשָּׁנָה הַשֵּׁנִית וַיֹּאמְרוּ לוֹ לֹא־נְכַחֵד מֵאֲדֹנִי כִּי אִם־תַּם
הַכֶּסֶף וּמִקְנֵה הַבְּהֵמָה אֶל־אֲדֹנִי לֹא נִשְׁאַר לִפְנֵי אֲדֹנִי בִּלְתִּי
יט אִם־גְּוִיָּתֵנוּ וְאַדְמָתֵנוּ׃ לָמָּה נָמוּת לְעֵינֶיךָ גַּם־אֲנַחְנוּ גַּם־
אַדְמָתֵנוּ קְנֵה־אֹתָנוּ וְאֶת־אַדְמָתֵנוּ בַּלָּחֶם וְנִהְיֶה אֲנַחְנוּ
וְאַדְמָתֵנוּ עֲבָדִים לְפַרְעֹה וְתֶן־זֶרַע וְנִחְיֶה וְלֹא נָמוּת וְהָאֲדָמָה
כ לֹא תֵשָׁם׃ וַיִּקֶן יוֹסֵף אֶת־כָּל־אַדְמַת מִצְרַיִם לְפַרְעֹה כִּי־ ★
מָכְרוּ מִצְרַיִם אִישׁ שָׂדֵהוּ כִּי־חָזַק עֲלֵהֶם הָרָעָב וַתְּהִי הָאָרֶץ
כא לְפַרְעֹה׃ וְאֶת־הָעָם הֶעֱבִיר אֹתוֹ לֶעָרִים מִקְצֵה גְבוּל־מִצְרַיִם
כב וְעַד־קָצֵהוּ׃ רַק אַדְמַת הַכֹּהֲנִים לֹא קָנָה כִּי חֹק לַכֹּהֲנִים מֵאֵת
פַּרְעֹה וְאָכְלוּ אֶת־חֻקָּם אֲשֶׁר נָתַן לָהֶם פַּרְעֹה עַל־כֵּן לֹא
כג מָכְרוּ אֶת־אַדְמָתָם׃ וַיֹּאמֶר יוֹסֵף אֶל־הָעָם הֵן קָנִיתִי אֶתְכֶם
הַיּוֹם וְאֶת־אַדְמַתְכֶם לְפַרְעֹה הֵא־לָכֶם זֶרַע וּזְרַעְתֶּם אֶת־
כד הָאֲדָמָה׃ וְהָיָה בַּתְּבוּאֹת וּנְתַתֶּם חֲמִישִׁית לְפַרְעֹה וְאַרְבַּע
הַיָּדֹת יִהְיֶה לָכֶם לְזֶרַע הַשָּׂדֶה וּלְאָכְלְכֶם וְלַאֲשֶׁר בְּבָתֵּיכֶם
כה וְלֶאֱכֹל לְטַפְּכֶם׃ וַיֹּאמְרוּ הֶחֱיִתָנוּ נִמְצָא־חֵן בְּעֵינֵי אֲדֹנִי וְהָיִינוּ מפטיר ★
כו עֲבָדִים לְפַרְעֹה׃ וַיָּשֶׂם אֹתָהּ יוֹסֵף לְחֹק עַד־הַיּוֹם הַזֶּה עַל־
אַדְמַת מִצְרַיִם לְפַרְעֹה לַחֹמֶשׁ רַק אַדְמַת הַכֹּהֲנִים לְבַדָּם לֹא
כז הָיְתָה לְפַרְעֹה׃ וַיֵּשֶׁב יִשְׂרָאֵל בְּאֶרֶץ מִצְרַיִם בְּאֶרֶץ גֹּשֶׁן
כח וַיֵּאָחֲזוּ בָהּ וַיִּפְרוּ וַיִּרְבּוּ מְאֹד׃ וַיְחִי יַעֲקֹב בְּאֶרֶץ מִצְרַיִם שְׁבַע ויחי
עֶשְׂרֵה שָׁנָה וַיְהִי יְמֵי־יַעֲקֹב שְׁנֵי חַיָּיו שֶׁבַע שָׁנִים וְאַרְבָּעִים
כט וּמְאַת שָׁנָה׃ וַיִּקְרְבוּ יְמֵי־יִשְׂרָאֵל לָמוּת וַיִּקְרָא ׀ לִבְנוֹ לְיוֹסֵף
וַיֹּאמֶר לוֹ אִם־נָא מָצָאתִי חֵן בְּעֵינֶיךָ שִׂים־נָא יָדְךָ תַּחַת יְרֵכִי

כי אנשי מקנה היו וצאנם ובקרם וכל אשר להם הביאו
והיה כי יקרא לכם פרעה ואמר מה מעשיכם ואמרתם
אנשי מקנה היו עבדיך מנעורינו ועד עתה גם אנחנו גם
אבתינו בעבור תשבו בארץ גשן כי תועבת מצרים כל
רעה צאן ויבא יוסף ויגד לפרעה ויאמר אבי ואחי וצאנם
ובקרם וכל אשר להם באו מארץ כנען והנם בארץ גשן
ומקצה אחיו לקח חמשה אנשים ויצגם לפני פרעה ויאמר
פרעה אל אחיו מה מעשיכם ויאמרו אל פרעה רעה צאן
עבדיך גם אנחנו גם אבותינו ויאמרו אל פרעה לגור
בארץ באנו כי אין מרעה לצאן אשר לעבדיך כי כבד
הרעב בארץ כנען ועתה ישבו נא עבדיך בארץ גשן
ויאמר פרעה אל יוסף לאמר אביך ואחיך באו אליך ארץ
מצרים לפניך הוא במיטב הארץ הושב את אביך ואת
אחיך ישבו בארץ גשן ואם ידעת ויש בם אנשי חיל ושמתם
שרי מקנה על אשר לי ויבא יוסף את יעקב אביו ויעמדהו
לפני פרעה ויברך יעקב את פרעה ויאמר פרעה אל יעקב
כמה ימי שני חייך ויאמר יעקב אל פרעה ימי שני מגורי
שלשים ומאת שנה מעט ורעים היו ימי שני חיי ולא השיגו
את ימי שני חיי אבתי בימי מגוריהם ויברך יעקב את
פרעה ויצא מלפני פרעה ויושב יוסף את אביו ואת אחיו
ויתן להם אחזה בארץ מצרים במיטב הארץ בארץ רעמסס
כאשר צוה פרעה ויכלכל יוסף את אביו ואת אחיו ואת
כל בית אביו לחם לפי הטף ולחם אין בכל הארץ כי
כבד הרעב מאד ותלה ארץ מצרים וארץ כנען מפני הרעב
וילקט יוסף את כל הכסף הנמצא בארץ מצרים ובארץ
כנען בשבר אשר הם שברים ויבא יוסף את הכסף ביתה
פרעה ויתם הכסף מארץ מצרים ומארץ כנען ויבאו כל

כִּי־אַנְשֵׁי מִקְנֶה הָיוּ וְצֹאנָם וּבְקָרָם וְכָל־אֲשֶׁר לָהֶם הֵבִיאוּ׃
לג לד וְהָיָה כִּי־יִקְרָא לָכֶם פַּרְעֹה וְאָמַר מַה־מַּעֲשֵׂיכֶם׃ וַאֲמַרְתֶּם ★
אַנְשֵׁי מִקְנֶה הָיוּ עֲבָדֶיךָ מִנְּעוּרֵינוּ וְעַד־עַתָּה גַּם־אֲנַחְנוּ גַּם־
אֲבֹתֵינוּ בַּעֲבוּר תֵּשְׁבוּ בְּאֶרֶץ גֹּשֶׁן כִּי־תוֹעֲבַת מִצְרַיִם כָּל־
מז א רֹעֵה צֹאן׃ וַיָּבֹא יוֹסֵף וַיַּגֵּד לְפַרְעֹה וַיֹּאמֶר אָבִי וְאַחַי וְצֹאנָם
וּבְקָרָם וְכָל־אֲשֶׁר לָהֶם בָּאוּ מֵאֶרֶץ כְּנָעַן וְהִנָּם בְּאֶרֶץ גֹּשֶׁן׃
ב ג וּמִקְצֵה אֶחָיו לָקַח חֲמִשָּׁה אֲנָשִׁים וַיַּצִּגֵם לִפְנֵי פַרְעֹה׃ וַיֹּאמֶר
פַּרְעֹה אֶל־אֶחָיו מַה־מַּעֲשֵׂיכֶם וַיֹּאמְרוּ אֶל־פַּרְעֹה רֹעֵה צֹאן
ד עֲבָדֶיךָ גַּם־אֲנַחְנוּ גַּם־אֲבוֹתֵינוּ׃ וַיֹּאמְרוּ אֶל־פַּרְעֹה לָגוּר
בָּאָרֶץ בָּאנוּ כִּי־אֵין מִרְעֶה לַצֹּאן אֲשֶׁר לַעֲבָדֶיךָ כִּי־כָבֵד
הָרָעָב בְּאֶרֶץ כְּנָעַן וְעַתָּה יֵשְׁבוּ־נָא עֲבָדֶיךָ בְּאֶרֶץ גֹּשֶׁן׃
ה ו וַיֹּאמֶר פַּרְעֹה אֶל־יוֹסֵף לֵאמֹר אָבִיךָ וְאַחֶיךָ בָּאוּ אֵלֶיךָ׃ אֶרֶץ ★
מִצְרַיִם לְפָנֶיךָ הִוא בְּמֵיטַב הָאָרֶץ הוֹשֵׁב אֶת־אָבִיךָ וְאֶת־
אַחֶיךָ יֵשְׁבוּ בְּאֶרֶץ גֹּשֶׁן וְאִם־יָדַעְתָּ וְיֶשׁ־בָּם אַנְשֵׁי־חַיִל וְשַׂמְתָּם
ז שָׂרֵי מִקְנֶה עַל־אֲשֶׁר־לִי׃ וַיָּבֵא יוֹסֵף אֶת־יַעֲקֹב אָבִיו וַיַּעֲמִדֵהוּ
ח לִפְנֵי פַרְעֹה וַיְבָרֶךְ יַעֲקֹב אֶת־פַּרְעֹה׃ וַיֹּאמֶר פַּרְעֹה אֶל־יַעֲקֹב
ט כַּמָּה יְמֵי שְׁנֵי חַיֶּיךָ׃ וַיֹּאמֶר יַעֲקֹב אֶל־פַּרְעֹה יְמֵי שְׁנֵי מְגוּרַי
שְׁלֹשִׁים וּמְאַת שָׁנָה מְעַט וְרָעִים הָיוּ יְמֵי שְׁנֵי חַיַּי וְלֹא הִשִּׂיגוּ
י אֶת־יְמֵי שְׁנֵי חַיֵּי אֲבֹתַי בִּימֵי מְגוּרֵיהֶם׃ וַיְבָרֶךְ יַעֲקֹב אֶת־
יא פַּרְעֹה וַיֵּצֵא מִלִּפְנֵי פַרְעֹה׃ וַיּוֹשֵׁב יוֹסֵף אֶת־אָבִיו וְאֶת־אֶחָיו שביעי
וַיִּתֵּן לָהֶם אֲחֻזָּה בְּאֶרֶץ מִצְרַיִם בְּמֵיטַב הָאָרֶץ בְּאֶרֶץ רַעְמְסֵס
יב כַּאֲשֶׁר צִוָּה פַרְעֹה׃ וַיְכַלְכֵּל יוֹסֵף אֶת־אָבִיו וְאֶת־אֶחָיו וְאֵת
יג כָּל־בֵּית אָבִיו לֶחֶם לְפִי הַטָּף׃ וְלֶחֶם אֵין בְּכָל־הָאָרֶץ כִּי־
כָבֵד הָרָעָב מְאֹד וַתֵּלַהּ אֶרֶץ מִצְרַיִם וְאֶרֶץ כְּנַעַן מִפְּנֵי הָרָעָב׃
יד וַיְלַקֵּט יוֹסֵף אֶת־כָּל־הַכֶּסֶף הַנִּמְצָא בְאֶרֶץ־מִצְרַיִם וּבְאֶרֶץ
כְּנַעַן בַּשֶּׁבֶר אֲשֶׁר־הֵם שֹׁבְרִים וַיָּבֵא יוֹסֵף אֶת־הַכֶּסֶף בֵּיתָה
טו פַרְעֹה׃ וַיִּתֹּם הַכֶּסֶף מֵאֶרֶץ מִצְרַיִם וּמֵאֶרֶץ כְּנַעַן וַיָּבֹאוּ כָל־ ★

ובני ראובן חנוך ופלוא וחצרן וכרמי ובני שמעון ימואל
וימין ואהד ויכין וצחר ושאול בן הכנענית ובני לוי גרשון
קהת ומררי ובני יהודה ער ואונן ושלה ופרץ וזרח וימת
ער ואונן בארץ כנען ויהיו בני פרץ חצרן וחמול ובני
יששכר תולע ופוה ויוב ושמרן ובני זבלון סרד ואלון ויחלאל
אלה בני לאה אשר ילדה ליעקב בפדן ארם ואת דינה
בתו כל נפש בניו ובנותיו שלשים ושלש ובני גד צפיון
וחגי שוני ואצבן ערי וארודי ואראלי ובני אשר ימנה וישוה
וישוי ובריעה ושרח אחתם ובני בריעה חבר ומלכיאל אלה
בני זלפה אשר נתן לבן ללאה בתו ותלד את אלה ליעקב
שש עשרה נפש בני רחל אשת יעקב יוסף ובנימן ויולד
ליוסף בארץ מצרים אשר ילדה לו אסנת בת פוטי פרע
כהן און את מנשה ואת אפרים ובני בנימן בלע ובכר
ואשבל גרא ונעמן אחי וראש מפים וחפים וארד אלה בני
רחל אשר ילד ליעקב כל נפש ארבעה עשר ובני דן חשים
ובני נפתלי יחצאל וגוני ויצר ושלם אלה בני בלהה אשר
נתן לבן לרחל בתו ותלד את אלה ליעקב כל נפש שבעה
כל הנפש הבאה ליעקב מצרימה יצאי ירכו מלבד נשי
בני יעקב כל נפש ששים ושש ובני יוסף אשר ילד לו
במצרים נפש שנים כל הנפש לבית יעקב הבאה מצרימה
שבעים ואת יהודה שלח לפניו אל יוסף להורת
לפניו גשנה ויבאו ארצה גשן ויאסר יוסף מרכבתו ויעל
לקראת ישראל אביו גשנה וירא אליו ויפל על צואריו ויבך
על צואריו עוד ויאמר ישראל אל יוסף אמותה הפעם
אחרי ראותי את פניך כי עודך חי ויאמר יוסף אל אחיו
ואל בית אביו אעלה ואגידה לפרעה ואמרה אליו אחי
ובית אבי אשר בארץ כנען באו אלי והאנשים רעי צאן

ט י וּבְנֵי רְאוּבֵן חֲנוֹךְ וּפַלּוּא וְחֶצְרֹן וְכַרְמִי: וּבְנֵי שִׁמְעוֹן יְמוּאֵל
יא וְיָמִין וְאֹהַד וְיָכִין וְצֹחַר וְשָׁאוּל בֶּן־הַכְּנַעֲנִית: וּבְנֵי לֵוִי גֵּרְשׁוֹן
יב קְהָת וּמְרָרִי: וּבְנֵי יְהוּדָה עֵר וְאוֹנָן וְשֵׁלָה וָפֶרֶץ וָזָרַח וַיָּמָת
יג עֵר וְאוֹנָן בְּאֶרֶץ כְּנַעַן וַיִּהְיוּ בְנֵי־פֶרֶץ חֶצְרֹן וְחָמוּל: וּבְנֵי
יד יִשָּׂשכָר תּוֹלָע וּפֻוָּה וְיוֹב וְשִׁמְרֹן: וּבְנֵי זְבֻלוּן סֶרֶד וְאֵלוֹן וְיַחְלְאֵל:
טו אֵלֶּה ׀ בְּנֵי לֵאָה אֲשֶׁר יָלְדָה לְיַעֲקֹב בְּפַדַּן אֲרָם וְאֵת דִּינָה
טז בִתּוֹ כָּל־נֶפֶשׁ בָּנָיו וּבְנוֹתָיו שְׁלֹשִׁים וְשָׁלֹשׁ: וּבְנֵי גָד צִפְיוֹן *
יז וְחַגִּי שׁוּנִי וְאֶצְבֹּן עֵרִי וַאֲרוֹדִי וְאַרְאֵלִי: וּבְנֵי אָשֵׁר יִמְנָה וְיִשְׁוָה
יח וְיִשְׁוִי וּבְרִיעָה וְשֶׂרַח אֲחֹתָם וּבְנֵי בְרִיעָה חֶבֶר וּמַלְכִּיאֵל: אֵלֶּה
בְּנֵי זִלְפָּה אֲשֶׁר־נָתַן לָבָן לְלֵאָה בִתּוֹ וַתֵּלֶד אֶת־אֵלֶּה לְיַעֲקֹב
יט כ שֵׁשׁ עֶשְׂרֵה נָפֶשׁ: *בְּנֵי רָחֵל אֵשֶׁת יַעֲקֹב יוֹסֵף וּבִנְיָמִן: וַיִּוָּלֵד *
לְיוֹסֵף בְּאֶרֶץ מִצְרַיִם אֲשֶׁר יָלְדָה־לּוֹ אָסְנַת בַּת־פּוֹטִי פֶרַע
כא כֹּהֵן אֹן אֶת־מְנַשֶּׁה וְאֶת־אֶפְרָיִם: וּבְנֵי בִנְיָמִן בֶּלַע וָבֶכֶר
כב וְאַשְׁבֵּל גֵּרָא וְנַעֲמָן אֵחִי וָרֹאשׁ מֻפִּים וְחֻפִּים וָאָרְדְּ: אֵלֶּה בְּנֵי
כג רָחֵל אֲשֶׁר יֻלַּד לְיַעֲקֹב כָּל־נֶפֶשׁ אַרְבָּעָה עָשָׂר: *וּבְנֵי־דָן חֻשִׁים: *
כד כה וּבְנֵי נַפְתָּלִי יַחְצְאֵל וְגוּנִי וְיֵצֶר וְשִׁלֵּם: אֵלֶּה בְּנֵי בִלְהָה אֲשֶׁר־
נָתַן לָבָן לְרָחֵל בִּתּוֹ וַתֵּלֶד אֶת־אֵלֶּה לְיַעֲקֹב כָּל־נֶפֶשׁ שִׁבְעָה:
כו כָּל־הַנֶּפֶשׁ הַבָּאָה לְיַעֲקֹב מִצְרַיְמָה יֹצְאֵי יְרֵכוֹ מִלְּבַד נְשֵׁי
כז בְנֵי־יַעֲקֹב כָּל־נֶפֶשׁ שִׁשִּׁים וָשֵׁשׁ: וּבְנֵי יוֹסֵף אֲשֶׁר־יֻלַּד־לוֹ
בְמִצְרַיִם נֶפֶשׁ שְׁנָיִם כָּל־הַנֶּפֶשׁ לְבֵית־יַעֲקֹב הַבָּאָה מִצְרַיְמָה
כח שִׁבְעִים: וְאֶת־יְהוּדָה שָׁלַח לְפָנָיו אֶל־יוֹסֵף לְהוֹרֹת ששי מא
כט לְפָנָיו גֹּשְׁנָה וַיָּבֹאוּ אַרְצָה גֹּשֶׁן: וַיֶּאְסֹר יוֹסֵף מֶרְכַּבְתּוֹ וַיַּעַל
לִקְרַאת־יִשְׂרָאֵל אָבִיו גֹּשְׁנָה וַיֵּרָא אֵלָיו וַיִּפֹּל עַל־צַוָּארָיו וַיֵּבְךְּ
ל עַל־צַוָּארָיו עוֹד: וַיֹּאמֶר יִשְׂרָאֵל אֶל־יוֹסֵף אָמוּתָה הַפָּעַם
לא אַחֲרֵי רְאוֹתִי אֶת־פָּנֶיךָ כִּי עוֹדְךָ חָי: וַיֹּאמֶר יוֹסֵף אֶל־אֶחָיו
וְאֶל־בֵּית אָבִיו אֶעֱלֶה וְאַגִּידָה לְפַרְעֹה וְאֹמְרָה אֵלָיו אַחַי
לב וּבֵית־אָבִי אֲשֶׁר בְּאֶרֶץ־כְּנַעַן בָּאוּ אֵלָי: וְהָאֲנָשִׁים רֹעֵי צֹאן

את אביכם ואת בתיכם ובאו אלי ואתנה לכם את טוב
ארץ מצרים ואכלו את חלב הארץ ואתה צויתה זאת עשו
קחו לכם מארץ מצרים עגלות לטפכם ולנשיכם ונשאתם
את אביכם ובאתם ועינכם אל תחס על כליכם כי טוב
כל ארץ מצרים לכם הוא ויעשו כן בני ישראל ויתן להם
יוסף עגלות על פי פרעה ויתן להם צדה לדרך לכלם נתן
לאיש חלפות שמלת ולבנימן נתן שלש מאות כסף וחמש
חלפת שמלת ולאביו שלח כזאת עשרה חמרים נשאים
מטוב מצרים ועשר אתנת נשאת בר ולחם ומזון לאביו
לדרך וישלח את אחיו וילכו ויאמר אלהם אל תרגזו
בדרך ויעלו ממצרים ויבאו ארץ כנען אל יעקב אביהם
ויגדו לו לאמר עוד יוסף חי וכי הוא משל בכל ארץ מצרים
ויפג לבו כי לא האמין להם וידברו אליו את כל דברי
יוסף אשר דבר אלהם וירא את העגלות אשר שלח יוסף
לשאת אתו ותחי רוח יעקב אביהם ויאמר ישראל רב עוד
יוסף בני חי אלכה ואראנו בטרם אמות ויסע ישראל וכל
אשר לו ויבא בארה שבע ויזבח זבחים לאלהי אביו יצחק
ויאמר אלהים לישראל במראת הלילה ויאמר יעקב יעקב
ויאמר הנני ויאמר אנכי האל אלהי אביך אל תירא מרדה
מצרימה כי לגוי גדול אשימך שם אנכי ארד עמך מצרימה
ואנכי אעלך גם עלה ויוסף ישית ידו על עיניך ויקם יעקב
מבאר שבע וישאו בני ישראל את יעקב אביהם ואת טפם
ואת נשיהם בעגלות אשר שלח פרעה לשאת אתו ויקחו
את מקניהם ואת רכושם אשר רכשו בארץ כנען ויבאו
מצרימה יעקב וכל זרעו אתו בניו ובני בניו אתו בנתיו ובנות
בניו וכל זרעו הביא אתו מצרימה ואלה שמות
בני ישראל הבאים מצרימה יעקב ובניו בכר יעקב ראובן

אֶת־אֲבִיכֶם וְאֶת־בָּתֵּיכֶם וּבֹאוּ אֵלָי וְאֶתְּנָה לָכֶם אֶת־טוּב
יט אֶרֶץ מִצְרַיִם וְאִכְלוּ אֶת־חֵלֶב הָאָרֶץ׃ וְאַתָּה צֻוֵּיתָה זֹאת עֲשׂוּ רביעי
קְחוּ־לָכֶם מֵאֶרֶץ מִצְרַיִם עֲגָלוֹת לְטַפְּכֶם וְלִנְשֵׁיכֶם וּנְשָׂאתֶם
כ אֶת־אֲבִיכֶם וּבָאתֶם׃ וְעֵינְכֶם אַל־תָּחֹס עַל־כְּלֵיכֶם כִּי־טוּב
כא כָּל־אֶרֶץ מִצְרַיִם לָכֶם הוּא׃ וַיַּעֲשׂוּ־כֵן בְּנֵי יִשְׂרָאֵל וַיִּתֵּן לָהֶם
כב יוֹסֵף עֲגָלוֹת עַל־פִּי פַרְעֹה וַיִּתֵּן לָהֶם צֵדָה לַדָּרֶךְ׃ לְכֻלָּם נָתַן
לָאִישׁ חֲלִפוֹת שְׂמָלֹת וּלְבִנְיָמִן נָתַן שְׁלֹשׁ מֵאוֹת כֶּסֶף וְחָמֵשׁ
כג חֲלִפֹת שְׂמָלֹת׃ וּלְאָבִיו שָׁלַח כְּזֹאת עֲשָׂרָה חֲמֹרִים נֹשְׂאִים ★
מִטּוּב מִצְרָיִם וְעֶשֶׂר אֲתֹנֹת נֹשְׂאֹת בָּר וָלֶחֶם וּמָזוֹן לְאָבִיו
כד לַדָּרֶךְ׃ וַיְשַׁלַּח אֶת־אֶחָיו וַיֵּלֵכוּ וַיֹּאמֶר אֲלֵהֶם אַל־תִּרְגְּזוּ
כה בַּדָּרֶךְ׃ וַיַּעֲלוּ מִמִּצְרָיִם וַיָּבֹאוּ אֶרֶץ כְּנַעַן אֶל־יַעֲקֹב אֲבִיהֶם׃
כו וַיַּגִּדוּ לוֹ לֵאמֹר עוֹד יוֹסֵף חַי וְכִי־הוּא מֹשֵׁל בְּכָל־אֶרֶץ מִצְרָיִם
כז וַיָּפָג לִבּוֹ כִּי לֹא־הֶאֱמִין לָהֶם׃ וַיְדַבְּרוּ אֵלָיו אֵת כָּל־דִּבְרֵי
יוֹסֵף אֲשֶׁר דִּבֶּר אֲלֵהֶם וַיַּרְא אֶת־הָעֲגָלוֹת אֲשֶׁר־שָׁלַח יוֹסֵף
כח לָשֵׂאת אֹתוֹ וַתְּחִי רוּחַ יַעֲקֹב אֲבִיהֶם׃ וַיֹּאמֶר יִשְׂרָאֵל רַב עוֹד־ חמישי
מו א יוֹסֵף בְּנִי חָי אֵלְכָה וְאֶרְאֶנּוּ בְּטֶרֶם אָמוּת׃ וַיִּסַּע יִשְׂרָאֵל וְכָל־
אֲשֶׁר־לוֹ וַיָּבֹא בְּאֵרָה שָּׁבַע וַיִּזְבַּח זְבָחִים לֵאלֹהֵי אָבִיו יִצְחָק׃
ב וַיֹּאמֶר אֱלֹהִים ׀ לְיִשְׂרָאֵל בְּמַרְאֹת הַלַּיְלָה וַיֹּאמֶר יַעֲקֹב ׀ יַעֲקֹב
ג וַיֹּאמֶר הִנֵּנִי׃ וַיֹּאמֶר אָנֹכִי הָאֵל אֱלֹהֵי אָבִיךָ אַל־תִּירָא מֵרְדָה ★
ד מִצְרַיְמָה כִּי־לְגוֹי גָּדוֹל אֲשִׂימְךָ שָׁם׃ אָנֹכִי אֵרֵד עִמְּךָ מִצְרַיְמָה
ה וְאָנֹכִי אַעַלְךָ גַם־עָלֹה וְיוֹסֵף יָשִׁית יָדוֹ עַל־עֵינֶיךָ׃ וַיָּקָם יַעֲקֹב
מִבְּאֵר שָׁבַע וַיִּשְׂאוּ בְנֵי־יִשְׂרָאֵל אֶת־יַעֲקֹב אֲבִיהֶם וְאֶת־טַפָּם
ו וְאֶת־נְשֵׁיהֶם בָּעֲגָלוֹת אֲשֶׁר־שָׁלַח פַּרְעֹה לָשֵׂאת אֹתוֹ׃ וַיִּקְחוּ
אֶת־מִקְנֵיהֶם וְאֶת־רְכוּשָׁם אֲשֶׁר רָכְשׁוּ בְּאֶרֶץ כְּנַעַן וַיָּבֹאוּ
ז מִצְרָיְמָה יַעֲקֹב וְכָל־זַרְעוֹ אִתּוֹ׃ בָּנָיו וּבְנֵי בָנָיו אִתּוֹ בְּנֹתָיו וּבְנוֹת
ח בָּנָיו וְכָל־זַרְעוֹ הֵבִיא אִתּוֹ מִצְרָיְמָה׃ וְאֵלֶּה שְׁמוֹת ★
בְּנֵי־יִשְׂרָאֵל הַבָּאִים מִצְרַיְמָה יַעֲקֹב וּבָנָיו בְּכֹר יַעֲקֹב רְאוּבֵן׃

ישב נא עבדך תחת הנער עבד לאדני והנער יעל עם אחיו
כי איך אעלה אל אבי והנער איננו אתי פן אראה ברע
אשר ימצא את אבי ולא יכל יוסף להתאפק לכל הנצבים
עליו ויקרא הוציאו כל איש מעלי ולא עמד איש אתו
בהתודע יוסף אל אחיו ויתן את קלו בבכי וישמעו מצרים
וישמע בית פרעה ויאמר יוסף אל אחיו אני יוסף העוד
אבי חי ולא יכלו אחיו לענות אתו כי נבהלו מפניו ויאמר
יוסף אל אחיו גשו נא אלי ויגשו ויאמר אני יוסף אחיכם
אשר מכרתם אתי מצרימה ועתה אל תעצבו ואל יחר
בעיניכם כי מכרתם אתי הנה כי למחיה שלחני אלהים
לפניכם כי זה שנתים הרעב בקרב הארץ ועוד חמש שנים
אשר אין חריש וקציר וישלחני אלהים לפניכם לשום לכם
שארית בארץ ולהחיות לכם לפליטה גדלה ועתה לא אתם
שלחתם אתי הנה כי האלהים וישימני לאב לפרעה ולאדון
לכל ביתו ומשל בכל ארץ מצרים מהרו ועלו אל אבי
ואמרתם אליו כה אמר בנך יוסף שמני אלהים לאדון לכל
מצרים רדה אלי אל תעמד וישבת בארץ גשן והיית קרוב
אלי אתה ובניך ובני בניך וצאנך ובקרך וכל אשר לך
וכלכלתי אתך שם כי עוד חמש שנים רעב פן תורש אתה
וביתך וכל אשר לך והנה עיניכם ראות ועיני אחי בנימין
כי פי המדבר אליכם והגדתם לאבי את כל כבודי במצרים
ואת כל אשר ראיתם ומהרתם והורדתם את אבי הנה
ויפל על צוארי בנימן אחיו ויבך ובנימן בכה על צואריו
וינשק לכל אחיו ויבך עלהם ואחרי כן דברו אחיו אתו
והקל נשמע בית פרעה לאמר באו אחי יוסף וייטב בעיני
פרעה ובעיני עבדיו ויאמר פרעה אל יוסף אמר אל אחיך
זאת עשו טענו את בעירכם ולכו באו ארצה כנען וקחו

יֵשֶׁב־נָא עַבְדְּךָ תַּחַת הַנַּעַר עֶבֶד לַאדֹנִי וְהַנַּעַר יַעַל עִם־אֶחָיו׃
לד כִּי־אֵיךְ אֶעֱלֶה אֶל־אָבִי וְהַנַּעַר אֵינֶנּוּ אִתִּי פֶּן אֶרְאֶה בָרָע ★
מה א אֲשֶׁר יִמְצָא אֶת־אָבִי׃ וְלֹא־יָכֹל יוֹסֵף לְהִתְאַפֵּק לְכֹל הַנִּצָּבִים
עָלָיו וַיִּקְרָא הוֹצִיאוּ כָל־אִישׁ מֵעָלָי וְלֹא־עָמַד אִישׁ אִתּוֹ
ב בְּהִתְוַדַּע יוֹסֵף אֶל־אֶחָיו׃ וַיִּתֵּן אֶת־קֹלוֹ בִּבְכִי וַיִּשְׁמְעוּ מִצְרַיִם
ג וַיִּשְׁמַע בֵּית פַּרְעֹה׃ וַיֹּאמֶר יוֹסֵף אֶל־אֶחָיו אֲנִי יוֹסֵף הַעוֹד
ד אָבִי חָי וְלֹא־יָכְלוּ אֶחָיו לַעֲנוֹת אֹתוֹ כִּי נִבְהֲלוּ מִפָּנָיו׃ וַיֹּאמֶר ★
יוֹסֵף אֶל־אֶחָיו גְּשׁוּ־נָא אֵלַי וַיִּגָּשׁוּ וַיֹּאמֶר אֲנִי יוֹסֵף אֲחִיכֶם
ה אֲשֶׁר־מְכַרְתֶּם אֹתִי מִצְרָיְמָה׃ וְעַתָּה ׀ אַל־תֵּעָצְבוּ וְאַל־יִחַר
בְּעֵינֵיכֶם כִּי־מְכַרְתֶּם אֹתִי הֵנָּה כִּי לְמִחְיָה שְׁלָחַנִי אֱלֹהִים
ו לִפְנֵיכֶם׃ כִּי־זֶה שְׁנָתַיִם הָרָעָב בְּקֶרֶב הָאָרֶץ וְעוֹד חָמֵשׁ שָׁנִים
ז אֲשֶׁר אֵין־חָרִישׁ וְקָצִיר׃ וַיִּשְׁלָחֵנִי אֱלֹהִים לִפְנֵיכֶם לָשׂוּם לָכֶם
ח שְׁאֵרִית בָּאָרֶץ וּלְהַחֲיוֹת לָכֶם לִפְלֵיטָה גְּדֹלָה׃ וְעַתָּה לֹא־אַתֶּם שלישי
שְׁלַחְתֶּם אֹתִי הֵנָּה כִּי הָאֱלֹהִים וַיְשִׂימֵנִי לְאָב לְפַרְעֹה וּלְאָדוֹן
ט לְכָל־בֵּיתוֹ וּמֹשֵׁל בְּכָל־אֶרֶץ מִצְרָיִם׃ מַהֲרוּ וַעֲלוּ אֶל־אָבִי
וַאֲמַרְתֶּם אֵלָיו כֹּה אָמַר בִּנְךָ יוֹסֵף שָׂמַנִי אֱלֹהִים לְאָדוֹן לְכָל־
י מִצְרָיִם רְדָה אֵלַי אַל־תַּעֲמֹד׃ וְיָשַׁבְתָּ בְאֶרֶץ־גֹּשֶׁן וְהָיִיתָ קָרוֹב
אֵלַי אַתָּה וּבָנֶיךָ וּבְנֵי בָנֶיךָ וְצֹאנְךָ וּבְקָרְךָ וְכָל־אֲשֶׁר־לָךְ׃
יא וְכִלְכַּלְתִּי אֹתְךָ שָׁם כִּי־עוֹד חָמֵשׁ שָׁנִים רָעָב פֶּן־תִּוָּרֵשׁ אַתָּה
יב וּבֵיתְךָ וְכָל־אֲשֶׁר־לָךְ׃ וְהִנֵּה עֵינֵיכֶם רֹאוֹת וְעֵינֵי אָחִי בִנְיָמִין
יג כִּי־פִי הַמְדַבֵּר אֲלֵיכֶם׃ וְהִגַּדְתֶּם לְאָבִי אֶת־כָּל־כְּבוֹדִי בְּמִצְרַיִם ★
וְאֵת כָּל־אֲשֶׁר רְאִיתֶם וּמִהַרְתֶּם וְהוֹרַדְתֶּם אֶת־אָבִי הֵנָּה׃
יד וַיִּפֹּל עַל־צַוְּארֵי בִנְיָמִן־אָחִיו וַיֵּבְךְּ וּבִנְיָמִן בָּכָה עַל־צַוָּארָיו׃
טו וַיְנַשֵּׁק לְכָל־אֶחָיו וַיֵּבְךְּ עֲלֵהֶם וְאַחֲרֵי כֵן דִּבְּרוּ אֶחָיו אִתּוֹ׃
טז וְהַקֹּל נִשְׁמַע בֵּית פַּרְעֹה לֵאמֹר בָּאוּ אֲחֵי יוֹסֵף וַיִּיטַב בְּעֵינֵי
יז פַרְעֹה וּבְעֵינֵי עֲבָדָיו׃ וַיֹּאמֶר פַּרְעֹה אֶל־יוֹסֵף אֱמֹר אֶל־אַחֶיךָ
יח זֹאת עֲשׂוּ טַעֲנוּ אֶת־בְּעִירְכֶם וּלְכוּ־בֹאוּ אַרְצָה כְּנָעַן׃ וּקְחוּ

וישבו העירה ויבא יהודה ואחיו ביתה יוסף והוא עודנו
שם ויפלו לפניו ארצה ויאמר להם יוסף מה המעשה הזה
אשר עשיתם הלוא ידעתם כי נחש ינחש איש אשר כמני
ויאמר יהודה מה נאמר לאדני מה נדבר ומה נצטדק
האלהים מצא את עון עבדיך הננו עבדים לאדני גם אנחנו
גם אשר נמצא הגביע בידו ויאמר חלילה לי מעשות זאת
האיש אשר נמצא הגביע בידו הוא יהיה לי עבד ואתם
עלו לשלום אל אביכם ויגש אליו יהודה
ויאמר בי אדני ידבר נא עבדך דבר באזני אדני ואל יחר
אפך בעבדך כי כמוך כפרעה אדני שאל את עבדיו לאמר
היש לכם אב או אח ונאמר אל אדני יש לנו אב זקן
וילד זקנים קטן ואחיו מת ויותר הוא לבדו לאמו ואביו
אהבו ותאמר אל עבדיך הורדהו אלי ואשימה עיני עליו
ונאמר אל אדני לא יוכל הנער לעזב את אביו ועזב את
אביו ומת ותאמר אל עבדיך אם לא ירד אחיכם הקטן
אתכם לא תספון לראות פני ויהי כי עלינו אל עבדך אבי
ונגד לו את דברי אדני ויאמר אבינו שבו שברו לנו מעט
אכל ונאמר לא נוכל לרדת אם יש אחינו הקטן אתנו
וירדנו כי לא נוכל לראות פני האיש ואחינו הקטן איננו
אתנו ויאמר עבדך אבי אלינו אתם ידעתם כי שנים ילדה
לי אשתי ויצא האחד מאתי ואמר אך טרף טרף ולא
ראיתיו עד הנה ולקחתם גם את זה מעם פני וקרהו אסון
והורדתם את שיבתי ברעה שאלה ועתה כבאי אל עבדך
אבי והנער איננו אתנו ונפשו קשורה בנפשו והיה כראותו
כי אין הנער ומת והורידו עבדיך את שיבת עבדך אבינו
ביגון שאלה כי עבדך ערב את הנער מעם אבי לאמר
אם לא אביאנו אליך וחטאתי לאבי כל הימים ועתה

יד וישבו העירה: ויבא יהודה ואחיו ביתה יוסף והוא עודנו מפטיר *
טו שם ויפלו לפניו ארצה: ויאמר להם יוסף מה־המעשה הזה
אשר עשיתם הלוא ידעתם כי־נחש ינחש איש אשר כמני:
טז ויאמר יהודה מה־נאמר לאדני מה־נדבר ומה־נצטדק
האלהים מצא את־עון עבדיך הננו עבדים לאדני גם־אנחנו
יז גם אשר־נמצא הגביע בידו: ויאמר חלילה לי מעשות זאת
האיש אשר נמצא הגביע בידו הוא יהיה־לי עבד ואתם
יח עלו לשלום אל־אביכם: ויגש אליו יהודה מ ויגש
ויאמר בי אדני ידבר־נא עבדך דבר באזני אדני ואל־יחר
יט אפך בעבדך כי כמוך כפרעה: אדני שאל את־עבדיו לאמר
כ היש־לכם אב או־אח: ונאמר אל־אדני יש־לנו אב זקן
וילד זקנים קטן ואחיו מת ויותר הוא לבדו לאמו ואביו
כא אהבו: ותאמר אל־עבדיך הורדהו אלי ואשימה עיני עליו: *
כב ונאמר אל־אדני לא־יוכל הנער לעזב את־אביו ועזב את־
כג אביו ומת: ותאמר אל־עבדיך אם־לא ירד אחיכם הקטן
כד אתכם לא תספון לראות פני: ויהי כי עלינו אל־עבדך אבי
כה ונגד־לו את דברי אדני: ויאמר אבינו שבו שברו־לנו מעט־ *
כו אכל: ונאמר לא נוכל לרדת אם־יש אחינו הקטן אתנו
וירדנו כי־לא נוכל לראות פני האיש ואחינו הקטן איננו
כז אתנו: ויאמר עבדך אבי אלינו אתם ידעתם כי שנים ילדה־
כח לי אשתי: ויצא האחד מאתי ואמר אך טרף טרף ולא
כט ראיתיו עד־הנה: ולקחתם גם־את־זה מעם פני וקרהו אסון
ל והורדתם את־שיבתי ברעה שאלה: ועתה כבאי אל־עבדך
לא אבי והנער איננו אתנו ונפשו קשורה בנפשו: והיה כראותו שני
כי־אין הנער ומת והורידו עבדיך את־שיבת עבדך אבינו
לב ביגון שאלה: כי עבדך ערב את־הנער מעם אבי לאמר
לג אם־לא אביאנו אליך וחטאתי לאבי כל־הימים: ועתה

עודנו חי ויקדו וישתחו וישא עיניו וירא את בנימין אחיו
בן אמו ויאמר הזה אחיכם הקטן אשר אמרתם אלי ויאמר
אלהים יחנך בני וימהר יוסף כי נכמרו רחמיו אל אחיו
ויבקש לבכות ויבא החדרה ויבך שמה וירחץ פניו ויצא
ויתאפק ויאמר שימו לחם וישימו לו לבדו ולהם לבדם
ולמצרים האכלים אתו לבדם כי לא יוכלון המצרים לאכל
את העברים לחם כי תועבה הוא למצרים וישבו לפניו
הבכר כבכרתו והצעיר כצערתו ויתמהו האנשים איש אל
רעהו וישא משאת מאת פניו אלהם ותרב משאת בנימן
ממשאת כלם חמש ידות וישתו וישכרו עמו ויצו את אשר
על ביתו לאמר מלא את אמתחת האנשים אכל כאשר
יוכלון שאת ושים כסף איש בפי אמתחתו ואת גביעי
גביע הכסף תשים בפי אמתחת הקטן ואת כסף שברו ויעש
כדבר יוסף אשר דבר הבקר אור והאנשים שלחו המה
וחמריהם הם יצאו את העיר לא הרחיקו ויוסף אמר לאשר
על ביתו קום רדף אחרי האנשים והשגתם ואמרת אלהם
למה שלמתם רעה תחת טובה הלוא זה אשר ישתה אדני
בו והוא נחש ינחש בו הרעתם אשר עשיתם וישגם וידבר
אלהם את הדברים האלה ויאמרו אליו למה ידבר אדני
כדברים האלה חלילה לעבדיך מעשות כדבר הזה הן כסף
אשר מצאנו בפי אמתחתינו השיבנו אליך מארץ כנען ואיך
נגנב מבית אדניך כסף או זהב אשר ימצא אתו מעבדיך
ומת וגם אנחנו נהיה לאדני לעבדים ויאמר גם עתה
כדבריכם כן הוא אשר ימצא אתו יהיה לי עבד ואתם
תהיו נקים וימהרו ויורדו איש את אמתחתו ארצה ויפתחו
איש אמתחתו ויחפש בגדול החל ובקטן כלה וימצא הגביע
באמתחת בנימן ויקרעו שמלתם ויעמס איש על חמרו

כט עוֹדֶ֣נּוּ חָ֑י וַיִּקְּד֖וּ וַיִּֽשְׁתַּחֲוּֽ׃ וַיִּשָּׂ֣א עֵינָ֗יו וַיַּ֞רְא אֶת־בִּנְיָמִ֣ין אָחִיו֮
בֶּן־אִמּוֹ֒ וַיֹּ֗אמֶר הֲזֶה֙ אֲחִיכֶ֣ם הַקָּטֹ֔ן אֲשֶׁ֥ר אֲמַרְתֶּ֖ם אֵלָ֑י וַיֹּאמַ֕ר
ל אֱלֹהִ֥ים יׇחְנְךָ֖ בְּנִֽי׃ וַיְמַהֵ֣ר יוֹסֵ֗ף כִּֽי־נִכְמְר֤וּ רַחֲמָיו֙ אֶל־אָחִ֔יו שביעי
לא וַיְבַקֵּ֖שׁ לִבְכּ֑וֹת וַיָּבֹ֥א הַחַ֖דְרָה וַיֵּ֥בְךְּ שָֽׁמָּה׃ וַיִּרְחַ֥ץ פָּנָ֖יו וַיֵּצֵ֑א
לב וַיִּ֨תְאַפַּ֔ק וַיֹּ֖אמֶר שִׂ֥ימוּ לָֽחֶם׃ וַיָּשִׂ֥ימוּ ל֛וֹ לְבַדּ֖וֹ וְלָהֶ֣ם לְבַדָּ֑ם
וְלַמִּצְרִ֞ים הָאֹכְלִ֤ים אִתּוֹ֙ לְבַדָּ֔ם כִּי֩ לֹ֨א יוּכְל֜וּן הַמִּצְרִ֗ים לֶֽאֱכֹ֤ל
לג אֶת־הָֽעִבְרִים֙ לֶ֔חֶם כִּֽי־תוֹעֵבָ֥ה הִ֖וא לְמִצְרָֽיִם׃ וַיֵּשְׁב֣וּ לְפָנָ֔יו
הַבְּכֹר֙ כִּבְכֹ֣רָת֔וֹ וְהַצָּעִ֖יר כִּצְעִרָת֑וֹ וַיִּתְמְה֥וּ הָאֲנָשִׁ֖ים אִ֥ישׁ אֶל־
לד רֵעֵֽהוּ׃ וַיִּשָּׂ֨א מַשְׂאֹ֜ת מֵאֵ֣ת פָּנָיו֮ אֲלֵהֶם֒ וַתֵּ֜רֶב מַשְׂאַ֧ת בִּנְיָמִ֛ן
מד א מִמַּשְׂאֹ֥ת כֻּלָּ֖ם חָמֵ֣שׁ יָד֑וֹת וַיִּשְׁתּ֥וּ וַֽיִּשְׁכְּר֖וּ עִמּֽוֹ׃ וַיְצַ֞ו אֶת־אֲשֶׁ֣ר
עַל־בֵּיתוֹ֮ לֵאמֹר֒ מַלֵּ֞א אֶת־אַמְתְּחֹ֤ת הָֽאֲנָשִׁים֙ אֹ֔כֶל כַּאֲשֶׁ֥ר
ב יוּכְל֖וּן שְׂאֵ֑ת וְשִׂ֥ים כֶּֽסֶף־אִ֖ישׁ בְּפִ֥י אַמְתַּחְתּֽוֹ׃ וְאֶת־גְּבִיעִ֞י
גְּבִ֣יעַ הַכֶּ֗סֶף תָּשִׂים֙ בְּפִ֣י אַמְתַּ֣חַת הַקָּטֹ֔ן וְאֵ֖ת כֶּ֣סֶף שִׁבְר֑וֹ וַיַּ֕עַשׂ
ג כִּדְבַ֥ר יוֹסֵ֖ף אֲשֶׁ֥ר דִּבֵּֽר׃ הַבֹּ֖קֶר א֑וֹר וְהָאֲנָשִׁ֣ים שֻׁלְּח֔וּ הֵ֖מָּה ★
ד וַחֲמֹרֵיהֶֽם׃ הֵ֠ם יָצְא֣וּ אֶת־הָעִיר֮ לֹ֣א הִרְחִ֒יקוּ֒ וְיוֹסֵ֣ף אָמַר֮ לַֽאֲשֶׁ֣ר
עַל־בֵּיתוֹ֒ ק֥וּם רְדֹ֖ף אַחֲרֵ֣י הָאֲנָשִׁ֑ים וְהִשַּׂגְתָּם֙ וְאָמַרְתָּ֣ אֲלֵהֶ֔ם
ה לָ֛מָּה שִׁלַּמְתֶּ֥ם רָעָ֖ה תַּ֥חַת טוֹבָֽה׃ הֲל֣וֹא זֶ֗ה אֲשֶׁ֨ר יִשְׁתֶּ֤ה אֲדֹנִי֙
ו בּ֔וֹ וְה֕וּא נַחֵ֥שׁ יְנַחֵ֖שׁ בּ֑וֹ הֲרֵעֹתֶ֖ם אֲשֶׁ֥ר עֲשִׂיתֶֽם׃ וַיַּשִּׂגֵ֑ם וַיְדַבֵּ֣ר
ז אֲלֵהֶ֔ם אֶת־הַדְּבָרִ֖ים הָאֵֽלֶּה׃ וַיֹּאמְר֣וּ אֵלָ֔יו לָ֚מָּה יְדַבֵּ֣ר אֲדֹנִ֔י
ח כַּדְּבָרִ֖ים הָאֵ֑לֶּה חָלִ֙ילָה֙ לַעֲבָדֶ֔יךָ מֵעֲשׂ֖וֹת כַּדָּבָ֥ר הַזֶּֽה׃ הֵ֣ן כֶּ֗סֶף
אֲשֶׁ֤ר מָצָ֙אנוּ֙ בְּפִ֣י אַמְתְּחֹתֵ֔ינוּ הֱשִׁיבֹ֥נוּ אֵלֶ֖יךָ מֵאֶ֣רֶץ כְּנָ֑עַן וְאֵ֗יךְ
ט נִגְנֹב֙ מִבֵּ֣ית אֲדֹנֶ֔יךָ כֶּ֖סֶף א֥וֹ זָהָֽב׃ אֲשֶׁ֨ר יִמָּצֵ֥א אִתּ֛וֹ מֵעֲבָדֶ֖יךָ
י וָמֵ֑ת וְגַם־אֲנַ֕חְנוּ נִֽהְיֶ֥ה לַאדֹנִ֖י לַעֲבָדִֽים׃ וַיֹּ֕אמֶר גַּם־עַתָּ֥ה
כְדִבְרֵיכֶ֖ם כֶּן־ה֑וּא אֲשֶׁ֨ר יִמָּצֵ֤א אִתּוֹ֙ יִהְיֶה־לִּ֣י עָ֔בֶד וְאַתֶּ֖ם
יא תִּהְי֥וּ נְקִיִּֽם׃ וַיְמַהֲר֗וּ וַיּוֹרִ֛דוּ אִ֥ישׁ אֶת־אַמְתַּחְתּ֖וֹ אָ֑רְצָה וַֽיִּפְתְּח֖וּ
יב אִ֥ישׁ אַמְתַּחְתּֽוֹ׃ וַיְחַפֵּ֕שׂ בַּגָּד֣וֹל הֵחֵ֔ל וּבַקָּטֹ֖ן כִּלָּ֑ה וַיִּמָּצֵא֙ הַגָּבִ֔יעַ
יג בְּאַמְתַּ֖חַת בִּנְיָמִֽן׃ וַֽיִּקְרְע֖וּ שִׂמְלֹתָ֑ם וַֽיַּעֲמֹס֙ אִ֣ישׁ עַל־חֲמֹר֔וֹ

והורידו לאיש מנחה מעט צרי ומעט דבש נכאת ולט בטנים
ושקדים וכסף משנה קחו בידכם ואת הכסף המושב בפי
אמתחתיכם תשיבו בידכם אולי משגה הוא ואת אחיכם
קחו וקומו שובו אל האיש ואל שדי יתן לכם רחמים לפני
האיש ושלח לכם את אחיכם אחר ואת בנימין ואני כאשר
שכלתי שכלתי ויקחו האנשים את המנחה הזאת ומשנה
כסף לקחו בידם ואת בנימן ויקמו וירדו מצרים ויעמדו
לפני יוסף וירא יוסף אתם את בנימין ויאמר לאשר על
ביתו הבא את האנשים הביתה וטבח טבח והכן כי אתי
יאכלו האנשים בצהרים ויעש האיש כאשר אמר יוסף
ויבא האיש את האנשים ביתה יוסף וייראו האנשים כי
הובאו בית יוסף ויאמרו על דבר הכסף השב באמתחתינו
בתחלה אנחנו מובאים להתגלל עלינו ולהתנפל עלינו
ולקחת אתנו לעבדים ואת חמרינו ויגשו אל האיש אשר
על בית יוסף וידברו אליו פתח הבית ויאמרו בי אדני ירד
ירדנו בתחלה לשבר אכל ויהי כי באנו אל המלון ונפתחה
את אמתחתינו והנה כסף איש בפי אמתחתו כספנו
במשקלו ונשב אתו בידנו וכסף אחר הורדנו בידנו לשבר
אכל לא ידענו מי שם כספנו באמתחתינו ויאמר שלום
לכם אל תיראו אלהיכם ואלהי אביכם נתן לכם מטמון
באמתחתיכם כספכם בא אלי ויוצא אלהם את שמעון
ויבא האיש את האנשים ביתה יוסף ויתן מים וירחצו
רגליהם ויתן מספוא לחמריהם ויכינו את המנחה עד בוא
יוסף בצהרים כי שמעו כי שם יאכלו לחם ויבא יוסף
הביתה ויביאו לו את המנחה אשר בידם הביתה וישתחוו
לו ארצה וישאל להם לשלום ויאמר השלום אביכם הזקן
אשר אמרתם העודנו חי ויאמרו שלום לעבדך לאבינו

וְהוֹרִ֣ידוּ לָאִ֣ישׁ מִנְחָ֔ה מְעַ֤ט צֳרִי֙ וּמְעַ֣ט דְּבַ֔שׁ נְכֹ֣את וָלֹ֔ט בָּטְנִ֖ים

יב וּשְׁקֵדִֽים: וְכֶ֤סֶף מִשְׁנֶה֙ קְח֣וּ בְיֶדְכֶ֔ם וְאֶת־הַכֶּ֜סֶף הַמּוּשָׁ֨ב בְּפִ֤י

יג אַמְתְּחֹֽתֵיכֶם֙ תָּשִׁ֣יבוּ בְיֶדְכֶ֔ם אוּלַ֖י מִשְׁגֶּ֥ה הֽוּא: וְאֶת־אֲחִיכֶ֖ם

יד קְח֑וּ וְק֖וּמוּ שׁ֥וּבוּ אֶל־הָאִֽישׁ: וְאֵ֣ל שַׁדַּ֗י יִתֵּ֨ן לָכֶ֤ם רַֽחֲמִים֙ לִפְנֵ֣י    לט

הָאִ֔ישׁ וְשִׁלַּ֥ח לָכֶ֛ם אֶת־אֲחִיכֶ֥ם אַחֵ֖ר וְאֶת־בִּנְיָמִ֑ין וַֽאֲנִ֞י כַּֽאֲשֶׁ֧ר

טו שָׁכֹ֛לְתִּי שָׁכָֽלְתִּי: וַיִּקְח֤וּ הָֽאֲנָשִׁים֙ אֶת־הַמִּנְחָ֣ה הַזֹּ֔את וּמִשְׁנֶה־

כֶּ֛סֶף לָֽקְח֥וּ בְיָדָ֖ם וְאֶת־בִּנְיָמִ֑ן וַיָּקֻ֨מוּ֙ וַיֵּֽרְד֣וּ מִצְרַ֔יִם וַיַּֽעַמְד֖וּ

טז לִפְנֵ֥י יוֹסֵֽף: וַיַּ֨רְא יוֹסֵ֣ף אִתָּם֮ אֶת־בִּנְיָמִין֒ וַיֹּ֗אמֶר לַֽאֲשֶׁ֣ר עַל־    ששי

בֵּית֔וֹ הָבֵ֥א אֶת־הָֽאֲנָשִׁ֖ים הַבָּ֑יְתָה וּטְבֹ֤חַ טֶ֨בַח֙ וְהָכֵ֔ן כִּ֥י אִתִּ֛י

יז יֹֽאכְל֥וּ הָֽאֲנָשִׁ֖ים בַּֽצָּהֳרָֽיִם: וַיַּ֣עַשׂ הָאִ֔ישׁ כַּֽאֲשֶׁ֖ר אָמַ֣ר יוֹסֵ֑ף

יח וַיָּבֵ֥א הָאִ֛ישׁ אֶת־הָֽאֲנָשִׁ֖ים בֵּ֣יתָה יוֹסֵֽף: וַיִּֽירְא֣וּ הָֽאֲנָשִׁ֗ים כִּ֣י

הֽוּבְאוּ֮ בֵּ֣ית יוֹסֵף֒ וַיֹּֽאמְר֗וּ עַל־דְּבַ֤ר הַכֶּ֨סֶף֙ הַשָּׁ֤ב בְּאַמְתְּחֹתֵ֨ינוּ֙

בַּתְּחִלָּ֔ה אֲנַ֖חְנוּ מֽוּבָאִ֑ים לְהִתְגֹּלֵ֤ל עָלֵ֨ינוּ֙ וּלְהִתְנַפֵּ֣ל עָלֵ֔ינוּ

יט וְלָקַ֧חַת אֹתָ֛נוּ לַֽעֲבָדִ֖ים וְאֶת־חֲמֹרֵֽינוּ: וַֽיִּגְּשׁוּ֙ אֶל־הָאִ֔ישׁ אֲשֶׁ֖ר

כ עַל־בֵּ֣ית יוֹסֵ֑ף וַיְדַבְּר֥וּ אֵלָ֖יו פֶּ֥תַח הַבָּֽיִת: וַיֹּֽאמְר֖וּ בִּ֣י אֲדֹנִ֑י יָרֹ֥ד

כא יָרַ֛דְנוּ בַּתְּחִלָּ֖ה לִשְׁבָּר־אֹֽכֶל: וַ֠יְהִ֠י כִּי־בָ֜אנוּ אֶל־הַמָּל֗וֹן וַֽנִּפְתְּחָה֙

אֶת־אַמְתְּחֹתֵ֔ינוּ וְהִנֵּ֤ה כֶֽסֶף־אִישׁ֙ בְּפִ֣י אַמְתַּחְתּ֔וֹ כַּסְפֵּ֖נוּ

כב בְּמִשְׁקָל֑וֹ וַנָּ֥שֶׁב אֹת֖וֹ בְּיָדֵֽנוּ: וְכֶ֧סֶף אַחֵ֛ר הוֹרַ֥דְנוּ בְיָדֵ֖נוּ לִשְׁבָּר־

כג אֹ֑כֶל לֹ֣א יָדַ֔עְנוּ מִי־שָׂ֥ם כַּסְפֵּ֖נוּ בְּאַמְתְּחֹתֵֽינוּ: וַיֹּ֩אמֶר֩ שָׁל֨וֹם

לָכֶ֜ם אַל־תִּירָ֗אוּ אֱלֹֽהֵיכֶ֞ם וֵֽאלֹהֵ֤י אֲבִיכֶם֙ נָתַ֨ן לָכֶ֤ם מַטְמוֹן֙

בְּאַמְתְּחֹ֣תֵיכֶ֔ם כַּסְפְּכֶ֖ם בָּ֣א אֵלָ֑י וַיּוֹצֵ֥א אֲלֵהֶ֖ם אֶת־שִׁמְעֽוֹן:

כד וַיָּבֵ֥א הָאִ֛ישׁ אֶת־הָֽאֲנָשִׁ֖ים בֵּ֣יתָה יוֹסֵ֑ף וַיִּתֶּן־מַ֨יִם֙ וַיִּרְחֲצ֣וּ    ★

כה רַגְלֵיהֶ֔ם וַיִּתֵּ֥ן מִסְפּ֖וֹא לַֽחֲמֹֽרֵיהֶֽם: וַיָּכִ֨ינוּ֙ אֶת־הַמִּנְחָ֔ה עַד־בּ֥וֹא

כו יוֹסֵ֖ף בַּֽצָּהֳרָ֑יִם כִּ֣י שָֽׁמְע֔וּ כִּי־שָׁ֖ם יֹ֥אכְלוּ לָֽחֶם: וַיָּבֹ֤א יוֹסֵף֙

הַבַּ֔יְתָה וַיָּבִ֥יאוּ ל֛וֹ אֶת־הַמִּנְחָ֥ה אֲשֶׁר־בְּיָדָ֖ם הַבָּ֑יְתָה וַיִּֽשְׁתַּֽחֲווּ־

כז ל֖וֹ אָֽרְצָה: וַיִּשְׁאַ֤ל לָהֶם֙ לְשָׁל֔וֹם וַיֹּ֗אמֶר הֲשָׁל֛וֹם אֲבִיכֶ֥ם הַזָּקֵ֖ן

כח אֲשֶׁ֣ר אֲמַרְתֶּ֑ם הַעוֹדֶ֖נּוּ חָֽי: וַיֹּֽאמְר֗וּ שָׁל֛וֹם לְעַבְדְּךָ֥ לְאָבִ֖ינוּ

ויאמר אלינו האיש אדני הארץ בזאת אדע כי כנים אתם
אחיכם האחד הניחו אתי ואת רעבון בתיכם קחו ולכו
והביאו את אחיכם הקטן אלי ואדעה כי לא מרגלים אתם
כי כנים אתם את אחיכם אתן לכם ואת הארץ תסחרו ויהי
הם מריקים שקיהם והנה איש צרור כספו בשקו ויראו את
צררות כספיהם המה ואביהם ויראו ויאמר אלהם יעקב
אביהם אתי שכלתם יוסף איננו ושמעון איננו ואת בנימן
תקחו עלי היו כלנה ויאמר ראובן אל אביו לאמר את
שני בני תמית אם לא אביאנו אליך תנה אתו על ידי ואני
אשיבנו אליך ויאמר לא ירד בני עמכם כי אחיו מת והוא
לבדו נשאר וקראהו אסון בדרך אשר תלכו בה והורדתם
את שיבתי ביגון שאולה והרעב כבד בארץ ויהי כאשר
כלו לאכל את השבר אשר הביאו ממצרים ויאמר אליהם
אביהם שבו שברו לנו מעט אכל ויאמר אליו יהודה
לאמר העד העד בנו האיש לאמר לא תראו פני בלתי
אחיכם אתכם אם ישך משלח את אחינו אתנו נרדה
ונשברה לך אכל ואם אינך משלח לא נרד כי האיש אמר
אלינו לא תראו פני בלתי אחיכם אתכם ויאמר ישראל
למה הרעתם לי להגיד לאיש העוד לכם אח ויאמרו שאול
שאל האיש לנו ולמולדתנו לאמר העוד אביכם חי היש
לכם אח ונגד לו על פי הדברים האלה הידוע נדע כי יאמר
הורידו את אחיכם ויאמר יהודה אל ישראל אביו שלחה
הנער אתי ונקומה ונלכה ונחיה ולא נמות גם אנחנו גם
אתה גם טפנו אנכי אערבנו מידי תבקשנו אם לא הביאתיו
אליך והצגתיו לפניך וחטאתי לך כל הימים כי לולא
התמהמהנו כי עתה שבנו זה פעמים ויאמר אלהם ישראל
אביהם אם כן אפוא זאת עשו קחו מזמרת הארץ בכליכם

לג וַיֹּאמֶר אֵלֵינוּ הָאִישׁ אֲדֹנֵי הָאָרֶץ בְּזֹאת אֵדַע כִּי כֵנִים אַתֶּם
אֲחִיכֶם הָאֶחָד הַנִּיחוּ אִתִּי וְאֶת־רַעֲבוֹן בָּתֵּיכֶם קְחוּ וָלֵכוּ׃
לד וְהָבִיאוּ אֶת־אֲחִיכֶם הַקָּטֹן אֵלַי וְאֵדְעָה כִּי לֹא מְרַגְּלִים אַתֶּם
לה כִּי כֵנִים אַתֶּם אֶת־אֲחִיכֶם אֶתֵּן לָכֶם וְאֶת־הָאָרֶץ תִּסְחָרוּ׃ וַיְהִי ★
הֵם מְרִיקִים שַׂקֵּיהֶם וְהִנֵּה־אִישׁ צְרוֹר־כַּסְפּוֹ בְּשַׂקּוֹ וַיִּרְאוּ אֶת־
לו צְרֹרוֹת כַּסְפֵּיהֶם הֵמָּה וַאֲבִיהֶם וַיִּירָאוּ׃ וַיֹּאמֶר אֲלֵהֶם יַעֲקֹב
אֲבִיהֶם אֹתִי שִׁכַּלְתֶּם יוֹסֵף אֵינֶנּוּ וְשִׁמְעוֹן אֵינֶנּוּ וְאֶת־בִּנְיָמִן
לז תִּקָּחוּ עָלַי הָיוּ כֻלָּנָה׃ וַיֹּאמֶר רְאוּבֵן אֶל־אָבִיו לֵאמֹר אֶת־
שְׁנֵי בָנַי תָּמִית אִם־לֹא אֲבִיאֶנּוּ אֵלֶיךָ תְּנָה אֹתוֹ עַל־יָדִי וַאֲנִי
לח אֲשִׁיבֶנּוּ אֵלֶיךָ׃ וַיֹּאמֶר לֹא־יֵרֵד בְּנִי עִמָּכֶם כִּי־אָחִיו מֵת וְהוּא
לְבַדּוֹ נִשְׁאָר וּקְרָאָהוּ אָסוֹן בַּדֶּרֶךְ אֲשֶׁר תֵּלְכוּ־בָהּ וְהוֹרַדְתֶּם
מג א ב אֶת־שֵׂיבָתִי בְּיָגוֹן שְׁאוֹלָה׃ וְהָרָעָב כָּבֵד בָּאָרֶץ׃ וַיְהִי כַּאֲשֶׁר
כִּלּוּ לֶאֱכֹל אֶת־הַשֶּׁבֶר אֲשֶׁר הֵבִיאוּ מִמִּצְרָיִם וַיֹּאמֶר אֲלֵיהֶם
ג אֲבִיהֶם שֻׁבוּ שִׁבְרוּ־לָנוּ מְעַט־אֹכֶל׃ וַיֹּאמֶר אֵלָיו יְהוּדָה ★
לֵאמֹר הָעֵד הֵעִד בָּנוּ הָאִישׁ לֵאמֹר לֹא־תִרְאוּ פָנַי בִּלְתִּי
ד אֲחִיכֶם אִתְּכֶם׃ אִם־יֶשְׁךָ מְשַׁלֵּחַ אֶת־אָחִינוּ אִתָּנוּ נֵרְדָה
ה וְנִשְׁבְּרָה לְךָ אֹכֶל׃ וְאִם־אֵינְךָ מְשַׁלֵּחַ לֹא נֵרֵד כִּי־הָאִישׁ אָמַר
ו אֵלֵינוּ לֹא־תִרְאוּ פָנַי בִּלְתִּי אֲחִיכֶם אִתְּכֶם׃ וַיֹּאמֶר יִשְׂרָאֵל
ז לָמָה הֲרֵעֹתֶם לִי לְהַגִּיד לָאִישׁ הַעוֹד לָכֶם אָח׃ וַיֹּאמְרוּ שָׁאוֹל
שָׁאַל־הָאִישׁ לָנוּ וּלְמוֹלַדְתֵּנוּ לֵאמֹר הַעוֹד אֲבִיכֶם חַי הֲיֵשׁ
לָכֶם אָח וַנַּגֶּד־לוֹ עַל־פִּי הַדְּבָרִים הָאֵלֶּה הֲיָדוֹעַ נֵדַע כִּי יֹאמַר
ח הוֹרִידוּ אֶת־אֲחִיכֶם׃ וַיֹּאמֶר יְהוּדָה אֶל־יִשְׂרָאֵל אָבִיו שִׁלְחָה
הַנַּעַר אִתִּי וְנָקוּמָה וְנֵלֵכָה וְנִחְיֶה וְלֹא נָמוּת גַּם־אֲנַחְנוּ גַם־
ט אַתָּה גַּם־טַפֵּנוּ׃ אָנֹכִי אֶעֶרְבֶנּוּ מִיָּדִי תְּבַקְשֶׁנּוּ אִם־לֹא הֲבִיאֹתִיו
י אֵלֶיךָ וְהִצַּגְתִּיו לְפָנֶיךָ וְחָטָאתִי לְךָ כָּל־הַיָּמִים׃ כִּי לוּלֵא
יא הִתְמַהְמָהְנוּ כִּי־עַתָּה שַׁבְנוּ זֶה פַעֲמָיִם׃ וַיֹּאמֶר אֲלֵהֶם יִשְׂרָאֵל ★
אֲבִיהֶם אִם־כֵּן ׀ אֵפוֹא זֹאת עֲשׂוּ קְחוּ מִזִּמְרַת הָאָרֶץ בִּכְלֵיכֶם

הקטן את אבינו היום והאחד איננו ויאמר אלהם יוסף
הוא אשר דברתי אלכם לאמר מרגלים אתם בזאת תבחנו
חי פרעה אם תצאו מזה כי אם בבוא אחיכם הקטן הנה
שלחו מכם אחד ויקח את אחיכם ואתם האסרו ויבחנו
דבריכם האמת אתכם ואם לא חי פרעה כי מרגלים אתם
ויאסף אתם אל משמר שלשת ימים ויאמר אלהם יוסף
ביום השלישי זאת עשו וחיו את האלהים אני ירא אם
כנים אתם אחיכם אחד יאסר בבית משמרכם ואתם לכו
הביאו שבר רעבון בתיכם ואת אחיכם הקטן תביאו אלי
ויאמנו דבריכם ולא תמותו ויעשו כן ויאמרו איש אל
אחיו אבל אשמים אנחנו על אחינו אשר ראינו צרת נפשו
בהתחננו אלינו ולא שמענו על כן באה אלינו הצרה הזאת
ויען ראובן אתם לאמר הלוא אמרתי אליכם לאמר אל
תחטאו בילד ולא שמעתם וגם דמו הנה נדרש והם לא
ידעו כי שמע יוסף כי המליץ בינתם ויסב מעליהם ויבך
וישב אלהם וידבר אלהם ויקח מאתם את שמעון ויאסר
אתו לעיניהם ויצו יוסף וימלאו את כליהם בר ולהשיב
כספיהם איש אל שקו ולתת להם צדה לדרך ויעש להם
כן וישאו את שברם על חמריהם וילכו משם ויפתח
האחד את שקו לתת מספוא לחמרו במלון וירא את כספו
והנה הוא בפי אמתחתו ויאמר אל אחיו הושב כספי וגם
הנה באמתחתי ויצא לבם ויחרדו איש אל אחיו לאמר מה
זאת עשה אלהים לנו ויבאו אל יעקב אביהם ארצה כנען
ויגידו לו את כל הקרת אתם לאמר דבר האיש אדני
הארץ אתנו קשות ויתן אתנו כמרגלים את הארץ ונאמר
אליו כנים אנחנו לא היינו מרגלים שנים עשר אנחנו אחים
בני אבינו האחד איננו והקטן היום את אבינו בארץ כנען

יד הַקָּטֹן אֶת־אָבִינוּ הַיּוֹם וְהָאֶחָד אֵינֶנּוּ׃ וַיֹּאמֶר אֲלֵהֶם יוֹסֵף
טו הוּא אֲשֶׁר דִּבַּרְתִּי אֲלֵכֶם לֵאמֹר מְרַגְּלִים אַתֶּם׃ בְּזֹאת תִּבָּחֵנוּ
חֵי פַרְעֹה אִם־תֵּצְאוּ מִזֶּה כִּי אִם־בְּבוֹא אֲחִיכֶם הַקָּטֹן הֵנָּה׃
טז שִׁלְחוּ מִכֶּם אֶחָד וְיִקַּח אֶת־אֲחִיכֶם וְאַתֶּם הֵאָסְרוּ וְיִבָּחֲנוּ
דִּבְרֵיכֶם הַאֱמֶת אִתְּכֶם וְאִם־לֹא חֵי פַרְעֹה כִּי מְרַגְּלִים אַתֶּם׃
יז יח וַיֶּאֱסֹף אֹתָם אֶל־מִשְׁמָר שְׁלֹשֶׁת יָמִים׃ וַיֹּאמֶר אֲלֵהֶם יוֹסֵף לח
יט בַּיּוֹם הַשְּׁלִישִׁי זֹאת עֲשׂוּ וִחְיוּ אֶת־הָאֱלֹהִים אֲנִי יָרֵא׃ אִם־ חמישי
כֵּנִים אַתֶּם אֲחִיכֶם אֶחָד יֵאָסֵר בְּבֵית מִשְׁמַרְכֶם וְאַתֶּם לְכוּ
כ הָבִיאוּ שֶׁבֶר רַעֲבוֹן בָּתֵּיכֶם׃ וְאֶת־אֲחִיכֶם הַקָּטֹן תָּבִיאוּ אֵלַי
כא וְיֵאָמְנוּ דִבְרֵיכֶם וְלֹא תָמוּתוּ וַיַּעֲשׂוּ־כֵן׃ וַיֹּאמְרוּ אִישׁ אֶל־
אָחִיו אֲבָל אֲשֵׁמִים ׀ אֲנַחְנוּ עַל־אָחִינוּ אֲשֶׁר רָאִינוּ צָרַת נַפְשׁוֹ
בְּהִתְחַנְנוֹ אֵלֵינוּ וְלֹא שָׁמָעְנוּ עַל־כֵּן בָּאָה אֵלֵינוּ הַצָּרָה הַזֹּאת׃
כב וַיַּעַן רְאוּבֵן אֹתָם לֵאמֹר הֲלוֹא אָמַרְתִּי אֲלֵיכֶם ׀ לֵאמֹר אַל־
כג תֶּחֶטְאוּ בַיֶּלֶד וְלֹא שְׁמַעְתֶּם וְגַם־דָּמוֹ הִנֵּה נִדְרָשׁ׃ וְהֵם לֹא
כד יָדְעוּ כִּי שֹׁמֵעַ יוֹסֵף כִּי הַמֵּלִיץ בֵּינֹתָם׃ וַיִּסֹּב מֵעֲלֵיהֶם וַיֵּבְךְּ
וַיָּשָׁב אֲלֵהֶם וַיְדַבֵּר אֲלֵהֶם וַיִּקַּח מֵאִתָּם אֶת־שִׁמְעוֹן וַיֶּאֱסֹר
כה אֹתוֹ לְעֵינֵיהֶם׃ וַיְצַו יוֹסֵף וַיְמַלְאוּ אֶת־כְּלֵיהֶם בָּר וּלְהָשִׁיב
כַּסְפֵּיהֶם אִישׁ אֶל־שַׂקּוֹ וְלָתֵת לָהֶם צֵדָה לַדָּרֶךְ וַיַּעַשׂ לָהֶם
כו כז כֵּן׃ *וַיִּשְׂאוּ אֶת־שִׁבְרָם עַל־חֲמֹרֵיהֶם וַיֵּלְכוּ מִשָּׁם׃ וַיִּפְתַּח *
הָאֶחָד אֶת־שַׂקּוֹ לָתֵת מִסְפּוֹא לַחֲמֹרוֹ בַּמָּלוֹן וַיַּרְא אֶת־כַּסְפּוֹ
כח וְהִנֵּה־הוּא בְּפִי אַמְתַּחְתּוֹ׃ וַיֹּאמֶר אֶל־אֶחָיו הוּשַׁב כַּסְפִּי וְגַם
הִנֵּה בְאַמְתַּחְתִּי וַיֵּצֵא לִבָּם וַיֶּחֶרְדוּ אִישׁ אֶל־אָחִיו לֵאמֹר מַה־
כט זֹּאת עָשָׂה אֱלֹהִים לָנוּ׃ וַיָּבֹאוּ אֶל־יַעֲקֹב אֲבִיהֶם אַרְצָה כְּנָעַן
ל וַיַּגִּידוּ לוֹ אֵת כָּל־הַקֹּרֹת אֹתָם לֵאמֹר׃ דִּבֶּר הָאִישׁ אֲדֹנֵי
לא הָאָרֶץ אִתָּנוּ קָשׁוֹת וַיִּתֵּן אֹתָנוּ כִּמְרַגְּלִים אֶת־הָאָרֶץ׃ וַנֹּאמֶר
לב אֵלָיו כֵּנִים אֲנָחְנוּ לֹא הָיִינוּ מְרַגְּלִים׃ שְׁנֵים־עָשָׂר אֲנַחְנוּ אַחִים
בְּנֵי אָבִינוּ הָאֶחָד אֵינֶנּוּ וְהַקָּטֹן הַיּוֹם אֶת־אָבִינוּ בְּאֶרֶץ כְּנָעַן׃

הרעב אשר ילדה לו אסנת בת פוטי פרע כהן און ויקרא
יוסף את שם הבכור מנשה כי נשני אלהים את כל עמלי
ואת כל בית אבי ואת שם השני קרא אפרים כי הפרני
אלהים בארץ עניי ותכלינה שבע שני השבע אשר היה
בארץ מצרים ותחלינה שבע שני הרעב לבוא כאשר אמר
יוסף ויהי רעב בכל הארצות ובכל ארץ מצרים היה לחם
ותרעב כל ארץ מצרים ויצעק העם אל פרעה ללחם ויאמר
פרעה לכל מצרים לכו אל יוסף אשר יאמר לכם תעשו
והרעב היה על כל פני הארץ ויפתח יוסף את כל אשר
בהם וישבר למצרים ויחזק הרעב בארץ מצרים וכל הארץ
באו מצרימה לשבר אל יוסף כי חזק הרעב בכל הארץ
וירא יעקב כי יש שבר במצרים ויאמר יעקב לבניו למה
תתראו ויאמר הנה שמעתי כי יש שבר במצרים רדו שמה
ושברו לנו משם ונחיה ולא נמות וירדו אחי יוסף עשרה
לשבר בר ממצרים ואת בנימין אחי יוסף לא שלח יעקב
את אחיו כי אמר פן יקראנו אסון ויבאו בני ישראל לשבר
בתוך הבאים כי היה הרעב בארץ כנען ויוסף הוא השליט
על הארץ הוא המשביר לכל עם הארץ ויבאו אחי יוסף
וישתחוו לו אפים ארצה וירא יוסף את אחיו ויכרם ויתנכר
אליהם וידבר אתם קשות ויאמר אלהם מאין באתם ויאמרו
מארץ כנען לשבר אכל ויכר יוסף את אחיו והם לא
הכרהו ויזכר יוסף את החלמות אשר חלם להם ויאמר
אלהם מרגלים אתם לראות את ערות הארץ באתם
ויאמרו אליו לא אדני ועבדיך באו לשבר אכל כלנו בני
איש אחד נחנו כנים אנחנו לא היו עבדיך מרגלים ויאמר
אלהם לא כי ערות הארץ באתם לראות ויאמרו שנים
עשר עבדיך אחים אנחנו בני איש אחד בארץ כנען והנה

נא הָרָעָ֑ב אֲשֶׁ֤ר יָֽלְדָה־לּוֹ֙ אָֽסְנַ֔ת בַּת־פּ֥וֹטִי פֶ֖רַע כֹּהֵ֥ן אֽוֹן׃ וַיִּקְרָ֥א
יוֹסֵ֛ף אֶת־שֵׁ֥ם הַבְּכ֖וֹר מְנַשֶּׁ֑ה כִּֽי־נַשַּׁ֤נִי אֱלֹהִים֙ אֶת־כָּל־עֲמָלִ֔י
נב וְאֵ֖ת כָּל־בֵּ֥ית אָבִֽי׃ וְאֵ֛ת שֵׁ֥ם הַשֵּׁנִ֖י קָרָ֣א אֶפְרָ֑יִם כִּֽי־הִפְרַ֥נִי
נג אֱלֹהִ֖ים בְּאֶ֥רֶץ עָנְיִֽי׃ וַתִּכְלֶ֕ינָה שֶׁ֖בַע שְׁנֵ֣י הַשָּׂבָ֑ע אֲשֶׁ֥ר הָיָ֖ה רביעי
נד בְּאֶ֥רֶץ מִצְרָֽיִם׃ וַתְּחִלֶּ֜ינָה שֶׁ֣בַע שְׁנֵ֤י הָרָעָב֙ לָב֔וֹא כַּאֲשֶׁ֖ר אָמַ֣ר
יוֹסֵ֑ף וַיְהִ֤י רָעָב֙ בְּכָל־הָ֣אֲרָצ֔וֹת וּבְכָל־אֶ֥רֶץ מִצְרַ֖יִם הָ֥יָה לָֽחֶם׃
נה וַתִּרְעַב֙ כָּל־אֶ֣רֶץ מִצְרַ֔יִם וַיִּצְעַ֥ק הָעָ֛ם אֶל־פַּרְעֹ֖ה לַלָּ֑חֶם וַיֹּ֨אמֶר
פַּרְעֹ֤ה לְכָל־מִצְרַ֙יִם֙ לְכ֣וּ אֶל־יוֹסֵ֔ף אֲשֶׁר־יֹאמַ֥ר לָכֶ֖ם תַּעֲשֽׂוּ׃
נו וְהָרָעָ֣ב הָיָ֔ה עַ֖ל כָּל־פְּנֵ֣י הָאָ֑רֶץ וַיִּפְתַּ֨ח יוֹסֵ֜ף אֶֽת־כָּל־אֲשֶׁ֤ר
נז בָּהֶם֙ וַיִּשְׁבֹּ֣ר לְמִצְרַ֔יִם וַיֶּחֱזַ֥ק הָרָעָ֖ב בְּאֶ֥רֶץ מִצְרָֽיִם׃ וְכָל־הָאָ֙רֶץ֙
בָּ֣אוּ מִצְרַ֔יְמָה לִשְׁבֹּ֖ר אֶל־יוֹסֵ֑ף כִּֽי־חָזַ֥ק הָרָעָ֖ב בְּכָל־הָאָֽרֶץ׃
מב א וַיַּ֣רְא יַעֲקֹ֔ב כִּ֥י יֶשׁ־שֶׁ֖בֶר בְּמִצְרָ֑יִם וַיֹּ֤אמֶר יַעֲקֹב֙ לְבָנָ֔יו לָ֖מָּה
ב תִּתְרָאֽוּ׃ וַיֹּ֕אמֶר הִנֵּ֣ה שָׁמַ֔עְתִּי כִּ֥י יֶשׁ־שֶׁ֖בֶר בְּמִצְרָ֑יִם רְדוּ־שָׁ֙מָּה֙
ג וְשִׁבְרוּ־לָ֣נוּ מִשָּׁ֔ם וְנִחְיֶ֖ה וְלֹ֥א נָמֽוּת׃ וַיֵּרְד֥וּ אֲחֵֽי־יוֹסֵ֖ף עֲשָׂרָ֑ה
ד לִשְׁבֹּ֥ר בָּ֖ר מִמִּצְרָֽיִם׃ וְאֶת־בִּנְיָמִין֙ אֲחִ֣י יוֹסֵ֔ף לֹא־שָׁלַ֥ח יַעֲקֹ֖ב
ה אֶת־אֶחָ֑יו כִּ֣י אָמַ֔ר פֶּן־יִקְרָאֶ֖נּוּ אָסֽוֹן׃ וַיָּבֹ֙אוּ֙ בְּנֵ֣י יִשְׂרָאֵ֔ל לִשְׁבֹּ֖ר
ו בְּת֣וֹךְ הַבָּאִ֑ים כִּֽי־הָיָ֥ה הָרָעָ֖ב בְּאֶ֥רֶץ כְּנָֽעַן׃ וְיוֹסֵ֗ף ה֚וּא הַשַּׁלִּ֣יט
עַל־הָאָ֔רֶץ ה֥וּא הַמַּשְׁבִּ֖יר לְכָל־עַ֣ם הָאָ֑רֶץ וַיָּבֹ֙אוּ֙ אֲחֵ֣י יוֹסֵ֔ף
ז וַיִּשְׁתַּֽחֲווּ־ל֥וֹ אַפַּ֖יִם אָֽרְצָה׃ וַיַּ֥רְא יוֹסֵ֛ף אֶת־אֶחָ֖יו וַיַּכִּרֵ֑ם וַיִּתְנַכֵּ֨ר
אֲלֵיהֶ֜ם וַיְדַבֵּ֧ר אִתָּ֣ם קָשׁ֗וֹת וַיֹּ֤אמֶר אֲלֵהֶם֙ מֵאַ֣יִן בָּאתֶ֔ם וַיֹּ֣אמְר֔וּ
ח מֵאֶ֥רֶץ כְּנַ֖עַן לִשְׁבָּר־אֹֽכֶל׃ וַיַּכֵּ֥ר יוֹסֵ֖ף אֶת־אֶחָ֑יו וְהֵ֖ם לֹ֥א
ט הִכִּרֻֽהוּ׃ וַיִּזְכֹּ֣ר יוֹסֵ֔ף אֵ֚ת הַחֲלֹמ֔וֹת אֲשֶׁ֥ר חָלַ֖ם לָהֶ֑ם וַיֹּ֤אמֶר
אֲלֵהֶם֙ מְרַגְּלִ֣ים אַתֶּ֔ם לִרְא֛וֹת אֶת־עֶרְוַ֥ת הָאָ֖רֶץ בָּאתֶֽם׃
י יא וַיֹּאמְר֥וּ אֵלָ֖יו לֹ֣א אֲדֹנִ֑י וַעֲבָדֶ֥יךָ בָּ֖אוּ לִשְׁבָּר־אֹֽכֶל׃ כֻּלָּ֕נוּ בְּנֵ֥י
יב אִ֥ישׁ־אֶחָ֖ד נָ֑חְנוּ כֵּנִ֣ים אֲנַ֔חְנוּ לֹא־הָי֥וּ עֲבָדֶ֖יךָ מְרַגְּלִֽים׃ וַיֹּ֣אמֶר
יג אֲלֵהֶ֑ם לֹ֕א כִּֽי־עֶרְוַ֥ת הָאָ֖רֶץ בָּאתֶ֥ם לִרְאֽוֹת׃ וַיֹּאמְר֗וּ שְׁנֵ֣ים
עָשָׂ֣ר עֲבָדֶ֡יךָ אַחִ֣ים ׀ אֲנַ֧חְנוּ בְּנֵ֛י אִֽישׁ־אֶחָ֖ד בְּאֶ֣רֶץ כְּנָ֑עַן וְהִנֵּ֨ה

הוא מאד ועל השנות החלום אל פרעה פעמים כי נכון
הדבר מעם האלהים וממהר האלהים לעשתו ועתה ירא
פרעה איש נבון וחכם וישיתהו על ארץ מצרים יעשה
פרעה ויפקד פקדים על הארץ וחמש את ארץ מצרים
בשבע שני השבע ויקבצו את כל אכל השנים הטבות
הבאת האלה ויצברו בר תחת יד פרעה אכל בערים ושמרו
והיה האכל לפקדון לארץ לשבע שני הרעב אשר תהיין
בארץ מצרים ולא תכרת הארץ ברעב וייטב הדבר בעיני
פרעה ובעיני כל עבדיו ויאמר פרעה אל עבדיו הנמצא
כזה איש אשר רוח אלהים בו ויאמר פרעה אל יוסף אחרי
הודיע אלהים אותך את כל זאת אין נבון וחכם כמוך
אתה תהיה על ביתי ועל פיך ישק כל עמי רק הכסא אגדל
ממך ויאמר פרעה אל יוסף ראה נתתי אתך על כל
ארץ מצרים ויסר פרעה את טבעתו מעל ידו ויתן אתה
על יד יוסף וילבש אתו בגדי שש וישם רבד הזהב על
צוארו וירכב אתו במרכבת המשנה אשר לו ויקראו לפניו
אברך ונתון אתו על כל ארץ מצרים ויאמר פרעה אל
יוסף אני פרעה ובלעדיך לא ירים איש את ידו ואת רגלו
בכל ארץ מצרים ויקרא פרעה שם יוסף צפנת פענח ויתן
לו את אסנת בת פוטי פרע כהן אן לאשה ויצא יוסף על
ארץ מצרים ויוסף בן שלשים שנה בעמדו לפני פרעה
מלך מצרים ויצא יוסף מלפני פרעה ויעבר בכל ארץ
מצרים ותעש הארץ בשבע שני השבע לקמצים ויקבץ
את כל אכל שבע שנים אשר היו בארץ מצרים ויתן
אכל בערים אכל שדה העיר אשר סביבתיה נתן בתוכה
ויצבר יוסף בר כחול הים הרבה מאד עד כי חדל לספר
כי אין מספר וליוסף ילד שני בנים בטרם תבוא שנת

לב הוּא מְאֹד׃ וְעַל הִשָּׁנוֹת הַחֲלוֹם אֶל־פַּרְעֹה פַּעֲמָיִם כִּי־נָכוֹן
לג הַדָּבָר מֵעִם הָאֱלֹהִים וּמְמַהֵר הָאֱלֹהִים לַעֲשֹׂתוֹ׃ וְעַתָּה יֵרֶא ★
לד פַרְעֹה אִישׁ נָבוֹן וְחָכָם וִישִׁיתֵהוּ עַל־אֶרֶץ מִצְרָיִם׃ יַעֲשֶׂה
פַרְעֹה וְיַפְקֵד פְּקִדִים עַל־הָאָרֶץ וְחִמֵּשׁ אֶת־אֶרֶץ מִצְרַיִם
לה בְּשֶׁבַע שְׁנֵי הַשָּׂבָע׃ וְיִקְבְּצוּ אֶת־כָּל־אֹכֶל הַשָּׁנִים הַטֹּבֹת
הַבָּאֹת הָאֵלֶּה וְיִצְבְּרוּ־בָר תַּחַת יַד־פַּרְעֹה אֹכֶל בֶּעָרִים וְשָׁמָרוּ׃
לו וְהָיָה הָאֹכֶל לְפִקָּדוֹן לָאָרֶץ לְשֶׁבַע שְׁנֵי הָרָעָב אֲשֶׁר תִּהְיֶיןָ
לז בְּאֶרֶץ מִצְרָיִם וְלֹא־תִכָּרֵת הָאָרֶץ בָּרָעָב׃ וַיִּיטַב הַדָּבָר בְּעֵינֵי
לח פַרְעֹה וּבְעֵינֵי כָּל־עֲבָדָיו׃ וַיֹּאמֶר פַּרְעֹה אֶל־עֲבָדָיו הֲנִמְצָא לז
לט כָזֶה אִישׁ אֲשֶׁר רוּחַ אֱלֹהִים בּוֹ׃ וַיֹּאמֶר פַּרְעֹה אֶל־יוֹסֵף אַחֲרֵי שלישי
הוֹדִיעַ אֱלֹהִים אוֹתְךָ אֶת־כָּל־זֹאת אֵין־נָבוֹן וְחָכָם כָּמוֹךָ׃
מ אַתָּה תִּהְיֶה עַל־בֵּיתִי וְעַל־פִּיךָ יִשַּׁק כָּל־עַמִּי רַק הַכִּסֵּא אֶגְדַּל
מא מִמֶּךָּ׃ וַיֹּאמֶר פַּרְעֹה אֶל־יוֹסֵף רְאֵה נָתַתִּי אֹתְךָ עַל כָּל־
מב אֶרֶץ מִצְרָיִם׃ וַיָּסַר פַּרְעֹה אֶת־טַבַּעְתּוֹ מֵעַל יָדוֹ וַיִּתֵּן אֹתָהּ ★
עַל־יַד יוֹסֵף וַיַּלְבֵּשׁ אֹתוֹ בִּגְדֵי־שֵׁשׁ וַיָּשֶׂם רְבִד הַזָּהָב עַל־
מג צַוָּארוֹ׃ וַיַּרְכֵּב אֹתוֹ בְּמִרְכֶּבֶת הַמִּשְׁנֶה אֲשֶׁר־לוֹ וַיִּקְרְאוּ לְפָנָיו
מד אַבְרֵךְ וְנָתוֹן אֹתוֹ עַל כָּל־אֶרֶץ מִצְרָיִם׃ וַיֹּאמֶר פַּרְעֹה אֶל־
יוֹסֵף אֲנִי פַרְעֹה וּבִלְעָדֶיךָ לֹא־יָרִים אִישׁ אֶת־יָדוֹ וְאֶת־רַגְלוֹ
מה בְּכָל־אֶרֶץ מִצְרָיִם׃ וַיִּקְרָא פַרְעֹה שֵׁם־יוֹסֵף צָפְנַת פַּעְנֵחַ וַיִּתֶּן־
לוֹ אֶת־אָסְנַת בַּת־פּוֹטִי פֶרַע כֹּהֵן אֹן לְאִשָּׁה וַיֵּצֵא יוֹסֵף עַל־
מו אֶרֶץ מִצְרָיִם׃ וְיוֹסֵף בֶּן־שְׁלֹשִׁים שָׁנָה בְּעָמְדוֹ לִפְנֵי פַּרְעֹה ★
מֶלֶךְ־מִצְרָיִם וַיֵּצֵא יוֹסֵף מִלִּפְנֵי פַרְעֹה וַיַּעֲבֹר בְּכָל־אֶרֶץ
מז מח מִצְרָיִם׃ וַתַּעַשׂ הָאָרֶץ בְּשֶׁבַע שְׁנֵי הַשָּׂבָע לִקְמָצִים׃ וַיִּקְבֹּץ
אֶת־כָּל־אֹכֶל ׀ שֶׁבַע שָׁנִים אֲשֶׁר הָיוּ בְּאֶרֶץ מִצְרַיִם וַיִּתֶּן־
אֹכֶל בֶּעָרִים אֹכֶל שְׂדֵה־הָעִיר אֲשֶׁר סְבִיבֹתֶיהָ נָתַן בְּתוֹכָהּ׃
מט וַיִּצְבֹּר יוֹסֵף בָּר כְּחוֹל הַיָּם הַרְבֵּה מְאֹד עַד כִּי־חָדַל לִסְפֹּר
נ כִּי־אֵין מִסְפָּר׃ וּלְיוֹסֵף יֻלַּד שְׁנֵי בָנִים בְּטֶרֶם תָּבוֹא שְׁנַת

את חלמתינו איש כחלמו פתר ויהי כאשר פתר לנו כן
היה אתי השיב על כני ואתו תלה וישלח פרעה ויקרא
את יוסף ויריצהו מן הבור ויגלח ויחלף שמלתיו ויבא אל
פרעה ויאמר פרעה אל יוסף חלום חלמתי ופתר אין אתו
ואני שמעתי עליך לאמר תשמע חלום לפתר אתו ויען
יוסף את פרעה לאמר בלעדי אלהים יענה את שלום פרעה
וידבר פרעה אל יוסף בחלמי הנני עמד על שפת היאר
והנה מן היאר עלת שבע פרות בריאות בשר ויפת תאר
ותרעינה באחו והנה שבע פרות אחרות עלות אחריהן
דלות ורעות תאר מאד ורקות בשר לא ראיתי כהנה בכל
ארץ מצרים לרע ותאכלנה הפרות הרקות והרעות את
שבע הפרות הראשנות הבריאת ותבאנה אל קרבנה
ולא נודע כי באו אל קרבנה ומראיהן רע כאשר בתחלה
ואיקץ וארא בחלמי והנה שבע שבלים עלת בקנה
אחד מלאת וטבות והנה שבע שבלים צנמות דקות
שדפות קדים צמחות אחריהם ותבלען השבלים הדקת
את שבע השבלים הטבות ואמר אל החרטמים ואין מגיד
לי ויאמר יוסף אל פרעה חלום פרעה אחד הוא את אשר
האלהים עשה הגיד לפרעה שבע פרת הטבת שבע שנים
הנה ושבע השבלים הטבת שבע שנים הנה חלום אחד
הוא ושבע הפרות הרקות והרעת העלת אחריהן שבע
שנים הנה ושבע השבלים הרקות שדפות הקדים יהיו שבע
שני רעב הוא הדבר אשר דברתי אל פרעה אשר האלהים
עשה הראה את פרעה הנה שבע שנים באות שבע גדול
בכל ארץ מצרים וקמו שבע שני רעב אחריהן ונשכח
כל השבע בארץ מצרים וכלה הרעב את הארץ ולא
יודע השבע בארץ מפני הרעב ההוא אחרי כן כי כבד

יג אֶת־חֲלֹמֹתֵינוּ אִישׁ כַּחֲלֹמוֹ פָּתָר׃ וַיְהִי כַּאֲשֶׁר פָּתַר־לָנוּ כֵּן
יד הָיָה אֹתִי הֵשִׁיב עַל־כַּנִּי וְאֹתוֹ תָלָה׃ וַיִּשְׁלַח פַּרְעֹה וַיִּקְרָא
אֶת־יוֹסֵף וַיְרִיצֻהוּ מִן־הַבּוֹר וַיְגַלַּח וַיְחַלֵּף שִׂמְלֹתָיו וַיָּבֹא אֶל־
טו פַּרְעֹה׃ וַיֹּאמֶר פַּרְעֹה אֶל־יוֹסֵף חֲלוֹם חָלַמְתִּי וּפֹתֵר אֵין אֹתוֹ שני
טז וַאֲנִי שָׁמַעְתִּי עָלֶיךָ לֵאמֹר תִּשְׁמַע חֲלוֹם לִפְתֹּר אֹתוֹ׃ וַיַּעַן
יוֹסֵף אֶת־פַּרְעֹה לֵאמֹר בִּלְעָדָי אֱלֹהִים יַעֲנֶה אֶת־שְׁלוֹם פַּרְעֹה׃
יז וַיְדַבֵּר פַּרְעֹה אֶל־יוֹסֵף בַּחֲלֹמִי הִנְנִי עֹמֵד עַל־שְׂפַת הַיְאֹר׃
יח וְהִנֵּה מִן־הַיְאֹר עֹלֹת שֶׁבַע פָּרוֹת בְּרִיאוֹת בָּשָׂר וִיפֹת תֹּאַר
יט וַתִּרְעֶינָה בָּאָחוּ׃ וְהִנֵּה שֶׁבַע פָּרוֹת אֲחֵרוֹת עֹלוֹת אַחֲרֵיהֶן
דַּלּוֹת וְרָעוֹת תֹּאַר מְאֹד וְרַקּוֹת בָּשָׂר לֹא־רָאִיתִי כָהֵנָּה בְּכָל־
כ אֶרֶץ מִצְרַיִם לָרֹעַ׃ וַתֹּאכַלְנָה הַפָּרוֹת הָרַקּוֹת וְהָרָעוֹת אֵת
כא שֶׁבַע הַפָּרוֹת הָרִאשֹׁנוֹת הַבְּרִיאֹת׃ וַתָּבֹאנָה אֶל־קִרְבֶּנָה
וְלֹא נוֹדַע כִּי־בָאוּ אֶל־קִרְבֶּנָה וּמַרְאֵיהֶן רַע כַּאֲשֶׁר בַּתְּחִלָּה
כב וָאִיקָץ׃ וָאֵרֶא בַּחֲלֹמִי וְהִנֵּה ׀ שֶׁבַע שִׁבֳּלִים עֹלֹת בְּקָנֶה
כג אֶחָד מְלֵאֹת וְטֹבוֹת׃ וְהִנֵּה שֶׁבַע שִׁבֳּלִים צְנֻמוֹת דַּקּוֹת
כד שְׁדֻפוֹת קָדִים צֹמְחוֹת אַחֲרֵיהֶם׃ וַתִּבְלַעְןָ הַשִּׁבֳּלִים הַדַּקֹּת
אֵת שֶׁבַע הַשִּׁבֳּלִים הַטֹּבוֹת וָאֹמַר אֶל־הַחַרְטֻמִּים וְאֵין מַגִּיד
כה לִי׃ וַיֹּאמֶר יוֹסֵף אֶל־פַּרְעֹה חֲלוֹם פַּרְעֹה אֶחָד הוּא אֵת אֲשֶׁר
כו הָאֱלֹהִים עֹשֶׂה הִגִּיד לְפַרְעֹה׃ שֶׁבַע פָּרֹת הַטֹּבֹת שֶׁבַע שָׁנִים הֵנָּה ★
הֵנָּה וְשֶׁבַע הַשִּׁבֳּלִים הַטֹּבֹת שֶׁבַע שָׁנִים הֵנָּה חֲלוֹם אֶחָד
כז הוּא׃ וְשֶׁבַע הַפָּרוֹת הָרַקּוֹת וְהָרָעֹת הָעֹלֹת אַחֲרֵיהֶן שֶׁבַע
שָׁנִים הֵנָּה וְשֶׁבַע הַשִּׁבֳּלִים הָרֵקוֹת שְׁדֻפוֹת הַקָּדִים יִהְיוּ שֶׁבַע
כח שְׁנֵי רָעָב׃ הוּא הַדָּבָר אֲשֶׁר דִּבַּרְתִּי אֶל־פַּרְעֹה אֲשֶׁר הָאֱלֹהִים
כט עֹשֶׂה הֶרְאָה אֶת־פַּרְעֹה׃ הִנֵּה שֶׁבַע שָׁנִים בָּאוֹת שָׂבָע גָּדוֹל ★
ל בְּכָל־אֶרֶץ מִצְרָיִם׃ וְקָמוּ שֶׁבַע שְׁנֵי רָעָב אַחֲרֵיהֶן וְנִשְׁכַּח
לא כָּל־הַשָּׂבָע בְּאֶרֶץ מִצְרָיִם וְכִלָּה הָרָעָב אֶת־הָאָרֶץ׃ וְלֹא־
יִוָּדַע הַשָּׂבָע בָּאָרֶץ מִפְּנֵי הָרָעָב הַהוּא אַחֲרֵי־כֵן כִּי־כָבֵד

שלשה סלי חרי על ראשי ובסל העליון מכל מאכל פרעה מעשה אפה והעוף אכל אתם מן הסל מעל ראשי ויען יוסף ויאמר זה פתרנו שלשת הסלים שלשת ימים הם בעוד שלשת ימים ישא פרעה את ראשך מעליך ותלה אותך על עץ ואכל העוף את בשרך מעליך ויהי ביום השלישי יום הלדת את פרעה ויעש משתה לכל עבדיו וישא את ראש שר המשקים ואת ראש שר האפים בתוך עבדיו וישב את שר המשקים על משקהו ויתן הכוס על כף פרעה ואת שר האפים תלה כאשר פתר להם יוסף ולא זכר שר המשקים את יוסף וישכחהו

ויהי מקץ שנתים ימים ופרעה חלם והנה עמד על היאר והנה מן היאר עלת שבע פרות יפות מראה ובריאת בשר ותרעינה באחו והנה שבע פרות אחרות עלות אחריהן מן היאר רעות מראה ודקות בשר ותעמדנה אצל הפרות על שפת היאר ותאכלנה הפרות רעות המראה ודקת הבשר את שבע הפרות יפת המראה והבריאת וייקץ פרעה ויישן ויחלם שנית והנה שבע שבלים עלות בקנה אחד בריאות וטבות והנה שבע שבלים דקות ושדופת קדים צמחות אחריהן ותבלענה השבלים הדקות את שבע השבלים הבריאות והמלאות וייקץ פרעה והנה חלום ויהי בבקר ותפעם רוחו וישלח ויקרא את כל חרטמי מצרים ואת כל חכמיה ויספר פרעה להם את חלמו ואין פותר אותם לפרעה וידבר שר המשקים את פרעה לאמר את חטאי אני מזכיר היום פרעה קצף על עבדיו ויתן אתי במשמר בית שר הטבחים אתי ואת שר האפים ונחלמה חלום בלילה אחד אני והוא איש כפתרון חלמו חלמנו ושם אתנו נער עברי עבד לשר הטבחים ונספר לו ויפתר לנו

יז שְׁלֹשָׁה סַלֵּי חֹרִי עַל־רֹאשִׁי: וּבַסַּל הָעֶלְיוֹן מִכֹּל מַאֲכַל פַּרְעֹה

יח מַעֲשֵׂה אֹפֶה וְהָעוֹף אֹכֵל אֹתָם מִן־הַסַּל מֵעַל רֹאשִׁי: וַיַּעַן

יוֹסֵף וַיֹּאמֶר זֶה פִּתְרֹנוֹ שְׁלֹשֶׁת הַסַּלִּים שְׁלֹשֶׁת יָמִים הֵם:

יט בְּעוֹד ׀ שְׁלֹשֶׁת יָמִים יִשָּׂא פַרְעֹה אֶת־רֹאשְׁךָ מֵעָלֶיךָ וְתָלָה

מפטיר

כ אוֹתְךָ עַל־עֵץ וְאָכַל הָעוֹף אֶת־בְּשָׂרְךָ מֵעָלֶיךָ: וַיְהִי ׀ בַּיּוֹם

הַשְּׁלִישִׁי יוֹם הֻלֶּדֶת אֶת־פַּרְעֹה וַיַּעַשׂ מִשְׁתֶּה לְכָל־עֲבָדָיו

וַיִּשָּׂא אֶת־רֹאשׁ ׀ שַׂר הַמַּשְׁקִים וְאֶת־רֹאשׁ שַׂר הָאֹפִים בְּתוֹךְ

כא עֲבָדָיו: וַיָּשֶׁב אֶת־שַׂר הַמַּשְׁקִים עַל־מַשְׁקֵהוּ וַיִּתֵּן הַכּוֹס עַל־

כב כַּף פַּרְעֹה: וְאֵת שַׂר הָאֹפִים תָּלָה כַּאֲשֶׁר פָּתַר לָהֶם יוֹסֵף:

כג וְלֹא־זָכַר שַׂר־הַמַּשְׁקִים אֶת־יוֹסֵף וַיִּשְׁכָּחֵהוּ:

מא א וַיְהִי מִקֵּץ שְׁנָתַיִם יָמִים וּפַרְעֹה חֹלֵם וְהִנֵּה עֹמֵד עַל־הַיְאֹר:

ב וְהִנֵּה מִן־הַיְאֹר עֹלֹת שֶׁבַע פָּרוֹת יְפוֹת מַרְאֶה וּבְרִיאֹת בָּשָׂר

ג וַתִּרְעֶינָה בָּאָחוּ: וְהִנֵּה שֶׁבַע פָּרוֹת אֲחֵרוֹת עֹלוֹת אַחֲרֵיהֶן מִן־

הַיְאֹר רָעוֹת מַרְאֶה וְדַקּוֹת בָּשָׂר וַתַּעֲמֹדְנָה אֵצֶל הַפָּרוֹת עַל־

ד שְׂפַת הַיְאֹר: וַתֹּאכַלְנָה הַפָּרוֹת רָעוֹת הַמַּרְאֶה וְדַקֹּת הַבָּשָׂר

★ ה אֵת שֶׁבַע הַפָּרוֹת יְפֹת הַמַּרְאֶה וְהַבְּרִיאֹת וַיִּיקַץ פַּרְעֹה: וַיִּישָׁן

וַיַּחֲלֹם שֵׁנִית וְהִנֵּה ׀ שֶׁבַע שִׁבֳּלִים עֹלוֹת בְּקָנֶה אֶחָד בְּרִיאוֹת

ו וְטֹבוֹת: וְהִנֵּה שֶׁבַע שִׁבֳּלִים דַּקּוֹת וּשְׁדוּפֹת קָדִים צֹמְחוֹת

ז אַחֲרֵיהֶן: וַתִּבְלַעְנָה הַשִּׁבֳּלִים הַדַּקּוֹת אֵת שֶׁבַע הַשִּׁבֳּלִים

★ ח הַבְּרִיאוֹת וְהַמְּלֵאוֹת וַיִּיקַץ פַּרְעֹה וְהִנֵּה חֲלוֹם: וַיְהִי בַבֹּקֶר

וַתִּפָּעֶם רוּחוֹ וַיִּשְׁלַח וַיִּקְרָא אֶת־כָּל־חַרְטֻמֵּי מִצְרַיִם וְאֶת־

כָּל־חֲכָמֶיהָ וַיְסַפֵּר פַּרְעֹה לָהֶם אֶת־חֲלֹמוֹ וְאֵין־פּוֹתֵר אוֹתָם

ט לְפַרְעֹה: וַיְדַבֵּר שַׂר הַמַּשְׁקִים אֶת־פַּרְעֹה לֵאמֹר אֶת־חֲטָאַי

י אֲנִי מַזְכִּיר הַיּוֹם: פַּרְעֹה קָצַף עַל־עֲבָדָיו וַיִּתֵּן אֹתִי בְּמִשְׁמַר

יא בֵּית שַׂר הַטַּבָּחִים אֹתִי וְאֵת שַׂר הָאֹפִים: וַנַּחַלְמָה חֲלוֹם

יב בְּלַיְלָה אֶחָד אֲנִי וָהוּא אִישׁ כְּפִתְרוֹן חֲלֹמוֹ חָלָמְנוּ: וְשָׁם

אִתָּנוּ נַעַר עִבְרִי עֶבֶד לְשַׂר הַטַּבָּחִים וַנְּסַפֶּר־לוֹ וַיִּפְתָּר־לָנוּ

הסהר ויתן שר בית הסהר ביד יוסף את כל האסירם
אשר בבית הסהר ואת כל אשר עשים שם הוא היה עשה
אין שר בית הסהר ראה את כל מאומה בידו באשר יהוה
אתו ואשר הוא עשה יהוה מצליח
ויהי אחר הדברים האלה חטאו משקה מלך מצרים והאפה
לאדניהם למלך מצרים ויקצף פרעה על שני סריסיו על
שר המשקים ועל שר האופים ויתן אתם במשמר בית שר
הטבחים אל בית הסהר מקום אשר יוסף אסור שם ויפקד
שר הטבחים את יוסף אתם וישרת אתם ויהיו ימים במשמר
ויחלמו חלום שניהם איש חלמו בלילה אחד איש כפתרון
חלמו המשקה והאפה אשר למלך מצרים אשר אסורים
בבית הסהר ויבא אליהם יוסף בבקר וירא אתם והנם
זעפים וישאל את סריסי פרעה אשר אתו במשמר בית
אדניו לאמר מדוע פניכם רעים היום ויאמרו אליו חלום
חלמנו ופתר אין אתו ויאמר אלהם יוסף הלוא לאלהים
פתרנים ספרו נא לי ויספר שר המשקים את חלמו ליוסף
ויאמר לו בחלומי והנה גפן לפני ובגפן שלשה שריגם
והוא כפרחת עלתה נצה הבשילו אשכלתיה ענבים וכוס
פרעה בידי ואקח את הענבים ואשחט אתם אל כוס פרעה
ואתן את הכוס על כף פרעה ויאמר לו יוסף זה פתרנו
שלשת השרגים שלשת ימים הם בעוד שלשת ימים ישא
פרעה את ראשך והשיבך על כנך ונתת כוס פרעה בידו
כמשפט הראשון אשר היית משקהו כי אם זכרתני אתך
כאשר ייטב לך ועשית נא עמדי חסד והזכרתני אל פרעה
והוצאתני מן הבית הזה כי גנב גנבתי מארץ העברים
וגם פה לא עשיתי מאומה כי שמו אתי בבור וירא שר
האפים כי טוב פתר ויאמר אל יוסף אף אני בחלומי והנה

כב הַסֹּהַר: וַיִּתֵּן שַׂר בֵּית־הַסֹּהַר בְּיַד־יוֹסֵף אֵת כָּל־הָאֲסִירִם
אֲשֶׁר בְּבֵית הַסֹּהַר וְאֵת כָּל־אֲשֶׁר עֹשִׂים שָׁם הוּא הָיָה עֹשֶׂה:
כג אֵין ׀ שַׂר בֵּית־הַסֹּהַר רֹאֶה אֶת־כָּל־מְאוּמָה בְּיָדוֹ בַּאֲשֶׁר יְהוָה
אִתּוֹ וַאֲשֶׁר־הוּא עֹשֶׂה יְהוָה מַצְלִיחַ:
מ א וַיְהִי אַחַר הַדְּבָרִים הָאֵלֶּה חָטְאוּ מַשְׁקֵה מֶלֶךְ־מִצְרַיִם וְהָאֹפֶה שביעי
ב לַאֲדֹנֵיהֶם לְמֶלֶךְ מִצְרָיִם: וַיִּקְצֹף פַּרְעֹה עַל שְׁנֵי סָרִיסָיו עַל
ג שַׂר הַמַּשְׁקִים וְעַל שַׂר הָאוֹפִים: וַיִּתֵּן אֹתָם בְּמִשְׁמַר בֵּית שַׂר
ד הַטַּבָּחִים אֶל־בֵּית הַסֹּהַר מְקוֹם אֲשֶׁר יוֹסֵף אָסוּר שָׁם: וַיִּפְקֹד
שַׂר הַטַּבָּחִים אֶת־יוֹסֵף אִתָּם וַיְשָׁרֶת אֹתָם וַיִּהְיוּ יָמִים בְּמִשְׁמָר:
ה וַיַּחַלְמוּ חֲלוֹם שְׁנֵיהֶם אִישׁ חֲלֹמוֹ בְּלַיְלָה אֶחָד אִישׁ כְּפִתְרוֹן
חֲלֹמוֹ הַמַּשְׁקֶה וְהָאֹפֶה אֲשֶׁר לְמֶלֶךְ מִצְרַיִם אֲשֶׁר אֲסוּרִים
ו בְּבֵית הַסֹּהַר: וַיָּבֹא אֲלֵיהֶם יוֹסֵף בַּבֹּקֶר וַיַּרְא אֹתָם וְהִנָּם
ז זֹעֲפִים: וַיִּשְׁאַל אֶת־סְרִיסֵי פַרְעֹה אֲשֶׁר אִתּוֹ בְמִשְׁמַר בֵּית
ח אֲדֹנָיו לֵאמֹר מַדּוּעַ פְּנֵיכֶם רָעִים הַיּוֹם: וַיֹּאמְרוּ אֵלָיו חֲלוֹם
חָלַמְנוּ וּפֹתֵר אֵין אֹתוֹ וַיֹּאמֶר אֲלֵהֶם יוֹסֵף הֲלוֹא לֵאלֹהִים
ט פִּתְרֹנִים סַפְּרוּ־נָא לִי: וַיְסַפֵּר שַׂר־הַמַּשְׁקִים אֶת־חֲלֹמוֹ לְיוֹסֵף ★
י וַיֹּאמֶר לוֹ בַּחֲלוֹמִי וְהִנֵּה־גֶפֶן לְפָנָי: וּבַגֶּפֶן שְׁלֹשָׁה שָׂרִיגִם
יא וְהִוא כְפֹרַחַת עָלְתָה נִצָּהּ הִבְשִׁילוּ אַשְׁכְּלֹתֶיהָ עֲנָבִים: וְכוֹס
פַּרְעֹה בְּיָדִי וָאֶקַּח אֶת־הָעֲנָבִים וָאֶשְׂחַט אֹתָם אֶל־כּוֹס פַּרְעֹה
יב וָאֶתֵּן אֶת־הַכּוֹס עַל־כַּף פַּרְעֹה: וַיֹּאמֶר לוֹ יוֹסֵף זֶה פִּתְרֹנוֹ
יג שְׁלֹשֶׁת הַשָּׂרִגִים שְׁלֹשֶׁת יָמִים הֵם: בְּעוֹד ׀ שְׁלֹשֶׁת יָמִים יִשָּׂא
פַרְעֹה אֶת־רֹאשֶׁךָ וַהֲשִׁיבְךָ עַל־כַּנֶּךָ וְנָתַתָּ כוֹס־פַּרְעֹה בְּיָדוֹ
יד כַּמִּשְׁפָּט הָרִאשׁוֹן אֲשֶׁר הָיִיתָ מַשְׁקֵהוּ: כִּי אִם־זְכַרְתַּנִי אִתְּךָ ★
כַּאֲשֶׁר יִיטַב לָךְ וְעָשִׂיתָ־נָּא עִמָּדִי חָסֶד וְהִזְכַּרְתַּנִי אֶל־פַּרְעֹה
טו וְהוֹצֵאתַנִי מִן־הַבַּיִת הַזֶּה: כִּי־גֻנֹּב גֻּנַּבְתִּי מֵאֶרֶץ הָעִבְרִים
טז וְגַם־פֹּה לֹא־עָשִׂיתִי מְאוּמָה כִּי־שָׂמוּ אֹתִי בַּבּוֹר: וַיַּרְא שַׂר־
הָאֹפִים כִּי טוֹב פָּתָר וַיֹּאמֶר אֶל־יוֹסֵף אַף־אֲנִי בַּחֲלוֹמִי וְהִנֵּה

וימצא יוסף חן בעיניו וישרת אתו ויפקדהו על ביתו וכל
יש לו נתן בידו ויהי מאז הפקיד אתו בביתו ועל כל
אשר יש לו ויברך יהוה את בית המצרי בגלל יוסף ויהי
ברכת יהוה בכל אשר יש לו בבית ובשדה ויעזב כל
אשר לו ביד יוסף ולא ידע אתו מאומה כי אם הלחם
אשר הוא אוכל ויהי יוסף יפה תאר ויפה מראה ויהי אחר
הדברים האלה ותשא אשת אדניו את עיניה אל יוסף
ותאמר שכבה עמי וימאן ויאמר אל אשת אדניו הן אדני
לא ידע אתי מה בבית וכל אשר יש לו נתן בידי איננו
גדול בבית הזה ממני ולא חשך ממני מאומה כי אם אותך
באשר את אשתו ואיך אעשה הרעה הגדלה הזאת וחטאתי
לאלהים ויהי כדברה אל יוסף יום יום ולא שמע אליה
לשכב אצלה להיות עמה ויהי כהיום הזה ויבא הביתה
לעשות מלאכתו ואין איש מאנשי הבית שם בבית
ותתפשהו בבגדו לאמר שכבה עמי ויעזב בגדו בידה וינס
ויצא החוצה ויהי כראותה כי עזב בגדו בידה וינס החוצה
ותקרא לאנשי ביתה ותאמר להם לאמר ראו הביא לנו
איש עברי לצחק בנו בא אלי לשכב עמי ואקרא בקול גדול
ויהי כשמעו כי הרימתי קולי ואקרא ויעזב בגדו אצלי וינס
ויצא החוצה ותנח בגדו אצלה עד בוא אדניו אל ביתו
ותדבר אליו כדברים האלה לאמר בא אלי העבד העברי
אשר הבאת לנו לצחק בי ויהי כהרימי קולי ואקרא ויעזב
בגדו אצלי וינס החוצה ויהי כשמע אדניו את דברי אשתו
אשר דברה אליו לאמר כדברים האלה עשה לי עבדך
ויחר אפו ויקח אדני יוסף אתו ויתנהו אל בית הסהר
מקום אשר אסורי המלך אסורים ויהי שם בבית הסהר
ויהי יהוה את יוסף ויט אליו חסד ויתן חנו בעיני שר בית

ד וַיִּמְצָא יוֹסֵף חֵן בְּעֵינָיו וַיְשָׁרֶת אֹתוֹ וַיַּפְקִדֵהוּ עַל־בֵּיתוֹ וְכָל־ ★
ה יֶשׁ־לוֹ נָתַן בְּיָדוֹ׃ וַיְהִי מֵאָז הִפְקִיד אֹתוֹ בְּבֵיתוֹ וְעַל כָּל־
אֲשֶׁר יֶשׁ־לוֹ וַיְבָרֶךְ יהוה אֶת־בֵּית הַמִּצְרִי בִּגְלַל יוֹסֵף וַיְהִי
ו בִּרְכַּת יהוה בְּכָל־אֲשֶׁר יֶשׁ־לוֹ בַּבַּיִת וּבַשָּׂדֶה׃ וַיַּעֲזֹב כָּל־
אֲשֶׁר־לוֹ בְּיַד־יוֹסֵף וְלֹא־יָדַע אִתּוֹ מְאוּמָה כִּי אִם־הַלֶּחֶם
ז אֲשֶׁר־הוּא אוֹכֵל וַיְהִי יוֹסֵף יְפֵה־תֹאַר וִיפֵה מַרְאֶה׃ וַיְהִי אַחַר ששי
הַדְּבָרִים הָאֵלֶּה וַתִּשָּׂא אֵשֶׁת־אֲדֹנָיו אֶת־עֵינֶיהָ אֶל־יוֹסֵף
ח וַתֹּאמֶר שִׁכְבָה עִמִּי׃ וַיְמָאֵן ׀ וַיֹּאמֶר אֶל־אֵשֶׁת אֲדֹנָיו הֵן אֲדֹנִי
ט לֹא־יָדַע אִתִּי מַה־בַּבָּיִת וְכֹל אֲשֶׁר־יֶשׁ־לוֹ נָתַן בְּיָדִי׃ אֵינֶנּוּ
גָדוֹל בַּבַּיִת הַזֶּה מִמֶּנִּי וְלֹא־חָשַׂךְ מִמֶּנִּי מְאוּמָה כִּי אִם־אוֹתָךְ
בַּאֲשֶׁר אַתְּ־אִשְׁתּוֹ וְאֵיךְ אֶעֱשֶׂה הָרָעָה הַגְּדֹלָה הַזֹּאת וְחָטָאתִי
י לֵאלֹהִים׃ וַיְהִי כְּדַבְּרָהּ אֶל־יוֹסֵף יוֹם ׀ יוֹם וְלֹא־שָׁמַע אֵלֶיהָ
יא לִשְׁכַּב אֶצְלָהּ לִהְיוֹת עִמָּהּ׃ וַיְהִי כְּהַיּוֹם הַזֶּה וַיָּבֹא הַבַּיְתָה
לַעֲשׂוֹת מְלַאכְתּוֹ וְאֵין אִישׁ מֵאַנְשֵׁי הַבַּיִת שָׁם בַּבָּיִת׃
יב וַתִּתְפְּשֵׂהוּ בְּבִגְדוֹ לֵאמֹר שִׁכְבָה עִמִּי וַיַּעֲזֹב בִּגְדוֹ בְּיָדָהּ וַיָּנָס
יג וַיֵּצֵא הַחוּצָה׃ וַיְהִי כִּרְאוֹתָהּ כִּי־עָזַב בִּגְדוֹ בְּיָדָהּ וַיָּנָס הַחוּצָה׃
יד וַתִּקְרָא לְאַנְשֵׁי בֵיתָהּ וַתֹּאמֶר לָהֶם לֵאמֹר רְאוּ הֵבִיא לָנוּ
אִישׁ עִבְרִי לְצַחֶק בָּנוּ בָּא אֵלַי לִשְׁכַּב עִמִּי וָאֶקְרָא בְּקוֹל גָּדוֹל׃
טו וַיְהִי כְשָׁמְעוֹ כִּי־הֲרִימֹתִי קוֹלִי וָאֶקְרָא וַיַּעֲזֹב בִּגְדוֹ אֶצְלִי וַיָּנָס
טז וַיֵּצֵא הַחוּצָה׃ וַתַּנַּח בִּגְדוֹ אֶצְלָהּ עַד־בּוֹא אֲדֹנָיו אֶל־בֵּיתוֹ׃
יז וַתְּדַבֵּר אֵלָיו כַּדְּבָרִים הָאֵלֶּה לֵאמֹר בָּא אֵלַי הָעֶבֶד הָעִבְרִי
יח אֲשֶׁר־הֵבֵאתָ לָּנוּ לְצַחֶק בִּי׃ וַיְהִי כַּהֲרִימִי קוֹלִי וָאֶקְרָא וַיַּעֲזֹב
יט בִּגְדוֹ אֶצְלִי וַיָּנָס הַחוּצָה׃ וַיְהִי כִשְׁמֹעַ אֲדֹנָיו אֶת־דִּבְרֵי אִשְׁתּוֹ
אֲשֶׁר דִּבְּרָה אֵלָיו לֵאמֹר כַּדְּבָרִים הָאֵלֶּה עָשָׂה לִי עַבְדֶּךָ
כ וַיִּחַר אַפּוֹ׃ וַיִּקַּח אֲדֹנֵי יוֹסֵף אֹתוֹ וַיִּתְּנֵהוּ אֶל־בֵּית הַסֹּהַר
מְקוֹם אֲשֶׁר־אסורי הַמֶּלֶךְ אֲסוּרִים וַיְהִי־שָׁם בְּבֵית הַסֹּהַר׃ אֲסִירֵי
כא וַיְהִי יהוה אֶת־יוֹסֵף וַיֵּט אֵלָיו חָסֶד וַיִּתֵּן חִנּוֹ בְּעֵינֵי שַׂר בֵּית־

יהודה ויחשבה לזונה כי כסתה פניה ויט אליה אל הדרך
ויאמר הבה נא אבוא אליך כי לא ידע כי כלתו הוא ותאמר
מה תתן לי כי תבוא אלי ויאמר אנכי אשלח גדי עזים
מן הצאן ותאמר אם תתן ערבון עד שלחך ויאמר מה
הערבון אשר אתן לך ותאמר חתמך ופתילך ומטך אשר
בידך ויתן לה ויבא אליה ותהר לו ותקם ותלך ותסר
צעיפה מעליה ותלבש בגדי אלמנותה וישלח יהודה את
גדי העזים ביד רעהו העדלמי לקחת הערבון מיד האשה
ולא מצאה וישאל את אנשי מקמה לאמר איה הקדשה
הוא בעינים על הדרך ויאמרו לא היתה בזה קדשה וישב
אל יהודה ויאמר לא מצאתיה וגם אנשי המקום אמרו
לא היתה בזה קדשה ויאמר יהודה תקח לה פן נהיה
לבוז הנה שלחתי הגדי הזה ואתה לא מצאתה ויהי כמשלש
חדשים ויגד ליהודה לאמר זנתה תמר כלתך וגם הנה הרה
לזנונים ויאמר יהודה הוציאוה ותשרף הוא מוצאת והיא
שלחה אל חמיה לאמר לאיש אשר אלה לו אנכי הרה
ותאמר הכר נא למי החתמת והפתילים והמטה האלה
ויכר יהודה ויאמר צדקה ממני כי על כן לא נתתיה לשלה
בני ולא יסף עוד לדעתה ויהי בעת לדתה והנה תאומים
בבטנה ויהי בלדתה ויתן יד ותקח המילדת ותקשר על
ידו שני לאמר זה יצא ראשנה ויהי כמשיב ידו והנה יצא
אחיו ותאמר מה פרצת עליך פרץ ויקרא שמו פרץ ואחר
יצא אחיו אשר על ידו השני ויקרא שמו זרח ויוסף
הורד מצרימה ויקנהו פוטיפר סריס פרעה שר הטבחים
איש מצרי מיד הישמעאלים אשר הורדהו שמה ויהי יהוה
את יוסף ויהי איש מצליח ויהי בבית אדניו המצרי וירא
אדניו כי יהוה אתו וכל אשר הוא עשה יהוה מצליח בידו

טז יְהוּדָ֔ה וַיַּחְשְׁבֶ֖הָ לְזוֹנָ֑ה כִּ֥י כִסְּתָ֖ה פָּנֶֽיהָ׃ וַיֵּ֨ט אֵלֶ֜יהָ אֶל־הַדֶּ֗רֶךְ
וַיֹּ֙אמֶר֙ הָ֣בָה נָּ֔א אָב֣וֹא אֵלַ֔יִךְ כִּ֚י לֹ֣א יָדַ֔ע כִּ֥י כַלָּת֖וֹ הִ֑וא וַתֹּ֙אמֶר֙
יז מַה־תִּתֶּן־לִּ֔י כִּ֥י תָב֖וֹא אֵלָֽי׃ וַיֹּ֕אמֶר אָנֹכִ֛י אֲשַׁלַּ֥ח גְּדִֽי־עִזִּ֖ים
יח מִן־הַצֹּ֑אן וַתֹּ֕אמֶר אִם־תִּתֵּ֥ן עֵרָב֖וֹן עַ֥ד שָׁלְחֶֽךָ׃ וַיֹּ֗אמֶר מָ֣ה
הָעֵרָבוֹן֮ אֲשֶׁ֣ר אֶתֶּן־לָּךְ֒ וַתֹּ֗אמֶר חֹתָֽמְךָ֙ וּפְתִילֶ֔ךָ וּמַטְּךָ֖ אֲשֶׁ֣ר
יט בְּיָדֶ֑ךָ וַיִּתֶּן־לָּ֛הּ וַיָּבֹ֥א אֵלֶ֖יהָ וַתַּ֥הַר לֽוֹ׃ וַתָּ֣קָם וַתֵּ֔לֶךְ וַתָּ֥סַר
כ צְעִיפָ֖הּ מֵעָלֶ֑יהָ וַתִּלְבַּ֖שׁ בִּגְדֵ֥י אַלְמְנוּתָֽהּ׃ וַיִּשְׁלַ֨ח יְהוּדָ֜ה אֶת־
גְּדִ֣י הָֽעִזִּ֗ים בְּיַד֙ רֵעֵ֣הוּ הָעֲדֻלָּמִ֔י לָקַ֥חַת הָעֵרָב֖וֹן מִיַּ֣ד הָאִשָּׁ֑ה
כא וְלֹ֖א מְצָאָֽהּ׃ וַיִּשְׁאַ֞ל אֶת־אַנְשֵׁ֤י מְקֹמָהּ֙ לֵאמֹ֔ר אַיֵּ֧ה הַקְּדֵשָׁ֛ה
כב הִ֥וא בָעֵינַ֖יִם עַל־הַדָּ֑רֶךְ וַיֹּ֣אמְר֔וּ לֹא־הָיְתָ֥ה בָזֶ֖ה קְדֵשָֽׁה׃ וַיָּ֙שָׁב֙
אֶל־יְהוּדָ֔ה וַיֹּ֖אמֶר לֹ֣א מְצָאתִ֑יהָ וְגַ֨ם אַנְשֵׁ֤י הַמָּקוֹם֙ אָֽמְר֔וּ
כג לֹא־הָיְתָ֥ה בָזֶ֖ה קְדֵשָֽׁה׃ וַיֹּ֤אמֶר יְהוּדָה֙ תִּֽקַּֽח־לָ֔הּ פֶּ֖ן נִהְיֶ֣ה
כד לָב֑וּז הִנֵּ֤ה שָׁלַ֙חְתִּי֙ הַגְּדִ֣י הַזֶּ֔ה וְאַתָּ֖ה לֹ֥א מְצָאתָֽהּ׃ וַיְהִ֣י ׀ כְּמִשְׁלֹ֣שׁ
חֳדָשִׁ֗ים וַיֻּגַּ֨ד לִיהוּדָ֤ה לֵאמֹר֙ זָֽנְתָה֙ תָּמָ֣ר כַּלָּתֶ֔ךָ וְגַ֛ם הִנֵּ֥ה הָרָ֖ה
כה לִזְנוּנִ֑ים וַיֹּ֣אמֶר יְהוּדָ֔ה הוֹצִיא֖וּהָ וְתִשָּׂרֵֽף׃ הִ֣וא מוּצֵ֗את וְהִ֨יא
שָׁלְחָ֤ה אֶל־חָמִ֙יהָ֙ לֵאמֹ֔ר לְאִישׁ֙ אֲשֶׁר־אֵ֣לֶּה לּ֔וֹ אָנֹכִ֖י הָרָ֑ה
וַתֹּ֙אמֶר֙ הַכֶּר־נָ֔א לְמִ֞י הַחֹתֶ֧מֶת וְהַפְּתִילִ֛ים וְהַמַּטֶּ֖ה הָאֵֽלֶּה׃
כו וַיַּכֵּ֣ר יְהוּדָ֗ה וַיֹּ֙אמֶר֙ צָֽדְקָ֣ה מִמֶּ֔נִּי כִּֽי־עַל־כֵּ֥ן לֹא־נְתַתִּ֖יהָ לְשֵׁלָ֣ה
כז בְנִ֑י וְלֹֽא־יָסַ֥ף ע֖וֹד לְדַעְתָּֽהּ׃ וַיְהִ֖י בְּעֵ֣ת לִדְתָּ֑הּ וְהִנֵּ֥ה תְאוֹמִ֖ים
כח בְּבִטְנָֽהּ׃ וַיְהִ֥י בְלִדְתָּ֖הּ וַיִּתֶּן־יָ֑ד וַתִּקַּ֣ח הַמְיַלֶּ֗דֶת וַתִּקְשֹׁ֨ר עַל־
כט יָד֤וֹ שָׁנִי֙ לֵאמֹ֔ר זֶ֖ה יָצָ֥א רִאשֹׁנָֽה׃ וַיְהִ֣י ׀ כְּמֵשִׁ֣יב יָד֗וֹ וְהִנֵּה֙ יָצָ֣א
ל אָחִ֔יו וַתֹּ֕אמֶר מַה־פָּרַ֖צְתָּ עָלֶ֣יךָ פָּ֑רֶץ וַיִּקְרָ֥א שְׁמ֖וֹ פָּֽרֶץ׃ וְאַחַר֙
לט א יָצָ֣א אָחִ֔יו אֲשֶׁ֥ר עַל־יָד֖וֹ הַשָּׁנִ֑י וַיִּקְרָ֥א שְׁמ֖וֹ זָֽרַח׃ וְיוֹסֵ֖ף לה חמישי
הוּרַ֣ד מִצְרָ֑יְמָה וַיִּקְנֵ֡הוּ פּוֹטִיפַר֩ סְרִ֨יס פַּרְעֹ֜ה שַׂ֤ר הַטַּבָּחִים֙
ב אִ֣ישׁ מִצְרִ֔י מִיַּד֙ הַיִּשְׁמְעֵאלִ֔ים אֲשֶׁ֥ר הוֹרִדֻ֖הוּ שָֽׁמָּה׃ וַיְהִ֤י יְהוָה֙
ג אֶת־יוֹסֵ֔ף וַיְהִ֖י אִ֣ישׁ מַצְלִ֑יחַ וַיְהִ֕י בְּבֵ֖ית אֲדֹנָ֥יו הַמִּצְרִֽי׃ וַיַּ֣רְא
אֲדֹנָ֔יו כִּ֥י יְהוָ֖ה אִתּ֑וֹ וְכֹל֙ אֲשֶׁר־ה֣וּא עֹשֶׂ֔ה יְהוָ֖ה מַצְלִ֥יחַ בְּיָדֽוֹ׃

אחיו ויאמר הילד איננו ואני אנה אני בא ויקחו את
כתנת יוסף וישחטו שעיר עזים ויטבלו את הכתנת בדם
וישלחו את כתנת הפסים ויביאו אל אביהם ויאמרו זאת
מצאנו הכר נא הכתנת בנך הוא אם לא ויכירה ויאמר
כתנת בני חיה רעה אכלתהו טרף טרף יוסף ויקרע יעקב
שמלתיו וישם שק במתניו ויתאבל על בנו ימים רבים
ויקמו כל בניו וכל בנתיו לנחמו וימאן להתנחם ויאמר כי
ארד אל בני אבל שאלה ויבך אתו אביו והמדנים מכרו אתו
אל מצרים לפוטיפר סריס פרעה שר הטבחים
ויהי בעת ההוא וירד יהודה מאת אחיו ויט עד איש עדלמי
ושמו חירה וירא שם יהודה בת איש כנעני ושמו שוע
ויקחה ויבא אליה ותהר ותלד בן ויקרא את שמו ער
ותהר עוד ותלד בן ותקרא את שמו אונן ותסף עוד ותלד
בן ותקרא את שמו שלה והיה בכזיב בלדתה אתו ויקח
יהודה אשה לער בכורו ושמה תמר ויהי ער בכור יהודה
רע בעיני יהוה וימתהו יהוה ויאמר יהודה לאונן בא אל
אשת אחיך ויבם אתה והקם זרע לאחיך וידע אונן כי לא
לו יהיה הזרע והיה אם בא אל אשת אחיו ושחת ארצה
לבלתי נתן זרע לאחיו וירע בעיני יהוה אשר עשה וימת
גם אתו ויאמר יהודה לתמר כלתו שבי אלמנה בית
אביך עד יגדל שלה בני כי אמר פן ימות גם הוא כאחיו
ותלך תמר ותשב בית אביה וירבו הימים ותמת בת שוע
אשת יהודה וינחם יהודה ויעל על גזזי צאנו הוא וחירה
רעהו העדלמי תמנתה ויגד לתמר לאמר הנה חמיך עלה
תמנתה לגז צאנו ותסר בגדי אלמנותה מעליה ותכס
בצעיף ותתעלף ותשב בפתח עינים אשר על דרך תמנתה
כי ראתה כי גדל שלה והוא לא נתנה לו לאשה ויראה

לא אֶחָיו וַיֹּאמֶר הַיֶּלֶד אֵינֶנּוּ וַאֲנִי אָנָה אֲנִי־בָא: וַיִּקְחוּ אֶת־
כְּתֹנֶת יוֹסֵף וַיִּשְׁחֲטוּ שְׂעִיר עִזִּים וַיִּטְבְּלוּ אֶת־הַכֻּתֹּנֶת בַּדָּם:

לב וַיְשַׁלְּחוּ אֶת־כְּתֹנֶת הַפַּסִּים וַיָּבִיאוּ אֶל־אֲבִיהֶם וַיֹּאמְרוּ זֹאת
לג מָצָאנוּ הַכֶּר־נָא הַכְּתֹנֶת בִּנְךָ הִוא אִם־לֹא: וַיַּכִּירָהּ וַיֹּאמֶר

לד כְּתֹנֶת בְּנִי חַיָּה רָעָה אֲכָלָתְהוּ טָרֹף טֹרַף יוֹסֵף: וַיִּקְרַע יַעֲקֹב
שִׂמְלֹתָיו וַיָּשֶׂם שַׂק בְּמָתְנָיו וַיִּתְאַבֵּל עַל־בְּנוֹ יָמִים רַבִּים:

לה וַיָּקֻמוּ כָל־בָּנָיו וְכָל־בְּנֹתָיו לְנַחֲמוֹ וַיְמָאֵן לְהִתְנַחֵם וַיֹּאמֶר כִּי־
לו אֵרֵד אֶל־בְּנִי אָבֵל שְׁאֹלָה וַיֵּבְךְּ אֹתוֹ אָבִיו: וְהַמְּדָנִים מָכְרוּ אֹתוֹ
אֶל־מִצְרָיִם לְפוֹטִיפַר סְרִיס פַּרְעֹה שַׂר הַטַּבָּחִים:

לד רביעי

לח א וַיְהִי בָּעֵת הַהִוא וַיֵּרֶד יְהוּדָה מֵאֵת אֶחָיו וַיֵּט עַד־אִישׁ עֲדֻלָּמִי
ב וּשְׁמוֹ חִירָה: וַיַּרְא־שָׁם יְהוּדָה בַּת־אִישׁ כְּנַעֲנִי וּשְׁמוֹ שׁוּעַ
ג וַיִּקָּחֶהָ וַיָּבֹא אֵלֶיהָ: וַתַּהַר וַתֵּלֶד בֵּן וַיִּקְרָא אֶת־שְׁמוֹ עֵר:
ד וַתַּהַר עוֹד וַתֵּלֶד בֵּן וַתִּקְרָא אֶת־שְׁמוֹ אוֹנָן: וַתֹּסֶף עוֹד וַתֵּלֶד
ו בֵּן וַתִּקְרָא אֶת־שְׁמוֹ שֵׁלָה וְהָיָה בִכְזִיב בְּלִדְתָּהּ אֹתוֹ: וַיִּקַּח
ז יְהוּדָה אִשָּׁה לְעֵר בְּכוֹרוֹ וּשְׁמָהּ תָּמָר: וַיְהִי עֵר בְּכוֹר יְהוּדָה
ח רַע בְּעֵינֵי יְהוָה וַיְמִתֵהוּ יְהוָה: וַיֹּאמֶר יְהוּדָה לְאוֹנָן בֹּא אֶל־
ט אֵשֶׁת אָחִיךָ וְיַבֵּם אֹתָהּ וְהָקֵם זֶרַע לְאָחִיךָ: וַיֵּדַע אוֹנָן כִּי לֹא
לוֹ יִהְיֶה הַזָּרַע וְהָיָה אִם־בָּא אֶל־אֵשֶׁת אָחִיו וְשִׁחֵת אַרְצָה
י לְבִלְתִּי נְתָן־זֶרַע לְאָחִיו: וַיֵּרַע בְּעֵינֵי יְהוָה אֲשֶׁר עָשָׂה וַיָּמֶת
יא גַּם־אֹתוֹ: וַיֹּאמֶר יְהוּדָה לְתָמָר כַּלָּתוֹ שְׁבִי אַלְמָנָה בֵית־
אָבִיךְ עַד־יִגְדַּל שֵׁלָה בְנִי כִּי אָמַר פֶּן־יָמוּת גַּם־הוּא כְּאֶחָיו
יב וַתֵּלֶךְ תָּמָר וַתֵּשֶׁב בֵּית אָבִיהָ: וַיִּרְבּוּ הַיָּמִים וַתָּמָת בַּת־שׁוּעַ
אֵשֶׁת־יְהוּדָה וַיִּנָּחֶם יְהוּדָה וַיַּעַל עַל־גֹּזְזֵי צֹאנוֹ הוּא וְחִירָה
יג רֵעֵהוּ הָעֲדֻלָּמִי תִּמְנָתָה: וַיֻּגַּד לְתָמָר לֵאמֹר הִנֵּה חָמִיךְ עֹלֶה
יד תִמְנָתָה לָגֹז צֹאנוֹ: וַתָּסַר בִּגְדֵי אַלְמְנוּתָהּ מֵעָלֶיהָ וַתְּכַס
בַּצָּעִיף וַתִּתְעַלָּף וַתֵּשֶׁב בְּפֶתַח עֵינַיִם אֲשֶׁר עַל־דֶּרֶךְ תִּמְנָתָה
טו כִּי רָאֲתָה כִּי־גָדַל שֵׁלָה וְהִוא לֹא־נִתְּנָה לוֹ לְאִשָּׁה: וַיִּרְאֶהָ

להשתחות לך ארצה ויקנאו בו אחיו ואביו שמר את
הדבר וילכו אחיו לרעות את צאן אביהם בשכם ויאמר
ישראל אל יוסף הלוא אחיך רעים בשכם לכה ואשלחך
אליהם ויאמר לו הנני ויאמר לו לך נא ראה את שלום
אחיך ואת שלום הצאן והשבני דבר וישלחהו מעמק חברון
ויבא שכמה וימצאהו איש והנה תעה בשדה וישאלהו
האיש לאמר מה תבקש ויאמר את אחי אנכי מבקש
הגידה נא לי איפה הם רעים ויאמר האיש נסעו מזה כי
שמעתי אמרים נלכה דתינה וילך יוסף אחר אחיו וימצאם
בדתן ויראו אתו מרחק ובטרם יקרב אליהם ויתנכלו
אתו להמיתו ויאמרו איש אל אחיו הנה בעל החלמות
הלזה בא ועתה לכו ונהרגהו ונשלכהו באחד הברות
ואמרנו חיה רעה אכלתהו ונראה מה יהיו חלמתיו וישמע
ראובן ויצלהו מידם ויאמר לא נכנו נפש ויאמר אלהם
ראובן אל תשפכו דם השליכו אתו אל הבור הזה אשר
במדבר ויד אל תשלחו בו למען הציל אתו מידם להשיבו
אל אביו ויהי כאשר בא יוסף אל אחיו ויפשיטו את יוסף
את כתנתו את כתנת הפסים אשר עליו ויקחהו וישלכו
אתו הברה והבור רק אין בו מים וישבו לאכל לחם וישאו
עיניהם ויראו והנה ארחת ישמעאלים באה מגלעד וגמליהם
נשאים נכאת וצרי ולט הולכים להוריד מצרימה ויאמר
יהודה אל אחיו מה בצע כי נהרג את אחינו וכסינו את
דמו לכו ונמכרנו לישמעאלים וידנו אל תהי בו כי אחינו
בשרנו הוא וישמעו אחיו ויעברו אנשים מדינים סחרים
וימשכו ויעלו את יוסף מן הבור וימכרו את יוסף לישמעאלים
בעשרים כסף ויביאו את יוסף מצרימה וישב ראובן אל
הבור והנה אין יוסף בבור ויקרע את בגדיו וישב אל

יא לְהִשְׁתַּחֲוֺת לְךָ אָרְצָה: וַיְקַנְאוּ־בוֹ אֶחָיו וְאָבִיו שָׁמַר אֶת־
יב יג הַדָּבָר: *וַיֵּלְכוּ אֶחָיו לִרְעוֹת אֶת־צֹאן אֲבִיהֶם בִּשְׁכֶם: וַיֹּאמֶר שני
יִשְׂרָאֵל אֶל־יוֹסֵף הֲלוֹא אַחֶיךָ רֹעִים בִּשְׁכֶם לְכָה וְאֶשְׁלָחֲךָ
יד אֲלֵיהֶם וַיֹּאמֶר לוֹ הִנֵּנִי: וַיֹּאמֶר לוֹ לֶךְ־נָא רְאֵה אֶת־שְׁלוֹם
אַחֶיךָ וְאֶת־שְׁלוֹם הַצֹּאן וַהֲשִׁבֵנִי דָּבָר וַיִּשְׁלָחֵהוּ מֵעֵמֶק חֶבְרוֹן
טו וַיָּבֹא שְׁכֶמָה: וַיִּמְצָאֵהוּ אִישׁ וְהִנֵּה תֹעֶה בַּשָּׂדֶה וַיִּשְׁאָלֵהוּ
טז הָאִישׁ לֵאמֹר מַה־תְּבַקֵּשׁ: וַיֹּאמֶר אֶת־אַחַי אָנֹכִי מְבַקֵּשׁ
יז הַגִּידָה־נָּא לִי אֵיפֹה הֵם רֹעִים: וַיֹּאמֶר הָאִישׁ נָסְעוּ מִזֶּה כִּי
שָׁמַעְתִּי אֹמְרִים נֵלְכָה דֹּתָיְנָה וַיֵּלֶךְ יוֹסֵף אַחַר אֶחָיו וַיִּמְצָאֵם
יח בְּדֹתָן: וַיִּרְאוּ אֹתוֹ מֵרָחֹק וּבְטֶרֶם יִקְרַב אֲלֵיהֶם וַיִּתְנַכְּלוּ
יט אֹתוֹ לַהֲמִיתוֹ: וַיֹּאמְרוּ אִישׁ אֶל־אָחִיו הִנֵּה בַּעַל הַחֲלֹמוֹת
כ הַלָּזֶה בָּא: וְעַתָּה ׀ לְכוּ וְנַהַרְגֵהוּ וְנַשְׁלִכֵהוּ בְּאַחַד הַבֹּרוֹת
כא וְאָמַרְנוּ חַיָּה רָעָה אֲכָלָתְהוּ וְנִרְאֶה מַה־יִּהְיוּ חֲלֹמֹתָיו: וַיִּשְׁמַע
כב רְאוּבֵן וַיַּצִּלֵהוּ מִיָּדָם וַיֹּאמֶר לֹא נַכֶּנּוּ נָפֶשׁ: וַיֹּאמֶר אֲלֵהֶם ׀
רְאוּבֵן אַל־תִּשְׁפְּכוּ־דָם הַשְׁלִיכוּ אֹתוֹ אֶל־הַבּוֹר הַזֶּה אֲשֶׁר
בַּמִּדְבָּר וְיָד אַל־תִּשְׁלְחוּ־בוֹ לְמַעַן הַצִּיל אֹתוֹ מִיָּדָם לַהֲשִׁיבוֹ
כג אֶל־אָבִיו: וַיְהִי כַּאֲשֶׁר־בָּא יוֹסֵף אֶל־אֶחָיו וַיַּפְשִׁיטוּ אֶת־יוֹסֵף שלישי
כד אֶת־כֻּתָּנְתּוֹ אֶת־כְּתֹנֶת הַפַּסִּים אֲשֶׁר עָלָיו: וַיִּקָּחֻהוּ וַיַּשְׁלִכוּ
כה אֹתוֹ הַבֹּרָה וְהַבּוֹר רֵק אֵין בּוֹ מָיִם: וַיֵּשְׁבוּ לֶאֱכָל־לֶחֶם וַיִּשְׂאוּ
עֵינֵיהֶם וַיִּרְאוּ וְהִנֵּה אֹרְחַת יִשְׁמְעֵאלִים בָּאָה מִגִּלְעָד וּגְמַלֵּיהֶם
כו נֹשְׂאִים נְכֹאת וּצְרִי וָלֹט הוֹלְכִים לְהוֹרִיד מִצְרָיְמָה: וַיֹּאמֶר
יְהוּדָה אֶל־אֶחָיו מַה־בֶּצַע כִּי נַהֲרֹג אֶת־אָחִינוּ וְכִסִּינוּ אֶת־
כז דָּמוֹ: לְכוּ וְנִמְכְּרֶנּוּ לַיִּשְׁמְעֵאלִים וְיָדֵנוּ אַל־תְּהִי־בוֹ כִּי־אָחִינוּ
כח בְשָׂרֵנוּ הוּא וַיִּשְׁמְעוּ אֶחָיו: וַיַּעַבְרוּ אֲנָשִׁים מִדְיָנִים סֹחֲרִים *
וַיִּמְשְׁכוּ וַיַּעֲלוּ אֶת־יוֹסֵף מִן־הַבּוֹר וַיִּמְכְּרוּ אֶת־יוֹסֵף לַיִּשְׁמְעֵאלִים
כט בְּעֶשְׂרִים כָּסֶף וַיָּבִיאוּ אֶת־יוֹסֵף מִצְרָיְמָה: וַיָּשָׁב רְאוּבֵן אֶל־
ל הַבּוֹר וְהִנֵּה אֵין־יוֹסֵף בַּבּוֹר וַיִּקְרַע אֶת־בְּגָדָיו: וַיָּשָׁב אֶל־

וימלך תחתיו חשם מארץ התימני  וימת חשם וימלך תחתיו
הדד בן בדד המכה את מדין בשדה מואב ושם עירו עוית
וימת הדד וימלך תחתיו שמלה ממשרקה  וימת שמלה
וימלך תחתיו שאול מרחבות הנהר  וימת שאול וימלך
תחתיו בעל חנן בן עכבור  וימת בעל חנן בן עכבור וימלך
תחתיו הדר ושם עירו פעו ושם אשתו מהיטבאל בת
מטרד בת מי זהב  ואלה שמות אלופי עשו למשפחתם
למקמתם בשמתם אלוף תמנע אלוף עלוה אלוף יתת
אלוף אהליבמה אלוף אלה אלוף פינן  אלוף קנז אלוף תימן
אלוף מבצר  אלוף מגדיאל אלוף עירם אלה אלופי אדום
למשבתם בארץ אחזתם הוא עשו אבי אדום
וישב יעקב בארץ מגורי אביו בארץ כנען  אלה תלדות
יעקב יוסף בן שבע עשרה שנה היה רעה את אחיו בצאן
והוא נער את בני בלהה ואת בני זלפה נשי אביו ויבא
יוסף את דבתם רעה אל אביהם  וישראל אהב את יוסף
מכל בניו כי בן זקנים הוא לו ועשה לו כתנת פסים  ויראו
אחיו כי אתו אהב אביהם מכל אחיו וישנאו אתו ולא
יכלו דברו לשלם  ויחלם יוסף חלום ויגד לאחיו ויוספו
עוד שנא אתו  ויאמר אליהם שמעו נא החלום הזה אשר
חלמתי  והנה אנחנו מאלמים אלמים בתוך השדה והנה
קמה אלמתי וגם נצבה והנה תסבינה אלמתיכם ותשתחוין
לאלמתי  ויאמרו לו אחיו המלך תמלך עלינו אם משול
תמשל בנו ויוספו עוד שנא אתו על חלמתיו ועל דבריו
ויחלם עוד חלום אחר ויספר אתו לאחיו ויאמר הנה חלמתי
חלום עוד והנה השמש והירח ואחד עשר כוכבים משתחוים
לי  ויספר אל אביו ואל אחיו ויגער בו אביו ויאמר לו מה
החלום הזה אשר חלמת הבוא נבוא אני ואמך ואחיך

לה וַיִּמְלֹךְ תַּחְתָּיו חֻשָׁם מֵאֶרֶץ הַתֵּימָנִי: וַיָּמָת חֻשָׁם וַיִּמְלֹךְ תַּחְתָּיו
הֲדַד בֶּן־בְּדַד הַמַּכֶּה אֶת־מִדְיָן בִּשְׂדֵה מוֹאָב וְשֵׁם עִירוֹ עֲוִית:
לו לז וַיָּמָת הֲדָד וַיִּמְלֹךְ תַּחְתָּיו שַׂמְלָה מִמַּשְׂרֵקָה: וַיָּמָת שַׂמְלָה
לח וַיִּמְלֹךְ תַּחְתָּיו שָׁאוּל מֵרְחֹבוֹת הַנָּהָר: וַיָּמָת שָׁאוּל וַיִּמְלֹךְ
לט תַּחְתָּיו בַּעַל חָנָן בֶּן־עַכְבּוֹר: וַיָּמָת בַּעַל חָנָן בֶּן־עַכְבּוֹר וַיִּמְלֹךְ
תַּחְתָּיו הֲדַר וְשֵׁם עִירוֹ פָּעוּ וְשֵׁם אִשְׁתּוֹ מְהֵיטַבְאֵל בַּת־
מ מַטְרֵד בַּת מֵי זָהָב: וְאֵלֶּה שְׁמוֹת אַלּוּפֵי עֵשָׂו לְמִשְׁפְּחֹתָם מפטיר
לִמְקֹמֹתָם בִּשְׁמֹתָם אַלּוּף תִּמְנָע אַלּוּף עַלְוָה אַלּוּף יְתֵת:
מא מב אַלּוּף אָהֳלִיבָמָה אַלּוּף אֵלָה אַלּוּף פִּינֹן: אַלּוּף קְנַז אַלּוּף תֵּימָן
מג אַלּוּף מִבְצָר: אַלּוּף מַגְדִּיאֵל אַלּוּף עִירָם אֵלֶּה ׀ אַלּוּפֵי אֱדוֹם
לְמֹשְׁבֹתָם בְּאֶרֶץ אֲחֻזָּתָם הוּא עֵשָׂו אֲבִי אֱדוֹם:

לז א ב וַיֵּשֶׁב יַעֲקֹב בְּאֶרֶץ מְגוּרֵי אָבִיו בְּאֶרֶץ כְּנָעַן: אֵלֶּה ׀ תֹּלְדוֹת לג ויש
יַעֲקֹב יוֹסֵף בֶּן־שְׁבַע־עֶשְׂרֵה שָׁנָה הָיָה רֹעֶה אֶת־אֶחָיו בַּצֹּאן
וְהוּא נַעַר אֶת־בְּנֵי בִלְהָה וְאֶת־בְּנֵי זִלְפָּה נְשֵׁי אָבִיו וַיָּבֵא
ג יוֹסֵף אֶת־דִּבָּתָם רָעָה אֶל־אֲבִיהֶם: וְיִשְׂרָאֵל אָהַב אֶת־יוֹסֵף
ד מִכָּל־בָּנָיו כִּי־בֶן־זְקֻנִים הוּא לוֹ וְעָשָׂה לוֹ כְּתֹנֶת פַּסִּים: וַיִּרְאוּ ★
אֶחָיו כִּי־אֹתוֹ אָהַב אֲבִיהֶם מִכָּל־אֶחָיו וַיִּשְׂנְאוּ אֹתוֹ וְלֹא
ה יָכְלוּ דַּבְּרוֹ לְשָׁלֹם: וַיַּחֲלֹם יוֹסֵף חֲלוֹם וַיַּגֵּד לְאֶחָיו וַיּוֹסִפוּ
ו עוֹד שְׂנֹא אֹתוֹ: וַיֹּאמֶר אֲלֵיהֶם שִׁמְעוּ־נָא הַחֲלוֹם הַזֶּה אֲשֶׁר
ז חָלָמְתִּי: וְהִנֵּה אֲנַחְנוּ מְאַלְּמִים אֲלֻמִּים בְּתוֹךְ הַשָּׂדֶה וְהִנֵּה
קָמָה אֲלֻמָּתִי וְגַם־נִצָּבָה וְהִנֵּה תְסֻבֶּינָה אֲלֻמֹּתֵיכֶם וַתִּשְׁתַּחֲוֶיןָ
ח לַאֲלֻמָּתִי: וַיֹּאמְרוּ לוֹ אֶחָיו הֲמָלֹךְ תִּמְלֹךְ עָלֵינוּ אִם־מָשׁוֹל ★
תִּמְשֹׁל בָּנוּ וַיּוֹסִפוּ עוֹד שְׂנֹא אֹתוֹ עַל־חֲלֹמֹתָיו וְעַל־דְּבָרָיו:
ט וַיַּחֲלֹם עוֹד חֲלוֹם אַחֵר וַיְסַפֵּר אֹתוֹ לְאֶחָיו וַיֹּאמֶר הִנֵּה חָלַמְתִּי
חֲלוֹם עוֹד וְהִנֵּה הַשֶּׁמֶשׁ וְהַיָּרֵחַ וְאַחַד עָשָׂר כּוֹכָבִים מִשְׁתַּחֲוִים
י לִי: וַיְסַפֵּר אֶל־אָבִיו וְאֶל־אֶחָיו וַיִּגְעַר־בּוֹ אָבִיו וַיֹּאמֶר לוֹ מָה
הַחֲלוֹם הַזֶּה אֲשֶׁר חָלָמְתָּ הֲבוֹא נָבוֹא אֲנִי וְאִמְּךָ וְאַחֶיךָ

צפו וגעתם וקנז ותמנע היתה פילגש לאליפז בן עשו
ותלד לאליפז את עמלק אלה בני עדה אשת עשו ואלה
בני רעואל נחת וזרח שמה ומזה אלה היו בני בשמת אשת
עשו ואלה היו בני אהליבמה בת ענה בת צבעון אשת
עשו ותלד לעשו את יעיש ואת יעלם ואת קרח אלה
אלופי בני עשו בני אליפז בכור עשו אלוף תימן אלוף אומר
אלוף צפו אלוף קנז אלוף קרח אלוף געתם אלוף עמלק
אלה אלופי אליפז בארץ אדום אלה בני עדה ואלה בני
רעואל בן עשו אלוף נחת אלוף זרח אלוף שמה אלוף מזה
אלה אלופי רעואל בארץ אדום אלה בני בשמת אשת עשו
ואלה בני אהליבמה אשת עשו אלוף יעוש אלוף יעלם אלוף
קרח אלה אלופי אהליבמה בת ענה אשת עשו אלה בני
עשו ואלה אלופיהם הוא אדום אלה בני
שעיר החרי ישבי הארץ לוטן ושובל וצבעון וענה ודשון
ואצר ודישן אלה אלופי החרי בני שעיר בארץ אדום ויהיו
בני לוטן חרי והימם ואחות לוטן תמנע ואלה בני שובל
עלון ומנחת ועיבל שפו ואונם ואלה בני צבעון ואיה וענה
הוא ענה אשר מצא את הימם במדבר ברעתו את החמרים
לצבעון אביו ואלה בני ענה דשן ואהליבמה בת ענה
ואלה בני דישן חמדן ואשבן ויתרן וכרן אלה בני אצר
בלהן וזעון ועקן אלה בני דישן עוץ וארן אלה אלופי
החרי אלוף לוטן אלוף שובל אלוף צבעון אלוף ענה אלוף
דשן אלוף אצר אלוף דישן אלה אלופי החרי לאלפיהם
בארץ שעיר

ואלה המלכים אשר מלכו בארץ אדום לפני מלך מלך
לבני ישראל וימלך באדום בלע בן בעור ושם עירו דנהבה
וימת בלע וימלך תחתיו יובב בן זרח מבצרה וימת יובב

יב צְפוֹ וְגַעְתָּם וּקְנַז׃ וְתִמְנַע ׀ הָיְתָה פִילֶגֶשׁ לֶאֱלִיפַז בֶּן־עֵשָׂו

יג וַתֵּלֶד לֶאֱלִיפַז אֶת־עֲמָלֵק אֵלֶּה בְּנֵי עָדָה אֵשֶׁת עֵשָׂו׃ וְאֵלֶּה

בְּנֵי רְעוּאֵל נַחַת וָזֶרַח שַׁמָּה וּמִזָּה אֵלֶּה הָיוּ בְּנֵי בָשְׂמַת אֵשֶׁת

יד עֵשָׂו׃ וְאֵלֶּה הָיוּ בְּנֵי אָהֳלִיבָמָה בַת־עֲנָה בַּת־צִבְעוֹן אֵשֶׁת

טו עֵשָׂו וַתֵּלֶד לְעֵשָׂו אֶת־יְעִישׁ וְאֶת־יַעְלָם וְאֶת־קֹרַח׃ אֵלֶּה * יְעוּשׁ

אַלּוּפֵי בְנֵי־עֵשָׂו בְּנֵי אֱלִיפַז בְּכוֹר עֵשָׂו אַלּוּף תֵּימָן אַלּוּף אוֹמָר

טז אַלּוּף צְפוֹ אַלּוּף קְנַז׃ אַלּוּף־קֹרַח אַלּוּף גַּעְתָּם אַלּוּף עֲמָלֵק

יז אֵלֶּה אַלּוּפֵי אֱלִיפַז בְּאֶרֶץ אֱדוֹם אֵלֶּה בְּנֵי עָדָה׃ וְאֵלֶּה בְּנֵי

רְעוּאֵל בֶּן־עֵשָׂו אַלּוּף נַחַת אַלּוּף זֶרַח אַלּוּף שַׁמָּה אַלּוּף מִזָּה

אֵלֶּה אַלּוּפֵי רְעוּאֵל בְּאֶרֶץ אֱדוֹם אֵלֶּה בְּנֵי בָשְׂמַת אֵשֶׁת עֵשָׂו׃

יח וְאֵלֶּה בְּנֵי אָהֳלִיבָמָה אֵשֶׁת עֵשָׂו אַלּוּף יְעוּשׁ אַלּוּף יַעְלָם אַלּוּף

יט קֹרַח אֵלֶּה אַלּוּפֵי אָהֳלִיבָמָה בַּת־עֲנָה אֵשֶׁת עֵשָׂו׃ אֵלֶּה בְנֵי־

כ עֵשָׂו וְאֵלֶּה אַלּוּפֵיהֶם הוּא אֱדוֹם׃ אֵלֶּה בְנֵי־ שביעי

כא שֵׂעִיר הַחֹרִי יֹשְׁבֵי הָאָרֶץ לוֹטָן וְשׁוֹבָל וְצִבְעוֹן וַעֲנָה׃ וְדִשׁוֹן

כב וְאֵצֶר וְדִישָׁן אֵלֶּה אַלּוּפֵי הַחֹרִי בְּנֵי שֵׂעִיר בְּאֶרֶץ אֱדוֹם׃ וַיִּהְיוּ

כג בְנֵי־לוֹטָן חֹרִי וְהֵימָם וַאֲחוֹת לוֹטָן תִּמְנָע׃ וְאֵלֶּה בְּנֵי שׁוֹבָל

כד עַלְוָן וּמָנַחַת וְעֵיבָל שְׁפוֹ וְאוֹנָם׃ וְאֵלֶּה בְנֵי־צִבְעוֹן וְאַיָּה וַעֲנָה

הוּא עֲנָה אֲשֶׁר מָצָא אֶת־הַיֵּמִם בַּמִּדְבָּר בִּרְעֹתוֹ אֶת־הַחֲמֹרִים

כה לְצִבְעוֹן אָבִיו׃ וְאֵלֶּה בְנֵי־עֲנָה דִּשֹׁן וְאָהֳלִיבָמָה בַּת־עֲנָה׃

כו כז וְאֵלֶּה בְּנֵי דִישָׁן חֶמְדָּן וְאֶשְׁבָּן וְיִתְרָן וּכְרָן׃ אֵלֶּה בְּנֵי־אֵצֶר

כח כט בִּלְהָן וְזַעֲוָן וַעֲקָן׃ אֵלֶּה בְנֵי־דִישָׁן עוּץ וַאֲרָן׃ אֵלֶּה אַלּוּפֵי

ל הַחֹרִי אַלּוּף לוֹטָן אַלּוּף שׁוֹבָל אַלּוּף צִבְעוֹן אַלּוּף עֲנָה׃ אַלּוּף

דִּשֹׁן אַלּוּף אֵצֶר אַלּוּף דִּישָׁן אֵלֶּה אַלּוּפֵי הַחֹרִי לְאַלֻּפֵיהֶם

בְּאֶרֶץ שֵׂעִיר׃

לא וְאֵלֶּה הַמְּלָכִים אֲשֶׁר מָלְכוּ בְּאֶרֶץ אֱדוֹם לִפְנֵי מְלָךְ־מֶלֶךְ *

לב לִבְנֵי יִשְׂרָאֵל׃ וַיִּמְלֹךְ בֶּאֱדוֹם בֶּלַע בֶּן־בְּעוֹר וְשֵׁם עִירוֹ דִּנְהָבָה׃

לג לד וַיָּמָת בָּלַע וַיִּמְלֹךְ תַּחְתָּיו יוֹבָב בֶּן־זֶרַח מִבָּצְרָה׃ וַיָּמָת יוֹבָב

ויהי בצאת נפשה כי מתה ותקרא שמו בן אוני ואביו קרא
לו בנימין ותמת רחל ותקבר בדרך אפרתה הוא בית לחם
ויצב יעקב מצבה על קברתה הוא מצבת קברת רחל עד
היום ויסע ישראל ויט אהלה מהלאה למגדל עדר ויהי
בשכן ישראל בארץ ההוא וילך ראובן וישכב את בלהה
פילגש אביו וישמע ישראל

ויהיו בני יעקב שנים עשר בני לאה בכור יעקב ראובן
ושמעון ולוי ויהודה ויששכר וזבלון בני רחל יוסף ובנימן
ובני בלהה שפחת רחל דן ונפתלי ובני זלפה שפחת לאה
גד ואשר אלה בני יעקב אשר ילד לו בפדן ארם ויבא יעקב
אל יצחק אביו ממרא קרית הארבע הוא חברון אשר גר
שם אברהם ויצחק ויהיו ימי יצחק מאת שנה ושמנים שנה
ויגוע יצחק וימת ויאסף אל עמיו זקן ושבע ימים ויקברו
אתו עשו ויעקב בניו

ואלה תלדות עשו הוא אדום עשו לקח את נשיו מבנות
כנען את עדה בת אילון החתי ואת אהליבמה בת ענה
בת צבעון החוי ואת בשמת בת ישמעאל אחות נביות
ותלד עדה לעשו את אליפז ובשמת ילדה את רעואל
ואהליבמה ילדה את יעיש ואת יעלם ואת קרח אלה בני
עשו אשר ילדו לו בארץ כנען ויקח עשו את נשיו ואת
בניו ואת בנתיו ואת כל נפשות ביתו ואת מקנהו ואת
כל בהמתו ואת כל קנינו אשר רכש בארץ כנען וילך אל
ארץ מפני יעקב אחיו כי היה רכושם רב משבת יחדו ולא
יכלה ארץ מגוריהם לשאת אתם מפני מקניהם וישב עשו
בהר שעיר עשו הוא אדום ואלה תלדות עשו אבי אדום
בהר שעיר אלה שמות בני עשו אליפז בן עדה אשת עשו
רעואל בן בשמת אשת עשו ויהיו בני אליפז תימן אומר

יח וַיְהִ֞י בְּצֵ֤את נַפְשָׁהּ֙ כִּ֣י מֵ֔תָה וַתִּקְרָ֥א שְׁמ֖וֹ בֶּן־אוֹנִ֑י וְאָבִ֖יו קָֽרָא
יט ל֥וֹ בִנְיָמִֽין׃ וַתָּ֖מָת רָחֵ֑ל וַתִּקָּבֵר֙ בְּדֶ֣רֶךְ אֶפְרָ֔תָה הִ֖וא בֵּ֥ית לָֽחֶם׃
כ וַיַּצֵּ֧ב יַעֲקֹ֛ב מַצֵּבָ֖ה עַל־קְבֻרָתָ֑הּ הִ֛וא מַצֶּ֥בֶת קְבֻֽרַת־רָחֵ֖ל עַד־
כא כב הַיּֽוֹם׃ וַיִּסַּ֖ע יִשְׂרָאֵ֑ל וַיֵּ֣ט אָהֳלֹ֔ה מֵהָ֖לְאָה לְמִגְדַּל־עֵֽדֶר׃ וַיְהִ֗י
בִּשְׁכֹּ֤ן יִשְׂרָאֵל֙ בָּאָ֣רֶץ הַהִ֔וא וַיֵּ֣לֶךְ רְאוּבֵ֗ן וַיִּשְׁכַּב֙ אֶת־בִּלְהָה֙
פִּילֶ֣גֶשׁ אָבִ֔יו וַיִּשְׁמַ֖ע יִשְׂרָאֵ֑ל
כג וַיִּהְי֥וּ בְנֵֽי־יַעֲקֹ֖ב שְׁנֵ֥ים עָשָֽׂר׃ בְּנֵ֣י לֵאָ֔ה בְּכ֥וֹר יַעֲקֹ֖ב רְאוּבֵ֑ן
כד וְשִׁמְע֣וֹן וְלֵוִ֗י וִיהוּדָה֙ וְיִשָּׂשכָ֔ר וּזְבוּלֻֽן׃ בְּנֵ֣י רָחֵ֔ל יוֹסֵ֖ף וּבִנְיָמִֽן׃
כה כו וּבְנֵ֤י בִלְהָה֙ שִׁפְחַ֣ת רָחֵ֔ל דָּ֖ן וְנַפְתָּלִֽי׃ וּבְנֵ֤י זִלְפָּה֙ שִׁפְחַ֣ת לֵאָ֔ה
כז גָּ֖ד וְאָשֵׁ֑ר אֵ֚לֶּה בְּנֵ֣י יַעֲקֹ֔ב אֲשֶׁ֥ר יֻלַּד־ל֖וֹ בְּפַדַּ֥ן אֲרָֽם׃ וַיָּבֹ֤א יַעֲקֹב֙ ✶
אֶל־יִצְחָ֣ק אָבִ֔יו מַמְרֵ֖א קִרְיַ֣ת הָֽאַרְבַּ֑ע הִ֣וא חֶבְר֔וֹן אֲשֶׁר־גָּֽר־
כח שָׁ֥ם אַבְרָהָ֖ם וְיִצְחָֽק׃ וַיִּהְי֖וּ יְמֵ֣י יִצְחָ֑ק מְאַ֥ת שָׁנָ֖ה וּשְׁמֹנִ֥ים שָׁנָֽה׃
כט וַיִּגְוַ֨ע יִצְחָ֤ק וַיָּ֙מָת֙ וַיֵּאָ֣סֶף אֶל־עַמָּ֔יו זָקֵ֖ן וּשְׂבַ֣ע יָמִ֑ים וַיִּקְבְּר֣וּ
אֹת֔וֹ עֵשָׂ֥ו וְיַעֲקֹ֖ב בָּנָֽיו׃

לו א ב וְאֵ֛לֶּה תֹּלְד֥וֹת עֵשָׂ֖ו ה֥וּא אֱדֽוֹם׃ עֵשָׂ֛ו לָקַ֥ח אֶת־נָשָׁ֖יו מִבְּנ֣וֹת
כְּנָ֑עַן אֶת־עָדָ֗ה בַּת־אֵילוֹן֙ הַֽחִתִּ֔י וְאֶת־אָהֳלִֽיבָמָה֙ בַּת־עֲנָ֔ה
ג בַּת־צִבְע֖וֹן הַֽחִוִּֽי׃ וְאֶת־בָּשְׂמַ֥ת בַּת־יִשְׁמָעֵ֖אל אֲח֥וֹת נְבָיֽוֹת׃
ד וַתֵּ֧לֶד עָדָ֛ה לְעֵשָׂ֖ו אֶת־אֱלִיפָ֑ז וּבָ֣שְׂמַ֔ת יָלְדָ֖ה אֶת־רְעוּאֵֽל׃
ה וְאָהֳלִֽיבָמָה֙ יָֽלְדָ֔ה אֶת־יעיש וְאֶת־יַעְלָ֖ם וְאֶת־קֹ֑רַח אֵ֚לֶּה בְּנֵ֣י יְע֥וּשׁ
ו עֵשָׂ֔ו אֲשֶׁ֥ר יֻלְּדוּ־ל֖וֹ בְּאֶ֥רֶץ כְּנָֽעַן׃ וַיִּקַּ֣ח עֵשָׂ֡ו אֶת־נָ֠שָׁיו וְאֶת־
בָּנָ֣יו וְאֶת־בְּנֹתָיו֮ וְאֶת־כָּל־נַפְשׁ֣וֹת בֵּיתוֹ֒ וְאֶת־מִקְנֵ֣הוּ וְאֶת־
כָּל־בְּהֶמְתּ֗וֹ וְאֵת֙ כָּל־קִנְיָנ֔וֹ אֲשֶׁ֥ר רָכַ֖שׁ בְּאֶ֣רֶץ כְּנָ֑עַן וַיֵּ֣לֶךְ אֶל־
ז אֶ֔רֶץ מִפְּנֵ֖י יַעֲקֹ֥ב אָחִֽיו׃ כִּֽי־הָיָ֧ה רְכוּשָׁ֛ם רָ֖ב מִשֶּׁ֣בֶת יַחְדָּ֑ו וְלֹ֨א
ח יָֽכְלָ֜ה אֶ֤רֶץ מְגֽוּרֵיהֶם֙ לָשֵׂ֣את אֹתָ֔ם מִפְּנֵ֖י מִקְנֵיהֶֽם׃ וַיֵּ֤שֶׁב עֵשָׂו֙
ט בְּהַ֣ר שֵׂעִ֔יר עֵשָׂ֖ו ה֥וּא אֱדֽוֹם׃ וְאֵ֛לֶּה תֹּלְד֥וֹת עֵשָׂ֖ו אֲבִ֣י אֱד֑וֹם ✶
י בְּהַ֖ר שֵׂעִֽיר׃ אֵ֚לֶּה שְׁמ֣וֹת בְּנֵֽי־עֵשָׂ֑ו אֱלִיפַ֗ז בֶּן־עָדָה֙ אֵ֣שֶׁת עֵשָׂ֔ו
יא רְעוּאֵ֕ל בֶּן־בָּשְׂמַ֖ת אֵ֥שֶׁת עֵשָֽׂו׃ וַיִּהְי֖וּ בְּנֵ֣י אֱלִיפָ֑ז תֵּימָ֣ן אוֹמָ֔ר

הכזונה יעשה את אחותנו
ויאמר אלהים אל יעקב קום עלה בית אל ושב שם ועשה
שם מזבח לאל הנראה אליך בברחך מפני עשו אחיך
ויאמר יעקב אל ביתו ואל כל אשר עמו הסרו את אלהי
הנכר אשר בתככם והטהרו והחליפו שמלתיכם ונקומה
ונעלה בית אל ואעשה שם מזבח לאל הענה אתי ביום
צרתי ויהי עמדי בדרך אשר הלכתי ויתנו אל יעקב את
כל אלהי הנכר אשר בידם ואת הנזמים אשר באזניהם
ויטמן אתם יעקב תחת האלה אשר עם שכם ויסעו ויהי
חתת אלהים על הערים אשר סביבותיהם ולא רדפו אחרי
בני יעקב ויבא יעקב לוזה אשר בארץ כנען הוא בית אל
הוא וכל העם אשר עמו ויבן שם מזבח ויקרא למקום אל
בית אל כי שם נגלו אליו האלהים בברחו מפני אחיו ותמת
דברה מינקת רבקה ותקבר מתחת לבית אל תחת האלון
ויקרא שמו אלון בכות
וירא אלהים אל יעקב עוד בבאו מפדן ארם ויברך אתו
ויאמר לו אלהים שמך יעקב לא יקרא שמך עוד יעקב כי
אם ישראל יהיה שמך ויקרא את שמו ישראל ויאמר לו
אלהים אני אל שדי פרה ורבה גוי וקהל גוים יהיה ממך
ומלכים מחלציך יצאו ואת הארץ אשר נתתי לאברהם
וליצחק לך אתננה ולזרעך אחריך אתן את הארץ ויעל
מעליו אלהים במקום אשר דבר אתו ויצב יעקב מצבה
במקום אשר דבר אתו מצבת אבן ויסך עליה נסך ויצק
עליה שמן ויקרא יעקב את שם המקום אשר דבר אתו
שם אלהים בית אל ויסעו מבית אל ויהי עוד כברת הארץ
לבוא אפרתה ותלד רחל ותקש בלדתה ויהי בהקשתה
בלדתה ותאמר לה המילדת אל תיראי כי גם זה לך בן

הַכְזוֹנָה יַעֲשֶׂה אֶת־אֲחוֹתֵנוּ׃
לה א וַיֹּאמֶר אֱלֹהִים אֶל־יַעֲקֹב קוּם עֲלֵה בֵית־אֵל וְשֶׁב־שָׁם וַעֲשֵׂה־
שָׁם מִזְבֵּחַ לָאֵל הַנִּרְאֶה אֵלֶיךָ בְּבָרְחֲךָ מִפְּנֵי עֵשָׂו אָחִיךָ׃
ב וַיֹּאמֶר יַעֲקֹב אֶל־בֵּיתוֹ וְאֶל כָּל־אֲשֶׁר עִמּוֹ הָסִרוּ אֶת־אֱלֹהֵי
ג הַנֵּכָר אֲשֶׁר בְּתֹכְכֶם וְהִטַּהֲרוּ וְהַחֲלִיפוּ שִׂמְלֹתֵיכֶם׃ וְנָקוּמָה
וְנַעֲלֶה בֵּית־אֵל וְאֶעֱשֶׂה־שָּׁם מִזְבֵּחַ לָאֵל הָעֹנֶה אֹתִי בְּיוֹם
ד צָרָתִי וַיְהִי עִמָּדִי בַּדֶּרֶךְ אֲשֶׁר הָלָכְתִּי׃ וַיִּתְּנוּ אֶל־יַעֲקֹב אֵת ★
כָּל־אֱלֹהֵי הַנֵּכָר אֲשֶׁר בְּיָדָם וְאֶת־הַנְּזָמִים אֲשֶׁר בְּאָזְנֵיהֶם
ה וַיִּטְמֹן אֹתָם יַעֲקֹב תַּחַת הָאֵלָה אֲשֶׁר עִם־שְׁכֶם׃ וַיִּסָּעוּ וַיְהִי
חִתַּת אֱלֹהִים עַל־הֶעָרִים אֲשֶׁר סְבִיבוֹתֵיהֶם וְלֹא רָדְפוּ אַחֲרֵי
ו בְּנֵי יַעֲקֹב׃ וַיָּבֹא יַעֲקֹב לוּזָה אֲשֶׁר בְּאֶרֶץ כְּנַעַן הִוא בֵּית־אֵל
ז הוּא וְכָל־הָעָם אֲשֶׁר־עִמּוֹ׃ וַיִּבֶן שָׁם מִזְבֵּחַ וַיִּקְרָא לַמָּקוֹם אֵל
ח בֵּית־אֵל כִּי שָׁם נִגְלוּ אֵלָיו הָאֱלֹהִים בְּבָרְחוֹ מִפְּנֵי אָחִיו׃ וַתָּמָת
דְּבֹרָה מֵינֶקֶת רִבְקָה וַתִּקָּבֵר מִתַּחַת לְבֵית־אֵל תַּחַת הָאַלּוֹן
וַיִּקְרָא שְׁמוֹ אַלּוֹן בָּכוּת׃
ט וַיֵּרָא אֱלֹהִים אֶל־יַעֲקֹב עוֹד בְּבֹאוֹ מִפַּדַּן אֲרָם וַיְבָרֶךְ אֹתוֹ׃ לב
י וַיֹּאמֶר־לוֹ אֱלֹהִים שִׁמְךָ יַעֲקֹב לֹא־יִקָּרֵא שִׁמְךָ עוֹד יַעֲקֹב כִּי
יא אִם־יִשְׂרָאֵל יִהְיֶה שְׁמֶךָ וַיִּקְרָא אֶת־שְׁמוֹ יִשְׂרָאֵל׃ וַיֹּאמֶר לוֹ
אֱלֹהִים אֲנִי אֵל שַׁדַּי פְּרֵה וּרְבֵה גּוֹי וּקְהַל גּוֹיִם יִהְיֶה מִמֶּךָּ
יב וּמְלָכִים מֵחֲלָצֶיךָ יֵצֵאוּ׃ וְאֶת־הָאָרֶץ אֲשֶׁר נָתַתִּי לְאַבְרָהָם ששי
יג וּלְיִצְחָק לְךָ אֶתְּנֶנָּה וּלְזַרְעֲךָ אַחֲרֶיךָ אֶתֵּן אֶת־הָאָרֶץ׃ וַיַּעַל
יד מֵעָלָיו אֱלֹהִים בַּמָּקוֹם אֲשֶׁר־דִּבֶּר אִתּוֹ׃ וַיַּצֵּב יַעֲקֹב מַצֵּבָה
בַּמָּקוֹם אֲשֶׁר־דִּבֶּר אִתּוֹ מַצֶּבֶת אָבֶן וַיַּסֵּךְ עָלֶיהָ נֶסֶךְ וַיִּצֹק
טו עָלֶיהָ שָׁמֶן׃ וַיִּקְרָא יַעֲקֹב אֶת־שֵׁם הַמָּקוֹם אֲשֶׁר דִּבֶּר אִתּוֹ
טז שָׁם אֱלֹהִים בֵּית־אֵל׃ וַיִּסְעוּ מִבֵּית אֵל וַיְהִי־עוֹד כִּבְרַת־הָאָרֶץ ★
יז לָבוֹא אֶפְרָתָה וַתֵּלֶד רָחֵל וַתְּקַשׁ בְּלִדְתָּהּ׃ וַיְהִי בְהַקְשֹׁתָהּ
בְלִדְתָּהּ וַתֹּאמֶר לָהּ הַמְיַלֶּדֶת אַל־תִּירְאִי כִּי־גַם־זֶה לָךְ בֵּן׃

ויענו בני יעקב את שכם ואת חמור אביו במרמה וידברו
אשר טמא את דינה אחתם ויאמרו אליהם לא נוכל לעשות
הדבר הזה לתת את אחתנו לאיש אשר לו ערלה כי
חרפה הוא לנו אך בזאת נאות לכם אם תהיו כמנו
להמל לכם כל זכר ונתנו את בנתינו לכם ואת בנתיכם
נקח לנו וישבנו אתכם והיינו לעם אחד ואם לא תשמעו
אלינו להמול ולקחנו את בתנו והלכנו וייטבו דבריהם
בעיני חמור ובעיני שכם בן חמור ולא אחר הנער לעשות
הדבר כי חפץ בבת יעקב והוא נכבד מכל בית אביו ויבא
חמור ושכם בנו אל שער עירם וידברו אל אנשי עירם
לאמר האנשים האלה שלמים הם אתנו וישבו בארץ
ויסחרו אתה והארץ הנה רחבת ידים לפניהם את בנתם
נקח לנו לנשים ואת בנתינו נתן להם אך בזאת יאתו
לנו האנשים לשבת אתנו להיות לעם אחד בהמול לנו כל
זכר כאשר הם נמלים מקנהם וקנינם וכל בהמתם הלוא
לנו הם אך נאותה להם וישבו אתנו וישמעו אל חמור
ואל שכם בנו כל יצאי שער עירו וימלו כל זכר כל יצאי
שער עירו ויהי ביום השלישי בהיותם כאבים ויקחו שני
בני יעקב שמעון ולוי אחי דינה איש חרבו ויבאו על העיר
בטח ויהרגו כל זכר ואת חמור ואת שכם בנו הרגו לפי
חרב ויקחו את דינה מבית שכם ויצאו בני יעקב באו
על החללים ויבזו העיר אשר טמאו אחותם את צאנם
ואת בקרם ואת חמריהם ואת אשר בעיר ואת אשר בשדה
לקחו ואת כל חילם ואת כל טפם ואת נשיהם שבו ויבזו
ואת כל אשר בבית ויאמר יעקב אל שמעון ואל לוי
עכרתם אתי להבאישני בישב הארץ בכנעני ובפרזי ואני
מתי מספר ונאספו עלי והכוני ונשמדתי אני וביתי ויאמרו

וַיַּעֲנוּ בְנֵי־יַעֲקֹב אֶת־שְׁכֶם וְאֶת־חֲמוֹר אָבִיו בְּמִרְמָה וַיְדַבֵּרוּ יג
אֲשֶׁר טִמֵּא אֵת דִּינָה אֲחֹתָם׃ וַיֹּאמְרוּ אֲלֵיהֶם לֹא נוּכַל לַעֲשׂוֹת יד
הַדָּבָר הַזֶּה לָתֵת אֶת־אֲחֹתֵנוּ לְאִישׁ אֲשֶׁר־לוֹ עָרְלָה כִּי־
חֶרְפָּה הִוא לָנוּ׃ אַךְ־בְּזֹאת נֵאוֹת לָכֶם אִם תִּהְיוּ כָמֹנוּ טו
לְהִמֹּל לָכֶם כָּל־זָכָר׃ וְנָתַנּוּ אֶת־בְּנֹתֵינוּ לָכֶם וְאֶת־בְּנֹתֵיכֶם טז
נִקַּח־לָנוּ וְיָשַׁבְנוּ אִתְּכֶם וְהָיִינוּ לְעַם אֶחָד׃ וְאִם־לֹא תִשְׁמְעוּ יז
אֵלֵינוּ לְהִמּוֹל וְלָקַחְנוּ אֶת־בִּתֵּנוּ וְהָלָכְנוּ׃ וַיִּיטְבוּ דִבְרֵיהֶם יח
בְּעֵינֵי חֲמוֹר וּבְעֵינֵי שְׁכֶם בֶּן־חֲמוֹר׃ וְלֹא־אֵחַר הַנַּעַר לַעֲשׂוֹת יט
הַדָּבָר כִּי חָפֵץ בְּבַת־יַעֲקֹב וְהוּא נִכְבָּד מִכֹּל בֵּית אָבִיו׃ וַיָּבֹא כ
חֲמוֹר וּשְׁכֶם בְּנוֹ אֶל־שַׁעַר עִירָם וַיְדַבְּרוּ אֶל־אַנְשֵׁי עִירָם
לֵאמֹר׃ הָאֲנָשִׁים הָאֵלֶּה שְׁלֵמִים הֵם אִתָּנוּ וְיֵשְׁבוּ בָאָרֶץ כא
וְיִסְחֲרוּ אֹתָהּ וְהָאָרֶץ הִנֵּה רַחֲבַת־יָדַיִם לִפְנֵיהֶם אֶת־בְּנֹתָם
נִקַּח־לָנוּ לְנָשִׁים וְאֶת־בְּנֹתֵינוּ נִתֵּן לָהֶם׃ אַךְ־בְּזֹאת יֵאֹתוּ כב
לָנוּ הָאֲנָשִׁים לָשֶׁבֶת אִתָּנוּ לִהְיוֹת לְעַם אֶחָד בְּהִמּוֹל לָנוּ כָּל־
זָכָר כַּאֲשֶׁר הֵם נִמֹּלִים׃ מִקְנֵהֶם וְקִנְיָנָם וְכָל־בְּהֶמְתָּם הֲלוֹא כג
לָנוּ הֵם אַךְ נֵאוֹתָה לָהֶם וְיֵשְׁבוּ אִתָּנוּ׃ וַיִּשְׁמְעוּ אֶל־חֲמוֹר כד
וְאֶל־שְׁכֶם בְּנוֹ כָּל־יֹצְאֵי שַׁעַר עִירוֹ וַיִּמֹּלוּ כָּל־זָכָר כָּל־יֹצְאֵי
שַׁעַר עִירוֹ׃ וַיְהִי בַיּוֹם הַשְּׁלִישִׁי בִּהְיוֹתָם כֹּאֲבִים וַיִּקְחוּ שְׁנֵי־ כה
בְנֵי־יַעֲקֹב שִׁמְעוֹן וְלֵוִי אֲחֵי דִינָה אִישׁ חַרְבּוֹ וַיָּבֹאוּ עַל־הָעִיר
בֶּטַח וַיַּהַרְגוּ כָּל־זָכָר׃ וְאֶת־חֲמוֹר וְאֶת־שְׁכֶם בְּנוֹ הָרְגוּ לְפִי־ כו
חָרֶב וַיִּקְחוּ אֶת־דִּינָה מִבֵּית שְׁכֶם וַיֵּצֵאוּ׃ בְּנֵי יַעֲקֹב בָּאוּ כז
עַל־הַחֲלָלִים וַיָּבֹזּוּ הָעִיר אֲשֶׁר טִמְּאוּ אֲחוֹתָם׃ אֶת־צֹאנָם כח
וְאֶת־בְּקָרָם וְאֶת־חֲמֹרֵיהֶם וְאֵת אֲשֶׁר־בָּעִיר וְאֶת־אֲשֶׁר בַּשָּׂדֶה
לָקָחוּ׃ וְאֶת־כָּל־חֵילָם וְאֶת־כָּל־טַפָּם וְאֶת־נְשֵׁיהֶם שָׁבוּ וַיָּבֹזּוּ כט
וְאֵת כָּל־אֲשֶׁר בַּבָּיִת׃ וַיֹּאמֶר יַעֲקֹב אֶל־שִׁמְעוֹן וְאֶל־לֵוִי ל
עֲכַרְתֶּם אֹתִי לְהַבְאִישֵׁנִי בְּיֹשֵׁב הָאָרֶץ בַּכְּנַעֲנִי וּבַפְּרִזִּי וַאֲנִי
מְתֵי מִסְפָּר וְנֶאֶסְפוּ עָלַי וְהִכּוּנִי וְנִשְׁמַדְתִּי אֲנִי וּבֵיתִי׃ וַיֹּאמְרוּ לא

אליו אדני ידע כי הילדים רכים והצאן והבקר עלות עלי
ודפקום יום אחד ומתו כל הצאן יעבר נא אדני לפני עבדו
ואני אתנהלה לאטי לרגל המלאכה אשר לפני ולרגל
הילדים עד אשר אבא אל אדני שעירה ויאמר עשו אציגה
נא עמך מן העם אשר אתי ויאמר למה זה אמצא חן בעיני
אדני וישב ביום ההוא עשו לדרכו שעירה ויעקב נסע
סכתה ויבן לו בית ולמקנהו עשה סכת על כן קרא שם
המקום סכות ויבא יעקב שלם עיר שכם אשר
בארץ כנען בבאו מפדן ארם ויחן את פני העיר ויקן
את חלקת השדה אשר נטה שם אהלו מיד בני חמור אבי
שכם במאה קשיטה ויצב שם מזבח ויקרא לו אל אלהי
ישראל ותצא דינה בת לאה אשר ילדה ליעקב
לראות בבנות הארץ וירא אתה שכם בן חמור החוי נשיא
הארץ ויקח אתה וישכב אתה ויענה ותדבק נפשו בדינה
בת יעקב ויאהב את הנער וידבר על לב הנער ויאמר
שכם אל חמור אביו לאמר קח לי את הילדה הזאת לאשה
ויעקב שמע כי טמא את דינה בתו ובניו היו את מקנהו
בשדה והחרש יעקב עד באם ויצא חמור אבי שכם
אל יעקב לדבר אתו ובני יעקב באו מן השדה כשמעם
ויתעצבו האנשים ויחר להם מאד כי נבלה עשה בישראל
לשכב את בת יעקב וכן לא יעשה וידבר חמור אתם
לאמר שכם בני חשקה נפשו בבתכם תנו נא אתה לו
לאשה והתחתנו אתנו בנתיכם תתנו לנו ואת בנתינו
תקחו לכם ואתנו תשבו והארץ תהיה לפניכם שבו וסחרוה
והאחזו בה ויאמר שכם אל אביה ואל אחיה אמצא חן
בעיניכם ואשר תאמרו אלי אתן הרבו עלי מאד מהר
ומתן ואתנה כאשר תאמרו אלי ותנו לי את הנער לאשה

אֵלָיו אֲדֹנִי יֹדֵעַ כִּי־הַיְלָדִים רַכִּים וְהַצֹּאן וְהַבָּקָר עָלוֹת עָלָי
יד וּדְפָקוּם יוֹם אֶחָד וָמֵתוּ כָּל־הַצֹּאן׃ יַעֲבָר־נָא אֲדֹנִי לִפְנֵי עַבְדּוֹ
וַאֲנִי אֶתְנָהֲלָה לְאִטִּי לְרֶגֶל הַמְּלָאכָה אֲשֶׁר־לְפָנַי וּלְרֶגֶל
טו הַיְלָדִים עַד אֲשֶׁר־אָבֹא אֶל־אֲדֹנִי שֵׂעִירָה׃ וַיֹּאמֶר עֵשָׂו אַצִּיגָה־
נָּא עִמְּךָ מִן־הָעָם אֲשֶׁר אִתִּי וַיֹּאמֶר לָמָּה זֶּה אֶמְצָא־חֵן בְּעֵינֵי
טז יז אֲדֹנִי׃ וַיָּשָׁב בַּיּוֹם הַהוּא עֵשָׂו לְדַרְכּוֹ שֵׂעִירָה׃ וְיַעֲקֹב נָסַע
סֻכֹּתָה וַיִּבֶן לוֹ בָּיִת וּלְמִקְנֵהוּ עָשָׂה סֻכֹּת עַל־כֵּן קָרָא שֵׁם־
יח הַמָּקוֹם סֻכּוֹת׃ וַיָּבֹא יַעֲקֹב שָׁלֵם עִיר שְׁכֶם אֲשֶׁר לא ✶
יט בְּאֶרֶץ כְּנַעַן בְּבֹאוֹ מִפַּדַּן אֲרָם וַיִּחַן אֶת־פְּנֵי הָעִיר׃ וַיִּקֶן
אֶת־חֶלְקַת הַשָּׂדֶה אֲשֶׁר נָטָה־שָׁם אָהֳלוֹ מִיַּד בְּנֵי־חֲמוֹר אֲבִי
כ שְׁכֶם בְּמֵאָה קְשִׂיטָה׃ וַיַּצֶּב־שָׁם מִזְבֵּחַ וַיִּקְרָא־לוֹ אֵל אֱלֹהֵי
לד א יִשְׂרָאֵל׃ וַתֵּצֵא דִינָה בַּת־לֵאָה אֲשֶׁר יָלְדָה לְיַעֲקֹב חמישי
ב לִרְאוֹת בִּבְנוֹת הָאָרֶץ׃ וַיַּרְא אֹתָהּ שְׁכֶם בֶּן־חֲמוֹר הַחִוִּי נְשִׂיא
ג הָאָרֶץ וַיִּקַּח אֹתָהּ וַיִּשְׁכַּב אֹתָהּ וַיְעַנֶּהָ׃ וַתִּדְבַּק נַפְשׁוֹ בְּדִינָה
ד בַּת־יַעֲקֹב וַיֶּאֱהַב אֶת־הַנַּעֲרָ וַיְדַבֵּר עַל־לֵב הַנַּעֲרָ׃ וַיֹּאמֶר
שְׁכֶם אֶל־חֲמוֹר אָבִיו לֵאמֹר קַח־לִי אֶת־הַיַּלְדָּה הַזֹּאת לְאִשָּׁה׃
ה וְיַעֲקֹב שָׁמַע כִּי טִמֵּא אֶת־דִּינָה בִתּוֹ וּבָנָיו הָיוּ אֶת־מִקְנֵהוּ
ו בַּשָּׂדֶה וְהֶחֱרִשׁ יַעֲקֹב עַד־בֹּאָם׃ וַיֵּצֵא חֲמוֹר אֲבִי־שְׁכֶם
ז אֶל־יַעֲקֹב לְדַבֵּר אִתּוֹ׃ וּבְנֵי יַעֲקֹב בָּאוּ מִן־הַשָּׂדֶה כְּשָׁמְעָם
וַיִּתְעַצְּבוּ הָאֲנָשִׁים וַיִּחַר לָהֶם מְאֹד כִּי נְבָלָה עָשָׂה בְיִשְׂרָאֵל
ח לִשְׁכַּב אֶת־בַּת־יַעֲקֹב וְכֵן לֹא יֵעָשֶׂה׃ וַיְדַבֵּר חֲמוֹר אִתָּם
לֵאמֹר שְׁכֶם בְּנִי חָשְׁקָה נַפְשׁוֹ בְּבִתְּכֶם תְּנוּ נָא אֹתָהּ לוֹ
ט לְאִשָּׁה׃ וְהִתְחַתְּנוּ אֹתָנוּ בְּנֹתֵיכֶם תִּתְּנוּ־לָנוּ וְאֶת־בְּנֹתֵינוּ
י תִּקְחוּ לָכֶם׃ וְאִתָּנוּ תֵּשֵׁבוּ וְהָאָרֶץ תִּהְיֶה לִפְנֵיכֶם שְׁבוּ וּסְחָרוּהָ
יא וְהֵאָחֲזוּ בָּהּ׃ וַיֹּאמֶר שְׁכֶם אֶל־אָבִיהָ וְאֶל־אַחֶיהָ אֶמְצָא־חֵן
יב בְּעֵינֵיכֶם וַאֲשֶׁר תֹּאמְרוּ אֵלַי אֶתֵּן׃ הַרְבּוּ עָלַי מְאֹד מֹהַר
וּמַתָּן וְאֶתְּנָה כַּאֲשֶׁר תֹּאמְרוּ אֵלָי וּתְנוּ־לִי אֶת־הַנַּעֲרָ לְאִשָּׁה׃

איש עמו עד עלות השחר ויرא כי לא יכל לו ויגע בכף
ירכו ותקע כף ירך יעקב בהאבקו עמו ויאמר שלחני כי
עלה השחר ויאמר לא אשלחך כי אם ברכתני ויאמר
אליו מה שמך ויאמר יעקב ויאמר לא יעקב יאמר עוד
שמך כי אם ישראל כי שרית עם אלהים ועם אנשים
ותוכל וישאל יעקב ויאמר הגידה נא שמך ויאמר למה
זה תשאל לשמי ויברך אתו שם ויקרא יעקב שם המקום
פניאל כי ראיתי אלהים פנים אל פנים ותנצל נפשי ויזרח
לו השמש כאשר עבר את פנואל והוא צלע על ירכו על
כן לא יאכלו בני ישראל את גיד הנשה אשר על כף הירך
עד היום הזה כי נגע בכף ירך יעקב בגיד הנשה וישא
יעקב עיניו וירא והנה עשו בא ועמו ארבע מאות איש
ויחץ את הילדים על לאה ועל רחל ועל שתי השפחות
וישם את השפחות ואת ילדיהן ראשנה ואת לאה וילדיה
אחרנים ואת רחל ואת יוסף אחרנים והוא עבר לפניהם
וישתחו ארצה שבע פעמים עד גשתו עד אחיו וירץ עשו
לקראתו ויחבקהו ויפל על צוארו וַיִּשָּׁקֵהוּ ויבכו וישא
את עיניו וירא את הנשים ואת הילדים ויאמר מי אלה
לך ויאמר הילדים אשר חנן אלהים את עבדך ותגשן
השפחות הנה וילדיהן ותשתחוין ותגש גם לאה וילדיה
וישתחוו ואחר נגש יוסף ורחל וישתחוו ויאמר מי לך כל
המחנה הזה אשר פגשתי ויאמר למצא חן בעיני אדני
ויאמר עשו יש לי רב אחי יהי לך אשר לך ויאמר יעקב
אל נא אם נא מצאתי חן בעיניך ולקחת מנחתי מידי
כי על כן ראיתי פניך כראת פני אלהים ותרצני קח נא
את ברכתי אשר הבאת לך כי חנני אלהים וכי יש לי כל
ויפצר בו ויקח ויאמר נסעה ונלכה ואלכה לנגדך ויאמר

כה אִישׁ עִמּוֹ עַד עֲלוֹת הַשָּׁחַר: וַיַּרְא כִּי לֹא יָכֹל לוֹ וַיִּגַּע בְּכַף־

כו יְרֵכוֹ וַתֵּקַע כַּף־יֶרֶךְ יַעֲקֹב בְּהֵאָבְקוֹ עִמּוֹ: וַיֹּאמֶר שַׁלְּחֵנִי כִּי

כז עָלָה הַשָּׁחַר וַיֹּאמֶר לֹא אֲשַׁלֵּחֲךָ כִּי אִם־בֵּרַכְתָּנִי: וַיֹּאמֶר ★

כח אֵלָיו מַה־שְּׁמֶךָ וַיֹּאמֶר יַעֲקֹב: וַיֹּאמֶר לֹא יַעֲקֹב יֵאָמֵר עוֹד

שִׁמְךָ כִּי אִם־יִשְׂרָאֵל כִּי־שָׂרִיתָ עִם־אֱלֹהִים וְעִם־אֲנָשִׁים

כט וַתּוּכָל: וַיִּשְׁאַל יַעֲקֹב וַיֹּאמֶר הַגִּידָה־נָּא שְׁמֶךָ וַיֹּאמֶר לָמָּה

ל זֶּה תִּשְׁאַל לִשְׁמִי וַיְבָרֶךְ אֹתוֹ שָׁם: וַיִּקְרָא יַעֲקֹב שֵׁם הַמָּקוֹם שלישי

לא פְּנִיאֵל כִּי־רָאִיתִי אֱלֹהִים פָּנִים אֶל־פָּנִים וַתִּנָּצֵל נַפְשִׁי: וַיִּזְרַח־

לב לוֹ הַשֶּׁמֶשׁ כַּאֲשֶׁר עָבַר אֶת־פְּנוּאֵל וְהוּא צֹלֵעַ עַל־יְרֵכוֹ: עַל־

כֵּן לֹא־יֹאכְלוּ בְנֵי־יִשְׂרָאֵל אֶת־גִּיד הַנָּשֶׁה אֲשֶׁר עַל־כַּף הַיָּרֵךְ

לג א עַד הַיּוֹם הַזֶּה כִּי נָגַע בְּכַף־יֶרֶךְ יַעֲקֹב בְּגִיד הַנָּשֶׁה: וַיִּשָּׂא

יַעֲקֹב עֵינָיו וַיַּרְא וְהִנֵּה עֵשָׂו בָּא וְעִמּוֹ אַרְבַּע מֵאוֹת אִישׁ

וַיַּחַץ אֶת־הַיְלָדִים עַל־לֵאָה וְעַל־רָחֵל וְעַל שְׁתֵּי הַשְּׁפָחוֹת:

ב וַיָּשֶׂם אֶת־הַשְּׁפָחוֹת וְאֶת־יַלְדֵיהֶן רִאשֹׁנָה וְאֶת־לֵאָה וִילָדֶיהָ

ג אַחֲרֹנִים וְאֶת־רָחֵל וְאֶת־יוֹסֵף אַחֲרֹנִים: וְהוּא עָבַר לִפְנֵיהֶם

ד וַיִּשְׁתַּחוּ אַרְצָה שֶׁבַע פְּעָמִים עַד־גִּשְׁתּוֹ עַד־אָחִיו: וַיָּרָץ עֵשָׂו

ה לִקְרָאתוֹ וַיְחַבְּקֵהוּ וַיִּפֹּל עַל־צַוָּארָו וַיִּשָּׁקֵהוּ וַיִּבְכּוּ: וַיִּשָּׂא

אֶת־עֵינָיו וַיַּרְא אֶת־הַנָּשִׁים וְאֶת־הַיְלָדִים וַיֹּאמֶר מִי־אֵלֶּה

ו לָּךְ וַיֹּאמַר הַיְלָדִים אֲשֶׁר־חָנַן אֱלֹהִים אֶת־עַבְדֶּךָ: וַתִּגַּשְׁןָ רביעי

ז הַשְּׁפָחוֹת הֵנָּה וְיַלְדֵיהֶן וַתִּשְׁתַּחֲוֶיןָ: וַתִּגַּשׁ גַּם־לֵאָה וִילָדֶיהָ

ח וַיִּשְׁתַּחֲווּ וְאַחַר נִגַּשׁ יוֹסֵף וְרָחֵל וַיִּשְׁתַּחֲווּ: וַיֹּאמֶר מִי לְךָ כָּל־

הַמַּחֲנֶה הַזֶּה אֲשֶׁר פָּגָשְׁתִּי וַיֹּאמֶר לִמְצֹא־חֵן בְּעֵינֵי אֲדֹנִי:

ט וַיֹּאמֶר עֵשָׂו יֶשׁ־לִי רָב אָחִי יְהִי לְךָ אֲשֶׁר־לָךְ: וַיֹּאמֶר יַעֲקֹב

אַל־נָא אִם־נָא מָצָאתִי חֵן בְּעֵינֶיךָ וְלָקַחְתָּ מִנְחָתִי מִיָּדִי

יא כִּי עַל־כֵּן רָאִיתִי פָנֶיךָ כִּרְאֹת פְּנֵי אֱלֹהִים וַתִּרְצֵנִי: קַח־נָא

אֶת־בִּרְכָתִי אֲשֶׁר הֻבָאת לָךְ כִּי־חַנַּנִי אֱלֹהִים וְכִי יֶשׁ־לִי־כָל

יב וַיִּפְצַר־בּוֹ וַיִּקָּח: וַיֹּאמֶר נִסְעָה וְנֵלֵכָה וְאֵלְכָה לְנֶגְדֶּךָ: וַיֹּאמֶר ★

אחיך אל עשו וגם הלך לקראתך וארבע מאות איש עמו
ויירא יעקב מאד ויצר לו ויחץ את העם אשר אתו ואת
הצאן ואת הבקר והגמלים לשני מחנות ויאמר אם יבוא
עשו אל המחנה האחת והכהו והיה המחנה הנשאר לפליטה
ויאמר יעקב אלהי אבי אברהם ואלהי אבי יצחק יהוה
האמר אלי שוב לארצך ולמולדתך ואיטיבה עמך קטנתי
מכל החסדים ומכל האמת אשר עשית את עבדך כי
במקלי עברתי את הירדן הזה ועתה הייתי לשני מחנות
הצילני נא מיד אחי מיד עשו כי ירא אנכי אתו פן יבוא
והכני אם על בנים ואתה אמרת היטב איטיב עמך ושמתי
את זרעך כחול הים אשר לא יספר מרב וילן שם בלילה
ההוא ויקח מן הבא בידו מנחה לעשו אחיו עזים מאתים
ותישים עשרים רחלים מאתים ואילים עשרים גמלים
מיניקות ובניהם שלשים פרות ארבעים ופרים עשרה אתנת
עשרים ועירם עשרה ויתן ביד עבדיו עדר עדר לבדו ויאמר
אל עבדיו עברו לפני ורוח תשימו בין עדר ובין עדר ויצו
את הראשון לאמר כי יפגשך עשו אחי ושאלך לאמר למי
אתה ואנה תלך ולמי אלה לפניך ואמרת לעבדך ליעקב
מנחה הוא שלוחה לאדני לעשו והנה גם הוא אחרינו ויצו
גם את השני גם את השלישי גם את כל ההלכים אחרי
העדרים לאמר כדבר הזה תדברון אל עשו במצאכם אתו
ואמרתם גם הנה עבדך יעקב אחרינו כי אמר אכפרה פניו
במנחה ההלכת לפני ואחרי כן אראה פניו אולי ישא פני
ותעבר המנחה על פניו והוא לן בלילה ההוא במחנה
ויקם בלילה הוא ויקח את שתי נשיו ואת שתי שפחתיו
ואת אחד עשר ילדיו ויעבר את מעבר יבק ויקחם ויעברם
את הנחל ויעבר את אשר לו ויותר יעקב לבדו ויאבק

אָחִ֙יךָ֙ אֶל־עֵשָׂ֔ו וְגַם֙ הֹלֵ֣ךְ לִקְרָֽאתְךָ֔ וְאַרְבַּע־מֵא֥וֹת אִ֖ישׁ עִמּֽוֹ׃
ז וַיִּירָ֧א יַעֲקֹ֛ב מְאֹ֖ד וַיֵּ֣צֶר ל֑וֹ וַיַּ֜חַץ אֶת־הָעָ֣ם אֲשֶׁר־אִתּ֗וֹ וְאֶת־
ח הַצֹּ֧אן וְאֶת־הַבָּקָ֛ר וְהַגְּמַלִּ֖ים לִשְׁנֵ֥י מַחֲנֽוֹת׃ וַיֹּ֕אמֶר אִם־יָב֥וֹא
עֵשָׂ֛ו אֶל־הַמַּחֲנֶ֥ה הָאַחַ֖ת וְהִכָּ֑הוּ וְהָיָ֛ה הַמַּחֲנֶ֥ה הַנִּשְׁאָ֖ר לִפְלֵיטָֽה׃
ט וַיֹּאמֶר֮ יַעֲקֹב֒ אֱלֹהֵי֙ אָבִ֣י אַבְרָהָ֔ם וֵאלֹהֵ֖י אָבִ֣י יִצְחָ֑ק יְהוָ֞ה ★
י הָאֹמֵ֣ר אֵלַ֗י שׁ֧וּב לְאַרְצְךָ֛ וּלְמוֹלַדְתְּךָ֖ וְאֵיטִ֥יבָה עִמָּֽךְ׃ קָטֹ֜נְתִּי
מִכֹּ֤ל הַחֲסָדִים֙ וּמִכָּל־הָ֣אֱמֶ֔ת אֲשֶׁ֥ר עָשִׂ֖יתָ אֶת־עַבְדֶּ֑ךָ כִּ֣י
בְמַקְלִ֗י עָבַ֙רְתִּי֙ אֶת־הַיַּרְדֵּ֣ן הַזֶּ֔ה וְעַתָּ֥ה הָיִ֖יתִי לִשְׁנֵ֥י מַחֲנֽוֹת׃
יא הַצִּילֵ֥נִי נָ֛א מִיַּ֥ד אָחִ֖י מִיַּ֣ד עֵשָׂ֑ו כִּֽי־יָרֵ֤א אָנֹכִי֙ אֹת֔וֹ פֶּן־יָב֣וֹא
יב וְהִכַּ֔נִי אֵ֖ם עַל־בָּנִֽים׃ וְאַתָּ֣ה אָמַ֔רְתָּ הֵיטֵ֥ב אֵיטִ֖יב עִמָּ֑ךְ וְשַׂמְתִּ֤י
יג אֶת־זַרְעֲךָ֙ כְּח֣וֹל הַיָּ֔ם אֲשֶׁ֥ר לֹא־יִסָּפֵ֖ר מֵרֹֽב׃ וַיָּ֥לֶן שָׁ֖ם בַּלַּ֣יְלָה שני
יד הַה֑וּא וַיִּקַּ֞ח מִן־הַבָּ֥א בְיָד֛וֹ מִנְחָ֖ה לְעֵשָׂ֥ו אָחִֽיו׃ עִזִּ֣ים מָאתַ֔יִם
טו וּתְיָשִׁ֖ים עֶשְׂרִ֑ים רְחֵלִ֥ים מָאתַ֖יִם וְאֵילִ֥ים עֶשְׂרִֽים׃ גְּמַלִּ֧ים
מֵינִיק֛וֹת וּבְנֵיהֶ֖ם שְׁלֹשִׁ֑ים פָּר֤וֹת אַרְבָּעִים֙ וּפָרִ֣ים עֲשָׂרָ֔ה אֲתֹנֹ֣ת
טז עֶשְׂרִ֔ים וַעְיָרִ֖ם עֲשָׂרָֽה׃ וַיִּתֵּן֙ בְּיַד־עֲבָדָ֔יו עֵ֥דֶר עֵ֖דֶר לְבַדּ֑וֹ וַיֹּ֤אמֶר
יז אֶל־עֲבָדָיו֙ עִבְר֣וּ לְפָנַ֔י וְרֶ֣וַח תָּשִׂ֔ימוּ בֵּ֥ין עֵ֖דֶר וּבֵ֥ין עֵֽדֶר׃ וַיְצַ֥ו ★
אֶת־הָרִאשׁ֖וֹן לֵאמֹ֑ר כִּ֣י יִֽפְגָשְׁךָ֞ עֵשָׂ֣ו אָחִ֗י וּשְׁאֵֽלְךָ֙ לֵאמֹ֔ר לְמִי־
יח אַ֙תָּה֙ וְאָ֣נָה תֵלֵ֔ךְ וּלְמִ֖י אֵ֥לֶּה לְפָנֶֽיךָ׃ וְאָמַרְתָּ֙ לְעַבְדְּךָ֣ לְיַעֲקֹ֔ב
יט מִנְחָ֥ה הִוא֙ שְׁלוּחָ֔ה לַֽאדֹנִ֖י לְעֵשָׂ֑ו וְהִנֵּ֥ה גַם־ה֖וּא אַחֲרֵֽינוּ׃ וַיְצַ֞ו
גַּ֣ם אֶת־הַשֵּׁנִ֗י גַּ֚ם אֶת־הַשְּׁלִישִׁ֔י גַּ֚ם אֶת־כָּל־הַהֹ֣לְכִ֔ים אַחֲרֵ֥י
הָעֲדָרִ֖ים לֵאמֹ֑ר כַּדָּבָ֤ר הַזֶּה֙ תְּדַבְּר֣וּן אֶל־עֵשָׂ֔ו בְּמֹצַאֲכֶ֖ם אֹתֽוֹ׃
כ וַאֲמַרְתֶּ֕ם גַּ֗ם הִנֵּ֛ה עַבְדְּךָ֥ יַעֲקֹ֖ב אַחֲרֵ֑ינוּ כִּֽי־אָמַ֞ר אֲכַפְּרָ֣ה פָנָ֗יו
בַּמִּנְחָה֙ הַהֹלֶ֣כֶת לְפָנָ֔י וְאַחֲרֵי־כֵן֙ אֶרְאֶ֣ה פָנָ֔יו אוּלַ֖י יִשָּׂ֥א פָנָֽי׃
כא וַתַּעֲבֹ֥ר הַמִּנְחָ֖ה עַל־פָּנָ֑יו וְה֛וּא לָ֥ן בַּלַּֽיְלָה־הַה֖וּא בַּֽמַּחֲנֶֽה׃ ★
כב וַיָּ֣קָם ׀ בַּלַּ֣יְלָה ה֗וּא וַיִּקַּ֞ח אֶת־שְׁתֵּ֤י נָשָׁיו֙ וְאֶת־שְׁתֵּ֣י שִׁפְחֹתָ֔יו
כג וְאֶת־אַחַ֥ד עָשָׂ֖ר יְלָדָ֑יו וַֽיַּעֲבֹ֔ר אֵ֖ת מַעֲבַ֥ר יַבֹּֽק׃ וַיִּקָּחֵ֔ם וַיַּֽעֲבִרֵ֖ם
כד אֶת־הַנָּ֑חַל וַיַּעֲבֵ֖ר אֶת־אֲשֶׁר־לֽוֹ׃ וַיִּוָּתֵ֥ר יַעֲקֹ֖ב לְבַדּ֑וֹ וַיֵּאָבֵ֥ק

ופחד יצחק היה לי כי עתה ריקם שלחתני את עניי ואת
יגיע כפי ראה אלהים ויוכח אמש ויען לבן ויאמר אל
יעקב הבנות בנתי והבנים בני והצאן צאני וכל אשר אתה
ראה לי הוא ולבנתי מה אעשה לאלה היום או לבניהן
אשר ילדו ועתה לכה נכרתה ברית אני ואתה והיה לעד
ביני ובינך ויקח יעקב אבן וירימה מצבה ויאמר יעקב
לאחיו לקטו אבנים ויקחו אבנים ויעשו גל ויאכלו שם על
הגל ויקרא לו לבן יגר שהדותא ויעקב קרא לו גלעד
ויאמר לבן הגל הזה עד ביני ובינך היום על כן קרא שמו
גלעד והמצפה אשר אמר יצף יהוה ביני ובינך כי נסתר
איש מרעהו אם תענה את בנתי ואם תקח נשים על
בנתי אין איש עמנו ראה אלהים עד ביני ובינך ויאמר
לבן ליעקב הנה הגל הזה והנה המצבה אשר יריתי ביני
ובינך עד הגל הזה ועדה המצבה אם אני לא אעבר אליך
את הגל הזה ואם אתה לא תעבר אלי את הגל הזה ואת
המצבה הזאת לרעה אלהי אברהם ואלהי נחור ישפטו
בינינו אלהי אביהם וישבע יעקב בפחד אביו יצחק ויזבח
יעקב זבח בהר ויקרא לאחיו לאכל לחם ויאכלו לחם וילינו
בהר וישכם לבן בבקר וינשק לבניו ולבנותיו ויברך אתהם
וילך וישב לבן למקמו ויעקב הלך לדרכו ויפגעו בו מלאכי
אלהים ויאמר יעקב כאשר ראם מחנה אלהים זה ויקרא
שם המקום ההוא מחנים

וישלח יעקב מלאכים לפניו אל עשו אחיו ארצה שעיר
שדה אדום ויצו אתם לאמר כה תאמרון לאדני לעשו כה
אמר עבדך יעקב עם לבן גרתי ואחר עד עתה ויהי לי
שור וחמור צאן ועבד ושפחה ואשלחה להגיד לאדני למצא
חן בעיניך וישבו המלאכים אל יעקב לאמר באנו אל

וּפַחַד יִצְחָק הָיָה לִי כִּי עַתָּה רֵיקָם שִׁלַּחְתָּנִי אֶת־עָנְיִי וְאֶת־
מג יְגִיעַ כַּפַּי רָאָה אֱלֹהִים וַיּוֹכַח אָמֶשׁ׃ וַיַּעַן לָבָן וַיֹּאמֶר אֶל־ שביעי
יַעֲקֹב הַבָּנוֹת בְּנֹתַי וְהַבָּנִים בָּנַי וְהַצֹּאן צֹאנִי וְכֹל אֲשֶׁר־אַתָּה
רֹאֶה לִי הוּא וְלִבְנֹתַי מָה־אֶעֱשֶׂה לָאֵלֶּה הַיּוֹם אוֹ לִבְנֵיהֶן
מד אֲשֶׁר יָלָדוּ׃ וְעַתָּה לְכָה נִכְרְתָה בְרִית אֲנִי וָאָתָּה וְהָיָה לְעֵד
מה מו בֵּינִי וּבֵינֶךָ׃ וַיִּקַּח יַעֲקֹב אָבֶן וַיְרִימֶהָ מַצֵּבָה׃ וַיֹּאמֶר יַעֲקֹב
לְאֶחָיו לִקְטוּ אֲבָנִים וַיִּקְחוּ אֲבָנִים וַיַּעֲשׂוּ־גָל וַיֹּאכְלוּ שָׁם עַל־
מז הַגָּל׃ וַיִּקְרָא־לוֹ לָבָן יְגַר שָׂהֲדוּתָא וְיַעֲקֹב קָרָא לוֹ גַּלְעֵד׃
מח וַיֹּאמֶר לָבָן הַגַּל הַזֶּה עֵד בֵּינִי וּבֵינְךָ הַיּוֹם עַל־כֵּן קָרָא־שְׁמוֹ
מט גַּלְעֵד׃ וְהַמִּצְפָּה אֲשֶׁר אָמַר יִצֶף יְהוָה בֵּינִי וּבֵינֶךָ כִּי נִסָּתֵר ★
נ אִישׁ מֵרֵעֵהוּ׃ אִם־תְּעַנֶּה אֶת־בְּנֹתַי וְאִם־תִּקַּח נָשִׁים עַל־
נא בְּנֹתַי אֵין אִישׁ עִמָּנוּ רְאֵה אֱלֹהִים עֵד בֵּינִי וּבֵינֶךָ׃ וַיֹּאמֶר
לָבָן לְיַעֲקֹב הִנֵּה ׀ הַגַּל הַזֶּה וְהִנֵּה הַמַּצֵּבָה אֲשֶׁר יָרִיתִי בֵּינִי
נב וּבֵינֶךָ׃ עֵד הַגַּל הַזֶּה וְעֵדָה הַמַּצֵּבָה אִם־אָנִי לֹא־אֶעֱבֹר אֵלֶיךָ
אֶת־הַגַּל הַזֶּה וְאִם־אַתָּה לֹא־תַעֲבֹר אֵלַי אֶת־הַגַּל הַזֶּה וְאֶת־
נג הַמַּצֵּבָה הַזֹּאת לְרָעָה׃ אֱלֹהֵי אַבְרָהָם וֵאלֹהֵי נָחוֹר יִשְׁפְּטוּ
נד בֵינֵינוּ אֱלֹהֵי אֲבִיהֶם וַיִּשָּׁבַע יַעֲקֹב בְּפַחַד אָבִיו יִצְחָק׃ וַיִּזְבַּח
יַעֲקֹב זֶבַח בָּהָר וַיִּקְרָא לְאֶחָיו לֶאֱכָל־לָחֶם וַיֹּאכְלוּ לֶחֶם וַיָּלִינוּ
נה בָּהָר׃ וַיַּשְׁכֵּם לָבָן בַּבֹּקֶר וַיְנַשֵּׁק לְבָנָיו וְלִבְנוֹתָיו וַיְבָרֶךְ אֶתְהֶם מפטיר ★
לב א וַיֵּלֶךְ וַיָּשָׁב לָבָן לִמְקֹמוֹ׃ וְיַעֲקֹב הָלַךְ לְדַרְכּוֹ וַיִּפְגְּעוּ־בוֹ מַלְאֲכֵי
ב אֱלֹהִים׃ וַיֹּאמֶר יַעֲקֹב כַּאֲשֶׁר רָאָם מַחֲנֵה אֱלֹהִים זֶה וַיִּקְרָא
שֵׁם־הַמָּקוֹם הַהוּא מַחֲנָיִם׃
ג וַיִּשְׁלַח יַעֲקֹב מַלְאָכִים לְפָנָיו אֶל־עֵשָׂו אָחִיו אַרְצָה שֵׂעִיר ל וישלח
ד שְׂדֵה אֱדוֹם׃ וַיְצַו אֹתָם לֵאמֹר כֹּה תֹאמְרוּן לַאדֹנִי לְעֵשָׂו כֹּה
ה אָמַר עַבְדְּךָ יַעֲקֹב עִם־לָבָן גַּרְתִּי וָאֵחַר עַד־עָתָּה׃ וַיְהִי־לִי
שׁוֹר וַחֲמוֹר צֹאן וְעֶבֶד וְשִׁפְחָה וָאֶשְׁלְחָה לְהַגִּיד לַאדֹנִי לִמְצֹא־
ו חֵן בְּעֵינֶיךָ׃ וַיָּשֻׁבוּ הַמַּלְאָכִים אֶל־יַעֲקֹב לֵאמֹר בָּאנוּ אֶל־ ★

פן תדבר עם יעקב מטוב עד רע ויּשג לבן את יעקב
ויעקב תקע את אהלו בהר ולבן תקע את אחיו בהר
הגלעד ויאמר לבן ליעקב מה עשית ותגנב את לבבי
ותנהג את בנתי כשביות חרב למה נחבאת לברח ותגנב
אתי ולא הגדת לי ואשלחך בשמחה ובשרים בתף ובכנור
ולא נטשתני לנשק לבני ולבנתי עתה הסכלת עשו יש
לאל ידי לעשות עמכם רע ואלהי אביכם אמש אמר אלי
לאמר השמר לך מדבר עם יעקב מטוב עד רע ועתה הלך
הלכת כי נכסף נכספתה לבית אביך למה גנבת את אלהי
ויען יעקב ויאמר ללבן כי יראתי כי אמרתי פן תגזל את
בנותיך מעמי עם אשר תמצא את אלהיך לא יחיה נגד
אחינו הכר לך מה עמדי וקח לך ולא ידע יעקב כי רחל
גנבתם ויבא לבן באהל יעקב ובאהל לאה ובאהל שתי
האמהת ולא מצא ויצא מאהל לאה ויבא באהל רחל
ורחל לקחה את התרפים ותשמם בכר הגמל ותשב עליהם
וימשש לבן את כל האהל ולא מצא ותאמר אל אביה
אל יחר בעיני אדני כי לוא אוכל לקום מפניך כי דרך נשים
לי ויחפש ולא מצא את התרפים ויחר ליעקב וירב בלבן
ויען יעקב ויאמר ללבן מה פשעי מה חטאתי כי דלקת
אחרי כי משׁשת את כל כלי מה מצאת מכל כלי ביתך
שים כה נגד אחי ואחיך ויוכיחו בין שנינו זה עשרים שנה
אנכי עמך רחליך ועזיך לא שכלו ואילי צאנך לא אכלתי
טרפה לא הבאתי אליך אנכי אחטנה מידי תבקשנה גנבתי
יום וגנבתי לילה הייתי ביום אכלני חרב וקרח בלילה
ותדד שנתי מעיני זה לי עשרים שנה בביתך עבדתיך
ארבע עשרה שנה בשתי בנתיך ושש שנים בצאנך ותחלף
את משכרתי עשרת מנים לולי אלהי אבי אלהי אברהם

כה פֶּן־תְּדַבֵּר עִם־יַעֲקֹב מִטּוֹב עַד־רָע׃ וַיַּשֵּׂג לָבָן אֶת־יַעֲקֹב
וְיַעֲקֹב תָּקַע אֶת־אָהֳלוֹ בָּהָר וְלָבָן תָּקַע אֶת־אֶחָיו בְּהַר
כו הַגִּלְעָד׃ וַיֹּאמֶר לָבָן לְיַעֲקֹב מֶה עָשִׂיתָ וַתִּגְנֹב אֶת־לְבָבִי ★
כז וַתְּנַהֵג אֶת־בְּנֹתַי כִּשְׁבֻיוֹת חָרֶב׃ לָמָּה נַחְבֵּאתָ לִבְרֹחַ וַתִּגְנֹב
אֹתִי וְלֹא־הִגַּדְתָּ לִּי וָאֲשַׁלֵּחֲךָ בְּשִׂמְחָה וּבְשִׁרִים בְּתֹף וּבְכִנּוֹר׃
כח כט וְלֹא נְטַשְׁתַּנִי לְנַשֵּׁק לְבָנַי וְלִבְנֹתָי עַתָּה הִסְכַּלְתָּ עֲשׂוֹ׃ יֶשׁ־
לְאֵל יָדִי לַעֲשׂוֹת עִמָּכֶם רָע וֵאלֹהֵי אֲבִיכֶם אֶמֶשׁ ׀ אָמַר אֵלַי
ל לֵאמֹר הִשָּׁמֶר לְךָ מִדַּבֵּר עִם־יַעֲקֹב מִטּוֹב עַד־רָע׃ וְעַתָּה הָלֹךְ
הָלַכְתָּ כִּי־נִכְסֹף נִכְסַפְתָּה לְבֵית אָבִיךָ לָמָּה גָנַבְתָּ אֶת־אֱלֹהָי׃
לא וַיַּעַן יַעֲקֹב וַיֹּאמֶר לְלָבָן כִּי יָרֵאתִי כִּי אָמַרְתִּי פֶּן־תִּגְזֹל אֶת־
לב בְּנוֹתֶיךָ מֵעִמִּי׃ עִם אֲשֶׁר תִּמְצָא אֶת־אֱלֹהֶיךָ לֹא יִחְיֶה נֶגֶד
אַחֵינוּ הַכֶּר־לְךָ מָה עִמָּדִי וְקַח־לָךְ וְלֹא־יָדַע יַעֲקֹב כִּי רָחֵל
לג גְּנָבָתַם׃ וַיָּבֹא לָבָן בְּאֹהֶל־יַעֲקֹב ׀ וּבְאֹהֶל לֵאָה וּבְאֹהֶל שְׁתֵּי
הָאֲמָהֹת וְלֹא מָצָא וַיֵּצֵא מֵאֹהֶל לֵאָה וַיָּבֹא בְּאֹהֶל רָחֵל׃
לד וְרָחֵל לָקְחָה אֶת־הַתְּרָפִים וַתְּשִׂמֵם בְּכַר הַגָּמָל וַתֵּשֶׁב עֲלֵיהֶם
לה וַיְמַשֵּׁשׁ לָבָן אֶת־כָּל־הָאֹהֶל וְלֹא מָצָא׃ וַתֹּאמֶר אֶל־אָבִיהָ
אַל־יִחַר בְּעֵינֵי אֲדֹנִי כִּי לוֹא אוּכַל לָקוּם מִפָּנֶיךָ כִּי־דֶרֶךְ נָשִׁים
לו לִי וַיְחַפֵּשׂ וְלֹא מָצָא אֶת־הַתְּרָפִים׃ וַיִּחַר לְיַעֲקֹב וַיָּרֶב בְּלָבָן
וַיַּעַן יַעֲקֹב וַיֹּאמֶר לְלָבָן מַה־פִּשְׁעִי מַה חַטָּאתִי כִּי דָלַקְתָּ
לז אַחֲרָי׃ כִּי־מִשַּׁשְׁתָּ אֶת־כָּל־כֵּלַי מַה־מָּצָאתָ מִכֹּל כְּלֵי־בֵיתֶךָ
לח שִׂים כֹּה נֶגֶד אַחַי וְאַחֶיךָ וְיוֹכִיחוּ בֵּין שְׁנֵינוּ׃ זֶה עֶשְׂרִים שָׁנָה
אָנֹכִי עִמָּךְ רְחֵלֶיךָ וְעִזֶּיךָ לֹא שִׁכֵּלוּ וְאֵילֵי צֹאנְךָ לֹא אָכָלְתִּי׃
לט טְרֵפָה לֹא־הֵבֵאתִי אֵלֶיךָ אָנֹכִי אֲחַטֶּנָּה מִיָּדִי תְּבַקְשֶׁנָּה גְּנֻבְתִי
מ יוֹם וּגְנֻבְתִי לָיְלָה׃ הָיִיתִי בַיּוֹם אֲכָלַנִי חֹרֶב וְקֶרַח בַּלָּיְלָה
מא וַתִּדַּד שְׁנָתִי מֵעֵינָי׃ זֶה־לִּי עֶשְׂרִים שָׁנָה בְּבֵיתֶךָ עֲבַדְתִּיךָ
אַרְבַּע־עֶשְׂרֵה שָׁנָה בִּשְׁתֵּי בְנֹתֶיךָ וְשֵׁשׁ שָׁנִים בְּצֹאנֶךָ וַתַּחֲלֵף
מב אֶת־מַשְׂכֻּרְתִּי עֲשֶׂרֶת מֹנִים׃ לוּלֵי אֱלֹהֵי אָבִי אֱלֹהֵי אַבְרָהָם

ראה אנכי את פני אביכן כי איננו אלי כתמל שלשם ואלהי
אבי היה עמדי ואתנה ידעתן כי בכל כחי עבדתי את
אביכן ואביכן התל בי והחלף את משכרתי עשרת מנים
ולא נתנו אלהים להרע עמדי אם כה יאמר נקדים יהיה
שכרך וילדו כל הצאן נקדים ואם כה יאמר עקדים יהיה
שכרך וילדו כל הצאן עקדים ויצל אלהים את מקנה
אביכם ויתן לי ויהי בעת יחם הצאן ואשא עיני וארא
בחלום והנה העתדים העלים על הצאן עקדים נקדים
וברדים ויאמר אלי מלאך האלהים בחלום יעקב ואמר
הנני ויאמר שא נא עיניך וראה כל העתדים העלים על
הצאן עקדים נקדים וברדים כי ראיתי את כל אשר לבן
עשה לך אנכי האל בית אל אשר משחת שם מצבה אשר
נדרת לי שם נדר עתה קום צא מן הארץ הזאת ושוב אל
ארץ מולדתך ותען רחל ולאה ותאמרנה לו העוד לנו
חלק ונחלה בבית אבינו הלוא נכריות נחשבנו לו כי
מכרנו ויאכל גם אכול את כספנו כי כל העשר אשר הציל
אלהים מאבינו לנו הוא ולבנינו ועתה כל אשר אמר אלהים
אליך עשה ויקם יעקב וישא את בניו ואת נשיו על
הגמלים וינהג את כל מקנהו ואת כל רכשו אשר רכש
מקנה קנינו אשר רכש בפדן ארם לבוא אל יצחק אביו
ארצה כנען ולבן הלך לגזז את צאנו ותגנב רחל את
התרפים אשר לאביה ויגנב יעקב את לב לבן הארמי
על בלי הגיד לו כי ברח הוא ויברח הוא וכל אשר לו
ויקם ויעבר את הנהר וישם את פניו הר הגלעד ויגד ללבן
ביום השלישי כי ברח יעקב ויקח את אחיו עמו וירדף
אחריו דרך שבעת ימים וידבק אתו בהר הגלעד ויבא
אלהים אל לבן הארמי בחלם הלילה ויאמר לו השמר לך

רֹאֶה אָנֹכִי אֶת־פְּנֵי אֲבִיכֶן כִּי־אֵינֶנּוּ אֵלַי כִּתְמֹל שִׁלְשֹׁם וֵאלֹהֵי
ו אָבִי הָיָה עִמָּדִי: וְאַתֵּנָה יְדַעְתֶּן כִּי בְּכָל־כֹּחִי עָבַדְתִּי אֶת־
ז אֲבִיכֶן: וַאֲבִיכֶן הֵתֶל בִּי וְהֶחֱלִף אֶת־מַשְׂכֻּרְתִּי עֲשֶׂרֶת מֹנִים
ח וְלֹא־נְתָנוֹ אֱלֹהִים לְהָרַע עִמָּדִי: אִם־כֹּה יֹאמַר נְקֻדִּים יִהְיֶה
שְׂכָרֶךָ וְיָלְדוּ כָל־הַצֹּאן נְקֻדִּים וְאִם־כֹּה יֹאמַר עֲקֻדִּים יִהְיֶה
ט שְׂכָרֶךָ וְיָלְדוּ כָל־הַצֹּאן עֲקֻדִּים: וַיַּצֵּל אֱלֹהִים אֶת־מִקְנֵה
י אֲבִיכֶם וַיִּתֶּן־לִי: וַיְהִי בְּעֵת יַחֵם הַצֹּאן וָאֶשָּׂא עֵינַי וָאֵרֶא
בַּחֲלוֹם וְהִנֵּה הָעַתֻּדִים הָעֹלִים עַל־הַצֹּאן עֲקֻדִּים נְקֻדִּים
יא וּבְרֻדִּים: וַיֹּאמֶר אֵלַי מַלְאַךְ הָאֱלֹהִים בַּחֲלוֹם יַעֲקֹב וָאֹמַר
יב הִנֵּנִי: וַיֹּאמֶר שָׂא־נָא עֵינֶיךָ וּרְאֵה כָּל־הָעַתֻּדִים הָעֹלִים עַל־
הַצֹּאן עֲקֻדִּים נְקֻדִּים וּבְרֻדִּים כִּי רָאִיתִי אֵת כָּל־אֲשֶׁר לָבָן
יג עֹשֶׂה לָּךְ: אָנֹכִי הָאֵל בֵּית־אֵל אֲשֶׁר מָשַׁחְתָּ שָּׁם מַצֵּבָה אֲשֶׁר
נָדַרְתָּ לִּי שָׁם נֶדֶר עַתָּה קוּם צֵא מִן־הָאָרֶץ הַזֹּאת וְשׁוּב אֶל־
יד אֶרֶץ מוֹלַדְתֶּךָ: וַתַּעַן רָחֵל וְלֵאָה וַתֹּאמַרְנָה לוֹ הַעוֹד לָנוּ ★
טו חֵלֶק וְנַחֲלָה בְּבֵית אָבִינוּ: הֲלוֹא נָכְרִיּוֹת נֶחְשַׁבְנוּ לוֹ כִּי
טז מְכָרָנוּ וַיֹּאכַל גַּם־אָכוֹל אֶת־כַּסְפֵּנוּ: כִּי כָל־הָעֹשֶׁר אֲשֶׁר הִצִּיל
אֱלֹהִים מֵאָבִינוּ לָנוּ הוּא וּלְבָנֵינוּ וְעַתָּה כֹּל אֲשֶׁר אָמַר אֱלֹהִים
יז אֵלֶיךָ עֲשֵׂה: וַיָּקָם יַעֲקֹב וַיִּשָּׂא אֶת־בָּנָיו וְאֶת־נָשָׁיו עַל־ ששי
יח הַגְּמַלִּים: וַיִּנְהַג אֶת־כָּל־מִקְנֵהוּ וְאֶת־כָּל־רְכֻשׁוֹ אֲשֶׁר רָכָשׁ
מִקְנֵה קִנְיָנוֹ אֲשֶׁר רָכַשׁ בְּפַדַּן אֲרָם לָבוֹא אֶל־יִצְחָק אָבִיו
יט אַרְצָה כְּנָעַן: וְלָבָן הָלַךְ לִגְזֹז אֶת־צֹאנוֹ וַתִּגְנֹב רָחֵל אֶת־
כ הַתְּרָפִים אֲשֶׁר לְאָבִיהָ: וַיִּגְנֹב יַעֲקֹב אֶת־לֵב לָבָן הָאֲרַמִּי
כא עַל־בְּלִי הִגִּיד לוֹ כִּי בֹרֵחַ הוּא: וַיִּבְרַח הוּא וְכָל־אֲשֶׁר־לוֹ
כב וַיָּקָם וַיַּעֲבֹר אֶת־הַנָּהָר וַיָּשֶׂם אֶת־פָּנָיו הַר הַגִּלְעָד: וַיֻּגַּד לְלָבָן
כג בַּיּוֹם הַשְּׁלִישִׁי כִּי בָרַח יַעֲקֹב: וַיִּקַּח אֶת־אֶחָיו עִמּוֹ וַיִּרְדֹּף
כד אַחֲרָיו דֶּרֶךְ שִׁבְעַת יָמִים וַיַּדְבֵּק אֹתוֹ בְּהַר הַגִּלְעָד: וַיָּבֹא
אֱלֹהִים אֶל־לָבָן הָאֲרַמִּי בַּחֲלֹם הַלָּיְלָה וַיֹּאמֶר לוֹ הִשָּׁמֶר לְךָ

יהוה אתך לרגלי ועתה מתי אעשה גם אנכי לביתי ויאמר
מה אתן לך ויאמר יעקב לא תתן לי מאומה אם תעשה
לי הדבר הזה אשובה ארעה צאנך אשמר אעבר בכל
צאנך היום הסר משם כל שה נקד וטלוא וכל שה חום
בכשבים וטלוא ונקד בעזים והיה שכרי וענתה בי צדקתי
ביום מחר כי תבוא על שכרי לפניך כל אשר איננו נקד
וטלוא בעזים וחום בכשבים גנוב הוא אתי ויאמר לבן
הן לו יהי כדברך ויסר ביום ההוא את התישים העקדים
והטלאים ואת כל העזים הנקדות והטלאת כל אשר לבן
בו וכל חום בכשבים ויתן ביד בניו וישם דרך שלשת ימים
בינו ובין יעקב ויעקב רעה את צאן לבן הנותרת ויקח
לו יעקב מקל לבנה לח ולוז וערמון ויפצל בהן פצלות
לבנות מחשף הלבן אשר על המקלות ויצג את המקלות
אשר פצל ברהטים בשקתות המים אשר תבאן הצאן
לשתות לנכח הצאן ויחמנה בבאן לשתות ויחמו הצאן
אל המקלות ותלדן הצאן עקדים נקדים וטלאים והכשבים
הפריד יעקב ויתן פני הצאן אל עקד וכל חום בצאן לבן
וישת לו עדרים לבדו ולא שתם על צאן לבן והיה בכל
יחם הצאן המקשרות ושם יעקב את המקלות לעיני הצאן
ברהטים ליחמנה במקלות ובהעטיף הצאן לא ישים והיה
העטפים ללבן והקשרים ליעקב ויפרץ האיש מאד מאד
ויהי לו צאן רבות ושפחות ועבדים וגמלים וחמרים וישמע
את דברי בני לבן לאמר לקח יעקב את כל אשר לאבינו
ומאשר לאבינו עשה את כל הכבד הזה וירא יעקב את
פני לבן והנה איננו עמו כתמול שלשום ויאמר יהוה אל
יעקב שוב אל ארץ אבותיך ולמולדתך ואהיה עמך וישלח
יעקב ויקרא לרחל וללאה השדה אל צאנו ויאמר להן

לא יְהוָה אֹתָךְ לְרַגְלִי וְעַתָּה מָתַי אֶעֱשֶׂה גַם־אָנֹכִי לְבֵיתִי: וַיֹּאמֶר
מָה אֶתֶּן־לָךְ וַיֹּאמֶר יַעֲקֹב לֹא־תִתֶּן־לִי מְאוּמָה אִם־תַּעֲשֶׂה־
לב לִי הַדָּבָר הַזֶּה אָשׁוּבָה אֶרְעֶה צֹאנְךָ אֶשְׁמֹר: אֶעֱבֹר בְּכָל־
צֹאנְךָ הַיּוֹם הָסֵר מִשָּׁם כָּל־שֶׂה ׀ נָקֹד וְטָלוּא וְכָל־שֶׂה־חוּם
לג בַּכְּשָׂבִים וְטָלוּא וְנָקֹד בָּעִזִּים וְהָיָה שְׂכָרִי: וְעָנְתָה־בִּי צִדְקָתִי
בְּיוֹם מָחָר כִּי־תָבוֹא עַל־שְׂכָרִי לְפָנֶיךָ כֹּל אֲשֶׁר־אֵינֶנּוּ נָקֹד
לד וְטָלוּא בָּעִזִּים וְחוּם בַּכְּשָׂבִים גָּנוּב הוּא אִתִּי: וַיֹּאמֶר לָבָן
לה הֵן לוּ יְהִי כִדְבָרֶךָ: וַיָּסַר בַּיּוֹם הַהוּא אֶת־הַתְּיָשִׁים הָעֲקֻדִּים ✶
וְהַטְּלֻאִים וְאֵת כָּל־הָעִזִּים הַנְּקֻדּוֹת וְהַטְּלֻאֹת כֹּל אֲשֶׁר־לָבָן
לו בּוֹ וְכָל־חוּם בַּכְּשָׂבִים וַיִּתֵּן בְּיַד־בָּנָיו: וַיָּשֶׂם דֶּרֶךְ שְׁלֹשֶׁת יָמִים
לז בֵּינוֹ וּבֵין יַעֲקֹב וְיַעֲקֹב רֹעֶה אֶת־צֹאן לָבָן הַנּוֹתָרֹת: וַיִּקַּח־
לוֹ יַעֲקֹב מַקַּל לִבְנֶה לַח וְלוּז וְעַרְמוֹן וַיְפַצֵּל בָּהֵן פְּצָלוֹת
לח לְבָנוֹת מַחְשֹׂף הַלָּבָן אֲשֶׁר עַל־הַמַּקְלוֹת: וַיַּצֵּג אֶת־הַמַּקְלוֹת
אֲשֶׁר פִּצֵּל בָּרֳהָטִים בְּשִׁקֲתוֹת הַמָּיִם אֲשֶׁר תָּבֹאןָ הַצֹּאן
לט לִשְׁתּוֹת לְנֹכַח הַצֹּאן וַיֵּחַמְנָה בְּבֹאָן לִשְׁתּוֹת: וַיֶּחֱמוּ הַצֹּאן
מ אֶל־הַמַּקְלוֹת וַתֵּלַדְןָ הַצֹּאן עֲקֻדִּים נְקֻדִּים וּטְלֻאִים: וְהַכְּשָׂבִים
הִפְרִיד יַעֲקֹב וַיִּתֵּן פְּנֵי הַצֹּאן אֶל־עָקֹד וְכָל־חוּם בְּצֹאן לָבָן
מא וַיָּשֶׁת לוֹ עֲדָרִים לְבַדּוֹ וְלֹא שָׁתָם עַל־צֹאן לָבָן: וְהָיָה בְּכָל־ ✶
יַחֵם הַצֹּאן הַמְקֻשָּׁרוֹת וְשָׂם יַעֲקֹב אֶת־הַמַּקְלוֹת לְעֵינֵי הַצֹּאן
מב בָּרְהָטִים לְיַחְמֵנָּה בַּמַּקְלוֹת: וּבְהַעֲטִיף הַצֹּאן לֹא יָשִׂים וְהָיָה
מג הָעֲטֻפִים לְלָבָן וְהַקְּשֻׁרִים לְיַעֲקֹב: וַיִּפְרֹץ הָאִישׁ מְאֹד מְאֹד
לא א וַיְהִי־לוֹ צֹאן רַבּוֹת וּשְׁפָחוֹת וַעֲבָדִים וּגְמַלִּים וַחֲמֹרִים: וַיִּשְׁמַע
אֶת־דִּבְרֵי בְנֵי־לָבָן לֵאמֹר לָקַח יַעֲקֹב אֵת כָּל־אֲשֶׁר לְאָבִינוּ
ב וּמֵאֲשֶׁר לְאָבִינוּ עָשָׂה אֵת כָּל־הַכָּבֹד הַזֶּה: וַיַּרְא יַעֲקֹב אֶת־
ג פְּנֵי לָבָן וְהִנֵּה אֵינֶנּוּ עִמּוֹ כִּתְמוֹל שִׁלְשׁוֹם: וַיֹּאמֶר יְהוָה אֶל־ כט
ד יַעֲקֹב שׁוּב אֶל־אֶרֶץ אֲבוֹתֶיךָ וּלְמוֹלַדְתֶּךָ וְאֶהְיֶה עִמָּךְ: וַיִּשְׁלַח ✶
ה יַעֲקֹב וַיִּקְרָא לְרָחֵל וּלְלֵאָה הַשָּׂדֶה אֶל־צֹאנוֹ: וַיֹּאמֶר לָהֶן

אחתי גם יכלתי ותקרא שמו נפתלי ותרא לאה כי עמדה
מלדת ותקח את זלפה שפחתה ותתן אתה ליעקב לאשה
ותלד זלפה שפחת לאה ליעקב בן ותאמר לאה בגד
ותקרא את שמו גד ותלד זלפה שפחת לאה בן שני ליעקב
ותאמר לאה באשרי כי אשרוני בנות ותקרא את שמו
אשר וילך ראובן בימי קציר חטים וימצא דודאים בשדה
ויבא אתם אל לאה אמו ותאמר רחל אל לאה תני נא לי
מדודאי בנך ותאמר לה המעט קחתך את אישי ולקחת
גם את דודאי בני ותאמר רחל לכן ישכב עמך הלילה
תחת דודאי בנך ויבא יעקב מן השדה בערב ותצא לאה
לקראתו ותאמר אלי תבוא כי שכר שכרתיך בדודאי בני
וישכב עמה בלילה הוא וישמע אלהים אל לאה ותהר
ותלד ליעקב בן חמישי ותאמר לאה נתן אלהים שכרי
אשר נתתי שפחתי לאישי ותקרא שמו יששכר ותהר עוד
לאה ותלד בן ששי ליעקב ותאמר לאה זבדני אלהים אתי
זבד טוב הפעם יזבלני אישי כי ילדתי לו ששה בנים ותקרא
את שמו זבלון ואחר ילדה בת ותקרא את שמה דינה
ויזכר אלהים את רחל וישמע אליה אלהים ויפתח את
רחמה ותהר ותלד בן ותאמר אסף אלהים את חרפתי
ותקרא את שמו יוסף לאמר יסף יהוה לי בן אחר ויהי
כאשר ילדה רחל את יוסף ויאמר יעקב אל לבן שלחני
ואלכה אל מקומי ולארצי תנה את נשי ואת ילדי אשר
עבדתי אתך בהן ואלכה כי אתה ידעת את עבדתי אשר
עבדתיך ויאמר אליו לבן אם נא מצאתי חן בעיניך נחשתי
ויברכני יהוה בגללך ויאמר נקבה שכרך עלי ואתנה
ויאמר אליו אתה ידעת את אשר עבדתיך ואת אשר היה
מקנך אתי כי מעט אשר היה לך לפני ויפרץ לרב ויברך

ט אֲחֹתִי גַּם־יָכֹלְתִּי וַתִּקְרָא שְׁמוֹ נַפְתָּלִי׃ וַתֵּרֶא לֵאָה כִּי עָמְדָה ★
מִלֶּדֶת וַתִּקַּח אֶת־זִלְפָּה שִׁפְחָתָהּ וַתִּתֵּן אֹתָהּ לְיַעֲקֹב לְאִשָּׁה׃
י יא וַתֵּלֶד זִלְפָּה שִׁפְחַת לֵאָה לְיַעֲקֹב בֵּן׃ וַתֹּאמֶר לֵאָה בגד בָּא גָד
יב וַתִּקְרָא אֶת־שְׁמוֹ גָּד׃ וַתֵּלֶד זִלְפָּה שִׁפְחַת לֵאָה בֵּן שֵׁנִי לְיַעֲקֹב׃
יג וַתֹּאמֶר לֵאָה בְּאָשְׁרִי כִּי אִשְּׁרוּנִי בָּנוֹת וַתִּקְרָא אֶת־שְׁמוֹ
יד אָשֵׁר׃ וַיֵּלֶךְ רְאוּבֵן בִּימֵי קְצִיר־חִטִּים וַיִּמְצָא דוּדָאִים בַּשָּׂדֶה רביעי
וַיָּבֵא אֹתָם אֶל־לֵאָה אִמּוֹ וַתֹּאמֶר רָחֵל אֶל־לֵאָה תְּנִי־נָא לִי
טו מִדּוּדָאֵי בְּנֵךְ׃ וַתֹּאמֶר לָהּ הַמְעַט קַחְתֵּךְ אֶת־אִישִׁי וְלָקַחַת
גַּם אֶת־דּוּדָאֵי בְּנִי וַתֹּאמֶר רָחֵל לָכֵן יִשְׁכַּב עִמָּךְ הַלַּיְלָה
טז תַּחַת דּוּדָאֵי בְנֵךְ׃ וַיָּבֹא יַעֲקֹב מִן־הַשָּׂדֶה בָּעֶרֶב וַתֵּצֵא לֵאָה
לִקְרָאתוֹ וַתֹּאמֶר אֵלַי תָּבוֹא כִּי שָׂכֹר שְׂכַרְתִּיךָ בְּדוּדָאֵי בְּנִי
יז וַיִּשְׁכַּב עִמָּהּ בַּלַּיְלָה הוּא׃ וַיִּשְׁמַע אֱלֹהִים אֶל־לֵאָה וַתַּהַר
יח וַתֵּלֶד לְיַעֲקֹב בֵּן חֲמִישִׁי׃ וַתֹּאמֶר לֵאָה נָתַן אֱלֹהִים שְׂכָרִי ★
יט אֲשֶׁר־נָתַתִּי שִׁפְחָתִי לְאִישִׁי וַתִּקְרָא שְׁמוֹ יִשָּׂשכָר׃ וַתַּהַר עוֹד
כ לֵאָה וַתֵּלֶד בֵּן־שִׁשִּׁי לְיַעֲקֹב׃ וַתֹּאמֶר לֵאָה זְבָדַנִי אֱלֹהִים ׀ אֹתִי
זֵבֶד טוֹב הַפַּעַם יִזְבְּלֵנִי אִישִׁי כִּי־יָלַדְתִּי לוֹ שִׁשָּׁה בָנִים וַתִּקְרָא
כא אֶת־שְׁמוֹ זְבֻלוּן׃ וְאַחַר יָלְדָה בַּת וַתִּקְרָא אֶת־שְׁמָהּ דִּינָה׃
כב וַיִּזְכֹּר אֱלֹהִים אֶת־רָחֵל וַיִּשְׁמַע אֵלֶיהָ אֱלֹהִים וַיִּפְתַּח אֶת־ כח ★
כג רַחְמָהּ׃ וַתַּהַר וַתֵּלֶד בֵּן וַתֹּאמֶר אָסַף אֱלֹהִים אֶת־חֶרְפָּתִי׃
כד כה וַתִּקְרָא אֶת־שְׁמוֹ יוֹסֵף לֵאמֹר יֹסֵף יְהוָה לִי בֵּן אַחֵר׃ וַיְהִי
כַּאֲשֶׁר יָלְדָה רָחֵל אֶת־יוֹסֵף וַיֹּאמֶר יַעֲקֹב אֶל־לָבָן שַׁלְּחֵנִי
כו וְאֵלְכָה אֶל־מְקוֹמִי וּלְאַרְצִי׃ תְּנָה אֶת־נָשַׁי וְאֶת־יְלָדַי אֲשֶׁר
עָבַדְתִּי אֹתְךָ בָּהֵן וְאֵלֵכָה כִּי אַתָּה יָדַעְתָּ אֶת־עֲבֹדָתִי אֲשֶׁר
כז עֲבַדְתִּיךָ׃ וַיֹּאמֶר אֵלָיו לָבָן אִם־נָא מָצָאתִי חֵן בְּעֵינֶיךָ נִחַשְׁתִּי
כח וַיְבָרְכֵנִי יְהוָה בִּגְלָלֶךָ׃ ★וַיֹּאמַר נָקְבָה שְׂכָרְךָ עָלַי וְאֶתֵּנָה׃ חמישי
כט וַיֹּאמֶר אֵלָיו אַתָּה יָדַעְתָּ אֵת אֲשֶׁר עֲבַדְתִּיךָ וְאֵת אֲשֶׁר־הָיָה
ל מִקְנְךָ אִתִּי׃ כִּי מְעַט אֲשֶׁר־הָיָה לְךָ לְפָנַי וַיִּפְרֹץ לָרֹב וַיְבָרֶךְ

ויעש משתה ויהי בערב ויקח את לאה בתו ויבא אתה
אליו ויבא אליה ויתן לבן לה את זלפה שפחתו ללאה
בתו שפחה ויהי בבקר והנה הוא לאה ויאמר אל לבן
מה זאת עשית לי הלא ברחל עבדתי עמך ולמה רמיתני
ויאמר לבן לא יעשה כן במקומנו לתת הצעירה לפני
הבכירה מלא שבע זאת ונתנה לך גם את זאת בעבדה
אשר תעבד עמדי עוד שבע שנים אחרות ויעש יעקב כן
וימלא שבע זאת ויתן לו את רחל בתו לו לאשה ויתן
לבן לרחל בתו את בלהה שפחתו לה לשפחה ויבא גם
אל רחל ויאהב גם את רחל מלאה ויעבד עמו עוד שבע
שנים אחרות וירא יהוה כי שנואה לאה ויפתח את רחמה
ורחל עקרה ותהר לאה ותלד בן ותקרא שמו ראובן כי
אמרה כי ראה יהוה בעניי כי עתה יאהבני אישי ותהר
עוד ותלד בן ותאמר כי שמע יהוה כי שנואה אנכי ויתן
לי גם את זה ותקרא שמו שמעון ותהר עוד ותלד בן
ותאמר עתה הפעם ילוה אישי אלי כי ילדתי לו שלשה
בנים על כן קרא שמו לוי ותהר עוד ותלד בן ותאמר
הפעם אודה את יהוה על כן קראה שמו יהודה ותעמד
מלדת ותרא רחל כי לא ילדה ליעקב ותקנא רחל באחתה
ותאמר אל יעקב הבה לי בנים ואם אין מתה אנכי ויחר
אף יעקב ברחל ויאמר התחת אלהים אנכי אשר מנע ממך
פרי בטן ותאמר הנה אמתי בלהה בא אליה ותלד על
ברכי ואבנה גם אנכי ממנה ותתן לו את בלהה שפחתה
לאשה ויבא אליה יעקב ותהר בלהה ותלד ליעקב בן
ותאמר רחל דנני אלהים וגם שמע בקלי ויתן לי בן על
כן קראה שמו דן ותהר עוד ותלד בלהה שפחת רחל בן
שני ליעקב ותאמר רחל נפתולי אלהים נפתלתי עם

כג ויעש משתה: ויהי בערב ויקח את־לאה בתו ויבא אתה
כד אליו ויבא אליה: ויתן לבן לה את־זלפה שפחתו ללאה
כה בתו שפחה: ויהי בבקר והנה־הוא לאה ויאמר אל־לבן
מה־זאת עשית לי הלא ברחל עבדתי עמך ולמה רמיתני:
כו ויאמר לבן לא־יעשה כן במקומנו לתת הצעירה לפני
כז הבכירה: מלא שבע זאת ונתנה לך גם־את־זאת בעבדה
כח אשר תעבד עמדי עוד שבע־שנים אחרות: ויעש יעקב כן
כט וימלא שבע זאת ויתן־לו את־רחל בתו לו לאשה: ויתן ★
ל לבן לרחל בתו את־בלהה שפחתו לה לשפחה: ויבא גם
אל־רחל ויאהב גם־את־רחל מלאה ויעבד עמו עוד שבע־
לא שנים אחרות: וירא יהוה כי־שנואה לאה ויפתח את־רחמה כז
לב ורחל עקרה: ותהר לאה ותלד בן ותקרא שמו ראובן כי
לג אמרה כי־ראה יהוה בעניי כי עתה יאהבני אישי: ותהר
עוד ותלד בן ותאמר כי־שמע יהוה כי־שנואה אנכי ויתן־
לד לי גם־את־זה ותקרא שמו שמעון: ותהר עוד ותלד בן
ותאמר עתה הפעם ילוה אישי אלי כי־ילדתי לו שלשה
לה בנים על־כן קרא־שמו לוי: ותהר עוד ותלד בן ותאמר
הפעם אודה את־יהוה על־כן קראה שמו יהודה ותעמד
ל א מלדת: ותרא רחל כי לא ילדה ליעקב ותקנא רחל באחתה
ב ותאמר אל־יעקב הבה־לי בנים ואם־אין מתה אנכי: ויחר־
אף יעקב ברחל ויאמר התחת אלהים אנכי אשר־מנע ממך
ג פרי־בטן: ותאמר הנה אמתי בלהה בא אליה ותלד על־
ד ברכי ואבנה גם־אנכי ממנה: ותתן־לו את־בלהה שפחתה
ה לאשה ויבא אליה יעקב: ותהר בלהה ותלד ליעקב בן:
ו ותאמר רחל דנני אלהים וגם שמע בקלי ויתן־לי בן על־
ז כן קראה שמו דן: ותהר עוד ותלד בלהה שפחת רחל בן
ח שני ליעקב: ותאמר רחל נפתולי אלהים ׀ נפתלתי עם־

ישקו העדרים והאבן גדלה על פי הבאר ונאספו שמה
כל העדרים וגללו את האבן מעל פי הבאר והשקו את הצאן
והשיבו את האבן על פי הבאר למקמה ויאמר להם יעקב
אחי מאין אתם ויאמרו מחרן אנחנו ויאמר להם הידעתם
את לבן בן נחור ויאמרו ידענו ויאמר להם השלום לו
ויאמרו שלום והנה רחל בתו באה עם הצאן ויאמר הן
עוד היום גדול לא עת האסף המקנה השקו הצאן ולכו
רעו ויאמרו לא נוכל עד אשר יאספו כל העדרים וגללו
את האבן מעל פי הבאר והשקינו הצאן עודנו מדבר עמם
ורחל באה עם הצאן אשר לאביה כי רעה הוא ויהי
כאשר ראה יעקב את רחל בת לבן אחי אמו ואת צאן
לבן אחי אמו ויגש יעקב ויגל את האבן מעל פי הבאר
וישק את צאן לבן אחי אמו וישק יעקב לרחל וישא
את קלו ויבך ויגד יעקב לרחל כי אחי אביה הוא וכי
בן רבקה הוא ותרץ ותגד לאביה ויהי כשמע לבן את
שמע יעקב בן אחתו וירץ לקראתו ויחבק לו וינשק לו
ויביאהו אל ביתו ויספר ללבן את כל הדברים האלה
ויאמר לו לבן אך עצמי ובשרי אתה וישב עמו חדש ימים
ויאמר לבן ליעקב הכי אחי אתה ועבדתני חנם הגידה
לי מה משכרתך וללבן שתי בנות שם הגדלה לאה
ושם הקטנה רחל ועיני לאה רכות ורחל היתה יפת
תאר ויפת מראה ויאהב יעקב את רחל ויאמר אעבדך
שבע שנים ברחל בתך הקטנה ויאמר לבן טוב תתי
אתה לך מתתי אתה לאיש אחר שבה עמדי ויעבד יעקב
ברחל שבע שנים ויהיו בעיניו כימים אחדים באהבתו
אתה ויאמר יעקב אל לבן הבה את אשתי כי מלאו
ימי ואבואה אליה ויאסף לבן את כל אנשי המקום

ג יַשְׁקוּ הָעֲדָרִים וְהָאֶבֶן גְּדֹלָה עַל־פִּי הַבְּאֵר׃ וְנֶאֶסְפוּ־שָׁמָּה
כָל־הָעֲדָרִים וְגָלְלוּ אֶת־הָאֶבֶן מֵעַל פִּי הַבְּאֵר וְהִשְׁקוּ אֶת־הַצֹּאן
ד וְהֵשִׁיבוּ אֶת־הָאֶבֶן עַל־פִּי הַבְּאֵר לִמְקֹמָהּ׃ וַיֹּאמֶר לָהֶם יַעֲקֹב
ה אַחַי מֵאַיִן אַתֶּם וַיֹּאמְרוּ מֵחָרָן אֲנָחְנוּ׃ וַיֹּאמֶר לָהֶם הַיְדַעְתֶּם
ו אֶת־לָבָן בֶּן־נָחוֹר וַיֹּאמְרוּ יָדָעְנוּ׃ וַיֹּאמֶר לָהֶם הֲשָׁלוֹם לוֹ
ז וַיֹּאמְרוּ שָׁלוֹם וְהִנֵּה רָחֵל בִּתּוֹ בָּאָה עִם־הַצֹּאן׃ וַיֹּאמֶר הֵן ✶
עוֹד הַיּוֹם גָּדוֹל לֹא־עֵת הֵאָסֵף הַמִּקְנֶה הַשְׁקוּ הַצֹּאן וּלְכוּ
ח רְעוּ׃ וַיֹּאמְרוּ לֹא נוּכַל עַד אֲשֶׁר יֵאָסְפוּ כָּל־הָעֲדָרִים וְגָלְלוּ
ט אֶת־הָאֶבֶן מֵעַל פִּי הַבְּאֵר וְהִשְׁקִינוּ הַצֹּאן׃ עוֹדֶנּוּ מְדַבֵּר עִמָּם
י וְרָחֵל ׀ בָּאָה עִם־הַצֹּאן אֲשֶׁר לְאָבִיהָ כִּי רֹעָה הִוא׃ וַיְהִי
כַּאֲשֶׁר רָאָה יַעֲקֹב אֶת־רָחֵל בַּת־לָבָן אֲחִי אִמּוֹ וְאֶת־צֹאן
לָבָן אֲחִי אִמּוֹ וַיִּגַּשׁ יַעֲקֹב וַיָּגֶל אֶת־הָאֶבֶן מֵעַל פִּי הַבְּאֵר
יא וַיַּשְׁקְ אֶת־צֹאן לָבָן אֲחִי אִמּוֹ׃ וַיִּשַּׁק יַעֲקֹב לְרָחֵל וַיִּשָּׂא ✶
יב אֶת־קֹלוֹ וַיֵּבְךְּ׃ וַיַּגֵּד יַעֲקֹב לְרָחֵל כִּי אֲחִי אָבִיהָ הוּא וְכִי
יג בֶן־רִבְקָה הוּא וַתָּרָץ וַתַּגֵּד לְאָבִיהָ׃ וַיְהִי כִשְׁמֹעַ לָבָן אֶת־
שֵׁמַע ׀ יַעֲקֹב בֶּן־אֲחֹתוֹ וַיָּרָץ לִקְרָאתוֹ וַיְחַבֶּק־לוֹ וַיְנַשֶּׁק־לוֹ
וַיְבִיאֵהוּ אֶל־בֵּיתוֹ וַיְסַפֵּר לְלָבָן אֵת כָּל־הַדְּבָרִים הָאֵלֶּה׃
יד וַיֹּאמֶר לוֹ לָבָן אַךְ עַצְמִי וּבְשָׂרִי אָתָּה וַיֵּשֶׁב עִמּוֹ חֹדֶשׁ יָמִים׃
טו וַיֹּאמֶר לָבָן לְיַעֲקֹב הֲכִי־אָחִי אַתָּה וַעֲבַדְתַּנִי חִנָּם הַגִּידָה
טז לִּי מַה־מַּשְׂכֻּרְתֶּךָ׃ וּלְלָבָן שְׁתֵּי בָנוֹת שֵׁם הַגְּדֹלָה לֵאָה
יז וְשֵׁם הַקְּטַנָּה רָחֵל׃ וְעֵינֵי לֵאָה רַכּוֹת וְרָחֵל הָיְתָה יְפַת־
יח תֹּאַר וִיפַת מַרְאֶה׃ וַיֶּאֱהַב יַעֲקֹב אֶת־רָחֵל וַיֹּאמֶר אֶעֱבָדְךָ שלישי
יט שֶׁבַע שָׁנִים בְּרָחֵל בִּתְּךָ הַקְּטַנָּה׃ וַיֹּאמֶר לָבָן טוֹב תִּתִּי
כ אֹתָהּ לָךְ מִתִּתִּי אֹתָהּ לְאִישׁ אַחֵר שְׁבָה עִמָּדִי׃ וַיַּעֲבֹד יַעֲקֹב
בְּרָחֵל שֶׁבַע שָׁנִים וַיִּהְיוּ בְעֵינָיו כְּיָמִים אֲחָדִים בְּאַהֲבָתוֹ
כא אֹתָהּ׃ וַיֹּאמֶר יַעֲקֹב אֶל־לָבָן הָבָה אֶת־אִשְׁתִּי כִּי מָלְאוּ ✶
כב יָמָי וְאָבוֹאָה אֵלֶיהָ׃ וַיֶּאֱסֹף לָבָן אֶת־כָּל־אַנְשֵׁי הַמָּקוֹם

לאמר לא תקח אשה מבנות כנען וישמע יעקב אל
אביו ואל אמו וילך פדנה ארם וירא עשו כי רעות בנות
כנען בעיני יצחק אביו וילך עשו אל ישמעאל ויקח את
מחלת בת ישמעאל בן אברהם אחות נביות על נשיו לו
לאשה ויצא יעקב מבאר שבע וילך
חרנה ויפגע במקום וילן שם כי בא השמש ויקח מאבני
המקום וישם מראשתיו וישכב במקום ההוא ויחלם והנה
סלם מצב ארצה וראשו מגיע השמימה והנה מלאכי
אלהים עלים וירדים בו והנה יהוה נצב עליו ויאמר אני
יהוה אלהי אברהם אביך ואלהי יצחק הארץ אשר אתה
שכב עליה לך אתננה ולזרעך והיה זרעך כעפר הארץ
ופרצת ימה וקדמה וצפנה ונגבה ונברכו בך כל משפחת
האדמה ובזרעך והנה אנכי עמך ושמרתיך בכל אשר תלך
והשבתיך אל האדמה הזאת כי לא אעזבך עד אשר אם
עשיתי את אשר דברתי לך וייקץ יעקב משנתו ויאמר
אכן יש יהוה במקום הזה ואנכי לא ידעתי ויירא ויאמר
מה נורא המקום הזה אין זה כי אם בית אלהים וזה
שער השמים וישכם יעקב בבקר ויקח את האבן אשר
שם מראשתיו וישם אתה מצבה ויצק שמן על ראשה
ויקרא את שם המקום ההוא בית אל ואולם לוז שם העיר
לראשנה וידר יעקב נדר לאמר אם יהיה אלהים עמדי
ושמרני בדרך הזה אשר אנכי הולך ונתן לי לחם לאכל
ובגד ללבש ושבתי בשלום אל בית אבי והיה יהוה לי
לאלהים והאבן הזאת אשר שמתי מצבה יהיה בית
אלהים וכל אשר תתן לי עשר אעשרנו לך וישא יעקב
רגליו וילך ארצה בני קדם וירא והנה באר בשדה והנה
שם שלשה עדרי צאן רבצים עליה כי מן הבאר ההוא

ז לֵאמֹר לֹא־תִקַּח אִשָּׁה מִבְּנוֹת כְּנָעַן: וַיִּשְׁמַע יַעֲקֹב אֶל־

ח אָבִיו וְאֶל־אִמּוֹ וַיֵּלֶךְ פַּדֶּנָה אֲרָם: וַיַּרְא עֵשָׂו כִּי רָעוֹת בְּנוֹת

ט כְּנַעַן בְּעֵינֵי יִצְחָק אָבִיו: וַיֵּלֶךְ עֵשָׂו אֶל־יִשְׁמָעֵאל וַיִּקַּח אֶת־

מָחֲלַת ׀ בַּת־יִשְׁמָעֵאל בֶּן־אַבְרָהָם אֲחוֹת נְבָיוֹת עַל־נָשָׁיו לוֹ

י לְאִשָּׁה: וַיֵּצֵא יַעֲקֹב מִבְּאֵר שֶׁבַע וַיֵּלֶךְ

יא חָרָנָה: וַיִּפְגַּע בַּמָּקוֹם וַיָּלֶן שָׁם כִּי־בָא הַשֶּׁמֶשׁ וַיִּקַּח מֵאַבְנֵי

יב הַמָּקוֹם וַיָּשֶׂם מְרַאֲשֹׁתָיו וַיִּשְׁכַּב בַּמָּקוֹם הַהוּא: וַיַּחֲלֹם וְהִנֵּה

סֻלָּם מֻצָּב אַרְצָה וְרֹאשׁוֹ מַגִּיעַ הַשָּׁמָיְמָה וְהִנֵּה מַלְאֲכֵי

יג ✱ אֱלֹהִים עֹלִים וְיֹרְדִים בּוֹ: וְהִנֵּה יְהוָה נִצָּב עָלָיו וַיֹּאמַר אֲנִי

יְהוָה אֱלֹהֵי אַבְרָהָם אָבִיךָ וֵאלֹהֵי יִצְחָק הָאָרֶץ אֲשֶׁר אַתָּה

יד שֹׁכֵב עָלֶיהָ לְךָ אֶתְּנֶנָּה וּלְזַרְעֶךָ: וְהָיָה זַרְעֲךָ כַּעֲפַר הָאָרֶץ

וּפָרַצְתָּ יָמָּה וָקֵדְמָה וְצָפֹנָה וָנֶגְבָּה וְנִבְרְכוּ בְךָ כָּל־מִשְׁפְּחֹת

טו הָאֲדָמָה וּבְזַרְעֶךָ: וְהִנֵּה אָנֹכִי עִמָּךְ וּשְׁמַרְתִּיךָ בְּכֹל אֲשֶׁר־תֵּלֵךְ

וַהֲשִׁבֹתִיךָ אֶל־הָאֲדָמָה הַזֹּאת כִּי לֹא אֶעֱזָבְךָ עַד אֲשֶׁר אִם־

טז עָשִׂיתִי אֵת אֲשֶׁר־דִּבַּרְתִּי לָךְ: וַיִּיקַץ יַעֲקֹב מִשְּׁנָתוֹ וַיֹּאמֶר

אָכֵן יֵשׁ יְהוָה בַּמָּקוֹם הַזֶּה וְאָנֹכִי לֹא יָדָעְתִּי: וַיִּירָא וַיֹּאמַר

מַה־נּוֹרָא הַמָּקוֹם הַזֶּה אֵין זֶה כִּי אִם־בֵּית אֱלֹהִים וְזֶה

יח ✱ שַׁעַר הַשָּׁמָיִם: וַיַּשְׁכֵּם יַעֲקֹב בַּבֹּקֶר וַיִּקַּח אֶת־הָאֶבֶן אֲשֶׁר־

שָׂם מְרַאֲשֹׁתָיו וַיָּשֶׂם אֹתָהּ מַצֵּבָה וַיִּצֹק שֶׁמֶן עַל־רֹאשָׁהּ:

יט וַיִּקְרָא אֶת־שֵׁם־הַמָּקוֹם הַהוּא בֵּית־אֵל וְאוּלָם לוּז שֵׁם־הָעִיר

כ לָרִאשֹׁנָה: וַיִּדַּר יַעֲקֹב נֶדֶר לֵאמֹר אִם־יִהְיֶה אֱלֹהִים עִמָּדִי

וּשְׁמָרַנִי בַּדֶּרֶךְ הַזֶּה אֲשֶׁר אָנֹכִי הוֹלֵךְ וְנָתַן־לִי לֶחֶם לֶאֱכֹל

כא וּבֶגֶד לִלְבֹּשׁ: וְשַׁבְתִּי בְשָׁלוֹם אֶל־בֵּית אָבִי וְהָיָה יְהוָה לִי

כב לֵאלֹהִים: וְהָאֶבֶן הַזֹּאת אֲשֶׁר־שַׂמְתִּי מַצֵּבָה יִהְיֶה בֵּית

כט א אֱלֹהִים וְכֹל אֲשֶׁר תִּתֶּן־לִי עַשֵּׂר אֲעַשְּׂרֶנּוּ לָךְ: וַיִּשָּׂא יַעֲקֹב

ב רַגְלָיו וַיֵּלֶךְ אַרְצָה בְנֵי־קֶדֶם: וַיַּרְא וְהִנֵּה בְאֵר בַּשָּׂדֶה וְהִנֵּה־

שָׁם שְׁלֹשָׁה עֶדְרֵי־צֹאן רֹבְצִים עָלֶיהָ כִּי מִן־הַבְּאֵר הַהוּא

את בכרתי לקח והנה עתה לקח ברכתי ויאמר הלא
אצלת לי ברכה ויען יצחק ויאמר לעשו הן גביר שמתיו
לך ואת כל אחיו נתתי לו לעבדים ודגן ותירש סמכתיו
ולכה אפוא מה אעשה בני ויאמר עשו אל אביו הברכה
אחת הוא לך אבי ברכני גם אני אבי וישא עשו קלו
ויבך ויען יצחק אביו ויאמר אליו הנה משמני הארץ
יהיה מושבך ומטל השמים מעל ועל חרבך תחיה ואת
אחיך תעבד והיה כאשר תריד ופרקת עלו מעל צוארך
וישטם עשו את יעקב על הברכה אשר ברכו אביו ויאמר
עשו בלבו יקרבו ימי אבל אבי ואהרגה את יעקב אחי
ויגד לרבקה את דברי עשו בנה הגדל ותשלח ותקרא
ליעקב בנה הקטן ותאמר אליו הנה עשו אחיך מתנחם לך
להרגך ועתה בני שמע בקלי וקום ברח לך אל לבן אחי
חרנה וישבת עמו ימים אחדים עד אשר תשוב חמת אחיך
עד שוב אף אחיך ממך ושכח את אשר עשית לו ושלחתי
ולקחתיך משם למה אשכל גם שניכם יום אחד ותאמר
רבקה אל יצחק קצתי בחיי מפני בנות חת אם לקח יעקב
אשה מבנות חת כאלה מבנות הארץ למה לי חיים ויקרא
יצחק אל יעקב ויברך אתו ויצוהו ויאמר לו לא תקח
אשה מבנות כנען קום לך פדנה ארם ביתה בתואל אבי
אמך וקח לך משם אשה מבנות לבן אחי אמך ואל שדי
יברך אתך ויפרך וירבך והיית לקהל עמים ויתן לך את
ברכת אברהם לך ולזרעך אתך לרשתך את ארץ מגריך
אשר נתן אלהים לאברהם וישלח יצחק את יעקב וילך
פדנה ארם אל לבן בן בתואל הארמי אחי רבקה אם
יעקב ועשו וירא עשו כי ברך יצחק את יעקב ושלח אתו
פדנה ארם לקחת לו משם אשה בברכו אתו ויצו עליו

אֶת־בְּכֹרָתִי לָקָח וְהִנֵּה עַתָּה לָקַח בִּרְכָתִי וַיֹּאמַר הֲלֹא־
לז אָצַלְתָּ לִּי בְּרָכָה׃ וַיַּעַן יִצְחָק וַיֹּאמֶר לְעֵשָׂו הֵן גְּבִיר שַׂמְתִּיו
לְךָ וְאֶת־כָּל־אֶחָיו נָתַתִּי לוֹ לַעֲבָדִים וְדָגָן וְתִירֹשׁ סְמַכְתִּיו
לח וּלְכָה אֵפוֹא מָה אֶעֱשֶׂה בְּנִי׃ וַיֹּאמֶר עֵשָׂו אֶל־אָבִיו הַבְרָכָה
אַחַת הִוא־לְךָ אָבִי בָּרְכֵנִי גַם־אָנִי אָבִי וַיִּשָּׂא עֵשָׂו קֹלוֹ
לט וַיֵּבְךְּ׃ וַיַּעַן יִצְחָק אָבִיו וַיֹּאמֶר אֵלָיו הִנֵּה מִשְׁמַנֵּי הָאָרֶץ
מ יִהְיֶה מוֹשָׁבֶךָ וּמִטַּל הַשָּׁמַיִם מֵעָל׃ וְעַל־חַרְבְּךָ תִחְיֶה וְאֶת־
אָחִיךָ תַּעֲבֹד וְהָיָה כַּאֲשֶׁר תָּרִיד וּפָרַקְתָּ עֻלּוֹ מֵעַל צַוָּארֶךָ׃
מא וַיִּשְׂטֹם עֵשָׂו אֶת־יַעֲקֹב עַל־הַבְּרָכָה אֲשֶׁר בֵּרְכוֹ אָבִיו וַיֹּאמֶר
עֵשָׂו בְּלִבּוֹ יִקְרְבוּ יְמֵי אֵבֶל אָבִי וְאַהַרְגָה אֶת־יַעֲקֹב אָחִי׃
מב וַיֻּגַּד לְרִבְקָה אֶת־דִּבְרֵי עֵשָׂו בְּנָהּ הַגָּדֹל וַתִּשְׁלַח וַתִּקְרָא
לְיַעֲקֹב בְּנָהּ הַקָּטָן וַתֹּאמֶר אֵלָיו הִנֵּה עֵשָׂו אָחִיךָ מִתְנַחֵם לְךָ
מג לְהָרְגֶךָ׃ וְעַתָּה בְנִי שְׁמַע בְּקֹלִי וְקוּם בְּרַח־לְךָ אֶל־לָבָן אָחִי
מד חָרָנָה׃ וְיָשַׁבְתָּ עִמּוֹ יָמִים אֲחָדִים עַד אֲשֶׁר־תָּשׁוּב חֲמַת אָחִיךָ׃
מה עַד־שׁוּב אַף־אָחִיךָ מִמְּךָ וְשָׁכַח אֵת אֲשֶׁר־עָשִׂיתָ לּוֹ וְשָׁלַחְתִּי
מו וּלְקַחְתִּיךָ מִשָּׁם לָמָה אֶשְׁכַּל גַּם־שְׁנֵיכֶם יוֹם אֶחָד׃ וַתֹּאמֶר
רִבְקָה אֶל־יִצְחָק קַצְתִּי בְחַיַּי מִפְּנֵי בְּנוֹת חֵת אִם־לֹקֵחַ יַעֲקֹב
כח א אִשָּׁה מִבְּנוֹת־חֵת כָּאֵלֶּה מִבְּנוֹת הָאָרֶץ לָמָּה לִּי חַיִּים׃ וַיִּקְרָא
יִצְחָק אֶל־יַעֲקֹב וַיְבָרֶךְ אֹתוֹ וַיְצַוֵּהוּ וַיֹּאמֶר לוֹ לֹא־תִקַּח
ב אִשָּׁה מִבְּנוֹת כְּנָעַן׃ קוּם לֵךְ פַּדֶּנָה אֲרָם בֵּיתָה בְתוּאֵל אֲבִי
ג אִמֶּךָ וְקַח־לְךָ מִשָּׁם אִשָּׁה מִבְּנוֹת לָבָן אֲחִי אִמֶּךָ׃ וְאֵל שַׁדַּי
ד יְבָרֵךְ אֹתְךָ וְיַפְרְךָ וְיַרְבֶּךָ וְהָיִיתָ לִקְהַל עַמִּים׃ וְיִתֶּן־לְךָ אֶת־
בִּרְכַּת אַבְרָהָם לְךָ וּלְזַרְעֲךָ אִתָּךְ לְרִשְׁתְּךָ אֶת־אֶרֶץ מְגֻרֶיךָ
ה אֲשֶׁר־נָתַן אֱלֹהִים לְאַבְרָהָם׃ וַיִּשְׁלַח יִצְחָק אֶת־יַעֲקֹב וַיֵּלֶךְ שביעי
פַּדֶּנָה אֲרָם אֶל־לָבָן בֶּן־בְּתוּאֵל הָאֲרַמִּי אֲחִי רִבְקָה אֵם
ו יַעֲקֹב וְעֵשָׂו׃ וַיַּרְא עֵשָׂו כִּי־בֵרַךְ יִצְחָק אֶת־יַעֲקֹב וְשִׁלַּח אֹתוֹ
פַּדֶּנָה אֲרָם לָקַחַת־לוֹ מִשָּׁם אִשָּׁה בְּבָרְכוֹ אֹתוֹ וַיְצַו עָלָיו

הלבישה על ידיו ועל חלקת צואריו ותתן את המטעמים
ואת הלחם אשר עשתה ביד יעקב בנה ויבא אל אביו
ויאמר אבי ויאמר הנני מי אתה בני ויאמר יעקב אל אביו
אנכי עשו בכרך עשיתי כאשר דברת אלי קום נא שבה
ואכלה מצידי בעבור תברכני נפשך ויאמר יצחק אל בנו
מה זה מהרת למצא בני ויאמר כי הקרה יהוה אלהיך
לפני ויאמר יצחק אל יעקב גשה נא ואמשך בני האתה
זה בני עשו אם לא ויגש יעקב אל יצחק אביו וימשהו
ויאמר הקל קול יעקב והידים ידי עשו ולא הכירו כי היו
ידיו כידי עשו אחיו שערת ויברכהו ויאמר אתה זה בני
עשו ויאמר אני ויאמר הגשה לי ואכלה מציד בני למען
תברכך נפשי ויגש לו ויאכל ויבא לו יין וישת ויאמר אליו
יצחק אביו גשה נא ושקה לי בני ויגש וישק לו וירח את ריח
בגדיו ויברכהו ויאמר ראה ריח בני כריח שדה אשר ברכו
יהוה ויתן לך האלהים מטל השמים ומשמני הארץ ורב
דגן ותירש יעבדוך עמים וישתחו לך לאמים הוה גביר
לאחיך וישתחוו לך בני אמך ארריך ארור ומברכיך ברוך
ויהי כאשר כלה יצחק לברך את יעקב ויהי אך יצא יצא
יעקב מאת פני יצחק אביו ועשו אחיו בא מצידו ויעש גם
הוא מטעמים ויבא לאביו ויאמר לאביו יקם אבי ויאכל
מציד בנו בעבר תברכני נפשך ויאמר לו יצחק אביו מי
אתה ויאמר אני בנך בכרך עשו ויחרד יצחק חרדה גדלה
עד מאד ויאמר מי אפוא הוא הצד ציד ויבא לי ואכל
מכל בטרם תבוא ואברכהו גם ברוך יהיה כשמע עשו
את דברי אביו ויצעק צעקה גדלה ומרה עד מאד ויאמר
לאביו ברכני גם אני אבי ויאמר בא אחיך במרמה ויקח
ברכתך ויאמר הכי קרא שמו יעקב ויעקבני זה פעמים

יז   הִלְבִּישָׁה עַל־יָדָיו וְעַל חֶלְקַת צַוָּארָיו: וַתִּתֵּן אֶת־הַמַּטְעַמִּים

יח   וְאֶת־הַלֶּחֶם אֲשֶׁר עָשָׂתָה בְּיַד יַעֲקֹב בְּנָהּ: וַיָּבֹא אֶל־אָבִיו

יט   וַיֹּאמֶר אָבִי וַיֹּאמֶר הִנֶּנִּי מִי אַתָּה בְּנִי: וַיֹּאמֶר יַעֲקֹב אֶל־אָבִיו
אָנֹכִי עֵשָׂו בְּכֹרֶךָ עָשִׂיתִי כַּאֲשֶׁר דִּבַּרְתָּ אֵלָי קוּם־נָא שְׁבָה

★   כ   וְאָכְלָה מִצֵּידִי בַּעֲבוּר תְּבָרֲכַנִּי נַפְשֶׁךָ: וַיֹּאמֶר יִצְחָק אֶל־בְּנוֹ
מַה־זֶּה מִהַרְתָּ לִמְצֹא בְּנִי וַיֹּאמֶר כִּי הִקְרָה יְהוָה אֱלֹהֶיךָ

כא   לְפָנָי: וַיֹּאמֶר יִצְחָק אֶל־יַעֲקֹב גְּשָׁה־נָּא וַאֲמֻשְׁךָ בְּנִי הַאַתָּה

כב   זֶה בְּנִי עֵשָׂו אִם־לֹא: וַיִּגַּשׁ יַעֲקֹב אֶל־יִצְחָק אָבִיו וַיְמֻשֵּׁהוּ

כג   וַיֹּאמֶר הַקֹּל קוֹל יַעֲקֹב וְהַיָּדַיִם יְדֵי עֵשָׂו: וְלֹא הִכִּירוֹ כִּי־הָיוּ

כד   יָדָיו כִּידֵי עֵשָׂו אָחִיו שְׂעִרֹת וַיְבָרֲכֵהוּ: וַיֹּאמֶר אַתָּה זֶה בְּנִי

כה   עֵשָׂו וַיֹּאמֶר אָנִי: וַיֹּאמֶר הַגִּשָׁה לִּי וְאֹכְלָה מִצֵּיד בְּנִי לְמַעַן
תְּבָרֶכְךָ נַפְשִׁי וַיַּגֶּשׁ־לוֹ וַיֹּאכַל וַיָּבֵא לוֹ יַיִן וַיֵּשְׁתְּ: וַיֹּאמֶר אֵלָיו

כו   יִצְחָק אָבִיו גְּשָׁה־נָּא וּשְׁקָה־לִּי בְּנִי: וַיִּגַּשׁ וַיִּשַּׁק־לוֹ וַיָּרַח אֶת־רֵיחַ

כז   בְּגָדָיו וַיְבָרֲכֵהוּ וַיֹּאמֶר רְאֵה רֵיחַ בְּנִי כְּרֵיחַ שָׂדֶה אֲשֶׁר בֵּרֲכוֹ

  יְהוָה: וְיִתֶּן־לְךָ הָאֱלֹהִים מִטַּל הַשָּׁמַיִם וּמִשְׁמַנֵּי הָאָרֶץ וְרֹב

כט   דָּגָן וְתִירֹשׁ: יַעַבְדוּךָ עַמִּים וְיִשְׁתַּחֲווּ לְךָ לְאֻמִּים הֱוֵה גְבִיר
לְאַחֶיךָ וְיִשְׁתַּחֲווּ לְךָ בְּנֵי אִמֶּךָ אֹרְרֶיךָ אָרוּר וּמְבָרֲכֶיךָ בָּרוּךְ:

ל   וַיְהִי כַּאֲשֶׁר כִּלָּה יִצְחָק לְבָרֵךְ אֶת־יַעֲקֹב וַיְהִי אַךְ יָצֹא יָצָא

לא   יַעֲקֹב מֵאֵת פְּנֵי יִצְחָק אָבִיו וְעֵשָׂו אָחִיו בָּא מִצֵּידוֹ: וַיַּעַשׂ גַּם־
הוּא מַטְעַמִּים וַיָּבֵא לְאָבִיו וַיֹּאמֶר לְאָבִיו יָקֻם אָבִי וְיֹאכַל

לב   מִצֵּיד בְּנוֹ בַּעֲבֻר תְּבָרֲכַנִּי נַפְשֶׁךָ: וַיֹּאמֶר לוֹ יִצְחָק אָבִיו מִי־

לג   אָתָּה וַיֹּאמֶר אֲנִי בִּנְךָ בְכֹרְךָ עֵשָׂו: וַיֶּחֱרַד יִצְחָק חֲרָדָה גְּדֹלָה
עַד־מְאֹד וַיֹּאמֶר מִי־אֵפוֹא הוּא הַצָּד־צַיִד וַיָּבֵא לִי וָאֹכַל

★   לד   מִכֹּל בְּטֶרֶם תָּבוֹא וָאֲבָרֲכֵהוּ גַּם־בָּרוּךְ יִהְיֶה: כִּשְׁמֹעַ עֵשָׂו
אֶת־דִּבְרֵי אָבִיו וַיִּצְעַק צְעָקָה גְּדֹלָה וּמָרָה עַד־מְאֹד וַיֹּאמֶר

לה   לְאָבִיו בָּרֲכֵנִי גַם־אָנִי אָבִי: וַיֹּאמֶר בָּא אָחִיךָ בְּמִרְמָה וַיִּקַּח

לו   בִּרְכָתֶךָ: וַיֹּאמֶר הֲכִי קָרָא שְׁמוֹ יַעֲקֹב וַיַּעְקְבֵנִי זֶה פַעֲמַיִם

בשלום אתה עתה ברוך יהוה ויעש להם משתה ויאכלו
וישתו וישכימו בבקר וישבעו איש לאחיו וישלחם יצחק
וילכו מאתו בשלום ויהי ביום ההוא ויבאו עבדי יצחק
ויגדו לו על אדות הבאר אשר חפרו ויאמרו לו מצאנו מים
ויקרא אתה שבעה על כן שם העיר באר שבע עד היום
הזה ויהי עשו בן ארבעים שנה ויקח אשה
את יהודית בת בארי החתי ואת בשמת בת אילן החתי
ותהיין מרת רוח ליצחק ולרבקה ויהי כי זקן
יצחק ותכהין עיניו מראת ויקרא את עשו בנו הגדל ויאמר
אליו בני ויאמר אליו הנני ויאמר הנה נא זקנתי לא ידעתי
יום מותי ועתה שא נא כליך תליך וקשתך וצא השדה
וצודה לי צידה ועשה לי מטעמים כאשר אהבתי והביאה
לי ואכלה בעבור תברכך נפשי בטרם אמות ורבקה שמעת
בדבר יצחק אל עשו בנו וילך עשו השדה לצוד ציד להביא
ורבקה אמרה אל יעקב בנה לאמר הנה שמעתי את אביך
מדבר אל עשו אחיך לאמר הביאה לי ציד ועשה לי
מטעמים ואכלה ואברככה לפני יהוה לפני מותי ועתה
בני שמע בקלי לאשר אני מצוה אתך לך נא אל הצאן
וקח לי משם שני גדיי עזים טבים ואעשה אתם מטעמים
לאביך כאשר אהב והבאת לאביך ואכל בעבר אשר
יברכך לפני מותו ויאמר יעקב אל רבקה אמו הן עשו
אחי איש שער ואנכי איש חלק אולי ימשני אבי והייתי
בעיניו כמתעתע והבאתי עלי קללה ולא ברכה ותאמר
לו אמו עלי קללתך בני אך שמע בקלי ולך קח לי וילך
ויקח ויבא לאמו ותעש אמו מטעמים כאשר אהב אביו
ותקח רבקה את בגדי עשו בנה הגדל החמדת אשר אתה
בבית ותלבש את יעקב בנה הקטן ואת ערת גדיי העזים

בְּשָׁל֑וֹם אַתָּ֥ה עַתָּ֖ה בְּר֣וּךְ יְהֹוָֽה: וַיַּ֤עַשׂ לָהֶם֙ מִשְׁתֶּ֔ה וַיֹּאכְל֖וּ ל

וַיִּשְׁתּֽוּ: וַיַּשְׁכִּ֣ימוּ בַבֹּ֔קֶר וַיִּשָּׁבְע֖וּ אִ֣ישׁ לְאָחִ֑יו וַיְשַׁלְּחֵ֣ם יִצְחָ֔ק לא

וַיֵּלְכ֥וּ מֵאִתּ֖וֹ בְּשָׁלֽוֹם: וַיְהִ֣י ׀ בַּיּ֣וֹם הַה֗וּא וַיָּבֹ֙אוּ֙ עַבְדֵ֣י יִצְחָ֔ק לב

וַיַּגִּ֣דוּ ל֔וֹ עַל־אֹד֥וֹת הַבְּאֵ֖ר אֲשֶׁ֣ר חָפָ֑רוּ וַיֹּ֥אמְרוּ ל֖וֹ מָצָ֥אנוּ מָֽיִם:

וַיִּקְרָ֥א אֹתָ֖הּ שִׁבְעָ֑ה עַל־כֵּ֤ן שֵׁם־הָעִיר֙ בְּאֵ֣ר שֶׁ֔בַע עַ֖ד הַיּ֥וֹם לג

הַזֶּֽה: ★ וַיְהִ֤י עֵשָׂו֙ בֶּן־אַרְבָּעִ֣ים שָׁנָ֔ה וַיִּקַּ֤ח אִשָּׁה֙ לד

אֶת־יְהוּדִ֔ית בַּת־בְּאֵרִ֖י הַֽחִתִּ֑י וְאֶת־בָּ֣שְׂמַ֔ת בַּת־אֵילֹ֖ן הַֽחִתִּֽי:

כז לֵ֗אֹ וַתִּהְיֶ֖יןָ מֹ֣רַת ר֑וּחַ לְיִצְחָ֖ק וּלְרִבְקָֽה: וַיְהִי֙ כִּֽי־זָקֵ֣ן כד

יִצְחָ֔ק וַתִּכְהֶ֥יןָ עֵינָ֖יו מֵֽרְאֹ֑ת וַיִּקְרָ֣א אֶת־עֵשָׂ֣ו ׀ בְּנ֣וֹ הַגָּדֹל֮ וַיֹּ֣אמֶר

אֵלָיו֮ בְּנִי֒ וַיֹּ֥אמֶר אֵלָ֖יו הִנֵּֽנִי: וַיֹּ֕אמֶר הִנֵּה־נָ֖א זָקַ֑נְתִּי לֹ֥א יָדַ֖עְתִּי ב

י֣וֹם מוֹתִֽי: וְעַתָּה֙ שָׂא־נָ֣א כֵלֶ֔יךָ תֶּלְיְךָ֖ וְקַשְׁתֶּ֑ךָ וְצֵא֙ הַשָּׂדֶ֔ה ג

וְצֽוּדָה־לִּ֖י צָֽיִד: וַעֲשֵׂה־לִ֨י מַטְעַמִּ֜ים כַּאֲשֶׁ֥ר אָהַ֛בְתִּי וְהָבִ֥יאָה צֵ֖יד ד

לִ֣י וְאֹכֵ֑לָה בַּעֲב֛וּר תְּבָרֶכְךָ֥ נַפְשִׁ֖י בְּטֶ֥רֶם אָמֽוּת: וְרִבְקָ֣ה שֹׁמַ֔עַת ה

בְּדַבֵּ֣ר יִצְחָ֔ק אֶל־עֵשָׂ֖ו בְּנ֑וֹ וַיֵּ֤לֶךְ עֵשָׂו֙ הַשָּׂדֶ֔ה לָצ֥וּד צַ֖יִד לְהָבִֽיא:

וְרִבְקָה֙ אָֽמְרָ֔ה אֶל־יַעֲקֹ֥ב בְּנָ֖הּ לֵאמֹ֑ר הִנֵּ֤ה שָׁמַ֙עְתִּי֙ אֶת־אָבִ֔יךָ ו

מְדַבֵּ֥ר אֶל־עֵשָׂ֥ו אָחִ֖יךָ לֵאמֹֽר: הָבִ֨יאָה לִּ֥י צַ֛יִד וַעֲשֵׂה־לִ֥י ז

מַטְעַמִּ֖ים וְאֹכֵ֑לָה וַאֲבָרֶכְכָ֛ה לִפְנֵ֥י יְהֹוָ֖ה לִפְנֵ֣י מוֹתִֽי: וְעַתָּ֥ה ח

בְנִ֖י שְׁמַ֣ע בְּקֹלִ֑י לַאֲשֶׁ֥ר אֲנִ֖י מְצַוָּ֥ה אֹתָֽךְ: לֶךְ־נָא֙ אֶל־הַצֹּ֔אן ★ ט

וְקַֽח־לִ֣י מִשָּׁ֗ם שְׁנֵ֛י גְּדָיֵ֥י עִזִּ֖ים טֹבִ֑ים וְאֶֽעֱשֶׂ֨ה אֹתָ֧ם מַטְעַמִּ֛ים

לְאָבִ֖יךָ כַּאֲשֶׁ֥ר אָהֵֽב: וְהֵבֵאתָ֥ לְאָבִ֖יךָ וְאָכָ֑ל בַּעֲבֻ֥ר אֲשֶׁ֖ר י

יְבָרֶכְךָ֖ לִפְנֵ֥י מוֹתֽוֹ: וַיֹּ֣אמֶר יַעֲקֹ֔ב אֶל־רִבְקָ֖ה אִמּ֑וֹ הֵ֣ן עֵשָׂ֤ו יא

אָחִי֙ אִ֣ישׁ שָׂעִ֔ר וְאָנֹכִ֖י אִ֥ישׁ חָלָֽק: אוּלַ֤י יְמֻשֵּׁ֙נִי֙ אָבִ֔י וְהָיִ֥יתִי יב

בְעֵינָ֖יו כִּמְתַעְתֵּ֑עַ וְהֵבֵאתִ֥י עָלַ֛י קְלָלָ֖ה וְלֹ֥א בְרָכָֽה: וַתֹּ֤אמֶר יג

ל֣וֹ אִמּ֔וֹ עָלַ֥י קִלְלָתְךָ֖ בְּנִ֑י אַ֛ךְ שְׁמַ֥ע בְּקֹלִ֖י וְלֵ֥ךְ קַֽח־לִֽי: וַיֵּ֙לֶךְ֙ יד

וַיִּקַּ֔ח וַיָּבֵ֖א לְאִמּ֑וֹ וַתַּ֤עַשׂ אִמּוֹ֙ מַטְעַמִּ֔ים כַּאֲשֶׁ֥ר אָהֵ֖ב אָבִֽיו:

וַתִּקַּ֣ח רִ֠בְקָה אֶת־בִּגְדֵ֨י עֵשָׂ֜ו בְּנָ֤הּ הַגָּדֹל֙ הַחֲמֻדֹ֔ת אֲשֶׁ֥ר אִתָּ֖הּ טו

בַּבָּ֑יִת וַתַּלְבֵּ֥שׁ אֶֽת־יַעֲקֹ֖ב בְּנָ֥הּ הַקָּטָֽן: וְאֵ֗ת עֹרֹת֙ גְּדָיֵ֣י הָֽעִזִּ֔ים טז

ויאמר אבימלך מה זאת עשית לנו כמעט שכב אחד העם
את אשתך והבאת עלינו אשם ויצו אבימלך את כל העם
לאמר הנגע באיש הזה ובאשתו מות יומת ויזרע יצחק
בארץ ההוא וימצא בשנה ההוא מאה שערים ויברכהו
יהוה ויגדל האיש וילך הלוך וגדל עד כי גדל מאד ויהי
לו מקנה צאן ומקנה בקר ועבדה רבה ויקנאו אתו פלשתים
וכל הבארת אשר חפרו עבדי אביו בימי אברהם אביו
סתמום פלשתים וימלאום עפר ויאמר אבימלך אל יצחק
לך מעמנו כי עצמת ממנו מאד וילך משם יצחק ויחן
בנחל גרר וישב שם וישב יצחק ויחפר את בארת המים
אשר חפרו בימי אברהם אביו ויסתמום פלשתים אחרי מות
אברהם ויקרא להן שמות כשמת אשר קרא להן אביו
ויחפרו עבדי יצחק בנחל וימצאו שם באר מים חיים ויריבו
רעי גרר עם רעי יצחק לאמר לנו המים ויקרא שם הבאר
עשק כי התעשקו עמו ויחפרו באר אחרת ויריבו גם עליה
ויקרא שמה שטנה ויעתק משם ויחפר באר אחרת ולא
רבו עליה ויקרא שמה רחבות ויאמר כי עתה הרחיב יהוה
לנו ופרינו בארץ ויעל משם באר שבע וירא אליו יהוה
בלילה ההוא ויאמר אנכי אלהי אברהם אביך אל תירא
כי אתך אנכי וברכתיך והרביתי את זרעך בעבור אברהם
עבדי ויבן שם מזבח ויקרא בשם יהוה ויט שם אהלו
ויכרו שם עבדי יצחק באר ואבימלך הלך אליו מגרר
ואחזת מרעהו ופיכל שר צבאו ויאמר אלהם יצחק מדוע
באתם אלי ואתם שנאתם אתי ותשלחוני מאתכם ויאמרו
ראו ראינו כי היה יהוה עמך ונאמר תהי נא אלה בינותינו
בינינו ובינך ונכרתה ברית עמך אם תעשה עמנו רעה
כאשר לא נגענוך וכאשר עשינו עמך רק טוב ונשלחך

י וַיֹּאמֶר אֲבִימֶלֶךְ מַה־זֹּאת עָשִׂיתָ לָּנוּ כִּמְעַט שָׁכַב אַחַד הָעָם
יא אֶת־אִשְׁתֶּךָ וְהֵבֵאתָ עָלֵינוּ אָשָׁם׃ וַיְצַו אֲבִימֶלֶךְ אֶת־כָּל־הָעָם
יב לֵאמֹר הַנֹּגֵעַ בָּאִישׁ הַזֶּה וּבְאִשְׁתּוֹ מוֹת יוּמָת׃ וַיִּזְרַע יִצְחָק
בָּאָרֶץ הַהִוא וַיִּמְצָא בַּשָּׁנָה הַהִוא מֵאָה שְׁעָרִים וַיְבָרְכֵהוּ
יג יד יהוה׃ *וַיִּגְדַּל הָאִישׁ וַיֵּלֶךְ הָלוֹךְ וְגָדֵל עַד כִּי־גָדַל מְאֹד׃ וַיְהִי־ שלישי
לוֹ מִקְנֵה־צֹאן וּמִקְנֵה בָקָר וַעֲבֻדָּה רַבָּה וַיְקַנְאוּ אֹתוֹ פְּלִשְׁתִּים׃
טו וְכָל־הַבְּאֵרֹת אֲשֶׁר חָפְרוּ עַבְדֵי אָבִיו בִּימֵי אַבְרָהָם אָבִיו
טז סִתְּמוּם פְּלִשְׁתִּים וַיְמַלְאוּם עָפָר׃ וַיֹּאמֶר אֲבִימֶלֶךְ אֶל־יִצְחָק
יז לֵךְ מֵעִמָּנוּ כִּי־עָצַמְתָּ מִמֶּנּוּ מְאֹד׃ וַיֵּלֶךְ מִשָּׁם יִצְחָק וַיִּחַן
יח בְּנַחַל־גְּרָר וַיֵּשֶׁב שָׁם׃ וַיָּשָׁב יִצְחָק וַיַּחְפֹּר ׀ אֶת־בְּאֵרֹת הַמַּיִם
אֲשֶׁר חָפְרוּ בִּימֵי אַבְרָהָם אָבִיו וַיְסַתְּמוּם פְּלִשְׁתִּים אַחֲרֵי מוֹת
אַבְרָהָם וַיִּקְרָא לָהֶן שֵׁמוֹת כַּשֵּׁמֹת אֲשֶׁר־קָרָא לָהֶן אָבִיו׃
יט כ וַיַּחְפְּרוּ עַבְדֵי־יִצְחָק בַּנָּחַל וַיִּמְצְאוּ־שָׁם בְּאֵר מַיִם חַיִּים׃ וַיָּרִיבוּ *
רֹעֵי גְרָר עִם־רֹעֵי יִצְחָק לֵאמֹר לָנוּ הַמָּיִם וַיִּקְרָא שֵׁם־הַבְּאֵר
כא עֵשֶׂק כִּי הִתְעַשְּׂקוּ עִמּוֹ׃ וַיַּחְפְּרוּ בְּאֵר אַחֶרֶת וַיָּרִיבוּ גַּם־עָלֶיהָ
כב וַיִּקְרָא שְׁמָהּ שִׂטְנָה׃ וַיַּעְתֵּק מִשָּׁם וַיַּחְפֹּר בְּאֵר אַחֶרֶת וְלֹא
רָבוּ עָלֶיהָ וַיִּקְרָא שְׁמָהּ רְחֹבוֹת וַיֹּאמֶר כִּי־עַתָּה הִרְחִיב יהוה
כג כד לָנוּ וּפָרִינוּ בָאָרֶץ׃ *וַיַּעַל מִשָּׁם בְּאֵר שָׁבַע׃ וַיֵּרָא אֵלָיו יהוה רביעי
בַּלַּיְלָה הַהוּא וַיֹּאמֶר אָנֹכִי אֱלֹהֵי אַבְרָהָם אָבִיךָ אַל־תִּירָא
כִּי־אִתְּךָ אָנֹכִי וּבֵרַכְתִּיךָ וְהִרְבֵּיתִי אֶת־זַרְעֲךָ בַּעֲבוּר אַבְרָהָם
כה עַבְדִּי׃ וַיִּבֶן שָׁם מִזְבֵּחַ וַיִּקְרָא בְּשֵׁם יהוה וַיֶּט־שָׁם אָהֳלוֹ
כו וַיִּכְרוּ־שָׁם עַבְדֵי־יִצְחָק בְּאֵר׃ וַאֲבִימֶלֶךְ הָלַךְ אֵלָיו מִגְּרָר *
כז וַאֲחֻזַּת מֵרֵעֵהוּ וּפִיכֹל שַׂר־צְבָאוֹ׃ וַיֹּאמֶר אֲלֵהֶם יִצְחָק מַדּוּעַ
כח בָּאתֶם אֵלָי וְאַתֶּם שְׂנֵאתֶם אֹתִי וַתְּשַׁלְּחוּנִי מֵאִתְּכֶם׃ וַיֹּאמְרוּ
רָאוֹ רָאִינוּ כִּי־הָיָה יהוה ׀ עִמָּךְ וַנֹּאמֶר תְּהִי נָא אָלָה בֵּינוֹתֵינוּ
כט בֵּינֵינוּ וּבֵינֶךָ וְנִכְרְתָה בְרִית עִמָּךְ׃ אִם־תַּעֲשֵׂה עִמָּנוּ רָעָה
כַּאֲשֶׁר לֹא נְגַעֲנוּךָ וְכַאֲשֶׁר עָשִׂינוּ עִמְּךָ רַק־טוֹב וַנְּשַׁלֵּחֲךָ

שמו עשו ואחרי כן יצא אחיו וידו אחזת בעקב עשו ויקרא
שמו יעקב ויצחק בן ששים שנה בלדת אתם ויגדלו
הנערים ויהי עשו איש ידע ציד איש שדה ויעקב איש תם
ישב אהלים ויאהב יצחק את עשו כי ציד בפיו ורבקה
אהבת את יעקב ויזד יעקב נזיד ויבא עשו מן השדה והוא
עיף ויאמר עשו אל יעקב הלעיטני נא מן האדם האדם
הזה כי עיף אנכי על כן קרא שמו אדום ויאמר יעקב
מכרה כיום את בכרתך לי ויאמר עשו הנה אנכי הולך
למות ולמה זה לי בכרה ויאמר יעקב השבעה לי כיום
וישבע לו וימכר את בכרתו ליעקב ויעקב נתן לעשו
לחם ונזיד עדשים ויאכל וישת ויקם וילך ויבז עשו את
הבכרה

ויהי רעב בארץ מלבד הרעב הראשון אשר היה בימי אברהם
וילך יצחק אל אבימלך מלך פלשתים גררה וירא אליו
יהוה ויאמר אל תרד מצרימה שכן בארץ אשר אמר
אליך גור בארץ הזאת ואהיה עמך ואברכך כי לך ולזרעך
אתן את כל הארצת האל והקמתי את השבעה אשר
נשבעתי לאברהם אביך והרביתי את זרעך ככוכבי השמים
ונתתי לזרעך את כל הארצת האל והתברכו בזרעך כל
גויי הארץ עקב אשר שמע אברהם בקלי וישמר משמרתי
מצותי חקותי ותורתי וישב יצחק בגרר וישאלו אנשי
המקום לאשתו ויאמר אחתי הוא כי ירא לאמר אשתי פן
יהרגני אנשי המקום על רבקה כי טובת מראה הוא ויהי
כי ארכו לו שם הימים וישקף אבימלך מלך פלשתים בעד
החלון וירא והנה יצחק מצחק את רבקה אשתו ויקרא
אבימלך ליצחק ויאמר אך הנה אשתך הוא ואיך אמרת
אחתי הוא ויאמר אליו יצחק כי אמרתי פן אמות עליה

כו שְׁמוֹ עֵשָׂו: וְאַחֲרֵי־כֵן יָצָא אָחִיו וְיָדוֹ אֹחֶזֶת בַּעֲקֵב עֵשָׂו וַיִּקְרָא
כז שְׁמוֹ יַעֲקֹב וְיִצְחָק בֶּן־שִׁשִּׁים שָׁנָה בְּלֶדֶת אֹתָם: וַיִּגְדְּלוּ ★
הַנְּעָרִים וַיְהִי עֵשָׂו אִישׁ יֹדֵעַ צַיִד אִישׁ שָׂדֶה וְיַעֲקֹב אִישׁ תָּם
כח יֹשֵׁב אֹהָלִים: וַיֶּאֱהַב יִצְחָק אֶת־עֵשָׂו כִּי־צַיִד בְּפִיו וְרִבְקָה
כט אֹהֶבֶת אֶת־יַעֲקֹב: וַיָּזֶד יַעֲקֹב נָזִיד וַיָּבֹא עֵשָׂו מִן־הַשָּׂדֶה וְהוּא
ל עָיֵף: וַיֹּאמֶר עֵשָׂו אֶל־יַעֲקֹב הַלְעִיטֵנִי נָא מִן־הָאָדֹם הָאָדֹם
לא הַזֶּה כִּי עָיֵף אָנֹכִי עַל־כֵּן קָרָא־שְׁמוֹ אֱדוֹם: וַיֹּאמֶר יַעֲקֹב
לב מִכְרָה כַיּוֹם אֶת־בְּכֹרָתְךָ לִי: וַיֹּאמֶר עֵשָׂו הִנֵּה אָנֹכִי הוֹלֵךְ
לג לָמוּת וְלָמָּה־זֶּה לִי בְּכֹרָה: וַיֹּאמֶר יַעֲקֹב הִשָּׁבְעָה לִּי כַּיּוֹם
לד וַיִּשָּׁבַע לוֹ וַיִּמְכֹּר אֶת־בְּכֹרָתוֹ לְיַעֲקֹב: וְיַעֲקֹב נָתַן לְעֵשָׂו
לֶחֶם וּנְזִיד עֲדָשִׁים וַיֹּאכַל וַיֵּשְׁתְּ וַיָּקָם וַיֵּלַךְ וַיִּבֶז עֵשָׂו אֶת־
הַבְּכֹרָה:

כו א וַיְהִי רָעָב בָּאָרֶץ מִלְּבַד הָרָעָב הָרִאשׁוֹן אֲשֶׁר הָיָה בִּימֵי אַבְרָהָם
ב וַיֵּלֶךְ יִצְחָק אֶל־אֲבִימֶלֶךְ מֶלֶךְ־פְּלִשְׁתִּים גְּרָרָה: וַיֵּרָא אֵלָיו
יְהוָה וַיֹּאמֶר אַל־תֵּרֵד מִצְרָיְמָה שְׁכֹן בָּאָרֶץ אֲשֶׁר אֹמַר
ג אֵלֶיךָ: גּוּר בָּאָרֶץ הַזֹּאת וְאֶהְיֶה עִמְּךָ וַאֲבָרְכֶךָּ כִּי־לְךָ וּלְזַרְעֲךָ
אֶתֵּן אֶת־כָּל־הָאֲרָצֹת הָאֵל וַהֲקִמֹתִי אֶת־הַשְּׁבֻעָה אֲשֶׁר
ד נִשְׁבַּעְתִּי לְאַבְרָהָם אָבִיךָ: וְהִרְבֵּיתִי אֶת־זַרְעֲךָ כְּכוֹכְבֵי הַשָּׁמַיִם
וְנָתַתִּי לְזַרְעֲךָ אֵת כָּל־הָאֲרָצֹת הָאֵל וְהִתְבָּרְכוּ בְזַרְעֲךָ כֹּל
ה גּוֹיֵי הָאָרֶץ: עֵקֶב אֲשֶׁר־שָׁמַע אַבְרָהָם בְּקֹלִי וַיִּשְׁמֹר מִשְׁמַרְתִּי
ו ז מִצְוֺתַי חֻקּוֹתַי וְתוֹרֹתָי: ★וַיֵּשֶׁב יִצְחָק בִּגְרָר: וַיִּשְׁאֲלוּ אַנְשֵׁי שני
הַמָּקוֹם לְאִשְׁתּוֹ וַיֹּאמֶר אֲחֹתִי הִוא כִּי יָרֵא לֵאמֹר אִשְׁתִּי פֶּן־
ח יַהַרְגֻנִי אַנְשֵׁי הַמָּקוֹם עַל־רִבְקָה כִּי־טוֹבַת מַרְאֶה הִוא: וַיְהִי
כִּי־אָרְכוּ־לוֹ שָׁם הַיָּמִים וַיַּשְׁקֵף אֲבִימֶלֶךְ מֶלֶךְ פְּלִשְׁתִּים בְּעַד
ט הַחַלּוֹן וַיַּרְא וְהִנֵּה יִצְחָק מְצַחֵק אֵת רִבְקָה אִשְׁתּוֹ: וַיִּקְרָא
אֲבִימֶלֶךְ לְיִצְחָק וַיֹּאמֶר אַךְ הִנֵּה אִשְׁתְּךָ הִוא וְאֵיךְ אָמַרְתָּ
אֲחֹתִי הִוא וַיֹּאמֶר אֵלָיו יִצְחָק כִּי אָמַרְתִּי פֶּן־אָמוּת עָלֶיהָ:

הפילגשים אשר לאברהם נתן אברהם מתנת וישלחם מעל
יצחק בנו בעודנו חי קדמה אל ארץ קדם ואלה ימי שני
חיי אברהם אשר חי מאת ש-ה ושבעים שנה וחמש שנים
ויגוע וימת אברהם בשיבה טובה זקן ושבע ויאסף אל
עמיו ויקברו אתו יצחק וישמעאל בניו אל מערת המכפלה
אל שדה עפרן בן צחר החתי אשר על פני ממרא השדה
אשר קנה אברהם מאת בני חת שמה קבר אברהם ושרה
אשתו ויהי אחרי מות אברהם ויברך אלהים את יצחק
בנו וישב יצחק עם באר לחי ראי
ואלה תלדת ישמעאל בן אברהם אשר ילדה הגר המצרית
שפחת שרה לאברהם ואלה שמות בני ישמעאל בשמתם
לתולדתם בכר ישמעאל נבית וקדר ואדבאל ומבשם
ומשמע ודומה ומשא חדד ותימא יטור נפיש וקדמה
אלה הם בני ישמעאל ואלה שמתם בחצריהם ובטירתם
שנים עשר נשיאם לאמתם ואלה שני חיי ישמעאל מאת
שנה ושלשים שנה ושבע שנים ויגוע וימת ויאסף אל עמיו
וישכנו מחוילה עד שור אשר על פני מצרים באכה אשורה
על פני כל אחיו נפל
ואלה תולדת יצחק בן אברהם אברהם הוליד את יצחק
ויהי יצחק בן ארבעים שנה בקחתו את רבקה בת בתואל
הארמי מפדן ארם אחות לבן הארמי לו לאשה ויעתר
יצחק ליהוה לנכח אשתו כי עקרה הוא ויעתר לו יהוה
ותהר רבקה אשתו ויתרצצו הבנים בקרבה ותאמר אם
כן למה זה אנכי ותלך לדרש את יהוה ויאמר יהוה לה
שני גיים בבטנך ושני לאמים ממעיך יפרדו ולאם מלאם
יאמץ ורב יעבד צעיר וימלאו ימיה ללדת והנה תומם
בבטנה ויצא הראשון אדמוני כלו כאדרת שער ויקראו

הַפִּילַגְשִׁים אֲשֶׁר לְאַבְרָהָם נָתַן אַבְרָהָם מַתָּנֹת וַיְשַׁלְּחֵם מֵעַל
ז יִצְחָק בְּנוֹ בְּעוֹדֶנּוּ חַי קֵדְמָה אֶל־אֶרֶץ קֶדֶם׃ וְאֵלֶּה יְמֵי שְׁנֵי־
חַיֵּי אַבְרָהָם אֲשֶׁר־חָי מְאַת שָׁנָה וְשִׁבְעִים שָׁנָה וְחָמֵשׁ שָׁנִים׃
ח וַיִּגְוַע וַיָּמָת אַבְרָהָם בְּשֵׂיבָה טוֹבָה זָקֵן וְשָׂבֵעַ וַיֵּאָסֶף אֶל־
ט עַמָּיו׃ וַיִּקְבְּרוּ אֹתוֹ יִצְחָק וְיִשְׁמָעֵאל בָּנָיו אֶל־מְעָרַת הַמַּכְפֵּלָה
י אֶל־שְׂדֵה עֶפְרֹן בֶּן־צֹחַר הַחִתִּי אֲשֶׁר עַל־פְּנֵי מַמְרֵא׃ הַשָּׂדֶה
אֲשֶׁר־קָנָה אַבְרָהָם מֵאֵת בְּנֵי־חֵת שָׁמָּה קֻבַּר אַבְרָהָם וְשָׂרָה
יא אִשְׁתּוֹ׃ וַיְהִי אַחֲרֵי מוֹת אַבְרָהָם וַיְבָרֶךְ אֱלֹהִים אֶת־יִצְחָק
בְּנוֹ וַיֵּשֶׁב יִצְחָק עִם־בְּאֵר לַחַי רֹאִי׃
יב וְאֵלֶּה תֹּלְדֹת יִשְׁמָעֵאל בֶּן־אַבְרָהָם אֲשֶׁר יָלְדָה הָגָר הַמִּצְרִית שביעי
יג שִׁפְחַת שָׂרָה לְאַבְרָהָם׃ וְאֵלֶּה שְׁמוֹת בְּנֵי יִשְׁמָעֵאל בִּשְׁמֹתָם
לְתוֹלְדֹתָם בְּכֹר יִשְׁמָעֵאל נְבָיֹת וְקֵדָר וְאַדְבְּאֵל וּמִבְשָׂם׃
יד טו וּמִשְׁמָע וְדוּמָה וּמַשָּׂא׃ חֲדַד וְתֵימָא יְטוּר נָפִישׁ וָקֵדְמָה׃
טז אֵלֶּה הֵם בְּנֵי יִשְׁמָעֵאל וְאֵלֶּה שְׁמֹתָם בְּחַצְרֵיהֶם וּבְטִירֹתָם מפטיר
יז שְׁנֵים־עָשָׂר נְשִׂיאִם לְאֻמֹּתָם׃ וְאֵלֶּה שְׁנֵי חַיֵּי יִשְׁמָעֵאל מְאַת
שָׁנָה וּשְׁלֹשִׁים שָׁנָה וְשֶׁבַע שָׁנִים וַיִּגְוַע וַיָּמָת וַיֵּאָסֶף אֶל־עַמָּיו׃
יח וַיִּשְׁכְּנוּ מֵחֲוִילָה עַד־שׁוּר אֲשֶׁר עַל־פְּנֵי מִצְרַיִם בֹּאֲכָה אַשּׁוּרָה
עַל־פְּנֵי כָל־אֶחָיו נָפָל׃
יט וְאֵלֶּה תּוֹלְדֹת יִצְחָק בֶּן־אַבְרָהָם אַבְרָהָם הוֹלִיד אֶת־יִצְחָק׃ כג תולדו
כ וַיְהִי יִצְחָק בֶּן־אַרְבָּעִים שָׁנָה בְּקַחְתּוֹ אֶת־רִבְקָה בַּת־בְּתוּאֵל
כא הָאֲרַמִּי מִפַּדַּן אֲרָם אֲחוֹת לָבָן הָאֲרַמִּי לוֹ לְאִשָּׁה׃ וַיֶּעְתַּר
יִצְחָק לַיהוה לְנֹכַח אִשְׁתּוֹ כִּי עֲקָרָה הִוא וַיֵּעָתֶר לוֹ יהוה
כב וַתַּהַר רִבְקָה אִשְׁתּוֹ׃ וַיִּתְרֹצְצוּ הַבָּנִים בְּקִרְבָּהּ וַתֹּאמֶר אִם־
כג כֵּן לָמָּה זֶּה אָנֹכִי וַתֵּלֶךְ לִדְרֹשׁ אֶת־יהוה׃ וַיֹּאמֶר יהוה לָהּ *
שְׁנֵי גיים בְּבִטְנֵךְ וּשְׁנֵי לְאֻמִּים מִמֵּעַיִךְ יִפָּרֵדוּ וּלְאֹם מִלְאֹם גוים
כד יֶאֱמָץ וְרַב יַעֲבֹד צָעִיר׃ וַיִּמְלְאוּ יָמֶיהָ לָלֶדֶת וְהִנֵּה תוֹמִם
כה בְּבִטְנָהּ׃ וַיֵּצֵא הָרִאשׁוֹן אַדְמוֹנִי כֻּלּוֹ כְּאַדֶּרֶת שֵׂעָר וַיִּקְרְאוּ

הנה רבקה לפניך קח ולך ותהי אשה לבן אדניך כאשר
דבר יהוה ויהי כאשר שמע עבד אברהם את דבריהם
וישתחו ארצה ליהוה ויוצא העבד כלי כסף וכלי זהב
ובגדים ויתן לרבקה ומגדנת נתן לאחיה ולאמה ויאכלו
וישתו הוא והאנשים אשר עמו וילינו ויקומו בבקר ויאמר
שלחני לאדני ויאמר אחיה ואמה תשב הנער אתנו ימים
או עשור אחר תלך ויאמר אלהם אל תאחרו אתי ויהוה
הצליח דרכי שלחוני ואלכה לאדני ויאמרו נקרא לנער
ונשאלה את פיה ויקראו לרבקה ויאמרו אליה התלכי
עם האיש הזה ותאמר אלך וישלחו את רבקה אחתם
ואת מנקתה ואת עבד אברהם ואת אנשיו ויברכו את
רבקה ויאמרו לה אחתנו את היי לאלפי רבבה ויירש זרעך
את שער שנאיו ותקם רבקה ונערתיה ותרכבנה על
הגמלים ותלכנה אחרי האיש ויקח העבד את רבקה וילך
ויצחק בא מבוא באר לחי ראי והוא יושב בארץ הנגב
ויצא יצחק לשוח בשדה לפנות ערב וישא עיניו וירא והנה
גמלים באים ותשא רבקה את עיניה ותרא את יצחק
ותפל מעל הגמל ותאמר אל העבד מי האיש הלזה ההלך
בשדה לקראתנו ויאמר העבד הוא אדני ותקח הצעיף
ותתכס ויספר העבד ליצחק את כל הדברים אשר עשה
ויבאה יצחק האהלה שרה אמו ויקח את רבקה ותהי לו
לאשה ויאהבה וינחם יצחק אחרי אמו

ויסף אברהם ויקח אשה ושמה קטורה ותלד לו את זמרן
ואת יקשן ואת מדן ואת מדין ואת ישבק ואת שוח ויקשן
ילד את שבא ואת דדן ובני דדן היו אשורם ולטושם ולאמים
ובני מדין עיפה ועפר וחנך ואבידע ואלדעה כל אלה בני
קטורה ויתן אברהם את כל אשר לו ליצחק ולבני

נא הִנֵּה־רִבְקָה לְפָנֶיךָ קַח וָלֵךְ וּתְהִי אִשָּׁה לְבֶן־אֲדֹנֶיךָ כַּאֲשֶׁר
נב דִּבֶּר יְהוָה׃ וַיְהִי כַּאֲשֶׁר שָׁמַע עֶבֶד אַבְרָהָם אֶת־דִּבְרֵיהֶם
נג וַיִּשְׁתַּחוּ אַרְצָה לַיהוָה׃ וַיּוֹצֵא הָעֶבֶד כְּלֵי־כֶסֶף וּכְלֵי זָהָב חמישי
נד וּבְגָדִים וַיִּתֵּן לְרִבְקָה וּמִגְדָּנֹת נָתַן לְאָחִיהָ וּלְאִמָּהּ׃ וַיֹּאכְלוּ
וַיִּשְׁתּוּ הוּא וְהָאֲנָשִׁים אֲשֶׁר־עִמּוֹ וַיָּלִינוּ וַיָּקוּמוּ בַבֹּקֶר וַיֹּאמֶר
נה שַׁלְּחֻנִי לַאדֹנִי׃ וַיֹּאמֶר אָחִיהָ וְאִמָּהּ תֵּשֵׁב הַנַּעֲרָ אִתָּנוּ יָמִים
נו אוֹ עָשׂוֹר אַחַר תֵּלֵךְ׃ וַיֹּאמֶר אֲלֵהֶם אַל־תְּאַחֲרוּ אֹתִי וַיהוָה
נז הִצְלִיחַ דַּרְכִּי שַׁלְּחוּנִי וְאֵלְכָה לַאדֹנִי׃ וַיֹּאמְרוּ נִקְרָא לַנַּעֲרָ ★
נח וְנִשְׁאֲלָה אֶת־פִּיהָ׃ וַיִּקְרְאוּ לְרִבְקָה וַיֹּאמְרוּ אֵלֶיהָ הֲתֵלְכִי
נט עִם־הָאִישׁ הַזֶּה וַתֹּאמֶר אֵלֵךְ׃ וַיְשַׁלְּחוּ אֶת־רִבְקָה אֲחֹתָם
ס וְאֶת־מֵנִקְתָּהּ וְאֶת־עֶבֶד אַבְרָהָם וְאֶת־אֲנָשָׁיו׃ וַיְבָרְכוּ אֶת־
רִבְקָה וַיֹּאמְרוּ לָהּ אֲחֹתֵנוּ אַתְּ הֲיִי לְאַלְפֵי רְבָבָה וְיִירַשׁ זַרְעֵךְ
סא אֵת שַׁעַר שֹׂנְאָיו׃ וַתָּקָם רִבְקָה וְנַעֲרֹתֶיהָ וַתִּרְכַּבְנָה עַל־ ★
הַגְּמַלִּים וַתֵּלַכְנָה אַחֲרֵי הָאִישׁ וַיִּקַּח הָעֶבֶד אֶת־רִבְקָה וַיֵּלַךְ׃
סב וְיִצְחָק בָּא מִבּוֹא בְּאֵר לַחַי רֹאִי וְהוּא יוֹשֵׁב בְּאֶרֶץ הַנֶּגֶב׃
סג וַיֵּצֵא יִצְחָק לָשׂוּחַ בַּשָּׂדֶה לִפְנוֹת עָרֶב וַיִּשָּׂא עֵינָיו וַיַּרְא וְהִנֵּה
סד גְמַלִּים בָּאִים׃ וַתִּשָּׂא רִבְקָה אֶת־עֵינֶיהָ וַתֵּרֶא אֶת־יִצְחָק
סה וַתִּפֹּל מֵעַל הַגָּמָל׃ וַתֹּאמֶר אֶל־הָעֶבֶד מִי־הָאִישׁ הַלָּזֶה הַהֹלֵךְ
בַּשָּׂדֶה לִקְרָאתֵנוּ וַיֹּאמֶר הָעֶבֶד הוּא אֲדֹנִי וַתִּקַּח הַצָּעִיף
סו וַתִּתְכָּס׃ וַיְסַפֵּר הָעֶבֶד לְיִצְחָק אֵת כָּל־הַדְּבָרִים אֲשֶׁר עָשָׂה׃
סז וַיְבִאֶהָ יִצְחָק הָאֹהֱלָה שָׂרָה אִמּוֹ וַיִּקַּח אֶת־רִבְקָה וַתְּהִי־לוֹ
לְאִשָּׁה וַיֶּאֱהָבֶהָ וַיִּנָּחֵם יִצְחָק אַחֲרֵי אִמּוֹ׃
כה א ב וַיֹּסֶף אַבְרָהָם וַיִּקַּח אִשָּׁה וּשְׁמָהּ קְטוּרָה׃ וַתֵּלֶד לוֹ אֶת־זִמְרָן כב ששי
ג וְאֶת־יָקְשָׁן וְאֶת־מְדָן וְאֶת־מִדְיָן וְאֶת־יִשְׁבָּק וְאֶת־שׁוּחַ׃ וְיָקְשָׁן
יָלַד אֶת־שְׁבָא וְאֶת־דְּדָן וּבְנֵי דְדָן הָיוּ אַשּׁוּרִם וּלְטוּשִׁם וּלְאֻמִּים׃
ד וּבְנֵי מִדְיָן עֵיפָה וָעֵפֶר וַחֲנֹךְ וַאֲבִידָע וְאֶלְדָּעָה כָּל־אֵלֶּה בְּנֵי
ה ו קְטוּרָה׃ וַיִּתֵּן אַבְרָהָם אֶת־כָּל־אֲשֶׁר־לוֹ לְיִצְחָק׃ וְלִבְנֵי

אשר אתו ויישם לפניו לאכל ויאמר לא אכל עד אם דברתי
דברי ויאמר דבר ויאמר עבד אברהם אנכי ויהוה ברך
את אדני מאד ויגדל ויתן לו צאן ובקר וכסף וזהב ועבדם
ושפחת וגמלים וחמרים ותלד שרה אשת אדני בן לאדני
אחרי זקנתה ויתן לו את כל אשר לו וישבעני אדני לאמר
לא תקח אשה לבני מבנות הכנעני אשר אנכי ישב בארצו
אם לא אל בית אבי תלך ואל משפחתי ולקחת אשה לבני
ואמר אל אדני אלי לא תלך האשה אחרי ויאמר אלי יהוה
אשר התהלכתי לפניו ישלח מלאכו אתך והצליח דרכך
ולקחת אשה לבני ממשפחתי ומבית אבי אז תנקה מאלתי
כי תבוא אל משפחתי ואם לא יתנו לך והיית נקי מאלתי
ואבא היום אל העין ואמר יהוה אלהי אדני אברהם אם
ישך נא מצליח דרכי אשר אנכי הלך עליה הנה אנכי
נצב על עין המים והיה העלמה היצאת לשאב ואמרתי
אליה השקיני נא מעט מים מכדך ואמרה אלי גם אתה
שתה וגם לגמליך אשאב הוא האשה אשר הכיח יהוה לבן
אדני אני טרם אכלה לדבר אל לבי והנה רבקה יצאת
וכדה על שכמה ותרד העינה ותשאב ואמר אליה השקיני
נא ותמהר ותורד כדה מעליה ותאמר שתה וגם גמליך
אשקה ואשת וגם הגמלים השקתה ואשאל אתה ואמר
בת מי את ותאמר בת בתואל בן נחור אשר ילדה לו
מלכה ואשם הנזם על אפה והצמידים על ידיה ואקד
ואשתחוה ליהוה ואברך את יהוה אלהי אדני אברהם אשר
הנחני בדרך אמת לקחת את בת אחי אדני לבנו ועתה
אם ישכם עשים חסד ואמת את אדני הגידו לי ואם לא
הגידו לי ואפנה על ימין או על שמאל ויען לבן ובתואל
ויאמרו מיהוה יצא הדבר לא נוכל דבר אליך רע או טוב

לג אֲשֶׁר אִתּוֹ׃ ויישם לְפָנָיו לֶאֱכֹל וַיֹּאמֶר לֹא אֹכַל עַד אִם־דִּבַּרְתִּי וַיּוּשַׂם
לד לה דְּבָרָי וַיֹּאמֶר דַּבֵּר׃* וַיֹּאמַר עֶבֶד אַבְרָהָם אָנֹכִי׃ וַיהוה בֵּרַךְ *
אֶת־אֲדֹנִי מְאֹד וַיִּגְדָּל וַיִּתֶּן־לוֹ צֹאן וּבָקָר וְכֶסֶף וְזָהָב וַעֲבָדִם
לו וּשְׁפָחֹת וּגְמַלִּים וַחֲמֹרִים׃ וַתֵּלֶד שָׂרָה אֵשֶׁת אֲדֹנִי בֵן לַאדֹנִי
לז אַחֲרֵי זִקְנָתָהּ וַיִּתֶּן־לוֹ אֶת־כָּל־אֲשֶׁר־לוֹ׃ וַיַּשְׁבִּעֵנִי אֲדֹנִי לֵאמֹר
לֹא־תִקַּח אִשָּׁה לִבְנִי מִבְּנוֹת הַכְּנַעֲנִי אֲשֶׁר אָנֹכִי יֹשֵׁב בְּאַרְצוֹ׃
לח אִם־לֹא אֶל־בֵּית־אָבִי תֵּלֵךְ וְאֶל־מִשְׁפַּחְתִּי וְלָקַחְתָּ אִשָּׁה לִבְנִי׃ *
לט מ וָאֹמַר אֶל־אֲדֹנִי אֻלַי לֹא־תֵלֵךְ הָאִשָּׁה אַחֲרָי׃ וַיֹּאמֶר אֵלָי יהוה
אֲשֶׁר־הִתְהַלַּכְתִּי לְפָנָיו יִשְׁלַח מַלְאָכוֹ אִתָּךְ וְהִצְלִיחַ דַּרְכֶּךָ
מא וְלָקַחְתָּ אִשָּׁה לִבְנִי מִמִּשְׁפַּחְתִּי וּמִבֵּית אָבִי׃ אָז תִּנָּקֶה מֵאָלָתִי
כִּי תָבוֹא אֶל־מִשְׁפַּחְתִּי וְאִם־לֹא יִתְּנוּ לָךְ וְהָיִיתָ נָקִי מֵאָלָתִי׃
מב וָאָבֹא הַיּוֹם אֶל־הָעָיִן וָאֹמַר יהוה אֱלֹהֵי אֲדֹנִי אַבְרָהָם אִם־ כא
מג יֶשְׁךָ־נָּא מַצְלִיחַ דַּרְכִּי אֲשֶׁר אָנֹכִי הֹלֵךְ עָלֶיהָ׃ הִנֵּה אָנֹכִי *
נִצָּב עַל־עֵין הַמָּיִם וְהָיָה הָעַלְמָה הַיֹּצֵאת לִשְׁאֹב וְאָמַרְתִּי
מד אֵלֶיהָ הַשְׁקִינִי־נָא מְעַט־מַיִם מִכַּדֵּךְ׃ וְאָמְרָה אֵלַי גַּם־אַתָּה
שְׁתֵה וְגַם לִגְמַלֶּיךָ אֶשְׁאָב הִוא הָאִשָּׁה אֲשֶׁר־הֹכִיחַ יהוה לְבֶן־
מה אֲדֹנִי׃ אֲנִי טֶרֶם אֲכַלֶּה לְדַבֵּר אֶל־לִבִּי וְהִנֵּה רִבְקָה יֹצֵאת
וְכַדָּהּ עַל־שִׁכְמָהּ וַתֵּרֶד הָעַיְנָה וַתִּשְׁאָב וָאֹמַר אֵלֶיהָ הַשְׁקִינִי
מו נָא׃ וַתְּמַהֵר וַתּוֹרֶד כַּדָּהּ מֵעָלֶיהָ וַתֹּאמֶר שְׁתֵה וְגַם־גְּמַלֶּיךָ
מז אַשְׁקֶה וָאֵשְׁתְּ וְגַם הַגְּמַלִּים הִשְׁקָתָה׃ וָאֶשְׁאַל אֹתָהּ וָאֹמַר
בַּת־מִי אַתְּ וַתֹּאמֶר בַּת־בְּתוּאֵל בֶּן־נָחוֹר אֲשֶׁר יָלְדָה־לּוֹ
מח מִלְכָּה וָאָשִׂם הַנֶּזֶם עַל־אַפָּהּ וְהַצְּמִידִים עַל־יָדֶיהָ׃ וָאֶקֹּד
וָאֶשְׁתַּחֲוֶה לַיהוה וָאֲבָרֵךְ אֶת־יהוה אֱלֹהֵי אֲדֹנִי אַבְרָהָם אֲשֶׁר
מט הִנְחַנִי בְּדֶרֶךְ אֱמֶת לָקַחַת אֶת־בַּת־אֲחִי אֲדֹנִי לִבְנוֹ׃ וְעַתָּה
אִם־יֶשְׁכֶם עֹשִׂים חֶסֶד וֶאֱמֶת אֶת־אֲדֹנִי הַגִּידוּ לִי וְאִם־לֹא
נ הַגִּידוּ לִי וְאֶפְנֶה עַל־יָמִין אוֹ עַל־שְׂמֹאל׃ וַיַּעַן לָבָן וּבְתוּאֵל
וַיֹּאמְרוּ מֵיהוה יָצָא הַדָּבָר לֹא נוּכַל דַּבֵּר אֵלֶיךָ רַע אוֹ־טוֹב׃

יצאת לשאב מים והיה הנער אשר אמר אליה הטי נא
כדך ואשתה ואמרה שתה וגם גמליך אשקה אתה הכחת
לעבדך ליצחק ובה אדע כי עשית חסד עם אדני ויהי הוא
טרם כלה לדבר והנה רבקה יצאת אשר ילדה לבתואל
בן מלכה אשת נחור אחי אברהם וכדה על שכמה והנער
טבת מראה מאד בתולה ואיש לא ידעה ותרד העינה
ותמלא כדה ותעל וירץ העבד לקראתה ויאמר הגמיאיני
נא מעט מים מכדך ותאמר שתה אדני ותמהר ותרד כדה
על ידה ותשקהו ותכל להשקתו ותאמר גם לגמליך
אשאב עד אם כלו לשתת ותמהר ותער כדה אל השקת
ותרץ עוד אל הבאר לשאב ותשאב לכל גמליו והאיש
משתאה לה מחריש לדעת ההצליח יהוה דרכו אם לא
ויהי כאשר כלו הגמלים לשתות ויקח האיש נזם זהב בקע
משקלו ושני צמידים על ידיה עשרה זהב משקלם ויאמר
בת מי את הגידי נא לי היש בית אביך מקום לנו ללין
ותאמר אליו בת בתואל אנכי בן מלכה אשר ילדה לנחור
ותאמר אליו גם תבן גם מספוא רב עמנו גם מקום ללון
ויקד האיש וישתחו ליהוה ויאמר ברוך יהוה אלהי אדני
אברהם אֲשר לא עזב חסדו ואמתו מעם אדני אנכי בדרך
נחני יהוה בית אחי אדני ותרץ הנער ותגד לבית אמה
כדברים האלה ולרבקה אח ושמו לבן וירץ לבן אל האיש
החוצה אל העין ויהי כראת את הנזם ואת הצמדים על
ידי אחתו וכשמעו את דברי רבקה אחתו לאמר כה דבר
אלי האיש ויבא אל האיש והנה עמד על הגמלים על
העין ויאמר בוא ברוך יהוה למה תעמד בחוץ ואנכי פניתי
הבית ומקום לגמלים ויבא האיש הביתה ויפתח הגמלים
ויתן תבן ומספוא לגמלים ומים לרחץ רגליו ורגלי האנשים

יד יֹצְאֹת לִשְׁאֹב מָיִם׃ וְהָיָה הַנַּעֲרָ אֲשֶׁר אֹמַר אֵלֶיהָ הַטִּי־נָא
כַדֵּךְ וְאֶשְׁתֶּה וְאָמְרָה שְׁתֵה וְגַם־גְּמַלֶּיךָ אַשְׁקֶה אֹתָהּ הֹכַחְתָּ
טו לְעַבְדְּךָ לְיִצְחָק וּבָהּ אֵדַע כִּי־עָשִׂיתָ חֶסֶד עִם־אֲדֹנִי׃ וַיְהִי־הוּא
טֶרֶם כִּלָּה לְדַבֵּר וְהִנֵּה רִבְקָה יֹצֵאת אֲשֶׁר יֻלְּדָה לִבְתוּאֵל
טז בֶּן־מִלְכָּה אֵשֶׁת נָחוֹר אֲחִי אַבְרָהָם וְכַדָּהּ עַל־שִׁכְמָהּ׃ וְהַנַּעֲרָ
טֹבַת מַרְאֶה מְאֹד בְּתוּלָה וְאִישׁ לֹא יְדָעָהּ וַתֵּרֶד הָעַיְנָה
יז וַתְּמַלֵּא כַדָּהּ וַתָּעַל׃ וַיָּרָץ הָעֶבֶד לִקְרָאתָהּ וַיֹּאמֶר הַגְמִיאִינִי ★
יח נָא מְעַט־מַיִם מִכַּדֵּךְ׃ וַתֹּאמֶר שְׁתֵה אֲדֹנִי וַתְּמַהֵר וַתֹּרֶד כַּדָּהּ
יט עַל־יָדָהּ וַתַּשְׁקֵהוּ׃ וַתְּכַל לְהַשְׁקֹתוֹ וַתֹּאמֶר גַּם לִגְמַלֶּיךָ
כ אֶשְׁאָב עַד אִם־כִּלּוּ לִשְׁתֹּת׃ וַתְּמַהֵר וַתְּעַר כַּדָּהּ אֶל־הַשֹּׁקֶת
כא וַתָּרָץ עוֹד אֶל־הַבְּאֵר לִשְׁאֹב וַתִּשְׁאַב לְכָל־גְּמַלָּיו׃ וְהָאִישׁ ★
מִשְׁתָּאֵה לָהּ מַחֲרִישׁ לָדַעַת הַהִצְלִיחַ יהוה דַּרְכּוֹ אִם־לֹא׃
כב וַיְהִי כַּאֲשֶׁר כִּלּוּ הַגְּמַלִּים לִשְׁתּוֹת וַיִּקַּח הָאִישׁ נֶזֶם זָהָב בֶּקַע
כג מִשְׁקָלוֹ וּשְׁנֵי צְמִידִים עַל־יָדֶיהָ עֲשָׂרָה זָהָב מִשְׁקָלָם׃ וַיֹּאמֶר
בַּת־מִי אַתְּ הַגִּידִי נָא לִי הֲיֵשׁ בֵּית־אָבִיךְ מָקוֹם לָנוּ לָלִין׃
כד וַתֹּאמֶר אֵלָיו בַּת־בְּתוּאֵל אָנֹכִי בֶּן־מִלְכָּה אֲשֶׁר יָלְדָה לְנָחוֹר׃
כה וַתֹּאמֶר אֵלָיו גַּם־תֶּבֶן גַּם־מִסְפּוֹא רַב עִמָּנוּ גַּם־מָקוֹם לָלוּן׃
כו כז וַיִּקֹּד הָאִישׁ וַיִּשְׁתַּחוּ לַיהוה׃ ★וַיֹּאמֶר בָּרוּךְ יהוה אֱלֹהֵי אֲדֹנִי רביעי
אַבְרָהָם אֲשֶׁר לֹא־עָזַב חַסְדּוֹ וַאֲמִתּוֹ מֵעִם אֲדֹנִי אָנֹכִי בַּדֶּרֶךְ
כח נָחַנִי יהוה בֵּית אֲחֵי אֲדֹנִי׃ וַתָּרָץ הַנַּעֲרָ וַתַּגֵּד לְבֵית אִמָּהּ
כט כַּדְּבָרִים הָאֵלֶּה׃ וּלְרִבְקָה אָח וּשְׁמוֹ לָבָן וַיָּרָץ לָבָן אֶל־הָאִישׁ
ל הַחוּצָה אֶל־הָעָיִן׃ וַיְהִי כִּרְאֹת אֶת־הַנֶּזֶם וְאֶת־הַצְּמִדִים עַל־
יְדֵי אֲחֹתוֹ וּכְשָׁמְעוֹ אֶת־דִּבְרֵי רִבְקָה אֲחֹתוֹ לֵאמֹר כֹּה־דִבֶּר
אֵלַי הָאִישׁ וַיָּבֹא אֶל־הָאִישׁ וְהִנֵּה עֹמֵד עַל־הַגְּמַלִּים עַל־
לא הָעָיִן׃ וַיֹּאמֶר בּוֹא בְּרוּךְ יהוה לָמָּה תַעֲמֹד בַּחוּץ וְאָנֹכִי פִּנִּיתִי
לב הַבַּיִת וּמָקוֹם לַגְּמַלִּים׃ וַיָּבֹא הָאִישׁ הַבַּיְתָה וַיְפַתַּח הַגְּמַלִּים
וַיִּתֵּן תֶּבֶן וּמִסְפּוֹא לַגְּמַלִּים וּמַיִם לִרְחֹץ רַגְלָיו וְרַגְלֵי הָאֲנָשִׁים

דבר באזני בני חת ארבע מאות שקל כסף עבר לסחר
ויקם שדה עפרון אשר במכפלה אשר לפני ממרא השדה
והמערה אשר בו וכל העץ אשר בשדה אשר בכל גבלו
סביב לאברהם למקנה לעיני בני חת בכל באי שער עירו
ואחרי כן קבר אברהם את שרה אשתו אל מערת שדה
המכפלה על פני ממרא הוא חברון בארץ כנען ויקם
השדה והמערה אשר בו לאברהם לאחזת קבר מאת
בני חת ואברהם זקן בא בימים ויהוה ברך
את אברהם בכל ויאמר אברהם אל עבדו זקן ביתו המשל
בכל אשר לו שים נא ידך תחת ירכי ואשביעך ביהוה
אלהי השמים ואלהי הארץ אשר לא תקח אשה לבני מבנות
הכנעני אשר אנכי יושב בקרבו כי אל ארצי ואל מולדתי
תלך ולקחת אשה לבני ליצחק ויאמר אליו העבד אולי
לא תאבה האשה ללכת אחרי אל הארץ הזאת ההשב
אשיב את בנך אל הארץ אשר יצאת משם ויאמר אליו
אברהם השמר לך פן תשיב את בני שמה יהוה אלהי
השמים אשר לקחני מבית אבי ומארץ מולדתי ואשר דבר
לי ואשר נשבע לי לאמר לזרעך אתן את הארץ הזאת
הוא ישלח מלאכו לפניך ולקחת אשה לבני משם ואם לא
תאבה האשה ללכת אחריך ונקית משבעתי זאת רק את
בני לא תשב שמה וישם העבד את ידו תחת ירך אברהם
אדניו וישבע לו על הדבר הזה ויקח העבד עשרה גמלים
מגמלי אדניו וילך וכל טוב אדניו בידו ויקם וילך אל ארם
נהרים אל עיר נחור ויברך הגמלים מחוץ לעיר אל באר
המים לעת ערב לעת צאת השאבת ויאמר יהוה אלהי
אדני אברהם הקרה נא לפני היום ועשה חסד עם אדני
אברהם הנה אנכי נצב על עין המים ובנות אנשי העיר

דִּבֶּ֣ר בְּאׇזְנֵ֣י בְנֵי־חֵ֑ת אַרְבַּ֤ע מֵאוֹת֙ שֶׁ֣קֶל כֶּ֔סֶף עֹבֵ֖ר לַסֹּחֵֽר׃
יז וַיָּ֣קׇם ׀ שְׂדֵ֣ה עֶפְר֗וֹן אֲשֶׁר֙ בַּמַּכְפֵּלָ֔ה אֲשֶׁ֖ר לִפְנֵ֣י מַמְרֵ֑א הַשָּׂדֶה֙ שני
וְהַמְּעָרָ֣ה אֲשֶׁר־בּ֔וֹ וְכׇל־הָעֵץ֙ אֲשֶׁ֣ר בַּשָּׂדֶ֔ה אֲשֶׁ֥ר בְּכׇל־גְּבֻל֖וֹ
יח סָבִֽיב׃ לְאַבְרָהָ֥ם לְמִקְנָ֖ה לְעֵינֵ֣י בְנֵי־חֵ֑ת בְּכֹ֖ל בָּאֵ֥י שַֽׁעַר־עִירֽוֹ׃
יט וְאַחֲרֵי־כֵ֡ן קָבַ֨ר אַבְרָהָ֜ם אֶת־שָׂרָ֣ה אִשְׁתּ֗וֹ אֶל־מְעָרַ֛ת שְׂדֵ֥ה
כ הַמַּכְפֵּלָ֖ה עַל־פְּנֵ֣י מַמְרֵ֑א הִ֥וא חֶבְר֖וֹן בְּאֶ֥רֶץ כְּנָֽעַן׃ וַיָּ֨קׇם
הַשָּׂדֶ֜ה וְהַמְּעָרָ֧ה אֲשֶׁר־בּ֛וֹ לְאַבְרָהָ֖ם לַאֲחֻזַּת־קָ֑בֶר מֵאֵ֖ת
כד א בְּנֵי־חֵֽת׃ וְאַבְרָהָ֣ם זָקֵ֔ן בָּ֖א בַּיָּמִ֑ים וַֽיהֹוָ֛ה בֵּרַ֥ךְ כ ✶
ב אֶת־אַבְרָהָ֖ם בַּכֹּֽל׃ וַיֹּ֣אמֶר אַבְרָהָ֗ם אֶל־עַבְדּוֹ֙ זְקַ֣ן בֵּית֔וֹ הַמֹּשֵׁ֖ל
ג בְּכׇל־אֲשֶׁר־ל֑וֹ שִֽׂים־נָ֥א יָדְךָ֖ תַּ֥חַת יְרֵכִֽי׃ וְאַשְׁבִּיעֲךָ֗ בַּֽיהֹוָה֙
אֱלֹהֵ֣י הַשָּׁמַ֔יִם וֵאלֹהֵ֖י הָאָ֑רֶץ אֲשֶׁ֨ר לֹא־תִקַּ֤ח אִשָּׁה֙ לִבְנִ֔י מִבְּנוֹת֙
ד הַֽכְּנַעֲנִ֔י אֲשֶׁ֥ר אָנֹכִ֖י יוֹשֵׁ֥ב בְּקִרְבּֽוֹ׃ כִּ֧י אֶל־אַרְצִ֛י וְאֶל־מוֹלַדְתִּ֖י
ה תֵּלֵ֑ךְ וְלָקַחְתָּ֥ אִשָּׁ֖ה לִבְנִ֥י לְיִצְחָֽק׃ וַיֹּ֤אמֶר אֵלָיו֙ הָעֶ֔בֶד אוּלַי֙ ✶
לֹא־תֹאבֶ֣ה הָֽאִשָּׁ֔ה לָלֶ֥כֶת אַחֲרַ֖י אֶל־הָאָ֣רֶץ הַזֹּ֑את הֶֽהָשֵׁ֤ב
ו אָשִׁיב֙ אֶת־בִּנְךָ֔ אֶל־הָאָ֖רֶץ אֲשֶׁר־יָצָ֥אתָ מִשָּֽׁם׃ וַיֹּ֥אמֶר אֵלָ֖יו
ז אַבְרָהָ֑ם הִשָּׁ֣מֶר לְךָ֔ פֶּן־תָּשִׁ֥יב אֶת־בְּנִ֖י שָֽׁמָּה׃ יְהֹוָ֣ה ׀ אֱלֹהֵ֣י
הַשָּׁמַ֗יִם אֲשֶׁ֨ר לְקָחַ֜נִי מִבֵּ֣ית אָבִי֮ וּמֵאֶ֣רֶץ מוֹלַדְתִּי֒ וַאֲשֶׁ֧ר דִּבֶּר־
לִ֣י וַאֲשֶׁ֤ר נִשְׁבַּע־לִי֙ לֵאמֹ֔ר לְזַ֨רְעֲךָ֔ אֶתֵּ֖ן אֶת־הָאָ֣רֶץ הַזֹּ֑את
ח ה֗וּא יִשְׁלַ֤ח מַלְאָכוֹ֙ לְפָנֶ֔יךָ וְלָקַחְתָּ֥ אִשָּׁ֛ה לִבְנִ֖י מִשָּֽׁם׃ וְאִם־לֹ֨א
תֹאבֶ֤ה הָֽאִשָּׁה֙ לָלֶ֣כֶת אַחֲרֶ֔יךָ וְנִקִּ֕יתָ מִשְּׁבֻעָתִ֖י זֹ֑את רַ֣ק אֶת־
ט בְּנִ֔י לֹ֥א תָשֵׁ֖ב שָֽׁמָּה׃ וַיָּ֤שֶׂם הָעֶ֙בֶד֙ אֶת־יָד֔וֹ תַּ֛חַת יֶ֥רֶךְ אַבְרָהָ֖ם
י אֲדֹנָ֑יו וַיִּשָּׁ֣בַֽע ל֔וֹ עַל־הַדָּבָ֖ר הַזֶּֽה׃ וַיִּקַּ֣ח הָ֠עֶ֠בֶד עֲשָׂרָ֨ה גְמַלִּ֜ים שלישי
מִגְּמַלֵּ֤י אֲדֹנָיו֙ וַיֵּ֔לֶךְ וְכׇל־ט֥וּב אֲדֹנָ֖יו בְּיָד֑וֹ וַיָּ֣קׇם וַיֵּ֛לֶךְ אֶל־אֲרַ֥ם
יא נַהֲרַ֖יִם אֶל־עִ֥יר נָחֽוֹר׃ וַיַּבְרֵ֧ךְ הַגְּמַלִּ֛ים מִח֥וּץ לָעִ֖יר אֶל־בְּאֵ֣ר
יב הַמָּ֑יִם לְעֵ֣ת עֶ֔רֶב לְעֵ֖ת צֵ֥את הַשֹּׁאֲבֹֽת׃ וַיֹּאמַ֓ר ׀ יְהֹוָ֗ה אֱלֹהֵי֙
אֲדֹנִ֣י אַבְרָהָ֔ם הַקְרֵה־נָ֥א לְפָנַ֖י הַיּ֑וֹם וַעֲשֵׂה־חֶ֕סֶד עִ֖ם אֲדֹנִ֥י
יג אַבְרָהָֽם׃ הִנֵּ֛ה אָנֹכִ֥י נִצָּ֖ב עַל־עֵ֣ין הַמָּ֑יִם וּבְנוֹת֙ אַנְשֵׁ֣י הָעִ֔יר ✶

מלכה גם הוא בנים לנחור אחיך את עוץ בכרו ואת בוז
אחיו ואת קמואל אבי ארם ואת כשד ואת חזו ואת
פלדש ואת ידלף ואת בתואל ובתואל ילד את רבקה
שמנה אלה ילדה מלכה לנחור אחי אברהם ופילגשו
ושמה ראומה ותלד גם הוא את טבח ואת גחם ואת
תחש ואת מעכה

ויהיו חיי שרה מאה שנה ועשרים שנה ושבע שנים שני חיי
שרה ותמת שרה בקרית ארבע הוא חברון בארץ כנען
ויבא אברהם לספד לשרה ולבכתה ויקם אברהם מעל
פני מתו וידבר אל בני חת לאמר גר ותושב אנכי עמכם
תנו לי אחזת קבר עמכם ואקברה מתי מלפני ויענו בני
חת את אברהם לאמר לו שמענו אדני נשיא אלהים
אתה בתוכנו במבחר קברינו קבר את מתך איש ממנו את
קברו לא יכלה ממך מקבר מתך ויקם אברהם וישתחו
לעם הארץ לבני חת וידבר אתם לאמר אם יש את
נפשכם לקבר את מתי מלפני שמעוני ופגעו לי בעפרון
בן צחר ויתן לי את מערת המכפלה אשר לו אשר בקצה
שדהו בכסף מלא יתננה לי בתוככם לאחזת קבר ועפרון
ישב בתוך בני חת ויען עפרון החתי את אברהם באזני
בני חת לכל באי שער עירו לאמר לא אדני שמעני השדה
נתתי לך והמערה אשר בו לך נתתיה לעיני בני עמי נתתיה
לך קבר מתך וישתחו אברהם לפני עם הארץ וידבר
אל עפרון באזני עם הארץ לאמר אך אם אתה לו שמעני
נתתי כסף השדה קח ממני ואקברה את מתי שמה ויען
עפרון את אברהם לאמר לו אדני שמעני ארץ ארבע מאת
שקל כסף ביני ובינך מה הוא ואת מתך קבר וישמע
אברהם אל עפרון וישקל אברהם לעפרן את הכסף אשר

כא מִלְכָּה גַּם־הִוא בָּנִים לְנָחוֹר אָחִיךָ׃ אֶת־עוּץ בְּכֹרוֹ וְאֶת־בּוּז
כב אָחִיו וְאֶת־קְמוּאֵל אֲבִי אֲרָם׃ וְאֶת־כֶּשֶׂד וְאֶת־חֲזוֹ וְאֶת־
כג פִּלְדָּשׁ וְאֶת־יִדְלָף וְאֵת בְּתוּאֵל׃ וּבְתוּאֵל יָלַד אֶת־רִבְקָה
כד שְׁמֹנָה אֵלֶּה יָלְדָה מִלְכָּה לְנָחוֹר אֲחִי אַבְרָהָם׃ וּפִילַגְשׁוֹ
וּשְׁמָהּ רְאוּמָה וַתֵּלֶד גַּם־הִוא אֶת־טֶבַח וְאֶת־גַּחַם וְאֶת־
תַּחַשׁ וְאֶת־מַעֲכָה׃

כג א וַיִּהְיוּ חַיֵּי שָׂרָה מֵאָה שָׁנָה וְעֶשְׂרִים שָׁנָה וְשֶׁבַע שָׁנִים שְׁנֵי חַיֵּי חיי שרה
ב שָׂרָה׃ וַתָּמָת שָׂרָה בְּקִרְיַת אַרְבַּע הִוא חֶבְרוֹן בְּאֶרֶץ כְּנָעַן
ג וַיָּבֹא אַבְרָהָם לִסְפֹּד לְשָׂרָה וְלִבְכֹּתָהּ׃ וַיָּקָם אַבְרָהָם מֵעַל
ד פְּנֵי מֵתוֹ וַיְדַבֵּר אֶל־בְּנֵי־חֵת לֵאמֹר׃ גֵּר־וְתוֹשָׁב אָנֹכִי עִמָּכֶם
ה תְּנוּ לִי אֲחֻזַּת־קֶבֶר עִמָּכֶם וְאֶקְבְּרָה מֵתִי מִלְּפָנָי׃ וַיַּעֲנוּ בְנֵי־
ו חֵת אֶת־אַבְרָהָם לֵאמֹר לוֹ׃ שְׁמָעֵנוּ ׀ אֲדֹנִי נְשִׂיא אֱלֹהִים
אַתָּה בְּתוֹכֵנוּ בְּמִבְחַר קְבָרֵינוּ קְבֹר אֶת־מֵתֶךָ אִישׁ מִמֶּנּוּ אֶת־
ז קִבְרוֹ לֹא־יִכְלֶה מִמְּךָ מִקְּבֹר מֵתֶךָ׃ וַיָּקָם אַבְרָהָם וַיִּשְׁתַּחוּ
ח לְעַם־הָאָרֶץ לִבְנֵי־חֵת׃ וַיְדַבֵּר אִתָּם לֵאמֹר אִם־יֵשׁ אֶת־ *
נַפְשְׁכֶם לִקְבֹּר אֶת־מֵתִי מִלְּפָנַי שְׁמָעוּנִי וּפִגְעוּ־לִי בְּעֶפְרוֹן
ט בֶּן־צֹחַר׃ וְיִתֶּן־לִי אֶת־מְעָרַת הַמַּכְפֵּלָה אֲשֶׁר־לוֹ אֲשֶׁר בִּקְצֵה
י שָׂדֵהוּ בְּכֶסֶף מָלֵא יִתְּנֶנָּה לִּי בְּתוֹכְכֶם לַאֲחֻזַּת־קָבֶר׃ וְעֶפְרוֹן
יֹשֵׁב בְּתוֹךְ בְּנֵי־חֵת וַיַּעַן עֶפְרוֹן הַחִתִּי אֶת־אַבְרָהָם בְּאָזְנֵי
יא בְנֵי־חֵת לְכֹל בָּאֵי שַׁעַר־עִירוֹ לֵאמֹר׃ לֹא־אֲדֹנִי שְׁמָעֵנִי הַשָּׂדֶה
נָתַתִּי לָךְ וְהַמְּעָרָה אֲשֶׁר־בּוֹ לְךָ נְתַתִּיהָ לְעֵינֵי בְנֵי־עַמִּי נְתַתִּיהָ
יב יג לָּךְ קְבֹר מֵתֶךָ׃ וַיִּשְׁתַּחוּ אַבְרָהָם לִפְנֵי עַם־הָאָרֶץ׃ *וַיְדַבֵּר *
אֶל־עֶפְרוֹן בְּאָזְנֵי עַם־הָאָרֶץ לֵאמֹר אַךְ אִם־אַתָּה לוּ שְׁמָעֵנִי
יד נָתַתִּי כֶּסֶף הַשָּׂדֶה קַח מִמֶּנִּי וְאֶקְבְּרָה אֶת־מֵתִי שָׁמָּה׃ וַיַּעַן
טו עֶפְרוֹן אֶת־אַבְרָהָם לֵאמֹר לוֹ׃ אֲדֹנִי שְׁמָעֵנִי אֶרֶץ אַרְבַּע מֵאֹת
טז שֶׁקֶל־כֶּסֶף בֵּינִי וּבֵינְךָ מַה־הִוא וְאֶת־מֵתְךָ קְבֹר׃ וַיִּשְׁמַע
אַבְרָהָם אֶל־עֶפְרוֹן וַיִּשְׁקֹל אַבְרָהָם לְעֶפְרֹן אֶת־הַכֶּסֶף אֲשֶׁר

אמר לו האלהים ביום השלישי וישא אברהם את עיניו
וירא את המקום מרחק ויאמר אברהם אל נעריו שבו לכם
פה עם החמור ואני והנער נלכה עד כה ונשתחוה ונשובה
אליכם ויקח אברהם את עצי העלה וישם על יצחק בנו
ויקח בידו את האש ואת המאכלת וילכו שניהם יחדו
ויאמר יצחק אל אברהם אביו ויאמר אבי ויאמר הנני בני
ויאמר הנה האש והעצים ואיה השה לעלה ויאמר אברהם
אלהים יראה לו השה לעלה בני וילכו שניהם יחדו ויבאו
אל המקום אשר אמר לו האלהים ויבן שם אברהם את
המזבח ויערך את העצים ויעקד את יצחק בנו וישם אתו
על המזבח ממעל לעצים וישלח אברהם את ידו ויקח
את המאכלת לשחט את בנו ויקרא אליו מלאך יהוה
מן השמים ויאמר אברהם אברהם ויאמר הנני ויאמר אל
תשלח ידך אל הנער ואל תעש לו מאומה כי עתה ידעתי
כי ירא אלהים אתה ולא חשכת את בנך את יחידך ממני
וישא אברהם את עיניו וירא והנה איל אחר נאחז בסבך
בקרניו וילך אברהם ויקח את האיל ויעלהו לעלה תחת
בנו ויקרא אברהם שם המקום ההוא יהוה יראה אשר
יאמר היום בהר יהוה יראה ויקרא מלאך יהוה אל אברהם
שנית מן השמים ויאמר בי נשבעתי נאם יהוה כי יען אשר
עשית את הדבר הזה ולא חשכת את בנך את יחידך כי
ברך אברכך והרבה ארבה את זרעך ככוכבי השמים וכחול
אשר על שפת הים וירש זרעך את שער איביו והתברכו
בזרעך כל גויי הארץ עקב אשר שמעת בקלי וישב אברהם
אל נעריו ויקמו וילכו יחדו אל באר שבע וישב אברהם
בבאר שבע

ויהי אחרי הדברים האלה ויגד לאברהם לאמר הנה ילדה

ד אָמַר־לוֹ הָאֱלֹהִים׃ בַּיּוֹם הַשְּׁלִישִׁי וַיִּשָּׂא אַבְרָהָם אֶת־עֵינָיו ★
ה וַיַּרְא אֶת־הַמָּקוֹם מֵרָחֹק׃ וַיֹּאמֶר אַבְרָהָם אֶל־נְעָרָיו שְׁבוּ־לָכֶם
פֹּה עִם־הַחֲמוֹר וַאֲנִי וְהַנַּעַר נֵלְכָה עַד־כֹּה וְנִשְׁתַּחֲוֶה וְנָשׁוּבָה
ו אֲלֵיכֶם׃ וַיִּקַּח אַבְרָהָם אֶת־עֲצֵי הָעֹלָה וַיָּשֶׂם עַל־יִצְחָק בְּנוֹ
וַיִּקַּח בְּיָדוֹ אֶת־הָאֵשׁ וְאֶת־הַמַּאֲכֶלֶת וַיֵּלְכוּ שְׁנֵיהֶם יַחְדָּו׃
ז וַיֹּאמֶר יִצְחָק אֶל־אַבְרָהָם אָבִיו וַיֹּאמֶר אָבִי וַיֹּאמֶר הִנֶּנִּי בְנִי
ח וַיֹּאמֶר הִנֵּה הָאֵשׁ וְהָעֵצִים וְאַיֵּה הַשֶּׂה לְעֹלָה׃ וַיֹּאמֶר אַבְרָהָם
ט אֱלֹהִים יִרְאֶה־לּוֹ הַשֶּׂה לְעֹלָה בְּנִי וַיֵּלְכוּ שְׁנֵיהֶם יַחְדָּו׃ וַיָּבֹאוּ ★
אֶל־הַמָּקוֹם אֲשֶׁר אָמַר־לוֹ הָאֱלֹהִים וַיִּבֶן שָׁם אַבְרָהָם אֶת־
הַמִּזְבֵּחַ וַיַּעֲרֹךְ אֶת־הָעֵצִים וַיַּעֲקֹד אֶת־יִצְחָק בְּנוֹ וַיָּשֶׂם אֹתוֹ
י עַל־הַמִּזְבֵּחַ מִמַּעַל לָעֵצִים׃ וַיִּשְׁלַח אַבְרָהָם אֶת־יָדוֹ וַיִּקַּח
יא אֶת־הַמַּאֲכֶלֶת לִשְׁחֹט אֶת־בְּנוֹ׃ וַיִּקְרָא אֵלָיו מַלְאַךְ יְהוָה
יב מִן־הַשָּׁמַיִם וַיֹּאמֶר אַבְרָהָם ׀ אַבְרָהָם וַיֹּאמֶר הִנֵּנִי׃ וַיֹּאמֶר אַל־
תִּשְׁלַח יָדְךָ אֶל־הַנַּעַר וְאַל־תַּעַשׂ לוֹ מְאוּמָה כִּי ׀ עַתָּה יָדַעְתִּי
כִּי־יְרֵא אֱלֹהִים אַתָּה וְלֹא חָשַׂכְתָּ אֶת־בִּנְךָ אֶת־יְחִידְךָ מִמֶּנִּי׃
יג וַיִּשָּׂא אַבְרָהָם אֶת־עֵינָיו וַיַּרְא וְהִנֵּה־אַיִל אַחַר נֶאֱחַז בַּסְּבַךְ
בְּקַרְנָיו וַיֵּלֶךְ אַבְרָהָם וַיִּקַּח אֶת־הָאַיִל וַיַּעֲלֵהוּ לְעֹלָה תַּחַת
יד בְּנוֹ׃ וַיִּקְרָא אַבְרָהָם שֵׁם־הַמָּקוֹם הַהוּא יְהוָה ׀ יִרְאֶה אֲשֶׁר
טו יֵאָמֵר הַיּוֹם בְּהַר יְהוָה יֵרָאֶה׃ וַיִּקְרָא מַלְאַךְ יְהוָה אֶל־אַבְרָהָם ★
טז שֵׁנִית מִן־הַשָּׁמָיִם׃ וַיֹּאמֶר בִּי נִשְׁבַּעְתִּי נְאֻם־יְהוָה כִּי יַעַן אֲשֶׁר
יז עָשִׂיתָ אֶת־הַדָּבָר הַזֶּה וְלֹא חָשַׂכְתָּ אֶת־בִּנְךָ אֶת־יְחִידֶךָ׃ כִּי־
בָרֵךְ אֲבָרֶכְךָ וְהַרְבָּה אַרְבֶּה אֶת־זַרְעֲךָ כְּכוֹכְבֵי הַשָּׁמַיִם וְכַחוֹל
יח אֲשֶׁר עַל־שְׂפַת הַיָּם וְיִרַשׁ זַרְעֲךָ אֵת שַׁעַר אֹיְבָיו׃ וְהִתְבָּרְכוּ
יט בְזַרְעֲךָ כֹּל גּוֹיֵי הָאָרֶץ עֵקֶב אֲשֶׁר שָׁמַעְתָּ בְּקֹלִי׃ וַיָּשָׁב אַבְרָהָם
אֶל־נְעָרָיו וַיָּקֻמוּ וַיֵּלְכוּ יַחְדָּו אֶל־בְּאֵר שָׁבַע וַיֵּשֶׁב אַבְרָהָם
בִּבְאֵר שָׁבַע׃
כ וַיְהִי אַחֲרֵי הַדְּבָרִים הָאֵלֶּה וַיֻּגַּד לְאַבְרָהָם לֵאמֹר הִנֵּה יָלְדָה מפטיר ★

ותרא באר מים ותלך ותמלא את החמת מים ותשק את
הנער ויהי אלהים את הנער ויגדל וישב במדבר ויהי רבה
קשת וישב במדבר פארן ותקח לו אמו אשה מארץ
מצרים

ויהי בעת ההוא ויאמר אבימלך ופיכל שר צבאו אל אברהם
לאמר אלהים עמך בכל אשר אתה עשה ועתה השבעה
לי באלהים הנה אם תשקר לי ולניני ולנכדי כחסד אשר
עשיתי עמך תעשה עמדי ועם הארץ אשר גרתה בה
ויאמר אברהם אנכי אשבע והוכח אברהם את אבימלך
על אדות באר המים אשר גזלו עבדי אבימלך ויאמר
אבימלך לא ידעתי מי עשה את הדבר הזה וגם אתה לא
הגדת לי וגם אנכי לא שמעתי בלתי היום ויקח אברהם
צאן ובקר ויתן לאבימלך ויכרתו שניהם ברית ויצב
אברהם את שבע כבשת הצאן לבדהן ויאמר אבימלך אל
אברהם מה הנה שבע כבשת האלה אשר הצבת לבדנה
ויאמר כי את שבע כבשת תקח מידי בעבור תהיה לי
לעדה כי חפרתי את הבאר הזאת על כן קרא למקום
ההוא באר שבע כי שם נשבעו שניהם ויכרתו ברית בבאר
שבע ויקם אבימלך ופיכל שר צבאו וישבו אל ארץ פלשתים
ויטע אשל בבאר שבע ויקרא שם בשם יהוה אל עולם
ויגר אברהם בארץ פלשתים ימים רבים

ויהי אחר הדברים האלה והאלהים נסה את אברהם ויאמר
אליו אברהם ויאמר הנני ויאמר קח נא את בנך את
יחידך אשר אהבת את יצחק ולך לך אל ארץ המריה
והעלהו שם לעלה על אחד ההרים אשר אמר אליך וישכם
אברהם בבקר ויחבש את חמרו ויקח את שני נעריו אתו
ואת יצחק בנו ויבקע עצי עלה ויקם וילך אל המקום אשר

וַתֵּרֶא בְּאֵר מָיִם וַתֵּלֶךְ וַתְּמַלֵּא אֶת־הַחֵמֶת מַיִם וַתַּשְׁקְ אֶת־
כ הַנָּעַר׃ וַיְהִי אֱלֹהִים אֶת־הַנַּעַר וַיִּגְדָּל וַיֵּשֶׁב בַּמִּדְבָּר וַיְהִי רֹבֶה
כא קַשָּׁת׃ וַיֵּשֶׁב בְּמִדְבַּר פָּארָן וַתִּקַּח־לוֹ אִמּוֹ אִשָּׁה מֵאֶרֶץ
מִצְרָיִם׃
כב וַיְהִי בָּעֵת הַהִוא וַיֹּאמֶר אֲבִימֶלֶךְ וּפִיכֹל שַׂר־צְבָאוֹ אֶל־אַבְרָהָם ששי
כג לֵאמֹר אֱלֹהִים עִמְּךָ בְּכֹל אֲשֶׁר־אַתָּה עֹשֶׂה׃ וְעַתָּה הִשָּׁבְעָה
לִּי בֵאלֹהִים הֵנָּה אִם־תִּשְׁקֹר לִי וּלְנִינִי וּלְנֶכְדִּי כַּחֶסֶד אֲשֶׁר־
עָשִׂיתִי עִמְּךָ תַּעֲשֶׂה עִמָּדִי וְעִם־הָאָרֶץ אֲשֶׁר־גַּרְתָּה בָּהּ׃
כד כה וַיֹּאמֶר אַבְרָהָם אָנֹכִי אִשָּׁבֵעַ׃ * וְהוֹכִחַ אַבְרָהָם אֶת־אֲבִימֶלֶךְ *
כו עַל־אֹדוֹת בְּאֵר הַמַּיִם אֲשֶׁר גָּזְלוּ עַבְדֵי אֲבִימֶלֶךְ׃ וַיֹּאמֶר
אֲבִימֶלֶךְ לֹא יָדַעְתִּי מִי עָשָׂה אֶת־הַדָּבָר הַזֶּה וְגַם־אַתָּה לֹא־
כז הִגַּדְתָּ לִּי וְגַם אָנֹכִי לֹא שָׁמַעְתִּי בִּלְתִּי הַיּוֹם׃ וַיִּקַּח אַבְרָהָם
כח צֹאן וּבָקָר וַיִּתֵּן לַאֲבִימֶלֶךְ וַיִּכְרְתוּ שְׁנֵיהֶם בְּרִית׃ וַיַּצֵּב *
כט אַבְרָהָם אֶת־שֶׁבַע כִּבְשֹׂת הַצֹּאן לְבַדְּהֶן׃ וַיֹּאמֶר אֲבִימֶלֶךְ אֶל־
אַבְרָהָם מָה הֵנָּה שֶׁבַע כְּבָשֹׂת הָאֵלֶּה אֲשֶׁר הִצַּבְתָּ לְבַדָּנָה׃
ל וַיֹּאמֶר כִּי אֶת־שֶׁבַע כְּבָשֹׂת תִּקַּח מִיָּדִי בַּעֲבוּר תִּהְיֶה־לִּי
לא לְעֵדָה כִּי חָפַרְתִּי אֶת־הַבְּאֵר הַזֹּאת׃ עַל־כֵּן קָרָא לַמָּקוֹם *
לב הַהוּא בְּאֵר שָׁבַע כִּי שָׁם נִשְׁבְּעוּ שְׁנֵיהֶם׃ וַיִּכְרְתוּ בְרִית בִּבְאֵר
שָׁבַע וַיָּקָם אֲבִימֶלֶךְ וּפִיכֹל שַׂר־צְבָאוֹ וַיָּשֻׁבוּ אֶל־אֶרֶץ פְּלִשְׁתִּים׃
לג וַיִּטַּע אֶשֶׁל בִּבְאֵר שָׁבַע וַיִּקְרָא־שָׁם בְּשֵׁם יהוה אֵל עוֹלָם׃
לד וַיָּגָר אַבְרָהָם בְּאֶרֶץ פְּלִשְׁתִּים יָמִים רַבִּים׃
כב א וַיְהִי אַחַר הַדְּבָרִים הָאֵלֶּה וְהָאֱלֹהִים נִסָּה אֶת־אַבְרָהָם וַיֹּאמֶר יט שביעי
ב אֵלָיו אַבְרָהָם וַיֹּאמֶר הִנֵּנִי׃ וַיֹּאמֶר קַח־נָא אֶת־בִּנְךָ אֶת־
יְחִידְךָ אֲשֶׁר־אָהַבְתָּ אֶת־יִצְחָק וְלֶךְ־לְךָ אֶל־אֶרֶץ הַמֹּרִיָּה
ג וְהַעֲלֵהוּ שָׁם לְעֹלָה עַל אַחַד הֶהָרִים אֲשֶׁר אֹמַר אֵלֶיךָ׃ וַיַּשְׁכֵּם
אַבְרָהָם בַּבֹּקֶר וַיַּחֲבֹשׁ אֶת־חֲמֹרוֹ וַיִּקַּח אֶת־שְׁנֵי נְעָרָיו אִתּוֹ
וְאֵת יִצְחָק בְּנוֹ וַיְבַקַּע עֲצֵי עֹלָה וַיָּקָם וַיֵּלֶךְ אֶל־הַמָּקוֹם אֲשֶׁר־

את אבימלך ואת אשתו ואמהתיו וילדו כי עצר עצר
יהוה בעד כל רחם לבית אבימלך על דבר שרה אשת
אברהם ויהוה פקד את שרה כאשר אמר
ויעש יהוה לשרה כאשר דבר ותהר ותלד שרה לאברהם
בן לזקניו למועד אשר דבר אתו אלהים ויקרא אברהם
את שם בנו הנולד לו אשר ילדה לו שרה יצחק וימל
אברהם את יצחק בנו בן שמנת ימים כאשר צוה אתו
אלהים ואברהם בן מאת שנה בהולד לו את יצחק בנו
ותאמר שרה צחק עשה לי אלהים כל השמע יצחק לי
ותאמר מי מלל לאברהם היניקה בנים שרה כי ילדתי בן
לזקניו ויגדל הילד ויגמל ויעש אברהם משתה גדול ביום
הגמל את יצחק ותרא שרה את בן הגר המצרית אשר
ילדה לאברהם מצחק ותאמר לאברהם גרש האמה הזאת
ואת בנה כי לא יירש בן האמה הזאת עם בני עם יצחק
וירע הדבר מאד בעיני אברהם על אודת בנו ויאמר אלהים
אל אברהם אל ירע בעיניך על הנער ועל אמתך כל אשר
תאמר אליך שרה שמע בקלה כי ביצחק יקרא לך זרע וגם
את בן האמה לגוי אשימנו כי זרעך הוא וישכם אברהם
בבקר ויקח לחם וחמת מים ויתן אל הגר שם על שכמה
ואת הילד וישלחה ותלך ותתע במדבר באר שבע ויכלו
המים מן החמת ותשלך את הילד תחת אחד השיחם ותלך
ותשב לה מנגד הרחק כמטחוי קשת כי אמרה אל אראה
במות הילד ותשב מנגד ותשא את קלה ותבך וישמע
אלהים את קול הנער ויקרא מלאך אלהים אל הגר מן
השמים ויאמר לה מה לך הגר אל תיראי כי שמע אלהים
אל קול הנער באשר הוא שם קומי שאי את הנער והחזיקי
את ידך בו כי לגוי גדול אשימנו ויפקח אלהים את עיניה

יח אֶת־אֲבִימֶלֶךְ וְאֶת־אִשְׁתּוֹ וְאַמְהֹתָיו וַיֵּלֵדוּ׃ כִּי־עָצֹר עָצַר
יְהוָה בְּעַד כָּל־רֶחֶם לְבֵית אֲבִימֶלֶךְ עַל־דְּבַר שָׂרָה אֵשֶׁת
כא א אַבְרָהָם׃ וַיהוָה פָּקַד אֶת־שָׂרָה כַּאֲשֶׁר אָמָר יח ★
ב וַיַּעַשׂ יְהוָה לְשָׂרָה כַּאֲשֶׁר דִּבֵּר׃ וַתַּהַר וַתֵּלֶד שָׂרָה לְאַבְרָהָם
ג בֵּן לִזְקֻנָיו לַמּוֹעֵד אֲשֶׁר־דִּבֶּר אֹתוֹ אֱלֹהִים׃ וַיִּקְרָא אַבְרָהָם
ד אֶת־שֶׁם־בְּנוֹ הַנּוֹלַד־לוֹ אֲשֶׁר־יָלְדָה־לּוֹ שָׂרָה יִצְחָק׃ וַיָּמָל
אַבְרָהָם אֶת־יִצְחָק בְּנוֹ בֶּן־שְׁמֹנַת יָמִים כַּאֲשֶׁר צִוָּה אֹתוֹ
ה אֱלֹהִים׃ ★ וְאַבְרָהָם בֶּן־מְאַת שָׁנָה בְּהִוָּלֶד לוֹ אֵת יִצְחָק בְּנוֹ׃ חמישי
ו וַתֹּאמֶר שָׂרָה צְחֹק עָשָׂה לִי אֱלֹהִים כָּל־הַשֹּׁמֵעַ יִצְחַק־לִי׃
ז וַתֹּאמֶר מִי מִלֵּל לְאַבְרָהָם הֵינִיקָה בָנִים שָׂרָה כִּי־יָלַדְתִּי בֵן
ח לִזְקֻנָיו׃ וַיִּגְדַּל הַיֶּלֶד וַיִּגָּמַל וַיַּעַשׂ אַבְרָהָם מִשְׁתֶּה גָדוֹל בְּיוֹם
ט הִגָּמֵל אֶת־יִצְחָק׃ וַתֵּרֶא שָׂרָה אֶת־בֶּן־הָגָר הַמִּצְרִית אֲשֶׁר־
י יָלְדָה לְאַבְרָהָם מְצַחֵק׃ וַתֹּאמֶר לְאַבְרָהָם גָּרֵשׁ הָאָמָה הַזֹּאת
וְאֶת־בְּנָהּ כִּי לֹא יִירַשׁ בֶּן־הָאָמָה הַזֹּאת עִם־בְּנִי עִם־יִצְחָק׃
יא יב וַיֵּרַע הַדָּבָר מְאֹד בְּעֵינֵי אַבְרָהָם עַל אוֹדֹת בְּנוֹ׃ וַיֹּאמֶר אֱלֹהִים
אֶל־אַבְרָהָם אַל־יֵרַע בְּעֵינֶיךָ עַל־הַנַּעַר וְעַל־אֲמָתֶךָ כֹּל אֲשֶׁר
יג תֹּאמַר אֵלֶיךָ שָׂרָה שְׁמַע בְּקֹלָהּ כִּי בְיִצְחָק יִקָּרֵא לְךָ זָרַע׃ וְגַם ★
יד אֶת־בֶּן־הָאָמָה לְגוֹי אֲשִׂימֶנּוּ כִּי זַרְעֲךָ הוּא׃ וַיַּשְׁכֵּם אַבְרָהָם ׀
בַּבֹּקֶר וַיִּקַּח־לֶחֶם וְחֵמַת מַיִם וַיִּתֵּן אֶל־הָגָר שָׂם עַל־שִׁכְמָהּ
טו וְאֶת־הַיֶּלֶד וַיְשַׁלְּחֶהָ וַתֵּלֶךְ וַתֵּתַע בְּמִדְבַּר בְּאֵר שָׁבַע׃ וַיִּכְלוּ
טז הַמַּיִם מִן־הַחֵמֶת וַתַּשְׁלֵךְ אֶת־הַיֶּלֶד תַּחַת אַחַד הַשִּׂיחִם׃ וַתֵּלֶךְ
וַתֵּשֶׁב לָהּ מִנֶּגֶד הַרְחֵק כִּמְטַחֲוֵי קֶשֶׁת כִּי אָמְרָה אַל־אֶרְאֶה
יז בְּמוֹת הַיָּלֶד וַתֵּשֶׁב מִנֶּגֶד וַתִּשָּׂא אֶת־קֹלָהּ וַתֵּבְךְּ׃ וַיִּשְׁמַע
אֱלֹהִים אֶת־קוֹל הַנַּעַר וַיִּקְרָא מַלְאַךְ אֱלֹהִים ׀ אֶל־הָגָר מִן־
הַשָּׁמַיִם וַיֹּאמֶר לָהּ מַה־לָּךְ הָגָר אַל־תִּירְאִי כִּי־שָׁמַע אֱלֹהִים
יח אֶל־קוֹל הַנַּעַר בַּאֲשֶׁר הוּא־שָׁם׃ קוּמִי שְׂאִי אֶת־הַנַּעַר וְהַחֲזִיקִי ★
יט אֶת־יָדֵךְ בּוֹ כִּי־לְגוֹי גָּדוֹל אֲשִׂימֶנּוּ׃ וַיִּפְקַח אֱלֹהִים אֶת־עֵינֶיהָ

אבי בני עמון עד היום    ויסע משם אברהם
ארצה הנגב וישב בין קדש ובין שור ויגר בגרר  ויאמר
אברהם אל שרה אשתו אחתי הוא וישלח אבימלך מלך
גרר ויקח את שרה  ויבא אלהים אל אבימלך בחלום הלילה
ויאמר לו הנך מת על האשה אשר לקחת והוא בעלת בעל
ואבימלך לא קרב אליה ויאמר אדני הגוי גם צדיק תהרג
הלא הוא אמר לי אחתי הוא והיא גם הוא אמרה אחי הוא
בתם לבבי ובנקין כפי עשיתי זאת  ויאמר אליו האלהים
בחלם גם אנכי ידעתי כי בתם לבבך עשית זאת ואחשך
גם אנכי אותך מחטו לי על כן לא נתתיך לנגע אליה
ועתה השב אשת האיש כי נביא הוא ויתפלל בעדך וחיה
ואם אינך משיב דע כי מות תמות אתה וכל אשר לך
וישכם אבימלך בבקר ויקרא לכל עבדיו וידבר את כל
הדברים האלה באזניהם וייראו האנשים מאד  ויקרא
אבימלך לאברהם ויאמר לו מה עשית לנו ומה חטאתי לך
כי הבאת עלי ועל ממלכתי חטאה גדלה מעשים אשר לא
יעשו עשית עמדי  ויאמר אבימלך אל אברהם מה ראית
כי עשית את הדבר הזה  ויאמר אברהם כי אמרתי רק
אין יראת אלהים במקום הזה והרגוני על דבר אשתי  וגם
אמנה אחתי בת אבי הוא אך לא בת אמי ותהי לי לאשה
ויהי כאשר התעו אתי אלהים מבית אבי ואמר לה זה
חסדך אשר תעשי עמדי אל כל המקום אשר נבוא שמה
אמרי לי אחי הוא  ויקח אבימלך צאן ובקר ועבדים ושפחת
ויתן לאברהם וישב לו את שרה אשתו  ויאמר אבימלך
הנה ארצי לפניך בטוב בעיניך שב  ולשרה אמר הנה נתתי
אלף כסף לאחיך הנה הוא לך כסות עינים לכל אשר אתך
ואת כל ונכחת  ויתפלל אברהם אל האלהים וירפא אלהים

א אֲבִי בְנֵי־עַמּוֹן עַד־הַיּוֹם׃ וַיִּסַּע מִשָּׁם אַבְרָהָם יז
ב אַרְצָה הַנֶּגֶב וַיֵּשֶׁב בֵּין־קָדֵשׁ וּבֵין שׁוּר וַיָּגָר בִּגְרָר׃ וַיֹּאמֶר
אַבְרָהָם אֶל־שָׂרָה אִשְׁתּוֹ אֲחֹתִי הִוא וַיִּשְׁלַח אֲבִימֶלֶךְ מֶלֶךְ
ג גְּרָר וַיִּקַּח אֶת־שָׂרָה׃ וַיָּבֹא אֱלֹהִים אֶל־אֲבִימֶלֶךְ בַּחֲלוֹם הַלָּיְלָה
וַיֹּאמֶר לוֹ הִנְּךָ מֵת עַל־הָאִשָּׁה אֲשֶׁר־לָקַחְתָּ וְהִוא בְּעֻלַת בָּעַל׃
ד וַאֲבִימֶלֶךְ לֹא קָרַב אֵלֶיהָ וַיֹּאמַר אֲדֹנָי הֲגוֹי גַּם־צַדִּיק תַּהֲרֹג׃
ה הֲלֹא הוּא אָמַר־לִי אֲחֹתִי הִוא וְהִיא־גַם־הִוא אָמְרָה אָחִי הוּא
ו בְּתָם־לְבָבִי וּבְנִקְיֹן כַּפַּי עָשִׂיתִי זֹאת׃ וַיֹּאמֶר אֵלָיו הָאֱלֹהִים
בַּחֲלֹם גַּם אָנֹכִי יָדַעְתִּי כִּי בְתָם־לְבָבְךָ עָשִׂיתָ זֹּאת וָאֶחְשֹׂךְ
גַּם־אָנֹכִי אוֹתְךָ מֵחֲטוֹ־לִי עַל־כֵּן לֹא־נְתַתִּיךָ לִנְגֹּעַ אֵלֶיהָ׃
ז וְעַתָּה הָשֵׁב אֵשֶׁת־הָאִישׁ כִּי־נָבִיא הוּא וְיִתְפַּלֵּל בַּעַדְךָ וֶחְיֵה
וְאִם־אֵינְךָ מֵשִׁיב דַּע כִּי־מוֹת תָּמוּת אַתָּה וְכָל־אֲשֶׁר־לָךְ׃
ח וַיַּשְׁכֵּם אֲבִימֶלֶךְ בַּבֹּקֶר וַיִּקְרָא לְכָל־עֲבָדָיו וַיְדַבֵּר אֶת־כָּל־
ט הַדְּבָרִים הָאֵלֶּה בְּאָזְנֵיהֶם וַיִּירְאוּ הָאֲנָשִׁים מְאֹד׃ וַיִּקְרָא
אֲבִימֶלֶךְ לְאַבְרָהָם וַיֹּאמֶר לוֹ מֶה־עָשִׂיתָ לָּנוּ וּמֶה־חָטָאתִי לָךְ
כִּי־הֵבֵאתָ עָלַי וְעַל־מַמְלַכְתִּי חֲטָאָה גְדֹלָה מַעֲשִׂים אֲשֶׁר לֹא־
י יֵעָשׂוּ עָשִׂיתָ עִמָּדִי׃ וַיֹּאמֶר אֲבִימֶלֶךְ אֶל־אַבְרָהָם מָה רָאִיתָ
יא כִּי עָשִׂיתָ אֶת־הַדָּבָר הַזֶּה׃ וַיֹּאמֶר אַבְרָהָם כִּי אָמַרְתִּי רַק
יב אֵין־יִרְאַת אֱלֹהִים בַּמָּקוֹם הַזֶּה וַהֲרָגוּנִי עַל־דְּבַר אִשְׁתִּי׃ וְגַם־
אָמְנָה אֲחֹתִי בַת־אָבִי הִוא אַךְ לֹא בַת־אִמִּי וַתְּהִי־לִי לְאִשָּׁה׃
יג וַיְהִי כַּאֲשֶׁר הִתְעוּ אֹתִי אֱלֹהִים מִבֵּית אָבִי וָאֹמַר לָהּ זֶה
חַסְדֵּךְ אֲשֶׁר תַּעֲשִׂי עִמָּדִי אֶל כָּל־הַמָּקוֹם אֲשֶׁר נָבוֹא שָׁמָּה
יד אִמְרִי־לִי אָחִי הוּא׃ וַיִּקַּח אֲבִימֶלֶךְ צֹאן וּבָקָר וַעֲבָדִים וּשְׁפָחֹת
טו וַיִּתֵּן לְאַבְרָהָם וַיָּשֶׁב לוֹ אֵת שָׂרָה אִשְׁתּוֹ׃ וַיֹּאמֶר אֲבִימֶלֶךְ ★
טז הִנֵּה אַרְצִי לְפָנֶיךָ בַּטּוֹב בְּעֵינֶיךָ שֵׁב׃ וּלְשָׂרָה אָמַר הִנֵּה נָתַתִּי
אֶלֶף כֶּסֶף לְאָחִיךְ הִנֵּה הוּא־לָךְ כְּסוּת עֵינַיִם לְכֹל אֲשֶׁר אִתָּךְ
יז וְאֵת־כֹּל וְנֹכָחַת׃ וַיִּתְפַּלֵּל אַבְרָהָם אֶל־הָאֱלֹהִים וַיִּרְפָּא אֱלֹהִים

את נפשי ואנכי לא אוכל להמלט ההרה פן תדבקני הרעה
ומתי הנה נא העיר הזאת קרבה לנוס שמה והוא מצער
אמלטה נא שמה הלא מצער הוא ותחי נפשי ויאמר אליו
הנה נשאתי פניך גם לדבר הזה לבלתי הפכי את העיר
אשר דברת מהר המלט שמה כי לא אוכל לעשות דבר
עד באך שמה על כן קרא שם העיר צוער השמש יצא
על הארץ ולוט בא צערה ויהוה המטיר על סדם ועל
עמרה גפרית ואש מאת יהוה מן השמים ויהפך את הערים
האל ואת כל הככר ואת כל ישבי הערים וצמח האדמה
ותבט אשתו מאחריו ותהי נציב מלח וישכם אברהם בבקר
אל המקום אשר עמד שם את פני יהוה וישקף על פני
סדם ועמרה ועל כל פני ארץ הככר וירא והנה עלה קיטר
הארץ כקיטר הכבשן ויהי בשחת אלהים את ערי הככר
ויזכר אלהים את אברהם וישלח את לוט מתוך ההפכה
בהפך את הערים אשר ישב בהן לוט ויעל לוט מצוער
וישב בהר ושתי בנתיו עמו כי ירא לשבת בצוער וישב
במערה הוא ושתי בנתיו ותאמר הבכירה אל הצעירה
אבינו זקן ואיש אין בארץ לבוא עלינו כדרך כל הארץ
לכה נשקה את אבינו יין ונשכבה עמו ונחיה מאבינו זרע
ותשקין את אביהן יין בלילה הוא ותבא הבכירה ותשכב
את אביה ולא ידע בשכבה ובקומה ויהי ממחרת ותאמר
הבכירה אל הצעירה הן שכבתי אמש את אבי נשקנו יין
גם הלילה ובאי שכבי עמו ונחיה מאבינו זרע ותשקין גם
בלילה ההוא את אביהן יין ותקם הצעירה ותשכב עמו
ולא ידע בשכבה ובקמה ותהרין שתי בנות לוט מאביהן
ותלד הבכירה בן ותקרא שמו מואב הוא אבי מואב עד
היום והצעירה גם הוא ילדה בן ותקרא שמו בן עמי הוא

אֶת־נַפְשִׁי וְאָנֹכִי לֹא אוּכַל לְהִמָּלֵט הָהָרָה פֶּן־תִּדְבָּקַנִי הָרָעָה
כ וָמַתִּי׃ הִנֵּה־נָא הָעִיר הַזֹּאת קְרֹבָה לָנוּס שָׁמָּה וְהִוא מִצְעָר
כא אִמָּלְטָה נָּא שָׁמָּה הֲלֹא מִצְעָר הִוא וּתְחִי נַפְשִׁי׃ וַיֹּאמֶר אֵלָיו רביעי
הִנֵּה נָשָׂאתִי פָנֶיךָ גַּם לַדָּבָר הַזֶּה לְבִלְתִּי הָפְכִּי אֶת־הָעִיר
כב אֲשֶׁר דִּבַּרְתָּ׃ מַהֵר הִמָּלֵט שָׁמָּה כִּי לֹא אוּכַל לַעֲשׂוֹת דָּבָר
כג עַד־בֹּאֲךָ שָׁמָּה עַל־כֵּן קָרָא שֵׁם־הָעִיר צוֹעַר׃ הַשֶּׁמֶשׁ יָצָא
כד עַל־הָאָרֶץ וְלוֹט בָּא צֹעֲרָה׃ וַיהוָה הִמְטִיר עַל־סְדֹם וְעַל־
כה עֲמֹרָה גָּפְרִית וָאֵשׁ מֵאֵת יְהוָה מִן־הַשָּׁמָיִם׃ וַיַּהֲפֹךְ אֶת־הֶעָרִים
הָאֵל וְאֵת כָּל־הַכִּכָּר וְאֵת כָּל־יֹשְׁבֵי הֶעָרִים וְצֶמַח הָאֲדָמָה׃
כו כז וַתַּבֵּט אִשְׁתּוֹ מֵאַחֲרָיו וַתְּהִי נְצִיב מֶלַח׃ וַיַּשְׁכֵּם אַבְרָהָם בַּבֹּקֶר
כח אֶל־הַמָּקוֹם אֲשֶׁר־עָמַד שָׁם אֶת־פְּנֵי יְהוָה׃ וַיַּשְׁקֵף עַל־פְּנֵי
סְדֹם וַעֲמֹרָה וְעַל כָּל־פְּנֵי אֶרֶץ הַכִּכָּר וַיַּרְא וְהִנֵּה עָלָה קִיטֹר
כט הָאָרֶץ כְּקִיטֹר הַכִּבְשָׁן׃ וַיְהִי בְּשַׁחֵת אֱלֹהִים אֶת־עָרֵי הַכִּכָּר
וַיִּזְכֹּר אֱלֹהִים אֶת־אַבְרָהָם וַיְשַׁלַּח אֶת־לוֹט מִתּוֹךְ הַהֲפֵכָה
ל בַּהֲפֹךְ אֶת־הֶעָרִים אֲשֶׁר־יָשַׁב בָּהֵן לוֹט׃ וַיַּעַל לוֹט מִצּוֹעַר ✶
וַיֵּשֶׁב בָּהָר וּשְׁתֵּי בְנֹתָיו עִמּוֹ כִּי יָרֵא לָשֶׁבֶת בְּצוֹעַר וַיֵּשֶׁב
לא בַּמְּעָרָה הוּא וּשְׁתֵּי בְנֹתָיו׃ וַתֹּאמֶר הַבְּכִירָה אֶל־הַצְּעִירָה
אָבִינוּ זָקֵן וְאִישׁ אֵין בָּאָרֶץ לָבוֹא עָלֵינוּ כְּדֶרֶךְ כָּל־הָאָרֶץ׃
לב לְכָה נַשְׁקֶה אֶת־אָבִינוּ יַיִן וְנִשְׁכְּבָה עִמּוֹ וּנְחַיֶּה מֵאָבִינוּ זָרַע׃
לג וַתַּשְׁקֶיןָ אֶת־אֲבִיהֶן יַיִן בַּלַּיְלָה הוּא וַתָּבֹא הַבְּכִירָה וַתִּשְׁכַּב
לד אֶת־אָבִיהָ וְלֹא־יָדַע בְּשִׁכְבָהּ וּבְקוּמָהּ׃ וַיְהִי מִמָּחֳרָת וַתֹּאמֶר
הַבְּכִירָה אֶל־הַצְּעִירָה הֵן־שָׁכַבְתִּי אֶמֶשׁ אֶת־אָבִי נַשְׁקֶנּוּ יַיִן
לה גַּם־הַלַּיְלָה וּבֹאִי שִׁכְבִי עִמּוֹ וּנְחַיֶּה מֵאָבִינוּ זָרַע׃ וַתַּשְׁקֶיןָ גַּם
בַּלַּיְלָה הַהוּא אֶת־אֲבִיהֶן יָיִן וַתָּקָם הַצְּעִירָה וַתִּשְׁכַּב עִמּוֹ
לו וְלֹא־יָדַע בְּשִׁכְבָהּ וּבְקֻמָהּ׃ וַתַּהֲרֶיןָ שְׁתֵּי בְנוֹת־לוֹט מֵאֲבִיהֶן׃
לז וַתֵּלֶד הַבְּכִירָה בֵּן וַתִּקְרָא שְׁמוֹ מוֹאָב הוּא אֲבִי־מוֹאָב עַד־
לח הַיּוֹם׃ וְהַצְּעִירָה גַם־הִוא יָלְדָה בֵּן וַתִּקְרָא שְׁמוֹ בֶּן־עַמִּי הוּא

והשכמתם והלכתם לדרככם ויאמרו לא כי ברחוב נלין
ויפצר בם מאד ויסרו אליו ויבאו אל ביתו ויעש להם משתה
ומצות אפה ויאכלו טרם ישכבו ואנשי העיר אנשי סדם
נסבו על הבית מנער ועד זקן כל העם מקצה ויקראו אל
לוט ויאמרו לו איה האנשים אשר באו אליך הלילה הוציאם
אלינו ונדעה אתם ויצא אלהם לוט הפתחה והדלת סגר
אחריו ויאמר אל נא אחי תרעו הנה נא לי שתי בנות
אשר לא ידעו איש אוציאה נא אתהן אליכם ועשו להן
כטוב בעיניכם רק לאנשים האל אל תעשו דבר כי על
כן באו בצל קרתי ויאמרו גש הלאה ויאמרו האחד בא
לגור וישפט שפוט עתה נרע לך מהם ויפצרו באיש בלוט
מאד ויגשו לשבר הדלת וישלחו האנשים את ידם ויביאו
את לוט אליהם הביתה ואת הדלת סגרו ואת האנשים
אשר פתח הבית הכו בסנורים מקטן ועד גדול וילאו למצא
הפתח ויאמרו האנשים אל לוט עד מי לך פה חתן ובניך
ובנתיך וכל אשר לך בעיר הוצא מן המקום כי משחתים
אנחנו את המקום הזה כי גדלה צעקתם את פני יהוה
וישלחנו יהוה לשחתה ויצא לוט וידבר אל חתניו לקחי
בנתיו ויאמר קומו צאו מן המקום הזה כי משחית יהוה
את העיר ויהי כמצחק בעיני חתניו וכמו השחר עלה ויאיצו
המלאכים בלוט לאמר קום קח את אשתך ואת שתי בנתיך
הנמצאת פן תספה בעון העיר ויתמהמה ויחזיקו האנשים
בידו וביד אשתו וביד שתי בנתיו בחמלת יהוה עליו ויצאהו
וינחהו מחוץ לעיר ויהי כהוציאם אתם החוצה ויאמר המלט
על נפשך אל תביט אחריך ואל תעמד בכל הככר ההרה
המלט פן תספה ויאמר לוט אלהם אל נא אדני הנה נא
מצא עבדך חן בעיניך ותגדל חסדך אשר עשית עמדי להחיות

וְהִשְׁכַּמְתֶּם וַהֲלַכְתֶּם לְדַרְכְּכֶם וַיֹּאמְרוּ לֹּא כִּי בָרְחוֹב נָלִין׃
ג וַיִּפְצַר־בָּם מְאֹד וַיָּסֻרוּ אֵלָיו וַיָּבֹאוּ אֶל־בֵּיתוֹ וַיַּעַשׂ לָהֶם מִשְׁתֶּה
ד וּמַצּוֹת אָפָה וַיֹּאכֵלוּ׃ טֶרֶם יִשְׁכָּבוּ וְאַנְשֵׁי הָעִיר אַנְשֵׁי סְדֹם
ה נָסַבּוּ עַל־הַבַּיִת מִנַּעַר וְעַד־זָקֵן כָּל־הָעָם מִקָּצֶה׃ וַיִּקְרְאוּ אֶל־
לוֹט וַיֹּאמְרוּ לוֹ אַיֵּה הָאֲנָשִׁים אֲשֶׁר־בָּאוּ אֵלֶיךָ הַלָּיְלָה הוֹצִיאֵם
ו אֵלֵינוּ וְנֵדְעָה אֹתָם׃ וַיֵּצֵא אֲלֵהֶם לוֹט הַפֶּתְחָה וְהַדֶּלֶת סָגַר
ז ח אַחֲרָיו׃ וַיֹּאמַר אַל־נָא אַחַי תָּרֵעוּ׃ הִנֵּה־נָא לִי שְׁתֵּי בָנוֹת
אֲשֶׁר לֹא־יָדְעוּ אִישׁ אוֹצִיאָה־נָּא אֶתְהֶן אֲלֵיכֶם וַעֲשׂוּ לָהֶן
כַּטּוֹב בְּעֵינֵיכֶם רַק לָאֲנָשִׁים הָאֵל אַל־תַּעֲשׂוּ דָבָר כִּי־עַל־
ט כֵּן בָּאוּ בְּצֵל קֹרָתִי׃ וַיֹּאמְרוּ ׀ גֶּשׁ־הָלְאָה וַיֹּאמְרוּ הָאֶחָד בָּא־
לָגוּר וַיִּשְׁפֹּט שָׁפוֹט עַתָּה נָרַע לְךָ מֵהֶם וַיִּפְצְרוּ בָאִישׁ בְּלוֹט
י מְאֹד וַיִּגְּשׁוּ לִשְׁבֹּר הַדָּלֶת׃ וַיִּשְׁלְחוּ הָאֲנָשִׁים אֶת־יָדָם וַיָּבִיאוּ
יא אֶת־לוֹט אֲלֵיהֶם הַבָּיְתָה וְאֶת־הַדֶּלֶת סָגָרוּ׃ וְאֶת־הָאֲנָשִׁים
אֲשֶׁר־פֶּתַח הַבַּיִת הִכּוּ בַּסַּנְוֵרִים מִקָּטֹן וְעַד־גָּדוֹל וַיִּלְאוּ לִמְצֹא
יב הַפָּתַח׃ וַיֹּאמְרוּ הָאֲנָשִׁים אֶל־לוֹט עֹד מִי־לְךָ פֹה חָתָן וּבָנֶיךָ
יג וּבְנֹתֶיךָ וְכֹל אֲשֶׁר־לְךָ בָּעִיר הוֹצֵא מִן־הַמָּקוֹם׃ כִּי־מַשְׁחִתִים
אֲנַחְנוּ אֶת־הַמָּקוֹם הַזֶּה כִּי־גָדְלָה צַעֲקָתָם אֶת־פְּנֵי יְהוָה
יד וַיְשַׁלְּחֵנוּ יְהוָה לְשַׁחֲתָהּ׃ וַיֵּצֵא לוֹט וַיְדַבֵּר ׀ אֶל־חֲתָנָיו ׀ לֹקְחֵי
בְנֹתָיו וַיֹּאמֶר קוּמוּ צְּאוּ מִן־הַמָּקוֹם הַזֶּה כִּי־מַשְׁחִית יְהוָה
טו אֶת־הָעִיר וַיְהִי כִמְצַחֵק בְּעֵינֵי חֲתָנָיו׃ וּכְמוֹ הַשַּׁחַר עָלָה וַיָּאִיצוּ
הַמַּלְאָכִים בְּלוֹט לֵאמֹר קוּם קַח אֶת־אִשְׁתְּךָ וְאֶת־שְׁתֵּי בְנֹתֶיךָ
טז הַנִּמְצָאֹת פֶּן־תִּסָּפֶה בַּעֲוֺן הָעִיר׃ וַיִּתְמַהְמָהּ ׀ וַיַּחֲזִיקוּ הָאֲנָשִׁים
בְּיָדוֹ וּבְיַד־אִשְׁתּוֹ וּבְיַד שְׁתֵּי בְנֹתָיו בְּחֶמְלַת יְהוָה עָלָיו וַיֹּצִאֻהוּ
יז וַיַּנִּחֻהוּ מִחוּץ לָעִיר׃ וַיְהִי כְהוֹצִיאָם אֹתָם הַחוּצָה וַיֹּאמֶר הִמָּלֵט
עַל־נַפְשֶׁךָ אַל־תַּבִּיט אַחֲרֶיךָ וְאַל־תַּעֲמֹד בְּכָל־הַכִּכָּר הָהָרָה
יח יט הִמָּלֵט פֶּן־תִּסָּפֶה׃ וַיֹּאמֶר לוֹט אֲלֵהֶם אַל־נָא אֲדֹנָי׃ הִנֵּה־נָא
מָצָא עַבְדְּךָ חֵן בְּעֵינֶיךָ וַתַּגְדֵּל חַסְדְּךָ אֲשֶׁר עָשִׂיתָ עִמָּדִי לְהַחֲיוֹת

ועצום ונברכו בו כל גויי הארץ כי ידעתיו למען אשר
יצוה את בניו ואת ביתו אחריו ושמרו דרך יהוה לעשות
צדקה ומשפט למען הביא יהוה על אברהם את אשר
דבר עליו ויאמר יהוה זעקת סדם ועמרה כי רבה וחטאתם
כי כבדה מאד ארדה נא ואראה הכצעקתה הבאה אלי
עשו כלה ואם לא אדעה ויפנו משם האנשים וילכו סדמה
ואברהם עודנו עמד לפני יהוה ויגש אברהם ויאמר האף
תספה צדיק עם רשע אולי יש חמשים צדיקם בתוך העיר
האף תספה ולא תשא למקום למען חמשים הצדיקם אשר
בקרבה חללה לך מעשת כדבר הזה להמית צדיק עם
רשע והיה כצדיק כרשע חללה לך השפט כל הארץ לא
יעשה משפט ויאמר יהוה אם אמצא בסדם חמשים צדיקם
בתוך העיר ונשאתי לכל המקום בעבורם ויען אברהם
ויאמר הנה נא הואלתי לדבר אל אדני ואנכי עפר ואפר
אולי יחסרון חמשים הצדיקם חמשה התשחית בחמשה את
כל העיר ויאמר לא אשחית אם אמצא שם ארבעים וחמשה
ויסף עוד לדבר אליו ויאמר אולי ימצאון שם ארבעים ויאמר
לא אעשה בעבור הארבעים ויאמר אל נא יחר לאדני
ואדברה אולי ימצאון שם שלשים ויאמר לא אעשה אם
אמצא שם שלשים ויאמר הנה נא הואלתי לדבר אל
אדני אולי ימצאון שם עשרים ויאמר לא אשחית בעבור
העשרים ויאמר אל נא יחר לאדני ואדברה אך הפעם
אולי ימצאון שם עשרה ויאמר לא אשחית בעבור העשרה
וילך יהוה כאשר כלה לדבר אל אברהם ואברהם שב
למקמו ויבאו שני המלאכים סדמה בערב ולוט ישב בשער
סדם וירא לוט ויקם לקראתם וישתחו אפים ארצה ויאמר
הנה נא אדני סורו נא אל בית עבדכם ולינו ורחצו רגליכם

יט    וְעָצ֑וּם וְנִ֨בְרְכוּ־ב֔וֹ כֹּ֖ל גּוֹיֵ֣י הָאָֽרֶץ: כִּ֣י יְדַעְתִּ֗יו לְמַ֩עַן֩ אֲשֶׁ֨ר
יְצַוֶּ֜ה אֶת־בָּנָ֤יו וְאֶת־בֵּיתוֹ֙ אַחֲרָ֔יו וְשָֽׁמְרוּ֙ דֶּ֣רֶךְ יְהוָ֔ה לַעֲשׂ֥וֹת
צְדָקָ֖ה וּמִשְׁפָּ֑ט לְמַ֗עַן הָבִ֤יא יְהוָה֙ עַל־אַבְרָהָ֔ם אֵ֥ת אֲשֶׁר־

כ ★    דִּבֶּ֖ר עָלָֽיו: וַיֹּ֣אמֶר יְהוָ֔ה זַעֲקַ֛ת סְדֹ֥ם וַעֲמֹרָ֖ה כִּי־רָ֑בָּה וְחַ֨טָּאתָ֔ם

כא    כִּ֥י כָבְדָ֖ה מְאֹֽד: אֵֽרֲדָה־נָּ֣א וְאֶרְאֶ֔ה הַכְּצַעֲקָתָ֛הּ הַבָּ֥אָה אֵלַ֖י

כב    עָשׂ֣וּ ׀ כָּלָ֑ה וְאִם־לֹ֖א אֵדָֽעָה: וַיִּפְנ֤וּ מִשָּׁם֙ הָֽאֲנָשִׁ֔ים וַיֵּלְכ֖וּ סְדֹ֑מָה

כג    וְאַ֨בְרָהָ֔ם עוֹדֶ֥נּוּ עֹמֵ֖ד לִפְנֵ֥י יְהוָֽה: וַיִּגַּ֥שׁ אַבְרָהָ֖ם וַיֹּאמַ֑ר הַאַ֣ף

כד    תִּסְפֶּ֔ה צַדִּ֖יק עִם־רָשָֽׁע: אוּלַ֥י יֵ֛שׁ חֲמִשִּׁ֥ים צַדִּיקִ֖ם בְּת֣וֹךְ הָעִ֑יר
הַאַ֤ף תִּסְפֶּה֙ וְלֹא־תִשָּׂ֣א לַמָּק֔וֹם לְמַ֛עַן חֲמִשִּׁ֥ים הַצַּדִּיקִ֖ם אֲשֶׁ֥ר

כה    בְּקִרְבָּֽהּ: חָלִ֨לָה לְּךָ֜ מֵעֲשֹׂ֣ת ׀ כַּדָּבָ֣ר הַזֶּ֗ה לְהָמִ֤ית צַדִּיק֙ עִם־
רָשָׁ֔ע וְהָיָ֥ה כַצַּדִּ֖יק כָּרָשָׁ֑ע חָלִ֣לָה לָּ֔ךְ הֲשֹׁפֵט֙ כָּל־הָאָ֔רֶץ לֹ֥א

כו    יַעֲשֶׂ֖ה מִשְׁפָּֽט: וַיֹּ֣אמֶר יְהוָ֔ה אִם־אֶמְצָ֥א בִסְדֹ֛ם חֲמִשִּׁ֥ים צַדִּיקִ֖ם

כז ★    בְּת֣וֹךְ הָעִ֑יר וְנָשָׂ֥אתִי לְכָל־הַמָּק֖וֹם בַּעֲבוּרָֽם: וַיַּ֥עַן אַבְרָהָ֖ם
וַיֹּאמַ֑ר הִנֵּה־נָ֤א הוֹאַ֙לְתִּי֙ לְדַבֵּ֣ר אֶל־אֲדֹנָ֔י וְאָנֹכִ֖י עָפָ֥ר וָאֵֽפֶר:

כח    אוּלַ֗י יַחְסְר֞וּן חֲמִשִּׁ֤ים הַצַּדִּיקִם֙ חֲמִשָּׁ֔ה הֲתַשְׁחִ֥ית בַּחֲמִשָּׁ֖ה אֶת־
כָּל־הָעִ֑יר וַיֹּ֙אמֶר֙ לֹ֣א אַשְׁחִ֔ית אִם־אֶמְצָ֣א שָׁ֔ם אַרְבָּעִ֖ים וַחֲמִשָּֽׁה:

כט    וַיֹּ֨סֶף ע֜וֹד לְדַבֵּ֤ר אֵלָיו֙ וַיֹּאמַ֔ר אוּלַ֛י יִמָּצְא֥וּן שָׁ֖ם אַרְבָּעִ֑ים וַיֹּ֙אמֶר֙

ל    לֹ֣א אֶֽעֱשֶׂ֔ה בַּעֲב֖וּר הָאַרְבָּעִֽים: וַ֠יֹּאמֶר אַל־נָ֨א יִ֤חַר לַֽאדֹנָי֙
וַאֲדַבֵּ֔רָה אוּלַ֛י יִמָּצְא֥וּן שָׁ֖ם שְׁלֹשִׁ֑ים וַיֹּ֙אמֶר֙ לֹ֣א אֶֽעֱשֶׂ֔ה אִם־

לא    אֶמְצָ֥א שָׁ֖ם שְׁלֹשִֽׁים: וַיֹּ֗אמֶר הִנֵּֽה־נָ֤א הוֹאַ֙לְתִּי֙ לְדַבֵּ֣ר אֶל־
אֲדֹנָ֔י אוּלַ֛י יִמָּצְא֥וּן שָׁ֖ם עֶשְׂרִ֑ים וַיֹּ֙אמֶר֙ לֹ֣א אַשְׁחִ֔ית בַּעֲב֖וּר

לב    הָֽעֶשְׂרִֽים: וַ֠יֹּאמֶר אַל־נָ֨א יִ֤חַר לַֽאדֹנָי֙ וַאֲדַבְּרָ֣ה אַךְ־הַפַּ֔עַם
אוּלַ֛י יִמָּצְא֥וּן שָׁ֖ם עֲשָׂרָ֑ה וַיֹּ֙אמֶר֙ לֹ֣א אַשְׁחִ֔ית בַּעֲב֖וּר הָעֲשָׂרָֽה:

לג    וַיֵּ֣לֶךְ יְהוָ֔ה כַּאֲשֶׁ֣ר כִּלָּ֔ה לְדַבֵּ֖ר אֶל־אַבְרָהָ֑ם וְאַבְרָהָ֖ם שָׁ֥ב

יט א      טז שלישי    לִמְקֹמֽוֹ: וַ֠יָּבֹאוּ שְׁנֵ֨י הַמַּלְאָכִ֤ים סְדֹ֙מָה֙ בָּעֶ֔רֶב וְל֖וֹט יֹשֵׁ֣ב בְּשַֽׁעַר־

ב    סְדֹ֑ם וַיַּרְא־לוֹט֙ וַיָּ֣קָם לִקְרָאתָ֔ם וַיִּשְׁתַּ֥חוּ אַפַּ֖יִם אָֽרְצָה: וַיֹּ֜אמֶר
הִנֶּ֣ה נָּֽא־אֲדֹנַ֗י ס֤וּרוּ נָא֙ אֶל־בֵּ֣ית עַבְדְּכֶ֔ם וְלִ֙ינוּ֙ וְרַחֲצ֣וּ רַגְלֵיכֶ֔ם

דבר אתו אלהים ואברהם בן תשעים ותשע שנה בהמלו
בשר ערלתו וישמעאל בנו בן שלש עשרה שנה בהמלו
את בשר ערלתו בעצם היום הזה נמול אברהם וישמעאל
בנו וכל אנשי ביתו יליד בית ומקנת כסף מאת בן נכר
נמלו אתו

וירא אליו יהוה באלני ממרא והוא ישב פתח האהל כחם
היום וישא עיניו וירא והנה שלשה אנשים נצבים עליו וירא
וירץ לקראתם מפתח האהל וישתחו ארצה ויאמר אדני
אם נא מצאתי חן בעיניך אל נא תעבר מעל עבדך יקח
נא מעט מים ורחצו רגליכם והשענו תחת העץ ואקחה
פת לחם וסעדו לבכם אחר תעברו כי על כן עברתם על
עבדכם ויאמרו כן תעשה כאשר דברת וימהר אברהם
האהלה אל שרה ויאמר מהרי שלש סאים קמח סלת לושי
ועשי עגות ואל הבקר רץ אברהם ויקח בן בקר רך וטוב
ויתן אל הנער וימהר לעשות אתו ויקח חמאה וחלב ובן
הבקר אשר עשה ויתן לפניהם והוא עמד עליהם תחת העץ
ויאכלו ויאמרו אֵלָיו איה שרה אשתך ויאמר הנה באהל
ויאמר שוב אשוב אליך כעת חיה והנה בן לשרה אשתך
ושרה שמעת פתח האהל והוא אחריו ואברהם ושרה זקנים
באים בימים חדל להיות לשרה ארח כנשים ותצחק שרה
בקרבה לאמר אחרי בלתי היתה לי עדנה ואדני זקן ויאמר
יהוה אל אברהם למה זה צחקה שרה לאמר האף אמנם
אלד ואני זקנתי היפלא מיהוה דבר למועד אשוב אליך
כעת חיה ולשרה בן ותכחש שרה לאמר לא צחקתי כי
יראה ויאמר לא כי צחקת ויקמו משם האנשים וישקפו
על פני סדם ואברהם הלך עמם לשלחם ויהוה אמר המכסה
אני מאברהם אשר אני עשה ואברהם היו יהיה לגוי גדול

כד דִּבֶּר אִתּוֹ אֱלֹהִים׃ וְאַבְרָהָם בֶּן־תִּשְׁעִים וָתֵשַׁע שָׁנָה בְּהִמֹּלוֹ מפטיר *
כה בְּשַׂר עָרְלָתוֹ׃ וְיִשְׁמָעֵאל בְּנוֹ בֶּן־שְׁלֹשׁ עֶשְׂרֵה שָׁנָה בְּהִמֹּלוֹ
כו אֵת בְּשַׂר עָרְלָתוֹ׃ בְּעֶצֶם הַיּוֹם הַזֶּה נִמּוֹל אַבְרָהָם וְיִשְׁמָעֵאל
כז בְּנוֹ׃ וְכָל־אַנְשֵׁי בֵיתוֹ יְלִיד בָּיִת וּמִקְנַת־כֶּסֶף מֵאֵת בֶּן־נֵכָר
נִמֹּלוּ אִתּוֹ׃

יח א וַיֵּרָא אֵלָיו יְהוָה בְּאֵלֹנֵי מַמְרֵא וְהוּא יֹשֵׁב פֶּתַח־הָאֹהֶל כְּחֹם טו וירא
ב הַיּוֹם׃ וַיִּשָּׂא עֵינָיו וַיַּרְא וְהִנֵּה שְׁלֹשָׁה אֲנָשִׁים נִצָּבִים עָלָיו וַיַּרְא
ג וַיָּרָץ לִקְרָאתָם מִפֶּתַח הָאֹהֶל וַיִּשְׁתַּחוּ אָרְצָה׃ וַיֹּאמַר אֲדֹנָי
ד אִם־נָא מָצָאתִי חֵן בְּעֵינֶיךָ אַל־נָא תַעֲבֹר מֵעַל עַבְדֶּךָ׃ יֻקַּח־
ה נָא מְעַט־מַיִם וְרַחֲצוּ רַגְלֵיכֶם וְהִשָּׁעֲנוּ תַּחַת הָעֵץ׃ וְאֶקְחָה
פַת־לֶחֶם וְסַעֲדוּ לִבְּכֶם אַחַר תַּעֲבֹרוּ כִּי־עַל־כֵּן עֲבַרְתֶּם עַל־
ו עַבְדְּכֶם וַיֹּאמְרוּ כֵּן תַּעֲשֶׂה כַּאֲשֶׁר דִּבַּרְתָּ׃ וַיְמַהֵר אַבְרָהָם *
הָאֹהֱלָה אֶל־שָׂרָה וַיֹּאמֶר מַהֲרִי שְׁלֹשׁ סְאִים קֶמַח סֹלֶת לוּשִׁי
ז וַעֲשִׂי עֻגוֹת׃ וְאֶל־הַבָּקָר רָץ אַבְרָהָם וַיִּקַּח בֶּן־בָּקָר רַךְ וָטוֹב
ח וַיִּתֵּן אֶל־הַנַּעַר וַיְמַהֵר לַעֲשׂוֹת אֹתוֹ׃ וַיִּקַּח חֶמְאָה וְחָלָב וּבֶן־
הַבָּקָר אֲשֶׁר עָשָׂה וַיִּתֵּן לִפְנֵיהֶם וְהוּא עֹמֵד עֲלֵיהֶם תַּחַת הָעֵץ
ט וַיֹּאכֵלוּ׃ *וַיֹּאמְרוּ אֵלָיו אַיֵּה שָׂרָה אִשְׁתֶּךָ וַיֹּאמֶר הִנֵּה בָאֹהֶל׃ *
י וַיֹּאמֶר שׁוֹב אָשׁוּב אֵלֶיךָ כָּעֵת חַיָּה וְהִנֵּה־בֵן לְשָׂרָה אִשְׁתֶּךָ
יא וְשָׂרָה שֹׁמַעַת פֶּתַח הָאֹהֶל וְהוּא אַחֲרָיו׃ וְאַבְרָהָם וְשָׂרָה זְקֵנִים
יב בָּאִים בַּיָּמִים חָדַל לִהְיוֹת לְשָׂרָה אֹרַח כַּנָּשִׁים׃ וַתִּצְחַק שָׂרָה
יג בְּקִרְבָּהּ לֵאמֹר אַחֲרֵי בְלֹתִי הָיְתָה־לִּי עֶדְנָה וַאדֹנִי זָקֵן׃ וַיֹּאמֶר
יְהוָה אֶל־אַבְרָהָם לָמָּה זֶּה צָחֲקָה שָׂרָה לֵאמֹר הַאַף אֻמְנָם
יד אֵלֵד וַאֲנִי זָקַנְתִּי׃ הֲיִפָּלֵא מֵיְהוָה דָּבָר לַמּוֹעֵד אָשׁוּב אֵלֶיךָ
טו כָּעֵת חַיָּה וּלְשָׂרָה בֵן׃ וַתְּכַחֵשׁ שָׂרָה ׀ לֵאמֹר לֹא צָחַקְתִּי כִּי ׀ שני
טז יָרֵאָה וַיֹּאמֶר ׀ לֹא כִּי צָחָקְתְּ׃ וַיָּקֻמוּ מִשָּׁם הָאֲנָשִׁים וַיַּשְׁקִפוּ
יז עַל־פְּנֵי סְדֹם וְאַבְרָהָם הֹלֵךְ עִמָּם לְשַׁלְּחָם׃ וַיהוָה אָמָר הַמְכַסֶּה
יח אֲנִי מֵאַבְרָהָם אֲשֶׁר אֲנִי עֹשֶׂה׃ וְאַבְרָהָם הָיוֹ יִהְיֶה לְגוֹי גָּדוֹל

במאד מאד ונתתיך לגוים ומלכים ממך יצאו והקמתי את
בריתי ביני ובינך ובין זרעך אחריך לדרתם לברית עולם
להיות לך לאלהים ולזרעך אחריך ונתתי לך ולזרעך אחריך
את ארץ מגריך את כל ארץ כנען לאחזת עולם והייתי
להם לאלהים ויאמר אלהים אל אברהם ואתה את בריתי
תשמר אתה וזרעך אחריך לדרתם זאת בריתי אשר תשמרו
ביני וביניכם ובין זרעך אחריך המול לכם כל זכר ונמלתם
את בשר ערלתכם והיה לאות ברית ביני וביניכם ובן
שמנת ימים ימול לכם כל זכר לדרתיכם יליד בית ומקנת
כסף מכל בן נכר אשר לא מזרעך הוא המול ימול יליד
ביתך ומקנת כספך והיתה בריתי בבשרכם לברית עולם
וערל זכר אשר לא ימול את בשר ערלתו ונכרתה הנפש
ההוא מעמיה את בריתי הפר ויאמר אלהים
אל אברהם שרי אשתך לא תקרא את שמה שרי כי שרה
שמה וברכתי אתה וגם נתתי ממנה לך בן וברכתיה והיתה
לגוים מלכי עמים ממנה יהיו ויפל אברהם על פניו ויצחק
ויאמר בלבו הלבן מאה שנה יולד ואם שרה הבת תשעים
שנה תלד ויאמר אברהם אל האלהים לו ישמעאל יחיה
לפניך ויאמר אלהים אבל שרה אשתך ילדת לך בן וקראת
את שמו יצחק והקמתי את בריתי אתו לברית עולם לזרעו
אחריו ולישמעאל שמעתיך הנה ברכתי אתו והפריתי אתו
והרביתי אתו במאד מאד שנים עשר נשיאם יוליד ונתתיו
לגוי גדול ואת בריתי אקים את יצחק אשר תלד לך שרה
למועד הזה בשנה האחרת ויכל לדבר אתו ויעל אלהים
מעל אברהם ויקח אברהם את ישמעאל בנו ואת כל
ילידי ביתו ואת כל מקנת כספו כל זכר באנשי בית
אברהם וימל את בשר ערלתם בעצם היום הזה כאשר

שביעי

ז בִּמְאֹד מְאֹד וּנְתַתִּיךָ לְגוֹיִם וּמְלָכִים מִמְּךָ יֵצֵאוּ׃ וַהֲקִמֹתִי אֶת־
בְּרִיתִי בֵּינִי וּבֵינֶךָ וּבֵין זַרְעֲךָ אַחֲרֶיךָ לְדֹרֹתָם לִבְרִית עוֹלָם
ח לִהְיוֹת לְךָ לֵאלֹהִים וּלְזַרְעֲךָ אַחֲרֶיךָ׃ וְנָתַתִּי לְךָ וּלְזַרְעֲךָ אַחֲרֶיךָ
אֵת ׀ אֶרֶץ מְגֻרֶיךָ אֵת כָּל־אֶרֶץ כְּנַעַן לַאֲחֻזַּת עוֹלָם וְהָיִיתִי
ט לָהֶם לֵאלֹהִים׃ וַיֹּאמֶר אֱלֹהִים אֶל־אַבְרָהָם וְאַתָּה אֶת־בְּרִיתִי
י תִשְׁמֹר אַתָּה וְזַרְעֲךָ אַחֲרֶיךָ לְדֹרֹתָם׃ זֹאת בְּרִיתִי אֲשֶׁר תִּשְׁמְרוּ
יא בֵּינִי וּבֵינֵיכֶם וּבֵין זַרְעֲךָ אַחֲרֶיךָ הִמּוֹל לָכֶם כָּל־זָכָר׃ וּנְמַלְתֶּם ✶
יב אֵת בְּשַׂר עָרְלַתְכֶם וְהָיָה לְאוֹת בְּרִית בֵּינִי וּבֵינֵיכֶם׃ וּבֶן־
שְׁמֹנַת יָמִים יִמּוֹל לָכֶם כָּל־זָכָר לְדֹרֹתֵיכֶם יְלִיד בָּיִת וּמִקְנַת־
יג כֶּסֶף מִכֹּל בֶּן־נֵכָר אֲשֶׁר לֹא מִזַּרְעֲךָ הוּא׃ הִמּוֹל ׀ יִמּוֹל יְלִיד
בֵּיתְךָ וּמִקְנַת כַּסְפֶּךָ וְהָיְתָה בְרִיתִי בִּבְשַׂרְכֶם לִבְרִית עוֹלָם׃
יד וְעָרֵל ׀ זָכָר אֲשֶׁר לֹא־יִמּוֹל אֶת־בְּשַׂר עָרְלָתוֹ וְנִכְרְתָה הַנֶּפֶשׁ
טו הַהִוא מֵעַמֶּיהָ אֶת־בְּרִיתִי הֵפַר׃ וַיֹּאמֶר אֱלֹהִים
אֶל־אַבְרָהָם שָׂרַי אִשְׁתְּךָ לֹא־תִקְרָא אֶת־שְׁמָהּ שָׂרָי כִּי שָׂרָה
טז שְׁמָהּ׃ וּבֵרַכְתִּי אֹתָהּ וְגַם נָתַתִּי מִמֶּנָּה לְךָ בֵּן וּבֵרַכְתִּיהָ וְהָיְתָה
יז לְגוֹיִם מַלְכֵי עַמִּים מִמֶּנָּה יִהְיוּ׃ וַיִּפֹּל אַבְרָהָם עַל־פָּנָיו וַיִּצְחָק
וַיֹּאמֶר בְּלִבּוֹ הַלְּבֶן מֵאָה־שָׁנָה יִוָּלֵד וְאִם־שָׂרָה הֲבַת־תִּשְׁעִים
יח שָׁנָה תֵּלֵד׃ וַיֹּאמֶר אַבְרָהָם אֶל־הָאֱלֹהִים לוּ יִשְׁמָעֵאל יִחְיֶה
יט לְפָנֶיךָ׃ וַיֹּאמֶר אֱלֹהִים אֲבָל שָׂרָה אִשְׁתְּךָ יֹלֶדֶת לְךָ בֵּן וְקָרָאתָ
אֶת־שְׁמוֹ יִצְחָק וַהֲקִמֹתִי אֶת־בְּרִיתִי אִתּוֹ לִבְרִית עוֹלָם לְזַרְעוֹ
כ אַחֲרָיו׃ וּלְיִשְׁמָעֵאל שְׁמַעְתִּיךָ הִנֵּה ׀ בֵּרַכְתִּי אֹתוֹ וְהִפְרֵיתִי אֹתוֹ
וְהִרְבֵּיתִי אֹתוֹ בִּמְאֹד מְאֹד שְׁנֵים־עָשָׂר נְשִׂיאִם יוֹלִיד וּנְתַתִּיו
כא לְגוֹי גָּדוֹל׃ וְאֶת־בְּרִיתִי אָקִים אֶת־יִצְחָק אֲשֶׁר תֵּלֵד לְךָ שָׂרָה
כב לַמּוֹעֵד הַזֶּה בַּשָּׁנָה הָאַחֶרֶת׃ וַיְכַל לְדַבֵּר אִתּוֹ וַיַּעַל אֱלֹהִים ✶
כג מֵעַל אַבְרָהָם׃ וַיִּקַּח אַבְרָהָם אֶת־יִשְׁמָעֵאל בְּנוֹ וְאֵת כָּל־
יְלִידֵי בֵיתוֹ וְאֵת כָּל־מִקְנַת כַּסְפּוֹ כָּל־זָכָר בְּאַנְשֵׁי בֵּית
אַבְרָהָם וַיָּמָל אֶת־בְּשַׂר עָרְלָתָם בְּעֶצֶם הַיּוֹם הַזֶּה כַּאֲשֶׁר

עצרני יהוה מלדת בא נא אל שפחתי אולי אבנה ממנה
וישמע אברם לקול שרי ותקח שרי אשת אברם את הגר
המצרית שפחתה מקץ עשר שנים לשבת אברם בארץ כנען
ותתן אתה לאברם אישה לו לאשה ויבא אל הגר ותהר
ותרא כי הרתה ותקל גברתה בעיניה ותאמר שרי אל
אברם חמסי עליך אנכי נתתי שפחתי בחיקך ותרא כי
הרתה ואקל בעיניה ישפט יהוה ביני וביניך ויאמר אברם
אל שרי הנה שפחתך בידך עשי לה הטוב בעיניך ותענה
שרי ותברח מפניה וימצאה מלאך יהוה על עין המים
במדבר על העין בדרך שור ויאמר הגר שפחת שרי אי
מזה באת ואנה תלכי ותאמר מפני שרי גברתי אנכי ברחת
ויאמר לה מלאך יהוה שובי אל גברתך והתעני תחת ידיה
ויאמר לה מלאך יהוה הרבה ארבה את זרעך ולא יספר
מרב ויאמר לה מלאך יהוה הנך הרה וילדת בן וקראת
שמו ישמעאל כי שמע יהוה אל עניך והוא יהיה פרא
אדם ידו בכל ויד כל בו ועל פני כל אחיו ישכן ותקרא
שם יהוה הדבר אליה אתה אל ראי כי אמרה הגם הלם
ראיתי אחרי ראי על כן קרא לבאר באר לחי ראי הנה
בין קדש ובין ברד ותלד הגר לאברם בן ויקרא אברם שם
בנו אשר ילדה הגר ישמעאל ואברם בן שמנים שנה ושש
שנים בלדת הגר את ישמעאל לאברם ויהי
אברם בן תשעים שנה ותשע שנים וירא יהוה אל אברם
ויאמר אליו אני אל שדי התהלך לפני והיה תמים ואתנה
בריתי ביני ובינך וארבה אותך במאד מאד ויפל אברם
על פניו וידבר אתו אלהים לאמר אני הנה בריתי אתך
והיית לאב המון גוים ולא יקרא עוד את שמך אברם
והיה שמך אברהם כי אב המון גוים נתתיך והפרתי אתך

עֲצָרַנִי יהוה מִלֶּדֶת בֹּא־נָא אֶל־שִׁפְחָתִי אוּלַי אִבָּנֶה מִמֶּנָּה
ג וַיִּשְׁמַע אַבְרָם לְקוֹל שָׂרָי׃ וַתִּקַּח שָׂרַי ׀ אֵשֶׁת אַבְרָם אֶת־הָגָר
הַמִּצְרִית שִׁפְחָתָהּ מִקֵּץ עֶשֶׂר שָׁנִים לְשֶׁבֶת אַבְרָם בְּאֶרֶץ כְּנָעַן
ד וַתִּתֵּן אֹתָהּ לְאַבְרָם אִישָׁהּ לוֹ לְאִשָּׁה׃ וַיָּבֹא אֶל־הָגָר וַתַּהַר
ה וַתֵּרֶא כִּי הָרָתָה וַתֵּקַל גְּבִרְתָּהּ בְּעֵינֶיהָ׃ וַתֹּאמֶר שָׂרַי אֶל־
אַבְרָם חֲמָסִי עָלֶיךָ אָנֹכִי נָתַתִּי שִׁפְחָתִי בְּחֵיקֶךָ וַתֵּרֶא כִּי
ו הָרָתָה וָאֵקַל בְּעֵינֶיהָ יִשְׁפֹּט יהוה בֵּינִי וּבֵינֶיךָ׃ וַיֹּאמֶר אַבְרָם
אֶל־שָׂרַי הִנֵּה שִׁפְחָתֵךְ בְּיָדֵךְ עֲשִׂי־לָהּ הַטּוֹב בְּעֵינָיִךְ וַתְּעַנֶּהָ
ז שָׂרַי וַתִּבְרַח מִפָּנֶיהָ׃ וַיִּמְצָאָהּ מַלְאַךְ יהוה עַל־עֵין הַמַּיִם
ח בַּמִּדְבָּר עַל־הָעַיִן בְּדֶרֶךְ שׁוּר׃ וַיֹּאמַר הָגָר שִׁפְחַת שָׂרַי אֵי־
מִזֶּה בָאת וְאָנָה תֵלֵכִי וַתֹּאמֶר מִפְּנֵי שָׂרַי גְּבִרְתִּי אָנֹכִי בֹּרַחַת׃
ט וַיֹּאמֶר לָהּ מַלְאַךְ יהוה שׁוּבִי אֶל־גְּבִרְתֵּךְ וְהִתְעַנִּי תַּחַת יָדֶיהָ׃
י וַיֹּאמֶר לָהּ מַלְאַךְ יהוה הַרְבָּה אַרְבֶּה אֶת־זַרְעֵךְ וְלֹא יִסָּפֵר
יא מֵרֹב׃ וַיֹּאמֶר לָהּ מַלְאַךְ יהוה הִנָּךְ הָרָה וְיֹלַדְתְּ בֵּן וְקָרָאת
יב שְׁמוֹ יִשְׁמָעֵאל כִּי־שָׁמַע יהוה אֶל־עָנְיֵךְ׃ וְהוּא יִהְיֶה פֶּרֶא
יג אָדָם יָדוֹ בַכֹּל וְיַד כֹּל בּוֹ וְעַל־פְּנֵי כָל־אֶחָיו יִשְׁכֹּן׃ וַתִּקְרָא
שֵׁם־יהוה הַדֹּבֵר אֵלֶיהָ אַתָּה אֵל רֳאִי כִּי אָמְרָה הֲגַם הֲלֹם
יד רָאִיתִי אַחֲרֵי רֹאִי׃ עַל־כֵּן קָרָא לַבְּאֵר בְּאֵר לַחַי רֹאִי הִנֵּה
טו בֵין־קָדֵשׁ וּבֵין בָּרֶד׃ וַתֵּלֶד הָגָר לְאַבְרָם בֵּן וַיִּקְרָא אַבְרָם שֶׁם־
טז בְּנוֹ אֲשֶׁר־יָלְדָה הָגָר יִשְׁמָעֵאל׃ וְאַבְרָם בֶּן־שְׁמֹנִים שָׁנָה וְשֵׁשׁ
יז א שָׁנִים בְּלֶדֶת־הָגָר אֶת־יִשְׁמָעֵאל לְאַבְרָם׃ וַיְהִי יד *
אַבְרָם בֶּן־תִּשְׁעִים שָׁנָה וְתֵשַׁע שָׁנִים וַיֵּרָא יהוה אֶל־אַבְרָם
ב וַיֹּאמֶר אֵלָיו אֲנִי־אֵל שַׁדַּי הִתְהַלֵּךְ לְפָנַי וֶהְיֵה תָמִים׃ וְאֶתְּנָה
ג בְרִיתִי בֵּינִי וּבֵינֶךָ וְאַרְבֶּה אוֹתְךָ בִּמְאֹד מְאֹד׃ וַיִּפֹּל אַבְרָם
ד עַל־פָּנָיו וַיְדַבֵּר אִתּוֹ אֱלֹהִים לֵאמֹר׃ אֲנִי הִנֵּה בְרִיתִי אִתָּךְ
ה וְהָיִיתָ לְאַב הֲמוֹן גּוֹיִם׃ וְלֹא־יִקָּרֵא עוֹד אֶת־שִׁמְךָ אַבְרָם
ו וְהָיָה שִׁמְךָ אַבְרָהָם כִּי אַב־הֲמוֹן גּוֹיִם נְתַתִּיךָ׃ וְהִפְרֵתִי אֹתְךָ

שכרך הרבה מאד ויאמר אברם אדני יהוה מה תתן לי
ואנכי הולך ערירי ובן משק ביתי הוא דמשק אליעזר
ויאמר אברם הן לי לא נתתה זרע והנה בן ביתי יורש אתי
והנה דבר יהוה אליו לאמר לא יירשך זה כי אם אשר
יצא ממעיך הוא יירשך ויוצא אתו החוצה ויאמר הבט
נא השמימה וספר הכוכבים אם תוכל לספר אתם ויאמר
לו כה יהיה זרעך והאמן ביהוה ויחשבה לו צדקה
ויאמר אליו אני יהוה אשר הוצאתיך מאור כשדים לתת
לך את הארץ הזאת לרשתה ויאמר אדני יהוה במה
אדע כי אירשנה ויאמר אליו קחה לי עגלה משלשת
ועז משלשת ואיל משלש ותר וגוזל ויקח לו את כל
אלה ויבתר אתם בתוך ויתן איש בתרו לקראת רעהו
ואת הצפר לא בתר וירד העיט על הפגרים וישב אתם
אברם ויהי השמש לבוא ותרדמה נפלה על אברם והנה
אימה חשכה גדלה נפלת עליו ויאמר לאברם ידע תדע
כי גר יהיה זרעך בארץ לא להם ועבדום וענו אתם ארבע
מאות שנה וגם את הגוי אשר יעבדו דן אנכי ואחרי
כן יצאו ברכש גדול ואתה תבוא אל אבתיך בשלום
תקבר בשיבה טובה ודור רביעי ישובו הנה כי לא שלם
עון האמרי עד הנה ויהי השמש באה ועלטה היה והנה
תנור עשן ולפיד אש אשר עבר בין הגזרים האלה ביום
ההוא כרת יהוה את אברם ברית לאמר לזרעך נתתי את
הארץ הזאת מנהר מצרים עד הנהר הגדל נהר פרת את
הקיני ואת הקנזי ואת הקדמני ואת החתי ואת הפרזי ואת
הרפאים ואת האמרי ואת הכנעני ואת הגרגשי ואת
היבוסי ושרי אשת אברם לא ילדה לו ולה
שפחה מצרית ושמה הגר ותאמר שרי אל אברם הנה נא

ב שְׂכָרְךָ הַרְבֵּה מְאֹד: וַיֹּאמֶר אַבְרָם אֲדֹנָי יֱהוִה מַה־תִּתֶּן־לִי
וְאָנֹכִי הוֹלֵךְ עֲרִירִי וּבֶן־מֶשֶׁק בֵּיתִי הוּא דַּמֶּשֶׂק אֱלִיעֶזֶר:
ג וַיֹּאמֶר אַבְרָם הֵן לִי לֹא נָתַתָּה זָרַע וְהִנֵּה בֶן־בֵּיתִי יוֹרֵשׁ אֹתִי:
ד וְהִנֵּה דְבַר־יהוה אֵלָיו לֵאמֹר לֹא יִירָשְׁךָ זֶה כִּי־אִם אֲשֶׁר
ה יֵצֵא מִמֵּעֶיךָ הוּא יִירָשֶׁךָ: וַיּוֹצֵא אֹתוֹ הַחוּצָה וַיֹּאמֶר הַבֶּט־
נָא הַשָּׁמַיְמָה וּסְפֹר הַכּוֹכָבִים אִם־תּוּכַל לִסְפֹּר אֹתָם וַיֹּאמֶר
ו לוֹ כֹּה יִהְיֶה זַרְעֶךָ: וְהֶאֱמִן בַּיהוה וַיַּחְשְׁבֶהָ לּוֹ צְדָקָה:
ז וַיֹּאמֶר אֵלָיו אֲנִי יהוה אֲשֶׁר הוֹצֵאתִיךָ מֵאוּר כַּשְׂדִּים לָתֶת ששי
ח לְךָ אֶת־הָאָרֶץ הַזֹּאת לְרִשְׁתָּהּ: וַיֹּאמַר אֲדֹנָי יֱהוִה בַּמָּה
ט אֵדַע כִּי אִירָשֶׁנָּה: וַיֹּאמֶר אֵלָיו קְחָה לִי עֶגְלָה מְשֻׁלֶּשֶׁת
י וְעֵז מְשֻׁלֶּשֶׁת וְאַיִל מְשֻׁלָּשׁ וְתֹר וְגוֹזָל: וַיִּקַּח־לוֹ אֶת־כָּל־
אֵלֶּה וַיְבַתֵּר אֹתָם בַּתָּוֶךְ וַיִּתֵּן אִישׁ־בִּתְרוֹ לִקְרַאת רֵעֵהוּ
יא וְאֶת־הַצִּפֹּר לֹא בָתָר: וַיֵּרֶד הָעַיִט עַל־הַפְּגָרִים וַיַּשֵּׁב אֹתָם
יב אַבְרָם: וַיְהִי הַשֶּׁמֶשׁ לָבוֹא וְתַרְדֵּמָה נָפְלָה עַל־אַבְרָם וְהִנֵּה
יג אֵימָה חֲשֵׁכָה גְדֹלָה נֹפֶלֶת עָלָיו: וַיֹּאמֶר לְאַבְרָם יָדֹעַ תֵּדַע
כִּי־גֵר ׀ יִהְיֶה זַרְעֲךָ בְּאֶרֶץ לֹא לָהֶם וַעֲבָדוּם וְעִנּוּ אֹתָם אַרְבַּע
יד מֵאוֹת שָׁנָה: וְגַם אֶת־הַגּוֹי אֲשֶׁר יַעֲבֹדוּ דָּן אָנֹכִי וְאַחֲרֵי־
טו כֵן יֵצְאוּ בִּרְכֻשׁ גָּדוֹל: וְאַתָּה תָּבוֹא אֶל־אֲבֹתֶיךָ בְּשָׁלוֹם *
טז תִּקָּבֵר בְּשֵׂיבָה טוֹבָה: וְדוֹר רְבִיעִי יָשׁוּבוּ הֵנָּה כִּי לֹא־שָׁלֵם
יז עֲוֺן הָאֱמֹרִי עַד־הֵנָּה: וַיְהִי הַשֶּׁמֶשׁ בָּאָה וַעֲלָטָה הָיָה וְהִנֵּה
יח תַנּוּר עָשָׁן וְלַפִּיד אֵשׁ אֲשֶׁר עָבַר בֵּין הַגְּזָרִים הָאֵלֶּה: בַּיּוֹם
הַהוּא כָּרַת יהוה אֶת־אַבְרָם בְּרִית לֵאמֹר לְזַרְעֲךָ נָתַתִּי אֶת־
יט הָאָרֶץ הַזֹּאת מִנְּהַר מִצְרַיִם עַד־הַנָּהָר הַגָּדֹל נְהַר־פְּרָת: אֶת־
כ הַקֵּינִי וְאֶת־הַקְּנִזִּי וְאֵת הַקַּדְמֹנִי: וְאֶת־הַחִתִּי וְאֶת־הַפְּרִזִּי וְאֶת־
כא הָרְפָאִים: וְאֶת־הָאֱמֹרִי וְאֶת־הַכְּנַעֲנִי וְאֶת־הַגִּרְגָּשִׁי וְאֶת־
טזא הַיְבוּסִי: וְשָׂרַי אֵשֶׁת אַבְרָם לֹא יָלְדָה לוֹ וְלָהּ יג *
ב שִׁפְחָה מִצְרִית וּשְׁמָהּ הָגָר: וַתֹּאמֶר שָׂרַי אֶל־אַבְרָם הִנֵּה־נָא

וגם את האמרי הישב בחצצן תמר ויצא מלך סדם ומלך
עמרה ומלך אדמה ומלך צביים ומלך בלע הוא צער ויערכו
אתם מלחמה בעמק השדים את כדרלעמר מלך עילם
ותדעל מלך גוים ואמרפל מלך שנער ואריוך מלך אלסר
ארבעה מלכים את החמשה ועמק השדים בארת בארת
חמר וינסו מלך סדם ועמרה ויפלו שמה והנשארים הרה
נסו ויקחו את כל רכש סדם ועמרה ואת כל אכלם וילכו
ויקחו את לוט ואת רכשו בן אחי אברם וילכו והוא ישב
בסדם ויבא הפליט ויגד לאברם העברי והוא שכן באלני
ממרא האמרי אחי אשכל ואחי ענר והם בעלי ברית אברם
וישמע אברם כי נשבה אחיו וירק את חניכיו ילידי ביתו
שמנה עשר ושלש מאות וירדף עד דן ויחלק עליהם לילה
הוא ועבדיו ויכם וירדפם עד חובה אשר משמאל לדמשק
וישב את כל הרכש וגם את לוט אחיו ורכשו השיב וגם
את הנשים ואת העם ויצא מלך סדם לקראתו אחרי שובו
מהכות את כדרלעמר ואת המלכים אשר אתו אל עמק
שוה הוא עמק המלך ומלכי צדק מלך שלם הוציא לחם
ויין והוא כהן לאל עליון ויברכהו ויאמר ברוך אברם לאל
עליון קנה שמים וארץ וברוך אל עליון אשר מגן צריך
בידך ויתן לו מעשר מכל ויאמר מלך סדם אל אברם
תן לי הנפש והרכש קח לך ויאמר אברם אל מלך סדם
הרמתי ידי אל יהוה אל עליון קנה שמים וארץ אם מחוט
ועד שרוך נעל ואם אקח מכל אשר לך ולא תאמר אני
העשרתי את אברם בלעדי רק אשר אכלו הנערים וחלק
האנשים אשר הלכו אתי ענר אשכל וממרא הם יקחו
חלקם אחר הדברים האלה היה דבר יהוה
אל אברם במחזה לאמר אל תירא אברם אנכי מגן לך

ח וְגַם אֶת־הָאֱמֹרִי הַיֹּשֵׁב בְּחַצְצֹן תָּמָר׃ וַיֵּצֵא מֶלֶךְ־סְדֹם וּמֶלֶךְ
עֲמֹרָה וּמֶלֶךְ אַדְמָה וּמֶלֶךְ צביים וּמֶלֶךְ בֶּלַע הִוא־צֹעַר וַיַּעַרְכוּ — צְבוֹיִם
ט אִתָּם מִלְחָמָה בְּעֵמֶק הַשִּׂדִּים׃ אֵת כְּדָרְלָעֹמֶר מֶלֶךְ עֵילָם
וְתִדְעָל מֶלֶךְ גּוֹיִם וְאַמְרָפֶל מֶלֶךְ שִׁנְעָר וְאַרְיוֹךְ מֶלֶךְ אֶלָּסָר
י אַרְבָּעָה מְלָכִים אֶת־הַחֲמִשָּׁה׃ וְעֵמֶק הַשִּׂדִּים בֶּאֱרֹת בֶּאֱרֹת
חֵמָר וַיָּנֻסוּ מֶלֶךְ־סְדֹם וַעֲמֹרָה וַיִּפְּלוּ־שָׁמָּה וְהַנִּשְׁאָרִים הֶרָה
יא נָּסוּ׃ וַיִּקְחוּ אֶת־כָּל־רְכֻשׁ סְדֹם וַעֲמֹרָה וְאֶת־כָּל־אָכְלָם וַיֵּלֵכוּ׃
יב וַיִּקְחוּ אֶת־לוֹט וְאֶת־רְכֻשׁוֹ בֶּן־אֲחִי אַבְרָם וַיֵּלֵכוּ וְהוּא יֹשֵׁב
יג בִּסְדֹם׃ וַיָּבֹא הַפָּלִיט וַיַּגֵּד לְאַבְרָם הָעִבְרִי וְהוּא שֹׁכֵן בְּאֵלֹנֵי
מַמְרֵא הָאֱמֹרִי אֲחִי אֶשְׁכֹּל וַאֲחִי עָנֵר וְהֵם בַּעֲלֵי בְרִית־אַבְרָם׃
יד וַיִּשְׁמַע אַבְרָם כִּי נִשְׁבָּה אָחִיו וַיָּרֶק אֶת־חֲנִיכָיו יְלִידֵי בֵיתוֹ ★
טו שְׁמֹנָה עָשָׂר וּשְׁלֹשׁ מֵאוֹת וַיִּרְדֹּף עַד־דָּן׃ וַיֵּחָלֵק עֲלֵיהֶם ׀ לַיְלָה
הוּא וַעֲבָדָיו וַיַּכֵּם וַיִּרְדְּפֵם עַד־חוֹבָה אֲשֶׁר מִשְּׂמֹאל לְדַמָּשֶׂק׃
טז וַיָּשֶׁב אֵת כָּל־הָרְכֻשׁ וְגַם אֶת־לוֹט אָחִיו וּרְכֻשׁוֹ הֵשִׁיב וְגַם
יז אֶת־הַנָּשִׁים וְאֶת־הָעָם׃ וַיֵּצֵא מֶלֶךְ־סְדֹם לִקְרָאתוֹ אַחֲרֵי שׁוּבוֹ
מֵהַכּוֹת אֶת־כְּדָרְלָעֹמֶר וְאֶת־הַמְּלָכִים אֲשֶׁר אִתּוֹ אֶל־עֵמֶק
יח שָׁוֵה הוּא עֵמֶק הַמֶּלֶךְ׃ וּמַלְכִּי־צֶדֶק מֶלֶךְ שָׁלֵם הוֹצִיא לֶחֶם
יט וָיָיִן וְהוּא כֹהֵן לְאֵל עֶלְיוֹן׃ וַיְבָרְכֵהוּ וַיֹּאמַר בָּרוּךְ אַבְרָם לְאֵל
כ עֶלְיוֹן קֹנֵה שָׁמַיִם וָאָרֶץ׃ וּבָרוּךְ אֵל עֶלְיוֹן אֲשֶׁר־מִגֵּן צָרֶיךָ
כא בְּיָדֶךָ וַיִּתֶּן־לוֹ מַעֲשֵׂר מִכֹּל׃ וַיֹּאמֶר מֶלֶךְ־סְדֹם אֶל־אַבְרָם — חמישי
כב תֶּן־לִי הַנֶּפֶשׁ וְהָרְכֻשׁ קַח־לָךְ׃ וַיֹּאמֶר אַבְרָם אֶל־מֶלֶךְ סְדֹם
כג הֲרִמֹתִי יָדִי אֶל־יהוה אֵל עֶלְיוֹן קֹנֵה שָׁמַיִם וָאָרֶץ׃ אִם־מִחוּט
וְעַד שְׂרוֹךְ־נַעַל וְאִם־אֶקַּח מִכָּל־אֲשֶׁר־לָךְ וְלֹא תֹאמַר אֲנִי
כד הֶעֱשַׁרְתִּי אֶת־אַבְרָם׃ בִּלְעָדַי רַק אֲשֶׁר אָכְלוּ הַנְּעָרִים וְחֵלֶק
הָאֲנָשִׁים אֲשֶׁר הָלְכוּ אִתִּי עָנֵר אֶשְׁכֹּל וּמַמְרֵא הֵם יִקְחוּ
טו א חֶלְקָם׃ אַחַר ׀ הַדְּבָרִים הָאֵלֶּה הָיָה דְבַר־יהוה — יב ★
אֶל־אַבְרָם בַּמַּחֲזֶה לֵאמֹר אַל־תִּירָא אַבְרָם אָנֹכִי מָגֵן לָךְ

אברם ובין רעי מקנה לוט והכנעני והפרזי אז ישב בארץ
ויאמר אברם אל לוט אל נא תהי מריבה ביני ובינך ובין
רעי ובין רעיך כי אנשים אחים אנחנו הלא כל הארץ
לפניך הפרד נא מעלי אם השמאל ואימנה ואם הימין
ואשמאילה וישא לוט את עיניו וירא את כל ככר הירדן
כי כלה משקה לפני שחת יהוה את סדם ואת עמרה כגן
יהוה כארץ מצרים באכה צער ויבחר לו לוט את כל ככר
הירדן ויסע לוט מקדם ויפרדו איש מעל אחיו אברם ישב
בארץ כנען ולוט ישב בערי הככר ויאהל עד סדם ואנשי
סדם רעים וחטאים ליהוה מאד ויהוה אמר אל אברם
אחרי הפרד לוט מעמו שא נא עיניך וראה מן המקום
אשר אתה שם צפנה ונגבה וקדמה וימה כי את כל
הארץ אשר אתה ראה לך אתננה ולזרעך עד עולם
ושמתי את זרעך כעפר הארץ אשר אם יוכל איש למנות
את עפר הארץ גם זרעך ימנה קום התהלך בארץ לארכה
ולרחבה כי לך אתננה ויאהל אברם ויבא וישב באלני
ממרא אשר בחברון ויבן שם מזבח ליהוה
ויהי בימי אמרפל מלך שנער אריוך מלך אלסר כדרלעמר
מלך עילם ותדעל מלך גוים עשו מלחמה את ברע מלך
סדם ואת ברשע מלך עמרה שנאב מלך אדמה ושמאבר
מלך צביים ומלך בלע היא צער כל אלה חברו אל עמק
השדים הוא ים המלח שתים עשרה שנה עבדו את
כדרלעמר ושלש עשרה שנה מרדו ובארבע עשרה שנה
בא כדרלעמר והמלכים אשר אתו ויכו את רפאים בעשתרת
קרנים ואת הזוזים בהם ואת האימים בשוה קריתים ואת
החרי בהררם שעיר עד איל פארן אשר על המדבר וישבו
ויבאו אל עין משפט הוא קדש ויכו את כל שדה העמלקי

אַבְרָם וּבֵין רֹעֵי מִקְנֵה־לֹוט וְהַכְּנַעֲנִי וְהַפְּרִזִּי אָז יֹשֵׁב בָּאָרֶץ:

ח וַיֹּאמֶר אַבְרָם אֶל־לֹוט אַל־נָא תְהִי מְרִיבָה בֵּינִי וּבֵינֶךָ וּבֵין

ט רֹעַי וּבֵין רֹעֶיךָ כִּי־אֲנָשִׁים אַחִים אֲנָחְנוּ: הֲלֹא כָל־הָאָרֶץ לְפָנֶיךָ הִפָּרֶד נָא מֵעָלָי אִם־הַשְּׂמֹאל וְאֵימִנָה וְאִם־הַיָּמִין

י וְאַשְׂמְאִילָה: וַיִּשָּׂא־לֹוט אֶת־עֵינָיו וַיַּרְא אֶת־כָּל־כִּכַּר הַיַּרְדֵּן כִּי כֻלָּהּ מַשְׁקֶה לִפְנֵי ׀ שַׁחֵת יְהוָה אֶת־סְדֹם וְאֶת־עֲמֹרָה כְּגַן־

יא יְהוָה כְּאֶרֶץ מִצְרַיִם בֹּאֲכָה צֹעַר: וַיִּבְחַר־לֹו לֹוט אֵת כָּל־כִּכַּר

★ יב הַיַּרְדֵּן וַיִּסַּע לֹוט מִקֶּדֶם וַיִּפָּרְדוּ אִישׁ מֵעַל אָחִיו: אַבְרָם יָשַׁב

יג בְּאֶרֶץ־כְּנָעַן וְלֹוט יָשַׁב בְּעָרֵי הַכִּכָּר וַיֶּאֱהַל עַד־סְדֹם: וְאַנְשֵׁי

יד סְדֹם רָעִים וְחַטָּאִים לַיהוָה מְאֹד: וַיהוָֹה אָמַר אֶל־אַבְרָם אַחֲרֵי הִפָּרֶד־לֹוט מֵעִמֹּו שָׂא־נָא עֵינֶיךָ וּרְאֵה מִן־הַמָּקוֹם

טו אֲשֶׁר־אַתָּה שָׁם צָפֹנָה וָנֶגְבָּה וָקֵדְמָה וָיָמָּה: כִּי אֶת־כָּל־ הָאָרֶץ אֲשֶׁר־אַתָּה רֹאֶה לְךָ אֶתְּנֶנָּה וּלְזַרְעֲךָ עַד־עוֹלָם:

טז וְשַׂמְתִּי אֶת־זַרְעֲךָ כַּעֲפַר הָאָרֶץ אֲשֶׁר ׀ אִם־יוּכַל אִישׁ לִמְנוֹת

יז אֶת־עֲפַר הָאָרֶץ גַּם־זַרְעֲךָ יִמָּנֶה: קוּם הִתְהַלֵּךְ בָּאָרֶץ לְאָרְכָּהּ

יח וּלְרָחְבָּהּ כִּי לְךָ אֶתְּנֶנָּה: וַיֶּאֱהַל אַבְרָם וַיָּבֹא וַיֵּשֶׁב בְּאֵלֹנֵי מַמְרֵא אֲשֶׁר בְּחֶבְרוֹן וַיִּבֶן־שָׁם מִזְבֵּחַ לַיהוָה:

יד א וַיְהִי בִּימֵי אַמְרָפֶל מֶלֶךְ־שִׁנְעָר אַרְיוֹךְ מֶלֶךְ אֶלָּסָר כְּדָרְלָעֹמֶר

ב מֶלֶךְ עֵילָם וְתִדְעָל מֶלֶךְ גּוֹיִם: עָשׂוּ מִלְחָמָה אֶת־בֶּרַע מֶלֶךְ סְדֹם וְאֶת־בִּרְשַׁע מֶלֶךְ עֲמֹרָה שִׁנְאָב ׀ מֶלֶךְ אַדְמָה וְשֶׁמְאֵבֶר

ג מֶלֶךְ צְבֹיִים וּמֶלֶךְ בֶּלַע הִיא־צֹעַר: כָּל־אֵלֶּה חָבְרוּ אֶל־עֵמֶק

ד הַשִּׂדִּים הוּא יָם הַמֶּלַח: שְׁתֵּים עֶשְׂרֵה שָׁנָה עָבְדוּ אֶת־

ה כְּדָרְלָעֹמֶר וּשְׁלֹשׁ־עֶשְׂרֵה שָׁנָה מָרָדוּ: וּבְאַרְבַּע עֶשְׂרֵה שָׁנָה בָּא כְדָרְלָעֹמֶר וְהַמְּלָכִים אֲשֶׁר אִתֹּו וַיַּכּוּ אֶת־רְפָאִים בְּעַשְׁתְּרֹת

ו קַרְנַיִם וְאֶת־הַזּוּזִים בְּהָם וְאֵת הָאֵימִים בְּשָׁוֵה קִרְיָתָיִם: וְאֶת־

★ ז הַחֹרִי בְּהַרְרָם שֵׂעִיר עַד אֵיל פָּארָן אֲשֶׁר עַל־הַמִּדְבָּר: וַיָּשֻׁבוּ וַיָּבֹאוּ אֶל־עֵין מִשְׁפָּט הִוא קָדֵשׁ וַיַּכּוּ אֶת־כָּל־שְׂדֵה הָעֲמָלֵקִי

בארץ ויראו יהוה אל אברם ויאמר לזרעך אתן את הארץ
הזאת ויבן שם מזבח ליהוה הנראה אליו ויעתק משם
ההרה מקדם לבית אל ויט אהלה בית אל מים והעי מקדם
ויבן שם מזבח ליהוה ויקרא בשם יהוה ויסע אברם הלוך
ונסוע הנגבה

ויהי רעב בארץ וירד אברם מצרימה לגור שם כי כבד
הרעב בארץ ויהי כאשר הקריב לבוא מצרימה ויאמר
אל שרי אשתו הנה נא ידעתי כי אשה יפת מראה את
והיה כי יראו אתך המצרים ואמרו אשתו זאת והרגו אתי
ואתך יחיו אמרי נא אחתי את למען ייטב לי בעבורך
וחיתה נפשי בגללך ויהי כבוא אברם מצרימה ויראו
המצרים את האשה כי יפה הוא מאד ויראו אתה שרי
פרעה ויהללו אתה אל פרעה ותקח האשה בית פרעה
ולאברם היטיב בעבורה ויהי לו צאן ובקר וחמרים ועבדים
ושפחת ואתנת וגמלים וינגע יהוה את פרעה נגעים גדלים
ואת ביתו על דבר שרי אשת אברם ויקרא פרעה לאברם
ויאמר מה זאת עשית לי למה לא הגדת לי כי אשתך הוא
למה אמרת אחתי הוא ואקח אתה לי לאשה ועתה הנה
אשתך קח ולך ויצו עליו פרעה אנשים וישלחו אתו
ואת אשתו ואת כל אשר לו ויעל אברם ממצרים הוא
ואשתו וכל אשר לו ולוט עמו הנגבה ואברם כבד מאד
במקנה בכסף ובזהב וילך למסעיו מנגב ועד בית אל עד
המקום אשר היה שם אהלה בתחלה בין בית אל ובין העי
אל מקום המזבח אשר עשה שם בראשנה ויקרא שם
אברם בשם יהוה וגם ללוט ההלך את אברם היה צאן
ובקר ואהלים ולא נשא אתם הארץ לשבת יחדו כי היה
רכושם רב ולא יכלו לשבת יחדו ויהי ריב בין רעי מקנה

ז בָּאָרֶץ׃ וַיֵּרָא יהוה אֶל־אַבְרָם וַיֹּאמֶר לְזַרְעֲךָ אֶתֵּן אֶת־הָאָרֶץ *
ח הַזֹּאת וַיִּבֶן שָׁם מִזְבֵּחַ לַיהוה הַנִּרְאֶה אֵלָיו׃ וַיַּעְתֵּק מִשָּׁם
הָהָרָה מִקֶּדֶם לְבֵית־אֵל וַיֵּט אָהֳלֹה בֵּית־אֵל מִיָּם וְהָעַי מִקֶּדֶם
ט וַיִּבֶן־שָׁם מִזְבֵּחַ לַיהוה וַיִּקְרָא בְּשֵׁם יהוה׃ וַיִּסַּע אַבְרָם הָלוֹךְ
וְנָסוֹעַ הַנֶּגְבָּה׃
י וַיְהִי רָעָב בָּאָרֶץ וַיֵּרֶד אַבְרָם מִצְרַיְמָה לָגוּר שָׁם כִּי־כָבֵד *
יא הָרָעָב בָּאָרֶץ׃ וַיְהִי כַּאֲשֶׁר הִקְרִיב לָבוֹא מִצְרָיְמָה וַיֹּאמֶר
אֶל־שָׂרַי אִשְׁתּוֹ הִנֵּה־נָא יָדַעְתִּי כִּי אִשָּׁה יְפַת־מַרְאֶה אָתְּ׃
יב וְהָיָה כִּי־יִרְאוּ אֹתָךְ הַמִּצְרִים וְאָמְרוּ אִשְׁתּוֹ זֹאת וְהָרְגוּ אֹתִי
יג וְאֹתָךְ יְחַיּוּ׃ אִמְרִי־נָא אֲחֹתִי אָתְּ לְמַעַן יִיטַב־לִי בַעֲבוּרֵךְ
יד וְחָיְתָה נַפְשִׁי בִּגְלָלֵךְ׃ וַיְהִי כְּבוֹא אַבְרָם מִצְרָיְמָה וַיִּרְאוּ שני
טו הַמִּצְרִים אֶת־הָאִשָּׁה כִּי־יָפָה הִוא מְאֹד׃ וַיִּרְאוּ אֹתָהּ שָׂרֵי
פַרְעֹה וַיְהַלְלוּ אֹתָהּ אֶל־פַּרְעֹה וַתֻּקַּח הָאִשָּׁה בֵּית פַּרְעֹה׃
טז וּלְאַבְרָם הֵיטִיב בַּעֲבוּרָהּ וַיְהִי־לוֹ צֹאן־וּבָקָר וַחֲמֹרִים וַעֲבָדִים
יז וּשְׁפָחֹת וַאֲתֹנֹת וּגְמַלִּים׃ וַיְנַגַּע יהוה ׀ אֶת־פַּרְעֹה נְגָעִים גְּדֹלִים
יח וְאֶת־בֵּיתוֹ עַל־דְּבַר שָׂרַי אֵשֶׁת אַבְרָם׃ וַיִּקְרָא פַרְעֹה לְאַבְרָם
וַיֹּאמֶר מַה־זֹּאת עָשִׂיתָ לִּי לָמָּה לֹא־הִגַּדְתָּ לִּי כִּי אִשְׁתְּךָ הִוא׃
יט לָמָה אָמַרְתָּ אֲחֹתִי הִוא וָאֶקַּח אֹתָהּ לִי לְאִשָּׁה וְעַתָּה הִנֵּה
כ אִשְׁתְּךָ קַח וָלֵךְ׃ וַיְצַו עָלָיו פַּרְעֹה אֲנָשִׁים וַיְשַׁלְּחוּ אֹתוֹ
יג א וְאֶת־אִשְׁתּוֹ וְאֶת־כָּל־אֲשֶׁר־לוֹ׃ וַיַּעַל אַבְרָם מִמִּצְרַיִם הוּא *
ב וְאִשְׁתּוֹ וְכָל־אֲשֶׁר־לוֹ וְלוֹט עִמּוֹ הַנֶּגְבָּה׃ וְאַבְרָם כָּבֵד מְאֹד
ג בַּמִּקְנֶה בַּכֶּסֶף וּבַזָּהָב׃ וַיֵּלֶךְ לְמַסָּעָיו מִנֶּגֶב וְעַד־בֵּית־אֵל עַד־
הַמָּקוֹם אֲשֶׁר־הָיָה שָׁם אָהֳלֹה בַּתְּחִלָּה בֵּין בֵּית־אֵל וּבֵין הָעָי׃
ד אֶל־מְקוֹם הַמִּזְבֵּחַ אֲשֶׁר־עָשָׂה שָׁם בָּרִאשֹׁנָה וַיִּקְרָא שָׁם
ה אַבְרָם בְּשֵׁם יהוה׃ וְגַם־לְלוֹט הַהֹלֵךְ אֶת־אַבְרָם הָיָה צֹאן־ שלישי
ו וּבָקָר וְאֹהָלִים׃ וְלֹא־נָשָׂא אֹתָם הָאָרֶץ לָשֶׁבֶת יַחְדָּו כִּי־הָיָה
ז רְכוּשָׁם רָב וְלֹא יָכְלוּ לָשֶׁבֶת יַחְדָּו׃ וַיְהִי־רִיב בֵּין רֹעֵי מִקְנֵה־

ויחי פלג אחרי הולידו את רעו תשע שנים ומאתים שנה
ויולד בנים ובנות ויחי רעו שתים ושלשים שנה
ויולד את שרוג ויחי רעו אחרי הולידו את שרוג שבע שנים
ומאתים שנה ויולד בנים ובנות ויחי שרוג שלשים
שנה ויולד את נחור ויחי שרוג אחרי הולידו את נחור מאתים
שנה ויולד בנים ובנות ויחי נחור תשע ועשרים
שנה ויולד את תרח ויחי נחור אחרי הולידו את תרח תשע
עשרה שנה ומאת שנה ויולד בנים ובנות ויחי
תרח שבעים שנה ויולד את אברם את נחור ואת הרן
ואלה תולדת תרח תרח הוליד את אברם את נחור ואת
הרן והרן הוליד את לוט וימת הרן על פני תרח אביו בארץ
מולדתו באור כשדים ויקח אברם ונחור להם נשים שם
אשת אברם שרי ושם אשת נחור מלכה בת הרן אבי
מלכה ואבי יסכה ותהי שרי עקרה אין לה ולד ויקח תרח
את אברם בנו ואת לוט בן הרן בן בנו ואת שרי כלתו
אשת אברם בנו ויצאו אתם מאור כשדים ללכת ארצה
כנען ויבאו עד חרן וישבו שם ויהיו ימי תרח חמש שנים
ומאתים שנה וימת תרח בחרן

ויאמר יהוה אל אברם לך לך מארצך וממולדתך ומבית
אביך אל הארץ אשר אראך ואעשך לגוי גדול ואברכך
ואגדלה שמך והיה ברכה ואברכה מברכיך ומקללך אאר
ונברכו בך כל משפחת האדמה וילך אברם כאשר דבר
אליו יהוה וילך אתו לוט ואברם בן חמש שנים ושבעים
שנה בצאתו מחרן ויקח אברם את שרי אשתו ואת לוט
בן אחיו ואת כל רכושם אשר רכשו ואת הנפש אשר עשו
בחרן ויצאו ללכת ארצה כנען ויבאו ארצה כנען ויעבר
אברם בארץ עד מקום שכם עד אלון מורה והכנעני אז

יט וַיְחִי־פֶלֶג אַחֲרֵי הוֹלִידוֹ אֶת־רְעוּ תֵּשַׁע שָׁנִים וּמָאתַיִם שָׁנָה
כ וַיּוֹלֶד בָּנִים וּבָנוֹת׃ וַיְחִי רְעוּ שְׁתַּיִם וּשְׁלֹשִׁים שָׁנָה ★
כא וַיּוֹלֶד אֶת־שְׂרוּג׃ וַיְחִי רְעוּ אַחֲרֵי הוֹלִידוֹ אֶת־שְׂרוּג שֶׁבַע שָׁנִים
כב וּמָאתַיִם שָׁנָה וַיּוֹלֶד בָּנִים וּבָנוֹת׃ וַיְחִי שְׂרוּג שְׁלֹשִׁים
כג שָׁנָה וַיּוֹלֶד אֶת־נָחוֹר׃ וַיְחִי שְׂרוּג אַחֲרֵי הוֹלִידוֹ אֶת־נָחוֹר מָאתַיִם
כד שָׁנָה וַיּוֹלֶד בָּנִים וּבָנוֹת׃ וַיְחִי נָחוֹר תֵּשַׁע וְעֶשְׂרִים
כה שָׁנָה וַיּוֹלֶד אֶת־תָּרַח׃ וַיְחִי נָחוֹר אַחֲרֵי הוֹלִידוֹ אֶת־תֶּרַח תְּשַׁע־
כו עֶשְׂרֵה שָׁנָה וּמְאַת שָׁנָה וַיּוֹלֶד בָּנִים וּבָנוֹת׃ וַיְחִי־ ★
תֶרַח שִׁבְעִים שָׁנָה וַיּוֹלֶד אֶת־אַבְרָם אֶת־נָחוֹר וְאֶת־הָרָן׃
כז וְאֵלֶּה תּוֹלְדֹת תֶּרַח תֶּרַח הוֹלִיד אֶת־אַבְרָם אֶת־נָחוֹר וְאֶת־
כח הָרָן וְהָרָן הוֹלִיד אֶת־לוֹט׃ וַיָּמָת הָרָן עַל־פְּנֵי תֶּרַח אָבִיו בְּאֶרֶץ
כט מוֹלַדְתּוֹ בְּאוּר כַּשְׂדִּים׃ וַיִּקַּח אַבְרָם וְנָחוֹר לָהֶם נָשִׁים שֵׁם מפטיר
אֵשֶׁת־אַבְרָם שָׂרָי וְשֵׁם אֵשֶׁת־נָחוֹר מִלְכָּה בַּת־הָרָן אֲבִי־
ל לא מִלְכָּה וַאֲבִי יִסְכָּה׃ וַתְּהִי שָׂרַי עֲקָרָה אֵין לָהּ וָלָד׃ וַיִּקַּח תֶּרַח
אֶת־אַבְרָם בְּנוֹ וְאֶת־לוֹט בֶּן־הָרָן בֶּן־בְּנוֹ וְאֵת שָׂרַי כַּלָּתוֹ
אֵשֶׁת אַבְרָם בְּנוֹ וַיֵּצְאוּ אִתָּם מֵאוּר כַּשְׂדִּים לָלֶכֶת אַרְצָה
לב כְּנַעַן וַיָּבֹאוּ עַד־חָרָן וַיֵּשְׁבוּ שָׁם׃ וַיִּהְיוּ יְמֵי־תֶרַח חָמֵשׁ שָׁנִים
וּמָאתַיִם שָׁנָה וַיָּמָת תֶּרַח בְּחָרָן׃

יב א וַיֹּאמֶר יהוה אֶל־אַבְרָם לֶךְ־לְךָ מֵאַרְצְךָ וּמִמּוֹלַדְתְּךָ וּמִבֵּית י לך לך
ב אָבִיךָ אֶל־הָאָרֶץ אֲשֶׁר אַרְאֶךָּ׃ וְאֶעֶשְׂךָ לְגוֹי גָּדוֹל וַאֲבָרֶכְךָ
ג וַאֲגַדְּלָה שְׁמֶךָ וֶהְיֵה בְּרָכָה׃ וַאֲבָרְכָה מְבָרְכֶיךָ וּמְקַלֶּלְךָ אָאֹר
ד וְנִבְרְכוּ בְךָ כֹּל מִשְׁפְּחֹת הָאֲדָמָה׃ וַיֵּלֶךְ אַבְרָם כַּאֲשֶׁר דִּבֶּר ★
אֵלָיו יהוה וַיֵּלֶךְ אִתּוֹ לוֹט וְאַבְרָם בֶּן־חָמֵשׁ שָׁנִים וְשִׁבְעִים
ה שָׁנָה בְּצֵאתוֹ מֵחָרָן׃ וַיִּקַּח אַבְרָם אֶת־שָׂרַי אִשְׁתּוֹ וְאֶת־לוֹט
בֶּן־אָחִיו וְאֶת־כָּל־רְכוּשָׁם אֲשֶׁר רָכָשׁוּ וְאֶת־הַנֶּפֶשׁ אֲשֶׁר־עָשׂוּ
ו בְחָרָן וַיֵּצְאוּ לָלֶכֶת אַרְצָה כְּנַעַן וַיָּבֹאוּ אַרְצָה כְּנָעַן׃ וַיַּעֲבֹר
אַבְרָם בָּאָרֶץ עַד מְקוֹם שְׁכֶם עַד אֵלוֹן מוֹרֶה וְהַכְּנַעֲנִי אָז

באכה ספרה הר הקדם  אלה בני שם למשפחתם ללשנתם
בארצתם לגויהם  אלה משפחת בני נח לתולדתם בגויהם
ומאלה נפרדו הגוים בארץ אחר המבול

ויהי כל הארץ שפה אחת ודברים אחדים  ויהי בנסעם
מקדם וימצאו בקעה בארץ שנער וישבו שם  ויאמרו איש
אל רעהו הבה נלבנה לבנים ונשרפה לשרפה ותהי להם
הלבנה לאבן והחמר היה להם לחמר  ויאמרו הבה נבנה
לנו עיר ומגדל וראשו בשמים ונעשה לנו שם פן נפוץ על
פני כל הארץ  וירד יהוה לראת את העיר ואת המגדל
אשר בנו בני האדם  ויאמר יהוה הן עם אחד ושפה אחת
לכלם וזה החלם לעשות ועתה לא יבצר מהם כל אשר
יזמו לעשות  הבה נרדה ונבלה שם שפתם אשר לא ישמעו
איש שפת רעהו  ויפץ יהוה אתם משם על פני כל הארץ
ויחדלו לבנת העיר  על כן קרא שמה בבל כי שם
בלל יהוה שפת כל הארץ ומשם הפיצם יהוה על פני
כל הארץ

אלה תולדת שם שם בן מאת שנה ויולד את ארפכשד
שנתים אחר המבול  ויחי שם אחרי הולידו את ארפכשד
חמש מאות שנה ויולד בנים ובנות  וארפכשד
חי חמש ושלשים שנה ויולד את שלח  ויחי ארפכשד
אחרי הולידו את שלח שלש שנים וארבע מאות שנה
ויולד בנים ובנות  ושלח חי שלשים שנה ויולד
את עבר  ויחי שלח אחרי הולידו את עבר שלש שנים
וארבע מאות שנה ויולד בנים ובנות  ויחי עבר
ארבע ושלשים שנה ויולד את פלג  ויחי עבר אחרי הולידו
את פלג שלשים שנה וארבע מאות שנה ויולד בנים
ובנות  ויחי פלג שלשים שנה ויולד את רעו

לא בְּבֹאֲכָה סְפָרָה הַר הַקֶּדֶם: אֵלֶּה בְנֵי־שֵׁם לְמִשְׁפְּחֹתָם לִלְשֹׁנֹתָם

לב בְּאַרְצֹתָם לְגֹויֵהֶם: אֵלֶּה מִשְׁפְּחֹת בְּנֵי־נֹחַ לְתֹולְדֹתָם בְּגֹויֵהֶם
וּמֵאֵלֶּה נִפְרְדוּ הַגֹּויִם בָּאָרֶץ אַחַר הַמַּבּוּל:

יא א וַיְהִי כָל־הָאָרֶץ שָׂפָה אֶחָת וּדְבָרִים אֲחָדִים: וַיְהִי בְּנָסְעָם    ט שביעי

מִקֶּדֶם וַיִּמְצְאוּ בִקְעָה בְּאֶרֶץ שִׁנְעָר וַיֵּשְׁבוּ שָׁם: וַיֹּאמְרוּ אִישׁ
אֶל־רֵעֵהוּ הָבָה נִלְבְּנָה לְבֵנִים וְנִשְׂרְפָה לִשְׂרֵפָה וַתְּהִי לָהֶם

ד הַלְּבֵנָה לְאָבֶן וְהַחֵמָר הָיָה לָהֶם לַחֹמֶר: וַיֹּאמְרוּ הָבָה ׀ נִבְנֶה־
לָּנוּ עִיר וּמִגְדָּל וְרֹאשֹׁו בַשָּׁמַיִם וְנַעֲשֶׂה־לָּנוּ שֵׁם פֶּן־נָפוּץ עַל־

ה פְּנֵי כָל־הָאָרֶץ: וַיֵּרֶד יְהֹוָה לִרְאֹת אֶת־הָעִיר וְאֶת־הַמִּגְדָּל

ו אֲשֶׁר בָּנוּ בְּנֵי הָאָדָם: וַיֹּאמֶר יְהֹוָה הֵן עַם אֶחָד וְשָׂפָה אַחַת
לְכֻלָּם וְזֶה הַחִלָּם לַעֲשֹׂות וְעַתָּה לֹא־יִבָּצֵר מֵהֶם כֹּל אֲשֶׁר

ז יָזְמוּ לַעֲשֹׂות: הָבָה נֵרְדָה וְנָבְלָה שָׁם שְׂפָתָם אֲשֶׁר לֹא יִשְׁמְעוּ

ח אִישׁ שְׂפַת רֵעֵהוּ: וַיָּפֶץ יְהֹוָה אֹתָם מִשָּׁם עַל־פְּנֵי כָל־הָאָרֶץ

ט וַיַּחְדְּלוּ לִבְנֹת הָעִיר: עַל־כֵּן קָרָא שְׁמָהּ בָּבֶל כִּי־שָׁם
בָּלַל יְהֹוָה שְׂפַת כָּל־הָאָרֶץ וּמִשָּׁם הֱפִיצָם יְהֹוָה עַל־פְּנֵי
כָּל־הָאָרֶץ:

י אֵלֶּה תֹּולְדֹת שֵׁם שֵׁם בֶּן־מְאַת שָׁנָה וַיֹּולֶד אֶת־אַרְפַּכְשָׁד

יא שְׁנָתַיִם אַחַר הַמַּבּוּל: וַיְחִי־שֵׁם אַחֲרֵי הֹולִידֹו אֶת־אַרְפַּכְשָׁד

יב חֲמֵשׁ מֵאֹות שָׁנָה וַיֹּולֶד בָּנִים וּבָנֹות:    וְאַרְפַּכְשַׁד    ★

יג חַי חָמֵשׁ וּשְׁלֹשִׁים שָׁנָה וַיֹּולֶד אֶת־שָׁלַח: וַיְחִי אַרְפַּכְשַׁד
אַחֲרֵי הֹולִידֹו אֶת־שֶׁלַח שָׁלֹשׁ שָׁנִים וְאַרְבַּע מֵאֹות שָׁנָה

יד וַיֹּולֶד בָּנִים וּבָנֹות:    וְשֶׁלַח חַי שְׁלֹשִׁים שָׁנָה וַיֹּולֶד

טו אֶת־עֵבֶר: וַיְחִי־שֶׁלַח אַחֲרֵי הֹולִידֹו אֶת־עֵבֶר שָׁלֹשׁ שָׁנִים

טז וְאַרְבַּע מֵאֹות שָׁנָה וַיֹּולֶד בָּנִים וּבָנֹות:    וַיְחִי־עֵבֶר    ★

יז אַרְבַּע וּשְׁלֹשִׁים שָׁנָה וַיֹּולֶד אֶת־פָּלֶג: וַיְחִי־עֵבֶר אַחֲרֵי הֹולִידֹו
אֶת־פֶּלֶג שְׁלֹשִׁים שָׁנָה וְאַרְבַּע מֵאֹות שָׁנָה וַיֹּולֶד בָּנִים

יח וּבָנֹות:    וַיְחִי־פֶלֶג שְׁלֹשִׁים שָׁנָה וַיֹּולֶד אֶת־רְעוּ:

המבול בני יפת גמר ומגוג ומדי ויון ותבל ומשך ותירס
ובני גמר אשכנז וריפת ותגרמה ובני יון אלישה ותרשיש
כתים ודדנים מאלה נפרדו איי הגוים בארצתם איש ללשנו
למשפחתם בגויהם ובני חם כוש ומצרים ופוט וכנען ובני
כוש סבא וחוילה וסבתה ורעמה וסבתכא ובני רעמה שבא
ודדן וכוש ילד את נמרד הוא החל להיות גבר בארץ
הוא היה גבר ציד לפני יהוה על כן יאמר כנמרד גבור ציד
לפני יהוה ותהי ראשית ממלכתו בבל וארך ואכד וכלנה
בארץ שנער מן הארץ ההוא יצא אשור ויבן את נינוה
ואת רחבת עיר ואת כלח ואת רסן בין נינוה ובין כלח
הוא העיר הגדלה ומצרים ילד את לודים ואת ענמים
ואת להבים ואת נפתחים ואת פתרסים ואת כסלחים
אשר יצאו משם פלשתים ואת כפתרים וכנען
ילד את צידן בכרו ואת חת ואת היבוסי ואת האמרי
ואת הגרגשי ואת החוי ואת הערקי ואת הסיני ואת
הארודי ואת הצמרי ואת החמתי ואחר נפצו משפחות
הכנעני ויהי גבול הכנעני מצידן באכה גררה עד עזה
באכה סדמה ועמרה ואדמה וצבים עד לשע אלה בני חם
למשפחתם ללשנתם בארצתם בגויהם ולשם
ילד גם הוא אבי כל בני עבר אחי יפת הגדול בני שם
עילם ואשור וארפכשד ולוד וארם ובני ארם עוץ וחול
וגתר ומש וארפכשד ילד את שלח ושלח ילד את עבר
ולעבר ילד שני בנים שם האחד פלג כי בימיו נפלגה הארץ
ושם אחיו יקטן ויקטן ילד את אלמודד ואת שלף ואת
חצרמות ואת ירח ואת הדורם ואת אוזל ואת דקלה
ואת עובל ואת אבימאל ואת שבא ואת אופר ואת
חוילה ואת יובב כל אלה בני יקטן ויהי מושבם ממשא

ב הַמַּבּוּל׃ בְּנֵי יֶפֶת גֹּמֶר וּמָגוֹג וּמָדַי וְיָוָן וְתֻבָל וּמֶשֶׁךְ וְתִירָס׃
ג ד וּבְנֵי גֹּמֶר אַשְׁכְּנַז וְרִיפַת וְתֹגַרְמָה׃ וּבְנֵי יָוָן אֱלִישָׁה וְתַרְשִׁישׁ
ה כִּתִּים וְדֹדָנִים׃ מֵאֵלֶּה נִפְרְדוּ אִיֵּי הַגּוֹיִם בְּאַרְצֹתָם אִישׁ לִלְשֹׁנוֹ
ו ז לְמִשְׁפְּחֹתָם בְּגוֹיֵהֶם׃ וּבְנֵי חָם כּוּשׁ וּמִצְרַיִם וּפוּט וּכְנָעַן׃ וּבְנֵי
כּוּשׁ סְבָא וַחֲוִילָה וְסַבְתָּה וְרַעְמָה וְסַבְתְּכָא וּבְנֵי רַעְמָה שְׁבָא
ח וּדְדָן׃ וְכוּשׁ יָלַד אֶת־נִמְרֹד הוּא הֵחֵל לִהְיוֹת גִּבֹּר בָּאָרֶץ׃
ט הוּא־הָיָה גִבֹּר־צַיִד לִפְנֵי יְהוָה עַל־כֵּן יֵאָמַר כְּנִמְרֹד גִּבּוֹר צַיִד
י לִפְנֵי יְהוָה׃ וַתְּהִי רֵאשִׁית מַמְלַכְתּוֹ בָּבֶל וְאֶרֶךְ וְאַכַּד וְכַלְנֵה
יא בְּאֶרֶץ שִׁנְעָר׃ מִן־הָאָרֶץ הַהִוא יָצָא אַשּׁוּר וַיִּבֶן אֶת־נִינְוֵה
יב וְאֶת־רְחֹבֹת עִיר וְאֶת־כָּלַח׃ וְאֶת־רֶסֶן בֵּין נִינְוֵה וּבֵין כָּלַח
יג הִוא הָעִיר הַגְּדֹלָה׃ וּמִצְרַיִם יָלַד אֶת־לוּדִים וְאֶת־עֲנָמִים
יד וְאֶת־לְהָבִים וְאֶת־נַפְתֻּחִים׃ וְאֶת־פַּתְרֻסִים וְאֶת־כַּסְלֻחִים
טו אֲשֶׁר יָצְאוּ מִשָּׁם פְּלִשְׁתִּים וְאֶת־כַּפְתֹּרִים׃ וּכְנַעַן
טז יָלַד אֶת־צִידֹן בְּכֹרוֹ וְאֶת־חֵת׃ וְאֶת־הַיְבוּסִי וְאֶת־הָאֱמֹרִי
יז יח וְאֵת הַגִּרְגָּשִׁי׃ וְאֶת־הַחִוִּי וְאֶת־הַעַרְקִי וְאֶת־הַסִּינִי׃ וְאֶת־
הָאַרְוָדִי וְאֶת־הַצְּמָרִי וְאֶת־הַחֲמָתִי וְאַחַר נָפֹצוּ מִשְׁפְּחוֹת
יט הַכְּנַעֲנִי׃ וַיְהִי גְּבוּל הַכְּנַעֲנִי מִצִּידֹן בֹּאֲכָה גְרָרָה עַד־עַזָּה
כ בֹּאֲכָה סְדֹמָה וַעֲמֹרָה וְאַדְמָה וּצְבֹיִם עַד־לָשַׁע׃ אֵלֶּה בְנֵי־חָם
כא לְמִשְׁפְּחֹתָם לִלְשֹׁנֹתָם בְּאַרְצֹתָם בְּגוֹיֵהֶם׃ וּלְשֵׁם
כב יֻלַּד גַּם־הוּא אֲבִי כָּל־בְּנֵי־עֵבֶר אֲחִי יֶפֶת הַגָּדוֹל׃ בְּנֵי שֵׁם
כג עֵילָם וְאַשּׁוּר וְאַרְפַּכְשַׁד וְלוּד וַאֲרָם׃ וּבְנֵי אֲרָם עוּץ וְחוּל
כד וְגֶתֶר וָמַשׁ׃ וְאַרְפַּכְשַׁד יָלַד אֶת־שָׁלַח וְשֶׁלַח יָלַד אֶת־עֵבֶר׃
כה וּלְעֵבֶר יֻלַּד שְׁנֵי בָנִים שֵׁם הָאֶחָד פֶּלֶג כִּי בְיָמָיו נִפְלְגָה הָאָרֶץ
כו וְשֵׁם אָחִיו יָקְטָן׃ וְיָקְטָן יָלַד אֶת־אַלְמוֹדָד וְאֶת־שָׁלֶף וְאֶת־
כז חֲצַרְמָוֶת וְאֶת־יָרַח׃ וְאֶת־הֲדוֹרָם וְאֶת־אוּזָל וְאֶת־דִּקְלָה׃
כח כט וְאֶת־עוֹבָל וְאֶת־אֲבִימָאֵל וְאֶת־שְׁבָא׃ וְאֶת־אוֹפִר וְאֶת־
ל חֲוִילָה וְאֶת־יוֹבָב כָּל־אֵלֶּה בְּנֵי יָקְטָן׃ וַיְהִי מוֹשָׁבָם מִמֵּשָׂא

לאמר ואני הנני מקים את בריתי אתכם ואת זרעכם
אחריכם ואת כל נפש החיה אשר אתכם בעוף בבהמה
ובכל חית הארץ אתכם מכל יצאי התבה לכל חית הארץ
והקמתי את בריתי אתכם ולא יכרת כל בשר עוד ממי
המבול ולא יהיה עוד מבול לשחת הארץ ויאמר אלהים
זאת אות הברית אשר אני נתן ביני וביניכם ובין כל נפש
חיה אשר אתכם לדרת עולם את קשתי נתתי בענן והיתה
לאות ברית ביני ובין הארץ והיה בענני ענן על הארץ
ונראתה הקשת בענן וזכרתי את בריתי אשר ביני וביניכם
ובין כל נפש חיה בכל בשר ולא יהיה עוד המים למבול
לשחת כל בשר והיתה הקשת בענן וראיתיה לזכר ברית
עולם בין אלהים ובין כל נפש חיה בכל בשר אשר על
הארץ ויאמר אלהים אל נח זאת אות הברית אשר הקמתי
ביני ובין כל בשר אשר על הארץ

ויהיו בני נח היצאים מן התבה שם וחם ויפת וחם הוא אבי
כנען שלשה אלה בני נח ומאלה נפצה כל הארץ ויחל
נח איש האדמה ויטע כרם וישת מן היין וישכר ויתגל
בתוך אהלה וירא חם אבי כנען את ערות אביו ויגד לשני
אחיו בחוץ ויקח שם ויפת את השמלה וישימו על שכם
שניהם וילכו אחרנית ויכסו את ערות אביהם ופניהם אחרנית
וערות אביהם לא ראו וייקץ נח מיינו וידע את אשר
עשה לו בנו הקטן ויאמר ארור כנען עבד עבדים יהיה
לאחיו ויאמר ברוך יהוה אלהי שם ויהי כנען עבד למו
יפת אלהים ליפת וישכן באהלי שם ויהי כנען עבד למו
ויחי נח אחר המבול שלש מאות שנה וחמשים שנה ויהי
כל ימי נח תשע מאות שנה וחמשים שנה וימת

ואלה תולדת בני נח שם חם ויפת ויולדו להם בנים אחר

ט לֵאמֹר: וַאֲנִ֗י הִנְנִ֛י מֵקִ֥ים אֶת־בְּרִיתִ֖י אִתְּכֶ֑ם וְאֶֽת־זַרְעֲכֶ֖ם

י אַחֲרֵיכֶֽם: וְאֵ֣ת כָּל־נֶ֣פֶשׁ הַֽחַיָּ֣ה אֲשֶׁ֣ר אִתְּכֶ֗ם בָּע֧וֹף בַּבְּהֵמָ֛ה
וּֽבְכָל־חַיַּ֥ת הָאָ֖רֶץ אִתְּכֶ֑ם מִכֹּל֙ יֹצְאֵ֣י הַתֵּבָ֔ה לְכֹ֖ל חַיַּ֥ת הָאָֽרֶץ:

יא וַהֲקִמֹתִ֤י אֶת־בְּרִיתִי֙ אִתְּכֶ֔ם וְלֹֽא־יִכָּרֵ֧ת כָּל־בָּשָׂ֛ר ע֖וֹד מִמֵּ֣י

יב הַמַּבּ֑וּל וְלֹֽא־יִהְיֶ֥ה ע֛וֹד מַבּ֖וּל לְשַׁחֵ֥ת הָאָֽרֶץ: וַיֹּ֣אמֶר אֱלֹהִ֗ים
זֹ֤את אֽוֹת־הַבְּרִית֙ אֲשֶׁר־אֲנִ֣י נֹתֵ֗ן בֵּינִי֙ וּבֵ֣ינֵיכֶ֔ם וּבֵ֛ין כָּל־נֶ֥פֶשׁ

יג חַיָּ֖ה אֲשֶׁ֣ר אִתְּכֶ֑ם לְדֹרֹ֖ת עוֹלָֽם: אֶת־קַשְׁתִּ֕י נָתַ֖תִּי בֶּֽעָנָ֑ן וְהָֽיְתָה֙

יד לְא֣וֹת בְּרִ֔ית בֵּינִ֖י וּבֵ֥ין הָאָֽרֶץ: וְהָיָ֕ה בְּעַֽנְנִ֥י עָנָ֖ן עַל־הָאָ֑רֶץ

טו וְנִרְאֲתָ֥ה הַקֶּ֖שֶׁת בֶּֽעָנָֽן: וְזָכַרְתִּ֣י אֶת־בְּרִיתִ֗י אֲשֶׁ֤ר בֵּינִי֙ וּבֵ֣ינֵיכֶ֔ם
וּבֵ֛ין כָּל־נֶ֥פֶשׁ חַיָּ֖ה בְּכָל־בָּשָׂ֑ר וְלֹֽא־יִהְיֶ֨ה ע֤וֹד הַמַּ֙יִם֙ לְמַבּ֔וּל

טז לְשַׁחֵ֖ת כָּל־בָּשָֽׂר: וְהָֽיְתָ֥ה הַקֶּ֖שֶׁת בֶּֽעָנָ֑ן וּרְאִיתִ֗יהָ לִזְכֹּר֙ בְּרִ֣ית
עוֹלָ֔ם בֵּ֣ין אֱלֹהִ֔ים וּבֵין֙ כָּל־נֶ֣פֶשׁ חַיָּ֔ה בְּכָל־בָּשָׂ֖ר אֲשֶׁ֥ר עַל־

יז הָאָֽרֶץ: וַיֹּ֥אמֶר אֱלֹהִ֖ים אֶל־נֹ֑חַ זֹ֤את אֽוֹת־הַבְּרִית֙ אֲשֶׁ֣ר הֲקִמֹ֔תִי
בֵּינִ֕י וּבֵ֥ין כָּל־בָּשָׂ֖ר אֲשֶׁ֥ר עַל־הָאָֽרֶץ:

יח וַיִּֽהְי֣וּ בְנֵי־נֹ֗חַ הַיֹּֽצְאִים֙ מִן־הַתֵּבָ֔ה שֵׁ֖ם וְחָ֣ם וָיָ֑פֶת וְחָ֕ם ה֖וּא אֲבִ֥י

יט כְּנָֽעַן: שְׁלֹשָׁ֥ה אֵ֖לֶּה בְּנֵי־נֹ֑חַ וּמֵאֵ֖לֶּה נָֽפְצָ֥ה כָל־הָאָֽרֶץ: וַיָּ֥חֶל

כ נֹ֖חַ אִ֣ישׁ הָֽאֲדָמָ֑ה וַיִּטַּ֖ע כָּֽרֶם: וַיֵּ֥שְׁתְּ מִן־הַיַּ֖יִן וַיִּשְׁכָּ֑ר וַיִּתְגַּ֖ל

כא בְּת֥וֹךְ אָהֳלֹֽה: וַיַּ֗רְא חָ֚ם אֲבִ֣י כְנַ֔עַן אֵ֖ת עֶרְוַ֣ת אָבִ֑יו וַיַּגֵּ֥ד לִשְׁנֵֽי־

כב אֶחָ֖יו בַּחֽוּץ: וַיִּקַּח֩ שֵׁ֨ם וָיֶ֜פֶת אֶת־הַשִּׂמְלָ֗ה וַיָּשִׂ֙ימוּ֙ עַל־שְׁכֶ֣ם

כג שְׁנֵיהֶ֔ם וַיֵּֽלְכוּ֙ אֲחֹ֣רַנִּ֔ית וַיְכַסּ֕וּ אֵ֖ת עֶרְוַ֣ת אֲבִיהֶ֑ם וּפְנֵיהֶם֙ אֲחֹ֣רַנִּ֔ית

כד וְעֶרְוַ֥ת אֲבִיהֶ֖ם לֹ֥א רָאֽוּ: וַיִּ֥יקֶץ נֹ֖חַ מִיֵּינ֑וֹ וַיֵּ֕דַע אֵ֖ת אֲשֶׁר־

כה עָֽשָׂה־ל֖וֹ בְּנ֥וֹ הַקָּטָֽן: וַיֹּ֖אמֶר אָר֣וּר כְּנָ֑עַן עֶ֥בֶד עֲבָדִ֖ים יִֽהְיֶ֥ה

כו לְאֶחָֽיו: וַיֹּ֕אמֶר בָּר֥וּךְ יְהוָֹ֖ה אֱלֹ֣הֵי שֵׁ֑ם וִיהִ֥י כְנַ֖עַן עֶ֥בֶד לָֽמוֹ:

כז יַ֤פְתְּ אֱלֹהִים֙ לְיֶ֔פֶת וְיִשְׁכֹּ֖ן בְּאָֽהֳלֵי־שֵׁ֑ם וִיהִ֥י כְנַ֖עַן עֶ֥בֶד לָֽמוֹ:

כח וַֽיְחִי־נֹ֖חַ אַחַ֣ר הַמַּבּ֑וּל שְׁלֹ֤שׁ מֵאוֹת֙ שָׁנָ֔ה וַֽחֲמִשִּׁ֖ים שָׁנָֽה: וַיִּֽהְי֤וּ

כט כָּל־יְמֵי־נֹ֗חַ תְּשַׁ֤ע מֵאוֹת֙ שָׁנָ֔ה וַֽחֲמִשִּׁ֖ים שָׁנָ֑ה וַיָּמֹֽת:

י א וְאֵ֙לֶּה֙ תּֽוֹלְדֹ֣ת בְּנֵי־נֹ֔חַ שֵׁ֖ם חָ֣ם וָיָ֑פֶת וַיִּוָּלְד֥וּ לָהֶ֛ם בָּנִ֖ים אַחַ֥ר

לעת ערב והנה עלה זית טרף בפיה וידע נח כי קלו המים
מעל הארץ וייחל עוד שבעת ימים אחרים וישלח את היונה
ולא יספה שוב אליו עוד ויהי באחת ושש מאות שנה
בראשון באחד לחדש חרבו המים מעל הארץ ויסר נח את
מכסה התבה וירא והנה חרבו פני האדמה ובחדש השני
בשבעה ועשרים יום לחדש יבשה הארץ וידבר
אלהים אל נח לאמר צא מן התבה אתה ואשתך ובניך
ונשי בניך אתך כל החיה אשר אתך מכל בשר בעוף
ובבהמה ובכל הרמש הרמש על הארץ הוצא אתך ושרצו
בארץ ופרו ורבו על הארץ ויצא נח ובניו ואשתו ונשי
בניו אתו כל החיה כל הרמש וכל העוף כל רומש על
הארץ למשפחתיהם יצאו מן התבה ויבן נח מזבח ליהוה
ויקח מכל הבהמה הטהרה ומכל העוף הטהור ויעל עלת
במזבח וירח יהוה את ריח הניחח ויאמר יהוה אל לבו לא
אסף לקלל עוד את האדמה בעבור האדם כי יצר לב האדם
רע מנעריו ולא אסף עוד להכות את כל חי כאשר עשיתי
עד כל ימי הארץ זרע וקציר וקר וחם וקיץ וחרף ויום ולילה
לא ישבתו ויברך אלהים את נח ואת בניו ויאמר להם
פרו ורבו ומלאו את הארץ ומוראכם וחתכם יהיה על כל
חית הארץ ועל כל עוף השמים בכל אשר תרמש האדמה
ובכל דגי הים בידכם נתנו כל רמש אשר הוא חי לכם
יהיה לאכלה כירק עשב נתתי לכם את כל אך בשר
בנפשו דמו לא תאכלו ואך את דמכם לנפשתיכם אדרש
מיד כל חיה אדרשנו ומיד האדם מיד איש אחיו אדרש
את נפש האדם שפך דם האדם באדם דמו ישפך כי בצלם
אלהים עשה את האדם ואתם פרו ורבו שרצו בארץ
ורבו בה ויאמר אלהים אל נח ואל בניו אתו

לעת ערב והנה עלה־זית טרף בפיה וידע נח כי־קלו המים
יב מעל הארץ: וייחל עוד שבעת ימים אחרים וישלח את־היונה ✶
יג ולא־יספה שוב־אליו עוד: ויהי באחת ושש־מאות שנה
בראשון באחד לחדש חרבו המים מעל הארץ ויסר נח את־
יד מכסה התבה וירא והנה חרבו פני האדמה: ובחדש השני
טו בשבעה ועשרים יום לחדש יבשה הארץ: וידבר ז רביעי
טז אלהים אל־נח לאמר: צא מן־התבה אתה ואשתך ובניך
יז ונשי־בניך אתך: כל־החיה אשר־אתך מכל־בשר בעוף
ובבהמה ובכל־הרמש הרמש על־הארץ הוצא אתך ושרצו היצא
יח בארץ ופרו ורבו על־הארץ: ויצא־נח ובניו ואשתו ונשי־
יט בניו אתו: כל־החיה כל־הרמש וכל־העוף כל רומש על־
כ הארץ למשפחתיהם יצאו מן־התבה: ויבן נח מזבח ליהוה ✶
ויקח מכל ׀ הבהמה הטהרה ומכל העוף הטהור ויעל עלת
כא במזבח: וירח יהוה את־ריח הניחח ויאמר יהוה אל־לבו לא
אסף לקלל עוד את־האדמה בעבור האדם כי יצר לב האדם
רע מנעריו ולא־אסף עוד להכות את־כל־חי כאשר עשיתי:
כב עד כל־ימי הארץ זרע וקציר וקר וחם וקיץ וחרף ויום ולילה
ט א לא ישבתו: ויברך אלהים את־נח ואת־בניו ויאמר להם ✶
ב פרו ורבו ומלאו את־הארץ: ומוראכם וחתכם יהיה על כל־
חית הארץ ועל כל־עוף השמים בכל אשר תרמש האדמה
ג ובכל־דגי הים בידכם נתנו: כל־רמש אשר הוא־חי לכם
ד יהיה לאכלה כירק עשב נתתי לכם את־כל: אך־בשר ✶
ה בנפשו דמו לא תאכלו: ואך את־דמכם לנפשתיכם אדרש
מיד כל־חיה אדרשנו ומיד האדם מיד איש אחיו אדרש
ו את־נפש האדם: שפך דם האדם באדם דמו ישפך כי בצלם
ז אלהים עשה את־האדם: ואתם פרו ורבו שרצו בארץ
ח ורבו־בה: ויאמר אלהים אל־נח ואל־בניו אתו חמישי

התבה שנים שנים מכל הבשר אשר בו רוח חיים והבאים
זכר ונקבה מכל בשר באו כאשר צוה אתו אלהים ויסגר
יהוה בעדו ויהי המבול ארבעים יום על הארץ וירבו המים
וישאו את התבה ותרם מעל הארץ ויגברו המים וירבו
מאד על הארץ ותלך התבה על פני המים והמים גברו
מאד מאד על הארץ ויכסו כל ההרים הגבהים אשר תחת
כל השמים חמש עשרה אמה מלמעלה גברו המים ויכסו
ההרים ויגוע כל בשר הרמש על הארץ בעוף ובבהמה
ובחיה ובכל השרץ השרץ על הארץ וכל האדם כל אשר
נשמת רוח חיים באפיו מכל אשר בחרבה מתו וימח את
כל היקום אשר על פני האדמה מאדם עד בהמה עד
רמש ועד עוף השמים וימחו מן הארץ וישאר אך נח ואשר
אתו בתבה ויגברו המים על הארץ חמשים ומאת יום
ויזכר אלהים את נח ואת כל החיה ואת כל הבהמה אשר
אתו בתבה ויעבר אלהים רוח על הארץ וישכו המים
ויסכרו מעינת תהום וארבת השמים ויכלא הגשם מן
השמים וישבו המים מעל הארץ הלוך ושוב ויחסרו המים
מקצה חמשים ומאת יום ותנח התבה בחדש השביעי
בשבעה עשר יום לחדש על הרי אררט והמים היו הלוך
וחסור עד החדש העשירי בעשירי באחד לחדש נראו ראשי
ההרים ויהי מקץ ארבעים יום ויפתח נח את חלון התבה
אשר עשה וישלח את הערב ויצא יצוא ושוב עד יבשת
המים מעל הארץ וישלח את היונה מאתו לראות הקלו
המים מעל פני האדמה ולא מצאה היונה מנוח לכף רגלה
ותשב אליו אל התבה כי מים על פני כל הארץ וישלח ידו
ויקחה ויבא אתה אליו אל התבה ויחל עוד שבעת ימים
אחרים ויסף שלח את היונה מן התבה ותבא אליו היונה

טז הַתֵּבָה שְׁנַיִם שְׁנַיִם מִכָּל־הַבָּשָׂר אֲשֶׁר־בּוֹ רוּחַ חַיִּים׃ וְהַבָּאִים
זָכָר וּנְקֵבָה מִכָּל־בָּשָׂר בָּאוּ כַּאֲשֶׁר צִוָּה אֹתוֹ אֱלֹהִים וַיִּסְגֹּר
יז יְהוָה בַּעֲדוֹ׃ וַיְהִי הַמַּבּוּל אַרְבָּעִים יוֹם עַל־הָאָרֶץ וַיִּרְבּוּ הַמַּיִם שלישי
יח וַיִּשְׂאוּ אֶת־הַתֵּבָה וַתָּרָם מֵעַל הָאָרֶץ׃ וַיִּגְבְּרוּ הַמַּיִם וַיִּרְבּוּ
יט מְאֹד עַל־הָאָרֶץ וַתֵּלֶךְ הַתֵּבָה עַל־פְּנֵי הַמָּיִם׃ וְהַמַּיִם גָּבְרוּ
מְאֹד מְאֹד עַל־הָאָרֶץ וַיְכֻסּוּ כָּל־הֶהָרִים הַגְּבֹהִים אֲשֶׁר־תַּחַת
כ כָּל־הַשָּׁמָיִם׃ חֲמֵשׁ עֶשְׂרֵה אַמָּה מִלְמַעְלָה גָּבְרוּ הַמָּיִם וַיְכֻסּוּ
כא הֶהָרִים׃ וַיִּגְוַע כָּל־בָּשָׂר ׀ הָרֹמֵשׂ עַל־הָאָרֶץ בָּעוֹף וּבַבְּהֵמָה
כב וּבַחַיָּה וּבְכָל־הַשֶּׁרֶץ הַשֹּׁרֵץ עַל־הָאָרֶץ וְכֹל הָאָדָם׃ כֹּל אֲשֶׁר
כג נִשְׁמַת־רוּחַ חַיִּים בְּאַפָּיו מִכֹּל אֲשֶׁר בֶּחָרָבָה מֵתוּ׃ וַיִּמַח אֶת־
כָּל־הַיְקוּם ׀ אֲשֶׁר ׀ עַל־פְּנֵי הָאֲדָמָה מֵאָדָם עַד־בְּהֵמָה עַד־
רֶמֶשׂ וְעַד־עוֹף הַשָּׁמַיִם וַיִּמָּחוּ מִן־הָאָרֶץ וַיִּשָּׁאֶר אַךְ־נֹחַ וַאֲשֶׁר
כד אִתּוֹ בַּתֵּבָה׃ וַיִּגְבְּרוּ הַמַּיִם עַל־הָאָרֶץ חֲמִשִּׁים וּמְאַת יוֹם׃
ח א וַיִּזְכֹּר אֱלֹהִים אֶת־נֹחַ וְאֵת כָּל־הַחַיָּה וְאֶת־כָּל־הַבְּהֵמָה אֲשֶׁר ו
אִתּוֹ בַּתֵּבָה וַיַּעֲבֵר אֱלֹהִים רוּחַ עַל־הָאָרֶץ וַיָּשֹׁכּוּ הַמָּיִם׃
ב וַיִּסָּכְרוּ מַעְיְנֹת תְּהוֹם וַאֲרֻבֹּת הַשָּׁמָיִם וַיִּכָּלֵא הַגֶּשֶׁם מִן־ ★
ג הַשָּׁמָיִם׃ וַיָּשֻׁבוּ הַמַּיִם מֵעַל הָאָרֶץ הָלוֹךְ וָשׁוֹב וַיַּחְסְרוּ הַמַּיִם
ד מִקְצֵה חֲמִשִּׁים וּמְאַת יוֹם׃ וַתָּנַח הַתֵּבָה בַּחֹדֶשׁ הַשְּׁבִיעִי
ה בְּשִׁבְעָה־עָשָׂר יוֹם לַחֹדֶשׁ עַל הָרֵי אֲרָרָט׃ וְהַמַּיִם הָיוּ הָלוֹךְ ★
וְחָסוֹר עַד הַחֹדֶשׁ הָעֲשִׂירִי בָּעֲשִׂירִי בְּאֶחָד לַחֹדֶשׁ נִרְאוּ רָאשֵׁי
ו הֶהָרִים׃ וַיְהִי מִקֵּץ אַרְבָּעִים יוֹם וַיִּפְתַּח נֹחַ אֶת־חַלּוֹן הַתֵּבָה
ז אֲשֶׁר עָשָׂה׃ וַיְשַׁלַּח אֶת־הָעֹרֵב וַיֵּצֵא יָצוֹא וָשׁוֹב עַד־יְבֹשֶׁת
ח הַמַּיִם מֵעַל הָאָרֶץ׃ וַיְשַׁלַּח אֶת־הַיּוֹנָה מֵאִתּוֹ לִרְאוֹת הֲקַלּוּ ★
ט הַמַּיִם מֵעַל פְּנֵי הָאֲדָמָה׃ וְלֹא־מָצְאָה הַיּוֹנָה מָנוֹחַ לְכַף־רַגְלָהּ
וַתָּשָׁב אֵלָיו אֶל־הַתֵּבָה כִּי־מַיִם עַל־פְּנֵי כָל־הָאָרֶץ וַיִּשְׁלַח יָדוֹ
י וַיִּקָּחֶהָ וַיָּבֵא אֹתָהּ אֵלָיו אֶל־הַתֵּבָה׃ וַיָּחֶל עוֹד שִׁבְעַת יָמִים
יא אֲחֵרִים וַיֹּסֶף שַׁלַּח אֶת־הַיּוֹנָה מִן־הַתֵּבָה׃ וַתָּבֹא אֵלָיו הַיּוֹנָה

בארץ יגוע והקמתי את בריתי אתך ובאת אל התבה אתה
ובניך ואשתך ונשי בניך אתך ומכל החי מכל בשר שנים
מכל תביא אל התבה להחית אתך זכר ונקבה יהיו מהעוף
למינהו ומן הבהמה למינה מכל רמש האדמה למינהו שנים
מכל יבאו אליך להחיות ואתה קח לך מכל מאכל אשר
יאכל ואספת אליך והיה לך ולהם לאכלה ויעש נח ככל
אשר צוה אתו אלהים כן עשה ויאמר יהוה לנח בא אתה
וכל ביתך אל התבה כי אתך ראיתי צדיק לפני בדור
הזה מכל הבהמה הטהורה תקח לך שבעה שבעה איש
ואשתו ומן הבהמה אשר לא טהרה הוא שנים איש
ואשתו גם מעוף השמים שבעה שבעה זכר ונקבה לחיות
זרע על פני כל הארץ כי לימים עוד שבעה אנכי ממטיר
על הארץ ארבעים יום וארבעים לילה ומחיתי את כל
היקום אשר עשיתי מעל פני האדמה ויעש נח ככל אשר
צוהו יהוה ונח בן שש מאות שנה והמבול היה מים על
הארץ ויבא נח ובניו ואשתו ונשי בניו אתו אל התבה
מפני מי המבול מן הבהמה הטהורה ומן הבהמה אשר
איננה טהרה ומן העוף וכל אשר רמש על האדמה שנים
שנים באו אל נח אל התבה זכר ונקבה כאשר צוה אלהים
את נח ויהי לשבעת הימים ומי המבול היו על הארץ
בשנת שש מאות שנה לחיי נח בחדש השני בשבעה עשר
יום לחדש ביום הזה נבקעו כל מעינות תהום רבה וארבת
השמים נפתחו ויהי הגשם על הארץ ארבעים יום וארבעים
לילה בעצם היום הזה בא נח ושם וחם ויפת בני נח ואשת
נח ושלשת נשי בניו אתם אל התבה המה וכל החיה למינה
וכל הבהמה למינה וכל הרמש הרמש על הארץ למינהו
וכל העוף למינהו כל צפור כל כנף ויבאו אל נח אל

יח בָּאָ֣רֶץ יִגְוָ֑ע׃ וַהֲקִמֹתִ֤י אֶת־בְּרִיתִי֙ אִתָּ֔ךְ וּבָאתָ֙ אֶל־הַתֵּבָ֔ה אַתָּ֕ה

יט וּבָנֶ֛יךָ וְאִשְׁתְּךָ֥ וּנְשֵֽׁי־בָנֶ֖יךָ אִתָּֽךְ׃ וּמִכָּל־הָ֠חַ֠י מִֽכָּל־בָּשָׂ֞ר שְׁנַ֤יִם

★ כ מִכֹּ֛ל תָּבִ֥יא אֶל־הַתֵּבָ֖ה לְהַחֲיֹ֣ת אִתָּ֑ךְ זָכָ֥ר וּנְקֵבָ֖ה יִֽהְיֽוּ׃ מֵהָע֣וֹף

לְמִינֵ֗הוּ וּמִן־הַבְּהֵמָה֙ לְמִינָ֔הּ מִכֹּ֛ל רֶ֥מֶשׂ הָֽאֲדָמָ֖ה לְמִינֵ֑הוּ שְׁנַ֧יִם

כא מִכֹּ֛ל יָבֹ֥אוּ אֵלֶ֖יךָ לְהַֽחֲיֽוֹת׃ וְאַתָּ֣ה קַח־לְךָ֗ מִכָּל־מַֽאֲכָל֙ אֲשֶׁ֣ר

כב יֵֽאָכֵ֔ל וְאָסַפְתָּ֖ אֵלֶ֑יךָ וְהָיָ֥ה לְךָ֛ וְלָהֶ֖ם לְאָכְלָֽה׃ וַיַּ֖עַשׂ נֹ֑חַ כְּ֠כֹ֠ל

שני ז א אֲשֶׁ֨ר צִוָּ֥ה אֹת֛וֹ אֱלֹהִ֖ים כֵּ֥ן עָשָֽׂה׃ וַיֹּ֤אמֶר יְהוָה֙ לְנֹ֔חַ בֹּֽא־אַתָּ֥ה

וְכָל־בֵּֽיתְךָ֖ אֶל־הַתֵּבָ֑ה כִּֽי־אֹֽתְךָ֥ רָאִ֛יתִי צַדִּ֥יק לְפָנַ֖י בַּדּ֥וֹר

ב הַזֶּֽה׃ מִכֹּ֣ל ׀ הַבְּהֵמָ֣ה הַטְּהוֹרָ֗ה תִּֽקַּח־לְךָ֛ שִׁבְעָ֥ה שִׁבְעָ֖ה אִ֣ישׁ

וְאִשְׁתּ֑וֹ וּמִן־הַבְּהֵמָ֡ה אֲ֠שֶׁ֠ר לֹ֣א טְהֹרָ֥ה הִ֛וא שְׁנַ֖יִם אִ֥ישׁ

ג וְאִשְׁתּֽוֹ׃ גַּ֣ם מֵע֧וֹף הַשָּׁמַ֛יִם שִׁבְעָ֥ה שִׁבְעָ֖ה זָכָ֣ר וּנְקֵבָ֑ה לְחַיּ֥וֹת

ד זֶ֖רַע עַל־פְּנֵ֥י כָל־הָאָֽרֶץ׃ כִּי֩ לְיָמִ֨ים ע֜וֹד שִׁבְעָ֗ה אָֽנֹכִי֙ מַמְטִ֣יר

עַל־הָאָ֔רֶץ אַרְבָּעִ֣ים י֔וֹם וְאַרְבָּעִ֖ים לָ֑יְלָה וּמָחִ֗יתִי אֶֽת־כָּל־

ה הַיְקוּם֙ אֲשֶׁ֣ר עָשִׂ֔יתִי מֵעַ֖ל פְּנֵ֣י הָֽאֲדָמָֽה׃ וַיַּ֖עַשׂ נֹ֑חַ כְּכֹ֥ל אֲשֶׁר־

ו צִוָּ֥הוּ יְהוָֽה׃ וְנֹ֕חַ בֶּן־שֵׁ֥שׁ מֵא֖וֹת שָׁנָ֑ה וְהַמַּבּ֣וּל הָיָ֔ה מַ֖יִם עַל־

ז הָאָֽרֶץ׃ וַיָּ֣בֹא נֹ֗חַ וּ֠בָנָ֠יו וְאִשְׁתּ֧וֹ וּנְשֵֽׁי־בָנָ֛יו אִתּ֖וֹ אֶל־הַתֵּבָ֑ה

ח מִפְּנֵ֖י מֵ֥י הַמַּבּֽוּל׃ מִן־הַבְּהֵמָה֙ הַטְּהוֹרָ֔ה וּמִ֨ן־הַבְּהֵמָ֔ה אֲשֶׁ֥ר

ט אֵינֶ֖נָּה טְהֹרָ֑ה וּמִ֨ן־הָע֔וֹף וְכֹ֥ל אֲשֶׁר־רֹמֵ֖שׂ עַל־הָֽאֲדָמָֽה׃ שְׁנַ֨יִם

שְׁנַ֜יִם בָּ֧אוּ אֶל־נֹ֛חַ אֶל־הַתֵּבָ֖ה זָכָ֣ר וּנְקֵבָ֑ה כַּֽאֲשֶׁ֛ר צִוָּ֥ה אֱלֹהִ֖ים

★ י אֶת־נֹֽחַ׃ וַיְהִ֖י לְשִׁבְעַ֣ת הַיָּמִ֑ים וּמֵ֣י הַמַּבּ֔וּל הָי֖וּ עַל־הָאָֽרֶץ׃

יא בִּשְׁנַ֨ת שֵׁשׁ־מֵא֤וֹת שָׁנָה֙ לְחַיֵּי־נֹ֔חַ בַּחֹ֨דֶשׁ֙ הַשֵּׁנִ֔י בְּשִׁבְעָֽה־עָשָׂ֥ר

י֖וֹם לַחֹ֑דֶשׁ בַּיּ֣וֹם הַזֶּ֗ה נִבְקְעוּ֙ כָּֽל־מַעְיְנֹת֙ תְּה֣וֹם רַבָּ֔ה וַאֲרֻבֹּ֥ת

יב הַשָּׁמַ֖יִם נִפְתָּֽחוּ׃ וַֽיְהִ֥י הַגֶּ֖שֶׁם עַל־הָאָ֑רֶץ אַרְבָּעִ֣ים י֔וֹם וְאַרְבָּעִ֖ים

יג לָֽיְלָה׃ בְּעֶ֨צֶם הַיּ֤וֹם הַזֶּה֙ בָּ֣א נֹ֔חַ וְשֵֽׁם־וְחָ֥ם וָיֶ֖פֶת בְּנֵי־נֹ֑חַ וְאֵ֣שֶׁת

יד נֹ֗חַ וּשְׁלֹ֧שֶׁת נְשֵֽׁי־בָנָ֛יו אִתָּ֖ם אֶל־הַתֵּבָֽה׃ הֵ֜מָּה וְכָל־הַֽחַיָּ֣ה לְמִינָ֗הּ

וְכָל־הַבְּהֵמָה֙ לְמִינָ֔הּ וְכָל־הָרֶ֛מֶשׂ הָֽרֹמֵ֥שׂ עַל־הָאָ֖רֶץ לְמִינֵ֑הוּ

טו וְכָל־הָע֣וֹף לְמִינֵ֔הוּ כֹּ֖ל צִפּ֣וֹר כָּל־כָּנָֽף׃ וַיָּבֹ֥אוּ אֶל־נֹ֖חַ אֶל־

את שם את חם ואת יפת ויהי כי החל האדם לרב על
פני האדמה ובנות ילדו להם ויראו בני האלהים את
בנות האדם כי טבת הנה ויקחו להם נשים מכל אשר
בחרו ויאמר יהוה לא ידון רוחי באדם לעלם בשגם הוא
בשר והיו ימיו מאה ועשרים שנה הנפלים היו בארץ
בימים ההם וגם אחרי כן אשר יבאו בני האלהים אל
בנות האדם וילדו להם המה הגברים אשר מעולם אנשי
השם

וירא יהוה כי רבה רעת האדם בארץ וכל יצר מחשבת
לבו רק רע כל היום וינחם יהוה כי עשה את האדם
בארץ ויתעצב אל לבו ויאמר יהוה אמחה את האדם
אשר בראתי מעל פני האדמה מאדם עד בהמה עד
רמש ועד עוף השמים כי נחמתי כי עשיתם ונח מצא חן
בעיני יהוה

אלה תולדת נח נח איש צדיק תמים היה בדרתיו את
האלהים התהלך נח ויולד נח שלשה בנים את שם את
חם ואת יפת ותשחת הארץ לפני האלהים ותמלא הארץ
חמס וירא אלהים את הארץ והנה נשחתה כי השחית כל
בשר את דרכו על הארץ ויאמר אלהים לנח
קץ כל בשר בא לפני כי מלאה הארץ חמס מפניהם והנני
משחיתם את הארץ עשה לך תבת עצי גפר קנים תעשה
את התבה וכפרת אתה מבית ומחוץ בכפר וזה אשר
תעשה אתה שלש מאות אמה ארך התבה חמשים אמה
רחבה ושלשים אמה קומתה צהר תעשה לתבה ואל אמה
תכלנה מלמעלה ופתח התבה בצדה תשים תחתים שנים
ושלשים תעשה ואני הנני מביא את המבול מים על הארץ
לשחת כל בשר אשר בו רוח חיים מתחת השמים כל אשר

א אֶת־שֵׁם אֶת־חָם וְאֶת־יָפֶת׃ וַיְהִי כִּי־הֵחֵל הָאָדָם לָרֹב עַל־
ב פְּנֵי הָאֲדָמָה וּבָנוֹת יֻלְּדוּ לָהֶם׃ וַיִּרְאוּ בְנֵי־הָאֱלֹהִים אֶת־
בְּנוֹת הָאָדָם כִּי טֹבֹת הֵנָּה וַיִּקְחוּ לָהֶם נָשִׁים מִכֹּל אֲשֶׁר
ג בָּחָרוּ׃ וַיֹּאמֶר יהוה לֹא־יָדוֹן רוּחִי בָאָדָם לְעֹלָם בְּשַׁגַּם הוּא
ד בָשָׂר וְהָיוּ יָמָיו מֵאָה וְעֶשְׂרִים שָׁנָה׃ הַנְּפִלִים הָיוּ בָאָרֶץ
בַּיָּמִים הָהֵם וְגַם אַחֲרֵי־כֵן אֲשֶׁר יָבֹאוּ בְּנֵי הָאֱלֹהִים אֶל־
בְּנוֹת הָאָדָם וְיָלְדוּ לָהֶם הֵמָּה הַגִּבֹּרִים אֲשֶׁר מֵעוֹלָם אַנְשֵׁי
הַשֵּׁם׃
ה וַיַּרְא יהוה כִּי רַבָּה רָעַת הָאָדָם בָּאָרֶץ וְכָל־יֵצֶר מַחְשְׁבֹת מפטיר *
ו לִבּוֹ רַק רַע כָּל־הַיּוֹם׃ וַיִּנָּחֶם יהוה כִּי־עָשָׂה אֶת־הָאָדָם
ז בָּאָרֶץ וַיִּתְעַצֵּב אֶל־לִבּוֹ׃ וַיֹּאמֶר יהוה אֶמְחֶה אֶת־הָאָדָם
אֲשֶׁר־בָּרָאתִי מֵעַל פְּנֵי הָאֲדָמָה מֵאָדָם עַד־בְּהֵמָה עַד־
ח רֶמֶשׂ וְעַד־עוֹף הַשָּׁמָיִם כִּי נִחַמְתִּי כִּי עֲשִׂיתִם׃ וְנֹחַ מָצָא חֵן
בְּעֵינֵי יהוה׃
ט אֵלֶּה תּוֹלְדֹת נֹחַ נֹחַ אִישׁ צַדִּיק תָּמִים הָיָה בְּדֹרֹתָיו אֶת־ ה נח
י הָאֱלֹהִים הִתְהַלֶּךְ־נֹחַ׃ וַיּוֹלֶד נֹחַ שְׁלֹשָׁה בָנִים אֶת־שֵׁם אֶת־
יא חָם וְאֶת־יָפֶת׃ וַתִּשָּׁחֵת הָאָרֶץ לִפְנֵי הָאֱלֹהִים וַתִּמָּלֵא הָאָרֶץ
יב חָמָס׃ וַיַּרְא אֱלֹהִים אֶת־הָאָרֶץ וְהִנֵּה נִשְׁחָתָה כִּי־הִשְׁחִית כָּל־
יג בָּשָׂר אֶת־דַּרְכּוֹ עַל־הָאָרֶץ׃ וַיֹּאמֶר אֱלֹהִים לְנֹחַ
קֵץ כָּל־בָּשָׂר בָּא לְפָנַי כִּי־מָלְאָה הָאָרֶץ חָמָס מִפְּנֵיהֶם וְהִנְנִי
יד מַשְׁחִיתָם אֶת־הָאָרֶץ׃ עֲשֵׂה לְךָ תֵּבַת עֲצֵי־גֹפֶר קִנִּים תַּעֲשֶׂה
טו אֶת־הַתֵּבָה וְכָפַרְתָּ אֹתָהּ מִבַּיִת וּמִחוּץ בַּכֹּפֶר׃ וְזֶה אֲשֶׁר
תַּעֲשֶׂה אֹתָהּ שְׁלֹשׁ מֵאוֹת אַמָּה אֹרֶךְ הַתֵּבָה חֲמִשִּׁים אַמָּה
טז רָחְבָּהּ וּשְׁלֹשִׁים אַמָּה קוֹמָתָהּ׃ צֹהַר ׀ תַּעֲשֶׂה לַתֵּבָה וְאֶל־אַמָּה
תְּכַלֶּנָּה מִלְמַעְלָה וּפֶתַח הַתֵּבָה בְּצִדָּהּ תָּשִׂים תַּחְתִּיִּם שְׁנִיִּם
יז וּשְׁלִשִׁים תַּעֲשֶׂהָ׃ וַאֲנִי הִנְנִי מֵבִיא אֶת־הַמַּבּוּל מַיִם עַל־הָאָרֶץ *
לְשַׁחֵת כָּל־בָּשָׂר אֲשֶׁר־בּוֹ רוּחַ חַיִּים מִתַּחַת הַשָּׁמָיִם כֹּל אֲשֶׁר־

חמש שנים ותשע מאות שנה וימת ויחי קינן
שבעים שנה ויולד את מהללאל ויחי קינן אחרי הולידו
את מהללאל ארבעים שנה ושמנה מאות שנה ויולד
בנים ובנות ויהיו כל ימי קינן עשר שנים ותשע מאות
שנה וימת ויחי מהללאל חמש שנים וששים
שנה ויולד את ירד ויחי מהללאל אחרי הולידו את ירד
שלשים שנה ושמנה מאות שנה ויולד בנים ובנות ויהיו
כל ימי מהללאל חמש ותשעים שנה ושמנה מאות שנה
וימת ויחי ירד שתים וששים שנה ומאת שנה
ויולד את חנוך ויחי ירד אחרי הולידו את חנוך שמנה
מאות שנה ויולד בנים ובנות ויהיו כל ימי ירד שתים
וששים שנה ותשע מאות שנה וימת ויחי חנוך
חמש וששים שנה ויולד את מתושלח ויתהלך חנוך את
האלהים אחרי הולידו את מתושלח שלש מאות שנה ויולד
בנים ובנות ויהי כל ימי חנוך חמש וששים שנה ושלש
מאות שנה ויתהלך חנוך את האלהים ואיננו כי לקח
אתו אלהים ויחי מתושלח שבע ושמנים שנה
ומאת שנה ויולד את למך ויחי מתושלח אחרי הולידו
את למך שתים ושמונים שנה ושבע מאות שנה ויולד
בנים ובנות ויהיו כל ימי מתושלח תשע וששים שנה
ותשע מאות שנה וימת ויחי למך שתים
ושמנים שנה ומאת שנה ויולד בן ויקרא את שמו נח
לאמר זה ינחמנו ממעשנו ומעצבון ידינו מן האדמה
אשר אררה יהוה ויחי למך אחרי הולידו את נח חמש
ותשעים שנה וחמש מאת שנה ויולד בנים ובנות
ויהי כל ימי למך שבע ושבעים שנה ושבע מאות שנה
וימת ויהי נח בן חמש מאות שנה ויולד נח

יב חָמֵשׁ שָׁנִים וּתְשַׁע מֵאוֹת שָׁנָה וַיָּמֹת׃ וַיְחִי קֵינָן
יג שִׁבְעִים שָׁנָה וַיּוֹלֶד אֶת־מַהֲלַלְאֵל׃ וַיְחִי קֵינָן אַחֲרֵי הוֹלִידוֹ
אֶת־מַהֲלַלְאֵל אַרְבָּעִים שָׁנָה וּשְׁמֹנֶה מֵאוֹת שָׁנָה וַיּוֹלֶד
יד בָּנִים וּבָנוֹת׃ וַיִּהְיוּ כָּל־יְמֵי קֵינָן עֶשֶׂר שָׁנִים וּתְשַׁע מֵאוֹת
טו שָׁנָה וַיָּמֹת׃ וַיְחִי מַהֲלַלְאֵל חָמֵשׁ שָׁנִים וְשִׁשִּׁים
טז שָׁנָה וַיּוֹלֶד אֶת־יָרֶד׃ וַיְחִי מַהֲלַלְאֵל אַחֲרֵי הוֹלִידוֹ אֶת־יֶרֶד
יז שְׁלֹשִׁים שָׁנָה וּשְׁמֹנֶה מֵאוֹת שָׁנָה וַיּוֹלֶד בָּנִים וּבָנוֹת׃ וַיִּהְיוּ
כָּל־יְמֵי מַהֲלַלְאֵל חָמֵשׁ וְתִשְׁעִים שָׁנָה וּשְׁמֹנֶה מֵאוֹת שָׁנָה
יח וַיָּמֹת׃ וַיְחִי־יֶרֶד שְׁתַּיִם וְשִׁשִּׁים שָׁנָה וּמְאַת שָׁנָה
יט וַיּוֹלֶד אֶת־חֲנוֹךְ׃ וַיְחִי־יֶרֶד אַחֲרֵי הוֹלִידוֹ אֶת־חֲנוֹךְ שְׁמֹנֶה
כ מֵאוֹת שָׁנָה וַיּוֹלֶד בָּנִים וּבָנוֹת׃ וַיִּהְיוּ כָּל־יְמֵי־יֶרֶד שְׁתַּיִם
כא וְשִׁשִּׁים שָׁנָה וּתְשַׁע מֵאוֹת שָׁנָה וַיָּמֹת׃ וַיְחִי חֲנוֹךְ
כב חָמֵשׁ וְשִׁשִּׁים שָׁנָה וַיּוֹלֶד אֶת־מְתוּשָׁלַח׃ וַיִּתְהַלֵּךְ חֲנוֹךְ אֶת־
הָאֱלֹהִים אַחֲרֵי הוֹלִידוֹ אֶת־מְתוּשֶׁלַח שְׁלֹשׁ מֵאוֹת שָׁנָה וַיּוֹלֶד
כג בָּנִים וּבָנוֹת׃ וַיְהִי כָּל־יְמֵי חֲנוֹךְ חָמֵשׁ וְשִׁשִּׁים שָׁנָה וּשְׁלֹשׁ
כד מֵאוֹת שָׁנָה׃ וַיִּתְהַלֵּךְ חֲנוֹךְ אֶת־הָאֱלֹהִים וְאֵינֶנּוּ כִּי־לָקַח
כה אֹתוֹ אֱלֹהִים׃ וַיְחִי מְתוּשֶׁלַח שֶׁבַע וּשְׁמֹנִים שָׁנָה שביעי
כו וּמְאַת שָׁנָה וַיּוֹלֶד אֶת־לָמֶךְ׃ וַיְחִי מְתוּשֶׁלַח אַחֲרֵי הוֹלִידוֹ
אֶת־לֶמֶךְ שְׁתַּיִם וּשְׁמוֹנִים שָׁנָה וּשְׁבַע מֵאוֹת שָׁנָה וַיּוֹלֶד
כז בָּנִים וּבָנוֹת׃ וַיִּהְיוּ כָּל־יְמֵי מְתוּשֶׁלַח תֵּשַׁע וְשִׁשִּׁים שָׁנָה
כח וּתְשַׁע מֵאוֹת שָׁנָה וַיָּמֹת׃ וַיְחִי־לֶמֶךְ שְׁתַּיִם
כט וּשְׁמֹנִים שָׁנָה וּמְאַת שָׁנָה וַיּוֹלֶד בֵּן׃ וַיִּקְרָא אֶת־שְׁמוֹ נֹחַ
לֵאמֹר זֶה יְנַחֲמֵנוּ מִמַּעֲשֵׂנוּ וּמֵעִצְּבוֹן יָדֵינוּ מִן־הָאֲדָמָה
ל אֲשֶׁר אֵרְרָהּ יְהוָה׃ וַיְחִי־לֶמֶךְ אַחֲרֵי הוֹלִידוֹ אֶת־נֹחַ חָמֵשׁ
וְתִשְׁעִים שָׁנָה וַחֲמֵשׁ מֵאֹת שָׁנָה וַיּוֹלֶד בָּנִים וּבָנוֹת׃
לא וַיְהִי כָּל־יְמֵי־לֶמֶךְ שֶׁבַע וְשִׁבְעִים שָׁנָה וּשְׁבַע מֵאוֹת שָׁנָה
לב וַיָּמֹת׃ וַיְהִי־נֹחַ בֶּן־חֲמֵשׁ מֵאוֹת שָׁנָה וַיּוֹלֶד נֹחַ

הכות אתו כל מצאו ויצא קין מלפני יהוה וישב בארץ
נוד קדמת עדן וידע קין את אשתו ותהר ותלד את חנוך
ויהי בנה עיר ויקרא שם העיר כשם בנו חנוך ויולד לחנוך
את עירד ועירד ילד את מחויאל ומחייאל ילד את מתושאל
ומתושאל ילד את למך ויקח לו למך שתי נשים שם האחת
עדה ושם השנית צלה ותלד עדה את יבל הוא היה אבי
ישב אהל ומקנה ושם אחיו יובל הוא היה אבי כל תפש
כנור ועוגב וצלה גם הוא ילדה את תובל קין לטש כל
חרש נחשת וברזל ואחות תובל קין נעמה ויאמר למך לנשיו
עדה וצלה שמען קולי נשי למך האזנה אמרתי כי איש
הרגתי לפצעי וילד לחברתי כי שבעתים יקם קין ולמך
שבעים ושבעה וידע אדם עוד את אשתו ותלד בן ותקרא
את שמו שת כי שת לי אלהים זרע אחר תחת הבל כי הרגו
קין ולשת גם הוא ילד בן ויקרא את שמו אנוש אז הוחל
לקרא בשם יהוה זה ספר תולדת אדם ביום
ברא אלהים אדם בדמות אלהים עשה אתו זכר ונקבה
בראם ויברך אתם ויקרא את שמם אדם ביום הבראם
ויחי אדם שלשים ומאת שנה ויולד בדמותו כצלמו ויקרא
את שמו שת ויהיו ימי אדם אחרי הולידו את שת שמנה
מאת שנה ויולד בנים ובנות ויהיו כל ימי אדם אשר חי
תשע מאות שנה ושלשים שנה וימת ויחי
שת חמש שנים ומאת שנה ויולד את אנוש ויחי שת אחרי
הולידו את אנוש שבע שנים ושמנה מאות שנה ויולד בנים
ובנות ויהיו כל ימי שת שתים עשרה שנה ותשע מאות
שנה וימת ויחי אנוש תשעים שנה ויולד את
קינן ויחי אנוש אחרי הולידו את קינן חמש עשרה שנה
ושמנה מאות שנה ויולד בנים ובנות ויהיו כל ימי אנוש

טז הַכּוֹת־אֹתוֹ כָּל־מֹצְאוֹ׃ וַיֵּצֵא קַיִן מִלִּפְנֵי יְהוָה וַיֵּשֶׁב בְּאֶרֶץ־
יז נוֹד קִדְמַת־עֵדֶן׃ וַיֵּדַע קַיִן אֶת־אִשְׁתּוֹ וַתַּהַר וַתֵּלֶד אֶת־חֲנוֹךְ
יח וַיְהִי בֹּנֶה עִיר וַיִּקְרָא שֵׁם הָעִיר כְּשֵׁם בְּנוֹ חֲנוֹךְ׃ וַיִּוָּלֵד לַחֲנוֹךְ
אֶת־עִירָד וְעִירָד יָלַד אֶת־מְחוּיָאֵל וּמְחִיָּיאֵל יָלַד אֶת־מְתוּשָׁאֵל
יט וּמְתוּשָׁאֵל יָלַד אֶת־לָמֶךְ׃ וַיִּקַּח־לוֹ לֶמֶךְ שְׁתֵּי נָשִׁים שֵׁם הָאַחַת חמישי
כ עָדָה וְשֵׁם הַשֵּׁנִית צִלָּה׃ וַתֵּלֶד עָדָה אֶת־יָבָל הוּא הָיָה אֲבִי
כא יֹשֵׁב אֹהֶל וּמִקְנֶה׃ וְשֵׁם אָחִיו יוּבָל הוּא הָיָה אֲבִי כָּל־תֹּפֵשׂ
כב כִּנּוֹר וְעוּגָב׃ וְצִלָּה גַם־הִוא יָלְדָה אֶת־תּוּבַל קַיִן לֹטֵשׁ כָּל־
כג חֹרֵשׁ נְחֹשֶׁת וּבַרְזֶל וַאֲחוֹת תּוּבַל־קַיִן נַעֲמָה׃ וַיֹּאמֶר לֶמֶךְ לְנָשָׁיו ★
עָדָה וְצִלָּה שְׁמַעַן קוֹלִי נְשֵׁי לֶמֶךְ הַאְזֵנָּה אִמְרָתִי כִּי אִישׁ
כד הָרַגְתִּי לְפִצְעִי וְיֶלֶד לְחַבֻּרָתִי׃ כִּי שִׁבְעָתַיִם יֻקַּם־קָיִן וְלֶמֶךְ
כה שִׁבְעִים וְשִׁבְעָה׃ וַיֵּדַע אָדָם עוֹד אֶת־אִשְׁתּוֹ וַתֵּלֶד בֵּן וַתִּקְרָא
אֶת־שְׁמוֹ שֵׁת כִּי שָׁת־לִי אֱלֹהִים זֶרַע אַחֵר תַּחַת הֶבֶל כִּי הֲרָגוֹ
כו קָיִן׃ וּלְשֵׁת גַּם־הוּא יֻלַּד־בֵּן וַיִּקְרָא אֶת־שְׁמוֹ אֱנוֹשׁ אָז הוּחַל
ה א לִקְרֹא בְּשֵׁם יְהוָה׃ זֶה סֵפֶר תּוֹלְדֹת אָדָם בְּיוֹם ד ששי
ב בְּרֹא אֱלֹהִים אָדָם בִּדְמוּת אֱלֹהִים עָשָׂה אֹתוֹ׃ זָכָר וּנְקֵבָה
בְּרָאָם וַיְבָרֶךְ אֹתָם וַיִּקְרָא אֶת־שְׁמָם אָדָם בְּיוֹם הִבָּרְאָם׃
ג וַיְחִי אָדָם שְׁלֹשִׁים וּמְאַת שָׁנָה וַיּוֹלֶד בִּדְמוּתוֹ כְּצַלְמוֹ וַיִּקְרָא
ד אֶת־שְׁמוֹ שֵׁת׃ וַיִּהְיוּ יְמֵי־אָדָם אַחֲרֵי הוֹלִידוֹ אֶת־שֵׁת שְׁמֹנֶה
ה מֵאֹת שָׁנָה וַיּוֹלֶד בָּנִים וּבָנוֹת׃ וַיִּהְיוּ כָּל־יְמֵי אָדָם אֲשֶׁר־חַי
ו תְּשַׁע מֵאוֹת שָׁנָה וּשְׁלֹשִׁים שָׁנָה וַיָּמֹת׃ וַיְחִי־
ז שֵׁת חָמֵשׁ שָׁנִים וּמְאַת שָׁנָה וַיּוֹלֶד אֶת־אֱנוֹשׁ׃ וַיְחִי־שֵׁת אַחֲרֵי
הוֹלִידוֹ אֶת־אֱנוֹשׁ שֶׁבַע שָׁנִים וּשְׁמֹנֶה מֵאוֹת שָׁנָה וַיּוֹלֶד בָּנִים
ח וּבָנוֹת׃ וַיִּהְיוּ כָּל־יְמֵי־שֵׁת שְׁתֵּים עֶשְׂרֵה שָׁנָה וּתְשַׁע מֵאוֹת
ט שָׁנָה וַיָּמֹת׃ וַיְחִי אֱנוֹשׁ תִּשְׁעִים שָׁנָה וַיּוֹלֶד אֶת־
י קֵינָן׃ וַיְחִי אֱנוֹשׁ אַחֲרֵי הוֹלִידוֹ אֶת־קֵינָן חֲמֵשׁ עֶשְׂרֵה שָׁנָה
יא וּשְׁמֹנֶה מֵאוֹת שָׁנָה וַיּוֹלֶד בָּנִים וּבָנוֹת׃ וַיִּהְיוּ כָּל־יְמֵי אֱנוֹשׁ

עפר אתה ואל עפר תשוב ויקרא האדם שם אשתו חוה
כי הוא היתה אם כל חי ויעש יהוה אלהים לאדם ולאשתו
כתנות עור וילבשם

ויאמר יהוה אלהים הן האדם היה כאחד ממנו לדעת טוב
ורע ועתה פן ישלח ידו ולקח גם מעץ החיים ואכל וחי
לעלם וישלחהו יהוה אלהים מגן עדן לעבד את האדמה
אשר לקח משם ויגרש את האדם וישכן מקדם לגן עדן
את הכרבים ואת להט החרב המתהפכת לשמר את דרך
עץ החיים והאדם ידע את חוה אשתו ותהר
ותלד את קין ותאמר קניתי איש את יהוה ותסף ללדת
את אחיו את הבל ויהי הבל רעה צאן וקין היה עבד אדמה
ויהי מקץ ימים ויבא קין מפרי האדמה מנחה ליהוה והבל
הביא גם הוא מבכרות צאנו ומחלבהן וישע יהוה אל
הבל ואל מנחתו ואל קין ואל מנחתו לא שעה ויחר
לקין מאד ויפלו פניו ויאמר יהוה אל קין למה חרה לך
ולמה נפלו פניך הלוא אם תיטיב שאת ואם לא תיטיב
לפתח חטאת רבץ ואליך תשוקתו ואתה תמשל בו
ויאמר קין אל הבל אחיו ויהי בהיותם בשדה ויקם קין
אל הבל אחיו ויהרגהו ויאמר יהוה אל קין אי הבל
אחיך ויאמר לא ידעתי השמר אחי אנכי ויאמר מה
עשית קול דמי אחיך צעקים אלי מן האדמה ועתה ארור
אתה מן האדמה אשר פצתה את פיה לקחת את דמי
אחיך מידך כי תעבד את האדמה לא תסף תת כחה לך
נע ונד תהיה בארץ ויאמר קין אל יהוה גדול עוני מנשוא
הן גרשת אתי היום מעל פני האדמה ומפניך אסתר והייתי
נע ונד בארץ והיה כל מצאי יהרגני ויאמר לו יהוה לכן
כל הרג קין שבעתים יקם וישם יהוה לקין אות לבלתי

כ עָפָר אַתָּה וְאֶל־עָפָר תָּשׁוּב׃ וַיִּקְרָא הָאָדָם שֵׁם אִשְׁתּוֹ חַוָּה
כא כִּי הִוא הָיְתָה אֵם כָּל־חָי׃ וַיַּעַשׂ יְהוָה אֱלֹהִים לְאָדָם וּלְאִשְׁתּוֹ
כָּתְנוֹת עוֹר וַיַּלְבִּשֵׁם׃
כב וַיֹּאמֶר ׀ יְהוָה אֱלֹהִים הֵן הָאָדָם הָיָה כְּאַחַד מִמֶּנּוּ לָדַעַת טוֹב ג רביעי
וָרָע וְעַתָּה ׀ פֶּן־יִשְׁלַח יָדוֹ וְלָקַח גַּם מֵעֵץ הַחַיִּים וְאָכַל וָחַי
כג לְעֹלָם׃ וַיְשַׁלְּחֵהוּ יְהוָה אֱלֹהִים מִגַּן־עֵדֶן לַעֲבֹד אֶת־הָאֲדָמָה
כד אֲשֶׁר לֻקַּח מִשָּׁם׃ וַיְגָרֶשׁ אֶת־הָאָדָם וַיַּשְׁכֵּן מִקֶּדֶם לְגַן־עֵדֶן
אֶת־הַכְּרֻבִים וְאֵת לַהַט הַחֶרֶב הַמִּתְהַפֶּכֶת לִשְׁמֹר אֶת־דֶּרֶךְ
ד א עֵץ הַחַיִּים׃ וְהָאָדָם יָדַע אֶת־חַוָּה אִשְׁתּוֹ וַתַּהַר ★
ב וַתֵּלֶד אֶת־קַיִן וַתֹּאמֶר קָנִיתִי אִישׁ אֶת־יְהוָה׃ וַתֹּסֶף לָלֶדֶת
אֶת־אָחִיו אֶת־הָבֶל וַיְהִי־הֶבֶל רֹעֵה צֹאן וְקַיִן הָיָה עֹבֵד אֲדָמָה׃
ג ד וַיְהִי מִקֵּץ יָמִים וַיָּבֵא קַיִן מִפְּרִי הָאֲדָמָה מִנְחָה לַיהוָה׃ וְהֶבֶל
הֵבִיא גַם־הוּא מִבְּכֹרוֹת צֹאנוֹ וּמֵחֶלְבֵהֶן וַיִּשַׁע יְהוָה אֶל־
ה הֶבֶל וְאֶל־מִנְחָתוֹ׃ וְאֶל־קַיִן וְאֶל־מִנְחָתוֹ לֹא שָׁעָה וַיִּחַר
ו לְקַיִן מְאֹד וַיִּפְּלוּ פָּנָיו׃ וַיֹּאמֶר יְהוָה אֶל־קָיִן לָמָּה חָרָה לָךְ
ז וְלָמָּה נָפְלוּ פָנֶיךָ׃ הֲלוֹא אִם־תֵּיטִיב שְׂאֵת וְאִם לֹא תֵיטִיב
לַפֶּתַח חַטָּאת רֹבֵץ וְאֵלֶיךָ תְּשׁוּקָתוֹ וְאַתָּה תִּמְשָׁל־בּוֹ׃
ח וַיֹּאמֶר קַיִן אֶל־הֶבֶל אָחִיו וַיְהִי בִּהְיוֹתָם בַּשָּׂדֶה וַיָּקָם קַיִן
ט אֶל־הֶבֶל אָחִיו וַיַּהַרְגֵהוּ׃ וַיֹּאמֶר יְהוָה אֶל־קַיִן אֵי הֶבֶל
י אָחִיךָ וַיֹּאמֶר לֹא יָדַעְתִּי הֲשֹׁמֵר אָחִי אָנֹכִי׃ וַיֹּאמֶר מֶה
יא עָשִׂיתָ קוֹל דְּמֵי אָחִיךָ צֹעֲקִים אֵלַי מִן־הָאֲדָמָה׃ וְעַתָּה אָרוּר
אָתָּה מִן־הָאֲדָמָה אֲשֶׁר פָּצְתָה אֶת־פִּיהָ לָקַחַת אֶת־דְּמֵי
יב אָחִיךָ מִיָּדֶךָ׃ כִּי תַעֲבֹד אֶת־הָאֲדָמָה לֹא־תֹסֵף תֵּת־כֹּחָהּ לָךְ
יג נָע וָנָד תִּהְיֶה בָאָרֶץ׃ וַיֹּאמֶר קַיִן אֶל־יְהוָה גָּדוֹל עֲוֺנִי מִנְּשֹׂא׃
יד הֵן גֵּרַשְׁתָּ אֹתִי הַיּוֹם מֵעַל פְּנֵי הָאֲדָמָה וּמִפָּנֶיךָ אֶסָּתֵר וְהָיִיתִי
טו נָע וָנָד בָּאָרֶץ וְהָיָה כָל־מֹצְאִי יַהַרְגֵנִי׃ וַיֹּאמֶר לוֹ יְהוָה לָכֵן
כָּל־הֹרֵג קַיִן שִׁבְעָתַיִם יֻקָּם וַיָּשֶׂם יְהוָה לְקַיִן אוֹת לְבִלְתִּי

כי אמר אלהים לא תאכלו מכל עץ הגן ותאמר האשה
אל הנחש מפרי עץ הגן נאכל ומפרי העץ אשר בתוך הגן
אמר אלהים לא תאכלו ממנו ולא תגעו בו פן תמתון
ויאמר הנחש אל האשה לא מות תמתון כי ידע אלהים כי
ביום אכלכם ממנו ונפקחו עיניכם והייתם כאלהים ידעי טוב
ורע ותרא האשה כי טוב העץ למאכל וכי תאוה הוא
לעינים ונחמד העץ להשכיל ותקח מפריו ותאכל ותתן גם
לאישה עמה ויאכל ותפקחנה עיני שניהם וידעו כי עירמם
הם ויתפרו עלה תאנה ויעשו להם חגרת וישמעו את קול
יהוה אלהים מתהלך בגן לרוח היום ויתחבא האדם ואשתו
מפני יהוה אלהים בתוך עץ הגן ויקרא יהוה אלהים אל
האדם ויאמר לו איכה ויאמר את קלך שמעתי בגן ואירא
כי עירם אנכי ואחבא ויאמר מי הגיד לך כי עירם אתה
המן העץ אשר צויתיך לבלתי אכל ממנו אכלת ויאמר
האדם האשה אשר נתתה עמדי הוא נתנה לי מן העץ
ואכל ויאמר יהוה אלהים לאשה מה זאת עשית ותאמר
האשה הנחש השיאני ואכל ויאמר יהוה אלהים אל הנחש
כי עשית זאת ארור אתה מכל הבהמה ומכל חית השדה
על גחנך תלך ועפר תאכל כל ימי חייך ואיבה אשית בינך
ובין האשה ובין זרעך ובין זרעה הוא ישופך ראש ואתה
תשופנו עקב אל האשה אמר הרבה ארבה
עצבונך והרנך בעצב תלדי בנים ואל אישך תשוקתך והוא
ימשל בך ולאדם אמר כי שמעת לקול אשתך
ותאכל מן העץ אשר צויתיך לאמר לא תאכל ממנו ארורה
האדמה בעבורך בעצבון תאכלנה כל ימי חייך וקוץ
ודרדר תצמיח לך ואכלת את עשב השדה בזעת אפיך
תאכל לחם עד שובך אל האדמה כי ממנה לקחת כי

ב כִּי־אָמַר אֱלֹהִים לֹא תֹאכְלוּ מִכֹּל עֵץ הַגָּן׃ וַתֹּאמֶר הָאִשָּׁה
ג אֶל־הַנָּחָשׁ מִפְּרִי עֵץ־הַגָּן נֹאכֵל׃ וּמִפְּרִי הָעֵץ אֲשֶׁר בְּתוֹךְ־הַגָּן
אָמַר אֱלֹהִים לֹא תֹאכְלוּ מִמֶּנּוּ וְלֹא תִגְּעוּ בּוֹ פֶּן תְּמֻתוּן׃
ד ה וַיֹּאמֶר הַנָּחָשׁ אֶל־הָאִשָּׁה לֹא־מוֹת תְּמֻתוּן׃ כִּי יֹדֵעַ אֱלֹהִים כִּי
בְּיוֹם אֲכָלְכֶם מִמֶּנּוּ וְנִפְקְחוּ עֵינֵיכֶם וִהְיִיתֶם כֵּאלֹהִים יֹדְעֵי טוֹב
ו וָרָע׃ וַתֵּרֶא הָאִשָּׁה כִּי טוֹב הָעֵץ לְמַאֲכָל וְכִי תַאֲוָה־הוּא
לָעֵינַיִם וְנֶחְמָד הָעֵץ לְהַשְׂכִּיל וַתִּקַּח מִפִּרְיוֹ וַתֹּאכַל וַתִּתֵּן גַּם־
ז לְאִישָׁהּ עִמָּהּ וַיֹּאכַל׃ וַתִּפָּקַחְנָה עֵינֵי שְׁנֵיהֶם וַיֵּדְעוּ כִּי עֵירֻמִּם
ח הֵם וַיִּתְפְּרוּ עֲלֵה תְאֵנָה וַיַּעֲשׂוּ לָהֶם חֲגֹרֹת׃ וַיִּשְׁמְעוּ אֶת־קוֹל
יְהוָה אֱלֹהִים מִתְהַלֵּךְ בַּגָּן לְרוּחַ הַיּוֹם וַיִּתְחַבֵּא הָאָדָם וְאִשְׁתּוֹ
ט מִפְּנֵי יְהוָה אֱלֹהִים בְּתוֹךְ עֵץ הַגָּן׃ וַיִּקְרָא יְהוָה אֱלֹהִים אֶל־
י הָאָדָם וַיֹּאמֶר לוֹ אַיֶּכָּה׃ וַיֹּאמֶר אֶת־קֹלְךָ שָׁמַעְתִּי בַּגָּן וָאִירָא
יא כִּי־עֵירֹם אָנֹכִי וָאֵחָבֵא׃ וַיֹּאמֶר מִי הִגִּיד לְךָ כִּי עֵירֹם אָתָּה
יב הֲמִן־הָעֵץ אֲשֶׁר צִוִּיתִיךָ לְבִלְתִּי אֲכָל־מִמֶּנּוּ אָכָלְתָּ׃ וַיֹּאמֶר
הָאָדָם הָאִשָּׁה אֲשֶׁר נָתַתָּה עִמָּדִי הִוא נָתְנָה־לִּי מִן־הָעֵץ
יג וָאֹכֵל׃ וַיֹּאמֶר יְהוָה אֱלֹהִים לָאִשָּׁה מַה־זֹּאת עָשִׂית וַתֹּאמֶר
יד הָאִשָּׁה הַנָּחָשׁ הִשִּׁיאַנִי וָאֹכֵל׃ וַיֹּאמֶר יְהוָה אֱלֹהִים ׀ אֶל־הַנָּחָשׁ
כִּי עָשִׂיתָ זֹּאת אָרוּר אַתָּה מִכָּל־הַבְּהֵמָה וּמִכֹּל חַיַּת הַשָּׂדֶה
טו עַל־גְּחֹנְךָ תֵלֵךְ וְעָפָר תֹּאכַל כָּל־יְמֵי חַיֶּיךָ׃ וְאֵיבָה ׀ אָשִׁית בֵּינְךָ
וּבֵין הָאִשָּׁה וּבֵין זַרְעֲךָ וּבֵין זַרְעָהּ הוּא יְשׁוּפְךָ רֹאשׁ וְאַתָּה
טז תְּשׁוּפֶנּוּ עָקֵב׃ אֶל־הָאִשָּׁה אָמַר הַרְבָּה אַרְבֶּה
עִצְּבוֹנֵךְ וְהֵרֹנֵךְ בְּעֶצֶב תֵּלְדִי בָנִים וְאֶל־אִישֵׁךְ תְּשׁוּקָתֵךְ וְהוּא
יז יִמְשָׁל־בָּךְ׃ וּלְאָדָם אָמַר כִּי שָׁמַעְתָּ לְקוֹל אִשְׁתֶּךָ
וַתֹּאכַל מִן־הָעֵץ אֲשֶׁר צִוִּיתִיךָ לֵאמֹר לֹא תֹאכַל מִמֶּנּוּ אֲרוּרָה
יח הָאֲדָמָה בַּעֲבוּרֶךָ בְּעִצָּבוֹן תֹּאכֲלֶנָּה כֹּל יְמֵי חַיֶּיךָ׃ וְקוֹץ
יט וְדַרְדַּר תַּצְמִיחַ לָךְ וְאָכַלְתָּ אֶת־עֵשֶׂב הַשָּׂדֶה׃ בְּזֵעַת אַפֶּיךָ
תֹּאכַל לֶחֶם עַד שׁוּבְךָ אֶל־הָאֲדָמָה כִּי מִמֶּנָּה לֻקָּחְתָּ כִּי־

את כל פני האדמה וייצר יהוה אלהים את האדם עפר
מן האדמה ויפח באפיו נשמת חיים ויהי האדם לנפש חיה
ויטע יהוה אלהים גן בעדן מקדם וישם שם את האדם אשר
יצר ויצמח יהוה אלהים מן האדמה כל עץ נחמד למראה
וטוב למאכל ועץ החיים בתוך הגן ועץ הדעת טוב ורע ונהר
יצא מעדן להשקות את הגן ומשם יפרד והיה לארבעה
ראשים שם האחד פישון הוא הסבב את כל ארץ החוילה
אשר שם הזהב וזהב הארץ ההוא טוב שם הבדלח ואבן
השהם ושם הנהר השני גיחון הוא הסובב את כל ארץ
כוש ושם הנהר השלישי חדקל הוא ההלך קדמת אשור
והנהר הרביעי הוא פרת ויקח יהוה אלהים את האדם
וינחהו בגן עדן לעבדה ולשמרה ויצו יהוה אלהים על האדם
לאמר מכל עץ הגן אכל תאכל ומעץ הדעת טוב ורע לא
תאכל ממנו כי ביום אכלך ממנו מות תמות ויאמר יהוה
אלהים לא טוב היות האדם לבדו אעשה לו עזר כנגדו ויצר
יהוה אלהים מן האדמה כל חית השדה ואת כל עוף השמים
ויבא אל האדם לראות מה יקרא לו וכל אשר יקרא
לו האדם נפש חיה הוא שמו ויקרא האדם שמות לכל
הבהמה ולעוף השמים ולכל חית השדה ולאדם לא מצא
עזר כנגדו ויפל יהוה אלהים תרדמה על האדם ויישן
ויקח אחת מצלעתיו ויסגר בשר תחתנה ויבן יהוה אלהים
את הצלע אשר לקח מן האדם לאשה ויבאה אל האדם
ויאמר האדם זאת הפעם עצם מעצמי ובשר מבשרי לזאת
יקרא אשה כי מאיש לקחה זאת על כן יעזב איש את
אביו ואת אמו ודבק באשתו והיו לבשר אחד ויהיו שניהם
ערומים האדם ואשתו ולא יתבששו והנחש היה ערום מכל
חית השדה אשר עשה יהוה אלהים ויאמר אל האשה אף

ז אֶת־כׇּל־פְּנֵי הָאֲדָמָה׃ וַיִּיצֶר יְהוָה אֱלֹהִים אֶת־הָאָדָם עָפָר
מִן־הָאֲדָמָה וַיִּפַּח בְּאַפָּיו נִשְׁמַת חַיִּים וַיְהִי הָאָדָם לְנֶפֶשׁ חַיָּה׃
ח וַיִּטַּע יְהוָה אֱלֹהִים גַּן בְּעֵדֶן מִקֶּדֶם וַיָּשֶׂם שָׁם אֶת־הָאָדָם אֲשֶׁר
ט יָצָר׃ וַיַּצְמַח יְהוָה אֱלֹהִים מִן־הָאֲדָמָה כׇּל־עֵץ נֶחְמָד לְמַרְאֶה
י וְטוֹב לְמַאֲכָל וְעֵץ הַחַיִּים בְּתוֹךְ הַגָּן וְעֵץ הַדַּעַת טוֹב וָרָע׃ וְנָהָר
יֹצֵא מֵעֵדֶן לְהַשְׁקוֹת אֶת־הַגָּן וּמִשָּׁם יִפָּרֵד וְהָיָה לְאַרְבָּעָה
יא רָאשִׁים׃ שֵׁם הָאֶחָד פִּישׁוֹן הוּא הַסֹּבֵב אֵת כׇּל־אֶרֶץ הַחֲוִילָה
יב אֲשֶׁר־שָׁם הַזָּהָב׃ וּזֲהַב הָאָרֶץ הַהִוא טוֹב שָׁם הַבְּדֹלַח וְאֶבֶן
יג הַשֹּׁהַם׃ וְשֵׁם־הַנָּהָר הַשֵּׁנִי גִּיחוֹן הוּא הַסּוֹבֵב אֵת כׇּל־אֶרֶץ
יד כּוּשׁ׃ וְשֵׁם הַנָּהָר הַשְּׁלִישִׁי חִדֶּקֶל הוּא הַהֹלֵךְ קִדְמַת אַשּׁוּר
טו וְהַנָּהָר הָרְבִיעִי הוּא פְרָת׃ וַיִּקַּח יְהוָה אֱלֹהִים אֶת־הָאָדָם
טז וַיַּנִּחֵהוּ בְגַן־עֵדֶן לְעׇבְדָהּ וּלְשׇׁמְרָהּ׃ וַיְצַו יְהוָה אֱלֹהִים עַל־הָאָדָם
יז לֵאמֹר מִכֹּל עֵץ־הַגָּן אָכֹל תֹּאכֵל׃ וּמֵעֵץ הַדַּעַת טוֹב וָרָע לֹא
יח תֹאכַל מִמֶּנּוּ כִּי בְּיוֹם אֲכׇלְךָ מִמֶּנּוּ מוֹת תָּמוּת׃ וַיֹּאמֶר יְהוָה
יט אֱלֹהִים לֹא־טוֹב הֱיוֹת הָאָדָם לְבַדּוֹ אֶעֱשֶׂה־לּוֹ עֵזֶר כְּנֶגְדּוֹ׃ וַיִּצֶר
יְהוָה אֱלֹהִים מִן־הָאֲדָמָה כׇּל־חַיַּת הַשָּׂדֶה וְאֵת כׇּל־עוֹף הַשָּׁמַיִם
וַיָּבֵא אֶל־הָאָדָם לִרְאוֹת מַה־יִּקְרָא־לוֹ וְכֹל אֲשֶׁר יִקְרָא־
כ לוֹ הָאָדָם נֶפֶשׁ חַיָּה הוּא שְׁמוֹ׃ וַיִּקְרָא הָאָדָם שֵׁמוֹת לְכׇל־ שלישי
הַבְּהֵמָה וּלְעוֹף הַשָּׁמַיִם וּלְכֹל חַיַּת הַשָּׂדֶה וּלְאָדָם לֹא־מָצָא
כא עֵזֶר כְּנֶגְדּוֹ׃ וַיַּפֵּל יְהוָה אֱלֹהִים ׀ תַּרְדֵּמָה עַל־הָאָדָם וַיִּישָׁן
כב וַיִּקַּח אַחַת מִצַּלְעֹתָיו וַיִּסְגֹּר בָּשָׂר תַּחְתֶּנָּה׃ וַיִּבֶן יְהוָה אֱלֹהִים ׀
אֶת־הַצֵּלָע אֲשֶׁר־לָקַח מִן־הָאָדָם לְאִשָּׁה וַיְבִאֶהָ אֶל־הָאָדָם׃
כג וַיֹּאמֶר הָאָדָם זֹאת הַפַּעַם עֶצֶם מֵעֲצָמַי וּבָשָׂר מִבְּשָׂרִי לְזֹאת
כד יִקָּרֵא אִשָּׁה כִּי מֵאִישׁ לֻקֳחָה־זֹּאת׃ עַל־כֵּן יַעֲזׇב־אִישׁ אֶת־
כה אָבִיו וְאֶת־אִמּוֹ וְדָבַק בְּאִשְׁתּוֹ וְהָיוּ לְבָשָׂר אֶחָד׃ וַיִּהְיוּ שְׁנֵיהֶם
ג א עֲרוּמִּים הָאָדָם וְאִשְׁתּוֹ וְלֹא יִתְבֹּשָׁשׁוּ׃ וְהַנָּחָשׁ הָיָה עָרוּם מִכֹּל
חַיַּת הַשָּׂדֶה אֲשֶׁר עָשָׂה יְהוָה אֱלֹהִים וַיֹּאמֶר אֶל־הָאִשָּׁה אַף

הגדלים ואת כל נפש החיה הרמשת אשר שרצו המים
למינהם ואת כל עוף כנף למינהו וירא אלהים כי טוב
ויברך אתם אלהים לאמר פרו ורבו ומלאו את המים בימים
והעוף ירב בארץ ויהי ערב ויהי בקר יום חמישי
ויאמר אלהים תוצא הארץ נפש חיה למינה בהמה ורמש
וחיתו ארץ למינה ויהי כן ויעש אלהים את חית הארץ למינה
ואת הבהמה למינה ואת כל רמש האדמה למינהו וירא
אלהים כי טוב ויאמר אלהים נעשה אדם בצלמנו כדמותנו
וירדו בדגת הים ובעוף השמים ובבהמה ובכל הארץ ובכל
הרמש הרמש על הארץ ויברא אלהים את האדם בצלמו
בצלם אלהים ברא אתו זכר ונקבה ברא אתם ויברך
אתם אלהים ויאמר להם אלהים פרו ורבו ומלאו את הארץ
וכבשה ורדו בדגת הים ובעוף השמים ובכל חיה הרמשת
על הארץ ויאמר אלהים הנה נתתי לכם את כל עשב זרע
זרע אשר על פני כל הארץ ואת כל העץ אשר בו פרי עץ
זרע זרע לכם יהיה לאכלה ולכל חית הארץ ולכל עוף
השמים ולכל רומש על הארץ אשר בו נפש חיה את כל
ירק עשב לאכלה ויהי כן וירא אלהים את כל אשר עשה
והנה טוב מאד ויהי ערב ויהי בקר יום הששי
ויכלו השמים והארץ וכל צבאם ויכל אלהים ביום השביעי
מלאכתו אשר עשה וישבת ביום השביעי מכל מלאכתו
אשר עשה ויברך אלהים את יום השביעי ויקדש אתו כי
בו שבת מכל מלאכתו אשר ברא אלהים לעשות
אלה תולדות השמים והארץ בהבראם ביום עשות יהוה
אלהים ארץ ושמים וכל שיח השדה טרם יהיה בארץ וכל
עשב השדה טרם יצמח כי לא המטיר יהוה אלהים על הארץ
ואדם אין לעבד את האדמה ואד יעלה מן הארץ והשקה

הַגְּדֹלִים וְאֵת כָּל־נֶפֶשׁ הַחַיָּה ׀ הָרֹמֶשֶׂת אֲשֶׁר שָׁרְצוּ הַמַּיִם
לְמִינֵהֶם וְאֵת כָּל־עוֹף כָּנָף לְמִינֵהוּ וַיַּרְא אֱלֹהִים כִּי־טוֹב׃
כב וַיְבָרֶךְ אֹתָם אֱלֹהִים לֵאמֹר פְּרוּ וּרְבוּ וּמִלְאוּ אֶת־הַמַּיִם בַּיַּמִּים
כג וְהָעוֹף יִרֶב בָּאָרֶץ׃ וַיְהִי־עֶרֶב וַיְהִי־בֹקֶר יוֹם חֲמִישִׁי׃
כד וַיֹּאמֶר אֱלֹהִים תּוֹצֵא הָאָרֶץ נֶפֶשׁ חַיָּה לְמִינָהּ בְּהֵמָה וָרֶמֶשׂ ★
כה וְחַיְתוֹ־אֶרֶץ לְמִינָהּ וַיְהִי־כֵן׃ וַיַּעַשׂ אֱלֹהִים אֶת־חַיַּת הָאָרֶץ לְמִינָהּ
וְאֶת־הַבְּהֵמָה לְמִינָהּ וְאֵת כָּל־רֶמֶשׂ הָאֲדָמָה לְמִינֵהוּ וַיַּרְא
כו אֱלֹהִים כִּי־טוֹב׃ וַיֹּאמֶר אֱלֹהִים נַעֲשֶׂה אָדָם בְּצַלְמֵנוּ כִּדְמוּתֵנוּ
וְיִרְדּוּ בִדְגַת הַיָּם וּבְעוֹף הַשָּׁמַיִם וּבַבְּהֵמָה וּבְכָל־הָאָרֶץ וּבְכָל־
כז הָרֶמֶשׂ הָרֹמֵשׂ עַל־הָאָרֶץ׃ וַיִּבְרָא אֱלֹהִים ׀ אֶת־הָאָדָם בְּצַלְמוֹ
כח בְּצֶלֶם אֱלֹהִים בָּרָא אֹתוֹ זָכָר וּנְקֵבָה בָּרָא אֹתָם׃ וַיְבָרֶךְ
אֹתָם אֱלֹהִים וַיֹּאמֶר לָהֶם אֱלֹהִים פְּרוּ וּרְבוּ וּמִלְאוּ אֶת־הָאָרֶץ
וְכִבְשֻׁהָ וּרְדוּ בִּדְגַת הַיָּם וּבְעוֹף הַשָּׁמַיִם וּבְכָל־חַיָּה הָרֹמֶשֶׂת
כט עַל־הָאָרֶץ׃ וַיֹּאמֶר אֱלֹהִים הִנֵּה נָתַתִּי לָכֶם אֶת־כָּל־עֵשֶׂב ׀ זֹרֵעַ
זֶרַע אֲשֶׁר עַל־פְּנֵי כָל־הָאָרֶץ וְאֶת־כָּל־הָעֵץ אֲשֶׁר־בּוֹ פְרִי־עֵץ
ל זֹרֵעַ זָרַע לָכֶם יִהְיֶה לְאָכְלָה׃ וּלְכָל־חַיַּת הָאָרֶץ וּלְכָל־עוֹף
הַשָּׁמַיִם וּלְכֹל ׀ רוֹמֵשׂ עַל־הָאָרֶץ אֲשֶׁר־בּוֹ נֶפֶשׁ חַיָּה אֶת־כָּל־
לא יֶרֶק עֵשֶׂב לְאָכְלָה וַיְהִי־כֵן׃ וַיַּרְא אֱלֹהִים אֶת־כָּל־אֲשֶׁר עָשָׂה
וְהִנֵּה־טוֹב מְאֹד וַיְהִי־עֶרֶב וַיְהִי־בֹקֶר יוֹם הַשִּׁשִּׁי׃
ב א ב וַיְכֻלּוּ הַשָּׁמַיִם וְהָאָרֶץ וְכָל־צְבָאָם׃ וַיְכַל אֱלֹהִים בַּיּוֹם הַשְּׁבִיעִי
מְלַאכְתּוֹ אֲשֶׁר עָשָׂה וַיִּשְׁבֹּת בַּיּוֹם הַשְּׁבִיעִי מִכָּל־מְלַאכְתּוֹ
ג אֲשֶׁר עָשָׂה׃ וַיְבָרֶךְ אֱלֹהִים אֶת־יוֹם הַשְּׁבִיעִי וַיְקַדֵּשׁ אֹתוֹ כִּי
בוֹ שָׁבַת מִכָּל־מְלַאכְתּוֹ אֲשֶׁר־בָּרָא אֱלֹהִים לַעֲשׂוֹת׃
ד אֵלֶּה תוֹלְדוֹת הַשָּׁמַיִם וְהָאָרֶץ בְּהִבָּרְאָם בְּיוֹם עֲשׂוֹת יהוה ב שני
ה אֱלֹהִים אֶרֶץ וְשָׁמָיִם׃ וְכֹל ׀ שִׂיחַ הַשָּׂדֶה טֶרֶם יִהְיֶה בָאָרֶץ וְכָל־
עֵשֶׂב הַשָּׂדֶה טֶרֶם יִצְמָח כִּי לֹא הִמְטִיר יהוה אֱלֹהִים עַל־הָאָרֶץ
ו וְאָדָם אַיִן לַעֲבֹד אֶת־הָאֲדָמָה׃ וְאֵד יַעֲלֶה מִן־הָאָרֶץ וְהִשְׁקָה

בראשית ברא אלהים את השמים ואת הארץ והארץ
היתה תהו ובהו וחשך על פני תהום ורוח אלהים מרחפת
על פני המים ויאמר אלהים יהי אור ויהי אור וירא אלהים
את האור כי טוב ויבדל אלהים בין האור ובין החשך ויקרא
אלהים לאור יום ולחשך קרא לילה ויהי ערב ויהי בקר יום
אחד

ויאמר אלהים יהי רקיע בתוך המים ויהי מבדיל בין מים
למים ויעש אלהים את הרקיע ויבדל בין המים אשר
מתחת לרקיע ובין המים אשר מעל לרקיע ויהי כן ויקרא
אלהים לרקיע שמים ויהי ערב ויהי בקר יום שני

ויאמר אלהים יקוו המים מתחת השמים אל מקום אחד
ותראה היבשה ויהי כן ויקרא אלהים ליבשה ארץ ולמקוה
המים קרא ימים וירא אלהים כי טוב ויאמר אלהים תדשא
הארץ דשא עשב מזריע זרע עץ פרי עשה פרי למינו אשר
זרעו בו על הארץ ויהי כן ותוצא הארץ דשא עשב מזריע
זרע למינהו ועץ עשה פרי אשר זרעו בו למינהו וירא אלהים
כי טוב ויהי ערב ויהי בקר יום שלישי

ויאמר אלהים יהי מארת ברקיע השמים להבדיל בין היום
ובין הלילה והיו לאתת ולמועדים ולימים ושנים והיו
למאורת ברקיע השמים להאיר על הארץ ויהי כן ויעש
אלהים את שני המארת הגדלים את המאור הגדל לממשלת
היום ואת המאור הקטן לממשלת הלילה ואת הכוכבים
ויתן אתם אלהים ברקיע השמים להאיר על הארץ ולמשל
ביום ובלילה ולהבדיל בין האור ובין החשך וירא אלהים
כי טוב ויהי ערב ויהי בקר יום רביעי

ויאמר אלהים ישרצו המים שרץ נפש חיה ועוף יעופף על
הארץ על פני רקיע השמים ויברא אלהים את התנינם

א ב בְּרֵאשִׁית בָּרָא אֱלֹהִים אֵת הַשָּׁמַיִם וְאֵת הָאָרֶץ: וְהָאָרֶץ א
הָיְתָה תֹהוּ וָבֹהוּ וְחֹשֶׁךְ עַל־פְּנֵי תְהוֹם וְרוּחַ אֱלֹהִים מְרַחֶפֶת
ג ד עַל־פְּנֵי הַמָּיִם: וַיֹּאמֶר אֱלֹהִים יְהִי־אוֹר וַיְהִי־אוֹר: וַיַּרְא אֱלֹהִים
ה אֶת־הָאוֹר כִּי־טוֹב וַיַּבְדֵּל אֱלֹהִים בֵּין הָאוֹר וּבֵין הַחֹשֶׁךְ: וַיִּקְרָא
אֱלֹהִים ׀ לָאוֹר יוֹם וְלַחֹשֶׁךְ קָרָא לָיְלָה וַיְהִי־עֶרֶב וַיְהִי־בֹקֶר יוֹם
אֶחָד:
ו וַיֹּאמֶר אֱלֹהִים יְהִי רָקִיעַ בְּתוֹךְ הַמָּיִם וִיהִי מַבְדִּיל בֵּין מַיִם ★
ז לָמָיִם: וַיַּעַשׂ אֱלֹהִים אֶת־הָרָקִיעַ וַיַּבְדֵּל בֵּין הַמַּיִם אֲשֶׁר
ח מִתַּחַת לָרָקִיעַ וּבֵין הַמַּיִם אֲשֶׁר מֵעַל לָרָקִיעַ וַיְהִי־כֵן: וַיִּקְרָא
אֱלֹהִים לָרָקִיעַ שָׁמָיִם וַיְהִי־עֶרֶב וַיְהִי־בֹקֶר יוֹם שֵׁנִי:
ט וַיֹּאמֶר אֱלֹהִים יִקָּווּ הַמַּיִם מִתַּחַת הַשָּׁמַיִם אֶל־מָקוֹם אֶחָד ★
י וְתֵרָאֶה הַיַּבָּשָׁה וַיְהִי־כֵן: וַיִּקְרָא אֱלֹהִים ׀ לַיַּבָּשָׁה אֶרֶץ וּלְמִקְוֵה
יא הַמַּיִם קָרָא יַמִּים וַיַּרְא אֱלֹהִים כִּי־טוֹב: וַיֹּאמֶר אֱלֹהִים תַּדְשֵׁא
הָאָרֶץ דֶּשֶׁא עֵשֶׂב מַזְרִיעַ זֶרַע עֵץ פְּרִי עֹשֶׂה פְּרִי לְמִינוֹ אֲשֶׁר
יב זַרְעוֹ־בוֹ עַל־הָאָרֶץ וַיְהִי־כֵן: וַתּוֹצֵא הָאָרֶץ דֶּשֶׁא עֵשֶׂב מַזְרִיעַ
זֶרַע לְמִינֵהוּ וְעֵץ עֹשֶׂה־פְּרִי אֲשֶׁר זַרְעוֹ־בוֹ לְמִינֵהוּ וַיַּרְא אֱלֹהִים
יג כִּי־טוֹב: וַיְהִי־עֶרֶב וַיְהִי־בֹקֶר יוֹם שְׁלִישִׁי:
יד וַיֹּאמֶר אֱלֹהִים יְהִי מְאֹרֹת בִּרְקִיעַ הַשָּׁמַיִם לְהַבְדִּיל בֵּין הַיּוֹם ★
טו וּבֵין הַלָּיְלָה וְהָיוּ לְאֹתֹת וּלְמוֹעֲדִים וּלְיָמִים וְשָׁנִים: וְהָיוּ
טז לִמְאוֹרֹת בִּרְקִיעַ הַשָּׁמַיִם לְהָאִיר עַל־הָאָרֶץ וַיְהִי־כֵן: וַיַּעַשׂ
אֱלֹהִים אֶת־שְׁנֵי הַמְּאֹרֹת הַגְּדֹלִים אֶת־הַמָּאוֹר הַגָּדֹל לְמֶמְשֶׁלֶת
הַיּוֹם וְאֶת־הַמָּאוֹר הַקָּטֹן לְמֶמְשֶׁלֶת הַלַּיְלָה וְאֵת הַכּוֹכָבִים:
יז יח וַיִּתֵּן אֹתָם אֱלֹהִים בִּרְקִיעַ הַשָּׁמָיִם לְהָאִיר עַל־הָאָרֶץ: וְלִמְשֹׁל
בַּיּוֹם וּבַלַּיְלָה וּלֲהַבְדִּיל בֵּין הָאוֹר וּבֵין הַחֹשֶׁךְ וַיַּרְא אֱלֹהִים
יט כִּי־טוֹב: וַיְהִי־עֶרֶב וַיְהִי־בֹקֶר יוֹם רְבִיעִי:
כ וַיֹּאמֶר אֱלֹהִים יִשְׁרְצוּ הַמַּיִם שֶׁרֶץ נֶפֶשׁ חַיָּה וְעוֹף יְעוֹפֵף עַל־ ★
כא הָאָרֶץ עַל־פְּנֵי רְקִיעַ הַשָּׁמָיִם: וַיִּבְרָא אֱלֹהִים אֶת־הַתַּנִּינִם

חמישה חומשי תורה

בראשית
שמות
ויקרא
במדבר
דברים

## מדיני קריאת התורה

א. אין קוראים לעולה פחות משלושה פסוקים.

ב. ביום שני וחמישי ובמנחת שבת קוראים בסך הכול לפחות עשרה פסוקים [חוץ מפרשת "ויבא עמלק" של פורים, שאין בה אלא תשעה פסוקים (ויש שכופלים בה את הפסוק האחרון)].

ג. לא יפסיק הקורא בפחות משלושה פסוקים לפני פרשה פתוחה או סתומה. וכן לא יתחיל בפחות משלושה פסוקים אחר פרשה פתוחה או סתומה.
פרשה שאין בה אלא שני פסוקים [כגון "וביום השבת", במדבר כח, ט-י, או פרשיות תולדות בני נח, בראשית יא, י-כו] — מותר להפסיק לפניהן ולאחריהן [ובלבד שקרא שלושה פסוקים לפחות]. התחלות ה"פרקים" אינן נחשבות כפרשיות לעניין זה.

ד. לא יפסיק במקום של פורענות או של עונש [כגון "וימת", "מות יומת", וכדו׳]. על הקורא לדעת היטב את ההלכות השייכות לקריאת התורה: מי וכמה הם העולים; דיני הטועה בקריאה [הן בקריאת התיבות, נקודותיהן וטעמיהן; הן בטועה במקום קריאה, בהשמטת פסוקים וכדו׳]; דיני טעות או ליקוי אחר בספר התורה. פרטי כל ההלכות ימצא בשולחן ערוך אורח חיים עם "משנה ברורה", בקיצור שולחן ערוך, בסידור "דרך החיים", ובספרי הלכה שונים המיוחדים לדיני קריאת התורה ["שערי אפרים", "לדוד אמת", "שולחן הקריאה", "זר התורה" ועוד].

## ממנהגי הקריאה

א. בפרשת "כי תשא", אם אין צורך מיוחד להרבות בקרואים, אין לעשות הפסקות נוספות אלא אחר פרשת מעשה העגל, ויש להדר שהעולה שני [מן "ויתן אל משה", שמות ל, יא] יהיה לוי [בני לוי לא חטאו בעגל, ועל כן אין בעלייתו זו משום מזכרת עוון].

ב. אין מפסיקין לא בשירת הים ולא בעשרת הדיברות שבפרשת יתרו ושבפרשת ואתחנן.

ג. בחג השבועות קוראים את עשרת הדיברות בטעם העליון, ויש קוראים בטעם העליון גם בשבתות פ׳ יתרו ופ׳ ואתחנן.

ד. כשקוראים שתי פרשיות ["ויקהל-פקודי", "תזריע-מצורע" וכדו׳], אין מפסיקין בסוף הפרשה הראשונה, ומהדרין לקרוא את סוף הפרשה הראשונה עם ראש הפרשה השנייה למי שעולה רביעי. [במנהג תימן מפסיק השלישי בסוף הפרשה הראשונה, והרביעי מתחיל בראש השנייה.]

ה. בתוכחה שבפרשת בחוקותי ובפרשת כי תבוא מתחילים לפחות שלושה פסוקים לפני הקללות, ואין מפסיקין באמצע הקללות.

ו. בפרשת מסעי קוראים את מ״ב המסעות [במדבר לג, ה-מט] לעולה אחד, ואין מפסיקין בהן.

כוונתנו ב"תיקון קוראים" זה היא לסייע למי שמתכונן לקריאת התורה בציבור ולפתור לפניו את הבעיות המתעוררות אצלו בעבודת־קודש זו.

דברי התורה ללא ניקוד וטעמים [לצורכו של הלומד את הקריאה] סודרו כאן שורה כנגד שורה מול המקרא המנוקד ע"פ כל דיוקי המסורה מתוך תנ"ך "קורן", שהוכר ע"י גדולי תורה ומומחים כתנ"ך המסורתי המדויק ביותר.

עם זאת יש ב"תיקון קוראים" זה להדריך באופן ברור, מבחינת ההלכה ומצד הטעם הטוב, את גבאי בית־הכנסת בשאלות המתעוררות אצלם בחלוקת עליות לתורה בנוסף על שבעת הקרואים, כגון בשבתות שיש חתן או בר־מצוה בבית־הכנסת, ויש צורך לכבד במצוה אנשים רבים; ולא כל גבאי בקי בשאלות השונות, היכן מותר להפסיק, היכן כדאי ורצוי להפסיק, ואף הקורא לא תמיד בקי בכך; ואף אם בקי הוא, לא תמיד יש בידו לכלכל את מעשיו בשעת הקריאה גופה.

סימון מקומות ההפסקה האפשריים לשם תוספת קרואים בשעת הצורך סומן לפי הצעותיו של הרב ברוך ישר מירושלים [לפנים רב העיר עכו] ונערך בידי ר' מאיר מדן, שהוסיף על כך הבחנה בין סימן להפסקה רצויה ומומלצת [מצד התוכן והטעם הטוב] ובין הפסקה אפשרית נוספת במקום של צורך גדול. הראשונה סומנה בכוכב גדול [✶] בצד השורה, והאחרת בכוכב קטן [ ★ ].

ההוצאה מודה להם על טרחתם ועל עצתם הטובה.

תשס"ז • 2007
הוצאת קורן ירושלים בע"מ
ת.ד. 8720, ירושלים 91086
טל': 02-5660188, פקס: 02-5666658
KOREN PUBLISHERS JERUSALEM LTD.
P.O.B. 8720, JERUSALEM 91086
TEL: 02-5660188, FAX: 02-5666658
Printed in Israel
ISBN 978 965 301 057 4

# תיקון קוראים

לבעל קריאה
לגבאי ביהכ״נ
לבר־מצוה

## חמישה חומשי תורה

### ומגילת אסתר

הוצאת קורן ירושלים